ALLGEMEINE UND SPEZIELLE WIRTSCHAFTSGEOGRAPHIE

VON

DR. ERNST FRIEDRICH
A. O. PROFESSOR AN DER UNIVERSITÄT LEIPZIG

DRITTE
VOLLSTÄNDIG NEUBEARBEITETE AUFLAGE

ZWEITER BAND

SPEZIELLE
WIRTSCHAFTSGEOGRAPHIE

BERLIN UND LEIPZIG
WALTER DE GRUYTER & CO.
VORMALS G. J. GÖSCHEN'SCHE VERLAGSHANDLUNG - J. GUTTENTAG, VERLAGSBUCHHANDLUNG - GEORG REIMER - KARL J. TRÜBNER - VEIT & COMP.
1926

Druck von Metzger & Wittig in Leipzig

Vorwort.

Die „Spezielle Wirtschaftsgeographie" baut auf den erdweiten Erkenntnissen der „Allgemeinen Wirtschaftsgeographie", die sie dem speziellen wirtschaftsgeographischen Stoff entnahm, auf. Sie versucht, dem Praktiker im Rahmen des Erdganzen die ihm willkommenen Kenntnisse zu übermitteln. Eine knappe Orientierung über die wirtschaftliche Struktur der Länder, wie sie durch ihre Natur (vor allem durch das Klima) und die Leistung der Bevölkerung an ihr und aus ihr bedingt wird, will der zweite Band des Buches geben. Dabei erschien es als zweckmäßig, nicht einzelne Länder, sondern durch gewisse gemeinsame oder verwandte Lage-, Klima-, also auch Wirtschaftsverhältnisse vereinheitlichte Landschaften zu behandeln.

Die klimatische Bedingtheit vieler oder der meisten Produktionen und vieler Tatsachen des Handels und Verkehrs ließ sich auf zweierlei Weise aus dem allgemeinen Teil des Buches (Band I) immer wieder ins Gedächtnis zurückrufen: entweder durch Betonung der Zugehörigkeit einer Landschaft zu Wirtschaftszonen, Wirtschaftsgebieten und -Subgebieten (nach Karte 3 des I. Bandes) oder durch stets erneuten Verweis auf W. Köppens Klimate (Klimazonen und Klimagebiete). Wirtschaftszonen sind ja Klimazonen und Wirtschaftsgebiete Klimagebieten gleichgesetzt, und Karte 3 des I. Bandes war dazu bestimmt, diese Gleichsetzung zu veranschaulichen. Ich habe den zweiten Weg vorgezogen und stets auf W. Köppens Klimate verwiesen, um immer wieder unmittelbar auf ihre Wirksamkeit in der Wirtschaft hinzudeuten und die Leser mit der für Beurteilung eines jeden wirtschaftlichen oder politischen, Bevölkerungs- oder Besiedelungsproblems unentbehrlichen Klimaeinteilung der Erde vertraut zu machen. Sie ist auch am Anfange des Buches (S. VI) und im Register ganz besonders betont und aus Karte 3 des I. Bandes überdies abzulesen.

Ich habe mich bemüht, eine vergleichende Wirtschaftsgeographie darzubieten. Für keinen Zweig der Geographie ist wohl die rhythmische Betrachtungsweise (W. Volz) unentbehrlicher als für die Geographie der Wirtschaft, die in beständigem Flusse ist. Wie man aber eine (nach Ort, Menge, Qualität und Zeit) vergleichende Geographie ohne Zahlen behandeln kann, ist mir unverständlich. Leider fehlen Vergleichszahlen (namentlich für die qualitative und zeitliche Vergleichung) noch sehr. Mir sind auch die Unzulänglichkeiten der statistischen Angaben sehr wohl bekannt. Besonders bei Feststellung der absoluten Zahlen stößt man öfters auf recht verschiedene Auskünfte; Unvollständigkeiten begegnen nicht selten.[1]) Namentlich China ist noch ein Schmerzenskind für jede Weltstatistik. Auch die zweckwidrige Rückständigkeit der angelsächsischen Maße und Gewichte muß oft bedauert werden. Wir kommen jedoch der Erfassung der Erdleistung

[1]) Neueste Zahlen zu wissen, ist dem Benutzer eines Buches immer angenehm. Aber wenn man dem nachstrebt, kommt man aus den Korrekturen nicht heraus. Ein Nachtrag zum Literaturverzeichnis des I. Bandes nennt noch einige Handbücher usw., die neueste Zahlen wirtschaftlicher Art enthalten.

(Anbauflächen, Weltproduktion eines Handelsgutes, Weltziffer für ein Nutztier, Länge der Eisenbahnen usw.), die allein für die Vergleichung Maßstäbe bieten kann, immer näher. Innerhalb der Länder und Landschaften bleibt natürlich der Vergleich der Leistungen in Beziehung zu Raum und Einwohnerzahl höchst wertvoll. Rücksicht auf Knappheit des Druckraumes hat da öfters meine Wünsche beschneiden müssen.

Der absoluten Zahl (für eine wirtschaftliche Erscheinung), die für den Praktiker oft hohen Wert haben kann und die deshalb reichlich geboten wurde, kann der vergleichende Geograph höheren Wert erst beimessen, wenn er sie in die Zahlen des Erdganzen eingliedern kann. Daß die Vereinigten Staaten von Amerika in einem bestimmten Jahre 70 Mill. Tonnen Mais erzeugten, hat an sich nicht viel Interesse. Bedeutung und Leben bekommt diese Ziffer erst, wenn man sie zur Weltproduktion in Beziehung setzt. Natürlich sind danach auch die geographische Betrachtung des Maisanbaues und der Maisproduktion innerhalb der Vereinigten Staaten, die Vergleiche der Landschaften erfordert, die Beziehung auf Gesamtfläche und -bevölkerung, Erträge der Einheitsfläche, örtliche Unterschiede von Qualitäten und Erntezeiten usw. von hohem wirtschaftsgeographischen Belange, doch weltwirtschaftlichen Charakters erst, wenn sie mit entsprechenden Angaben anderer Länder oder Landschaften zu vergleichen sind. Die Wirtschaftsgeographie muß ihrem Wesen nach die Vergleichs- oder Relativziffer über die absolute Ziffer (die ihr natürlich zugrunde liegt) stellen.

Die Kolonien der Länder wurden nicht bei den Mutterländern behandelt, sondern an ihren Lagestellen im Rahmen ihres Umlandes. Sie sind mit Hilfe von Inhaltsverzeichnis und Register leicht aufzufinden.

In den Literaturangaben habe ich mich, zumal bei den besser bekannten Landschaften, auf zusammenfassende Werke beschränkt, die den Interessenten weiterführen und zum Teil ausführlichere Literaturangaben enthalten. Bei weniger bekannten Ländern habe ich auch speziellere Literatur aufgenommen. Mit Freude begrüße ich die aus dem Verzeichnis der ungedruckten Dissertationen (in A. Hettners Geograph. Zeitschrift XXXII, 1926, Heft 2, S. 101—111) hervorgehende Tatsache, daß sich eine wachsende Anzahl von jüngeren Kräften bemüht, die der Wirtschaftsgeographie so notwendigen Vorarbeiten zu schaffen. Es sei an den „Tropenpflanzer“ und andere Zeitschriften appelliert, diesen, von den Verfassern aufs Laufende zu bringenden Arbeiten ihre Spalten zu öffnen und sie damit der Öffentlichkeit zugänglich zu machen. Der Praktiker, der über ein einzelnes Land Belehrung sucht, wird auch in den Jahrbüchern, Handbüchern, Yearbooks, Handbooks, Reports, Annuaires, Guides, Gazettes usw., die für viele Länder vorliegen, Wissenswertes dargeboten bekommen. Vgl. auch Band I, S. V—VI.

Das Register dieses zweiten Bandes ist besonders ausführlich gehalten und erspart, so hofft der Verfasser, mühevolles Nachsuchen. Herr Diplom-Handelslehrer cand. phil. Will. Bockisch hat mich wiederum bei dem Korrekturlesen und bei Abfassung des Registers bestens unterstützt.

Leipzig, April 1926.

Ernst Friedrich.

Nachträge zum Literaturverzeichnis.

Handwörterbuch der Staatswissenschaften. 4. Aufl. Herausgegeben von L. Elster, Ad. Weber und Fr. Wieser. Jena, G. Fischer; im Erscheinen begriffen.

Die Welt in Zahlen. Von Wl. Woytinsky. 1. Buch: Die Erde. Die Bevölkerung. Der Volksreichtum. 2. Buch: Die Arbeit. Berlin 1925 und 1926, R. Mosse.

O. Kende, Erde und Wirtschaft in Zahlen. Statist. Tabellen. Hamburg, Hanseat. Verlagsanstalt 1926.

A. Dix, Geoökonomie. Einführung in erdhafte Wirtschaftsbetrachtung. München u. Berlin 1925, R. Oldenbourg.

H. Levy, Der Weltmarkt 1913 und heute. Berlin 1926, Teubner.

Annuaire Général de la France et de l'Étranger. Paris, Librairie Larousse (7. Jg. 1926).

Politischer Almanach (1926). Herausgegeben von M. Müller-Jabusch. Berlin u. Leipzig, K. F. Koehler.

Politisches Handwörterbuch. Hrsg. von P. Herre. 2 Bde. Berlin u. Leipzig 1923, K. F. Koehler.

Allgemeines Statistisches Archiv. München, Berlin und Leipzig, J. Schweitzer.

H. Bohnert, Nachtrag 1925 zur „Tabellenübersicht der gebräuchlichsten Währungs- und Maßeinheiten aller Länder. 3. Aufl. (1923)". Hamburg, Dezember 1925, W. Bangert.

Handbuch der Kohlenwirtschaft. Herausgegeben von K. Borchardt. Berlin 1926, Die Kohlenwirtschaft m. b. H.

Die Erdölwirtschaft der Welt. Herausgegeben von K. Krüger u. G. R. Poschardt. Stuttgart 1926, E. Schweizerbart.

Supplement to the New World. Von Js. Bowman. New York 1924, World Book Comp.

Die wichtigste geographische Literatur über das Russische Reich seit d. J. 1914 in russischer Sprache. Zusammengestellt von H. Anger. Hamburg, L. Friederichsen & Co. 1926. (Veröff. d. Geogr. Inst. d. Albertus-Universität zu Königsberg, Heft VI.)

Bibliographie der Sozialwissenschaften. Monatlich. Herausgegeben vom Statistischen Reichsamt. Berlin, R. Hobbing.

Abkürzungen.

Um Raum zu sparen, wurden bei den Einwohnerzahlen der Orte die Tausende fortgelassen. Huddersfield (110) bedeutet also, daß der Ort 110000 Einwohner hat.

Die Klimazonen und -gebiete nach W. Köppen.

(Vgl. Bd. I, S. 3—6 und Karte 3.)

A. Zone der tropischen Regenklimate.
  A 1. Gebiete des heißfeuchten Urwaldklimas.
  A 2. Gebiete periodisch-trockenen Savannenklimas.
B. Zone der trockenen Klimate (Trockenzone).
  B 3. Gebiete des Steppenklimas.
  B 4. Gebiete des Wüstenklimas.
C. Zone der warm-gemäßigten Regenklimate.
  C 5. Gebiete des warmen wintertrockenen Klimas (Gebiete von Chinatypus).
  C 6. Gebiete des warmen sommertrockenen Klimas (Gebiete von mediterranem Klimatypus).
  C 7. Gebiete des feuchttemperierten Klimas.
D. Zone des borealen (subarktischen) Waldklimas.
  D 8. Gebiete eines winterfeuchtkalten Klimas.
  D 9. Gebiete eines wintertrockenkalten Klimas.
E. F. Zone des Schneeklimas (polare Zone).
  E 10. Gebiete des Tundrenklimas.
  F 11. Gebiete des Klimas ewigen Frostes.

Die Zusätze zu B, C, D usw. bedeuten:

a Temperatur des wärmsten Monats mehr als 22° C.
b Wärmster Monat weniger als 22° C, vier Monate über 10° C.
c Sommer kurz; 1—4 Monate über 10° C, kältester Monat wärmer als – 36° C.
d Winter sehr kalt; kältester Monat kälter als – 36° C.
h Heiß; Jahrestemperatur mehr als 18° C.
k Kalt; Jahrestemperatur weniger als 18° C; wärmster Monat über 18° C.
k' Kalt; Jahrestemperatur weniger als 18° C; dgl. wärmster Monat weniger als 18° C.

Klimazonen und Klimagebiete decken sich mit den Wirtschaftszonen und Wirtschaftsgebieten, die auf Karte 3 des ersten Bandes dargestellt sind; darum sind die Köppenschen Bezeichnungen A 1, A 2 usw. mit auf ihr eingetragen. In Bd. 2 wurden allein die Köppenschen Bezeichnungen im Text verwendet, weil sie die Beziehungen des Klimas zur Wirtschaft am besten bezeichnen.

Inhalt.

Spezielle Wirtschaftsgeographie.

I. Europa.[1])

I. Naturverhältnisse. Die Gunst der Lage Europas (s. Bd. I, Reg.), das an der nordwestlichen Ecke der großen Kontinentalmasse der östlichen Halbkugel liegt, ist oft übertrieben worden. Wenn auch im Zentrum der Landhalbkugel gelegen, steht es, bezüglich der Gunst für Seeschiffahrt nach anderen Erdteilen, selbst hinter Nord- oder Südamerika oder Afrika zurück. Die nachbarliche Landlage zu Asien wird durch volksarme Waldwüsten Nordwestasiens, Sandwüsten Vorder- und Nordwestasiens in ihrem Werte beeinträchtigt, während der größte und wertvollste Teil Afrikas durch die Schranke der Sahara von Europa getrennt wird. Australien und Südostasien liegen fern. Im wesentlichen ist es der Tatkraft des europäischen Menschen zu verdanken, wenn nicht nur die Produktionsverhältnisse des Erdteils einen glänzenden Aufschwung nahmen, sondern von dem atlantisch-europäischen Aktionszentrum aus auch Entschleierung, Erschließung und zum Teil Besiedelung der anderen Erdteile erfolgten, in denen der europäische Mensch dann wieder neue Aktionszentren ausbildete.

Dem Bodenbau und den Bodenformen nach zerfällt Europa in ein mannigfaltig gestaltetes, teils hohes, teils niedriges nordwesteuropäisches Schollenland, ein meist hohes südeuropäisches Faltengebirgsland, in dem freilich auch ältere Massive nicht fehlen, und ein meist niedriges osteuropäisches (skandinavisch-russisches) Tafelland. Diese Bodenabteilungen wie die horizontale Gliederung des Erdteils, die mit der senkrechten zusammenhängt, geben mit den klimatischen Verhältnissen die Möglichkeit einer Einteilung Europas in Natur- und Wirtschaftsgebiete.

---

[1]) Literatur: K. Andree, Fr. Heiderich, R. Sieger, Geographie des Welthandels. Bd. I. 4. Aufl. Wien 1926. — A. Philippson, Europa. 2. Aufl. Leipzig 1906. — A. Hettner, Europa. Leipzig 1907; 2. Aufl. (stark gekürzt). Leipzig 1923, 3. Aufl. (Grundzüge der Länder kunde. Bd. I). — O. Jonasson, The agricultural regions of Europe (Econom. Geography I, 1925, S. 277 ff. mit Karte). Vgl. K. Troll i. Geogr. Z. 1925, S. 265 ff. Ich muß es mir versagen, bei den einzelnen Erdteilen bzw. ihren Teillandschaften die Naturverhältnisse eingehend darzustellen; nur die uns so wichtig erscheinenden Klimate werden im Anschluß an W. Köppen etwas ausführlicher behandelt. Vgl. das Register in Band I. Zur politischen Geographie vgl. W. Vogel, Das neue Europa und seine histor.-geogr. Grundlagen. Bonn 1923.

H. Wagners Ausmessungen der Köppenschen Klimagebiete der Erde[1]) erstrecken sich nicht auf Europa gesondert, sondern betreffen Eurasien.

„Europa ist zwar nur die Nordwestecke des großen Festlandes der Alten Welt und ein großer Teil davon hat mit der Westseite Nordamerikas das Vorherrschen im Winter südwestlicher, im Sommer west- und nordwestlicher Winde vom Ozean gemeinsam. Dennoch hat Europa in manchen Beziehungen eine einzigartige Stellung in der Welt, denn: 1. der Nordatlantische Ozean ist das in diesem Abstand vom Äquator weitaus wärmste Weltmeer in der Welt, 2. das tief in die Festlandmasse einschneidende Mittelmeer schafft auch dem Süden Europas ein ozeanisches Klima, 3. obwohl im Winter der mildernde Einfluß des Ozeans, durch die Abwesenheit sperrender Gebirge, in Europa weiter reicht als irgendwo sonst, ist er im Sommer ziemlich beschränkt."[2])

Das feuchttemperierte Klima C 7b nimmt besonders große Räume ein (den größten Teil Frankreichs, Belgiens, der Britischen Inseln und Deutschlands, die ganzen Niederlande und Dänemark; ja, es dehnt sich einerseits nach dem Norden der Pyrenäenhalbinsel aus, andererseits nach Südschweden und Westnorwegen, ja Südisland). In der Abwandlung Cx (Frühlings- und Herbstregen) nimmt dieses Klima noch Teile Italiens (Norden) und des Donaulandes ein. Demnächst ist stark vertreten C 6a, das sommertrockene „Etesienklima", das die Küsten des Mittelmeeres umsäumt. Den Osten Europas und den Hauptteil von Skandinavien, ferner die Mittelgebirgslagen West- und Mitteleuropas bis in die Balkanhalbinsel, nimmt das boreale Klima D 8 (feuchtwinterkalt) ein; und zwar ist in der Nordhälfte D 8 c (nur 1—4 Monate mehr als 10° C) die nordische Ausprägung (mit Nadelwäldern) vertreten, das nordisch-boreale Klima, während die Südhälfte mit D 8 b (mehr als 4 Monate über 10° C; Temperatur des wärmsten Monats freilich weniger als 22° C) das kühlgemäßigt-boreale Klima mit längeren und wärmeren Sommern, Misch- und Laubwald darstellt. Den Nordrand Europas wie vereinzelte Flecken im skandinavischen Hochgebirge und in den Alpen und Pyrenäen nimmt das Tundrenklima E 10 ein. Nur verhältnismäßig kleine Gebiete gehören dem Steppenklima B 3 an (in Spanien, Rumänien, Südrußland); Wüstenklima B 4 ist nur im äußersten Südostzipfel vertreten. Diese Verteilung der Klimacharaktere bedingt wesentlich die Produktionsmöglichkeiten des Erdteils. Die Produktionstatsächlichkeiten schafft der Mensch.

II. Die Größe Europas geben A. Hettner mit etwa 9,8, Hübners geographisch-statistische Tabellen mit 9,97 Mill. qkm (= 6,7% der Landfläche nach H. Wagner) an, die Bevölkerung beträgt etwa 462 Mill. Einw. (= gegen 25% der Erdbevölkerung [1924: 1895 Mill.]), hauptsächlich Germanen, Romanen und Slawen. Die durchschnittliche Volksdichte mit etwa 48 auf 1 qkm ist höher als in allen anderen Erdteilen und gibt, so verschieden sie in den einzelnen Gebieten ist, eine Vorstellung von dem wirtshaftlichen Hochstand des Erdteils, der dieser Durchschnittsziffer zugrunde liegt.[3])

---

[1]) Peterm. Mitt. 67, 1921, S. 216f. Nach J. Riedels Ausmessung entfallen auf C 7 b (2,12 Mill. qkm) 21,3; D 8 (6,22) 62,7; C 6 a (0,45) 4,6; B 3 (0,66) 6,7; B 4 (0,06) 0,6; E 10 (0,41) 4,1% der Fläche Europas.

[2]) W. Köppen, Die Klimate der Erde. Berlin und Leipzig 1923, S. 252.

[3]) Die Zunahme der Bevölkerung in Prozent betrug 1910—1924 nur 3,3; 1920—1924: 2,2%, weit weniger als in den anderen Erdteilen.

III. Die Verteilung der **Wirtschaft** hängt in erster Linie von den klimatischen Verhältnissen ab, doch auch die Bodenformen usw. und die Zivilisation des Menschen beeinflussen sie tief. Die Wirtschaftsstufe der wissenschaftlich und technisch gestützten Wirtschaft und die der schriftmäßigen Tradition herrschen völlig vor und machen die Wirtschaft des von Natur ziemlich einseitig und arm ausgestatteten Erdteils zur erfolgreichsten unserer Erde.

Europa teile ich ein in Nordeuropa (Schweden, Norwegen, Finnland), Westeuropa (Großbritannien, Irland, Frankreich, Belgien mit Luxemburg), Südeuropa (Spanien, Portugal, Italien, Jugoslawien, Albanien, Bulgarien, Griechenland, europäische Türkei), Mitteleuropa, südlichen Teil (Süd- und Mitteldeutschland, Schweiz, Österreich, Tschechoslowakei, Ungarn, Rumänien), Mitteleuropa, nördlichen Teil (Niederlande, Norddeutschland, Dänemark, Polen), Osteuropa (Baltische Randländer [Litauen, Lettland, Estland], Sowjet-Rußland).

A. Nordeuropa[1]) (Schweden, Norwegen, Finnland).

I. Naturverhältnisse. Nordeuropa umfaßt „Fennoskandia", die finnisch-skandinavische Halbinsel, die durch Ostsee, Finnischen Meerbusen, große Seen (Ladoga-, Onega-See usw.) und das Weiße Meer vom Rumpfe Europas abgegliedert ist. Der Bottnische Meerbusen zerlegt Fennoskandia wiederum in die Skandinavische Halbinsel und Finnland. Nordeuropa ist ganz aus archäischen und paläozoischen Gesteinen aufgebaut. Nur die Landschaft Schonen im Süden ist jüngeren Bodens. Skandinavien ist ein Hochland, das mit einer Fjordküste hoch und steil zum Atlantischen Ozean abfällt, aber im Osten sich plattenförmig zur Ostseeküste abdacht, die eine Fjärdküste ist. Die Wasserscheide liegt nahe dem Atlantischen Ozean, so daß die Fjordzuflüsse kurze Gebirgsflüsse sind, während die östlichen Flüsse länger sind, freilich von Seen, Stromschnellen, Wasserfällen unterbrochen. Das führt auf die Eiszeit zurück, die auch den Boden „abgeräumt" und noch einige Reste in den Eiskuchen und Gletschern des südwestlichen Hochlandes (bis 2470 m) hinterlassen hat. Der Westen und der Süden haben ozeanisches Klima mit milden Wintern und kühlen Sommern und Niederschlägen zu allen Jahreszeiten (feuchttemperiertes Klima, C 7 b).[2]) Nach dem Innern tritt sehr schnell das boreale Klima (zumeist D 8 c, das nordisch-boreale, im äußersten Süden D 8 b das kühlgemäßigt-boreale) an seine Stelle, das auch den ganzen Osten der Halbinsel und Finnland beherrscht und hier vor allem geringere Niederschläge aufweist.[3]) Ja, im Innern des norwegischen Hochlandes sind große Tundrenflächen (E 10) anzutreffen. Nordeuropa gehört also hauptsächlich der nordisch-borealen Waldzone an.

---

[1]) Literatur: R. Sieger in K. Andree, Heiderich, Sieger, Geographie des Welthandels. Bd. I. Wien 1926. — H. Kerp, Landeskunde von Skandinavien und Finnland. 2. Aufl. Leipzig 1925 (Sammlung Göschen). — C. Lausberg, Das Nordland. Leipzig 1913. — A. G. Högbom, Fennoskandia (Norwegen, Schweden, Finnland). Handbuch der regionalen Geologie IV. 3. Heidelberg 1913. — L. Holm, Sveriges ekonomiska geografi. Stockh. 1910. — H. Reusch, Norges geografi. 2 Bde. Oslo 1915. — Finnland am Anfang des 20. Jahrhunderts. Helsingfors 1920. — G. Braun, Die nordischen Staaten. I. Einführung und Grundlagen. Breslau 1924 (Literatur).

[2]) Vgl. Bergen: Juli 14,4°, Febr. 0,9° C. Extreme 26° und −11°. 1960 mm Regen (Okt. 230, April 100).

[3]) Vgl. Stockholm: Juli 16,7°, Febr. −3,5° C; Extreme 29° und −19°. 530 mm (Aug. 70, Jan. 30). — Vardö: Juli 11,5°, Febr. −12° C. Extreme 21° und −16°. 620 mm (Okt. 80, Mai 30). — Karesuando (330 m): Juli 12,3°, Febr. −14,0° C. Extreme 26° und −39°. 310 mm (Juli 70, März 10).

II. Politisch teilt sich Nordeuropa in Norwegen (Königreich; 324000 qkm, 2,65 Mill. Einw.), Schweden (Königreich; 448000 qkm, 6 Mill. Einw.) und Finnland (Republik; 388000 qkm, 3,4 Mill. Einw.); zusammen rund 1,16 Mill. qkm mit nur etwa 12 Mill. Einw. Die Bevölkerung besteht in den zwei ersteren Ländern aus Germanen und wenigen Lappen und Finnen, in Finnland aus Finnen und zu einem Bruchteil aus Schweden. Die durchschnittliche Volksdichte ist recht gering (10,4 auf 1 qkm) und kennzeichnet die ungünstigen natürlichen Bedingungen der Wirtschaft. Die Wirtschaftsstufe ist die der wissenschaftlich-technischen Wirtschaft.

III. Die Wirtschaft ist hauptsächlich gekennzeichnet durch Zurücktreten des Pflanzenbaues, der erst im Süden (C 7 b) etwas größeren Umfang gewinnt, und der Viehzucht, Vorherrschen der Ausnutzung des Meeres und der Wälder und Verarbeitung ihrer Produkte; auch der Bergbau ist ziemlich ansehnlich.

a) Die Erzeugung von Nahrungs- und Genußmitteln. Pflanzliche Nahrungsmittel kann der Boden nur für ziemlich beschränkte Menschenmengen hervorbringen. In Norwegen ist kaum 1% der Bodenfläche angebaut. 74 oder mehr Prozent der Fläche gelten als unproduktiv (Fels, Sumpf, Seen, Schnee, Eis).

In Finnmarken im hohen Norden wird nur etwa $^{1}/_{400}$% des Bodens angebaut, aber am Kristianiafjord fast 25%; hier findet sich niedrigerer brauchbarer Boden.

Auch in Schweden ist die Ackerkrume meist sehr dünn, und die erratischen Geschiebe erschweren die Bodenbearbeitung nicht wenig. Ohne Seen sollen etwa 36% der Fläche unproduktiv sein. Kaum 9% der Fläche dienen durchschnittlich dem eigentlichen Landbau.

In Norbotten soll nur $^{1}/_{265}$ der Fläche Ackerland sein, im nördlichen Norrland 3,2%, aber im Götaland 20—30, in Schonen gar gegen 60%. Ähnlich sieht es in Finnland aus (7,5% des Bodens einschließlich Wiesen und Weiden ausgenutzt, 39,5% unproduktiv).

Der Getreidebau genügt in Nordeuropa dem Konsum nicht. Brotgetreide, überall (Winter-) Roggen[1]), obwohl Weizenbrot[2]) von den Wohlhabenden bevorzugt wird, muß zum großen Teil eingeführt werden, zumal auch die Erträge der Ernten stark schwanken, Mißernten nicht selten sind. Roggen, Weizen und Mehl sind die Haupteinfuhrartikel.[3]) Am weitesten nordwärts geht der Getreidebau in Norwegen (s. Bd. I), aber gerade hier ist die Getreideproduktion, wegen der übermäßigen Niederschläge und des ungünstigen Bodens, minimal. Gegen Osten sinken die Anbaugrenzen aller Getreide-

---

[1]) Schweden liefert auf 0,9% der Fläche 1922: 570100 T. = 1,6% der W., 1924 nur 230800 T., Finnland auf 0,7% der Fläche 1922: 197500 T. = 0,55% der W., 1924: 295100 T., Norwegen auf 0,04% der Fläche 1922: 21900 T., 1924: 16200 T. = 0,06% der W.

[2]) Schweden bebaut 0,35% der Fläche mit Weizen, aber Norwegen und Finnland nur je etwa 0,03%. Alle drei Länder zusammen ernten (255300, 17500, 8100, 1924: 187100, 13400, 19606 T.) noch nicht 0,3% der W.

[3]) Einf. Schwedens 1922: 10130, 1923: 77480 T.; Norwegens 1924: 219650 T.; Finnlands 1923: 176000, 1924: 175300 T. Roggen. Weizeneinfuhr Schwedens 1913: 200180, 1923: 268600, 1924: 286370 T. Einfuhr Finnlands an Weizenmehl und Grütze 1923: 99000, 1924: 98000 T., dazu Reis je 16000 T. Schweden führte 1923 etwas Weizenmehl (9660 T.) und Roggenmehl (2880 T.) aus. Norwegen erntete 1909/13 durchschnittlich 283610 T. Getreide und mußte 524450 T. jährlich einführen.

arten in dem gegensätzlicheren borealen Klima. Hafer[1]) wird in Nordeuropa mit seinen kühlen, feuchten Sommern am meisten angebaut und dient wie die Gerste[2]) vielfach der Ernährung. Diese zwei Getreidearten decken wenigstens annähernd den Bedarf[3]); ebenso der Kartoffelbau, dessen Produkt in dem überfeuchten Norwegen wenig schmackhaft ist.[4]) Gemüse- (Kohl, Mohrrüben usw.) und Obstbau steuern zur Ernährung bei.

Beerenobst gedeiht besser als Kernobst und geht weiter nordwärts. Äpfel und Birnen reifen bis Trondhjem nordwärts, in Schweden gehen Kirschen bis zum Dalelf, aber nördlich des Mälarsees ist der Obstbau nur längs der Küste (etwa bis Hernösand) einigermaßen sicher. Am Kristianiafjord wie in Schonen gedeihen noch Pfirsiche, Aprikosen, Weintrauben usw. In Südschweden, vor allem in Schonen, wird auch noch ansehnlicher Zuckerrübenbau[5]) betrieben; auch in Finnland versucht man ihn. Eine große Zuckereinfuhr ist nötig. Kaffee[6]), Bier und Branntwein sind die beliebten Getränke. Andere Kulturen (Tabak, Hopfen usw.) spielen fast gar keine Rolle, und so müssen große Mengen von pflanzlichen Nahrungs- und Genußmitteln eingeführt werden.[7])

Besser als für Pflanzenwirtschaft sind in Nordeuropa die Naturbedingungen für die Erzeugung von **tierischen Nahrungs- und Genußmitteln**, da durch das ozeanische bzw. kühlboreale Klima der Graswuchs sehr begünstigt wird. Die Heuernten[8]) sind bei weitem die umfangreichsten Ernten der nordischen Landwirtschaft. Sie und die bis ins norwegische Finnmarken hinauf angebauten Futterrüben[9]), dazu eingeführte Futtermittel (Ölkuchen, Kleie, Mais[10]) stellen mit natürlichen Waldweiden, Almböden usw. die breite Grundlage für die **Tierzucht** dar, der mehr Bedeutung als dem Ackerbau zukommt.

Das feuchte kühle Klima und das reichliche und nahrhafte Futter begünstigen am meisten die Haltung von Rindern und vor allem das Molkereiwesen, das in den südlichen Strichen aller drei Länder blüht. Butter ist ein nicht unwichtiger

---

[1]) Schweden 1922: 1146000, 1924: 1080000 T. = 1,8; Finnland 409300, 517000 T. = 0,6; Norwegen 194200, 1924: 154500 T. = 0,3 % der W.

[2]) Schweden 301100, 1924: 290000 T. = 0,8; Norwegen 97600, 1924: 102200 T. = 0,3; Finnland 99200, 1924: 133900 T. = 0,3 % der W.

[3]) Schweden führte 1913: 64300, 1923: 40600, 1924: 73000 T. Hafer ein, 1924: 10700 T. aus, Norwegen 1924: 33200 T. ein.

[4]) Kartoffelernte Schwedens 1922 (2,04, 1924: 1,4 Mill. T.) 1,2 %; Norwegens 0,9, 1924: 0,59 Mill. T.) 0,5 %; Finnlands (0,44, 1924: 0,64 Mill. T.) 0,2 % der W.

[5]) Schweden prod. Rübenzucker 1913/14: 137000, 1923/24: 154000 T. = 0,8 % der W. von Rübenzucker; Finnland noch nicht 1000 T. (1924: 5600 T. Rüben). Einf. Schwedens 1923: 25000 T., Finnlands 1924: 65000 T.

[6]) Kaffeeverbrauch 1923 in Schweden 42000 T. (= gegen 2,7 % der W., 7,03 kg je Kopf), Norwegen 17200 T. (= 1,1 % der W., 6,52 kg), Finnland 14300 T. (= 0,9 % der W., 4,2 kg). Kakaoverbrauch 1923: 3380, 2370, 150 T., Teeverbrauch in Norwegen 2080 T.

[7]) Schweden 1923: 595300 T. Getreide und Mahlprodukte, Norwegen 502800 T. Getreide, Finnland Getreide und Mahlprodukte für 745,5 Mill. finn. Mk. = etwa 16 % der Einf., dazu alle drei Länder große Mengen von Kolonialwaren. Vgl. oben!

[8]) Wohl um 10 Mill. T. jährlich.

[9]) Schweden allein erntete im Durchschnitt 1913/17 rund 2,8 Mill. T. Selbst Heringsmehl, Heringsköpfe und Futter aus Zellstoff werden herangezogen.

[10]) Schweden führte 1913: 60800, 1924: 85400 T., Norwegen 28850 bzw. 75760 T. ein, Finnland 1924 (3/4 Jahr) 6300 T. Ölkuchen.

Ausfuhrartikel[1]); auch kondensierte Milch[2]), weniger Käse[3]), kommen zum Teil auf den Weltmarkt. Fleisch muß dagegen eher noch eingeführt werden.[4]) Die Schweinehaltung wird wohl noch viel weiter entwickelt, die Schafzucht ging zurück. Auch Ziegen spielen eine geringe Rolle. Geflügel und Bienen leisten wie die Jagdtiere nur kleine Beiträge zur Ernährung.

Hauptnahrungsmittel und hohe Ausfuhrwerte bringt an der Ozeankante, also vor allem in Norwegen, die Fischerei. Von dem armen Boden geht die Bevölkerung zur Ernährung aufs Meer.

Der Schärenhof mit seiner durch Inseln und Halbinseln (s. Bd. I, S. 27) so sehr verlängerten, vielstellig geschützten, eisfreien Küste an gemäßigt kühlem Meer (s. Bd. I, S. 56, 58), einer der Küste vorgelagerten Felsplatte, deren Rinnen von den Fischen für das Laichen aufgesucht werden, und aufgesetzten Bänken (s. Bd. I, S. 54f.), in die sie ausläuft, ist reich an Fischen. Das gefährliche stürmische Meer vor den Inseln, das die Norweger ausbeuten, „erzog" sie seit alters zu wagemutigen, seegewohnten „Seeleuten". Leuchttürme, -tonnen und Baken, Schutzhäfen, Meldungen der Telegraphenlinien und Stationen für drahtlose Telegraphie sichern immer mehr Fahrt und Fang, den auch wissenschaftliche Untersuchungen fortschreitend stützen. Es kann an der eisfreien Küste das ganze Jahr hindurch gefischt werden. Der Kabeljau ist Hauptfangfisch; die Lofotenfischerei[5]) im Frühjahr liefert mehr als ein Drittel des norwegischen Gesamtfanges. Die Schwankungen der Jahreserträge sind erheblich. Anfang des Sommers halten sich die Kabeljaus, hinter dem Kapelan her, mehr an Finnmarkens Küste. An den Küsten liegen die Konservierungsanstalten. Die Ausfuhr von Kabeljauprodukten ist sehr wichtig für das Land. Mit Neufundland, Kanada und Island gehört Norwegen zu den Hauptversorgern des Weltmarkts mit Klippfisch und Stockfisch.[6]) Kristiansand (17), Bergen (91), Aalesund (16), Hammerfest, Trondhjem (55), Tromsö (10), Vardö, Svolvaer, Sandefjord (6) usw. sind Ausfuhrhäfen.

---

[1]) Finnlands Ausfuhr 1913: 12640, 1923: 6570 T.; Schwedens Ausfuhr 1923: 2500 T.

[2]) Norwegens Ausfuhr 1923: 8700 T.

[3]) Finnlands Ausfuhr 1913: 1220, 1923: 1340 T.

[4]) Schweden führte 1923 allerdings 15000 T. Speck aus.

[5]) Da die Luft an den Lofoten und in Finnmarken (an den Außenrändern Norwegens) zu feucht im Frühling (und im Winter zu kalt) zum Trocknen der Fische ist, bringt man die hier im Norden gefangenen Kabeljaus gerne in das trockenere und wärmere Innere der Fjorde des Amtes Nordland. Der (nördlichere) Finnmarkenfisch ist haltbarer als der Fisch der Lofoten. Anhaltende Seewinde sollen einen schlechten Fang (leichte Ware z. B.) bedingen, wohl durch Einwirkung auf den Planktonreichtum (?).

[6]) Klippfisch wird gesalzen und auf Klippen, Stockfisch an Holzgerüsten getrocknet; gehen als Fastenspeise nach katholischen Ländern, besonders Südeuropas; Laberdan ist bloß gesalzen. Die Köpfe werden als Viehfutter benutzt, die Eingeweide zur Bereitung von Fischguano, der Rogen als Sardinenköder, der Lebertran für Medizinzwecke ausgeführt. Das Produkt von den im Januar bis März gefangenen Kabeljaus ist das beste, der Lofoten-Lebertran der reinste. Auch Gerböl wird aus den Lebern hergestellt. Ausfuhr Norwegens an Klippfisch Jan.—Sept. 1924: 33400 T. (nach Spanien 13400; Portugal 7000; Brasilien 3700; Argentinien 3000; Cuba 2800; Italien 1700); Stockfisch 23400 T. (Italien 12300; Westafrika 6700); gesalzene Fische (Heringe) 77190 T. (Deutschland 34500; Rußland 16000; Schweden 8100; Frankreich 6500); Fischkonserven 30400 T. (Union 13400; Australien 5700; Großbritannien 4400). Dampfmedizinaltran 83860 hl (Union 21810; Deutschland 17660; England 12960; Italien 6550). Von Fischmehl wurden 1922 mehr als 20000 T. verschifft. — Die Raumabahn erschließt am Romsdalsfjord einen der wichtigsten Fischereidistrikte und ermöglicht direkte Versendung der Fische nach Oslo und weiter ins Ausland. 1923 wurden 54500 T. Stock- und Klippfisch ausgeführt, ferner 21400 T. Konserven, 36300 T. Speise- und techn. Walfette, 23300 T. Tran.

Der Hering ist ebenfalls ein wichtiger Fangfisch Norwegens, vornehmlich der nördlichen Distrikte, aber es wechseln gute und schlechte Fangperioden.[1]) In je nördlicheren Meeren die Heringe gefangen werden, desto wohlschmeckender sollen sie sein. Die Ausfuhr von Salz- und frischen Heringen ist sehr bedeutend; Aalesund (16), und Kristianssand (17) sind Hauptzentren der Heringsfischerei. Bergen (91) und Trondhjem (55) waren bisher Hauptausfuhrplätze.[2]) Heringsöl (für Seife, Margarine, Schmieröl usw.), Heringsmehl, Kraftfutter usw. werden gewonnen. Die Fischkonservenindustrie (Zentrum Stavanger, 44) hat einen großen Aufschwung genommen. Anschovis, „Ölsardinen" (eigentlich Brislinge in Öl; auch in Tomaten), kleine Heringe werden eingelegt.

Der (sommerliche) Fang von Makrelen, Lachsen, Hummern, Robben (Seehunden, in den Gewässern Finnmarkens und im Eismeer) tritt neben den zwei obengenannten großen Fischereien zurück.

Der Walfang der Norweger, der bedeutendste der Erde[3]), findet, nachdem Raubwirtschaft die Nordpolarmeere ziemlich erschöpft hat, in den Südpolarmeeren statt. Sandefjord, Larvik, Tönsberg, Kristiania am Kristianiafjord, auch Haugesund im Westland sind die Hauptzentren der Waldampfer.

In den nördlichen Ämtern Norwegens lebt ein Drittel bis zur Hälfte und mehr der Bevölkerung von der Fischerei.

In Schweden und Finnland hat die Seefischerei eine weit geringere Bedeutung.[4]) In Schweden konzentriert sie sich hauptsächlich an der die Nordsee begleitenden Küste; doch schwanken die Erträge der Heringsfischerei ebenfalls beträchtlich von Jahr zu Jahr.[5]) Schweden und Finnland müssen Fische und Fischprodukte einführen; die fischärmere Ostsee kommt wenig in Betracht.

Die Binnenfischerei liefert in den gewässerreichen nordischen Ländern (Schweden, Finnland) natürlich ebenfalls erhebliche Werte und erstreckt sich besonders auf Lachse[6]) und Aale. Die Fischerei erzeugt auch Düngemittel (Guano aus den Eingeweiden des Kabeljaus, Walabfällen usw., Knochenmehl aus Walknochen).

Von **mineralischen Nahrungs- und Genußmitteln** sowie Zugehörigem fehlt Salz, das doch für die Verarbeitung der Fischereiartikel so unentbehrlich und für eine chemische Industrie wichtig ist; es muß in Mengen vom Auslande bezogen werden.[7])

---

[1]) An der Südküste Norwegens war der Hering bis 1840 verschwunden, 1840—70 waren günstige Fangjahre, bald darauf sank der Fang fast auf Null herab, jetzt ist er wieder gut. Vielleicht sind für die langjährigen Perioden periodische Schwankungen der Wassertemperatur, welche Nahrung und Fortpflanzung beeinflussen, oder das Auftreten bestimmter Salzgehalte, die dem Hering zusagen oder nicht, verantwortlich zu machen. Vielleicht trifft, wie für die Lofotenfischerei, die Brücknersche Klimaperiode hier zu. Anhaltende Seewinde, die den Heringsfraß oder Rödaat (Calanus finmarchicus, Krill) und den Hering dem Lande zutreiben, bedingen einen reichen Fettheringsfang. Jedenfalls sind die den Hering wie den Kabeljau betreffenden Sachverhalte noch nicht genügend aufgeklärt. Ausf. von frischen und gesalzenen Heringen 1924: 184200 T.; s. auch S. 6, Anm. 5.

[2]) Vgl. Raumabahn, oben, Anm. 2.

[3]) 1913 über 78, 1918: 43,5 % der Weltproduktion von Waltran. Tran wird ausgeführt.

[4]) Nach einer Statistik vom Jahre 1924 soll Norwegen mit 14, Schweden mit 23 Mill. Doll. an der W. von Fischen (780 Mill. Doll.) beteiligt sein (?). Schweden führte 1923: 17300 T. Fische aus.

[5]) Die Hauptmenge der Fänge ging bisher an die großen deutschen Räuchereien in Travemünde und Rostock. Man fing an, Fabriken für Heringsöl, Fischfuttermehl, Fett usw. zu errichten. Austern werden vor Bohuslän gezüchtet.

[6]) Die jungen pommerschen Lachse ziehen auf die Fettweiden der nordschwedischen Ostseeküste.

[7]) Deutschland allein führte 59000 T. 1913, 124000 T. 1920 und 31000 T. 1922 nach Norwegen und Schweden aus.

Man wollte Salzwerke errichten, die auf elektrischem Wege aus Meerwasser Salz im großen gewinnen mit den willkommenen Nebenprodukten Gips, Chlorkalium, Brom usw. Trinkwasser ist überall reichlich zu finden; die Beschaffung mittels Wasserleitungen steht auf einem hohen Niveau. Mineralwässer fehlen nicht. Hierhin gehört wohl auch die klimatisch bedingte Gewinnung von Eis in den nordischen Ländern, das zum Teil im Lande in Fisch-, Konservenindustrie usw. verbraucht, zum Teil (sommers) nach südlicheren Ländern ausgeführt wird.

Kalihaltige **Düngemittel** versuchte man mehrfach, wohl ohne rechten Erfolg, aus dem weitverbreiteten und reichlich vorkommenden Feldspat herzustellen. Thomasphosphate und Apatite werden, in Schweden namentlich, in größeren Mengen gewonnen, ebenso Kalk. Die reichen Wasserkräfte Norwegens (und Schwedens) sind auch besonders der Entwicklung der Stickstoffbindungs-Industrie günstig gewesen. Sie besaßen schon 1920 3 Werke (des Lichtbogenveirfahrens) mit einer Leistungsfähigkeit von 30000 T. und 3 Werke (des Zyanamidverfahrens) mit einer Leistungsfähigkeit von 28000 T. Norwegen führte 1920 fast 180000 T. Stickstoff aus (117400 T. Kalksalpeter [Norgesalpeter, 1923 147200 T.], (20250 T. Ammoniumnitrat, 18640 T. Natriumnitrat, 15910 T. Zyanamid, 7700 T. Natriumnitrit). An der Produktion von Kalziumzyanamid (Natriumnitrat und -nitrit) waren Norwegen 1918 mit 178500 (26,7 % der W.) T., Schweden mit 21500 T. $3^1/_4$ % der W.) beteiligt. Schweden erzeugte 1923: 31300 T. Salpeter und Zyanamid, 9500 T. Ammoniumsulfat, 155000 T. Superphosphat und 4500 T. Thomasschlacken.

b) Für **Kleidungszwecke** sind pflanzliche Rohstoffe in N. nur spärlich vorhanden bzw. zu erzeugen und müssen in ansehnlichen Mengen eingeführt werden. Der Anbau von Flachs und gar Hanf wird durch Naturverhältniss beschränkt.[1]) Baumwolle muß natürlich eingeführt werden.[2]) Dagegen wird für die im langen nordischen Winter nötige warme Kleidung etwas mehr (grobe) Wolle[3]) erzeugt. Gute Pelze der nicht seltenen Pelztiere werden naturgemäß viel verwendet.

Der Seidenraupenzucht, die man im Süden Schwedens stellenweise versucht, ist wohl nur geringer Erfolg beschieden. Häute und Felle der Haustiere können nur einen Teil des in diesem Klima so notwendigen Schuh-, Handschuh- usw. Bedarfs decken.[4]) Mineralische Schmuckstoffe sind spärlich vorhanden; Gold wird ganz wenig gewonnen, in Seifen Nordnorwegens z. B., mehr Silber (in Norwegen in und bei Kongsberg; in Schweden bei Sala); Platin soll im schwedischen Värmland vorkommen.

c) Für **Wohnungsbau** und Heizung steht in reichlichstem Maße **Holz** zur

---

[1]) Prod. Schwedens an Flachs 1909/13: 510, 1921: 500 T., Finnlands 1922: 1600 T. Jenes mußte 1909/13 jährlich 2010, 1922: 2340; dieses 1940 bzw. 1580, Norwegen 100 bzw. 40 T. einführen (Einfuhrüberschuß).

[2]) Schweden 1913:21560, 1924:21230 T., Finnland 1924:5000 T. und Schweden 1923: 4300 T. Baumwollwaren

[3]) 1923: Schweden 1220 T. (= 0,1 % der W.); Finnland 3460 T. (= 0,29 %); Norwegen 2360 T. (0,2 %). Schweden führte 1923:8200 T. ein, dazu 2600 T. Wollgarne und 2500 T. Wollwaren, Norwegen 1923: 22200 T. Erzeugnisse von Spinnstoffen, Finnland Textilien für 198, Gewebe für 361 Mill. finn. Mk. ein.

[4]) Finnland führte 1924:5000 T. ein.

Verfügung in den ausgedehnten Wäldern[1]) der nordischen Waldzone, der N. angehört. Produktion und Verarbeitung von Holz, das Hauptbaumaterial der nordischen Länder ist und zudem vielen anderen Bestimmungen dienen kann, ist in allen drei Ländern der wichtigste Wirtschaftszweig.

Im Norden Norwegens hält sich der **Wald**[2]) nur an den windgeschützten Fjorden und in Tälern und nur bis zu etwa 200 m Meereshöhe. Gegen Süden steigt die obere Waldgrenze höher an, erreicht aber auch hier nicht 1000 m M. Die Kiefer (wie die anderen Bäume) wächst allgemein im Süden Nordeuropas schneller und höher als im Norden; sie wird hier später schlagreif als dort, aber ihr Holz gilt bei den engeren Jahresringen des Nordens als stoffreicher und druckfester[3]) als das leichtere Holz des Südens. Das norwegische Holz soll weniger harzreich und fest sein als das schwedische (und finnische), wohl infolge der übergroßen Feuchtigkeit und der geringen Temperaturschwankungen (?). Neben der Kiefer ist die Fichte stark vertreten, Birken im Norden und auf Höhen. Laubwald (Birken, Espen, Silberpappeln, Eichen, Buchen) mischt sich gegen Süden zu. Hier ist der Wald auf fruchtbareren Böden, z. B. in der mittelschwedischen Seensenke, für Ackerbau stark gelichtet. Der Holzbedarf und -verbrauch ist bei dem allgemeinen Kohlenmangel sehr stark, und es findet durchaus „Überholzung“ statt; für Nachwuchs wurde bisher nicht genügend gesorgt.

Die Sägeindustrie (an den Mündungen der flößbaren Flüsse) ist sehr bedeutend in allen drei Ländern; bei den hohen Relativziffern der Waldfläche bzw. des Einschlags je Kopf[4]) findet ein umfangreicher Export von Holz statt, doch nahm derselbe (vor allem bei Rundholz, weniger bei Schnittholz) allmählich ab, und man verarbeitet fortschreitend das Holz zu wertvollerer Ausfuhrware, zu mechanisch hergestellter Holzmasse (Holzschliff), chemisch hergestelltem Zellstoff und Papier. Alle diese Produkte sind für die drei Länder die Hauptausfuhrprodukte[5]); auch zu Bauware, Möbeln, Zündhölzern (Schweden besonders[6]) verarbeitet, versorgt das nordische Holz den Weltmarkt, vor allem das große atlantisch-europäische Aktionszentrum (England, Holland, Belgien, Deutschland, Frankreich usw.), doch selbst über die ganze Erde und zu allen holzbedürftigen Ländern verteilen sich die nordeuropäischen Holzprodukte, in Konkurrenz besonders mit denen Kanadas (s. S. 381 f.).

---

[1]) In Schweden kommen nach Sven Helander 391 ha Waldfläche auf 100 Einw. gegenüber 22 im alten Deutschland; in Finnland sind es 595, in Norwegen 263 ha. Die schneereichen Winter erleichtern das Heranschaffen der (im Winter) gefällten Stämme zu den Flüssen. Milde Winter (wie der von 1924/25) sind ungünstig. Die Flößerei wird durch mancherlei Kunstbauten erleichtert.

[2]) In Schweden sollen 52 (nach Zon und Sparhawk, Forest Resources of the World, New York 1923: 54,8), in Norwegen 22 (21,4), in Finnland 60% der Fläche bewaldet sein.

[3]) In den nördlichsten Gegenden soll das Holz wieder an Druckfestigkeit nachlassen und in Schweden soll das festeste Holz in der Regel aus den Häfen von Hernösand bis Gäfle stammen, sowie aus Vermland (Hafen Göteborg). Ganz geklärt sind die auf Naturverhältnisse zurückgehenden Qualitätsunterschiede noch nicht. Vgl. H. Vespermann, a. a. O., S. 147 ff.

[4]) Vgl. oben Anm. 1.

[5]) Schweden führte 1913 (1924) 6,34 (5,14) Mill. cbm Holz, 0,85 (1,22) Mill. T. Holzmasse, 212700 (360800) T. Papier und Pappe aus; Finnland 1924: 101000 T. Holzschliff, 272000 T. Zellulose, 134000 T. Zeitungspapier, 32000 T. Pappe. Auch Norwegen ist wichtiges Ausfuhrland mit (1923) 495300 cbm Holz, 478400 T. Holzstoff, 223600 T. Zellstoff, 221900 T. Papier und Pappe.

[6]) Schweden beherrscht den Weltmarkt; Ausfuhr 1913: 34620; 1924: 33230 T. Spielwaren (1923: 570 T.) werden eingeführt.

Alle drei Länder sind reich an mineralischem Baumaterial für Hausbau und andere Bauten (auch Straßenbau usw.).

Die Steinindustrie Norwegens (Granit und Labrador) ist bedeutend, und N. führt Blöcke und verarbeitetes Material aus; noch mehr Schweden[1]), doch auch Finnland exportiert Granit und Graniterzeugnisse. Zahlreiche Arbeiter sind in dieser bodenständigen Industrie Nordeuropas beschäftigt. Die Tonindustrien (Ziegelei, Töpferei u. dgl.) dürften nach der Natur des Landes in vielen Gebieten Mangel an Rohmaterial zu verzeichnen haben, aber besonders im Gebiet der glazialen Ablagerungen (Schonen, Seensenke, Gegend um den Kristianiafjord) sind sie gut entwickelt[2]); auch feuerfeste Tone kommen vor, Kaolin fehlt nicht. Kalk wird besonders in Schweden gewonnen. Die Zementindustrie (Südschweden, in der Nähe des Kristianiafjords usw.) arbeitet sogar für Ausfuhr. Die Glasindustrie hat sich am besten in Schweden entwickelt, wo geeignete Sande und Quarz vorkommen und die Waldgebiete Heizstoff darboten. Die schwedische Porzellanindustrie in und bei Stockholm (422, Gustavsberg), Gäfle (38), Göteborg (227) usw. übertrifft die der anderen nordischen Staaten.

d) Tierische Arbeitsgehilfen, Naturkräfte und Material für Werkzeuge aller Art.

Als **Arbeitstiere** werden hauptsächlich Pferde gebraucht, die in den landwirtschaftlichen und industriellen Teilen Süd- und Mittelschwedens am zahlreichsten gehalten werden. In den rauhen Landesteilen leisten abgehärtete Ponnyrassen Dienste.

Von **Brennstoffen** zur **Kraft-** und **Wärmeerzeugung** ist außer Holz, das vielerorts in Holzkohle umgewandelt wird, in allen drei Ländern allein der Torf sehr reichlich vertreten; er leistet für den Hausbrand, zum Teil auch für Eisenbahnbetrieb (ferner als Torfstreu), in Zukunft wohl auch einmal vergast und in Elektrizität umgewandelt, Dienste[3]), vermag jedoch die fehlende Kohle nicht zu ersetzen; auch wendet man ihm keine besondere Aufmerksamkeit zu.

Braunkohlenartige Kohle (der Juraformation) findet sich fast ausschließlich im südlichen Schweden, in dem Nordeuropa wesensfremden Schonen, doch deckt die Förderung nicht entfernt den Bedarf Schwedens, geschweige Nordeuropas. Auch das Norwegen zugesprochene Spitzbergen mit reichen Kohlenlagern kann, im kurzen Sommer etwa drei Monate gewöhnlich der Verschiffung der Kohlen zugänglich, bisher nur einen kleinen Teil des norwegischen Kohlenbedarfs befriedigen. Alle drei Länder müssen viel Kohle, hauptsächlich aus England, beziehen.[4])

Große Ölschieferlager (mit 4% Ölgehalt) kommen, besonders in Schweden,

---

[1]) Besonders Pflastersteine nach dem steinarmen niederdeutschen Tiefland.

[2]) Z. B. besteht bei Sandnes eine große Ziegelindustrie. Man brennt neuerdings mittels Elektrizität Ziegel. Der große Bedarf an Kachelöfen führt auf die langen und kalten Winter zurück.

[3]) Aus dem Torfmoos gewann man übrigens zur Kriegszeit auch Brennsprit.

[4]) Norwegen brauchte vor dem Kriege jährlich $2^1/_2$—3, Schweden 5, Finnland 0,6 Mill. T. Einfuhr-Steinkohle (und Koks), jetzt (1924) nur 2,05 Mill., 3,97 Mill., 620000 T. Spitzbergen (s. S. 478) lieferte 1923 schon etwa 330000, 1924: 429000 T. guter Kohlen nach Norwegen, Island und Schweden. Auch die großen Lager der Bäreninsel (s. S. 478; 1924: 21000 T.) beuten die Norweger aus; die Insel ist etwa während 6 Monaten zu erreichen (s. S. 478, Anm. 4). Spitzbergen, Bäreninseln und Jan Mayen nennen die Norweger Svalbard = kalte Küste.

vor und haben wohl noch einmal eine Zukunft.[1]) Alle drei Länder müssen viel Petroleum einführen.[2])

Weit wichtiger als Torf und Kohle sind für Nordeuropa die Wasserkräfte, N. gehört zu den wasserreichsten Gebieten der Erde (Bd. I); sie werden neuerdings mit großer Energie dem Kohlenersatz[3]) und der Erweiterung der industriellen Tätigkeit nutzbar gemacht.[4])

An **Bergbauschätzen** (Metallerzen usw.) für **Werkzeuge** aller Art ist der alte und von Eruptivgestein durchsetzte Boden Nordeuropas ziemlich reich, und sie liegen vielfach leicht erkenntlich und erreichbar zutage. Internationale Bedeutung haben die schwedischen Eisenerzlager.[5])

Phosphorfreie Erze, vorzüglich geeignet für die Erzeugung von Qualitätseisen und -stahl, liegen im Granulit Mittelschwedens (Värmland bis Gäfleborg) und bilden seit frühem Mittelalter die Grundlage einer mit Holzkohle betriebenen Eisenindustrie, der neuerdings die phosphorhaltigen (1,5% Phosphor) Grängesbergerze, mit meist 60% Eisengehalt und im Tagebau zu gewinnen, nutzbar wurden; doch werden die letzteren auch in großem Maßstabe über den Ostseehafen Oxelösund (nach Deutschland usw.) ausgeführt. Viel reicher an Erzen ist Nordschweden, dessen phosphorhaltige Erze (magmatische Ausscheidungen in Eruptivgestein, Syenitporphyr) mit 63—64% Eisen zu Kirunavaara, Gellivare, Luossavaara usw. in großen Mengen ausgeführt werden, da die Kohlenarmut, Entlegenheit usw. der Vorkommen die umfassende Verhüttung verhindert; nur in kleinem Maßstabe werden sie im elektrischen Ofen an Wasserfällen des Nordens (Porjusfälle usw.) verschmolzen. Die Ausfuhr des Erzes geschieht über Luleå (11), dessen Hafen — günstigerweise für die Verladung ohne Gezeiten — 5 Monate Eisschluß hat, und vom norwegischen eisfreien Narvik am Ofotenfjord.[6]) Die lappländischen Erze wandern nicht nur ins deutsche Rheingebiet und in die Ostseehäfen (s. S. 120, Anm. 2), selbst für Oberschlesien, sondern auch nach England, der Union usw. Norwegen besitzt ebenfalls solche Eisenerzlager, besonders im Norden (Sydvaranger am Varangerfjord, Melö-

---

[1]) Während des Krieges wurde Brennsprit aus Torfmoos hergestellt; größere Bedeutung gewann die Gewinnung von Sulfitsprit aus den Laugen der Zellstoffindustrie. Er ist für den Betrieb der Kraftwagen (s. S. 15, Anm. 1) und Motorwagen und -boote von großem Belang. Auf Spitzbergen soll Erdöl vorkommen.

[2]) Schweden führte z. B. 1913: 179900, 1924: 253200 T. Mineralöle ein.

[3]) Eine neuere Untersuchung ergab, daß die (vorkriegszeitliche) Kohleneinfuhr Schwedens zu etwa 45% durch einheimische Wasserkräfte ersetzt werden kann. Man rechnet, daß von den geschätzten 9 Mill. PS Schwedens 75% auf Nordschweden (das ist ungünstig!), 15% auf die Seensenke (Svealand) und 10% auf Götaland entfallen. Norwegen soll etwa über 12, Finnland 4 (2,5?) Mill. PS verfügen, nach dem amerikanischen Wasserkraftatlas sind die Ziffern 4,5; 5,5; 1,5 Mill. PS. Davon waren 1920: 1,2; 1,35; 0,19 Mill. PS ausgenutzt.

[4]) In Schweden werden schon weit über 1 Mill. PS ausgenutzt. Berühmt sind die Trollhättan-Kraftwerke und die von Lilla Edet, beide am Götaälv, die Göteborg (229) und viele andere Orte mit Licht und Kraft versorgen. Der Vänernsee soll zu einem Staubecken ausgebaut werden, um regulierend für die Wasserstände der benachbarten Wasserfälle verwendet zu werden. Am Ume, Ljusne, Ljung, Lule Älv sind Kraftwerke entstanden; der Indalsälv und der Storsjö sollen zur Steigerung der dort gewonnenen Kraft reguliert werden usw. In Norwegen sind ebenfalls schon zahlreiche Wasserfälle, die am reichsten an den West- und Südhängen (Telemarken, Hordaland usw.) des südnorwegischen Plateaus auftreten, in Ausnutzung genommen; in Finnland (Tammerfors) weniger (1925: 225000). Das Imatrawerk soll Ende 1928 fertig werden.

[5]) Vorräte wurden auf 749 Mill. T. bekannte und 1239,4 Mill. T. wahrscheinliche geschätzt. Die Kirunavaaralager enthalten aber nach neueren Schätzungen allein 2500 Mill. T. Erz, sind bis 700 m Tiefe festgestellt und werden um so phosphorärmer, je tiefer man kam.

[6]) Ausfuhr Schwedens an Eisenerz 1913: 6,44; 1920: 3,74; 1924: 5,95 Mill. T.

grube usw.), und die Lage an der Küste und eisfreie Häfen begünstigen die Abfuhr ins Ausland[1]), da die Kohlenarmut die Verhüttung versagte, doch hat die Herstellung von Roheisen und Stahl, die jetzt gering ist[2]), auf elektrischem Wege wohl eine Zukunft. In Finnland waren bis vor kurzem die (sich besonders auf Gneis und Granit in seichten Seen, auf Wiesen, in Sümpfen bildenden) Lager von „Bohnenerzen“ (See- und Wiesenerzen) sehr geringer Mächtigkeit mit meist 38—42% Eisen die gänzlich unzureichenden Erzquellen. Nun hat man aber im finnischen Lappland den benachbarten schwedischen ähnliche große Erzlager gefunden, deren Lage freilich Ausbeutung und Ausfuhr erschweren.

Günstig für die Entwicklung nordischer Eisenindustrie sind die nicht unbedeutenden Vorkommen von **Eisenveredelungserzen:** Nickelerz (Norwegen, Schweden), Manganerz (Schweden, Norwegen), Wolframerz (Schweden, Norwegen), Molybdänerz (Norwegen, Schweden), Chromerz (Norwegen), Vanadium (Schweden); Kieseleisen (Ferrosilicium) wird in Norwegen, auf elektrischem Wege gewonnen, ausgeführt.

Namentlich die schwedische Industrie in Maschinen (besonders auch elektrischen, Separatoren, Holzbearbeitungsmaschinen, landwirtschaftlichen), (Petroleum-) Motoren, Kugellagern, Telephonapparaten, Kleineisenwaren (Messer u. dgl., Werkzeugen) — in Eskilstuna (30) usw. hat großes Ansehen. Der Schiffbau (Göteborg, 227, Oslo, früher Kristiania, 258, Bergen, 91, usw.) ist nicht unbedeutend[3]), doch läßt besonders Norwegen seine Stahlschiffe wegen Mangels an Rohmaterial zum großen Teil auswärts bauen. Die Automobilindustrie hat geringen Umfang, Autos werden viel eingeführt (s. S. 14). Die finnländische Eisenindustrie (Tammerfors oder Tampere, 48, am 18 m fallenden Tammerfors; Häfen Helsingfors oder Helsinki, 200, Åbo oder Turku, 59) arbeitet ebenfalls rege.

Kupfer wird in Norwegen (meist Nebenprodukt, s. unten) wie in Schweden wenig gewonnen.[4]) Schweden führt ziemlich viel ein. Auch Blei und Zinkproduktion sind bescheiden[5]); Kobalt hat Norwegen bis in neuere Zeit geliefert. Die Aluminiumindustrie (Labradorstein Norwegens usw.) ist in beiden Ländern nicht unbedeutend.[6]) Zinn für die Weißblechindustrie, die bei dem Aufblühen der Fischkonservenindustrie

---

[1]) Prod. 1915: 715000 T. Ausf. vor dem Kriege etwa 500000 T., 1921 kaum 190000, 1923: 358800 T.

[2]) Fredriksstad (16), Oslo, früher Kristiania (258), Risör am Skagerrak, Hamar am Mjösensee (6), Narvik (6), Stavanger (44), Arendal (10) seien als Stätten von Eisenwerken genannt; sie verarbeiten zum Teil Alteisen, Einfuhreisen (Einf. 1924: 122000 T.). In Tönsberg (13), einem bekannten Walfangplatz, werden auf elektrischem Wege Ankerketten gegossen. Auch Drahtseilfabriken gibt es. Aber die Herstellung von Roheisen und Rohstahl ist sehr klein. Schweden erzeugte 1913: 730000, 1924: 507000 T. Roheisen und 1913: 591000, 1924: 529000 T. Rohstahl. Die Eisenindustriegebiete liegen hauptsächlich in Mittelschweden. Eisen und Stahl sind Ausfuhrartikel Schwedens (1913: 480000, 1924: 243000 T.).

[3]) Norwegen baute 1924: 23000 Br.-R.-T. und ließ im Auslande 53000 bauen; 96000 Br.-R.-T. kaufte es vom Auslande dazu. Aber es führte 1923 auch noch 48 Dampfer mit 65500 Br.-R.-T. aus. Vgl. Bd. I, S. 217. Auch Schweden führt Schiffe aus.

[4]) Kupfererz 1923: Norwegen 2400, Schweden 2400, Kupfer je 100 T. Finnland besitzt wichtige Lager zu Outokumpu und Petsamo (mit Nickel).

[5]) Zink 1923: Norwegen 3800, Schweden 1300 T.

[6]) Prod. Norwegens 1924 etwa 22000 T. Aluminium = 11,8% der W., Ausfuhr 1923: 12800 T.

(s. S. 14) namentlich für Norwegen Bedeutung hat, muß eingeführt werden. Wichtig sind für beide Länder wegen der hervorragenden Entwicklung der Zelluloseproduktion (s. oben) die Vorkommen von Schwefelkiesen (Pyriten) eruptiver Entstehung, die den benötigten Schwefel[1]), ferner Kupfer, Schwefelsäure, Eisen usw. liefern. Norwegen besitzt große Gruben am Sulitelma, in Meldalen, Grong usw. und führt noch Schwefelkies und Kiesabbrände aus.[2]) Auch in Schweden, das früher auf Einfuhr von Norwegen angewiesen war, hat man neuerdings bedeutende Lager festgestellt und die Produktion von Schwefelkies sehr steigern können. Graphit kommt ein wenig in Norwegen und in Schweden vor.

e) Das Aufkommen der **Fabrikindustrie** wurde in N. durch den Kohlenmangel (s. S. 10), die geringe Volksdichte (s. S. 4), die Arbeitermangel wie geringen Umfang des Binnenabsatzes bedeutet, ferner, namentlich in Norwegen, durch die Schwierigkeiten des Verkehrs und die großen Entfernungen (für Nordschweden z. B.) erschwert.

Andererseits trieb freilich gerade die Schwierigkeit, für eine wachsende Bevölkerung Nahrung (und Kleidung) im Lande und auf dem Meere zu gewinnen, zur industriellen Tätigkeit. Begünstigt wurde letztere durch das reiche Vorkommen gewisser Rohstoffe (für die Nahrungsmittelindustrie [s. S. 5ff.], dann vor allem Holz; ferner Eisenerz, Steinmaterial) und die neuerlich gewonnene Möglichkeit, die reichen Wasserkräfte als elektrische Kraft arbeiten zu lassen; schließlich und nicht zum wenigsten durch den arbeitsamen, zielstrebigen Charakter einer hochgebildeten Bevölkerung, die auch immer mehr Verständnis für die so notwendige Stützung der Industrie durch Wissenschaft und Technik hat. Zuerst entwickelte sich die Fabrikindustrie fast überall in den Häfen des Landes, denn an den (auf der atlantischen Seite eisfreien) Küsten sitzt fast immer der Hauptteil der Bevölkerung, und hier war die Kohlen- und Rohstoffzufuhr sowie eventueller Absatz ins Ausland am leichtesten; sodann faßte sie auch in den Wäldern, an Bergbaustätten, an Wasserfällen Fuß. Die hauptsächlichen Industrielandschaften sind in Norwegen darum die Uferlandschaften des Kristianiafjords (Kristiania, 258) sowie das Bergener Land (Bergen, 91) und einige andere Gebiete des Westlandes; in Schweden Südwest-Schonen (Malmö, 114; Hälsingborg, 48, usw.), die Stadt Stockholm (mit Umgebung, 422), die Seensenke überhaupt (Gävle, 38; Eskilstuna, 30; Norrköping, 58, usw.), Göteborg (227) mit Umgebung usw., in Finnland die Häfen, besonders die südlichen, und Tammerfors oder Tampere (48, s. S. 11, Anm. 4). Die wichtigste Industrie ist die der Holzverarbeitung (s. S. 9), also Holzwaren-, Zündhölzer-, Holzmasse-, Papier- und Pappenindustrie. Für Norwegen hat ferner die Fischkonservenindustrie (S. 6f.), auch die chemische Industrie (s. S. 7, 8, oben u. Anm. 1), für Schweden die Eisenindustrie besonderen Belang für die Ausfuhr.

Während des Krieges hat sich die Industrie infolge der Absperrung vom Außenhandel stark und zum Teil überentwickelt, erfuhr aber später schwere Rückschläge. Die Einfuhr von Industrieprodukten ist noch immer sehr bedeutend.[3])

---

[1]) Es gibt kupferhaltige (s. oben) und kupferfreie Schwefelkiesgruben. 1915 wurden in Norwegen 513000 T. gewonnen (466800 T. ausgeführt, 1923: 375000, in Schweden 58000 T. Neuerdings sollen bei Kongsvold (Westnorwegen) reiche Schwefellager entdeckt worden sein.

[2]) 1923 Schwefelkies 349700 T..

[3]) Vgl. Industrial Sweden. Gothenburg 1923. Industrial Map of Sweden. Stockholm 1923.

f) Handel. Die vorstehend geschilderten Produktionsverhältnisse und die hochgesteigerten Bedürfnisse einer relativ kleinen, aber durchschnittlich wohlhabenden und hochgebildeten Bevölkerung erklären Art und Umfang von Ausfuhr und Einfuhr.

Ausgeführt werden hauptsächlich Industrieprodukte von Schweden und Finnland, danach auch Rohstoffe, dagegen wenig Nahrungs- und Genußmittel; in Norwegen stehen letztere voran (?), danach folgen Rohstoffe und Industrieprodukte. In der Einfuhr führen infolge des nordisch-borealen Klimas in Finnland Nahrungs- und Genußmittel, die auch in Schweden und in Norwegen den zweiten Platz innehaben; in den letzteren Ländern sind die Rohstoffe an der Spitze, die im finnländischen Handel den zweiten Platz halten; Industrieprodukte treten immerhin zurück. Die Richtung des Handels der nordeuropäischen Länder wird bestimmt durch ihre Lage an der Nordwestecke Europas, am Nordrand des europäischen Aktionszentrums; die Norwegens durch die Lage an der eisfreien atlantischen Küste, im Angesicht des industrialisierten Westeuropa, die Schwedens und Finnlands mehr durch die Lage an der Ostsee, wobei Schweden sein Heranreichen an Kattegat und Skagerrak und seine Annäherung an Deutschland zugute kommt. Natürlich machen sich auch die wirtschaftlichen Änderungen durch den Weltkrieg in dem Außenhandel bemerkbar.

Ausfuhr Norwegens (Gh.) 1923: 830,9 (1924: 1063,7) Mill. Kronen: Papier 269,7; Tiere (Fische usw.) und tierische Nahrungsmittel 172,9; Holz 71; Öle 69,4; Metalle 49,7; Mineralstoffe 34,4; Häute und Leder 24,8 Mill. Kr.; Schweden 1923: 1142,1 (1924: 1251,6) Mill. Kronen: Holzwaren 236,5, Papiermasse 193,8, Maschinen 110,1, Holz 74,7, Eisenerze 70,3, Eisen und Stahl 51, Streichhölzer 43,5, Eisen- und Stahlwaren 31,4, Schweinefleisch 26,6, Felle und Häute 20,6, wollene und baumwollene Gewebe 13,9, Steine 13,6, lebende Tiere 9,5, Butter 7,7 Mill. Kronen; Finnland 1923: 4392,5 Mill. finn. Mark: gesägtes Holz 2014,3, ungesägtes Holz 517,5, chemisch hergestellte Papiermasse 484,5, Zeitungspapier 376,8, Butter 205; anderes Papier 196,9; mechanisch hergestellte Papiermasse 94,8, Häute und Leder 79,1, Bretter 69, Garnrollen 61,9, Kartons 54,7, Streichhölzer 33,9, Käse 26,3, Fleisch 21,6 Mill. finn. Mark.

Einfuhr Norwegens 1923: 1342,9 (1924: 1547,8) Mill. Kronen: Webwaren 188,7, Getreide 140,2, Kolonialwaren 115,2, Öle 106,6, Kohle und Koks 102,1, Tiere und tierische Nahrungsmittel 93,5, Metallwaren 75,3, Früchte und Gemüse 53, Metalle 42,6, Mineralstoffe 32,1, Häute und Leder 30,2, Spinnstoffe 24,7, Lederwaren 23,9, Holz 20,2 Mill. Kronen; Schweden 1923: 1294,6 (1924: 1401,6) Mill. Kronen: Kohle, Koks 117,7, Getreide 106, Maschinen 51,8, Kaffee 51,7, Felle, Häute 47,3, Baumwolle 44,2, Mineralöle 42,3, Garne usw. 39,5, Kraftwagen 36, Früchte 35,1, Eisen- und Stahlwaren 35, Eisen und Stahl 30,9, Wolle 29,5, Wollgewebe 23,4, Fette 23,3, Kupfer 20,1, Fische 19,1, Tabak 17,9, Farben 17,1, Baumwollgewebe 16,9 Mill. Kronen; Finnland 1923: 4600,3 Mill. finn. Mark: Metalle, Metallwaren 505,8, Maschinen, Werkzeuge 291,3, Weizenmehl 274,4, Roggen 267,3, Zucker 257,4, Häute, Leder 209,9, Baumwolle 198,6, Wollwaren 196,6, Kaffee 181,3, Öle und Fette 175,5, Kohlen 147,7, Viehfutter 132,3, Baumwollwaren 130,4, Chemikalien 120,1, Tabak und Zigarren 91,7, Speck usw. 81,4, Früchte 64,6, Wolle 57,4 Mill. finn. Mark.

Handelsländer in Prozent der Ausfuhr: Norwegen 1923: Großbritannien 30,6, Union 13,5, Deutsches Reich 9,4, Frankreich 6,4, Schweden 6,3, Dänemark 5, Belgien 3,1, Australien 2,9, Italien 2,4, Spanien 2,1, China 1,7, Niederlande 1,6, Britisch-Indien 1,6, Japan 1,3, Brasilien 1,1, Argentinien 1; Schweden 1923: Großbritannien 30,8, Union 11,2, Deutsches Reich 7,8, Dänemark 7,1, Norwegen 6,4, Niederlande 3,1, Spanien 3,1, Belgien 2,9, Rußland 2,9, Australien 2,6, Afrika 2,5, Finnland 2,2, Japan 1,6; Finnland 1923: Großbritannien 41,3, Frankreich 9,3, Niederlande 8,5, Union 7,8, Belgien 7,2, Deutsches Reich 6,2, Schweden 5,8, Dänemark gegen 5, Rußland 1,9, Ägypten 1,4; **in Prozent der Einfuhr:** Norwegen 1923: Deutsches Reich 22,9, Großbritannien 21,9, Union 16,7, Schweden 6,8, Dänemark 6,7, Niederlande 4,9, Belgien 4, Frankreich 2,3, Argentinien 2,3, Britisch-Indien 1,5, Britisch-Nordamerika 1,5, Spanien 1,3; Schweden 1923: Deutsches Reich 26,4, Großbritannien 22, Union 16,5, Dänemark 8, Niederlande 4, Argentinien 2,9, Norwegen 2,6, Brasilien 2,3, Belgien 1,8, Finnland 1,7, Schweiz gegen 1; Finnland 1923: Deutsches Reich 34, Großbritannien 18,4, Union 12,7, Schweden 5,7, Niederlande 5,3, Dänemark 5,2, Rußland 4,7, Belgien 3,2, Frankreich 1,9, Brasilien 1,8, Estland 1,2.

Schwedische Messen zu Göteborg (227), Malmö (114), Stockholm (422), Sundsvall (17) fanden statt, doch strebt man einer Zusammenziehung in eine Reichsmesse (Göteborg?) zu.

g) Der Verkehr zu Lande begegnet namentlich in Norwegen großen Schwierigkeiten durch die Bodenformen und das tiefe Einschneiden der langen Fjorde.

Die guten Landstraßen sind vielfach schmal und im Zickzack geführt, was Autofahrten erschwert. Ferner behemmt der Schnee[1]) in allen drei Ländern den Verkehr. Oslo (258) ist das Haupteisenbahnzentrum Norwegens, von dem kunstvolle Gebirgsbahnen ausgehen, meist an den Verlauf der Täler gebunden: im Glomtal nach Trondhjem (55), von wo die Nordlandsbahn sich langsam auf Bodö, Narvik, Tromsö usw. zu vorschiebt; die Bergenbahn, die öfters unter Schneestörungen leidet; an der Küste entlang die Sörlandsbahn auf Stavanger[2]); die Rauma- oder Romsdalsbahn zum Romsdalsfjord (Aandalsnes). Nach Schweden führen von Oslo (früher Kristiania) Bahnen auf Göteborg und Stockholm, und letzteres wird auch von Trondhjem[3]) aus durch die Senke von Jämtland (600 m) erreicht. Von Kristiansand (17, Sörlandsbahn) kreuzt eine Eisenbahndampffähre nach Fredrikshavn (Jütland) den Skagerrak. In Schwedens Süden ist das Eisenbahnnetz schon gut entwickelt. Besondere Bedeutung haben die Verbindungen zum mitteleuropäischen Festland und nach Osteuropa hinüber; erstere werden von Trälleborg bzw.

---

[1]) In Schweden macht man darum schon von Tankautomobilen Gebrauch, die jederzeit auf schneebedeckten wie auf aufgeweichten Wegen fahren können. Kraftwagen bekamen neuerdings in abgelegenen dünnbevölkerten Gebieten (Nordschwedens z. B.) große Bedeutung. Für ihren Betrieb ist der Sulfitspiritus der Holzindustrie (Zellulose) günstig. Er wird auch auf den Eisenbahnen, auf denen man vielfach Motorwagen — öfter — an Stelle von Dampfkraftzügen laufen läßt, viel gebraucht (Motorsprit, eine Mischung von 75% Sprit mit 25% Benzol). Auch Holzkohlengas wird zum Betrieb von Motorwagen auf den Eisenbahnen und bei Lastautomobilen gebraucht. Man verwendet also möglichst einheimische (Kraft-) Brennstoffe. Die Kraftübertragung soll bei den Motorwagen der Eisenbahn hydraulisch bewerkstelligt werden. Von Sulfitspiritus wurden 1921: 141000, 1923: 35000 hl in Schweden gewonnen und noch 43900 (86000) T. Benzin eingeführt.

[2]) Sehr notwendig, weil hier der Schärenhof fehlt und die Schiffahrt gefährlich ist.

[3]) Wird dadurch Winterhafen Stockholms.

Malmö (114; Gjedser, s. S. 123) aus nach Deutschland (Saßnitz, Warnemünde) mittels Eisenbahn-Dampffähren bewerkstelligt, während Helsingfors (Helsinki, 200) und Åbo oder Turku (59), auch Reval, von Stockholm (422) aus in regelmäßigen Dampferfahrten (s. S. 17 u. 141) zu erreichen sind und eine Linie Kalmar (17)—Danzig in der Entstehung begriffen ist. Von Hälsingborg (48) und Malmö (114) aus gehen die Eisenbahndampffähren nach den Dänischen Inseln hinüber; Tunnelprojekte für den Sund (Malmö—Kopenhagen) schweben schon seit längerem. Für den Verkehr nach Nordschweden steht die Lapplandbahn nach Kirunavaara mit Fortsetzung zum norwegischen Hafen Narvik (6) zur Verfügung (s. S. 11), eine Inlandbahn über Östersund (14) am Stor-Sjö (nach Gellivare) ist nahezu fertig, eine Ostküstenbahn, die Söderhamn (11), Sundsvall (17), Härnösand (11) und andere Ostseehäfen in das Eisenbahnnetz eingliedern soll, im Bau. 1919 ist auch die Verbindung mit dem finnischen Bahnnetz endlich zustande gekommen. Dieses ist bisher recht weitmaschig. Hauptstrang ist natürlich die von der schwedischen zur russischen Grenze (Petersburg [Leningrad]) führende Bahn. Sie entsendet hier und da Seitenzweige zu Häfen und Binnenlandplätzen. Eine Küstenbahn, die die Häfen miteinander verbindet, ist im Entstehen begriffen. Neuerdings sind besonders Eisenbahnprojekte im Zusammenhang mit dem erhofften Transitverkehr (Bottnischer Meerbusen—Weißes Meer) nach Nordrußland und Sibirien aktuell geworden und Bahnen zur Erschließung Ostfinnlands. Der Eisenbahnbau wird in allen drei Ländern sehr lebhaft betrieben und Elektrisierung der Bahnen zwecks Holz- und Kohlenersparnis ist im Gange.

Binnenschiffahrt spielt (auf den Seen) in Norwegen naturgemäß nur eine geringe Rolle, aber auch auf den schwedischen Flüssen, Kanälen und Seen, so wichtig sie für die Holzflößerei sind und so sehr die Wasserfälle durch Regulierung usw. ausgeschaltet wurden, kommt sie über eine lokale Bedeutung nicht hinaus. Störend ist in Schweden und Finnland die winterliche Eisdecke auf den Binnengewässern.

Nur die Wasserstraße durch die mittelschwedische Senke, die Skagerrak mit Ostsee, Göteborg (227) mit Söderköping und Stockholm (422) in Verbindung bringt und deren Herstellung durch die Einlagerung der großen Seen erleichtert wurde, trägt etwas größere Schiffe und kann, im Stadium von Verbesserungen[1]) und Verlegungen begriffen, in Zukunft wohl noch eine wichtige Binnen- und Durchgangsstraße werden. In Finnland dienen die zahlreichen Seen mit ihren schon weitgehend verbesserten Verbindungen (und Kanälen) auch nur der Flößerei und Kleinschiffahrt mit Motorbooten und kleinen Dampfern. Nur das Saimasystem der für größere Fahrzeuge schiffbaren Binnenwege hat durch den Saimakanal unmittelbaren Ausgang zum Meere. Der vom Saimasee nach dem Ladogasee mit Umgehung der Imatrafälle geplante Kanal für 1000 T.-Schiffe befindet sich wohl noch nicht in Ausführung.

Die Küstenschiffahrt ist überall sehr lebhaft, zumal die Küstenbahnen (s. oben) noch nicht zur Verfügung stehen; am dringendsten ist sie in Norwegen

[1]) Besonders erwähnt sei auch der für Stockholm bedeutungsvolle Södertäljekanal, der den Mälaren mit der Ostsee verbindet und Schiffen (mit Kohlen z. B.) bis 8000 Br.-R.-T. die Fahrt nach Stockholm (422), Södertälje (15), Västerås (34), Köping ermöglicht, auch den Erzbergwerken Mittelschwedens zugute kommt.

mit seinem fast ungangbaren Küstenland. Hinter den Inseln des Schärenhofs, die den Anprall der Ozeanwogen auffangen, läuft eine geschützte, wenn auch durch Klippen und winterliche Schneestürme gefährliche Fahrstraße. Motorboote sind hier sehr gut zu gebrauchen.

Die Seeschiffahrt muß fast ausschließlich den Außenhandel der Halbinsel tragen, da die Stelle ihrer Verbindung mit dem Festland zu abgelegen und nördlich ist. Aber auch Finnlands volkwirtschaftlich lebendige Seite ist durchaus auf starke Seefahrt angewiesen. Störend wirkt an der schwedischen und finnischen Küste die Eissperre.[1])

Norwegen mit der atlantischen Front hatte immer die größte Handelsflotte Nordeuropas (Mitte 1925: 4,35% gegen 4,5% der W. 1914).[2]) Zahlreiche Häfen sind wichtige Reedereiplätze; Oslo (258), Bergen (91), hauptsächlich mit Englandverkehr, Trondhjem (55), Stavanger (44), Drammen (26), Kristiansand (17), Haugesund (17), Skien (17), Aalesund (16), Fredrikstad (16), Kristiansund (15), Tönsberg (13), Fredrikshald (11), Larvik (11), Arendal (10), Tromsö (10) sind die Haupthäfen und zugleich wichtigsten Orte Norwegens. Im Norden sind noch Narvik (s. S. 11), Vardö[3]), Kirkenäs von einiger Bedeutung. In **Schweden** (2,07% gegen 2,33% der Weltdampfer-Motorschiff-Flotte 1914) sind das fast immer eisfreie Göteborg (227) mit günstiger Lage für den Auslandverkehr und das vier Monate durch Eis geschlossene, mehr der Einfuhr dienende Stockholm (422) die wichtigsten Häfen. Auch Malmö (114), das den Eisenbahndampffähren-Verkehr nach Deutschland (s. S. 16) beherrscht, und die Fährstadt Hälsingborg (48), Norrköping (58), Gävle (38), Karlskrona (28), Halmstad (19), Kalmar (17) sind wichtigere Häfen des Südens[4]), Söderhamn (11), Sundsvall (17), Härnösand (11), Luleå (11) seien von den nördlicheren Häfen[5]) erwähnt.[6]) Von den zahlreichen Häfen **Finnlands**[7]), das in der Vergrößerung seiner kleinen Handelsflotte große Aufgaben vor sich sieht, sind die wichtigsten Helsingfors oder Helsinki (201), Turku oder Åbo (59), Wiborg oder Viipuri (31,5), Wasa (Vaasa, Nikolaistad, 24), Onlu (bisher Uleåborg, 21), Pori (bisher Björneborg, 17), Kotka (12). Von den kleineren Häfen ist Hangö oder Hanko (6), peripherisch durch den Schärgard, der die Küste begleitet, an die freie Ostsee vorgeschoben und mit Hilfe von Eisbrechern eisfrei[8]), als der wichtigste anzusehen.

Luftverkehr. Bei der inselartigen Absonderung Skandinaviens vom europäischen Festland werden besonders die trennenden Meere überkreuzende Luftlinien für schnellen Verkehr von Post, Personen, Wertgütern dringlich erscheinen. Linien Malmö (114)—Kopenhagen[9]), Malmö—(Kopenhagen)—Hamburg—Amster-

---

[1]) Vgl. R. Lenarz, Die Eissperre der europäischen Häfen. (Ungedruckte) Diss. Münster 1922.
[2]) An die Stelle der ehemaligen Trampfahrten ist jetzt die regelmäßige Fahrt auf zahlreichen Linien getreten.
[3]) „Pomorenhandel" nach der Murmanküste und Nordrußland. Station für drahtlose Telegraphie (Reichweite bis Spitzbergen).
[4]) Oxelösund, s. S. 11. [5]) Meist Holzausfuhr; Luleå (s. S. 11) Erzausfuhr.
[6]) In Schweden gibt es auch größere Binnenstädte: Örebro (36), Västerås (34), Eskilstuna (30), Jönköping (30), Upsala (29), Borås (29), Linköping (27).
[7]) Infolge Hebung der Küsten sollen die Häfen ebenso wie die schwedischen seichter werden.
[8]) Darum Butterausfuhrhafen. Auch Helsingfors und Åbo werden übrigens als einigermaßen eisfrei zu halten angesehen.
[9]) Anschluß nach Hamburg und Berlin.

dam[1]), Malmö—Warnemünde, Stockholm (422)—Helsingfors (Helsinki, 200[2]), Stockholm (422)—Göteborg (227)—London sind bereits im Betrieb oder in Vorbereitung.[3]) Für den Luftverkehr Englands nach Rußland hofft Schweden das Durchgangsland zu werden. Unter den Linien des Binnenverkehrs war die Flugstrecke Stockholm (422)—Luleå (11) mit Berührung der Zwischenhäfen und die Linie Malmö (114)—Göteborg (227)—Oslo (258[4]) für das Frühjahr 1925 vorgesehen.

Der **Nachrichtenverkehr** mit Post (Brief, s. Bd. I, S. 223), Telephon und Telegraph steht in Skandinavien und Finnland auf bemerkenswerter Höhe, was teils auf die großen Entfernungen der größeren Orte (der Siedelungen überhaupt) voneinander, teils auf den Hochstand der Bildung der Bevölkerung zurückzuführen ist. Für Kabel zu den Nachbarn und drahtlose Telegraphie ist aufs beste gesorgt.

B. Westeuropa (Britische Inseln, Belgien mit Luxemburg, Frankreich).[5])

I. Naturverhältnisse. Westeuropa am ozeanischen Westrande Europas gehört dem nordwesteuropäischen Schollenlande an; zwischen den alten Schollen, die zum Teil hoch ansteigen, liegen meist jüngere und junge fruchtbare Tieflandbecken, die fast überall bequeme Durchlässe gewähren. Mit ihren nördlichsten Teilen reichen Frankreich und Belgien eigentlich schon in das niederdeutsche Tiefland herein. Das Klima ist, von den höheren Gebirgen (Ardennen, französisches Zentralmassiv, Vogesen, Jura, Alpen, Pyrenäen) mit borealem (D 8) und teilweise (in den Hochgebirgen) nivalem Klima (E 10) abgesehen, ein feuchttemperiertes Seeklima (C 7 b), das jedoch bedeutende Temperaturunterschiede zwischen Norden und Süden aufweist und nach Südosten zu trockener wird. In Südfrankreich haben Provence und Languedoc bereits ein warmgemäßigtes sommertrockenes (mediterranes) Klima (C 6).[6])

---

[1]) Hier besteht Anschluß nach London und Paris, die in weniger als 24 Stunden erreicht werden.

[2]) 3½ Stunden statt 22—25 Stunden Schiffahrt. H. steht nach Crozet mit Reval (—Riga—Memel—Königsberg usw.) in Verbindung.

[3]) R. Crozet (Ann. de Géogr., 15. Jan. 1925) gibt auch eine Linie Stockholm—Karlskrona—Berlin an. Die Linien der Luftfahrt ändern sich noch zu häufig wirtschaftlich und mit den Jahreszeiten, als daß hier und in den späteren Abschnitten genaue Mitteilungen darüber gemacht werden können.

[4]) Dadurch gewinnt Oslo Anschluß an die Festlandlinien. Beständig werden noch neue Linien nach dem Festlande eingerichtet.

[5]) Literatur: Er. Obst, W. Vogel, W. Tuckermann in Andree, Heiderich, Sieger, Bd. I. Wien 1926. — A. Herbertson, Commercial geography of the British Isles. 2. Aufl. London und Edinburg 1924. — J. Moscheles, Landeskunde der Britischen Inseln. Leipzig und Wien 1925 (Enzyklopädie der Erdkunde, hsg. v. O. Kende). — Erw. Scheu, Frankreich. Breslau 1923 (Jedermanns Bücherei, Abtg. Erdkunde, hsg. v. H. Krause und R. Reinhard). — O. Quelle, Belgien und die französischen Nachbargebiete. Braunschweig 1915. — Belgiens Volkswirtschaft, hsg. v. H. Gehrig und H. Waentig. Leipzig und Berlin 1918. — P. Berger, La Belgique. Précis de géographie économique. Brüssel 1922. — J. Anders, Le Grand-Duché de Luxembourg. Brüssel 1919.

[6]) Vgl. Köppens C 7 b (sommerkühles Buchenklima mit weniger als 22° C im wärmsten Monat, aber mehr als 4 Monaten über 10° C): Shetlands, Aug. 11,6°, Febr. 3,5° C; 950 mm (Okt. u. Dez. je 110; Juni 40). — Aberdeen, Juli 13,7°, Jan. 3,2° C; 800 mm (Aug. u. Dez. je 80, Juni 50). — London, Juli 17,3°, Jan. 3,4° C. Extreme 31° und −8°; 620 mm (Okt. 70, Apr. 40). — Dublin, Juli 15,7°, Jan. 5,3° C. Extreme 25° und −5°. 700 mm (Aug. 80, März 50). — Brüssel (100 m), Juli 17,2°, Jan. 1,3° C. Extreme 31° und −10°. 700 mm (Aug. 80, Apr. 50). — Paris (50), Juli 18,6°, Jan. 2,5° C. Extreme 34° und −11°. 570 mm (Juni 60, Jan. 30). — Clermont-Ferrand (390), Juli 18,9°, Jan. 1,9° C. Extreme 35° und −14°. 640 mm (Juni 90, Jan. 30). — Marseille Juli 22,3°, Jan. 6,3° C. Extreme 33° und −6°. 550 mm (Okt. 90, Juli 20).

II. Westeuropa (896800 qkm, 94,5 Mill. Einw.) besteht politisch aus den Britischen Inseln (Königreich Großbritannien, 242550 qkm, 44 Mill. Einw. [England und Wales, 151030 qkm, 37,9 Mill. Einw.; Schottland, 77170 qkm, 4,9 Mill. Einw.; Nordirland, 13570 qkm, 1,28 Mill. Einw.; Kanalinseln und Man, 783 qkm, 150000 Einw. und Freistaat [Süd-] Irland, 68880 qkm, 3,17 Mill. Einw.), der Republik Frankreich (551000 qkm, 39,21 Mill. Einw.), dem Königreich Belgien (30440 qkm, 7,54 Mill. Einw.) und dem Großherzogtum Luxemburg (2590 qkm, 261000 Einw.).[1] Die Bevölkerung besteht aus den germanischen Engländern, Schotten, Wallisern und Iren, romanischen und gemischten Franzosen, Wallonen sowie germanischen Vlamen. Die Volksdichte (105) ist im einzelnen äußerst verschieden.[2])

III. Die Wirtschaft. Der kühle Sommer, die starke Bewölkung, der übermäßige Regen des Nordwestens ist dem Getreidebau, zumal in den unfruchtbaren Hochschollen, wenig günstig; hier kommen die Verhältnisse (Graswuchs, Futterbau) vielmehr der Viehzucht entgegen. In den fruchtbaren Niederungen gedeiht indessen, zumal gegen den trockneren und sommerwärmeren Südosten, der Pflanzenbau sehr gut. Aber am Mittelmeer hat er mediterrane Züge (C 6), ja er bedarf zum Teil der künstlichen Bewässerung.

Die Bodenkultur ist oft intensiv und auch die Viehzucht reich entwickelt. Die starken Unterschiede des Klimas im Nordwesten und im Südosten, die Gegensätze von Gebirge und Niederung bringen eine bedeutende Mannigfaltigkeit in der landwirtschaftlichen Produktion hervor. Bergbau (zumal in den alten Schollen), Industrie und vorzügliche Verkehrslage stempeln Westeuropa zu einem Hauptteil des atlantisch-europäischen Aktionszentrums (-feldes).

a) Die Erzeugung von Nahrungs- und Genußmitteln und Zugehöriges.[3]) Westeuropa vermag seine dichte und anspruchsvoll gewordene Bevölkerung nicht annähernd mehr aus seinem Boden zu ernähren. Die Pflanzenwirtschaft ist besonders auf den Britischen Inseln durch Klima, Boden und wirtschaftliche Verhältnisse[4]) recht beschränkt.[5])

In Frankreich und Belgien ist viel mehr Land unter Kultur.[6])

Der **Getreidebau** findet auf den Britischen Inseln[7]) nur in dem niedrigeren, trockeneren, wärmeren Südostengland günstigere Bedingungen. Weizen ist Hauptbrot-, Hafer Hauptfuttergetreide.

---

[1]) Mit Belgien in Zollunion.

[2]) England und Wales haben 251, Schottland 63, Irland 52, die Kanalinseln 462, Frankreich 71,2, Belgien 256, Luxemburg 101 Einw. auf 1 qkm.

[3]) Vgl. E. Schmitthenner, Speise und Trank in den verschiedenen Gebieten Westeuropas. (Ungedruckte) Diss. Heidelberg 1921.

[4]) Ungesunde Besitzverteilung; die eine Hälfte des Ackerlandes gehört 2000, die andere 267000 Besitzern. Inanspruchnahme des Bodens durch Industrie und Verkehr. In England ernähren 100 ha nur 111 Menschen, in Deutschland 173.

[5]) Wales hat nur gegen 17, Schottland und Irland etwas über 17, die gesamten Britischen Inseln rund 24% der Fläche dem Ackerbau zugewiesen; England steht weitaus voran.

[6]) Etwa 50 und (einschl. Wiesen) 66½% der Fläche.

[7]) Ging andauernd zurück. Etwa 10% der Fläche sind ihm gewidmet; in Schottland nur 1%, aber im Küstengebiet am Firth of Forth, an der Ostküste bis zur Halbinsel Caithness hinauf, am Firth of Clyde bei Glasgow usw., kurz in Niederungen, zumal im Regenschatten der Gebirge, werden weit höhere Prozentzahlen (10, ja 20) erreicht. In Wales und Irland nimmt der Getreidebau je 6% der Fläche ein, aber im wärmeren und trockeneren Südostirland steigt er schon auf 15% und in Südostengland (außerhalb der Südwesthalbinsel Cornwall-Devon und der Downs) überall auf 20 und zum Teil 30%. Im Kriege nahm die Anbaufläche zu.

Weizen (1924: 1,3% der W.) wird nur in Südostengland stärker angebaut[1]), doch ist eine große Einfuhr (besonders von Hartweizen) erforderlich.[2]) Roggen wird nur (als Grünfutter) in geringem Umfange, in den Gebirgsgebieten wegen seiner Anspruchslosigkeit, angebaut. Der kühle niederschlagsreiche Sommer läßt fast überall (im Nordwesten) den Hafer (4,9% der W.), die wichtigste Getreidefrucht der Inseln, bevorzugen, zumal in den Gebirgsdistrikten[3]); doch ist noch Einfuhr nötig.[4]) Gerste (3½% der W., Braugerste) ist das zweitwichtigste Getreide; ihr Anbau hält sich hauptsächlich an die wärmeren und trockneren niedrigeren Ost- und Südostgebiete. Eine starke Einfuhr ist nötig.[5]) Mais (abgesehen von Grünmais, s. Bd. I, S. 121 u. 123), Buchweizen, Hirse werden nicht produziert.

In Frankreich ist der Getreidebau der wichtigste Zweig der Landwirtschaft.[6]) Weizen ist Hauptbrotfrucht, Roggen das Getreide der Armen.

Weizen (7% der W.) wird in den fruchtbaren Niederungs- und Beckengebieten des Nordens und Westens stark angebaut[7]), bei ziemlich mäßigen ha-Erträgen, wenig in den steinigen Gebirgen und im mediterranen Klima. Südfrankreich bedarf der Einfuhr.[8]) Roggen (2,7% der W., auf mageren Böden) wird in den Gebirgen, den Landes, der Champagne Pouilleuse angebaut. Mais (0,6% der W.) reift im Süden (Garonne- und Saônebecken) als Brotfrucht. Hafer (7% der W.), das Hauptfuttergetreide (über 6,3% der Gesamtfläche), wird im feuchtkühlen Sommer des nördlichen Frankreich viel angebaut, gegen Süden verschwindet er. Gerste (3¼% der W.) gedeiht am meisten von der Halbinsel Cotentin bis zur Loire südwärts, Hirse (Gironde, Landes) und Buchweizen (in der unfruchtbaren Bretagne und im Zentralplateau) stehen zurück. Getreide wird noch eingeführt.[9])

Für das germanische (flandrische) Belgien ist Roggen (1,3% der W.), am meisten auf den lockeren ärmeren Böden des Kempenlandes und des sandigen Flanderns gebaut, Brotfrucht[10]), für das romanische (wallonische) mehr Weizen (0,29% der W.) und Spelz, die am meisten im Löß- und Lehmgebiet Mittelbelgiens, doch auch in der flandrischen Marschenzone erzeugt werden (4% der Fläche damit bebaut). Eine große Einfuhr ist nötig.[11])

---

[1]) 1914 waren Schottland und Irland nur mit etwa 5% an der Weizenfläche der Britischen Inseln beteiligt. Ernte 1924: England und Wales 1,4 Mill. T., Schottland 50000, Irland 27000 T.; Großbritannien 2,7, Irland 0,2% der Fläche.

[2]) 1919 konnte die inländische Produktion nur rund 27% des Inlandverbrauchs decken. 47,2% der Einfuhr kamen 1921 bereits aus britischen Besitzungen. Am wichtigsten für die Zufuhr waren Australien und Kanada, das immer mehr an 1. Stelle rücken wird, und Britisch-Indien. Noch übertraf die Union als Lieferant alle britischen Kolonien einzeln; Argentinien schickt ebenfalls Weizen.

[3]) In Schottland sind Hafergrütze und -fladen wichtige Nahrungsmittel. Schottland und Irland bestellten 1914 rund 50% der Gesamthaferfläche. Großbritannien 5,6; Freistaat Irland 4,4% der Fläche.

[4]) Etwa ein Viertel des Bedarfs; Einf. 1913: 0,92; 1921: 0,42 Mill. T. (Argentinien); die britischen Kolonien (Kanada) lieferten 1921: 47%.

[5]) Mehr als ein Drittel bis die Hälfte (1909/13: 56, 1919: 36% des Bedarfs); Einf. 1913: 1,14, 1921: 0,8 Mill. T.; 1921 davon 24% aus britischen Besitzungen (Kanada); das meiste aus der Union.

[6]) Vgl. J. du Plessis de Grenédan in Kartograph. Beiträge z. Wirtschaftsgeographie Nr. 3 (Bern 1914).

[7]) Vor dem Kriege 13, 1924: 9,9% der Fläche.

[8]) Marseille (586) ist darum Haupteinfuhrhafen und wichtiges Mühlenzentrum.

[9]) Einfuhr s. S. 45 f. 1921 Getreideeinfuhr 2,28 Mill. T. Nach Schätzung 1925: 710000 T. Brotgetreide einzuführen.

[10]) 7% der Fläche in Belgien mit R. bebaut.

[11]) 1923: 1109000, erste 9 Monate 1924: 906000 T.

Belgien gehört der nordwesteuropäischen Haferzone (0,9% der W., 8,7% der Fläche) an (Hochbelgien); Einfuhr.[1]) (Winter-) Gerste (Braugerste) wird am wenigsten angebaut (Nieder- und Mittelbelgien, 0,2% der W.), Buchweizen nur noch auf den allerärmsten Böden (Campine, Ostflandern). In der Campine wurde neuerdings manche Ödlandfläche dem Anbau gewonnen. Mais s. S. 26.

Nächst dem Brotgetreide ist die Kartoffel überall in Westeuropa eine wichtige Nährfrucht, obwohl die feuchten Nordwestgebiete (C 7 b) der Qualität ebensowenig günstig sind wie das mediterrane Klima (C 6 a) im Süden.

Auf Irland wurde ihr Anbau lange mit gefährlicher Einseitigkeit (Hungersnot 1846) betrieben[2]); in Großbritannien[3]) hauptsächlich in der Nähe der größeren Städte; in Frankreich (bei niedrigen Erträgen[4]) am meisten im Osten (Vogesenland usw.), im Süden wenig, doch kommen von hier Frühkartoffeln auf die Märkte des Nordens; in Belgien (fast 2% der W.) auf den Sandböden Niederbelgiens, seit der zweiten Hälfte des 19. Jahrhunderts auch in den Ardennen, Frühkartoffeln um Mecheln.

Gemüse und Hülsenfrüchte, hauptsächlich in den fruchtbaren Niederungen für die Städte und Industriegebiete erzeugt, spielen in der Ernährung der Bevölkerung eine große Rolle.

Eine starke Gemüsekonservenindustrie (wie in Deutschland) konnte sich wegen der übergroßen Wäßrigkeit der Gemüse in Großbritannien schwer entwickeln; besonders Zwiebeln, Tomaten, Bohnen werden viel eingeführt. Frankreich erntet neben erheblichen Mengen von Hülsenfrüchten und Gemüsen bei den großen Städten (Paris) Frühgemüse im Süden und in der ozeanisch-milden Bretagne. Jede Landschaft hat ihre Spezialitäten und nach Klima ihre Lieferungszeit.[5]) Belgien zieht Bohnen und Erbsen am meisten auf den schweren Böden Mittelbelgiens und Westflanderns.

Obst hat besonders in der klimatisch bevorzugten größeren Südhälfte Westeuropas eine große Bedeutung für die Ernährung; die nördlichen Gebiete führen viel ein.

Auf den Britischen Inseln (hauptsächlich im warmen Süden) gedeihen außer unseren Obstbäumen und Beerensträuchern auch Erdbeeren und Nüsse, Weintrauben (mangels Sommerwärme und Sonnenstrahlen) meist nur in Glashäusern. Hier im Süden liegen auch die zahlreichen Marmeladenfabriken; große Einfuhr von Obst und Fruchtkonserven (Äpfeln, Bananen, Apfelsinen, Korinthen, Nüssen, Weintrauben, Rosinen usw.).[6])

Am mannigfaltigsten und umfangreichsten ist der Obstbau in dem durch sein Übergangsklima (zum mediterranen Klima) so begünstigten Frankreich; die Er-

---

[1]) 1924: 113000 T.

[2]) Jetzt nur 3% der Fläche, doch nach Hafer die wichtigste Feldfrucht.

[3]) 1909/13: 4,6% der W., etwa 86% des Inlandsverbrauchs. Ernte Großbritanniens mit Nordirland 1924: 4,44 Mill. T., Frankreichs 15,23, Belgiens 2,38 Mill. T.

[4]) 1913 nur 8,5, 1922: 8,6 T. auf 1 ha; 7,2% der W. 1922.

[5]) Trüffeln (1913: 190, 1917: 90 T.) erzeugen z. B. die Dep. Vaucluse, Lot, Basses-Alpes, Drôme, Dordogne (Périgord usw.). Spargel aus dem Süden kommt März bis Anfang April, aus Mittelfrankreich seit Mitte April auf die Märkte, Artischocken (Dep. Var) schon Anfang März, Blumenkohl von Angers im April, Tomaten im Juli, Kartoffeln (Dep. Var und Algerien) im April.

[6]) Einfuhr von frischen Früchten 1924: 31,95 Mill. £.

träge schwanken wie in allen Obstländern sehr. Eß- und Zideräpfel (s. S. 23) sind wichtig, für Nordfrankreich charakteristisch; danach Eßbirnen. Die anderen Obstarten (Kirschen, Pflaumen, Pfirsiche, Aprikosen, Erdbeeren und andere Beeren) stehen zurück.[1] Im Mittelmeerklima werden auch Oliven (s. S. 25) und Orangen produziert[2] und Zitronen, Mandeln, Feigen, Haselnüsse in kleinen Mengen. Viel wichtiger sind die vielgegessenen edlen Kastanien[3] (an der Peripherie des Zentralplateaus, auf Corsica) und die Walnüsse[4] (ebenda, in dem niederen Dauphiné, in der Provence, an den Pyrenäen); letztere werden (nach Großbritannien usw.) aus-, anderes Obst in Mengen eingeführt.[5]

Auch in Belgien wird vorherrschend Apfel- und Birnenzucht (Mittelbelgien, Sirup) betrieben; Kirschen (Maastal) und Weintrauben (unter Glas bei Brüssel, im Freien an günstigen Stellen des Maastales); Pfirsiche und Aprikosen wenig und in mäßiger Qualität.[6]

Westeuropa konsumiert große Mengen von Zucker, hauptsächlich Einfuhrzucker, denn der Zuckerrübenbau ist auf ein verhältnismäßig kleines Gebiet beschränkt.

Die Britischen Inseln galten nach Boden und Klima fast nirgend für rentablen Zuckerrübenbau geeignet.[7] Zucker wird in Riesenmengen eingeführt, immer mehr aus den britischen Kolonien (Britisch-Westindien, Mauritius usw.)[8].

Der äußerste Norden Frankreichs[9] (Marschenböden Flanderns, gute Lehmböden von Artois, Picardie und Isle de France) und Belgiens[10] fruchtbarste Gebiete

---

[1]) Es wurden 1917 rund 214000 T. Eßäpfel und 84000 (1913: 24500) T. Eßbirnen geerntet, viel mehr als alle anderen Obstarten zusammen. Frühkirschen und Erdbeeren aus Südfrankreich kommen im Mai, Pfirsiche und Aprikosen im Juli auf die Märkte, südfranzösische Weintrauben von Anfang August, algerische schon im Juli. Gelegentliche Spätfröste (z. B. 5./6. April 1911) richten an den Frühkulturen Schaden an. Dörrpflaumen (Ernte 1913: 1670 T.), in Südfrankreich süßer als im Norden, werden über Bordeaux ausgeführt.

[2]) 1913: 1150 T. Apfelsinen, 160 T. Mandarinen, 420 T. Pompelmuse, 400 T. Zitronen; 47000 (1917: 170000) T. Oliven.

[3]) 1913: 276000, 1917: 133000 T. Die übermäßige Gewinnung von Kastanienextrakt für Gerbzwecke bedroht die Kulturen.

[4]) 120000 T., 1913 nur 31430 T. Die Ernten sollen angeblich infolge einer Krankheit seit Jahren abnehmen.

[5]) Weintrauben, Feigen, Mandeln, Datteln, Johannisbrot, Bananen, Rosinen.

[6]) Die eingeführten amerikanischen sind z. B. wohlschmeckender; wahrscheinlich klimatische Ursachen (Kaliforniens sommertrockenes Klima C 6 a l).

[7]) Nicht sommerwarm genug und zu feucht; die Versuche, ihn in der fruchtbaren Gegend von Norfolk zu begründen, dürfte infolge geringen Zuckergehaltes der Rüben vielleicht geringen Erfolg haben. Ab 1. Okt. 1924 wird der Zuckerrübenbau subventioniert. Zu den schon bestehenden kleinen Fabriken sollen mehrere größere (eine in Ely am Ouse im Bau) errichtet werden.

[8]) Vor dem Kriege etwa 96% des Verbrauchs aus europäischen Ländern, besonders Deutschland und Österreich. Im Kriege sanken Einfuhr (1913 fast 2 Mill. T.) und Konsum stark; man wurde von Cuba, Union, Java abhängig (Rohrzucker). Man bemüht sich seitdem, besonders in Britisch-Guayana (s. S. 460) und Vorderindien (S. 228), die koloniale Produktion zu steigern. Zurzeit liefert namentlich wieder die Tschechoslowakei (s. S. 85), auch Deutschland, Rübenzucker nach England. Einfuhr 1922/23: 1,79 Mill. T., 1924 für 44,12 Mill. £.

[9]) Produktion (1909/13: 731000 T., 4,5; 1922/23: 2,7% der W. von Zucker) und Konsum von Zucker gingen im Kriege stark zurück, stiegen aber seitdem wieder. Die ha-Erträge sind ziemlich niedrig. Neuere Versuche bewiesen, daß die Zuckerrübe in Südfrankreich zuckerreicher ist als im Norden und der ha-Ertrag an Zucker (angeblich) weit größer (s. S. 394). Ausf. 1924: 146000 T. für 393,4 Mill. Frc.

[10]) Die Zuckerrübe ist die wichtigste Industriepflanze und wurde für die Intensivierung der Landwirtschaft, wie in Deutschland (s. S. 110), bedeutsam. Prod. 1909/13: 259500 T. = über 1,6, 1922/23: 1,5% alles Zuckers, 1924: 393000 T. Z. wird (etwa 40—50000, 1923 sogar 109000 T.) wieder ausgeführt.

(Mittelbelgien und Flandern) bilden einen der wichtigsten Zuckerrübendistrikte Europas, der vor dem Kriege stark ausführen konnte.

Gewürze werden in der Hauptsache eingeführt.

Alkoholische Getränke vermag das reiche und durstige Westeuropa zum Teil noch über Bedarf herzustellen. Es kommen in Betracht: Bier, Obstwein, Wein und Branntwein.

Die Bierbrauerei bedarf des Hopfens. Auch Westeuropa ist von der Antialkoholbewegung erfaßt; die Hopfenanbaufläche und -produktion ging zurück. Großbritannien[1]) baut (geschätzten) Hopfen hauptsächlich in den kalkigen Süddowns (besonders in der Grafschaft Kent unfern London); im Südosten Englands (Braugerste, große Städte, dichte, wohlhabende Bevölkerung) pflegt man auch am meisten die Bierbrauerei[2]), die Bier noch zur Ausfuhr bringt (nach Indien usw.).[3]) Im Süden gewinnt man viel Obstwein; unter den Branntweinen ist der aus Gerstenmalz usw. in Irland, im schottischen Hochland usw. bereitete Whisky sehr beliebt. Wein[4]) muß eingeführt werden.

In Frankreichs Norden (Bretagne, Normandie, Picardie) ist Apfelwein (Cidre) Nationalgetränk[5]), weil die Weinbereitung nicht mehr lohnend ist. Der Bierkonsum, die Biererzeugung und Malzindustrie sitzen vornehmlich im Norden, wo Braugerste (s. S. 21) und Hopfen gedeihen; der Konsum hängt nach Struve stark von dem Ausfall der Zid면ernte ab. In Südfrankreich gilt Bier als Luxusgetränk. Hier ist Wein das tägliche Getränk.[6]) Die Weinbaugrenze[7]) verläuft etwa von der Vilainemündung über die Seine unterhalb Paris nach Sedan. Frankreich gewinnt im Durchschnitt etwa $1/3$ der W., und die ha-Erträge sind hoch. Am meisten Wein produziert die mediterrane Landschaft Languedoc; die Landschaft Rousillon und die Provence liefern Weine von südländischem Süßweincharakter. In der Gironde (Médoc usw.) wachsen die berühmten gerbsäurehaltigen Bordeauxweine. Der Burgunderwein (besonders an den Hängen der Côte d'Or) hat halbsüßen feurigen Charakter, der Champagner (Kreidekalk der Champagne Pouilleuse, namentlich Ufergehänge der Marne um Reims und Épernay) ist herber, nordischer. An der Charente (Cognac) und in der Landschaft Armagnac südlich der Garonne verarbeitet man den Wein zu geschätzten Branntweinen. Zum Verschnitt wird viel Wein aus Algerien (s. S. 292 f.) eingeführt; Wein ist ein wichtiger Ausfuhrartikel.[8])

---

[1]) Prod. 1918/22: 11400, 1924: 22610 T. = über 37% der W.

[2]) Der Bierkonsum je Kopf ist größer als in Deutschland. Unter andern ist Ingwerbier (Gingerale), für das Ingwer (aus Vorderindien, Britisch-Westindien, Sierra Leone, Japan) eingeführt wird, beliebt.

[3]) Ausf. von Bier 1924: 1,25, von Spirituosen 11,63 Mill. £.

[4]) Aus Portugal, Spanien, Frankreich usw. (1924: 6,93 Mill. £), doch werden die Weine Australiens (s. S. 267) und Südafrikas (s. S. 337) neuerdings vielfach bevorzugt. Der Weinverbrauch ist mit 1,6 Liter je Kopf gering. Die Briten sind Bier- und Branntweintrinker. Viel Tee (1923: 178360 T. = etwa 30% der W.), weniger Kakao (50600 T. = 11—12% der W.) und Kaffee (16400 T. = reichlich 1% der W.) werden in Großbritannien konsumiert.

[5]) Aus Zideräpfeln und -birnen (s. S. 22); Ernte 1917 etwa 350000 T. In feuchten Sommern sind die Früchte groß, aber zuckerarm. Die Obstweinprod. schwankt stark (1916: 6,4; 1917: 22 Mill. hl). Hopfenprod. 1918/22: 3670 T, 1924: 5600 T. = etwa $9^{1}/_{3}$% der W.

[6]) Je Kopf jährlich 1901/05: 139 Liter gegen 36 (jetzt etwa 22) Liter Bier und 7 Liter Branntwein. Vgl. É. Bertrand in Kartograph. Beiträge z. Wirtschaftsgeographie, Nr. 1 (Bern 1913).

[7]) D. h. die Grenze des lohnenden Weinbaus für Getränkeproduktion.

[8]) Mit 1924: 885,2 Mill. Fr., doch wurde für 904,8 Mill. Fr. eingeführt (Algerien).

Branntweine werden auch aus Rüben, Trestern (Hefen) und Früchten, mehlhaltigen Substanzen, Melasse hergestellt. Zichorie wird in den Niederungen der nördlichsten Departements Nord und Pas-de-Calais gebaut.[1]) Alkoholfreies Getränk ist hauptsächlich Kaffee.[2])

In Belgien sind Bier und Branntwein alkoholische Hauptgetränke. Hopfen wird hauptsächlich um Alost (Kleinbetrieb) und in Westflandern um Poperinghe angebaut; geht zurück.[3]) Die Bierbrauerei für den sehr großen Konsum[4]) erfolgt in ziemlich kleinen Betrieben; auch der Branntweinkonsum ist groß. Wein muß eingeführt werden. Zichorie wird am meisten in Westflandern (in der Polder- und Lehmzone) angebaut. Kaffee ist bevorzugtes alkoholfreies Getränk.[5])

Tabak wird in großen Mengen eingeführt; die Anbauverhältnisse sind namentlich in den nördlicheren Gebieten (und in den Gebirgen) nicht mehr günstig.

Auf den Britischen Inseln ist der Anbau bei der Leichtigkeit der Einfuhr (aller erwünschten Qualitäten) nicht rentabel[6]); Tabakindustrie in Bristol, London, Liverpool usw.

Frankreich baut Monopoltabak[7]) vornehmlich im Garonnebecken, ferner in der flandrischen Niederung des Nordens, d. h. auf fruchtbarsten Böden.

Belgien widmet fruchtbare Lehmböden Westflanderns und einige Tallagen (Henne, Dender, Semois) einem ziemlich unbedeutenden Tabakbau.[8])

Von Arzneipflanzen sei die Pfefferminze in England, in Südfrankreich Süßholz erwähnt. Auch das Terpentinöl[9]) Südfrankreichs kann man hierhin rechnen.

Der Anbau von Ölpflanzen hat sich (wie im übrigen Europa) meist sehr verringert, seit billigere und gehaltreichere Ölstoffe eingeführt werden konnten und pflanzliche Brennöle, Schmieröle usw. durch die Verwendung von Erdöl bzw. Gas und Elektrizität fast überflüssig wurden und an Stelle von Speiseölen vielfach tierische Fette den Vorzug genießen.

Auf den Britischen Inseln können Ölfrüchte bzw. Öl aus eigenen Kolonien herangeführt werden[10]); besonders während des Krieges haben sich Öl-, Margarine- und Seifenindustrie sehr entwickelt.

In Frankreich beschränkt sich der Rapsbau jetzt auf die Basse Normandie zwischen Caen und Seinemündung. Ferner werden kleine Mengen von Rübsen- und

---

[1]) Ernte 1910: 42000 T. Wurzeln.

[2]) Konsum 1923: 172140 T. = fast 11% der W. (4,41 kg pro Kopf gegen 2,9 kg 1913 und 0,35 kg in Großbritannien); Kakao wurden 1923: 38350 T. gegen 27610 T. 1913 verbraucht, Tee nur 1250 T.

[3]) Prod. 1918/22: 1730 T., 1924: 1710 T. = etwa 3% der W.

[4]) B. steht mit etwa 128 Litern je Kopf allen Ländern weit voraus.

[5]) Verbrauch 1923: 41000 T. = 2,6% der W., 5,43 kg je Kopf gegen 4,95 kg 1913. Kakaoverbrauch 1923: 9230 (1913: 6000) T., Teeverbrauch 1923: 1970 T.

[6]) Konsum etwa 1,5 kg je Kopf. Einf. 1923: 78900 T. Haupteinfuhrhafen ist Liverpool (803). Rohtabak kommt zu 90 und mehr % aus der Union. Die britischen Kolonien (Indien usw.) liefern bisher sehr wenig. Bearbeiteter Tabak besonders aus Cuba; Zigarettenausfuhr.

[7]) Etwa 1% der W. Die Einfuhr stammt zumeist aus der Union und Algerien (s. S. 293). Gesamtverbrauch an Tabak und Tabakwaren 1922: 52730 T.

[8]) Prod. 1919/21: 8800, 1923: 3900 T. = 0,3% der W.

[9]) Einfuhr 1924: Speiseöl 18,99 Mill. £.

[10]) Ansehnliche Mengen (auch von Schiffsteer und Kolophonium) werden in den Landes zwischen Bordeaux (267) und Bayonne (28) mit rationellen Einschnitten (gemmage à vie) aus der Strandkiefer (Pinus maritima) gewonnen, kleine auf Corsica.

Mohnsaat (Nordfrankreich), gelegentlich sogar Bucheckernöl (Normandie, Picardie), dann Leinöl (s. S. 30), ziemlich viel Walnußöl (s. S. 22), in Südfrankreich Olivenöl (s. S. 22) gewonnen. Aber die bodenständige Produktion von Ölfrüchten und Öl verschwindet ganz neben der sehr bedeutenden Einfuhr[1]), in der Frankreich sehr von englischen Kolonien abhängig ist.

Belgiens einst bedeutender Rapsbau ist ganz zusammengeschwunden. B. verläßt sich fast ganz auf die Einfuhr von Ölfrüchten.

Die Produktion frischer Blumen und ätherischer Öle ist namentlich in dem wintermilden mediterranen Klima Südfrankreichs und auch im Seeklima der französischen Westküste (Anjou z. B.) und in Südengland hoch entwickelt.[2])

Die **Erzeugung von tierischen Nahrungsmitteln** in der **Viehzucht** ist in Westeuropa durch das den Wuchs von Gras und anderen Futtergewächsen viel mehr als den von Stärkebildnern (Getreide, Kartoffeln usw.) fördernde sommerkühle, relativ wintermilde und feuchte Klima C 7 b (in der größeren Nordhälfte wenigstens und in allen Gebirgen) stark begünstigt.

Es kommt hinzu, daß mit der Industrialisierung der westeuropäischen Bevölkerung, mit ihrer Verdichtung, unnatürlichen Zusammendrängung in Städten (zum Teil Großstädten), mit ihrem teilweisen Wohlstande das Bedürfnis nach konzentrierter eiweißreicher und fetthaltiger Nahrung groß geworden und die Nachfrage nach Fleisch, Milch, Butter, Käse damit besonders gewachsen ist.

Am meisten fortgeschritten ist diese wirtschaftliche Entwicklung auf den Britischen Inseln, weniger in (Nord-) Frankreich und Belgien; gegen Südfrankreich hin werden die Naturverhältnisse dem Futterbau und der Viehzucht eher immer mehr abträglich und geben nur den extensiven Zweigen der letzteren Rentabilität.

Auf den Britischen Inseln (besonders Irland[3]), die grüne Insel, und Gebirgslandschaften) trägt ein großer Teil der Oberfläche natürliche Weiden. Außerdem wird nahezu $^1/_3$ der Ackerflächen, stellenweise viel mehr, mit Futtergewächsen (Gras[4]), Klee, Wicken, Runkelrüben [Mangolds, im Süden], Wasser- oder Steckrüben [Turnips] und Kohlrüben [Swedes, letztere zwei Rübenarten mehr im Norden]) bestellt. Die

---

[1]) 1913 etwa 100000 T. Eigenproduktion von Ölfrüchten, rund 1 (1924: 0,95) Mill. T. Einfuhr, davon etwa 20% aus eigenen Kolonien (namentlich Erdnüsse, s. S. 213 u. 315 f.; ferner Leinsaat aus Argentinien und Kanada, Kopra aus dem Malaiischen Archipel, Senf-, Rapssaat usw.). Marseille (586) ist Haupteinfuhrhafen, mit großartiger Produktion von Öl, Pflanzenbutter (auch Ausfuhr), Seife.

[2]) Besondere Blumenzüge führen die Blumen der französischen und italienischen (s. S. 60) Riviera nach den nördlicheren Konsumländern. Durch Treiben mittels künstlicher Wärme in Warmhäusern erzeugt man mitten im Winter Frühblumen, ebenso wie man durch Kälteeinwirkungen das Blühen von Blumen auf eine gewünschte Zeit verzögert, so daß z. B. Maiglöckchen im Herbst auf den Markt kommen können. Großartiger Anbau von Parfümeriepflanzen (Orangen-, Jasmin- Lavendel-, Veilchen-, Rosenblüten, Acacia Farnesiana Willd. usw.). Zentrum des Blumenanbaus und der Parfümerieindustrie ist die Stadt Grasse (17).

[3]) Hier wurden in ständigem Grasschnitt und in 3 Jahresschnitten auf 1 ha im Durchschnitt 1908/17 etwa $14^1/_2$ T. Heu gewonnen. 1922 erntete der Irische Freistaat 3,84, 1920: 4,6 Mill. T., Nord-Irland 1922: 783000 T. Großbritannien erntete 1910: $6^1/_4$ Mill. T. Wiesenheu und 3,3 Mill. T. Kleeheu; 1923: 8,58 Mill. T. Heu.

[4]) Nach A. D. Hall bringt 1 ha Land, mit Weizen bestellt, wenn dieser verfüttert wird, 286,9 kg Fleisch oder 4041 Liter Milch, 1 Gras-ha (3,7 T. Heu) nur 134,5 kg Fleisch oder 1886 Liter Milch. Er tritt darum für die Aufgabe des Grassystems zugunsten des regulären Landbaus ein.

Heuernte ist die wichtigste Ernte des Landes. Nebenprodukte der Ölindustrie (Ölkuchen), der Mühlenindustrie (Kleie) usw. sind wertvolle Futterstoffe, die zudem noch in Mengen eingeführt werden.[1]

In Frankreich nimmt das Grasland im Durchschnitt 11% des Bodens ein, und etwa 1/3 des Kulturlandes ist außerdem dem Futterbau gewidmet. Am meisten Grasfutter wächst bzw. wird produziert im ozeanisch-feuchten Nordwesten und in den Gebirgen; der Klee wird am meisten in den nördlichen Küstenstrichen angebaut, Futterrüben gleichfalls im Norden und Nordwesten, Futterkohl im Gebiet der unteren Loire. Die Esparsette wächst gut auf allen kalkhaltigen Böden, die Luzerne besonders im Mittelmeergebiet und im nördlichen Pariser Becken. Bedeutende Ölkuchen-, Kleie-, Rübenschnitzel- usw. Produktion und Einfuhr von Futterstoffen (Mais 552000 T.).

In Belgien bedecken Wiesen und Weiden 27,4% der Fläche (besonders viel auf dem Land von Herve und in dem bodenfeuchten Poldergebiet Niederbelgiens); etwa 1/7 des Ackerlandes ist zudem mit Futterpflanzen bestellt; Nebenprodukte; außerdem große Einfuhr von Mais (1924: 483000 T), Ölkuchen und anderen Futterstoffen.

Die günstigen Futterverhältnisse kommen vor allem dem Rinde[2]), dem Haupttier der intensiven Landwirtschaft, von dem Westeuropa über 5% der Weltziffer besitzt, zugute. Fleisch, Milch, Butter, Käse werden in großen Mengen erzeugt.

Auf den Britischen Inseln bleiben die Tiere bei dem milden Winterklima fast das ganze Jahr im Freien (Weidewirtschaft). Mastvieh (Shorthorns usw.) ist Hauptziel der vorbildlichen Zucht, doch genügt die Fleischproduktion nicht dem Bedarf (große Einfuhr).[3]) Rassen gemischter Nutzung und Milchrassen werden gehalten. 34—35% der Rinder sind (1922) Kühe; außerdem werden viel Butter[4]) und Käse[5]) eingeführt, Rassevieh aber exportiert.

Frankreichs Rinderzucht und Molkereiwesen ist nur im feuchten grasreichen Norden gut entwickelt, und im allgemeinen ist Einfuhr ihrer Produkte nötig. Butter wird am besten in der Normandie, Bretagne, in Poitou und in der Charente hergestellt. Brie- und Melunkäse (südöstlich von Paris) haben Ruf, ebenso der Gruyèrekäse (Burgund, Franche Comté, Savoyen, Dauphiné).

Belgien hält die meisten Rinder im Herveland, in der Campine und in Flandern;

---

[1]) Die Einf. von Mais betrug 1913: 2,5; 1924: 1,92 Mill. T. Die britischen Kolonien (Britisch-Südafrika, Kanada) lieferten 1921 fast 28% der Einf., 1913 wenig mehr als 1%. Auch viel Gerste usw. wird eingeführt.

[2]) Auf 1 qkm kommen Rinder in England und Wales 39; Schottland 14; Nordirland 61; Freistaat Irland 63; Frankreich 25; Belgien 50; Luxemburg 32; auf 100 Einw. in England und Wales 15,4; Schottland 22,3; Nordirland 65; Freistaat Irland 136,5; Frankreich 34,6; Belgien 20,1; Luxemburg 31,7. Irland kann viele Rinder ausführen.

[3]) Einf. 1923 Rindfleisch: 632000, Hammelfleisch 296000, Speck und Schinken 465000, anderes Fleisch 79000 T. Die Britischen Inseln sind der weitaus wichtigste Käufer des Weltmarkts. 1921 waren Argentinien, Australien, Uruguay und Neuseeland Hauptlieferanten für gefrorenes Rindfleisch, (Irland?), Argentinien und Uruguay für frisches; Neuseeland, Argentinien, Australien, Chile, Uruguay für gefrorenes Hammelfleisch. An letzterem Einfuhrprodukt waren die britischen Kolonien schon mit fast 66% (1921) beteiligt.

[4]) Einf. 1913: 204900, 1923: 253100 T. 1921 waren Dänemark, Australien, Neuseeland und Argentinien die wichtigsten Lieferanten; die britischen Kolonien lieferten bereits über 49% der Einf.

[5]) Einf. 1913: 113400, 1923: 142200 T. 1921 waren Neuseeland und Kanada weitaus die wichtigsten Lieferanten; dann folgte Holland in weitem Abstande. Die britischen Kolonien sandten gegen 93% der Einf.

mehr als die Hälfte sind Kühe. „Limburger Käse" des Hervelandes ist bekannt. Es ist Einfuhr von Vieh, Fleisch[1]) und Milchprodukten nötig.

Auffallend umfangreich ist in Westeuropa die Schafzucht[2]), zur Fleischgewinnung besonders, daneben zur Wolleproduktion (s. S. 32).

Die Bewohner der Britischen Inseln haben eine besondere Vorliebe für Hammelfleisch. Fleischleistung wurde Hauptzuchtziel bei den in Hürden gehaltenen, Zufutter (Rüben usw.) beanspruchenden kurzwolligen Rassen. Für die ärmeren Klassen der Bevölkerung werden Riesenmengen von gefrorenem Hammelfleisch (aus Australien, Neuseeland, Argentinien) eingeführt (s. S. 268f., 277f., 464).

Frankreichs Südhälfte mit dürftigen Weidelandschaften (z. B. Zentralplateau, besonders die Kalkböden der Causses, die Alpen, Pyrenäen, die Plaine de la Crau), auch die trockenen Gebiete des Pariser Beckens wie die Champagne (auf Luzerne- und Turnipsfeldern) treiben starke Schafzucht. Schaffleisch, -milch, -käse[3]) tritt in der Ernährung des Südens an die Stelle der Rindprodukte.

Belgiens Schafzucht (hauptsächlich in den Ardennen) ist gering wie im benachbarten niederdeutschen Mitteleuropa (s. S. 113). Viele lebende Tiere, ebenso Fleischprodukte werden eingeführt.

Die Schweinezucht steht hinter der Mitteleuropas weit zurück[4]), obwohl ihre Fleischprodukte auch sehr geschätzt werden.

Von den Britischen Inseln hat Irland mit seinen Zwergwirtschaften die stärkste Schweinehaltung und großen Export von lebenden Schweinen, Speck, Schinken und Fleisch nach dem benachbarten England, das auch aus der Union, den Niederlanden, Kanada usw. viel Speck, Schinken und Fett (Schmalz) bezieht.[5])

Die französische Schweinezucht konzentriert sich wie das Molkereiwesen im Nordwesten, mit dem Maisbau im Garonnebecken, auf Eichelmast in den Ardennen, auf dem Lothringer Plateau und im Jura; im Mediterranklima (C 6) ist sie gering.

In Belgiens intensiver Landwirtschaft nimmt das Schwein (zumal in den Niederungen Flanderns und in Limburg) eine wichtige Stelle ein; das Ardennenland führt Schinken aus.

Die Haltung der Ziege (der Kuh des armen Mannes) tritt in Westeuropa sehr zurück.

Etwas größer ist sie bei den Kleinbauern Irlands, Flanderns und in Südfrankreich (Rhônegebiet mit Umrandung und Corsica).

---

[1]) 1923: 64000 T.

[2]) Die Relativziffern sind in den einzelnen Gebieten sehr verschieden, aber meist hoch. Auf 1 qkm entfielen in England und Wales 1923 an 92; Schottland 83; Nordirland 37; Freist. Irland 44,5; Frankreich 1922: 18; Belgien 1911: 8; Luxemburg 1922: 1,4. Auf 100 Einw. in England und Wales 36,5; Schottland 138,5; Nordirland 39; Freist. Irland 97; Belgien 3; Luxemburg 1,4.

[3]) Käsearten aus Schaf- oder Ziegenmilch oder Mischung beider: Roquefort aus Schafmilch (Zentralplateau; kellerartige, künstlich gekühlte Grotten und Gänge fördern das Reifen); Montdore Ziegenkäse; Camembert und Pont-l'évêque (Normandie) usw. haben Ruf.

[4]) Auf 1 qkm kommen in England und Wales 17; Schottland 2,4; Nordirland 8,6; Freist. Irland 13,3; Frankreich 9,4; Belgien 37; Luxemburg 34,3. Auf 100 Einw. in England und Wales 7; in Schottland 3,8; in Nordirland 9,2; im Freist. Irland 29; in Frankreich 13,3; in Belgien 15,1; in Luxemburg 34.

[5]) 1924 Fleisch für 106,6 Mill. £.

Auch die Kaninchenzucht zur Fleischgewinnung (Nordfrankreich, Belgien), die Geflügelhaltung (Frankreich) mit Eierproduktion, die Honiggewinnung (z. B. Bretagne, Beauce, Campine Belgiens) haben geringere Bedeutung für die Ernährung, und namentlich Eier werden viel eingeführt.[1])

In dem meerumgrenzten Westeuropa vermag die Fischerei große Beiträge zur Ernährung der Bevölkerung zu liefern. Die ausgedehnte Schelfregion (s. Bd. I, S. 54) mit kühlem Wasser und reicher Nahrung ist äußerst fischreich; besonders der Heringsfang hat hier große Bedeutung. Durch die stürmischen Gewässer im Bereiche der Nordsee und des Ozeans zu Seegewohntheit, Wagemut und Unerschrockenheit erzogen[2]), unternehmen die Fischer dieser Flotten auch ausgedehnte Fernfahrten. Die Binnenfischerei (Forellen, Lachse) steht zurück.

Hauptgebiete der britischen Fischerei[3]) sind Nordsee, Islands Gewässer, Meer an den Färöern, die Gewässer im Süden, Westen und Norden der Britischen Inseln, die norwegischen Küstengewässer bei den Lofoten, der Kanal, das Weiße Meer, die Küstengewässer von Portugal und Marokko. Hauptplätze der schottischen Fischerei sind Aberdeen (159), Fraserburgh, Peterhead, Wick, der englischen Grimsby (82), Hull (287), Yarmouth (61) und Lowestoft (44). Dundee (168) und Peterhead veranstalten Fangfahrten ins Eismeer (Wale, Walrosse, Seehunde), Hull und Grimsby nach Island. Große Mengen von Fischen (vor dem Kriege über 44% des Fanges), besonders Heringe, werden ausgeführt.[4])

Die Fischkonservenindustrie stellt besonders Bratfische in Öl her und machte im Kriege Fortschritte.[5]) Austern züchtet man an der Themsemündung.

Frankreich, an Ozean und Mittelmeer, hat ansehnliche Hochseefischerei (Kabeljau) auf der Neufundlandbank[6]) (s. S. 379) und in Islands Gewässern. Heringe werden von Boulogne sur Mer (55) aus, Wale von St. Malo im Polarmeer gefangen, Sardinen im Golf von Biscaya (besonders an der Südküste der Bretagne[7]), Thunfische von Sables d'Olonne südwärts und vor allem an der Mittelmeerküste; Austern werden am meisten an der Küste des Golfes von Biscaya gezüchtet. Die wichtigsten Fischerhäfen (Fécamp [17], Boulogne s. M. [55], Le Croisic, Dünkirchen [35], Granville, St. Malo, Groix, Les Sables d'Olonne, Cette [37], Martigues) liegen zumeist am Kanal und am Nordabschnitt der atlantischen Küste.

---

[1]) Die Britischen Inseln führten 1913: 2568, 1923: 2406 Mill. Stück ein; 1921 aus Dänemark fast 45%, ferner aus Kanada, Jugoslawien, Ägypten, den Niederlanden usw.

[2]) Die Seefischerei ist eine ausgezeichnete Schule für die Besatzungen der Handelsflotten und Kriegsmarinen.

[3]) Etwa 94% des Gesamtertrags (vor dem Kriege 1,23 Mill. T., im Kriege bis auf 0,4 Mill. T. gesunken) werden durch Hochseefischerei eingebracht; fast 83% durch die (3200) Fischdampfer. Hauptsächlich Schotten und Engländer sind beteiligt. Im Durchschnitt 1911/13 wurden je Kopf etwa 16 bis 17 kg jährlich verzehrt. Hauptabsatzmarkt ist London (County L. 4,48 Mill.).

[4]) 1913: 498000 T. Heringe (113000 T. Eigenverbrauch) nach Rußland, Deutschland usw. und 51800 T. anderer Fische; Einfuhr 157000 T. Fische. 1924 wurden für 5,9 Mill. £ Heringe ausgeführt.

[5]) Fabriken z. B. für Brislinge in Öl. Die Norweger (s. S. 7) behaupten, die an ihren Küsten gefangenen Brislinge seien bedeutend besser als die englischen.

[6]) Ausfahrthäfen (am Kanal) sind besonders St. Malo, Boulogne s. M., Dünkirchen, St. Valery-en-Caux, Dieppe, Fécamp, Granville; für Island Paimpol.

[7]) Die Sardine erscheint nur im Sommer und bleibt periodisch aus oder tritt selten auf (wohl in kühlen Sommern oder Klimaperioden), in warmen häufiger (vielleicht nach dem „Brücknerschen Gesetz").

Belgiens Seefischerei, an der kurzen Küste verhältnismäßig unbedeutend, erstreckt sich fast nur auf Heringsfang; Hauptfischerhäfen sind Ostende (45), Nieuwpoort, Blankenberghe, Heyst, La Panne.

Die Jagd verfolgt hauptsächlich Sportzwecke und dürfte nur sehr bescheidene, wenn auch geschätzte Beiträge zur Volksnahrung liefern.

An **mineralischen Nahrungs- und Genußmitteln** (und Zugehörigem), also Salz, Trinkwasser, Mineralwasser, ist in Westeuropa kein Mangel, Düngemittel müssen meist eingeführt werden.

Die Britischen Inseln (Triasformation der englischen Midlands, zumal der Grafschaft Cheshire; weniger von Lancashire nach Middlesbrough, Yorkshire, Durham, Nordostirland) haben reichlich Steinsalzlager und Solquellen[1]); Salz wird viel ausgeführt, aber Schottland ist sehr arm daran. In Frankreich wird sowohl Steinsalz (aus Keuperablagerungen Französisch- und Deutsch-Lothringens, in der Franche Comté, im Juragebiet, im westlichen Vorlande der Pyrenäen) als Sudsalz (aus Solquellen) als Seesalz[2]) gewonnen.

Belgien ist salzarm und muß Salz einführen.

Trink- (und Gebrauchs-) Wasser ist im feuchten Westeuropa fast überall zu finden, und jeder größere Ort besitzt eine Wasserleitung.

Nur im Mittelmeergebiet Frankreichs (besonders in der Crau des Rhônedeltas), in den Causses des Zentralplateaus, in der Champagne Pouilleuse, liegen die Wasserverhältnisse ungünstiger. Die Mineralwasserproduktion konzentriert sich auf die Bruch- und vulkanischen Gebiete (Irland-Belfast, Dublin, Auvergne usw.).

Mineralische Düngemittel sind von Natur nur noch spärlich zu finden.

Arme Kreidephosphate oder Phosphorite (Kalke mit Phosphorbeimischung) in Belgien und Nordfrankreich; aus ihnen und eingeführten Phosphaten[3]) (von Florida, Tunesien, Algerien, Marokko usw.) stellt man in diesen zwei Ländern bedeutende Mengen von Superphosphaten[4]) her; die Verarbeitung der phosphorhaltigen Eisenerze Lothringens liefert Thomasschlacke.[5]) Phosphorhaltige Düngemittel können in Mengen ausgeführt werden. Stickstoff zur Düngung gewinnt man[6])

---

[1]) Die Ortsnamen auf wich oder wych bezeichnen Salzvorkommen. Der Solespiegel sinkt beständig, Häuser erleiden Schaden und Städte müssen verlegt werden. Prod. 1913: 2,248; 1920: 2,158 Mill. T. = etwa 11,3% der W. Ausf. 1913: 530000, 1920: 380000 T.

[2]) Seesalinen werden besonders am salzreichen Mittelmeer (über 3,7% Salz) rentabel ausgenutzt, wo die salzigen Strandseen (Étangs salés), die Sommerhitze und -dürre und der trockene Mistral die Salzgewinnung begünstigen, andererseits freilich der geringe Höhenunterschied der Gezeiten das Wasser zum Reinigungs- und Verdunstungsverfahren künstlich zu heben zwingt. Die Salzernte dauert nur etwa einen Monat. Das Étang de Thau soll 270 Fr. ha-Ertrag (gegen 8 Fr. des Kurischen Haffs-Fischerei) bringen. An der atlantischen Küste (Gironde bis Bretagne) bewirken der geringere Salzgehalt des Ozeans (3,5%), die niedrigere und weniger anhaltende Sommerwärme (langsamere Verdunstung), ferner häufigere und größere Niederschläge Erschwerung und große Schwankungen der Salzernten; z. B. wurden gegenüber dem jährlichen Ertrag von etwa 115000 T. in dem ungünstigen Sommer 1912 kaum 1000 T. Salz erzeugt. Andererseits erleichtern die stärkeren Gezeiten das Verdunstungsverfahren. Das hier gewonnene Salz bedarf der Raffination. Prod. Frankreichs 1913: 1,28; 1920: 1,25 Mill. T. = 6,6% der W. Ausf. 175000 und 121000 T.

[3]) Frankreich besitzt im Atlasland (s. S. 295) die größten Phosphatlager der Erde.

[4]) Frankreich 1922: 2133000, Belgien 391000, Großbritannien 531000 T.

[5]) Frankreich 1923: 585000, Belgien (1922) 344000, Luxemburg (1923) 285000, Großbritannien (1922) 306000 T.

[6]) Frankreich erzeugte 1919: 45000, 1923: 89000 T. Ammoniumsulfat und 1918 etwa 100000 T. Kalziumzyanamid. Phosphatproduktion 1924 in Frankreich 200000, in Belgien 47000 T.

aus der Verarbeitung der Kohle (s. Bd. I, S. 159, 169f.), aus der Luft und durch Einfuhr von Chilesalpeter, und Kali hat sich Frankreich mit dem Elsaß (bei Mülhausen) angeeignet[1]) und treibt auch Ausfuhrhandel damit. England hat sich besonders auf Ammoniakstickstoffgewinnung (in Gaswerken, Kokereien usw.) geworfen.[2])

b) Mit pflanzlichen Rohstoffen für die **Kleidung** ist Westeuropa ganz und gar nicht gut ausgestattet. Zwar besitzt es eine brauchbare Textilfaser in dem Flachs, der in der feuchten Nordhälfte des Gebietes gut gedeiht, aber sein Anbau genügt dem Konsum nicht.

Der Flachsbau der Britischen Inseln (Nordosten Irlands) nahm im Kriege, als die Zufuhr stockte, zu, doch ist noch eine große Einfuhr von Flachsfaser nötig.[3]) Zentrum der Leinenindustrie ist Belfast (385); große Ausfuhr von Leinenfabrikaten.[4])

Die Flachsproduktion Frankreichs am Kanal (Bretagne und zwischen Rouen und Lille) muß durch Einfuhr für die bedeutende Leinenindustrie (Lille, 201, Cambrai, 26, Roubaix, 113, usw.) ergänzt werden. In der Spitzen- und Tüllindustrie hat Calais (73) die Führung.

Belgien baut Flachs besonders in Flandern, ferner in Brabant, auch im Hennegau; seit der Mitte des vorigen Jahrhunderts nahm der Anbau wie in den anderen Ländern West- und Mitteleuropas mit dem Zusammenbruch der Leinen-Hausindustrie und der Konkurrenz der Baumwolle stark ab. Der belgische Flachs gilt als besonders gut, und die irländische Feinspinnerei bezieht von B. ihren Rohstoff. Viel Flachs aus Rußland usw. wird eingeführt. Die belgische Leinenindustrie hat seit alter Zeit ihren Sitz in Flandern: Spinnerei in Gent (165), ferner in Lüttich (165), Brüssel (213) Doornik (Tournai, 35), Rousselaere, Lokeren (23) usw., die Weberei in Flandern und Brabant; starke Hausweberei noch in der Gegend von Gent. Ausfuhr von Leingarn, -waren und Werg.[5]) Feinere Garne werden eingeführt.

Der Hanfbau Westeuropas hat geringen Umfang.

Am meisten wird die Wärme liebende Pflanze an der milden Südküste der Bretagne und im Gebiet der unteren Loire angebaut, weniger in West- und Ostflandern usw.[6]) Es bedarf Westeuropa einer großen Einfuhr von Hanf und Hanfwerg.

Trotz der Armut an pflanzlichen Rohstoffen gehört Westeuropa zu den wichtigsten Textilgebieten der Erde, hauptsächlich auf Grund der Verarbeitung von eingeführter Baumwolle. Lage, Industriebegünstigung, vor

---

[1]) Prod. 1923: 1026000 T. Rohsalz mit 249000, 1924: 1339600 T. mit 270000, 1925: 1925800 T. bzw. 310300 T. Kaligehalt (K_2O).

[2]) Prod. 1920: 425600, 1924: 432400 T. Außerdem erzeugte es (1920) 86000 T. Luftstickstoff und 1923: 432400 T. Ammoniumsulfat. Es führt Stickstoffprodukte aus.

[3]) Großbritannien macht große Anstrengungen, sich durch Steigerung der Flachsproduktion in seinen Kolonien von fremder Einfuhr unabhängig zu machen (s. S. 234, 269, 359, 380). Vor dem Kriege lieferte Irland von dem Bedarf (etwa 100000 T.) nur um 10%. Prod. Irlands 1909/13: 10750 (1922: 5620); Frankreichs 18430 (13700); Belgiens 23540 (15190) T., zusammen 52720 (34510) T. = 7 (über 11)% der Weltproduktion.

[4]) 1924 für 13,33 Mill. Fr. heimischer Erzeugung.

[5]) Ausf. von Leinengarn 1923: 182,9; Leinen 144,1 Mill. Fr.

[6]) Für Hanfspinnerei ist Lokeren (23) Hauptplatz, für Seilerei Dendermonde. Die Gewinnung der Ginsterfasern (als Juteersatz usw.) war wohl nur eine Erscheinung der Kriegszeit (vgl. S. 35, Anm. 2), der Anbau der Weberkarde (Provence usw.) wurde durch Verwendung metallischer Bürsten in der Tuchindustrie hinfällig.

allem aber doch Aktivität der Bevölkerung, bewirken, daß hier 1923: $43^1/_3$% aller Baumwollspindeln der Erde arbeiten und außer der Bedarfsdeckung für die eigenen Bewohner Riesenmengen von Baumwollwaren für alle Welt erzeugt werden.

Großbritanniens Baumwollindustrie (36,2% aller Spindeln) sitzt hauptsächlich in der Grafschaft Lancashire (Spinnereistädte Oldham, 145, Bolton, 179, Manchester, 731, Rochdale, 91, Leigh, 45, Stockport, 123, usw.; Weberei in Blackburne, 127, Burnley, 103, Bolton, 179, usw.), greift jedoch um das Südende des Penninischen Gebirges herum nach Osten hinaus; in Nottingham (263) und Leicester (234) werden namentlich Strumpfwaren, in Yeovil Baumwollhandschuhe hergestellt. Die Feuchtigkeit der Luft an der Irischen See soll in hohem Grade die Herstellung feiner Garne, die eine Spezialität Englands ist, begünstigen. Die Einfuhr der Rohbaumwolle erfolgt aus der Union (1919/20: 75%), Ägypten, Indien, Brasilien usw. über die Häfen Liverpool (803), Manchester (731) u. a. Vor dem Kriege wurden etwa 15% der hergestellten Garne und fast 80% der Baumwollenzeuge (nach Indien, China, dem europäischen Kontinent, der Union, Mittel- und Südamerika usw.) ausgeführt.[1]) Der Wettbewerb der Union, Japans, Indiens macht sich stark bemerkbar.

In der französischen Baumwollindustrie (Rouen, 124, Amiens, 93, St. Quentin, 37, Dünkirchen, 35, Lille, 201, Roubaix, 113, Tourcoing, 79, Épinal, 28, Mülhausen, 99, usw.) arbeiten 6,1% aller Baumwollspindeln der Erde. Die Ausfuhr (nach den französischen Kolonien, Großbritannien, der Union, Belgien usw.) betrifft zum guten Teil Phantasie- und Luxuswaren, wo es auf guten Geschmack, Neuheit und Eleganz der Modeerzeugnisse — eine starke Seite der Franzosen — ankommt.[2])

Auch Belgiens Baumwollindustrie (Flandern, Brabant, besonders Gent, 165) auf Grund (aus Union, Indien) eingeführter Baumwolle[3]) ist ansehnlich (fast 1,1% aller Spindeln); Ausfuhr.

Die Juteindustrie Großbritanniens (Dundee, 168) beruht natürlich auf Einfuhr von Rohjute aus Indien, das auch Jutewaren liefert, doch übertrifft die Ausfuhr von Jutefabrikaten und -garnen die Einfuhr, steht freilich im harten Kampf mit der billiger arbeitenden indischen Juteindustrie (s. S. 235). Die Frankreichs (Dünkirchen, 35, Amiens, 93 usw.) und Belgiens (Gent, 165 usw.) ist weniger entwickelt.

In Wäsche, Modewaren, Konfektion, Hüten u. dgl. haben alle drei Länder Westeuropas eine große Produktion und umfangreichen Bedarf, aber Frankreich (Paris, 2,9 Mill. Einw.) hat auch eine starke Ausfuhr in diesen Artikeln der Aufmachung und der Eitelkeit.

Von **tierischen Rohstoffen für die Kleidung** ist der Wolle und der Seide zu gedenken; die Verarbeitung beider Stoffe ist sehr umfangreich, und beide müssen in großen Mengen eingeführt werden, obwohl sie im Gebiet produziert

[1]) Einf. von Baumwolle 1924: 121,54 Mill. £ und Baumwollwaren 9,31 Mill. £, Ausf. letzterer (heim. Erzeugung) 199,3 Mill. £; es ist der weitaus wichtigste Ausfuhrartikel.
[2]) Einf. von Baumwolle 1924: 301 970 T.
[3]) 1923: 64 700 T.

werden, Wolle[1]) sogar in ansehnlichen Mengen. Die Wollindustrie findet bei dem kühlen Seeklima das ganze Jahr hindurch guten Inlandabsatz, die Seidenindustrie Wohlstand und Eitelkeit als Anreger zum Verbrauch.

Die Britischen Inseln erzeugen etwa 4—$4^1/_2$% der W. von Schaf- und Lammwolle (am meisten auf den armen Heideländereien Schottlands, aber die Qualität der **Wolle**[2]) ist mit wachsender Betonung der Fleischproduktion aus der Schafzucht (s. S. 27) zurückgegangen. London (4,48 Mill., Wollauktionen) ist Hauptmarkt.[3])

Großbritannien kontrolliert den größten Teil des Wollhandels der Erde, besonders den mit Merinowolle. Die britische Wollindustrie hat ihre Hauptsitze an der kohlenreichen Ostseite des Penninischen Gebirges, zu dessen Rand (West-Riding, Yorkshire) sie sich seit dem Mittelalter allmählich zog.[4]) Huddersfield (110), Bradford (286) und Leeds (458) sind Hauptzentren.[5]) Tweed- und Cheviotstoffe stellt man im Tweedtale des südschottischen Hochlandes am Nordwestfuß der Cheviot Hills (Galashiels, Selkirk, Hawick) her. Die anderen Wollwarengebiete sind neben diesen von untergeordneter Bedeutung, auch das südirische (Cork, 77, usw.). Die Ausfuhr von Wollgarn und Wollwaren ist sehr bedeutend[6]), doch schreit die Industrie nach einem Schutzzoll.

Ein Hauptkonkurrent für die englischen Wollwaren auf dem Weltmarkt ist Frankreich, aber seine Wettbewerbslage ist dadurch ziemlich schwach, daß es bei geringer Eigenproduktion von Wolle (an $1^1/_2$% der W.) zu einem überwiegend großen Teil des Rohstoffverbrauches auf Einfuhr, zum großen Teil aus britischen Kolonien, angewiesen ist.[7]) Die Wollindustrie sitzt hauptsächlich in Roubaix (113), Tourcoing (79), Fourmies, Cambrai (26), Reims (77), Sedan (18); im Süden sei Albi (27) genannt.[8])

Belgien hat eine noch viel geringere Eigenproduktion an Wolle (0,03% der W.), aber eine sehr bedeutende Wollindustrie (besonders in der Gegend von Verviers, 42) auf Grund von Wolleinfuhr (über Antwerpen, 304).[9])

Die **Seidenindustrie** hat nur in Frankreich große Bedeutung.

---

[1]) Prod. Großbritanniens und Irlands 1923: 46400 T., Frankreichs 17340 T., Belgiens 374 T., zusammen 64100 T. = etwa 5,4% der W. Der Verbrauch betrug aber (1909/13) durchschnittlich 279400, 270960 und 47620 T., zusammen fast 598000 T. = gegen 37% des damaligen Verbrauchs auf der Erde.

[2]) Merinos ließen sich in dem Seeklima nicht akklimatisieren. Merinowolle wird aus den Kolonien (Australien hauptsächlich) eingeführt. Die langwolligen Schafe (Kammgarnwolle) werden nur auf weichem Marsch- und ähnlichem Boden gehalten. Kreuzzuchtwollen kommen aus Australien (s. S. 269), Neuseeland (S. 278) und Südafrika (S. 341) zur Einfuhr.

[3]) In Liverpool (803) wird auf den Auktionen hauptsächlich indische Wolle gehandelt.

[4]) Reichliches und reines Wasser begünstigt in den Wollindustriegebieten Westeuropas das Waschen der Schweißwolle, auch die Anlage von Stauwerken. Kohlenreichtum kommt weiter begünstigend dazu.

[5]) Namentlich der Kammgarnindustrie; Flanelle und wollene Decken in Newsbury, außerdem in Rochdale (91) und Whitney; Shoddy und Mungo (aus Lumpen) in Newsbury, Batley und Morley, Alpaca- und Mohärwaren in Saltaire bei Bradford.

[6]) 1913 wurde etwa die Hälfte der Produktion ausgeführt: Wollen-, Kammgarn (nach Deutschland, Japan, Österreich usw.) und Wollzeug für 35,7 Mill., 1918: 49,1 Mill, 1923: 62,6 Mill. £. Teppiche wurden meist nach den britischen Besitzungen verkauft.

[7]) Dünkirchen (35) ist Haupteinfuhrhafen. Australien und Argentinien sind die großen Lieferanten, die Atlasländer ein kleiner. Einf. 1924: 52100 T., Ausf. von Wollgeweben 1924: 87 Mill. Fr.

[8]) Im Garonnebecken und im Mittelmeergebiet ist der Bedarf an Wollwaren wohl am geringsten.

[9]) 1923: 77000 T. für 829 Mill. Fr., Ausf. von Erzeugnissen für 399,8 Mill. Fr.

Auf den Britischen Inseln hat sie bescheidenen Umfang, und der einheimische Verbrauch an Rohseide muß ganz, der an Seidenwaren zum größten Teil eingeführt werden.[1]) Die Spitzenindustrie Nottinghams (263), die natürlich auch Baumwolle usw. verarbeitet, ist eine Ausfuhrindustrie. Irland zeichnet sich durch handgewebte Ware (Poplin für Schlipse) aus (Dublin, 403) und hat Export.

Die französische Seidenraupenzucht konzentriert sich mit der Maulbeerbaumkultur in der Hauptsache auf das gegen das Mittelmeer geöffnete untere Rhônebecken (C 6), scheint aber unter der Konkurrenz Ostasiens dauernd zurückzugehen.[2]) Für seine Seidenindustrie (Lyon, 562, St. Étienne, 168, St. Chamond, 16, usw.) führt Frankreich viel Rohseide (Gregen) und gezwirnte Seide (aus China, Japan, Italien usw.) ein.[3]) Die Ausfuhr von Seidenwaren aller Art ist sehr bedeutend.[4]) Zentrum der französischen Spitzen- und Tüllindustrie ist Calais (73). Belgiens Seidenindustrie steht zurück. Dagegen ist die Spitzenindustrie, seit dem 15. Jahrhundert schon, berühmt.[5])

Die Herstellung **künstlicher Seide** ist in Westeuropa, besonders in Belgien, schon stark entwickelt (vgl. Bd. I, S. 149).

Anbau von Farbpflanzen zum Färben der Textilstoffe kommt wohl kaum noch in Betracht, seitdem die synthetischen Farben auf den Markt kommen.

Der Konsum an Häuten und Fellen für die **Leder- und Lederwarenindustrie** (Schuhwerk, Handschuhe usw.) ist in dem kühlen, dichtbevölkerten und wohlhabenden Westeuropa so groß, daß zu den in der heimischen Viehzucht gewonnenen Häuten und Fellen zum Teil noch eine große Einfuhr[6]) nötig wird. Gerbstoffe müssen ebenfalls zumeist eingeführt werden; nur im gerbstoffreichen (s. Bd. I, S. 135f.) Südfrankreich werden größere Mengen erzeugt.[7])

Auf den Britischen Inseln sind besonders Worcester (49) und Woodstock im südostenglischen Landwirtschaftsbezirk Zentren der Schuh- und Stiefelindustrie, doch werden weit mehr Lederwaren ein- als ausgeführt.[8])

Frankreichs ursprünglich ebenfalls (in Gebieten starker Viehzucht) bodenständige Gerberei und Lederwarenindustrie bedarf heute keiner großen Rohstoffeinfuhr.[9]) Châteaurenault (18) und Saint-Saëns, beide nicht zu fern dem

---

[1]) 1924 für 27 Mill. £, bei 2,19 Mill. £ Ausf.

[2]) Nach V. Cambon wird sie rückständig und nachlässig betrieben.

[3]) Durch die „Erwerbung" Syriens (s. S. 150) hat Frankreich neue, etwas wichtige Produktionsgebiete von Seide in die Hand bekommen.

[4]) Hauptsächlich nach Großbritannien. Ausf. von Seide und Seidenabfällen 1924: 3080 T. für 305 Mill. Fr., von Seidenwaren 8600 T. für 3019,8 Mill. Fr.

[5]) Sie wird in West- und Ostflandern, meist als Heimarbeit der Frauen, in den Dörfern betrieben. Die Auftraggeber sitzen in Brüssel (213; daher die Bezeichnung „Brüsseler Spitzen"), Gent (165) und Brügge (53). Die mechanische Spitzenindustrie macht schon scharfe Konkurrenz. Belgien führte 1923 für 114,7 Mill. Fr. Seidengarn aus.

[6]) Vgl. S. 45. Großbritannien 1924: 21,24 Mill. £; Frankreich (Häute und Kürschnerwaren) aus: 38940 T. und bearb. Kürschnerwaren 1650 T. für 578,4 bzw. 550,2 Mill. Fr., Belgien, Einf. von Häuten 1923: 37800 T., aus 9300 T.

[7]) Rinde der Steineiche (Gascogne usw.; Schälwälder), der Kermeseiche (Quercus coccifera; besonders die Wurzelrinde: Garouille mit 15—25% Gerbstoff); der falschen Korkeiche (Qu. pseudosuber) mit 15—20% Gerbstoff; Rinde (Scorzarossa) der Aleppokiefer (Pinus halepensis) mit 13 bis 15% Gerbstoff; auch Sumach.

[8]) 1913 wurden rund 1,72 Mill. Dutzend Paar Schuhe aus-, 462000 Dutzend Paar eingeführt. Einf. von Leder und Lederwaren 1924: 14,39, Ausfuhr mit Schuhen 12,1 Mill. £.

[9]) Vgl. Anm. 6.

Hauptkonsumzentrum Paris, sind wichtige Gerbereiplätze. In der Südhälfte Frankreichs werden besonders die hier zahlreichen Schaf- und Ziegenfelle (s. S. 27) verarbeitet.[1]) Die Lederwaren- und Schuhindustrie sitzt hauptsächlich in den großen Städten. Belgien hat ebenfalls eine umfangreiche Lederindustrie. (Holzschuhe s. S. 35). Die Nachfrage nach Gummischuhen (s. Bd. I, S. 109) ist in dem trockeneren südlichen Westeuropa geringer als in den feuchten nördlicheren Landschaften, besonders denen mit längerer Schneelage. Birmingham (919) ist Zentrum einer neuerdings aufkommenden britischen Bürstenindustrie. Die Straußenfarmen, die nach Anfang des Jahrhunderts an der Riviera errichtet wurden, haben wohl nicht große Erfolge gehabt.

Schmuckstoffe werden in Westeuropa sehr wenig erzeugt[2]), dagegen ist der industrielle Verbrauch in den wohlhabenden Ländern ein gewaltiger.[3])

c) Wohnungsbaumaterial. Westeuropa ist allmählich arm an **Wäldern** und Holz geworden, teils unter der Notwendigkeit, für die sich verdichtende Bevölkerung Ackerboden zu gewinnen, teils durch unverständige Abholzung in früheren Zeiten. Als Hausbaumaterial hat das Holz in W. in weitestem Maße seine Rolle ausgespielt und sie nur noch in waldreichen Bezirken behalten. Die Britischen Inseln haben nur noch etwa auf 4% der Fläche Wald stehen[4]), Frankreich auf etwa 16 (18?), Belgien auf 18%.

Die Britischen Inseln bedürfen einer riesigen Holzeinfuhr.[5]) Während des Krieges geriet man in ziemliche Holznot und beabsichtigte, die Waldfläche für die Zukunft allmählich wesentlich zu vergrößern. Eine Reihe von Industrien (Bau-, Möbel-, Wagen-, Musikinstrumenten- Industrie, Spielwaren-[6]) und Zündholzfabrikation, schließlich die Papierindustrie[7]) verarbeiten Holz weiter.

In Frankreich steht noch am meisten Wald in den Landes, in den Vogesen, Ardennen, im Jura. Das Garonne- und das Rhônebecken sind waldlos. Im Norden

---

[1]) In Chaumont (16), Annonay (15), Niort (24), Grenoble (77). Lederhandschuhe fertigen am meisten Grenoble und Niort.

[2]) Frankreich allein liefert ansehnliche Mengen Gold (1923: 50500, 1924: 69000 T. goldhaltige Erze), 1913: 3201, 1919: 227, 1922 nur 3 kg Gold und 16108 bzw. 373 (1922: 10000?) kg Silber; die Britischen Inseln 3998 bzw. 2128 (860) kg Silber.

[3]) In Großbritannien 1012: 27,1; 1922: 17,1 T. Gold und 311 bzw. 248,8 T. Silber. Im französischen Jura ist eine ansehnliche Uhrenindustrie emporgekommen.

[4]) In England sind über 5,5, in Schottland gegen 3, in Irland etwa 1, in Wales nur 0,6% der Fläche mit Wäldern und Parks (im Flach- und Hügellande) bedeckt. Die heftigen Westwinde sind dem Wiederaufkommen von Wald besonders auf den Höhen der Gebirge hinderlich. Hauptsächlich die alte Eisenindustrie (Holzkohle) und der frühe Schiffsbau haben den Wald verschlungen. Jetzt ist besonders auch Grubenholz für den Kohlenbergbau notwendig.

[5]) 1913 wurden etwa 11,6 Mill. T. (aus Rußland, Skandinavien, Kanada und Union) eingeführt, davon über $^3/_4$ Nadel- und Grubenholz. Die Kolonien lieferten damals ziemlich wenig. Einf. 1924 für 51,07 Mill. £, Holzwaren 5,37 Mill. £.

[6]) Entwickelte sich während des Krieges.

[7]) Für sie muß eine große Menge Holzschliff (1913: 575000, 1922: 574500 T.) und Zellstoff (1913: 418400, 1922: 365900 T.) eingeführt werden, ersterer aus Norwegen, Schweden, Kanada, letzterer überwiegend aus Schweden. Einf. 1924 für 11,57 Mill. £. Außerdem wird noch viel Esparto (und sonstige vegetabilische Fasern) eingeführt (1913: 218400, 1922: 174100 T.). Ferner müssen noch viel Papier (1924: 14,45 Mill. £ bei 9,23 Mill. £ Ausf.), Pappe und Waren daraus vom Auslande bezogen werden (1913: 654400, 1922: 562400 T.). Die Umgebungen von London (4,48 Mill.), Manchester (731) und Bath (69) sind durch ihre Qualitätspapiere bekannt. Übrigens könnte und soll Kanada (s. S. 381 f.) fernerhin den Bedarf Großbritanniens decken.

(und in den Landes[1]) herrschen Nadelbäume vor, im Süden Eichen (s. Bd. I, S. 136). Frankreich bedarf einer großen Einfuhr von Holz. Ziemlich entwickelt ist die Spielzeugindustrie. Papierholz zur Erzeugung von Papiermasse fehlt Frankreich ziemlich.[2]) Die Papierindustrie sitzt in den großen Städten, Häfen und Alpen (Wasserkraft).

Der Wald Belgiens (in den unfruchtbaren, rauhen Ardennen und in der Campine) ist zumeist Buschwald, nur zum kleinen Teil Hochwald. Viel Holz- und Papiermasse-Einfuhr ist nötig.[3]) Holzschuhfabrikation, Zündholzindustrie, Papierfabrikation seien erwähnt.

Mineralisches Wohnungsbaumaterial und Steinbrüche auf seine Gewinnung sind in den alten Gesteinsschollen der Britischen Inseln wie in den jüngeren mesozoischen Ablagerungen weitverbreitet und ergeben bei der Holzarmut mit Ziegeln der jüngeren Niederungen das Hauptmaterial für den Wohnungsbau.

Außer Granit und Gneis, Kalkstein und Sandstein der älteren Gebirgslandschaften und den Schiefern von Nordwales (Bangor) und des Cumberlandgebirges stehen Tone für Ziegelbauten und Töpfererde in den niedrigen Südostlandschaften Englands reichlich zur Verfügung. Der sogenannte Potterydistrikt der Gegend von Stoke upon Trent (240) stellt $^3/_4$ aller englischen Töpferwaren her. Porzellanerde (Kaolin) kommt hier, viel mehr aber in Cornwall vor und zum Abbau, nicht zum wenigsten für Ausfuhr.[4]) Die Heimat der englischen Porzellanindustrie ist Longton. Feuerfestes Material, früher meist von Deutschland bezogen, besitzt Staffordshire z. B. reichlich. Die Zementindustrie führt aus. Die Glasindustrie im Töpfereibezirk, London usw. deckt wenig den Bedarf[5]), starke Einfuhr (aus Deutschland, Tschechoslowakei, Belgien) ist nötig.[6])

Bausteine vielerlei Art sind in Frankreich fast überall zu finden: Beliebt sind u. a. die wetterbeständigen und leicht zu bearbeitenden Kalksteine von Jaumont bei Metz und anderen nordfranzösischen Steinbrüchen des Pariser Beckens, die Marmore werden im Jura, im Zentralmassiv, in den Pyrenäen, Lavaplatten in der Auvergne gebrochen. Tone zur Ziegelfabrikation sind, vor allem in den Niederungen, weitverbreitet. Asphalt wird auch gewonnen.[7]) Porzellan wird zu Limoges (90), Sèvres im Dep. Cher und Indre hergestellt; durch Glaswaren sind Paris (2,9 Mill.),

---

[1]) Vor dem Kriege führte Frankreich aus den Wäldern der Landes beträchtliche Mengen von Grubenholz aus (1913: 906500 T., besonders über die Häfen Bordeaux [267] und Bayonne [28] nach Großbritannien, ferner Belgien usw., bei 159400 T. Einfuhr aus Rußland usw.). Die Wälder der französischen Kolonien mögen vielleicht die französische Waldfläche um das Zehnfache übertreffen, haben aber bisher minimalen Nutzen für das Mutterland.

[2]) Man dachte daran, die großen Mengen des Ginsters (in der Südhälfte Frankreichs) auszunutzen, die den ganzen Papierbedarf Frankreichs (etwa 310000 T.) decken könnten. Einf. von Pap. 1924: 148000 T. für 235,6 Mill. Fr.

[3]) Bauholz 1923: 94400 T.

[4]) Ausfuhrüberschuß 1913: 640000 T. Besonders Fowey führt aus. Falmouth sollte für Konzentration der Ausfuhr hergerichtet werden.

[5]) Die Fabrikation von Flaschen, Tafelglas, Hartglas, chemischen und wissenschaftlichen Gläsern für Laboratorien usw. war vor dem Kriege fast gleich Null. In dieser „Hauptschlüsselindustrie" von der Einfuhr unabhängig zu werden, war seit Ausbruch des Krieges Hauptbestreben der Engländer. Auch die optische Glasindustrie, besonders für Heeres- und Flugzwecke, entwickelte sich während des Krieges stark (Birmingham, 919; Leeds, 458).

[6]) Einf. von Glas- und Tonwaren 1924 für 8,7 Mill. £.

[7]) 1923: 35600 T.

Nordfrankreich, der Vogesenbezirk, auch die Normandie wichtig. Zement wird ausgeführt.

Belgien besitzt in den Ardennen und ihrem Vorlande zahlreiche Brüche auf Bau- und Pflastersteine, Dachschiefer (Semoistal, Neufchâteau) usw., sogar für Ausfuhr.[1]) Außerhalb der Ardennen, vor allem in der Lehm- und Marschenzone, stehen Lager plastischer Lehme und Tone für Ziegel (Boom an der Rupel usw.) und feuerfeste Steine usw. zur Verfügung, selbst zur Ausfuhr.[2]) Die Zementindustrie (Doornik oder Tournay, 35) mit großer Ausfuhr wird durch die Kreidekalksteine, Kalke und Tone des Hennegaues begünstigt.[3]) Wichtig ist die Glasindustrie (im westlichen Kohlengebiet: Provinzen Namur und Hennegau), die viel Spiegel- und Tafel- (Fenster-) Glas zur Ausfuhr bringt.[4])

d) Tierische Arbeitsgehilfen, Naturkräfte und Material für Werkzeuge aller Art.

Als Hauptarbeitstiere werden in Westeuropa noch vor dem meist für andere Leistungen reservierten Rinde (s. S. 26f.), das nur mehr in kleinbäuerlichen Betrieben auch als Zugtier zu dienen hat, Pferde gehalten[5]), bei der entwickelten Landwirtschaft, dem ausgeprägten Militarismus und hochgeschraubten Sportwesen in großer Zahl; in der Industrie, allmählich auch in den anderen Verwendungszweigen scheint es vom Kraftwagen zurückgedrängt, wenn auch nicht ganz verdrängt zu werden.

Die Britischen Inseln halten am meisten Pferde in den getreidebauenden Tiefländern und in den Industriestädten Südostenglands. Geschätzt sind die schweren Suffolks und die Yorkshirepferde. Auf den armseligen Shettlandinseln und schottischen Uplands wachsen dagegen anspruchslose Ponys. Auf Irland werden auch viele Esel und Maultiere benutzt.

Frankreich besitzt etwa $2^1/_2\%$ aller Pferde. Besonders reich daran ist das fette, Futter und Getreide bauende Nordfrankreich. Die schweren, kaltblütigen Pferde der Normandie, vor allem der Landschaft Perche (Percherons), auch das Boulonnaispferd haben Ruf als starke Arbeitspferde. Esel und Maultiere[6]) werden mehr in Südfrankreich benutzt.

In Belgien ist die Pferdezucht einer der wichtigsten Zweige der Landwirtschaft; am meisten Pferde werden im fruchtbaren Ackerbaugebiet der Mitte gehalten, während der unfruchtbare Süden und Norden des Landes deren wenige besitzt. Die schweren, kaltblütigen Pferde Brabants, Flanderns usw. werden ausgeführt. Das Ardennenpferd ist ein leichter Schlag. Esel und Maultiere sind schwach vertreten.

---

[1]) „Kohlenkalk“ (Marbre noir oder Petit granit) des Maas-Sambre-Zwischenlandes.

[2]) Zumal nach den Niederlanden. In Fayence und Porzellan leistet B. nichts. Kaolin fehlt.

[3]) Ausf. von Kalk 1923: 1126400 T. für 52, Zement 951200 T. für 134,6 Mill. Fr. Auch Luxemburg führt Kalk, Kalksteine, Gips, Schiefersteine aus.

[4]) Quarzsand (Campine, Maas-Sambre-Zwischenland usw.), Kalk (Hennegau) und Sodakarbonat liefert das Land. Ausf. von Glaswaren 1923: 183800 T. für 285,5 Mill. Fr.

[5]) Auf 1 qkm in England und Wales 8,5; in Schottland 2,6; in Nordirland 8,5; im Freist. Irland 6,2; in Frankreich 5; Belgien 7,6; Luxemburg 6,7; auf 100 Einw. in England und Wales 3,4; in Schottland 4,2; Nordirland 9; Freist. Irland 13,5; Frankreich 6,1; Belgien 3,1; Luxemburg 6,6.

[6]) Beide etwa 1 auf 1 qkm und 1,4 auf 100 Einw. Poitou ist das klassische Land der bis ins 10. Jahrhundert zurückgeführten Maultierzucht; auch die Vendée züchtet; beide Landschaften liegen auf der Grenze zwischen Nord- und Südfrankreich.

An **mineralischen Kraftstoffen** sind die alten Rumpfschollen Westeuropas im ganzen recht reich, und hauptsächlich durch seinen Kohlenreichtum[1]) ist dieser Abschnitt Europas zum Schauplatz einer so frühzeitigen, kräftigen und bis heute fortgesetzten industriellen Entwicklung, zum wichtigsten Teile des atlantisch-europäischen Aktionszentrums geworden.

Die Kohlenproduktion der Britischen Inseln hat sich sehr früh[2]) zu ansehnlicher Höhe emporgeschwungen. Erst 1900 wurden sie von der Union überflügelt, und 1913 war ihnen Deutschland sehr nahe gekommen.[3]) Im Süden liegt am Kanal von Bristol das große Becken von Südwales mit geschätzter rauchloser Dampfkesselkohle; im äußersten Südosten unter mesozoischen Gesteinschichten das Becken von Kent, erst neuerdings festgestellt. In Mittelengland liegen die meisten und wichtigsten Kohlenlager: 1. Das Becken von Yorkshire, Derbyshire, Nottinghamshire an der Ostflanke des Penninischen Gebirges; 2. das Becken von Lancashire, Cheshire, Staffordshire und einige kleinere an dem Westrande des Penninischen Gebirges. In Nordengland lehnt sich das große Becken von Durham und Northumberland nördlich des Teesflusses wiederum an die Ostflanke des Penninischen Gebirges an. Gegenüber liegt im Westen des Penninischen Gebirges das kleinere Cumberland-Becken. Die schottischen Becken liegen in den Lowlands, der Niederung zwischen dem nord- und dem südschottischen Hochlande, geschützt vor Abtragung in dem tektonischen Graben und dadurch erhalten. Auf Irland sind nur Reste des produktiven Karbon erhalten geblieben. Die Flöze, sowohl (wie in England und Schottland) Anthrazit als auch Gaskohle enthaltend, sind meist wenig mächtig und liegen verstreut; Einfuhr ist nötig.[4]) Man plant in Großbritannien, wie es in Deutschland schon in Ausführung ist, durch Umwandlung der Kohle in elektrische Kraft das Land mit einem Netz staatlicher Kraftzentralen zu überspannen und so die Kohlen sparsamer als bisher auszunutzen. Auch werden die Nebenerzeugnisse (s. Bd. I, S. 168—170) immer vollkommener gewonnen. Die Förderungsverhältnisse in den reichen Steinkohlenlagern der Britischen Inseln sind im allgemeinen sehr günstig, so daß von Maschinen reichlich Gebrauch gemacht werden kann. Die wasserreichen Flüsse erleichtern die Verteilung der Kohlen im Lande, die auch infolge der Lage der Lager am Meere bequem durch Küstenschiffahrt zu bewirken ist. Die Ausfuhr ins Ausland wird ebenfalls durch diese Lage begünstigt und ist sehr umfangreich.[5]) Ausfuhrhäfen sind hauptsächlich Cardiff (200) und Newcastle

---

[1]) Westeuropa besitzt nach Schätzung etwa 20,4% aller bisher bekannten und gegen 1% der wahrscheinlichen Kohlenvorräte der Erde (vgl. Bd. I, S. 168—169). Doch wurden noch neuerdings Lager aufgefunden, so (1925) bei Doncaster (Nordengland) — an 4,5 Milliarden T.

[2]) Schon zur Römerzeit wurde mit Kohle geheizt. Prod. nach Schätzung 1660: 2,14; 1700: 2,61; 1750: 4,77; 1790: 7,61 Mill. T. 1860 lieferten die Britischen Inseln noch etwa 4/5, 1885: 1/2, 1900: 30, 1913: 287,4, 1923: 278, 1924: 267 Mill. T. = 2% der W.

[3]) Hierin liegt eine der Haupttriebfedern für England, den Krieg gegen Deutschland anzuzetteln, um durch Konzessionierung von Raub die Kohlenhilfsquellen, und damit die industrielle Kraft Deutschlands zu schwächen. Welch ein Armutszeugnis stellte sich das englische Volk damit aus!

[4]) Bei nur etwa 90000 T. Produktion vor dem Kriege etwa 5 Mill. T. Einfuhr aus Großbritannien.

[5]) 1913 wurden außer Bunkerkohlen 76,7 Mill. T. Steinkohlen (d. h. über 6% der W.) ausgeführt. Über 75% der Ausfuhr empfing das europäische Festland (Frankreich, Italien, Norddeutschland, Nordeuropa usw.) als Hausbrandkohle (winterkühles bis -kaltes Klima!) und Industrie-, Eisenbahn-, Schiffahrtskohle usw. In Afrika nehmen besonders Ägypten und Algerien, in Asien der Südosten (wenig), in Amerika Argentinien und Brasilien, Uruguay und Chile englische Kohle auf. Der während des Krieges an die Union verloren gegangene südamerikanische usw. Markt ist bald wieder zurückerobert worden; Ausf. 1923: 79,4 Mill. T. = 80,1 Mill. T.

upon Tyne (275). Kohle ist der einzige Massenrohstoff, den die Engländer zum Austausch anderer Rohstoffe und Nahrungsmittel hinzugeben haben, und die Kohlendampfer können als Rückfrachten Rohstoffe und Lebensmittel verhältnismäßig billig hereinbringen. Bunkerkohle[1]) muß ferner zur Aufrechterhaltung der britischen Handelsschiffahrt in fernen Meeren (Kohlenstationen!) ausgeführt werden. Politisch vermag England durch Versagen der Kohlenzufuhr, andere Länder (z. B. Italien oder die Nordländer Europas) einfrieren zu lassen und die Industrie lahmzulegen.

Torf kommt reichlich vor, besonders auf Irland, wo er auch am meisten ausgenutzt wird.[2]) Vgl. Bd. I, S. 167—168.

Nach Petroleum hat man verschiedentlich gebohrt (im Penninischen Gebirge, in Schottland, am The Wash bei Kings Lynn usw., doch ohne größeren Erfolg.

Gewaltige Ölschieferlager (bei Kings Lynn, in Schottland usw.) sind vorhanden. Die Ölschieferindustrie Schottlands ist alt, kam aber zeitweise zum Stillstand. Sehr viel Erdöl ist einzuführen.[3]) England versucht neuerdings, in allen Teilen der Erde Petroleumkonzessionen unter britische Kontrolle zu bringen.[4]) Der Bedarf an Benzin für Kraftwagen und Flugzeuge wird zum Teil durch das bei der Koksgewinnung entfallende Benzol gedeckt.

Die Wasserkräfte werden auf nur etwa 1,12 Mill. PS geschätzt[5]), die Ausnutzung (im Seenbezirk Cumberlands, in Wales und in Schottland) hat infolge des Kohlenreichtums spät eingesetzt; die Lochs Schottlands sind gut als Staubecken zu verwerten. Ebbe und Flut bieten in den Gezeitenströmen vielleicht noch größere Kraftquellen als die Gewässer des Landes. In dieser Beziehung sind die Britischen Inseln unvergleichlich gut ausgestattet. An der Severnmündung (Bristolkanal) ist ein großes Gezeitenstauwerk im Bau.

Selbst die billige Windkraft vermag auf den windreichen Inseln, in elektrische Kraft umgewandelt, in manchen Gegenden wohl Dienste zu leisten; Sonnenkraft kommt dagegen bei der starken Bewölkung wenig in Betracht.

Frankreich ist an Kohlen verhältnismäßig arm; nur etwa $17^1/_2$ Milliarden T. Steinkohlen sollen vorkommen.[6]) Die Vorräte liegen zu fast drei Vierteln in Nord- und Nordostfrankreich.

Ein Kohlenstreifen zieht sich in Fortsetzung der englischen Lager von Kent (s. S. 37), unter der Kreide der Höhen von Artois, an deren Nordrand, 110 km lang,

---

[1]) 1913: 21 Mill. T.

[2]) Ein Siebentel der Fläche etwa soll hier mit Torfmooren bedeckt sein; 45% nehmen die $1^1/_2$ m tiefen wertvolleren Hochmoore ein. Der Wassergehalt ist wegen des Klimas ungewöhnlich hoch (90—95%). Die Torfgewinnung (7 Mill. T.) kann nur während der verhältnismäßig etwas trockenen Zeit von April bis August stattfinden.

[3]) Vor dem Kriege über 1 Mill. T. Einf. von Ölen und Fetten, 1924: 39,15 Mill. £, 1925: 561,6 Mill. Gall. (zu 4,543 Litern?) Rohöl, 982,3 Mill. Gall. Raffinationserzeugnisse (Ausf. 167 Mill. Gall.).

[4]) Die Quellen Südpersiens und Mesopotamiens (s. S. 152) sind ihm besonders wertvoll; Burma (s. S. 220). Auch in Amerika (s. S. 431, Anm. 4) hat es Einfluß gewonnen. Ölbunkerstationen (an den britischen Schiffahrtsrouten) sind eingerichtet. Zu Swansea (158) ist eine neue Ölstadt (Llandarey) mit Raffinerie entstanden, an den Küsten der Inseln Öltanks usw.

[5]) Für den 12-Stundentag oder 0,59 Mill. PS für dauernde Kraftleistung. Gut über das Jahr verteilte und reichliche Niederschläge und zum Teil günstige Bodenformen! Schottland und Irland besitzen die meisten PS. 1920 wurden 210000 PS ausgenutzt.

[6]) = gegen 0,4% der Weltziffer.

aber nur 10—13 km breit, von Calais und Béthune bis zur belgischen Grenze. Etwa 75% der französischen Kohlenproduktion[1]) wurden 1913 hier erzeugt. Die Kohlen sind zur Koksgewinnung geeignet. Ums Zentralplateau liegen am Rande kleine, verstreute Vorkommen, hauptsächlich von Magerkohlen: das von St. Étienne (Loirebecken), das sich unter dem Rhônetal bis hinüber nach Lyon verlängert, freilich hier schwer auszunutzen ist; das Becken von Le Creusot-Blanzy am Canal du Centre liefert auch Kokskohle; kleinere Becken sind die von Autun, Commentry, Brassac, Alais, Graissesac, Decazeville, im Bretagnemassiv (Faymoreau, Porribet); in den Westalpen wird nur Anthrazit gewonnen. Lothringen hat nur kleine Vorräte und Produktion. Um so größer ist der französische Raubappetit[2]) auf das völlig deutsche Saarkohlenbecken und gar auf das Ruhrgebiet. Die $1^1/_3$ Milliarden T. Braunkohlen liegen hauptsächlich im Süden Frankreichs, zumal in der Provence (Fuveau).

Vor dem Kriege verbrauchte Frankreich an 65 Mill. T. Kohlen, davon stammten nur 63% aus eigenen Bergwerken, der Rest mußte aus Großbritannien, Deutschland und Belgien eingeführt werden. Besonders die französisch-lothringische Eisenindustrie lechzte nach Kohle und Koks. Heute ist aber Frankreichs Kohlenlage[3]), trotz des Erpresser-„Friedens" von Versailles eher noch ungünstiger als vor dem Kriege.

Torf (Norden, Zentralplateau, Bretagne, Rhônedelta) wird nur in geringen Mengen (im Norden) gewonnen. Petroleumanzeichen sind vielfach bekannt, die Bohrerfolge gering, doch hat Frankreich sich das Vorkommen von Pechelbronn im Elsaß angeeignet.[4]) Ölschieferlager (Autun im Zentralmassiv z. B.) besitzt Frankreich auch, doch hat es noch eine große Erdöleinfuhr nötig.[5])

Einen großen Schatz besitzt Frankreich an seiner sogenannten „weißen" Kohle, den Wasserkräften. Die Alpen besonders, ferner Zentralplateau, Pyrenäen, Vogesen, Jura, sind reich daran. Man schätzt[6]) in Frankreich die ausnutzbaren Kräfte auf 9—10 Mill. PS. Vor dem Kriege wurden etwa 750000 PS ausgenutzt. Die Kohlenknappheit und -teuerung während des Krieges drängte auf beschleunigte Nutzbarmachung; 1924 sollten schon 2,4 Mill. PS zur Verfügung stehen.[7]) Besonders

---

[1]) 29,6 von 40,1 Mill. T. (3 % der W.). Von hier aus wird Paris mittels Kanalschiffahrt versorgt. Prod. Frankreichs 1924: 44,9; 1925: 48 Mill. T.

[2]) Auch hier liegt eine Hauptwurzel des Krieges gegen Deutschland. Das Saarbecken erzeugte 1913: 13,2; 1920: 9,4; 1921: 9,6; 1922: 11,2; 1924: 14,03; 1925: 12,99 Mill. T.

[3]) 1913 war der Monatsdurchschnitt der Kohlenförderung 3,4, die Einf. 1,93 Mill. T.; 1924 die monatliche Kohlenförderung 2,74, die Einf. 2,68 Mill. T. Steinkohlen und Koks; Gesamteinf. 1924: 31,49 Mill. T. Besonders an Koks herrscht Mangel. Frankreich hängt fast völlig von der Versorgung mit dem hochwertigen rheinisch-westfälischen Koks ab ($^3/_4$—1 Mill. T. monatlich). Wenn es diesen mit lothringischem Eisenerz bezahlen wollte, das Deutschland mangelt, könnten beide Länder sich nützlichen Austausches erfreuen.

[4]) Die Vorkommen Algeriens und Madagaskars decken nicht einmal den dortigen Bedarf. Man versucht darum, die galizischen (S. 119) und rumänischen (S. 96) Ölfelder möglichst restlos in die Hände zu bekommen. Auch wollen England und Frankreich bezüglich der Ölquellen Rußlands, Mesopotamiens und der beiderseitigen Kolonien einander unterstützen. Unterelsaß 70000 T.

[5]) Vgl. S. 46. Einf. 1924: 1577000, 1925: 1945000 T. Rouen (124) ist Haupteinfuhrhafen. Eine Petroleumleitung Havre—Paris ist wohl bald fertig.

[6]) Nach „Water Power of the World" 4,7 Mill. PS bei Niedrigwasser.

[7]) Hauptsächlich in den Alpen (Täler des Arc, der Isère, Arve, Romanche usw.). Der Rhônefluß allein soll 1,54 Mill. PS liefern können. Mit dem geplanten Rheinkanal Straßburg—Basel (s. S. 48) wird er $^1/_4$ der geschätzten französischen PS liefern.

an der Kanalküste bemüht man sich mit Versuchen, die Kraft der Meereswellen oder die der Gezeiten zur Speisung von Kraftwerken für die Zukunft nutzbar zu machen.

In Belgien lehnt sich die Fortsetzung der schmalen nordfranzösischen Kohlenzone an den Nordabhang der Ardennen an und zieht, nur 3—17 km breit, 170 km lang durch das paläozoische Vorland an Haine, Sambre und Maas entlang durch die (wallonischen) Provinzen Hennegau (Mons, [27], Charleroi, [27]), Namur und Lüttich bis zur deutschen Grenze, wo sie im Aachener Becken ihre Fortsetzung findet.

Die Flöze haben geringe Mächtigkeit und sind sehr stark gestört und schwer abzubauen.[1]) Im Hennegau ist man bereits in 1100 m Tiefe bei der Arbeit. Hier ist die Fettkohle (Kokskohle), tiefversenkt, vor Abtragung bewahrt geblieben, die sonst selten ist.[2]) Die Ausbeutung zeigt kaum noch Fortschritte. Aber seit kurzem sind im Untergrunde des Kempenlandes (Campine) Steinkohlenflöze (hauptsächlich Gas- und Kokskohle enthaltend) in Angriff genommen[3]), die zu Ende gehenden Maaslager zu ersetzen. Kohleneinfuhr[4]) ist nötig. Torf (Ardennen, Campine, am Meere) hat nur lokale Bedeutung. Petroleum muß in Menge eingeführt werden. Wasserkräfte (Ardennen) sind wohl nur in recht mäßigem Umfange vorhanden und nur in geringem Maße ausgenutzt.[5])

Material für Werkzeuge aller Art.

Die archäischen und paläozoischen Schollen Westeuropas und die Ablagerungen der Jurazeit sind reich an **Metallerzen** (bzw. reich gewesen), vor allem an Eisenerzen, dieser Hauptgrundlage für die Entwicklung einer modernen Großindustrie. England und Frankreich sind unter den eisenerzreichsten Ländern der Erde.

Die Vorräte der Britischen Inseln an Eisenerz werden mit rund 35 Milliarden T. (?) berechnet, doch handelt es sich um meist nur ziemlich arme Erze. Nach anderer Quelle verfügen sie über 3,1% der bekannten und 4,74% der wahrscheinlichen Eisenerzvorräte der Erde. 1917 lieferten die oolithischen Erzlager der Juraformation (mit durchschnittlich 27,6% Eisengehalt) über 80% der britischen Produktion, am meisten von den Cleveland Hills bei Middlesbrough (131).[6]) Auch bei Lincoln, Northampton usw. umschließt der Jura Erze.[7]) Bessemererz gewinnt man im alten Schollengebirge von Cumberland; die Lager von Birmingham (919)

---

1) Das drückt die Jahresleistung des belgischen Kohlenarbeiters auf 150—180 T. herab. Prod. Belgiens 1913: 22,84, 1924: 23,36 Mill. T.

2) Der belgische Koks ist schlecht, und das Land auf Einfuhr von gutem, deutschen Koks angewiesen.

3) Etwa 8 Milliarden T. Inhalt wurde nachgewiesen. Das „schwimmende Gebirge" (wasserreicher Sandstein) über den Lagern erfordert beim Durchteufen das Gefrierverfahren. Die Produktion ist noch gering.

4) Einf. von Kohlen, Koks und Briketts 1923: 9,32 Mill. T. (aus England, Deutschland, Frankreich, Holland), Ausf. 3,72 Mill. T. (nach Frankreich, ferner Holland und Schweiz).

5) 1920: 700 PS.

6) Eston und Grosmont sind Bergbauzentren; Thomaserze mit 30—35% Eisen und 1—3% Phosphor. Middlesbrough ist wichtigstes Zentrum der britischen Hüttenindustrie.

7) Um ein Drittel der britischen Produktion fällt hierhin, in die Nähe von Kokskohlen; ein Drittel der Erze ist günstigerweise kalkhaltig. Noch Neuentdeckungen von Lagern (1925 bei Dover etwa 800 Mill. T.).

geben wenig her. Eisenerz muß eingeführt werden.[1]) Die Bedingungen für die Entstehung einer Großeisen- und -stahlindustrie liegen sehr günstig, da Kohle, Eisenerz und Kalk benachbart und meeresnah vorkommen, dazu ein kaufkräftiger Innenmarkt als Grundlage einer Exportindustrie zur Verfügung steht.[2])

Eisenveredelungserze besitzen die Inseln wenig: Wolframerz, Molybdän-, Manganerze, am meisten in Cornwall. Eine große Einfuhr solcher ist erforderlich.[3])

Auf dem Weltmarkt von Eisen, Stahl und Waren daraus nahm Großbritannien 1913 (nach der Menge) den zweiten Platz hinter Deutschland ein[4]), jetzt (1923) ist die Reihenfolge Großbritannien, Belgien (mit Luxemburg), Frankreich, Union, Deutschland.

Birmingham (919) mit Umgebung ist ein Hauptzentrum der Eisen- und Stahlwarenindustrie; ein zweites liegt zwischen Sheffield (491), Leeds und Liverpool, weitere Zentren sind Middlesbrough (131), Newcastle (275), Barrow in Furness (74), Glasgow (1,03 Mill.) mit Umgebung, Woolwich.

Der Schiffbau Großbritanniens (Clyde-, Tyne-, Wear-, Teesdistrikt mit Glasgow [1,03 Mill.], South Shields [117], Newcastle [275], Sunderland [159], Middlesbrough [131]; in Irland Belfast [385], Dublin [403]) ist der wichtigste der Erde[5]); er arbeitet stark für Ausfuhr.

Die Maschinenindustrie mit starkem Export sitzt hauptsächlich im Südosten Englands (London [4,48], Manchester [731], Keighley [42] usw.). Mittelpunkt der Kraftwagenindustrie ist Coventry (128), der Gummireifenindustrie[5]) Birmingham (919); in beiden Orten und in Wolverhampton (102) werden Fahr- und Motorfahrräder hergestellt. Sheffield (491) liefert Elektromagneten. Elektrische Erzeugnisse werden ausgeführt.

Die anderen Metallerze sind schon meist abgebaut.

Zinnerz und Zinn liefert das alte Schollenland von Cornwall.[6]) In Südwales (Swansea, 158) hat sich eine großartige Weißblechindustrie entwickelt,

---

[1]) Prod. 1913: 16¼ Mill. T. Erz = 9,2% der W. Verhüttung: 24 Mill. T. = 13,6% der W. Etwa ⅓ des Verbrauchs wurde eingeführt (1913: 7,34; 1924: 5,92 Mill. T.), hauptsächlich Bessemererz aus Spanien. Middlesbrough war wichtigster Einfuhrhafen, vor vielen anderen. Eine Umstellung im Hüttenwesen (mehr Thomaseisen statt Bessemereisen) soll letzter Zeit stattgefunden haben, und die Hochöfen sollen von der Küste (Kohlengebiete; Middlesbrough, Barrow in Furness) mehr ins Innere des Landes auf die einheimischen Thomaserze gerückt sein.

[2]) Roheisenprod. 1913: 10,4 (1924: 7,4) Mill. T. = 13,2 (11,2) % der W.; Stahlprod. 7,8 (8,4) Mill. T. = 10,3 (11,1) % der W. 1880 erzeugte Großbritannien noch etwa 54% von der Eisen- und Stahlerzeugung der drei Haupteisenländer (Großbritannien, Deutschland, Union); 1900 nur 28, 1913: 17%, seitdem noch weniger. Vor allem gegenüber der Union ist Großbritannien in der Produktion völlig ins Hintertreffen geraten, und an die Stelle des auf wenig rühmliche Weise beseitigten Konkurrenten Deutschland ist Frankreich getreten. Auch bürgerten sich in den eigenen Kolonien (Kanada, Indien, Australien, Südafrika) Eisenindustrien ein und wachsen. Die britischen Hochöfen hatten bisher durchschnittlich eine recht geringe Kapazität. — In der Ausfuhr von Eisen und Stahl freilich steht Großbritannien noch an der Spitze aller Länder mit (1923) 4,39 Mill. T. gegenüber 5,05 Mill. T. 1913.

[3]) Manganerz aus Indien (s. S. 240), der Goldküste (321), Ägypten (309); Nickel kann Kanada (s. S. 383), Chromerz Rhodesia (s. S. 346, Anm. 4) usw., Wolfram Burma, Australien, Molybdän Queensland — alles eigene Kolonien — liefern.

[4]) Man schätzte 1913 die Ausfuhr Deutschlands (mit Luxemburg) auf 6,3, die Großbritanniens auf 5, der Union 2,95 Mill. T.

[5]) Mehr als 64% der W. 1924 (2,248 Mill. Br.-R.-T.).

[6]) Vor dem Kriege wurden noch 4000—5000 T. Zinn gewonnen. 1924: 2000; 1925 2500 T. = 1,7% der W. Hüttenprod. 34800 T. Der Verbrauch wurde 1913 auf etwa 21000 T. = 17—18% der W. geschätzt. Große Einfuhr aus eigenen Kolonien: Britisch-Malaya (s. S. 221f.), Nigeria (S. 321), Australien (S. 273) usw., Einf. 1925: 18610 T. Der Bergbau Cornwalls scheint sich wieder zu beleben.

der jetzt der Wettbewerb der Union (s. S. 412) zu schaffen macht. Die Förderung von Zinkerz, Blei-, Kupfererz, auch Bauxit ist sehr gering, aber es werden Erze und Konzentrate eingeführt und im Lande verhüttet, so daß Produktion und Verbrauch von Schmelz-Zink, Blei, Kupfer, Aluminium recht umfangreich sind.[1]) Die Metallwarenindustrie arbeitet auch für Ausfuhr (s. S. 45).

Frankreich ist seit Aneignung der deutsch-lothringischen Minettelager das wichtigste Eisenerzland Europas, das zweitwichtigste der Erde geworden.[2])

Die größten Lager liegen in dem alten Bretagnemassiv[3]), aber die Erzgewinnung ist hier bisher wenig von der Stelle gekommen. Für diese sind die (kleinkörnigen) oolithischen Minettelager des Juraplateaus Lothringens weit bedeutender. Durch eine leichte Faltung werden sie in mehrere Becken (B. von Longwy, B. von Briey, B. von Nancy, B. von Crusnes) zerlegt; das von Briey war das wertvollste des französischen Besitzes. Der deutsche Anteil, den sich Frankreich jetzt angeeignet hat, wurde durch die Täler von Fentsch und Orne in die Hochebene von Aumetz-Arsweiler, die Hochebene zwischen Fentsch und Orne und die Hochebene südlich der Orne zerlegt. Der Eisengehalt ist im allgemeinen nur etwa 33%, aber die Lagerungsverhältnisse, der Kalk- und Phosphorgehalt sind vielfach günstig.[4]) In dem Minettelager wurde um 1913 etwa ein Drittel der Weltproduktion von Eisenerz gewonnen, jetzt viel weniger. Frankreich erstickt in seinem Erzreichtum, Deutschland leidet Not an Erz, hat aber Überschuß an Steinkohle und Koks. Der schiedlich-friedliche, nachbarliche Austausch[5]) in beiden Stoffen vor dem Kriege ist freventlich von französischer Seite gestört.

Von Eisenveredelungserzen erzeugt Frankreich wenig (Mangan-, Wolframerz); Chrom- und Nickelerz kann es aus einer eigenen Kolonie (Neukaledonien, s. S. 284) einführen.

Die französische Eisen- und Stahlindustrie sitzt vornehmlich im lothringischen Erzgebiet, aber sie ist von den französisch-belgischen Kohlenlagern durch die Ardennen, von den deutschen durch Eifel und Hunsrück

[1]) Prod. von Zink 1913: 59100, 1923: 46900 T.; Blei 30400 bzw. 14000 T.; Kupfer 52200 bzw. 28000 T.; Aluminium 7600 bzw. 8000 T.; Zinn 22700 bzw. 29800 T. Meist starker Rückgang! Der Rohmetallverbrauch ist ein riesiger: 1923: 168100; 204200; 105900; 10800; 16900 T. = fast 18; fast 18; 8¾; 6,2; 12⅔ % der W.

[2]) Es besitzt 35% der europäischen und 16,3% der bekannten +4,2% der wahrscheinlichen Weltvorräte von Eisenerz.

[3]) In der Silurformation der Normandie mit 45—50% Eisengehalt und in der Landschaft Anjou der eigentlichen Bretagne mit 50—52% Eisen. Die Erzproduktion kommt hier sehr langsam von der Stelle; der Phosphorgehalt (0,6%) ist ungünstig, das Erz muß für den Thomasprozeß mit phosphorreichen Erzen (die aber in Lothringen [wie die Kohlen] fern sind) gemischt werden. In Caen (54) und St. Nazaire (42) sind Hochöfen, Stahl- und Walzwerke entstanden, die jedoch auf Einfuhr von Kohle und Koks angewiesen sind.

[4]) Die bis 7 m starken Flöze sind ziemlich regelmäßig gelagert und wurden anfangs von den tiefen Erosionstälern (Mosel, Meurthe, Orne, Fentsch usw.) aus durch Stollen, jetzt aber durch Schächte von der Landoberfläche aus abgebaut. Die Erze von Briey haben 37—40% Eisen- und 12% Kalkgehalt; sie können ohne Kalkzusätze, d. h. billig, geschmolzen werden. Wegen ihres ziemlich großen Phosphorgehaltes bekamen die lothringischen Erze erst seit 1879 (s. Bd. I, S. 176f.) Wert. Die „Thomasschlacken" werden in phosphorhaltiges Thomasmehl (ein wertvolles Düngemittel) verwandelt. Der Mangangehalt ist gering, aber mit Hilfe des Elektrostahlverfahrens lassen sich auch aus Thomaseisen Spezialstähle herstellen.

[5]) Mehr als ein Drittel der Erzproduktion Französisch-Lothringens wurden ausgeführt, zu zwei Dritteln nach Belgien, zu einem Drittel nach Deutschland. 1924 wurden 29, 1923: 23,2 Mill. T. gewonnen.

getrennt und nur dem erschlichenen Saarkohlengebiet benachbart und hungert nach Steinkohlen und Koks.

Im Kriege entstanden neue Stahlhütten, Gießereien usw. im kriegsfreien Frankreich, u. a. in den wasserkraftreichen Westalpen Elektrostahlwerke. Die Verarbeitung des Roheisens und -stahls in Waren aller Art konzentriert sich in den Roheisenbezirken, ferner in und um Paris (2,9 Mill.), Lille (201), Le Creusot (38), in den Häfen usw. Landwirtschaftliche Maschinen werden hauptsächlich im landwirtschaftlichen Norden, nahe Kohlen und Eisen, fabriziert[1]), Werkzeugmaschinen in Le Creusot (38), bei St. Étienne (168), Paris usw., Textilmaschinen für Baumwolle in St. Quentin (37), Rouen (124), Paris, für Wolle in Lille, Roubaix (113), für Seide in Lyon (562) und St. Étienne hergestellt. Die Autoindustrie (in und um Paris) ist sehr ansehnlich, der Schiffbau in den Häfen (St. Nazaire [42], Nantes [184], Bordeaux [267], La Ciotat bei Marseille [586], Le Havre [163], Rouen [124] usw.) macht mehr als $3^1/_2$ der W. (1924) aus.

Die Ausfuhr von Eisen, Stahl und Waren daraus ist jetzt (der Menge nach) die drittgrößte der Erde.[2])

An anderen Metallerzen ist Frankreich arm.

Kupfererz besitzt es fast gar nicht (große Einfuhr von Kupfer), Zinkerz wenig; zwei Drittel des Zinkverbrauchs muß es in Erzen (aus Italien, Spanien, Atlasland) oder Rohzink (aus Belgien) einführen; Zinn erst recht. Die Bleiproduktion beruht zum größten Teil auf Einfuhr von Erzen. Im Mittelmeergebiet (Provence usw.) kommt viel Bauxit[3]) zum Abbau und zum guten Teil zur Ausfuhr. Die Aluminiumerzeugung (in den Wasserkraftgebieten der Alpen, an der Maurienne, am Arc) ist bescheiden.[4]) Die Antimonlager (Zentralplateau, Bretagnemassiv usw.) lieferten 1913 etwa 25% der W.[5]) Sie führen zugleich Gold (s. S. 34).

Belgien produziert fast kein Eisenerz mehr, besitzt aber an Luxemburg[6]) und Frankreich eisenerzreiche Nachbarländer und führt viel Eisenerz[7]), auch Roheisen[8]) ein. Auf Grund dessen und seines Kohlenreichtums hat es (in den Provinzen Lüttich und Hennegau namentlich) eine bedeutende Eisen- und Stahlindustrie (s. Bd. I, S. 177, Anm. 6) entwickelt; Seraing (39, Cockerillwerke), auch Lüttich (165) mit Herstal (23) sind Hauptsitze. Besonders auch Eisenbahn- und Straßenbahnwagen, Lokomotiven usw. und Waffen (Lüttich) sind belgische Spezialitäten. B. ist eines der wichtigsten Ausfuhrländer für Eisen, Stahl und Waren daraus geworden[9]) (vgl. Bd. I, S. 177, Anm. 5 u. Bd. II, S. 45).

---

[1]) Große Einfuhr aus Union und Kanada; amerikanische Riesenfabrik bei Colmar (42).

[2]) Ausf. von Eisen und Stahl 1913: 629110 T. (1/10 der Ausf. Deutschlands), 1923: 2,218, 1924: 3,03 Mill. T.

[3]) Prod. 1923: 314000, 1924: 380000 T. (Ausf. 1924: 202000 T.).

[4]) Hüttenprod. von Kupfer 1913: 11900, 1923: 2500 T., Verbr. 112100 T. = $9^1/_4$% der W.; von Zink 64100 bzw. 45000 T. Verbr. 83100 T. = mehr als 8,8% der W.; von Blei 28000 bzw. 16000 T., Verbr. 97200 T. = 8,5% der W.; von Aluminium 14500 bzw. 17000 T., Verbr. 17900 T. = 10,3% der W.

[5]) Antimonerze 1923: 2100, 1924: 2300 T., Arsenikerze 4200 und 12000 T., Mangan 300 u. 3600 T., Schwefelkies 186000 u. 183000 T.

[6]) Ausf. von Eisenerz 1923: 1144400 T. Bedeutende Eisen- und Stahlproduktion.

[7]) 1923: 6522600 T. [8]) 330500 T.

[9]) Ausf. 1923 von geschmied. u. gewalztem Eisen und Stahl: 1129000 T. für 693,4 Mill. Fr., Eisenbahnfahrzeugen 35000 T. für 84,2, Automobilen 7100 T. für 95,2 Mill. Fr.

Zinkerz produziert Belgien nur noch wenig, hat aber eine alte Zinkindustrie (Prov. Lüttich) auf Grund von Erzeinfuhr.[1]) Rohzink wird ausgeführt.[2]) Auch Bleierz wird eingeführt und Blei ausgeführt. Andere Metalle spielen kaum eine Rolle.

e) Die **Industrie** Großbritanniens sitzt in und bei den Kohlengebieten und in und bei den Häfen oder in und bei den Konsumzentren, die Frankreichs hat sich am meisten im Norden (in den Kohlenbezirken) entwickelt, neuerdings auch in den Wasserkraftgebieten, zumal der Alpen, ferner in den Rohstoffgewinnungs- (landwirtschaftliche Stoffe: Weizen, Zucker, Flachs, Seide usw., Eisenerz, Bauxit) und -zufuhrgebieten (Baumwolle, Wolle usw.), in den Hafenplätzen und Hauptknotenpunkten des Eisenbahn- und Binnenschiffahrtsverkehrs, in den Konsumzentren wie besonders in Paris (2,9). Ähnlich verhält es sich in Belgien, wo Brüssel (213), Antwerpen (304), Lüttich (165), Gent (165) usw. Hauptzentren der industriellen Tätigkeit wurden.

Die meisten Industrien wurden schon erwähnt. Einen großen Aufschwung nahm während des Krieges die chemische Industrie Westeuropas, zumal in den Kohlengebieten, wo man die Nebenprodukte der Kokereien und Gasanstalten zur Herstellung künstlicher Farben, pharmazeutischer Waren usw. ausnutzen und die Verarbeitung nach deutschem Vorbild wissenschaftlich stützen lernte.[3]) Der Lage am Meere, dem Klima oder der Landschaft und dem überfeinerten Luxus ihrer Zivilisation verdanken gewisse Teile Westeuropas eine starke Fremdenindustrie, teils innerstaatlichen, teils zwischenstaatlichen, ja Übersee-Verkehrs. Die Hochländer Schottlands und das Gebirge von Cumberland, die Seebäder des Südens und London, der Schwarm der Kolonialen, in Frankreich die Seebäder, zumal an der Riviera, die Alpen und die Luxusstadt Paris, in Belgien die Badeorte an dem von dem Dünengürtel bedingten schönen Badestrand ziehen viele Fremde mit Geld an.

f) Der Handel. Die Randlage Westeuropas am Atlantischen Ozean und (auf kurzer Strecke) zugleich am Mittelmeer wurde früh wirtschaftlich wirksam. Die Kultur der antiken seefahrenden Mittelmeervölker griff hier zeitig hinein und zog die Westvölker in ihren Bann und in ihren Handel. Noch viel wirksamer wurde die Gunst der Randlage mit der Entdeckung überseeischer Erdteile, als der Atlantische Ozean das Hauptmeer des Weltverkehrs wurde.

Besonders die Britischen Inseln mit ihren für die Seefahrt günstigen langgedehnten Küsten verstanden es, die sich anbahnende Lage des Weltverkehrs nutzbar zu machen und sich ein Kolonialreich über See, vor allem Siedelungskolonien anzueignen, die heute neben dem allverbreiteten Handelsgeist der Insulaner Hauptträger ihres Handels sind. Frankreich kam seine Lage an Nordsee, Kanal, Atlantischem Ozean und Mittelmeer nun ebenfalls zugute, und als Protegé Englands brachte es ein ausgedehntes Kolonialreich zusammen. Viel ausschließlicher ist noch Belgien Exportindustrieland,

---

[1]) 1923: 532300 T. (aus Sardinien, Spanien, Algerien, Australien usw.) für 200 Mill. Fr.

[2]) 1923: 68600 T. für 168,9 Mill. Fr.

[3]) Mit den Methoden des Aufschwungs: Diebstahl von Patenten usw. mag ich mich nicht befassen.

für das Belgisch-Kongo immer mehr ein wichtiger Träger seines Handels wird.[1]) Der Handel Westeuropas ist 1923 mit über 30% an dem gesamten Außenhandel der Erde beteiligt gewesen.[2])

Die Ausfuhr Westeuropas besteht vornehmlich aus Fabrikaten, danach (zumal bei Großbritannien: Kohle) aus Rohstoffen und nur in geringem Maße aus Nahrungs- und Genußmitteln (Frankreich)[3]); die Einfuhr aus Nahrungs- und Genußmitteln (besonders bei Großbritannien, Belgien) und Rohstoffen für die Industrie (bei allen drei Ländern), wenig aus Industrieerzeugnissen.[4])

Ausfuhr: Großbritannien mit Irland (Gh.), 1923: 885,9 (1925: 773) Mill. £: Baumwollgarne und- waren 179,3, Kohlen 99,8, Eisen- und Stahlwaren 76,4, Wollgarne und -waren 64, Maschinen 45,6, Wolle, Wollumpen 39,7, Fahrzeuge (auch Schiffe usw.) 28,4, Kleider 27,6, Chemikalien 27, Metallwaren (Nicht-Eisenwaren) 17,6, Häute und Felle 13,1, irdene und Glaswaren 12,5, elektrische Apparate 10,3, Öle und Fette 10,3, Koks 10,1, Ölsamen usw. 9,4, Papier 9,1, Baumwolle und Abfälle 9, Tabakwaren 8, Leder und -waren 7,1 Mill. £; Belgien mit Luxemburg 1923: 8889,7 Mill. Fr.: Fertigwaren 5370,5[5]), Rohstoffe und Halbfabrikate 2595,2[6]), Nahrungsmittel und Getränke 806,7[7]), lebende Tiere 84, Edelmetalle 33,3 Mill. Fr.; Frankreich (Sph.) 20642 Mill. Fr.: Seidenwaren 1377,8, Kleider 1372,4, Chemikalien 633,1, Kraftwagen 589,6, Kautschukwaren 535,9, Metallwaren 500,5, Leder 434,9, Wein 265,8, Pariser Artikel 261,9, Rohseide und -garn 225,9, Ton- und Glaswaren 208,3, Tafelfrüchte 135,7, Milch, Butter, Käse 128,6 Mill. Fr.

Einfuhr: Großbritannien mit Irland (Gh.) 1923: 1098 (1925: 1323) Mill. £: Fleisch 111,7, Getreide, Mehl 97, Baumwolle und -abfälle 93,5, Wolle, Wollumpen 50,3, Holz 47,7, Ölsamen usw. 44,4, Öle und Fette 34,5, Nichteisen-Metalle und -waren 25,6, Seide und -waren 22,9, Häute und Felle 16,8, Kleidung 16,6, Tabak 16,4, Eisen- und Stahlwaren 13,8, Papier 13,6, Chemikalien 13,5, Nichteisenerze 12,4, Leder und -waren 11,9, Wollgarne und -waren 11,8, Maschinen 9,3, Baumwollgarne und -waren 8,7, Eisenerze usw. 7,8, irdene und Glaswaren 7,6, Fahrzeuge 7,4, Viehfutter 5,8, Holzwaren 4,6 Mill. £; Belgien mit Luxemburg 1923: 12563 Mill. Fr.:

---

[1]) Kein anderer Teil der Erde besitzt so ausgedehnte Kolonien wie Westeuropa. Das britische Weltreich ist rund 41 Mill. qkm (einschließlich seiner Interessensphären) groß und hat 463 Mill. Einw. = etwa 27,5% der festen Erdoberfläche und 25—26% der Erdbevölkerung; das französische Reich umfaßt 11,26 Mill. qkm. mit 101 Mill. Einw.; das belgische 2,44 Mill. qkm mit 18 Mill. Einw.; die Union demgegenüber 9,7 Mill. qkm (davon 324600 qkm Kolonien) mit etwa 120 Mill. Einw (vgl. Bd. I, S. 26 f.).

[2]) Vom gesamten Außenhandel entfielen 1913 (1923) in Belgien 885 (649), in Großbritannien 627 (861), in Frankreich 313 (428) Mark auf den Kopf der Bevölkerung. Von dem auf 46 Milliarden $ (209 Milliarden Mark von anderer Seite) geschätzten Außenhandel der Erde entfielen 1923 gegen 20 (18,2) % auf die Britischen Inseln (Generalhandel), 8,3 (7,7) % auf Frankreich, 2,4% auf Belgien; 1913 (von 175 Milliarden Mark) 16,4; 7,1; 3.8%. Vgl. dazu Bd. I, S. 193 f.

[3]) Großbritannien 1925: Fabrikate 616, Rohstoffe u. dgl. 84, Lebens- und Genußmittel 55 Mill. £. 1913 gingen 37,2; 1925: 39,3% der Ausf. ins Empire.

[4]) Großbritannien 1925 (ohne Wiederausfuhr): Lebens- und Genußmittel 539, Rohstoffe u. dgl. 335, Fabrikate 288 Mill. £. 1913 kamen 24,9; 1925: 29,8% der Einf. aus dem Empire.

[5]) 1921 im Spezialhandel: Eisen- und Stahlwaren 617,4; Baumwoll- und Wollwaren 309; Maschinen 249,1; Glaswaren 207; Chemikalien 178,4 Mill. Fr.

[6]) 1921: Kohle 862; Wollengarn 499,7; Baumwollgarn 213,6; Flachs 180,4; Zement 115,3; Mineralöle 101,6; Rohmineralien 75,7 Mill. Fr.

[7]) 1921: Zucker 289,7; Getreide und Mehl 270,6; Gemüse usw. 69,1 Mill. Fr.

Rohstoffe und Halbfabrikate 5509,8[1]), Fertigwaren 3510,8[2]), Nahrungsmittel und Getränke 3416,9[3]), lebende Tiere 112,9, Edelmetalle 12,6 Mill. Fr., Frankreich (Sph.) 1922: 23901 Mill. Franken: Kohle und Koks 2391,5, Baumwolle 1710,8, Wolle 1660, Getreide 912,3, Maschinen 890,8, Ölsaaten 837,3, Wein 798,9, Petroleum 748,5, Kaffee 636,2, Eisen und Stahl 531,5, Chemikalien 384,5, Kupfer 350,9, Metallwaren 285,3, Waffen und Munition 130,9, Wollwaren 112,2 Mill. Fr.

Handelsländer in Prozent der Ausfuhr: Großbritannien mit Irland 1923: Union 10,1, Britisch-Indien 9,8, Frankreich 7,7, Australien fast 7, Deutsches Reich 6,1, Belgien 4, Niederlande fast 4, Irischer Freistaat ($^3/_4$ Jahr) 3,75, Kanada 3,4, Südafrikanische Union 3,3, Argentinien 3,3, Neuseeland 2,45, Italien 2,4, China 2,1, Schweden 1,8, Ägypten 1,7, Dänemark 1,6, Spanien 1,5, Brasilien 1,4, Portugal 1,2, Niederländisch-Indien 1; Belgien mit Luxemburg 1922: Frankreich 23,8, Großbritannien 15,1, Deutsches Reich 13,4, Niederlande 10,1, Union 3,4, Schweiz 3,1, Argentinien 2,8, Italien 1,9; Frankreich (Sph.) 1922: Großbritannien 18,7, Belgien 18,4, Union 9,6, Deutsches Reich 8,5, Algerien 8,3, Schweiz 4,9, Italien 3,6, Spanien 2,5, Marokko 2,3, Niederlande 1,8, Argentinien 1,45, Tunis 1,2; **in Prozent der Einfuhr:** Großbritannien mit Irland (Ghl.) 1923: Union 19,2, Britisch-Indien 6,1, Argentinien 6, Frankreich 5,3, Kanada gegen 5, Australien 4,5, Neuseeland 3,9, Niederlande 3,4, Deutsches Reich 3,2, Ägypten 3, Irischer Freistaat ($^3/_4$ Jahr) fast 3, Belgien 2,5, Dänemark 2,3, Spanien 2,1, Schweden fast 2, Japan 1,9, Schweiz 1,8, Südafrikanische Union 1,4, Niederländisch-Indien 1,4, Italien 1,3, Finnland 1,2, Ceylon 1,1, China 1,1, Norwegen 1, Britisch-Malakka gegen 1; Belgien (Sph.) 1922: Frankreich 20,1, Deutsches Reich 12,8, Großbritannien 11,3, Union 10,9, Niederlande 10,6, Argentinien 6,5, Italien 1,4, Schweiz 1,3; Frankreich (Sph.) 1922: Union 16,1, Großbritannien 14,2, Belgien 7,2, Deutsches Reich 5,4, Algerien 4,1, Italien 3,4, Argentinien 3,3, Niederlande 2,9, Schweiz 2,25, Brasilien fast 2, Spanien 1,5,

g) Der Verkehr zu Lande ist im allgemeinen in allen drei Ländern durch die Bodenformen nach heutigen Begriffen nicht besonders erschwert, da selbst die Gebirge durch Senken voneinander getrennt oder als Mittelgebirge leicht zu überschreiten sind.[4]) Sogar das Hochgebirge der Alpen ist durch zahlreiche bequeme Täler im Innern erschlossen und nimmt ja überdies wie die schwerer zugänglichen Pyrenäen nur ein kleines Stück am Rande Westeuropas ein.

Für den Verkehr mit Italien, der Schweiz und der Pyrenäischen Halbinsel bedeuten natürlich diese Hochgebirge ernstliche Hindernisse; erst durch die tunnelreiche Küstenbahn Marseille—Genua, durch die Mont Cenisbahn mit 12850 m langem, 1290 m über dem Meere liegendem Tunnel zwischen Arc- und Dora Ripariatal, die Bahn Nizza—Cuneo (mit $22^1/_2$ km langen Tunneln) unter dem Col di Tenda, mittelbar durch

---

[1]) 1921 im Spezialhandel: Kohlen 678; Wolle 605,2; Baumwolle 384; Mineralöle 270,2; Kupfer-, Eisen-, Zink-, Manganerze 200,3; Bauholz 192; Eisen und Stahl 181,8; Rohhäute 145 Mill. Fr.

[2]) 1921: Maschinen 496,2; Chemikalien 479; Baumwoll- und Wollwaren 337,3; Eisen- und Stahlwaren 162,3; Eisenbahnbetriebsmaterial 77,2 Mill. Fr.

[3]) 1921: Weizen, Mehl 1688,1; Fleisch 257,9; Milch, Butter, Käse 223,1; Wein 179,7; Kaffee 138,8; Zucker 38,5 Mill. Fr.

[4]) Die Vogesen (wo politische Verhältnisse verzögernd wirkten), der Jura, die Ardennen, das Zentralplateau Frankreichs, die schottischen Hochlande sind immerhin verkehrsarme Gebiete innerhalb verkehrsreicherer Umgebungen. — Auf kleinere Behinderungen durch Sümpfe, Dünen usw. kann hier nicht eingegangen werden.

die Münster—Grenchenbahn (und andere Jurabahnen) und die anschließende Lötschbergbahn, sowie durch die Simplonbahn (s. S. 103) wurde der Weg nach Italien, durch die Eisenbahnen an beiden Enden der Pyrenäen und neuestens durch (das Hochgebirge durchtunnelnde) Pyrenäenbahnen[1]) der Weg nach Spanien (und Portugal) dem modernen Verkehr eröffnet. Ein fatales Hindernis für den Landverkehr innerhalb Westeuropas ist der Kanal, der Großbritannien von Frankreich und Belgien trennt. Die Fährdampferlinien, die hier zwischen Hull—Zeebrügge (13 Stunden), Hull—Rotterdam (17), Harwich—Antwerpen (9—12 Stunden), Harwich—Esbjerg (24—26), Harwich—Hoek van Holland (8), Harwich und Zeebrügge (7), Dover und Ostende (4), Richborough und Calais (Dünkirchen[2]), Dover—Boulogne (1½), Dover—Calais (1¼), Folkestone und Boulogne s. M. (1¾), Folkestone—Vlissingen (5½—6), Newhaven und Dieppe (3½), Southampton—Dieppe[2]), Southampton—Cherbourg[2]), Southampton—Le Havre (7½), eingerichtet sind, bedingen fast immer mehrmalige Umladung der Waren bzw. Umsteigen der Passagiere. Auch die mehrfach an die Stelle der Fährdampfer gesetzten Eisenbahndampffähren (s. Anm. 2) vermögen wohl nicht ganz die Bedürfnisse eines lebhaften Durchgangsverkehrs zum und vom Festland zu befriedigen. Hierbei treten einige Nachteile der Insellage in Erscheinung. Der (an sich mögliche) Bau eines Kanaltunnels scheiterte an strategischen Bedenken. Innerhalb der Britischen Inseln tritt eine Unterbrechung des Landverkehrs, von den kleinen Orkney-Inseln, Shetland-Inseln und Hebriden zu schweigen[3]), durch die Abtrennung der Insel Irland von der Insel Großbritannien ein. Auch hier muß man sich mit Trajektdampfern behelfen; über den St. Georgs-Kanal im Süden fahren sie von Holyhead auf der Insel Anglesey[4]) nach Kingstown bei Dublin und von Fishguard in Südwestwales nach Rosslare (an der Südostecke Irlands) und über den Nordkanal von Port Patrick in Schottland nach Belfast. Hier wie dort sind Tunnel in Aussicht genommen. Das Eisenbahnnetz, das natürlich die großen Städte bedient und in ihnen sich zu Knotenpunkten (zumal in Paris und London) verdichtet, ist am engsten in Belgien gemascht. Ein durch gutes, bequem zu erreichendes Steinmaterial fast überall begünstigtes Straßennetz überzieht[5]), selbstverständlich wie das Eisenbahnnetz von Bodenformen und Volksdichte usw. vielfach beeinflußt, die Länder Westeuropas, in denen der binnenstädtische Verkehr in allen größeren Städten, am meisten in London und Paris, vorzüglich organisiert ist.

Die Binnenschiffahrt spielte vor der Eisenbahnzeit, zumal auf den Britischen Inseln, eine größere Rolle als heute, ist aber für die Verbilligung der Güterbeförderung stellenweise noch recht wichtig. Die natürliche Gunst

---

[1]) Zuera—Oloron; Ripoll—Aix-les-Thermes; Lérida—St. Giron.

[2]) Diese Verbindungen scheinen nicht mehr zu bestehen. Der Vollständigkeit halber sind auch die übrigen Fährverbindungen der Britischen Inseln mit dem Festland angegeben nach Ztg. Ver. Deutsch. Eisenb.-Verwaltungen 1924, S. 476. Die meisten Fährschiffe verkehren täglich, auf einigen Linien sogar zweimal täglich. — Soviel ich ermitteln konnte, verkehrt nur auf der Linie Harwich—Zeebrügge eine Eisenbahndampffähre für den Güterverkehr. Im 4. Vierteljahr 1925 wurden hier 30940 T. Güter übergesetzt. Auf der Linie Harwich—Hoek van Holland verkehrten 1925 hin und zurück 134380 Reisende.

[3]) Thurso und Kyle of Loch Alsh sind die Ausgangshäfen für die Dampfer nach den genannten Inseln.

[4]) Die von der Eisenbahn über die überbrückte Menaistraße aus Wales erreicht wird.

[5]) Man stellt auch Versuche mit Eisenbeton- und Kautschukstraßen an. Der Verkehr von Kraftwagen ist wohl in Großbritannien am lebhaftesten; hier entfiel Ende 1923 ein Wagen auf 67, in Frankreich auf 88, in Belgien auf 131 Einwohner.

für dieselbe ist im flachen Belgien und Nordfrankreich am größten, in Südfrankreich am geringsten.

Auf den **Britischen Inseln** begünstigen die reichlichen und ziemlich gleichmäßig über das Jahr verteilten Niederschläge wie die milden Winter die Binnenschiffahrt sehr. Die Quellen der Flüsse liegen auch vielfach sehr nahe beieinander, und so ist eine große Zahl von Wasserstraßen (regulierten Flüssen und Kanälen) geschaffen worden, die, von den Ästuarien ausgehend, die Inseln vielfach durchschneiden. Immerhin bedingt der bergige Charakter des Landes die häufige Verwendung von Schleusen, geneigten Ebenen, Hebewerken. Dieses, die geringen Abmessungen und die völlige Vernachlässigung der Wasserstraßen seit Beginn der Eisenbahnzeit bewirkten, daß dieselben nur noch wenig Nutzen bringen. Erst neuerdings sinnt man auf ihre bessere Verwertung.

Auch in **Frankreichs** Norden begünstigen ebener Boden, feuchtes mildes Klima die Binnenschiffahrt sehr. Die Seine und ihre Zuflüsse bilden hier die wichtigsten Wasserstraßen, die wieder mit Somme, Schelde, Maas, Mosel, Rhein, Loire durch Kanäle verbunden sind. **Paris** (2,9 Mill.) ist der wichtigste Binnenhafen Frankreichs. In der Südhälfte des Landes leiden freilich die Flüsse im Zusammenhang mit weitgehender Entwaldung, geringeren und ungünstig verteilten Niederschlägen vielfach an großen jahreszeitlichen Wasserstandsschwankungen. Doch ermöglichte die Bodengestaltung und die radiale Anordnung der nach Ozean und Mittelmeer auseinander strömenden Flüsse, in den Quellgebieten zwischen ihnen Kanäle anzulegen: Den Saône-Marnekanal, den Kanal von Burgund, den Canal du Centre, den Canal du Midi und den Rhein-Rhônekanal. Diese fünf Wasserstraßen sind wie auch Rhône und Garonne (Lateralkanal) freilich nur für ziemlich kleine Fahrzeuge schiffbar, aber Frankreich hegt hochfliegende Verbesserungspläne: vor allem soll der Rhein unterhalb Basel durch einen parallelen kanalisierten Wasserlauf (im Elsaß) bis Straßburg für Deutschlands Schiffahrt und Kraftbedarf entwertet werden, und dieser Kanal ein Teil einer großen für 1200 T.-Schiffe fahrbaren Schiffahrtsstraße zur Rhône werden[1]) — für den durchgehenden Verkehr Nordsee—Mittelmeer; die Rhône soll entsprechend ausgebaut werden.[2]) Auch an anderen weittragenden Projekten fehlt es nicht.

Belgiens Binnenschiffahrtsstraßen schließen sich an die nordfranzösischen an. Die Schelde und die Maas und ihre Zuflüsse und zahlreiche Kanäle erschließen das flache Land. Ein direkter Kanal von Antwerpen zum Rhein ist indessen noch Zukunftsmusik.

Seeschiffahrt. Westeuropa ist an der Welthandelsflotte Juni 1924 (1914) mit etwa 35,4 (fast 43) % beteiligt, nämlich Großbritannien und Irland mit 29,55 (38,5), Frankreich fast 5 (fast 4), Belgien fast 0,87 (0,7) %. Das zeigt die große Aktivität dieser Westfront Europas, die auch durch die Lage, durch

---

[1]) Der Rhein-Rhônekanal soll (1924) bald für 300 T.-Schiffe hergerichtet sein. Der Hafen von **Straßburg** (167) soll erweitert werden. **Belfort** (39) wird angeschlossen. Zu **Kembs** ist bereits ein erstes Kraftwehr (mit Schleuse) im Bau. Letzthin entschied jedoch die Rheinlandkommission, daß sowohl der Lateralkanal als **auch** der Rhein ausgebaut werden sollen. 1923 verkehrten auf den französischen Flüssen 17,8, auf den Kanälen 16,08 Mill. T. Güter.

[2]) Ein Kanal von **Marseille** (586) zur Rhône, der diesem geplanten Wasserweg einen direkten Ausgang zum wichtigsten französischen Mittelmeerhafen geben soll, ist Anfang 1926 vollendet worden.

die Eisfreiheit, die Gezeiten, zum Teil gute Naturhäfen begünstigt ist, vor allem aber durch die Energie ihrer Bewohner in den natürlichen Bedingungen ausgenutzt und umgestaltet wurde. Vor allem sind die Häfen aufs kunstvollste ausgebaut worden.

Großbritanniens zahlreiche Häfen mußten wegen der Gezeiten[1]) zu Dockhäfen gemacht werden. In London (4,48 Mill.) hat etwa $^1/_6$ der britischen Handelsflotte seine Heimat; es ist vor allem großer Einfuhrplatz. Liverpool (803) ist mehr Exporthafen (für das industrielle Hinterland von Manchester bis Sheffield). Die dritt- und viertwichtigsten Häfen sind Southampton (161) mit großartigem Passagierverkehr und Cardiff (200) als Ausfuhrplatz wallisischer Kohle. Ferner sind bedeutend auf den Britischen Inseln Bristol (377), Kingston upon Hull (287), Manchester (731[2]), Newcastle (275), Glasgow (1,03 Mill.), Dundee (168), Belfast (385), Dublin (403), Cork (77) und andere.

Unter Frankreichs zahlreichen Seehäfen liegen die meisten, den industriellen und dichtbevölkerten Norden bedienend, am Kanal. Dünkirchen (Dunkerque [35]), hauptsächlich Einfuhrhafen, Calais (73), Boulogne s. M. (55), Dieppe (24) sind die nördlich der Seinemündung. An dieser liegt als Haupthafen des Pariser Beckens Le Havre (163) und an der unteren Seine Rouen (124). Paris (2,9 Mill.) selbst entwickelt sich immer mehr zum Seehafen.[3]) Weiterhin haben Caen (54), Cherbourg (38), selbst Brest (74) nur beschränkte Handelsschiffahrt. Wichtiger sind Nantes (184) an der Loire mit den Vorhäfen St. Nazaire (42) und Paimboeuf. Bis Bordeaux (267) an der unteren Garonne (mit Vorhafen Pauillac) hat nur noch etwa La Rochelle (40) mit Vorhafen La Pallice[4]) größere Wichtigkeit. Am Mittelmeer hat Marseille (586) vorherrschende Bedeutung, Cette (37), Toulon (106), Nizza (156) stehen völlig zurück.

In Belgiens flachem Anschwemmungslande an der kurzen Küste ließen sich besonders leicht Seekanäle anlegen. Für kleinere Seeschiffe zugänglich sind Gent (165—210[5]), von Terneuzen an der Westerschelde), Brügge (53, Seehäfen Ostende[6]), 45, und Zeebrügge[7]), Brüssel (213—775). Aber die Küste ist für große Seeschiffe nur an einer Stelle gut geöffnet, durch das Ästuar der Schelde. Hier liegt

---

[1]) Liverpool hat z. B. einen Gezeitenunterschied von nahezu 8 m. Die größten Reedereien Großbritanniens (mit mehr als 500000 Br.-Reg.-T.) sind: British India Steam Nav. Co., Furness Line, A. Holt & Co., Ellerman Lines, Peninsular a. Oriental Steam Nav. Co., White Star Line. Die Reineinnahmen der brit. Schiffahrt wurden für 1925 auf 115 Mill. £ geschätzt.

[2]) Die Oberflächengestaltung der Inseln fordert zur Anlage von Seekanälen, sogar quer durchs Land, auf. So ist denn der Caledonische Kanal, der für Ozeandampfer noch nicht zugänglich ist, geschaffen, der Seekanal durch den Isthmus zwischen Firth of Clyde und Firth of Forth dagegen nicht. Ein Manchester-Seekanal vom Mersey nach M. wurde 1887—94 gebaut.

[3]) Die Seine soll für Flußkähne von 2400 und Seeleichter von 1800 T. bis Paris schiffbar gemacht werden, und ein Seekanal für 1400 T.-Schiffe Paris von Dieppe aus erreichen.

[4]) Sollte zum Petroleumhafen ausgebaut werden.

[5]) Die zweite Ziffer: mit Vororten.

[6]) Fährverbindung mit England, s. S. 47.

[7]) Dieser Hafen liegt für den Seeverkehr günstiger als Antwerpen, für das die Zufahrt (durch die Westerschelde) überdies durch Versandungen bedroht wird. Andererseits verspricht man sich in Belgien von einem (im „Friedensvertrag" vorgesehenen) Kanal von Antwerpen zum Rhein, der den deutschen Rheinverkehr mehr als bisher nach A. lenken soll, Vorteile. Die Trace steht noch nicht fest, und ihre zweckmäßige Führung hat mit dem Südwärtsragen der Niederlande zu rechnen, die natürlich eine Beeinträchtigung ihres Rheinhafens Rotterdam verhüten wollen. Auch der für 3000 T.-Schiffe geplante Kanal A.—Moerdijk (am Hollandsch Diep) bezweckt Ablenkung des Rheinverkehrs nach A.

weit landeinwärts an diesem Flusse Antwerpen (304—411), der wichtigste Seehafen des Landes.

Der Luftverkehr ist in Westeuropa schon ziemlich weit entwickelt. Besonders der „Canal" wird nach R. Crozet schon regelmäßig zwischen London—Paris, London—Brüssel, London—Rotterdam, London—Amsterdam (—Hamburg bzw. Berlin) usw. von Flugzeugen mit Personen, Wertgütern und Post überflogen. Weitgehende Pläne für einen Fernverkehr mit Luftschiffen reifen in England heran. Der Nachrichtenverkehr ist natürlich innerhalb Westeuropas aufs vollkommenste organisiert, und Kabel verbinden diese lebendigste Front der Alten Welt mit allen Teilen der Erde. Vgl. Bd. I, S. 224.

C. Südeuropa (Bulgarien, Griechenland, Europäische Türkei, Albanien, Jugoslawien, Italien, Spanien, Portugal).[1]

Südeuropa umfaßt die drei Halbinseln, mit denen Europa nach Süden ausläuft, vom Schwarzen Meer im Osten bis zum Atlantischen Ozean im Westen: die Balkanhalbinsel, die Apenninhalbinsel und die Pyrenäenhalbinsel.

I. Die Naturverhältnisse. Südeuropa ist von ausgedehnten Faltengebirgen: den Pyrenäen und dem andalusischen Gebirgssystem auf der spanischen (Pyrenäen-) Halbinsel, den Alpen und Apenninen in Italien (Apenninhalbinsel), den dinarischen und illyrisch-griechischen Gebirgen, dem ostserbischen Gebirge und dem Balkan auf der Balkanhalbinsel durchzogen. Sie sind stark zerbrochen (Erdbeben, zum Teil vulkanische Erscheinungen), ebenso wie die älteren Massive (spanisches Zentralmassiv oder Meseta, Sardinien, Corsica, serbisch-thrazisch-mazedonische Masse, Kykladenmasse). So ist S. meist gebirgig. Niedrige Flächen: teils Einbruchsbecken, teils jüngeres Tafelland oder Anschwemmungstiefländer (Ebrobecken, andalusisches Becken, Poebene) sind verhältnismäßig nicht sehr ausgedehnt. Das Klima ist zum größten Teile (in allen Küstenlandschaften und in den Südhälften der Halbinseln) warm-sommertrocken, C 6 a).[2] Aber in die Nordhälften der Halbinseln greift noch das feuchttemperierte Klima C 7 b und C 7 x (s. S. 2) hinein, ja, in den Alpen, Pyrenäen und in den Gebirgen der nördlichen Balkanhalbinsel ist das boreale Klima (D 8 b) vertreten.[3] In den Binnenland-

---

[1]) Vgl. C. Patsch, O. Maull, N. Krebs, O. Quelle in Andree, Geographie des Welthandels. Bd. I. Wien 1926. — A. Philippson, a. a. O. u. A. Hettner, a. a. O.; H. Grothe, Bulgarien. Wien 1921 (Angew. Geogr. Bd. 48); A. Szana, Länder- u. Völkerkunde Jugoslawiens. Heidelberg 1921. — O. Maull, Griechisches Mittelmeergebiet. Breslau 1922 (Jederm. Bücherei). — W. Deecke, Italien. Berlin 1898. — R. Bachi, L'Italia economica. Milano 1922. — A. Philippson, Das fernste Italien. Leipzig 1925. — G. Greim, Italien. Breslau 1926 (Jederm. Bücherei). — Th. Fischer in Länderkunde von Europa II, 2, 1890. — Fr. Regel, Landeskunde der Iberischen Halbinsel. Leipzig 1905 (Sammlung Göschen). — Held, H., Spanien. Seine Wirtschaftsgeographie und seine Stellung in der Weltwirtschaft (Kaufmann und Weltwirtschaft). 53 S. Hamburg 1922. — A. Marvaud, Le Portugal et ses colonies. Paris 1912.

[2]) Vgl. Lissabon (100 m), Aug. 21,2°, Jan. 9,6° C. Extreme 35° und 3°. 730 mm (Dez. 100, Juli 5); — Málaga, Juli 26,1°, Dez. 12,6° C. Extreme 40° und 2°. 610 mm (Dez. 100, Juli 0); — Neapel (150 m), Juli 24,2°, Jan. 8,2°. Extreme 34° und −1°. 830 mm (Nov. 120, Juli 10); — Athen (110 m), Juli 27°, Jan. 9,3° C. Extreme 38° und −2°. 390 mm (Nov. 70, Juli 10).

[3]) Burgos (890 m), Juli 18°, Jan. 1,4°. Extreme 35° und −11°. 560 mm (Mai 70, Aug. 20); — Mailand (150 m), Juli 23,8°, Jan. 0,2°. Extreme 34° und −10°. 1010 mm (Okt. 120, Mai 100, Juli 70, Febr. 60); — Sofia (550 m), Juli 20,7°, Jan. −2,7°. Extreme 35° und −19°. 650 mm (Mai 90, Febr. 30); — Philippopel (160 m), Juli 23,5°, Jan. −0,5° C. 530 mm (Juni 80, Sept. 20).

schaften der spanischen Halbinsel, selbst am Mittelmeerrand treten Gebiete des Steppenklimas (B 3) auf (Ebrobecken, Hochland von Altkastilien, Neukastilien usw.).[1]

II. Politisch rechne ich zu S.: Bulgarien (103150 qkm, 5 Mill. Einw.); Griechenland (127300 qkm, 5 Mill. Einw.); Jugo- oder Südslawien (248990 qkm, 12,02 Mill. Einw.); Albanien (37550 qkm., 880000 Einw.); Europäische Türkei (3000 qkm, 1 Mill. Einw.); Italien (310100 qkm, 38,84 Mill. Einw.); Spanien (497880 qkm, 21,2 Mill. Einw.); Portugal 88740 qkm, 5,63 Mill. Einw.), zusammen mit Corsica (8720 qkm, 282000 Einw.) 1,423 Mill. qkm mit 90 Mill. Einw. Die Bevölkerung besteht auf den beiden westlichen Halbinseln fast ausschließlich aus (römisch-katholischen) Romanen, auf der Balkanhalbinsel aus Südslawen, Griechen, Albanesen, Türken usw., meist griechisch-katholischer Religion. Die Volksdichte ist mit über 63 auf 1 qkm ziemlich hoch, aber örtlich sehr verschieden.

III. Die Wirtschaft. Allgemeine Charakterzüge. Im ganzen genommen ist Südeuropa noch ein Gebiet wesentlich agrarischen Charakters[2]), darum ist sein Wirtschaftsleben, seine Bedürfnisbefriedigung noch stark von den Natur-, vor allem Klimaverhältnissen abhängig, und da diese eine sehr ausgesprochene Überleitung zu den Naturverhältnissen der Trockenzone kennzeichnet, so haben auch die wirtschaftsgeographischen Verhältnisse eine deutliche Übergangsstellung.

In den nördlichen Landschaften herrscht noch die landwirtschaftliche Einseitigkeit Mitteleuropas vor, dafür haben sich hier große Industriegebiete herausgebildet, aber gegen Süden wird die größere Mannigfaltigkeit und der mittelmeerische Typus des Wirtschaftslebens immer schärfer ausgeprägt. Charakteristisch ist für das mediterrane Klima der sehr heiße und dürre Sommer und der milde Winter mit winterlichen oder Frühlingsregen, die im allgemeinen von Osten nach Westen zunehmen, aber meist mäßigen Umfangs sind.

Im einzelnen sind Klima- und Wirtschaftsverhältnisse zwischen Norden und Süden, Osten und Westen, Gebirge und Tiefebene ziemlich verschieden.

a) Die Erzeugung von Nahrungs- und Genußmitteln.

Die Pflanzenwirtschaft liefert durchaus den größten Teil derselben. Der Ackerbau wird vorherrschend in den Niederungen und niedrigeren Gebieten betrieben, deren Ausdehnung aber bei dem überwiegenden Gebirgscharakter der südeuropäischen Länder beschränkt ist.[3])

So nimmt schon deswegen der Feldbau geringere Flächen ein als in Mitteleuropa. Dazu ist die Bewirtschaftung vielfach noch recht primitiv; macht noch wenig Gebrauch von modernen landwirtschaftlichen Methoden, von Dünger, landwirtschaftlichen Maschinen und Geräten und erzielt oft nur geringe Erträge.

---

[1]) Vgl. Zaragoza (200 m), Juli 24,2°, Jan. 4,8° C. Extreme 40° und −8°. 310 mm (Mai 50, Okt. 30, Jan. 20, Aug. 10).

[2]) In Bulgarien sollen 82, in Bosnien und Herzegowina 88, in Griechenland dagegen nur etwa 10% (?) der Bevölkerung in der Landwirtschaft tätig sein.

[3]) Nach Ad. Struck sollen die Niederungen in (Alt-) Griechenland ein Fünftel der Oberfläche ausmachen. In Spanien sind 193535 qkm = fast 39% der Fläche landwirtschaftlich genutzte Flächen, in Portugal 24,6, in Italien 46,2, in Griechenland 18,6% Ackerbau-, Garten- und Weinland. Jugoslawien baut etwa 24,8% der Fläche an (im Norden Bosniens u. Serbiens, in der Wojwodina [51,7%] vor allem, viel mehr, in Dalmatien [11,8%] aber und in Montenegro [3,9%] weit weniger).

Wichtigste Nahrungsmittel liefern die Getreidepflanzen, vor allem Weizen und Mais.

In Bulgarien steht auf dem zum Teil recht fruchtbaren gegen die Donau geneigten Tafelland der die Hauptnahrung des Landes liefernde Mais[1]) allen anderen Getreidearten voran. Der Weizen[2]) wird mehr südlich des Balkan, vor allem im Maritzabecken und in anderen Landbecken, angebaut. Beträchtliche Mengen von Mais, Weizen und Weizenmehl können ausgeführt werden.[3])

Jugoslawien erzeugt in den äußerst fruchtbaren südlichen Teilen (C 7 x) der ungarischen Tiefebene (in der „Wojwodina“: Batschka und Banat), im unteren Morawatal, in der Matschwa, in der Posawina (längs der Save), in Syrmien und in anderen niedrigen Landschaften viel Getreide (besonders Mais und Weizen[4]), aber auf den ungünstigen Karstböden des dinarischen Faltengebirges spielt der Getreidebau, meist nur oasenhaft in Poljen und Dolinen anzutreffen, eine geringe Rolle.[5])

In Griechenland ist für Ackerbau geeignetes Flachland wenig ausgedehnt und zum Teil versumpft. Der Getreidebau (Ebenen von Thessalien, Saloniki, Arkadien, argolische Ebene, Messaraebene) genügt dem Bedarf der Bevölkerung nicht entfernt.[6]) Über die Hälfte muß eingeführt werden. Weizenbrot ist das wichtigste Nahrungsmittel. Auch Mais (in feuchteren Ebenen) wird zur Nahrung verwertet.

In Italien sind ebenfalls die Niederungen die Hauptstätten des Ackerbaus. 46% der Ackerfläche nimmt der Weizen ein, der in Weißbrot und Makkaroni die Hauptnahrung liefert; er wird überall, am meisten auf Sizilien[7]), in der östlichen Poebene und auf den östlichen Abdachungen der Apenninen sowie in ihren Tälern bis Apulien südwärts, angebaut. Die Erträge zeigen nach Bodenart, Höhenlage, Intensität des Anbaues usw. große Unterschiede.[8]) Die meisten Makkaronifabriken liegen in dem verhältnismäßig trockenen Klima der Umgebung des Vesuvs (Torre

---

[1]) 1909/13 wurden im Durchschnitt 2,31; 1923: 2,345 Mill. T. (auf 2,139 Mill. ha) Körnerfrüchte produziert. Mais 1923: 0,68; 1924: 0,74 Mill. T. = etwa 0,6% der W.

[2]) 1923: 1 Mill., 1924: 0,52 Mill. T. = etwa 1/2% der W.

[3]) Vor dem Kriege machte der Mais 20%, jetzt 25% der Ausfuhr aus, Weizen 25, jetzt 2 1/2%, Mehl (1924, 8 Monate) 2,7%; hauptsächlich nach der Türkei, Griechenland, Rußland, Österreich und Italien. Das Hereinströmen von Hunderttausenden von Flüchtlingen aus den Nachbarlandschaften hat den Bedarf an Nahrungsmitteln gewaltig gesteigert. Nach Al. Lipschütz haben am gesamten Kaloriengehalt der Nahrung in Bulgarien Getreidemehl 52,59 (Deutschland 36,1) %, Mais 20,67 (Deutschland 0,06)% Anteil.

[4]) Prod. von Weizen 1922: 1,21, 1924: 1,907 Mill. T. Große Mengen, von Mais (Ernte 1924: 3,79 Mill. T.) namentlich (1923: 102160 T.), können ausgeführt werden (von Getreide 1923: 100100 T.).

[5]) 1920: auf 45780 qkm bebauten Bodens 4,39 Mill. T. Getreide (Serbien 1,33; Wojwodina 1,23; Kroatien 1,09; Bosnien 0,52; Slowenien 0,19 Mill. T.; Dalmatien 24600, Montenegro 12220 T.). In Bosnien und Herzegowina sollen etwa 25% von Äckern und Gärten eingenommen sein, in Dalmatien 10,7% Ackerland.

[6]) Etwa 260000 T. Weizen wurden 1922 geerntet. 1923 wurden 230000 T. einheimisches und 370000 T. ausländisches Getreide vermahlen. Nach O. Maull werden je Kopf etwa 200 kg Weizen verbraucht.

[7]) Vgl. L. Heckmann, Der Getreidebau der Insel Sizilien in geographischer Betrachtung. (Ungedruckte) Diss. Erlangen 1922.

[8]) Als Normalernte kann man eine Ernte von gegen 5 Mill. T. betrachten (auf etwa 47000 qkm). In der großen italienischen Ebene werden (bei Kunstdüngung usw.) 2 und mehr T. auf einem ha gewonnen, in Süditalien (meist ohne Kunstdünger) viel weniger; auch die Wurzeln und die Schatten der hier häufigen Baumkulturen beeinträchtigen die Ernten. Die Intensivierung der Landwirtschaft in Italien ist in den letzten 15—20 Jahren stark fortgeschritten. Prod. 1922: 4,4 Mill. T. (0,95 T. je ha), 1923: 4,68, 1924: 4,57 Mill. T. Kunstdünger s. S. 64. Weizenverbrauch je Kopf etwa 225 kg, 1922 etwa 8,77 Mill. T. (?). Es ist eine sehr starke Weizeneinfuhr (1924: 2,13 Mill. T.) nötig!

Annunziata, 35, Gragnano usw.).[1]) Der Mais[2]) wird besonders in der Osthälfte der norditalienischen Tiefebene (C 7) viel angebaut, in Süditalien ist es im allgemeinen für ihn zu trocken.

In Spanien sind die fruchtbaren Talebenen und Mulden des (alt- und neukastilischen) Tafellandes (B 3) die Hauptgebiete des Weizens, der die Hauptnahrungsmittel liefert. Die Ernte reicht oft nicht für den Bedarf hin, und es muß daher meist viel eingeführt werden.[3])

Portugals Weizenbau ist weit weniger umfang- und ertragreich.[4]) Mais wird auf der Pyrenäischen Halbinsel wesentlich weniger produziert[5]) als Weizen, am meisten in den Küstenniederungen, Tälern und auf flachen Abdachungen des ozeanischen Nordwestens (C 7).

Alle anderen Getreidearten, teils, wie der Reis, Nahrungsmittel, teils Futterpflanzen für das Vieh, also erst mittelbar der menschlichen Ernährung usw. nutzbar, treten sehr zurück.

Reis gedeiht in der warmen und wasserreichen Maritzaebene Bulgariens zwischen Tatar-Pazardžik und Philippopel[6]); in den feuchten Ebenen um Serres und Drama (Mazedonien) ein wenig[7]); dann namentlich in der westlichen Poebene Italiens[8]), auch in der Küstenebene von Valencia (Spanien[9]), doch wird der Anbau wegen der Malariagefahr, die mit der Überstauung der Felder verbunden ist, und mit der Entsumpfung immer mehr eingeschränkt.

Roggen und Hafer werden als Futtergetreide in den kühleren und feuchteren Gebirgsdistrikten (C 7, D 8) überall angebaut[10]), bei weitem am meisten Roggen in dem gebirgigen, kühlen und feuchten Nordwesten Spaniens[11]) (Provinzen Leon und Galicien), weniger auf dem altkastilischen Tafellande und in Portugal.

Die Gerste spielt im Feldbau auch nur eine verhältnismäßig bescheidene Rolle.[12]) Am meisten wird sie in den südlichsten Gebieten rein mediterranen sommer-

---

[1]) Das soll der Trocknung günstig sein.

[2]) Ernte 1922 etwa 2,14 Mill. T. = 2% der W. Der Konsum wurde auf etwa 2,64 Mill. T, die Prod. 1923 auf 2,27; 1924: 2,5 Mill. T. geschätzt. Maisbrei (Polenta) ist für die ärmere Bevölkerung Norditaliens ein wichtiges Nahrungsmittel. Verdorben, erzeugt der Mais die schlimme Krankheit Pellagra.

[3]) Ernte 1913: 3,059; 1920: 3,77; 1923: 4,28; 1924: 3,31 Mill. T. (auf 1 ha: 1923: 1,01, 1924: 0,79 T.). Die Erträge sind niedrig. Jährlich im Durchschnitt etwa 230000 T. Einfuhr. Der Verbrauch von Düngemitteln nahm neuerdings stark zu.

[4]) Ernte 1923: 359000 T. auf (1922) 4540 qkm (= 5,1% der Fläche); 1922 nur 0,59 T. je ha. Einfuhr von Düngemitteln 1920: 51670 T.

[5]) Ernte 1913 in Spanien 0,64; 1923: 0,61; 1924: 0,66 Mill. T. = etwa 0,5% der W., in Portugal (1923): 359000, 1924: 235000 T. (0,61 T. auf 1 ha).

[6]) Ernte 1923: 5100 T.

[7]) Etwa 10000 T.

[8]) Ernte 1922 etwa 500000 T.; 140000 T. Ausfuhr.

[9]) Spanien führt etwas Reis aus.

[10]) Bulgarien 1923: 174000 T. Roggen und 133000 T. Hafer; Jugoslawien 1923: 132000 T. Winter- und 17500 T. Sommerroggen und 281000 T. Hafer; Griechenland 1922: 60000 T. Roggen; Italien 1922: 141300 T. Roggen und 442200 T. Hafer; Spanien 1913: 368000, 1922: 453000 T. Hafer; Portugal 1922: 134000 T. Roggen und 184000 T. Hafer.

[11]) Ernte 1913: 709000, 1922: 666800, 1924; 668000 T. Roggen = 1,8% der W.

[12]) Bulgarien 1923: 241000; Jugoslawien 1923: Wintergerste 196000, Sommergerste 116000 T.; Griechenland 80—120000 T. jährlich; hier wie in den anderen Mittelmeerländern dient sie zum Teil mit Weizen gemischt der Brotbereitung, hauptsächlich aber als Pferdefutter Italien (Apulien, Sizilien, Sardinien) 1922: 180000 T.; Spanien (Südhälfte) 1913: 1487000, 1922: 1688000 T. auf 1,652 Mill. ha; Portugal 68400 T.

trockenen Klimas (C 6 a) angebaut, wo einerseits Futter sehr knapp ist und andererseits der anspruchslosen, mit kurzer Regenperiode auskommenden Pflanze die kurzen geringen Winter- und Frühlingsregen genügen.

Neben dem Getreidebau tritt der Anbau der Kartoffel und ihr Anteil an der Ernährung der Bevölkerung (s. S. 52, Anm. 3) sehr zurück. Die Erträge auf 1 ha sind teilweise auffallend niedrig.[1] In den nördlicheren und Gebirgsgebieten mit mitteleuropäischem Klima (C 7, D 8) sind die Anbauflächen und Ernten größer und die Erträge höher als in den rein mediterranen Klimalandschaften.[2] Verschiedene südeuropäische Gebiete, früh erntend im Vergleich mit Mittel-, West- und Nordeuropa, versenden „Frühkartoffeln".[3]

Hervorragende Bedeutung für die Ernährung der südeuropäischen Bevölkerung[4] haben Gemüsearten (Zwiebeln, Knoblauch, Kohl, Melonen, Kürbisse, Gurken, Tomaten, Artischocken usw.) und Hülsenfrüchte (Bohnen vor allem; ferner Kichererbsen, Johannisbrot, Erven, Erbsen, Linsen usw.).

Berühmt ist der mit künstlicher Bewässerung betriebene bulgarische Gemüsebau (Ljaskovec bei Tirnova, Gegend von Kawakli und Dubnica).[5] In Jugoslawien dient er mehr dem örtlichen Bedarf. Auch in Griechenlands berieselten Gartenbauoasen gedeiht er im Schatten der Fruchthaine. Groß sind die Ernten Italiens[6]; Frühgemüse kommt zur Ausfuhr. Viel umfangreicher ist jedoch die Ausfuhr Spaniens, dessen Lage zu den westeuropäischen Konsumländern besonders günstig ist. Namentlich Zwiebeln, Tomaten, Knoblauch und Melonen werden aus den fruchtbaren mittelmeerisch sommerwarmen und -trockenen (C 6 a), aber seit arabischer Zeit künstlich bewässerten Küstenebenen („Huertas", „Vegas") von Valencia (244), Almeria (50), Motril, Málaga (151), Alicante (64), Murcia (141) usw. exportiert.[7] Portugal ist ebenfalls reich an Gemüse und Hülsenfrüchten.[8]

Viel wichtiger noch als Gemüse- und Hülsenfruchtbau ist die Obst- und Südfruchtkultur geworden, sowohl für die Ernährung, als auch vor

---

[1]) Bulgarien 1922: 37000 T. (ha-Ertrag 4,6 T.); Jugoslawien 1922: 846000 T. (3,9); Griechenland etwa 10000 T.; Italien 1922: 1461000 T. (4,2); Spanien 1922: 2956000 T. (9,3); Portugal 1922: 177000 T. (7,2).

[2]) In Krain soll der Kartoffelbau 16% des Ackers einnehmen. In Italien baut man Kartoffeln am meisten in den Abruzzen, in Campanien, in der Westhälfte der norditalienischen Tiefebene, auch in Toscana, Ligurien und im Apenninlande bis nach Calabrien an, aber auf Sizilien und Sardinien fast gar nicht. Im Süden des Landes sind sie wäßrig, arm an Stärkemehl und halten sich nicht. Zur Spiritusgewinnung werden sie nicht benutzt. In Spanien ist der Anbau im Norden (besonders in Galicien und Asturien) am ausgedehntesten, ebenso in Portugals Norden. Ganz Südeuropa in dem angenommenen Umfange liefert nur 1,8—1,9% der W.

[3]) Korfu z. B., auch Malta; vor allem Italien (Ausfuhr 1913: 140000 T., zumal nach Deutschland und Österreich-Ungarn) aus der Campagna von Neapel, der Valle di Pompei, der Ebene von Salerno und aus dem Venetischen.

[4]) In Italien z. B. sollen Gemüse und Obst schätzungsweise jährlich 160 kg verzehrt werden, d. i. weit mehr als in nördlichen Ländern. Vgl. die Karte G. Asseretos in „Kartograph. Beiträge z. Wirtschaftsgeographie" Nr. 4 (Bern 1915).

[5]) Die bulgarischen Gemüsegärtner gehen für sommerlichen Pachtbau zu Tausenden nach Ungarn, Wien usw., ja nach Amerika.

[6]) Z. B. wurden 1911: 489000 T. Tomaten (Ausf. von Tomatenkonserven im Durchschnitt 1911/13: 45000 T.) und 237000 T. Blumenkohl geerntet. Vgl. die Karte G. Asseretos in „Kartograph. Beiträge z. Wirtschaftsgeographie" Nr. 4 (Bern 1915).

[7]) Ausfuhr Spaniens an den genannten Gemüsen 1917: 190000, 1500, 5500, 7000 T. 1923 wurden allein Zwiebeln für 44,1 Mill. Pesetas ausgeführt. Spanien erzeugte übrigens 1921 auch 20000 T. Erdnüsse.

[8]) Portugal führte indessen 1920 noch 2860 T. Bohnen ein.

allem für die Ausfuhr. In den nördlicheren und gebirgigen Teilen Südeuropas (C 7) gedeihen unsere Obstbäume gut; für die nördliche Balkanhalbinsel haben besonders die Pflaumenbäume industrielle und Handelsbedeutung.

Bulgariens Pflaumengärten sind besonders umfangreich bei Küstendil und im Bezirk Trojan. Dörrpflaumen und Pflaumenmus sind wichtige Ausfuhrartikel Jugoslawiens.[1]) In dem niedrigen Hügel- und Bergland Bosniens, in der Posawina und Matschwa, im westlichen Serbien überhaupt, auch in Kroatien und Slawonien liegen die umfangreichsten Pflaumenkulturen.

In den südlicheren Landschaften ziehen sich unsere mitteleuropäischen (C 7) Obstbäume im allgemeinen in die Gebirge zurück, und die Früchte entbehren zum Teil des Wohlgeschmacks, der sie im nördlicheren Europa auszeichnet. Dafür treten andere (Süd-) Früchte in den Vordergrund: Edelkastanien, Mandeln, Nüsse, Granatäpfel, Pfirsiche, Aprikosen, Quitten, Feigen, Oliven, auch Weintrauben, alle diese, auch der Johannisbrot-, Maulbeerbaum, Opuntia (die indische Feige), Weichsel und japanische Mispel, ohne künstliche Bewässerung auskommend, die hingegen von den spät eingeführten und akklimatisierten Agrumen (Orangen, Zitronen usw.) erfordert wird. Gerade die Fruchthaine sind für die Gebiete sommertrockenen (warmgemäßigten) Klimas (C 6 a) in hohem Grade charakteristisch und bilden in der immergrünen Mittelmeerregion an den Küsten große Bestände.[2])

Die Edelkastanie gedeiht an den Südabhängen des Balkans in Bulgarien wie stellenweise in Griechenland, Dalmatien, Nordspanien[3]); aber große Bedeutung als Volksnahrungsmittel haben die Kastanien in Italien[4]), zumal für die Bewohner der Gebirge, wo ihre lichten Haine über der immergrünen Region, die den Bäumen zu trocken ist, ihre Standorte haben. Sie umkränzen die ganze norditalienische Ebene an den Berghängen, bis 1200 m Höhe ansteigend, und sind in Toscana sehr häufig; auch am Ätna gibt es einen Kastaniengürtel.[5]) Kastanien werden sogar ausgeführt. Auch auf Sardinien und Corsica sind sie Volksnahrungsmittel.

Mandeln werden schon in Dalmatien geerntet, in Griechenland (Thessalien, Cykladen, Peloponnes, Halbinsel Methana) und auf Kreta reichlicher.[6]) Für Italien (besonders Sizilien, Apulien, auch bei Sulmona und Aquila im Südapennin) und Spanien (südöstliches Küstenland am Mittelmeer, Balearen, auch das andalusische und das aragonische Becken usw.) sind sie wichtige Ausfuhrprodukte.[7])

---

[1]) Ausfuhr 1920: 21260 T. Dörrpflaumen u. 1490 T. Pflaumenmus (bei einer Ernte von 1921: 801000 T. Pflaumen), 1923: 66390 T. für 344,6 Mill. Dinar.

[2]) Nach O. Maull waren in dem Griechenland vor 1913: 24,5% des Kulturlandes mit Fruchthainen bedeckt.

[3]) Die Bäume haben neuerdings sehr unter der „Tinta“-Pest zu leiden gehabt; kleine Ausfuhr besonders nach Frankreich (Ausf. 1. Halbj. 1919: 2970 T.). Auch die Provinz Huelva im Süden Spaniens führt aus; man hoffte 1920 etwa 5000 T. = 90% des Ertrages exportieren zu können.

[4]) Kastanien und Kastanienmehl spielen oft in den Gebirgen während eines großen Teiles des Jahres eine wichtigere Rolle als das Getreide. Die Normalernten bringen etwa 900000 T., nicht selten weniger (1910 z. B. 608000 T.); am meisten in Toscana (gegen 40%), Calabrien (gegen 16%), Ligurien (an 12%), Piemont (an 12%), Emilia (5%), Campanien (an 5%), Lombardei (4%) usw.

[5]) In 900—1500 m ü. M.

[6]) 1918 etwa 1530 T. in den genannten Landschaften.

[7]) Italien s. S. 76; Spanien im 1. Halbjahr 1919: 2410 T. geschälte und 1140 T. ungeschälte, besonders nach Cuba, England usw.

Haselnußwaldungen stehen vor allem in Italien (Becken von Avellino, Sizilien) und in Spanien (Catalonien — Tarragona —, auch in Asturien). Haselnüsse[1]) und Walnüsse[2]) werden aus diesen Ländern ausgeführt.

Feigen sind an der dalmatinischen Küste unbedeutend, aber für Griechenland (Messenien, östliches Thessalien, westliches Mazedonien) sind sie das wichtigste Obst, das, Juni bis August reifend, roh und getrocknet genossen und auch ausgeführt wird.[3])

Oliven produzieren Küstenland und Inseln Dalmatiens, noch mehr Griechenland, Italien und die Pyrenäische Halbinsel. Sie sind ein wichtiges Nahrungsmittel, roh oder eingelegt als Salzoliven oder gedörrt oder in Olivenpickels verwandelt, und liefern das Olivenöl (s. S. 59f.).

Weintrauben werden in großen Mengen erzeugt und besonders von Italien und Spanien ausgeführt.[4]) Außerdem werden sie in dem sommerheißen trockenen Klima zu Rosinen getrocknet[5]), in Griechenland zu Korinthen, die für dieses Land ein hervorragender Ausfuhrgegenstand sind.[6])

Johannisbrot (Karubben) kommt z. B. aus Italien (Umgebung von Modica) in Mengen auf den Markt (vgl. S. 76).

Eine besonders wichtige Rolle in der Ausfuhr (auch in der Ernährung) spielen die Agrumen.

Griechenlands[7]) beste Lagen sind auf den Inseln und in den milden Küstenstrichen des Peloponnes zu finden. In Italien[8]) sind ihnen nur die südlichen wärmsten Teile der Halbinsel (Calabrien, Campanien, Apulien usw.) und vor allem Sizilien günstig. Bergamotte s. S. 60. Apfelsinen[9]) und Zitronen[10]) sind wichtige Ausfuhrartikel Italiens. Mittel- und Westeuropa, für Zitronen auch die Union sind die Haupt-

---

[1]) Die jährliche Ernte Italiens wird auf etwa 20000 T. geschätzt. Spanien führte im 1. Halbj. 1919: 5770 T. aus, nach England usw.

[2]) In Italien häufig in der Kastanienregion der Südalpen, auch am Ätna. Spanien führte im 1. Halbjahr 1919: 1070 T., besonders nach der Union, aus.

[3]) Ernte 1913 gegen 50000 T. Ausfuhr (Häfen Kalamata, 21, und Volo, 30) 1912 über 17000, 1914: 9100, 1915 gegen 12000 T., Januar—April 1924: 2140 T.

[4]) Italien s. S. 76. Obst und Gemüse 1923 für 983,9 Mill. Lire; Spanien 1916: 46000, 1917: 17000 T. Weintrauben.

[5]) Italien s. S. 76; Spanien führte 1917: 11000 T. aus; Traubenrosinen (der Gegend von Málaga; Ernte 1919: 1200 T.) kommen gleichfalls zur Ausfuhr; Portugal (Süden?) exportierte 1920: 1280 T. Rosinen.

[6]) Es ist eine besondere, niedrige Form des Weinstocks, auf dem die kernlose Korinthe im Juli reift; sie wird im Freien getrocknet. Am meisten Korinthen bringen die Nord- und Westküste des Peloponnes (bis 350, ja 400 m aufwärts), die Nordufer des Golfes von Korinth hervor; auch die Inseln Zakynthos, Kephallenia und Kreta erzeugen sie. Die Produktion ging neuerdings zurück (1893: 185000, 1910: 115000, 1917 etwa 130—140000 T.). 1917 wurde der Wert dieser Ernte auf fast 20% der gesamten landwirtschaftlichen Erzeugung geschätzt. Ausfuhr 1913/14: 119100, 1920: 72000, 1923: 103000 T., hauptsächlich nach England.

[7]) Prod. 1913: 70 Mill. Orangen (1919: 118000 T.), 32 Mill. Zitronen (Limonen) — 1919: 50000 T. — und (1919) 4500 T. Zedratfrüchte.

[8]) Normalernte von Agrumen etwa 880000 T. auf 113000 ha. Davon liefern Sizilien (bis 500 m etwa) ungefähr 74, Calabrien 13, Campanien 6, Apulien gegen 5%. Auch Ligurien (im Schutze der Alpen und des Apennins) und Sardinien haben noch ansehnliche Ernten. Sonst kommen die Bäume nur vereinzelt vor. Am Garda- und Iseosee bedürfen sie trotz Schutzes durch die Alpen besonderen Winterschutzes. In Sizilien herrschen Zitronen vor (danach Orangen und Mandarinen), in Calabrien und Campanien Orangen, in Apulien Zitronen. Vgl. Zitronen- und Pomeranzenöl, S. 60.

[9]) Ausfuhr 1913: 130000, 1919: 70000 T., 1923 (erste 8 Monate) für 71,1; 1924 (8 Monate) 140,1 Mill. Lire.

[10]) Ausfuhr 1913: 304500, 1919: 138700 T., 1923 (8 Mon.) für 77,3; 1924 (8 Mon.) 84,2 Mill. Lire. Großbritannien und die Union nehmen von Italien nur Zitronen auf. Italien ist der Hauptversorger des Weltmarktes mit Zitronen.

käufer. Für Spanien ist die Apfelsine die wichtigste Frucht; sie wird (wie die Zitrone) hauptsächlich in den Vegas des mittelmeerischen Küstengebiets (C 6 a) und auf den Balearen erzeugt und bildet einen großen Ausfuhrartikel.[1])

Mit Rübenzucker kann sich Südeuropa selbst versorgen, da die Zuckerrübe gut gedeiht, doch ist heute noch zum Teil Einfuhr nötig. Das Zuckerrohr tritt völlig zurück.

Bulgarien baute 1896 (in Sofia) die erste Fabrik, jetzt erzeugt es bereits Überschüsse für Ausfuhr[2]); ebenso Jugoslawien[3]); Griechenlands Produktion (Thessalien) ist bisher gering. Italien[4]) (unteres Potal) deckt ziemlich seinen Bedarf, Spanien (Ebrobecken, Becken von Granada, weniger in den Baskischen Provinzen, Asturien, auf dem altkastilischen Hochlande usw.) ebenfalls.[5])

Der **Gewürz**bau Südeuropas ist wohl für den Inlandkonsum wichtig, für den Außenhandel hat er jedoch fast keine Bedeutung mehr.[6])

Getränke. Südeuropa ist der wichtigste Weinbaubezirk der Erde (siehe Bd I, S. 128f.) und Wein ist das Nationalgetränk der Südeuropäer (vor allem in C 6 a). Die Apenninhalbinsel und die Pyrenäenhalbinsel gehören zu den wichtigsten Belieferern des Weltmarktes.

Bulgarien hat einen ansehnlichen Weinbau[7]), sowohl auf der Donauplatte als am Südabhang des Antibalkans und Balkans als am Nordabhang der Rhodope; ja sogar in den hochgelegenen Becken von Küstendil und Dubnica (D 8 b) gedeihen Weingärten.

Jugoslawien[8]) ist ein wichtiger Weinproduzent; am meisten Wein wird in Kroatien, Slavonien und in der Wojwodina hergestellt. Für die Ausfuhr kommt allein der feurige Wein Dalmatiens (C 6 a) in Betracht.

In Griechenland[9]) ist der Wein das verbreitetste Volksgetränk. Die Weinrebe, fast überall (bis 800 m aufwärts) gedeihend, bedeckt die größten Flächen auf den Inseln Korfu, Leukas, Santorin.[10]) Weine ist bereits in ziemlich wichtiger Ausfuhrartikel.[11])

---

[1]) Ernte vor dem Kriege durchschnittlich (3 Jahre) 741000 T., davon wurden fast 84% ausgeführt. Gandia, Valencia (244), Burriana und Castellon de la Plana (34) waren die Ausfuhrhäfen; 30% etwa gingen auf der Eisenbahn gen Frankreich. 1916 wurden 383000, 1917: 216500 T. ausgeführt.

[2]) Prod. 1923/24: 26400, 1924/25 nach Schätzung 52000 T., Inlandskonsum 22000 T.

[3]) Prod. 1924/25 auf 90000 T. geschätzt bei 60000—65000 T. Konsum.

[4]) Prod. 1913/14: 328000, 1922/23: 289000 T. = 1,6% der W. Der Verbrauch je Kopf betrug 1922 nur 7,85 kg.

[5]) Prod. 1913/14: 183000, 1922/23: 160000 T. = 0,9% der W. Die kleine Rohrzuckererzeugung im äußersten Süden betrug 1913/14: 13000, 1922/23: 6000 T.

[6]) Z. B. führt Spanien nur noch etwa 1000 T. Aniskörner, Safran und 1000—2000 T. Enzianwurzeln aus.

[7]) Prod. etwa 800000—1½ Mill. hl = 0,7—1% der W. Die meisten Landwirte verarbeiten das Erträgnis ihrer Weinberge selbst zu Wein und Branntwein.

[8]) Prod. 1921: 2,86 Mill. hl; 1922: 4,57; 1923: 4,41 Mill. hl = über 2,6% der W. 1921 ernteten Kroatien und Slavonien 850000, die Wojwodina 665000, Slovenien 450000, Serbien 356000, Dalmatien 50000, Bosnien und die Herzegowina 35000, Montenegro 5940 hl. Die primitiven Weine des Landes vertragen weder längere Lagerung noch größeren Transport. Liköre (Slivovitz usw. und Maraschino aus Weichseln) sind zum Teil auch im Auslande beliebt.

[9]) Im Griechenland vor 1913 waren nach O. Maull 12,4% der Kulturfläche von den Weinpflanzungen eingenommen. 1913 wurden gegen 1,8; 1923: 2,1; 1924: 2,37 Mill. hl = 1,3—1,4% der W. erzeugt.

[10]) Berühmt sind die süßen Dessertweine von Messenien, Kephallenia und Thira (Santorin). Malvasier, nach dem Hafen Monemwasia an der Südostküste Lakoniens genannt, wächst jetzt vor allem auf Naxos und Tinos.

[11]) Ausf. 1912: 59100, 1915 etwa 17400 T., nach West- und Mitteleuropa.

Auch in Italien[1]) ist der Wein das Volksgetränk. Die Weinrebe wird außerhalb der Alpenhöhen, der südlichen Apenninen (Sila, Monte Pollino, Monte Papa) und der Gebirge Sardiniens im ganzen Lande angebaut, am meisten in der östlichen Hälfte der norditalienischen Tiefebene mit den Nordosthängen des toscanischen Apennins (bis nach Ancona), in Toscana und in der Campagna von Neapel. Je weiter nach Süden, desto zucker- und alkoholhaltiger wird das Getränk. Wein ist ein wichtiger Ausfuhrartikel.[2])

In Spanien[3]) wird Weinbau, abgesehen von den höheren Gebirgen, fast überall betrieben, am ausgedehntesten am mittelmeerischen Südostrand in den Küstenebenen, Tälern und an den Hängen. In Portugal[4]) ist er am meisten in den Gegenden von Porto und Lissabon verbreitet. Für beide Länder ist der Wein wichtiger Ausfuhrgegenstand.[5])

Bierbrauerei, für die Hopfen und selbst Malz eingeführt werden, da die einheimischen Braugersten zu wünschen übrig lassen, ist besonders in Norditalien stark verbreitet. Branntwein wird aus den Weintrauben bereitet. Limonaden sind beliebte Getränke.

An **Reizmitteln** sind Tabak, Opium und Rauchhanf zu nennen. Auf der Balkanhalbinsel hat der Tabakbau immer mehr Welthandelsbedeutung erlangt. Es wird vor allem Zigarettentabak produziert (von Nicotiana rustica), der besonders im mediterranen Küstenklima (C 6 a) alle erwünschten Eigenschaften annimmt. Vgl. Bd. I, S. 131.

Bulgarien hat zwar die berühmten Lagen am Ägäischen Meer an Griechenland (s. unten) eingebüßt, aber den Anbau im Maritzabecken (C 7 x) stark ausgedehnt.[6]) Tabak ist der wichtigste Ausfuhrartikel. Man fing an, den Tabak im Lande (Sofia) zu verarbeiten.

Jugoslawien produziert im mediterranen Klima (C 6) des Südwestens (Herzegowina, Dalmatien) ebenfalls geschätzten Zigarettentabak.[7]) Auch sonst werden bedeutende Überschüsse zur Ausfuhr erzielt.[8])

Griechenland ist der wichtigste Produzent von Zigarettentabak. In Altgriechenland sind die kleinen fruchtbaren Küstenebenen (Thessalien, Lokris, Aitolien, Akarnanien, Argolis), in Mazedonien die Ebenen von Drama (15), Seres (14) und Xanthi mit dem anstoßenden Hügellande, auch die Ebene von Saloniki (170),

---

[1]) Die Rebe bedeckt 6,3 % der Fläche. Auf Sizilien steigt sie, in der Ebene wegen der Hitze tiefgründigere Böden suchend, bis zu 1100 m ü. M. an. Prod. 1922: 35,59; 1923: 54 Mill. hl = über 30 % der W. Vgl. Bd. I, S. 128.

[2]) Ausfuhr 1920: 871850 hl.

[3]) 1918 ergaben 13170 qkm Weinland (2,6 % der Fläche) 3818000 T. Trauben, von denen fast 95 % zur Herstellung von Wein benutzt wurden und 22567600 hl ergaben. Der Ertrag eines ha mit mehr als 18 hl Most war hoch; 1922 wurden 25,67; 1923: 22,08 Mill. hl = etwa 13 % der W. gewonnen. Vgl. F. Debus, Die Weinrebe auf der iberischen Halbinsel in ihrer geographischen Verbreitung, ihrer kulturhistorischen und wirtschaftlichen Bedeutung. (Ungedruckte) Diss. Münster 1920.

[4]) Prod. 1922: 5,94; 1923: 5,52 (6,13 ?) Mill. hl auf 3240 qkm = etwa 3¼ % der W.

[5]) Vgl. S. 56 u. 76.

[6]) Anbaufläche 1913: 6220, 1923: 70200 ha. Prod. 1903/12: 5750; 1915: 15630; 1920: 29300, 1923: 40800 T. = etwa 3 % der W. Ausfuhr 1913: 4540; 1915: 3290; 1920: 17600; 1924: 14120 T.

[7]) 1921 auf 17000 T. geschätzt (Mazedonien 6000; Bosnien und Herzegowina 4000; Wojwodina 2000; Dalmatien 1000, Kroatien und Slawonien 4000 T.). Der Bedarf wird nur mit etwa 6000 T. (?) angenommen.

[8]) Die Tabakindustrie in Sarajewo (60), Mostar usw. liefert besonders Zigaretten- und Pfeifentabak.

die Haupterzeugungsgebiete.[1]) Tabak ist der wichtigste Ausfuhrartikel.[2]) Die Zigarettenindustrie (Kawala, 23, usw.) deckt noch nicht einmal den heimischen Bedarf.

Am westlichen Mittelmeer hat der Tabakbau keine größere Bedeutung. Italiens Produktion (im südlichen Apulien und im Becken von Benevento) bringt nicht viel mehr als $^1/_4$ des Bedarfs, in Spanien war der Tabakbau im Interesse des Monopols überhaupt verboten.[3])

Arzneipflanzen u. dgl. kommen für den Welthandel kaum noch wesentlich in Betracht.

Süßholz (Glycyrrhiza glabra L. a. typica und andere Arten) wird wild und angebaut im Süden Spaniens (Tortosa, Alicante, Córdoba) und Italiens (Calabrien, Sizilien[4]) genutzt. Insektenpulver wird in Dalmatien (Sebenico) aus Blüten von wilden und kultivierten Chrysanthemenblumen (Inseln Brazza, Lussin u. a., und Berge des Festlandes, auch Montenegro) hergestellt.[5]) Die Rizinusstaude wird ebenfalls im Süden Italiens (Prov. Catania) und Spaniens (Gebiet von Málaga) angebaut. Aniskörner und Enzianwurzeln s. S. 57, Anm. 6.

Unter den **Ölpflanzen** ist für Südeuropas sommertrockenes Klima (C 6) der Oliven- oder Ölbaum höchst charakteristisch und für die Bevölkerung, der er Fettstoff liefert, wichtig. Vgl. S. 56 u. Bd. I, S. 132f.

In Bulgarien ist er nicht anzutreffen[6].)

Im Küstengebiet Jugoslawiens (Dalmatien, Montenegro) gewinnt sein Anbau neuerdings an Bedeutung.[7])

In Griechenlands immergrüner Region soll es etwa 50 Mill. Bäume geben, und es wird jetzt viel zur Hebung der Kultur getan. Alle zwei Jahre etwa gibt es eine gute Ernte (November bis Januar). Die Produktion von Olivenöl schwankt darum stark[8]) und ebenso die Ausfuhr.[9])

In Italien gedeiht der Ölbaum, abgesehen von der Poebene, den toscanisch-römischen Küstenebenen und den Apenninen[10]), im ganzen Lande, schon am geschützten

---

[1]) Prod. 1918/22 durchschnittlich 26470 T. auf 41000 ha; 1923: 83000; 1924: 63750 T. Eigenverbrauch um 6000 T.

[2]) 1922: 32300; 1923: 19050 T. Der wichtigste Handels- und Ausfuhrplatz für mazedonischen Tabak ist Kawalla (23), danach Saloniki (170).

[3]) Im Kriege wurde wegen der Schwierigkeit der Rohstoffbeschaffung der versuchsweise Anbau erlaubt.

[4]) Besonders in Catania (255) Lakritzenfabriken. Ausf. von Süßholz jährlich aus Spanien 3000—4000 T., nach England und Union (als Zusatz zu Kautabak usw.).

[5]) 1920 etwa 1200 T. Meist kommen übrigens die Blüten, nicht das Pulver, das wirksamer sein soll als das Persiens und Japans, in den Handel.

[6]) Im Norden der Balkanhalbinsel liefern Mais, Raps, Kürbiskerne, Lein- und Mohnsaat Öl; wo Türken wohnen, wird Butter gegessen und Sesamöl bereitet.

[7]) Prod. Dalmatiens 1907 etwa 350, 1913 (mit Montenegro) 2000, jetzt (besonders in der Gegend von Ragusa und Makarska) etwa 9000 T. Damit wird knapp der Inlandbedarf gedeckt. Auch in Kroatien, Slawonien und der Herzegowina gibt es Pflanzungen.

[8]) Morea (Peloponnes) und die Ionischen Inseln sind Hauptzentren der Ölbereitung. Griechenland erzeugte 1919 fast nichts, 1920 etwa 50000, 1923: 48000 T., in guten Jahren (1921) aber bis 150000 T. Olivenöl. Kreta produzierte 1918: 30000—35000 T. Olivenöl. 1917 wurde der Wert des gewonnenen Olivenöles Griechenlands auf etwa 13,4% des Wertes der gesamten landwirtschaftlichen Erzeugung geschätzt. Das Öl dient auch der Seifen- und Kerzenbereitung (Piräus [131], Saloniki [170], Kawala [23], Korfu [27]).

[9]) 1923 wurden etwa 16000 T. ausgeführt. Die Qualität des Öles gilt als mäßig; es wird vielfach erst in Italien und Spanien raffiniert und dann weiterverkauft.

[10]) Oberhalb 500 m etwa; bei Neapel steigt er bis 700, in Sizilien bis 900 m an.

Südrande der Alpen; reichlicher findet er sich an der Küste Liguriens und in Toscana, in den Küstengebieten an der Adria, zumal in breitem Streifen an der Küste Apuliens. Auch die Campania von Neapel, die Westküste Calabriens (das „Oliveto" und die Nordküste Siziliens) sind wichtige Produktionsgebiete.[1]) Gewöhnlich gibt es alle zwei Jahre eine gute Ernte (Beginn gegen Ende November).[2]) Der größte Teil der Früchte dient der Ölgewinnung.[3]) Olivenöl ist ein wichtiger Ausfuhrartikel.[4])

Spanien (andalusisches Becken, Ebrobecken usw.) hat ebenfalls eine starke Erzeugung von Olivenöl und führt viel aus.[5]) Auch hier wechseln gute und schlechte Jahre.

Portugal ist fast überall der Olivenzucht zugänglich.[6]) Olivenöl wird ausgeführt.

Ätherische Öle von den in dem sommerheißen Klima (C 6 a, besonders auf Kalkboden) sehr gut gedeihenden Duftpflanzen sind nicht unwichtig.

Rosen werden in Bulgarien (Südhänge des Balkans und beiderseitige Hänge der Sredna Gora [oder des Antibalkans]) seit Mitte des 19. Jahrhunderts zur Gewinnung von Rosenöl (Zentren Kalofer, Karlowo, Klissura; meist Kleinbetriebe) benutzt; der Tabakbau hat die Rosenkultur sehr zurückgedrängt. Auch Öl von Rosmarinus officinalis (Inseln Dalmatiens), Erdmandelöl, Veilchenöl[7]), Salbeiöl, Melissenöl, Majoranöl, Geranium- und Rautenöl sowie Messinaer und Calabreser Essenzen (Zitronen-, Pomeranzen-, Bergamottöl) seien kurz erwähnt. Hierhin gehört auch die Zucht von frischen Blumen an der Westriviera Italiens (Umgebung von San Remo usw.) Über die französische Produktion von Parfümeriepflanzen und frischen Blumen an der Riviera s. S. 25.

Die Naturverhältnisse sind für das Gedeihen und den Anbau von **Futterpflanzen** (Gras usw.) nur noch in den nördlicheren Teilen (C 7, D 8) Südeuropas günstig, gegen Süden (C 6) tritt namentlich der immer längere Trockensommer, der alles verdorren läßt, der Futterproduktion hindernd entgegen.

Schon in Bulgarien verdorrt in den Ebenen sommers das Futter, und man zieht vielfach mit den Herden ins weidenreichere Gebirge. Futterrüben und andere Futtergewächse wurden bisher nur in kleinstem Ausmaß angebaut.

---

[1]) Am rationellsten ist die Kultur im Norden. Nur etwa 1/4 der Pflanzungen sind ungemischte Bestände.

[2]) Die ungeraden Jahre scheinen die guten, die geraden die schlechten zu sein. Dürren, Regen in der Blütezeit, stellenweise Winterkälte, die Ölfliege (Brusca) richten oft Schaden an, aber in Ligurien wurden 1912 nur die Pflanzungen in der Ebene von der letzteren heimgesucht. Im Durchschnitt 1909 bis 1916 entfielen 25,6% der Prod. auf Apulien, 18,1% auf Calabrien, 16% auf Sizilien. Die Ernteschwankungen sind sehr groß (Normalernte früher zu reichlich 2 Mill. T. angenommen; 1912 nur 1/3 davon). Ein Rückgang der Produktion ist unverkennbar.

[3]) Prod. 1909/13: 1813000 hl = 164800 T. (11 hl = 1 T. gerechnet), 1920/21: 210000, 1921/22 (Schätzung) 110000 T.

[4]) Ausf. 1909/13: 30900, 1919/22 nur 7000 T. Th. Fischer nennt als Ausfuhrhäfen Bari (131), Palermo (400), Messina (177) usw. Auch Sulfurolivenöl (Apulien, Calabrien, Sizilien) wird ausgeführt.

[5]) Prod. von Oliven 1912: 355300, 1913: 1486900 T., Olivenöl 63000 und 265420 T., 1920/21: 317000, 1921/22: 276000, 1923/24: 299000 T. Der heimische Verbrauch an Öl wird auf ungefähr 200000 T. geschätzt. Ausfuhr 1909/13: 39500, 1919/22: fast 66000, 1923: 56910 T. Öl, vielfach zur Raffinierung nach Frankreich und Italien.

[6]) Vgl. S. 56.

[7]) Von der Veilchenwurzel (Iris florentina) in Toscana und bei Verona; ist durch das chemische „Jononin" zurückgedrängt.

In Jugoslawien sind ausgedehnte, für den Ackerbau wenig geeignete Gebiete, (in Dalmatien, der Herzegowina und in Bosnien) nur als Weideland[1]) durch Viehzucht auszunutzen; der Futterbau hat sich erst neuerdings entwickelt. In dem feuchteren Serbien liegen die Futterverhältnisse günstiger als im dürren Neuserbien. In der Wojwodina, in Syrmien usw., wo der Ackerbau bereits intensiver betrieben und viel Mais gebaut wird, beruht die Viehzucht mehr auf dem Anbau.

In Griechenland herrscht zumeist die Weidewirtschaft völlig vor[2]); Futterbau ist so gut wie unbekannt.

Italiens Norden hat günstige Futterverhältnisse. Die Rieselwiesen der Poebene erlauben 5—6maligen Schnitt jährlich, die reichen Sommerweiden der Alpen treten ergänzend hinzu, und starker Kleebau wird in der Niederung betrieben. Im mittleren Italien sind die Grasflächen noch ziemlich ausgedehnt, aber in Süditalien wie auch auf Sardinien schrumpfen sie ganz zusammen.

Ähnlich sind auf der Pyrenäenhalbinsel nur der niederschlagsreiche Norden (Galicien und Asturien zumal) und die Gebirge reich an Wiesen und Weiden, auf dem dürren Hochlande gegen Süden und die Mittelmeerküste hin verarmt der Graswuchs immer mehr.[3])

Tierische Nahrungs- und Genußmittel. Der Fleischkonsum[4]) und die Verwendung von Milchprodukten als Nahrungsmittel tritt in Südeuropa, zumal in den sommertrockenen Gebieten (C 6), im Vergleich mit Mittel-, West- und Nordeuropa sehr zurück, die vegetabilische Ernährung in den Vordergrund.[5])

Die Verbreitung des Rindes, vor allem die der Kühe[6]), ist ein Abbild der Verbreitung der Futter-, d. h. der Klimaverhältnisse, und mit letzteren und den Vegetationsverhältnissen zeigen nach E. Ramm auch die Rinderrassen, die Rindergrößen, das von einer Kuh gelieferte Milchquantum, der Fettgehalt der Milch deutliche Zusammenhänge.[7]) Im feuchttemperierten

---

[1]) In Dalmatien 47% der Fläche Weideland, nur 0,8% gepflegtes Wiesenland; in Herzegowina und Bosnien 17% des Bodens Weiden.

[2]) 1913 nahmen Wiesen und Weiden (mit Ödland) 65,2% der Gesamtfläche ein, hauptsächlich an die Gebirge gebunden.

[3]) In Spanien sind fast 51% der Fläche Wald- und Weideland (Wald s. S. 68).

[4]) In Italien nahm jedoch der Verbrauch (vor dem Kriege etwa 16 kg je Kopf) stark zu (1919: 25,5 kg). Italien führte 1923 für 257,6 Mill. Lire lebende Tiere ein, aber für 190 Mill. Lire Fleisch aus

[5]) Nach Al. Lipschütz haben sogar in Bulgarien die tierischen Nahrungsmittel am Kaloriengehalt der Gesamtnahrung nur rund 16%, in Deutschland fast 32% Anteil.

[6]) In Bulgarien waren um 1910: 30, in Serbien 33, in Bosnien und Herzegowina 30, in Italien 55, in Spanien (1920) 53, in Portugal (1920) 42% aller Rinder Kühe. Auf 1 qkm kamen Rinder in Bulgarien (1920) 8,3, Jugoslawien (1921) 19,4, Griechenland (1920) 4,5, Italien (1918) 20,1, Spanien 6,82, Portugal 8,35. Auf 100 Einw. kamen um 1920 in Bulgarien 17,2, Jugoslawien 40,2, Griechenland 11,9, Italien 16,1, Spanien 15,9, Portugal 13,1 Rinder. Natürlich konzentrieren sich die Rinder auf die feuchttemperierten Nordgebiete (C 7b und C 7 x). Italien z. B zählt in einem großen Gebiet der Poebene mehr als 50 auf 1 qkm, aber in Calabrien, Apulien, Sizilien usw. weniger als 10.

[7]) Z. B. geben nach ihm auf Sardinien und Corsica die Kühe nur in der Zeit von März bis Mai frischmelkene Milch (nur 4—5 Liter je Tag), wenn die Vorsommerweide üppige Nahrung bietet. In der übrigen Jahreszeit ernähren sich die Tiere, die das ganze Jahr im Freien bleiben, recht kümmerlich. Die Ochsen wiegen nur 230—280, die Kühe 150—200 kg. Die Bergrassen Nordspaniens und -portugals haben wie die Norditaliens eine befriedigende Milchergiebigkeit. Oviedo (240 m ü. M.) mit 17,4° C im Aug., 6,6° im Jan. (Extreme 31° und −4°), 940 mm Regen (110 im März, 40 im August) und Mailand (150 m ü. M.) mit 23,8° im Juli, 0,2° im Jan. (Extreme 34° und − 10°), 1010 mm Regen (100 im Mai, 120 im Okt., 60 im Febr., 70 im Juli) zeigen, daß hier die Niederschläge günstig über das Jahr verteilt sind.

Norditalien wie in Nordspanien und -portugal (C 7) wird viel Butter und Käse hergestellt; Käse[1]) ist sogar zu einem recht wichtigen Ausfuhrartikel Italiens geworden. In Jugoslawien sind die Grundlagen für eine Exportfleischindustrie gegeben; zurzeit verarbeitet sie hauptsächlich Schweine.[2])

Während sich die nördlicheren, feuchttemperierten Gebiete Südeuropas (C 7 b und C 7 x) mit ihrem Maisbau und der intensiveren Landwirtschaft noch gut für die Schweinezucht eignen, tritt diese in der wenig Abfälle und Rückstände bietenden Landwirtschaft des sommerdürren Mittelmeergebietes (C 6) sehr zurück.[3])

In Jugoslawien hat sich eine bedeutende Schweineausfuhr und neuerdings Fleischindustrie für Export (s. Anm. 4) entwickelt; auch die Fleischkonservenindustrie hat eine Zukunft. In Italien hält die norditalienische Niederung, in Spanien besonders Galicien, in Portugal der Norden die meisten Schweine.[4])

Eine ganz andere Verbreitung als Rind und Schwein hat das Schaf in Südeuropa. Es ist in den feuchttemperierten Landschaften (C7b und C7x) spärlich, aber in denen des sommertrockenen Mittelmeerklimas (C 6 a) und des Steppenklimas (B 3) stark vertreten; denn sowohl der Trockencharakter des Klimas an sich als die damit verbundenen ausgedehnten armen Weiden und die extensive Wirtschaft bieten diesem Steppentier günstige Daseinsbedingungen.[5]) Mit (wohlschmeckendem) Fleisch und Milch ersetzt es vielfach das Rind.

Besonders hoch sind die Relativziffern in Bulgarien, im südwestlichen Jugoslawien (Serbien, Neuserbien, Bosnien und Herzegowina, Dalmatien), in Griechenland. In Italien sind die norditalienische Tiefebene und die Alpen arm an Schafen, aber in den Apenninprovinzen und besonders in Latium, Toscana, auch Apulien und auf Sardinien werden viele gehalten, und hier sind es bei der oasenhaften Konzentration der Bevölkerung vielfach die Städte, die über große Herden verfügen.

In Spanien sind das steppenhafte Hochland von Alt- und Neukastilien und die anstoßenden dürren Berglandschaften, in Portugal die Bergländer des Nordens

---

[1]) Gorgonzola, Stracchino, Cacciocavallo, Parmesankäse (mehr bei Reggio und Lodi als bei Parma erzeugt) sind italienische Käsesorten. In den ersten acht Monaten 1924 war Käse nach Rohseide, Baumwollgeweben und Baumwollgarnen der wichtigste Ausfuhrartikel Italiens. Freilich wird auch viel Käse eingeführt.

[2]) Schon heute ist sie in der Lage, über 1 Mill. Schweine zu verarbeiten. In Belgrad (120), Jagodina, Velika Plana, Agram (80) usw. bestehen (zum Teil große) Schlachthäuser. Die Ausfuhr (s. S. 76) geht zumeist nach Österreich, Italien, Schweiz, auch Deutschland.

[3]) Es fehlt auch die Nässe, die dem Schwein bekömmlich und Bedürfnis zu sein scheint. Bei dem milden Winter und den sehr heißen und dürren Sommern ist wohl auch das Fettbedürfnis der Bevölkerung weit geringer als im Norden und kann durch das hier viel rentabler zu haltende Schaf gedeckt werden. In Bulgarien kamen (1910) nur 5,5 Schweine, aber in Jugoslawien (1921) 13,2 auf 1 qkm; im sommerdürren Griechenland charakteristischerweise sogar nur 2,8, aber in Italien (1918) 7,5, in Spanien (1920) 8,5 und in Portugal 10,4. Auf je 100 Einw. entfielen Schweine in Bulgarien 12, in Jugoslawien 27,3, Griechenland nur 7,5, Italien gar nur 6, Spanien 19,8 und Portugal 16,4. Auch sind die Hauptgebiete der Schweinezucht wieder die nördlichen, in Jugoslawien z. B. die getreidereichen (s. S. 52) nördlichen Ebenen, zumal die ungarische (Wojwodina usw.); auch Slawonien und Kroatien sind schweinereich.

[4]) Hier wie in Slawonien, Kroatien, in Norditalien, -spanien und -portugal beruht zum Teil die Schweinezucht auf den nahrhaften Früchten der Eichen- oder Kastanienwälder, in denen man die Tiere weiden läßt.

[5]) Auf 1 qkm in Bulgarien (um 1910) 90, Jugoslawien (1921) 27,2, Griechenland 39,4, Italien fast 38, Spanien 38,8, Portugal 43,4; auf 100 Einw. in Bulgarien 200, Jugoslawien 56,4, Griechenland 105, Italien 30,3, Spanien 90,6, Portugal 68,4.

und der Mitte am reichsten an Schafen. Hier ist die Merinorasse heimisch, aber die ehemaligen Wanderungen der großen Schafherden (Transhumantes) sind zum Besten der Landwirtschaft sehr eingeschränkt worden.

Auch Ziegen sind in Südeuropa stark vertreten und herrschen in den sommerdürren Landschaften (C 6) völlig vor, in Griechenland, Süditalien, Sizilien, Sardinien und Corsica, in der Südwestecke Spaniens, in der portugiesischen Provinz Traz os Montes. Sie machen sich durch Milch (Butter) und Fleisch nützlich[1]) und werden auch von den Städten (z. B. Süditaliens) zahlreich gehalten.

Die Geflügelhaltung ist fast überall ziemlich ausgedehnt. Bulgarien[2]), Jugoslawien, auch Italien führen Überschüsse an (kleinen) Eiern aus.

Die **Jagd** liefert (in den Gebirgen vornehmlich) gewisse Zuschüsse zur Ernährung, die **Fischerei** aber bei der großen Ausdehnung der Küsten wesentliche.

Binnenfischerei. Die Bäche der Balkanhalbinsel sind sehr reich an Lachsforellen, die Donau (Hausen, Sterlet usw.), der See von Skutari und die Haffe der Westküste Griechenlands und Albaniens (Aale), der Doiransee Mazedoniens, die Lagunen von Comacchio (Italien, Aale) usw. liefern Fische. Seefischerei ist besonders an der insel- und halbinselreichen dalmatinischen und griechischen Küste (sommers: Thunfische, Sardellen, Anchovis, Makrelen usw.; Konserven) volkswirtschaftlich wichtig[3]), und in Italien (Thunfische an den Küsten Siziliens und Südwest-Sardiniens, Sardellen auf den Bänken des toscanischen Archipels und bei Sizilien) bilden die „Frutti di Mare" (d. h. Seeobst; alles, was eßbar ist) eine wichtige Volksnahrung. An der Nordwestküste der Pyrenäenhalbinsel (Vigo[4]), 53, u. a. Häfen) hat sich in neuerer Zeit eine lebhafte Sardinenfischerei und -packerei entwickelt, die der französischen Konkurrenz macht. Auch im Süden Spaniens (Huelva [34], Ayamonte, Isla Cristina, Cadiz [77], Puerto Santa Maria [20]) werden Sardinen und Thunfische gefangen; ja, man beteiligt sich von Cadiz (77) aus mit Dampfern an der Hochseefischerei an der Küste Marokkos, und Portugal (Aveiro [10], Figuera da Foz, Oporto [203] und Lissabon [490]) fing an, bei Neufundland und in der Nordsee Kabeljaufang zur Verringerung der Klippfischeinfuhr zu betreiben. Da der Bedarf an Fischen bei der katholischen Bevölkerung Südeuropas (häufige Fasten) groß ist, müssen noch Fische eingeführt werden.[5])

---

[1]) In der Waldwirtschaft spielen sie aber, weil freiweidend, eine recht verhängnisvolle Rolle. Sie fressen die jungen Baumtriebe ab und lassen Neuwuchs von Wald darum nicht aufkommen. In Bulgarien kommen auf 1 qkm (1910) 14,2; in Jugoslawien 6,2; Griechenland 23,2; Italien fast 10; Spanien fast 8; Portugal gegen 17; auf 100 Einw. fast 30, an 13, fast 62, 8, 19, 27. Auf Malta beträgt die durchschnittliche tägliche Milchleistung etwa 2,5—2,8 Liter.

[2]) Ausf. 1910: 13870 T. (1 Wagenladung zu 10 T. gerechnet), 1922: 8090, 1923: 5800 T.

[3]) Doch betrug der Fischfang Griechenlands 1922 nur 1790 T. Fische und Fischkonserven werden ausgeführt.

[4]) Ausf. Vigos 1913: 18500, 1917: 23400 T. Ölsardinen nach Frankreich, Großbritannien, Philippinen, Cuba usw. 75% aller in Spanien erzeugten Sardinenkonserven werden hier im Nordwesten gepackt. Ausf. Portugals 1920: 5160 T. Das Olivenöl dazu liefern ja beide Länder selbst.

[5]) Einfuhr Italiens an Klipp- und Stockfisch vor dem Kriege aus Skandinavien 14000, aus Kanada und Neufundland 10600 T., von Fischen und Fischprodukten 1923: 345,1 Mill. Lire. Einfuhr Spaniens an Klippfischen 1917: 24770, 1918: 28760 T. (54% aus Britisch-Nordamerika, ferner aus Island usw.). 1921 wurden in Portugal schon 6000 T. Kabeljau zu 3600 T. Trockenfisch verarbeitet, aber (1920) immer noch 31270 T. eingeführt.

Von **mineralischen Nahrungs- und Genußmitteln** wird Salz in Südeuropa vornehmlich durch Verdunstung von Seewasser, die der heiße, dürre Sommer[1]) von C 6 a besonders begünstigt, d. h. in „Salzgärten" gewonnen.

In Bulgarien sind die Teiche von Anchialos (unfern Burgas) wichtig, doch ist Einfuhr nötig. Jugoslawien nutzt verschiedene Salzvorkommen (Steinsalz um Dolnja-Tuzla[2]), Seesalz zu Stagno [Halbinsel Sabbioncello, Dalmatien]). Griechenland[3]) gewinnt Seesalz in zahlreichen Salinen und Salzsümpfen (z. B. bei Missolongi, auf Leukas usw.). In Italien ist die sehr alte Seesalzgewinnung (am Adriatischen Meere bei Comacchio usw., auf Sizilien, bei Trapani zumal, Sardinien [Spiaggia]) usw. durch die ausgedehnte Küste, zahlreiche Lagunen und das Klima begünstigt und weit bedeutender als die von Steinsalz (Sizilien usw.) und Sudsalz. Italien führt Salz aus.[4]) Auch in Spanien (Mittelmeerküste, Balearen und Südwestküste am Atlantischen Ozean; nicht Nordküste[5]) und Portugal (St. Ubes) liefern die Salzgärten weit mehr Salz als die vielfach im Innern vorkommenden Steinsalzlager (Salzberg bei Cardona, Prov. Cardona) und Solen. Vgl. Bd. I, S. 155.

Trinkwasser ist in den feuchttemperierten Gebieten (C 7 b und C 7 x) überall reichlich vorhanden; in den Steppen Innerspaniens (B3) und in den sommertrockenen Landschaften (C 6 a) dagegen ist es zuzeiten und stellenweise so spärlich vorhanden, daß man es in der Regenzeit in Zisternen sammelt. Es sind, wir schon im Altertum, viele Orte mit Wasserleitungen ausgestattet worden.

Mineralquellen, ja Thermen zum Teil, gibt es in dem von Bruchlinien zerrütteten und an eruptiven Erscheinungen nicht armen Südeuropa vielfach. Besonders sind Griechenland und Italien reich daran.

Von mineralischen Düngemitteln zur Beförderung des Pflanzenwachstums ist Kalk überall reichlich vorhanden. Aussichtsvolle Kalilager sind im Salzberg von Cardona neuerdings in Abbau genommen und dürften für die spanische Landwirtschaft und chemische Industrie Wichtigkeit gewinnen.[6]) Auch in der sizilischen Provinz Caltanisetta sollen Kalisalze gefunden sein. Phosphate müssen eingeführt werden, ebenso stickstoffhaltige Düngemittel (Chilesalpeter). In Italien ist der Verbrauch an künstlichen Düngemitteln neuerdings stark gewachsen, und auch in Spanien nimmt er zu. Auf der Balkanhalbinsel wird wohl noch wenig Gebrauch davon gemacht.

b) Rohstoffe für Kleidungszwecke. Pflanzliche Textilfasern stehen nur in sehr beschränkten Mengen zu Verfügung.

Baumwolle wird nur in kleinen Mengen erzeugt (in C 6 a).

In Südserbien (Jugoslawien) wird im Wardargebiet (Gegend von Doiran, Djevdjelija, Strumica, Schtip, Negotin) ein wenig[7]) gebaut, ebenso in den Niederungen

[1]) In Italien pflegt die Salzkampagne von Mai bis Oktober, auf Sardinien von März bis Oktober zu dauern. Auf Sizilien werden gewöhnlich mehrere Ernten in der Saison gewonnen.

[2]) Durch niedergetriebene Bohrbrunnen; die Sole in Lukavac, Siminhan, Kreka verarbeitet.

[3]) Prod. 1912: 30000, 1920: 58000 T. = 0,3 % der W.; 1921 hoffte man 63—64000 T. zu erzeugen, bei einem Bedarf von 60000 T.

[4]) 1913: 161000, 1920: 127000 T.

[5]) Die Bezirke Cadiz und Catalonien produzieren am meisten; 1913: 610000, 1920: 990000 T. = etwa 5,2 % der W. Ausf. 1913: 560000 T.

[6]) Sie sollen schätzungsweise mindestens ebensoviel Kali enthalten wie die elsässischen Kalilager. Auch in den Pyrenäen ist Kali erbohrt worden

[7]) Prod. 1924: 120 T.

Mazedoniens am Ägäischen Meer und in Alt-Griechenland (in der Niederung des ehemaligen Kopaissees usw.[1]); in Sizilien beabsichtigt man den ehemaligen Anbau wieder aufzunehmen, in Spanien hat man ihn in den Küstenvegas wieder begonnen und hält auch die Balearen und das andalusische Becken für geeignet.

Südeuropa muß viel Baumwolle einführen, denn es hat sich stellenweise eine ansehnliche Baumwollindustrie entwickelt.

In Bulgarien (Sofia, Gabrowo) ist sie bisher bescheiden, in Jugoslawien (Agram [Zagreb], 108, Laibach [Ljubljana], Belgrad [Beograd], 112 usw.) aber arbeiten schon über 100000 Spindeln und 3000 mechanische Webstühle; in Griechenland ist Piräus (131) und die Gegend von Saloniki[2]) (170) regsam. Viel umfangreicher ist die Baumwollindustrie Italiens[3]) die 250000 Arbeiter beschäftigt und fast 3% aller Spindeln der Erde und 135000 Webstühle besitzt. Sie hat ihren Hauptsitz in der norditalienischen Tiefebene (Lombardei, Piemont; Turin, 502), daneben auch in Venetien, Ligurien, Toscana und Campanien. Sie benutzt Wasserkraft. Spaniens[4]) Baumwollindustrie (1,16% aller Spindeln und 46–50000 Webstühle) arbeitet hauptsächlich in der Gegend von Barcelona (710, Katalonien[5]), ferner im baskisch-asturischen Industriegebiet. Die Ausfuhr von Baumwollwaren aus Italien und Spanien ist bedeutend.[6]) Auch Portugals Baumwollindustrie (Lissabon, 490) ist ansehnlich. Vgl. S. 77.

Der Flachsbau zur Fasergewinnung (in C 7 b und C 7 x) ist wenig umfangreich.[7])

Am stärksten ist er in Italien (Lombardei, Abruzzen usw.) und Spanien (Nordwesten) verbreitet.

Viel wichtiger ist der Hanfbau (in C 7 x), zumal in Jugoslawien und Italien.[8])

Jugoslawien (besonders Morawatal) produziert wohl 3 oder mehr Prozent der Weltproduktion. Italien (östliche Poebene, auch Campagna von Neapel) ist das zweitwichtigste Produktionsland (nach Rußland) und liefert (aus der norditalienischen Tiefebene) eine schöne, sehr lange und haltbare Faser. Beide Länder führen (halbverarbeiteten) Hanf aus. Hanfgewebe, Segeltuch, Tauwerk werden hergestellt.

Die Wolleproduktion Südeuropas[9]) ist mit fast 9% der Weltproduktion (1923) wie die Schafzucht (s. S. 62f.) sehr ansehnlich.

---

[1]) Prod. Griechenlands 1913: 5760 T. Die Faser ist sehr kurz.

[2]) Außer Saloniki: Werria, Niausta, Edessa (Wasserkräfte des Wermiongebirges).

[3]) Verbrauch an Rohbaumwolle mehr als 4% des Weltverbrauchs, über 190000 T.; Einfuhr zu $^3/_4$ aus der Union, $18^1/_2$% aus Indien, $6^1/_2$% aus Ägypten. Die Kolonien liefern so gut wie nichts. Vgl. jedoch S. 358. Etwa 40% der Produktion werden ausgeführt.

[4]) Verbrauch etwa 76000 T. (1922/23); 1,81 Mill. Spindeln.

[5]) Außer B.: Valls, Reus (25), Sabadell (28), Granollers, Oria, Andoain, Vergara.

[6]) Ausf. Italiens 1923: 1781, 8 Mill. Lire, Spaniens (einschl. Baumwolle) 1923 für 56,3 Mill. Pesetas.

[7]) Gesamtproduktion 1922 (1922/23) etwa 4500 T. = kaum $1^1/_2$% der W.

[8]) Produktion Jugoslawiens 1923: 12000, manche Jahre 18000—20000 T., Italiens 1909/13: 83500, 1922 über 70000 T. Ausfuhr Italiens 1922: 60000 T. Hanf und 24300 T. Hanfwerg. Hauptausfuhrhafen ist Livorno (115). Griechenland führte (1922) 1100 T. ein. Bulgarien produzierte 1909/13: 1110, 1923: 1400 T.; Spanien 1909/13: 11200, 1922: 7000 T. und muß noch viel (1922: 4670 T.) Hanffaser und -werg einführen.

[9]) Bulgarien 10800, Jugoslawien 16080, Griechenland 8730, Italien 26600, Spanien fast 40000, Portugal nur 2700 T.

Bulgarien, Jugoslawien und **Griechenland** haben nur eine kleine **Wollindustrie**[1]) und bedürfen noch einer sehr großen Einfuhr von (Qualitätswolle und) Wollwaren.[2]) **Italien** führt noch Rohwolle für seine Wollwarenindustrie ein[3]), die in der norditalienischen Tiefebene (**Biella** in Piemont, **Bergamo**, 62, **Brescia**, 96, **Mailand**, 718, in der Lombardei, **Schio** in Venetien) und in Toscana (**Prato**) ihre Hauptsitze hat.[4]) In **Spanien** sind außer **Barcelona** (710), **Sabadell** (28) und **Tarrasa** (23), beide in Katalonien, die Zentren. **Portugal** führt noch Rohwolle aus.[5])

Die **Seidenraupenzucht** ist in Südeuropa (C 7 x und C 6 a) ziemlich verbreitet, produziert aber nur kleine Mengen von Kokons[6]) und hat durch den Krieg zum Teil gelitten.

Bulgarien südlich des Balkans, **Jugoslawien** in Neuserbien, Wojwodina usw. **Griechenland** (Kampania bei Saloniki, am Wermiongebirge, in der Niederung von Seres, im Peloponnes usw.), **Italien**[7]) vor allem (hauptsächlich in der norditalienischen Ebene, weniger in Mittelitalien und sehr wenig im Süden), **Spanien** (Huerta von Valencia), **Portugal** betreiben Seidenzucht.

Bulgarien führt die Kokons nach Italien aus, **Jugoslawien** zum Teil; die **Seidenindustrie** hat nur in **Italien** bedeutenden Umfang.

Mailand (718) ist Hauptmarkt für die europäische Seide und zieht auch ziemlich viel Rohseide aus Ostasien an sich. Es versorgt seinerseits fast alle Fabrikzentren in Europa und zum Teil Amerika. Für die Herstellung von Rohseide ist hauptsächlich die Gegend von **Como** (48) und **Lecco** bedeutsam, für die Seidenweberei sind die Städte Como, Lecco und **Bergamo** (62) Zentren. Seide und Seidenwaren sind die wichtigsten Ausfuhrartikel.[8])

Natürliche **Farbstoffe** von Saflor, Färbeginster, Safran, Gelbbeeren, Wau, Harmelstaude, Althaea rosea usw. haben durch die künstlichen Farben sehr an Bedeutung eingebüßt.

Häute und **Felle** der Haustiere (s. oben) sind überall[9]) die Grundlage einer einheimischen **Leder-** und **Lederwarenindustrie**. **Gerbstoffe** sind (zumal in C 6 a) reichlich vorhanden.

Die **Aleppokiefer** (Pinus halepensis) von Dalmatien bis nach Südfrankreich[10]),

---

[1]) Wollespinnerei, Herstellung von Trikotagen, Decken, **Teppichen** (s. S. 149) usw.

[2]) **Jugoslawien** führte 1923 z. B. für 713 Mill. Dinar Wollstoffe ein.

[3]) 1922/23: 31500 T.

[4]) 17000 mech. Webstühle und 65000 Arbeiter. In der norditalienischen Tiefebene ist der Wollwarenverbrauch bei dem gegensätzlichen Klima (s. S. 50, Anm. 3) natürlich am höchsten. Grobes Garn wird aus-, feines eingeführt. Die **Filzhutindustrie** wird in der Lombardei (**Monza**) und in Piemont (**Alessandria**, 78) betrieben.

[5]) 1920: 2070 T.

[6]) **Italien** erzeugt 40—50000 T. jährlich = ungefähr 4—5 % der W. von Kokons, **Bulgarien** 1000, **Jugoslawien** etwa 300 T.

[7]) **Italiens** Produktion wird dadurch begünstigt, daß die Aufzuchtperiode der Raupen in eine Zeit fällt, in der der italienische Bauer keine anderen wichtigen Feldarbeiten zu verrichten hat, sie befindet sich aber trotzdem im Rückgange. Bisweilen bedingen in der norditalienischen Tiefebene anhaltend kalte Winter Laubmangel für die Raupen.

[8]) 1909/13 machte die **Rohseide** reichlich 24 % der Gesamtausfuhr aus, 1915 und 1916 sogar über 42 %; 1923 Rohseide und Seidengewebe über 21 %. Vgl. die Karten von G. **Assereto** in „Kartograph. Beiträge z. Wirtschaftsgeographie" Nr. 2 (Bern 1913).

[9]) **Italien** mußte jedoch 1923 für 572,5 Mill. Lire Häute und Felle einführen.

[10]) Liefert die Gerbrinde „**Scorzarossa**" mit 13—15 % Gerbstoff.

Eichenrinden[1]), **Festland-Valonea**[2]), **Sumach**[3]) sind die wichtigsten unter ihnen.

Im Mittelmeer werden **Schwämme** und **Edelkorallen** gefischt.

Im Mai jedes Jahres ziehen griechische Fischerflottillen[4]) von den Inseln Kreta, Hydra (Stadt, 7), Spetsai und Ägina ins Ägäische Meer, an die nordafrikanische Küste (s. S. 296, 307) und nach Cypern (S. 150). Auch von Italien aus wird einige Schwammfischerei betrieben, aber größer sind die Ergebnisse der Korallenfischerei, die besonders von Capri, Torre del Greco (46) und Trapani (71) betrieben wurde, namentlich südwestlich von Sciacca, aber durch Raubwirtschaft stark zurückgegangen ist. Die Verarbeitung der Korallen hat in Neapel (780, auch Schildpattindustrie, die auf dem Vorkommen der Chelonia imbricata im Mittelmeere beruht), Genua (301) und Livorno (115) ihren Sitz.

Gold und **Silber** für Schmuckzwecke usw. werden in Südeuropa ziemlich viel gewonnen.

Gold in Italien[5]), Silber besonders in Spanien, Italien und Griechenland.[6])

c) Material zu **Wohnungsbauten** bietet in manchen nördlicheren Gegenden Südeuropas der **Wald**, an denen besonders die den Ackerbau wenig anziehenden Gebirge (D 8 b und C 7 b) reich sind. In den sommertrockenen Landschaften (C 6 a) ist er fast überall weitgehend abgeholzt und durch Baumkulturen (s. S. 54—56) und Felder ersetzt, die ihn auch in den fruchtbaren Niederungen des Nordens (C 7 und D 8) weithin zurückgedrängt haben. In den Steppen (B 3) der Pyrenäischen Halbinsel fehlt er natürlich von Natur. In den waldreichen Gebieten sind die Häuser vorwiegend aus Holz gebaut; mancherlei Industrien (Möbel-, Zündholz-, Holzstoff-, Papierindustrie usw.) knüpfen sich an den Wald, und zum Teil kann Holz roh oder bearbeitet ausgeführt werden.

In Bulgarien sollen noch etwa 30 (28?)% des Bodens (Nordabhang des Balkans, Deli Orman, Rila und Rhodopegebirge) mit Wald bestanden sein. Pflege und Ausnutzung lassen zu wünschen übrig; Holzeinfuhr ist nötig.

In Jugoslawien bedecken die Wälder von Eichen, Buchen, Nadelhölzern etwa 35% der Landesfläche[7]); vor allem sind sie vertreten in Slowenien (Krain 44%), Kroatien-Slawonien, Serbien und Bosnien (50—52%), und eine blühende Möbel-, Wagen-, Holzhaus-, Parkett-, Dauben-, Zündholz- usw. Industrie schließt sich an

---

[1]) Sind in Südeuropa gerbstoffreicher als in unserem Klima. Die Wolleiche (Quercus pubescens) in Krain und in Istrien, die Kermeseiche (Qu. coccifera) mit 15—25% und die Korkeiche (Qu. suber) mit 15—20% sind wichtig. Tannin (Gerbrinde und Eichen- und Kastanienextrakt) ist ein ziemlich wichtiger Ausfuhrartikel Jugoslawiens, das 1920 etwa 20000 T. davon ausführte.

[2]) Oder Knoppern, die Fruchtbecher mehrerer Eichenarten; kommen besonders von der griechischen Westküste und Kreta zur Ausfuhr, 1909 von 17700 T. Prod. 5130 T.

[3]) Sumach von Rhus coriaria, Rh. cotinus und Coriaria myrtifolia wird in Sizilien, Spanien und Portugal gesammelt. Von der Sorgfalt des Sammelns hängt der Gerbstoffreichtum (10—20%) mit ab.

[4]) Sie erbeuten etwa 190 T. jährlich (vgl. S. 296, Anm. 7, u. 307, Anm. 4).

[5]) 1920: 23 kg.

[6]) Spanien 1912: 160,3, 1922: 86,4 T.; Italien 1920: 10,89, 1921: 6,82 T; Griechenland 1920: 4,67, 1921 etwa 6 T. Italien verbrauchte 1912: 5,3, 1922: 5 T. Gold industriell und 46,7 (100) T. Silber; Portugal und Spanien zusammen 2,7 (3,6) T. Gold und 31,1 (25,1) T. Silber; vgl. S. 74).

[7]) Zon und Sparhawk (1923) nehmen nur 25,2% an. In Dalmatien ist der größte Teil ärmlicher Buschwald. Die Aufforstung schreitet in den Karstländern nur langsam vorwärts.

die Sägemühlenindustrie. Ein Fünftel der Holzproduktion wird ausgeführt.[1]) In den österreichisch gewesenen Landesteilen hatte die rationelle Forstwirtschaft schon Fuß gefaßt.

Griechenland ist waldarm, besonders im Süden; die Gebirgswälder (Eichen, Tannen, Schwarzkiefern) sind arg verwüstet.[2]) Holz muß eingeführt werden.

In Italien, das gleichfalls waldarm ist[3]), nahm der Wald bisher beständig ab[4]) und gewann erst durch die „Erwerbung" der österreichischen Gebiete wieder an Ausdehnung. Pflege des Waldes und Aufforstung sind noch in den Anfängen. Große Mengen Holz müssen eingeführt werden.[5])

Für Spanien werden (einschließlich der Buschwälder, Macchien) 21, für Portugal 22% Wald angegeben, aber eigentliche Wälder sollen nur 7,8 bzw. 3% der Fläche einnehmen.[6]) Eichen und Tannen sind besonders vertreten. Waldpflege fehlt zumeist. Holz ist einzuführen.

Für die Ausfuhr Südeuropas ist der Kork wichtig. Die Korkeiche (Quercus Suber) kommt auf der Pyrenäenhalbinsel (besonders in Catalonien und an den Abhängen der Sierra Morena im Südwesten Spaniens, Portugal [4,1% der Fläche] hauptsächlich im Süden des Tajogebietes), nur in kleinen Beständen in Italien (Toscana, Umbrien, Sizilien, Nordsardinien), vereinzelt (bei Nizza) in Südfrankreich vor.[7]) Für Spanien und Portugal sind Korkholz, Korke und andere Korkprodukte wichtige Ausfuhrgegenstände.[8])

Für die meisten (die waldarmen) Gebiete Südeuropas ist das Steinhaus charakteristisch. Bausteine sind außerhalb der Anschwemmungsebenen fast überall reichlich vorhanden, namentlich Kalksteine, die zum Teil durch die vulkanischen Erscheinungen eine Veredelung (zu Marmor) erfahren haben, während anderes Baumaterial (Santorinerde, Tuffe) dem Vulkanismus sogar seine Entstehung verdankt.

Griechischer Marmor wird wie im Altertum vielfach gewonnen, aber Italiens Marmor aus den Apuanischen Alpen (Carrara, Massa, 34, Serravezza,

---

[1]) 1923: 18% der Gesamtausfuhr: Bau- und Werkholz, Brennholz, Holzwaren (und Tannin, s. S. 67, Anm. 1), 1920 noch 41%. Ausfuhrhäfen Triest (239), Fiume (50), in Zukunft vielleicht der Baroschhafen (Susak) bei dem italienischen Fiume.

[2]) Zon und Sparhawk: 15% der Fl. Holzkohle ist bei dem Mangel an mineralischer Kohle das wichtigste Brennmaterial; der Viehzüchter brennt den Wald ab, um frisches Weideland zu gewinnen. Die Ziegen lassen keinen Nachwuchs aufkommen.

[3]) Nur 14 (Zon und Sparhawk: 18,1) % der Fläche (auf Sizilien 3%) gelten als bewaldet. Buschwald herrscht vor.

[4]) Besonders auch die Holzkohlenproduktion zehrt an ihm (1918 über $2^1/_2$ Mill. T. produziert). Bodenabspülung und die wechselnden Wasserstände der Flüsse sind die verhängnisvollen Folgen der Entwaldung.

[5]) Genua (301) ist die Zentrale des italienischen Holzaußenhandels, auch Triest (239) hat noch einige Bedeutung. 1923 wurden für 473,8 Mill. Lire Holz und Holzwaren eingeführt.

[6]) Zon und Sparhawk nehmen 13,9 bzw. 22% der Fl. an.

[7]) Quercus occidentalis in der Gascogne liefert brauchbaren Kork, der aber nicht exportiert wird, Qu. Pseudosuber Santi in der Provence, in Mittelitalien, Istrien und Dalmatien liefert schlechteren Kork. — Der harte catalonische Kork soll der beste sein. San Feliu, Palamos und Barcelona (710) sind Ausfuhrhäfen Cataloniens, das auch über die Landesgrenze Kork entsendet, Algeciras (13), Málaga (151) usw. die des weicheren andalusischen Korks. Spanien soll etwa 30, Portugal 45, Italien und Südfrankreich 5% der W. hervorbringen.

[8]) In der Provinz Gerona Cataloniens, in Sevilla (206), in Lissabon (490) und Faro (13) ist die Herstellung von Korkfabrikaten am meisten entwickelt. Portugal produzierte 1918: 93220 T. Kork, d. h. 0,277 T je ha. Es führte 1920: 1240 T. Rohkork und 4580 T. Korkwaren aus.

Garfagnana) usw. ist ein wichtiger Ausfuhrgegenstand.[1]) Spanien und Portugal sind ebenfalls reich an Marmor. Auch Santorinerde der griechischen Insel Thira kommt in Mengen auf den Weltmarkt.[2]) Bimsstein der italienischen Insel Lipari, Pozzolanerde der Phlegräischen Felder und der toscanische und römische Travertin seien erwähnt.

Zu den Baumaterialien rechne ich den Asphalt, den Jugoslawien und Italien liefern.

In Dalmatien gibt es ausgedehnte Lager von Asphaltkalkstein mit 4—33% Asphalt. Italien[3]) produziert viel Asphaltstein (und ein wenig rohen Asphalt) bei Ragusa auf Sizilien, in den Abruzzen und im Tal der Pescara und führt aus.

Ton für Brennziegel dürfte in den nördlicheren Gebieten (C 7) an vielen Stellen reichlich vorkommen, zumal in den Niederungen, und hier werden Ziegelbauten verbreitet sein.[4]) Auch für die Zementfabrikation dürfte dort geeignetes Material zu dem Kalkstein der Gebirge vorkommen.[5]) Griechenland gewinnt Magnesit.[6])

Glassande werden wohl in allen Ländern Südeuropas zu finden sein, aber die Glasindustrie ist nur in Italien (Murano, Turin, 502, usw.) ansehnlich.

d) Tierische Arbeitsgehilfen, Naturkräfte und Material für Werkzeuge aller Art.

Unter den **Arbeitstieren** werden in Südeuropa außer den vielverwendeten, aber in C 6 ziemlich schwachen Rindern (s. S. 61f.) Büffel[7]) als besonders starke, wenn auch schwerfällige Arbeitsgehilfen benutzt (in feuchten Landschaften). Pferde[8]) werden hauptsächlich in den nördlichen feuchttemperierten Gebieten (C 7) verwendet und am meisten in den ackerbauenden Ebenen (norditalienische Ebene, Campagna von Neapel, Wojwodina Jugoslawiens usw.); in den gebirgigen Landschaften des Südens, vor allem im sommertrockenen Klima (C 6) werden sie meist durch die anspruchslosen, aber auch ziemlich schwachen Esel und Maultiere[9]) ersetzt. Das Kamel[10]) ist verhältnismäßig selten; aus der Balkanhalbinsel ist es zum größten Teil mit den Türken gewichen. Vgl. Bd. I, S. 149f.

Naturkräfte. Die für die Erzielung von Dampfkraft nötige Kohle

---

[1]) Prod. 1913: 510000 T. (Ausf. 182900 T., nach West-, Mitteleuropa und Union). 1918: 87500, 1919: 265800 T. Der Ausfuhrhafen für Carrara, wo wohl mindestens ³/₄ der italienischen Produktion gewonnen werden, ist Avenza (Porto della Marina).

[2]) Vor dem Kriege 200000—250000 T. jährlich; die Ausfuhr kann bis auf 500000 T. gesteigert werden.

[3]) 1910: 162200 T. Asphaltstein, 1913: 56800 T., 1921: 93250 T. Asphalt und Bitumen.

[4]) Jugoslawiens Ziegeleien decken bereits den Bedarf des Landes. Italien führt Ton, feuerfestes Material und Kaolin ein.

[5]) Die Zementindustrie Jugoslawiens (Zagreb [Agram], 80, Beoccin bei Neusatz an der Drau, Steinbrück in Slowenien, Split [Spalato], 25, usw.) arbeitet sogar für Ausfuhr.

[6]) 1913: 25500, 1920: 63500 T.

[7]) Z. B. in Bulgarien 1,46; Jugoslawien (Süden) 0,2; im sommerdürren Griechenland 0,06 auf 1 qkm. In Italien hauptsächlich in den Maremmen.

[8]) Die Pferde sind meist ziemlich klein; für Armeezwecke werden stärkere eingeführt. Auf 1 qkm in Bulgarien 1,71, Jugoslawien 4,25, Griechenland 1,36, Italien 3,19, Spanien 1,19; auf 100 Einw. in Bulgarien 3,56, Jugoslawien 8,81, Griechenland 3,63, Italien 2,55, Spanien 2,78.

[9]) Auf 1 qkm in Jugoslawien 0,4, Griechenland 2,47, Italien 4,66, Spanien 4,18; auf 100 Einw. in Jugoslawien 0,82, Griechenland 6,58, Italien 3,72, Spanien 9,76.

[10]) In Spaniens Süden gibt es (1920) 5083.

ist in Südeuropa verhältnismäßig spärlich vorhanden und meist nur in C 7 und in der Form von Braunkohlen und Ligniten. Gegen Süden (C 6) scheinen die Lager allgemein seltener zu werden. Der Torfbildung ist das sommerdürre Mittelmeerklima (C 6) ungünstig.

In Bulgarien sind hauptsächlich tertiäre Lignite vorhanden, außer kleineren Lagern von Anthrazit und Steinkohle der Kreideformation (Sliwen); der Abbau (zu Pernik usw.) nahm seit der Vorkriegszeit sehr zu.[1])

Auch Jugoslawien (am meisten in Slowenien an zahlreichen Stellen [Trifail usw.]; Bosnien [Kreka, Zenica usw.]) fördert hauptsächlich Braunkohle[2]), Serbien jedoch auch Steinkohle.[3])

Griechenland ist arm an Kohle (Braunkohle) und produziert wenig.[4]) Eine starke Einfuhr ist nötig.[5])

Auch Italien ist mit Brennstoffen sehr schlecht ausgestattet[6]), fördert wenig und muß viel Kohle einführen[7]), sucht die Einfuhr jedoch allmählich durch Ausbau der Wasserkräfte (s. unten) einzudämmen.

Spanien allein besitzt (in seiner alten „Meseta") bedeutende Steinkohlenlager; am wichtigsten sind die asturischen im Kantabrischen Gebirge zwischen Santander und Oviedo[8]) (69); die Kohle ist meist verkokbar. Am Südrande der Meseta werden Steinkohlen bei Puertollano und Belmez abgebaut. Auf dem Hochlande sind noch verschiedene Lager bekannt, aber wenig erschlossen. Braunkohlen finden sich in den Tertiärbecken des Hochlandes, Torf in den nördlichen Teilen (C 7) der Halbinsel. Spanien bedarf noch der Kohleneinfuhr[9]), die sich durch Steigerung der Produktion unschwer vermeiden ließe.

Portugal besitzt nur geringe Kohlenvorkommen[10]) im Norden und ist fast ganz auf Einfuhr angewiesen.

Petroleum scheint in Südeuropa wenig vorzukommen.

Italien allein hat eine nennenswerte Produktion[11]) (aus den tertiären Ablagerungen des nördlichen Apennins, namentlich am Nordabhang [Emilia]; von den

---

[1]) Prod. von 300000 auf (1923) 1,06, 1924: 1,22 Mill. T.

[2]) Prod. 1922: 100000 T. Steinkohle, 2,65 Mill. T. Braunkohle, 0,97 Mill. T. Lignit; in Slowenien 1,5; Bosnien und Herzegowina 1,07; Serbien 0,57; Kroatien und Slawonien 0,44 Mill. T.; 1924: 4 Mill. T. Die Vorräte werden auf etwa 9 Milliarden T. geschätzt.

[3]) 1923: 132900 T.

[4]) Ganz Griechenland 1918 etwa 210000, 1924: 111000 T., zu Kymi auf Euboea allein (1920) 182160 T.

[5]) Vor dem Kriege über 600000 T. (hauptsächlich nach Piräus).

[6]) Torf (Poebene, Gebirge, Moränengebiete am Ausgange der Alpentäler, Pontinische Sümpfe) wird neuerdings eifrig abgebaut. Die wichtigsten Braunkohlenlager liegen im Arnotale (Valdarno) Toscanas; Prod. 1914: 800000, 1918: 2,17, 1919: 1,16, 1924: 1,07 Mill. T. fossile Brennstoffe. 1920 waren etwa 270 Mill. T. Braunkohle in Italien festgestellt. Anthrazit (144 Mill. T.) kommt in den Westalpen südöstlich des Montblancmassivs in Fortsetzung der schweizerischen Zone (s. S. 96, Anm. 3) vor, ein Produkt der Alpenfaltung; der Abbau ist schwierig. In Istrien (Steinkohlenwerke in Carpano Vines) und auf Sardinien findet nur kleine Produktion statt.

[7]) Einf. 1913: 10,83 Mill. T. (85% aus England); 1918: 5,84 Mill., 1924: 11,2 Mill. T. Von dem Kohlenverbrauch 1913 entfielen nur 5% (Klima!) auf Hausbrand. Deutschland hatte nach dem „Friedensvertrag" 7½ Mill. T. Kohle jährlich nach Italien zu liefern; 1924 kamen aus Deutschland 3,65 Mill. T. auf Reparationskonto und 0,76 Mill. T. im freien Handel.

[8]) Prod. Spaniens 1913: 4,3; 1918: 7,16; 1921: 5½; 1923: 6,37 Mill. T. (5,97 Mill. T. Steinkohle).

[9]) Einf. Spaniens 1913 (mit Koks und Briketts) 3,1; 1921: 1,1 Mill. T.

[10]) Nur 20 Mill. T.; Prod. 1923: 138000 T.; Einf. 1913: 1,2; 1920: 0,6 Mill. T.

[11]) 1913: 6700; 1922: 4400; 1923: 4600 T. = 0,003% der W. Neue Tiefbohrungen in verschiedenen Teilen des Landes waren geplant.

angeblichen Vorkommen auf Sizilien hat man noch nichts Aussichtsvolles gehört. In Jugoslawien (unweit Lipik Erdgasquellen und Petroleum, Ölschiefer), Griechenland (Insel Zante), Spanien (von den Pyrenäen bis zur Provinz Cadiz und Sevilla) sind Petroleum- und zum Teil Erdgasquellen fündig, doch ist über Reichtum, Nachhaltigkeit usw. noch nichts auszusagen. Albanien soll über bedeutende Erdöllager verfügen. Südeuropa bedarf einer großen Erdöleinfuhr.

Gute Aussichten auf Verwertung bieten in dem gebirgigen Südeuropa die Wasserkräfte[1]), und sie sind auf der Apennin- und Pyrenäenhalbinsel schon heute in bedeutendem Umfange nutzbar gemacht, auf der Balkanhalbinsel dagegen wenig. Bezüglich der Wasserstände der Gewässer ist der Norden (C 7 b und C 7 x) vor dem Süden (C 6 a, und B 3) sehr begünstigt, da dort die (reichlicheren) Niederschläge über das ganze Jahr sich verteilen, hier im trockenen und heißen Sommer die kleineren Gewässer vielfach austrocknen.

In Bulgarien kommen besonders die vom Balkan und Rhodope strömenden Donau- bzw. Maritzazuflüsse in Betracht, in Jugoslawien Morawa, Wardar mit Zuflüssen und die Saveuebenflüsse, weniger die Flüsse Dalmatiens; aber gerade hier, wo bedeutende Wasserfälle (an Kerka und Cetina z. B.) auftreten, ist die Ausnutzung am weitesten fortgeschritten. Albanien hat Drin, Devol (Semeni) usw. zur Verfügung. In Griechenland leiden die Flüsse im trockenen Sommer großen Mangel an Wasser, und es bedürfte der Anlage von Staubecken, um für diese Jahreszeit überhaupt Zuschußwasser zur Verfügung zu haben. Am aussichtsvollsten für die Ausnutzung scheint die Wistritza im Norden zu sein. Hier am Rande der Kampania von Saloniki zu Werria, Niausta, Wodena arbeiten schon einige Wasserfälle (s. S. 65, Anm. 2). Italiens Norden (D 8 und C 7 x), wo die von den Alpen (vor allem) und Apenninen kommenden Zuflüsse des Po großes Gefälle haben, und die Alpenflüsse von Gletschern genährt werden[2]), wo Bergseen zugleich die Anlage von Staubecken erleichtern, ist sehr reich an Wasserkräften, die auch in dem kohlenarmen Lande, in der hochindustriellen norditalienischen Tiefebene, weitgehend und schnell zunehmend ausgenutzt werden, um die Kohleneinfuhr (s. oben) herabzusetzen. Viel geringer sind die Wasserkräfte Mittel- und vollends Süditaliens.[3]) Spanien mit seiner großen Durchschnittserhebung und seinem starken Gefälle der Flüsse an den Hochlandrändern wie an den Pyrenäen, dem Kastilischen Scheidegebirge und dem Andalusischen Faltengebirge ist reich an Wasserkräften. Doch sind die Wasserstandsverhältnisse nur an den nördlichen Flüssen (C 7 b) günstig.[4]) Portugal besitzt

---

[1]) Nach der amerikanischen Schätzung von 1920 soll Südeuropa etwa 12,65 Mill. PS besitzen = 2,9% aller auf der Erde vorhandenen Wasserkräfte, nämlich Bulgarien 1,2 Mill. (0,27%), Jugoslawien 2,6 Mill. (fast 0,6%), Albanien 0,5 Mill. (0,1%), Griechenland 0,25 Mill. (0,06%), Italien 3,8 Mill. (0,86%), Spanien 4 Mill. (0,91%), Portugal 0,3 Mill. (0,07%). Ausgenutzt wurden (um 1920) in Bulgarien 8000, Jugoslawien 125000, Albanien 1000, Griechenland 6000, Italien 1,15 Mill., Spanien 0,6 Mill., Portugal 10000 PS, zusammen 1,9 Mill. = über 8½% aller auf der Erde ausgenutzten PS und 21,4% der europäischen.

[2]) Auch die Etsch.

[3]) Siziliens Wasserkräfte werden nur auf 145000, Sardiniens auf 18000 PS geschätzt.

[4]) Die Pyrenäenflüsse sollen 490000, der Ebro 195000, der Duero (einschließlich der an der portugies. Grenze gelegenen Fälle) 290000, der Tajo 160000, die Flüsse der Nord- und Nordwestküste 140000 PS aus größeren Wasserfällen liefern können, Guadiana und Guadalquivir mit Zuflüssen dagegen nur 75000 PS.

seine PS hauptsächlich dort, wo die spanischen Flüsse (Douro, Tejo, Guadiana) die Meseta verlassen.

An die Ausnutzung der Gezeiten, die besonders für die atlantische Küste der Pyrenäenhalbinsel in Betracht kommen kann, scheint man noch nicht zu denken.

Werkzeugmaterial. Holz und Stein s. S. 67—69. Südeuropa ist reich an **Metallerzen.** Besonders die „alten Massen", welche in die südeuropäischen Faltengebirgsgürtel eingebettet sind, enthalten noch schätzenswerte Vorräte, so sehr auch das Altertum und die Neuzeit schon daran gezehrt haben. Auch die Alpen und die Eruptivgebiete enthalten mancherlei Erze. Am meisten ausgenutzt werden sie auf den zwei westlichen Halbinseln. Größte Bedeutung haben die Lager von Eisenerzen und Eisenveredelungserzen.

Auf der Balkanhalbinsel sind die geologischen Untersuchungen noch längst nicht abgeschlossen.[1]) Bulgarien fördert bisher fast nichts, obwohl z. B. Manganerze nicht fehlen. Jugoslawien besitzt Eisenerzlager besonders im Bosnischen Erzgebirge, die seit österreichischer Zeit in großem Maßstabe abgebaut wurden und namentlich während des Krieges ansehnliche Mengen lieferten.[2]) Es besteht bereits eine kleine Eisenindustrie[3]), die freilich dem Bedarf nicht Genüge leisten kann. Griechenlands Metallerzproduktion konzentriert sich auf die alte thrazisch-mazedonische Masse und die Kykladenmasse.[4]) Nur küstennahe und Insellager werden ausgebeutet und die Erze ausgeführt, da eine einheimische Eisenindustrie noch kaum besteht. Italien besitzt Erze in der sogen. alten tyrrhenischen Masse und in der kristallinen Zone der Alpen. An Eisenerz ist das Land sehr arm. Durch eruptiven Kontakt entstandene Lager[5]) auf Elba, Giglio und in Toscana sind fast erschöpft. Auch die Eisen- und Manganerzlager Sardiniens und der Alpen usw. sind nicht nachhaltig. Kleine Lager von nickelhaltigen Magnetkiesen, Wolfram und Molybdän haben keine wirtschaftliche Bedeutung. Trotzdem hat Italien, zumeist auf Grund von Einfuhr (Eisenerz, Schrott), eine ansehnliche Eisen- und Stahlproduktion (bei Genua, in Toscana, auf Elba usw.) entwickelt[6]) und zeichnet sich durch Maschinenindustrie (landwirtschaftliche M. usw.; norditalienische Tiefebene und Gegend von Genua, 301), Schiffbau (Gegend von Genua, Triest [239] usw.), Kraftwagenindustrie (Turin, 502, Mailand, 718, Genua), elektrische Industrie, Herstellung von Messerwaren, Weißblech[7]) usw. aus. Doch ist die Einfuhr von Eisen, Stahl und Fabrikaten daraus noch weit größer als die Ausfuhr.

---

[1]) Auch sind die Verkehrsverhältnisse noch zu unvollkommen.

[2]) Wichtig sind die 48—54% Eisengehalt fassenden Lager von Prijedor—Sanskimost—Vareš. An letzterem Ort und bei Ljubija bestanden bedeutende Gruben. 1915 wurden in Bosnien über 1 Mill. T. Eisenerze gefördert. Auch in Krain und Dalmatien gab es kleine Bergbaue. Neuestens fand man bei Mrosevac (Südserbien) Eisen- und Manganerzlager; etwas Manganerz liefert Slowenien.

[3]) In Vareš, Cilli (Emaillind.), Belgrad (120), Samobor bei Agram, Laibach (60) usw.

[4]) Eisenerz am Kopaissee, zu Laurion, auf Euboea, Seriphos usw., Manganerz auf Laurion (Attica), Milos, Siphnos, Halbinsel Chalkidike. Auch Chromerz- und Nickelerzlager kommen vor und zum Abbau. Prod. von Eisenerz 1918: 67800, Eisenpyriten 12410, Manganerz 39340, Chromerz 10890, Nickelerz 12170 T. 1923: Eisenerz und manganhaltiges Eisenerz 68900 T.

[5]) Prod. Italiens 1913: 603100, 1918: 694700, 1923: 305500 T. und 9190 T. Manganerze; dazu Eisenpyrite 317300 (1913) bzw. 493400 T. (1923); 1924: 192800 T. Eisenerz.

[6]) Prod. von Roheisen und Stahl 1913: 933500 T., 1916: 443000 T. Roheisen und 1245000 T. Stahl, 1919 zusammen 731800 T., 1924: 236000 T. Roheisen. = 0,35% der W. und 1142000 T. Rohstahl = 1,51% der W.

[7]) Für die Tomaten- und Thunfischkonserven (s. S. 54, Anm. 6 u. S. 63).

Reich an Eisenerz sind die alte Hochlandmasse (Meseta) Spaniens und die angelagerten Faltengebirge.[1]) Die bedeutenden binnenländischen Lager (Prov. León, Teruel) werden erst bei größerer Nachfrage der einheimischen Eisenindustrie zur stärkeren Ausnutzung kommen; bis jetzt wurden besonders die meeresnahen (bei Bilbao, 113, im Hinterlande von Santander, in Asturien und Galicien sowie im andalusischen Faltengebirge) ausgebeutet, meist zur Ausfuhr, wenn nahe Kohlen fehlen.[2]) Mangan-, Chrom- und Wolframerz wird ebenfalls gewonnen. Bei Bilbao und Oviedo (69) wurden die Eisenerze schon seit längerem verhüttet, und seit 1913 hat die Herstellung von Roheisen und Stahl[3]) und Waren daraus (Maschinen, Eisenbahnmaterial, elektrische Apparate usw.) stark zugenommen, doch ist noch große Einfuhr nötig. Portugal produziert kaum Eisenerz.[4])

Andere Metallerze werden hauptsächlich in Italien und Spanien erzeugt.

Bulgarien hat Kupfer-, Blei-, Zinkerz usw., fördert aber bisher wenig.[5])

In Jugoslawien sind besonders die Kupfererzlager von Bor (Serbien) und die Bauxitlager Dalmatiens (Inseln und Festland), die im Kriege in größerem Maßstabe abgebaut wurden, zu erwähnen; Blei- und Silbererz in Slowenien, Antimonerze aus Dalmatien ausgeführt.[6]) Auch Mangan-, Quecksilbererz usw. kommen vor.

Italien erzeugt Kupfererz[7]) (Toscana usw.), Zink- und Bleierz (metasomatische Lager und Gänge im sardinischen Distrikt Iglesias usw.[8]), Quecksilbererz (am Monte Amiata in Toscana und zu Idria [früher österreichisch] in Triasschichten der Krainer Alpen[9]), Bauxit[10]) (Istrien, Abruzzen), Antimonerz[11]), Silber und Gold.[12])

Spanien ist das wichtigste Kupferland Europas. Bei Rio Tinto (gefärbter Fluß) in der Sierra Morena (Sierra de Aracena) kommen in Massen auftretende kupferhaltige (meist 2–3%) Schwefelkieslinsen in einer 130 km langen Zone als magmatische Ausscheidungen in kristallinen Schiefern vor[13]) und werden seit alter Zeit ausgebeutet.[14]) Ausfuhrhafen für Schwefelkiese und Kupfer ist Huelva (34). Sehr reich ist

---

[1]) Nach M. Roesler besitzt Spanien 700 Mill. T. von durchschnittlich 50% Gehalt = etwa 9½% aller sicher bekannten europäischen Eisenerzlager.

[2]) Prod. 1913: 9,86 Mill. T. = etwa 6% der W., 1920: 4,77; 1923: 3,46 Mill. T. Ausf. vor dem Kriege bis 10 Mill. T., 1921 nur 1,83 Mill. T. Besonders die Ausfuhr der phosphorarmen Bessemererze Bilbaos (nach England und Deutschland) ging sehr zurück; die besten Erze sind hier übrigens ziemlich erschöpft. Hauptausfuhrhäfen waren und sind Portugalete, Santander (72), Castro Urdiales usw. im Norden, Cartagena (97), Aguilas, Garrucha, Almeria (50), auch Málaga (151) und Sevilla (206) im Süden. Nach Deutschland führte Spanien 1922: 1,33, 1924: 0,34 Mill. T. aus.

[3]) Prod. von Roheisen (Bilbao usw.) 1913: 425000, 1920: 251000, 1924: 400000 T. = 0,6% der W., Rohstahl 1914: 242000, 1924: 463000 T. = 0,61% der W.

[4]) Doch wollte man in Lissabon Hochöfen für einzuführende Erze anlegen.

[5]) Jährlich 20000 (1923: 24000) T. Kupfererz, 5080 T. Bleierz.

[6]) An 30000 T.

[7]) 1913: 89500; 1924: 8100 T.

[8]) Zinkerze 1913: 158400; 1924: 134400; Bleierze 44650 bzw. 38000 T.

[9]) Metall. Quecksilber 1913: 1004; 1923: 1605 T. = etwa 45% der W.

[10]) 1913: 6950; 1923: 98220; 1924: 145500 T., ferner 6000 bzw. 135 T. aluminiumhaltige Tonerde.

[11]) 1913: 76; 1918: 370; 1919: 10, 1921: 446 T.

[12]) Silber (1913: 13090 kg) aus Zinkbleierzen, Gold in den Alpen (vgl. S. 67, Anm. 5 u. 6).

[13]) Im Zusammenhang mit dem Empordringen von Eruptivgestein bei der Faltung.

[14]) Neuerdings wieder seit 1725, von Engländern jetzt, zum Teil im Tiefbau. Die Lager von Tharsis sind weniger bedeutend. Von den Rio Tintolagern (ursprünglich mindestens 8 Mill. T. Kupfergehalt) ist etwa ⅓ abgebaut; sie sind angeblich zugleich das größte Schwefellager der Erde, doch ist etwas Arsen bei der Schwefelsäurefabrikation hinderlich. Spanien erzeugte nach O. Quelle 1912: 4590 (1913: 7500) T. Schwefel und 42340 T. Schwefelgestein, 1922: 22830 T. Schwefel = etwa 1,1%

Spanien an (zum Teil silberhaltigem) Blei- und Zinkerz (Sierra Morena bei La Carolina, Linares[40], andalusisches Faltengebirge).[1]) Schmelzblei wird ausgeführt. Silber[2]) fällt bei der Verhüttung mit ab. Spanien ist (nach Italien) der zweitwichtigste Quecksilberproduzent (Almaden an der Sierra Morena[3]) der Erde. Ein wenig Antimon und Gold wird auch gewonnen. Die Verarbeitung von Kupfer und anderen Metallen nimmt zu und ist sehr entwicklungsfähig. Erze, Metalle und Metallwaren haben einen bedeutenden Anteil an der Ausfuhr. Ähnliche Schwefelkieslager wie im benachbarten Spanien treten auch in Portugal (São Domingos) auf[4]), wo der Bergbau im übrigen unbedeutend ist.

Von anderen nutzbaren Mineralien seien noch erwähnt: Schwefel, Schmirgel, Graphit, Talkum, Borax und Borsäure.

Schwefel war einst ein wichtiges Ausfuhrprodukt[5]) Italiens, hat aber durch die Konkurrenz des vereinsstaatlichen Produktes fast ganz seine Bedeutung eingebüßt. Er kommt auf der Südabdachung Siziliens und (weniger) im mittelitalienischen Apennin der Romagna vor. Die Gewinnung ist sehr modernisierungsbedürftig. Die anderen Produktionsstätten sind bedeutungslos. Auch Griechenland erzeugt ein wenig Schwefel.[6]) Spanien s. S. 73, Anm. 14. Schmirgel wird auf Naxos gewonnen[7]); er ist härter als der kleinasiatische. Graphit kommt in den Cottischen Alpen (Chisonetal) vor.[8]) Talkum[9]) und Borax und Borsäure[10]) (Toscana) liefert Italien.

e) Die **Industrie,** deren Grundlagen und Zweige schon zum Teil behandelt wurden, ist nur stellenweise zu der Stufe der west- und mitteleuropäischen emporgestiegen, besonders in der norditalienischen Tiefebene, in Catalonien und in und bei Bilbao.[11]) Eine Begünstigung der Fabrikindustrie bietet die Billigkeit der Arbeit, aber die Lage zu den großen Welthandelsstraßen ist zum Teil (besonders für Bulgarien) wenig günstig, und die Ausgestaltung der Verkehrsmittel, die Anhäufung von Kapital, das Bildungsniveau der Bevölkerung und seine Konsumkraft, auch der Reichtum an Rohstoffen und Kraftquellen stehen zum Teil hinter den west- und mitteleuropäischen Verhältnissen zurück.

---

der W. und 72810 T. Schwefelgestein. Die Prod. findet in tertiären Schichten der Prov. Teruel, Albacete, Murcia, Almeria statt. Die Verhüttung des Gesteins erfolgt meist an Ort und Stelle. Kupferproduktion Spaniens 1923: 26000 T. = 2,3% der W. 1923 wurden 489000 T. gewöhnl. und 2,16 Mill. T. kupferhaltiger Schwefelkies gewonnen.

[1]) Prod. etwa 15% alles Bleies und 4¾% alles Zinks (nach dem Gehalt der geförderten Erze). Hüttenproduktion Spaniens an Blei 1913: 198800, 1923: 127500 T.; Italiens 21700 und 17100 T.

[2]) Vgl. S. 67, Anm. 6.

[3]) Von Zinnober (8% Quecksilbergehalt) imprägnierte poröse Quarzite und Sandsteine der Silurformation. Prod. 1913 etwa 1200, 1921: 600 T. = 28—29% der W., 1922: 1300 T. = 39,4% der W.

[4]) Prod. 1921: 204000 T. Schwefelkies. Auch Griechenland gewinnt Schwefelkies (1920: 3200, 1923: 59700 T.).

[5]) Die Produktion sank schon vor dem Kriege. 1913: 385300, 1918: 234300, 1923: 248920 T. = 11,9% der W. Sizilien lieferte davon an 83%. Ausfuhr 1907: 161800, 1916: 236400, 1919: 120500 T. Ausfuhrhäfen Porto Empedocle, Catania (255), Licata, ferner Termini.

[6]) Vgl. Anm. 4.

[7]) 12000—15000 T. jährlich.

[8]) Prod. 1901: 10300, 1913: 11200, 1919: 7600 T.

[9]) 1913: 24000, 1919: 17600 T.

[10]) 1921: 2490 T.

[11]) Diese Teile Südeuropas sind dem atlantisch-europäischen Aktionszentrum zuzurechnen.

Bulgariens Industrie betätigt sich bisher hauptsächlich in der Verarbeitung einheimischer landwirtschaftlicher Produkte. Günstige Standortsbedingungen findet sie wohl am meisten in den Donaustädten, in den Randorten des Balkans und Rhodopegebirges und in den nordwestlichen Hochbecken an der großen Verkehrslinie Belgrad—Nisch—Konstantinopel.

In **Jugoslawien** waren früher die zu Österreich-Ungarn gehörenden Gebiete, besonders Slowenien, industriell gut fortgeschritten. Aus dem bisherigen Wirtschaftsverband herausgerissen, leiden sie an der Randlage und an mangelhaften Verkehrsverbindungen mit den übrigen Landesteilen. Auch sind ihre natürlichen Ausfuhrhäfen (**Triest** und **Fiume**) landfremd (italienisch) geworden. Erst nach Herstellung genügender Verkehrsverbindungen wird die ziemlich gute Ausstattung des Landes mit Rohstoffen und (mechanischen) Kraftquellen zur Geltung kommen. **Agram** (Zagreb, 80), **Laibach** oder **Ljubliana** (60), **Belgrad** (120), **Serajewo** (50) und Adriahäfen werden Industriezentren werden. Außer den schon besprochenen Industrien ist auch die elektrochemische Industrie mit Karbidausfuhr[1]) zu erwähnen.

In **Griechenland** sind der Hafen **Piräus** (131), wo Rohstoffe und Kohlen aus dem Ausland einlaufen und das nahe **Athen** (293) Absatz verspricht, und **Athen** Hauptzentren der Fabrikindustrie. Es seien ferner genannt **Saloniki** (170), **Kawalla** (23), **Eleusis** und **Laurion**.

Alle Länder der Balkanhalbinsel bedürfen einer großen Einfuhr von Industrieprodukten, und fast nur Jugoslawien kann gewisse Industrieerzeugnisse zur Ausfuhr bringen.

Italien, ein Land alten Gewerbefleißes mit billigen anstelligen Arbeitskräften, zumal im Norden, mit Wasserkräften und einem immerhin aufnahmefähigen Inland- und überseeischen (Italiener in der Union, Brasilien, Argentinien, Atlasland; auch eigene Kolonien) Absatzmarkt, auch durch Halbinsellage an einer der wichtigsten Weltverkehrsstraßen begünstigt, ist neuerdings in die Reihe der ersten Industriestaaten Europas eingerückt. Hauptzentrum ist trotz Kohlenarmut die norditalienische Tiefebene mit **Mailand** (718), **Turin** (502), **Bologna** (211), **Como** (48), **Verona** (92) usw. Wie in Spanien gilt der Bewohner des Nordens (C 7), Norditaliens, ja Mittelitaliens, als arbeitsfreudiger und tüchtiger (wohl auch bedürfnisreicher) als der des Südens (C 6). Die Ausfuhr von gewissen Fabrikaten ist schon sehr ansehnlich, wenngleich noch viele Industriewaren eingeführt werden.

Spanien und **Portugal**, in günstiger Lage, mit eigenem Kolonialbesitz, nicht arm an mannigfachen Rohstoffen (besonders Spanien an mineralischen), ziemlich reich (wenigstens Spanien) an guten Kohlen und an Wasserkräften, sind ein guter Boden für die industrielle Entwicklung, die vornehmlich im Norden (C 7), in Catalonien (**Barcelona**, 710, usw.), den Baskischen Provinzen (**Bilbao**, 113), **Galicien** (**Vigo**, 53, **Coruña**, 62) und Asturien (**Oviedo**, 69), auch in **Santander** (72), und auf dem Hochland (**Madrid**, 751) ferner in **Lissabon** (486) und **Porto** (203) eingesetzt hat. Doch ist noch eine große Einfuhr von Industriewaren nötig.

---

[1]) **Kalziumkarbid** wird in Sebenico, Crnica, Dugirat (Dalmatien), Jajce (an den Pliwafällen), Rusch bei Marburg hergestellt.

f) Der **Handel** Südeuropas wird im Binnenlande durch den vorwiegenden Gebirgscharakter erschwert, nach außen durch die große Ausdehnung der Küsten und die Halbinsellagen an der großen Welthandelsstraße, die durch das Mittelmeer führt, sowie durch die Nachbarlage zu Südrußland, Vorderasien und Nordafrika erleichtert.

Gemäß ihrer Halbinselnatur treiben Griechenland, Italien und die Staaten der Pyrenäenhalbinsel zum größten Teile Seehandel, aber Bulgarien und Jugoslawien und auch Italien haben auch wichtige Handelsbeziehungen zu den Landnachbarn.

Bulgarien und Jugoslawien führen besonders Nahrungsmittel und Rohstoffe (aus dem Pflanzen- und Tierreich) aus, Industrieprodukte ein; Griechenland, Italien und Spanien wie Portugal Südfrüchte, Gemüse, Wein u. dgl. und mineralische Rohstoffe aus, Rohstoffe für die Industrie und Industriewaren, aber auch Nahrungsmittel ein. Italien, weniger die Pyrenäenhalbinsel, führt auch Fabrikate aus.

Ausfuhr; Bulgarien 1922: 4329,7 Mill. Lewa: Rohtabak 1168,9; Weizen 855,9; Eier 483,4; Mais 327,1; Weizenmehl 199,5; getrocknete Bohnen 181,9; Gerste 172,3; Kokons 115,2; Rohhäute 105; Rosenöl 63,1 Mill. Lewa; Jugoslawien 1922: 3691,2 (1923: 8049) Mill. Dinar: 1922: Vieh 752,3; Holz 623; Fleisch 322,6; Eier 321,2; Pflaumen 222,9; Mehl 136,3; Käse 132,7; Kupfer 122; Leder 87,8; Mais 42,8; Albanien 1922: 2,96 Mill. Fr.: Schaf- u. Ziegenfelle 491000; Käse 444500; Wolle 385200; Eier 296600; Oliven u. Olivenöl 239100; Fische 166200 Fr.; Griechenland 1923: 2545,1 Mill. Drachmen: Tabak 985,7; Korinthen 752,2; andere getrockn. Trauben 104; Weine 100,5; Oliven 76,2; Olivenöl 51,6; Feigen 49,6; Häute 47,2; Seife 30,4; Orangen 7,8; Zigaretten 1,5 Mill. Drachmen; Italien (Generalhandel) 1923: 11059,5 Mill. Lire: Seide 1925; Baumwollgewebe 1500; Früchte u. Kräuter 823; Seidengewebe 433; Käse 331; Kraftwagen 286; Häute 263; Hanf 246; Hüte 240; Weine 197; Kautschuk 187; Tomatenkonserven 160; Reis 145 Mill. Lire; Spanien (Generalhandel) 1923: 1399,6 Mill. Pesetas: Nahrungsmittel 781,5; Mineralien (u. Töpferware) 136,4; Metalle u. Metallwaren 130,1; Drogen u. Chemikalien 111,9; Holz (Kork) 56,4; (Baumwolle u.) Baumwollwaren 52,2; (Tiere u.) tierische Erzeugnisse 41,8; (Wolle u.) Wollwaren 35,2; Papier 12,2; andere Webstoffe 10,9; Maschinen 6,8 Mill. Pesetas; Portugal (Spezialhandel) 1920: 222,15 Mill. Escudos: Wein 76,9; Sardinen 40,9; Korkholz 7,2; Rohwolle 2,5; Holz 1,9; Chemikalien 1,1 Mill. Escudos. **Einfuhr;** Bulgarien 1922: 4037,7 Mill. Lewa: Textilwaren 1556,3; Metalle 577,6; Maschinen 316,2; Felle 201,9; Teer (?) 160,3; Öle 144; Jugoslawien 1922: 6441,9 (1923: 8310) Mill. Dinar: Baumwolle u. Baumwollwaren 1648; Eisen u. -waren 714,4; Wollwaren 618,9; Mineralöle 238,5; Kupfer u. -waren 178,8; Glas 90,5 Mill. Dinar; Albanien 1922: 2,1 Mill. Fr.; Griechenland 1923: 6035,3 Mill. Drachmen: Getreide (Weizen?) 1384,9; Weizenmehl 583,8; Baumwollgewebe 315; Zucker 297,3; Wollgewebe 223,2; Kohlen 206,2; Bauholz 198,8; Reis 141,8; Getränke 138,4; Häute 132,9; Baumwolle 100,7; Tiere 92,6; Bohnen 76,5; Eisen 66,7; Gerste 61,1; Maschinen 59,4; Benzin 53; Baumwollgarne 52,8; Petroleum 50; Eisenwaren 45,5; kondens. Milch 43; Butter 42,9 Mill. Drachmen; Italien 1923: 17198,4 Mill. Lire: Weizen 3039; Baumwolle 2244; Kohle 1558; Wolle (u. Wollwaren) 964; Eisen u. Stahl 484; Maschinen 463;

Holz 382; Ölsamen 363; Petroleum, Benzin 359; Kupfer 358; Getränke 345; Kaffee 321; Tabak 282; Häute 272; Seide 196; Kolonialwaren, Zucker 171; Kautschuk 160 Mill. Lire; Spanien (Generalhandel) 1923: 3062,9 Mill. Pesetas: Nahrungsmittel (Weizen, Mais, Stockfische, Kaffee usw.) 648,4; Baumwolle (u. Baumwollwaren) 385,2; Mineralien (u. Töpferwaren) 345,4; Maschinen 336,8; Drogen u. Chemikalien 251,6; Tabak 248,9; Metalle u. Metallwaren 212,7; Holz 130; andere Webstoffe und Webwaren 112,6; Tiere, tier. Erzeugnisse 110,6; Papier 51; Wolle u. Wollwaren 33,1 Mill. Pesetas; Portugal (Spezialhandel) 1920: 691 Mill. Escudos: Kohlen 70,2; Baumwolle 47,6; Stockfisch 40,6; Weizen 29,2; Reis 12,6; Düngemittel 7,4; Tabak 7,3; Ölsamen 5,4; Petroleum 3; Kaffee 2,6 Mill. Escudos.

Handelsländer in Prozent der Ausfuhr; Bulgarien 1922: Türkei 23,9; Deutsches Reich 16,5; Italien 12,1; Frankreich 7,1; Griechenland 7; Österreich 5; Belgien 4; Schweiz 3,8; Ungarn 3,7; Südslawien 2,9; Rußland 2,8; Union 2,4; Tschechoslowakei 2,4; Niederlande 1,1; Rumänien fast 1; Jugoslawien 1922: Italien 28,05; Österreich fast 23; Deutsches Reich 8,4; Tschechoslowakei 8,1; Rumänien 6,6; Union 6,1; Frankreich 5,8; Ungarn 5,2; Griechenland 4,9; Albanien 1922: Italien 68,8; Griechenland 18; Union 4,5; Südslawien 3,4; Frankreich 2,2; Ägypten 1,6; Großbritannien 1,2; Griechenland 1923: Großbritannien 27,6; Deutsches Reich 18,6; Italien 12,5; Union 9,5; Niederlande 7,2; Ägypten 5,1; Frankreich 4,8; Schweiz 2,9; Belgien 2,6; Südslawien 1,8; Bulgarien 1,6; Rumänien 1,4; Türkei 1,2; Italien 1922: Frankreich 14,7; Schweiz 13; Großbritannien 12; Union fast 11; Deutsches Reich 10,5; Türkei 6,8; Argentinien 5,4; Ägypten 2,65; Belgien 2,6; Österreich 2,4; Spanien 1,55; Brasilien 1,45; Spanien 1920: Frankreich 27,3; Großbritannien 21,3; Argentinien 9,4; Cuba 7,9; Union 7,6; Italien 3,56; Marokko fast 2; Portugal 1,9; Deutsches Reich 1,55; Uruguay 1,3; Portugal 1920: Großbritannien 22,9; Frankreich 12,4; Niederlande 12,4; Brasilien 12; Angola 8,2; Schweiz 6,1; Belgien 4,9; Spanien 4,8; Italien 3,4; Mozambique 2,4; Kapverd. Inseln 1,7; Argentinien 1,4; Deutsches Reich 1,3; S. Thomé 1; **in Prozent der Einfuhr;** Bulgarien 1922: Deutsches Reich 21,5; Großbritannien 15; Italien 12,3; Österreich 8,4; Rumänien 7,4; Türkei 7,4; Frankreich 6,9; Ungarn 5,1; Tschechoslowakei 3,8; Belgien 3,7; Griechenland 3,1; Union 1,9; Niederlande 1,1; Jugoslawien 1922: Österreich 28,9; Tschechoslowakei 19,8; Italien 15,3; Deutsches Reich 7,2; Großbritannien 7,1; Rumänien 3,8; Union 3,5; Frankreich 3; Griechenland 2,9; Ungarn 2,6; Albanien 1922: Italien 69,3; Griechenland 11,6; Türkei 5,5; Südslawien 4,9; Großbritannien 3,5; Österreich 3,1; Union 1,6; Griechenland 1923: Union 20,2; Großbritannien 14,3; Italien 7,4; Frankreich 7,1; Rumänien 5,1; Deutsches Reich 4,6; Türkei 3,3; Südslawien 3,1; Belgien 2,9; Ägypten 2,9; Bulgarien 1,8; Niederlande 1,7; Rußland 1,6; Italien 1922: Union 32; Großbritannien 14,7; Deutsches Reich 9,1; Frankreich 8,4; Brit.-Asien 5,8; Argentinien 5,6; Türkei 5,6; Brasilien 2,5; Schweiz 2,4; Österreich 2,4; Belgien 2,2; Japan 1,3; Spanien 1,3; Ägypten 1,2; China fast 1; Spanien 1920: Union fast 23; Frankreich 15,2; Großbritannien 14,8; Argentinien 9,3; Deutsches Reich fast 6; brit. Kolonien i. Asien 4; Italien 2,3; Schweiz 2,2; Brasilien 2; Philippinen 1,8; Portugal 1,4; Venezuela 1,35; Cuba 1,16; Portugal 1920: Großbritannien 38,5; Union 17,1; Frankreich 7,7; Brasilien 5,5; Argentinien 5,2; Spanien 5,1; Deutsches Reich 3,7; Belgien 2,9; Niederlande 2,2; Angola 1,9; Norwegen 1,8; Schweden 1,4; Schweiz 1,4; Italien 1,3; Mozambique 1.

g) Verkehr. Die Gebirgsnatur der südeuropäischen Länder erschwert den Binnenverkehr sehr, während der Seeverkehr durch die Länge der Küsten (zugleich an Ozean und Mittelmeer), zum Teil auch durch gute Häfen begünstigt wird.

Bulgariens Landverkehr wird durch die großen und kleineren Becken der Weg vorgeschrieben. Eine große Längslinie der Eisenbahn führt von Belgrad und Nisch her durch die Becken Westbulgariens nach Sofia (154) und durchs Maritzabecken (Philippopel, 63) nach dem türkischen Konstantinopel (1 Mill. Einw.). An diese Linie haben der Schwarzmeerhafen Burgas und über das türkische Adrianopel (83) der (griechische) Hafen Dede-aghatsch am Ägäischen Meer Anschluß. Der Balkan wird von Sofia aus durchs Iskertal (nach Nikopol) und von Philippopel aus (nach Rustschuk oder Russe, 42) überwunden. Donaubrücken fehlen noch sehr. Die Donau ist für den Norden Hauptverkehrsstraße (Häfen an dem Hochufer: Widdin, 18, Lom-Palanka, 13, Rahowa, Nikopol, Sistow, Rustschuk, 42). Sofia steht über Plewna (28) im nordbulgarischen Tafellande mit dessen Schwarzmeerhafen Warna (50) in Eisenbahnverbindung. Die Maritza wäre wohl zu regulieren, aber sie gehört verschiedenen Ländern an. Aus den genannten Häfen befördert die kleine Sechandelsflotte Nahrungsmittel nach Konstantinopel, den weiteren Auslandverkehr bewirken Schiffe unter fremder Flagge.

Jugoslawien, aus wirtschaftlich und politisch verschieden eingestellten Gebieten zusammengebacken, hat noch sehr unfertige Verkehrsverhältnisse. Zudem ist, abgesehen vom ebenen Nordosten (Wojwodina, Posawina, Morawatal), der Landverkehr durch die Bodenformen erschwert, besonders der Verkehr vom Nordosten zur Adria durch die Dinarischen Alpen. Im Nordwesten ist Laibach oder Ljubliana (60) der Eisenbahnknotenpunkt, von dem Eisenbahnen nach Deutsch-Österreich, die Tschechoslowakei und Deutschland (auf Salzburg—München, auf Linz—Prag und auf Graz—Wien), auf die italienischen Häfen (Triest, Fiume), die norditalienische Tiefebene und auf Ungarn (Budapest)) ausstrahlen. Hier beginnt auch die große Nordrandbahn Jugoslawiens, die nach Agram (Zagreb, 80), Theresiopel durch die Wojwodina und nach Belgrad (120) führt. Zagreb liegt zugleich an der Bahn Budapest—Fiume und ist Ausgangspunkt der nach Bosnien und zur dalmatinischen Küste vordringenden Bahnen. Theresiopel und Belgrad liegen zugleich an der Eisenbahn Wien—Budapest—Konstantinopel bzw. Saloniki. Belgrad ist zudem Brücken- und Schiffahrtsplatz für Donau und Save und in Zukunft wohl Station der „Eisenbahn des 45. Breitengrades" nach Bukarest und Constanza. Als Hauptstadt Jugoslawiens liegt es zu sehr randlich und entbehrt vor allem guter Verbindungen zur Adria; die Eisenbahn von Bosnisch-Brod über Serajewo (50) durchs Narentatal nach Metkovic, Gravosa, Cattaro ist Schmalspurbahn. Spalato (Split) oder Ragusa kommen wohl als Endpunkte einer Bahn Belgrad—Adria in Betracht[1]), eine Bahn nach Buccari läge wohl zu nahe dem Nordrande.[2]) Donau mit Save und Drau sind im Norden gute Binnenschiffahrtsstraßen und die Morawa und die Savezuflüsse greifen weit südwärts

---

[1]) 1924 wurde zunächst die Bahn Belgrad (120)—Serajewo (50)—Knin—Spalato in Bau gegeben, und zurzeit ist eine Bahn Agram (80)—Spalato (25) bereits fertig; sie erreicht in den öden Karstflächen bis 870 m M.

[2]) Susak bei Fiume soll an Stelle des verlorenen Hafens von Fiume ausgebaut werden (s. S. 79).

aus; ja, die Kulpa stellt eine Kanalverbindung zur Adria in den Bereich der Möglichkeit; sie würde freilich unter den italienischen Kanonen laufen. Der Adria fehlen nutzbare Zuflüsse; der Skutarisee leistet gute Dienste. Aber das Fehlen eines von verzweigten Flüssen aufgeschlossenen Hinterlandes erschwert das Aufkommen der Handelsflotte und der Adriahäfen. Gravosa (Ragusa) und Spalato (Split) dürften die wichtigsten werden. Auch der Baroschhafen (Susak) dürfte sich entwickeln. Cattaro hat (trotz trefflicher Bucht) zu unwegsames Hinterland.

In Griechenland wird der Landverkehr durch die Gebirge sehr erschwert. Saumverkehr ist in ihnen unentbehrlich. Von den Eisenbahnen haben die Linie Saloniki—Piräus, die 1916 fertig wurde, die Strecke Patras—Athen (293), die für Reisende aus dem Westen die Umfahrt um den Peloponnes erspart, und zukünftig die Linie Walona—Piräus[1]) besondere Wichtigkeit. Saloniki (170) steht auch über Serres (14)—Dedeaghatsch mit Konstantinopel in Verbindung. Für die Binnenschiffahrt sind die Flüsse infolge der Bodengestaltung und infolge ihrer durch das Klima (C 6) bedingten wechselnden Wasserstände sehr wenig geeignet. Küstenschiffahrt ist wichtig, auch für den Anschluß der Inseln[2]) ans Festland. Eine ansehnliche Handelsflotte (1,5% der Welth.) vermittelt den Seeverkehr, dem zahlreiche Häfen, besonders Piräus (131), Saloniki (170), Patras (52), Volo (30), Korfu (27), Kawalla (23), Hermupolis (Neu-Syra, 19), auf Kreta Kanea (25) und Kandia (25) zur Verfügung stehen.

In der schlank gegliederten italienischen Halbinsel fällt dem Landverkehr meist nur lokale Bedeutung zu. Aber die Richtung auf Ägypten brachte diesem wie ein Brückensteg ins östliche Mittelmeer vorschießenden Lande die Längsbahn nach Brindisi, die vielleicht bald nach Otranto und mit Fährverkehr über die Straße von Otranto durch eine Eisenbahn Walona—Piräus fortgesetzt wird.

Die „Eisenbahn des 45. Breitengrades", aus französischem Haß geboren, durchläuft die norditalienische Tiefebene von Westen nach Osten (Belgrad—Bukarest), in der auch die den italienischen Landverkehr zu den Nachbarn vermittelnden Alpenbahnen ihren Ausgang nehmen: die tunnelreiche Rivierabahn Genua (301)—Nizza—Marseille, die Mont Cenisbahn Turin (502)—Lyon, die Simplonbahn Mailand (718)—Lausanne—Paris, die Gotthardbahn Mailand—Zürich—Basel, die Brennerbahn Verona (92)—Innsbruck—München, wie die „Pontebbabahn" von Venedig (172) und Bologna (211) aus nach Wien; auch die Bahn Triest (239)—Graz—Wien kann man wohl hierhin rechnen. Genua (301) nimmt einen großen Teil dieser Verkehrsströme durch Apenninbahnen von Mailand und Turin her auf und leitet ein gut Teil davon auf einer westrandlichen Längsbahn nach Rom (691), wo ihr von Bologna—Florenz (254) ein wichtiger Verkehrsstrom zufließt, und Neapel (780) weiter. Hier zweigt die Querbahn nach Foggia (90) ab[3]), während die Längsbahn Reggio di Calabria (60) an der Straße von Messina zum Ziele hat. Mittels Eisenbahndampf-

---

[1]) Die Überfahrt vom Piräus nach Port Said (Suezkanal) und Ägypten ist bedeutend kürzer als die von Brindisi aus. Eine regelmäßige Fährverbindung über die Straße von Otranto (s. oben) nach Walona müßte natürlich ergänzend hinzutreten.

[2]) Euboea nur liegt so nahe, daß eine Brücke gebaut werden konnte.

[3]) Zahlreiche weitere Querbahnen über die niedrigen Apenninen verbinden die beiderseitigen unfernen Küsten und die zwei großen Küstenbahnen miteinander.

fähre wird Messina (177), dann Palermo (400) bzw. Catania (255) erreicht. Auf Sardinien ist die Bahn Cagliari (62)—Oristano durchs Campidano mit der Fortsetzung nach Terranova wichtig. Der Binnenschiffahrtsverkehr hat nur in der norditalienischen Tiefebene größere Bedeutung und gute Aussichten auf Ausbau in der Zukunft: nach dem Charakter der Flüsse (s. S. 71), der Leichtigkeit, in dem ebenen tiefen Anschwemmungsboden Kanäle[1]) herzustellen, der Anordnung der Alpenflüsse und großer dampferfähiger Randseen.[2]) Im übrigen Italien kommen nur Strecken des Arno, Tiber, Volturno, Garigliano in Betracht; nach Süden zu werden die Flüsse immer unbrauchbarer.

Bei einer Halbinsel steht der Seeverkehr, sowohl Küstenschiffahrt und verbindender Fährverkehr zu Nachbarinseln (Reggio—Messina, Civitavecchia—Terranova), als Außenverkehr natürlich vor dem Landverkehr.

Zahlreiche Häfen wurden schon (s. oben) genannt. Livorno (115) ist Hafen von Florenz (254), bedient aber auch die norditalienische Tiefebene. Ancona (44), Bari (131), Taranto usw. haben mehr örtliche Bedeutung. Rom (691) soll durch Ausbau des Vorhafens Ostia und einen Seekanal Seehafen werden. Im Süden Siziliens liegt, von England besetzt und schwer befestigt, auf der Insel Malta der Torwächterhafen La Valetta (64). Italien hatte Mitte 1925 mit seiner Handelsflotte unter den Schiffahrtsländern der Erde (hinter Deutschland) die sechste Stelle (4,92%) inne.

Die Lage der Pyrenäenhalbinsel als weit gegen Süd- und Mittelamerika vorgeschobener Brückensteg für atlantische Fahrt und die Zwischenlage zwischen europäischem Rumpf und Nord- und Westafrika zieht immer mehr international wichtige Eisenbahnlinien mit sich, trotz der Sperrmauer der Pyrenäen.

Sie wird an den Enden (Bordeaux—Valladolid [77]—Lissabon [490] und Lyon— bzw. Marseille—Barcelona[710]—Madrid[751][3])—Córdoba[73]—Gibraltar [englisch, 20 Einw., spanisch: La Linea, 30; Algeciras]) umgangen, jetzt auch mehrfach durchtunnelt.

Die meisten größeren Städte Spaniens und Portugals liegen nicht im Binnenlande, das die Flüsse (s. S. 71f.) fast überall wenig erschließen, sondern sind (wie in Mittel- und Süditalien) Häfen. Spaniens Handelsflotte machte Mitte 1925: 1,91% der Welthandelsflotte aus.

Außer Barcelona (710), dem Hafen Cataloniens, des Ebrobeckens, ja zum Teil des neukastilischen Hochlandes, sind am Mittelmeer Tarragona (23), Castellon de la Plana (34) Valencia (244), Alicante (64) und Cartagena (97), für Murcia (141) Almería (50), Málaga (151) wichtigere Häfen, meist mit Wein-, Südfruchthandel und zum Teil Erz- und Metallausfuhr; am Atlantischen Ozean Sevilla (206,

---

[1]) Kanäle vom Lago Maggiore nach Turin (502) und vom Po nach Venedig sind geplant. Sogar eine Durchtunnelung des Apennins mittels Kanals Po—Genua (301) oder —Savona wird für möglich gehalten. Zahlreiche Kanäle, zugleich der Be- und Entwässerung dienend, bestehen schon.

[2]) Mittels Kanals vom Po zum Lago Maggiore oder Comersee hofft man, einen stärkeren Güterstrom vom östlichen Mittelmeer zum Rhein und nach Westeuropa durch Italien zu lenken.

[3]) Madrid liegt zentral auf dem fruchtbaren Hochland von Alt- und Neukastilien, günstig zu den Pässen durchs Kastilische Scheidegebirge wie zu dem von Zaragoza (141) kommenden Verkehr, halbwegs etwa zwischen dem Ebro- und dem produktionsreichen andalusischen Becken (Córdoba, 73, Granada, 103), und ist Lissabon durch die Tajomulde nahegebracht.

am Guadalquivir), **Cadiz** (77) und **Huelva** (34), an der Nordwest- und Nordküste **Vigo** (53) und **La Coruña** (62), **Santander** (72) und **Bilbao** (113). Portugals Haupthäfen sind **Porto** (203, mit Vorhafen Leixões) und **Lissabon** (490).

Luftverkehr. Der gegen Afrika vorgeschobenen Lage verdankt Spanien die Benutzung als Brückensteg für den französisch-nordafrikanischen Flugverkehr (nach R. **Crozet** von Toulouse und Marseille aus nach Perpignan—Barcelona—Alicante — einerseits Málaga—Larache—Rabat—Casablanca—Dakar, — andererseits Alicante —Oran). Die Spanier setzten Sevilla mit Larache in Flugverkehr. **Corsica** (Ajaccio) ist von Antibes aus ans Festland geknüpft. Die Balkanhalbinsel trägt die nach Kleinasien zielende Luftlinie (London—Paris—Straßburg—Prag—Wien [auch München—Wien] — Budapest — Belgrad — Bukarest — Konstantinopel — Angora). Italien dürfte den Luftverkehr nach Afrika leiten. Auch für die schnelle Verbindung der Halbinseln untereinander kann er Wichtigkeit bekommen.

Der **Nachrichtenverkehr** ist ziemlich gut entwickelt (s. Bd. I, S. 223—225).

D. Mitteleuropa, südlicher Teil

(Mittel- und Süddeutschland, Schweiz, Tschechoslowakei, Österreich, Ungarn, Rumänien).[1]

Zum südlichen Mitteleuropa rechne ich das vielfach alte Hügel-, Berg- und Gebirgsland südlich des germanisch-polnischen Flachlandes[2]), im mittleren Teil Europas, einschließlich der Schweizer und Österreichischen Alpen und einschließlich des Karpathenlandes.

I. Naturverhältnisse. Es ist ein Gebiet starker Gegensätze von Hoch und Niedrig (Gebirgen und Becken), Bodenarmut und -fruchtbarkeit, Mineralreichtum und -armut, borealem (D 8 b) und feuchttemperiertem Klima (C 7 x[3]); ja an der

[1]) **Literatur:** Außer **H. Hassinger, A. E. Forster, H. Leiter, Fr. Heiderich, R. Rungaldier, H. Wachner** (mit ausführlichen Literaturangaben) in **Andree, Heiderich, Sieger**, Geographie des Welthandels, Bd. I. Wien 1926, **A. Philippsons** u. **A. Hettners** Europawerken ist **J. Partsch**, Mitteleuropa. Gotha 1904, **Fr. Machatschek**, Länderkunde von Mitteleuropa (Wien 1925), zu vergleichen; ferner **N. Krebs**, Süddeutschland. Leipzig 1923 und die S. 105 aufgeführten Werke über Deutschland; **A. Spreng**, Wirtschaftsgeographie der Schweiz. 5. Aufl. Zürich 1921; **Geering** u. **Hotz**, Wirtschaftskunde d. S. 7. Aufl. Zürich 1920; **O. Flückiger**, Die Schweiz. Leipzig 1924; auch **H. Brockmann-Jerosch**, Die Vegetation der Schweiz. Zürich 1925; **L. Wehrli**, Die Schweiz. 3. Aufl., Leipzig 1925; **Fr. Weil**, Die Tschechoslowakei. Gotha 1924; **H. Hassinger**, Die Tschechoslowakei. Leipzig 1925; Ungarn, Land und Volk. Leipzig 1918; **W. Huth**, Die wirtschaftlichen Kräfte Deutschösterreichs usw. Berlin 1919; **K. Hudeczek**, The Economic Resources of Austria. London 1922; **A. Feller**, Das neue Ö. Frankfurt a. M. 1924; **Fr. Schmalz**, Großrumänien. Gotha 1921; **Mehedinți**, România. București 1923; **J. Szende**, Die Successionsstaaten. Budapest 1924.

[2]) Das (die Niederlande, Norddeutschland, Dänemark, Polen umfassend) das **nördliche Mitteleuropa** (s. S. 105—126) darstellt.

[3]) Vgl. **Trier** (150 m), Juli 17,4°, Jan. 0° C; Extreme 32° und —13°. 670 mm (Juni 70, April 40); **Frankfurt a. M.** (100 m), Juli 18,6°, Jan. 0,1° C. Extreme 33° und — 13°. 570 mm (Juli 70, April 30). **Freiburg i. Br.** (280 m), Juli 19,2°, Jan. 0,3° C. Extreme 33° und —14°. 840 mm (Juli 110, Jan. 40). **Nürnberg** (310 m), Juli 18,2°, Jan. —1,4° C. Extreme 32° und —18°. 560 mm (Juli 70, Febr. 30). **Jena** (160 m), Juli 17,4°, Jan. —1° C. Extreme 34° und —19°. 590 mm (Juli 90, Febr. 30). **Schmücke** (910 m), Juli 12,5, Jan. —4,3° C. 1310 mm (Dez. 140, April 70). **Prag** (200 m), Juli 19°, Jan. —1,5° C. Extreme 33° und —16° C. 490 mm (Juni 70, Jan. 20). **München** (530 m), Juli 17°, Jan. —3° C. Extreme 30° und —18°. 930 mm (Juni 130, Febr. 40). **Zugspitze** (2960 m), Juli 1,9°, Febr. —11,7° C. Extreme 13° und —27° C. 1370 mm (Aug. 180, Jan. 70). **Bern** (570 m), Juli 18°, Jan. —2,2° C. Extreme 29° und —15°. 920 mm (Juli 100, Jan. 40). **Wien** (200 m), Juli 19,6°, Jan. —1,7° C. Extreme 33° und —15°. 620 mm (Juni 70, Febr. 30). **Klagenfurt** (440 m), Juli 18,8°, Jan. —6,4° C. Extreme 32°

Donaumündung tritt Steppenklima (B 3) auf und in den Alpen Schneeklima (F 11 und E 10). Das Klima wird gegen Südosten immer gegensätzlicher.

II. Politisch zähle ich zum südlichen Mitteleuropa: Süd- und Mitteldeutschland (mit Elsaß-Lothringen), etwa 200000 qkm mit 28 Mill. Einw.; die Schweiz (41300 qkm mit 3,9 Mill. Einw.); Österreich (83900 qkm mit 6,5 Mill. Einw.); Tschechoslowakei (140350 qkm mit 13,6 Mill. Einw.); Ungarn (92810 qkm mit 8,1 Mill. Einw.); Rumänien (316130 qkm mit 17,4 Mill. Einw.). Die Größe ist mit etwa 877000 qkm, die Bevölkerung (Deutsche, Tschechen, Slowaken, Magyaren, Rumänen) mit 77,5 Mill. Einw. anzugeben. Die Volksdichte (88 auf 1 qkm) ist im einzelnen äußerst verschieden.[1])

III. Die Wirtschaft.

Wirtschaftlich ist das südliche Mitteleuropa weit vielgestaltiger als das einförmigere germanisch-polnische Flachland. Unfruchtbare, aber mineralreiche Höhen mit Wiesen und Waldland wechseln oft auf kurze Entfernungen mit fruchtbarstem Beckenland. Ackerbau herrscht in letzterem vor, aber in und an den Gebirgen hat sich zum Teil ein lebhaftester Industriebetrieb entwickelt.

a) **Die Erzeugung von Nahrungs- und Genußmitteln** ist darum äußerst verschiedenartig verteilt und bedingt starkes Austauschbedürfnis innerhalb der einzelnen Staatsgebilde, von dem Scheu's Betrachtung von Deutschlands wirtschaftsgeographischer Harmonie einen Begriff gibt. Aber auch zwischen den mehr landwirtschaftlichen oder mehr industriellen Staaten werden zahlreiche Ausgleichströmungen dadurch in Bewegung gesetzt.

Die deutsche Mittelgebirgsschwelle trägt zwar hoch hinauf Ackerfelder, aber die durchschnittlichen Erträge nehmen mit der Höhe ab, die Unsicherheit der Ernte zu. Sie, wie Vogesen, Schwarzwald, Böhmerwald, Schwäbische Alb und erst recht das Hochgebirge (Alpen[2]), ferner die Karpathen sind Gebiete schwachen Ackerbaus und bedürfen bei ihrer oft dichten Bevölkerung der Zufuhr von Getreide, Mehl, Obst usw., während sie für Viehzucht wohl geeignet sind und Holz liefern. Günstig nach Boden und Klima sind dagegen dem Ackerbau die Beckenlandschaften wie die Oberrheinische Tiefebene, das schwäbisch-fränkische Becken, die Wetterau, das Neckarland, der Lößboden des Donaugaus bei Straubing, das thüringische und das nordostböhmische Becken (zu beiden Seiten der Elbe) und das Egerland, Teile der Marchniederung (die Hanna usw.), das Wiener Becken, und vor allen wegen ihrer heißen Sommer die oberungarische und niederungarische Tiefebene und die Donauniederung Rumäniens mit Moldau und Beßarabien, die den Übergang zu Osteuropa bilden; weniger das siebenbürgische Becken und die hochgelegenen Becken des Alpen-

---

und −22°. 990 mm (Aug. 130, Febr. 30). Budapest (150 m), Juli 21,3°, Jan. −2,1° C. Extreme 33° und −12°. 640 mm (Mai und Okt. je 70, Febr. 30). Klausenburg (360 m), Juli 18,6°, Jan. −5,4° C. Extreme 34° und −22°. 620 mm (Juni 90, Febr. 20). Bukarest (80 m), Juli 22,8°, Jan. −3,6° C. Extreme 35° und −20°. 580 mm (Juni 80, Febr. 30).

[1]) Die Becken sind dichter, die Gebirge zumeist schwach besiedelt. Im sächsischen Kreise Chemnitz z. B. 429 auf 1 qkm, in Graubünden 17.

[2]) Selbst das Mittelland der Schweiz ist für den Ackerbau wenig geeignet, nur 13% der Fläche sind Ackerland (6,3% Getreideland); in Tirol nur 5,2% Acker- und Gartenland, in Salzburg 9,5, in Kärnten 14,1, in Steiermark 20% der Fläche. Die Felder steigen dabei im allgemeinen in den Alpen bis 1100 und 1200 (in günstigsten Lagen bis 2100) m Höhe an. Die Schweiz vermochte schon 1905 nur für 70 Tage ihren Getreidebedarf zu decken. Getreide und Mehl sind der Haupteinfuhrartikel. Auch Österreich (in hohem Grade, Ackerland 21,3% der Fläche), die Tschechoslowakei (Ackerland 42% der Fläche) und Süddeutschland bedürfen der Getreidezufuhr.

vorlandes (das schweizerische Mittelland, die schwäbisch-bayrische und die oberösterreichische Hochebene).[1])

In allen höheren Gebieten (Gebirgen) Mitteleuropas ist der klimatisch harte und mit armem Boden vorlieb nehmende Roggen das Brotkorn[2]); neben ihm wird der in kühlen und feuchten Sommern gewachsene Hafer herrschend, der freilich mehr Vieh- als Menschenernährung hergibt und der letzteren erst indirekt dient.[3]) Aber in den wärmeren trockneren und fruchtbaren Beckenlandschaften wird vornehmlich der Weizen[4]) angebaut, vor allem in den großen ungarischen und rumänischen Tiefländern, die ansehnliche Überschüsse auf den Markt der Nachbarländer bringen können[5]); dazu tritt oft die Gerste[6]), meist in der Form der anspruchsvollen Braugerste; gegen Südosten ferner der Mais, im südlichen Ungarn und viel mehr in dem walachischen Donautiefland, sowie in der Moldau und in Bessarabien (Rumänien), wo das Zusammentreffen von hoher Sommerwärme mit genügenden Sommerniederschlägen ihn überall begünstigen.[7])

---

[1]) Letztere sind mehr für Viehzucht als für Ackerbau geeignet.

[2]) Weizen und Gerste verschwinden hier fast ganz oder völlig. An der Roggenproduktion der Erde ist das südliche Mitteleuropa 1922 vielleicht mit $12^1/_4$% beteiligt gewesen.

[3]) Von der Haferproduktion der Erde liefern die hergehörigen Länder wohl um 7% der W.

[4]) In Württemberg nehmen Weizen und Spelz über 24 und Gerste über 11% des Ackerlandes ein und in Bayern über 13 bzw. 11,5%, in Baden 18 und 10 (Roggen an 8 und Hafer 11), in Elsaß-Lothringen über 25 und 7, in Hessen gegen 11 und 15%. Weizen und Spelz sind hier vielfach wie in der Schweiz und in Ungarn Hauptbrotfrüchte. Von der Weizenproduktion der Erde mag das südliche Mitteleuropa vielleicht 5—$5^1/_2$% der W. gewinnen. Der Weizen Ungarns (Ackerland 60,2% der Fläche) ist dem trockeneren Klima, vor allem dem Löß- und Schwarzerdeboden entsprechend, ein harter, kleber-, eiweißreicher, stärkearmer, der ein vorzügliches Brotmehl abgibt und sich sehr zur Mischung mit den weichen stärkereichen Sorten eignet. Letztere, ertragreicher, sind in der ungarischen Tiefebene nicht anzubauen, weil sie die hohen Frostgrade des schneearmen Winters (s. S. 81f., Anm. 3) und die Julihitze nicht vertragen würden; der Weizen des Alföld muß vor Eintritt der letzteren, d. h. Ende Juni, reif sein. Es wird hauptsächlich Winterweizen angebaut. Die besten Weizengebiete (Bacska und Banat) sind an Jugoslawien verloren gegangen (s. S. 52). Nur etwa 41% der alten Fläche sind dem neuen Ungarn erhalten geblieben. Darunter leidet auch die Mühlenindustrie von Budapest (930). In Rumänien (37,0% der Fläche Ackerland) ist der Weizen für die niedrigen Landesteile (besonders für die Donauniederungen) charakteristisch. Er verträgt den harten Winter und Trockenheit und gibt auf dem fruchtbaren Löß- oder Schwarzerdeboden eine geschätzte eiweißreiche Frucht, sonderlich in der trockenen Moldau (und in Bessarabien), weniger in Muntenien, noch weniger in Oltenien. Im alten Rumänien nahm der Weizen ein Drittel der Anbaufläche ein. Die Ernten schwanken erheblich. Infolge der Aufteilung des Großgrundbesitzes trat zunächst ein starker Rückschlag der Produktion (vor dem Kriege etwa 4,57 Mill. T.) ein. 1920 wurden in ganz Rumänien 1,69, 1921: 2,14, 1923: 2,75, 1924: 2,02 Mill. T. geerntet. Wegen seines Eiweißreichtums ist der rumänische Weizen in den Gebieten des Weichweizens (Nord-, West-, nördliches Mitteleuropa) begehrt. Die großen Dampfmühlen liegen in den großen Verkehrszentren Bukarest (346), Galatz (73), Braila (66) und Jassy (79). Die Weizenausfuhr Rumäniens betrug 1909/13: 1,34 Mill. T., 1921: 75700, 1922: 25200, 1923: 27800, 1924: 121600 T., die Ausfuhr von Weizenmehl 1924: 120000 T. gegen 80000 der Vorkriegszeit; dazu 1924: 30500 T. Roggen, dessen Anbau, Verbrauch und Ausfuhr gewachsen sind.

[5]) Ungarn 1923 nur 75000, 1924: 180000 T. Weizen (dazu 23000 [140000] T. Roggen, 50000 [22000] T. Hafer, 3000 [32000] T. Mais).

[6]) Von der Gerstenproduktion der Erde mögen etwa 12% im südlichen Mitteleuropa produziert werden. Rumänien führte 1923: 798000 T. aus.

[7]) Von der Maisproduktion der Erde liefert das südliche Mitteleuropa vielleicht $3^1/_2$—4%. Österreich erntete 1923 nur 88000, 1924: 89000 T. Dem neuen Ungarn sollen von seinen umfangreichen Maisflächen (Ernte 1913 auf fast 23% der Fläche $5^1/_3$ Mill. T.) nur 28% geblieben sein; mit Bacska und Banat gingen ihm die wichtigsten Maisgebiete verloren. Wegen der frühen Herbstkälte können nur frühreifende Sorten angebaut werden; lange Dürren bedrohen manchmal die Kolbenbildung. Die Ernte betrug 1920: 1,27; 1921: 0,67; 1922: 1,24; 1923: 1,25; 1924: 1,88 Mill. T. Im alten Rumänien, in der Bukowina und in Bessarabien liefert der Mais der ärmeren Bevölkerung das Hauptnahrungsmittel. Er nahm im alten Rumänien um ein Drittel der landwirtschaftlichen Fläche ein. Er wird besonders in dem

Anderes Getreide, wie **Hirsearten** (Rispen- und Kolbenhirse), **Buchweizen**, werden wenig angebaut, erstere am meisten im alten Rumänien.[1])

Die Wichtigkeit der **Kartoffel** für die Ernährung der Bevölkerung[2]) nimmt von Süddeutschland nach Osten und Südosten beträchtlich ab, und sie spielt im alten Rumänien nur noch eine untergeordnete Rolle. Am meisten wird sie in den ärmeren Gebirgsgegenden (wie in der deutschen Mittelgebirgsschwelle[3]) z. B.) und in höheren Landschaften (Böhmens z. B.) oder auf minderwertigen Böden (Ungarns z. B.) angebaut. **Stärke- und Spiritusindustrie** knüpfen sich zum Teil an ihren Anbau.

Hülsenfrüchte (Bohnen, Erbsen) und **Gemüsearten** nehmen nur geringe Flächen des Ackers oder der Gärten ein, führen jedoch lokal der Ernährung ansehnliche Beiträge zu. Stellenweise ist der Gemüsebau kommerziell entwickelt, in den warmen Tal- und Beckenlandschaften Mittel- und Süddeutschlands[4]) und in der fruchtbaren ungarischen Tiefebene.[5]) Die mit zu viel Gebirgsland behaftete Schweiz und Österreich müssen Gemüse einführen.

Des **Obstbaues** Wichtigkeit für Ernährung und Genuß der Bevölkerung ist nicht zu unterschätzen. Er ist in allen Tälern, Becken und Niederungen des südlichen Mitteleuropas sehr ansehnlich.[6])

Hügelland am Fuße der Karpathen (in der Walachei wie in der Moldau) angebaut. Der fruchtbare Boden und die Wärmeverhältnisse kommen ihm entgegen, aber häufige Dürren (1899, 1904, 1907 z. B.), deren Einfluß noch nicht durch künstliche Bewässerung bekämpft wird, gefährden den Anbau nicht selten. Anderseits ist die Regenarmut des Frühherbstes dem Ausreifen günstig. In den Karpathen steigt der Mais bis 700 m Höhe an, reift aber nur in den tiefen Lagen. Die in der feuchteren Walachei angebauten Sorten sind besonders stärkereich, der eiweißreichste Mais wächst in der trockeneren Moldau. Die eiweißreichen Sorten werden besonders ausgeführt. 1920/22 wurden 3,49; 1922/23: 3,85; 1923/24: 3,99 Mill. T. geerntet. Pellagra (s. S. 53, Anm. 2) kommt vor. Ausf. 1923: 669000 T. In der steppenhaften Dobrudscha ernährt sich die Bevölkerung (dem Klima entsprechend) von Weizenbrot.

[1]) Vor der Einführung des Maises (17. Jahrhundert ?) spielten die **Hirsearten** in der Ernährung der rumänischen Bauern die Hauptrolle; sie werden in der Donauebene und in der Dobrudscha am meisten angebaut, für Futterzwecke, aber in Trockenjahren werden sie (in der Dobrudscha z. B.) noch heute als Ersatz für die gewohnten Brotfrüchte genossen. Im alten Rumänien wurden 1915: 40800 T. geerntet.

[2]) An der Weltproduktion war (1922) das südliche Mitteleuropa mit etwa 16%, der W. beteiligt (Süd- und Mitteldeutschland etwa 8—8½%; Tschechoslowakei 5,2; Schweiz 0,4; Österreich 0,8; Ungarn 0,8; Rumänien 0,6%).

[3]) Die Höhengrenze des **Kartoffelbaues** liegt am Südhange des Riesengebirges in 1100 m Höhe. In den Gebirgen ist die Kartoffel neben Roggen und Hafer überall die Hauptfeldfrucht und ein, wohl gar das Hauptnahrungsmittel.

[4]) Z. B. in der Geraniederung um **Erfurt** (130), zum Teil im Großbetrieb, in der Wetterau, im Tertiärbecken von **Mainz**, bei **Bamberg**, **Nürnberg** und **Erlangen**, bei **Ulm**, **Stuttgart** und **Reutlingen**.

[5]) **Ungarn** führt Zwiebeln, Knoblauch usw. nach Österreich aus. In **Rumänien** werden Gemüsearten oft zwischen die Maispflanzen gesät und Bohnen zwischen Mais und in den Weingärten angebaut. Über die bulgarischen Wandergärtner s. S. 54, Anm. 5.

[6]) Im Freistaat Sachsen ist das Elbtal und seine Hänge von großen Kulturen bedeckt, das obere Erzgebirge jedoch ganz arm an Obst. Das Thüringer Becken, die Wetterau, die Oberrheinische Tiefebene (Hügelränder) sind Vorzugsgebiete des deutschen Obstbaues; auch Unterfranken (Maingebiet), das Neckarland und das Bodenseegebiet sind reich an Obst, aber auf der oberdeutschen Hochebene läßt sein Anbau mit steigender Erhebung nach. Die **Schweiz** hat einen namhaften Obstbau im Mittellande. Zu den gewöhnlichen Obstsorten Mitteleuropas (Äpfeln, Birnen, Kirschen, Pflaumen, Beerenobst) tritt (wie auch schon in der oberrheinischen Tiefebene) im Rhônetal und mehr noch in den Tälern des Tessin die eßbare Kastanie. In den Tälern **Österreichs** werden Überschüsse für Ausfuhr produziert. **Wien** (1,84 Mill.) zieht durch seine Lage einen großen Transitobsthandel an sich; es besitzt zum Beispiel eine großangelegte Pflaumentrocknungsanstalt (-étuvage) für Sortierung und Konservierung von Balkanpflaumen. Der **Tschechoslowakei** Obstbau gedeiht hauptsächlich in dem fruchtbaren wind-

An den Hängen der Gebirge aufwärts lassen die Dichteziffern und Erträge der Obstbäume schnell nach, und die höheren und höchsten Teile der Mittelgebirge verbieten rentablen Obstbau. Obst ist ein wichtiger Gegenstand des Austausches zwischen produktiven und konsumierenden Landesteilen (Industriegebieten, größeren Städten) und Ländern und kommt stellenweise in Mengen in den Handel.

Die milden und fruchtbaren Beckenlandschaften des südlichen Mitteleuropa eignen sich auch für die Zuckerrübenkultur.[1]) Im Thüringer Becken, in der oberrheinischen Tiefebene (Baden, Pfalz usw.) wird sie betrieben. Selbst im Berner Seelande (Fabrik in Aarberg) konnte man versuchen, die Zuckerrübe einzubürgern. Doch müssen die Schweiz, Süddeutschland und die deutsche Mittelgebirgsschwelle und ebenso Österreich viel Zucker einführen. Dagegen ist die durch warme Sommer begünstigte fruchtbare Beckenlandschaft Nordböhmens und -mährens fähig, große Mengen Zuckers auszuführen.[2]) Ungarn hat viel von seinem guten Zuckerrübenboden verloren[3]), ist aber wieder Ausfuhrland geworden, und Rumänien erzeugte schon seit längerem (hauptsächlich auf den fruchtbaren Böden im vorkarpathischen Hügellande der Moldau) annähernd seinen Bedarf an Zucker.[4])

Als **Getränke** werden im südlichen Mitteleuropa Bier (aus Gerstenmalz und Hopfen bereitet), Obstweine, Wein und Liköre bereitet. Erstere sind mehr im nordwestlichen, letztere im südöstlichen Teile des Gebiets beliebt.

Hopfenbau ist für den nordwestlichen Abschnitt charakteristisch, doch vornehmlich dort, wo die Weinrebe nicht recht oder gar nicht fortkommt. Süddeutschland und die Tschechoslowakei gehören zu den wichtigsten Hopfengebieten der Erde[5]);

---

geschützten nordböhmischen Becken und in der Marchniederung. Nach Südosten zu (Ungarn) mischen sich immer mehr Aprikosen und Pfirsiche den anderen Obstsorten zu, ebenso Nüsse, und in der Donauniederung (Rumäniens) herrschen wie im benachbarten Balkanland die Pflaumen (s. S. 55) vor, wenn sie auch weniger als im Süden zur Dörrung und Marmeladebereitung verwendet werden; 1914 wurden 166000, 1915: 135000 T. geerntet.

[1]) Von der Zuckerproduktion der Erde bringt das südliche Mitteleuropa vielleicht 6% hervor (Tschechoslowakei allein 1922/23: 4% der W.). Ernte 1923/24: an Rübenzucker Deutschland 1,15 Mill. T. = 5,8% der W., Tschechoslowakei 1,03 Mill. T. = 5,2% der W., Österreich 48000 T. = 0,3; Ungarn 125000 T. = 0,6% der W.

[2]) Es ist der wichtigste Ausfuhrartikel der Tschechoslowakei; 1918/19 wurden 130000, 1919: 283000, 1921: 471000, 1924: 733000 T. ausgeführt nach Großbritannien, Österreich usw.

[3]) Bei der Verkleinerung des Landes durch den Gewaltfrieden ging ungefähr die Hälfte der Fabriken verloren, manche wurden von den zugehörigen Rübenbaufeldern abgetrennt. Die Arbeiter waren meist Wanderarbeiter aus der tschechisch gewordenen Slowakei. 1914 wurden noch 117000 T. Raffinade und 54000 T. Rohzucker ausgeführt, 1923: 46400, 1924: 103700 T. Zucker.

[4]) Prod. schon 1921: 352000 T.

[5]) Von der Weltproduktion von Hopfen mögen (1924) gegen 25% auf das südliche Mitteleuropa entfallen. Tschechoslowakei (1923: 3090, 1924: 7580 T. = 13⅓% der W.), Süddeutschland (Oberbayern 1924: 1093, Niederbayern 1405, Mittelfranken 1915, Oberfranken 222, Schwarzwaldkreis 439, Donaukreis 138 T., zusammen 5211 T. = 92½% der deutschen Produktion = fast 9,2% der W.). Der nördliche Teil der oberdeutschen Hochebene (zwischen Donau und Bodensee und südlich der Linie Regensburg—Lechmündung bis München hin) und das schwäbisch-fränkische Stufenland sind die Hauptgebiete des süddeutschen Hopfenbaues; am meisten wird in der Holledau an der unteren Isar, in Mittelfranken um Nürnberg (360) herum (wichtigster deutscher Handelsplatz für Hopfen, die Gegend von Spalt bringt den besten Hopfen), ferner um Bamberg, auf der unterfränkischen Platte vor dem Westfuße von Steigerwald und Frankenhöhe und an den östlichen (zwischen Mannheim und Karlsruhe) und westlichen Berglehnen an der oberrheinischen Tiefebene angebaut. In der fruchtbaren, tiefgründigen windgeschützten Niederung Nordböhmens sind die Gegend von Saaz (16) an der Eger und die von Auscha und Dauba im böhmischen Mittelgebirge die geschätztesten Lagen. Sommerwärme und eine gewisse Trockenheit nach der Blüte und zur Reife sollen die Erzeugung einer guten Qualität begünstigen. Hopfen wird wie Malz von der Tschechoslowakei ausgeführt.

sie sind beide zugleich Erzeuger geschätzter *Biere* (Münchener, Nürnberger, Würzburger, Kulmbacher usw.; Pilsener) und führen ansehnliche Mengen davon nach den Nachbargebieten aus. Gegen den Südosten verliert der Hopfenbau, wenn er auch noch gedeiht (in Steiermark usw.), doch stark an Bedeutung, und auch die Bierbrauerei und der Bierkonsum treten hier zugunsten des Weinkonsums zurück.

Obstweine erfreuen sich in Süddeutschland weithin großer Beliebtheit. Apfelwein (Frankfurt a. M., an der Bergstraße bei Heidelberg und Brühl, Franken und Württemberg) ist vielfach geradezu als Hauptgetränk zu bezeichnen. Auch Kirschwasser (an den Abhängen des Schwarzwaldes und der Vogesen) und andere Obst- und Beerenweine werden in zahlreichen kleinen Obst- und Treberbrennereien (in landwirtschaftlichem Nebengewerbe) fabriziert. Sie werden auch in der Schweiz hergestellt.

Die niedrigeren Beckenlandschaften des südlichen Mitteleuropa sind ferner berühmte oder angesehene *Weinbaugebiete*.[1]) Die Weinrebe gedeiht an vielen Stellen Süddeutschlands vorzüglich, und in diesen Gebieten wird ziemlich viel Wein getrunken; viel geht in die weinarmen Landschaften und ins germanisch-polnische Flachland, ja im Ausland sind gewisse deutsche Weine sehr geschätzt[2]); doch wird noch viel Wein eingeführt. Der Weinbau der Schweiz scheint zurückzugehen.[3]) Bevorzugt sind als Anbaustätten die Seeufer und die niedrigen geschützten Alpentäler[4]) (das untere Rhônetal usw.). Des Fremdenverkehrs wegen ist die Einfuhr groß. Die österreichischen Weinberge liegen vornehmlich am Wiener Becken (Vorhügel der Alpen um Vöslau, Gumpoldskirchen usw.[5]), doch bedarf vor allem das lebenslustige Wien einer sehr großen Einfuhr.[6]) Wein gewinnt die Tschechoslowakei (an der Elbe bei Csernosek usw.) ganz wenig.[7]) Die Weinproduktion Ungarns hat durch den Gewaltfrieden einen schweren Schlag erlitten.[8])

---

[1]) Von der Weltproduktion werden hier wohl $7^1/_2$% etwa erzeugt (1922: Deutschland 2, Schweiz 0,6, Österreich 0,5, Tschechoslowakei an 0,4, Ungarn 2,6, Rumänien 1,35%).

[2]) Die besten Weinlagen besitzt der *Rheingau* an den gegen Süden (die Sonne) gewendeten Hängen des Taunus, der gegen rauhe Nordwinde schützt, am Rhein, der die Sonnenstrahlen reflektiert und Temperaturschwankungen mildert. An der *Mosel* werden zartere, lichtere, doch nicht sehr haltbare Weine erzeugt; auch das *Ahrtal* hat gute Lagen. *Rheinhessen* und die bayrische *Rheinpfalz* erzeugen vorzügliche „Rheinweine" in bedeutenden Mengen. Die unteren Vogesenhänge im *Elsaß* sind ebenso mit Weinbergen gesäumt wie die Westhänge der Schwarzwaldes. Das Nahe- und Neckar- und Maintal bei Würzburg (Stein- und Leistenwein) sind ebenfalls erwähnenswert, und noch an der Saale und im Unstruttal bei Freyburg treten Weinberge auf. 1913 wurden (in den heutigen Grenzen) auf 78980 ha 0,82, 1920: 2,44 Mill. hl auf 72660 ha, 1922: 3,41, 1923: 0,79 Mill. hl geerntet. Die Ernteschwankungen sind also sehr bedeutend. Mit *Elsaß-Lothringen* ging fast $^1/_3$ der gesamten deutschen Weinproduktion (der Vorkriegszeit) verloren. Ausf. 1924: 2354 T (3,96 Mill. Mk.), Einf. 74789 T. (44,10 Mill. Mk.), aus Elsaß-Lothringen, Spanien, Frankreich usw.

[3]) Ernte 1918/22: 0,7, 1922: 1,08, 1923: 0,78, 1924: 0,26 Mill. hl.

[4]) Jene wegen der mildernden Klimawirkung des Wassers und eventuellen Windschutzes von Hochufern (Südufer des Bodensees, Nordufer des Züricher Sees, Walenseeufer, Westufer des Neuenburger und Bieler und Nordufer des Genfer Sees). Die Weine des Tessins haben schon südländischen Charakter.

[5]) Ferner im Viertel unter dem Manhartsberge (bis zum Kamptale nach Westen) und in Steiermark. Ertrag 1922: 937700, 1923: 822000 hl.

[6]) Einfuhr Österreichs 1920: 670000 hl.

[7]) 1918/22: 0,46, 1923: 0,33,. 1924: 0,24 Mill. hl.

[8]) Etwa $^3/_7$ der Produktion und $^1/_2$ der Qualitätsweine gingen verloren. In dem schlechten Jahr 1912/13 wurden etwa 3, sonst in den letzten 10 Jahren vor dem Kriege jährlich etwa $4^1/_2$ Mill. hl = gegen 3% der W. erzeugt. Fernerhin kann man wohl nur eine durchschnittliche Produktion von höchstens $2^1/_2$ Mill. hl erwarten. Davon würden (wenn der bisherige Eigenbedarf von 17 Liter pro Kopf erhalten bleibt) höchstens etwa $1^1/_4$ Mill. hl zur Ausfuhr verfügbar bleiben. 1918/22 wurden aber 3,51, 1923: 4,7, 1924: 2,42 Mill. hl geerntet. Die Schwankungen sind beträchtlich.

Ein Teil der Tokayer und der Balatoner Gegend, die Badacsonyer, Szeszárder und Somlyoer Weingebiete blieben dem Lande erhalten. Der Ungarwein hat infolge der südlicheren Lage und heißen Sommer schon süßen, feurigen, starken Charakter[1]), aber das auf dem Sandboden des Alföld gewachsene Produkt gilt als ganz leichter Tischwein.

Das alte Rumänien schon hatte die fünfte Stelle unter den Weinproduzenten der Erde. Das Hauptweinbaugebiet begleitet den (unteren) Karpathenhang zwischen Ploesti und Marasesti-Penciu.[2])

Von den mannigfachen Likören seien das Kirschwasser Süddeutschlands und der Pflaumenschnaps (Sliwowitz) Rumäniens erwähnt.

Als Kaffee-Ersatz sei die Zichorie des Neckartales genannt. Kaffee, Kakao, Tee werden in bedeutenden Mengen eingeführt.

Ziemlich wichtig ist der Tabakbau des südlichen Mitteleuropa.[3]) Die Oberrheinische Tiefebene (besonders im badischen und pfälzischen Anteil) ist eines der hervorragendsten Tabakgebiete Europas, Mannheim (230) der namhafteste Tabakmarkt Deutschlands.[4]) Ebenso hat die Tabakproduktion in der fruchtbaren und sommerwarmen ungarischen Tiefebene erheblichen Umfang.[5]) Die anderen Beckenlandschaften stehen zurück.[6])

Anbau von **Gewürzen**[7]) und **Arzneipflanzen** auf dem Felde spielt wohl nirgends eine größere Rolle.

Die Produktion von **Ölstoffen** ist im allgemeinen in Mitteleuropa unbedeutend geworden, seitdem es möglich wurde, gehaltvollere und billigere Ölfrüchte bzw. Öl vom Auslande zu beziehen. Allein Rumänien hat noch einen größeren Anbau von Ölsaaten.[8]) Die anderen Länder bedürfen fast alle einer starken Einfuhr von Ölfrüchten und Ölen.[9])

Duftpflanzen zur Herstellung ätherischer Öle sind wohl, auch in den Becken, von geringstem Belang; Miltitz (Rosenöl usw.) im Bezirk Leipzig hat großen Ruf.

Die **tierischen** Nahrungsmittel werden in großen Mengen produziert, namentlich in den Gebirgen, die ja sehr verbreitet und bei dem kühlen

---

[1]) Die durch Eruptivgestein gedeckten Zeugenberge, besonders um Tapolcza, tragen an ihren verwitterten Hängen berühmte Weinlagen. Auch der Wein von Rust ist geschätzt.

[2]) Prod. 1911/15: 1,35, 1919: 0,666, 1920: 1,45, 1922: 1,8 Mill. hl = etwa 1,35 % der W. Die amerikanischen Reben scheinen viel mehr Ertrag zu geben als die inländischen, die von der Reblaus bedroht sind.

[3]) Von der Weltproduktion wurden hier wohl um 4 % geerntet.

[4]) Die infolge des französischen Einbruchs ins Ruhrgebiet und der Okkupation des Saargebietes unvollständig erfaßte Ernte des deutschen Zollgebiets wurde 1922 mit 21040, 1923: 14250, 1924: 21520 T. angegeben gegenüber 23650 T. 1921. 1923 entfielen von der Erntemenge allein 63 % auf den Landesfinanzamtsbezirk Karlsruhe (kleinbäuerliche Betriebe). Auf 1 ha wurden hier 2,44 gegenüber 2,28 T. im Reichsdurchschnitt geerntet. Deutschland (1924: 97600 T.) und die Tschechoslowakei (18500 T.) führen viel Tabak ein.

[5]) Im alten Ungarn 1913: 47900 T. = 3,6 % der W., im neuen 1923: 13500 T. = etwa 1 % der W.

[6]) Die Schweiz (Broyetal) produziert wenig; die Tschechoslowakei erntete 1920/22: 1700, 1923: 2800, 1924: 5700 T. Das alte Rumänien (südöstliche Walachei, Dobrudscha) 1914: 7700 T., das neue 1924: 31400 T. = 2 % der W.

[7]) Majoran, Kümmel, Dill, Petersilie, Beifuß, Kerbel, Knoblauch, Schnittlauch, Meerrettich usw. werden bei uns als Gewürze gerechnet und im Kleinen (meist in Gärten) angebaut.

[8]) Im alten Rumänien Sonnenblumensaat (Moldau, 1914: 7100 T.), Raps (im Steppenlande östlich von Bukarest, 43800 T.), ferner 4100 T. Leinsaat und 1900 T. Hanfsaat. Auch Ungarn erzeugt Hanf-, Raps- und Flachssaat.

[9]) Deutschland führte 1913: 1,75, 1924: 0,74 Mill. T. Ölfrüchte ein.

und feuchten Klima (D 8 b, C 7 x), das sie auszeichnet, reich an Weiden und Wiesen sind[1]); zudem findet hier wie auch in den fruchtbaren Becken der Anbau von Futterpflanzen eine günstige Stätte. Gegen Südosten tritt mit dem Maisbau ein die Viehmästung begünstigendes Element hinzu, das noch längst nicht voll ausgenutzt wird. Auch auf dem starken Vorherrschen des Klein- und Mittelgrundbesitzes beruht in Süd- und Mitteldeutschland[2]), in der Tschechoslowakei, in Österreich die bedeutsame Stellung der Viehzucht, die geradezu als der wichtigste Erwerbszweig vieler Gebiete betrachtet werden kann.

Die größten Dienste leistet der Nahrungs- und Genußmittelgewinnung das Rind.

Das „Bergvieh", das für die deutsche Mittelgebirgsschwelle und Süddeutschland charakteristisch ist, unterscheidet sich in Form und Leistung wesentlich von dem „Niederungsvieh" Norddeutschlands. Die Mannigfaltigkeit der Rassen ist entsprechend der der Bodenformen viel größer als im germanisch-polnischen Flachlande.

Die Zahl der Rinder auf 1 qkm nimmt im allgemeinen von Nordwesten nach Südosten ab[3]) und beträgt in Rumänien nicht die Hälfte der Ziffer Süddeutschlands.

Der relative Viehreichtum (auf 100 Einw.) ist viel gleichmäßiger[4]) und nirgend hervorstechend groß, so daß Rindviehausfuhr kaum in größerem Maßstabe von den Ländern erwartet werden kann. Die Zahl der Kühe unter den Rindern

---

[1]) In den deutschen Alpen sind etwa 83% der landwirtschaftlich genutzten Fläche Wiesen und Weiden, und auch in ihren Vorbergen überwiegt noch das Wiesenland, das mit Weiden auch weiter abwärts auf der oberdeutschen Hochebene eine wichtige Rolle spielt. Intensiver Wiesenbau, starke Heuproduktion und Weidennutzung sind hier zu Hause. Die hochgelegenen Matten des Gebirges können nur während der wenigen Sommermonate durch extensiven Weidebetrieb genutzt werden. Ähnlich sind alle gebirgigen und höheren Teile des südlichen Mitteleuropa Gebiete starken Graswuchses und bedeutender Heuproduktion (für den Winter, dessen Härte und Länge Einstallung unentbehrlich macht). In den niedrigen Landschaften ist Futterrübenbau, Kleebau u. dgl. umfangreich. Allein in der warmen oberrheinischen Tiefebene hat auch Süddeutschland schon etwas Maisbau auf Körnergewinnung (für Geflügel) aufzuweisen. Der Anbau von Grünmais, den Silage jetzt trefflich nutzbar macht, geht natürlich durch ganz Süddeutschland. In der Schweiz werden über 40% der Landfläche oder gegen 60% der Kulturfläche für Grasfutternutzung herangezogen und auch Futterrüben angebaut; ähnlich in den österreichischen Alpen. Im Tieflande Nordböhmens besteht ein starker Anbau von Klee, Mengfutter usw. Die in den Gebirgsgegenden am meisten vertretenen Grasflächen bringen geringere Erträge als im Tieflande. In Ungarn und Rumänien tritt zu den Grasflächen der Mais (s. S. 83). Im übrigen ist der Futterbau hier wenig entwickelt.

[2]) Nach E. Scheu kommen auf 1 qkm landwirtschaftlich benutzter Fläche bei den Kleinbetrieben (0,5—2 ha) 82, bei den Mittelbetrieben (2—5 ha) 96 Rinder gegenüber 33 bei den Großbetrieben (von 100 ha und mehr) und dem Reichsdurchschnitt von 63. Am viehreichsten sind Baden, Württemberg und Bayern mit über 90 Rindern auf 1 qkm. Es sind dieses ja überdies auch Staaten mit bedeutenden Gebirgsteilen. Der relative Viehreichtum (auf 100 Einw. berechnet) ist am größten in Hohenzollern, Bayern, Württemberg, die Vieh abgeben können, während die anderen (dichtbevölkerten) Gebiete Süd- und Mitteldeutschlands Zuschüsse brauchen.

[3]) Deutschland 34,6 auf 1 qkm (Bayern rechts des Rheins an 48, Württemberg 54, Baden 42, Sachsen über 46; Hessen-Nassau und Thüringen unter dem Durchschnitt); Schweiz 34,5, Tschechoslowakei 31, Österreich 25, Ungarn 23, Rumänien 18. Bayern führt Rinder und Kälber nach anderen deutschen Landesteilen aus (s. E. Scheu). Am 1. Dez. 1925 besaß Deutschland (ohne Saargebiet) 17,18 Mill. Rinder.

[4]) Deutschland auf 100 Einw. 27,3 Rinder (aber Bayern 55, Württemberg 39, die anderen wichtigeren Gebietsteile Süddeutschlands freilich unter dem Durchschnitt), Schweiz 36,6, Tschechoslowakei 32,2, Österreich 32, Ungarn 27, Rumänien 33.

scheint ebenfalls wie der Futterreichtum und die Intensität der Viehzucht von Nordwesten nach Südosten abzunehmen.[1])

Die Milchproduktion (auch Butter- und Käseherstellung) ist also offenbar im Nordwesten namhaft und dient zum Teil sogar dem Export. In Süddeutschland ist das Algäu berühmt; die Schweiz führt kondensierte Milch[2]) und viel Käse[3]) aus. Butter und Fleisch muß sie freilich (hauptsächlich wohl im Dienste der Fremdenindustrie) einführen. In den südöstlicheren Ländern ist das Molkereiwesen weniger entwickelt.

In Ungarn wie in Rumänien herrschen die grauen Steppenrinder vor, die für Mast geeignet, aber sehr spätreif und wenig milchergiebig sind; doch werden allmählich die Rassen durch Alpenvieh (in Ungarn) verbessert; die kleine Karpathenkuh Rumäniens ist übrigens auch milchreich. Hier in der lachenreichen rumänischen Donauniederung tritt auch der Büffel[4]) der Balkanländer schon auf.

Die Schweinezucht[5]) ist in Süddeutschland und in Ungarn am stärksten vertreten. Längs der deutschen Mittelgebirgsschwelle übertrifft die Dichteziffer sogar die durchschnittliche des Reichs und nähert sich der Ungarns, aber in Bayern, Baden, Württemberg, auch in der Rheinprovinz bleibt sie unter dem Durchschnitt. In Ungarn wird die Schweinezucht besonders durch den Anbau von Mais begünstigt, der in Rumänien jedoch noch wenig als Futter herangezogen wird. Bei seiner hohen Volksdichte (an 130) hat Deutschland keine Überschüsse, dagegen Ungarn (86).[6])

Die Schafzucht ist am stärksten[7]) in den noch weniger intensiv ausgenutzten südöstlichen Landschaften Mitteleuropas: in Ungarn und vor allem in Rumänien. Diese Gebiete allein können (dünnbevölkert) auch ausführen.[8])

---

[1]) Deutschland 55% (Sachsen über 62, Hessen-Nassau, Rheinprovinz, Hessen etwa 61, Thüringen 60, Baden über 58%; Bayern mit 52 und Württemberg unter dem Reichsdurchschnitt), Schweiz 52, Tschechoslowakei 46, Österreich an 45, Rumänien 31%; von Ungarn konnte ich keine Ziffer ermitteln.

[2]) Vevey (13) am Genfer See, Petterlingen, Cham am Zuger See und Düdingen haben Fabriken dafür. Ausf. 1913: 40560, 1915: 43680, 1918: 19880 T. (vgl. S. 100). In Vevey und Cham wird auch Nestles Kindermehl fabriziert; Milchsterilisation in Stalden. Auch für Schokolade wird Milch gebraucht.

[3]) Ausf. von Hartkäse 1912 über 30000, 1917: 5370, 1918: 1100 T. nach den Nachbarländern des atlantisch-europäischen Aktionszentrums. Käsebörsen bestehen in Bern, Langental, Burgdorf, Langnau usw. In den Alpenländern Österreichs ließe sich das Molkereiwesen noch sehr verbessern und vergrößern.

[4]) Rumänien 1922: 186700 Büffel.

[5]) Auf 1 qkm entfielen um 1922: in Deutschland 31,1 (am 1. Dez. 1924 viel mehr: 35,7), in Hessen fast 40, in Hessen-Nassau 37, in Thüringen über 36, Sachsen 34, Rheinprovinz 31; aber in Baden 28, in Bayern rechts des Rheins 24,3, in Württemberg 22,6; in der Schweiz 15,5, Tschechoslowakei 14,6, Österreich 14,2, Ungarn 35,8, in Rumänien nur knapp 10. Deutschland besaß am 1 Dez. 1925: 16,15 Mill. Schweine.

[6]) Auf 100 Einw. entfallen in Deutschland 24,5 (Thüringen über 28, Bayern rechts des Rheins fast 28, Hessen-Nassau 25,5, Hessen gegen 24; Baden, Württemberg und besonders Rheinprovinz und Sachsen wesentlich unter dem Durchschnitt); in der Schweiz 16,5, in der Tschechoslowakei 15, in Österreich an 18, in Ungarn 41,6 (trotzdem Ungarn im Süden die besten Mais- und Schweinegebiete verlor), in Rumänien 18.

[7]) Auf 1 qkm in Deutschland 11,8 (nur Württemberg [Alb], Thüringen und Hessen-Nassau mit je etwa 13 übersteigen ein wenig den Durchschnitt, Bayern links des Rheins, Baden, Rheinprovinz und Sachsen bleiben am weitesten zurück), Schweiz 5,9, Österreich 4,4, Tschechoslowakei 7, Ungarn 19,6, Rumänien 39. Am 1. Dez. 1925 besaß Deutschland 4,74 Mill. Schafe.

[8]) Auf 100 Einw. in Deutschland 9,3 (Thüringen, Wüttemberg und Bayern bleiben mit 10 bis 11 ein wenig über dem Durchschnitt, die dichtbevölkerte Rheinprovinz, Freistaat Sachsen mit 1,8 und 1,9, bayr. Pfalz 2, Baden 3 am tiefsten darunter), Schweiz 6,3, Österreich 5,4, Tschechoslowakei 7,2, Ungarn 22,8, Rumänien 70,9.

Ziegen[1]) werden hauptsächlich vom Zwerg- und Kleinbesitz und Häuslern, die auf Industriearbeit gehen, oder von Bergleuten[2]) u. dgl. als „Kuh des armen Mannes" gehalten. Kaninchen[3]) und Geflügel werden wohl überall gehalten[4]) und liefern Fleisch; Hühner dazu Eier. Einige Länder haben Überschüsse an Eiern.[5]) Bienenstöcke für Honig werden gleichfalls überall gehalten.[6])

Die Fischerei, ausschließlich fast in Binnengewässern zu betreiben, kann nur einen beschränkten Anteil an der Ernährung der Bevölkerung haben. Immerhin ist sie infolge des Reichtums an Gewässern stellenweise ziemlich konzentriert. Der Rhein, die Donau, besonders im rumänischen Unterlauf[7]), der Bodensee[8]), die Elbe mit ihren Zuflüssen sind für die Anwohner und darüber hinaus schätzbare Nahrungsquellen. Auch Teichwirtschaft wird stellenweise betrieben.[9]) Rumänien schöpft auch aus dem Schwarzen Meere.

Mineralische Nahrungsmittel. An Kochsalz sind einige Teile des südlichen Mitteleuropa reich. Steinsalzlager sind an der Erdoberfläche (wie in allen feuchten Gebieten) zwar nicht zu finden, aber sie tun ihr Vorhandensein im Untergrunde durch Solquellen kund und werden teils auf Sudsalz ausgenutzt, teils zur bergmännischen Salzgewinnung erbohrt. Deutschland ist ein wichtiges Ausfuhrland für Salz.[10])

Die Salzlager Mittel- und Süddeutschlands sind die wichtigsten Deutschlands; die süddeutschen gehören dem Keuper und Muschelkalk an. Hierhin zu rechnen sind in einem östlichen Vorkommensgebiet, das bis in die Schweiz[11]) greift, die Salinen

---

[1]) Auf 1 qkm Deutschland 8,8 (in Hessen 20,3, Freistaat Thüringen 19,4, Sachsen 18,6, bayer. Pfalz 16, Rheinprovinz 14, Baden 12, nur Württemberg steht unter dem Durchschnitt), Schweiz, Österreich 4,8, Tschechoslowakei 8,7, Rumänien nur 1,7. Von Ungarn fehlen mir die Daten. Deutschland besaß am 1. Dez. 1925: 3,79 Mill. Ziegen.

[2]) Ungewöhnlich viele Ziegen werden z. B. im Gebiet des Elbsandsteingebirges von den Steinbrucharbeitern gehalten.

[3]) Deren Haltung besonders während des Krieges und nach demselben zunahm; sie zählten am 1. Dez. 1925 in Deutschland: 2,91 Mill.

[4]) Deutschland besitzt davon (Hühner, Enten, Gänse usw.) auf 1 qkm 138. Abgesehen von der bayrischen Pfalz übertreffen alle Teile Süd- und Mitteldeutschlands den Durchschnitt stark; Hessen hat 108, die Rheinprovinz 195, Bayern links des Rheins und der Freistaat Sachsen je 193, Württemberg 170, Baden 161, Thüringen 154, Hessen-Nassau 148 auf 1 qkm. Auf 100 Einw. kommen in Deutschland 109 Stück Geflügel. Sachsen und die Rheinprovinz, dichtbevölkert, bleiben mit 62 und 70 weit zurück. Bayern rechts des Rheins dagegen hat 151, Württemberg 131, Bayern links des Rheins 121, Thüringen 120, Hessen 118. In der Schweiz werden Eier, Geflügel und Geflügelkonserven noch in Mengen (wohl hauptsächlich für die Bedürfnisse der Fremdenindustrie) aus Frankreich, Italien usw. eingeführt. In Deutschland zählte man am 1. Dez. 1925: 71,31 Mill. Stück Federvieh.

[5]) Rumänien und Ungarn können Eier ausführen.

[6]) In Deutschland 1922: 3,87 auf 1 qkm. Dieser Durchschnitt wird weit übertroffen von Baden (7,7) und Württemberg (7,4), weniger von Bayern rechts des Rheins (5,2), Thüringen und Sachsen (je 4,4) und Bayern links des Rheins (4). 1. Dez. 1925 gab es in Deutschland 1,53 Mill. Stück.

[7]) Rumänien exportiert Kaviar.

[8]) Ertrag 1922: 205,6 T.

[9]) Z. B. nach O. Jessen in Württemberg (besonders im südlichen Oberschwaben und in der Keuperlandschaft), ferner im bayerischen Keuperland Mittelfrankens und im Keuperland Lothringens. Es werden vor allem Karpfen gezüchtet.

[10]) Prod. 1922: 2736000 T. Steinsalz und 391000 T. Siedesalz, 1923: 1639000 bzw. 292000 T. 1913 (1920) lieferte Deutschland etwa 11 (15,4), die Schweiz 0,4 (0,35), Österreich 1920: 0,4 % der W. Ausf. Deutschlands 1913: 432000, 1920: 1,257 Mill., 1922: 964000 T. (nach der Tschechoslowakei 210000, Ungarn 95000 T.). Das Staßfurter, das hannoversche und das Württemberger Salzgebiet versorgen auch das mittelgebirgige Westdeutschland, den Freistaat Sachsen, Baden, Bayern usw., s. Scheu.

[11]) Schweizerhalle, Kaiseraugst, Rheinfelden, Riburg; außerdem Salzbergwerk Bex (Waadtland). Prod. 1922: 64300 T.

Badens[1]), Württembergs[2]) und Mittelfrankens[3]); ein westliches Vorkommen in Lothringen[4]) ist an Frankreich gekommen. In Mitteldeutschland sind die Staßfurter (Zechstein) und die hannoverschen Lager wichtig. In einem langgestreckten Triaszuge am Alpenrande liegen die südbayerischen Salinen[5]) und die Österreichs.[6]) Die Tschechoslowakei[7]) und vor allem Ungarn sind arm an Salz. In Rumänien liegen im Karpathenvorlande in Fortsetzung des galizischen Salzstreifens (S. 115) Steinsalzgruben und zahlreiche Solquellen.[8])

Mineralquellen als Heilmittel für menschliche Gebrechen sind schon manche Solquellen. Diese wie auch Säuerlinge (Kohlensäure), Schwefelquellen, Bitterwässer sind kalt oder warm in den Bruchgebieten Mitteleuropas reichlich vorhanden und in Nutzung.[9])

Trinkwasser findet sich fast überall reichlich, doch ist es im Südosten zum Teil erst durch tiefe Brunnen zugänglich. Im Nordwesten haben jede größere Stadt und viele Dörfer Wasserleitung.

Hierhin gehört auch die Radiumgewinnung (aus Uranpechblende) im Erzgebirge.[10])

Von mineralischen Düngemitteln (Pflanzennährsalzen) ist Kali[11]) im Werra-, im oberen Fuldagebiet und vor allem in Thüringen südlich des Harzes reichlich zu finden; in Mitteldeutschland ist der Verbrauch groß, aber in Süddeutschland ist nach Krisches Karte seine Verwendung zum Zwecke der Ertragssteigerungen noch sehr entwicklungsfähig. Die Tschechoslowakei bezieht viel Kali von Deutschland.[12]) Stickstoff aus der Luft wird in großem Maßstabe mit Hilfe der Wasserkräfte am Alpenrande gewonnen; auch in Oppau bei Ludwigshafen besteht ein großes Werk. Die Einfuhr von Chilesalpeter ist dadurch überflüssig.[13]) Im mittelgebirgigen Westdeutschland

---

1) Dürrheim, Rappenau, Wyhlen.

2) Wilhelmshall bei Rottmünster, Sulz, Hall, Wilhelmsglück, Friedrichshall, Klemenshall, Heilbronn, Böckingen.

3) Burgbernheim u. a.

4) Dieuze, Chambrey, Saaralben, Château-Salins, Haras usw.

5) Rosenheim, Traunstein, Reichenhall, Berchtesgaden.

6) Hall in Tirol, Hallein bei Salzburg, Hallstatt und Ischl in Oberösterreich, Aussee in Steiermark. Österreich 1923: 1500 T. Steinsalz und 81800 T. Sudsalz.

7) 1923: 134100 T.

8) 1923: 307000 T.

9) Sehr zahlreiche kalte, warme Säuerlinge und heiße Quellen liegen im linksrheinischen Flügel des Rheinischen Schiefergebirges (wo in der Eifel auch gasförmige Kohlensäure gewonnen wird). Neuenahr, Apollinarisbrunnen seien erwähnt; im rechtsrheinischen Flügel Wiesbaden (98), Soden, Schlangenbad, Homburg vor der Höhe, Nauheim, Langenschwalbach, Ems, Selters. Wildungen liegt am Kellerwald. Wiesbaden allein hatte 1913 einen Fremdenbesuch von 177550 Fremden, 1924: 99540. Es ist das besuchteste deutsche Heilbad.

10) In der Tschechoslowakei ist Joachimstal wichtig; 1909—1922 wurden rund 24 g oder 12% der bisherigen Radiumproduktion gewonnen. Im sächsischen Anteil dienen Brambach und Oberschlema Heilzwecken.

11) Prod. von Kalisalzen in Deutschland 1923: 11,35 Mill. T. mit 1,06 Mill. T. K_2O-Gehalt. Ausf. 1913: 1,68; 1922: 0,96, 1923: 0,98; 1924: 0,69 Mill. T. Einf. von Thomasphosphatmehl 1924: 518000 T. (1913: 441000, Ausf. 714000 T.); Ausf. von schwefelsaurem Ammoniak 104000 T. (Prod. von Ammoniumsulfat 1922: 1,19 Mill. T., von Cyanamid 238000 T., von Thomasschlacken 1,18 von Superphosphat 0,63 Mill. T.).

12) 1920: 102000, 1922: 56400 T.

13) Der Bezug von Chile soll 1924/25 immer noch 200000 T. betragen haben.

werden hauptsächlich Thomasmehl und Ammoniumsulfat im Anschluß an die Verhüttung phosphorreicher Eisenerze bzw. an die Kohlenindustrie gewonnen. An Phosphaten leidet Deutschland schwer Mangel. Auch die Schweiz[1]) und Österreich haben sich der Luftstickstoffgewinnung mittels ihrer Wasserkräfte zugewandt.

b) Textilrohstoffe für **Kleidung** baut das südliche Mitteleuropa nur noch in bescheidenem Maße an, seitdem die Baumwollfaser dem Flachs und Hanf Konkurrenz machte[2]), wenn sich auch während des Krieges die Produktion wieder etwas steigerte. Die Flachsproduktion ist wohl mehr im ozeanischen Gebirgsnordwesten Mitteleuropas anzutreffen, die Hanfproduktion mehr in den warmen Niederungen des Südostens.[3])

Die Leinenindustrie ist ziemlich entwickelt; in Deutschland an der Mittelgebirgsschwelle (Weserbergland: Bielefeld [79], Lausitzer Gebirge: Zittau [36] und Umgegend, Riesengebirge: Lauban [14] und Landeshut [12]), an die auch die tschechoslowakischen (nordostböhmischen[4]) und nordwestmährischen[5]) Industriestätten sich anschließen. Gedeihen des Rohstoffes, gutes Wasser, gute Bleichen, billige, arbeitsgewohnte Industriebevölkerung sind wohl die ersten Begünstigungen dieser Industrie gewesen.

Viel bedeutsamer ist die auf Einfuhr des Rohstoffes angewiesene Baumwollindustrie[6]) geworden, die besonders in Süd- und Mitteldeutschland[7]) und in Böhmen[8]) entwickelt ist, aber auch in Österreich (Vorarlberg, Wiener Becken[9]) und der Schweiz (Nordosten), in Ungarn und Rumänien Fortschritte macht. Baumwollwaren sind wichtige Ausfuhrartikel einiger Länder[10].)

---

[1]) Prod. von Cyanamid 1922: 31000 T.

[2]) Deutschland gewann 1921/22: 28000 (1913: 13500) T. Flachs, die Tschechoslowakei 12580, 1923: 13640, Österreich 3230 T., Ungarn 2350 T., Rumänien 1410 T., die Schweiz wohl ganz wenig; das ganze südliche Mitteleuropa zusammen um 1922 etwa 5 % der W. Deutschland (Einfuhrüberschuß 1922: 2970 T. Flachs, 4127 T. Flachswerg), die Tschechoslowakei und Österreich sind Einfuhrländer, Ungarn Ausfuhrland.

[3]) Um 1922 soll Deutschland 5—6000 T. erzeugt haben; die Tschechoslowakei 9440; Ungarn 13080; Rumänien 10810 T. Deutschland (Einfuhrüberschuß 1922: 21570 T. Hanf und 16870 T. Hanfwerg), Österreich und die Tschechoslowakei sind Einfuhrländer, Ungarn (in kleinem Maßstabe) Ausfuhrland.

[4]) Georgswalde, Rumburg, Hohenelbe, Trautenau (15) usw. Vgl. „Wirtschaftsgeographische Karten und Abhandlungen zur Wirtschaftskunde von Österreich-Ungarn (der Länder der ehemaligen Österreich-Ungar. Monarchie). Hsg. v. Fr. Heiderich. (Leinen-, Hanf-, Jute-, Baumwoll-, Woll-, Seidenindustrie usw.).

[5]) Mährisch-Schönberg (13), Römerstadt usw.

[6]) Ganz Deutschland besaß 1922/23 etwa 9,6; die Schweiz 1,51; die Tschechoslowakei 3,51; Österreich 1 Mill. Spindeln, zusammen etwa 10% der Weltziffer. Deutschland verbrauchte 853000 (Einf. 1924: 332900 T.), die Schweiz 95000, die Tschechoslowakei 254000, Österreich 106000 Ballen Baumwolle.

[7]) Die Spinnerei in Mülhausen (99) im Elsaß, Augsburg (155), Reutlingen (29), Hof (40), Werdau (20), Chemnitz (304), in der Oberlausitz, in Steinkunzendorf an den Sudeten; die Weberei im Elsaß (Mülhausen, auch Markirch), in Württemberg (Reutlingen, Göppingen [22], Stuttgart [324], Heidenheim [18], Ulm [56]), Bayern (Augsburg), im Hessischen Fulda (24) usw., in Thüringen (Mühlhausen [34]), im Fichtelgebirge (Helmbrechts, Hof), Vogtland (Plauen usw.), Erzgebirgischen Becken (Chemnitz, Hohenstein-Ernstthal [15] usw.), in der Oberlausitz (Cunewalde, Großschönau, Zittau usw.), an den Sudeten (Lauban, Reichenbach [15] usw.).

[8]) Reichenberg (35), Warnsdorf (20), Trautenau (15).

[9]) Bregenz (7), Feldkirch, Dornbirn (14).

[10]) Deutschland führte 1924: 44895 T. Baumwollgarn u. 26120 T. baumwoll. Gewebe ein, aber auch 34340 T. Baumwollgewebe aus (wegen des Ruhreinbruchs sind alle Ziffern für Deutschland aus 1923 und 1924 unvollständig); 1922: 32175 T. (Einf. 32195 T.), dazu Baumwollengarn 4160 T. (Einf. 51190 T.). Die Schweiz führte 1923: 19000 T. (Baumwolle und) Baumwollwaren aus, jedoch 41100 T. ein; die Tschechoslowakei 41000 T., Österreich 17390 T. aus.

Die Schafwolle gibt einen in den kalten Wintern geschätzten Rohstoff ab. Freilich ist die Wollproduktion[1]) in den letzten fünfzig Jahren immer mehr zurückgegangen, und eine gewaltige Einfuhr von Rohwolle ist nötig.[2])

Die Wollindustrie hat Hauptsitze in Mittel- und Süddeutschland[3]) und in der Tschechoslowakei.[4]) Deutschland, Österreich, die Tschechoslowakei führen Wollwaren aus.[5])

Die Seidenzucht ist nur in einigen südlichsten Gebieten (schweizerische Kantone Tessin und Graubünden, Südungarn) schwach entwickelt. Rohseide muß eingeführt werden. Die Seidenindustrie hat hauptsächlich in der Schweiz[6]) Fuß gefaßt; Seidenwaren sind hier Ausfuhrartikel.

Spitzen und Stickereien (auch für Ausfuhr) werden besonders im Freistaat Sachsen, nämlich in Plauen (105) und Umgebung, Schneeberg, Eibenstock usw. und in St. Gallen (67) in der Schweiz hergestellt, Posamenten in Annaberg (17).

Die einheimische Tierzucht liefert Häute und Felle, aber in den industriellen und dichtbevölkerten Gebieten Mittel- und Süddeutschlands wie in der Tschechoslowakei, Schweiz und Österreich genügen sie dem großen Bedarf der Lederindustrie nicht, zumal für Schuhwerk, das in den winterkalten, rauhen Gebirgen so besonders nötig ist und auf den weitverbreiteten harten und steinigen Böden Mitteleuropas so schnell angegriffen wird. In den Eichenrinden steht gutes Gerbmaterial für die Lederbereitung zur Verfügung, und Gerbstoff wird noch eingeführt.

Mittel- und Süddeutschland sind die Hauptgebiete der deutschen Lederindustrie.[7]) Lederwaren werden besonders in Offenbach, Hanau, Nürnberg, Dresden, Schuhwerk namentlich in Pirmasens, auch München, Tuttlingen, Heilbronn, Nürnberg; in Weißenfels, auch Ehrenfriedersdorf, Dresden, Neustadt (Schlesien) usw. hergestellt. Leder und Lederwaren sind wichtige Ausfuhrartikel. Auch die Tschecho-

---

[1]) 1923 Deutschland: 24300 T. = reichlich 2% der W., Tschechoslowakei 1890 T., Schweiz 340 T., Österreich 680 T., Ungarn 5000 T., Rumänien 23950 T. = 2% der W., zusammen 56200 T. = 4¾% der W.

[2]) Deutschland mit 13% des Weltverbrauchs von Rohwolle (1909/13) ist eines der wichtigsten Länder der Wollindustrie und führt viel Wollwaren aus (s. S. 100). Auch die Tschechoslowakei, die Schweiz, Österreich müssen Wolle kaufen. Rumänien führt Rohwolle aus.

[3]) Die wichtigsten Gebiete (das Aachener, das niederrheinisch-westfälische, das erzgebirgische) schließen sich an die deutsche Mittelgebirgsschwelle an; gleichfalls die bemerkenswerten thüringischen und oberlausitzer Wollindustriestätten. In Süddeutschland heben sich das Neckarbecken und das Elsaß heraus. Über die Ursachen dieser Verbreitung vgl. E. Friedrich in „Kartograph. Beiträge zur Wirtschaftsgeographie" Nr. 1 (Bern 1913).

[4]) Reichenberg (35), Asch (20), Brünn (222), Iglau (26), Neutitschein (13), Jägerndorf (21).

[5]) Die Tschechoslowakei 1923: 17100 T., dazu noch viele Konfektionswaren; Österreich 1923: 4375 T.; Deutschland 1922: 16150 T. Wollwaren u. 6640 T. Wollgarn (Einf. 16030 T.).

[6]) In Basel (136) und Umkreis; in den Kantonen Zürich und Zug: Ausf. von Rohseide und Seidenwaren 1923: 6600 T. für 386 Mill. Fr. Ausf. Österreichs 1430 T. für 59,4 Mill. Goldkronen, Deutschlands 1924: 3570 (Einf. 590) T. Seidenwaren bei 3060 T. Einf. von Rohseide (Ausf. 420 T.).

[7]) Zentren sind Aachen (146), das verlorene Malmedy, Barmen (175), Freudenberg, Siegen, Frankfurt a. M. (433), Offenbach (75), Pirmasens (40), Eßlingen (38), Backnang, Metzingen, Altensteig, Tuttlingen, Nürnberg (360), im Saalegebiet (Thüringen) Rehau, Pößneck (12), Neustadt, Mühlhausen (34), Dresden usw.

slowakei, die Schweiz und Österreich besitzen ansehnliche Leder- und Lederwarenfabriken.[1]) Pelzwarenindustrie Deutschlands s. S. 116.

Mineralisches Schmuckmaterial (Gold, Silber usw.) erzeugen in geringen Mengen Deutschland, die Tschechoslowakei und Rumänien (s. Bd. I, S. 163).

c) Baumaterial für **Wohnungen** kann in erster Linie der Wald[2]) liefern, der in den großen, für landwirtschaftliche Ausnutzung nicht oder wenig brauchbaren Gebirgsdistrikten (Rheinisches Schiefergebirge, Harz, Thüringer Wald, Erzgebirge, Sudeten, Schwarzwald, Alpen usw., im Böhmer Wald, in den Karpathen weit verbreitet ist.[3]) Nadelholz herrscht überall vor.

Mancherlei Industrien, die für Wohnung und Hausleben Bedeutung haben, knüpfen sich an die Waldgebiete: Herstellung von Möbeln[4]), Holzschnitzerei (Mulden, Schüsseln usw., z. B. in den Alpen), Spielwaren (Erzgebirge: Grünhainichen, Olbernhau, Seiffen usw., im Meininger Oberland [Thüringer Wald, Sonneberg, 21], Nürnberg, 360[5]), Musikinstrumenten.[6]) Holzstoff- und Papierherstellung konzentrierte sich ebenfalls in den Gebirgen (Erzgebirge, Rheinisches Schiefergebirge, Alpen usw.[7]), wo sich reichlich Wasser und Wasserkraft darboten.

Die alten Gebirgsschollen mit ihren Graniten, Gneisen, Schiefern, Sand-, Kalksteinen usw.[8]) boten auch reichlichst mineralisches Baumaterial mannigfachster Art; es konnte nicht ausbleiben, daß man es als das dauerhaftere dem feuergefährlichen Holz vorziehen lernte, besonders in den enggebauten Städten, oder es wenigstens mit dem Holz gemeinsam einbaute.

In den Beckenlandschaften wiederum fehlt es nicht an Tonen und Lehmen für Ziegelbauten und Töpferwerk, und in den jungen Tiefebenen Ungarns und Rumäniens konnte dieses Material der Hauptstoff für Bauten werden.[9]) Zementmaterial bot sich vielfach (außerhalb der alten Rumpfschollen), z. B. im Schwäbischen und Fränkischen Jura, im Mainzer Becken, am Alpenrande und Porzellanmaterial

---

[1]) Ausf. der Tschechoslowakei 1923: 5100 T. für 258,4 Mill. tschech. Kronen; Österreich führte 1923: 8210 T. für 50,2 Mill. Goldkronen aus; Deutschland 1922: 15110 T. Oberleder und Lederwaren.

[2]) Vgl. H. Hausrath, Der deutsche Wald. Leipzig 1907. (Aus Natur u. Geisteswelt, 153).

[3]) In Deutschland sind 25 (24), in der Schweiz 21 (22,7?), in der Tschechoslowakei 28 bis 29 (34,3?), in Österreich 37,4 (fast drei Viertel Fichtenwälder), in Ungarn 11,8 (14?), in Rumänien 24,6 (27,8?) % der Fläche bewaldet.

[4]) Z. B. Stühlen in der Gegend von Stuttgart, im Harz, im sächsischen Mittelgebirge (Waldheim, 11), in Wien usw.

[5]) Hier hat sich besonders die Herstellung von metallenen Spielwaren konzentriert.

[6]) Streich- und (metallene) Blasinstrumente im Vogtland (Markneukirchen) und in Mittenwald.

[7]) Österreich führte 1923: 829420 T. Holz, 38110 T. Holzwaren, 214860 T. Papier u. Papierwaren aus; für die Tschechoslowakei ist Holz einer der wichtigsten Ausfuhrartikel (vgl. S. 101). auch Holzstoff (1924: 72600 T.), Papier und Papierwaren (1923: 93990 T.) kamen zur Ausfuhr; doch ist nach K. Uhlig die T. kein Holzexportland großen Stiles, die große Holzausfuhr der letzten Zeit war ein „Ausverkaufsgeschäft" wie in Polen. Rumänien führte 1923 gar 2224790 T. Holz u. Holzwaren aus. Ungarn (1923: über 2 Mill. T.) muß dagegen wie Deutschland Holz einführen (gesägtes Nadelholz 1922: 1021140 T., Nadelholz roh 902250 T.); dagegen konnte Deutschland Papier, Pappe u. -waren 1922: 4947770 T. ausführen; dazu 60730 T. Kinderspielzeug usw.

[8]) Vgl. F. M. Müllers Karte (mit Text) in den Kartographischen Beiträgen zur Wirtschaftsgeographie Nr. 4 (Bern 1915).

[9]) 1920 bestanden nach J. Szende 51,9% der ungarischen Häuser aus Lehm, 21,4% aus Stein oder Ziegeln, nur 2,8% aus Holz.

(Kaolin) im Meißener Massiv (Freistaat Sachsen) und bei Halle, in der Tschechoslowakei (bei Karlsbad usw.).

d) Tierische und mechanische Helfer, Werkzeugmaterial.

Von **Arbeitstieren** wird neben dem Rinde, das in ausgedehntestem Maße neben seinen sonstigen Leistungen[1]) die Arbeitskraft am Pfluge usw. herzugeben hat und trotz seiner Langsamkeit in den Hügel- und Gebirgslandschaften durch seine stetige Kraft sich empfiehlt, das Pferd gehalten, und zwar hauptsächlich in der Form der schwereren kaltblütigen Rasse, die besonders im Bergland als starkes Arbeitspferd geschätzt wird. Diese Form ist durch Österreich, ja mit der Intensivierung der ungarischen Landwirtschaft durch Aufkreuzung der hier „bodenständigen" orientalischen Rasse bis in die ungarische Tiefebene vorgedrungen. In den Karpathen sind nach R. Schoenbeck die Huzulenpferdchen und ähnliche kleine Formen (unermüdliche Bergsteiger) zu finden, während in dem siebenbürgischen Becken edle leichte Tiere gezüchtet werden. In den rumänischen Ebenen und Hügelländern herrscht der orientalische Schlag, sowohl in den moldauischen und walachischen Pferden, als in denen der Dobrudscha oder Beßarabiens vor. In den mehr ebenen und vorwiegend landwirtschaftlichen Gebieten ist die Pferdedichte am stärksten, doch werden auch in der Industrie viele Zugpferde gebraucht, die erst allmählich von Traktoren und Lastkraftwagen verdrängt werden.[2])

An Kohlen zur Gewinnung von Dampfkraft ist das eigentliche südliche Mitteleuropa nicht gerade reich, aber an die deutsche Mittelgebirgsschwelle lehnen sich im Norden gewaltige paralische Steinkohlen- und Braunkohlenlager großen Reichtums, die Mitteldeutschland, aber auch Süddeutschland, der Tschechoslowakei, Ungarn usw. mit zugute kommen.

Die Aachener Lager am Nordrande der Eifel[3]) und die anderen linksrheinischen Vorkommen (in Hochschollen des alten Grundgebirges erreichbar[4]), das niederrheinisch-westfälische („Ruhr"-) Kohlenlager am Nordrande des rechtsrheinischen Schiefergebirges[5]), das niederschlesische (Waldenburger) Kohlenlager[6]), das oberschlesische Lager[7]) sind paralische, der Saardistrikt[8]) wohl und sicher die sächsi-

---

[1]) Gewöhnlich werden Ochsen als Zugtiere gebraucht, in sehr kleinen Betrieben jedoch auch Kühe.

[2]) In Deutschland 7,7 Pferde auf 1 qkm (Sachsen fast 11, Hessen 7,5; alle anderen wichtigen Gebietsteile bleiben stark zurück: Baden 4,2 auf 1 qkm); Ungarn 7,7; Rumänien 5,7; Tschechoslowakei 4,2; Schweiz u. Österreich nur 3,2 bzw. 3,5. Die gebirgigen Staaten weisen geringere Ziffern auf als die ebenen Gebiete.

[3]) 10½ Milliarden T. sicher; lieferten vor dem Kriege etwa 1,9% der deutschen Produktion (meist Magerkohle).

[4]) Bei Erkelenz, Brüggen, Crefeld.

[5]) Lieferte fast 62% der deutschen Prod. 56½ Milliarden T. sicher, 157¼ Milliarden T. wahrscheinlich. Tritt an der Ruhr zutage, sinkt aber nach Norden immer tiefer unter dem Deckgebirge ein (bei Münster 1410 m tief). Bei Ibbenbüren kommen kleine Lager zum Vorschein. Nach Norden zu sind alle Kohlenschichten (Mager-, Fettkohlen usw.) erhalten. Hier wird viel Koks (mit Nebenprodukten) gewonnen.

[6]) ¾ Milliarden T. sicher, 2¼ wahrscheinlich. Lieferte 3,7% der ehemaligen Produktion.

[7]) 10½ Milliarden T. sicher, 155½ wahrscheinlich. Nur 5—6% sind nach W. Volz bei Deutschland geblieben, hauptsächlich Magerkohle; das übrige wurde auf schandbare Weise vom Feindbund an Polen ausgeliefert. Früher wurden hier 24% der deutschen Produktion gewonnen.

[8]) 16½ Milliarden T. sicher; lieferte früher 7½% der deutschen Produktion, hauptsächlich Fettkohlen zur Koksbereitung. Hier versucht Frankreich auf rein deutschem Boden „corriger la fortune".

schen[1]), tschechoslowakischen, österreichischen, ungarischen, rumänischen Vorkommen sind limnische Lager. Die wichtigsten deutschen Braunkohlenlager liegen in der Kölner und Halle-Leipziger Bucht der Mittelgebirgsschwelle sowie in der Niederlausitz (s. S. 118); sehr wichtig sind aber auch die Lager Nordwestböhmens. Der Neidkrieg war hauptsächlich darauf gerichtet, uns Deutsche dieser natürlichen Grundlage, die von unserem fleißigen Volke ausgenutzt zur industriellen Größe führte, möglichst weitgehend zu berauben.[2])

Die Schweiz ist, fast ohne Kohlen und Kohlenproduktion[3]), auf Einfuhr angewiesen. Die Tschechoslowakei[4]) besitzt ansehnliche Steinkohlen- und reiche Braunkohlenvorräte, Österreich[5]) sehr ungenügende. Ungarn[6]) ist wichtiger Kohlenvorräte beraubt, Rumänien ziemlich arm daran.[7])

Torflager sind in den Alpen, im Alpenvorlande und in den anderen höheren Gebirgen zu finden, haben jedoch bisher keine größere industrielle Bedeutung. In Süddeutschland, in der Schweiz, in Österreich werden sie eifrig ausgenutzt (für Hausbrand usw.).

Petroleum wird nur in Rumänien in größerem Maßstabe gewonnen. Die Lager liegen hauptsächlich in den Vorkarpathen (wie die galizischen, s. S. 119), im Bezirk Prahova, vornehmlich bei Moreni ($44^1/_2$ %) und Ochiuri (13,4 %), Campina und Bustenari. Die Produktion besitzt für Industrie und Verkehrswesen hohen Wert. Es findet eine große Ausfuhr statt (über Constanza, 28, und den Donauhafen Giurgiu, 21).[8]) Erdgas hat in Siebenbürgen eine Zukunft.[9])

---

[1]) Enthalten keine 225 Mill. T.; werden bald erschöpft sein. Sie lieferten 1920 etwa 4 Mill. T. = 3 % der deutschen Produktion. Alle übrigen deutschen Lager bergen noch etwa 250 Mill. T. Steinkohle. Ganz Süddeutschland ist schlecht mit Steinkohlen ausgestattet. Auch an Braunkohlen lagern in Bayern nur 370, in Hessen etwa 260 Mill. T. Bayern produzierte 1919 nur 0,6 Mill. T. Steinkohlen und rund 2 Mill. T. Braunkohlen.

[2]) Vor dem Kriege besaß Deutschland 424 Milliarden T. = 54,1 % der europäischen Kohlenvorräte, jetzt 235 Milliarden = 30 % (bis 1500 m Teufe). Die gewinnbaren Braunkohlen Deutschlands werden auf 23—24 Milliarden T. geschätzt. 1925 (1913) wurden gefördert 132,7 (190,1; 140,8 nach heut. Gebiet) Mill. T. Steinkohle, Koks 26,8 (34,6; 31,7), Steinkohlenbriketts 5 (7; 6,5), Braunkohlen 139,8 (87,2; 87,2) Mill. T. u. 33,6 Mill. T. Braunkohlenbriketts und Naßpreßsteine (22; 22).

[3]) Die Versuche, die Steinkohlen (Anthrazit) am Montblancmassiv stärker abzubauen und im Jura neue Lager zu erbohren, hatten bescheidene Erfolge. Die Braunkohlen sind selten abbauwürdig.

[4]) Bis 1200 m Tiefe sollen 2,6 Milliarden T. Steinkohlen vorkommen. Am wichtigsten ist ihr Anteil am oberschlesischen Lager bei Ostrau-Karwin; Lager bei Kladno, Rakonitz, Schlan, Pilsen, Schatzlar und bei Brünn sind unbedeutend. 12 Milliarden T. Braunkohlen liegen im Eger- und Bielagebiet (bei Teplitz, Brüx, Falkenau, Karlsbad, Eger); die anderen Vorkommen sind klein.

[5]) Die in den Kalkalpen Niederösterreichs vorkommenden Steinkohlen sind verdrückt (Abbau zu Grünbach bei Wiener-Neustadt). Braunkohlen (zu Leoben, im Grazer Becken, am Hausruckgebirge) werden mehr produziert. Prod. 1923: 158000 T. Stein-, 2,66 Mill. T. Braunkohlen. Eine große Einfuhr (1923 fast 5 Mill. T. Steinkohlen, Braunkohlen u. Koks) ist nötig.

[6]) Es blieben ihm die Jurasteinkohlen von Fünfkirchen am Mecsekgebirge, Braunkohlen zu Salgótarjan am Matra-Bükkgebirge usw. Die Vorräte werden auf höchstens 300 Mill. T. geschätzt (davon 3,5 % Steinkohlen). Prod. 1923: 6,85 Mill. T. Braun- u. 860000 T. Steinkohle. Ungarn bedarf der Einfuhr (1923 etwa 840000 T. Kohle, Koks usw.).

[7]) Gewann in Siebenbürgen wertvolle Lager (Petroseny, Annina-Reschitza) hinzu. 1921 wurden von $1^1/_2$ Mill. T. Prod. 70 % in Siebenbürgen gewonnen; Prod. 1923: 2,12 Mill. T.

[8]) Prod. 1913: 1,85, 1923: 1,51 Mill. T. = 1,07 % der W. Ausf. 1922: 430230, 1923: 384140 T. (nach Österreich, Ägypten, Ungarn, Italien, England, Deutschland, Türkei, Jugoslawien, Frankreich usw.). Raffiniert wird das Rohöl im Lande (1923: 300850 T. Benzin, 213210 T. Lampenöl, 126100 T. Mineralöl, 667540 T. Rückstände bei der 1. Destillation gewonnen). Der Inlandsverbrauch nimmt stark zu.

[9]) Fabrik in Cluj (Kolozsvár); jährlich über 10 Mill. T. Erdgas.

Alle übrigen Petroleumvorkommen im Kanton Genf, in Mähren bei Egbell, tschech. Gbely, mit Spritzern, bei Sillein in der Slowakei, in Ungarn usw.) scheinen mehr oder weniger unerheblich zu sein.

Reich ist das gebirgige Mittel- und Süddeutschland an Wasserkräften.[1]) Am meisten treten sie am Alpenrande in Bayern auf, und man ist hier eifrig dabei, sie für das ganze Land nutzbar zu machen (Walchenseewerk, Lech-, Isarwerke).[2]) Auch im Schwarzwald (Murgkraftwerk) sind Bauten im Gange, und der Rhein vom Bodensee bis Basel verspricht für Baden (und die Schweiz) eine Hauptkraftquelle zu werden, wie der Neckar-Donaukanal für Württemberg.[3]) Auch die deutsche Mittelgebirgsschwelle vom Rheinischen Schiefergebirge bis zu den Sudeten vermag viel Kraft zu liefern und besitzt schon zahlreiche Kraftwerke, andere, wie die große Saaletalsperre sind in Ausführung begriffen. Vor allem gilt es auch, durch Elektrisierung der kohlenfressenden Eisenbahn sparsamer mit den Kohlenvorräten umzugehen.[4])

In der Schweiz[5]) ist die Elektrisierung der Bahnen zwecks Ersparung von Kohleneinfuhr schon weit fortgeschritten, dagegen ist Österreich noch recht rückständig.[6]) Die Tschechoslowakei (Gebirgsränder und kanalisierte Flüsse) hat mäßig, Ungarn (Karpathen) wenig, Rumänien (Donau, Karpathen) ziemlich viel Wasserkraft. Die Ausnutzung ist wenig fortgeschritten.

Werkzeugmaterial liefern außer Holz besonders die Metallerze.

Das ausgeraubte Deutschland besitzt nur noch schwache Eisenerzlager in Mittel- und Süddeutschland.

Die wertvollsten sind die Erzgänge des Siegerlandes[7]) mit durchschnittlich 37,8% Eisen, 7,2% Mangangehalt und sehr wenig Phosphor und die (meist sedimentären) stark gestörten Lager des Lahn- und Dillbezirks[8]) (Dillenburg, Weilburg,

---

[1]) Der Wasserkraftatlas gibt die verfügbaren Wasserkräfte ganz Deutschlands mit 1,35 Mill. PS an (davon entwickelt 1920: 1 Mill.); Schweiz 1,4 (1,07) Mill. PS (für 9 Monate 1,374 Mill.); Österreich 3 (0,2) Mill. PS; Tschechoslowakei 0,42 (0,05) Mill. PS; Ungarn 0,15 (0,03) Mill. PS; Rumänien 1,1 Mill. PS (0,03); zusammen 7,4 Mill. PS = gegen 1¾% der Weltziffer. Neuere Schätzungen für Deutschland bewegen sich zwischen 4 und 6 Mill. PS; eine andere Schätzung gibt 7,6 Milliarden kWh (= ca. 1,6 Mill. PS) — bei der Annahme einer Ausnutzungszeit von 1000 Jahren = der wahrscheinlichen Lebensdauer der Steinkohlenvorräte — an. Auf Steinkohleneinheiten berechnet, würden damit den Wasserkräften Deutschlands (unter Zugrundelegung des Verhältnisses: 1 T. Steinkohlen = 0,735 kWh Wasserkraft) nur 3,3 (nach Dehne 4,9) % Anteil an den Kraftquellen Deutschlands zufallen gegen 1,3 (2) % Braunkohlen-, 0,1% Torfanteil. Die Steinkohle dominiert danach (Dehne: 93%) völlig bei der Kraftversorgung Deutschlands. Nach Dehne würden 7,6 Milliarden kWh nur eine jährliche Ersparnis von 10,2 Mill. T. Steinkohlen bedeuten.

[2]) Die Kanalisierung des Mains und der Rhein-Main-Donaukanal werden an den Kanalstufen Kraft liefern. Die eine Stufe bei Passau (Kachletwerk) ist bald fertig.

[3]) Freilich wirft uns die Feindseligkeit der Franzosen und der von ihnen terrorisierten Rheinkommission bei unseren friedlichen Werken überall Knüttel zwischen die Beine. Der Parallelkanal zum Rhein zwischen Straßburg und Basel, der dem Strome Kraft (Staustufe bei Kembs) und Schiffahrtswasser zugunsten der elsässischen Seite zu entziehen versucht, ist nur ein besonders krasser Fall der Auslieferung deutscher Interessen an einen böswilligen Nachbar durch den „Völkerbund", „das Gewissen der Welt". Erst allerneuestens hat die Rheinkommission beschlossen, Kanal und Rhein auszubauen. Wird das bei der finanziellen Notlage des kontinentalen Europa möglich und zweckmäßig sein? — Aber das „Prestige" —!

[4]) Durch Schaffung von elektrischen Kraftwerken mittels Kohle und Wasserkraft.

[5]) Die Wasserkräfte (bis auf 4 Mill. PS. geschätzt; s. oben) finden sich hauptsächlich in den vergletschert gewesenen Alpen mit ihren Talstufen und Hängetälern.

[6]) Die bis auf 4 Mill. PS geschätzten Wasserkräfte könnten den Bedarf an ausländischer Kohle mehr als doppelt decken. Die Arlbergbahn ist nun elektrisiert, und weitere Bauten stehen bevor.

[7]) Bis 1000 m Tiefe etwa 100 Mill. T. Vorrat, Prod. 2—3 Mill. T. Die Förderung ist schwierig.

[8]) Etwa 170 Mill. T., Prod. um 1 Mill. T.

Wetzlar), die zum Teil auch einen ziemlichen Mangangehalt haben. Ein recht gutes Erz wird aus größeren Lagerstätten südlich von Peine nördlich des Harzes gewonnen[1]); weniger zu rühmen sind die Erze in dem Höhenzug bei Salzgitter.[2]) Im Vogelsberg[3]) werden ziemlich arme mit den Basaltergüssen entstandene Erze gefördert. Die manganreichen (20%) metasomatischen Lager am Süd- und Ostrande des Taunus sind leider wenig nachhaltig.[4]) Alle anderen Lager Deutschlands[5]) produzieren wenig. Bedenklich ist vor allem, daß Deutschland keine Thomaserze mehr besitzt (S. 42).[6]) An Eisenveredelungserzen ist Deutschland ganz arm.[7]) Die Hochöfen liegen im niederrheinisch-westfälischen Kohlengebiet, im Siegerland, im Lahngebiet, Oberschlesien, Niederschlesien.[8]) In denselben Gebieten liegen die Eisen- und Stahlgießereien, Flußeisen- und Flußstahlwerke, Walzwerke und die Eisen- und Stahlwarenfabriken (Solingen, Remscheid, Iserlohn usw.), zum Teil andererseits in den Konsumzentren. Die Maschinenindustrie, gewaltig entwickelt und ausgebreitet, sitzt vornehmlich in den großen städtischen Zentren. Vor dem Kriege lieferte Deutschland der Menge nach am meisten Eisen, Stahl und Waren daraus auf den Weltmarkt.[9]) Auch das ließ die Neider nicht schlafen.

Die Schweiz ist, wie an Kohlen, auch an Eisenerzen ganz arm.[10]) Trotzdem hat sie auf Grund der Einfuhr von Metall eine hervorragende Maschinenindustrie entwickelt, stellt auch Autos und elektrische Waren her. Österreich besitzt Eisenerzlager in den Alpen und fördert Erze besonders an dem ganz aus Spateisenstein bestehenden Eisenerz-Vordernberger Erzberg.[11]) Hier hauptsächlich wird das in Österreich produzierte Roheisen[12]) gewonnen, das

---

[1]) Vorräte rund 220 Mill. T. eines kalkreichen Erzes mit 33—34% Eisen-, bis 3,6% Mangan- und 1,1—1,6% Phosphorgehalt.

[2]) Vorrat 30 Mill. T. Die Erze sind mit den kalkreichen von Peine zu mischen und werden in der Ilseder Hütte verhüttet.

[3]) Jährlich etwa 1/2 Mill. T. von etwa 10 Mill. T. Vorrat.

[4]) Der ganze Taunusbezirk liefert etwa 300000 T.

[5]) Die Gesamtvorräte Deutschlands betragen höchstens 726 Mill. T. bekannte und etwa 2850 Mill. T. wahrscheinlich vorhandene Erze. Aussichtsvoll sind noch die sedimentären Lager nordwestlich von Münster bei Bentheim-Ochtrup und die der Fränkischen Alb. Zu den kleinen Produzenten gehören die Kontaktlagerstätte von Schmiedeberg in Niederschlesien, die Lager Thüringens (Kamsdorf). die Harzer Erzgänge, die Lager im Wesergebirge und am Schafberg und Hüggel bei Osnabrück. Die Erze des Ruhrkohlengebiets und Oberschlesiens gelten als minderwertig und werden wenig gefördert. Prod. von Eisenerz 1913: 28,6, im jetzigen Gebiet 7,31 Mill. T., 1921 noch nicht 6, 1923: 5,12, 1924: 4,46 Mill. T..

[6]) Die Einfuhr (aus Schweden und Frankreich Thomaserze, aus Spanien Bessemererze) betrug 1913 etwa 1/3 (11,4 Mill. T.) des Verbrauchs (1922: 11,01 Mill. T.), 1924 nur kaum 3 Mill. T.

[7]) Eisenmanganerze mit 12—30% Mangan in der Lindener Mark; Prod. von Manganerz 1913: 331000, 1923: 104000 T.; ein wenig Nickelerz, Wolfram- und Molybdänerz. Vanadiumerz kam aus Deutsch-Südwest-Afrika. Es wurde in normalen Zeiten sehr viel Manganerz aus Transkaukasien und Südrußland eingeführt.

[8]) Die lothringischen und die saarländischen (einstweilen) wie die wichtigsten oberschlesischen gingen verloren. Prod. von Roheisen 1923 monatlich nur 394000 T. gegen 1,608 Mill. T. 1913, Stahl im Monatsdurchschnitt 501000 gegenüber 1,575 Mill. T. 1925 wurden 10,18 Mill. T. Roheisen und 12,19 Mill. T. Stahl produziert.

[9]) Deutschland führte 1913: 6,3 Mill. T. Eisen und Stahl aus (bei kleiner Einfuhr), 1922: 2,557 Mill. T. (doch macht die Einfuhr nur um 1/4 etwa weniger aus). Die Ausfuhr, die 1913 (einschl. Luxemburg) 39% der von den 6 wichtigen Eisen- u. Stahlländern auf den Weltmarkt gebrachten Mengen betrug, soll 1923 nur 11% ausgemacht haben.

[10]) Oolithische Eisenerze zu Delsberg im Jura, usw.

[11]) Prod. Österreichs 1921: 696000, 1923: 1,21, 1924: 0,71 Mill. T.

[12]) 1921 Prod. Österreichs: 226000, 1923: 344100, 1924: 267000.T. Roheisen, 1921: 293000, 1923: 508000, 1924: 398000 T. Stahl.

der lebhaften Eisenverarbeitung im Mur-, Mürz- und Ennsgebiet zugrunde liegt.[1]) Die Maschinen- und Werkzeugindustrie sitzt in Wien (1,84 Mill.), Steyr (21), Graz (158), Klagenfurt (26), Linz (94). Die Tschechoslowakei besitzt Eisenerze[2]) in der böhmischen Silurmulde zwischen Prag und Pilsen (Nučitzer Erzberg.) Hier und noch mehr im mährisch-schlesischen Kohlengebiet liegen die Hochöfen (Witkowitz usw.). Erze werden zum Teil eingeführt. Die Eisen- und Maschinenindustrie sitzt in Prag (677), Pilsen (88), Königgrätz (13), Brünn (222) usw. und in den Gebieten der Roheisenherstellung. Ungarn verlor von seiner Eisenproduktion über 80%.[3]) Auch seine junge Eisen- und Maschinenindustrie (Budapest, 929, Raab, 50, usw.) erlitt große Verluste.[4]) Die rumänische Eisenindustrie[5]) steht in den Anfängen.

Andere Erze sind ziemlich schwach vertreten. Kupfer[6]) gewinnt Deutschland besonders aus den Kupferschiefern von Mansfeld (Zechsteinformation am östlichen Unterharz).

Die Produktion Österreichs (Alpen)[7]) und der Tschechoslowakei ist ziemlich unbedeutend. Während Deutschland 1913 noch etwa 20% der Weltproduktion von Zinkerzen (Oberschlesien, Rheinisches Schiefergebirge, Harz) und 6% von Blei (im Muschelkalk bei Tarnowitz und im Rheinischen Schiefergebirge) lieferte, ist es durch den Raub Oberschlesiens um etwa 85% seiner Zink- und 70% seiner Bleiproduktion gekommen.[8]) Die anderen Länder (Tschechoslowakei, Österreich) kommen wenig in Betracht.[9]) Große Mengen von Kupfer, auch Zink und Blei, Zinn usw. bzw. ihre Erze sind den ansehnlichen Metallindustrien Deutschlands, der Schweiz, der Tschechoslowakei, Österreichs zuzuführen. Bauxit (Vogelsberg, Österreich, Ungarn, Rumänien) für die Aluminiumindustrie ist ebenfalls meist einzuführen. Andere Erze sind in nennenswerten Mengen kaum vorhanden.[10])

Magnesit (Österreichs) und Graphit (Bayern, Tschechoslowakei, Österreich[11]) seien noch erwähnt.

---

[1]) Orte Eisenerz, Vordernberg, Donawitz (8), Leoben (11), Bruck usw. Im Kremstal in Oberösterreich (Michelsdorf und Kirchdorf) werden Sensen hergestellt; in Niederösterreich sind Waidhofen a. d. Ybbs, Scheibbs, Neunkirchen, Ternitz, Leobersdorf, ferner Mödling und vor allem Wiener-Neustadt (35) wichtige Eisenzentren.

[2]) Prod. 1923: 675000 T. Die böhmischen Erze können infolge ihres hohen Quarzgehaltes nur mit großen Mengen Koks verwertet werden. Andere Erzvorkommen in den Nordwestkarpathen. Prod. von Manganerz 1923: 42000 T., Roheisen 1924: 1,05, Stahl 1,35 Mill. T.

[3]) Prod. 200000 T. statt 1,2 Mill. T. der Vorkriegszeit.

[4]) Roheisen 1923: 51000 T.

[5]) Eisenprod. 120000 statt 390000 T.

[6]) Erzprod. 1923: 767000 T. Die Hüttenproduktion Deutschlands ging von 41500 T. (1913) auf 25000 T. 1923 zurück, der Rohmetallverbrauch von 260000 auf 96000 T.

[7]) 1923: 68000 T.

[8]) Die Zinkerzgewinnung betrug 1913: 646000, 1923: 78000 T.; die Hüttenprod. von Zink ging von 281000 (1913) auf 40000 (1923), der Verbrauch von 232000 auf 66000 T. zurück; die Bleierzgewinnung von 145000 auf 68000, die Hüttenprod. von Blei von 188000 auf 35000, der Verbrauch von 230000 auf 60000 T. zurück; die Hüttenprod. von Zinn von 12000 T. auf 3800, der Verbrauch von 19900 auf 7900 T. zurück.

[9]) Österreich gewann 1924: 76000 T. Bleierz und stellte 5000 T. Blei und (1923) 10000 T. Zink her.

[10]) Deutschland erzeugte 1920: etwa 13400, 1923: 6700 T. Bauxit u. führte 1922: 166700 T. ungerein. Bauxit u. Kryolith ein; es gewann 1923: 16100, 1924: 20000 T. Aluminium; die Schweiz prod. 1921 etwa 6000, 1924: 20000, Österreich 3000 T. Aluminium. Ungarn lieferte 1917 noch 118600 T. Bauxit. Allein die Schweiz führt Aluminium aus (1913: 7490, 1923: 12150 T.). Arsenerzlager von Reichenstein und Schmiedeberg (Sudeten) seien noch erwähnt.

[11]) Prod. Deutschlands an Rohgraphit 1921: 24600 T. = 33% der W., Tschechoslowakei 8500 T. (11,3% d. W.), Österreich 13300 T. (17,7% d. W.).

e) Die **Industrie** nahm ihre Standorte in den Kohlengebieten, nahe den Wasserkräften oder in den Produktionsbezirken der Rohstoffe, meist zugleich an schiffbaren Strömen (Rhein, Donau, Elbe, Weser und Zuflüssen), an Kanälen, an Knotenpunkten des Landverkehrs, die durch größere Orte bezeichnet sind, und in Gebieten billiger und reichlicher Arbeit. Sie hat sich besonders im gebirgigen Mittel- und Süddeutschland (Niederrheinisch-westfäl. Steinkohlengebiet, Sachsen, Oberschlesien usw.), im schweizerischen Mittellande, in der nördlichen Tschechoslowakei, in der Gegend von Wien, in Budapest, Bukarest entwickelt und wurde in ihren wichtigsten Betätigungszweigen schon behandelt.

f) **Der Handel** des südlichen Mitteleuropa spielt sich infolge seiner Lage im Herzen Europas, Meerferne und Berührung mit allen Randlandschaften Europas, einerseits zu einem großen Teil im Austausch der Teilländer untereinander ab, andererseits mit den Gebieten des benachbarten germanisch-polnischen Flachlandes und mit Süd- und Westeuropa: mit dem benachbarten Italien (zumal für Schweiz und Österreich); für Schweiz, Mittel- und Süddeutschland auch mit Frankreich, und für Deutschland ebenso mit Belgien; weniger mit Osteuropa, mit dem nur an der schmalen rumänischen Front direkte Berührung stattfindet. Jedoch selbst mit überseeischen Ländern sucht besonders der industrialisierte Nordwesten des südlichen Mitteleuropa Handelsbeziehungen über die Häfen der Nordsee einer-, des Mittelmeers andererseits anzuknüpfen. Dazu helfen Deutschland die Deutschen im Auslande.[1]

Ausfuhrartikel sind für den Nordwesten in erster Linie Industriewaren, doch auch Nahrungsmittel (Zucker, Käse, kondens. Milch usw.) und Rohstoffe (Holz), für den Südosten Nahrungsmittel und Rohstoffe (Holz, Petroleum); Einfuhrartikel für den Nordwesten: Rohstoffe für die Industrie und Nahrungs- und Genußmittel, ferner Kohlen usw., für den Südosten hauptsächlich Industriewaren.

Ausfuhr Deutschlands 1913: 10097,2; 1922[2]): 6181,5; 1925: 8838 Mill. Goldmark (Fertigwaren 1913: 6746,2; 1925: 6625,8; halbfertige Waren und Rohstoffe 2274,1 bezw. 1640,4; Nahrungs- und Genußmittel 1069,5 bezw. 516,9; lebende Tiere 7,4 bezw. 15,3 Mill. Goldmark); Schweiz (Sp.) 1923: 1760,2 Mill. Fr.: Baumwollwaren 325,9; Uhren 216,6; Seidenstoffe 189,5; Stickereiwaren 153,5; Maschinen 148,3; Farbwaren 69; Käse 67,4; Florettseide 60,7; Edelmetalle 57,9; Seidenbänder 52,2; Wollwaren 39,1; Instrumente 34,7; Rohseide 34,2; Lederwaren 31,9; kondens. Milch 31,9; Aluminium 31,8; Strohwaren 29,6; Schmiedewaren 27,4; Schokolade 26,1; Seidenwirkwaren 23,8; Papierwaren 18,7; pharmaz. Waren 17,3; Chemikalien 16,8; Häute u. Felle 16,4; Baustoffe 11,2 Mill. Fr.; Österreich (Sp.) 1923: 1037,7 Mill. Goldkronen: (Baumwolle u.) Baumwollwaren 126,8; Eisen u. Eisenwaren 123,5; Papier usw. 91,2; Holz (Kohle, Torf) 70,6; (Wolle u.) Wollwaren 66,2; unedle Metalle u. Metallwaren 62,6; Konfektionswaren 61,8; (Seide u.) Seidenwaren 58,6; Leder u. Lederwaren 50,2; elektr. Maschinen u. Apparate 39,3; and. Maschinen u. Apparate 33,7; Drechslerwaren 31,9 Mill. Goldkronen. Tschechoslowakei 1923: 12573,3 Mill.

---

[1]) Vgl. F. W. Mohr u. a., Deutsche im Ausland. 2. Aufl. Breslau 1926.

[2]) Die Ziffern für 1923 und 1924 sind wegen des Einbruchs der Franzosen ins Ruhrgebiet unvollständig, die für 1922 unter Berücksichtigung der Inflation errechnet. Vgl. Stat. Jb. f. d. D. R.

tschech. Kronen: Holz (u. Kohle) 2336; Zucker 1884; (Baumwolle u.) Baumwollgarn 1586; (Wolle u.) Wollwaren 1160; (Eisen u.) Eisenwaren 968; Glas u. Glaswaren 962; Getreide, Malz, Mehl, Reis 549; Flachs, Hanf, Jute 296; Obst, Gemüse 264; Lederwaren 258; Tonwaren 257; Papier u. Papierwaren 252; Konfektionswaren 210; Maschinen, Apparate 182; Chemikalien 160; unedle Metalle 155; Holzwaren 143 Mill. tschech. Kronen. Ungarn 1923: 1239,4 Mill. Kronen: Mehl, Weizengrieß 268,7; Getreide 129,5; Maschinen usw. 99,1; Zucker 93,9; Schlachtvieh 74,8; Geflügel 52,5; Fleisch 41; Webwaren 37,7; Wolle 32,1; Eisenwaren 24; Stabeisen, Eisenblech 22,5; Watten u. Garne 19,3; getrocknete Bohnen 19,2; Steinkohle 18; Sämereien 15,9; frisches Obst 15,8, frisches Gemüse 15,7; Eier 13 Mill. Kronen. Rumänien 1923: 24372,7 Mill. Lei: Getreide, Mehl usw. 12033; Holz u. Holzerzeugnisse 4107, Petroleum usw. 3203; Gemüse usw. 1811; lebende Tiere 1701 Mill. Lei. **Einfuhr** Deutschlands 1925 (1913): 12428,2 (10769,7) Mill. Goldmark (Rohstoffe und halbfertige Waren 6269 [6280]; Nahrungs- und Genußmittel 4032,2 [2807,8]; fertige Waren 2005 [1392,2]; lebende Tiere 122 [289,7] Mill. Goldmark); Schweiz (Sp.) 1923: 2243,1 Mill. Fr.: Getreide u. Mehl 225,4; Kohlen 174; Rohseide 157,4; Baumwollwaren 128,4; Wollwaren 112,7; Rohbaumwolle 96,3; Zucker 69,2; Roheisen 66,1; chem. Erzeugnisse 66,3; Fleisch u. Fleischwaren 60,6; Wein 55,8; Rohwolle 53,5; Fahrzeuge 48,3; Maschinen 36,9; Viehfutter 34,7; Seidenwaren 33,4; Tabak 32,1; Butter 31,5; Holzwaren 30,2; Holz 29,9; Edelmetalle 29,4; Papierwaren 28,7; Eier 27,4; Rohkupfer 25; Leinenwaren 24,9; Kaffee 24,3; Schmiedewaren 23,1; Südfrüchte 23; Gemüse 18,3 Mill. Fr. Österreich (Sp.) 1923: 1850,9 Mill. Goldkronen: Baumwolle (u. Baumwollwaren) 269,6; Getreide, Mehl, Hülsenfrüchte 259,1, (Holz) Kohle (u. Torf) 190,7; Wolle (u. Wollwaren) 172,1; Vieh 110,6; Seide u. Seidenwaren 85,2; Fette u. Öle 81,9; Tabak 63,7; Eßwaren 56,9; Obst u. Gemüse 50,6; Zucker 47,8 Mill. Goldkronen. Tschechoslowakei 1923: 10222,3 Mill. tschech. Kronen: Baumwolle u. Baumwollgarn 1764; Wolle (u. Wollwaren) 1268; Getreide, Malz, Mehl, Reis 870; Tiere 675; Tabak 350; Mineralien, Erze 349; Obst, Gemüse 334; unedle Metalle 296; Eisen u. Eisenwaren 294; Holz, Kohle 250; Chemikalien 240; Kolonialwaren 217; Flachs, Hanf, Jute 213; Seide u. Seidenwaren 201; Maschinen, Apparate 191; Mineralöle 182 Mill. tschech. Kronen. Ungarn 1923: 1236,5 Mill. Kronen: Webwaren 244,7; Holz 159,3; Kohlen u. Koks 90,1; Watte u. Garne 84,5; Rohmetalle 65,2; Maschinen usw. 53,8; bearb. Leder 51,9; Papierwaren 48; pflanzl. Spinnstoffe 37,4; Mineralöl (gereinigt) 33,1; Häute u. Felle 26,9; Eisenwaren 25,6 Mill. Kronen. Rumänien 1923: 19712,9 Mill. Lei: Webwaren 5126; Metalle u. Mineralien 3209; Wolle u. Wollwaren 2091; Maschinen 1742; Seide u. Seidenwaren 767; Früchte u. Kolonialwaren 736; Zucker u. Zuckerwaren 606; Konfektionswaren 594; Kautschuk usw. 540; Papier 494; Fahrzeuge 451; Leder u. Lederwaren 410; Farben 345; chem. u. medizin. Waren 330; Glaswaren 318 Mill. Lei.

Handelsländer in Prozent der Ausfuhr: Deutschland 1924: Niederlande 9,9; Großbritannien 9,3; Union 7,5; Tschechoslowakei 5,8; Schweiz 5,7; Österreich 4,8; Polen 4,6; Dänemark 4,5; Schweden 4,4; Italien 3,7; Argentinien 3; Britisch-Indien usw. 2,3; Japan 2,2; Brasilien 2; Norwegen 2; China 1,8; Finnland 1,6; Frankreich 1,6; Belgien 1,5; Danzig 1,4; Spanien 1,4; Rumänien 1,4; Rußland 1,4; Ungarn 1,2; Saargebiet 1,1; Niederl.-Indien usw. 1; Chile 0,9; Lettland 0,9; Schweiz: Großbritannien 20,6; Frankreich 12,2; Union 11,9; Asien 10,5; Deutsches Reich 8;

Italien 5,7; Österreich 3,7; Spanien 3,7; Brit.-Nordamerika 2,6; Belgien 2,4; Argentinien 2,2; Australien u. Ozeanien 2; Afrika 2; Niederlande 1,7; Tschechoslowakei 1,7; Österreich: Südslawien 13,2; Deutsches Reich 12,6; Italien 9,7; Ungarn 8,2; Polen 8,1; Schweiz 6,8; Rumänien 7,6; Großbritannien 4,2; Japan 2,1; Niederlande 1,8; Union 1,7; Tschechoslowakei: Österreich (mit Durchfuhr) 21,2; Deutsches Reich 20,4; Großbritannien 9,7; Ungarn 5,7; Union 4,4; Südslawien 4,4; Italien 3,7; Schweiz 3,9; Rumänien 3,2; Polen 2,85; Asien 2,5; Frankreich 2,4; Niederlande 1,85; Schweden 1,1; Afrika 1; Ungarn: Österreich 45; Tschechoslowakei 11,8; Italien 9,2; Rumänien 7,1; Südslawien 5,9; Deutsches Reich 5,8; Polen 1,4; Rumänien: ?.

Handelsländer in Prozent der Einfuhr: Deutschland 1924: Union 18,7; Großbritannien 9,1; Argentinien 5,7; Elsaß-Lothringen 5,6; Tschechoslowakei 4,8; Niederlande 4,6; Polen 4,4; Brit.-Indien usw. 4,4; Italien 4; Schweiz 2,9; Dänemark 2,8; Austral. Bund 2,7; Niederländ.-Indien 2,7; Frankreich 2,4; Belgien 1,7; Österreich 1,6; China 1,4; Rußland 1,4; Brit.-Südafrika 1,4; Schweden 1,3; Brasilien 1,3; Spanien 1,2; Brit.-Westafrika 1; Schweiz: Deutsches Reich 18,6; Frankreich 17,6; Italien 10,3; Großbritannien 8,1; Union 7,9; Belgien 4,2; Tschechoslowakei fast 4; Asien 3,7; Brit.-Nordamerika 3,6; Argentinien 2,9; Afrika 2,8; Niederlande 2,2; Spanien 1,6; Österreich 1,4; Polen 1,1; Australien u. Ozeanien 1,1; Österreich: Tschechoslowakei 23,2; Deutsches Reich 16,6; Ungarn 11,3; Italien 7,1; Polen 6,4; Union 6,2; Schweiz 6,1; Südslawien 5,2; Großbritannien 2,3; Rumänien 2,3; Niederlande 1,05; Tschechoslowakei: Deutsches Reich 44,2; Union 7; Österreich (mit Durchfuhr) 6,5; Italien 4,5; Niederlande 4,1; Polen 3,7; Dänemark 3,5; Frankreich 3,46; Ungarn 3,45; Südslawien 2,7; Schweiz 2,1; Schweden 2; Rumänien 1,8; Asien 1,2; Ungarn: Österreich 24,4; Tschechoslowakei 24,2; Deutsches Reich 13,4, Rumänien 10,6; Polen 5,2; Italien 4,1; Südslawien 3,3; Rumänien 1923: Deutsches Reich 22,9; Tschechoslowakei 13,2.

g) Verkehr. Infolge der Lage im Herzen Europas wird das südliche Mitteleuropa fast von allen Landverkehrslinien zwischen Norden und Süden, Westen und Süden, Westen und Osten, Süden und Osten geschnitten. Die Intensität und die Richtungen des Landverkehrs, um den es sich im südlichen Mitteleuropa großenteils handelt, werden durch die Handelsverhältnisse, wie sie geschildert wurden, die eingeschlagenen Wege (Eisenbahnen usw.) wesentlich durch die Bodenformen bedingt.

Das mittel- und süddeutsche Schollenland mit seiner Vielgestaltigkeit von Hoch- und Tiefschollen verweist den Verkehr in die fruchtbaren und dichter bevölkerten Becken und Niederungen (Oberrheinische Tiefebene, Hessisches Bergland, thüringisches Becken, Neckartal usw.). Die Gebirge werden in Flußtälern und trennenden Senken (wie im Rheindurchbruch unterhalb Bingen, Elbtal, im Kraichgau zwischen Schwarzwald und Odenwald; in der Senke zwischen Rheinischem Schiefergebirge und Vogelsberg, Vogelsberg und Rhön, Rhön und Thüringer Wald, im Vogtland, durch die Schwäbisch-Bayrische Hochebene) leicht gequert oder umgangen. In der Schweiz ist das Mittelland natürlich das Hauptverkehrsgebiet, und durch dieses vollzieht sich auch ein Teil des Austausches mit Deutschland, der in der Gegend des Bodensees in das Nachbarland hinüberstrahlt. Aber der (Schweizer) Jura trennt das Mittelland von der Oberrheinischen Tiefebene und dem französischen Nachbarland im Westen (Burgundische Pforte und Sâonesenke) und mußte kunstvoll überschient werden. Die noch schwierigeren Verbindungen in und durch das Hochgebirge der Alpen nach Italien hinüber erhielt das Mittelland (wie zugleich Frankreich, Deutschland usw.) erst durch die neueren Tunneleisenbahnen der Gotthard-, Simplon- (und Lötschberg-), Berninabahn, während nach Österreich zu vor allem die (jetzt elektrisierte) Arlbergbahn Zugang verschaffte. Die Brenner- und die Tauernbahn (letztere mit Tunnel) sind die Hauptverbindungswege[1]) Süddeutschlands durch die österreichischen Alpen nach Italien. Die Tschechoslowakei wird von Süddeutschland aus vor allem durch den Paß von Taus im Böhmer Wald, Österreich (Wien) durch die Donausenke über Passau oder Salzburg erreicht. Wiens Verbindung mit Italien vermitteln Bahnen über Graz, Villach und Klagenfurt. Zugleich verschaffen diese Linien Anschluß an Jugoslawien. Für die Erreichung der Tschechoslowakei (Prag) und Österreichs, auch Ungarns von Norden her sind teils die Senke des Vogtlandes, teils das Elbtal und die großen sudetischen Pforten an der Görlitzer und an der Glatzer Neiße, endlich die Lücke von Weißkirchen (zwischen Sudeten und Karpathen) wichtig. In Ungarn fallen alle größeren Schwierigkeiten des inneren Landverkehrs (abgesehen von den schwierigen Flußüberbrückungen) fort, und das Donautal eröffnet einen Naturweg nach Wien (und Süddeutschland) und Prag einer-, Jugoslawien andererseits, dessen nördliche fruchtbarste Gebiete gegen Ungarn geöffnet sind; durch das jugoslawische Gebiet (über Agram) hatte sich Ungarn auch den notwendigen Auslaß zum Adriatischen Meere (Fiume) geschaffen. Die Karpathenwege gegen Norden und Nordosten führen Ungarn zu dem slowakischen Zipfel der Tschechoslowakei wie zum germanisch-polnischen Flachland und Rußland. Mit Rumänien muß Ungarn durch das südöstliche Karpathenland den Verkehr suchen: über das Temestal (Temesvár—Turnu-Severin), über Petroseny (Vulkanpaß), Hermannstadt (Roter Turm-Paß) und Kronstadt (Tömöspaß), von denen die drei letzteren Paßstellen (durch die Transsilvanischen Alpen) zugleich den Verkehr zwischen Altrumänien und Siebenbürgen vermitteln; die Pässe der Karpathen von Siebenbürgen nach der Moldau und Beßarabien (Gyimespaß usw.) haben mindere Verkehrswichtigkeit. In Altrumäniens Ebenen und Hügelland wie in Beßarabien bereiten nur die Flüsse, Flußtäler und Sümpfe dem Eisenbahnbau Schwierigkeiten. Über Verbindungen nach Süden und zum Adriatischen Meer s. S. 78f.

Die großen Flüsse Mitteleuropas: der Rhein, die Weser, die Elbe, die Oder (mit ihren Nebenflüssen) gehören teilweise, die Donau ganz dem südlichen Mitteleuropa an und eröffnen der Binnenschiffahrt trotz der bergigen und gebirgigen Bodenformen weitgehende Möglichkeiten, wenn eine hohe Wirtschaftsstufe sie auszunutzen versteht.

Der Rhein über Basel bis zum Bodensee, der Main, der Neckar, die Mosel, die Lahn, Werra und Fulda, Weser, Saale, Elbe, Moldau, Donau bis Ulm, March, Theiß, Sereth, Pruth, Dnjestr, um nur die wichtigsten Wasserläufe zu nennen, erschließen das Gebiet nach allen Richtungen, lassen sich noch weit besser durch Regulierungen schiffbar machen und vielfach durch Kanäle miteinander und Nachbar-

[1]) Eine Stilfserjoch-Fernpaßbahn und eine Bernhardinbahn werden erörtert. Das Projekt einer schweizerischen Ostalpenbahn von Chur aus südwärts (Greinabahn oder Splügenbahn) ruht einstweilen.

flüssen in Verbindung bringen. Am besten sind von Natur Rhein und Donau bedacht, die aus den Alpen viele und ansehnliche Zuflüsse (zum Teil aus Schneefeldern und Gletschern) empfangen. In Süddeutschland, in der Schweiz, in der Tschechoslowakei, auch in Ungarn, ist schon viel an den Flüssen gebessert worden, weniger in Österreich und Rumänien. Unter den Kanälen versprechen besonders der in Süddeutschland zur Verbindung von Rhein und Donau in Angriff genommene Main-Donau- und Neckar-Donaukanal sowie der schweizerische Kanal Rhein-Genfer See[1]) Wichtigkeit zu bekommen.

Frankfurt a. M. (433), Mannheim (230), Straßburg (167), Basel (136), Regensburg (53), Prag (677), Wien (1,84 Mill.), Preßburg (93), Budapest (929), Braila (66), Galatz (73), sind die verkehrswichtigsten Flußhäfen dieser mitteleuropäischen Wasserstraßen.

Seehäfen besitzt das südliche Mitteleuropa direkt nur am Schwarzen Meer in den Häfen Rumäniens: Sulina, Constanza (28), Ackerman; da sie völlig peripherisch an der schmalsten Stelle der Ostfront Mitteleuropas und an einem Nebenmeer, namentlich den entwickeltsten, industriellsten und bevölkertsten nordwestlichen Teilen Mitteleuropas fern liegen, haben sie nur mehr örtliche Bedeutung für Rumänien. Ungarn sucht nach dem nahen Adriatischen Meer (Fiume, das ihm Italien nahm, und dem nahen auszubauenden Susak; s. S. 78f.) Seeanschluß. Der Tschechoslowakei ist die Wahl zwischen Triest (239), das auch neben Venedig (172) der Seehafen Österreichs sein muß, und Hamburg (986) gelassen, und sie wird im allgemeinen nach den Richtungen des zu bedienenden Handels ausfallen. Die Schweiz kann zwischen (italienischen oder französischen) Mittelmeer- und Nordseehäfen wählen. Dort stehen Genua (301, bzw. ein neuzuschaffender Hafen), in Zukunft wohl auch Venedig (172), mit Marseille (586) im Wettbewerb, hier Rotterdam (524) und Antwerpen (304) mit den deutschen Nordseehäfen; ja selbst Bordeaux (267) am Golf von Biscaya empfiehlt sich den Schweizern für ihre Überseetransporte. Für Süddeutschland kommen allenfalls neben den Nordseehäfen: Genua, Venedig, Triest, für das gebirgige Mitteldeutschland die deutschen Nordseehäfen, Rotterdam und Antwerpen für Überseetransporte in Betracht.

Der **Luftverkehr** unterliegt zurzeit noch beständigen Veränderungen, doch scheinen sich folgende Linien als dauernd herauszubilden: München—Berlin, (Paris—) Straßburg—Prag—Warschau, (Paris—) Straßburg—Prag—Wien—Budapest—Belgrad—Bukarest—Konstantinopel, München—Wien—Budapest, Straßburg—Basel, Prag—Preßburg (Bratislava).

Der **Nachrichtenverkehr** ist in dem ganzen Gebiet vorzüglich organisiert; doch nimmt seine Intensität im allgemeinen von Nordwesten nach Südosten ab. Postdampferlinien, Kabel, Telegraphenlinien, Funkstationen, drahtlose Telephonie, Flugpostdienst vermitteln den internationalen Nachrichtenverkehr.

[1]) Wenn die Rhône von den Franzosen in der geplanten Weise (s. S. 48) ausgebaut wird, so daß größere Schiffe bis zum Genfer See aufwärts schwimmen, wird eine größere Wasserstraße von der Nordsee bis zum Mittelmeer führen. Eine Parallelstraße für große Schiffe wollten die Franzosen von Straßburg aus (dem Rhein Wasser entziehend!) durch Verbesserung des Rhône-Rhein-Kanals im Elsaß und durch die Burgundische Pforte zur Saône herstellen; doch beschränkt man die Bauten vorläufig auf die Schiffbarkeit für 300 T.-Schiffe. Vgl. übrigens S. 48, Anm. 1.

E. Mitteleuropa, nördlicher Teil[1])

(Niederlande, Dänemark, Nordwestdeutschland, Nordostdeutschland mit der Freien Stadt Danzig, Polen).

Der nördliche Teil Mitteleuropas umfaßt das germanisch-polnische Flachland, das in dem russischen Flachland seine breitere Fortsetzung findet.

I. Naturverhältnisse. Der Boden besteht bis auf geringe Stellen aufragenden älteren Gesteins aus glazialen (eiszeitlichen) und alluvialen Ablagerungen, ist auf großen Flächen moorig und sandig und im ganzen mäßig fruchtbar. Das Klima ist im westlichen Abschnitt bis zum Längengrad des unteren Weichseltals etwa feuchttemperiert (C 7[2]), nimmt jedoch schon hier immer kontinentalere Züge an. Weiter nach Osten hin ist es boreal (D 8); doch haben mehr als 4 Monate über 10° C Durchschnittstemperatur.[2]) Immerhin sind die Sommer von Westen gegen Osten immer kürzer, wenn auch wärmer. Die an sich geringen Höhenunterschiede des Bodens bringen wie die Lage zum Meer mannigfache Verschiedenheiten, verschärfende oder mildernde Ausprägungen des Klimas zustande. Die Niederschläge nehmen gegen Osten ab, ein Teil fällt als Schnee.

II. Politisch rechne ich hierhin das Königreich der Niederlande (34200 qkm, 7,1 Mill. Einw.), das Königreich Dänemark (43020 qkm, 3,27 Mill. Einw., einen großen Teil der Republik Deutschland (Nordwest- und Nordostdeutschland, ungefähr 270000 qkm mit 32 Mill. Einw.), die Freie Stadt Danzig (1914 qkm, 365000 Einw.) und die Republik Polen (386500 qkm mit 27,2 Mill. Einw.), zusammen ungefähr 736000 qkm mit 70 Mill. Einw. Die Bevölkerung besteht aus Niederländern, Dänen, Deutschen, Polen.

Die Volksdichte des ganzen Gebietes (95) ist mäßig hoch; in den Niederlanden am höchsten (207—208), mit großen Schwankungen im einzelnen.[3])

---

[1]) Vgl. J. Partsch, Mitteleuropa. Gotha 1904. — H. Hassinger in Andree, Heiderich u. Sieger, 4. Aufl. Bd. I. Wien 1926. — H. Blink, Nederland en zijne bewoners. 3 Bde. 1886 bis 1892. — J. C. Everwijn, Beschriving van Handel en Nijverheid in Nederland. Haag 1912. 2 Teile u. ökonom. Atlas. — K. Zeeman, Moderne Geographie van Nederland. 2. Aufl. 1914. — Mulder Geologie van Nederland. Haag 1920. — W. Tuckermann in Andree, Heiderich u. Sieger, Bd. I. Wien 1926. — E. Löffler, Dänemarks Natur und Volk. Kopenhagen 1905. — N. V. Ussing. Die Geologie Dänemarks. Heidelberg 1910. — K. A. Gerlach, Dänemarks Stellung in der Weltwirtschaft (Probleme der Weltwirtschaft III). Jena 1911. — D. Bruun, Danmark. 5 Bde. Kopenhagen 1919 ff. — R. Sieger in Andree, Heiderich u. Sieger, Bd. I. Wien 1926. — F. Ratzel, Deutschland. 4. Aufl. Leipzig 1920. — W. Ule, Das Deutsche Reich. 2. Aufl. Leipzig 1925. — G. Braun, Deutschland. Berlin 1916. — E. v. Seydlitzsche Geographie. Bd. I. Deutschland. Breslau 1925; K. Hassert, Das Wirtschaftsleben Deutschlands. Leipzig 1923; (Wissenschaft und Bildung 188); Erw. Scheu, Deutschlands wirtschaftsgeographische Harmonie. Breslau 1924. — W. Geisler, Norddeutschland. Greifswald 1925. Vgl. S. 81. — R. Franke, Wirtschaftsführer der freien Stadt Danzig. Danzig 1925. — Wunderlich, Handbuch von Polen. Berlin 1919. — Braun, Die östlichen Grenzländer Norddeutschlands. Bonn 1921. — Slowinski, Die wirtschaftliche Lage und Zukunft der Rep. Polen. Berlin 1921. — Fr. Bauer-Czarnomski, The Polish Handbook 1925. London 1925. — Arv. Schultz in Andree, Heiderich u. Sieger. Bd. I. Wien 1926. — Über die deutschen Kolonien, s. S. 286, Anm. 1.

[2]) Vgl. Utrecht, Juli 16,8°, Jan. 1,5° C. Extreme 31° und −11°. 700 mm (Aug. 80, April 40); — Aachen (200 m), Juli 16,7°, Jan. 1,5° C. Extreme 32° und −11°. 820 mm (Juli 90, April 50); — Hamburg, Juli 16,9°, Jan. −0,3° C. Extreme 30° und −12°. 700 mm (Juli 80, April 40); — Berlin (40 m), Juli 18°, Jan. −0,7° C. Extreme 33° und −14°. 570 mm (Juli 80, Febr. 30); — Danzig, Juli 17,4°, Jan. −1,9° C. Extreme 31° und −18°. 540 mm (Juli 70, Febr. 30); — Breslau (150 m), Juli 18,7°, Jan. —1,6° C. Extreme 32° und −17°. 580 mm (Juli 80, Febr. 30). — Warschau (120 m), Juli 18,8°, Jan. −3,4° C. Extreme 32° und −21°. 570 mm (Aug. 80, Febr. 30).

[3]) Die niederländische Provinz Süd-Holland hat 546, Drenthe nur 80, der Freistaat Mecklenburg-Strelitz 36,3 Menschen auf 1 qkm.

III. Die **Wirtschaft** wird durch Vorherrschen der Landwirtschaft gekennzeichnet, doch dringen aus dem braun- und steinkohlenreichen Grenzgebiet des südlichen und des nördlichen Mitteleuropa Bergbau[1]) und vor allem Industrie, die Bevölkerung verdichtend, in die südlichen Randgebiete des Flachlandes ein: auch ist es an vereinzelten Stellen des inneren Flachlandes auf Grund von natürlicher oder geschaffener Verkehrsgunst usw. zu industrieller Entwicklung gekommen. Ebenso sind die Seehäfen und ihre Nachbarschaft Industriestätten geworden. Aber in Nordostdeutschland kommt die Industrie schwer hoch. Billigkeit der Arbeit ließ auch in Polen einige industrielle Zentren entstehen, denen die reichen oberschlesischen Lager Kohlen senden.

a) Die Erzeugung von Nahrungs- und Genußmitteln.

In den Niederlanden sind etwa $26^1/_2$% der Fläche Ackerland; See- und Flußmarschen, mit hohen Deichen geschützt, sind sehr fruchtbar. Heideländereien ($15^1/_2$% der Fläche; z. B. das Peelgebiet) fing man im Kriege an, neu zu erschließen, und der Zuidersee wird viel fruchtbares Ackerland abgewonnen werden. In Dänemark eignen sich besonders die Inselböden, die fruchtbaren Moränenböden an der Ostseite Jütlands und die engräumigen Marschböden an der Westseite der jütischen Halbinsel für den Ackerbau; in Schleswig-Holstein liegen ganz ähnliche Verhältnisse wie im dänischen Jütland vor. Die friesischen Marschen werden durch gewaltige Deiche geschützt und durch Neueindeichungen in den Watten allmählich vergrößert. Das flache Nordwestdeutschland von der Elbe bis zum Rhein wird weithin von Mooren und sandigen Heiden eingenommen, so daß, wie die Karten Krisches, vereinfacht das Kärtchen Scheu's zeigen, gute Böden abseits der See- und Flußmarschen bis gegen den Rand der deutschen Mittelgebirgsschwelle hin kaum zu finden sind. Besser sind im ganzen die Böden Nordostdeutschlands[2]), obwohl auch hier ausgedehnte Sandheiden, wie im südlichen Brandenburg, in der Zone der südlichen Landrücken[3]), in der Tucheler Heide (des ehemaligen Westpreußens), in der Johannesburger Heide usw. die fruchtbareren Strecken unterbrechen. Dagegen ist die zwischen den baltischen und den südlichen Landrücken eingeschlossene „Zone der Urstromtäler"[4]), die sich aus der Gegend der Havelmündung nach Osten und besonders in Posen und Kongreßpolen bis nach Weißrußland hin verbreitert, in den Plateaus recht fruchtbaren Bodens. Der Norden Kongreßpolens gehört der sterilen Südabdachung des preußischen Landrückens an. Südlich der südlichen Landrücken zieht wiederum ein Urstromtal von der unteren Ems und Weser nach Magdeburg zur mittleren Elbe und bis

---

[1]) Die älteren Aufragungen und fortschreitend den von den jungen Ablagerungen zugedeckten Untergrund ausnutzend. Vgl. S. 115 u. 118ff.

[2]) In der Zone der baltischen Landrücken (oder Seenplatten), die außer der jütischen Halbinsel den mecklenburgisch-vorpommerschen, den pommerschen und preußischen Landrücken umfaßt, gibt die ostseewärtige Abdachung wie das plattenförmige Vorland im Norden (Vorpommern, Rügen, westpreußische Kämpen, Samland), dem auch die dänischen Inseln angehören, im allgemeinen fruchtbaren Ackerboden ab, während landeinwärts der Endmoränenzug durch steinigen, die Südabdachung durch Sandboden wenig günstig sind.

[3]) Ihr gehören schon die Lüneburger Heide, dann der Fläming, die Niederlausitzer Höhen, der Schlesische Landrücken an.

[4]) Niedrige Plateaulandschaften, von breiten Urstromtälern (ostwestlichen Längstälern: der Netze, Warthe usw. und schmäleren Quertälern) durchschnitten.

zur Malapaneniederung und verbindet die fruchtbaren Tieflandsbuchten (die Kölnische oder niederrheinische, die Münstersche oder westfälische, die sächsisch-thüringische und die schlesische) miteinander, die (wie Meeresbuchten in die Küste) in die deutsche Mittelgebirgsschwelle eindringen. Jenseits der schlesischen Tieflandsbucht begrenzen das oberschlesische Hügelland, die oberschlesische Platte, das polnische Mittelgebirge und das Lubliner Hügelland die fruchtbare polnische Zone der Urstromtäler im Süden; mit ihrem südlichen Steilabfall überragen sie die von Weichsel und San durchströmte nordgalizische Niederung des an die Karpathen gelehnten polnischen Galizien.[1]) Nach Osten ragt das geschwollene Polenreich weit nach Osteuropa hinein.

Hauptbrotgetreide ist überall der Roggen, der zumal im Osten (s. S. 129 f.)[2]) große Flächen einnimmt. Besonders in den sandigen und moorigen „Geestgebieten“[3]), wo der Roggen wegen seiner Anspruchslosigkeit Fortkommen findet, und im borealen Osten, wo er das winterkalte Klima am ehesten verträgt, wird er vor anderen Kulturpflanzen bevorzugt. Der anspruchsvollere Weizen, den die Bevölkerung (sofern sie die Mittel besitzt) für die Ernährung vielfach bevorzugt[4]), ist an die fruchtbaren Böden gebunden und tritt, geringe Flächen[5]) einnehmend, nur fleckenhaft auf: in den Marschen Hollands und Nordwestdeutschlands, auf den fruchtbaren Moränenböden Ost-Schleswig-Holsteins und der Landrücken in Mecklenburg und Vorpommern, im unteren Oder- und Weichselgebiet, in der Zone der Urstromtäler und in den Tieflandsbuchten sowie besonders auch im nördlichen Harzvorland. Auf dänischem Boden werden ebenfalls nur die fruchtbarsten Gebiete mit Weizen bestellt. Im Posenschen, in Kujavien und im Kulmerland sind Deutschland äußerst ertragreiche und gut kultivierte Weizenböden und Überschußgebiete an Polen verloren gegangen[6]), dessen östliche Teile weniger fortgeschritten sind.[7]) In Galiziens fruchtbarem Hügel- und Niederungsland wird reichlich Weizen gebaut. Die norddeutschen Gebiete (und namentlich Posen[8]) und Westpreußen) sind Überschußgebiete für Brotgetreide und versorgen die Industriegebiete, wie E. Scheu näher ausführt. Die dichtbevölkerten Niederlande,

---

[1]) Das man mit Recht auch zum südlichen Mitteleuropa rechnen könnte.

[2]) Es mögen wohl um 23% der W. im nördlichen Mitteleuropa gewonnen werden.

[3]) In den Niederlanden sind die Hochmoore meist urbar gemacht; in Deutschland ist noch viel Land in den Mooren, die vornehmlich im Nordwesten und auf den Seenplatten verbreitet sind (sie nehmen 4% der deutschen Fläche ein), zu gewinnen. Der Roggenkonsum sank in Deutschland von 153,1 kg auf den Kopf (1913/14) auf 89,7 kg 1922/23, 105,5 kg 1923/24. Ernte 1925: 8,06 Mill. T.

[4]) Der Weizenkonsum betrug 1913/14: 95,8, 1922/23: 46,5, 1923/24: 57,4 kg. Der W. des n. M. ist Weichweizen. Gleicherweise sank der durchschnittliche Verbrauch von Gerste von 108 auf 29,3 bzw. 41,5, Hafer von 128,3 auf 57,1, Kartoffeln von 700,2 auf 559,6 bzw. 433,1 kg.

[5]) In den Niederlanden sind dem Weizen 1,8; in Deutschland 2,9; Dänemark 2,2; in Polen 2,7% der Fläche gewidmet. Ernte Deutschlands 1924: 2,43; 1925: 3,22 Mill. T.

[6]) Nach Fr. Eulenburg erzeugten die Deutschland geraubten Teile von Ost-, Westpreußen und Posen, mit denen etwa 5,2% der Reichsbevölkerung verloren gingen, 1913: 14,8% der deutschen Roggen- und 6,7% der Weizenernte, waren also ausgesprochene Überschußgebiete. War Deutschland schon vor dem Kriege auf die Einfuhr von Weizen stark angewiesen (während es Roggen etwas ausführen konnte), so ist es derselben jetzt noch viel bedürftiger. Fortschritte der Landwirtschaft müssen diese Abhängigkeit unserer Ernährung mit Brotgetreide möglichst aufheben.

[7]) Das germanische Flachland hatte, wie Krisches Karte des Kaliverbrauches erweist, einen starken Kaliverbrauch.

[8]) Nach E. Scheu konnte Posen bei guten Ernten für $3^1/_2$ Mill. und Westpreußen für 1,2 Mill. Menschen Brotgetreide abgeben.

das deutsche Rheinland und Sachsen müssen viel Auslandgetreide kaufen[1]); sogar Dänemark führt Brotgetreide ein. Das ozeanische feuchttemperierte Klima an der Nordsee und in ihrem Hinterland ist — vom Boden abgesehen — klimatisch wegen großer Feuchtigkeit dem Getreidebau übrigens nicht sehr günstig; darum ist er wie in England zurückgegangen, und Tierwirtschaft (s. S. 111f.) ist vielfach an seine Stelle getreten. Weiter gegen Osten wird das Einbringen der Ernten durch die Feuchtigkeit der Erntemonate Juli und August oft bedroht und geschädigt.

Allein der Haferbau findet gute Bedingungen im ozeanischen (feuchttemperierten) Nordseeklima (C 7 b), gleichfalls auf den Inseln und in der Küstennähe der Ostsee, da er kühle feuchte Sommer liebt; daher wird dieses wichtigste Futtergetreide[2]) hier viel ausgesät.[3]) Nächst dem Roggen ist es das meist angebaute Getreide.[4]) Die Gerste, als Braugerste nur auf den fruchtbarsten Böden (Marschen usw.) angebaut, sonst als Futter hoch geschätzt, steht hinter den anderen Getreidearten zurück.[5]) Auch Hafer und Gerste müssen noch eingeführt werden.[6]) Buchweizen (für Geestgebiete charakteristisch) spielt nur eine sehr geringe Rolle. Die Erträge der Getreidefelder sind in dem westlichen und mittleren Teil des germanisch-polnischen Flachlandes infolge guter sachgemäßer Düngung durchschnittlich hoch, am höchsten natürlich auf fruchtbaren Böden.[7]) Auch die annektierten Westgebiete Polens hatten gute Schulung genossen. Im Osten sind die Erträge viel geringer.

Die Getreidemüllerei wird, soweit nicht die großen städtischen Dampfmühlen das Land versorgen, in den flachen und besonders in den meeresnahen windreichen Gebieten durch Windkraft betrieben, während man in dem südlichen Mitteleuropa durchaus vorherrschend die Wasserkraft arbeiten läßt.

Ein sehr wichtiges Nahrungsmittel des nördlichen Mitteleuropa ist die Kartoffel, die besonders auf den ärmeren Böden (Moor- und Heideflächen)

---

[1]) 1913 konnte Deutschland 2,546 Mill. T. Weizen einführen (Ausf. 538300 T.); 1922 mußte das verkleinerte und verarmte Land immer noch 1,39 Mill. T. vom Auslande (Union, Argentinien usw.) kaufen. Sogar Roggen, von dem 1913: 934500 T. ausgeführt wurden (bei 352500 T. Einf.), mußte 1922 eingeführt werden (539600 T.). Die Niederlande führen jährlich ungefähr 600000 T. Weizen, 140000 T. Weizenmehl und 290000 T. Roggen ein. Dänemark muß ebenfalls viel Getreide einführen: 1909/13 durchschnittlich 210000 T. Roggen und 170000 T. Weizen. Polen führte 1920: 230000 T., 1921 das Doppelte an Brotgetreide ein, obwohl es ein Ausfuhrland sein müßte.

[2]) Hafer spielt auch in diesen Gebieten als Hafergrütze usw. eine Rolle in der Ernährung der Bevölkerung.

[3]) Deutschland produzierte 1924 nur noch 9,1 (gegenüber 13% vor dem Kriege), Polen 4, die Niederlande 0,44, Dänemark 1,5% der W. Ernte Deutschlands 1925: 5,59 (1911/13: 7,68) Mill. T.

[4]) Deutschland hatte 1924 an 7,5; Dänemark gar 10,7; die Niederlande gegen 4,5; Polen an 6,7% der Fläche damit bestellt, so daß größere Teile des nördlichen Mitteleuropa A. Schencks Haferzone angehören.

[5]) Deutschland (1925: 2,6 Mill. T.) gewinnt (1924) noch 7,1; Dänemark 2,2; die Niederlande 0,2; Polen 3,6% der W.

[6]) Die Niederlande pflegen durchschnittlich 240000 T. Gerste und 120000 T. Hafer einzuführen. Dänemark führt Hafer ein (1909/13: 70000 T.); Deutschland führte 1913: 505000 T. Hafer ein (aber 662000 T. aus), 1922: 85000 T. mehr ein; Gerste für Malzzwecke 1913: 151160, 1922: 96700 T ein, andere Gerste sogar 3,09 Mill. bzw. 170300 T. ein. Auch Mais, der für Körnergewinnung bisher nicht angebaut wurde, kommt viel zur Einfuhr (in Deutschland 1913: 919000, 1922: 1,085 Mill. T. Auch Dänemark und die Niederlande führen ein).

[7]) Die Weizenerträge sind in den Niederlanden (1922) auf 1 ha 2,72, Dänemark 2,62, Deutschland 1,42, Polen 1,11 T.; die Roggenerträge 2,12; 1,64; 1,26; 1 T.; die Hafererträge 1,81; 1,87; 1,25; 1,05 T.; die Gerstenerträge 2,81; 2,46; 1,4; 1,13 T. In ihnen sprechen sich in Mischung die Faktoren der Bodenfruchtbarkeit, Intensität des Anbaus und klimatische Verhältnisse aus.

vor jeder anderen Feldfrucht vorzüglich gedeiht und gute Erträge liefert. Auf feuchten Marschenböden läßt die Qualität oft zu wünschen übrig.

In den **Niederlanden** stehen die Geestprovinzen Drenthe, Overijssel, Geldern (nördlich der Rheinaue) und Nordbrabant voran.[1]) **Dänemark** verwertet durch sie besonders die meliorierten Bezirke des armen mittleren Jütland.[2]) **Nordwestdeutschlands** Kartoffelerzeugung bleibt hinter der Gesamtproduktion an Getreide wenig zurück, aber viel größer ist der Anbau von Kartoffeln in Nordostdeutschland auf den mittelschweren und leichten Böden der „Höhen".

Der Stärkegehalt ist auf Sandboden sogar am höchsten, darum wird die Kartoffel in Norddeutschland besonders auch als Rohstoff für die **Stärkeindustrie**[3]) und für die **Spiritusgewinnung** angebaut. Auf den Kopf der Bevölkerung rechnete man vor dem Kriege etwa einen Verbrauch von 200 kg.[4]) Die Erträge waren sehr hoch. Mit der Kartoffelernte kommt **Polen** Deutschland nahe.[5])

Hülsenfrüchte (Bohnen und Erbsen) und **Gemüse** spielen als Zukost für die Ernährung eine ziemliche Rolle, ebenso unser **Obst** (Äpfel, Birnen, Pflaumen, Kirschen, Beerenobst). In Holland hat der Gemüsebau für Ausfuhr[6]) industrielle Formen angenommen. Auch in Norddeutschland ist der Gartenbau für die großen Städte stellenweise hoch entwickelt.[7])

---

[1]) Die **Veenkolonien** namentlich, d. h. in Ackerland umgeschaffene Moore. 1912 wurden etwa $^2/_3$ der Ernte als Eßkartoffel, $^1/_3$ als Industriekartoffel verwertet. 1914 wurden 120000 T. **Kartoffelmehl**, ferner **Frühkartoffeln** (415000 T.), zumal nach Deutschland, ferner **Spiritus** ausgeführt. Ernte 1922: 3,72 Mill. T. — das Vielfache von dem, was an Getreide hervorgebracht wird — 2,1% der W.

[2]) Ernte 1922: 1,34 Mill. T. = 0,8% der W. Es werden Kartoffeln ausgeführt.

[3]) Unsere **Stärkeindustrie** verarbeitet, wie die der Nachbarländer, hauptsächlich Kartoffeln (20% Stärke). Auf 1 ha ergeben letztere größere Stärkebeträge als andere Feldfrüchte. Die Stärkeerzeugung ist im Osten des norddeutschen Flachlandes ein landwirtschaftliches Nebengewerbe. Die zurückbleibende Pulpe gibt Viehfutter. Aus Kartoffelstärke wird künstlicher **Sago** hergestellt. Der aus dem Stärkemehl der Kartoffel gewonnene 80—95% Alkohol enthaltende **Rohspiritus** der ostelbischen landwirtschaftlichen Brennereien wird dann in Spritfabriken gereinigt. Die bei der Spiritusproduktion zurückbleibende **Schlempe** ist ein gutes Viehfutter, **Hefe** ein Nebenprodukt.

[4]) Der Verlust im Osten mit (1913) 14,5% der deutschen Ernte ist sehr empfindlich. Deutschland erzeugte vor dem Kriege $30^1/_2$, 1922: 23,2% der W. 1920 mußte es über 670000, 1922: 100000 T. einführen, hauptsächlich aus Westpolen und den Niederlanden. 40% der Ernte wurden vor dem Kriege als Viehfutter, 28% für die Volksernährung, 11% als Saatgut, 5% für Brennereizwecke, über 3% für die Stärkebereitung verbraucht. Der Rest der leicht verderblichen Frucht ging zugrunde. Um die Verluste möglichst einzuschränken, hat man neuerdings zahlreiche **Kartoffeltrocknungsanstalten** errichtet. Ernte **Deutschlands** 1911/13: 37,96; 1924: 36,4; 1925: 41,72 Mill. T.

[5]) Prod. 1922: 32,22; 1923: 26,49 Mill. T. auf 21890 bzw. 22790 qkm. Der ha-Ertrag erreichte mit 11,6 T. je ha fast den der deutschen Ernte (gegen 12 T.). Die **Stärkeindustrie** und **Spirituserzeugung** sind (wie auch die Kartoffeltrocknung) in Westpolen (Posen usw.) sehr ansehnlich und können Überschüsse auf den Weltmarkt bringen.

[6]) Gurken, Kraut, Tomaten, Blumenkohl, Möhren usw. werden zum Teil in geheizten Glasbauten, Glashäusern, Glasglocken gezogen, am meisten in Nord- und Südholland; große Ausfuhr, auch nach Deutschland. — Ferner werden **Blumenzwiebeln** (Hyazinthen, Narzissen usw.) und **Blumen** in der Gegend von **Leiden** (67) und **Haarlem** (79) gezüchtet und in alle Länder ausgeführt, doch ging die Kultur infolge des Krieges und aufkommender Konkurrenz (auch bei **Odense**, 49, in Dänemark) zurück. Die einst bei Berlin gezogenen Hyazinthenzwiebeln wichen dem schnellen Wachstum der Stadt.

[7]) Die Nähe Berlins hat den ganzen Landstrich an der Havel und in der Umgebung der Riesenstadt auf die Zucht von Gemüse, Blumen usw. hingewiesen. Auch der Spreewald (Gurken), die Braunschweiger (Spargel), Gubener, Liegnitzer Gegend usw. zeichnen sich durch Gärtnerei aus. Durch Obstzucht sind besonders einige fruchtbare und geschützte Flußniederungen und Marschengebiete bekannt; so die Vierlande bei **Hamburg**, das Kirschland bei **Stade**, das Haveltal bei **Werder** (Kirschen, Erdbeeren; Obstweinkeltereien). Gegen die deutsche Mittelgebirgsschwelle hin nehmen Gartenbau mit Gemüse- und Obstproduktion sehr zu.

Von großer Bedeutung für die norddeutsche Landwirtschaft ist die Zuckerrübe.

Ihr Anbau hat außerordentlich erzieherisch auf unsere Landwirte eingewirkt, da sie einen gut vorbereiteten und gedüngten Boden verlangt; so wurde der Zuckerrübenbau[1]) der Führer zu intensivem Ackerbau.

Die Hauptverbreitungsgebiete des Zuckerrübenbaues liegen auf den fruchtbaren Böden im Umlande des Harzes bis in die sächsische Tieflandsbucht hinein und in der schlesischen Tieflandsbucht.[2]) Die einstige große Zuckerausfuhr[3]) wird schwerlich wieder erreicht werden.

Zuckerrüben baut auch das Marschenland Seelands und Nordwestbrabants (Niederlande, 1,2% der W.) usw. Die Erträge sind sehr hoch, und vor dem Kriege wurde Zucker ausgeführt.[4]) Zuckerrüben gedeihen auch auf den Inseln Fünen, Laaland und Falster (Dänemark); die Produktion[5]) deckt, obwohl klein, ungefähr den (großen) Konsum der Dänen.

Auch Polen hat einen umfangreichen Zuckerrübenbau[6]) und führt Zucker aus.[7])

Getränke des germanisch-polnischen Flachlandes sind Bier, wenig Wein und Branntwein, viel Kaffee, Kakao und Tee.

Hopfen und Weinrebe werden nur wenig angebaut; jener bei Oldenburg, in der Altmark nördlich von Magdeburg, um Allenstein in Ostpreußen, in der Gegend von Neutomischel usw.[8]), diese zur Erzeugung von Weingetränk fast gar nicht[9]), in vielen sonnigen Lagen aber zur Traubengewinnung. Kartoffelspiritus s. S. 109. Die Bierbrauerei ist eine wichtige Industrie geworden, da Malzgerste zur Verfügung steht, und besonders die großen Städte konzentrierten Konsum versprachen; hier haben sich darum die großen Brauereien angesiedelt. Der Bierkonsum ist freilich wohl allgemein zurückgegangen.[10]) Kaffee, Kakao und Tee werden eingeführt.[11])

---

1) Deutsche Gelehrte, Marggraf und Achard, haben ihn begründet. 1801 wurde die erste Rübenzuckerfabrik Europas in Schlesien gebaut, doch datiert der Aufschwung der deutschen Zuckerindustrie erst seit etwa 1920. Die Rüben enthalten infolge der fortgeschrittenen Züchtung jetzt rund 14 und mehr Prozent Zucker.

2) Die preußischen Provinzen Sachsen, Schlesien und Hannover erzeugen etwa 70% der deutschen Gesamtproduktion von Zucker (1913/14: 2,72; 1923/24: 1,15 Mill. T. = 5,8% der W.), die in den geraubten Gebieten Ostpreußens, Westpreußens, Posens (mit [1913] 17,4% der deutschen Produktion) sehr wichtige Überschußgebiete an Polen verloren hat. Die deutsche Produktion und der Zuckerverbrauch (1879: 5,5; 1912/13 und 1914: 10,2 kg) wächst seit dem Kriege wieder (Zuckerverbrauch 1922/23: 1,33; 1923/24: 0,80 Mill. T.; 1921/22: 20,7 kg auf den Kopf).

3) 1913: 1,1 Mill. T., hauptsächlich nach Großbritannien; 1925: 167740 T. bei 143060 T. Einfuhr.

4) 1913 fast 200000 T., hauptsächlich nach Großbritannien. Der Konsum wuchs während des Krieges sehr; 1923/24 betrug er 214000 T. bei 232000 T. Prod.

5) 1913/14: 141000, 1923/24: 102000 T. = 0,5% der W.

6) Kongreßpolen erzeugte 1913/14: 165000 T. Zucker, ganz Polen (s. Anm. 2) 1922/23: 294000, 1923/24: 379000 T. = 1,9% der W. Das Posener Land liefert Rübensaat.

7) 1923: 95000, 1924: 264000 T.

8) Polen gewann 1922: 1630 T. Hopfen.

9) Im Südwesten der Westposener Hochfläche wird Most zur Herstellung von Kognak und Sekt erzeugt. In Ostdeutschland widmet sich Grünberg (22) dieser Fabrikation.

10) In Deutschland von 102,1 Litern auf 25,2 Liter 1918, 37,8 Liter 1920, 54,2 Liter 1921, 46,7 Liter 1923 auf den Kopf. 1924 wurden 34,4; 1925; 46,11 Mill. hl Bier versteuert. Der Weinverbrauch betrug 1921: 5,2, 1922: 5,4, 1923: 3,6 Liter auf den Kopf, der Branntweinverbrauch 2,1; 4,1; 2,5 Liter.

11) Nach Deutschland 1925: 90870, 81110, 4150 T.

Der Tabakbau ist nicht ganz gering in Norddeutschland (Oderbruch an der unteren Oder bis Frankfurt a. d. Oder, 65, aufwärts; Uckermark, Ostpreußen usw.) und in den Strommarschen der Betuwe und in der Provinz Utrecht (Niederlande), in Polen (östliches Galizien usw.). Viel größer als die Produktion ist die Einfuhr von Tabak sowohl in den Niederlanden (Amsterdam, 689, aus Java und Sumatra, s. S. 253) als in Deutschland (Bremen, 270, Hamburg, 986) und in Polen und Danzig (Stadt 195[1]). Die Zigarrenindustrie Norddeutschlands hat in und bei den Häfen Bremen (270), Hamburg (986), auch Lübeck (114), ferner in und bei den großen Städten des Binnenlandes (Berlin, 1,9 Mill., Großberlin 3,8 Mill.; Hannover, 393, Magdeburg, 286; Breslau, 528), auch in Finsterwalde, Frankfurt a. d. O., 65, usw. ihren Sitz, in den Niederlanden in den großen Städten und in der Provinz Nordbrabant usw. Die bedeutende deutsche Zigarettenindustrie hat Hauptstandorte in Dresden (588), Berlin, Hamburg, Hannover, Leipzig (636), Breslau.

Unter den Gewürz- und Arzneipflanzen ist nur etwa der Kümmel der Niederlande mit größerer Ausfuhr erwähnenswert, unter den Ölpflanzen der Lein (Flachs), Raps[2]) und Rübsen, die besonders in den Niederlanden und Deutschland zu größeren noch viel auswärtige Frucht beziehenden Ölindustrien geführt haben.[3])

In dem westlichen Abschnitte des nördlichen Mitteleuropa bewirkt das feuchttemperierte Seeklima (C 7 b), daß sich natürlicher Graswuchs und Futterbau rentabler erweisen als Getreidebau, und daß darum die Viehhaltung und die Erzeugung **tierischer Nahrungs- und Genußmittel** in den Vordergrund rückt.

Das Grasland nimmt in den Niederlanden mehr als ein Drittel der Gesamtfläche ein[4]) und ergibt eine Riesenernte an Heu; Futterrüben und Grünfuttergewächse werden überdies in großem Umfange (auf dem Ackerlande) produziert,

---

[1]) 1913 führte Deutschland 81000 T. Tabakblätter = 7% der W. ein, 1922: 75600, 1925: 120010 T., Deckblätter besonders aus Niederländisch-Indien, gewöhnlichen Zigarrentabak aus Brasilien und der Union, Zigarettentabak aus Griechenland und Bulgarien. Der jährliche Konsum schwankt um 100000 T., um 1,5 kg je Kopf. Zigaretten wurden 1924 (13 Monate) 23,95; 1925: 31,37 Milliarden Stück, Zigarren 5,4 bzw. 6 Millionen, Pfeifentabak 25950 bzw. 24420 T. versteuert.

[2]) Ein ha Raps soll sechsmal so viel Fett bringen, als wenn man ihn mit Graswuchs als Viehweide benutzte.

[3]) Herstellung von Leinöl in den Niederlanden 1913: 62400, 1921: 75660 T., zum größten Teil ausgeführt; 1923: 52760; 1924: 64660 T. (Amsterdam ist Hauptmarkt); Einf. von Leinsaat 1923: 195940; 1924: 289300 T.; Herstellung in Deutschland 1913: 178850; 1921/22: 52570 T. (Einf. 1922 etwa 61000 T.) Leinöl; Herstellung von Rapsöl in Deutschland 1922: 43100 T. Auch Holland stellt Rüböl her und Dänemark Leinöl. Die niederländische Ölindustrie (an der Zaan bei Amsterdam und in Delft) verarbeitet auch besonders eingeführte Kopra (Einf. 1923: 147550, 1924: 148640 T.), und Erdnüsse (53250, 67370 T.). Darauf stützt sich wieder die sehr bedeutende Margarineindustrie (in Oss, Rotterdam [537], Amsterdam [706], Dordrecht [55] usw.), die auch für Ausfuhr (76280, 94690 T.) arbeitet und in Deutschland Zweigfabriken besitzt (bei Hamburg). Kokosöl (65820, 80300 T.) ist wichtiger Ausfuhrartikel. Auch die Seifenindustrie ist ansehnlich. Deutschlands Ölindustrie, die in Harburg (66), am Niederrhein (Cleve, Neuß), bei Bremen, Stettin und im Altenburgischen Hauptsitze hat, verlor durch den Krieg beträchtlich. Die Einfuhr von Rohstoffen steigt jedoch schon wieder an: Raps, Rübsen (1913: 153430, 1922: 123360; Erdnüsse 98090, 69290; Sesam 116040, 15680; Leinsaat 560430, 103160; Baumwollsaat 219800, 19410; Palmkerne 235920, 126880; Kopra 196600, 282680; Sojabohnen usw. 125750, 94510 T., andere 110, 10230 T. 1925 wurden 1531100 T. Ölfrüchte und Ölsaaten eingeführt.

[4]) In den See- und Flußmarschen 50—70, ja stellenweise 100% der Fläche.

Massen von Kartoffeln, Ölkuchen und anderen Futterstoffen (Mais[1]) usw.) können der Viehzucht zugeführt werden. Ebenso werden in Dänemark zu großen Mengen Heu, Futterrüben, Kohlrüben usw. der heimischen Produktion[2]) ansehnliche Mengen von Mais, Ölkuchen usw. (durch Einfuhr) bereitgestellt. Desgleichen stehen in Nordwestdeutschland große Weide- und Grasflächen und vorzügliche Futterbaugebiete in den friesischen Marschengebieten der Nordseeküste, in den Flußniederungen (Weser, Elbe[3]), an der Ostküste Schleswig-Holsteins der Viehzucht zur Verfügung.

Die Niederlande, Dänemark und Nordwestdeutschland sind Gebiete einer großartigen Viehzucht für die Ausfuhr von tierischen Produkten nach den zuschußbedürftigen Ländern bzw. Industriegebieten Westeuropas und des südlichen Mitteleuropa bzw. Großstädten des nördlichen Mitteleuropa selbst. Zumal die Rinder-[4]) und Schweinezucht[5]) kommen dafür in Betracht. Besonders hervorragend ist das Molkereiwesen.[6])

---

[1]) Die Niederlande führten 1923: 710100; 1924: 858000 T. Mais und 197000 bzw. 224000 T. Leinkuchen ein; Dänemark und Nordwestdeutschland ähnlich. Der Bezug von Kraftfutter bedingt freilich eine große Abhängigkeit vom Auslande, die sich (wie bei Deutschland) im Kriege rächen kann. Da Kraftfutter während des Krieges fehlte, sank nicht nur die Zahl, sondern auch die Leistung der Rinder sehr. Die Milchproduktion Deutschlands ging von 24,4 Milliarden Liter 1913 auf 9 Milliarden 1919 zurück (beide Ziffern für die neuen Grenzen!). Das Schlachtgewicht der Rinder, Schweine und Schafe sank von 1913—1919 um 30 bis 50%. 1925 führte Deutschland 536520 T. Mais und 649780 T. Ölkuchen, Kleie usw. ein, 6560 bzw. 533850 T. aus.

[2]) Dänemark produzierte z. B. 1923 (1924) 17,18 (17,62) Mill. T. Futterrüben (1909/13: 11,93 Mill. T.) und 1,66 (1,59) Mill. T. Heu (1,8 Mill. T.).

[3]) Wie auch an der unteren Oder und unteren Weichsel usw. Selbst in Polen nehmen Wiesen und Weiden noch einen großen Raum ein. Da die Flüsse, abgesehen von den „erworbenen" früher deutschen Gebieten, nicht reguliert sind, werden z. B. die Urstromtäler oft überschwemmt und können kaum anders als durch Viehzucht ausgenutzt werden. Der Versailler „Frieden" raubte Deutschland etwa 10,8% seiner Rinder. Deutschland erntete 1924: 23,25; 1925: 24,75 Mill. T. Runkelrüben, Zuckerrüben 10,27 bzw. 10,33 Mill. T.

[4]) Rinder auf 1 qkm in den Niederlanden 60,3, in Dänemark 58,7, in Deutschland durchschnittlich 34,6, in Polen nur 20,3. Auf 1 qkm entfielen in den Niederlanden fast 32, in Dänemark 30,5 Kühe. Innerhalb Norddeutschlands hatte Schleswig-Holstein über 51, Oldenburg fast 48 Rinder auf 1 qkm, Hannover schon nur über 31 (durchschnittlich!), Westfalen über 32, Mecklenburg-Schwerin an 26, Ostpreußen über 27 (die letzteren Gebiete sämtlich unter dem Durchschnitt Deutschlands). Kühe allein entfielen auf Schleswig-Holstein über 24, auf Oldenburg fast 24, auf Ostpreußen 14,6 auf 1 qkm. Diese Ziffern genügen zur Kennzeichnung. Über die Ausfuhrfähigkeit gibt die Zahl der Rinder auf 100 Einw. Anhalt zur Beurteilung: Niederlande über 29; Dänemark über 77; Polen 29; Deutschland über 27 (Schleswig-Holstein 52, Oldenburg 59, Hannover 40, Mecklenburg 50, Ostpreußen über 47, Westfalen nur 14—15). Dänemark führt viel Rindvieh aus (1913: 152400; 1924: 170900, 1925: 80700 Stück, reichlich 1/8 (1924) nach Deutschlad, etwa 3/8 nach der Tschechoslowakei, 1925 ausschließlich nach Deutschland. Auch Polen ist ein wichtiger Viehexporteur. Über Deutschland vgl. S. 88f.

[5]) Die Unterschiede der Schweinezucht mögen folgende Zahlen beleuchten: Niederlande und Dänemark auf 1 qkm je 44—45, Deutschland 31 (Schleswig-Holstein über 51, Oldenburg 35 bis 36, Hannover 47, Ostpreußen über 27), Polen 13,2. Auf 100 Einw.: Niederlande über 21, Dänemark 58, Deutschland 24,5 (Schleswig-Holstein gegen 53, Oldenburg 44, Hannover 60, Ostpreußen 47), Polen gegen 19. Über Deutschland vgl. S. 89.

[6]) Die Niederlande führten aus 1923 (1924): Käse 61080 (77270) T., Butter 23940 (34730) T. kondensierte Milch 98670 (99130) T., Schweinefleisch (frisch) 33560 (65080) T., Schweinefett 21050 (31150) T., Schweine 71670 (245420) Stück; Dänemark 1913 (1923, 1924): Käse 300 (5500, 8900) T., Butter 91000 (111700, 123400) T. (1/4 nach Deutschland), Rahm und Süßmilch 29000 (200, 3200) T., kondensierte Milch 2900 (31400, 34200) T., Ochsen- und Kalbfleisch 15100 (12800, 3800) T., Speck 126400 (173600, 197200) T., Hornvieh (s. oben), Schweine 0 (163400, 180200 Stück). Esbjerg (21) und Kopenhagen (666) sind die Hauptausfuhrhäfen, Großbritannien und Deutschland sind Hauptkäufer. Durch die Angliederung Südjütlands ist die Möglichkeit, Butter auszuführen, noch verstärkt worden; auch als Schlachtviehlieferanten sind die neuen Landesteile wert-

Auf den oben charakterisierten Futterverhältnissen beruht die großartige Rinderzucht der Niederlande (Provinzen Utrecht, Süd- und Nordholland und Friesland; für die Ausfuhr wegen geringer Volksdichte auch Drenthe und Overijssel) und Dänemarks; auf den Inseln ist die Rinderdichte höher als auf Jütland und hier wieder im Osten höher als im Westen. In allen fruchtbareren Gebieten sind es die milchreichen „Niederungsrinder", die als holländische Rasse oder mit größerem oder geringerem holländischen Rasseneinschlag das germanisch-polnische Flachland charakterisieren.

Schafe[1]) und Ziegen[2]), Kaninchen und Geflügel[3]), erst recht Bienen[4]), haben geringere Bedeutung für die Ernährung und, abgesehen von Eiern[5]), für die Ausfuhr.

Die Fischerei findet in dem germanisch-polnischen Flachland verhältnismäßig große Begünstigung durch den Reichtum an (ruhig) fließenden Gewässern wie an Teichen und Seen. Letztere sind besonders häufig im Gebiete der baltischen Landrücken („Seenplatten").

Auch die mehr oder weniger brakigen Gewässer (Haffs, Bodden u. dgl.) der Küstenregion, wie die Zuidersee, der Saaler Bodden, das Stettiner Haff, das Frische und das Kurische Haff usw. sind vergleichsweise ertragreich.[6])

Weit einträglicher als die Binnenfischerei ist die Küsten- und noch mehr die Hochseefischerei, für die vor allem die an der Nordsee gelegenen Teile Mitteleuropas begünstigt sind, während die fischärmere Ostsee nur bescheidenen Nutzen abwirft.[7])

---

voll. Über den innerdeutschen Austausch der Überschüsse Nordwestdeutschlands und Nordostdeutschlands, das zum Teil ebenfalls ausführen kann, vgl. E. Scheu's interessante Ausführungen. Deutschland bedarf einer großen Einfuhr von tierischen Nahrungs- und Genußmitteln: Milch 1925: 107760 T. f. 61,5; Butter 96610 T. f. 372,3; Käse 73910 T. f. 154,9 Mill. RM.

[1]) Schafe kamen auf 1 qkm in den Niederlanden (besonders Insel Texel und Nordholland nördlich von Amsterdam im Dünengelände) 19,5, in Dänemark 10,3, in Deutschland 11,8 (Schleswig-Holstein 9,6; Oldenburg 7,5; Hannover 4—5; Ostpreußen 10,7), in Polen 5,4, auf 100 Einw. 9,4, 13—14, 9,3 (10, über 9, über 5, 18—19) Stück, in Polen 7,6. — In Ostfriesland (und überhaupt in den Nordwestgebieten Mitteleuropas mit ozeanischem Klima und üppigem Graswuchs) ist das Milchschaf, das jährlich bis 600—800 Liter sehr fettreicher, auch zur Butterbereitung geeigneter Milch gibt, heimisch und verbreitete sich seit der Milchnotzeit des Krieges auch in anderen geeigneten Gegenden Deutschlands. Über Deutschland vgl. S. 89.

[2]) Ziegen kommen in den Niederlanden 8, Dänemark 1, Deutschland 8,8 (Schleswig-Holstein 3,2; Oldenburg 4,7; Hannover 7,5; Ostpreußen 1,3) auf 1 qkm; auf 100 Einw. 3, 8; 1,4; 7 (über 3; 6, über 9, über 2). Über Deutschland vgl. S. 90.

[3]) Wird allgemein gehalten, doch steht seine Zucht nur in den intensiver bewirtschafteten Gebieten auf einer höheren Stufe der Entwicklung. Deutschland besaß 1922: 65,2 Mill. Stück Federvieh und 1,831 Mill Bienenstöcke. Vgl. S. 90. In allen wasserreicheren Gegenden (Marschen, Flußniederungen, Seenbezirken) ist die Gänse- und Entenzucht stärker vertreten als auf den trockenen Höheböden.

[4]) Die Bienenzucht findet außer in intensiv angebauten Niederungen mit Getreide-, Raps-, Klee- usw. Bau auch auf Serradella-, Lupinen- und Buchweizenfeldern und in Heidegegenden günstige Bedingungen.

[5]) Eier wurden in den Niederlanden Anfang des Krieges mehr als 100 auf den Kopf der Bevölkerung produziert. Sie führten 1923: 13520, 1924: 33600 T. aus, Dänemark 1913: 454, 1923: 800, 1924: 832 Mill. Stück nach Großbritannien, Deustchland, Schweden, Deutschland führte 1925: 143350 T. f. 276,4 Mill. RM. ein.

[6]) Stettiner Haff 1924: 3840, Frisches Haff 1130, Kurisches Haff 1860 T.

[7]) Wenn der Salzgehalt der westlichen Ostsee bei Auftreten von Westwinden ansteigt, kommen Heringsschwärme durch den Belt herein (im Herbst, wenn der in die Ostsee einströmende Tiefenstrom sein Maximum erreicht). Der Schwarmheringsfang (mit Ringwaden und Handwaden) beginnt in Eckernförde schon im November oder früher, in der ferneren Lübecker Bucht frühestens im Januar (bis Anfang Mai).

In Dänemark ist die Seefischerei (auf Schollen [Flundern], Heringe, Aale, Dorsche usw. im Kattegat und Skagerak) mäßig entwickelt.[1] Hauptplätze sind Skagen und Fredrikshavn. Viel wichtiger ist die Fischerei[2], vor allem die Seefischerei, in den Niederlanden. Die Nordsee ist Hauptfanggebiet, wichtigster Zweig ist der Heringsfang[3]; die Hauptfischerhäfen sind Vlaardingen (26) an der Neuen Maas, Scheveningen (Funkstation für Sturmwarnungen) bei Haag, Katwijk aan Zee (an der Mündung des alten Rheins), Maassluis an der Neuen Maas und Ijmuiden an der Ausmündung des Nordseekanals.[4] Die Binnenfischerei Norddeutschlands hat infolge der Verunreinigung der Gewässer und der Zunahme der Binnenschiffahrt einen Rückgang erfahren[5].) Die Seefischerei, als Küstenfischerei (in einem Streifen längs der Küste von 5,5 km = 3 Seemeilen Breite) oder Hochseefischerei betrieben, gedeiht am besten in der Nordsee.[6] Geestemünde (29[7]), Altona (169), Hamburg (986), Harburg (66), Cuxhaven (15) sind hier die Hauptfischereihäfen mit Fischräuchereien, Marinieranstalten usw., an der Ostsee Lübeck (Schlutup; 114). Auch Polen treibt Teich-, Fluß- und Binnenseefischerei und hat nun an der Halbinsel Hela, am Putziger Wick usw. ein kleines Seefischereigebiet erhalten. In Gdingen und Hela werden Häfen angelegt.

Austernzucht wird nur an der Nordsee betrieben, im Limfjord Jütlands (Dänemark), zwischen den Inseln der Schelde- und Maasmündung, besonders bei

---

[1]) Die gefährliche Fischerei an der „eisernen“ Westküste Jütlands ist durch Anlage von Rettungshäfen, Warnungsstationen usw. neuerdings erheblich sicherer geworden.

[2]) Bei der großen Ausdehnung der Binnengewässer hat auch die Binnenfischerei (auf Lachs, Maifisch und Aal) ziemlichen Umfang.

[3]) Gerade er hat mit den kühnen Reisen der Heringsfischer im 16. Jahrhundert eigentlich den Grund zu Hollands Blüte in der großen Seefahrt gelegt.

[4]) Nur etwa $^{1}/_{10}$ der Schiffe sind Fischdampfer, von denen einige bis Island, zu den Färöern und ins Weiße Meer gehen. Jährlich werden um 750000 T. Fische (Heringe) gefangen, die einen beträchtlichen Zuschuß zur Ernährung der Bevölkerung abgeben. Auch in der Zuidersee findet lebhafte Heringsfischerei statt. Die fetteren Nordseeheringe eignen sich mehr zum Salzen, die Zuiderseeheringe zum Räuchern. Die vom Mud bedeckten Sandbänke (im innersten Teil der Zuidersee) — als Ausläufer der diluvialen Küste — werden von den Heringen als Laichplätze benutzt. Fast in allen Zuiderseedörfern gibt es Heringsräuchereien. Auch Sardellen werden in der Zuidersee gefischt und (wie die Heringe) hauptsächlich nach Deutschland ausgeführt. Die Niederlande führten 1923 (1924): 45350 (69460) T. Pökel- und andere Heringe aus.

[5]) Sie erstreckt sich auf Hechte, Barsche, Maränen, Schleie, Aale, Störe (in der Unterelbe) und Neunaugen in den Flußmündungen. Durch Ausnutzung bestehender und Anlage künstlicher Teiche hat sich die Teichfischerei sehr gehoben; sie wird in Hannover, in der Niederlausitz, in Nordostsachsen, in der Provinz Sachsen, Südbrandenburg, Westschlesien (am meisten wohl in den Urstromtälern) betrieben und züchtet besonders Karpfen (die in Wildgewässern nicht gedeihen oder sich nicht vermehren), daneben Schleie und Forellen. Die Erträge der deutschen Binnenfischerei wurden im Durchschnitt der Jahre 1912 und 1913 mit 40000 T. angegeben. Eine Fischereigenossenschaft Mochau bei Döbeln (Freist. Sachsen) erzielte 200 Mark auf 1 ha Wasserfläche.

[6]) 1913 brachte die deutsche Nordseefischerei etwa 149000, 1924: 182000 T., die Ostseefischerei mit Haffen 35000, 1924: 44000 T. Fische, Schaltiere usw., 1913 die deutsche Seefischerei im ganzen 183900, 1924: 226300 T. Vor dem Kriege entfielen durchschnittlich 8,4 kg Fischkost jährlich auf den Kopf der deutschen Bevölkerung, davon 4,8 kg frische Fische. Die Hälfte des Konsums kam aus dem Auslande. Im Kriege gingen etwa $^{2}/_{3}$ unserer 263 Fischdampfer verloren. Jetzt ist die Nordsee-Fischdampferflotte schon wieder größer als vordem und etwa doppelt so leistungsfähig. 1925 mußten aber noch 353760 T. Fische und Fischwaren für 143,1 Mill. Mk. eingeführt werden (Ausf. 29300 T. f. 15,1 Mill. Mk.).

[7]) Jetzt Teil von Wesermünde (68).

Bergen-op-Zoom (Niederlande, beträchtliche Ausfuhr), und im deutschen Wattenmeer an der Westküste Schleswig-Holsteins.[1])

Die **Jagd** hat in dem germanisch-polnischen Flachlande durch die fortschreitende Besiedelung, Zurückdrängung des Waldes usw. (wie auch sonst in Europa) an Wichtigkeit eingebüßt und richtet sich (mehr zum Vergnügen und als Sport, denn zur Nahrungsgewinnung betrieben) am meisten auf Hasen, Feldhühner und Rehe.

Mineralische Vorkommen sind in dem germanisch-polnischen Flachlande meist von alluvialen und diluvialen Ablagerungen zugedeckt und kommen nur allmählich zur Entdeckung.

In Dänemark fehlt Salz, von einigen schwachen Solquellen abgesehen, ganz; in den Niederlanden, wo Meersalzgewinnung durch das feuchtkühle Sommerklima erschwert wird, hat man neuerdings durch Tiefbohrungen an mehreren Stellen (bei Enschede und Winterswijk an der deutschen Grenze) Lager von ansehnlicher Dicke angefahren, die zugleich Kalisalze enthalten.

Deutschland gewinnt Steinsalz aus der Zechsteinformation im Untergrunde des Flachlandes (Magdeburg-Halberstädter Mulde mit Staßfurt, 16, und Schönebeck, 18, und bei Hannover), ferner Solen bei Sperenberg, Lüneburg (28), zum Teil zugleich mit Kalisalzen, deren stärkste Anhäufungen sich östlich, nördlich und nordwestlich des Harz gelagert finden (s. S. 91); bei Lübtheen in Mecklenburg liegen die nördlichsten Fundstätten. Mit Ammoniakdüngemitteln wird Norddeutschland aus den Kohlenlagern des Niederrheins und den Braunkohlenlagern versorgt, mit Stickstoff aus den großen Stickstoffwerken derselben Gegenden, mit Thomasmehl aus den Eisenwerken des niederrheinisch-westfälischen Industriegebiets. Phosphate müssen jedoch noch eingeführt werden.[2]) Vgl. S. 92.

Polen[3]) kam in den Besitz der Salzlager von Hohensalza (Inowraclaw), Bochnia und Wieliczka in Galizien und nutzte einige Solen in Kongreßpolen aus.

Trinkwasser ist überall reichlich zu finden; Leitungen besitzt der germanische Westen in großer Zahl. Mineralquellen (von Solquellen abgesehen) fehlen.

b) Pflanzliche Rohstoffe für die **Kleidung** (Flachs und Hanf) erzeugt das nördliche Mitteleuropa nur in geringen Mengen[4]) und ist daher zum Teil auf Einfuhr angewiesen.[5]) Viel mehr noch wird Rohbaumwolle eingeführt[6]), und die Wollindustrie beruht auch fast überall auf der Zuführung aus-

---

[1]) Meistens an Prielen, wo mit dem Seewasser der Flut Nahrung zuströmt, zwischen der Küste und den Inseln Amrum, Föhr, Sylt (und Röm, dänisch geworden). List am Nordende von Sylt ist Zentrum der Anlagen; Norddeich unbedeutender.

[2]) Einf. von Mineralphosphaten nach Deutschland 1925: 427310 T.

[3]) Polen gewann 1913: 197000, 1920: 216000 T. Über Deutschlands Prod. s. S. 90, Anm. 10 und über den Austauschverkehr in Salz und Düngemitteln vgl. E. Scheu.

[4]) Niederlande 1909/13: 7840, 1922: 4400 T. Flachs; Deutschland 1913: 13500, 1921/22: 28000 T., Polen 1922: 51610 T. Hanffaser produziert am meisten Polen (1922: 21190 T.).

[5]) Deutschland führte 1909/13 durchschnittlich 35870 T. Flachs und 13520 T. Flachswerg ein, 1922: 2970 und 4120 T. Die Niederlande und Polen führen aus. Über die deutsche Leinenindustrie s. S. 92. Sorau, die Gegend von Emsdetten und Neuenkirchen (Emsgebiet) und der Niederrhein (Düsseldorf usw.) haben einige Leinenindustrie. Deutschland (1909/13: 34250 T. Hanf, 18350 T. Hanfwerg Einfuhrüberschuß) und die Niederlande (1909/13: 20620 T. Hanf und 1922: 4510 T. Hanf und 610 T. Hanfwerg) bedürfen großer Einfuhr.

[6]) Norddeutschlands Baumwollspinnerei ist fast nur am Niederrhein (München-Gladbach,

ländischer Wolle[1]), die Seidenindustrie[2]) auf der Einfuhr von Rohseide. Pelzwerk, für das Leipzig (636) der Hauptversorgungsplatz ist, wird natürlich auch viel gebraucht. Große Mengen von Baumwollgarn und -waren, Woll- und Halbwollwaren, Kleidung usw. müssen besonders die wenig industrialisierten Niederlande und Dänemark einführen, aber auch Deutschland bezieht große Mengen davon. Andererseits gehören Baumwoll- und Wollwaren zu den wichtigsten Ausfuhrgegenständen.

Zu den im Lande gewonnenen Häuten und Fellen der gehaltenen Haustiere (s. S. 88ff.), aus denen am Niederrhein (Mülheim a. d. Ruhr, 128, usw.), in der Hamburger Gegend und in und bei Berlin, in der Breslauer Gegend (Brieg, 26), zu Kirchhain in der Lausitz, zu Burg (23) usw. Leder hergestellt wird, kauft Deutschland Mengen von Auslandhäuten und -fellen (s. S. 93).

Die Schuh- und Schäfteindustrie sitzt besonders am Niederrhein und an den meisten anderen Plätzen der Lederherstellung, sodann aber in allen größeren Städten. Genannt seien Berlin, Breslau (528), Hamburg, Burg (23), Strausberg, Neustadt (16), Frankfurt a. d. O. (65), Stettin (233). Auch Dänemark, Polen und die Niederlande haben rege Lederherstellung und -verarbeitung.

Für die Gewinnung von Schmuckmineralien kommt außer Bernstein (Ostpreußen) kaum etwas in Betracht.

c) Baustoffe. Holz ist im Nordwesten des germanisch-polnischen Flachlandes schon geradezu knapp.[3]) Eine große Holzeinfuhr (aus Ost- und Nordeuropa usw.) ist notwendig.[4]) Selbst Polen ist durchaus kein waldreiches Land mehr, obwohl es Holz in Mengen ausführt.[5]) Holzindustrien sind außer

---

107; Rheydt, 43) und im Emsgebiet (Rheine, 16; Bocholt, 26) entwickelt, die Baumwollweberei in denselben Gebieten, ferner auch in Sorau, in Berlin und Hamburg zu finden. Ostelbien ist sonst fast ohne Baumwollindustrie. Deutschland besaß Mitte 1923: 9,6 Mill. Spindeln = 6,1% der Weltziffer, die Niederlande 669000 = 0,43%, Dänemark 97000 = 0,06%, Polen 1,2 Mill. = über ¾% der Weltziffer. Der Baumwollverbrauch betrug 1922/23: 853000, 107000, 28000, 228000 Ballen = zusammen gegen 6% des Weltverbrauchs. Vgl. S. 92.

[1]) Wolle produzierten Deutschland 1923: 24300; die Niederlande 2310; Dänemark 880; Polen 1990 T., zusammen nur 2½% der W. Der Wollverbrauch wurde 1909/13 mit 13% des gesamten Welt-Wolleverbrauchs für Deutschland angegeben. Vgl. S. 93. Große Zentren der norddeutschen Wollindustrie, die sich nahe den Kohlenlagern des Mittelgebirgsrandes entwickelte, sind Aachen (146), München-Gladbach (107), Düren (34) am Niederrhein, die Gegend von Bremen (Blumenthal, Delmenhorst, 22), Hamburg, Neumünster, Berlin und vor allem Forst (32), Kottbus (48), Spremberg (11) usw. in der Niederlausitz. In den Niederlanden sind Tilburg (64) und etwa noch Leiden (67) und Venendal zu erwähnen, in Polen Lodz (452) und die Warschauer Gegend. Mit der Verschärfung der Winter gegen Osten nimmt wohl das Bedürfnis an wärmender Wollekleidung zu.

[2]) Die Seidenindustrie Deutschlands sitzt besonders am Niederrhein (in Crefeld, 125, Viersen, 30, Rheydt, 43) und in Berlin (3,8 Mill.). Seidenwaren werden ausgeführt. Die Kleider- und Wäscheindustrie konzentriert sich in den großen Städten. In letzterer hat auch Bielefeld (79) Ruf.

[3]) Dänemark hat 5,9, die Niederlande kaum 8% der Bodenfläche noch dem Walde überlassen. Auch Nordwestdeutschland ist waldarm. Nordostdeutschland hat dagegen noch größere Waldbestände (in Ostpreußen usw.). In der Lüneburger Heide schreitet die Aufforstung fort.

[4]) Die Niederlande führten z. B. Nadelholz (gesägt usw.) 1923: 714100, 1924: 880000 T. ein, Deutschland 1913: 2,85 Mill. T. rohes und 1,76 Mill. T. gesägtes Nadelholz, 1922: 0,9 bzw. 1,02 Mill. T. 44% der Einfuhr schwammen 1913 auf den Binnenwasserstraßen (Weichsel, Netze, Warthe, Memel, Elbe usw.) heran; 32% kamen über See nach Hamburg (986), Bremen (270), Lübeck (114), 24% durch Eisenbahn ins Land. Deutschland führte 1925 ein: Bau- und Nutzholz 4,586 Mill. T. (aus: 531000 T.) f. 384,2 (35,03) Mill. Mk., 2,14 Mill. T. Holz zu Holzmasse (aus: 14950 T.) und 115160 T. Holzschliff, Zellstoff usw. (aus: 180720 T.) f. 77,45 (0,5) bzw. 26,49 (48,9) Mill. Mk.

[5]) 3,27 Mill. T.

der Sägeindustrie im nördlichen Mitteleuropa ziemlich schwach vertreten.[1]) Natürliche Bausteine sind im ganzen Gebiet knapp. Die Findlinge der glazialen Ablagerungen genügen durchaus nicht dem Bedarf, Gruben in anstehendem Gestein (wie die Rüdersdorfer Kalksteinbrüche) sind selten. So müssen viele Steine aus dem benachbarten südlichen Mitteleuropa usw. oder über See aus Nordeuropa eingeführt werden. Auch werden in den Sandgebieten Steine künstlich erzeugt. Vor allem aber hat sich an manchen Stellen die Ziegelfabrikation großartig entwickelt.[2]) Holz-, Fachwerk- und Ziegelbauten sind für das Flachland charakteristisch.

Zementindustrie findet an der unteren Oder, auch bei Aalborg und am Mariager Fjord (Küste Jütlands) und bei Stevns Klint (südl. von Kopenhagen) in hochstehenden Kreideschollen geeignetes Material. Kalk ist in den Niederlanden und in Norddeutschland wenig vorhanden, in Dänemark an der Faxebai; aber die Töpferei findet im Flachland an vielen Stellen Material für Steingut u. dgl., während Kaolin für Porzellan aus Gegenden alten Gesteins (z. B. Bornholm) herzugeführt werden muß.[3])

d) Tierische und mechanische Helfer und Werkzeugmaterial.

In der Landwirtschaft, die für das Flachland so charakteristisch ist, wurde das Pferd[4]) der Haupthelfer. In dem ozeanischen Westen (C 7) werden vor allem schwere kaltblütige Arbeits- und Zugpferde (auch für die Zwecke der Industrie) gezogen, sowohl in den Niederlanden[5]), als im deutschen Niederrheingebiet und in Dänemark. Dänemark führt Pferde aus.[6]) In dem übrigen Norddeutschland herrscht eine warmblütige, spätreife Pferderasse mit feinerem Knochenbau vor, die unserer Kavallerie hervorragende Remontepferde liefert; berühmt ist durch seine ausgezeichneten Zuchtpferde das Hauptgestüt Trakehnen (Ostpreußen).

Als **mechanische Helfer** sind im nördlichen, flachen Mitteleuropa besonders Torf, Braunkohle, randlich Steinkohle, ein wenig Naturgas und Petroleum und relativ wenig Wasserkräfte zu finden.

---

[1]) Ich erwähne die an der Küste, zumal in Ostpreußen (Königsberg, 261, und Memel, 32), entstandenen Holzstoff-Fabriken und Papier-Fabriken, die auch in dem großen Konsumzentrum Berlin auftreten.

[2]) Z. B. in den steinarmen Niederlanden, wo besonders Flußmarschen an Rhein, Waal usw. vorzügliches Material liefern. Aus dem Rheinschlamm stellt man recht dauerhafte „Klinkersteine" zum Pflastern her. In der Gegend von Berlin hat sich eine große Ziegelbrennerei entwickelt und ähnlich in der Nähe der anderen Bevölkerungshäufungen.

[3]) Delft (47) und Maastricht (56), Rönne (10), Kopenhagen (666), Berlin (3,8 Mill.) sind bekannte Plätze von Porzellanmanufaktur. Die Glasindustrie ist wenig entwickelt.

[4]) Auf 1 qkm kommen in den Niederlanden 10,6; in Dänemark 13,6; in Polen 8,3; in Schleswig-Holstein über 11, in Hannover 7,6; in Oldenburg 8,6; in Ostpreußen 12,6; in Danzig 19. Auf 100 Einw. in den Niederlanden nur 5,1; in Dänemark 17,6; in Polen 11,7; in Schleswig-Holstein 11,4; in Hannover 9,6; in Oldenburg 10,6; in Ostpreußen 21,7; in Danzig 10,2.

[5]) Auch die Pferde der flandrischen Landschaften Belgiens (s. S. 36) gehören diesem Schlage an. Die intensive Landwirtschaft der genannten Gebiete gaben die Fütterungsgrundlage dieser Zucht ab. Ihre Ausbreitung verdankt sie wohl auch der Nachfrage der benachbarten Industriegebiete.

[6]) 1913: 25300, 1924: 12600 Stück, nach Deutschland (über 50%), Schweiz, Tschechoslowakei.— In den verhältnismäßig ebenen Gebieten des nördlichen Mitteleuropa haben (maschinelle) Traktoren oder Motorschlepper, die Pflüge, Säemaschinen, Eggen, leichte Wagen ziehen können, und der schwerere Last- und der Personenkraftwagen Aussichten, die Pferde vielfach zu ersetzen; in den Städten ist dieser Prozeß schon ziemlich fortgeschritten.

Torflager sind sehr reichlich vorhanden, leisten aber bisher im wesentlichen nur Dienste im Hausbrand. Besonders das kohlenarme Dänemark interessiert sich für sie.[1]) In den Niederlanden deckte die gesteigerte Torfindustrie im Kriege doch nur 4—5% des Gesamtbedarfs an Brennstoffen.[2]) Auf Norddeutschland (vor allem Nordwestdeutschland; „die Region der großen Moore"; ferner die Baltischen Landrücken) entfällt bei weitem der größte Teil der 4,6% (der früheren deutschen Bodenfläche) einnehmenden Torfmoore.[3]) Auch Nordpolen ist torfreich.

Viel wichtiger sind die **Braunkohlenlager**, die wichtigsten Europas; sie werden besonders in einigen Tieflandsbuchten am Rande der deutschen Mittelgebirgsschwelle abgebaut und in Briketts verwandelt.

Dänemark besitzt kleine Gebiete in Jütland mit geringem Abbau. Die Vorkommen der **Niederlande** fallen ins Mittelgebirgsland (Südlimburg); der Abbau nahm sehr zu.[4]) **Deutschlands** Braunkohlenlager[5]) liegen zumeist in der Nähe der deutschen Mittelgebirgsschwelle; die Lager der Kölner oder niederrheinischen Tieflandsbucht, der sächsisch-thüringischen Tieflandsbucht und die der Niederlausitz sind bei weitem die wichtigsten[6]) (vgl. S. 96). **Polens** Bergbau fördert gegenwärtig wenig, obwohl im Posenschen wie in Kongreßpolen Braunkohlen zu finden sind.[7])

Die **Steinkohle** kommt im germanisch-polnischen Flachland am Südrande vor. Ihre Lager (s. S. 95f.) senken sich nordwärts unter die lockeren jüngeren Ablagerungen und sind schließlich nicht mehr zu erbohren. Für die Industrialisierung des Flachlandes, besonders des unteren Rheingebietes und Oberschlesiens, haben sie jedoch infolge Versendungsmöglichkeit auch nach weiter abgelegenen Gebieten große Wichtigkeit für Industrie, Verkehr usw. des nördlichen Mitteleuropa erlangt.[8])

---

[1]) Während des Krieges wurden sie energisch in Nutzung genommen, übrigens auch Briketts aus Heidekraut und Tangbriketts hergestellt. Man hoffte, durch die Torfnutzung ⅓ der Kohleneinfuhr überflüssig machen zu können (?). Selbst Gewebe wollte man wie in Deutschland aus Torffaser herstellen.

[2]) Lager treten besonders in den Geestprovinzen auf; die größten Gruben in der an Hochmooren reichen Prov. Drenthe. Torf wird in Haushaltungen, Lokomotiven, Fabriken gebrannt; **Torfstreufabriken** erbaute man in Drenthe, Overijssel und im Peel.

[3]) Die Abtorfung und Umwandlung der Hochmoore in Frucht- und Wiesenland nahm im Kriege und seitdem sehr zu. Die 2,5 Mill. ha einnehmenden Torfmoore Deutschlands von durchschnittlich 3,2 m Tiefe enthalten nach „Technik für Alle" 14, 1923/24, Nr. 7 etwa 80 Milliarden cbm Torf. Daraus lassen sich 12 Milliarden T. Torfbriketts (mit 15% Wassergehalt) gewinnen, aus denen rund 0,7 Billionen kWh = 9,1 Billionen PSh erzeugt werden können.

[4]) Prod. 1919: 1,88, 1924: 0,19 Mill. T.

[5]) Bisher wurden 22,19 Milliarden T. festgestellt; es werden noch immer neue Lager entdeckt.

[6]) Sie liefern etwa 80% der deutschen Prod. Besonders in der Nachkriegszeit nahm die Prod. unter dem Druck der Reparations-Kohlenlieferungen und der Ruhrbesetzung stark zu: 1913: 87,23; 1920: 111,63; Prod. 1923: 118,25, 1925: 139,8 Mill. T., **Briketts** 26,86 bzw. 33,6 Mill. T. Neuerdings fing man an, in den deutschen Braunkohlengebieten riesige **Dampfkraftwerke** zu errichten, in denen man mittels Braunkohlenkesselheizung Elektrizität erzeugt, um diese mit Draht nach den Verbrauchsstätten zu leiten. In Mitteldeutschland ist das Kraftwerk Golpa-Zschornewitz bei Bitterfeld errichtet, das Berlin, auch Leipzig, Kraft zusendet. Noch größer ist das im Braunkohlengebiet der Vordereifel gelegene Goldenbergwerk des Rheinisch-Westfälischen Elektrizitätswerkes, das 40% des elektrischen Energiebedarfs im Ruhrgebiet deckt. Schon 1922 lieferte in ganz Deutschland die Braunkohle 36% der elektrischen Kraft.

[7]) Prod. 1913: 192000 1921: 270000, 1924: 88000 T.

[8]) **Deutschland** führte an der Küste schon immer englische Kohle ein, da die binnenländisch gelegenen Ruhrkohlen und oberschlesischen Kohlen nur schwer mit den billig über See kommenden konkurrieren konnten. Anderseits war Deutschland 1913 mit 34 Mill. T. der zweitgrößte Kohlenexporteur der Erde, 1924 stand es mit nur 2,8 Mill. T. Ausf. an 7. Stelle, und die Steinkohleneinfuhr betrug 13,2 Mill. T. Der **Hansakanal** (s. S. 124) könnte die deutsche Nordseeküste zum großen Teil von der englischen Kohle unabhängig machen.

Dänemark entbehrt der Steinkohle und muß sie in großen Mengen einführen.[1]) **Holland** industrialisiert sich seit ihrer Entdeckung in Südlimburg.[2]) **Polen** ist durch die unrechtmäßige „Erwerbung" des weitaus größten Teiles der oberschlesischen Lager eines der kohlenreichsten Länder Europas geworden[3]) und kann Kohlen ausführen.[4])

Petroleum hat man bisher im nördlichen Vorlande der deutschen Mittelgebirgsschwelle (am Südrande der Lüneburger Heide) zu Wietze (am linken Allerufer) und Nienhagen gefunden und gewonnen[5]), ferner bei Winterswijk an der niederländischen Ostgrenze erbohrt. Große wirtschaftliche Bedeutung haben jedoch nur die galizischen Petroleumvorkommen (Polen), die ein wichtiges Ausfuhrprodukt abgeben.[6])

Wasserkräfte sind bei dem geringen Gefälle des Flachlandes nicht besonders reichlich vorhanden.[7])

Dänemark und die **Niederlande** sind daran sehr arm, könnten aber Strom von den Nachbarländern beziehen (so Dänemark von Schweden oder Norwegen). **Norddeutschlands** Wasserkräfte sind etwas ansehnlicher, besonders auf der baltischen Seenplatte, wo die Seen als Staubecken benutzt werden können.[8]) **Polens** Wasserkräfte werden besonders im Karpathengebiet zu suchen sein. **Windkräfte,**

---

[1]) 1913: 3,15; 1924: 3,58 Mill. T.

[2]) Das strenggenommen zum südlichen Mitteleuropa gehört. 1913 wurden in den Niederlanden 1,87; 1923: 5,28; 1924: 5,88; 1925: 6,85 Mill. T. produziert. Man schätzt die in Südlimburg abzubauenden Lager (Zentrum die Stadt **Heerlen**, 1912: 14, 1924: 37) auf rund 3 Milliarden T. bis zu 1200 m Höchstteufe. Die Flöze haben durchschnittlich 1 m Mächtigkeit. Die Einfuhr hat sehr abgenommen (1913: 20,47; 1924: 7,67; 1925: 8,9 Mill. T., 1924: 63% aus Deutschland, an 32% aus Großbritannien). Andererseits wurden 1925 mit Bunkerkohlen 5,72 (1913: 12,38) Mill. T. ausgeführt (nach Belgien, Frankreich, Deutschland). Der Verbrauch (1913: 9,96 Mill. T.) stieg letzthin (1925: 10,03 Mill. T.). Weitere Kohlenlager sind im Peelgebiet (im Anschluß an die belgischen Campinelager [s. S. 40]) erbohrt worden (und sollen nun auch in Abbau genommen werden), dergleichen ferner in der Gegend von Winterswijk im Osten des Landes.

[3]) Nach **M. Heinz** besaß **Deutschland** vor dem Kriege 424 Milliarden T. (= 52,1% der europäischen Vorräte), nach dem Kriege 235 Milliarden T. (= 28,9%), **Polen** nach dem Raube 208 Milliarden T. (= 25,6%), mehr als England (189 Milliarden T. = 23,2%). Vgl. Anm. 4.

[4]) Ausf. 1923: 12,56 Mill. T. (nach Deutschland 64%, Österreich über 22%, Tschechoslowakei fast 6%). Man sieht deutlich, wohin wirtschaftlich die oberschlesischen Lager gehören. Polen besaß schon vor dem Kriege einen genügenden Anteil an ihnen, der seinen Bedarf (1923: 17,16 Mill. T.) bequem auf Jahrhunderte decken konnte (aus den Lagern von Dombrowa, das nach Schätzungen $^3/_4$—$2^1/_2$ Milliarden T. enthält, und aus dem Jaworschno-Krakauer Becken, das bis 1000 m Tiefe über 18 Milliarden T. faßt). 1913 wurden jedoch nur 8,9 Mill. T. produziert (1921 etwa 32 Mill. T. im ganzen).

[5]) Deutschland produzierte 1913: 121000 T., 1920 (ohne Elsaß-Lothringen) 34800, 1923: 51000 T. = 0,04% der W. und hat eine große Erdöleinfuhr (1925: 1167440 T. f. 208,1 Mill. Mk.; Ausf. 50070 T. f. 15,25 Mill. Mk.) nötig. Doch gelingt es neuestens, mittels des Hydrierungsverfahrens nach **Bergius** oder nach der Methode der **Badischen Anilin- und Sodafabrik**, Kohle (sowohl Steinkohle als Braunkohle) in Öl überzuführen (nach dem Bergiusverfahren zu 40—50% der Kohlenmasse). Kokerei, Schwelerei und Verwertung in Gasanstalten liefert nur als Nebenprodukte Benzol und Teer. Die neuen Verfahren geben uns die Hoffnung, daß wir in Zukunft unseren Ölbedarf aus den Kohlenlagern werden decken können.

[6]) Sie schließen sich an die Vorketten der Karpathen an. **Boryslaw** mit paraffinreichem Öl, Tustanowice, Mraznica seien als wichtige Zentren genannt. Auch **Erdgas** kommt vor (fast 1 Mill. cbm um 1921 täglich gewonnen). 1923 wurden aus 632030 T. **Rohöl** 199560 T. Petroleum, 96080 T. Leuchtöl, 83220 T. Benzin, 99310 T. Schmieröl, 27100 T. Paraffin, 1345 T. Kerzen, 311 T. Vaselin, 917 T. Schmierfett gewonnen. 1909 wurden aber 2,09; 1913: 1,11 Mill. T. Rohöl produziert.

[7]) Der amerikanische Wasserkraftatlas schätzt die **Dänemarks** auf 2000, die **Polens** auf 200000 PS (1920 80000 ausgenutzt).

[8]) Die Ausnutzung der Wasserkräfte **Ostpreußens** ist schon zum Teil in die Wege geleitet worden.

die in dem flachen, meeresnahen Gebiet sicher nicht gering einzuschätzen sind, werden durch zahlreiche Windmühlen und durch Windmotorräder ausgenutzt.

Werkzeugmaterial ist außer Holz, Lehm, Tonen, Steinmaterial in dem germanisch-polnischen Flachlande kaum zu finden; nur geringe Mengen Raseneisenerz kommen in Betracht[1]), dann die im Untergrunde zu findenden Kohleneisensteine usw. Die Armut an Metallerzen, die eingeführt werden müssen, erschwert die Industrialisierung sehr, und die Produktion von Roheisen und Rohstahl z. B. ist sehr unbedeutend.[2])

e) Die Industrie des Flachlandes hat sich hauptsächlich nahe dem Rande des mittelgebirgischen südlichen Mitteleuropa entwickelt, auf Grund der dortigen Kohlen und Wasserkräfte, fruchtbaren Böden und größeren Volksdichte, zumal da, wo Verkehrsvorteile größere Bevölkerungszentren schufen. Köln (641), Düsseldorf (407), Leipzig (636), Breslau (528), Krakau (182), Lemberg (Lwow, 219) seien genannt. Aber auch weiter hinaus im Flachland sind auf Grund von Braunkohlenvorkommen, Verkehrsgunst usw. große und kleine Industriezentren entstanden. Die großen Absatzmärkte von Berlin (3804), Warschau (936) nähren zahlreiche Industrien, und Magdeburg (286), Hannover (393) Lodz (452) usw. sind ansehnliche Industriestädte geworden.

Die großen Häfen: Rotterdam (524), Amsterdam (689), Bremen (270), Hamburg (986), Lübeck (114), Kopenhagen (701), Stettin (233), Danzig (195), Königsberg (261), für Einfuhr von Rohstoffen und Kohlen wie für Absatz von Fabrikaten günstig gelegen, bilden eine weitere Reihe wichtiger Industrieplätze. Die Nordseehäfen sind natürlich durch ihre Lage vor den Ostseehäfen begünstigt.

f) Handel. Im Binnenhandel, der durch zahlreiche gute natürliche Wasserstraßen und durch ein ausgebautes Eisenbahn- und Straßennetz besonders in der Westhälfte erleichtert wird, stehen die Länder und Landschaften des germanisch-polnischen Flachlandes nicht nur untereinander, sondern auch mit den benachbarten, so anders gearteten mittelgebirgigen Landschaften im Austausch.[3]) Das Flachland, den Ländern im Binnenlande (zumal Schweiz, Süd- und Mitteldeutschland, Tschechoslowakei, Österreich) an der Meeresküste vorgelagert, hat zugleich Vermittlungsdienste für deren Überseehandel zu übernehmen. Seine Hafenstädte an günstigen Ein- und Ausfallstoren wachsen darum zu großen Handelsemporen auch für die ferneren

---

[1]) In den Niederlanden (Geldern, Overijssel) z. B. 10—30 cm mächtig, leicht zu verhütten, mit einem mittleren Eisengehalt von etwa 60%. Prod. kommt kaum vor. Im Untergrunde des nördlichen Mitteleuropa mögen vielleicht noch Erze zu entdecken sein.

[2]) In den Niederlanden fing man neuerdings an, im Küstengebiet mit eingeführter Kohle (da die Kanalisierung der Maas, Kohlen aus Südlimburg heranzuführen, noch längst nicht fertig ist) eingeführtes Erz zu verhütten, und hoffte in den zwei Anlagen 160000 T. Gußeisen liefern zu können. Die Prod. Norddeutschlands (gleichfalls auf Einfuhr von Kohlen und Eisenerz sich stützend; Hochöfen in den Häfen: Lübeck, Stettin) ist unbedeutend (wenn wir die Eisenindustrie des Ruhrgebiets zum mittelgebirgigen Deutschland rechnen; vgl. S. 97f.). Oberschlesien in deutschem Besitz produzierte 1913: 613000 T. Roheisen und rund 1 Mill. T. Rohstahl, in polnischem Besitz 1922: 401000 (816000), 1924: 279000 (518000) T. Ganz Polen 1913: 418000, 1924: 367000 T. Roheisen und 600000 (1923: 1,12 Mill. T.) bzw. 663000 T. Rohstahl.

[3]) Vgl. E. Scheus Buch.

Hinterländer[1]) heran, mit denen sie teils durch Wasserstraßen, teils durch Eisenbahnen verbunden sind. Norddeutschland und Dänemark treiben infolge ihrer Lage besonders auch mit Nord- und Osteuropa Handel.

Die Ausfuhr besteht hauptsächlich in Nahrungs-, Genußmitteln und Rohstoffen, weniger in Industriewaren; die Einfuhr in Rohstoffen und Industriewaren, weniger in Nahrungsmitteln.

Ausfuhr: Niederlande (Spz.) 1923: 1303,2 Mill. Gulden: Tiere, tier. Erzeugnisse 325; pflanzl. Erzeugnisse 170,6; Garne, Kleidung usw. 146,4; (andere) Lebensmittel 140,6; Öl, Wachs usw. 124,5; Minerale u. Metalle 120,3; chem. u. pharmazeut. Erzeugnisse 42,9; Mehl u. -erzeugnisse 41,1; Felle, Leder u. -waren 38,7; Papier usw. 38,6; Fahrzeuge usw. 10,7; irdene Waren 10; Dänemark (Spz.) 1922: 1176 Mill. Kronen: Butter 387,7; Fleisch 359,8; Eier 113,5; Tiere 48,3; Schiffe 25,5; Häute 21,9; Getreide 11,9; Fische 9,9; Polen 1923: 1195,6 Mill. Zloty: Steinkohle 327,1; Metallwaren 119,7; Baumwollgewebe 108,5; bearb. Holz 68,4; Zucker 52,2; rohes Holz 46,3; Zink 45,6; Petroleumderivate 38,8; Hanf, Flachs 33,4; Eßwaren 18,7; Getreide, Mehl 17,6; Maschinenöle 15,3; Holzwaren 12,6; gerein. Vaselin 10,6; Blei 10; Deutschland s. S. 100.

Einfuhr: Niederlande (Spz.) 1923: 2009,2 Mill. Gulden: Pflanzl. Erzeugnisse 509,7; Minerale u. Metalle 350,5; Garne, Kleidung usw. 252,2; (andere) Lebensmittel 159,5; Holz u. -waren 121,9; Öl, Wachs usw. 105,7; Tiere, tier. Erzeugnisse 101,2; Felle, Leder, Lederwaren 56,2; chem. u. pharmazeut. Erzeugnisse 49,6; Fahrzeuge usw. 48; Mehl u. -erzeugnisse 41,9; Papier usw. 33; irdene Waren 17,9; Glas u. -waren 10,8 Mill. Gulden; Dänemark (Spz.) 1922: 1455,9 Mill. Kronen: Lebensmittel 142,8; Eisenwaren 100,2; Ölkuchen 97; Steinkohle 91; Pflanzengewebe 77,2; Wollgewebe 59; Holz 49,5; Kaffee 36,4; Schiffe 29,7; Früchte 25,2; Tabak 20,1; Häute 15,2; Wollgarne 14,7; Margarine 13,8; Sämereien 10,4 Mill. Kronen; Polen 1923: 1116,6 Mill. Zloty: Metallwaren 234,8; Baumwolle 146,7; Wolle 82,7; Gewebe, Stoffe 53,1; Häute u. Felle 45,7; Hanf, Flachs 40,6; Fische 28,1; Tabak 27,4; Speisefette 26,1; Konfektionswaren 25,5; Getreide, Mehl 23,1; Minerale 22,7; Leder u. Schuhwaren 21,2; Früchte 19,5; künstl. Dünger 18,3; Papier u. -waren 17,8; Roheisen 14,9; Alteisen 14,2; techn. Fette 13,3; Barreneisen 13,2; Pelze, Pelzwerk 13,1 Mill. Zloty. Deutschland s. S. 101.

Handelsländer in Prozent der Ausfuhr: Niederlande 1923: Großbritannien 27,6; Deutsches R. 12,9; Belgien 10,7; Frankreich 9,7; Niederl.-Indien 8,5; Union 5,3; Afrika 2,4; Schweden 1,8; Dänemark 1,6; Norwegen 1,55; Schweiz 1,5; Argentinien 1,4; Spanien 1,4; Finnland 1; Italien gegen 1; Dänemark (Ghl.) 1922: Großbritannien 59,5; Schweden 7,3; Deutsches Reich fast 7; Norwegen 6,7; Belgien 3; Frankreich fast 3; Schweiz 2,1; Niederlande 1,65; Finnland 1,65; Island 1; Polen 1923: Deutsches Reich 50,6; Rumänien 11,4; Österreich 9,3; Großbritannien 5,9; Tschechoslowakei 4,8; Frankreich 2,1; Lettland 2,1; Dänemark 2; Rußland 1,9; Ungarn 1,6;

[1]) Vgl. A. Rühl, Die Nord- und Ostseehäfen im deutschen Außenhandel. Berlin 1920 (Veröff. Inst. Meereskunde, Berlin, N. T. B., H. 3). Die deutschen Nordseehäfen, die besonders für die Tschechoslowakei in Betracht kommen, haben dabei mit dem Wettbewerb der Mittelmeerhäfen (Triest zumal), Rotterdam mit dem Antwerpens zu rechnen. Die Schweiz, Österreich und Süddeutschland haben ebenfalls die Wahl zwischen nördlicher und südlicher Zu- und Abfuhr. Für Österreich und gewisse Teile der Schweiz mag der südliche Weg Vorzüge aufweisen. Vgl. S. 104.

Niederlande 1,1; Deutschland s. S. 101f.; **in Prozent der Einfuhr:** Niederlande 1923: Deutsches Reich 24,6; Großbritannien 15,35; Union 12,7; Belgien 10,7; Niederl.-Indien 5,7; Argentinien fast 5; Frankreich 3,4; Brit.-Indien 2; Afrika 1,9; Finnland 1,4; Brasilien 1,3; Schweden 1,2; Rußland 1,1; Chile 1; Dänemark 1922: Deutsches Reich 30,7; Großbritannien fast 22; Union 14,4; Schweden 6,7; Niederlande 3,5; Frankreich fast 3; Norwegen 2,15; Belgien 1,8; Finnland 1,7; Argentinien 1,3; Brasilien 1,3; China 1,1; Brit.-Nordamerika 1,1; Schweiz 1,0; Polen 1923: Deutsches Reich 43,6; Union 15,3; Österreich 8,7; Großbritannien 8,1; Tschechoslowakei 4,8; Frankreich 3,8; Italien 1,9; Niederlande 1,55; Belgien 1,4; Deutschland s. S. 102.

g) Verkehr. Wie die Lage dem germanisch-polnischen Flachland Vorteile im Handel zwischen Norden und Süden zuführt, muß sich im Verkehr ausdrücken, der zugleich zwischen Westen und Osten durch die langgestreckte, zu Osteuropa sich öffnende Form des leicht gangbaren Flachlandes angezogen wird. Das nördliche Mitteleuropa, soweit es nicht in Inseln und Halbinseln zerstückelt ist, wurde infolge seiner zentralen Lage zwischen Nordeuropa einer-, Südeuropa und südlichem Mitteleuropa andererseits, zwischen West- und Osteuropa ein Durchgangsland des Verkehrs.

Der Landverkehr, die Anlage von Straßen und Eisenbahnen wie der Eisenbahn-, Kraftwagen-, Fahrrad-, Reit- und Wagen-, Fußverkehr sind durch die Bodenformen fast überall begünstigt, aber die Bodenart (Sandflächen, Sümpfe, Torfmoore, auch Lehm- und Tonböden in nasser Jahreszeit) erschwert stellenweise den Verkehr erheblich; um so größere Bedeutung haben die Netze der befestigten Straßen und der Eisenbahnen, die von Westen nach Osten freilich immer weitmaschiger werden. Die zahlreichen Flüsse sind vom Querverkehr an allen wichtigen Punkten überwunden. Nach Osten zu immer mehr spielt winters der Schlitten eine Rolle. In Dänemark ist durch das Ineinandergreifen von Land und Wasser der Verkehr zu Lande oft unterbrochen und macht Zickzackwege (Längsbahnen Jütlands) und besondere Veranstaltungen nötig. Als Endpunkt des Durchgangsverkehrs durch Jütland (von Deutschland nach Norwegen und Schweden) scheint Fredrikshavn am Kattegat eine Zukunft zu haben.[1]) Die wichtigsten Orte Jütlands liegen im fetten Osten, meist im Innern der Föhrden an der großen Straße nach Norden (Aarhus, 74; Aalborg, 42; Horsens, 23; Veile, 22; Randers, 26; Kolding, 17, seien genannt). Fredericia (17) am Kleinen Belt ist Ausgangspunkt der Route über die dänischen Inseln nach Südschweden. Über den Kleinen Belt wird jetzt eine Hochbrücke in Angriff genommen.[2]) Zwischen Nyborg (14) und Korsör wird an Stelle der heutigen Eisenbahndampffähre ein Tunnel unter dem Großen Belt vorgeschlagen. Auch die Eisenbahndampffähren zwischen Kopenhagen (666, mit Vororten 701) und Malmö,

---

[1]) Die Dampferlinie F.—Göteborg wird freilich wenig benutzt, aber die Einrichtung einer Eisenbahndampffähre von F. (oder Hirthals) nach Oslo (Kristiania) oder dem Skienfjord (bzw. nach Kristiansand), vielleicht auch nach Göteborg scheint nur eine Frage der Jahre zu sein; die Fahrt Hamburg—Oslo wäre dadurch um 24 Stunden zu verkürzen.

[2]) Sie wird 940 m lang sein und an die Stelle der 1872 in Betrieb genommenen Eisenbahndampffähre treten. ¾ Millionen Menschen überschritten den Kleinen Belt jährlich. Zunächst nur für die Eisenbahn bestimmt, wird die Brücke später durch Anbau auch dem Fußgänger- und Fuhrwerkverkehr zugänglich gemacht werden. Eine Eisenbahndampffähre von Kalundborg (Seeland) nach Aarhus wird erörtert. Auch der Alsensund soll eine Eisenbahnbrücke erhalten (Sonderburg hat regelmäßigen Dampferverkehr mit Faaborg auf Fünen), und der Limfjord sollte bei Aalborg überbrückt werden.

Helsingör (15) und Helsingborg sollen durch einen Tunnel (unter dem Sund) ersetzt werden.[1]) Erst nach Herstellung dieser Bauten wird eine jederzeit (auch bei Sturm) gangbare Route von Jütland nach Schweden gewährleistet sein. Auf die erwähnte westöstliche Durchgangslinie stößt von Süden her die wichtige Südnordlinie aus Deutschland, die über die Dampffähre Warnemünde—Gjedser[2]) und die Hochbrücke über den Masnedsund Kopenhagen erreicht und in der schwedischen Lapplandbahn (s. S. 16) ihre Fortsetzung findet. Eine Zufahrtsstraße von Hamburg, Kiel, Lübeck her mit Benutzung der Insel Fehmarn wird erwogen; **Rödby** (Laaland) würde jedenfalls der dänische Endpunkt sein. Weiter im Osten wird die Insel Rügen mit Eisenbahndampffähre über den Strelasund, und von Saßnitz aus Trelleborg in Südschweden erreicht. Leichter als im dänischen Inselland sind in den Niederlanden Eisenbahnen und Straßen (vielfach auf den Deichen) zu führen, obwohl dabei viele Brücken über die zahlreichen Flüsse und Kanäle zu bauen sind. In **Vlissingen** (22) auf der Insel Walcheren und in **Hoek van Holland** westlich von **Rotterdam** (524), die mit Großbritannien (s. S. 47) im Fährverkehr stehen[3]), beginnen die großen Landverkehrslinien nach dem Osten und Skandinavien, die möglichst lange in dem verkehrsgünstigen Flachland zu bleiben streben. Von dem Brennpunkt **Berlin** (3,8 Mill.) strahlen dann mit der Verbreiterung des Flachlandes, örtlich nicht wenig durch die Urstromtäler gelenkt, die Haupteisenbahnen radial nach den fernen Zielen in Polen (**Warschau**, 931), Nordosteuropa (Petersburg, Moskau) und Südosteuropa (**Lemberg**, 219, Odessa) aus. Mit den großen Westostlinien des norddeutschen Flachlandes kreuzen sich nun die Nordsüdbahnen von der Nord- und Ostseeküste her zum flachen Hinterland[4]), ins fernere Bergland Mitteleuropas[5]) und nach Südeuropa bzw. zum Mittelmeer. **Polen**, dessen Eisenbahnnetz noch recht weitmaschig ist, bemüht sich, besonders von Oberschlesien aus Eisenbahnen radial durchs Land zu bauen, um die Kohlenverteilung zu erleichtern.

---

[1]) Von der Insel Amager aus nach der Insel Saltholm; von hier nach Malmö; die geringen Tiefen der Meerestraße erleichtern die Untertunnelung. Der Tunnel würde etwa 36 km lang sein und bis 25 m unter das Meeresniveau sinken.

[2]) 1925: 114000 Personen und 176500 T. Güter.

[3]) Zwischen den wichtigsten europäischen Industrieländern: Großbritannien, Belgien und Deutschland gelegen, müssen die Niederlande einen besonders starken und enggedrängten Durchgangsverkehr haben. Auf der Vlissinger Fährlinie (nach und von Harwich) verkehrten 1923: 38760 Reisende und 38210 T. Güter, auf der Fährlinie Hoek van Holland—Harwich 126250 Reisende. — **Amsterdam** (689) ist nur durch Zweiglinien in **Utrecht** (144) und **Rotterdam** (537) an das internationale Landverkehrsnetz angeschlossen, wird aber nach der in Ausführung genommenen Verlandung der südlichen Zuidersee über **Groningen** (92) eine und sogar kürzeste Zufahrtsstrecke vom Kanal nach den deutschen Küstengebieten, Dänemark und Skandinavien zur Verfügung haben.

[4]) Das Wachstum **Berlins** (und die Häufung verkehrswichtiger Großstädte südlich von ihm am Rande des Flachlandes) beruht wohl sicher auch darauf, daß gerade in der Nordsüdzone, in der es gelegen ist, einerseits das nordeuropäische Land (mit Jütland, den dänischen Inseln, Skandinavien) den Handels- und Verkehrsbereich nach Norden und andererseits die Apenninhalbinsel nach Süden bedeutend erweitert.

[5]) Die Eisenbahnen von der Kölner Tieflandsbucht am Rhein hinauf, die Linie über Hannover—Cassel—Frankfurt a. M., die Linien auf Halle und Leipzig, die Elbtalbahn auf Dresden, die Neißetalbahn über Görlitz, die Linien von Breslau her, vor allem die zur mährischen Pforte (von Weißkirchen oder Neutitschein) strebenden Bahnen sind die wichtigsten Verbindungslinien des nördlichen Deutschland mit dem südlichen Mitteleuropa. Vgl. **E. Tiessen**, Grundkarten der deutschen Wirtschaft 1 (Güterverk. a. d. Eisenb. 1913 u. 1922) u. 2 (Seehafenverkehr u. Binnenschiffahrt 1913 u. 1922). Berlin 1925. Die Tieflandsbuchten am Rande der deutschen Mittelgebirgsschwelle wirken auf den Landverkehr anziehend wie Meeresbuchten an der Küste auf die Seeschiffahrt.

Die Binnenschiffahrt findet in dem gewässerreichen Flachlande im ganzen recht günstige Bedingungen vor, doch nimmt von Westen nach Osten die Gunst insofern ab, als mit dem Kälterwerden der Winter die Eisdecke immer länger auf den Gewässern liegt.

Die kurzen Flüßchen der dänischen Inseln und Jütlands können nur ganz örtliche Dienste leisten. In den Niederlanden übertrifft die Länge der Binnenschiffahrtsstraßen die der Eisenbahnen um das Doppelte. Der Rhein als Zentralader des Verkehrs mit West- und Südwestdeutschland, Elsaß-Lothringen und der Schweiz trägt gewaltige Transportmengen in das Land und aus demselben.[1]) Rotterdam (524) ist der wichtigste Rheinhafen. An den Hauptstrom schließen zahlreiche Kanäle, die auch Dampfer tragen können, die seitwärts gelegenen Gebiete an[2]); sie sind in dem weichen lockeren Boden sehr leicht zu bauen. Norddeutschlands Flachlandflüsse (Rhein, Ems, Weser, Elbe, Oder, Weichsel, Pregel, Memel) sind gut schiffbar und durch Kanäle leicht miteinander zu verbinden. Unter Benutzung der großen Urstromtäler sind im Osten schon viele der nötigen Kanäle geschaffen. Im Westen sind der Rhein-Herne-, der Dortmund-Emskanal und der Mittellandkanal besonders wichtig. Letzterer soll bis zur Oder weitergeführt werden.[3]) Als höchst notwendig erweist sich für Deutschland eine Großschiffahrtsstraße vom Niederrheinisch-westfälischen Steinkohlen- und Industriegebiet zu den Seehäfen an Weser und Elbe. Der Plan eines „Hansakanals" sieht eine Benutzung des Dortmund-Emskanals bis Bevergern und des Mittellandkanals bis Barenaum bei Bramsche vor; von dort soll die neu zu bauende Strecke nordostwärts gerichtet sein, bei Achim oberhalb Bremen auf einer Brücke die Weser überqueren und die Elbe bei Hamburg und Stade erreichen. Eine Verbindung mit Lübeck ist durch den Elbe-Travekanal bereits vorhanden. Polens Wasserläufe liegen noch sehr im argen. Hauptsächlich Holzflöße und 100—200-Tonnenschiffe fuhren selbst auf der mächtigen,

[1]) Der Gesamtumschlagsverkehr des Rheins von Straßburg bis Wesel einschließlich des Grenzverkehrs bei Emmerich (1922: 11,53 Mill. T. im Ein- und 8,93 Mill. T. im Ausgang) betrug 1913: 104,92; 1922: 65,61; 1923: 31,02; 1924 rund 92 Mill. T. An dem Berg- und Talverkehr bei Coblenz war 1924/25 Deutschland mit etwa 70½, die Niederlande 18,6, Frankreich 7,7, Belgien 2,2, Schweiz 1% beteiligt.

[2]) Ich nenne den Merwedekanal, der Utrecht (144) und Amsterdam (689) anschließt, den nordholländischen Kanal nach Helder (29); ein Ringkanal in dem trocken zu legenden Teil der Zuidersee längs des alten Seeufers ist geplant. Amsterdam (689) soll, zugleich zur Entlastung des erweiterungsbedürftigen Merwedekanals, auf diesem Wege einen bei Wageningen (unterhalb Arnhems, 72) den Rhein erreichenden Kanal nach dem kohlenreichen Südlimburg erhalten, zu dem auch die bestehende Kanalverbindung verbessert werden soll. Die textilreiche Landschaft Twenthe soll durch einen Kanal von Almelo (25) nach Zutphen an der Jjssel Anschluß an den Rhein erhalten. Mit der Kanalisierung der Maas im Interesse der limburgischen Kohlenabfuhr ist begonnen worden, und zwar soll der Maasseitenkanal, genannt Julianakanal, von Maastricht (56) nach Maasbracht, für 2000-T.-Schiffe fahrbar sein. Die weitere Kanalisierung der Maas bis Grave ist im Gange, und auch ein Kanal von ihr zum Waal bei Nymwegen (67) im Bau. Beide Kanäle sollen 2000-T.-Schiffe zulassen. Die niederländischen Rheinschiffahrtsinteressen werden durch die belgischen Aspirationen schwer bedroht (s. S. 49, Anm. 7).

[3]) Unter Benutzung des Ihle-, Plauer und Oder-Spreekanals. Stichkanäle nach Hildesheim (53) und Braunschweig (140) sind vorgesehen, und ein Kanal von Schönebeck (18) zur Saale, die verbessert wird, sowie ein Elster-Saalekanal, der Leipzig (636) anschließt; vielleicht werden sogar Stichkanäle nach Zeitz (32), Gera (74) und Erfurt (130)—Eisenach (39) sich anknüpfen können. Der Donau-Oderkanal ist immer noch Projekt. Der Oderschiffahrt soll durch ein Staubecken zur Ottmachau Wasser gesichert werden. — Östlich von Berlin sind die Binnenschiffahrtsstraßen im allgemeinen für 400-Tonnenschiffe, westlich der Hauptstadt für 600-Tonnenschiffe schiffbar. Auf den neu zu erbauenden Wasserstraßen (wie auf dem Mittellandkanal) sind 1000-Tonnenschiffe vorgesehen; bis Cöln (641) fahren kleine Seeschiffe den Rhein aufwärts (vgl. Anm. 1).

aber verwahrlosten Weichsel, die der Feindbund jetzt Deutschlands Einfluß fast ganz entzogen hat. Dabei läßt sich mit Hilfe der Urstromtäler ein prächtiges Binnenschiffahrtsnetz herstellen;[1]) doch ruht hier wegen Vereisung der Gewässer der Wasserverkehr schon ungefähr ein Drittel des Jahres.

Unter den Seehäfen des germanisch-polnischen Flachlandes gehören die der Nordsee mit ihrem industriereichen und wohlerschlossenen Hinterlande zu den wichtigsten des Weltverkehrs, die der Ostsee haben mehr örtliche Bedeutung.

Rotterdam (537) an der Neuen Maas, trefflich und immer noch weiter ausgebaut, durch den Nieuwen Waterweg mit dem Meere verbunden, ist typischer Einfuhrhafen, der das Rheingebiet bis in die Schweiz mit überseeischen Waren versorgt. Die Ausfuhr steht zurück.[2]) Amsterdam (689) an der Mündung des kleinen Flusses Amstel[3]) in das Ij, eine Bucht der Zuidersee, mit dem Vor- und Molenhafen Ijmuiden durch Seekanal verbunden, ist Hauptstapelplatz für die Waren der niederländischen Kolonien; Vlissingen (22) und Hook van Holland sind Fährhäfen; Delfzijl am Dollart nahm neuestens einen gewissen Aufschwung. Die Handelsflotte der Niederlande wuchs infolge der Ausschaltung der deutschen stark an und umfaßt (an sechster Stelle) 4,4% der Welthandelsflotte. Unter den dänischen Häfen haben nur Kopenhagen (666 [701]) am Ostseetor und Esbjerg (21) an der Westküste Jütlands (für den Englandverkehr nach Hull) eine größere Bedeutung.[4]) Die Handelsflotte ist ziemlich klein.[5]) Deutschlands Schiffahrtsküste, ganz dem germanisch-polnischen Flachland angehörig, ist ziemlich ungünstig, dennoch hatten wir uns einen angemessenen Anteil an Seeschiffahrt, -handel und Weltgeltung erobert, bis der Neid Westeuropas uns unserer Handelsflotte beraubte. Mitte Juni 1925 standen wir erst an fünfter Stelle unter den Seemächten (mit 5,1% der Welthandelsflotte), vor dem Kriege an zweiter.[6]) Die wichtigsten Häfen liegen an der Nordsee: Hamburg (986) mit Vorhafen Cuxhaven (15), bestens ausgestattet und durch Elbe und ihre Wasserstraßenzweige mit großem Hinterland begabt, das durch Eisenbahnen erweitert wird, ist noch ziemlich eisfrei; Bremen (270) mit Vorhafen

[1]) Die bestehenden Kanäle, wie der Königskanal vom Bug zum Dnjepr, der Augustowskikanal vom Narew zum Njemen (Memel) sind unzulänglich. Allein der Oginskykanal vom Njemen zum Pripet usw. ist wesentlich verbessert worden. Große Pläne für Warthe, Narew, Bug usw. wurden neuerdings geschmiedet, aber bisher nicht ausgeführt.

[2]) Besonders Massengüter kommen herein: Getreide, Eisenerz, Kohlen, Petroleum, Holz usw. R. kommt ohne die umständlichen Dockhäfen aus; da der Unterschied der Gezeiten (Ebbe- und Fluthöhe) je nach dem Winde nur 1,2—2,5 m beträgt, wird in der offenen Maas oder in den offenen Hafenbassins in die Binnenschiffe umgeladen. Eine Bedrohung seines Verkehrs bedeuten für Rotterdam die belgischen Kanalpläne (s. S. 49, Anm. 7), eine starke Erhöhung könnte der Schiffahrtsweg Rhein—Donau (Rotterdam—Galatz) bringen.

[3]) Nach ihm und einem um 1240 quer durch ihn geschütteten Damm, der bei Flut und Hochwasser das Ufergelände vor Überschwemmung schützen sollte, hat die Stadt ihren Namen (wie Rotterdam von der kleinen Rotte); hier lag der erste Hafen. Erst als die Zuidersee aus einem Binnensee durch eine Sturmflut in eine Bucht der Nordsee umgewandelt wurde (im 13. Jahrhundert), war eine Möglichkeit zu größerem Seehandel gegeben. Der nordholländische Kanal (s. S. 124, Anm. 2), neuerdings der Noordzeekanal nach Ijmuiden schuf Zugang zur Nordsee.

[4]) Ein projektierter Seekanal quer durch Jütland an der schmalsten Stelle, etwa von der Küste zwischen Sylt und Röm nach der Apenrader oder Flensburger Föhrde, soll wohl dem deutschen Nordostseekanal Konkurrenz machen.

[5]) Juni 1924: 974000 Br.-R.-T. (gegen 768000 im Juni 1914) = 1,7% der Welthandelsflotte.

[6]) Mit 5098000 Br.-R.-T. gegen 2856000 Mitte 1924.

Bremerhaven (22) ist Hafen des Wesergebietes[1] und seiner Anschlüsse; Emden (27) nahe der Emsmündung ist durch den Dortmund-Emskanal in gewissem Sinne der deutsche Ein- und Ausfuhrhafen des Ruhrgebietes. Von den Ostseehäfen, die gegen Osten schon stark durch Eis behindert sind, seien Kiel (214) an der Kieler Föhrde und dem Nordostseekanal, Lübeck (114) mit Vorhafen Travemünde, Stettin (233) mit weitem Oderhinterland, Danzig (195), Weichselmündungshafen, eine deutsche Stadt (Freie Stadt Danzig), aber von den Ränken Polens, dessen Überseehandel es vermittelt, bedroht, Königsberg (261) am Pregel mit Vorhafen Pillau (Seekanal!) und das von Litauen vergewaltigte Memel (32), am Ausgange des Kurischen Haffs, erwähnt. Polen versucht, sich in dem pommerellischen Hafen Gdingen am Putziger Wiek einen eigenen Hafen für den Auslandsverkehr und eine Handelsflotte zu schaffen.[2]

Die Luftschiffahrt ist im germanisch-polnischen Flachlande schon gut entwickelt. Vor allem dient letzteres als Durchgangsland für große internationale Linien.

Rotterdam wie Amsterdam stehen mit London, Brüssel und Paris in Verbindung. Von Amsterdam nach Osten werden Hannover— (bzw. Hamburg—) Berlin—Danzig—Königsberg und Osteuropa erreicht, und Hamburg steht mit Flensburg, Kopenhagen und Hannover (wie Berlin) in Verbindung; Berlin (—Warnemünde) mit Kopenhagen, Malmö und Stockholm, Danzig mit Karlskrona (Stockholm) und Warschau—Lemberg bzw. —Krakau; Königsberg mit Memel (—Riga—Reval—Helsingfors).[3]

Der Nachrichtenverkehr ist in den drei westlichen Ländern vorzüglich organisiert, weniger gut in Polen. Nicht nur Kabel, sondern auch weitreichende Funkstationen sorgen für ausreichende Übermittlung von Nachrichten in die fernsten Länder.[4] Besonders Deutschland ist nach dem Raub der deutschen Kabel auf drahtlose Telegraphie angewiesen.[5]

F. Osteuropa (Litauen, Lettland, Estland, Rußland).[6]

Zu Osteuropa rechne ich Litauen, Lettland, Estland, die baltischen Randstaaten, Sowjetrußland mit Weißrußland usw., Staatengebilde, die ich unter dem Namen **Nordosteuropa** zusammenfasse, ferner die Ukraine

[1]) Mit ihm verwachsend Wesermünde (66), aus Geestemünde (29) und Lehe (38) zusammengefügt. 1924 stand Hamburg mit einer ein- und ausgehenden Verkehrstonnage (Netto-R.-T.) an 30,9 Mill. unter den Welthäfen (hinter New York, Hongkong, Antwerpen) an 4. Stelle.

[2]) 1924 verkehrten in Gdingen 54 Seeschiffe ein und aus mit 81330 Br.-R.-T. und 10100 T. Ladung (ein bzw. aus).

[3]) So nach Crozets Karte; die zahlreichen innerdeutschen Linien: Berlin—Leipzig—Frankfurt a. M. usw. sind nicht berücksichtigt. Das Bild ändert sich noch immer schnell. Zahlreiche neue Linien sind 1925 und Anfang 1926 eingerichtet worden. Crozet gibt noch eine Linie Wangeroog (Insel)—Bremen—Hannover (?) an. Das uns auferlegte Verbot, Luftschiffe und größere Flugzeuge zu bauen, ist ein Armutszeugnis, das sich der Feindbund ausstellte.

[4]) Z. B. verkehrt Holland durch die Großfunkstelle Kootwijk bei Apeldoorn (50) seit Januar 1923 mit Java (auf etwa 11500 km Entfernung).

[5]) Es besitzt Großfunkstellen (Nauen bei Berlin, Eilvese bei Hannover) für den Außen- und Innenverkehr (Königswusterhausen). Ostpreußen ist durch Kabel angeschlossen.

[6]) Vgl. R. Sieger, H. Mortensen, Fr. Immanuel in Andree, Heiderich, Sieger, Geographie des Welthandels. Bd. I. 4. Aufl. Wien 1926. — A. Philippson, Landeskunde des Europäischen Rußlands nebst Finnlands. Leipzig 1908 (Sammlung Göschen). — A. Hettner, Rußland. 4. Aufl. Leipzig 1921. — W. Tuckermann, Osteuropa. 2 Teile. Breslau 1922. — V. Tornius, Die Baltischen Provinzen. 3. Aufl. Leipzig 1918. — F. Mager, Kurland. Hamburg 1922. — W. Gaigalat, Litauen. Frankf. a. M. 1917. — M. Friederichsen, Finnland, Estland und Lettland, Litauen

und die zahlreichen Staatengebilde des Südostens, die ich unter dem Namen **Südosteuropa** gemeinsam behandle.

I. Naturverhältnisse. Bedingt durch den geologischen Bau des osteuropäischen Tafellandes zeigt Osteuropa eine sehr geringe Oberflächengliederung. Der Ural mit dem Timan und der südrussische Granitrücken, die Halbinsel Krim und der ganz randlich liegende Kaukasus, der von Asien (Transkaukasien) trennt, sind die einzigen höher aufragenden Gebiete, in denen zugleich wie in dem niedrigen Nordwesten ältere Gesteine an die Oberfläche kommen. Im übrigen decken junge (niedrige Landrücken von meist 100—200 m Meereshöhe bildende) Ablagerungen die älteren Böden zu und bilden die breitere Fortsetzung der germanisch-polnischen Landrücken. Für die Nordhälfte sind Tundrenböden und eiszeitliche Ablagerungen, der ausgewaschene unfruchtbare Podsol (etwa soweit der Wald reicht) bezeichnend, für den waldarmen Süden der fruchtbare humusreiche Schwarzerdestreifen (Tschernosem) und kastanienfarbige Böden; in der ural-kaspischen Niederung aber treten unfruchtbare Salztone und Flugsande auf und erst gegen den Kaukasus wieder Tschernosem.

Der äußerste Norden gehört dem Tundrenklima (E 10[1]) an, der weitaus größte Teil Osteuropas aber dem borealen Klima (D 8 b und D 8 c[2]), der Süden dem winterkalten Steppenklima (B 3 k mit trockenen Sommern).[3])

II. Gesamtrußland, der Bund der sozialistischen Rätestaaten (Sowjet-Union) umfaßt in Europa Innerrußland (4,837 Mill. qkm, 78,03 Mill. Einw.), die Ukraine (459890 qkm, 27,59 Mill. Einw.), Weißrußland (111330 qkm, 4,15 Mill. Einw.), zusammen rund 5,408 Mill. qkm mit 110 Mill. Einw. Litauen (Lietuva), ohne Memelgebiet 52810 (mit Mem. 55260) qkm, 2,165 (2,31) Mill. Einw., Lettland (Latvija), 65790 qkm mit 1,91 Mill. Einw. und Estland (Eesti Vabariik), 47550 qkm mit 1,11 Mill. Einw., sind Freistaaten (Republiken), Memelland, autonomes Gebiet (2450 qkm, etwa 150000 Einw.), doch von Litauen vergewaltigt. Ganz Osteuropa enthält also etwa 5,577 Mill. qkm mit 115,1 Mill. Einw. Die Bevölkerung besteht aus Russen, Ukrainern, Weißrussen, Letten, Litauern, Esten, Deutsche, Kirgisen, Tartaren, Juden, Baschkiren usw. Die durchschnittliche Volksdichte ist nur 20,6 auf 1 qkm bei recht großen Unterschieden.[4])

Breslau 1924. — C. Ballod, Sowjet-Rußland. Berlin 1920. — Steph. Rudnyćkyj, Ukraine. Land und Volk. Deutsch, Berlin 1916. — Er. Obst, Russische Skizzen. Berlin-Grunewald 1925. — Rußland. Offizieller Bericht der englischen Gewerkschafts-Delegation nach Rußland Nov. bis Dez. 1924. Berlin 1925. — Handbuch f. Handel u. Industrie d. Soz. Sowjet-Rep. Berlin 1924. — Veröffentl. d. Osteuropa-Inst. (Breslau). — Rußland u. Asien. (Richters russ. Monographien. Berlin).

[1]) Vgl. Kola, Juli 12,7°, Jan. —11,2° C; unterste Temperaturgrenze —35°. 180 mm (Juli 30, März 10).

[2]) Archangelsk, Juli 15,8°, Jan. —13,7° C. Extreme 29° und —36°. 390 mm (Juli 60, April 20). — Riga, Juli 17,9°, Jan. —5,1° C. 540 mm (Juli 70, Febr. 20). — St. Petersburg (Leningrad), Juli 17,7°, Jan. —9,3° C. Extreme 29° und —29°; 480 mm (Aug. 70, Febr. 20). — Moskau (140 m), Juli 18,9°, Jan. —11° C. Extreme 31° und —31°. 530 mm (Aug. 70, Febr. 20). — Charkow 130 m), Juli 20,9°, Jan. —8,3° C. 470 mm (Juli 60, Febr. 20). — Ssamara (50 m), Juli 21,4°, Jan. —12,8° C. Extreme 34° und —31°. 400 mm (Juli 50, Febr. 20).

[3]) Vgl. Odessa (60 m), Juli 22,6°, Jan. —3,7° C. Extreme 33° und —18°. 410 mm (Juni 60, Febr. 20). — Astrachan, Juli 25,5°, Jan. —7,2° C. Extreme 36° und —26°. 150 mm (Juni 20, Febr. 10). — Stawropol (560 m), Aug. 20°, Jan. —4,7° C. Extreme 32° und —22°. 720 mm (Juni 100, Febr. 30), hat schon wieder ausgeprägtes boreales Klima mit Niederschlägen zu allen Jahreszeiten.

[4]) Europäisches Innerrußland, das wieder in viele autonome Freistaaten zerfällt, 16 auf 1 qkm; Ukraine 60; Weißrußland 27; Litauen 45; Memelland 58; Lettland 29; Estland 23. In Podolien (Ukraine) wohnen indessen 102, im Gouv. Murman 0,1 Einw. auf 1 qkm.

III. Die Wirtschaft Osteuropas ist durch Krieg und Revolution schwerer zerrüttet worden als im übrigen Europa; besonders die Sowjetunion ist von ihrer wirtschaftlichen Stellung auf dem Weltmarkt und von ihrer politischen Weltgeltung tief herabgesunken und erholt sich nur langsam mit Aufgabe des kommunistischen Experiments und Annäherung an früher geltende wirtschaftliche Prinzipien von ihrer Ohnmacht. Bei allem nicht zu verkennenden Streben nach Verbreitung besserer Volksbildung[1]) und nach Hebung von Wissenschaft und Technik hat doch die Wirtschaft im ganzen wohl noch durchaus den Charakter der herkömmlich-traditionellen Wirtschaftsstufe.

Der Norden Osteuropas (Lappland, Halbinsel Kola und Karelien) schließt sich noch eng an den wirtschaftlichen Charakter Nordschwedens, -norwegens und -finnlands an. Die Tundrenzone (E 10) ist wirtschaftlich fast tot, Ackerbau unmöglich. Aber auch im Waldgürtel (D 8 c) verschwinden die noch unter sehr ungünstigen Bedingungen stehenden Ackerfelder völlig in dem Meer der Wälder. Der Nordwesten ist unfruchtbarer glazialer Abräumungsboden mit vielen Seen bei langen Wintern und kurzen, ziemlich kühlen Sommern. Sümpfe und Moore nehmen große Flächen ein. Im Gouv. Olonez sind kaum 3% des Bodens angebaut. Die Nahrungszwecken dienende Gerste reicht zwar bis über den 68.° nach Norden, wird aber ebenso wie der Roggen und der (südlich vom 64.° auftretende) Hafer und Kartoffeln[2]), Rüben, Kohl nur in Fleckchen und in ganz minimalen Mengen angebaut (an Flüssen, Seen und am Weißen Meer). Nicht günstiger liegen die Verhältnisse in den Gouv. Archangel und Wologda.[3]) Große Nahrungsmengen liefert der Bevölkerung in den zahlreichen Seen des Nordwestens und in den Flüssen sowie an den Küsten der fischreichen Nordmeere, zumal an der Murmanküste, die Fischerei. Die Viehzucht, an sich sehr gering, hat für die dünngesäte Bevölkerung relativ hohe Bedeutung.[4])

Boden- und Klimaverhältnisse bessern sich erst in den Breiten Südschwedens (D 8 b) so, daß die neugegründeten, hauptsächlich die flache seewärtige Abdachung des baltischen Landrückens und eine niedrige Küstenzone einnehmenden baltischen Randstaaten Estland, Lettland und Litauen bereits ergiebigeren und ausgedehnteren Ackerbau treiben können. Freilich treten bei der Kürze der Vegetationszeit öfters Mißernten ein; deshalb bedarf

---

[1]) Nach Steph. Rudnyćkyj (Z. Ges. Erdk. Berlin 1924, S. 32 ff.) betrug 1897 in der Ukraine die Zahl der Analphabeten 80,5, 1920: 65,3% (1924 vielleicht nur noch 50%).

[2]) Im Gouv. Archangel nur auf 0,01% der Fläche.

[3]) Auch hier beschränkt sich der Ackerbau beiderseits des nordrussischen Rückens auf Fleckchen an der Dwina und an ihren Quellflüssen; seine Nordgrenze senkt sich mit dem Kontinentalerwerden des Klimas gegen Osten südwärts. Nach Th. H. Engelbrecht waren 1909 in einigen Bezirken des Gouv. Archangel (0,14% der Fläche 1906—1910 mit Halmgetreide bestellt) bis zu 95% der Halmgetreideflächen der schnellreifenden Gerste überlassen; daneben hat der Winterroggen einige Ausdehnung. Im Gouv. Olonez treten Roggen und Hafer in den Vordergrund; ebenso meist in Wologda (5,4% der Fläche Halmgetreide), aber in den Bezirken Jarensk und Ust-Ssüssolsk herrscht noch die Gerste vor. Hier im Norden des Waldgebietes zieht sich, durch die kurzen Sommer hervorgerufen, eine „Gerstenzone" hin.

[4]) Auf 1 qkm entfallen (1910 nach Th. H. Engelbrechts Daten) z. B. im Gouv. Archangel weniger als 0,3 Rinder, aber in Olonez (jetzt Murman) 1,1 und in Wologda 5,6; auf 100 Einw. jedoch ergeben sich 30, 930, 62 Rinder, also ziemlich hohe Ziffern, die auf Exportmöglichkeiten aus den Gouv. Murman und Wologda hinweisen.

man auch hier noch einer großen Einfuhr von Nahrungsmitteln, vor allem von Getreide[1]), da nicht genügend Bodenfrüchte erzeugt werden.

Roggen (Brotgetreide), Gerste und Hafer sind die hauptsächlich angebauten Getreidearten.[2]) Weizen wird sehr wenig erzeugt.[3]) Dagegen werden ziemlich viel Kartoffeln angebaut, für die Boden und Klima wie im germanisch-polnischen Flachlande gut geeignet sind.[4]) Zucker mußte bisher eingeführt werden, doch will man es jetzt in Lettland mit dem Zuckerrübenbau versuchen.[5]) Gemüse und Hülsenfrüchte (Erbsen usw.) ergänzen den Nahrungskonsum; gegen Süden (an der Düna schon) gedeiht der Obstbau immer besser; Sonnenblumensaat und Leinsaat (s. unten) liefern Öle, Fischerei[6]) und Jagd auch einige Nahrungsmittel. Vor allem hat die Viehzucht Wichtigkeit bekommen, die neuerdings vielfach den unrentablen Körnerbau zurückdrängte und (im küstennahen Gebiet besonders) über große Wiesen- und Weideflächen verfügen kann.[7]) Sie liefert immer mehr Ausfuhrprodukte.[8]) An Trinkwasser wird es nirgend fehlen, dagegen sind Salz und Mineralwässer wohl kaum vorhanden.

Auch in Sowjetrußlands Mittelzone (D 8 b) sind Roggen und Hafer, dazu Gerste, die bei armen Böden und genügenden Wasserverhältnissen

---

[1]) Für Estland, das als nördlichster dieser baltischen Staaten am ungünstigsten, auch bezüglich des (vielfach nackten) Bodens gestellt ist, ist es der wichtigste Einfuhrgegenstand (1924: 88000 T. Getreide u. Mehl). In Estland sind 22,9% der Fläche Felder; in Lettland 22%, in Litauen 45,8% der Fläche Ackerland. Rund 59% der Bevölkerung Lettlands sind in der Land- und Forstwirtschaft beschäftigt. Doch hält die Regierung es für nötig, einen Getreidefonds von 600000 T. im Auslande aufzukaufen, um die Versorgung des Landes sicherzustellen.

[2]) Die Enteignung des Großgrundbesitzes zugunsten von Bauern dürfte, mindestens einstweilen, mannigfachen Schaden bringen, denn es fehlen die Vorbilder rationeller Feldwirtschaft. In Estland waren 1922: 3,3% der Fläche mit Roggen bestellt, in Lettland 3,6%, in Litauen 10%, gegen Süden also immer mehr. Produziert wurden 147000; 174000; 616000 T., d. h. 0,4; 0,5; 1,7% der W. Die Erträge sind mit 0,93; 0,73 und 1,11 T. auf 1 ha ziemlich niedrig. Gerste wird mit 145000, 147000 und 234000 T. geerntet = zusammen 1,5% der W. geerntet, Hafer 146000, 264000, 420000 T. geerntet. In Litauen sind die Erträge bedeutend höher als in den beiden nördlichen Staaten, und besonders hoch nach Schmieder in dem an Deutschland grenzenden westlichen Teil.

[3]) 1922: 20700, 26100 und 89100 T. = $^1/_8$% der W. auf 0,5, 0,4 und 1,4% der Fläche.

[4]) 1922: Estland 718000 T., Lettland 675000, Litauen 1848000 T. = 0,4; an 0,4; über 1% der W. Die Erträge sind nur in Litauen mit 14 T. auf 1 ha hoch, in den anderen Freistaaten unter 10 T.

[5]) Der Bau von drei Zuckerfabriken erscheint ziemlich gesichert. Die erste (in Behnen) hoffte man im Herbst 1925 in Betrieb nehmen zu können. Estland brachte 1924: 33900 T. Zucker zur Einfuhr.

[6]) Fang in Litauen nach Schmieder etwa 200 T. (Karpfen und Krebse). Lettlands Seefischerei brachte 1924: 8460 T. ein.

[7]) In Estland sind 24,5% der Fläche Wiesen und 17,5% Weiden; in Lettland 30% des Bodens Wiese, Weide und Brache; in Litauen 24,3% Wiesen und Weiden. Während von Norden nach Süden die Ziffern hierfür wie für das Ödland (15, 16, 9,6%) abnehmen, nimmt das Ackerland, das ja zum Teil auch der Viehzucht dient, zu. 1922 besaßen Rinder Estland 527400 (über 55% Kühe), Lettland 1923: 900000, Litauen 1921: 780000 Stück, d. h. auf 1 qkm über 11, gegen 14, fast 15; auf 100 Einw. fast 48, 47, über 36. Es sind wohl die günstigeren Ackerbauverhältnisse, die bewirken, daß in Litauen die Kopfziffer an Rindern niedriger ist als in den anderen Staaten. Die Zahl der Schweine ist in den beiden nördlichen Freistaaten (an 6 und 7,4 auf 1 qkm) wesentlich höher als in Nordeuropa und erinnert in Litauen (gegen 24) an mitteleuropäische Verhältnisse. Die Relativziffern (auf 100 Einw.) sind: an 25, über 25, über 58. Besonders letztere Ziffer deutet Exportmöglichkeiten an. Schafe gibt es 16, 22, 20 auf 1 qkm, auf 100 Einw. 68, 77, 48. Auch Honig wird gewonnen. In Litauen hält man als Geflügel besonders Gänse.

[8]) Estland führte 1923: 992,1 T. (?) Fleischwaren, 2380 (1924: 3190) T. Milchprodukte (Butter) und 14080 Stück lebendes Vieh aus (1,2; 9,7; 2,4% des Gesamtausfuhrwertes; auch Eier (1924 fast 10 Mill.) werden ausgeführt). Lettland führt ebenfalls Fleisch (1925: 2060 T., nach Großbritannien 91%) und Butter (1924: 3820, 1925: 7260 T.) aus (nach Deutschland hauptsächlich), dazu im Transitverkehr aus Rußland viel Eier. Freilich, die Einfuhr von Nahrungsmitteln und lebenden Tieren war 1923 noch weit größer als die Ausfuhr. Litauen führt besonders Eier, dazu tierische Rohstoffe (?) aus (vgl. S. 138).

(Winterschnee) bevorzugten Getreidearten. Im mittleren Waldgebiet, noch mehr gegen den Südrand, nehmen die Anbauflächen sehr zu.[1])

Die mit charakteristischer Einseitigkeit bebauten Flächen ergeben ansehnliche Mengen Brotkorn (Roggen) und Hafer, weniger Gerste und Weizen, doch kann bis zum Süden der Waldzone der Bedarf der stellenweise ziemlich dicht sitzenden Bevölkerung nicht gedeckt werden; namentlich gegen den kontinentalen Osten hin schrumpfen die Anbauflächen zusammen und werden die Erträge unsicherer. Man ist in Sowjetrußland (Innerrußland) auf Zufuhr aus dem gesegneteren Südrußland angewiesen und, wenn auch dort die Ernten versagen, von Hunger bedroht; seit der Bolschewistenherrschaft mehr noch als vordem.[2]) Neben dem Halmgetreide haben Kartoffeln[3]) und Buchweizen für die Ernährung der Bevölkerung einige Wichtigkeit; Hülsenfrüchte, Gemüse, Obst geben Beikost.

Der Viehbestand ist stark zurückgegangen[4]), ebenfalls die Ausfuhr tierischer Produkte, die immer nicht sehr bedeutend war (s. unten, Anm. 4). In dem grasreichen Waldgebiet werden meist mäßig viel Rinder gehalten.[5]) Das Molkereiwesen nimmt gegen Osten und Südosten ab. Fischerei in den großen Flüssen ist ansehnlich. Gegen Südosten wird Salz reichlicher, Trinkwasser[6]) aber mit der Dürre spärlicher.

Im Schwarzerdeland, dessen milderen Westen die Ukraine einnimmt, erzeugt der fruchtbare Boden neben Roggen auch viel Weizen; im westlichen

---

[1]) Im Gouv. Leningrad (St. Petersburg) sind noch kaum 4% der Fläche mit Halmgetreide bebaut (im Durchschnitt 1906—1910), in Nowgorod schon 11,6, in Twer, Wladimir und Kostroma 12, 17,7, 22,8%; in Wjatka gar 28,5, aber in Moskau und Nishnij Nowgorod nur 8,6 und 11,3; in Tula, Tambow, Orel wachsen die Flächen des Halmgetreides auf 38,5, 40,7, 48,3% der Flächen an. In Samara und Astrachan behaupteten sie noch 42,1 und 24,9% der Fläche, in Saratow und Pensa 29,6 und 25,3%.

[2]) Wie die ganze Wirtschaft, so war auch die Statistik über die russische Produktion und über ihren Anteil an der Weltproduktion in große Unordnung geraten (s. S. 128). Nach Th. H. Engelbrecht wird fast ganz Sowjetrußland im Waldgebiet südlich der „Gerstenzone" von der „Haferzone" eingenommen. Neben dem Hafer wird in dem mittleren Strich von Weißrußland bis zur Wolga bei Kasan und zur Wjatka viel Roggen (Brotgetreide) gebaut, so daß Schenck hier die Roggenzone führt. In den zwei letzten Jahrzehnten vor dem Kriege war Rußland das erste Getreide-Ausfuhrland der Erde geworden; 1909/13 lieferte es (vor allem nach Deutschland, den Niederlanden und Großbritannien; weniger nach Italien, Frankreich usw.) 32% der fünf wichtigsten auf den Weltmarkt kommenden Getreidesorten. Der Eigenbedarf der russ. Landbevölkerung an Getreide wird auf 24,1 Mill. T. geschätzt, die Aussaat auf 8,35 Mill. T., der Bedarf der russ. Städte auf 4,08 Mill. T.; für Viehfütterung werden 4,98 Mill. T. gebraucht. Die vorliegenden Ziffern sind noch recht unsicher. Im europäischen Rußland scheinen (1925) etwa 17% der Fläche Ackerland zu sein, in der gesamten Sowjetunion (einschließlich der asiatischen Gebiete) 4,66% der Fläche. Die Getreideernte betrug in Vorkriegszeit etwa 82 Mill. T., jetzt hat sie diesen Betrag noch längst nicht erreicht, erhöht sich aber (1924 im europ. R. [?] 41,7; 1925: 63,2 Mill. T.); Roggen, Weizen, Hafer, Gerste, Hirse, Mais und Buchweizen sind die wichtigsten Kulturen. Im westlichen R. besitzt jede Wirtschaft einen Pflug, im mittleren Wolgagebiet nur jede achte einen. 1923/24 wurde für 145, 1924/25 für 51 Mill. Rubel Getreide ausgeführt. In der vorkriegszeitlichen Ausfuhr machten Weizen 12,7; Gerste 10,1; Holz 10,1; Flachs 7,6; Eier 5,6; Butter 4,5; Rohhäute 3,2; Naphthaprodukte 2,6; lebendes Vieh u. Geflügel 2; Borsten 0,6; Roßhaare 0,3% der Gesamtausfuhr aus.

[3]) Im Gouv. Wladimir waren (1906—1910) nur 0,28% und selbst im Gouv. Moskau nur 4% der Fläche mit Kartoffeln bestellt.

[4]) Hornvieh gab es 1916 (1922) in den bäuerlichen Wirtschaften des verbrauchenden Nordwestens (des alten Rußland) 9 (9,3) Mill., im produzierenden Südosten 17,75 (8,74) Mill., in Ukraine u. Krim 6,47 (6,99), im Nordkaukasus 3,3 (1,7), zusammen 36,52 (26,73) Mill. Stück; davon waren Kühe 5,1 (5,64), 7,7 (5,55), 2,63 (3,3), 1,05 (0,67) Mill. Stück. Die Abnahme ist also im Südosten, der seit 1921 von Mißernten und Hungersnöten betroffen wurde, besonders stark.

[5]) Meist um 10 auf 1 qkm, aber im Gouv. Moskau nur 7,5 und in Nishnij Nowgorod 3,6 auf 1 qkm.

[6]) Im Dezember 1914 störte eine Eisschicht, die sich im Newabett in 20 m Tiefe gebildet hatte, die Wasserversorgung Petersburgs.

Teil Winter-, im östlichen Abschnitt (mit sehr kalten Wintern und unsicheren Niederschlägen) dagegen Sommerweizen, der wegen seines (durch Verkümmerung in der Dürre hervorgerufenen?) Eiweißreichtums auf dem Weltmarkt geschätzt wurde.

Doch unterliegt der Ackerbau hier[1]) und selbst in der Ukraine, wenn Niederschläge mangeln oder Heuschrecken auftreten oder Aussaat fehlt, schlimmen Mißernten und Hungersnöten, die sich neuerdings häuften und vielfach zur Auswanderung größerer Bevölkerungsteile nach Sibirien geführt haben.

Die Ausfuhrfähigkeit Südrußlands für Weizen (wie für Gerste und anderes Getreide[2]) hat auch durch die Enteignung des Großgrundbesitzes einen schweren Schlag erlitten[3]); es ist noch gar nicht abzusehen, ob in Zukunft der Weltmarkt auf größere Getreidezufuhr aus den Schwarzmeerhäfen rechnen kann. Westlich vom Dnjepr hat der Obst- und Weinbau noch respektablen Umfang, die Zuckerrübenkultur aber, die in dem milden warmen Südwesten (vor allem in der Kijewer Gegend, bis nach dem Gebiet von Charkow) auf den fruchtbaren Böden gut gedieh, ist ganz heruntergekommen.[4]) In der westlichen Ukraine wächst auch ein Tabak[5]) mäßiger Qualität. Ferner sind Hanf und Lein (für Ölsaatproduktion gebaut) Charakterpflanzen des Schwarzerdegürtels zwischen Dnjepr im Westen und Wolga im Nordosten[6]); in Südrußland ist die Produktion der Sonnenblumensaat[7]) besonders hoch.

Im Steppenland Südrußlands (B 3) schließlich wird einseitiger Sommer-

---

[1]) Samara hat 21,4° C im wärmsten, −12,8° C im kühlsten Monat (Extreme 34° u. −31°), aber nur 400 mm Regen (Juli 50).

[2]) Der Mais wird besonders in dem nicht nur sommerheißen, sondern auch relativ feuchten Südwesten Südrußlands (Beßarabien ging an Rumänien verloren) und in Ciskaukasien angebaut. Der Haferbau (Ernte der Ukraine 1923 nur 957000 T. gegen 1,7 Mill. T. Gerste, 2,178 Mill. T. Weizen, 4,38 Mill. T. Roggen und 812000 T. Mais) schrumpft gegen den Süden Südrußlands, der Roggenbau gegenüber Weizen- und Gerstenbau zusammen. Der Hirsebau ist als eine Nebenkultur wesentlich in Südrußland vertreten, der Buchweizen mehr in Mittelrußland. Die „pontische Kornkammer" hat viel von ihrer Schätzung und ihrem Inhalt eingebüßt. Kijew (398), etwa am Nordrande des Weizengebiets, wo Winter- und Sommerweizenzone sich schneiden, und des Gerstengebiets, dazu in der Roggen- und Haferzone gelegen, ist der wichtigste Getreidemarkt Rußlands, Nikolajew (81), Cherson (41), Rostow (236), Odessa (316), Noworossijsk (49), Mariupol (31), alles Schwarzmeerhäfen, waren die wichtigsten Ausfuhrplätze für Getreide.

[3]) Der Bauernbesitz nahm 1916: 57,1, 1923: 91,8% der Fläche ein, der Großgrundbesitz 1916: 42,9%; 1923 waren an seine Stelle staatliche landwirtschaftliche Großbetriebe (8,2% der Fläche) getreten. Die Anbaufläche hat sich 1923 gegen 1914 um 17,7% verkleinert, mehr im steppenhaften Süden als in der nördlichen Parklandschaft. Während der Anbau des Roggens (als der Brotfrucht der Ukraine) stark gestiegen war (von 17,5 auf 27,7% der Anbaufläche), hatte die wesentlich Exportzwecken (im Großgrundbesitz) dienende Weizenkultur einen starken Rückgang (von 35,6 auf 20,7% der Anbaufläche) erfahren; desgleichen aber auch der Anbau von Gerste, Hafer und Kartoffeln, während z. B. die Ölpflanzen, die Fett für den Haushalt liefern, zugenommen hatten. Die Ernteerträge nahmen noch stärker ab als die Anbauflächen.

[4]) 1913/14: 1,09; 1922/23: 0,16 Mill. T. Zucker in der Ukraine geerntet. 1925 erreichte die Zuckerrübenernte etwa 44% der Vorkriegszeit. Im östlichen Teil des Schwarzerdegürtels gedeiht die Zuckerrübe nicht mehr.

[5]) Im Gebiet von Poltawa und Tschernigow, weniger in den Gouv. Tambow, Woronesch, Rjätan. Vor dem Kriege in Rußland etwa 8% der W. erzeugt.

[6]) Rußland produzierte früher über 40% der W. von Hanf (in den Gouv. Orel, Kursk, Tschernigow, Pensa usw.) mit Hanfsaatgewinnung und Leinsaat vor dem Kriege etwa 18—19% der W. mit einem Ausfuhrüberschuß. Nicht wenig davon stammte aus Südrußland. 1923 wurde der Anteil Rußlands an der W. von Leinsaat nur auf 6½% geschätzt.

[7]) Gouv. Woronesch, Saratow, Kubangebiet Ciskaukasiens usw.

weizenbau betrieben. Mandeln, Kastanien, Nüsse, Pfirsiche, Oliven, Süßweine bilden das Rückgrat der Wirtschaft an der Südküste der Krim (Mittelmeerklima, C 6 a). Die Nordgrenze des Weinbaues verläuft fast durchweg südlich des 50.° und sinkt am Kaspischen Meere zur Gegend von Astrachan südwärts.[1]) In der Krim und im Kubangebiet wachsen geschätzte Zigarettentabake.

Die Tierzucht Südrußlands hat stark gelitten; die Zahl der Schafe und Ziegen ist freilich gewachsen, was wohl Abnahme der Intensität der Landwirtschaft bedeutet, die der Rinder (wenig) und der Schweine (sehr) aber hat abgenommen. Die Fischerei ist in der unteren Wolga (bei Astrachan) und im Kaspischen Meere stark entwickelt. Reiche Steinsalzlager des Donezgebietes (bei Brjansk, Bezirk Bachmut), Solquellen des trockenen Südostens (Ussolje im Gouv. Simbirsk, Iletzkaja bei Orenburg, Slawjansk im Gouv. Charkow u. a.), die Salzansammlungen der Endseen der dürren kaspischen Senke (Baskuntschaksee) und die Salinen der südrussischen Limane (9—$14^1/_2$ % Salzgehalt; Halbinsel Krim, bei Odessa usw.) liefern dem übrigen Rußland Salz; zuweilen ergeben sie auch Überschüsse für die Ausfuhr.[2])

Die Brunnen müssen in Südrußland meist sehr tief gegraben werden, um das Grundwasser zu erreichen. Im übrigen Rußland ist Trinkwasser genügend, wenn auch oft in schlechter Qualität, vorhanden. Allmählich werden die größeren Städte mit Wasserleitungen ausgestattet. Mineralquellen kommen in den alten Randgebieten vor. Von chemischen Düngemitteln zur Befruchtung seiner Felder besitzt Rußland vielerorts Phosphoritlager (längs des Mittellaufs des Dnjepr, am Donez und an seinen Nebenflüssen usw.), aber die Produktion genügt dem Bedarf keineswegs.[3]) Kali soll im Sakisee der Krim, auch im Chadschibejskij und Kujalnizkij Liman und nach unbestimmten Meldungen im südöstlichen Trockengebiet der kaspischen Steppe (in Mengen?) vorkommen. Im Kriege wurde die Erzeugung von Nebenprodukten der Koksdestillation forciert, und wohl einige Stickstoffdüngemittel gewonnen.

b) Für **Kleidung** stehen Flachs, Hanf, Wolle, Pelze zur Verfügung.

Der Dresch- oder Schließlein mit hohen Stengeln zur Fasergewinnung gehört der Waldzone Rußlands an und wird vornehmlich stark in einer mittleren Zone vom Rigaischen Meerbusen bis über die Gegend von Moskau ostwärts (Gouv. Witebsk, Smolensk, Moskau) angebaut. Auch die baltischen Randstaaten sind wichtige Erzeuger und führen wie Sowjetrußland Flachs aus.[4]) Der Hanfbau hat seine Zentren südlicher (s. S. 131). Die Wolleproduktion

[1]) Das wichtigste Produktionsgebiet: Beßarabien ging verloren.

[2]) Rußland produzierte 1913: 1,94; 1920: 0,55 Mill. T.

[3]) Rußland verbrauchte 1913: 535000 T. chemischen Düngers, von dem 516000 T. eingeführt werden mußten.

[4]) Nach P. Meyer (1924) soll die heutige Weltproduktion von Flachs nicht viel mehr als 190000 T. ? s. unten!) betragen. Lettland hat nach demselben wohl den Vorkriegsumfang des Anbaues erheblich überschritten und soll das drittwichtigste Produktionsland (1925: 25000 T.) sein. Hinter Holz (1924: 647000 T.) steht Flachs (1924: 20470 T.) in der Ausfuhr an zweiter Stelle; Estland erntete 1923 auf 306,5 qkm 9830 T. Flachsfasern und führte 9330 (1924: 10440) T. aus; Litauen (nach Schmieder besonders im westlichen Teil) erntete 1922/23 auf 521 qkm 60400 T. (1909/13: 48300, 1924: 32600 T.) und führt viel aus (Ernteüberschuß 1924: 25100 T.); Sowjetrußland endlich produzierte 1923 angeblich rund 180000 T. Flachs; die Ausfuhr wird mit etwa 26500 T. angegeben. Während des Krieges und noch in der Nachkriegszeit war der russische Flachs vom Weltmarkt fast verschwunden, was nicht ohne Folgen (s. S. 30, Anm. 3) blieb.

Rußlands, die mehr im Schwarzerdegürtel und in Ciskaukasien betrieben wurde als in den naßkühlen Waldgebieten Sowjetrußlands oder der baltischen Randstaaten, beruhte in der Hauptsache auf dem gewöhnlichen Landschaf; größere Herden von Merinoschafen waren fast nur bei Großgrundbesitzern Südrußlands anzutreffen.[1]) 1923 soll Rußland nur 5,76, Estland 0,12% der W. geliefert haben. Die einheimische maschinelle Leinenindustrie, aus Hausindustrie[2]) hervorgegangen und sie allmählich verdrängend, hat in Twer (83), Jaroslaw (90), Charkow (307) usw. ihre Zentren.

Seilerei ist im Hanfgebiet weit verbreitet.

Die Pelze Sibiriens (s. S. 167 u. 172f.) und (Nord-) Rußlands sammeln sich auf den August-Messen von Nishnij Nowgorod (134) an der Wolga, das den Gewinnungsgebieten nahe liegt und den russischen Markt mit Luchs-, Wolfs-, Fuchs-, Marder-, Eichhörnchen- usw. Fellen (Pelzen) versorgt, aber auch den Markt Mitteleuropas (s. S. 116) und Westeuropas beliefert. Krimmer (von grauen Lämmern der Halbinsel Krim) und andere Lammfelle werden ebenfalls in den kalten Wintern Osteuropas in Mengen gebraucht. Neuerdings versucht man, das Pelzwerk im Lande selbst zu Pelzwaren zu verarbeiten.

Die Seidenraupenzucht Südrußlands befindet sich noch im Versuchsstadium, obwohl Maulbeerbäume im Süden der Ukraine gut gedeihen sollen. Die Seidenindustrie ist im Moskau-Wladimirschen Industriebezirk angesessen und auf Einfuhr aus Transkaukasien und Turkestan angewiesen.

Die Baumwollindustrie (in der Petersburger und Moskauer Gegend) wird zurzeit (Mitte 1923) auf etwa 7,25 Mill. Spindeln (d. h. 4,6% aller Spindeln auf der Erde) geschätzt und konnte in der Vorkriegszeit bereits über die Hälfte ihres Rohstoffbedarfs aus Russisch-Zentralasien (Turkestan, s. S. 163f.) beziehen. Als aber im Weltkrieg die Versorgung des Produktionsgebietes mit Getreide unmöglich wurde, und die Orenburger Bahn versagte, brach die Baumwollproduktion Turkestans zusammen und erholt sich nur langsam, und das gleiche ist wohl von der russischen Baumwollindustrie zu sagen.[3]) Vgl. auch Transkaukasien, S. 149). In der Ukraine gibt es nur kleine Fabriken.

Die Lederindustrie und mit ihr die Schuhindustrie litt nach C. Ballod 1919 Mangel an Häuten, Fellen und Gerbstoffen.

Asbest wird hauptsächlich im Ural gewonnen.[4]) Schmuckstoffe fehlen nicht. Gold wird in Seifen wie in Quarzgängen des Ural (Ostabhang) gefördert[5]); auch wird etwas Silber gewonnen.[6]) In Platin (aus dem Ural[7]) beherrschte Rußland früher den Weltmarkt, aber es wurde neuerdings von Colombia

---

[1]) Vgl. S. 132.

[2]) In der Ukraine ist nach Steph. Rudnyćkyj kaum ein Dörfchen, wo es nicht Hausweber gäbe. Grobe, doch sehr dauerhafte Leinwand- und Tuchsorten, doch auch feine Tisch-, Hand- und Sacktücher, feine Wollstoffe, Zierstoffe mit eingewebten Mustern, Teppiche und Decken werden von ihnen geschaffen.

[3]) 1922/23 soll der Verbrauch 893000 Ballen (zu 130 kg?) betragen haben.

[4]) Im Durchschnitt 1907/11: 12000 T.

[5]) Goldschmiedewaren besonders in Moskau.

[6]) Mit Blei im Kuban- und Terekgebiete Ciskaukasiens, auch im Ural und Donezplateau.

[7]) Seifen der Flußgebiete Iss, Wyja und Tagil, mit Dampfbaggern bearbeitet. Fast die gesamte Ausbeute ging vor dem Kriege zur Weiterverarbeitung nach Frankreich.

(s. S. 449) überflügelt, und die Produktion an Gold, Silber, Platin ging erheblich zurück. Edelsteine, ja sogar Diamanten, werden gefunden.

c) **Wohnung** geben im Tundrengebiete (E 10) vornehmlich Renntierfellzelte; im Waldgebiet (D 8 c und D 8 b) herrschen, selbst in vielen Städten, Holzbauten, mit Schindeln oder Stroh gedeckt, vor, wenn sie auch in den Städten — der Feuersgefahr wegen — allmählich von Ziegelbauten verdrängt werden. In der waldarmen Ukraine und überhaupt im sommerheißen Steppensüden Rußlands sind weißgestrichene Lehmhütten mit Getreidestrohdach (und Front gegen Süden) üblich, neuerdings jedoch schnell zunehmend bei dem reichen Tonmaterial Ziegelbauten. In der Kaspischen Senke treten wiederum Zelte der Nomaden auf, zu denen die Haustiere den Rohstoff liefern. Natürlich gibt es auch steinerne Monumentalbauten: Kirchen und Paläste in den großen Städten. An Steinen herrscht jedoch, abgesehen von den alten Randgebieten (s. S. 128[1]), Mangel.

Für die Tonindustrie steht besonders in Südrußland gutes Material reichlich zur Verfügung[2]); Kaolin liefert die südrussische Granitschwelle der Porzellan- und Fayenceindustrie des Charkower Gebiets und Odessas. Für die Glasindustrie ist in der Podsollandschaft Nordrußlands wie im Süden geeignetes Material zu finden.[3])

Die Waldwirtschaft, die im nördlichen Waldgebiet noch eine große Zukunft haben kann, ist erst wieder aufzubauen und von geregelter Forstwirtschaft noch weit entfernt. Der Holzexport machte 1923/24 erst 22% der Ausfuhr des Jahres 1913 aus[4]), und die Holzstoff- und Papierindustrie, für die in dem Nadelwaldgebiet (D 8 c) reichliches Material vorliegt, ist noch sehr entwicklungsfähig. Gegenwärtig wird wie in der Vorkriegszeit Papier aus Finnland eingeführt.

d) **Tierische Arbeitsgehilfen, Kraftstoffe und Material für Werkzeuge.** Rußland ist besonders reich an Pferden, die klein, aber anspruchslos und stark sind. In Mittel- und Südrußland mit ihrer kräftig entwickelten Landwirtschaft und konsumierenden Industriegebieten werden die meisten Pferde gehalten.[5])

Starke Zugochsen gibt es im Steppensüden. Esel und Maultiere sind nur etwa in der Krim und Kamele in der Halbwüste des Südostens in größerer Zahl vorhanden.[6])

---

[1]) Sehr gutes Baumaterial (Diabas und Quarzit) wird z. B. am Ufer des Onegasees (Gouv. Olonez) gefunden. Auch Marmor kommt hier in Nordwestrußland wie im Ural vor.

[2]) Besonders in Wolhynien längs des Teterowflusses steht eine sehr brauchbare Tonerde an und gibt zu blühender Ton-, Fayence- und Porzellanindustrie Veranlassung.

[3]) Konstantinowka im Gouv. Jekaterinoslaw (Ukraine) soll nach O. W. Daskaliuk 4000 Arbeiter in dieser Industrie beschäftigen.

[4]) Holzmaterialien waren 1924/25 nach Rauchwaren der wichtigste Ausfuhrartikel Sowjetrußlands. Doch ist die Ausfuhr der Vorkriegszeit (gegen 1,5 Mill. T. über die Ostseeküste; davon Leningrad über 20%) noch lange nicht erreicht.

[5]) Nach Th. H. Engelbrecht kamen 1909 im Gouv. Archangel nur 7, in Olonez 59, in Wologda 74, in St. Petersburg 267, in Estland 374, in Kurland 455 und in Kostroma 307, in Jaroslaw 468, in Moskau 619, in Tula aber 1194, in Kursk 1229, in Podolien 1286, in Kijew 1019, in Cherson 1029 und in Charkow 845 auf 100 qkm. Nach Osten und vor allem nach Südosten nimmt die Dichteziffer wieder ab. Perm hat 318, Ssamara 760, Orenburg 497, Astrachan nur 57 und das Terekgebiet 369 (das fruchtbare Kubangebiet 855) Pferde auf 100 qkm.

[6]) Zugvieh kam auf je eine Wirtschaft der mittleren Schwarzerderegion nach H. v. Eckardt 1916: 1,18 Stück, 1925: 0,55 (Milchvieh 0,97 bzw. 0,80) Stück.

Natürliche Kraftstoffe fehlen in Osteuropa nicht.

Für das Waldgebiet (D 8 c und D 8 b) sind Torfmoore[1]) charakteristisch. Im zentralrussischen Industriegebiet werden sie bereits eifrig auf Brennstoff ausgenutzt, auch zur Anlage von Torfgaswerken (für Elektrizitätserzeugung) verwertet. Auch Holz muß immer noch vielfach als Heizstoff für Eisenbahnen usw. im Waldgebiet dienen.

In der Gegend von Moskau kommen wenig nachhaltige braunkohlenartige Kohlenlager vor, deren Ausbeutung gegen die Vorkriegszeit[2]) zunahm. Steinkohlen werden an der Westseite des Ural (hauptsächlich in der Gegend von Kiselowsk und westlich von Tscheljabinsk), zum Teil im Tagebau, in ansehnlicherem Ausmaß gewonnen.[3]) Bei weitem die wichtigsten Kohlenlager Rußlands sind jedoch die des sich an die Granitschwelle nordwärts anlehnenden Donezbeckens mit den Zentren Bachmut (29) und Lugansk (44). Die Vorräte sind gewaltig, die Flöze freilich oft schwach und unregelmäßig gelagert. Die Produktion der Vorkriegszeit ist noch längst nicht erreicht.[4]) Nordrußland ist auf überseeische Kohleneinfuhr angewiesen.[5])

Zahlreiche Braunkohlenvorkommen werden aus Südrußland gemeldet, scheinen jedoch noch kaum ausgenutzt zu werden.

Petroleum kommt besonders im nördlichen Kaukasusvorlande vor in einem Streifen, der auf der Kertsch-Halbinsel der Krim beginnt und bis ins Terekgebiet führt. Die Gegend von Maikop (45), auf die man Hoffnungen setzte, hat ziemlich enttäuscht, aber das Terekgebiet (Grosnij, 66) erweist sich — nach den Wirren der Revolutionszeit — wieder als ergiebig[6]) und entsendet mittels Rohrleitung über den Hafen Noworossijsk (49) auch Petroleumprodukte über See.

Im westlichen Uralvorlande, ferner am Timanrücken an der Uchta (Petschoragebiet) und auf Nowaja Semlja, hier freilich sehr abgelegen und durch lange, kalte Winter, Mangel an Existenzmitteln und Menschen schwer auszubeuten, kommt Petroleum vor. Estland besitzt ansehnliche Ölschieferlager, die man nutzbar machen zu können hofft.[7])

Eine Schätzung der Wasserkräfte für das europäische Rußland nimmt 7—8 Mill. PS an, das sind nur 1,6—1,8% der geschätzten Weltziffer.

---

[1]) Die Südgrenze ausgedehnter Torfmoore verläuft nach Th. H. Engelbrechts Atlas etwa von Kowno nach Twer und Nishnij Nowgorod, weicht dann bis nördlich von Wjatka nach Norden und im Uralland bis zum 60° nördl. Br., um östlich des Ural bis Jekaterinburg und weiter südwärts zu gehen. Auch die feuchtere westliche Ukraine birgt (bei Tscherkassy, Kijew, am Pripjet und an der Desna, bei Proskurow Torflager.

[2]) Sie lieferten nur etwa 1% der russischen Kohlenproduktion.

[3]) In der Vorkriegszeit förderte man hier etwa 4% der russischen Produktion.

[4]) 1913 wurden hier rund 26 Mill. T. Kohle gewonnen, 1924 erst etwa 52% davon, 1924/25: 16 Mill. T. = 55,3%. Bis 1800 m Tiefe sollen hier 38 Milliarden T. Anthrazit und 22 Milliarden T. Steinkohle lagern; der Koks soll freilich ziemlich schwefelhaltig sein. Ausfuhr ins Ausland ist wohl, auch durch die Lage erschwert, ausgeschlossen. Nicht einmal der Bedarf des Landes wird bisher gedeckt. W. Henrici, Die Kohlenwirtschaft Rußlands. Berlin 1924.

[5]) Estland 1924: 100000 T.

[6]) 1924 soll die russische Gesamtproduktion von Erdöl (einschließlich der Bakuproduktion [s. S. 152], die für die Versorgung des Wolgagebiets mit Heizöl [über den Hafen Astrachan, 133] wichtig ist), schon rund 64% und 1924/25: 6,93 Mill. T. = 75,5% der Vorkriegsförderung betragen haben.

[7]) Prod. 1924 monatlich 19270, Mai 1925: 26180 T.

In Estland, Lettland und Litauen sind nur etwa 200000 PS. vorhanden. Düna, Memel und vor allem der Grenzfluß Estlands gegen Sowjetrußland: die Narwa, die aus dem Peipussee zum Finnischen Meerbusen auf etwa 72 km Entfernung 30 m absteigt[1]), kommen in Betracht. Im nordwestlichen Seengebiet, das zur Eiszeit Inlandeis trug, sind an Suma, Wyga, Kem usw. zum Teil in Wasserfällen konzentrierte Wasserkräfte zu finden, und die vielen Seen regulieren nicht nur die Wasserstände, sondern können auch leicht in Staubecken verwandelt werden. So sind hier verhältnismäßig reichliche Wasserkräfte vorhanden.[2]) An den baltisch-russischen Flüssen Welikaja, Msta, Wolchow usw. und den wenig Gefälle aufweisenden Flüssen des wenig niederschlagsreichen Zentralrußland werden die Wasserkräfte verhältnismäßig niedrig eingeschätzt.[3]) Die Uralregion[4]) (Tschussowaja, Bjelaja usw.), die Dnjestrschnellen zwischen Jekaterinoslaw und Alexandrowsk, Bug, Dnjepr und andere Flüsse der Ukraine[5]) so wie Ciskaukasien (Terek, Malaja Laba, Kuban, Bjelaja[6]) haben ansehnliche Wasserkräfte. In ganz Rußland schlägt jedoch Eis die Gewässer monatelang in Fesseln und nur sommers, wenn die meisten Niederschläge fallen[7]), ist ungestörte Ausnutzungsmöglichkeit gegeben. Die Ausnutzung der Wasserkräfte ist in Osteuropa bisher sehr wenig in Angriff genommen.[8])

Da der ältere Boden in Osteuropa[9]) meist von jungen Ablagerungen verdeckt ist, kommen Metallerze, die neben Holz, Steinen, Ton usw. als Haupt-**Werkzeugmaterial** dienen können, nur in den alten Randgebieten zum Vorschein. Der unwirtliche sumpfige Nordwesten ist wohl noch wenig daraufhin untersucht worden, ob er etwa ähnliche Erzschätze enthält wie Schwedisch- und Finnisch-Lappland.

Eisenerze sind in der alten südrussischen Granitschwelle erschlossen worden, besonders bei Kriwoi Rog[10]), ferner bei Korsak Moghila (nördlich des Asowschen Meeres), und andere Lager sind bekannt. Die Eisensteinlager der Steinkohlenformation des Donezbeckens gelten bei dem heutigen Stande der Technik als wenig abbauwürdig. Dagegen liegen noch in der Tertiärformation der Halbinsel Kertsch (Krim) mächtige Lager.[11]) Das alte Rumpfgebirge des Ural mit berühmten Eisenbergen[12]) weist eine alte Erzförderung

[1]) Davon etwa 15 m auf 7 km Entfernung. Die Kraft wird von der russischen Stadt Narwa (Iwangorod) genutzt.

[2]) Auf 1—3 Mill. PS geschätzt.

[3]) 150000—200000 bzw. 250000—750000 PS.

[4]) 500000—1,5 Mill. PS.

[5]) 425000—1,4 Mill. PS.

[6]) 300000 PS?

[7]) Und Seen und Sümpfe Zuschußwasser geben können.

[8]) 1920: 100000 PS? Arbeiten zur Elektrisierung der Eisenbahnen und Fabriken, von Elektrizitätswerken (s. S. 135, auch mit Wasserkraft?) sind neuerdings energisch begonnen worden.

[9]) H. Cloos u. E. Meister, Bau- und Bodenschätze Osteuropas. Leipzig 1921.

[10]) Sedimentäre, sehr reine Lager mit etwa 62% Eisengehalt in alten Gesteinen des Tales des Ingulez (zum Dnjepr), seit 1881 in großem Maßstabe (1913 über 6½ Mill. T.) gefördert, zum Teil (über den Hafen Nikolajew, 81) ausgeführt. Die Prod. Rußlands sank in Krieg und Revolution auf ein Minimum, erholte sich aber 1920 wieder ein wenig (Halbj. 1923/24: 340000 gegen 8,73 Mill. T. 1913). 1924/25 wurden bereits 2 Mill. T. erzeugt.

[11]) Sedimentäre oolithische Brauneisensteinlager, 6—15 m mächtig und billig im Tagebau und mit Baggermaschinen abzubauen. Die Lager sollen etwa 500 Mill. T. (mit 38—42% Eisengehalt, auch Mangan, doch schädlichem Arsen) enthalten und wurden seit 1896 abgebaut.

[12]) Gora Blagodat, Wyssokaja Gora (Kontaktlagerstätten in paläozoischen Kalken; in der Eruptivzone des Osturals) mit 55—65% Eisen; im Süden Magnitnaja Gora mit 64—65% Eisen. Im Ural wird noch viel Holzkohle zur Verhüttung der Erze verwendet.

auf. Der Eisenerzbergbau hat sich von den Wirren der Kriegs- und Nachkriegszeit noch durchaus nicht erholt, und die Verhüttung und Eisenverarbeitung liegen auch noch sehr darnieder; sie hatten ihre Hauptsitze in Südrußland (im Donezkohlengebiet, in Kriwoi Rog, Jekaterinoslaw [126] am Dnjepr, Kertsch [26], Taganrog [68] und Mariupol [31]) und im Ural (Slatoust usw.).[1]) In Südrußland wurden mehr Halbfabrikate, in Mittel- und Nordrußland Fertigwaren erzeugt, kompliziertere Werkzeuge, Maschinen usw. aber eingeführt.

Neuerdings hat man mittels geophysikalischer Verfahren[2]) im alten Untergrunde des osteuropäischen Flachlandes sehr bedeutende Eisenerzlager im Gouv. Kursk feststellen können.[3])

Eisenveredelungserze fehlen nicht. Man gewann Manganerz bei Nikopol am Dnjepr[4]), auch am Ural, wo zudem Chrom- und Nickelerz vorkommen.

Andere Metallerze, wie Kupfer-[5]), Zink-, Quecksilber-[6]), Aluminiumerz (Bauxit[7]) usw. werden weniger gefördert; Zinn wird eingeführt. Graphit[8]) wird an verschiedenen Stellen des südrussischen Granitrückens gefunden, etwas Schwefel wird auf der Halbinsel Kertsch gewonnen.

e) Die **Fabrikindustrie** ist in Rußland aus der nach Dörfern spezialisierten Hausindustrie der Bauern, die (wie unsere Gebirgsbewohner) kärglicher Ertrag der Felder und lange Wintermuße anspornten, hervorgegangen.

Anfangs von ausländischen technischen Leitern und Werkmeistern geführt, gewann sie besonders in Zentralrußland, wo große Zentralbetriebe die verschiedensten Zweige der Industrie vereinigten, an Ausdehnung (Moskau, 1490; Tula, 123; Orel, 72; Kaluga, 43; Kostroma, 59, usw.), ferner in den Seestädten (Leningrad, 1044; Narwa; Odessa, 316, usw.), im Ural (wo die unzureichenden Verkehrsverhältnisse und Kohlenmangel sie erschwerten) und als Montanindustrie in Südrußland. Unzuverlässigkeit und geringe Leistungsfähigkeit der Arbeiter beengen die

---

[1]) Die Roheisenprod. sank nach dem Bericht der englischen Gewerkschafts-Delegation (1925) auf 16,6% (1923/24) der Vorkriegserzeugung (1913: 4,2 Mill. T. = 4½—5% der W.). Vor dem Kriege lieferte der Süden (belgisches und französisches Kapital!) etwa 73 (67 ?), der Ural 21 (20) %, jetzt dieser 46, jener 37%; das Moskaugebiet 1913 etwa 4%, das baltische Land den Rest. Der Süden ist durch das nahe Beieinander von Kohle und Erz begünstigt. 1924/25 betrug die Erzeugung von Roheisen rund 1,3 Mill. T. = 30,9% der Vorkriegsproduktion, die von Stahl 1924: 1,14, von Walzeisen 0,79 Mill. T. Auch der Maschinenbau sitzt in Südrußland, im Moskauer Revier und in und um St. Petersburg (Leningrad, 1044); der Lokomotiven- und Eisenbahnwagenbau in Leningrad, Charkow (307) und Lugansk (44).

[2]) Eisenerze werden nach J. Koenigsberger mit magnetischen Meßmethoden festgestellt, wobei Größe, Tiefe und angenähert die Form der Einlagerungen zu bestimmen sind. Auch die Drehwage nach R. Eötvös und P. Ambronn wird zu solchen Feststellungen verwendet.

[3]) Auch zu Lipezk (Gouv. Tambow), in den Gouv. Rjäsan, Wladimir, Nishnij Nowgorod usw. sollen gute und reiche Lager vorkommen.

[4]) Aus den 11—12 Mill. T. enthaltenden Lagern mit 0,3—3,8 m mächtigen Flözen wurden 1913: 260000 T. produziert. Vor dem Kriege kamen über den Hafen Nikolajew (81) und die Westgrenze jährlich etwa 570000 T. Erz nach Deutschland, England, Belgien usw. zur Ausfuhr. Neuestens wurde in Ciskaukasien (im Kreise Maikop) eine Millionen T. Manganerz enthaltende Lagerstätte entdeckt. Das Erz soll stellenweise bis über 60% Mangan enthalten und zum Teil im Tagebau zu gewinnen sein.

[5]) Im Ural aus der Gegend der Stadt Nishnij Tagilsk und in Südrußland. Transkaukasien, s. S. 152f. Kupferne Samoware werden in Tula (123) und anderwärts hergestellt.

[6]) Zinnobergruben von Mytytiwka im Donezplateau.

[7]) Vorkommen im Gouv. Olonez, Rjäsan, Tula, ostsüdöstlich von Leningrad usw.

[8]) Von einer Produktion ist mir nichts bekannt geworden.

Industrie.[1]) Die staatliche Industrie der Bolschewisten erwies sich als undurchführbar und machte neuerdings Verpachtung an Unternehmer Platz. Außer schon erwähnten Industrien ist besonders auch die an Salz, Kohle, Schwefel usw. sich anschließende chemische Industrie zu größerer Entwicklung gekommen.[2]) In den baltischen Randstaaten Estland (Reval, 122) und Lettland (Riga, 290) war die Fabrikindustrie vor dem Kriege hochentwickelt. In Lettland wurde sie von den weichenden Russen zerstört, erhebt sich jedoch allmählich wieder; in Reval (Baumwollindustrie, Holzindustrie, Zementindustrie) spielt sie noch eine Rolle.

f) Der **Handel** Rußlands ist durch Kriegs- und Revolutionsfolgen stark zurückgegangen. Vielleicht zuerst Pelzwerk des Waldlandes dem Auslande bietend, besteht er noch heute in der Ausfuhr, entsprechend der naturbedingten wirtschaftlichen Struktur des Landes, hauptsächlich aus Rohstoffen (42% der Ausfuhr) und Nahrungsmitteln (1923/24: 58%), während hauptsächlich Rohstoffe, Halbfabrikate und Fabrikate (Metallwaren, Maschinen usw.) zur Einfuhr kommen.[3])

Ausfuhr: Estland 1924: 7865,8 Mill. estn. Mark: Flachs 1690; Baumwollwaren 1090; Bretter 1006; Butter 978; Papier 539; Stuhlblattholz 436; Holz 293; Segeltuch 284; Zement 188; Eier 110; Fleisch 95; Lettland 1923: 162 Mill. Lats: Rohstoffe u. halbfertige Waren 131,2[4]); Nahrungsmittel 17,7; Fertigwaren 12,3 Mill. Lats; Litauen 1923: 146,8 (11 Monate 1924: 242,9) Mill. Litas (1923: 3/4 Jahr: Holz 28; Flachs 9,4; Eier 9,4; tierische Rohstoffe 8,9; Leinsaat 4,3 Mill. Litas); Gesamtrußland (mit asiatischen Gebieten) 1923: 205,8 Mill. Rubel: Erzeugnisse der Landwirtschaft 2,486 Mill. T.[5]); Erzeugnisse der Holzindustrie 750560 T.; Lebensmittel 210790 T.; Erzeugnisse der Montan-, Metall- u. Maschinenindustrie 173300 T.; chemische Erzeugnisse 67040 T.; Webwaren 39180 T. usw. **Einfuhr:** Estland 1924: 8050,3 Mill. estn. Mark: Getreide 1252; Baumwolle 836; Zucker 695; Kohle, Koks 309; Mehl 283; Heringe 221; Baumwollwaren 220; Eisen 204; Wolle, Wollwaren 196; Petroleum 183; Tabak 132 Mill. estn. Mark; Lettland 1923: 211,9 Mill. Lats: Fertigwaren 106,2; Rohstoffe u. Halbfabrikate 52,1; Nahrungsmittel 48,9; lebende Tiere 4,6; Litauen 1923: 156,7 (11 Monate 1924: 187,4) Mill. Litas: (1923, 3/4 Jahr: Webwaren 29,6;

---

[1]) Die Textilindustrie soll 1924/25: 62%, die Metallindustrie 60% der Vorkriegsproduktion erreicht haben.

[2]) Nach O. W. Daskaljuk wurden allein in der Ukraine 1916: 80850 T. Schwefelsäure, 1917: 17700 T. schwefelsaures Salz, 23100 T. doppelschwefelsaures Salz, 1915: 1310 T. Glaubersalz, 1917: 70600 T. Soda (Lissitschansk, Gouv. Charkow, und Slawjansk, Gouv. Jekaterinoslaw), 27500 T. Ätznatron, 1148000 T. Kupfersulfat, 164000 T. Chlor-Magnesium, 13120 T. Chlorkali, 196000 T. Eisensulfat, 98000 T. Magnesiumsulfat gewonnen. Vgl. künstliche Düngemittel S. 132.

[3]) Der Rückgang gegen 1913 ist bei den meisten Stoffen recht erheblich. 1923/24 betrug nach dem englischen Gewerkschaftsbericht die Ausfuhr von Getreide 25, von Butter 28, von Eiern 10, von Petroleum 77, von Holz 22% der Ausfuhr des Jahres 1913, die Gesamtausfuhr 340 Mill. Goldrubel. Von den Einfuhrgegenständen war die Baumwolle auf 56, Papier auf 35% der Einfuhr von 1913 gekommen.

[4]) Holz, Flachs, Butter, Leinsaat, Felle, Lumpen, Glas, Packpapier usw. Starke Durchfuhr aus Rußland: Eier, Butter usw.

[5]) 1. Vierteljahr 1923/24: 68,2 Mill. Rub. Getreide (1. Vierteljahr 1924/25: 3,8 Mill.); Eier 1,1 Mill. R. (4,5); Flachs 1,8 (6,2); Ölsaaten; Butter 1,97 (1,94); Holzmaterialien 12,1 (11,4); Naphtha (10). Nach dem englischen Gewerkschaftsbericht wurden 1923/24 Getreide für 145 (1924/25: 51), Butter 21, Eier 9, Petroleum 44 (62), Holz 38 (63), Rauchwaren (75), Flachs (4) Mill. Goldrubel ausgeführt. Auch Daunen, Ölprodukte, Flachs, Häute sind wieder zu wichtigeren Ausfuhrartikeln geworden.

Nahrungsmittel 19,1; Metallwaren 13,9 Mill. Litas; Gesamtrußland 1923: 179,1 Mill. Rubel: Erzeugnisse der Montan-, Metall- u. Maschinenindustrie 578200 T.; tierische Erzeugnisse, Lebensmittel 129200 T.; chemische Erzeugnisse 72680 T.; Textilerzeugnisse 50910 T.; Papier- u. Druckwaren 43440 T.; Erzeugnisse der Forstwirtschaft 38380 T. usw.[1])

Handelsländer in Prozent der Ausfuhr: Estland 1924: Deutsches Reich 36,1; Großbritannien 14,2; Rußland 13; Union 12,8; Schweden 4; Lettland 3,9; Finnland 2,2; Lettland 1923: Großbritannien 46,3; Belgien 19,7; Deutsches Reich 7,6; Frankreich 6,6; Rußland 3,7; Dänemark 3,2; Niederlande 2,8; Union 2,4; Litauen 1,8; Schweden 1,4; Estland 1,4; Litauen 1923: Deutsches Reich 43,6; 10 Monate 1924: Deutsches Reich 39,6; Großbritannien 28,1; Lettland 10,65; Rußland, 1. Vierteljahr 1924: Deutsches Reich 23,4; Lettland 12,5; Großbritannien 8,2; Estland 7; Türkei 6,1; Dänemark 6; Italien 5,8; Niederlande 5,3; **in Prozent der Einfuhr:** Estland 1924: Deutsches Reich 36,1; Großbritannien 14,2; Rußland 13; Union 12,8; Schweden 4; Lettland 3,9; Finnland 2,2; Lettland 1923: Deutsches Reich 45,2; Großbritannien 17; Litauen 5,4; Niederlande 4,9; Polen 3,9; Rußland 3,6; Dänemark 3,1; Union 2,9; Schweden 2,4; Estland 2,4; Belgien 2,4; Danzig 2,2; Frankreich 1,5; Tschechoslowakei 1,2; Litauen 1923: Deutsches Reich 80,9; 10 Monate 1924: Deutsches Reich 63,2; Großbritannien 7,9; Schweden 4,4; Tschechoslowakei 4,35; Rußland, 1. Vierteljahr 1924: Deutsches Reich 31,7; Großbritannien 29,8; Union 12,8; Finnland 4,3; 1924/25: Union fast 30%; Großbritannien 16—17; Deutsches Reich fast 16%.

g) Verkehr. Die flachen Bodenformen erleichtern fast durch ganz Rußland den Landverkehr sehr, und selbst der Ural ist verhältnismäßig leicht zu überschreiten, noch bequemer der in dem Gelände kaum sichtbare südrussische Granitrücken. Erst der Kaukasus baut gegen Asien eine schwer überschreitbare Schranke auf, an deren Ende jedoch Küstenwege nach Transkaukasien führen. In der kaspischen Senke geht das europäische Rußland ganz unmerklich in das asiatische über. Auch ins germanisch-polnische Flachland führen bequeme Wege, und der Anstieg zur finnisch-skandinavischen Tafel ist ebenfalls sehr gering. Größer sind die Schwierigkeiten des Grenzverkehrs auf den Wegen in die Karpathenländer, ins Donautiefland aber öffnet sich Flachlandschaft, in der nur die Flußtäler als unwillkommene Verkehrshindernisse erscheinen. Hemmnisse legen fast überall die zahlreichen Gewässer in den Weg. Die breiten Flüsse (wie die Wolga z. B.) haben erst ganz neuerdings zahlreichere Brücken erhalten, und auch Seen und Sümpfe, noch mehr Sumpfregionen (wie die Pripjet- oder Rokitnosümpfe) zwangen und zwingen den Verkehr zu Umwegen. Feste, chaussierte Straßen, besonders in den tonig-lehmigen Landschaften, wie im Schwarzerdegebiet, weniger auf anstehendem Gesteinsboden in Nordwestrußland nötig, sind noch verhältnismäßig spär-

[1]) Nach dem englischen Gewerkschaftsbericht machten 1923/24: Rohstoffe und Halbfabrikate rund 60, Fabrikate 40% der Einfuhr (208 Mill. Goldrubel) aus; dort wird Baumwolle mit 53, hier Papier mit 12 Mill. Goldrubeln hervorgehoben. 1922/23 seien 48% der eingeführten Fertigwaren Maschinen, 22% Metallwaren, 11% Textilwaren, 6% Chemikalien, ½% Brennstoffe und 1% (nicht verbotene) Luxuswaren gewesen. Für 1924/25 werden Getreideprodukte (80 Mill. Goldrubel), Zucker (40), Baumwolle (122), Wolle (140), Farbstoffe (19), bearbeitete und unbearbeitete Häute (29) als wichtigste Einfuhrwaren (633,3 Mill. Goldrubel) genannt.

lich gebaut, wozu auch die große Steinarmut im größten Teile Osteuropas beitrug, und wenn der Schlittenfahrt bietende Winter — vielfach die Hauptverkehrszeit[1]) — vorbei ist, wird der Boden auf großen Trassen durch Schneeschmelze und sommerliche Regengüsse fast ungangbar. Doch hat neuerdings das sich allmählich von Leningrad aus ausdehnende (am spätesten nach Osten und Südosten) und verdichtende Eisenbahnnetz, über dessen Erweiterung und Art W. Tuckermann unterrichtet[2]), merkliche Erleichterungen, vor allem für den Fernverkehr, für den in dem großräumigen Lande auch die Wagen (Doppelfenster, sehr bequem) eingerichtet sind, gebracht.

Mit der Eisenbahn sich ergänzend, leistet die Binnenschiffahrt auf dem dichten Netz von Wasserstraßen, über das Rußland verfügt, ungewöhnlich viel für den Verkehr. Das erklärt sich vornehmlich aus dem Charaker der im Flachlande (wie im germanisch-polnischen Flachlande) sanft dahinfließenden Flüsse, die durch Kanäle meist leicht miteinander zu verbinden sind. Freilich führen die Flüsse im Hochsommer zum Teil wenig Wasser, wenn es zur Beförderung von Erntegütern gerade notwendig ist; die lange Eisbedeckung (im Norden 7—8, in Rußlands Mitte 5—6, im Süden 3 Monate) ist sehr störend; an den natürlichen Verhältnissen der Flüsse ist noch wenig gebessert. Ihr Fahrwasser ändert sich häufig, Sandbänke und Inseln wandern, die Schiffe sitzen nicht selten fest. Am dauerndsten ist genügender Wasserstand in der vom Ural kommenden Kama und mit ihr in der unteren Wolga anzutreffen. Doch werden im übrigen gegen Südosten mit zunehmender Dürre die Gewässer seltener und unzulänglicher, bis schließlich in der kaspischen Niederung zum Teil völlige Abflußlosigkeit eintritt. Das Kanalnetz (vor allem zwischen Norden und Süden gespannt) zeigt ausgedehnte Längen, aber die Breiten- und Tiefenabmessungen der Kanäle sind für moderne Ansprüche ganz ungenügend. Große Verbesserungspläne, besonders für einen von der Ostsee zum Schwarzen Meere führenden, etwa Düna und Dnjepr benutzenden Großschiffahrtsweg schweben schon lange, sind aber durch die wirtschaftliche Ohnmacht Osteuropas wieder in größere Ferne gerückt. Kanalwege von Osten nach Westen zur Verbindung von Nebenflüssen untereinander fehlen bisher, und die zur Weichsel und Memel führenden Wasserstraßen (s. S. 125, Anm. 1) müssen nun mit Polen bzw. Litauen von der Sowjetunion geteilt werden, was durchgreifende Verbesserungen erschwert. Der Schiffsbestand ist noch zum großen Teil wiederaufzubauen.

---

[1]) Wo Holz aus den Wäldern, Getreide usw. zu den Flüssen gefahren wird, um auf ihnen im Frühjahr Abtransport zu finden. In Nordrußland ist übrigens das Pferd, im Steppenrußland aber der Ochse das Transporttier, welch' letzterer jedoch nur bei trockenem Sommerwetter gut zu brauchen ist, weil seine Haut durchs Ziehen bei feuchtem Wetter wund wird. Der von 3 Pferden gezogene, meist federlose bedeckte Wagen (Tarantaß) befördert auf guten Wegen ziemlich schnell.

[2]) Auf 100 qkm kamen nach W. Tuckermann (Verkehrsgeographie der Eisenbahnen des Europ. Rußlands. Essen 1916) in Rußland (mit Finnland) noch nicht 1,1 km Eisenbahn. T.s Karten des Verhältnisses der Eisenbahnen zu 100 qkm und zur Bevölkerung, der wichtigsten Eisenbahnen (3 Stufen), der Personenzugshäufigkeit lehren mit dem Text die näheren Umstände kennen. Zurzeit liegen die Verhältnisse des Eisenbahnverkehrs streckenweise noch ziemlich im argen. Gerade Führung der Linien, großer Abstand der Stationen von den zu bedienenden Städten, breite Spur, Fehlen von größeren Einschnitten und Tunneln, Schneezäune, Heizen mit Holz oder Masud (dem Destillationsrückstand der Naphtha) sind auf großen Flächen für das russische Eisenbahnwesen charakteristisch. Vgl. auch P. H. Seraphim, Das Eisenbahnwesen Sowjetrußlands. Berlin 1925.

Die Seehandelsflotte, ebenfalls von Krieg und Revolution schwer betroffen, ist sehr unbedeutend und (nicht zum wenigsten aus natürlichen Ursachen heraus) es auch in der Vorkriegszeit gewesen. Der Russe ist im allgemeinen kein Seemann, da von dem ungeheuren Landraum nur ein recht kleiner Teil mit dem Meere in Berührung kommt, und Natur und Verkehrslage der anstoßenden Meeresteile ungünstig sind; der Anteil der russischen Flagge am Seeverkehr Rußlands war immer schwach. Am Schwarzen Meer liegen die Verhältnisse am günstigsten, aber selbst hier sind die Häfen viele Wochen hindurch vereist. Zudem ist das Schwarze Meer ein entlegenes Nebenmeer, aus dem erst eine enge, leicht zu sperrende Meeresstraße zu verkehrsreicheren Meeren führt. Von der Ostsee ist die Sowjetunion bis auf einen kleinen Küstenstrich abgedrängt. Das Nördliche Eismeer liegt, abgesehen von dem eisfreien Gebiet im äußersten Nordwesten, monatelang (bis 7—8 Monate zum Teil) unter Eis. Das Kaspische Meer, dessen Nordhafen Astrachan ebenfalls noch 3—4 Monate und länger Eisschluß hat, kann nur dem Verkehr mit Transkaukasien, Persien und Turkestan dienen.

Bezüglich des Auslandverkehrs sind jetzt große Teile der Sowjetunion auf die Häfen der Baltischen Randstaaten angewiesen.

In Estland ist Reval (Tallin, 122) mit dem westlicheren Baltischport, der günstigere Eisverhältnisse hat, der führende Hafen. Lettlands Haupthafen Riga (290) mit Vorhafen Dünamünde wird durch die Düna (Kanal zum Dnjepr) ein ziemlich großes und fruchtbares Hinterland erschlossen; Libau (72), Windau (19) sind (wie Pernau [Pärnu, 18] in Estland) Häfen zweiten Ranges. Litauen zog es vor, statt sich an der ihm überlassenen (freilich kurzen) Küstenstrecke einen Hafen zu bauen, unrechtmäßig die Hand nach dem vom „Völkerbund" (dem „Gewissen der Welt") für autonom erklärten Memelgebiet (2660 qkm, 141 Einw.) mit dem Hafen Memel („Klaipeda", 42, am Ausgang aus dem Kurischen Haff) auszustrecken.

In Sowjetrußland führt Archangelsk (54) an der Dwinaausmündung zum Weißen Meere die Produkte des weiten Waldhinterlandes (Holz), auch sibirisches Getreide aus. St. Petersburg (Leningrad, 1044), an der aus dem Ladogasee kommenden Newa, ist durch Seekanal mit dem Vorhafen Kronstadt verbunden. Ein größeres Kanalsystem, das zur Wolga wie zur Dwina führt, erschließt ihm ein großes, gut besiedeltes und zum Teil industrielles Hinterland. Eine zur Kriegszeit entstandene Eisenbahn führt nach dem eisfreien Hafen Alexandrowsk an der Murmanküste. Der größere Teil der russischen Handelsflotte und die größeren Dampfer waren immer im Schwarzen Meere beheimatet. Der an der Steilküste entstandene künstliche Hafen Odessa (316) hat seine große Getreideausfuhr, in der die Limanhäfen Nikolajew (81, Bug) und Cherson (41, Dnjepr) mit ihm rivalisierten, wie diese einstweilen großenteils eingebüßt (s. S. 138, Anm. 5). Die Krimhäfen Sewastopol (63, bisher lediglich Kriegshafen), Feodosia, Kertsch (26) haben mindere Bedeutung, während der Donmündungshafen Rostow (236) aus seinem fruchtbaren Don-Donetzhinterland Nutzen zieht, und den Häfen Taganrog (68) und Mariupol (31) am Asowschen Meere ihre Lage zu dem kohlen- und industriereichen Donetzgebiet zugute kommt. Noworossijsk

(49) ist der (auch hinsichtlich der Eisverhältnisse begünstigte) Hafen Ciskaukasiens, neben dem Tuapse bisher eine bescheidene Rolle spielt. Astrachans (133) Bedeutung wurde schon (S. 132 und 135, Anm. 6) gewürdigt.

Im Luftverkehr haben Sowjetrußland wie die baltischen Randstaaten den Anschluß an das übrige Europa über Königsberg in Ostpreußen (s. S. 126) gewonnen und streben, den Flugdienst zu erweitern. Im Nachrichtenverkehr kann sich Osteuropa in Organisation und Häufigkeit der Übermittelungen noch nicht mit West-, Mittel- und Nordeuropa, eher mit Südeuropa vergleichen (s. Bd. I, S. 223—225).

II. Asien.[1]

Nach H. Wagners Ausmessungen auf W. Köppens großer Klimakarte (1918) umfaßt Eurasien 54,2 Mill. qkm. Von diesen gehören 14 Mill. dem feuchtwinterkalten Klimagebiet D 8 an (über 25,8 % der Gesamtfläche), 8,6 Mill. qkm (gegen 15,9 %) dem Steppenklimagebiet B 3, 7,3 Mill. qkm (gegen 13,5 %) dem wintertrockenkalten Klimagebiet D 9. Das Wüstenklima B 4 ist auf 5,5 Mill. qkm (über 10,1 %) vertreten und das warmgemäßigte wintertrockene (sommerfeuchte) Klima C 5 auf 5,2 Mill. qkm (fast 9,6 %). Es folgen an Ausdehnung das Tundrenklimagebiet E 10 mit 3,4 (mit Tibet 5,3) Mill. qkm = fast 6,3 (bzw. 9,8) % der Fläche, das feuchttemperierte Klimagebiet C 7 auf 3,1 Mill. qkm (über 5,7 %), das tropische periodisch-trockene Savannenklima A 2 auf 2,1 Mill. qkm (fast 4 %), das tropische heißfeuchte Urwaldklimagebiet A 1 auf 1,9 Mill. qkm (3,5 %) und schließlich das warmsommertrockene Klimagebiet C 6 mit 1,2 Mill. qkm, das nur 2,2 % der Gesamtfläche einnimmt.

Wenngleich nach dieser Aufstellung Asiens Anteile an den Hauptklimagebieten nicht scharf hervortreten (vgl. J. Riedel, S. 2, Anm. 1), so können doch einzelne klimatische Züge des Erdteils aus der Wagnerschen Tabelle wie aus der Karte deutlich herausgelesen werden: starkes Vorherrschen der borealen Klimagebiete D 8 und 9 (zumal D 8 c und D 9 c), starke Ausbreitung des Steppenklimas B 3 und des Wüstenklimas B 4 sowie des Tundrenklimas E 10; ausschließlich asiatisch sind die Klimate C 5, A 2 und A 1 in der obigen Zusammenstellung. Wie die einzelnen Natur- und Wirtschaftsgebiete an den Köppenschen Klimaten teilhaben, geht aus der Karte und den späteren Betrachtungen hervor.

Bodenformen und Klima geben die Haupthandhabe zur Einteilung Asiens in **Natur- und Wirtschaftsgebiete.** Wir unterscheiden: A. Vorderasien; B. Hoch- oder Zentralasien; C. Nordwestasien; D. Nordostasien; E. Ostasien; F. Südasien.

---

[1] Vgl. W. Sievers, Asien. 2. Aufl. Leipzig 1904. A. Hettner, Grundzüge der Länderkunde. Bd. II. Leipzig 1924. 3. Aufl. 1926. — K. Andrees Geographie des Welthandels. Bd. II. Frankfurt a. M. 1912.

A. **Vorderasien** (Kleinasien, Transkaukasien, Armenien, Iran, Mesopotamien, Syrien, Palästina, Arabien).[1])

I. Naturverhältnisse. V. umfaßt hauptsächlich Gebiete des Steppenklimas (B 3[2]) und des Wüstenklimas[3]) (B 4). Aber die Küstengebiete Kleinasiens, Syriens und (zum Teil) die südlichen Abdachungen des armenischen und iranischen Hochlandes haben warmgemäßigt-sommertrockenes Klima (C 6[4]); das westliche Transkaukasien und die westlichen und südlichen Randgebirge Kleinasiens teilt Köppen dem immerfeuchten, warmgemäßigten (feuchttemperierten) Klima (C 7) zu.[5]) Einige nördlichere Gebirgsgebiete des kleinasiatischen und armenischen Hochlandes und das Kaukasusgebirge wie der Kuh Rud des iranischen Hochlandes und das Gebirgsland des nordöstlichen Afghanistan erheben sich in immerfeuchte boreale Klimate (D 8 b[6]), ja, der Kaukasus bis ins Schneeklima (Tundrenklima E 10). Das südwestliche gebirgige Arabien (die Landschaft Jemen), schon südlich des Wendekreises gelegen, hat tropisches Hochlandklima (C 5).

II. V. besteht **politisch** aus der Republik: Türkisches Reich (1,28 Mill. qkm, 8–10 Mill. Einw.), dem russischen Transkaukasion mit den Freistaaten Georgien (65970 qkm, 2,46 Mill. Einw.), Aserbeidschan (89150 qkm, 2,14 Mill. Einw.) und Armenien (34540 qkm, 1,34 Mill. Einw.), dem Sultanat Persien (1,65 Mill. qkm, um 9 Mill. Einw.), dem Fürstentum (Emirat) Afghanistan (731000 qkm, 10 Mill. Einw.), der (zu Vorderindien gehörigen) britischen Agentur Belutschistan (208250 qkm, 380000 Einw.), dem französischen Mandat Syrien (und Libanon), 150000 qkm, 2,18 Mill. Einw., dem britischen Mandat Palästina (23000 qkm, 760000 Einw.), Fürstentum Transjordanland (42000 qkm, 200000 Einw.), Königreich Irak (Mesopotamien), 371000 qkm, 2,85 Mill. Einw., den arabischen Staaten: Fürsten-

---

[1]) Vgl. A. Philippson, Kleinasien; Oswald, Armenien; Stahl, Persien; Blanckenhorn, Syrien, Arabien und Mesopotamien (Handbuch d. region. Geologie. Heidelberg 1918, 1914, 1912, 1911. — Hogarth, The nearer East. London 1902. — Ew. Banse, Vorderasien (in K. Andrees Geographie des Welthandels. Bd. II). Ders., Die Türkei. 3. Aufl. Braunschweig 1919. — K. Hassert, Das Türkische Reich. Tübingen 1918. — A. Philippson, Das türkische Reich. Weimar 1915. — K. Klinghardt, Der Türken Heimatland (Türkün Jordu). Hamburg 1925. — R. Leonhard, Paphlagonia. Berlin 1915. — Kannenberg, Kleinasiens Naturschätze. Leipzig 1897. — H. Grothe, Zur Natur und Wirtschaft von Vorderasien. I. Persien (Frankfurt a. M. 1911). — Niedermayer, Die Binnenbecken des Iranischen Hochlandes (Diss. München 1920). — Beuck, Die Bodenkultur in Persien. Hamburg 1920. — Sykes, Persia. London 1922. — W. Iven, Das Kulturland Persien. (Ungedruckte) Diss. Berlin 1922. — O. v. Niedermayer, Afghanistan. Leipzig 1924. — F. Hesse, Mesopotamien. (Ungedruckte) Diss. München 1923. — V. H. W. Dowson, Dates and Date Cultivation of the Iraq. III. Cambridge 1923. — A. Ruppin, Syrien als Wirtschaftsgebiet. (Beih. 3/5 zum Tropenpfl. 1916.) — H. Fischer, Wirtschaftsgeographie von Syrien (Z. d. D. Palästina-Vereins 1919). — G. Hölscher, Landes- und Volkskunde Palästinas. Leipzig 1907 (Sammlung Göschen). — B. Moritz, Arabien. Hannover 1923. — W. Schmidt, Das südwestliche Arabien. Halle a. S. 1913. — Junge, Das Problem der Europäisierung orientalischer Wirtschaft. Weimar 1915. — K. Münch, Der asiatische Karawanenverkehr und die Ursachen für den Wechsel seiner Transportmittel. (Ungedruckte) Diss. Breslau 1919/20.

[2]) Vgl. Teheran (1160 m), Juli 29,4°, Jan. 0,9° C. 250 mm Regen (März 50, Aug. 0). — Kelat (2180 m), Juli 22,6°, Jan. 2,1°. 220 mm (Febr. 60, Okt. 0). — Bagdad (60 m), Aug. 33,6°, Jan. 9,3°. Extreme 47° und –4°. 230 mm (Febr. 50, Juli 0).

[3]) Aden, Juni 31,1°, Jan. 24,3° C. 60 mm (März 10, Okt. 0).

[4]) Smyrna, Juli 26,8°, Jan. 7,6° C. Extreme 38° und –3°. 650 mm (Dez. 130, Aug. 0). — Beirut, Aug. 27,5°, Jan. 13,0° C. Extreme 35 und 4°. 910 mm (Jan. 190, Juli 0).

[5]) Batum, Aug. 23,2°, Jan. 6,1° C. 2370 mm (Sept. 310, Mai 70). — Trapezunt, Extreme 32° und –2° C.

[6]) Kharput (1390 m), Juli 25,3°, Jan. –5,7°. Extreme 34° und –17°. 660 mm (März 150, Dez. 120, Aug. 0).

tum Asir (etwa 36000 qkm, 750000 Einw.), Königreich Hedschas (470000 qkm, 900000 Einw.), Imamat Jemen (62000 qkm, 750000—1 Mill. Einw.) und dem Sultanat Mittelarabien (früher Nedschd, 1070000 qkm, 580000 Einw.), ferner Hadramaut (unter britischer Überwachung, rund 150000 qkm, 120000 Einw.) und den britischen Kolonien: Aden und Perim mit Schutzgebiet Aden (25000 qkm, 160000 Einw.), Kuria-Muria-Inseln (76 qkm, 100 Einw.) und Bahrain-Inseln (550 qkm, 100000 Einw.), schließlich den verbündeten arabischen (englischen) Schutzstaaten: Sultanat Oman (151000 qkm, 500000 Einw.), Seeräuberküste ? (16000 qkm, 80000 Einw.), Katar (22000 qkm, 26000 Einw.) und Sultanat Koweït (5000 qkm, 40000 Einw.), insgesamt 6,65 Mill. qkm mit 44,3 Mill. Einw.[1]) Die Bevölkerung besteht aus Türken, Persern, Grusinern, Semiten [Arabern], Syriern, Kurden, Armeniern usw. Über die Griechen s. S. 146, Anm. 1.

Die Volksdichte mit etwa 6,7 auf 1 qkm ist recht niedrig, am größten im westlichen Kleinasien, überhaupt in C 6, ferner in C 7, am niedrigsten in B 4 und B 3.

III. Wirtschaft.

Der allgemeine Charakter der Wirtschaft wird vor allem durch das Klima, sodann durch die geringe Volksdichte und auch die rückständige Wirtschaftsstufe der Bevölkerung bedingt, die aus dem Lande bisher nicht das zu machen verstand, was bei genügender Erforschung seiner Natur, bei künstlicher Bewässerung bzw. Entwässerung, Ausbau der Verkehrsverhältnisse und ordnungsmäßiger Verwaltung sich erreichen läßt. In der Türkei ist jedoch seit kurzem ein Fortschritt zu moderner Wirtschaft unverkennbar.

a) Nahrungs- und Genußmittel liefern vor allem die Getreidearten. Das innere Hochland Kleinasiens ist ein wichtiges Weizengebiet.[2]) Auch in den trockenen Ebenen des Westens und Südens (cilicische Ebene), auf den wärmeren Hochebenen Armeniens, im Steppenosten Transkaukasiens, stellenweise auch in Iran, im küstennahen Syrien und Palästina (Hochland, Hauran), in Mesopotamien, auf dem Hochlande Jemens wird Weizen erzeugt.[3])

Nur in feuchteren Strichen hat der Maisbau einigen Umfang[4]), so am östlichen pontischen Küstensaum und im westlichen Transkaukasien (C 7), auch im westlichen Küstenland Kleinasiens (C 6), in der Ebene von Adalia und in der cilicischen Ebene (mit künstlicher Bewässerung), an der feuchten kaspischen Nordküste Irans. Ein wenig Reis wird im westlichen Transkaukasien, in der kaspischen Niederung Gilans und Masenderans, oasenhaft in warmen Tälern auf dem kleinasiatischen Hochlande gebaut. Der Hirsebau ist wenig umfangreich.

---

[1]) Die politische Einteilung und die zugehörigen Ziffern sind noch recht unsicher.

[2]) Die Asiatische Türkei erzeugte vor dem Kriege etwa 2,8 Mill. T. = 2,5% d. W. Nach Tropenpfl. 22 (1919) wurden in Anatolien im ganzen 90000 qkm = 18% der Fläche (?) angebaut. An Weizen wurden 1924: 2,8, 1925: 3,8 Mill. T. geerntet. Die fortgeschritteneren „Muhadjirs" geben ein gutes Beispiel; moderne Pflüge usw. finden Eingang. Mit Hilfe der künstlichen Bewässerung einer-, der Entwässerung andererseits, ließe sich der Anbau noch wesentlich ausdehnen, und Deutschland hatte ohne Absichten auf Landraub dieses Werk in der Gegend von Konia schon gefördert. Die Ernte findet schon im April statt. Weizen wird (nach Konstantinopel usw.) ausgeführt, doch deckt die Ernte (1925) erst 60% des inländischen Bedarfs.

[3]) Über die Ernten der einzelnen Gebiete haben wir noch keinen vollständigen Überblick. Syrien gewann 1922: 346000 T. auf 4660 qkm. Palästina 1922: 101300 T., Cypern 70000 T.

[4]) Nach Tropenpfl. 22 wurden in Anatolien 400000 T. geerntet.

Gerste wird nur als Notbehelf bei Mißernten des Weizens, Mais usw. von Menschen genossen; sie dient hauptsächlich als Pferdefutter. Ihr Anbau ist auf dem kleinasiatischen Hochland, in der cilicischen Ebene, auf Cypern, in den Steppen Armeniens, Irans, in Mesopotamien, in der Jesreelebene und in den Küstenebenen Syriens, ansehnlich.[1]) Gerste kann noch ausgeführt werden.

Unsere Hauptgetreidearten: Roggen und Hafer werden in D 8 (nördliches Kleinasien, Armenien usw.) angebaut, aber nur in geringem Umfange.[2])

Knollenfrüchte sind wenig wichtig. Der Anbau der Kartoffel ist noch nicht sehr alt und breitet sich langsam von Westen her aus; D 8 ist wohl am meisten für sie geeignet. Gemüse und Hülsenfrüchte spielen in allen bewohnten Gebieten eine gewisse Rolle.

Äußerst verschieden verteilt sind bei den so ungleichen Klimabedingungen die **Obst- und Fruchtarten.** Im ostpontischen Küstenland (C 7) sind Haselnußsträucher, angebaut, für die Ausfuhr wichtig[3]); Trapezunt (55), Elevi, Tireboli, Kiresün oder Kerasund, Ordu (6) sind Ausfuhrhäfen.

Auf dem warmen östlichen pontischen Küstenabschnitt kommen auch Südfruchtbäume, Granaten, Aprikosen, Feigen usw., auf dem weit rauheren und kühleren, auch engräumigen westpontischen nur Apfel- und Birnbäume vor. Aber die Hauptfruchtgegend Kleinasiens ist das westliche mediterrane Küsten- und Inselgebiet (C6a).

Feigen werden namentlich im Menderestal[4]) (Bezirk Aïdin) und auf den Inseln Chios, Mytilene, Samos, Rhodos produziert und getrocknet über Smyrna (99) nach Westeuropa und der Union ausgeführt.[5])

Der Mandelbaum ist in C 6 weit verbreitet: auf Chios, an den Südküsten Kleinasiens, in Syrien und Palästina und in Persien (besonders Prov. Fars), wo über Schiras (50) Mandeln ausgeführt werden.[6])

Feigen- und Mandelbaum bedürfen nicht der künstlichen Bewässerung, wohl aber die aus Sommerregengebieten (C 5 bzw. A 2) nach C 6 a eingeführten Agrumen, soweit sie nicht im Niederschlag bringenden Winter Frucht tragen.

Im westlichen Kleinasien (Chios, Rhodos usw.) pflegten besonders die Griechen die Kultur der Südfrüchte, aber an der wärmeren Südküste (Cilicische Ebene z. B.) sind sie häufiger; auch in tiefgelegenen Teilen Persiens, im Küstengebiet Palästinas, auf Cypern, örtlich in Mesopotamien und Arabien gedeihen sie. Kommerzielle Bedeutung haben sie fast nur für Palästina.[7])

Die Weinrebe gedeiht vorzüglich in C 6 a, auch C 7 a usw. Die Weintrauben werden an Ort und Stelle genossen, aber auch nach Konstantinopel geliefert.

---

[1]) Die Ernte der Asiatischen Türkei soll vor dem Kriege etwa 500000 T. betragen haben. Im Tropenpflanz. 22 wird sie aber für Anatolien allein auf 2 Mill. T. (?) geschätzt. Syrien erntete 1922: 182500 T. auf 2683 qkm. Die ha-Erträge sind wie beim Weizenbau niedrig.

[2]) Hafer nach Tropenpfl. 22: 220000 T.

[3]) 20000—30000, ja bis 50000 (1925) T. Haselnüsse werden geerntet und besonders nach Rußland ausgeführt, Kerne (zur Ölgewinnung) nach Mitteleuropa. Auf ein oder zwei gute Erntejahre folgt gewöhnlich ein schlechtes. Etwa die Hälfte des Weltmarktbedarfes lieferte die Türkei vor dem Kriege, zu fünf Sechsteln aus Lasistan.

[4]) Die Früchte der Ebene werden größer und süßer als die der Gebirgshänge.

[5]) Ernte 1920 etwa 20000, 1921 nach Vorschätzung 15000, 1925: 25000 T.

[6]) 1909/10 (mit Pistazien) 5320 T.

[7]) Ausfuhr von Orangen 1922: 1,12; 1923: 1,465 Mill. Kisten.

Handelsbedeutung haben die getrockneten Beeren der Rosinenrebe (C 6 a), die Rosinen[1]) (Sultaninen, Elemi und schwarze Rosinen), die nach Skinas in der Gegend von Magnesia, Smyrna und Vurla sowie in Südpersien[2]), weniger in Palästina und auf Cypern produziert werden.

Für die Ernährung haben auch die Oliven Wichtigkeit.

Sie kommen in Kleinasien nach E. Fickendey hauptsächlich im Westen (Mytilene[3]), Chios, Samos, türkische Sporaden, Rhodos, Festlandsküste) und Süden (Ebene von Adalia und cilicische Ebene) vor (C 6), nur vereinzelt auf dem östlichen pontischen Küstenabschnitt (Mündung des Kisil Irmak und Jeschil Irmak) sowie im westlichen Transkaukasien (C 7). In Armenien kann der Ölbaum nur in einigen warmen Flußtälern gedeihen, in Iran[4]) spielt er nur eine örtliche Rolle. Wichtiger ist sein Anbau in Syriens Küstenebenen und auf Cypern (C 6). Zahlreiche andere Früchte kommen zur Nutzung: Aprikosen, Pfirsiche, Quitten, Johannisbrot[5]), Pistazien (Pistachionüsse) in Syrien, Kleinasien, Persien, Walnüsse (Persien usw.), Edelkastanien, Granaten, Jujuben, Kaktusfeigen von Opuntia vulgaris (in Syrien usw.), Maulbeeren, Sykomoren. Unsere Obstarten[6]) sind von verhältnismäßig geringer Bedeutung.

In Oasen von B 4 (und B 3), wo Bewässerungswasser zur Verfügung steht, liefern die Dattelpalmen die Grundlage der Ernährung.

Besonders in Mesopotamien[7]) (bis nach Mossul und Hit nordwärts) und an der Innenabdachung des arabischen Plateaus von Medina bis Hadramaut sowie in den Oasen des Innern sind sie häufig, auch in der Landschaft El-Hasa, auf den Bahraininseln und in Oman, weniger an der Südküste Irans, im südlichen Palästina, ganz wenig in der cilicischen Ebene und auf Cypern anzutreffen.

Zucker muß in V. eingeführt werden.

Der vereinzelt auftretende Zuckerrohrbau gedeiht sehr mäßig, und die Zuckerrübenkultur auf dem Hochlande Kleinasiens (bei Eskischehr, Erserum) steht in den Anfängen.

Gewürzeanbau kommt nur für den Eigenbedarf der Bevölkerung in Betracht.

Weinkultur (s. S. 145) zwecks Gewinnung des Weingetränks kann nur außerhalb der mohammedanischen Gebiete eine größere Entwicklung nehmen.

Die Griechen produzieren auf den Inseln Samos, Chios, auch Mytilene (C 6) geschätzte Süßweine für Ausfuhr. Süßer Wein wird ferner von den deutschen und

---

[1]) Früher wurden im westlichen Kleinasien 60—70000 T. jährlich geerntet, 1925: 32000 T.; 1910 war die Ausfuhr (über Smyrna, 99) um 50000, 1924 um 38000 T. Es bleibt abzuwarten, ob sich die Türken nach Austreibung der Griechen (1,5 Mill.) mit gleichem Erfolge wie diese der Baum- und Gartenkulturen anzunehmen verstehen.

[2]) Ausfuhr 1909/10: 32840 T., hauptsächlich nach Rußland.

[3]) Die Ernte findet von November bis April statt und ist wie in Südeuropa (S. 59f.) nur alle zwei Jahre eine gute. Kleinasien (die Türkei) erntete 1923: 320000 T.; durchschnittlich benutzt Kleinasien nach Fickendey nur 15000 T. als Speise und führt 10000 T. aus.

[4]) Im südlichen Randgebirge z. B. (bis 1000 m ü. M.).

[5]) Samos führte 1920 etwa 20000 T. (hauptsächlich Viehfutter) aus; auch Chios und Cypern (C 6) sind Hauptgebiete der Produktion.

[6]) Pflaumenbäume z. B. wachsen in Persien nur in den (kühleren) Gebirgen.

[7]) 30 Mill. Palmen sollen hier nach Dowson stehen, besonders am unteren Schatt-el-Arab. Datteln sind ein Hauptausfuhrartikel Basras (60; 1917: 80000 T.) und des persischen Hafens Mohammerah (5,6); sie gehen hauptsächlich nach Großbritannien und der Union. Auch Maskat (20) führt aus.

jüdischen Kolonisten am Berge Karmel (Palästina, C 6) ausgeführt[1]), aus Cypern und aus dem östlichen Transkaukasien, wo man auch Cognac fabriziert; auch der Schiraswein ist nach Babo und Mach ein Süßwein. Palmwein von Dattelplamen (durch Anzapfen der Bäume, auch aus den Früchten), Mastixschnaps (westliches Kleinasien), eingeführtes Bier sind weitere Getränke. Im tropischen Gebirgsland Jemens wird in 1400—2000 m ü. M. ein wenig Kaffee produziert[2]); in 700 m Höhe pflanzt man Catha edulis, der den Kattee liefert.[3]) Echter Tee wird nördlich von Batum und im Bezirk Osurgeti (Prov. Gurien) in kleinen Mengen gewonnen.[4])

Tabak (türkischer) ist ein wichtiges Ausfuhrprodukt V.s, vor allem Kleinasiens.[5])

Das ostpontische Küstengebiet (C 7; um Bafra, 6?, Samsun, 12?, Platana, Trapezunt, 55) ist eines der wichtigsten Produktionsgebiete für Zigarettentabak. Auch der Westen Kleinasiens (C 6 a; bei Sokia, Ödemisch usw.), Mytilene, der südliche Küstenstrich Kleinasiens, die Schwarzmeerküste Transkaukasiens[6]), Syrien produzieren türkischen Tabak.

Opium wird ebenfalls ausgeführt.

Opiummohn wird in größerem Umfang auf dem westlichen Hochlande Kleinasiens[7]), in Persien[8]) und in Mesopotamien angebaut.

Zu den Arzneipflanzen können wir den Opiummohn und das Süßholz rechnen.

Letzteres (die Wurzeln von Glycyrrhiza glabra L. α typica, in Kleinasien, Nordpersien, Syrien, Mesopotamien usw., in C 6 und B 3) wird namentlich im westlichen Küstengebiet Kleinasiens gesammelt.[9]) V. ist auch reich an medizinisch gebrauchten Harzen und Balsamen[10]), die in dem heißen Trockenklima ausfließen (s. Bd. I, S. 98).

---

[1]) Ausfuhr Palästinas 1921: 19500, 1922: 27050 hl, hauptsächlich nach Ägypten.

[2]) Auf künstlichen Terrassen, zum Teil mit künstlicher Bewässerung. Etwa 5000—6000 T., Ausf. über Hodeida (40) und Aden (20), einst über Mokka („Mokkakaffee"), 5.

[3]) Ausf. nach Aden.

[4]) 1914: 639 T. grüner Blätter (137 T. Tee). Man hofft, die Pflanzungen so erweitern zu können, daß sie den Bedarf Rußlands decken (?).

[5]) Samsun (25) ist Ausfuhrhafen. Im Samsunbezirk wurden 1913: 13250, 1919 (infolge des Krieges) nur 4270 T. geerntet, im westlichen Kleinasien 1920 etwa 10800, 1921: 6000 T.; aber 1923 gewann das türkische Kleinasien etwa 30000, 1924 gar gegen 60000, 1925: 50000 T. Zahlreiche Auswanderer aus Mazedonien (Kawalla, Seres) haben sich hierher gewandt. Namentlich auch die im Bau befindliche Küstenbahn Bafra—Samsun—Tscharschembe (15)—Fatza wird den Tabakbau fördern.

[6]) Gebiet Suchum; ferner im Gouv. Tiflis. Prod. 1914: 17400 T. auf 20270 ha, 1917: 16300 T.

[7]) Ernte des Wilajets Aidin 1920 etwa 2300 T. Opium. Smyrna (99) führte bisher etwa 500 T. jährlich aus. Afiun-Karahissar, d. h. Opium-Schwarzstadt (s. S. 151), 35?, ist Zentrum der Produktion.

[8]) Im Süden ist das Opium morphinhaltiger als im Norden.

[9]) Ausfuhr über Smyrna (99) und auch Basra (50). Fabrik für Lakritzenextrakt in Sokia (12?).

[10]) Storax von Liquidambar orientalis, ein Balsam, im südwestlichen Kleinasien (Mittelpunkt der Gewinnung Mughla) 200 T. — Mastix von Pistacia lentiscus (Chios), Mitte Juni bis Mitte August gewonnen (125 T.). — Asa foetida von Scorodosma foetidum Bunge, welche, Wäldchen bildend, namentlich in Chorassan, bei Herat (und Chiwa) auf kieselhaltigem Steppenboden (B 3) wächst, auch kultiviert wird. — Galbanum von Ferula galbaniflua (Persien). — Ammoniakgummi liefert die 3 m hohe Dorema ammoniacum (Persien; Märkte Bombay und Isfahan). — Tragant(h) von Astragalus-Arten in den Gebirgen Vorderasiens (Persien, Kleinasien [420—520 T.]); Smyrna und Konstantinopel sind Hauptmärkte. — Arabien liefert Myrrhen von Balsamodendron-Arten und Weihrauch von Boswellia-Arten (Hadramaut). Ausfuhrplatz Aden (20).

Ölpflanzen. Das Öl des Ölbaums (s. S. 146) ersetzt den Griechen die Butter[1]); die Osmanen und Semiten verwenden Sesamsaat[2]) zur Ölgewinnung. Baumwollsaat gewinnt man am meisten in Transkaukasien[3]) (vgl. unten, Leinsaat s. S. 149).

Parfümpflanzen (s. Bd. I, S. 98 u. 101) gedeihen in V. (C 6 und B 3) an vielen Stellen sehr gut, werden aber bisher wenig genutzt. Weihrauch und Myrrhen zu Räucherzwecken, s. S. 147, Anm. 10; Mekkabalsam stammt von Balsamodendron gileadense Kunth im arabischen Küstengebiet. Storax (s. S. 147, Anm. 10) wird auch in der Parfümerie benutzt.

Der Anbau von Futterpflanzen ist bisher in V. wohl nur ganz vereinzelt zu finden. Weidebrennen s. S. 151. Nach Schätzung sind etwa 30% der Bevölkerung nomadische **Tierzüchter.** Schafe und Ziegen, in B 4 und B 3 auch Kamele sind die wichtigsten Nahrung liefernden Haustiere.[4])

Sie geben in Milch, Käse, Fett, Fleisch Hauptnahrungsmittel in den trockneren Landschaften. Die Zucht von Schafen mit 5—6 kg schwerem Fettschwanz gedeiht besonders in B 3 (s. Bd. I, S. 98f.); hauptsächlich in den Gebirgen (über und unter der Zone des Ackerbaus) finden sie nach Philippson Weide[5]), Ziegen auch in den Macchien, die unter ihrem Biß verkümmern. Rinder finden die ihnen zusagende saftige Grasnahrung nur auf verhältnismäßig kleinen Flächen (Deltas des Kisil Irmak, Jeschil Irmak, fruchtbare Flußauen usw.) und sind wohl, vollends in dem Klimagebiet B4 der Wüstentafel, selten[6]). Hier geben Kamele Milch und Fleisch. Büffel kommen nur in feuchteren Landschaften[7]) vor, fette Milch und Fleisch liefernd. Schweine werden durch die mohammedanische und jüdische Religion verpönt und sind sehr selten. Fleisch und Eier (Ausfuhr über Samsun, 12?) von (halbwilden) Hühnern, auch Truthühner geben Nahrung.[8]) Die **Jagd** auf Hasen, Gazellen, Rehe usw. ist von geringem Belang, aber die **Fischerei** liefert ansehnliche Nahrungszuschüsse, weniger die Binnenfischerei (bei spärlichen und wasserarmen Gewässern), ausgenommen einige Seen, als die Seefischerei längs der ausgedehnten Küsten, z. B. an der Westküste Kleinasiens, in den kühlen Auftriebwassern an der Südküste Arabiens (Makalla, 18[9]), im Golf von Oman und in der Straße von Ormus.

---

[1]) Von der Erzeugung von Oliven in Kleinasien (nach Fickendey 175000 T. werden 150000 T. auf Öl (30000 T.) verarbeitet, 8000 T. ausgeführt. Die Ernteschwankungen sind auffällig. Mytilene produziert jährlich zwischen 2000 und 30000 T. Öl. Etwa ein Drittel wird in den dortigen Seifenfabriken verbraucht. Auch die syrische Küste führt Olivenöl aus.

[2]) Ziemlich viel im Tieflande des westlichen Kleinasiens angebaut.

[3]) 1914: 65000; 1917: 25000 T.

[4]) Mit der Statistik V.s sieht es noch übel aus. Cypern hatte 1922: 290750 Schafe und 230070 Ziegen. Der Schafebestand der Türkei wurde für 1924 mit 23,6; 1925 mit 25,6 Mill. Stück angegeben. Von den letzteren wurden 4½ Mill. geschlachtet und verkauft, 423000 Stück exportiert.

[5]) Je nach den Jahreszeiten wandern die Herden hoch in die Gebirge oder steigen in die Täler hinab.

[6]) Milchnutzung kommt nur in geringstem Maße in Frage.

[7]) Westliches Kleinasien; westliches Transkaukasien; Gilan und Masenderan, Babylonien (am Schatt-el-Arab).

[8]) Schweine, Gänse, Enten, Haustiere feuchter Klimate gelten charakteristischerweise dem Koran als unrein. Dünger von Tauben soll in Persien für Melonenfelder bestens geeignet sein.

[9]) Im übrigen ist nach A. Philippson der Fischreichtum mancher Nachbarmeere wohl nicht zu groß. Im Marmarameer und Bosporus erleichtert die Durchsichtigkeit des Wassers es den Fischen, den Netzen aus dem Wege zu gehen.

Mineralische Nahrungs- und Genußmittel; Düngemittel. Das reichliche Vorkommen von **Salz**, vor allem in B 3 und B 4 (Steinsalzlager, Solquellen, Salzseen z. B. Tus Tschöllü) in V. (an der Erdoberfläche) ist auf die Dürre des Klimas zurückzuführen; sie begünstigt auch die Salzgewinnung durch Verdunstung von Seewasser (z. B. in Aden). Dagegen ist die Ausstattung V.s mit Trinkwasser sehr schlecht.[1]) Mineralquellen kommen stellenweise (in Kleinasien, Armenien, Syrien) häufig vor. Die Phosphate des Transjordanlandes erwecken Hoffnungen.[2])

b) Für die **Kleidung** kommen in den Küstengebieten V.s Baumwolle, im winterkalten Innern besonders Wolle zur Verwendung.

Der Baumwollenbau gedeiht in C 6 a (Täler des Bakir-, Gedis-, Kütschük-Menderes- und Menderes-Tschaï[3]); in der cilicischen Ebene[4]) [mit künstlicher Bewässerung], in Nordsyrien[5]) [um Aleppo], auf Cypern[6]); ferner in B 3: im dürren östlichen Transkaukasien[7]) (mit künstlicher Bewässerung), in Persien[8]) (Chorassan usw.), in Mesopotamien (Babylonien). In letzterer Landschaft sind die Aussichten auf Steigerung der Produktion die besten, wenn die von uns Deutschen dort begonnenen Ent- und Bewässerungsarbeiten vollendet sein werden.

Ein wenig Flachs[9]) und Hanf wird im Hinterlande des westpontischen Küstenabschnitts von Kleinasien (D 8) produziert, auch in Persien usw. Selbst aus den Fasern der Fiederblätter der Dattelpalme (S. 146) werden Gewebe hergestellt.

Die Produktion von Schafwolle könnte, auf eine moderne Grundlage gestellt, den Wohlstand V.s begründen; bisher ist die Produktion ziemlich gering.[10])

Es handelt sich um die Steppenhochländer des gefalteten V. (Kleinasien, Iran, auch Armenien und um das steppenhafte östliche Transkaukasien), auf der vorderasiatischen Wüstentafel besonders um die inneren Steppen Syriens, Transjordaniens und Mesopotamiens. Die Wolle liefert Nomaden wie Ansässigen Kleidung und Teppiche[11]); sie wird auch ausgeführt.[12])

---

[1]) In B 4 ist die Besiedelung an Oasen mit Quellen oder Fluß- oder Grundwasser gebunden, der Verkehr an bestimmte Linien über die Oasen. Über Benutzung von Schneewasser, gemauerte Brunnen und Zisternenanlagen vgl. A. Haberlandt in Erg.-H. 174 zu „Petermanns Mitteilungen", Gotha 1912.

[2]) Der Viehdung wird durch die Verwendung als Heizmaterial dem Düngezweck entzogen.

[3]) Manche Jahre 75000 Ballen, aber Rückgang infolge des Krieges; 1920 nur etwa 10000 B. = 2000 T. 1924 sollen in der Türkei etwa 100000, 1925: 200000 Ballen = 40000 T. geerntet sein.

[4]) Gegen 40000—50000 Ballen früherer Jahre 1920 nur etwa 25000 B. = 5000 T. Der Baumwollbau Kleinasiens, Cyperns, Syriens usw. läßt sich durch Verbesserung der Bewässerungsanlagen usw. wesentlich steigern. So führte Kleinasien (hauptsächlich aus der cilic. Ebene) 1922: 6000, 1923: 16000, 1924: 32000 T. (160000 Ballen) Baumwolle aus. Es ist Ausfuhr möglich, da die türkische Industrie nur 15000 Ballen verarbeitet.

[5]) Ernte Syriens 1923: 6000 Ballen = etwa 1360 T.

[6]) Nur etwa 360 T. 1923/24.

[7]) Prod. 1914: 35000 T. auf 1370 qkm; 1917: 13500 T. auf 550 qkm.

[8]) Prod. 1913/14: 90000, 1919/20: 200000 Ballen = etwa 45000 T.

[9]) Mehr zur Gewinnung von Leinsaat als von Faser.

[10]) Die der asiat. Türkei (im früheren Umfang) wurde 1909/13 auf 41000, 1921 und 1922 auf je 27000 T. = etwa 2¼% der W., die Persiens auf 6000 T. = 0,5% der W., die Transkaukasiens etwa 8400 T. = 0,7% der W. geschätzt.

[11]) Die Herstellung der berühmten orientalischen Teppiche konzentrierte sich bisher besonders im westlichen Kleinasien („Smyrnateppiche", Uschak, 15? Kula, Giördis, Demirdji, Kiutahia, Isparta usw., auch schon fabrikmäßig wie in Hercke), Mesopotamien und Persien (Täbris, 200). Jetzt (s. S. 146, Anm. 1) ist die kleinasiatische Teppichindustrie wohl großenteils mit den kleinasiatischen Griechen nach Griechenland (s. S. 66, Anm. 1) abgewandert.

[12]) Z. B. aus Persien, wo sich die Provinz Chorassan und die Gebirgsgegenden des Westens durch Wollschafzucht auszeichnen, über Meschhed (75).

In dem nördlichen Teile des kleinasiatischen trockenen und salzreichen Hochlandes ist die Angoraziege heimisch und liefert die wertvolle Angorawolle, Mohär genannt, zur Ausfuhr.[1])

Ziegenwolle wird übrigens zu Decken, Filz, Schals verarbeitet, auch Kamelwolle wird vielseitig genutzt.

Die lohnendsten Gebiete der Maulbeerbaumkultur und der Seidenzucht sind die Umgebung von Brussa[2]), die der künstlichen Bewässerung entbehren kann, und der wasserreiche Westabhang des Libanon.[3])

Die Seidenkultur Persiens, Afghanistans, Transkaukasiens, Mesopotamiens hat geringen Umfang.[4])

Schaf- und Ziegenfelle stehen reichlich, Büffel- und Rinderhäute spärlicher zur Verfügung; die drei erstgenannten werden auch ausgeführt. Die Lederindustrie ist wohlentwickelt. **Gerbstoffe** sind in V. reichlich zu finden, hauptsächlich von Eichen stammende: Valonea und Aleppogallen oder Galläpfel. Sie werden sogar in Mengen ausgeführt.[5])

Valonea (Ackerdoppen, levantinische Knoppern), die Fruchtbecher von Eichenarten mit 20—35% Gerbstoff, werden in Kleinasien, doch auch in Kurdistan, Syrien und Palästina gesammelt (Juli und August); Galläpfel, durch den Stich eines Insektes an Blättern entstanden, mit 58 und mehr Prozent Gerbstoff, findet man in Kleinasien, Mesopotamien, Syrien bis Persien (Ernte August und September).

Die Schwammfischerei (bei den Inseln Symi, Calymnos, Charki, H. Joannis oder Syrina an der Westküste Kleinasiens, bei Cypern und an der syrischen Küste) ist nicht unwichtig; bedeutender ist die Perlenfischerei, die auf Korallenbänken an der Westseite des Persischen Golfes (besonders an den britischen Bahrain-Inseln), von Bahrain (Manama [25]), El Katar, Lingeh (9) und Koweit (30) aus betrieben wird.[6])

Etwas Silber wird gewonnen, Türkise kommen bei Nischapur (in Chorassan, Persien) vor.

---

[1]) Jährlich etwa 6000 T.

[2]) Vor dem Kriege wurden im Tieflande und auf den Berghängen am Marmarameer mit dem Zentrum Brussa (65) und am benachbarten Sakariafluß (Gemlik, Basarköi, Jenischehr, Söjüd; ferner Erdek, Kiutahia, 25?) etwa 2,5% der W. von Rohseide gewonnen. In Brussa usw. haben sich moderne Spinnereien und Webereien aufgetan; ein großer Teil der Kokons wurde nach Frankreich und Italien ausgeführt. Der griechisch-türkische Krieg hat die Seidenkultur hier schwer geschädigt. Die Seidenzucht im Westen (bei Smyrna, Aidin, Ballamboli) und im Süden (Tarsus) Kleinasiens ist gering. Wie sich die neuen Verhältnisse hier gestalteten (s. Bd. I, S. 148), ist unbekannt. Die Austreibung der Griechen bedeutet wohl einen schweren Schlag für die kleinasiatische Seidenkultur. Die Kokonproduktion Kleinasiens soll 1922 etwa 6000 T. betragen haben. Für 1923 wurden die Rohseideproduktion der Levante und Zentralasiens auf 800 (1911: 2960) T. geschätzt.

[3]) Bei Beirut (150) in Syrien; weniger in der Bekâa, bei Damaskus, Tripolis, Latakije, Swedije und Antiochia. Seidenspinnerei in Beirut und Umgebung. Ausf. von Kokons!

[4]) Persien (Gebirge, Prov. Gilan) führte 1912: 225 T. Rohseide aus, Kaukasien (zumal der Osten) produzierte 395 T. gegen 945 T. der Asiatischen Türkei.

[5]) Valonea über Smyrna (99); Ausf. 1901: 68000 T., 1921 der Ertrag Kleinasiens auf 40000 T. geschätzt. Die Ernte verlangt nach K. Burk regenfreien Sommer (C 6). Neuerdings wurden in Smyrna Extraktfabriken errichtet. Galläpfel aus Alexandrette, 15 (Stapelplatz Haleb oder Aleppo, 200), Buscher (27) und Smyrna.

[6]) Allein von den Bahrain-Inseln sollen 1902 Perlen für 10 Mill. Rup. und über Lingeh für $4^1/_2$ Mill. Rup. ausgeführt sein. 50% der Bevölkerung Koweits leben von Perlenfischerei. Auch Perlmuscheln werden ausgeführt.

c) Holzmaterial für **Hausbau** ist fast nur in den Randgebirgen Kleinasiens, Irans, am Kaukasus, Libanon[1]) und in Armenien etwas reichlicher noch zu finden und nimmt infolge des starken Verbrauchs (für Hausbau, Haus- und Ackergerät usw.) ständig ab, zumal auch die Hirten den Wald niederbrennen, um das nächste Frühjahr fette Weiden zu erzielen; die Ziegen aber lassen den Nachwuchs nicht aufkommen. In den Dattelpalmgegenden benutzt man Holz und Blattrippen als Hausbaumaterial, die Blätter zum Dachdecken.[2]) In den Gebieten der Nomaden werden Zelte aus Ziegenhaaren usw. benutzt, in den Oasen dagegen auch Lehm[4]), in den steinigen Gebieten Steinmaterial.[3])

d) Tierische Arbeitsgehilfen, Naturkräfte und Material für „Werkzeuge" aller Art.

Arbeitstiere sind der starke Büffel und die schwächeren Rinder (Ochsen) vor dem ungefügen Karren und dem Pflug. Der anspruchslose Esel und das kräftigere Maultier, mehr im Gebirgsland, werden viel zum Tragen von Lasten auf Saumwegen benutzt, da gute, fahrbare Straßen oft fehlen. Wichtiger noch als Reit- und Packtier ist im Faltengebirgslande das unscheinbare aber widerstandsfähige Pferd.[5]) In den ebenen Steppenbezirken (B 3) sind die orientalischen Pferde (Mesopotamiens, der persischen Ebenen, Arabiens[6]) von beachtenswerter Güte und für schnellen Ritt unentbehrlich. In den Wüsten und Wüstensteppen V.s (B 4) sind jedoch bedeutend häufiger[7]) als die Pferde die überaus anspruchslosen einhöckerigen Kamele (Dromedare, s. Bd. I, S. 150).[8])

Naturkräfte.[9]) Nur ein wertvolles Steinkohlenlager ist bekannt, eine 150—170 km lange Zone in dem westpontischen Randgebirge Kleinasiens (D 8), das Lager von Eregli; es wird im kleinen in der Gegend von Songuldak (Ausfuhrhafen), Koslu, Kilimli und Kilik abgebaut.[10])

In Transkaukasien werden bei Tkwibuly (Rep. Georgien) Kohlen abgebaut[11]), und angeblich kommen Steinkohlenlager reichlich in Persien vor.[12]) Braunkohlen

---

[1]) Die Libanonzeder ist fast nur noch auf dem cilicischen Taurus (1300—2100 m) häufig. R. Zon u. W. N. Sparhawk schätzen, daß in der Türkei 13,4; in Persien 8; in Afghanistan 1,5; in Transkaukasien 21,3; in Syrien und Palästina 1,7; in Arabien 1,5, in Mesopotamien 0% der Fläche bewaldet sind.

[2]) Auch Körbe, Matten, Stuhlgeflechte, Taue, Stopfmaterial für Kissen, Sättel usw. liefert die Dattelpalme.

[3]) Fayenceindustrie in Kiutahia (25?) und Isnik (?).

[4]) So hat Afiun-Karahissar (35?, s. S. 147) den Namen Schwarzstadt nach dem schwarzen Basaltgestein, aus dem die Häuser erbaut sind.

[5]) Das Klima der sumpfigen Niederungen verträgt das Bergpferd Irans aber nicht, ebensowenig wie das kleine Pferd des Sumpflandes am Kaspischen Meere wiederum das Hochlandklima verträgt.

[6]) Nach Tradition reinrassig erhalten.

[7]) In Arabien vielleicht 10 Kamele auf 1 Pferd.

[8]) In den Gebirgen Nordpersiens und Afghanistans das zweihöckerige Kamel (Trampeltier).

[9]) Als Heizmaterial dient fast überall, wie auch sonst in Trockenlandschaften, der getrocknete Mist der Haustiere.

[10]) Es liegen hier wohl mehrere Milliarden T. guter Steinkohle, auch Fettkohle, die zur Koksbereitung geeignet ist. Die Flöze sind 1 bis über 9 m mächtig und werden in bequemer Weise mittels Stollen von den Tälern aus abgebaut. Die Produktion (wohl bisher kaum über 750000 T. jährlich) wird wachsen und dem entstehenden Eisenbahnnetz usw. zugute kommen. Der Bau der Eisenbahn von der Hauptstadt Angora (35) dorthin schreitet schnell vorwärts. Vgl. A. Philippson, Geologie von Kleinasien (Handb. d. region. Geol.). Heidelberg 1910.

[11]) Auch am Flusse Palisga hat man sehr bedeutende Steinkohlenlager gefunden.

[12]) Bei Teheran (210) sollen gegen 2 Milliarden T. Jurakohle liegen; jährlich werden bisher etwa 15000 T. gewonnen.

fand man in Kleinasien mehrfach; bei Usünköprü und Derkos sind die ergiebigsten Gruben.

V. ist stellenweise reich an Petroleum, das im Anschluß an den Faltengebirgsgürtel: am Kaukasus und in den Vorfalten am Südwestfuße des iranischen Hochlandes, gefunden wird.

Auf der Halbinsel Apscheron mit dem Zentrum Baku (245) in der Sowjetrepublik Aserbeidschan tritt Erdöl in mehreren Horizonten auf. Die Produktion dieses Feldes, und vor allem sein relativer Anteil an der Weltproduktion ist durch Schuld kriegerischer und revolutionärer Ereignisse stark zurückgegangen[1]), verbessert sich jedoch wohl allmählich wieder. Neuerdings hat man bei Maidân-i-Naftun östlich des mittleren Karun (unfern dem unteren Schatt-el-Arab) Lager erschlossen. Sie erstrecken sich anscheinend durch die ganze jungtertiäre Randzone Irans und Mesopotamiens etwa von Mossul ab über Gaijara, Kerkuk, Mendili, Gil, Kal'ä-i-Naft usw. bis nach Südpersien (Maiden-i-Naftin) hinein.[2]) Auch in den nördlichen Vorketten des iranischen Hochlandes (zwischen Täbris und Teheran, Prov. Gilan, Masenderan), ferner bei Kerman sollen Erdölvorkommen festgestellt sein; in Palästina und Syrien treten Spuren auf.

Wasserkräfte sind in V. wegen der klimatischen Verhältnisse in geringem Umfange vorhanden; sie konzentrieren sich an den Rändern des Faltengebirgsgürtels[3]); die vorderasiatische Wüstentafel ist sehr arm daran.

Material für Werkzeuge allerlei Art.

Für mancherlei technische Zwecke dienen die **Harze** V.s wie Mastix, Asa foetida, Galbanum, Ammoniakgummi, Tragant (s. S. 147, Anm. 10). Bienenwachs V.s kommt auf den Markt.

Metallerze werden in V. bisher wenig gefördert.[4])

Eisenerz ein wenig in Armenien (Ssiuen Maden).

Weltmarktsbedeutung haben die reichen Manganerzlager bei Tschiaturi in Transkaukasien (Georgien), die seit 1877/78 für Ausfuhr abgebaut werden.[5]) Chromeisenerze sind im westlichen Kleinasien häufig.[6]) Einen gewaltigen Reichtum an Kupfererzen soll das so stark von Brüchen und Überflutungen mit Eruptivgestein betroffene Armenien besitzen. Hier ist

---

[1]) 1913 Rußland 62,82; 1923: 39,16; 1925: 55 Mill. Faß (Barrels) = 16,31 bzw. 3,78; 5,2% der W. 1924/25 wurden 6,93 Mill. T. = über 3/4 der Vorkriegsproduktion gewonnen.

[2]) Prod. Persiens 1913: 1,86; 1922: 21,9; 1923: 28,8; 1925: 35 Mill. Faß = 0,48; 2,57; 2,8; 3,3% der W. Abadan auf einer Insel des Schatt-el-Arab mit riesiger Raffinerie, für große Seeschiffe zugänglich und durch Rohrleitungen mit dem Ölgebiet verbunden, ist zu einem der wichtigsten Ölhäfen der Erde geworden. Eine mehrere 100000 T. fassende Tankflotte besorgt den Transport nach Großbritannien. Das Ölgebiet von Mossul war bis in die neueste Zeit Gegenstand heftiger Interessenkämpfe.

[3]) Man schätzt die Kleinasiens auf 500000, Afghanistans 500000, Persiens 200000 PS. Ausgenutzt werden sie bisher sehr wenig.

[4]) Die Türkei beabsichtigt die Errichtung eines Eisen- und Stahlwerks.

[5]) In tertiären Schichten kommen hier sedimentäre Flöze in fast ungestörter horizontaler Lagerung, von den eingeschnittenen Tälern gut zugänglich, vor. Über 100 Mill. T. Erz mit 45 (getrocknet 50) % Mangan sollen festgestellt sein; um 30% der W. von Manganerz wurden hier bis zum Kriege gewonnen und kamen, vorwiegend über den Hafen Poti (20?), weniger über Batum (61) am Schwarzen Meere nach Deutschland, Großbritannien usw. zur Ausfuhr (1922 aus Rußland nur etwa 150000 T. = 1/4 von der Ausfuhr des Jahres 1913).

[6]) Steinbruchartig abgebaut zu Kiutahia (Kjutahja, 25?). Ausf. 1913: 26000 T. (zu 70% nach der Union).

ausländisches Kapital und Unternehmungsgeist an die Ausbeutung der Vorkommen gegangen[1]), aber Krieg und Revolutionsunruhen haben sie behindert. Im südlichen Randgebiet Armeniens liegen die Gruben von Arghana Maden bei Diarbekr.

Silberhaltiger Bleiglanz wird im vorderasiatischen Faltenland bereits in Kleinasien (bei Lidjessi, Balia Maden, Bulghar Maden, Keban Maden, auch Arghana Maden) gefördert. An Spezialitäten werden Meerschaum[2]) unfern Eskischehr, Schmirgel (von geringerer Härte, als sie der Naxosschmirgel hat) im Wilajet Aïdin[3]), Borazit (Pandermit nach dem Hafen Panderma) im nordwestlichen Kleinasien[4]), Schwefel[5]) im Sandschak Burdur (Kleinasien) gefördert.

e) Die Fabrikindustrie steht in den ersten Anfängen der Entwickelung. Sie kam bisher infolge Kohlen- und Verkehrsmangels, Menschen- und Bildungsarmut, Bedürfnislosigkeit und Kapitalmangels schwer von der Stelle. Sie hat sich am meisten im (früher griechischen) Westen Kleinasiens (in Smyrna, 99, Ismid, 20 ?, Panderma, Skutari, 90, Kiutahia, 25 ?, Isnik, 2 ?, usw. wie in Konstantinopel) entwickelt. Hier gibt es bereits Dampfmühlen, Makkaroni- und Konservenfabriken, Bierbrauereien, Eisfabriken, Spinnereien und Webereien (S. 149f.) usw. Auch Beirut (150) und Aleppo (200) sind angehende Industriezentren. Seifenfabrikation s. S. 148, Gerbextraktfabriken S. 150, Anm. 5, Lederindustrie S. 150 Teppichindustrie S. 149, Anm. 11, Fayenceindustrie S. 151, Anm. 3.

f) Der Handel V.s hat früh aus der Zwischenlage zwischen dem europäischen und dem südostasiatischen Wirtschaftsgebiet (und Aktionszentrum) Vorteil gezogen, bis teils die Eroberung des größten Teiles V.s durch die mehr der Landwirtschaft zugewandten Türken, teils und mehr die Verlegung der Welthandelsstraßen auf das Meer ihn verkleinerten. Bei der relativ geringen Produktion V.s und seiner schwachen Volksdichte bewegt sich der Handel in ziemlich engen Grenzen. Ausgeführt werden Rohstoffe, Nahrungs- und Genußmittel, eingeführt besonders Industriewaren.

Ausfuhr: Türkisches Reich 1922: 23,4; 1923: 25,53; 1924: 50; 1925: 158 Mill. türk. Pfund: 1920 getrocknete Früchte 2,6; Teppiche 1,8; Rosinen 1; Tabak 0,82; Wolle 0,43; Opium 0,13 Mill. türk. Pfund; Persien 1921/22: 502 Mill. Kran: Heiz- u. Schmieröle 119,1; Benzin 83,4; Teppiche 50; Petroleum 31,4; Opium 22,2; Früchte 14,7; Wolle 8,1; Gummitragant 6,9; Rohtabak 3,7 Mill. Kran; Afghanistan 1921/22 (nach Indien): 8,1 Mill. Rupieen: Wolle, Baumwolle, Hölzer, Kürschnerwaren, Früchte, Vieh, Getreide, Stoffe; nach Buchara 1916: 4 Mill. Rubel; Syrien 1922: 87,9 Mill. Fr.: Hülsenfrüchte, Süßholz, Seide, Häute, Mais; Palästina 1923: 1,56 Mill. £ E.: 1922/23: Orangen 0,42; Seife 0,22; Melonen 0,13; Weizen 0,07; Wein 0,05; Gerste 0,03; Mandeln 0,02 Mill. £ E.; Mesopotamien 1922/23: 107,9 Mill. Rup.: Wolle, Datteln, Petroleum, Teppiche, Getreide, Opium; Asir (wenig): Häute, Vieh, Getreide, Baumwolle, Gummi, Datteln, Rosinen, Kaffee, Honig, Perlen, Sesamöl; Hedschas jährl.

---

[1]) Bei Kedabek i. Aserbeidschan usw.

[2]) Vor dem Kriege ging er nach Wien und Ruhla (Thüringer Wald) zur Verarbeitung.

[3]) Vor dem Kriege 50000—60000 T. jährlich. Ausfuhrhafen Kulluk.

[4]) Prod. nach Tietze 1901 etwa 9000, 1909: 11220 T.

[5]) Für den Weinbau wichtig.

1 Mill. £ (über Djidda): Häute, Felle, Wolle, Gummi, Perlmutter, Sennesblätter (Senna), Henna, Gewürze; Jemen: Häute, Felle, Kaffee, Sesam, Perlen, Gummi; Mittelarabien: Schaffett, Datteln, Webstoffe, Häute, Vieh, Butter; Hadramaut: Fische, Datteln, Senna, Indigo, Gummi, Weihrauch; Aden 1920/21: 5,37 Mill. £: Kaffee, Gummi, Häute u. Felle, Eier, Honig, Datteln, Aloë, Harz, Straußenfedern; Bahrain-Inseln 1919/20: 0,95 Mill. £: Perlmutter, Perlen, Reis, Kaffee, Zucker; Oman 1919/20: 315000 £: Datteln, Fische, Perlen; Koweit 1913/14: 200000 £: Perlen, Gewürze, Salz.

Einfuhr: Türkisches Reich 1922: 67,9; 1923: 38,3; 1924: 120; 1925: 193 Mill. türk. Pfund; Persien 1921/22: 609,8 Mill. Kran: Zucker 146,8; Baumwollwaren 115,97; Tee 25,3; Reis 13,06; Tiere 12,6; Baumwollgarn 11,25; Eisen- u. Stahlwaren 9,6; Wollgewebe 7,6; Nägel u. Schrauben 7,2; Kurz- u. Galanteriewaren 6,8; Eisen u. Stahl 6,4; Maschinen 6,3; Afghanistan 1921/22 (aus Indien): 13,54 Mill. Rup.: Leinen, Farben, Zucker, Leder; aus Buchara 1916: 4 Mill. Rubel; Syrien 1922: 501,5 Mill. Fr.; Palästina 1923: 4,94 Mill. £ E.; Mesopotamien 1922/23: 168,2 Mill. Rup.; Asir: Waffen, Baumwollstoffe, Zucker, Kaffee, Reis; Hodschas 2 Mill. £ (über Djidda): Getreide, Kaffee, Tee, Tabak, Teppiche; Jemen: Getreide, Baumwollwaren; Hadramaut: Eisenwaren, Waffen, Zucker, Reis, Baumwollwaren; Aden 1920/21: 6,5 Mill. £: Baumwollstoffe, Petroleum, Kohlen, Getreide; Bahrain-Inseln 1919/20: 1,41 Mill. £; Oman 1919/20: 260760 £: Reis, Baumwollwaren, Getreide; Koweit 1913/14: 370820 £: Baumwolle, Reis, Kaffee, Zucker.

Handelsländer in Prozent der Ausfuhr: Türkisches Reich 1922: Frankreich 10; Großbritannien fast 10; Union 7,8; Ägypten 5,4; Deutsches Reich 5,3; Italien fast 5; Rußland 1,8; Persien 1921/22: Ägypten 39,7; Großbritannien 31,7; Rußland 15,2; Irak 8,8; Union 5,9; China 2,3; Türkei 2,2; Oman 1,6; Frankreich u. franz. Kolonien 1[1]); Afghanistan: Indien, Buchara; Syrien (nur Beirut) 1923: Frankreich 43,5; Ägypten 16,1; Türkei 10,7; Union 5,5; Italien 1,3; Großbritannien 1,2; Deutsches Reich 1,1; Palästina 1923: Ägypten 37; Großbritannien 18,7; Syrien 11,4; Frankreich 2,6; Union 2,5; Italien 2; Brit.-Indien 1,4; Türkei 1,2; Mesopotamien 1922/23: Großbritannien fast 80; Oman, fast nur Indien; **in Prozent der Einfuhr:** Türkisches Reich 1922: Union 17,9; Großbritannien 15,2; Bulgarien 9,5; Deutsches Reich 8,2; Italien 7,9; Frankreich 7,5; Ägypten 2,4; Rußland 2,3; Griechenland 1,3; Persien 1921/22: Großbritannien 75,8; Rußland 6,8; Belgien 4,5; Ägypten 2,9; Niederlande u. Kolonien 2; Irak 1,4; Frankreich u. Kolonien 1,4; Türkei 1; Syrien (Beirut): Großbritannien 24,7; Frankreich 17,4; Ägypten 14,2; Italien 12,1; Union 7,5; Belgien fast 7; Deutsches Reich 6,5; Türkei 2,4; Palästina 1923: Großbritannien 22,7; Syrien 16,5; Deutsches Reich 9,5; Union 8,3; Ägypten 7,3; Frankreich 5,5; Italien 4,3; Rumänien 3,4; Australien 2,4; Brit.-Indien 2,2; Belgien 2,2; Türkei 2; Niederlande 1,3; Österreich 1,2; Mesopotamien 1922/23: Großbritannien 34,2; Oman fast nur Indien.

g) Verkehr: Der Binnenverkehr zu Lande vollzieht sich zumeist noch auf den uralten Karawanenwegen mittels der oben (S. 151) genannten Saumtiere, ein teurer, langsamer und wenig leistungsfähiger Transport.[2])

---

[1]) Die Aufrechnung ergibt mehr als 100% (?).

[2]) In Nordiran z. B. schwanken die Frachten je nach der Jahreszeit; sie sind am höchsten zur Regenzeit (im Januar und Februar), wenn die Wege schlecht sind, und in der zweiten Hälfte des April bis zum Juni, wo für den Transport Kamele nicht verwendet werden können.

Fahrstraßen sind selbst in Transkaukasien, Kleinasien, Syrien, Palästina ziemlich selten. Neuerdings hat in den genannten Gebieten, auch in Mesopotamien, der Bau von Eisenbahnen Fortschritte gemacht: in **Transkaukasien** Bahn von Baku[1]) (237) nach Poti (20) und Batum (32), mit Petroleumleitung; Bahn Tiflis (347)—Eriwan (90)—Djulfa (20)—Täbris (180) mit Zweigbahnen; in **Kleinasien:** anatolische Bahn Haïdar Pascha—Konia (71[2]); Bagdadbahn durch Taurus (Tunnel), cilicische Ebene (Adana, 64[3]), mit Anschluß von Urfa (43), Mardin (31) nach Mossul (60), dann nach Bagdad (145) und Basra (50[4]); Bahn Smyrna oder Izmir (99)—Afiun-Karahissar (35); Smyrna—Aïdin (40)—Egerdir; in **Syrien** ist Haleb oder Aleppo (200) an die Bagdadbahn angeschlossen; eine innere Stammbahn Aleppo—Hama (60) und Homs (50) durch die Bekaa nach Damaskus (250), mit Zufuhrlinien von den Häfen Tripolis (35) und Beirut (150); Fortsetzung von Damaskus über Amman nach Medina (10) in Arabien, als „Hedschas-" oder „Mekkabahn", die mit dem Hafen Haifa (25) verknüpft ist und mit Jafa (48) über Jerusalem (63) Verbindung bekommen wird. Die Haifa- und Jafabahn stehen über den Suezkanal hinweg mit dem ägyptischen Eisenbahnnetz in Verbindung. Im übrigen V. gibt es bisher nur ganz kurze Bähnchen.[5])

Für Kraftwagenverkehr werden größere ebene Teile der Steppenhochländer des Faltengebirgsgürtels und der vorderasiatischen Wüstentafel infolge des trockenen Klimas gute Vorbedingungen liefern.[6])

Die Binnenschiffahrt hat gegenwärtig eine sehr geringe Bedeutung.

Schatt-el-Arab, Tigris (durch wasserreiche Zuflüsse genährt), Euphrat[7]) werden von Flußdampfern befahren. Die Flüsse und Seen der Jordansenke kommen der Schiffahrt in Zukunft wohl mehr zugute als zurzeit. Die Flüsse des vorderasiatischen Faltengürtels (Kisil Irmak, Jeschil Irmak, Rion, Kura, Aras, Sefid Rud, Karun usw.) sind meist nur im Unterlaufe fahrbar, aber zu regulieren. Für den Verkehr am günstigsten sind die Flüsse Westkleinasiens (Menderes, Gedis Tschaï usw.). Einige Seen (Urmiasee, Wansee usw.) sind Dampfern zugänglich.

Die Häfen V.s haben meist einen recht bescheidenen Verkehr.

An der stark gegliederten Westküste Kleinasiens ist Smyrna (Izmir, 99) mit produktivem und erschlossenem Hinterland, an vorzüglicher Bucht der wichtigste Hafen Kleinasiens.

---

[1]) Baku steht durch die Küstenbahn über Derbent mit Ciskaukasien und weiterhin dem übrigen Rußland in Verbindung. Für eine Durchtunnelung des Kaukasus, etwa auf der Linie Tiflis (347)—Wladikawkas (grusinische Straße) bestehen Projekte.

[2]) Zweigbahn nach Angora (40); von hier ist die Bahn über Kaisarie (70) nach Siwas (50) und über Amasia (35) nach dem Hafen Samsun (25) im Bau. Von Siwas aus soll eine Verbindung mit der Kars—Tiflisbahn und der Bagdadbahn gebaut werden.

[3]) Stand schon lange mit dem Hafen Mersina (25) in Bahnverbindung. Von der Bahnstrecke Adana—Aleppo aus soll eine Eisenbahn Malatia, Arghana Maden und Diarbekr erreichen.

[4]) In Zukunft dürften die Bahnen Medina—Mekka (70)—Sana (20)—Aden (20) und Kairo—Basra (50) mit Fortsetzung durch Südpersien nach Indien gebaut werden. Mekka (70) ist mit dem Hafen Djidda (25), Sana (20) mit dem Hafen Hodeida (40) durch Eisenbahn verbunden.

[5]) Endpunkt der Bahn soll vielleicht der gute Hafen Koweit am Persischen Golf werden.

[6]) Drei regelmäßige Autoverbindungen Beirut—(Damaskus)—Bagdad (1—3 Tage) bestehen bereits. Von Bagdad ist ferner ein regelmäßiger Autoverkehr nach Teheran schon im Gange; er wird freilich winters unmöglich. Hier dringt auch über Chanikin eine Eisenbahn auf Kermanschah (60) und Hamadan (70) —Teheran (210) vor.

[7]) Man regte sogar einen Kanal Euphrat—Mittelmeer an.

Kleinere Häfen sind Haïdar Pascha (gegenüber Konstantinopel), Songuldak S. 151), Sinope (Sinob); Samsun (25), Kerasund, Trapezunt (55) haben einige Bedeutung. An der Südküste Kleinasiens hat besonders Adalia (30), an tiefer Einbuchtung der Küste dem Innern nahe gerückt, Zukunftsaussichten. Mersina (25) ist der Hafen der cilicischen Ebene.

Baku (237) ist Transkaukasiens wichtiger Petroleumhafen am Kaspischen Meere; es hat große Ausfuhr von Leuchtpetroleum und Masut (Rückständen) nach Astrachan und Handelsverkehr mit den nordpersischen und turkestanischen Kaspihäfen.

Am Schwarzen Meere besitzt Transkaukasien die Häfen Batum (32), besonders für Petroleum, und Poti (20) für Manganerz sowie den Tabakhafen Suchumkaleh (62).

Unter den Nordhäfen Persiens ist Rescht (50) mit dem Vorhafen Enseli oder Pehlevi (10) bei weitem der wichtigste, weil hier das Durchbruchstal des Sefid Rud einen bequemen Zugang aufs Hochland und nach Teheran (210) öffnet.

Die anderen Kaspihäfen Persiens: Barferusch (25) usw. sind durch das Elbursgebirge vom Hinterland abgeschnitten. Die südiranischen Häfen: Abuschehr oder Buschir (25), Bender Abbas (8), Gwadur usw. haben schwierigen Eingang ins Hochland. Mohammerah (5,6; s. S. 146, Anm. 7) bzw. das junge Abadan (S. 152, Anm. 2) haben am Karun ein größeres Flachhinterland und eine etwas bequemere Pforte nach Innerpersien.

Der Hafen Mesopotamiens Basra (50) ist ein infolge Barre schwer für größere Schiffe zugänglicher Flußmündungshafen.[1]) Koweit (30) an der arabischen Nachbarküste hat eine prachtvolle Bucht. Syriens künstlich verbesserter, freilich unzulänglicher Haupthafen ist Beirut (150) mit wenig befriedigender Hinterlandverbindung.

Alexandrette (15)[2]) am Golf von Iskenderun oder Al., der Hafen Aleppos (200), ist wohl zukunftsreich. El-Ladikije (20), Tripolis (35), Saida (12), Es Sur (6) sind Reeden.

Palästinas wichtigste Häfen sind Haifa (25), Jafa oder Jaffa (48) und Gaza (17), alle ausbaubedürftig; Akka (8) hat nur örtliche Bedeutung.

Aden (20), in dem Kraterbecken eines alten Vulkans, ist an der großen Schiffahrtsroute von Europa durch den Suezkanal nach Südostasien willkommener Anlaufhafen, vermittelt zugleich zum Salzhandel (s. S. 149) die Handelsbeziehungen Jemens und der Somalihalbinsel und ist strategischer Platz der Engländer.

Janbo (Dschanbo, 3), Djisan (Dschisan, 8), Djidda (Dschidda, 25), der Hafen für den Pilgerverkehr Mekkas (70), Hodeida (40), an dessen Stelle man das günstigere nahe Salif setzen möchte, Loheja (5), Mokka (5) sind die Häfen Arabiens am Roten Meere; Makalla (18), und Schihr (10) die Häfen Hadramauts,

---

[1]) Magil in der Nähe Basras wird mit benutzt.
[2]) Mit künstlichem Hafen. Droht die erhoffte Landzufuhr mesopotamisch-syrischer Erzeugnisse nach Konstantinopel zugunsten der Seefahrt abzudrosseln.

Maskat (10) der Omans. El Katif (6), Bahrain (oder Manama, 25, s. S. 150) und El Koweit (30, s. S. 150, Anm. 6 u. 155, Anm. 4) haben örtliche Bedeutung.

h) Der **Luftverkehr** mag wohl in Zukunft für die schnelle Überkreuzung der Wüsten und zwischengelagerten Meere V.s Dienst leisten.[1])

i) Der **Nachrichtenverkehr** nahm an den Küsten V.s mit Kabel, Telegraph und Telephon, auch Stationen für drahtlose Telegraphie schon moderne Formen an, im Innern aber läßt er noch sehr zu wünschen übrig.

B. Hoch- oder Zentralasien (Ostturkestan, Dsungarei, Mongolei, Tibet).[2])

I. Naturverhältnisse. H.s oder Z.s Breitenlage zwischen dem 27.° und 54.° nördl. Br. spielt bei der Gestaltung des Klimas eine geringere Rolle als die kontinentale Lage, die Höhenlage und die Gebirgsumrandung.[3]) Die niedrigere Nordhälfte, das Hanhai, gehört B 3 (Dsungarei und Gobi[4]) und B 4 (Tarimbecken[5]) an, die höhere Südhälfte (Tibet mit seinen Randgebirgen[6]) F 10 (Tundrenklima) und in den höchsten Teilen des Himálaja, des Pamir, des Tiënschan ist sogar F 11 (das Klima ewigen Frostes) vertreten, während die übrigen Randgebirge dem borealen Klima D zuzurechnen sind.

II. Politisch war H. lange Zeit fast ganz im chinesischen Besitz (Prov. Hsin-kiang oder Sin-kiang [Ostturkestan] 1,43 Mill. qkm, 2,5 Mill. Einw.), doch hat sich ein Freistaat Mongolei (mit dem kleinen Tannu-Tuwa-Freistaat 2,79 Mill. qkm, 2,45 Mill. Einw.) abgelöst, und Tibet (2 Mill. qkm, 2—6 Mill. Einw.) hat eine gewisse politische Selbständigkeit. Im Westen Tibets greift England mit Kaschmir (und Djamu, 218000 qkm, 3,3 Mill. Einw.) nach H. hinein; im Himálaja erhielten sich Nepal (140000 qkm, 5,6 Mill. Einw.) und Bhutan oder Bhotan (46600 qkm, 350000 Einw.) selbständig; bis nach Pamir, in die Tiënschangebiete, den Altaï und die anderen nördlichen Randgebirge reicht russischer Besitz. Im ganzen mag H. oder Z. etwa 7 Mill. qkm mit ungefähr 20 Mill. Einw. zählen. Die Bevölkerung besteht aus Mongolen, Tibetern usw.

Die durchschnittliche Volksdichte H.s ohne Nepal und Bhutan kann man mit etwa 2 auf 1 qkm ansetzen (Tibet 1, Mongolei 0,6, Hsin-kiang über 1).[7])

---

[1]) Die Strecke Baku—Enseli—Teheran—Buschir wurde 1925 bereits von Junkersflugzeugen beflogen.

[2]) Vgl. die Werke Sven Hedins. — K. Leuchs, Zentralasien (Handb. d. region. Geol.). Heidelberg 1916. — Er. Zugmayer, Eine Reise durch Zentralasien i. J. 1906 Berlin 1908. — A. Paquet, Südsibirien und die Nordwestmongolei. Jena 1909. — D. Carruthers, Unknown Mongolia. 2 Bände. Philad. 1914. — H. Consten, Weideplätze der Mongolen im Reiche der Chalcha. 2 Bände. Berlin 1919 und 1920. — A. Tafel, Meine Tibetreise. 2 Bände. Stuttgart 1914. — E. Trinkler, Tibet. München 1922. — C. Bell, Tibet past and present. London 1924. — G. Merzbacher i. Geogr. Z. 1924, S. 36—50.

[3]) Öde, Abflußlosigkeit des größten Teiles von H. sind Folgen der Absonderung von den Einflüssen des Meeres.

[4]) Vgl. Urga (1150 m), Juli 17,5°, Jan. —26,2° C; 180 mm Niederschlag (Juli 70, Jan. 0).

[5]) Vgl. Kaschgar (1230 m), Juli 27,5°, Jan. 5,8° C; 50 mm (Mai 10, Nov. 0).

[6]) Vgl. Tsaidam (2860 m), Juli 17,6°, Jan. —9,7° C. Extreme 33° und —29°. 110 mm (Juni 20, mehrere Monate 0). — Leh (3510 m), Juli 17°, Jan. —8,2° C. Extreme 32° und —20°. 70 mm (Juli 10, mehrere Monate 0). — Pamirskij Post (3640 m), Juli 13,9°, Jan. —18,4° C. Extreme 25° und —42°.

[7]) Völlig unbewohnt ist die Sandwüste des Tarimbeckens, während starke Zusammenhäufung in den Bewässerungsoasen auftritt. — Nepal 40, Bhutan 7,5 auf 1 qkm.

III. Wirtschaft.

Der Charakter der Wirtschaft ähnelt dem der übrigen Gebiete des asiatischen Steppen- und Wüstengürtels.

a) Die Erzeugung von Nahrungs- und Genußmitteln in der Pflanzenwirtschaft ist nur in sehr beschränktem Maße möglich. In den Berieselungsoasen des Tarimbeckens und der Dsungarei (am Fuße des Tiën-schan, Pamir und Kwen-lun), auch am Nordostfuße des Nan-schan, in einigen tiefer eingeschnittenen geschützten und wasserreichen Tälern (wie im Ilital des Tiën-schan, dem Tsangpo- und Industal Südtibets) gedeiht der Ackerbau und vermag einer größeren seßhaften Bevölkerung Nahrung zu geben.

So baut man in den Oasen um das Tarimbecken, in denen Kaschgar (40), Jarkend (100), Chotan (30) und kleinere Städte liegen, mit Gebirgswasser bewässernd, die der Trockenheit gemäßesten unserer Getreidearten: Weizen, Gerste, Hirse und die wasserbedürftigsten: Mais und Reis, aber alles nur für eigenen Bedarf. Die Kultur der so kurze Vegetationszeit bedürfenden Gerste ist auch für die Hochlandlagen Südtibets am meisten angemessen und steigt hier bis zu 4400 m Meereshöhe an. Etwas Gemüse (Melonen, Radieschen, Rhabarber usw.) und Hülsenfrüchte (Erbsen), unsere härteren Obstsorten (Apfel-, Birnen-, Pflaumenbäume, Pfirsiche, Aprikosen, Walnüsse) ergänzen den Küchenzettel; ein wenig Tabak und Opiummohn geben den Ostturkestanern Genußmittel.

Tierische Nahrungs- und Genußmittel stehen bei weitaus den meisten Bewohnern H.s im Vordergrund.

Weiden und Gebirgswiesen sind weit verbreitet, und Mongolen wie Tibetaner nomadisieren mit ihren Herden von Grasstelle zu Grasstelle. Tiere, die der Dürre und dem meist mageren Futter angepaßt sind, wie Fettschwanzschafe, Pferde, Kamele werden gehalten. Ihr Fleisch und Fett und die Pferdemilch, aus der man Konserven zu machen versteht, sind Hauptnahrungsmittel. In Tibet und anderen Hochgebieten (F 10) gibt der gezähmte Grunzochse (Yak), nach dem Schaf Hauptnutztier, Milch und Fleisch. Auch in den Oasen ist neben der vorwiegend vegetativen Nahrung Schaffleisch sehr willkommen. Rinder sind allgemein ziemlich spärlich.[1])

An Jagdtieren werden der wilde Yak, Antilopen, Wildpferde, Wildesel, wilde Kamele, Wildschafe und -ziegen usw. erlegt und bestreiten erhebliche Teile der Ernährungsbedürfnisse. Fischerei (im Tarim, einigen Seen usw.) hat bei der Gewässerarmut H.s natürlich nur eine recht beschränkte Verbreitung.

Reich ist H. an Salz, das sich in abflußlosen Seen (Tibets zumal) in dem Trockenklima anhäufte, und auch sonst im Bereich der oberflächlichen Ausnutzung erhalten blieb. Es kann sogar an die feuchteren oberflächlich salzlosen Nachbargebiete (in China und Vorderindien) von Tibet abgegeben werden. Trinkwasser ist hauptsächlich an die (feuchteren) Gebirge gebunden und fehlt großen Teilen des Steppen- und Wüstengebiets (B 3 und B 4).[2]) Mineralquellen kommen, wo vorhanden, wohl kaum sehr zur Nutzung.

---

[1]) Einen einigermaßen zuverlässigen Überblick über die Anzahl der verschiedenen Haustiere hat man bisher nicht gewinnen können.

[2]) Vgl. Haberlandt a. a. O.

b) **Kleidung** liefert nur zum kleinsten Teil die Pflanzenwelt wie die Baumwolle in den Oasen des Tarimbeckens und des Nan-schannordfußes. Die Viehzuchtnomaden entnehmen ihren Haustieren die Rohstoffe; Schaf-, Kamelwolle, Ziegen- und Yakhaare geben das Material, das in Hauswerk zu Geweben verarbeitet wird bzw. Zutaten liefert. In den Oasen des Tarimbeckens wird auch Seide für Gewänder produziert. Häute und Felle zu Ledersachen stehen im Überfluß zur Verfügung.

Schaf- und Kamelwolle können noch ausgeführt werden und sind einer der wenigen Artikel, die das riesige H. dem Welthandel zur Verfügung stellt.

Schmuckstoffe. Wahrscheinlich ist H. reich an Gold und Silber, aber das unwirtliche Klima, die Zudeckung großer Landesteile mit dauerndem Schnee und Eis, Morästen, Felsschutt und Sandwüsten, die Unbewohntheit und Nahrungsmittelarmut, die Abgelegenheit von dichtbevölkerten Landschaften, der Mangel an leistungsfähigen Transportmitteln, der politische und wirtschaftliche Neid der Nachbarvölker aufeinander, das berechtigte Mißtrauen der Landesbewohner und der herrschenden Chinesen haben die geologische Untersuchung H.s und die Ausnutzung seiner Mineralschätze bisher verhindert. Die Gewinnung von Gold in Tibet ist geradezu als eine Ausnahme zu betrachten.

c) **Wohnungsstoffe** aus der Pflanzenwelt (Holz usw.) sind, abgesehen von den wenig ausgedehnten Gebirgswaldungen der Umrandung (wesentlich der abgewandten Außenseiten) sehr spärlich im Hausbau zu verwenden. Für die Nomaden ist, wie sonst im Steppen- und Wüstengürtel, das bequem transportable, schnell aufzubauende und schnell abzubrechende Zelt die passende Behausung, doch muß es wegen der grimmig kalten Winter besonders warm (Filzzelte), wegen der starken Winde besonders fest errichtet werden. In Gebieten voller oder halber Seßhaftigkeit geben Lehmhütten aus Adobes und steinerne Bauten (wie in Tibet, wo selbst der Lehm vielfach fehlen dürfte) Unterschlupf, und die sehr notwendige Heizung wird in B 3 und F 10 überall durch getrockneten Viehdung bewerkstelligt.

d) Tierische Arbeitsgehilfen; Naturkräfte und Werkzeugmaterial.

Als Reit-, Zug- und Tragtiere dienen im Tarimbecken (Ostturkestan) Esel, Pferde und Kamele; in der Mongolei ist das Pferd Hauptverkehrstier (alles reitet), aber die (zweihöckerigen) Kamele („Trampeltiere") sind die Lastträger. In der nördlichen Mongolei gibt es auch zahlreiche Rinder. In Tibet ist der zahme Yak Reit- und Lasttier, auch Ponys werden zum Lasttragen verwendet, ja in den höchsten Teilen des Landes, wo jene nicht mehr genügend Nahrung finden, kann man Lasten tragenden Schaf- und Ziegen-Karawanen begegnen.

Von Kohlen und Torf ist bisher kaum etwas bekannt geworden; die Wasserkräfte entziehen sich einer einigermaßen Grundlagen benutzenden Schätzung; sie sind sicherlich an den Außenseiten der Randgebirge am stärksten vertreten.

Werkzeugmaterial außer Holz, Leder, Knochen, Stein und Lehm wird spärlich gewonnen und genutzt, da die bergbauliche Tätigkeit, wie schon oben hervorgehoben wurde, fast gleich Null ist.

Borax kommt in den abflußlosen Seen Tibets in relativ großen Mengen vor, wird ausgebeutet und (nach Indien usw.) ausgeführt.

e) **Die industrielle Tätigkeit** beschränkt sich in H. auf hausgewerbliche und handwerksmäßige Herstellung der für Kleidung, Wohnung usw. nötigsten Gebrauchsgegenstände: Woll-, Baumwoll-, Seidenstoffe, Filzplatten, Teppiche u. dgl.

f) Der innere wie der äußere **Handel** des Riesengebietes ist äußerst geringfügig.

Unproduktivität, also Fehlen von Austauschartikeln, schwerpassierbare Bodenformen, Abflußlosigkeit, Wüstenhaftigkeit, geringste Bedürfnisse der im armen Lande armen Bevölkerung, Mangel an modernen Verkehrsgelegenheiten tragen gemeinsam dazu bei. Indien, China, Russisch-Asien sind die Handelsländer.

Die Ausfuhr besteht in Rohstoffen, hauptsächlich tierischen, die Einfuhr in Industrieartikeln und Genußmitteln.

Ausfuhr der Prov. Hsin-kiang: Seide, Felle, Wolle, Teppiche usw.; Tibet (nach Brit.-Indien) 1920/21: 4,7 Mill. Rupien: Wolle, Borax, Salz[1]); Mongolei: Wolle, Häute, Felle, Gold; Nepal (nach Brit.-Indien) 1921/22: 2,49 Mill. £: Vieh, Häute u. Felle, Opium, Gummi u. Harz, Farben, Jute, Weizen, Hülsenfrüchte, Reis, Butter, Ölsaaten, Gewürze, Tabak, Holz, Salpeter; Bhutan 1920/21: 34900 £; **Einfuhr** der Prov. Hsin-kiang: Baumwollwaren, Seidenwaren, Tee usw.; Tibet 1920/21: 9,2 Mill. Rupien: Baumwollwaren usw.; Mongolei: Industriewaren (?); Nepal (aus Brit.-Indien) 1921/22: 5,9 Mill. £: Rindvieh, Schafe, Ziegen, Salz, Zucker, Tabak, Drogen, Farben, Petroleum, Leder, Messing, Eisen- u. Kupferwaren, Baumwolle u. -waren, Seide, Wollwaren; Bhotan (aus Brit.-Indien) 1920/21: 117300 £.

g) **Verkehr.**

Nur an einer, darum sehr wichtigen Stelle kommt H. mit gangbarem, niedrigerem Land dem Ozean nahe, nämlich am Gelben Meere (s. S. 199); im übrigen bleibt es ihm mehr oder weniger fern, und im Süden, wo es dem Bengalischen und Arabischen Meerbusen verhältnismäßig nahe tritt, geschieht es mit seinen höchsten und unwirtlichsten Teilen (Tibet), die von dem höchsten Gebirge der Erde (dem Himálaja) gegen das Meer abgeschlossen werden. Tibet mit seinen Randgebirgen versperrt auch der niedrigeren Nordhälfte Z.s den Weg nach Süden und verweist sie, da im Westen der Ozean in sehr großer Entfernung liegt, auf den Ostweg zum Großen Ozean. Die Ostfront nimmt darum verkehrsgeographisch eine bevorzugte Stellung ein.

Der Verkehr zu Lande wickelt sich noch in den einfachsten Formen ab, auf althergebrachten unhergerichteten Saumpfaden (Reit- und Lasttiere s. S. 159), wegen der fast überall drohenden Räubergefahr in Karawanen.

Im Tarimbecken verbindet eine Karawanenstraße, nahe dem Tiën-schan einerseits, den Kwen-lunhängen andererseits verlaufend, die Oasenorte (s. S. 158[2]) miteinander. Ihr nördlicher Ast überschreitet dann am Bagratsch-Kul Ausläufer des Tiën-schan bei Turfan (10); hier vereinigt sie sich mit der von Kuldja (30) am Ili herankommenden Straße, die am Südrande der Dsungarei dem Irenchabirgagebirge folgt und in der Senke von Urumtschi (1340 m; 30) den Tiën-schan quert. Über Chami (Hami, 7), wo eine Seitenstraße von der Oase Barkul (4) auf-

[1]) Ausf. nach China, Sibirien usw. unbekannt.
[2]) Vgl. auch S. 198, Anm. 3.

genommen wird, läuft die Straße weiter gen Osten, quert, auf Ansifan (am Su-lei-ho) zu, die Pei-schan-Züge und folgt dem Nordfuß des Nan-schan, um über Su-tschou (10), Kan-tschou (am Edsin-gol, 30) und Liang-tschou (100) das bedeutende Verkehrszentrum Lan-tschou (am Hwang-ho, 500) in der Prov. Kansu des eigentlichen China (s. S. 197, Anm. 2) zu erreichen. Unter den verschiedenen Straßen, die die Gobi kreuzen, sind die des Ostens am wichtigsten: vor allem die Straße von der sibirischen Grenze bei Kjachta-Maimatschen über Urga (40), die religiöse und politische Hauptstadt der Mongolei, nach Kalgan (200) und Peking-Tientsin (s. S. 169 u. 199) führende. Sie hat zeitweise einen ziemlichen Durchgangsverkehr (mit Tee vor allem) gesehen und wird wohl bald durch eine Eisenbahn ersetzt werden. Für den Autoverkehr sind gerade wegen der vielfach ebenen und trockenen Wege verschiedene Landschaften der Mongolei durchaus brauchbar.

Über das niedrige Nordostdreieck H.s, wo der Amur den Ausweg zum Meere findet, führt eine einzige Eisenbahn durch Z. hindurch von (Tschita her und) Manchuria am Argun über Chailar (630 m Meereshöhe) in die Mandschurei (s. S. 175).

Von dem nordindischen Tieflande aus erreicht eine Eisenbahn Darjeeling (?) in 2200 m Meereshöhe am Südabhang des Himálaja; eine Straße nach Schigatse (14) im Tsangpotal setzt sie fort. Eine zweite wichtige Zugangsstraße führt über Srinagar (142) in Kaschmir auf Leh (?) im oberen Industal. Von hier führt eine südtibetanische Längstalstraße durch die Indus—Tsangposenke nach der religiösen und politischen Hauptstadt Tibets: Lhasa (15—20). Diese ist Ausgangsplatz der Straßen nach China. Sie sind nur mit Saumtieren zu beschreiten, äußerst beschwerlich, führen durch ödes gebirgiges Land und sind von Bergkrankheit und Räubern belästigt; die eine zielt über Tschiamdo (am oberen Mekhong) und Batang (am oberen Jang-tse-kiang) nach Tschöng-tu (400) in Sze-tschwan, die andere nordwärts auf das Kuku-norgebiet, Hsi-ning (?) und Lan-tschou (500, s. oben) zu.

Die **Binnenschiffahrt** (auf dem Tarim, Tsangpo, Argun, oberen Hwang-ho, Kuku-nor usw.) ist, hauptsächlich aus klimatischen Gründen, recht unbedeutend.[1]

Luftverkehr mag wohl für Post und Personenbeförderung in dem weit räumigen, dünn besiedelten Lande einmal eine Rolle spielen. Anfänge wurden bereits gemacht.

Der moderne **Nachrichtenverkehr** mit Post, Telegraph, Telephon und Stationen für drahtlose Telegraphie ist bereits in die Wege geleitet. Telegraphenlinien bestehen schon seit längerem z. B. längs der alten Kaiserstraße Peking—Lantschou-fu—Kaschgar (s. oben) und auf dem Wege Kalgan—Urga—Maimatschen.

C. Nordwestasien (Turkestan und Westsibirien).[2])

I. Naturverhältnisse. N. ist das zumeist flache und niedrige Gebiet, das sich dem iranischen Hochlande und dem südwestlichsten Teil Hochasiens anlagert und, vom Kaspischen Meer, Uralfluß und Uralgebirge im Westen, dem schwach ausgeprägten

[1]) Über die nordmongolischen Flüsse: Selenga, Orchon, Tola vgl. S. 169, Anm. 3.

[2]) Vgl. Goebel, Volkswirtschaft des westbaikalischen Sibiriens. Berlin 1910. — F. Nansen, Sibirien. Leipzig 1914. — Rich. Pohle, Sibirien als Wirtschaftsraum. Leipzig 1921. — Arv. Schultz,

Westrande des alten ostsibirischen Schollenlandes (Nordostasien) im Osten begrenzt, bis zum Nördlichen Eismeer erstreckt. Der nördliche Teil: die westsibirische Tiefebene, etwa zwischen dem 50.° und 73.° nördl. Br., gehört im Norden dem Tundrenklima (E10[1]), vom Polarkreis an etwa dem borealen feuchtwinterkalten Klima (D 8) an, und zwar bis zum 55.° ungefähr der ungünstigeren Ausprägung (D 8 c[2]), die nur 1—4 Monate mehr als 10° C hat; nur einen schmalen Südstreifen rechnet Köppen der Ausprägung D8b zu; die Temperatur des wärmsten Monats übersteigt hier nicht 22°, aber mehr als 4 Monate treten über 10° C auf. Dann folgt ein Steppenstreifen (B3k[3]), in dem der wärmste Monat mehr als 18° C hat, aber der Winter kalt ist; die Steppe wird gegen Süden allmählich zur Wüste. In der Gegend des 50. Parallelkreises zieht sich ein altes Hügel- und Bergland (der Kirgisen) vom Rande Zentralasiens zum Ural hinüber und scheidet das turanische Tiefland von der westsibirischen Tiefebene. Es liegt etwa zwischen dem 36.° und 50.° nördl. Br. und ist zu einem großen Teil wüstenhaftes Land[4]) mit Oasenflecken und -streifen an den von den Gebirgen kommenden Flüssen (Amu-, Syr-Darja, Serawschan usw.), zum Teil mit Lößboden ausgestattete steppenhafte Vorgebirgslandschaft am Fuße der Gebirge.

II. Die Größe N.s kann zu etwa 6 Mill. qkm mit 18 Mill. Einw. angenommen werden. Es setzt sich **politisch**[5]) zusammen aus den sibirischen Gouv. Tobolsk (Tjumen, 1,22 Mill. qkm, 1,13 Mill. Einw.), Omsk (230000 qkm, 1,9 Mill. Einw.), Nowo-Nikolajewsk (1440000 qkm, 1,37 Mill. Einw.) und Tomsk (430000 qkm, 1,23 Mill. Einw.), der Kirgisen-Sowjetrepublik (2,99 Mill. qkm; 6 Mill. Einw.), dem Karakirgisengebiet (246000 qkm, 830000 Einw.), dem Karakalpakengebiet (110000 qkm, 170000 Einw.), den Sowjetrepubliken Usbekistan (320000 qkm, 4,8 Mill. Einw.; Turkmenistan (470000 qkm, 0,91 Mill. Einw.). Die Bevölkerung besteht aus Sibiriern (Russen), Kirgisen, Usbeken, Turkmenen, Tadschik und Sarten.

Die Volksdichte, durchschnittlich gegen 3 auf 1 qkm, ist am höchsten in den Oasenländern: Ferghana, in Chiwa mit 12,9 und in Buchara mit 6, am niedrigsten in den Trockengebieten (Steppen und Wüsten, B 3 und B 4).

III. Die Wirtschaft des turanischen Tieflandes.

Die Bevölkerung der Oasen sowohl wie die Nomaden stehen auf der Wirtschaftsstufe der traditionellen Wirtschaft. Jene treiben vornehmlich Pflanzenwirtschaft, diese nomadische Viehwirtschaft.

Sibirien. Eine Landeskunde. Breslau 1923. — R. Asmis, Als Wirtschaftspionier in Russisch-Asien. Berlin 1924. — Arv. Schultz, Die natürlichen Landschaften von Russisch-Turkestan. Hamburg 1920 (Hamb. Univ.-Abhdgn.). — F. Machatschek, Landeskunde von Russisch-Turkestan. Stuttgart 1921. — Th. H. Engelbrecht, Landwirtschaftlicher Atlas des Russischen Reiches in Europa und Asien. Berlin 1916. — Fr. Immanuel in Andree, Heiderich, Sieger, Geographie des Welthandels. Bd. I. 4. Aufl. Wien 1926.

[1]) Vgl. Obdorsk, Juli 13,6°, Jan. —26,9° C. 220 mm Niederschläge (Juli 50, März 10).

[2]) Vgl. Tobolsk (110 m), Juli 19,1°, Jan. —19° C. 450 mm (Juli 70, Febr. 10).

[3]) Vgl. Omsk (90 m), Juli 19,7°, Jan. —20,5° C. 330 mm (Juni-Aug. 60, Febr. 10).

[4]) Kasalinsk, Juli 25,8°, Jan. —11,7° C. 100 mm (April 10, Juni 5). — Samarkand (720 m), Juli 25°, Jan. — 0,5° C. Extreme 38° und —17°. 320 mm (April 80, Aug. 0). — Krasnowodsk. Juli 28,2°, Jan. 1,5° C. 170 mm (April 20, Juli 5).

[5]) Die politische Einteilung nach kleinsten autonomen Gebieten ist hier nicht berücksichtigt. Das Gouv. Tobolsk (Tjumen) soll nach Maria Leiter nicht mehr Sibirien angehören, sondern in einem großen Uralgebiet (1,66 Mill. qkm, 6,3 Mill. Einw.) aufgegangen sein.

a) Erzeugung von Nahrungs- und Genußmitteln.

In den Oasen und im Vorgebirgsland wird subtropischer Getreidebau betrieben.[1]) Weizen, Gerste, Sorghum, Hirse und, wo reichlich Wasser vorhanden ist, Reis und Mais werden in kleinen Mengen geerntet[2]), so daß auswärtige (sibirische) Zufuhr nötig ist. Knollenfrüchte werden wenig, Gemüse (Ausfuhr) und Hülsenfrüchte kaum über Bedarf, dagegen sehr viel Früchte gewonnen: Aprikosen, Pfirsiche, Walnüsse, Mandeln, Pistazien, auch Birnen und Pflaumen.[3])

Bereits vor dem Kriege arbeitete eine Obstkonservenindustrie für Ausfuhr.[4])

Die Weinrebe gibt schöne Weintrauben, Sirup und (im heißen regenlosen Sommer) Rosinen (für Ausfuhr).[5]) Zuckerrohr gedeiht nicht mehr; wohl aber die Zuckerrübe, wo sie nährstoffreiche Böden vorfindet, wie bei Taschkent. Etwas Tabak für Bedarf, auch die den Wurmsamen (Santonin) für Ausfuhr liefernde Arzneipflanze Artemisia maritima L.[6]), von Ölpflanzen Sesam, Mohn, Lein, Rizinus werden angebaut; Baumwollsaat wurde schon vor dem Kriege in erheblichem Umfange zu Öl verarbeitet.

Im benachbarten Gebirge, in Steppe und Wüste[7]) nährt man sich vorherrschend von Produkten der **Tierzucht.** Etwa 30% der Bevölkerung mögen noch eine nomadische Lebensweise führen, der Pflanzenbau dringt jedoch vor. In den Herden der nomadisierenden Kirgisen sind Schafe[8]) (im Steppennorden) und Pferde am zahlreichsten vertreten; jene liefern Fett (Schwanz: 15—20 kg) und Fleisch, diese Fleisch und Milch (Kumys und Käse), das Kamel (im wüstenhaften Süden am häufigsten) Fleisch und Milch. Rinder sind wenig da (am Syr- und Amu-Darja); aus Kuh- und Ziegenmilch wird Airan hergestellt. Jagdwild liefert willkommene Zuschüsse. Fischerei kommt in Amu- und Syr-Darja, Aralsee und im Kaspischen Meere, sonst wenig, in Betracht. Salz[9]) ist in dem Steppen- und Wüstenlande häufig, in den Oasen fehlt es. Die Trinkwasserverhältnisse sind die anderer Trockenlandschaften.

b) Sommerkleidung liefert seit alters die Baumwolle, die neuerdings das wichtigste Anbau- und Ausfuhrprodukt des turkestanischen Tieflandes geworden ist.

Die sehr kurzfaserige einheimische Sorte wurde allmählich seit Beginn der achtziger Jahre durch die amerikanische Uplandsorte verdrängt. Der Winter tötet

---

[1]) Neue Ackergeräte finden schwer Eingang; Düngung vereinzelt. Dagegen ist die Bewässerungswirtschaft seit alters entwickelt und noch sehr auszudehnen (im Vorgebirgsland Flußwasser abgeleitet; im Tieflande künstliche Hebevorrichtungen, am Fuß des iranischen Hochlandes zum Teil, wie in Persien, unterirdische Stollen). Etwa $^{4}/_{5}$ des Ackerbodens sind künstlich bewässert. Vgl. W. Busse, Bewässerungswirtschaft in Turkestan. Jena 1915.

[2]) Von den russischen Kolonisten im Vorgebirgslande auch etwas Hafer, Roggen und Buchweizen.

[3]) Für die Agrumen ist der Winter zu kalt.

[4]) Frische und getrocknete Früchte werden ausgeführt.

[5]) Wein wird von den (völlig vorherrschenden) Mohammedanern nicht gekeltert.

[6]) Wuchs in der Gegend von Tschimkent und Aulie-ata wild, bis sie der Raubwirtschaft verfiel; nun Pflanzungen.

[7]) Nach Arv. Schultz entstand sie zum großen Teil durch Zerstörung der Pflanzendecke vonseiten der Menschen, Haustiere und zahlreichen Nager.

[8]) In besonders kalten Wintern haben die Schafe (im Freien) bisweilen Verluste von 50—80% der Stückzahl. Sommers ziehen die Kirgisen des Vorgebirgslandes ins Gebirge.

[9]) Durch seinen Salzgehalt (29%) berühmt ist der Karabugasbusen des Kaspischen Meeres, ein in Entstehung begriffenes Steinsalzlager.

die Pflanze; Heuschrecken, heiße Winde oder Kälte bringen gelegentlich Mißernten. Künstliche Bewässerung ist natürlich nötig. Vor dem Kriege wurden etwa 4% der W. hier gewonnen, am meisten in der zwischen die Berge eingeschalteten Landschaft Ferghana am mittleren Syr-Darja. Mit Erweiterung der Bewässerung läßt sich die Anbaufläche noch wesentlich ausdehnen.[1])

Die Nomaden und die Oasenbewohner benutzen winters die Wolle der Schafe zur Kleidung; Wolle kann sogar noch ausgeführt werden.[2]) In den Oasen (bei Buchara usw.) wird auch Seidenzucht betrieben. Die Haustiere liefern ferner Leder zu Schuhwerk usw.

c) Holzmaterial zu **Wohnungsbauten** wird nur in den Gebirgen des Südwestens angetroffen und verwendet. Die Nomaden stellen Filzjurten aus Schaf- und Kamelwolle her, die Oasenbewohner entnehmen ihr Baumaterial dem Löß- und Alluvialboden: an der Sonne getrocknete Lehmziegel. Im Gebirge sind in den festen Siedelungen Steine ein Hauptbaumaterial, und für die religiösen Bauten der Oasenstädte (Moscheen usw.) werden sie von hier herbeigeschafft.

d) Tierische Arbeitsgehilfen, Naturkräfte und Werkzeugmaterial.

Den Nomaden trägt das Kamel Lasten, den Halbnomaden verrichtet es Feldarbeiten. Das schnelle, ausdauernde orientalische Pferd wird kaum regelrecht gezüchtet. In den Oasen werden besonders die anspruchslosen Esel als Transporttiere benutzt. Heizungsmaterial ist für Nomaden wie für Oasenbewohner getrockneter Viehdünger. Mesozoische Kohlen wurden an mehreren Stellen (im Karatau usw.) entdeckt, aber die Produktion ist nach S. v. Bubnoff bisher gering.[3]) Torf kommt (außer etwa im Ilidelta) wohl nur im Gebirge vor. Petroleum wird auf der Insel Tscheleken im Kaspischen Meere, am Balchangebirge und in Ferghana gewonnen und liefert den Eisenbahnen eine billige Betriebskraft. Wasserkraft kommt an den Gebirgsrändern des Südostens, auch des Südens vor.

Metallerze finden sich im äußersten Norden (im alten Hügellande der Kirgisen, s. S. 168) und in der südöstlichen Gebirgsumrandung[4]) Turkestans.

e) Das **Gewerbe**, in den Oasen handwerksmäßig wohlentwickelt, betätigt sich besonders in der Herstellung von Baumwollsaatöl[5]), Leder und Lederwaren, Baumwoll- und Seidengeweben, in Teppichknüpferei, Waffenschmiedekunst, Tonwaren u. dgl. Die europäische Konkurrenz scheint infolge der Abgelegenheit des Gebietes noch nicht erdrückend zu wirken.

f) Der **Handel** ist infolge der Gebirgsschranken im Süden und Südosten vornehmlich gegen Norden und Westen (Rußland) gekehrt und entsprechend

---

[1]) Vor dem Kriege lieferte Turkestan etwa 50% des russischen Bedarfs (über die Orenburger Bahn). Infolge von Krieg und Kriegsfolgen schwand die Anbaufläche sehr zusammen; man mußte Getreide bauen. Statt 578000 Deßjatinen (je 1,0925 ha) wurden 1921/22: 80—100000 Deßjatinen bebaut, die Ernte sank von 304000 T. 1915 auf 6700 T. 1921; stieg aber seitdem wieder bis auf 90000 T. 1924 und 203000 T. 1925 (vgl. S. 133).

[2]) 1910: 13500 T.

[3]) Die sicheren Vorräte wurden 1920 zu 157 Mill. T. geschätzt; 1913 wurden 100000, 1920: 150000 T. gewonnen.

[4]) Hier liegen doch wohl die Turlan-Bleierzlagerstätten, die erwähnt werden, und die Vanadium-Vorkommen der Tjujamum-Lagerstätte mit bedeutendem Radiumgehalt (?).

[5]) In Ölfabriken. Die Ölkuchen wurden vor dem Kriege zum größten Teil ausgeführt; erst wenige der zerstörten Fabriken sind wieder aufgebaut.

der Produktions- und Bevölkerungsarmut gering.[1]) Die Ausfuhr besteht in Rohstoffen (und Genußmitteln), die Einfuhr in Industriewaren und Nahrungsmitteln.

Ausfuhr, Einfuhr und **Handelsländer** der einzelnen Gebiete sind nicht bekannt. Baumwolle, Früchte usw. sind die Hauptausfuhr-, Getreide und Industriewaren die Einfuhrartikel.

g) **Der Verkehr.** Der binnenländische Landverkehr, durch Wüsten, zuzeiten Lößboden und Gebirge erschwert, bedient sich selbst heute noch der Karawanen (nach Chiwa, 50, Maimene, ?). Seit 1880 wurden Eisenbahnen gebaut: vom Kaspischen Meere (Krasnowodsk) aus längs der Vorketten des iranischen Hochlandes über Aschabad, jetzt Poltarazk genannt (26[2]), dann (schwer zu erbauen) durch die Wüsten nach Merw (15[3]), Tschardjui (20) am Amu-Darja (Brücke), (Alt-) Buchara (75), Samarkand (84) zu den Ferghanastädten Kodjent oder Chodschent (36[4]), Kokand (121), (Alt-) Margelan (47), Andidjan (80), Osch (48).[5]) Namangan (71) ist durch Zweigbahn angeschlossen. In Taschkent (245) beginnt die Orenburger Bahn (1905), die längs des Karatau und Syr-Darja über Perowsk und Kasalinsk durch die Kirgisensteppen Orenburg am Uralfluß erreicht. Im Bau ist eine Bahn von Taschkent durch die Vorgebirgslandschaft auf Almata, früher Wjernoje (47) und Semipalatinsk (44) zur sibirischen Bahn (Nowo-Nikolajewsk), um sibirisches Getreide heranzuschaffen.

Binnenschiffahrt kann nur wenig (Aralsee, Syr-Darja, Amu-Darja, Issyk-kul, Balkaschsee, Ili) betrieben werden. Die Gewässer frieren winters ein, nur der warme Issyk-kul nicht. Von Seeschiffahrt kann nur auf dem Kaspischen Meere (einem Binnensee) die Rede sein. Die Routen von Krasnowodsk nach Astrachan und Baku werden von Dampfern befahren.

Der **Luftverkehr** mag in Zukunft wohl zur schnellen Verbindung der Bevölkerungsinseln (Oasen) im Wüstenmeer einige Verbreitung gewinnen.

Der **Nachrichtenverkehr** ist halbmodern organisiert.

Die Wirtschaft der westsibirischen Tiefebene (mit dem Kirgisischen Berg- und Hügelland).

a) **Nahrungs- und Genußmittel.**

Der größte Teil des Gebietes ist fast wertloses Tundren- und versumpftes Urwaldland (Taiga); auch der Süden ist zum Teil dürres Steppen- und Wüstensteppenland. Der parkartige Grenzstreifen (D8b) allein (zwischen Taiga und Steppe) mit Schwarzerdeboden ist von russischen (auch deutschen) Kolonisten in ein ertragreiches Ackerbauland verwandelt worden. Der Getreidebau herrscht völlig vor, geht bis 59° 40′ und nimmt bis zum Altaï und nach Tomsk einen breiten Streifen ein, von dem Zungen des Anbaues (an Ischim, Nura,

---

[1]) Der Binnenhandel spielt sich, wie überall im Orient, in den Basaren ab.
[2]) Hier zweigt sich der Verkehr nach Meschhed, 75, in Persien ab.
[3]) Von hier läuft eine Zweigbahn längs des Murghab nach Kuschk am Wege nach Herat (Afghanistan). Vergl. S. 223, Anm. 2.
[4]) Vor Kodjent zweigt sich die Bahn nach Taschkent ab.
[5]) Hier beginnt die schwierig zu begehende Karawanenstraße über das Pamirplateau nach Kaschgar (s. S. 158).

im Semipalatinsker Bezirk) immer weiter in die Steppe vordringen[1]); künstliche Bewässerung kann ihn weiter ausdehnen. Hauptprodukt ist harter Sommerweizen[2]), Brotfrucht und wichtigster Ausfuhrgegenstand zugleich.

Roggen wird weniger angebaut, dagegen viel Hafer, der (bei der mäßigen Verdunstung) durch die von der überfeuchten Taiga (D 8 c) herangetragene Luftfeuchtigkeit begünstigt wird (Futtergeber für die Haustiere). Gerste pflanzt man wenig. Pflüge neuerer Konstruktion, Düngung, Aussaat- und Erntemaschinen kommen herein.[3]) Ziemlich viel Kartoffeln, unsere Gemüse- und Hülsenfruchtarten gedeihen, Obst aber nicht besonders. Zuckerrüben finden wohl zu harte Winter vor. Bier und Kartoffelspiritus sind wichtige Getränke. Weinbau ist ausgeschlossen. Tabak für eigenen Bedarf, Lein, Hanf, Sonnenblumen als Ölpflanzen findet man auf kleinen Feldern.

Die Tierzucht ist in dem Parkland (der Waldsteppe) Westsibiriens (D8b) ansehnlich, stützt sich zum Teil auf Futterbau und gewann bei dem relativ geringen Konsum der dünngesäten Bevölkerung Bedeutung für den Weltmarkt. Ziemlich milchreiche Rinder und Schafe werden hier gehalten.[4]) Milch, Milchprodukte, Fleisch und Fett sind wesentliche Bestandteile der Nahrung für die einheimische Bevölkerung und Grundlage einer umfangreichen Versand-Butterindustrie[5]) auf genossenschaftlicher Grundlage und einer Exportschlächterei für den europäischen Markt, die erst entstehen konnte, als die Sibirische Bahn dieses Gebiet mit dem Westen verband.[6])

Schweine-, Ziegen-, Geflügel-, Bienenzucht stehen zurück. Die **Fischerei** in den Binnengewässern hat bei dem bedeutenden Wasserreichtum der Westsibirischen Tiefebene einen großen Anteil an der Ernährung der Bevölkerung, eine besonders hervorragende relative Stellung im Haushalt der Tundra- und Taigabewohner. Zu bestimmten Zeiten steigen große Mengen von Fischen (besonders Corregonen und Störarten) vom nördlichen Eismeer her die sibirischen Flüsse aufwärts und werden in der Tundrenzone (E10), zumal im Ob- und Tasbusen, wie im Waldgebiet (D8c)

---

[1]) Schwieriger ist das Vordringen in die Taiga.

[2]) Nach Arv. Schultz werden in Westsibirien 49% der Anbaufläche mit Weizen, 31% Hafer, 10% Roggen, 10% anderen Getreidearten bebaut. In den warmen Steppenlandschaften des Kirgisengebiets (B3k) steht Weizen mit 61% der Anbaufläche an erster, Hirse mit 14% an zweiter Stelle; Hafer mit 13, Roggen mit 5% folgen. Im ganzen waren 1911 im Gouv. Tomsk 3,44, Tobolsk 1,09, Gebiet Akmolinsk 1,77, Semipalatinsk 0,46% der Fläche angebaut.

[3]) Brache ist auf ärmeren Böden noch sehr verbreitet. Die Weizenerträge sind in den Kreisen Petropawlowsk, Omsk, Koktschetaw, Kustanai mit 3 und mehr T. vom ha sehr hoch, durchschnittlich werden sonst 1—1,2 T. geerntet. Die Mehlindustrie hat sich entwickelt.

[4]) Westsibirien besaß 1911: 5,72 Mill. Rinder, 5,025 Mill. Schafe, 1,126 Mill. Schweine, 0,225 Mill. Ziegen; die Schweinezucht schließt sich vorwiegend an die Abfälle der Butterproduktion. Im dürren Kirgisengebiet (Gebiete Akmolinsk, Turgai, Uralsk, Semipalatinsk) werden im ganzen 3,456 Mill. Rinder geringen Schlages, 8,233 Mill. Schafe, 0,399 Mill. Ziegen und nur 75000 Schweine gehalten; dazu 2,871 Mill. Pferde, die für die Ernährung wichtig sind (s. S. 163).

[5]) 1894 gab es in Sibirien 2, 1912 in den Gouv. Tomsk und Tobolsk allein 3400, nach Arv. Schultz in der Waldsteppe rund 1000 Butterfabriken (Meiereien). Sammelstellen für den Export sind Kurgan (35), Petropawlowsk (36), Kainsk (6), Omsk (145) und Ob. 1894 wurden auf der Sibirischen Bahn 6½, im Mittel 1906/10: 57200 T. Butter (in Kühlwaggons) nach dem Westen meist, über die Ostseehäfen bzw. mit Eisenbahn nach Großbritannien und Deutschland befördert. Westsibirien war vor dem Kriege wichtigster Belieferer des Weltmarkts mit Butter. Der Krieg und die Revolution haben diese Entwicklung herb unterbrochen.

[6]) Im Mittel 1906/10 wurden jährlich auf der Bahn Atschinsk—Tscheljabinsk fast 100000 T. Fleisch ausgeführt.

in Mengen gefangen. Aber das Küsteneis der Eismeerküste beschränkt die Seefischerei. **Jagd** gibt im Wald- und Tundrengebiet wie in der Kirgisensteppe (B3) Zuschüsse. Im ganzen Norden herrscht Salzmangel, in der Kirgisensteppe (mit zahlreichen Endseen) Überfluß an Salz; eine Zufuhr nach Norden, auch aus Turkestan, ist das Gegebene. Die Trinkwasserverhältnisse sind in der versumpften Taiga und in der Kirgisensteppe schlechte. Mineralquellen fehlen außerhalb des alten und stark eruptiven Hügel- und Berglandes der südlichen Kirgisensteppe.

b) Für **Kleidungszwecke** kommen Flachs und Hanf[1]) und viele Häute und Felle für Ledersachen und vor allem Pelze und Schafwolle in Betracht.

Die Pelztiere der Tundra (Polarfuchs) und der Waldzone (Eichhörnchen, Marder, Iltisse, Zobel, Schwarz- und Blaufuchs, Bär, Wolf, Luchs, Wiesel, Otter) haben infolge des Eigenbedarfes der eingeborenen Bevölkerung und der Kolonisten, mehr infolge unverständiger Verfolgung für die Belieferung des Weltmarktes sehr abgenommen, zum Teil sind sie, wie der Zobel, ganz selten geworden. Pelztierzucht ist bisher (vgl. dazu Nordamerika, S. 380 u. 403) wohl kaum in Angriff genommen. Über Tobolsk (21) und Tjumen (44) wandern die Pelze nach dem am Westrande der Westsibirischen Tiefebene gelegenen Hauptstapelplatz für sibirisches Pelzwerk: Irbit.[2])

Zwischen den Städten Petropawlowsk (36) und Omsk (145) an der Sibirischen Bahn und mehr noch gegen Süden und in der Kirgisensteppe wird Wollschafzucht mit Erfolg betrieben.

Wo die Wermutgrassteppe die nördlichere Pfriemengrassteppe ablöst, gedeihen die feinwolligen Merinoschafe, deren Zucht durch Wasser- und Futterbeschaffung wohl noch weiter zu entwickeln wäre.[3]) Für die Winterkleidung der Bevölkerung ist die Schafwolle unentbehrlich und fördert die einheimische Tuchindustrie.

c) Für **Wohnungsbau** kommt dem Tundrenbewohner von den Flüssen abwärts geschwemmtes Treibholz zustatten; in der Taiga (D 8c) bedeckt der Wald gewaltige Flächen, ist freilich durch leichtsinnig hervorgerufene Brände usw. sehr stark verwüstet, und von einer geregelten Forstwirtschaft ist man (abgesehen von einigen Strichen in der Nähe der Sibirischen Bahn) noch weit entfernt. Selbst die Häuser der Städte sind meist aus Holz erbaut.[4]) Für den Holzweltmarkt hat das westsibirische Holz, das übrigens einen großen Wassergehalt hat, noch kaum Interesse.[5])

Die Kirgisen der Steppe (B 3), soweit sie noch nomadisieren, bauen ihre transportablen Filzjurten. Lehm- und Tonmaterial für Ziegelbauten, die in den

---

[1]) Asiat. Rußland 1909/13: 36300, 1923: 30900 T.

[2]) Nach Arv. Schultz kamen 1911 fast alle Eichhörnchen- und Hasenfelle (wohl aus dem Ackerbaugebiet) des Weltmarkts aus Sibirien, ferner reichliche Fellmengen von Mardern, Iltissen, Feuermardern, Zobeln (70000), auch Bären. Der Anteil Westsibiriens an der sibirischen Ausbeute ist jedoch wohl recht klein geworden.

[3]) Wegen der äußerst kalten Winter (s. S. 162) kann aber dieses Gebiet mit den weit günstiger gestellten Wollschafgebieten der südlichen Halbkugel wohl nicht in Wettbewerb treten.

[4]) Öffentliche Gebäude sind meist massiv. Langsam nimmt der Massivbau wegen der größeren Feuersicherheit zu.

[5]) Die Verkehrsverhältnisse in der Taiga sind auch schwierig, und Flößerei in den kurzen Sommern zum toten Eismeer wenig aussichtsvoll! Eisenbahnen tun not. Holzstoff- und Papierbereitung wird ebenfalls erst die Zukunft bringen.

Städten (Uralsk usw.) des holzarmen Steppengebiets an die Stelle der Holzhäuser treten, ist wohl überall reichlich zu finden; Steine sind außerhalb der südlichen Berg- und Hügelländer selten.

d) **Tierische Arbeitsgehilfen, Naturkräfte, Werkzeugmaterial.**

In der Tundrenzone (E 10) und in der nördlichen Waldzone (D 8 c) ist das gezüchtete Renntier als Zugtier vor dem Schlitten für die Überwindung der mit dem nordischen Nomadismus verknüpften großen Entfernungen unentbehrlich. In der Ackerbauzone sind Pferde die Reit- und Zugtiere, in der Kirgisensteppe ist das Kirgisenpferd Reit- und Lasttier; auch Rinder werden als Reit-, Last- und Zugtiere gebraucht, dazu treten Kamele und Esel.

Kohlen fehlen nicht, werden aber erst sehr wenig ausgewertet.[1]) Torflager der Taiga und Tundra harren energischer Ausbeutung. Holz ist hier Heizmaterial. Petroleum ist wohl noch nicht erbohrt.

Eisen-, Mangan- und Wolframerz, Kupfer- und Silber-, Blei- und Zinkerz hat man in dem alten Berglande der Kirgisensteppe festgestellt und baute zeitweise dieses oder jenes in kleinem Maßstabe ab.

e) Die **Industrie** hat sich in den größeren Städten längs der Sibirischen Bahn (Omsk, 145; Tomsk, 111; Nowo-Nikolajewsk, 64; Kurgan, 35; auch in Tjumen, 44 und Kustanai, 25, usw.) angesiedelt und beschäftigt sich mit der Verarbeitung bodenständiger Rohstoffe für den Bedarf des Landes.

Mehlindustrie, s. S. 166, Anm. 3; Spiritusindustrie und Bierbrauerei, S. 166; Butterindustrie, S. 166; Fleischindustrie, S. 166; Lederindustrie, S. 167.

f) Der **Handel** N.s mit dem Auslande kann fast nur im Westen, wo Hauptabsatzgebiete liegen, und Osten Auslaßpforten finden.[2]) Die Ausfuhr besteht hauptsächlich in Nahrungsmitteln, da die geringe Volksdichte Überschüsse übrig läßt, die Einfuhr besonders in Industrieprodukten.

Ausfuhr und **Einfuhr** wie **Handelsländer** sind zurzeit unbekannt.[3])

g) Der **Verkehr.**

In der Tundra (E 10) und noch ausschließlicher in der Taiga (D 8 c) ist zu Lande nur winters (Renntierschlitten) der Verkehr möglich. Pferdeschlitten und -wagen sind die Verkehrsmittel der Waldsteppe, Reitpferde die der Kirgisensteppe.

Seit dem Bau der Sibirischen Bahn (bis Omsk 1895, Tomsk 1896) sind dem Verkehr mit dem Westen (und Osten) erweiterte Möglichkeiten

---

[1]) Nach S. v. Bubnoff sollen die wahrscheinlichen Kohlenvorräte der Kirgisensteppe (Karagandy usw.) 1192, die möglichen 4669 Mill. T. oder mehr betragen; dazu wird das Mugodschargebirge außerdem noch mit 103 Mill. T. bewertet. Besonders auf die Lager von Ekibastus und Karaganda im kirgisischen Bergland setzte man Hoffnungen, aber 1915 produzierten die Gruben insgesamt nur etwa 97000 T. Die Lager von Kusnezk (s. S. 173) können für die Ackerbauzone wichtig werden.

[2]) Gegen Süden ist er mangels natürlicher Verbindungen erschwert, gegen Norden durch die polaren Eisverhältnisse auf eine kurze Jahreszeit beschränkt (vgl. S. 175).

[3]) Arv. Schultz gibt für 1911 und ganz Sibirien an als Ausfuhr: Getreide, Mehl 1415,7 Mill. Mk., Holz 284,7, Eier 161,5, Butter 142,3, Flachs 141, Zucker (?) 132,6, Sämereien 98, Ölkuchen 69, Baumwollwaren 64, Kleie 63, Häute u. Felle 60, Petroleum (?) 60, Tiere 52,8, Metalle 44,5, Hanf 35,1; als Einfuhr: Maschinen 294,5, Baumwolle 233,6, Tee 118,4, Metallwaren 105,5, Wolle 97,1, Kohle, Koks 79,6, Metalle 74,7, Fische, Austern 65,2, Kautschuk usw. 55,7, Rohseide 54,5, Wollgarn 50,6, Papierwaren 49,2, Pflanzen u. Samen 48, bearb. Felle 41,6, Drogen, Chemikalien 41,6, Getreide, Mehl 40,2, Felle u. Häute 34,1 Mill. Mk. Rußland, Japan und China werden wohl die Hauptanteile am Handel behaupten.

geschaffen worden. Sie berührt fast alle größeren Orte: Petropawlowsk (36), Kurgan (35), Omsk (150) und (unfern Kolywan) Nowo-Nikolajewsk (68), den Obhafen von Tomsk (90), das durch eine kurze Zweigbahn angeschlossen ist, ebenso wie Tjumen (44) an der Tura durch eine Bahn Jekaterinburg—Omsk mit der Sibirischen verbunden wurde.

Eine Parallelbahn zu letzterer aus der Gegend von Tscheljabinsk nach Akmolinsk (10), Pawlodar und Barnaul (68; an einer Bahn Nowo-Nikolajewsk—Semipalatinsk [44[1]), am Irtysch]) ist bald fertig. Durch die ebene Bodengestaltung wird der Bahnbau sehr erleichtert.

Eine Polar-Uralbahn von der russischen Küste her etwa nach Obdorsk (s. unten) ist bisher Projekt geblieben; das ganze Taiga- und Tundrengebiet ist noch ohne Eisenbahn.

Das gewaltige Flußnetz des Ob-Irtysch (dazu Ischim, Tobol, Tura usw.) erschließt die Westsibirische Ebene bis in das Berg- und Hügelland der Kirgisensteppe und in das Randgebiet Zentralasiens der Binnenschiffahrt.

Die Flüsse sind freilich im harten Winter sehr lange durch Eis geschlossen[2]), aber im Sommer werden sie, wasserreich in ebenem Lande, weithin von Dampfern befahren. In dem lockeren, ebenen Boden sind leicht Kanäle von Westen nach Osten, die sehr nötig sind, anzulegen.[3]) Ein dauernder Übelstand bleibt die Ausmündung des Ob in das fast unzugängliche Nördliche Eismeer; er kann darum fast nur dem inneren Verkehr der Westsibirischen Tiefebene dienen. Der Außenverkehr muß sich in der Hauptsache auf Eisenbahnen abspielen.

Die **Seefahrt** von Westen her zur Obmündung wird immer sehr von Glücksumständen abhängen, und der Hafenplatz im Ob bei der Insel Nachodka hat wohl keine größere Zukunft.[4])

Ein **Luftverkehr** kann in Zukunft in dem verkehrsarmen Gebiet, etwa zur postalischen Verbindung der Sibirischen Eisenbahn mit Obdorsk am unteren Ob oder mit den entlegenen Plätzen der Kirgisensteppe nützlich sein.

Der **Nachrichtenverkehr** ist abseits der Eisenbahnen und großen Flüsse noch sehr wenig organisiert.

---

[1]) Nach Taschkent (s. S. 165).

[2]) Der Irtysch bei Tobolsk, dem Hauptschiffahrtsplatz der Taigaregion, im Mittel fast ein halbes Jahr (Anfang Nov. bis Anfang Mai). Im Winter können die Flüsse mit ihrer Eisdecke zum Teil den Schlittenverkehr erleichtern.

[3]) Der Kanal vom Ket nach dem Kas (also zwischen Ob und Jenissei) ist völlig unzulänglich; sonst könnte eine schöne für Lastkähne und Dampfer bis zu 2 m Tiefgang schiffbare West-Ostwasserstraße Tjumen (44) an der Tura, den Anfangspunkt der großen Flußschiffahrt, über Tobolsk (am Treffpunkt von Tobol und Irtysch) mit dem Jenissei, ja nach geringen Arbeiten mit dem Baikalsee verbinden. Durch Sprengungen und Baggerarbeiten sind die Angara bis zum Baikalsee und die von diesem aus in die Mongolei führenden Flüsse: Selenga, Orchon, Tola (zum Orchon) 1924 für Flußdampfer zugänglich gemacht worden. Man hofft auf diesem Wege Urga usw. mit russischen Waren versorgen zu können und die nordmongolische Ausfuhr von der Urga—Kalganlinie (S. 161) auf die südsibirische Linie abzulenken.

[4]) 1874—1905 versuchten 118 Schiffe von Westen her die Meerfahrt, 86 erreichten die Obmündung. In den letzten Jahren hat man diese Versuche mit einigem Erfolg wieder aufgenommen; aber auch mit Unterstützung von drahtlosen Telegraphenstationen, die über die sehr wechselnden Eisverhältnisse der Iugorstraße und des Karischen Meeres berichten, wird sich wohl keine regelmäßige Schiffsverbindung nach Westsibirien herstellen lassen. Auch ein Abkürzungskanal durch die Wurzel der Jalmalhalbinsel würde wohl wenig ändern; so kommt man doch vielleicht wieder auf eine Polar-Uraleisenbahn zu.

D. Nordostasien (Ostsibirien.[1])

I. Naturverhältnisse. N. ist das alte Hügel-, Berg- und Gebirgsland, das sich im Westen (in der Gegend des Jenisseïlaufes) allmählich aus der jungen Westsibirischen Tiefebene heraushebt, im Süden die nördlichen Randgebirge Hochasiens (Altaï, Sajanisches Gebirge, Jablonoigebirge) mit letzterem gemeinsam hat, im Norden ans Nördliche Eismeer, im Osten jenseits des steilen Stanowoigebirgsabfalls bzw. Kamtschatkas an den Großen Ozean reicht und sich an der Beringstraße auf 77 km Nordamerika nähert.

N. (ohne Einrechnung der Inseln etwa vom 50. bis zum 78.° nördl. Br.) hat, da es im Westen der warme Hauch des fernen Atlantischen Ozeans kaum noch erreichen kann, die Meere im Norden und Osten vereist sind, und die Bodenformen es zudem meist vom Einfluß des Großen Ozeans ziemlich, von dem des Indischen Ozeans völlig abschneiden, ein äußerst exzessives Kontinentalklima. Im Norden fällt ein großes Gebiet dem Tundrenklima (E 10) anheim; den Westen rechnet Köppen dem borealen feuchtwinterkalten Klima (D 8[2]), den Süden und Osten dem borealen wintertrockenkalten (sommerfeuchten) Klima (D 9[3]) zu, Kamtschatka und die Nordküste des Ochotskischen Meeres wiederum D 8[4]) mit Niederschlägen zu allen Jahreszeiten.

II. Der ungeheuren Größe N.s (etwa 9,15 Mill. qkm), das sich **politisch** aus dem Generalgouv. Irkutsk (7,45 Mill. qkm, 3,3 Mill. Einw.[5]) und Kamtschatka (1,3 Mill. qkm, 36000 Einw.) zusammensetzt, entspricht die Einwohnerzahl von rund 3,3 Mill. ganz und gar nicht. Die Bevölkerung besteht aus Jakuten, Burjäten, Mongolen, Oiraten, Tschuktschen, Kamtschadalen usw. Die Volksdichte beträgt durchschnittlich 0,36 Einw. auf 1 qkm (1 Einw. auf 3 qkm) und ist meist

---

[1]) Vgl. Arv. Schultz, Sibirien. Breslau 1923. — Th. H. Engelbrecht, Landwirtschaftlicher Atlas des Russischen Reiches in Europa und Asien. Berlin 1916. — Rich. Pohle, Sibirien als Wirtschaftsraum. Leipzig 1921. Goebel, Volkswirtschaft des ostbaikalischen Sibiriens. Berlin 1910. Vgl. S. 161f., Anm. 2.

[2]) Vgl. Turuchansk (40 m), Juli 15,3°, Jan. −28,2° C. 350 mm Niederschläge (Aug. 60, März 10). — Krasnojarsk (160 m), Juli 19,4°, Jan. −19,8° C. 250 mm (Aug. 50, Jan. 5). — Irkutsk (490 m), Juli 18,3°, Jan. −21,2° C. Extreme 35° und −38°. 370 mm (Juli 70, März 10).

[3]) In einem großen Teil der Nordhälfte sinkt die mittlere Temperatur des kältesten Monats unter −38° (D 9 d); vgl. Jakutsk (100 m), Juli 19,2°, Jan. −43,6° C. Extreme 33° und −55°. 300 mm Niederschläge (Aug. 60, Febr. 10). — Werchojansk (100), Juli 15,4°, Jan. −50,5°. Extreme 28° und −61°. 130 mm (Juli 30, März 0). Auch in D 9 c haben nur 1—4 Monate mehr als 10° Durchschnittstemperatur; der Sommer ist also sehr kurz. Vgl. Ochotsk (am Meere), Aug. 12,7°, Jan. −23,5° C. Extreme 24° und −39°. 200 mm (Aug. 50, Jan. 0).

[4]) Vgl. Petropawlowsk, Aug. 14,6°, Febr. −10,1° C. 1190 mm Niederschläge (Nov. 170, Juni 50).

[5]) Gouv. Jenisseisk (2,56 Mill. qkm; 1,32 Mill. Einw.), Gouv. Irkutsk (0,84 Mill. qkm; 0,68 Mill. Einw.), Prov. Jakutsk (3,96 Mill. qkm; 0,33 Mill. Einw.) und Prov. Transbaikalien (0,617 Mill. qkm; 0,972 Mill. Einw.). Die neue politische Einteilung in Freistaaten und autonome Gebiete ist noch im Flusse und nicht sicher. Nach M. Leiter, Mitt. Geogr. Ges. Wien 68, (1925 mit 2 Karten) besteht noch ein Gouv. Altai (118000q km; 1,66 Mill. Einw.). Mit dem Gouv. Jenisseisk, Irkutsk, Nowo-Nikolajewsk, Omsk und Tomsk (s. S. 162), den autonomen Republiken der Jakuten (3,77 Mill. qkm; 0,29 Mill. Einw.), der Burjäten—Mongolen (419000 qkm; 0,45 Mill. Einw.), dem autonomen Oiratengebiet (85000 qkm; 87000 Einw.) und der früher erwähnten Kirgisenrepublik (s. S. 162) bildet es Sibirien (4,81 Mill. qkm; 8,7 Mill. Einw.). Transbaikalien (296000 qkm; 556000 Einw.) und Kamtschatka (1,3 Mill. qkm; 36000 Einw.) sind Gouvernements des „Fernen Ostens" (s. S. 176). Die Provinz Jakutsk ist also in den autonomen Republiken usw. aufgegangen.

noch viel niedriger. Nur die südlichen Gebiete an der Sibirischen Bahn sind etwas besser bevölkert.[1])

III. Die Wirtschaft.

N. ist in erster Linie als ein Gebiet der Mineralschätze und des Holzreichtums zu bewerten, obwohl die Ausnutzung beider infolge Indolenz und niedriger Wirtschaftsstufe der Bevölkerung, klimatischer Schwierigkeiten und mangels leistungsfähiger Transportmittel in den ersten Anfängen steckt.

a) Die Erzeugung von Nahrungs- und Genußmitteln durch Pflanzenwirtschaft ist nur recht beschränkt möglich. Getreide und Mehl muß noch eingeführt werden.

Zwischen Tomsk (90), das der Westgrenze von N. nahe liegt, und Irkutsk (104) steigt der Schwarzerdestreifen (s. S. 165) zu größeren Höhen an und wird von Süden her durch Gebirge eingeschnürt, am Baikalsee ganz unterbrochen; in Transbaikalien nimmt er jedoch wieder größere Flächen ein. In dem riesigen Gebiet nördlich und nordöstlich von dieser günstigen Südzone finden sich ebene und klimatisch dem Ackerbau zugängliche Flächen nur stellenweise. Er dringt an Lena und seinem Zufluß Wiljui zwar bis zum 64.—65.° nordwärts, beschränkt sich aber auf kleine Flächen.[2]) Der Getreidebau, vorwiegend Roggen und Hafer, Weizen und Gerste, nimmt den größten Teil der Felder ein.[3]) Die anderen Kulturpflanzen: Buchweizen, Hirse, Kartoffeln, Gemüse usw. treten zurück, auch Tabak. Die Zuckerrübe gedieh im Bezirk von Minussinsk (17). Die Produktionen sind überall sehr gering, selbst in dem günstigen Streifen am Südrande N.s, und in Kamtschatka ist der Hafer- und Gerstenbau nur lohnend, wenn im Winter eruptive Aschenregen fallen, die den Schnee schneller als gewöhnlich zum Schmelzen bringen.

Die **Viehzucht** ist am besten am gebirgigen Südrande N.s entwickelt, wo sich ausgedehnte Wiesen- und Weidebezirke ans Gebirge lehnen; die Rassen des Viehs sind aber schlecht, und es muß viel Vieh (zum Beispiel für die Stadt Irkutsk [104] und für den Goldbezirk [s. unten]) zugeführt werden. Transbaikalien ist ebenfalls reich an Vieh, weil reich an Weiden; hierhin gelangt noch ein Hauch des ostasiatischen Sommermonsuns. Überall bleiben die Haustiere (Pferde[4]), Rinder[5]),

---

[1]) Gouv. Jenisseisk 0,4, Gouv. Irkutsk 1,1, Prov. Jakutsk 0,1, Prov. Transbaikalien 1,5, Prov. Kamtschatka 0,03 auf 1 qkm.

[2]) 1911 waren im Gouv. Jenisseisk 0,24, im Gouv. Irkutsk 0,52, im Gebiet Jakutsk 0,005, in der Prov. Transbaikalien 0,67% der Gesamtfläche angebaut.

[3]) Nach Arv. Schultz nimmt der Roggen in Transbaikalien über 50, Weizen 16, Hafer 15% der Anbaufläche ein; im Gouv. Irkutsk wird vorwiegend Roggen, dann Hafer und Weizen gebaut. Besonders widerstandsfähige Weizensorten gedeihen noch im Jakutsker glazialen Flachland. Die Länge des Tages im Sommer ist wahrscheinlich die wichtigste Ursache des frühen Reifens, das dem jakutskischen Korn eigentümlich ist. Der in Mittelsibirien besonders ausgedehnte Eisboden scheint übrigens für die Verbreitung des Ackerbaues ziemlich ohne nachteiligen Einfluß zu sein. Arv. Schultz hebt im Gegenteil hervor, daß er als undurchlässige Schicht die Bodenfeuchtigkeit in trockenen Gebieten vermehrt. Vgl. die Karten von Th. H. Engelbrecht.

[4]) Die Burjäten gelten als gute Pferdezüchter; mit dem Ackerbau nahmen sie neuerdings auch die Rinderzucht auf. Nach Th. H. Engelbrecht kamen 1910 Rinder auf 1 qkm in Jenisseisk 0,2, in Irkutsk 0,47, in Transbaikalien 1,59, in Jakutsk aber nur 0,03; Schafe in Jenisseisk 0,27, Irkutsk 0,32, in Transbaikalien 1,98, in Jakutsk 0 auf 1 qkm; am geringsten ist die Schweinezucht: Jenisseisk 0,06, Irkutsk 0,07, Transbaikalien 0,22 auf 1 qkm. Pferde s. S. 173. Die Viehzucht zeigt danach eine ganz geringe Entwicklung (der Fläche nach, auf 1 qkm), nimmt jedoch deutlich von Norden nach Süden zu. Vgl. die Karten in Engelbrechts Atlas.

[5]) Der Kreis Minussinsk soll in Pferde- und Rinderzucht besonders fortgeschritten sein.

Schafe) das Jahr hindurch im Freien, den Unbilden der Witterung und den Angriffen wilder Tiere ausgesetzt. In Transbaikalien gibt es übrigens schon eine Anzahl Kamele, an der mongolischen Grenze sogar den Yak, und die von den Tälern des Altaï über die südlichen Teile der Gouvernements Jenisseïsk, Irkutsk bis nach Transbaikalien verbreitete Zucht des Maralhirsches (Cervus canadensis asiaticus) gibt in den Geweihen einen Handelsartikel[1]) ab.

Im Norden Mittel- und Ostsibiriens nomadisieren die Eingeborenen (Jakuten, Tungusen usw.) mit ihren Herden von Renntieren, die ihnen Milch und Fleisch[2]) geben, zwischen Tundra (E10) und Taiga (D8 und D9), je nach der Jahreszeit. Daneben betreiben sie **Fischerei**, die jedoch im Winter durch die Eisdecke erschwert wird. Wie die Flüsse ist auch der Baikalsee ein lohnendes Fischereigebiet, aber infolge der Verkehrsarmut, des inneren N.s zumal, bleiben die Erträgnisse von örtlichem Belang. Besonders ertragreich sind zu gewissen Zeiten die zum Großen Ozean fließenden Flüsse, wenn nämlich die Fische (Lachsarten) zum Laichen stromauf steigen oder wieder das Meer aufsuchen.[3]) Hier hat sich denn neuerdings auch, wie an der gegenüberliegenden Küste Nordamerikas schon seit längerem eine industrielle Großfischerei entwickelt, doch wird sie viel mehr von den Japanern als von Sibiriern oder Europäern betrieben. Die Lachskonservenindustrie macht Fortschritte. Neben dem Lachs der Küstenflüsse sind Heringe, Schollen, Schellfische Hauptfangobjekte der Seefischerei. Die **Jagd** zu Nahrungszwecken ist gleichfalls nicht ohne Belang.

Mineralische Nahrungsmittel. Salz, das unter anderem für die Fischindustrie so wichtig ist, wird nach Arv. Schultz vorwiegend aus Seen und Solen gewonnen. Salzsolen sind zahlreich in den Gouv. Jenisseïsk und Irkutsk, Salzseen im Minussinskbecken und in Transbaikalien; die großen Steinsalzlager im Wiljuibecken werden wegen Verkehrsschwierigkeiten noch nicht ausgenutzt; im Altaï und im Nertschinsker Steppengebiet treten Salzpfannen auf. An Trinkwasser fehlt es jedenfalls fast überall nicht, aber die Qualität des Wassers läßt wohl meist sehr zu wünschen übrig. Mineralquellen kommen wohl auch hauptsächlich im Altaï und in dem durch Brüche zerrütteten Baikalgebiet vor. Fischguano als Düngemittel wird am Großen Ozean in Mengen hergestellt.

b) Unter den Stoffen für **Kleidung** nehmen zu reichlich erzeugtem Flachs (s. Bd. I, S. 133) und der wohl nur in mäßigen Mengen gewonnenen Schafwolle die Pelze der bekannten Pelztiere, die in N. bisher noch mehr als in Westsibirien den Verfolgungen standhalten konnten, eine wichtige Rolle ein. Jakutsk (7) ist Sammelmarkt. Entsprechend kommt von hier (aus den nördlichen Waldgebieten [D8c und D9c und d] besonders) der größte Teil der sibirischen Pelze auf die westlichen Märkte. Hier lebt ein großer Teil

---

[1]) Die im Sommer noch nicht verhärteten Geweihe (Panten) werden in China als Medikament geschätzt; 1911 wurden rund 10000 Hirsche gehalten. Auch mit der Zucht von Moschustieren zur Gewinnung von Moschus und Panten für China werden Versuche gemacht.

[2]) R. Pohle prophezeit eine große Entwicklung der Renntierzucht für Fleischlieferung nach Westeuropa. Vgl. S. 379, Anm. 1 u. 398.

[3]) Die Beute wird zum Teil auf sinnreiche Weise erlangt und für die ungünstige Jahreszeit konserviert. Bei der Ungangbarkeit und Verkehrsarmut der ostsibirischen Küstengebiete ist hier die Fischerei meist der Hauptwirtschaftszweig. Günstige Fischereigründe gewähren hier sogar eine Art Seßhaftigkeit, aber meist sind Jagd und Renntierzucht mit ihr verbunden. An der Nordküste der Tschuktschen-Halbinsel wird auch Robbe und Walroß von den Tschuktschen gejagt.

der eingeborenen Bevölkerung noch von der Pelztierjagd. Hier hat man auf den Kommodorski- (Komandorski-) Inseln (Beringinsel, Kupferinsel) auch mit der Pelztierzucht begonnen. Asbest kommt vielfach vor. Schmuckmaterial ist besonders als Gold in Seifen und Quarzgängen fast überall in den alten zerbrochenen Gesteinsschollen N.s, wo Ergußgesteine aufquollen, zu finden, und die Goldgewinnung hat sogar größeren Umfang.[1] Die reichen Seifen des Jenesseïgebietes werden zum Teil noch heute (mit Baggermaschinen) abgebaut, nachdem sie schon seit fast 100 Jahren Gold geliefert haben. Bergbau hat sich vor allem im Hochlande von Patom (zwischen Witim und Olekma; mit Städtchen Bodaibo) entwickelt. Silber kommt mit Blei im Altaï und im Nertschinsker Distrikt vor. Schmuck- und Edelsteine, auch Bernstein (in der Tundra) fehlen nicht.

c) Für den **Wohnungsbau** ist fast überall südlich der Tundrenzone (E10) Holz reichlichst zu finden, und die billigen und bequem herzustellenden Holzhäuser sind auch, abgesehen von öffentlichen Gebäuden, in den Städten vorherrschend und räumen nur langsam den feuersicheren Massivbauten Platz ein. Mineralisches Baumaterial ist meist reichlich vorhanden; Tone u. dgl. haben wohl in den Gebirgslandschaften des Südens mehr örtlich Bedeutung.

d) Tierische Arbeitsgehilfen, Naturkräfte und Werkzeugmaterial.

Bei den Renntiernomaden trägt das Renntier Lasten und ermöglicht als Zugtier vor dem Schlitten den nach den Umständen so notwendigen raschen Ortswechsel, bei den Nordostvölkern ist der Hund vor dem Schlitten Haupttransporttier, bei den Kolonisten und Burjäten zieht das Pferd[2]) Pflug und Wagen.

Reich ist N. an Kohlen. Am Altaï liegt das wichtige Steinkohlenrevier von Kusnezk (27) mit Gas- und Magerkohle; die Produktion hat aber noch sehr geringen Umfang.[3]) Das Kohlenbecken von Irkutsk (104) hat eine recht günstige Lage.[4]) Auch an der Lena, am Wiljui usw. sollen Lager vorkommen.

Das oberkarbonische bis permische Tungusker Steinkohlenbecken ist eines der räumlich größten auf der Erde.[5]) Vom Baikalsee ab gegen Osten kommen

---

[1]) Ganz Sibirien gewann nach W. A. Obrutschew 1913: 28575 (Lenagoldfeld 9443; Ural 8155 kg); 1922/23: 5490,8; 1923/24: 16748 kg = 84 % der Prod. des Russ. Reichs und 3 (?) % der W. In Transbaikalien werden zahlreiche kleinere Minen bewirtschaftet.

[2]) Die geringe Zahl der verwendeten Pferde (auf 100 qkm) bezeichnet die geringe Ausdehnung des Ackerbaues und seine Abnahme von Süden nach Norden: Transbaikalien 90, Irkutsk 29, Jenisseïsk 19, Jakutsk 2 auf 100 qkm Fläche.

[3]) Hier allein sollen gegen 250 (wahrscheinlich mehr) Milliarden T. liegen; sie werden in größerem Maßstabe bei Anshersk und Sudschensk an der Sibirischen Bahn abgebaut. 1913 lieferte das Becken 800000 T. (gegen 1,7 Mill. T. des übrigen Sibirien), 1920: 900000, 1921: 782000 T. (gegen 500000 T. im übrigen Sibirien 1920); das sind noch nicht $^1/_{10}$ % der W. Die Kokskohle soll guter Qualität sein. — Nach den Steinkohlenlagern von Minussinsk (17) wurde eine Zweigbahn der Sibirischen Bahn von Atschinsk (12) aus vorgetrieben; auch werden sie durch schiffbare Wasserstraßen zugänglich. Ganz Sibirien lieferte nach Obrutschew 1914: 2,34; 1923/24: 2,2 Mill. T.

[4]) Die Vorräte sind nach S. v. Bubnoff auf 1 Milliarde T. erwiesene, 19 wahrscheinliche, 130 Milliarden T. mögliche Stein- (und Braun-) Kohlen zu schätzen. Tscheremchewo (nordwestlich von Irkutsk) hat die wichtigsten Gruben.

[5]) Es reicht vom Jenissei im Westen (wo das Lager regelmäßiger und qualitativ beständiger, zum Teil in Anthrazit und Graphit umgewandelt ist) bis zum Mittellauf des Wiljui im Osten und von der Einmündung des Ilim in die Angara im Süden bis zu den Norilbergen und dem unteren Chatangalauf oder weiter nach Norden. Es soll 35 Milliarden T. bergen.

hauptsächlich minderwertige, ziemlich aschenreiche Steinkohlen der Jura-, Kreideformation und Tertiärkohlen, freilich in großen Mengen[1]), vor. Torf ist sehr reichlich vorhanden, spielt jedoch bisher, aufs primitivste gefördert, nur eine örtliche Rolle. Bei dem sehr kalten Winterklima ist der Bedarf an Hausbrandstoff sehr groß, und der Ersatz des Holzes aus den grauenhaft verwüsteten Waldungen durch Kohle höchst notwendig.

Am Baikalsee hat man mächtige Petroleumsande gefunden. Die Ostküste Kamtschatkas ist reich an Naphthaquellen, doch ist im ganzen N. wohl arm an Erdöl.

Wasserkräfte dürften, namentlich am Altaï, im Sajanischen Gebirge, an der oberen Tunguska und in der bogenförmigen Gebirgsumrandung des Südostens (Jablonoi-, Stanowoigebirge) reichlich vorhanden sein.[2])

Von **Werkzeugmaterial** kommt in erster Linie Holz in Betracht, das bisher nur ungeregelt benutzt wird als Brennmaterial, Hausbaustoff usw., aber fast ohne Pflege des Waldes und nur in geringstem Maße großindustriell (s. S. 173). Auch Mineralien sind reichlichst vorhanden; außer Gold und Silber (s. S. 173) sind Eisenerzlager vom Altaï und anderen Stellen[3]) bekannt; Manganerz- und Wolframerzlager bergen die alten Gesteine des Altaï und Ostsibiriens, Wolframerz und Molybdän Transbaikalien. Wismut kommt in Transbaikalien vor, ebenso Zinn und Antimon, Bleisilber und Zink im Altaï und in Transbaikalien, Kupfererz im Altaïgebiet usw. Dabei ist N. geologisch noch längst nicht genügend erforscht. Graphit wurde eine Zeitlang in den Aliberower Werken südwestlich von Irkutsk abgebaut, und neuerdings wurden gewaltige Graphitlager bei Turuchansk gefunden.[4]) Glimmer ist in vielen Vorkommen bekannt, Flußspat besonders in Transbaikalien.

Ausgenutzt wird von den genannten Mineralschätzen fast nichts, zum Teil wegen klimatischer Schwierigkeiten, mehr aber wohl wegen der mangelhaften Transportgelegenheiten und aus Indolenz. Schon drohen Japaner und Amerikaner in N. hineinzufluten, um die lockenden Bergbaugewinne für sich einzuheimsen. Bergbau, Hütten- und Metallindustrie haben in N. eine große Zukunft vor sich.

e) Für die **Industrie** sind in N. durch Vorkommen von Rohstoffen, besonders Holz und Metallerzen, Kohle, Wasserkräften durchaus die Vorbedingungen vorhanden, es fehlt aber an Kapital, Menschen (geeigneten Unternehmern und Arbeitern; Mithilfe der Wissenschaft und Technik) und vor allem an der nötigen Vervollkommnung des Verkehrs. Bisher ist die

---

[1]) In Transbaikalien (und dem Amurland) sollen 174 Milliarden T. lagern, die jedoch zum großen Teil nur als Hausbrandkohle und zum Teil für Eisenbahnzwecke zu benutzen sind.

[2]) Von den 8 Mill. PS, die das amerikanische Wasserkraftwerk Sibirien zumißt, dürften auf N. wohl 6 Mill. entfallen.

[3]) Nach Arv. Schultz im Kreise Kusnezk, Minussinsk, in den Gouv. Jenisseisk, Irkutsk (Kreis Nishnij-Udinsk z. B.), im Gebiet Jakutsk, in Transbaikalien. Im Kusnezkkohlenbecken (Gurjewskhütte), im Gouv. Irkutsk (Nikolajewskhütte) und in Transbaikalien (Petrowskiwerke) bestehen Eisenhütten.

[4]) Am Westrande des Tungusker Steinkohlenbeckens (s. oben) an der Bachta, Fatianicha, unteren Tunguska, Kureika (rechten Nebenflüssen des Jenissei). Der Graphit (weicher und harter), durch Trappergüsse aus Kohle gebildet, ist hervorragender Qualität und könnte den Bedarf der Erde wohl auf Jahrhunderte decken; an der Kureika wird Graphit seit 1924 für Ausfuhr (nach Rußland und England) abgebaut.

Fabrikindustrie, in den größeren Städten konzentriert, gering und fast nur auf Verarbeitung landwirtschaftlicher Rohstoffe gerichtet.

f) **Der Handel** muß sich (s. S. 168) im wesentlichen gegen Westen und Osten bzw. Südosten orientieren und hat sehr geringen Umfang; der Austausch mit der Mongolei und China und dem russischen Küstengebiet am Großen Ozean ist durch die eisenbahnlose Gebirgsumraudung erschwert. Über Ausfuhr- (Gold usw.) und Einfuhrstatistik sowie über die Handelsländer ist schwer Sicheres zu sagen.

g) **Verkehr.** Der Landverkehr in N. ist durch Bodenformen, Moore, Flüsse, Kälte (Schneestürme), ungepflegten Wald, Menschenarmut erschwert und spielt sich fast überall rein örtlich mit Schlitten und Wagen ab.[1])

An die Stelle des Sibirischen Trakts, der großen den Süden durchziehenden Straße, trat die Sibirische Eisenbahn, die über Krasnojarsk (59) 1896 Irkutsk (104) erreichte. Jenseits des Baikalsees führte sie über Tschita (79) nach Stretensk an der Schilka. Ihre Fortsetzung in der ostchinesischen (mandschurischen) Bahn und in der Amur- und Ussuribahn stellen die Verbindung mit dem Großen Ozean (Wladiwostok, 99; Paris—W. 12 Tage) her. Erst 1904 wurde die schwierige Baikal-Umgehungsbahn gebaut.[2]) Alles Land, was nördlich der Sibirischen Bahn liegt, ist eisenbahnlos.[3])

Unter den Flüssen werden Jenisseï und Lena sommers von Dampfern befahren; auch die Tunguskas (zum Teil), der Wiljui usw. sind schiffbar, aber sie leiden sämtlich an langer Eisbedeckung und münden wie die anderen stattlichen Flüsse der Nordabdachung N.s (Chatanga, Anabara usw.) ins tote Eismeer bzw. der Anadyr ins unwirtliche Beringmeer.

Der Baikalsee ist sommers eine prächtige Wasserstraße, im Winter konnte die Sibirische Bahnlinie über seine Eisdecke geleitet werden (s. Anm. 2).

Zur See von Westen her kann die Jenisseïmündung noch schwerer als die Obmündung (s. S. 169) erreicht werden, von Osten her hat man im kurzen Sommer bis zur Kolymamündung vordringen können. Aber selbst im Großen Ozean starrt die Küste winters von Eis. Die Häfen (wie Ochotsk, Ajan) entbehren eines produktiven Hinterlandes und sind geringster Größe. Etwas bessere Aussichten hat der am offenen Ozean gelegene Haupthafen Kamtschatkas: Petropawlowsk durch die aufblühende Fischerei und Fischindustrie wie durch Pelzhandel.

Luftverkehr, durch große Ruhe in der Atmosphäre begünstigt, aber durch die furchtbare Winterkälte bedroht, mag in dem verkehrsarmen Lande vielleicht einmal gute Dienste leisten.

Der **Nachrichtenverkehr** beschränkt sich abseits der Bahnen auf sehr wenige Linien; der Telegraph von Irkutsk nach Jakutsk und Ochotsk und die Linie nach Kalgan durch die Mongolei (s. S. 161) sind bemerkenswert. Die Verkehrskarte von Arv. Schultz verzeichnet in dem Nordosten N.s mehrere Funkstationen.

---

[1]) Von den Straßen sind besonders die im eisenbahnlosen Norden: von Irkutsk nach Jakutsk und von hier nach Wiljuisk, Nishnij Kolymsk und Ochotsk sowie Krasnojarsk—Turuchansk wichtig. Mehrere „Trakte" führen in die Mongolei. Urga—Kalganlinie, s. S. 161 u. 169.

[2]) Man behalf sich anfangs sommers mit Dampffähren über den See, winters mit Benutzung der Eisdecke für die Schienen.

[3]) Das Bahnprojekt Alaska—Sibirien (Tunnel unter der flachen Beringstraße) ist Zukunftsmusik.

E. **Ostasien** (Amurland, Mandschurei, Korea, China, Japanische Inseln).[1]

I. **Naturverhältnisse.** O. umfaßt vom Festlande das Randgebiet südlich vom Steilabfall des Stanowoigebirges und östlich von dem Zentralasiens bis zum Golf von Tonking.[2]) Man rechnet ihm ferner die der Küste bzw. den Randmeeren vorgelagerten Inselbogen: Kurilen, Sachalin, Japanische Inseln, Riu-kiu-Inseln und Taiwan (Formosa) zu. O. erstreckt sich in der Hauptrichtung von Nordosten nach Südwesten, etwa zwischen dem 55.° und dem 20.° nördl. Br. und wird trotz kühler bis sehr kalter Winter[3]) durch diese Breitenlage und durch sommers vom Ozean hereinkommende reichliche Monsunregen (die mit winterlicher Trockenheit wechseln[3]) zu einem der fruchtbarsten, produktivsten und bevölkertsten Gebiete der Erde. Es gehört zum größten Teile dem borealen Klima Köppens (D 8 und D 9) an, das wesentliche Unterschiede zwischen Norden (D c), Mitte (D b) und Süden (D a) aufweist. Die kleinere südliche Hälfte O.'s rechnet Köppen zum warmgemäßigten Klima: C 5 und C 7 a.

II. **Politisch** setzt sich O. auf dem **Festlande** aus den südlichen Provinzen des ehemaligen russisch-sibirischen Generalgouvernements Amurgebiet[4]), den drei mandschurischen Provinzen[5]) des eigentlichen China, dem japanischen Kwang-tunggebiet[6]), dem japanischen Chosen (Korea[7]), 18 Provinzen des eigentlichen China[8]) und einigen kleinen europäischen Besitzungen[9]) zusammen, etwa 6,17 Mill. qkm mit 456 (?) Mill. Einw.; auf den **Inselbogen** aus dem russisch-sibirischen Kreis Nordsachalin[10]), dem japanischen Südsachalin (Kara-

---

[1]) Literatur S. 177, 181 und S. 199.

[2]) Im Westen und Südwesten ist die Abgrenzung O.s zum Teil schwierig. Ich schließe mich aus praktischen Gründen an die politische Grenze des eigentlichen China an.

[3]) Vgl. zum Klima: Nikolajewsk (D8c), Juli 16,8°, Jan. −23,4°. Extreme 28° und −39°. 430 mm (Aug. 70, Jan. 1). — Peking (D9a), Juli 26,0°, Jan. −4,7° C. Extreme 37° und −15° C. 620 mm (Juli 210, Dez. 0). — Hongkong (C 5), Juli 27,6°, Febr. 14,3° C. Extreme 36° und 6° C. 2290 mm (Juni 410, Jan. 20). Vgl. bei den einzelnen Abschnitten!

[4]) Amurprovinz (410000 qkm, 406000 Einw.), Küstenprovinz (593000 qkm, 654000 Einw.). Jetzt umfaßt das autonome „Gebiet des fernen Ostens" die Gouv. Amur, Priamur (Primor; s. oben), Transbaikalien und Kamtschatka (s. S. 170), sowie Sachalin (37000 qkm; 15000 Einw.), zusammen 2,63 Mill. qkm, 1,67 Mill. Einw.

[5]) Ho-lung-kiang (525500 qkm, 1,56 Mill. Einw.), Kirin (272000 qkm, 5,35 Mill. Einw.), Mukden (141800 qkm, 5,83 Mill. Einw.); 1921: Manchuria (942000 qkm, 22,08 Mill. Einw.

[6]) 3380 qkm, 687000 Einw.

[7]) 220700 qkm, 18,3 Mill. Einw.

[8]) Tschi-li (315000 qkm, 30,2 Mill. Einw.), Schan-si 207000 qkm, 11,1 Mill. Einw.), Schen-si (199000 qkm, 9,47 Mill. Einw.), Kan-su (351000 qkm, 5,93 Mill. Einw.), Ho-nan (174000 qkm, 30,83 Mill. Einw.), Schan-tung (150000 qkm, 30,8 Mill. Einw.), Kiang-su (99000 qkm, 28,2 Mill. Einw.), Ngan-hwei (143000 qkm, 19,8 Mill. Einw.), Hu-peh (181000 qkm, 27,2 Mill. Einw.), Hu-nan (200000 qkm, 28,4 Mill. Einw.), Kiang-si (180000 qkm, 24,5 Mill. Einw.), Tsche-kiang (91000 qkm, 22,04 Mill. Einw.), Fo-kien (111000 qkm, 13,2 Mill. Einw.), Kwang-tung mit Hai-nan 243000 qkm, 37,2 Mill. Einw.), Kwang-si (217000 qkm, 12,26 Mill. Einw.), Kwei-tschou (157000 qkm, 11,2 Mill. Einw.), Jün-nan (397000 qkm, 9,8 Mill. Einw.) und Sze-tschwan (461000 qkm, 49,8 Mill. Einw.), Gebiet Peking (mit 4), Gebiet Shanghai (mit 5,55 Mill. Einw.), insgesamt etwa 3,88 Mill. qkm, 411 Mill. Einw.), Prov. Hsin-kiang oder Hsin-tsiang in Zentralasien, s. S. 157. Größen- und Bevölkerungsangaben sind noch sehr unsicher.

[9]) Das britische Hong-kong mit dem gegenüberliegenden Festlande (1050 qkm, 0,54 Mill. Einw.), das britische Wei-hai-wei (740 qkm, 150000 Einw.), das französische Kwang-tschou-wan (840 qkm, 182000 Einw.) und das portugiesische Macao (12 qkm, 75000 Einw.).

[10]) 38000 qkm, 34000 Einw.

futo[1]), den eigentlichen Japanischen Inseln[2]) und den Besitzungen: Taiwan (Formosa), Pescadores- und Vulkaninseln[3]), zusammen etwa 0,49 Mill. qkm mit 63,5 Mill. Einw. Ganz O. würde danach etwa 6,66 Mill. qkm mit mehr als 500 Mill. Einw. (Chinesen, Japaner, Koreaner, Mandschu usw.) umfassen.

Die **Volksdichte** für ganz O. beträgt im Durchschnitt etwa 75—80 (?) auf 1 qkm, für das Festland über 70, für die Inseln 130, ist aber im einzelnen sehr ungleich.

Die nördlichen Landschaften und die gebirgigen Gebietsteile Westchinas sind dünn bewohnt, gegen Süden und in China von Westen nach Osten steigert sich die Volksdichte.

III. Die Wirtschaft.

Die Bevölkerung Ostasiens steht auf dem Festlande noch im Banne des Herkommens, auf der Wirtschaftsstufe der herkömmlichen Wirtschaft, während das japanische Wirtschaftsleben immer mehr von Wissenschaft und Technik durchdrungen wird.

Entsprechend den klimatischen Verhältnissen herrscht die Pflanzenwirtschaft vor und erfreut sich, gegen Süden immer mehr, günstiger Bedingungen, aber in derselben Richtung nimmt die Gunst für die Tierzucht ab. Da die alten Gesteine und Eruptivgesteine sehr weit verbreitet sind, hat der Bergbau gute Aussichten.

A. Die Wirtschaft des ostasiatischen Festlandes.

1. Amurland, Mandschurei und Korea (Chosen oder Tschosen).[4])

a) Die Erzeugung von Nahrungs- und Genußmitteln.

Im Norden des ostasiatischen Festlandes, im wald-, sumpf- und seenreichen russischen Amurland ist die russische Besiedlung wenig fortgeschritten, sie klammert sich vornehmlich an den Amurfluß und seine Zuflüsse und neuerdings an die Amurbahn. Der Getreidebau gedeiht am besten in der fruchtbaren Seja-Burejaebene.[5]) Hafer ist in dem sommerfeuchten Lande (D9b) charakteristischerweise das verbreitetste Getreide, die Hauptnahrungspflanzen sind aber Weizen, Roggen und Kartoffeln. Günstiger gestalten sich die Anbauverhältnisse in der Ussuriniederung[6]) und vor allem in der nordmandschurischen Prärie (D9a) am Nonni und Sungari.[7])

---

[1]) 34000 qkm, 68000 Einw.

[2]) 382000 qkm, 59,7 Mill. Einw.

[3]) 36000 qkm, 3,7 Mill. Einw.

[4]) C. von Zepelin, Der Ferne Osten (Rußland in Asien); 3 Teile. Berlin 1907—1911). — Krahmer, Rußland in Asien V u. VII (Leipzig 1902—1904). — North Manchuria and the chinese eastern Railway. Harbin 1924. — The Economic history of Manchuria. Seoul 1921. — Guide to Eastern Asia. Vol. I. Manchuria. London 1916. — B. Knochenhauer, Korea. Berlin 1901. — N. Weber, Im Lande der Morgenstille. Freiburg 1914. Vgl. auch S. 199, Anm. 3.

[5]) Vgl. Blagowjeschtschensk (110 m, D 9 b), Juli 21,3°, Jan. – 25,4° C. 490 mm (Aug. 110, Jan. 0). Bl. ist eine Stadt von 63000 Einw.

[6]) Th. H. Engelbrecht gibt für Sommerweizen, Hafer und Roggen folgende Prozentzahlen (von der Halmgetreidefläche) 1909 an: im Bezirk Chabarowsk 41,8, 33,9, 18,1; Udsk 0, 61,5, 14,4; Ussuriisk 47, 39,3, 11,4; Jujno-Ussuriisk (?) 46,5, 46,2, 3,1.

[7]) Vgl. Charbin (160 m, D 9a), Juli 22,3°, Jan. – 18,8° C. Extreme 34° und – 35° C. 480 mm (Juli 110, Jan. 5). Die Bedrohung der Ernten durch die starken Niederschläge der Hochsommerszeit in Ostasien ist wohl zu beachten.

Hier hat sich neuerdings ein bedeutender Weizenbau entwickelt, der wohl noch weit ausgedehnt werden kann, mit Charbin (103) als großem Mühlenzentrum.[1])

Auch Hirsearten werden viel in der Mandschurei angebaut, vor allem „Kaoliang" (Sorghum), ferner auch Gerste, Hafer, Buchweizen, Mais und gegen Süden immer mehr Reis, dessen Anbau neuerdings im Liau-hotal[2]) stark zugenommen hat.

Auch in dem steinigen nördlichen Korea wachsen im Norden unsere Getreidearten. Weizen und Gerste als Winterfrüchte werden hier wohl geerntet, bevor der Sommermonsun eintritt, Hirse und Mais werden als Zwischenfrucht zwischen die Furchen jener gesät. Im warmen Süden aber ist Reis das Hauptgetreide und -nahrungsmittel.[3])

Kartoffeln haben wohl nur im nördlicheren Festlandgebiet eine größere Bedeutung.

Bohnen sind in ganz O. ein Hauptnahrungsmittel und bilden, das Fleisch zum Teil ersetzend, zu der zwar stärkereichen, aber ziemlich eiweißarmen Reisnahrung mit Fischen die eiweißreiche Ergänzung. Sojabohnen, die bedeutende Sommerwärme und eine ziemlich lange Vegetationszeit, auch viel Licht, einen tiefgründigen, nährstoffreichen Boden verlangen, gedeihen vorzüglich[4]) in der Nonni-Sungari-Niederung und im Liau-hotal (zwischen Mukden, 160, und Bajan-sussu), auch in Korea. Sie begründeten die bedeutende Ölindustrie der Mandschurei und liefern die hauptsächlichen Ausfuhrgegenstände dieses Landes (s. S. 196).

Mancherlei Gemüse, auch wildwachsende, und unsere Obstbaumarten[5]) werden genutzt. Mit dem Anbau von Zuckerrüben hat man in der fruchtbaren, sommerwärmen, mäßigfeuchten Nonni-Sungariebene, ebenso wie im Süden in der Liau-hoebene von Mukden in neuerer Zeit mit Erfolg begonnen.[6])

Als **Getränke** bevorzugen die Russen im Norden wohl Bier, Korn- und Kartoffelbranntwein. Die mongolischen Völker trinken Tee, Hirse- und Reisbier (oder -branntwein). Wein[7]) spielt keine Rolle (s. unten), Gerstenbier findet allmählich Eingang. Etwas Tabak und Opiummohn wird überall angebaut. Die (wert-

---

[1]) Weizen und Weizenmehl werden ausgeführt. Eine mandschurisch-nordchinesische Kornkammer ist vielleicht im Entstehen begriffen (s. S. 181).

[2]) Vgl. Niutschwang (D9a), Aug. 24,4°, Jan. −8,9° C. 570 mm (Juli 190, Febr. 0).

[3]) Nach N. Weber sind die Berghänge, wo immer Humus liegt, in Terrassen umgewandelt. Künstliche Bewässerung wird seit alters geübt. Die Felder werden mit Eichenblättern gedüngt. Aber nur $^1/_{13}$ der Bodenfläche soll angebaut sein, und die Ackergeräte sind wie in China sehr urwüchsiger einfacher Art. Vgl. Tschemulpo (C7a), Aug. 25,4°, Jan. −2,6° C. Extreme 34° und −15°. 880 mm (Juli 200, Jan. 20). Reispudding mit Kürbisstücken und Kastanien vermengt ist höchste Festspeise der Koreaner; auch Reiskuchen werden hergestellt. Über den Reisfeldern der Niederungen baut man Gerste oder Hirse, die Nahrung der Armen. Im Norden von Tschinampo tritt „Kuksu" (eine Art Makkaroni) an die Stelle von Reis als Hauptnahrung. Ernte an Reis 1924: 2,32 Mill. T. = 1,66% der W.

[4]) Im Norden der Mandschurei soll der Stärkegehalt niedriger, der Eiweißreichtum höher sein als in der Südmandschurei, aber der Ölreichtum der Charbinbohnen soll der niedrigste, ihr Wassergehalt der größte sein (?). Die Mandschurei liefert etwa 50% der W. von Sojabohnen. Als Wanderarbeiter zu Anbau und Ernte kommen Chinesen ins Land, von denen ein Drittel in der noch Platz bietenden Nordprovinz zurückbleibt. In Korea werden die Ölbohnen je weiter nach Norden (der Halbinsel?) desto mehr angebaut. Düngung mit Ölkuchen (s. S. 179, Anm. 2) soll unbekannt sein.

[5]) Nach N. Weber sind die Birnen Koreas überreich saftig, aber etwas gehaltlos; das dürfte für fast alles Obst Ostasiens mehr oder weniger zutreffen (s. S. 182) und auf die starken Sommerregen zurückzuführen sein.

[6]) Zuckergehalt und Erträge sind bisher recht niedrig.

[7]) Die Weinrebe liefert in Korea wie in China und Japan schöne Trauben, aber für die Weinproduktion sind sie zu wäßrig, da die Reife in die Zeit der starken Regen fällt.

lose) Ginsengwurzel wird in der Gegend von Kirin usw. gesammelt und auch angebaut und ist bei Chinesen und Koreanern als Heilmittel geschätzt.

Die Sojabohne (s. oben) kommt in der dünnbevölkerten Mandschurei in großen Überschüssen über den Bedarf auf den Markt.[1]) Eine großartige moderne Bohnenölindustrie hat sich entwickelt[2]), von den Japanern organisiert und finanziert, besonders in den südmandschurischen Häfen: Dairen (137), Jing-keou (Jing-tse-kou[3]) und Antung (94), neuerdings auch in binnenländischen Städten wie in Charbin (103)[4].)

Im Süden der Mandschurei gedeiht auch die Sesampflanze, die für die Südhälfte Koreas sogar Hauptölfrucht ist. Leinsaat und Hanfsaat s. unten.

Die **Tierzucht** gedeiht in dem nördlichen Abschnitt des festländischen O. gut, der Graswuchs ist vielfach sehr reich entwickelt, und das Klima den Haustieren bekömmlich. Dennoch haben, abgesehen vom russischen Amurgebiet[5]), Nahrungsmittel von den Haustieren nur geringen Spielraum in der ostasiatischen Küche. Fast nur Hühner, Enten, Gänse werden nutzbar gemacht; Jagdwild (Hirsche, Fasane usw.) kommt wenig in Betracht, dagegen spielen Fische als Zukost zu Reis eine größere Rolle. In der Hauptsache verläßt man sich auf die Pflanzenwirtschaft.[6])

Mineralische Nahrungs- und Genußmittel; Düngemittel. Salz muß wohl zugeführt werden; doch haben die Japaner in Korea nach F. W. P. Lehmann große Verdampfungsfelder, vornehmlich an der Küste des Gelben Meeres (nördlich der Taidongmündung) angelegt; an Trinkwasser dürfte es höchstens in der „östlichen Gobi" der Mandschurei fehlen. Brunnen oder Flüsse müssen überall das Gebrauchs- und Trinkwasser liefern.

b) Für **Kleidung** werden Lein und Hanf[7]) im ganzen Gebiet, aber wohl nur in geringen Mengen angebaut, im Süden auch schon die Baumwolle und südlich von Mukden auf feuchten Böden des Liau-hotales „Chinajute", eine Malvacee. Wichtiger ist bei den langen harten Wintern wohl die Wolle der Schafe und das vielerlei gute Pelzwerk[8]), das dieser Teil O.s nach

---

[1]) Ernte um 2½ Mill. T. (1910 erst 1,4 Mill.), zur größeren Hälfte in der Südmandschurei. Etwa drei Viertel (?) bleiben für Ausfuhrzwecke übrig.

[2]) Seit 1902 wurden die Bohnen durch die Tropenzone (!) — auch über Wladiwostok (99) z. T. — nach Europa ausgeführt; noch jetzt beziehen Dänemark und Großbritannien usw. ansehnliche Mengen und die Niederlande Öl. Vor allem ist aber Japan Hauptabnehmer für Bohnen, Bohnenöl und Ölkuchen (zur Düngung und als Viehfutter). Auch die Union (s. S. 396) übernimmt Öl. 1920 führte die Mandschurei 610000 T. Bohnen, 108000 T. Sojaöl und 1,29 Mill. T. Ölkuchen aus.

[3]) Wird oft auch nach der unfernen Binnenlandstadt Niu-tschwang (66) mit dem letzteren Namen bezeichnet.

[4]) Die Leistungsfähigkeit von Dairen (früher russisch Dalnij, an der Bucht Ta-lien-wan), 137, in der Bohnenölindustrie übertrifft die der gesamten übrigen mandschurischen Plätze.

[5]) Die von Th. H. Engelbrecht für 1910 angegebenen Ziffern der Rinder (auf 100 qkm in der Amurprovinz 20, Küstenprovinz 25, Sachalin 10), Schweine (auf 100 qkm: 11, 13, 3) und Schafe (auf 100 qkm: 3, 1, —) sind sehr niedrig.

[6]) Das kann im Falle einer Dürre zu Hungersnöten (wie 1902 in Korea) führen.

[7]) Prod. Koreas über 20000 T. jährlich = etwa 4¾% der W.

[8]) Marderarten, Fischottern (Kragen und Ärmelaufschläge in Korea z. B.), Zobel (mindergüter Pelze als die nordischen), Viverrenhunde, Fuchsfelle (in Güte zwischen nordischen und chinesischen), wilde Hunde (mit kurzer, dichter Behaarung), Haushunde (mit langem, dichtem, weichem Haar; für Decken — sogar Ausfuhr), der sibirische Wolf (im Norden), Wildkatzen, der Luchs (im Norden), der Irbis, ein Leopard (mit langer, dichter Behaarung und dichter weicher Unterwolle den kalten Wintern angepaßt; in Mandschurei und Korea), der lang- und dichtbehaarte Mandschutiger und eine dichtbehaarte koreanische Tigerform, Dachse, Eichhörnchen, Murmeltiere (Mandschurei), Bären kommen zur Nutzung. Vgl. Bd. I, S. 8.

Brass hervorbringt. Ferner wird im Süden der Mandschurei Seide produziert, etwas echte, aber viel mehr die wilde oder Tussah-Seide von dem wilden Seiden- oder Eichenspinner (Antheraea Pernyi), der mit Blättern von kultivierten Eichenarten gefüttert wird, und zwar (wegen Raummangel) in Freiluftzucht[1]) (in der Südmandschurei und in Korea). Wilde Rohseide und Garn wird ausgeführt, zumal von dem Hafen Antung (94) aus. Häute und Felle zu Leder und Schuhwerk usw. steht reichlich zur Verfügung. Als Schmuckstoff wird Gold im Amurland an vielen Stellen gewonnen, und auch die Mandschurei und Korea (Unsan bei Phyöng-yang, usw.) sind mit ansehnlichen Mengen an der Weltproduktion beteiligt.[2])

c) Die **Häuser** erbaut die Bevölkerung des Amur- und Ussurigebietes fast nur aus Holz, und selbst in den Städten nehmen Massivgebäude nur sehr langsam zu. In der Mandschurei wie in Korea treten Lehmhäuser mit Stroh- oder Ziegel-, seltener Schindel- oder Schieferdächern (und mit dem Kang geheizt) meist an die Stelle der Holzhäuser des Nordens; aber die Japaner erbauen auch ihre sauberen Holzhäuschen.

d) Tierische Arbeitsgehilfen, Naturkräfte und Werkzeugmaterial.

Rinder (s. S. 179) und Pferde[3]), gegen Süden auch Maultiere und Esel kommen als **Arbeitsgehilfen** in Betracht.

In der Mandschurei kommen wichtige Kohlenlager[4]) vor; Japan hat hier einen größeren Bergbau auf die gasreiche Braunkohle des Fuschuntales (unweit von Mukden) ins Werk gesetzt und bringt sogar Kohle von hier zur Ausfuhr.

Die Kohle hat eine gute Heizkraft, ist aber nicht zu verkoken. An anderen Stellen treten Lager jurassischer und karbonischer Kohlen auf, die auch zum Teil verkokbar sind. Torf kommt ebenfalls vor.

Im südlichen russischen Küstengebiet des Fernen Ostens (unfern Wladiwostok) werden Kohlenlager zu Sutschan genutzt, und in Korea haben die Japaner an einigen Stellen (in der weiteren Umgegend von Phyöng-yang) Kohlengruben eingerichtet.

Auch Wasserkräfte sind im Gebirgsland Koreas[5]) und der östlichen Mandschurei, am Amur, im Sichota-Alin usw. zu erschließen; eine Ausnutzung findet noch kaum statt.

Die Gewinnung von metallischem Werkzeugmaterial steht in den Anfängen, doch haben die Japaner in der Mandschurei wie in Korea Eisenerzgruben eröffnet und Hüttenwerke errichtet, um die geringen Vorräte ihres Hauptlandes (s. S. 209) aus den Kolonien zu ergänzen.

Handel und Verkehr s. S. 196ff.

---

[1]) Die Ernten unterliegen bei der Freiluftzucht und dem gegensätzlichen Klima (s. S. 178, Anm. 2) erheblichen Schwankungen von Jahr zu Jahr. Die großen grünlichen Kokons lassen sich frisch und lebend (s. S. 189, Anm. 7) weithin nach den Häfen versenden, da es 25 Tage (gegen 10 Tage bei dem Maulbeerspinner) dauert, ehe der Schmetterling reif ist und die Kokonwand zu durchbrechen droht. — Einzigartig ist die Kleidung der Giljaken aus Lachs- oder Robbenhäuten.

[2]) Korea 1913: 5390, 1923: 3838 kg; Silber 1913: 468, 1923: 311 kg.

[3]) Nach Th. H. Engelbrecht entfielen 1910 auf 100 qkm in der Amurprovinz 27, in der Küstenprovinz 15, in Sachalin 5; das sind sehr niedrige Zahlen!

[4]) 1,2 Milliarden T.

[5]) Nach dem amerikan. Wasserkraftatlas 500000 PS.

2. China.[1]) Hier wird vornehmlich intensiver Gartenbau betrieben.

a) Nahrungs- und Genußmittel. In Nordchina (nördlich des Tsinling-schan und des Hwai-Gebirges) sind Sorghum, Hirse und Weizen[2]) Hauptnahrungspflanzen.

Weizen gedeiht (als Sommerfrucht) vorzüglich auf dem Lößboden von Schen-si und auf den lößähnlichen Alluvialböden der Großen Ebene (um Kai-föng usw.). Die Getreidemüllerei hat sich in den letzten Jahren mächtig entwickelt; Mehl wird bereits in größeren Mengen ausgeführt, während es vor dem Kriege noch durchaus eingeführt wurde. Gerste wird im höheren Westen Chinas (besonders an der tibetanischen Grenze), Hafer gleichfalls von Tibetanern und Grenzvölkern der Mongolei angebaut; sie dienen fast nur als Viehfutter. Roggen gilt als ungeeignet für die Ernährung.

In Mittelchina, wo im Innern noch viel Weizen produziert wird[3]), und in Südchina, wo es dem Weizen sommerlich zu feuchtheiß (C 5) ist, bildet der (eiweißarme) Reis das Hauptnahrungsmittel.

„Reisessen" hat geradezu den Sinn, „eine Mahlzeit einnehmen". Sumpfreis wird am meisten angebaut in den ausgedehnten Niederungen des Jang-tse-kiangtales unterhalb Itschang (60), im „roten Becken" von Sze-tschwan (um Tschöng-tu, 800, und Tschung-king, 510), im Delta und Tal des Hsi-kiang; dazu in vielen anderen Flußtälern. Bergreis wird in den höheren Lagen des Landes erzeugt.[4]) Es müssen dennoch erhebliche Mengen Reis (besonders aus Tonking) eingeführt werden.

Mais ist mehr in den bergigen, hohen Gegenden Westchinas[5]) eine Hauptfeld- und -nahrungsfrucht; er wird dort angebaut, wo der Reis nicht mehr gut gedeihen will. Die Ausfuhr ist bisher gering.[6])

Unsere Kartoffel wird nur im Norden (in geringer Ausdehnung) gepflanzt.[7]) Bataten und Yamswurzeln, auch Taro werden im ganzen niedrigeren China in

---

[1]) Vgl. F. Freih. von Richthofen, China. Bd. I, II, IV. Berlin 1877—1885. Bd. III. 1912. F. von Richthofens Tagebücher aus China. Herausg. von E. Tiessen. 2 Bde. Berlin 1907. — G. Kreitner, Im fernen Osten. Wien 1881. — W. Obrutschew, Aus China. 2 Bde. Leipzig 1896. — E. Tiessen, China. I. Die allgemeine Geographie des Landes. Berlin 1902. — J. Kürschner, China. Leipzig o. J. — O. Franke, Beschreibung des Jehol-Gebietes in der Prov. Chili. Leipzig 1902. — J. Hellauer, China, Wirtschaft und Wirtschaftsgrundlagen. Berlin 1921. — A. Tafel, Meine Tibetreise. 2 Bde. Stuttgart 1914. — H. Schmitthenner, Chinesische Landschaften und Städte. Stuttgart 1925. — P. Klautke, Nutzpflanzen und Nutztiere Chinas. Hannover 1922. — Madrolle, Chine du Nord. Corée. 2. éd. Paris 1913. — Madrolle, Chine du Sud. Java. Japon. 2. éd. Paris 1916. Vgl. auch H. Blink in Tijdschr. v. Econ. Geogr. XII, 1921. — Guide to Eastern Asia. Vol. II. China. London 1916. — E. T. Williams, China Yesterday and To-day. New York 1924.

[2]) Weizenbrot, -gebäck und Fadennudeln aus Weizen sind mehr Nahrung der Reichen, Delikatesse und Festessen. Über die Menge der Produktion im Rahmen der Weltproduktion von Weizen fehlt bisher jede sichere Kenntnis. Es sollen 16 (26 ?) Mill. T. in China geerntet werden (15—16 [25] % der Weltproduktion ?). 1914 wurden 119000 T. Weizen und 38500 T. Weizenmehl ausgeführt.

[3]) Die Ernte findet hier Ende Mai oder Anfang Juni (vor Eintritt des Sommermonsuns) statt. Der Anbau nahm neuerdings zu, und Weizen ist für Hankou (1474), das wie auch Schanghai (1,5 Mill.) mit Umgebung eine ansehnliche Müllerei treibt, ein Hauptausfuhrartikel geworden.

[4]) Die Reisernte findet im trockenen Frühwinter (Okt. bis in den Nov., C 5) statt. Düngung, Bewässerung, Pflege wird mit größter Sorgfalt vorgenommen, und in manchen Gegenden bringt man zwei Ernten ein. In Kwang-si und Kwang-tung findet man sogar schwimmende Reisfelder (auf Flößen). Die Einf. von Reis machte 1913: 327,350, 1923: 1,36 Mill. T. aus.

[5]) Grün als Gemüse, reif für Kuchen. Vgl. W. Wagner, Die chinesische Landwirtschaft. Berlin 1926.

[6]) 1913: 3360 T.

[7]) Tafel traf sie an der mongolischen Grenze, am Nordende des Hwang-hobogens an, von katholischen Missionaren eingeführt.

großen Mengen gezogen. Der Gemüsebau ist umfangreich[1]), und ein Hauptprodukt des chinesischen Gartenbaues sind Bohnen, darunter die Sojabohnen.[2]) Sie liefern sehr geschätzte Speiseöle und mancherlei Gerichte. Stellenweise sind sogar Bohnenölkuchen das Hauptnahrungsmittel. Bohnen sind die eiweißreiche Zukost zu Reis.

Die Früchte Chinas sollen aus Mangel an Pflege und rationeller Zucht[3]) den abendländischen an Wohlgeschmack nachstehen, auch zu unreif gepflückt werden.

Unsere klimaharten Obstsorten: Birnen, Äpfel, Kirschen, Pflaumen und unser Beerenobst werden wenig gezogen (wahrscheinlich mehr in Nordchina). Auch die Weinrebe (Trauben) gedeiht in den nördlicheren Strichen, in Nord- und Mittelchina Pfirsiche, Aprikosen[4]), Mispeln, Persimonen, Pomelos (Pompelmus), in Mittel- und Südchina (besonders im Jang-tse-Tal) werden ungeheure Mengen von Apfelsinen mehrerer Arten („Mandarinen"-, „Kuli"-A. usw.) erzeugt; neuerdings starke Ausfuhr.[5]) Geschätzte Früchte des Südens sind Ananas, Bananen, Litschis (Distrikt Kanton), Longane (Lungan) und Loquat. Granaten, Mangos, Feigen, Quitten, Walnüsse[6]) kommen ebenfalls hier oder da vor. Obst wird ausgeführt.[7])

Zuckerrohr wird schon seit alters angebaut, am meisten in den Südprovinzen: Kwang-tung, Fo-kien (bei Amoy), Tsche-kiang (bei Schaohing).

Hier ist das Zusammentreffen von großer Sommerhitze und -feuchtigkeit für das Wachstum, und die winterliche Trockenheit für die Ernte günstig.[8]) Neuerdings kommen moderne Zuckerraffinerien auf (in Hongkong [Victoria, 342][9]), Swatau, 83, Amoy, 300, usw.). Neuestens werden Zuckerrüben (in der großen chinesischen Ebene um Tsinan-fu, 250) angebaut.

Zucker muß viel eingeführt werden.[10])

Gewürze. Zimtcassia, Ingwer, Sternanis (s. S. 184) werden produziert; auch für Ausfuhr.[11])

---

[1]) Mais (s. oben), Rüben, Weißkohl, Spinat, Eierfrucht, Zwiebeln (Lauch), Knoblauch, Kürbisarten, Gurken, Wassermelonen, Melonen, Radieschen usw. Ausgeführt werden nach P. Klautke Melonenkerne (1913: 3220 T.), getrocknete Lilienblüten (1913: 2110 T.), verschiedene frische und getrocknete Gemüse (1912: 66600 T.). Die zarten Frühjahrsschößlinge der Bambusgräser („Bambussprossen") werden ebenfalls gegessen.

[2]) China soll etwa 1/4 der Weltproduktion (?) liefern, aber 1919 erntete die Prov. Kiang-su allein 877000 T. Hu-pei und Ho-nan (in fruchtbaren Niederungen) bauen sie gleichfalls an.

[3]) Wahrscheinlich auch infolge der überreichen Sommerregen.

[4]) Aprikosenkerne werden ausgeführt (1913: 2780 T.).

[5]) 1918: 10180 T., von Swatau (83) besonders nach dem übrigen China und nach Hinterindien.

[6]) Ausf. 1913: 3080, 1915: 2970 T., Walnußkerne 320 bzw. 240 T.

[7]) Frisch 1912: 34800, getrocknet und präserviert 12000 T.

[8]) Das Rohr wird auch noch in Kiang-si (am Pojangsee und am Kiang) gebaut. Primitive Mühlen dienen zum Auspressen des Saftes, das trockene Rohr als Feuerungsmaterial.

[9]) Hier wird eingeführter Java- und Philippinen-Rohzucker raffiniert; große Ausfuhr nach den nördlicheren Häfen und ins Innere.

[10]) Fast nur Rohrzucker des Malaiischen Archipels (Nachbarlage!); 1891: 17550, 1902: 271000, 1913: 439190, 1921: 481270, 1923: 388980 T.

[11]) Cassia lignea von Cinnamomum Cassia produziert die Bergbevölkerung von Kwang-tung und Kwang-si zwischen dem Hsi-kiang und dem 23.° nördl. Br., 110.° u. 112.° östl. Länge. Die Rindenware wird über Kanton (900), auch Pakhoi (25) ausgeführt (1912: 4220 T.), Cassiaöl (Prod. 1907: 715 T.) über Hongkong (342). — Ingwer wird in Kwang-tung Juni bis August geerntet und in Kanton und Hongkong zur Ausfuhr (1913: 3840 T.) zubereitet.

Nationalgetränk der Chinesen ist der Tee, der schon einige Jahrhunderte nach Christo allgemein getrunken wurde.[1]) Die Teegärten[2]) sind besonders charakteristisch für das Gebiet südlich des Jang-tse-kiang bis zu $22^1/_2{}^0$ südwärts.[3]) Es handelt sich um eine Volkskultur für großen Eigenverbrauch.[4]) Doch ist auch die Teeausfuhr, obwohl in den letzten Jahrzehnten infolge der Konkurrenz der unter günstigeren Naturbedingungen ökonomischer und zweckmäßiger angebauten und bereiteten, billigeren und ausgiebigeren indischen, ceylonischen und javanischen Tees stark zurückgegangen, immer noch wichtig[5]), und bei den Feinschmeckern wird der chinesische Tee wegen seiner Güte und seines Aromas auch fernerhin beliebt bleiben.

Ziegeltee[6]) (d. s. Teekuchen in Form von Ziegeln, aus Teeabfällen und eingeführtem Assamtee, mit Reiswasser versetzt) und Tafeltee sind für den Verbrauch in der Mongolei, in Tibet und Russisch-Asien sowie Rußland (letzterer) bestimmt.

Wein (s. S. 182) wird wenig gekeltert, Reisbier (Samschu) ist das alkoholische Nationalgetränk; unser Bier wird für Ausländer und solche Chinesen, die mit ihnen in nähere Berührung kamen, eingeführt.

Hauptreizmittel sind Tabak und Opium.

Tabak, etwa seit 1530 in China bekannt geworden, wird fast in allen Provinzen gebaut, am ausgedehntesten im fruchtbaren Jang-tse-kiangtale und namentlich in der Ebene von Tschöng-tu (800), Sze-tschwan. Die Qualität[7]) ist recht mäßig; trotzdem wird Tabak ausgeführt.[8])

---

[1]) Erst im 17. Jahrhundert verbreitete sich seine Wertschätzung nach Europa und weiterhin.

[2]) Man legt sie an sonnigen, gegen Süden gerichteten Hügelhängen auf tiefgründigen Böden an. Der chinesische Teestrauch wird zum bequemen Pflücken der Blätter in $^1/_2$—1 m Wuchshöhe gehalten. Die billigen Arbeitskräfte begünstigen den viel Arbeit erfordernden Anbau. Es finden (vom 2. Jahre ab) 4—5 Pflücken jährlich statt (s. Bd. I, S. 9) von März bis Sept. Die Qualität der Ernten wird (in demselben Jahre) von Pflücke zu Pflücke geringer.

[3]) Die besten Blätter sollen zwischen dem 23.° und 32.° nördl. Br. wachsen. In Hu-nan, Hu-pei, Fo-kien, Ngan-hwei, Jün-nan, Kwang-tung, Kiang-si wird schwarzer, in Tsche-kiang, Ngan-hwei und Kiang-si grüner Tee erzeugt, je nach der Art der Bearbeitung. Im einzelnen gibt es zahlreiche Handelssorten, über die O. F. Schleinkofer (1924) berichtet. Der weniger Tein enthaltende leichtere schwarze Tee (Ausfuhrhäfen: Hankou, 1,5 Mill., Schanghai, 1,5 Mill., Kiu-kiang, 53, Fu-tschou, 350) geht in alle Länder der Erde, der grüne ist fast nur noch in Nordamerika und Nordafrika (Atlasländer) beliebt; Ausfuhrhafen ist Schanghai. Auch Hang-tschou (892) Ning-po (271), Kiu-kiang, Santuao (8) führen grünen Tee aus.

[4]) Die Produktion wird auf rund 400000 T. geschätzt = 53,3 % der W. Kaum 10 % davon werden ausgeführt. Vgl. Bd. I, S. 129.

[5]) Ausf. 1880: 133300; 1890: 104100; 1900: 89500; 1910: 94300; 1913: 78500; 1919: 41700; 1923: 34500 (28400?) T. Für den überseeischen Teehandel sind allein die meernahen Provinzen Fo-kien, Tsche-kiang und Kiang-si wichtig. Die Teemärkte des Innern sind Hankou (1,5 Mill.) mit Wu-tschang und Han-jang. Es wurden bisher bei der Bereitung des Tees keine Maschinen benutzt, und man hielt am Althergebrachten fest. Neuerdings tut man Schritte zur Modernisierung der Teeherstellung. Es besteht seit 1919 beim Ministerium für Landwirtschaft und Handel eine besondere Abteilung für die Förderung des Teeanbaues; der Ausfuhrzoll wurde aufgehoben. 1921 sollte in Fo-kien eine Teefabrik errichtet werden. Hauptfaktor für das Zurückbleiben Chinas ist aber doch wohl die klimatisch bedingte geringe Zahl der Blattpflücken (vgl. Bd. I, S. 9). 1916 waren Rußland (vor dem Kriege 60 % der chines. Teeausfuhr), Großbritannien, Nordamerika Hauptabnehmer.

[6]) Ausfuhrhafen Hankou. Der Ziegeltee wird mit Talg, Mehl, Butterstücken, Käse, manchmal auch mit Blut, gekocht und dann in Formen gepreßt.

[7]) Die Bemühungen der British American Tobacco Co., sie zu verbessern, sollen bereits Erfolge zeitigen.

[8]) 1913: 9300, 1919: 27200 T., hauptsächlich nach Japan; besserer Tabak wird eingeführt (1919 etwa 13200 T.). In Kanton (900) besteht eine amerikanische Tabakfabrik.

Opiummohn bauten am meisten die Gebirgsprovinzen des Westens (Jün-nan, Sze-tschwan, Kan-su, Schan-si und Schen-si an. Seit 1906 war es durch strenge Maßregeln der Regierung gelungen, Anbau und Opiumgenuß einigermaßen einzudämmen, infolge der Bürgerkriege sollen sie aber im Innern des Landes wieder in Blüte gekommen sein.

Von **Arzneipflanzen** seien Kampfer, Sternanis, Süßholz, Rhabarber, Anis erwähnt.

Der Kampferbaum kommt südlich des Jang-tse-kiang in den Provinzen Kiang-si, Tsche-kiang, Fo-kien, Kwang-tung, Jün-nan, auch noch in Süd-Hu-nan (Stadt Tschang-scha, 300) und Kwei-tschou bis nach Sze-tschwan im Westen vor, die Bestände sind aber durch raubwirtschaftliche Fällung der Bäume (mangels Nachpflanzung) sehr zurückgegangen, und die Ausfuhr schwand zusammen.[1]) Sternanis (Badian) sind die getrockneten Früchte eines in den südöstlichen Provinzen Chinas (besonders Kwang-si) angebauten Baumes (Illicium verum), aus denen auch Öl gewonnen wird.[2]) Süßholz, wohl von Glycyrrhiza uralensis Fisch., kommt zur Ausfuhr. Rhabarber von Rheumarten (als Medizinpflanze allgemein von den Bauern angebaut) kommt hauptsächlich aus den westlichen Gebirgsprovinzen (Sze-tschwan, Kan-su und dem angrenzenden Tibet [wildwachsend gesammelt] auf den Markt (Tschung-king, 510, ist Hauptstapelplatz; Ta-tsien-lu liefert eine mindere Sorte).[3])

Unter den **Ölpflanzen** ist die Sojabohne (s. S. 178 u. 182) für den Landeskonsum wohl die wichtigste. Leinsaat, Erdnüsse, Sesamsaat sind auch Ausfuhrgegenstände.

Leinsaat wird in Nordchina auf Lößboden, im Steppenklima des Tafellandes von Schan-si (bis zum Hwang-ho im Westen) in 700—1000 m Meereshöhe erzeugt.[4])

Erdnüsse werden erst seit neuerer Zeit in der Großen chinesischen Ebene (Prov. Tschi-li, Schan-tung, Kiang-su), seit Jahrhunderten in den Küstenprovinzen Südchinas (Kwang-tung usw.) angebaut. Die Ausfuhr von Erdnußöl nahm zu, die von Nüssen ab.[5]) Sesam wird hauptsächlich im Jang-tse-kiangbecken (Prov. Ho-nan, Hu-pei), ferner in den Distrikten an der Peking-Hankoubahn, auch am unteren Hwang-ho produziert.[6]) Hankou und Pu-kou (am unteren Hwang-ho) sind Haupthandelsplätze. Winterrübsen und eine Varietät des Sareptasenfs liefern das meistgebrauchte (?) Öl Chinas; sie werden wohl im südlichen Teil der Großen Ebene (Ngan-hwei, Kiang-su), auch in Tsche-kiang und Sze-tschwan angebaut; die Samen

---

[1]) Der Höhepunkt der Kampfergewinnung wurde 1907 mit 1540 T. erreicht, 1913 wurden noch 112, 1918: 347, 1922: 96 T. ausgeführt. Kiu-kiang (53), Schanghai (1,5 Mill.) und Fu-tschou (350) sind die Hauptausfuhrhäfen. In Kiang-si und auf der Insel Hai-nan hat man Anpflanzungen gemacht. In Kuglin (?) und Fu-tschou bestehen Fabriken zur Gewinnung von Kampferöl.

[2]) Ausf. von Sternanis (von Wu-tschou, 50, am Hsi-kiang nach Hongkong, 342, auf den Weltmarkt) 1913: 666 T.

[3]) Ausf.: 1913: 1020 T.

[4]) Ausf. 1913: 10060, 1916: 12240, 1918: 5330 T. über Tien-tsin (800) nach Japan und Union. Bedeutender Ölgehalt, hochwertiges Öl.

[5]) Ausf. von Erdnüssen 1913: 69000, 1919: 78700 T. (fast nur geschälte); Ausfuhrhäfen Tsing-tau (44), Tien-tsin (800), Schanghai (1,5 Mill.); Erdnußöl 1914: 15500, 1919: 74000 T. nach Japan, Union, Großbritannien. Ausfuhrhäfen Tsing-tau (bedeutende Ölindustrie), im Süden Hongkong (342).

[6]) Ausf. 1913: 123000, 1921: 88000 T. Saat. Das Öl (Hankou) wird zur Beleuchtung, als Speise-, Schmieröl usw. verwendet, die Preßrückstände als Viehfutter und Düngemittel.

werden als „Rapssaat" ausgeführt.[1]) Baumwollsaat (s. S. 187), nicht sehr ölreich[2]), wird schon in Ölfabriken verarbeitet.

Ätherische Öle sind Sternanisöl (S. 184), Zimtöl (S. 182), Anisöl und Teeöl.

Ost-Kwang-si und Süd-Hu-nan stellen große Mengen Teeöl her. Wu-tschou (50) und Hankou (1,5 Mill.) sind Hauptstapelplätze und Verschiffungshäfen.

Futterpflanzen gibt es in der Ackerwirtschaft der Chinesen nicht. Selbst Weideland ist nur spärlich vorhanden, Wiesen noch weniger; wenn aber, so werden sie beide nicht ausgenutzt. **Tierische Nahrungsmittel** spielen wie die Tierzucht überhaupt eine geringe Rolle. Fleisch ist nur Beikost und Festspeise; Milch wird nicht genossen.[3]) Man ernährt sich hauptsächlich vegetarisch.

Rinder (häufig mit kleinem Höcker) werden wenig gehalten[4]), am ehesten noch in Nordchina, wo auch Gras reichlicher ist, und die Grundstücke größere Flächen haben.[5]) Es kommen aber Talg[6]) und neuerdings Fleisch[7]) zur Ausfuhr. Hauptfleischtier ist das Schwein, das als Allesfresser seit alter Zeit in der intensiven Kleinwirtschaft der Chinesen in großen Mengen Platz gefunden hat, sich im sommerfeuchten Klima wohl fühlt und für dasselbe das geeignetste Haustier ist.[8])

In Nordchina (zumal in den Provinzen Tschi-li, Schan-si, Schen-si, Kan-su, Schan-tung, auch noch in Hu-nan und Sze-tschwan) werden in beschränkter Zahl Schafe (Fettschwanzschafe für Fleisch[9]) und Fett) gehalten. Ebenfalls in Nordchina sind Ziegen, in der Großen Ebene wie im Jang-tsetale, kleine, zwerghafte, in den Gebirgsdistrikten und in den Randgebieten der Mongolei große Tiere[10]); sie liefern Fleisch. Hunde-, Pferde- und Büffelfleisch werden nur von armen Chinesen gegessen[11]), besonders in Südchina.

Eine größere Rolle spielen in dem feuchten, gewässerreichen Lande die Enten, das verbreitetste Haustier; zumal auf den vielen Kanälen der Ebenen scheinen sie ihre Nahrung zu finden. Sie werden wie ihre Eier gerne gegessen.

Seltener sind Gänse, da Weideflächen mangeln. Die Hühner müssen sich meist ihr Futter selbst suchen und sind minderwertig; Fleisch und Eier, ebenso wie die von Tauben werden viel verspeist. Truthähne werden in der Nähe der Fremdenniederlassungen gehalten.

---

[1]) Ausf. 1913: 37300 T., Ausf. von Rapskuchen 1913: 22400, 1915: 28400 T.

[2]) Soll nur 8½% Ölgehalt haben gegen 13% der amerikanischen, 16% der indischen Saat.

[3]) Nur in der Nähe der Vertragshäfen werden Schlachtrinder und Milchkühe für die Europäer gezogen.

[4]) Über die Zahl der Haustiere und ihre Verbreitung liegt bisher keine Statistik vor.

[5]) In den Zwergwirtschaften Chinas ist für das Rind keine Stätte.

[6]) 1913: 7400 T.

[7]) In Nan-king (381) wurden große Gefrieranlagen geschaffen, und 1913 wurden Rind-, Hammel- und Schweinefleisch (frisch und gefroren) zusammen 11000, 1915: 13000 T. ausgeführt.

[8]) Es ist ziemlich schnellwüchsig und mastfähig, aber klein. Zum Teil muß es seine Nahrung selbst suchen.

[9]) Soll nach Em. Brass sehr gut sein. In Südchina ist schon wegen des Reisbaues vielfach kein Platz für die Schafzucht, auch Zwergbetrieb und feuchtheißes Sommerklima sind den Tieren nicht günstig.

[10]) Außerhalb der Niederungen sind sie auch langhaarig.

[11]) Hunde werden nach Em. Brass nicht gemästet.

Eier[1]) werden schon seit längerem ausgeführt, frisch und konserviert.[2]) Neuerdings wurden Fabriken in Hankou (1,5 Mill.), Tsing-tau (44), Wu-hu (127), Kiu-kiang (53), Tschin-kiang (102), Schanghai (1,5 Mill.) usw. errichtet, in denen Eier[3]) zu Eigelb und Albumin für Ausfuhr[4]) nach Europa (durch die Tropen) und Amerika verarbeitet werden.

Einen bedeutenden Anteil an der Ernährung haben in dem gewässerreichen Lande die Fische.

Es wird Binnen- und Seefischerei betrieben[5]) daneben auch Fischzucht in natürlichen und künstlichen Fischteichen (hauptsächlich Karpfen), z. B. in Tsche-kiang. Über den Ertrag der Fischerei fehlen bisher Übersichten. Es werden übrigens auch sehr große Mengen von Süßwassermuscheln, Landkrabben, Taschenkrebsen, Garneelen verzehrt. An der Küste, deren große Ausdehnung, zahlreiche schützende Buchten (Südchina) und große Fischereibänke der Fischerei günstig sind, fischten außer kleinen Booten auch große Hochseedschunken.[6]) Man will nun die moderne Hochseefischerei mit Motorfahrzeugen und Fischdampfern einführen. Austern treten an den felsigen Küsten (bei Ning-po, Tsing-tau, Tschi-fu) auf.[7]) Die **Jagd** trägt wohl nur wenig zur Ernährung der Bevölkerung bei.

Mineralische Nahrungs- und Genußmittel. Salz an oder in der Nähe der Erdoberfläche scheint in dem sommerfeuchten China spärlich zu sein, aber im dürren Nordwestchina am Rande Zentralasiens häufig; von hier kommt es nach den feuchten Gebieten zur Ausfuhr.[8])

Viefach gewinnt man nach E. Tiessen Salz aus dem salzhaltigen roten Ton des Tertiär, der von der Stadt Hsi-ngan-fu westwärts in Schen-si und Kan-su weitverbreitet ist. In Schan-si gibt es zahlreiche Salzseen, in Sze-tschwan Solbrunnen. Die Trinkwasserverhältnisse sind in den trockenen Landschaften des Nordwestens schwierig, sonst ist reichlich Wasser in den vielen Gewässern vorhanden; auch Brunnen, neuerdings moderner Art, bestehen; in sanitärer oder hygienischer Beziehung, mit modernem europäischen Maßstab gemessen, bleibt aber viel zu wünschen übrig. Mineralquellen sind wohl sehr häufig, ja, selbst heiße Quellen sind in vielen Landesteilen (in der Gegend von Nan-king, Pe-king, Fu-tschou-fu, in Jün-nan usw.) bekannt und werden von Leidenden oder zwecks Kochens aufgesucht. Mineralische Düngemittel werden wenig (Salpeter) gewonnen, doch besteht ein großer Einfuhrbedarf nach solchen.

---

[1]) Nach Brass keine Hühnereier! Enteneier sind bedeutend größer und fetthaltiger als jene. Jede Ente liefert nach Brass 120—150 jährlich. 1913 wurden 363,2 Mill. Stück ausgeführt. — Pekinger Entenlebern werden geschätzt.

[2]) 1914: 9800 T. gefrorene (nach Großbritannien).

[3]) Besonders die Jang-tse-kiangprovinzen, dann Ho-nan, Schan-tung, Kwang-tung liefern (zumal März bis August) viele Eier.

[4]) 1913: 9400 T.

[5]) Der gezähmte chinesische Kormoran, am oberen Jang-tse-kiang angeblich auch abgerichtete Ottern helfen bei der Fischerei. Sinnreiche Netze, Fischkammern und -wehre sind im Gebrauch. Bemerkenswert ist, daß vom 5. April bis zum 1. Juni den Fischen zum Laichen eine Schonzeit gewährt ist, in der fast nur konservierte (gesalzene) Fische genossen werden.

[6]) Die Heimstätten der chinesischen Piraten.

[7]) Austernzucht an eingerammten Bambuspfählen wird seit alters bei Fu-tschou (350) betrieben.

[8]) Z. B. aus einem Salzsee in der Nähe des Ala-schan (unfern der Oase Ning-hsia).

b) Unter den Faserpflanzen, die für **Kleidungszwecke** angebaut werden, ist die Baumwolle die wichtigste, denn man schätzt, daß sie etwa 90% aller Chinesen kleidet.

Am meisten wird der Baumwollstrauch (Gossypium herbaceum) im Jang-tse-kiangtal angebaut, ferner am Wei-ho, am Hwang-ho (in der Großen Ebene), im Hsi-kiangtal. Am wichtigsten unter allen produzierenden Provinzen ist heute wohl Kiang-su[1]), bis zu deren Nordgrenze der Anbau bereits vorgedrungen ist; um Schanghai (1,5 Mill.) bildet er den wichtigsten Zweig der Benutzung des Landes. Da der Wechsel von Regenzeit (Sommer) und Trockenzeit (Winter) für die Vegetationszeit genügend Wasser, für die Ernte Trockenheit (C 5) ziemlich gut, bedeutend besser wohl als in den Südstaaten der Union (C 7 a), gewährleistet, wird vielleicht bei der großen Ausdehnung fruchtbaren Niederungsbodens besonders in Nordchina der Anbau noch sehr zunehmen können. Es kann Baumwolle ausgeführt werden.[2])

Die maschinelle Baumwollindustrie wächst beständig (s. Anm. 1).

Die bisherige schlechte Beschaffenheit der chinesischen Baumwollfaser stellte die Konkurrenzfähigkeit des Garns auf dem Weltmarkte in Frage, aber die Billigkeit der Arbeiter begünstigt die Industrie. Ihre Hauptzentren sind Schanghai (1,5 Mill.), Wu-tschang (zu Hankou), Tien-tsin (800[3]), Wu-sieh, Nan-tung-tschóu. Die Zahl der Spindeln[4]) hat sehr schnell zugenommen. China führt bereits Baumwollwaren aus und fortschreitend weniger ein (s. unter Handel, S. 196f.).

An · weiter Stelle steht unter den Textilpflanzen Chinas wohl das Chinagras oder Ramie (Rhea), Boehmeria nivea.

Diese Nesselart wächst in allen wärmeren Teilen Chinas (bis zu 1300 m ü. M.) wild, wird aber auch in größerem Umfange in den mittleren und südlichen Provinzen (besonders im roten Becken von Sze-tschwan, in Hu-nan, Hu-pei, Kiang-si, Fo-kien

---

[1]) Die Produktion Chinas ist nicht sicher bekannt. 1919 wurde sie auf etwa 4 Mill. Ballen zu 225 kg = ungefähr 900000 T. = 26 (1923/24: 10?) % der W. geschätzt. Die Prov. Kiang-su soll in diesem Jahre um 550000 T. hervorgebracht haben. 6 Mill. Ballen = 1,35 Mill. T. = etwa 30% der W. sind wohl als eine Maximalernte anzusehen. 1921 erzeugte Tschi-li 113000, Schen-si 26000, Schan-si 15000 T. (an den Nordgrenzen des Anbaues). Die Böden (in Tschi-li Alluvial-, in Schan-si tiefer Lößboden) sollen hier für die Baumwolle nicht so geeignet sein wie in den mittleren Provinzen; er muß geeignet gedüngt werden; auch ist die Saison kürzer, die Fröste setzen früher ein; darum wird hier im Norden eine frühreifende Sorte gezogen. — Von der 1919er Ernte sollen in den chinesischen Baumwollfabriken 1919/20 etwa 16% verbraucht, 7½% ausgeführt worden sein. Der bei weitem größte Teil wird also noch in der primitiven Hausindustrie verarbeitet. Für 1921/22 finde ich den Verbrauch Chinas auf rund 293000, 1922/23 auf 322000 T. geschätzt; es handelt sich jedenfalls (?) um die in Baumwollfabriken verbrauchten Mengen, die also gegen 1919/20 stark zugenommen hätten. 1921 sollen (?) bereits $^9/_{10}$ der alten Handwebstühle durch moderne Webmaschinen (aus Großbritannien, auch Kanada) ersetzt gewesen sein (?). — Die Fasern sind, namentlich in Nordchina, kurz, rauh und wenig kräftig, aber von weißer Farbe. Die Rauheit der nordchinesischen Faser macht sie zur Herstellung von Halbwollenfabrikaten geeignet. Man bemüht sich in den Versuchsstationen und an den Universitäten Nan-king und Peking um Verbesserung der Qualität und Steigerung der Erträge. Man zieht auch schon amerikanische Baumwolle, doch soll sie sich bald verschlechtern (Klima ?).

[2]) Seit 1895. 1919: 64800 T. Seit diesem Jahre hat Tien-tsin (800) als Ausfuhrhafen Schanghai (1,5 Mill.) weit übertroffen (1922: 32900 T.). In den letzten Jahren übertraf die Einf. (1923: 98670 T. die Ausfuhr (58920 T.).

[3]) Vielleicht haben Tien-tsin und Peking Aussicht, Schanghai einzuholen oder zu überflügeln, da das Klima gesunder ist, und länger und ergiebiger als in dem heißeren und feuchteren Süden gearbeitet werden kann.

[4]) Mitte 1923 auf 2,68 Mill. geschätzt = über 1,7% der Weltziffer.

und Kwang-tung) angebaut.[1]) Fasern und Grasleinen (grasscloth), das Gewebe aus ersteren, kommen zur Ausfuhr.[2])

Hanf (Cannabis sativa) wird in allen Teilen Chinas angebaut. In einzelnen Bezirken Westchinas besteht die Kleidung der ärmeren Klassen aus Hanffasern. Letztere werden auch ausgeführt.[3])

Die Jute (Corchorus capsularis) für Säcke, Stricke, Seile wird hauptsächlich in Tschi-li angepflanzt[4]), Abutilon- oder Sidahanf (Abutilon Avicennae) in geringem Umfange[5]) in ganz China (für Stricke und Seile). Flachs (s. S. 184) scheint nach P. Klautke nicht versponnen zu werden.

Hüte für den Eigengebrauch stellt man in China aus Weizenstroh oder Binsen, Bast oder Weidenruten her.[6])

Strohborten (für Hüte) aus Weizen-, Gerste- und Reisstroh sind ein wichtiger Ausfuhrartikel[7]) der Provinz Schan-tung (Bezirke Lei-tschou und Scha-hou), ferner der Provinzen Ho-nan, Sze-tschwan und Schan-si. Hauptausfuhrplätze sind Tsing-tau (44) und Tschi-fu (83).

Hüte, Schirme, Fächer werden auch aus Bambus (S. 191) gefertigt, Regenmäntel aus Bambusblättern, Sandalen aus Stroh. Palmblattfächer von der kultivierten chinesischen Fächerpalme (Livistona chinensis Br.) werden in der Gegend zwischen Kanton und Hongkong hergestellt und hauptsächlich nach der Union ausgeführt.

Verschiedene Indigopflanzen (besonders Polygonum tinctorium) liefern (zumal in Südchina)[8]) den für Färbung der Baumwollstoffe bei den unteren Volksklassen meistbenutzten Farbstoff. Aber Anbau und Fabrikation des Pflanzenindigo wie die der übrigen Naturfarben (Gelb aus den Wurzeln von Curcuma longa, den Blüten von Sophora japonica, den Früchten der Gelbschote, Gardenia florida; Rot aus den Blättern der Saflorpflanze [Jang-tseprovinzen]; Grün aus den reifen Beeren von Kreuzdornarten) sind infolge der Einfuhr des billigeren künstlichen Indigos bzw. der anderen Anilinfarben (s. S. 197) sehr zurückgegangen. Indigoblau, Dunkelbraun und Schwarz sind bevorzugte Farben.

Tierische Rohstoffe für Kleidung liefert China verhältnismäßig wenig, am meisten die gebirgigen Westprovinzen (Kan-su, Sze-tschwan, Jün-nan, Schen-si, Schan-si, auch Ho-nan), hauptsächlich Nordchinas.

---

[1]) Ernte der Stengel im Juni und August, zuweilen ein drittel Mal im September.

[2]) Fasern 1913: 10350, 1921: 11920 T., Grasleinen 940 T. Für die Ausfuhr wird besonders der 2. Schnitt (in Kanton, 900, und Umgebung) bereitet, in geringem Grade die gröbere Faser von Sze-tschwan.

[3]) Für die Ausfuhr kommt besonders das niedrigere östliche China (Prov. Hu-pei und Hu-nan, Kwang-tung und Kwang-si, Tschi-li und Schan-si) in Betracht. Ernte gewöhnlich Ende Mai oder Anfang Juni, in der Prov. Kiang-si aber dreimal (Juni, Aug. und Okt.). Ausf. 1913: 4890, 1921: 7480 T. Auch für Bindfäden, Stricke, Getreidesäcke, Ölsaat wichtig.

[4]) Ausf. 1913: 6370, 1921: 1700 T.

[5]) Für Ausfuhr (ganz unbedeutend 1912) in den Prov. Hu-pei und Sze-tschwan.

[6]) In der Umgebung von Ning-po (271) hat sich eine Hausindustrie entwickelt, die über diesen Hafen viele Mill. Stück jährlich, besonders Binsenhüte (1913: 6,3 Mill., 1,18 Mill. andere Hüte) — für Plantagenarbeiter und als Sonnenschutz für Haustiere —, nach Amerika und Großbritannien, ausführen kann.

[7]) Ausf. 1913: 6110, 1921: 3290 T. Das Getreide wird für diesen Zweck besonders gezüchtet. Die Bortenflechterei ist Handbetrieb, Versuche mit europäischen Flechtmaschinen sollen ergebnislos verlaufen sein.

[8]) Die Ernte beginnt im Juni.

Wollkleider scheinen in China wenig getragen zu werden, am meisten natürlich im hohen Westchina[1]); im kalten Winter werden wattierte Baumwollkleider vorgezogen. Man benutzt Schafwolle zur Herstellung von Filzhüten, -sohlen, Decken, Teppichen[2]), Tuchen und, mit Baumwolle vermischt, zu künstlichen Pelzen oder Futterstoffen. Von der Wolleproduktion kommt durchschnittlich etwa ein Viertel zur Ausfuhr[3]), hauptsächlich nach der Union als Teppichwolle.

Wolle vom **Kamel** (s. S. 192) wird im Winter gewonnen, wenn es sich mit dichtem Pelz gegen die Kälte bekleidet hat. Kamelhaare kommen über **Tien-tsin** (800) zur Ausfuhr.[4])

Ziegenhaare sind nur ein kleiner Exportartikel.[5])

Besonderer Schätzung erfreut sich die **Seide**, aber die Einführung der Baumwollkultur hat die ältere Seidenzucht[6]) stark geschädigt und die Seide zum Luxuskleidungsstoff der Reichen gestempelt.

Der **Maulbeerspinner** (Bombyx mori) nährt sich von den Blättern der (auf etwas höher gelegenen Böden) in bequemer Buschform angebauten (weißen) Maulbeerbäume (große, dicke Blätter!) oder der hohen wildwachsenden Bäume (kleine, dünne, schwer zu erntende Blätter). Letztere ergeben eine grobe, erstere eine glänzende, weiche Seide; die Raupe der südlichen Provinzen liefert etwas mehr Seide als die der nördlichen.[7]) Seide ist ein wichtiger Ausfuhrgegenstand.[8])

---

[1]) Man schätzte die Wolleproduktion Chinas (mit Zentralasien) früher auf etwa 90000 T. (?) = 7,5% der W.; (ohne Zentralasien ?) 1909/13 auf 23000, 1922: 28000 T. = 2,3% der W. Die Prov. **Kan-su** soll über 6000 T. ausführen. Aber **Schan-tung** soll nur etwa 600 T. Wolle erzeugen und davon nur ein Fünftel verbrauchen. In **Kiang-su** werden (Fettschwanz-) Schafe nach Em. **Brass** nur vereinzelt gehalten; sie haben eine dichte, grobe, wenig gekräuselte Wolle, die ausgeführt, hauptsächlich zur Filzfabrikation und Teppichweberei verwendet wird. Das Sze-tschwanschaf soll eine viel bessere Wolle tragen als das „chinesische" und auch das mongolische Schaf; sie soll mehr der der Tibetschafe (S. 159) ähneln.

[2]) Während des Krieges, als die persische und kleinasiatische Industrie ausgeschaltet war, hat sich die **Teppichindustrie** in **Tien-tsin** (800) und **Peking** (805), auch in **Kalgan** (200) und Umgebung und in **Schanghai** (1,5 Mill.) entwickelt.

[3]) In **Tien-tsin** (800) sammelt sich die Wolle aus der **Mongolei** und der **Prov. Hsin-kiang. Tibetanische** Wolle kommt über **Ta-tsien-lu** von **Tschia-ting** den Yafluß auf Flößen nieder und über **Sang-pa-ting** von **Kwan-hsien** auf dem Jang-tse-kiang abwärts. **Tschung-king** (510) ist Hauptstapelplatz für diese Tibetwolle, **Hankou** (1,5 Mill.) und **Schanghai** (1,5 Mill.) ihre Ausfuhrhäfen. Eine Verbesserung der Transportverhältnisse zur Küste würde Wollproduktion und -ausfuhr Zentralasiens sicher sehr steigern. Die Wolleausf. Chinas wurde 1923 mit 21830 T. angegeben. Dagegen wurden 1923: 1936 T. Wollengarn eingeführt.

[4]) 1800—2500 T.

[5]) 1913: 710, 1921: 1030 T.

[6]) Die Zucht der **Seidenraupe** soll in China erfunden sein; ihr Geheimnis wurde hier lange gehütet, bis ihre Kenntnis nach Zentralasien, Vorderasien, dann auch nach Europa ihren Weg fand. Die Seide war im Westen schon lange vorher (durch den Handel) bekannt.

[7]) Weiße Seide stellt besonders die Umgegend von Schanghai und Kanton, gelbe die Prov. Sze-tschwan, das mittlere Jang-tsegebiet und das westliche Schan-tung her. Ernte der Kokons bei Schanghai Ende Mai und Ende Juli, bei Kanton mehrmals von Ende Mai bis Okt.; die ersten Ernten sind hier infolge der vielen Regen (C 51) geringwertig, die im Aug. und im Sept. in der Regel am besten. Die beste Seide liefert **Tsche-kiang**; **Sze-tschwan**, **Ho-nan** und **Kwang-tung** gute. Die von frischen **lebenden** Kokons abgehaspelte Exportseide ist besonders schön und glänzend, aber die Fäden sind nicht gleichmäßig dick und völlig eben, was für unsere mechanischen Webstühle verlangt wird. Darum hat man in China neuerdings größere mechanische Abhaspeleien eingerichtet, die aber die Kokons nun aus entlegenen Gegenden, d. h. **abgetötet**, zusammenkaufen müssen (s. S. 180, Anm. 1); das beeinträchtigt den Glanz und die Schönheit der Rohseide. Verbesserung der Transportverhältnisse könnte helfen.

[8]) Ausf. 1913: 1540 T. unabgehaspelte **Kokons**, 7215 (9008?) T. **Rohseide**, 8640 T. Abfallseide. Für 1923 wird die Ausf. von **Rohseide** mit 8368 T. angegeben.

Die Chinesen können auf ihren primitiven Webstühlen prächtige Gewebe[1]) herstellen, und ihre Stickereien[2]) aus Seide von lebenden Kokons sind schöner als unsere Fabrikware. Neuerdings hat sich (in Schanghai, 1,5 Mill., Kanton, 900, Hang-tschou, 890, Tschi-fu, 83, Sam-schui, 7, Tsching-kiang, 102 usw.) eine Seidenfabrikindustrie aufgetan und stellt Ware nach europäischem und amerikanischem Geschmack her.[3])

Einen Ersatz für die Seide des Maulbeerspinners bietet seit alters in den nördlichen und Gebirgsprovinzen (Sze-tschwan, Schan-tung, Ho-nan) die wilde oder Tussahseide des Eichenspinners (s. S. 180). Schan-tung führt Gewebe daraus (sogen. Pongeestoff) aus.[4])

Pelze werden zur Winterkleidung, für Fußteppiche, Sesselschmuck usw. viel genutzt, vor allem im Landesinnern (Lan-tschou-fu usw.) Der Wert der Pelze nimmt von Norden nach Süden ab[5]); die Behaarung der Sommerfelle ist natürlich weit kürzer als die der Winterfelle.

Pferdemähnen und -schweifhaare[6]), geschätzte Schaffelle[7]) (aus der Mongolei), Ziegenfelle (kurzhaarige Sommerfelle) werden über Tien-tsin (800) ausgeführt[8]), Rinderhäute[9]) aus den Gebirgsprovinzen Nord- und Mittelchinas über Tien-tsin, Hankou (1,5 Mill.) und Tsing-tau (44), weiße Lammfelle[10]) Schan-sis, Lammpelze[11]), Vorleger und Teppiche aus Schaffellen und Schafpelze[12]), Decken und Vorleger aus je zwei Ziegenfellen[13]), selbst ebensolche von Hundefellen[14]) kommen zur Ausfuhr. Auch Schweineborsten[15]), Schweinedärme, Bettfedern[16]), Schmuckfedern[17]) werden ausgeführt.

Die Leder- und Lederwarenfabrikation ist vergleichsweise wegen der

---

[1]) Damast, Gaze, Brokat, Satin.

[2]) Für Tischbehänge, Vorhänge, Wandbehänge, Bilder und Gewänder.

[3]) Ausf. von Seidenwaren (1912) 993 T.

[4]) 1913: 1010 T.

[5]) Sicher auch von Westen nach Osten, von Gebirge zu Tal. Der Mandschutiger (nur im hohen Nordwesten) ist selten. Das Hankoutiger im mittleren Westen hat weniger lang und dicht behaarten Pelz, der (südliche) Amoytiger hat schon den Typus des tropischen bengalischen Tigers. Der Leopard Nordchinas ist länger und dichter behaart als der mittelchinesische. Pelze vom Irbis (Mittelchina), Wolf (Norden), von Füchsen (geschätzte Jacken!), Viverrenhund, Marderart, Zibetkatzen (in Jang-tsegebiet größer als in Südchina) werden genutzt. Die Otterart des Jang-tsegebietes hat viel kürzere Haare und Unterwolle als die Fischotter der kälteren nördlichen Gebiete. Dachse und Bärenarten scheinen im Süden zu fehlen. Das Fell des mittelchinesischen Eichhörnchens ist wertlos, des Stinkdachs geringwertig. Die zentralasiatischen Murmeltiere kommen noch in Kan-su vor.

[6]) Ausf. 1913: 790 T.

[7]) 1913: 33400 T.

[8]) Roh 1913: 7,15 Mill. (Frankreich), gegerbt 0,64 Mill. Stück.

[9]) 1913: 30100 T.

[10]) 1913: 587000 Stück; auch Felle neugeborener Lämmer mit gekräuseltem Haar.

[11]) 1913: 68400 Stück. Aus Lamm- und Schaffellen fertigen die Chinesen, zumal in den nördlichen Gebieten, Kleidungspelze für den Winter.

[12]) 1913: 41600 Stück.

[13]) Industrie Kalgans (200) und Kwei-hwa-tschengs. Ausf. 1913: 328600 Stück.

[14]) 1913: 591100 Stück.

[15]) Ausf. 1913: 3190 T. Je weiter nach Norden, desto feiner sind die Borsten; sie kommen hauptsächlich aus Tschi-li, Mittel- und Westchina (am meisten wohl aus den gebirgigen Distrikten). Südchina liefert wenig. Auf der sommerheißen Insel Hai-nan treten feine einzelnstehende Haare an ihre Stelle. Tien-tsin (800) ist Hauptplatz für Borsten.

[16]) Besonders Enten- und Gänsefedern (Okt. bis Mai!). Ausfuhrhäfen: Schanghai (1,5 Mill.), Hongkong (320), Kanton (900).

[17]) Von Fasanen, Reihern, Geiern usw. Ausf. ließ sehr nach.

geringen Stellung der Tierzucht (s. S. 185) wenig entwickelt, und die Gerbstoffe spielen keine große Rolle.

Die chinesischen Gallnüsse auf den Blättern von Rhus javanica, eines im ganzen Jang-tsetale (bis 1000 m ü. M.) vorkommenden niedrigen Baumes, haben bis 70 und 75% Gerbstoff. Das rote Becken von Sze-tschwan liefert viel in die Ausfuhr.[1])

Während Kupfer und Silber die Zahlungsmittel bilden, wird Gold für künstlerische Zwecke verwendet. Es ist in den Provinzen Tschi-li, Schantung, Jün-nan, Sze-tschwan, Kwang-tung usw. in den alten Gesteinsablagerungen vorhanden und wird an vielen Stellen im Kleinen abgebaut. Die Silberproduktion in Tschi-li, Jün-nan usw. ist unbedeutend.[2])

c) Materialien für den **Hausbau** fehlen nicht, obwohl Wälder infolge der großen Ausdehnung der Besiedlung nur in Resten (in Gebirgen, um Tempel und Klöster) erhalten blieben.[3]) Die etwa bis zum 40.° nordwärts (in Mittel- und Südchina) angepflanzten Bambushaine ersetzen gewissermaßen den Wald; namentlich in Südchina liefern sie Material für den Hausbau.[4]) Auch Steine (außerhalb der großen Ebenen), Lehm und Ton[5]) für Ziegel und Töpferware (Hausrat usw.) sind überall vorhanden; altberühmt ist die Porzellanindustrie.[6]) Auch Zementfabriken gibt es bereits.[7])

Das chinesische Haus zeigt fast immer geringe Höhe; selten ragt es über das Erdgeschoß auf; das Baumaterial würde auch meist kaum eine größere Belastung tragen. Bambuspfähle (oder Hirsestengel usw.) und Lehm, auch in der Sonne getrocknete Ziegel sind gewöhnlich das Hauptbaumaterial der Bauernhäus'chen; die Fensterlöcher sind mit Papier verklebt; die Dächer bestehen aus Stroh, oft mit Lehmschicht bekleidet, der Fußboden aus nackter Erde. Natürlich gibt es aber auch bessere Häuser, in denen richtiges Mauerwerk vertreten ist, und die an Zeltform erinnernden Dächer aus Dachziegeln, die Fußböden aus Ziegelsteinen hergestellt sind. Die Staatsgebäude sind wiederum stattlicher. In den verschiedenen Gebieten

---

[1]) 1913: 3240 T.

[2]) Vgl. Th. Read, Die Bergbauverhältnisse in China. Übers. u. ergänzt von Gerke. Kattowitz o. J. — Prod. von Gold 1908: 13011; 1913: 5505; 1923: 3110 kg; von Silber 1915: 567; 1923: 1244 kg.

[3]) Nach R. Zon u. W. N. Sparhawk (1923) sind etwa 6,9% der Fläche des chinesischen Reiches bewaldet, im eigentlichen China sogar 12,2% der Fläche. Im Norden des Tsin-ling-schan und Hwaigebirges wachsen Kiefern, Fichten, Tannen, Lärchen, Eichen, im Süden immergrüne Gewächse: Maulbeerbäume, Rhusbäume, Kampferbäume (S. 184), Lorbeerbäume usw., meist mehr Busch- als Hochwald. Pflanzungen von Kiefern sind selten, von Bambus häufig. Erst in neuerer Zeit werden auf europäische Anregungen hin Aufforstungen auf Bergen, längs der Eisenbahnen usw. vorgenommen. Auf Lößboden (Nordchina) fehlt Baumwuchs.

[4]) Ferner Nahrung (s. S. 182, Anm. 1), Hausmöbel, Matten, Kopfkissen, Küchengeräte, Körbe, Schmuckvasen, Kästchen, Hüte (S. 188), Schleppleinen, Floß-, Brücken-, Gerüstholz, Bootmaste, Transportstangen, Sänften, landwirtschaftliche Geräte, Angelruten, Einfriedungen, Röhren für Wasserleitungen usw. Bambus ist den Chinesen unentbehrlich. Bambuswaren (Vasen, Fächer, Flechtereien, Gartenmöbel, Schmuckkästchen, Spazierstöcke, Bambusstreifen usw.) werden auch (zumal über Kanton, 900) ausgeführt. — Matten und Mattenläufer stellt man auch aus Binsen sumpfiger Gebiete her; die Binsen werden sogar kultiviert. Aus Kanton (900) werden Matten (nach Europa; 1913: 21,84 Mill. und Mattenläufer (nach Amerika; 266200) ausgeführt.

[5]) In den niederschlagsreichen Gebieten, in den Ebenen zumal; auch der Lößboden ist für die Ziegel- und Töpferindustrie sehr geeignet.

[6]) King-tö-tschönn (1 Mill.?), Kanton (900), Kiu-kiang (53) sind Zentren.

[7]) In Kanton z. B. eine mit einer täglichen Erzeugung von 400 Faß.

treten natürlich Unterschiede auf. Erwähnt seien die Lößhöhlenhäuser der Lößregion, das mandschurische fast konvexe Dach; Steinbauten der Gebirgslandschaften.[1])

d) Tierische Arbeitsgehilfen, Naturkräfte, Werkzeugmaterial.

Bei dem niederen Stande der Tierzucht spielt das Pferd als Gehilfe des Menschen eine weit weniger wichtige Rolle als in Europa oder Nordamerika.

Die gute mongolische Rasse[2]) wird nur in einzelnen Teilen von Kan-su gezüchtet. Je-hol oder Lama-Miau im Gebirgsland nördlich von Tien-tsin ist der Hauptmarkt für diese Tiere, die (nur Wallachen!) nach Schanghai oder Tien-tsin verkauft werden, auch Kalgan (200) soll wichtiger Markt sein. In Nordchina[3]) wird das Pferd etwas häufiger gebraucht als in Mittel-[4]) und Südchina.[5])

Rinder[6]) werden in Nord- und Mittelchina vor dem leichten Pfluge oder dem zweirädrigen Karren, zum Betrieb der Paternosterwerke (für die Bewässerung) und der Ölmühlen benutzt; im Gebirge tragen sie auch Lasten. Etwa bis zum Jang-tse-kiang nordwärts wird zum Pflügen der Reisfelder der starke Büffel[7]) gehalten, der in Südchina auch den Betrieb der Göpelwerke besorgt.

Im äußersten gebirgigen Westen Chinas begegnet uns schon der Yak, oft mit dem Rinde gekreuzt. Esel, viel kleiner als in Vorder- oder Nordwestasien, aber recht kräftig, werden im Norden häufig (als Last-, auch Reittiere) gehalten. Maultiere[8]) züchtet Nordchina (Schan-tung die besten), Maulesel das Jang-tse-kianggebiet. Kamele[9]) sind im dürren Nordwesten Chinas die Haupttransporttiere.

An **Heizstoffen** ist China außerordentlich reich, vor allem an Steinkohle und Anthrazit; am meisten Kohlen bergen die hohen Provinzen Nordwestchinas: Schan-si und Schen-si[10]); die Lager liegen zum Teil nicht ungünstig

---

[1]) Auch auf das Klima wird vielfach Rücksicht genommen. Besonders wird für Luftbewegung gesorgt, um die Sommerhitze einigermaßen erträglich zu machen. Öfen fehlen meist, auch in Gegenden kalter Winter. Warme Kleidung, Holzkohlenbecken ersetzen sie, aber in der Mandschurei und in Nordchina findet man den heizbaren und mit Matten belegten „Kang", der zugleich als Schlafstelle zu dienen pflegt.

[2]) Es sind weniger schnelle als gut springende Tiere, aus ihrer Heimat für zerschnittenes Terrain trefflich geeignet, ferner sehr ausdauernd und anspruchslos; Futter suchen sie sich selbst. Ein dicker Winterpelz schützt sie gegen Kälte. Nur wenn die Schneedecke zu hoch ist, erhalten sie Futter (Gerste) verabreicht, bei schlimmen Winterstürmen finden sie vielleicht auch in offenen Schuppen etwas Schutz.

[3]) Hier tragen die größeren Güter leichter ein Pferd als der Zwergbesitz Reis-Chinas.

[4]) Das chinesische Pferd ist bedeutend kleiner und schwächer als das mongolische. Im sorgfältig angebauten Mittelchina ist fast kein Raum für Pferdezucht; sie werden (in geringer Zahl) als Wagenpferde verwendet.

[5]) Der Bergpony der Gebirgsprovinzen Kwei-tschou und Sze-tschwan ist noch kleiner, aber kräftig und ausdauernd und ungemein trittsicheres Last- und Reittier im Gebirge. Diese Rasse kommt auch in Südchina vor, wird aber hier sehr wenig gehalten.

[6]) Das mittelchinesische Rind mit schwach entwickeltem Buckel ist mittelgroß und kräftig; in Südchina ist der Buckel wie beim südasiatischen Zebu viel ausgeprägter, und die Tiere sind viel kleiner und leichter.

[7]) Er eignet sich als „Wasserochse" oder „Wasserbüffel" besser für die Bearbeitung der Schlammfelder als Rind oder Esel.

[8]) Es sind große schöne Tiere, die mehr als Pferde geritten werden und die Wagen der Mandarinen ziehen. Soweit Straßen fahrbar sind (s. S. 197 f.), wickelt sich hier der Frachtverkehr mittels zweirädriger Karren (mit einem oder zwei Maultieren) ab. Im Gebirge werden oft Reisende in Sänften befördert, die von zwei Maultieren getragen werden.

[9]) Noch nach Peking kommen sie in langen Reihen, aber von dem Küstenklima muß man sie fernhalten.

[10]) Mindestens 1000 Milliarden T. In Schan-si sollen 72% aller chinesischen Kohlen liegen. Die Zahl der Flöze ist freilich meist nicht sehr bedeutend. Am meisten ist Steinkohle der Dyas verbreitet, doch kommen auch Karbon-, Trias- und Jurakohlen vor.

zu den großen Städten und Küstenplätzen. Hier im Norden hat sich der moderne Kohlenbergbau nach europäischer Art am stärksten entwickelt.[1]) Er hat in China eine große Zukunft vor sich. Die Ausfuhr[2]) war 1920 bereits größer als die Einfuhr.

Torf kommt wohl nur wenig vor.

Petroleumspuren (in Sze-tschwan, Schan-si, Tschi-li, Kan-su usw.) sind mehrfach entdeckt[3]), und im kleinen und primitiv ist Erdöl schon von den Chinesen ausgebeutet worden. Zurzeit ist noch eine große Einfuhr[4]) von Petroleum nötig und erfolgt aus der Union, dem nahen Niederländisch-Indien usw. Wasserkräfte dürften in China recht reichlich vorhanden sein.[5])

Die fließenden Gewässer führen zu jeder Jahreszeit Wasser, sind zum Teil (wenigstens in Süd- und Mittelchina) winters frei von Eis, und ihr Gefälle ist in dem weitaus größten Teile des Landes günstig zu nennen, vor allem westlich der großen China durchziehenden Bruchlinie, im hohen Westchina, und an der Bruchstufe selbst. Flüsse, wie der Jang-tse-kiang, der, aus Tibet stammend, mit gewaltigem Gefälle im Oberlauf wie im Mittellauf (zwischen Tschung-king und I-tschang) zur Ebene und zum Meere niedersteigt und, vor allem zur sommerlichen Regenzeit (C 5!) riesige Wassermassen führt, seine Zuflüsse (z. B. der Min-ho), der Hsi-kiang, weniger der das dürre Zentralasien anschneidende Hwang-ho, und viele andere haben Wasserfälle und Stromschnellen in Menge.

Werkzeugmaterial ist vor allem der Bambus (s. S. 191), dessen Verwendungsweisen äußerst zahlreich sind; ferner Holz (s. S. 191), das jedoch noch eingeführt werden muß.

Als Papierstoff werden die Fasern von Bambusarten[6]) verwendet; ferner baut man den Papier-Maulbeerbaum (Broussonetia papyrifera) an, dessen Bast geeignet ist, und benutzt auch Reisstroh und andere Pflanzen.

---

[1]) Der uralte Kohlenabbau der Chinesen war sehr primitiv und machte halt, sobald er auf das Grubenwasser stieß, dessen man nicht wirksam Herr werden konnte. Anfang 1917 waren schon 245000 Arbeiter im chinesischen Bergbau beschäftigt; die Zahl wächst schnell. 1922 war die Kohlenproduktion (1920: 20—25 Mill. T.) schon auf etwa 2% der W. zu schätzen. Der Kohlenverbrauch je Kopf (1919: $^1/_{28}$ T. in den Nordprovinzen gegen $3^1/_2$ T. in Amerika) ist noch niedrig, doch wächst die Nachfrage für Hausbrand und Industrie. — Von großen Gruben seien die der Kailan Mining Co. in Süd-Schan-tung, des Peking-Syndikats, die Ping-hsiang-Minen, die Lin-tschenggruben in Tschi-li, die Liu-hokougruben in Ho-nan erwähnt. Bei Men-tou-kou (bei Peking) und Tschao-jang (Tschi-li) sowie bei Ta-tung (2) in Nord-Schan-si sollten neue Gruben eröffnet werden. 1923 sollen erzeugt haben von 23—24 Mill. T. die Prov. Tschi-li 7,5; die Mandschurei 5,5; Schan-tung 3; Ho-nan 1,9; Schan-si 1,5; Hu-nan 1,5; Kiang-si 1,2; Kiang-su und Hu-pei je 0,5; Jün-nan und Sze-tschwan je 0,4; Ostturkestan 0,3 Mill. T. Ferner wurde 1923 etwa 1 Mill. T. Koks produziert, die dem Selbstbedarf nicht genügt. Etwa 80% der Kohlenproduktion kamen aus neuzeitlich eingerichteten Gruben. Ausländisches Kapital kontrolliert mehr als die Hälfte der Erzeugung.

[2]) Ausf. 1913: 1,489; Einf. 1,691; Ausf. 1920: 1,9; 1923: 3,16 (nach Japan); Einf. 1,255; 1923: 3,1 Mill. T. aus Japan, Sachalin, Russ.-Asien.

[3]) Über die Erdgasbrunnen Sze-tschwans berichtet E. Tiessen. Die auf Petroleum hier vorgenommenen geologischen Untersuchungen der Amerikaner und (neuestens) Japaner scheinen bisher ergebnislos geblieben zu sein.

[4]) Einfuhr s. S. 197. Haupteinfuhrhäfen sind Hankou (1,5 Mill.), Kanton (900) und Tientsin (800).

[5]) Das amerikanische Wasserkraftwerk schätzt sie für die ganze chinesische Republik auf 20 (1,39?) Mill. PS = 4,5% der Weltziffer.

[6]) Für bessere Sorten des chinesischen Schreib- und Zeichenpapiers, des Papiers für Fenster, Schuhsohlen und viele andere Zwecke.

Von anderen technischen Rohstoffen hat das Holzöl (Tungöl[1]) große Bedeutung. Es wird aus den Fruchtsamen (26% Ölgehalt) zweier niedriger Bäume (Aleurites montana und Al. cordata) gewonnen. Ersterer ist allgemein um Wu-tschou (50, Prov. Kwang-si) und letzterer in den Bergen und Gebirgen um das mittlere Jang-tse-kiangtal (oberhalb I-tschang bis Tschung-king) bis zu 800 m ü. M. (Provinzen Hu-pei, Hu-nan und das rote Becken von Sze-tschwan). Man schätzt, daß etwa 60% der Produktion zur Ausfuhr[2]) kommen, besonders nach der Union und Kanada über Hankou (1,5 Mill., Raffinerie), daneben Wu-tschou (50).

Der Talgbaum (Sapium sebiferum Roxb.) findet sich wild und kultiviert in allem wärmeren Teilen Chinas, am häufigsten in den Ostprovinzen (Hu-pei, Kwang-si, Kwei-tschou, Tsche-kiang, Ngan-hwei, auch Sze-tschwan); liefert einen Pflanzentalg.[3])

Pflanzenwachs aus den Früchten des südchinesischen, vielfach angebauten Wachssumach (Rhus succedanea L.[4]) kommt besonders aus den Provinzen Hu-pei und Tsche-kiang auf den Markt.[5])

Der Lackbaum (Rhus vernicifera D. C.), namentlich im roten Becken von Sze-tschwan, in Hu-nan und Kiang-si gezogen, liefert aus rationell gemachten Einschnitten, die viele Jahre hindurch fortgesetzt werden können, ein Harz (Rohlack).[6])

Das Wachsinsekt (Coccus Lepah), eine Schildlaus, die ihre Eier in die Blätter des glänzenden Ligusters (Ligustrum lucidum) legt, an ihnen Gallen[7]) erzeugend, liefert das Insektenwachs in der Prov. Sze-tschwan. Nur eine ganz kleine Menge wird ausgeführt.

Da China in weiter Ausdehnung geologisch altes Land ist, auch Eruptivgesteine weit verbreitet sind, ist es reich an **Metallerzen.** Eisenerz kommt an vielen Stellen vor und wurde von den Chinesen in primitiver Weise ausgenutzt. Neuerdings sind Großbetriebe nach europäischer Art entstanden.

Bei Ta-yueh[8]) (unterhalb Hankou, unfern dem Jang-tse-kiang) z. B. werden etliche 100000 T. Erz jährlich gewonnen, teils für die dort errichteten Hüttenwerke, teils für die in Han-yang (zu Hankou[9]) gelegenen, teils für Ausfuhr nach Japan. Eine wichtige Gewinnungsstätte für Eisenerz ist auch Lung-yen (Prov. Tschi-li).

---

[1]) Es ersetzt dem Chinesen das Leinöl; er ölt und dichtet seine Boote damit, lackiert die Möbel und andere Waren, stellt wasserdichte Papiere und Zeuge mit seiner Hilfe her und mit dem Ruß des verbrannten Öles chinesische Tusche.

[2]) 1913: 28030; 1919: 37060 T.

[3]) Aus den Samen der im Nov. oder Dez. geernteten haselnußgroßen Früchte (für Kerzen), auch ein Öl zur Firnisfabrikation und als Brennöl. Eine feste Mischung von Talg und Öl wird ausgeführt (1913: 13360 T.).

[4]) Vielleicht auch von anderen Rhusarten.

[5]) Zur Kerzen-, Seifenfabrikation und zur Erzeugung von Glanz auf Holzdreharbeiten. Ausf. 1914: 2520 T.

[6]) 5—7 Pfund je Baum; ist für Holz, Fußböden, Fensterrahmen, Truhen und andere Lackwaren wohl der dauerhafteste und unzerstörbarste Firnis. Ausf. 1913: 810 T.

[7]) Die darin enthaltenen Eier des Insekts entwickeln sich im Hsien-tschangtal in der Präfektur Ning-yuen-fu (Sze-tschwan) bis zum Ende des April und werden dann schleunigst nach den Distrikten Omei-hsien und Hungya-hsien (Präf. Kia-ting) geschafft. Hier kriechen die Larven auf die niedrig gehaltenen Liguster- und Eschensträucher (Fraxinus chinensis) und scheiden, voll entwickelt, an den Zweigen Wachs ab, das gegen Ende Aug. geerntet werden kann. Die Erntemengen schwanken stark. Das Wachs wird hauptsächlich zur Herstellung von Kerzen benutzt.

[8]) Hier sollen 100 Mill. T. lagern.

[9]) Koks aus den Ping-hsianggruben (Prov. Kiang-si).

Auch in Hankou (1,5 Mill.), San-tschia-tien (westlich von Peking[1]), in Tschin-wang-tao[2]) (5) usw. entstanden Eisenhütten.

Von Eisenveredelungsmetallen sind mindestens schon Wolfram[3]) und Molybdän festgestellt worden. Ein wenig Nickel wird nach Read aus Kupfererzen Jün-nans und Sze-tschwans gewonnen.

Seitdem durch den Krieg die Zufuhr von Eisen- und Stahlwaren unterbunden oder wenigstens beschränkt und verteuert wurde, erwachte in dem „neuen" China, das zunächst nur die einigermaßen küstennahen Provinzen umfaßt, das Bestreben, in eigenen Fabriken Maschinen, Instrumente, Pumpen, Heizungsanlagen, Motoren usw. herzustellen und das Land von der Einfuhr freizumachen.

Schanghai (1,5 Mill.) ist ein Zentrum des Schiffbaues[4]) geworden; es werden hier große moderne Stahlschiffe auf den Werften hergestellt, sogar für das Ausland. Auch in Hongkong (342), Tsing-tau (44) und Kanton (900) bestehen Schiffswerften.

In der westlichen Gebirgsprovinz Jün-nan besteht schon seit wenigstens 1000 Jahren ein bedeutender Kupferbergbau, der freilich nur die Erze mit 20—30% Kupfer zur Verhüttung förderte. Kupfer wird bereits ausgeführt.[5]) Wichtig ist auch die Zinnproduktion (Jün-nan[6]), die über Hongkong (342) zum Teil auf den Weltmarkt kommt.[7]) Ferner ist China wichtigster Produzent der Erde für Antimon[8]); die Zinkausfuhr[9]) (Prov. Hu-nan) scheint zu wachsen; Wismut (Prov. Kwang-tung) wird über Hongkong ausgeführt.[10])

Graphit (einheimischer und koreanischer) wird in einer Bleistiftfabrik zu Tschin-kiang (am Jang-tse-kiang) verarbeitet.

e) Die Vorbedingungen für die günstige Entwicklung einer bedeutenden **Fabrikindustrie** sind in China in reichem Maße gegeben: Rohstoffe, Kraftquellen (Kohlen, Wasserkräfte), reichliche und billige Arbeitskräfte, die zum Teil seit alters in gewerblicher Tätigkeit geübt sind.

Freilich, die Volksbildung und -schulung in technischen Wissenschaften, die Selbsttätigkeit in Wissenschaft und Technik, die Überwindung des „herkömmlichen Geistes" lassen noch viel zu wünschen übrig, ebenso die Verkehrsverhältnisse; an Kapital fehlt es nicht, es fließt zudem wie Unternehmungs-

---

[1]) Von Amerikanern gebaut; Erze aus Hsuan-hwan-fu.

[2]) Sollte Erze von Pao-hsing-schan (Prov. Ngan-hwei) verhütten. Man schätzt die Eisenerzgewinnung Chinas (1923?) bereits auf etwa 2 Mill. T. = 1,2—1,6% der W. und die Roheisengewinnung auf etwa 700000 T. (450000 T. aus chinesischen, 250000 T. aus japanischen Hochöfen) = über 1% der W. Ausf. von Roheisen 1915: 96500, 1919: 161300 T., von Eisenerz 1918: 372700, 1919: 630300 T., hauptsächlich nach Japan; die Japaner sicherten sich auch den Besitz der Lager bei Nan-king (mit sehr geringem Schwefelgehalt).

[3]) Im Distr. Swatou (83), im Süden Hu-nans und Kiang-sis. Seit Ende des Krieges trat ein Stillstand der Produktion (Ausf. 1918: 10000 T. Erz) ein.

[4]) 1920 wurden in China schon 14 (moderne) Schiffe von zusammen 33710 R.-T. gebaut.

[5]) Kupferingots und -barren 1915 etwa 2725, 1916: 34100 T. 1923 wurden 13930 T. Rohkupfer ein-, 850 T. ausgeführt.

[6]) In einer die hinterindische (s. S. 221) fortsetzenden Granitkette.

[7]) Ausf. 1916: 8000 T.

[8]) Ausf. 1915: 23350 T. 95% der Erze sind arsenfrei und haben 20—64% Antimongehalt. Man will das Schmelzen am Orte vornehmen.

[9]) 1914: 310; 1915: 2330 T.

[10]) 5% der W. Blei- und Quecksilbervorkommen fehlen nicht.

geist von Europa und Nordamerika zu. Jedenfalls haben die Chinesen eingesehen, daß sie der fremden Konkurrenz, besonders der verhaßten japanischen, sich nur durch Annahme der europäisch-nordamerikanischen Zivilisation erwehren können, und streben darum eifrig danach, auch die Grundlagen für eine solche in der technischen Schulung zu schaffen. Das Absatzfeld für industrielle Erzeugnisse Chinas ist umfangreich, freilich müssen sie bei der herrschenden Armut des Volkes billig sein. Die Industrialisierung[1]) des Landes schreitet natürlich als etwas von außen Gekommenes von den Häfen ins Innere vor. Schanghai (1,5 Mill.) und Umgebung, Kanton (900), Hongkong (342), Tien-tsin (800), Peking (800), Hankou (1,5) und seine Nachbarstädte Han-yang und Wu-tschang, Wu-hu (127) und Wu-sieh, Tschang-scha (300), Fu-tschou (350) und andere Städte entwickelten sich schon zu Zentren der Fabrikindustrie. Baumwollindustrie s. S. 187; Ölindustrie S. 184f.; Wolleindustrie S. 189; Teppichindustrie S. 189, Anm 2.

Elektrische Kraftwerke für Beleuchtung und Arbeit (mit Kohlen) gibt es in Kanton, Hongkong, Schanghai, Amoy, Pu-kou usw. Die chemische Industrie macht ihre ersten Schritte.[2]) Spielwaren (Schanghai), Papier (Fa-tschan bei Kanton), Zündhölzchen und viele andere Fabrikate werden nun schon im Lande hergestellt, wenn auch der Bedarf vorläufig vielleicht noch schneller wächst als die Eigenproduktion.

f) Handel. Durch hohe Gebirge und Wüsten meist von den Landnachbarn getrennt, mehr noch durch kulturellen Hochmut isoliert, hatte sich China künstlich gegen die fernere Außenwelt abgeschlossen und führte, reich an Bedarfsstoffen aller Art, ein selbstzufriedenes autarkisches Wirtschaftsleben.

In dasselbe sind nun vom Meere her Europäer, Amerikaner und Japaner eingebrochen und zwingen China, sich der neuen Zivilisation zuzuwenden und am Welthandel teilzunehmen. Durch ihre Lage am Großen Ozean begünstigt, werden sich in China besonders Japaner, U.-S.-Amerikaner, Australier und Kanadier beteiligen können, während die fernen europäischen Industrie- und Handelsländer, auch Großbritannien, vom Weltkrieg mehr oder weniger geschwächt, Mühe haben werden, in der neuen Entwicklung ihre Stellung zu behaupten.

China führt besonders Rohstoffe (und Nahrungsmittel) aus, Industriewaren und Nahrungsmittel ein.

Ausfuhr: Chinas 1922: 684,9 Mill. Haikwan-Taels: Rohseide 148,5; Bohnen u. Bohnenkuchen 94,2; Eier 30; Öle 26,8; Seidenwaren 24,9; Baumwolle 24,4; Häute u. Felle 20,3; Tee 17; Sämereien 15,7; Wolle 15,6; Kohle 14,9; Holz 14,4; Getreide 13,5; Tabak 12,8; Früchte 10,4; Eisen 8,9; Zinn 8,3; Baumwollwaren 7,4; Borsten 6,3; Matten 5,7 Mill. Haikwan-Taels; Hongkong 1923: 70,65 Mill. £; Wei-hai-wei 1922: 4 Mill. mex. Doll.: Erdnüsse 2,25; Erdnußöl 0,86; Zucker 0,17; Fische 0,11; Salz 0,1 Mill. mex. Doll; Macao 1921: 7,02 Mill. Escudos (meist Transit): Tee, Seide,

---

[1]) Schon 1913 waren mehr als 20000 Fabrikunternehmungen im europäischen Sinne vorhanden. Die Industrie wird Millionen der Bevölkerung, die der in kleinste Parzellen zerstückelte Boden nicht mehr ernähren kann, lohnenden Verdienst bringen.

[2]) Am günstigsten liegen für sie wohl die Verhältnisse im Norden, wo Kohle und Salz reichlich zur Verfügung stehen. Soda (und Ätznatron, 1919 noch 54300 T. Einf.), künstliche Düngemittel, Farbstoffe, Drogen usw. werden schon hergestellt. Anilinfarben lieferte vor dem Kriege Deutschland, das jetzt wieder Raum gewinnt, im Kriege Japan und die Union.

Parfüms, Fische; Korea 1921: 232,4 Mill. Yen: Reis 92,8; Bohnen 22,9; Rohseide 13; Eisen u. Stahl 8,8; Fische 7,7; Düngemittel 7,6; Baumwolle 3,5; lebende Tiere 3,5 Mill. Yen; Kwang-tung-Prov. (japan. Kwanto) 1921: 171 Mill. Yen: Getreide, Mehl 33,6; Nahrungsmittel, Getränke 4; Garne 3,8 Mill. Yen.

Einfuhr: China 1922: 975 Mill. Haikwan-Taels: Baumwollgewebe 174,1; Reis 78,9; Baumwollgarn 71,2; Petroleum 69; Zucker 52,3; Maschinen 50,9; Rohbaumwolle 44,2; Tabak u. Zigarren 44; Eisen 27,3; Farben 26,7; Fische 21,8; Wachs 18,2; Wagen 18,2; Papier 15,3; Holz 15,1; Kupfer 14,3; Kohle 11,3; Kleidung 10,2; elektr. Maschinen 9,7; Wollwaren 8,9; Eisenbahnmaterial 8,7; Häute u. Felle 8,3; Leder 7,2; Halbwolle 6,6; Schnittwaren 6,4; geistige Getränke 5,9 Mill. Haikwan-Taels; Hongkong 1923: 64,75 Mill. £; Wei-hai-wei 1922: 5,9 Mill. mex. Doll.; Macao 1921: 9,52 Mill. Escudos; Korea 1921: 218,2 Mill. Yen; Kwangtung-Prov. 1921: 177,2 Mill. Yen.

Handelsländer in Prozent der Ausfuhr: China 1922: Hongkong fast 25; Japan u. Formosa 23,3; Union 14,2; Frankreich 5,95; Russ.-Asien 5,7; Großbrit. 5,6; Korea 3,1; Brit.-Malakka 2,2; Brit.-Indien 1,4; Deutsches Reich 1,4; Niederländisch-Indien 1,3; Italien gegen 1; Hongkong 1923: China 63,4; Brit.-Malaya 7,4; Franz.-Indochina 6,55; Japan u. Korea 5,1; Siam 4,1; Union fast 4; Philippinen 2,6; Brit.-Indien 1,7; Niederländisch-Indien 1,7; Großbritannien 1,1; Korea 1921: Japan 67,3; China 21,6; Union 6,2; Großbritannien 3,4; japan. Kwanto 1921: Japan 52,5; China 33,6; Korea 7,6; Großbritannien 2,6; Hongkong 2; Union 1,65; **in Prozent der Einfuhr**: China 1922: Hongkong 24,5; Japan u. Formosa 23,7; Union 17,3; Großbritannien 14,9; Brit.-Indien 4,4; Deutsches Reich 2,5; Russ.-Asien 1,5; Niederländisch-Indien 1,4; Franz.-Indochina 1,2; Macao 1,2; Belgien 1,1; Hongkong 1923: China 15,1; Franz.-Indochina 14,8; Niederländisch-Indien fast 12; Siam 11,9; Großbritannien 10,8; Japan u. Korea 10,3; Union 10,3; Brit.-Malaya 4,6; Australien 1; Korea 1921: Japan 90,4; China 8,8; Kwanto 1921: China 43,9; Japan 40,4; Union 7; Hongkong 4; Korea 3,6; Großbritannien 1,1.

g) Verkehr. Binnenverkehr.

Über die Transporttiere des Landverkehrs ist schon oben (S. 192) kurz berichtet worden. In Südchina herrscht durchaus der Trägerverkehr vor. Als Traggerät dienen Bambusstangen, die auf den Schultern der Kulis ruhen; auch Sänften werden so getragen. Die japanische Rickscha hat sich überall (s. S. 211), besonders in den Hafenstädten eingebürgert.[1]) Gute Straßen sind selten; was früher gut angelegt war, hat man (wie die zum Teil steinernen Brücken) verfallen lassen. Das Autowesen, in und bei den Hafenstädten und allmählich weiter landeinwärts schon ausgedehnt, drängt neuerdings zur Neuanlage und Instandhaltung der Straßen, der Bau von Eisenbahnen zum Brückenbau.[2]) Im Winter schlägt das Eis auf vielen Flüssen

---

[1]) Im Binnenverkehr der größeren Städte wird von den wohlhabenderen, vornehmen Chinesen nach Tafel der Verkehr mit (federlosen) Wagen für unumgänglich gehalten. Nächtliche Straßenbeleuchtung ist auch schon stellenweise zu finden.

[2]) Brücken über die großen Flüsse waren so selten in China, daß die Chinesen die sommerliche, schon 1372 nach Chr. so aufgefahrene Schiffbrücke über den Hwang-ho bei Lan-tschou-fu (500), wo der Strom auf 250 m eingeengt ist, als ein Weltwunder ansahen. Jetzt gibt es dort auch einen eisernen Steg und wohl auch eine eiserne Brücke. Hwang-ho (1250 m breit bei Tsinan-fu) und Jang-tse-kiang (bei Hankou und Nan-king) sind seither für die Eisenbahn überbrückt worden. Nördlich von Tung-kwan-ting (bei Jü-men-kou) wird der Hwang-ho auf etwa 50 m eingeengt.

eine Brücke für Wagen- und Fußgängerverkehr (so bei Lan-tschou-fu).[1]) Fähren werden öfters angetroffen. Der Verkehr ist in den Lößgebieten besonders schwierig.[2]) Jetzt werden im Zuge der wichtigen Straßen[3]) allmählich Eisenbahnen gebaut. Die Mandschurei s. S. 175. Bald wird eine Bahn Peking—Hankou—Kanton fertig sein, und man kann heute schon von Berlin aus Peking, Tsing-tau und Fusan (s. S. 212) mit der Eisenbahn erreichen.

Große Bedeutung hat in dem gewässerreichen Lande die Binnenschiffahrt.

Am wichtigsten ist der Jang-tse-kiang[4]) mit seinen Zuflüssen; viel weniger günstig der Hwang-ho.[5]) Die Regulierung des Pai-ho an der Mündung bei Tientsin (800, Vorhafen Tong-ku) wird bis Peking (805) fortgesetzt. Der Kaiserkanal setzt Pai-ho mit Hwang-ho und Jang-tse-kiang (bei Tschin-kiang, 102) in Verbindung. Im Süden Chinas ist der Hsi-kiang (Westfluß) der wichtigste Strom.[6]) Vgl. S. 193.

Chinas Häfen sind zahlreich, gute Naturhäfen hat aber nur Südchinas Küste, an der Ausläufer des „Rostgebirges" zahlreiche riasähnliche Meeresbuchten bilden, und die Küste des Gebirgslandes Schan-tung.

Im Süden liegen Pak-hoi (25), Vorhafen von Lien-tschou (?), Kiung-tschou (59) auf der Insel Hai-nan an der Hai-nanstraße. Das französische Kwang-tschou-wan, Lappa und das portugiesische Macao (75), Vorhäfen von Kanton, sind ohne größere Verkehrs- und Handelsbedeutung. Kanton (chines. Kwang-tschou, 900) ist sehr wichtig, doch wetteifert mit ihm der britische Inselhafen Hongkong (Hafen-

[1]) In Nordchina ist darum der Winter die Hauptverkehrszeit zu Lande; die Straßen (im feuchten Sommer ungangbar) werden fest, und das Kamel wird durch die Trockenheit der Luft (C 51) fähig zur Lastenbeförderung.

[2]) Z. B. müssen in Tung-kwan-ting von Westen kommende Karren, die im Hwang-hotal nach Osten wollen, die Achse auf 25 cm schmälere Spurweite wechseln, da die engen Lößhohlwege breite Wagen nicht durchlassen.

[3]) Die wichtige Kaiserstraße für Karren beginnt in Peking, berührt Tai-juen-fu (50), Tung-kwan-ting, Hsin-ngan-fu (500) und Lan-tschou-fu (500, s. S. 161).

[4]) Bis Hankou (1,5 Mill.) fahren Seeschiffe, bis I-tschang (60) und bequem bis Scha-si (161) fahren stattliche Flußdampfer. Selbst durch die Stromschnellenstrecke bis Tschung-king (510), den Hafenplatz von Tschöng-tu (800) im fruchtbaren roten Becken von Sze-tschwan, fahren heute flachgehende Flußdampfer. Bei Hsü-tschou am Rande des wilden Gebirgslandes hört die größere Schiffahrt auf. Von den Zuflüssen hat der Hsiang-kiang (daran Tschang-scha, 300, und Sian-tan, 300) (bis Lao-ho-kou für größere Dschunken, bis Han-tschung für kleinere Boote) mündet, liegt mit dem Tung-tingsee (an der Ausmündung Jo-tschou, 5) Bedeutung. Wo der mächtige Han-kiang, Hankou (1,5 Mill.) mit seinen Drillingsschwesterstädten Wu-tschang und Han-jang. Der Pojangsee mit seinem Zufluß Kan-kiang in fruchtbarer Ebene (Nan-tschang; Kiu-kiang, 53) sind ebenfalls wichtig. Unterhalb Hankou können alle wichtigen Flußhäfen (Wu-sieh; Kiu-kiang; Ngan-king, 40; Wu-hu, 127; Nan-king, 380; Tsching-kiang, 102) zugleich als Seehäfen gelten. Im roten Becken von Tschöng-tu haben noch Min-ho und Kia-ling als Zuführer von Waren einige Wichtigkeit.

[5]) Er ist wegen einer Barre an der Mündung von See aus für größere Fahrzeuge nicht zugänglich. In der Großen Ebene kann er dann bis zu seinem Knick bei Tung-kwan-ting aufwärts befahren werden. Dann folgen bald Stromschnellen, Sandbänke, Felsen (unter anderen ein Wasserfall von 9 m Höhe, bei dem Hunderte von Booten [mit Süßholz zumal] etwa 1 km weit auf Walzen um das Hindernis herumgeschleppt werden). Erst von Bau-tu in der inneren Mongolei aufwärts bis zur Stadt Tschung-wei-hsien (oberhalb Ning-hsia) wird der Fluß von flachgehenden Pappelholzbooten befahren. Bis hierher kommen (von Tibet und Lan-tschou-fu her) nur noch Lederschläuche und Holzflöße stromab mit Holz, Wolle, Häuten.

[6]) Er wird bei Nan-ning (67) schiffbar; wichtige Flußhäfen sind Wu-tschou (50) und Sam-schui (7). Von seinem Zufluß Kwei-kiang (Kwei-ling) führt ein Kanal über die niedrige Wasser scheide zum Hsiang-kiang hinüber. Von Norden fließt noch der Pe-kiang (Nordfluß) dem Hsi-kiang zu, der darauf mit zahlreichen Armen in die Bucht von Kanton mündet. Fat-schan und Kanton (900), in gewissem Sinne auch Hongkong (342) sind Mündungsstädte.

ort **Victoria**, 342, an der geschützten Innenseite der Insel Hongkong); ihm gegenüber am Festlande ist der britische Hafenplatz **Kaulun** (105) Ausgangspunkt[1]) der Eisenbahn nach Kanton. **Swa-tau** (83) auf einer Insel vor der Mündung des Han-ho ist der Vorhafen von **Tschau-tschou** (536), **Amoy** (300) von **Tschang-tschou** (?). **Fu-tschou** (350) unweit der Mündung des schiffbaren Min-kiang ist sehr wichtig, **Fu-ning** (?) und **Wön-tschou** (201) weniger. An der Hang-tschou-bai liegen **Ningpo** (271) und **Hang-tschou** (892). Der wichtigste Seehafen für das Jang-tse-kianggebiet ist nahe der Küste **Schanghai** (1,5 Mill.) mit dem Vorhafen **Wu-sung**.

Die günstige Gestaltung der Küste hat hier bereits ihr Ende erreicht. Nördlich des Jang-tse-kiangästuars (das zu den Fluß- und Seehäfen des Innern führt, s. S. 198) dehnt sich die hafenlose Flachküste bis zu den ans Meer tretenden Bergen von Schantung. Hier liegt an der Südküste die noch fast als eisfrei zu betrachtende Bucht von Kiau-tschou mit der Hafenstadt **Tsing-tau** (44), Ausgangspunkt der Bahn nach **Tsi-nan-fu** (250) am Hwang-ho. Mit ihm rivalisiert **Tschi-fu** (83) an der Nordküste der gebirgigen Schan-tunghalbinsel; das britische **Wei-hai-wei** (2) ist fast bedeutungslos. Am Gelben Meer ist der Pai-hohafen **Tien-tsin** (800) mit dem Vorhafen Tong-ku für **Peking** (805) und die Mongolei wichtig (s. S. 160f.), am Golf von Liau-tung **Tschin-wang-tau** (5) als Kohlen- und Eisenhafen.[2]). Häfen der Mandschurei s. S. 179.

Der **Luftverkehr** dürfte besonders für den eiligen Post- und Personenverkehr nach Korea (Chosen) und nach der Halbinsel Liau-tung sowie nach Japan hinüber (etwa von der Halbinsel Schan-tung aus) und für die Verbindung des eigentlichen China mit den durch ausgedehnte Steppengebiete und Wüsten von ihm abgesonderten Landschaften Zentralasiens, Sibiriens usw. bald eine Rolle spielen.

Der **Nachrichtenverkehr** modernisiert sich. China ist mehrfach von außen her an das Weltkabelnetz angeschlossen, und die Stationen für drahtlose Telegraphie wie Telegraph, Telephon, Zeitungen, Postwesen dringen unaufhaltsam von der Küste ins Innere vor.

B. Die Japanischen Inseln.[3])

I. Naturverhältnisse. Die ostasiatischen Inselbogen, reich an Eruptivbildungen und meist gebirgig, bis auf die kleine Nordhälfte Sachalins japanischer Besitz, erstrecken sich etwa vom 54. bis zum 22. Grad nördl. Br. Der größte Teil der Inselflächen (Sachalin[4]), die Kurilen, Jeso oder Jesso[5]) und die Gebirgsteile Hondos) haben boreales, meist feuchtwinterkaltes Klima (D8); die niedrigen Küsten[6]), den

---

[1]) Von hier trägt wohl einmal eine Eisenbahndampffähre die von Peking kommenden Züge nach Hongkong.

[2]) Eisenbahn nach den Kaiping-Kohlenminen und nach Tong-ku.

[3]) Vgl. **Rein**, Japan. 2 Bde. Bd. 1 (2. Aufl.) Leipzig 1905, Bd. 2, Leipzig 1886. — Unser Vaterland Japan. Herausg. von A. **Stead**. Leipzig 1904. — J. **Lauterer**, Japan. 2. Aufl. Leipzig 1904. — K. **Haushofer**, Japan und die Japaner. Leipzig 1923. — F. W. P. **Lehmann**, Japan. Breslau 1925. — Norb. **Weber**, Im Lande der Morgenstille. Freiburg 1914. — **Kishio Satomi**, Japanese Civilization. London 1923. — M. **La Mazelière**, Le Japon. Histoire et Civilization. 8 Bde. Paris 1923.

[4]) Vgl. **Due**, Aug. 16,7°, Jan. −18,1° C. 530 mm (Sept. 100, Febr. 20).

[5]) Vgl. **Hakodate**, Aug. 21,2°, Jan. −2,9° C. Extreme 33° und −22°. 1140 mm (Sept. 170, Febr. 60).

[6]) Vgl. **Niigata**, Aug. 25,4°, Febr. 1,4° C. Extreme 36° und −10°. 1180 mm (Dez. 230, Mai 90).

ganzen Süden Hondos[1]), Kiu-schiu[2]), Schi-koku und die Riu-kiu-Inseln[3]) sowie die Ostseite Formosas rechnet Köppen dem feuchttemperierten Klima C7 (meist C7a) zu, nur den Westen Formosas C 5.[4])

II. Die Größe der ostasiatischen Inseln beträgt etwa 494500 qkm mit 60 Mill. Einw.[5]) (wesentlich Japaner), die Volksdichte (121) ist im einzelnen äußerst verschieden, sie nimmt von 2,9 auf 1 qkm in Karafuto auf 26 in Hokkaïdo, 323 im Gebiet Kinki-ku und 345 in Kwantô-ku zu und hält sich auf den Hauptinseln wie auf Formosa fast überall über 100.

III. Die Wirtschaft.

Ernstes Streben nach Durchdringung der Wirtschaft mit den Ergebnissen der Wissenschaft und Technik ist den Japanern nicht abzustreiten, und man wird, im ganzen genommen, sie der Wirtschaftsstufe der technisch-wissenschaftlich gestützten Wirtschaft zurechnen müssen. Charakteristisch für die Produktion ist in dem borealen Gebiet (D 8) nicht der Pflanzenbau, sondern die Fischerei an den Küsten und, aussichtsvoll bis in die Gebirge Hondos, die Ausnutzung des Waldes und die Verarbeitung des Holzes. In C 7 b und vor allem in C7a (mit den heißen Sommern), namentlich an den Küsten, steht, durch heiße, regenreiche Sommer begünstigt, der Pflanzenbau völlig im Vordergrunde der Wirtschaft. Seeschiffahrt und Handel werden in diesem Inselgebiet (s. S. 199f.) beste Entwicklungsmöglichkeiten haben. Bezüglich des metallischen Werkzeugmaterials herrscht aber ziemliche Armut.

a) Erzeugung von Nahrungs- und Genußmitteln. Nur 17—18% der Bodenfläche sind dem Ackerbau gewidmet. Sachalin wird von der nördliche Getreidegrenze geschnitten und hat wie die Kurilen fast keinen Ackerbau. Weit günstiger ist dieser schon auf Jesso gestellt, und die südlichen Inseln gehören trotz einseitiger Bevorzugung[6]) der Küstenebenen, Talsohlen und der anstoßenden Hänge zu den reichsten Ackerbaugebieten der Erde. Bearbeitung[7]), Düngung[8]), Bewässerung, Reinhaltung des Bodens[9]) wird mit großem Erfolg vorgenommen.

---

[1]) Vgl. Tokio, Aug. 25,4°, Jan. 2,9° C. Extreme 37° und −9°. 1470 mm (Sept. 190, Juni 160, Jan. 50).

[2]) Vgl. Kagoschima (120), Aug. 26,4°, Jan. 7,0° C. Extreme 36° und −6°. 2150 mm (Juni 350, Jan. 80).

[3]) Vgl. Naha, Juli 27,8°, Febr. 15,5° C. 2120 mm (Juni 300, Febr. 110).

[4]) Vgl. Südspitze, Juli 27,5°, Febr. 19,4° C. Extreme 33° und 11°. 2190 mm (Aug. 590, Juni 550, Dez. 10).

[5]) Das russische Sachalin etwa 38000 qkm, 34000 Einw.; Karafuto (Japanisch-Sachalin) 36100 qkm, (1920) 106000 Einw.; Hokkaido (Jesso mit Kurilen), 92340 qkm, 2,36 Mill. Einw.; Hondo, 230200 qkm, 41,8 Mill. Einw.; Schikoku, 18770 qkm, 3,07 Mill. Einw.; Kiûschû oder Kiu-schiu, 42000 qkm, 8,16 Mill. Einw.; Okinawa (Riu-kiu-Inseln), 2220 qkm, 0,57 Mill. Einw.; Formosa (Taiwan), Kolonie, 34890 qkm, 3,76 Mill. Einw.

[6]) Sie schreibt sich von der Vorherrschaft des Reis her; auf diesem Boden vermeidet man freilich jeden Bodenverlust durch Gräben, Zäune, Wege. Wie in China wird Gartenbau, in Zwergwirtschaften meist, betrieben von Kleinbauern und Pächtern; etwas größer (etwa 4 ha durchschnittlich) sind nach F. W. P. Lehmann die Betriebe auf Jesso.

[7]) Mit Hacke und Spaten, seltener Pflug uud Egge. Für Motorpflüge und größere landwirtschaftliche Maschinen ist Japan im allgemeinen kein Feld, weil es fast überall gebirgig; der Ackerbesitz zerstückelt, die Kleinbauern zu arm sind. Nur auf Jesso mit seinen größeren Besitzungen finden Benzintraktoren und -motoren Eingang.

[8]) Menschliche Exkremente, Komposte, Fischguano, Ölkuchen, Gründünger, Asche, Kalk, neuerdings in wachsenden Mengen künstlicher Dünger (s. S. 211).

[9]) Terrassierung ist häufig.

Die Ernährung der Bevölkerung beruht hauptsächlich auf dem Anbau der Getreidearten; unter ihnen steht im größten Teil des Gebietes der durch die auffallend großen Sommerregen begünstigte Reis an der Spitze.

Er wird auf allen südlicheren Inseln angebaut[1]), und es werden ihm noch neue Flächen dazugewonnen[2]); in den nördlichen Distrikten Hondos aber bringen schon früher Schneefall und Überschwemmungen bisweilen empfindliche Schäden an der Ernte.[3]) Der japanische Reis soll der beste Südostasiens sein; Japan führt ihn zu hohen Preisen aus[4]) und importiert solchen geringerer Qualität in sehr viel größeren Mengen.[5])

Gerste zur Grützebereitung wird ziemlich viel[6]), etwa in denselben Gebieten wie der Reis, gebaut, doch als Trockenkultur, in Rotation mit ihm, d. h. als Winterfrucht im trockenen Winter nach der Reisernte.[7])

Roggen[8]) wird ebenfalls als Trockenkultur gebaut und ebenso Weizen[9]), (wie die Gerste als Winterfrucht), der übrigens im feuchten japanischen Klima einigermaßen degeneriert und in größeren Mengen eingeführt werden muß. Hirsearten ersetzen in den entlegenen Gebirgstälern bei ärmeren Leuten zum Teil den Reis als Nahrungsmittel. Mais und Buchweizen (auf sandigem Boden) werden nur in geringen Mengen geerntet, Hafer hier und da (auf Jesso), doch sehr wenig.

An Knollenfrüchten baut man in den nördlichen Gebieten und in den kühlen Gebirgsgegenden, hauptsächlich auf Jesso, unsere Kartoffeln in zunehmendem Maße[10]), sogar für eine kleine Ausfuhr; in den Ebenen des wärmeren Südens Bataten[11]), Taro und Yamsarten. Mancherlei Gemüse (Lilienzwiebeln, Rettiche, Rüben, Gurken usw.) tragen ihren Teil zur Ernährung bei.[12])

Eine weit höhere Bedeutung haben die Hülsenfrüchte, die (wie in China) neben Eiern und Fischen das fehlende Haustierfleisch ersetzen.

---

[1]) Sachalin, die Kurilen sind ganz, und Jesso fast ausgeschlossen. Am größten ist der Anbau im Süden Hondos und südlicher.

[2]) Im alten Japan nimmt er etwa 8% der Fläche ein; 90% der Reisfläche sind mit Sumpfreis, 8% mit Klebreis, nur 2% mit Bergreis bestellt. Der jährliche Verbrauch je Kopf soll etwa 150 bis 180 kg sein. Die Ernte betrug in Japan 1913: 9,09; 1925 etwa 10 Mill. T., auf Formosa 0,9 bzw. (1924) 1,1 Mill. T.

[3]) Ein Wildbachverbauungsgesetz gegen die Folgen der regelmäßigen sommerlichen Regenstürme kam nach Lehmann 1897 zustande. Auch Erdbeben, Seefluten, vulkanische Ausbrüche bringen dem japanischen Ackerbau oft Schaden.

[4]) Es scheint sich um den harten, kleberreichen, lagerfähigen Reis zu handeln, der hauptsächlich für die Japaner auf den Hawaii-Inseln, in der Union, in Kanada usw. bestimmt ist. Ausf. 1914/19 jährlich etwa 70000 T., dazu 7000 T. nach Korea und Formosa.

[5]) Korea und Formosa lieferten 1909—1914 durchschnittlich 165000, 1914—1919: 370000 T. nach dem eigentlichen Japan: 1910 betrug die sonstige Einfuhr (aus Burma, Französisch-Indochina, China und Siam) 130000, 1918 aber 1,05 Mill. T. Ende Nov. 1924 bis Mitte Aug. 1925 wurden 1,1 Mill. T. eingeführt.

[6]) 1924: 1,63 Mill. T. = 4,8% der W.

[7]) Sie muß geerntet sein, wenn der Reis wieder auf die Äcker soll. Man baut ihn ferner im Gebirge an. Man kann in Japan auch Braugerste (s. Bd. I, S. 120) produzieren.

[8]) Sehr wenig.

[9]) 1924: 691000 T. = 0,6% der W.

[10]) Prod. vor dem Kriege etwa 3/4 Mill. T. (60% auf Jesso), seit 1915: 1 1/3, 1919: 1 1/4, 1922/23: 0,91 Mill. T. = etwa 1/2% der W. Die Anbaufläche wuchs entsprechend. Die Herstellung von Kartoffelstärke wurde wichtig; 1918 wurden über 100000 T. nach Westeuropa und der Union ausgeführt.

[11]) Vor 1914 etwa 3,56; 1919; 4,5 Mill. T.; Batatenstärke wird weniger als Kartoffelstärke hergestellt.

[12]) Auch wildwachsende Beeren, Pilze, Gyrophora esculenta werden in den Gebirgen gesammelt.

Am wichtigsten ist die Sojabohne[1]) (am meisten auf Jesso gebaut); auch werden Erbsen und, im wärmeren Süden, Erdnüsse erzeugt (auf Formosa besonders).[2]) Der Obstbau[3]) mit Orangen (Süden), Kakis, Pfirsichen (Talböden des mittleren Hondo), Zwetschen, Birnen, Kastanien, Äpfeln (Jesso) ist Nebengewerbe. Weintrauben, s. unten. Auf Formosa macht der Anbau von Bananen (für Ausfuhr nach Japan) Fortschritte.

Eine viel Zuckerrohr bauende Kolonie gewann Japan an Formosa[4]), doch suchen sommers regelmäßig Taifune die Insel heim.

Der aus Formosa nach Japan eingeführte Rohzucker wird hier raffiniert und zum Teil, auch mit raffiniertem Javazucker, ausgeführt. Seit einigen Jahren baut man auf Jesso die Zuckerrübe in größerem Umfange an.

Gewürze. Japanischer Ingwer scheint in wachsenden Mengen zur Ausfuhr zu kommen, und auch eine Art spanischen Pfeffers („Chillies", Schoten) wird in geringen Mengen ausgeführt.[5])

Hauptgetränk ist wie in China der Tee.[6]) Der Teestrauch wird an Hügelhängen, aber auch in der Ebene, zwischen 33.° und 40.° nördl. Br., gepflanzt, am meisten in der Präfektur Schidsuoka. Formosa baut Tee an den Gebirgshängen des kühleren Nordens. Nationalgetränk ist ferner Sake, ein aus Reis hergestellter Branntwein.[7]) Der Weinbau spielt gar keine Rolle.[8]) Kaffee wird wenig genossen. Unser Bier findet Anhänger.

Von Reizmitteln kommt hauptsächlich der Tabak zur Verwendung.[9]) Er wird in ganz Japan hier und da angebaut, in wachsendem Maße für die emporblühende Zigarettenindustrie.[9])

Opiummohn wird im südlicheren Japan angebaut, doch nur ein wenig Opium für **Arzneizwecke** produziert. Die Ginsengwurzel (s. S. 178f.) wird in Hügellandschaften von 300—800 m Höhe (besonders auf Hondo) kultiviert. Baldrianwurzeln sind ölhaltiger als in Europa. Auf Formosa hat man auch mit Erfolg während des Krieges die Kokakultur zur Kokaingewinnung eingeführt. Pfefferminzkultur von Mentha piperita Thunb. wird meist in etwa 600 m Meereshöhe betrieben; die Produktionskosten sind außerordentlich niedrig. Hauptmarkt ist Jokohama (421). Öl und Mentholkristalle werden ausgeführt.[10]) Der Kampferbaum gedeiht in den

---

[1]) Für die unentbehrliche Sojatunke. Die Ölkuchen dienen als Düngemittel und Futter.

[2]) Auf Jesso und in Nordhondo nicht; Einfuhr.

[3]) Unsere Obst- und Beerensorten sollen, wohl infolge der feuchten Sommer, viel von ihrem Aroma einbüßen.

[4]) Prod. von Zucker 1914/15: 187000, 1920: 243000, 1923/24 mit Japan (sehr wenig) 434000 T. = 2,2% der W. Der Verbrauch Japans betrug 1914 etwa 180000, 1920 über 390000 T.

[5]) 1917: 2950; 1918: 3650; 1919: 510 T.

[6]) Es wird fast nur grüner Tee erzeugt, im ganzen gewöhnlich 20—23000 T., 1919: 39000, 1920 über 36000, 1923: 35800 T. = gegen 5% der W. Die Ausf. (1904: 29000, 1919: 13900, 1920: 11900, 1922: 13200 T.) geht besonders über den Hafen Schimidsu, nach der Union (1919: 85%) und Kananda. Die Stadt Schidsuoka (74) ist der Haupthandelsplatz für Tee. Formosa führte 1922: 9090 T. aus.

[7]) Zu dem jährlich $^1/_{12}$—$^1/_{10}$ der japanischen Reisernte verbraucht werden.

[8]) Eine einheimische Rebe liefert Trauben, eine amerikanische solche mit unangenehmem Beigeschmack (s. S. 394) und niedrigem Zuckergehalt. Versuche, trinkbare Weine im Lande zu erzeugen, versprechen wegen der starken Sommerregen (wie in China) nicht viel Erfolg. Auch ist das Volk weinfremd und hat eher Vorliebe für starke, sehr süße Alkoholika; geringe Weineinfuhr.

[9]) Die besten Qualitäten werden eingeführt. Zigaretten werden (nach Korea, Mandschurei, Russ.-Asien usw.) ausgeführt.

[10]) 1920: 188 und 220, 1922: 143 und 148 T.

milden Hügellandschaften Südjapans in der Nähe des Meeres (an der Bucht von Kagoschima, vor allem in der Prov. Tosa Schikokus, auf der Insel Goto). Viel wichtiger aber ist die Produktion Formosas.[1]) Japan hat, von der zurzeit geringen Ernte Chinas (s. S. 184) abgesehen, ein Monopol in der Versorgung der Erde mit Kampfer und Kampferöl.[2]) An die Kampferproduktion knüpft sich eine ansehnliche Zelluloidindustrie. Für die getrockneten Blüten von Chrysanthemum parithenium und Insektenpulver (an dem Binnenmeer) wurde Japan während des Krieges Hauptlieferant.

Die wichtigsten **Ölpflanzen** der Japanischen Inseln sind Sojabohne (siehe S. 178 u. 182), Sesam, Raps[3]), Erdnüsse (S. 202), Leinsaat (s. S. 206). Eine sehr bedeutende Ölindustrie hat sich im Bezirk von Kobe (609) entwickelt.[4])

Von **ätherischen Ölen** kommen Pfefferminz- und Kampferöl (s. oben) in Betracht.

Die **Tierzucht** und die Erzeugung von **tierischen Nahrungs- und Genußmitteln** ist auf den Japanischen Inseln noch weit weniger entwickelt als auf dem Festlande, obwohl Gräser und Kräuter zur Ernährung der Tiere wohl nicht mangeln würden. Religiöse Vorschriften des Buddhismus schränken sie ein. Der Fleischkonsum ist minimal, wächst aber.[5]) Der Industrialismus und das Städtewachstum treibt ihn vorwärts.

Die Rinder[6]) werden nicht als Fleisch- und Milchtiere gehalten, sondern als Arbeitstiere (s. S. 208), doch tritt darin schon allmählich ein Wandel ein.[7]) Selbst Schweine, die sich wie die Rinder in dem japanischen Klima sehr wohl fühlen und in die Kleinwirtschaft gut einfügen würden, werden (außer bei den großen Städten) selten gehalten.[8]) Ziegen sieht man wenig[9]), Schafe sind nur in geringster Zahl vertreten.[10]) Hühner und Enten allein sind häufig und spielen in der Ernährung

---

[1]) Die Insel besaß große wilde Bestände auf den Bergen. Raubwirtschaftlich ausgenutzt, gingen sie schnell zurück; dann bepflanzte man neue Flächen damit.

[2]) Prod. 1917: 6900 T. (Altjapan $^1/_4$; Formosa $^3/_4$); 1919: 4680 T. (etwa $^1/_3$ Kampfer, $^2/_3$ Kampferöl, 1920/21 nach Schätzung 2700 T. Die künstliche Herstellung von Kampfer aus Terpentin (Deutschland) macht Konkurrenz.

[3]) Von Rapsöl wurden 1916: 13300, 1917: 8900 T. ausgeführt (nach Großbritannien und Union).

[4]) Er bringt 75% der japanischen Pflanzenölproduktion hervor. Es wird hauptsächlich Sojabohnenöl (1920 über 41% der Ölproduktion von 90000 T.), Kokosnußöl (über 30%, aus eingeführter Kopra) und Mohnöl (fast 20%) erzeugt, ferner Baumwollsaatöl (s. Baumwolle S. 205) und ein wenig Erdnußöl. Ausgeführt wurden 1917: 3300 T. Sojaöl und 15700 T. Kokosöl (nach der Union usw.).

[5]) Für die Düngerlieferung, die bei uns so wichtig ist, bedarf man der Haustiere nicht (s. S. 202). 1913 wurden nur 17000 Rinder (?), an Vieh im ganzen 1906: 370000 Stück geschlachtet gegen 31$^1/_2$ Mill. in Deutschland; 1918—1920 wurden nach Lehmann durchschnittlich in mehr als 500 Schlachthäusern bereits etwa 250000 Rinder (und Kälber), 75000 Pferde und 380000 Schweine geschlachtet. Von dem zur Verfügung gestellten Fleisch verzehren wohl die in Japan lebenden Ausländer und die zahlreichen fremden Reisenden (1924: 26000), die das Land besuchen, den weitaus größten Teil.

[6]) 1918: 1,3 Mill. (einschl. Korea, Formosa, Süd-Sachalin ?), d. h. 2,8—2,9 (3,4) auf 1 qkm; 2,2 (2,3) auf 100 Einw.

[7]) Bei den Fremdenniederlassungen werden Milchkühe eingeführter Rassen gehalten. Man fängt in Japan an, der Milchwirtschaft größeres Interesse zuzuwenden. 1911 waren unter den Rindern 60% Kühe. Kondensierte Milch wird eingeführt; doch nimmt die einheimische Herstellung solcher zu,

[8]) 1911 wurden nur 299000, jetzt über $^1/_2$ Mill. gehalten.

[9]) Über 100000 nur.

[10]) 1911: 4000. Sie fehlten früher ganz und gedeihen (nach Em. Brass und anderen) in den feuchtheißen Sommern trotz aller Bemühungen schlecht. Vielleicht haben die jetzigen Versuche mit englischen Schafen aus der Romney-Marsch (!) eher Erfolg. Es kommt natürlich auch hinzu, daß die intensive Bodenausnutzung (wenigstens in und an den Niederungen) keinen Raum für die Schafzucht im großen übrig läßt.

durch Eier und Fleisch eine gewisse (geringe) Rolle.[1]) Gänse[2]) sind weniger als in China vorhanden. Bienenzucht ist bekannt.

Eine große Bedeutung für die Ernährung hat die **Fischerei,** in der ein großer Teil der japanischen Bevölkerung tätig ist.[3])

Binnenfischerei hat dabei wohl nur einen geringen Anteil an den Erträgen.[4]) Auf Jesso werden Lachse gefangen[5]), und ihre Konservierung nach amerikanischem Muster ist eine wichtige Industrie geworden.[6]) Forellenzucht in den nördlichen Bergseen, Zucht von Karpfen und Schnappschildkröten im Süden werden betrieben. Lachsforellen und Aale sind geschätzte Speise. Ferner werden viel Flußmuscheln verwendet.

Viel umfangreicher als die Binnenfischerei ist die Seefischerei.[7]) Besonders auf den Bänken um Sachalin und Jesso[8]), aber auch an den anderen Küsten ist die Küsten- und Hochseefischerei mit Fischdampfern neuerdings ganz gewaltig gewachsen.

Sardinen sind ein Hauptgegenstand der japanischen Fischerei (besonders wohl an den Küsten Kiuschius).[9]) Hauptsitz der Ölsardinenindustrie ist die Stadt Nagoya (430).[10]) Riesige Krabben[10]) fängt man bei Jesso (Prov. Nemuro), Langusten besonders an der Ostküste der Halbinsel von Wakajama und an der Westküste Schikokus; auch große Garnelen, Tintenfische, eine Art Trepang (bei Jesso) werden gefischt und ausgeführt. Der Heringsfang hat sehr hohe Erträge zu verzeichnen, doch werden Heringe nur von der armen Bevölkerung gegessen und mindestens zu $^4/_5$ in Fischguano[11]) (Hauptgebiet dieser Industrie Jesso) verwandelt; auch Fischöl wird produziert.[12]) Makrelen, Bonitos und andere Thunfische werden gefangen. Fast überall kommen bei der großen Ausbreitung der felsigen Küsten Austern vor, und auch Austernzucht wird betrieben. Gleicherweise werden andere Seemuscheln frisch und getrocknet verzehrt.

---

[1]) Eier werden noch in Mengen aus China (s. S. 186) eingeführt.

[2]) Nur Schwanengänse.

[3]) Wohl weit mehr als $3^1/_2$ (nach Lehmann nur reichlich 1,3) Mill. Menschen, wie man einst schätzte. 1889 wurde eine Hochschule für Fischerei eröffnet; seit 1897 besteht das Kaiserliche Fischerei-Institut mit Ausstellungen usw. Man schätzt, daß die japanischen Fänge dem Werte nach gegen 14% der (bekannten) Fischereierträge auf der Erde ausmachen und die der Britischen Inseln wie der Vereinigten Staaten überragen.

[4]) Die Gebirgsgewässer trocknen zum Teil aus, zum Teil sind sie zu stürmischen Laufes, wenigstens für Fischkulturen. Seen gibt es wenige.

[5]) Lachsfischbrut wird ausgesetzt.

[6]) Büchsenlachs wird nach England, Australien usw. ausgeführt.

[7]) 1905 waren erst 7 Dampfer, 50 Segler europäischer Bauart und 6430 Dschunken in der Hochseefischerei tätig. Anfangs fuhren die Fischdampfer mit englischen Kapitänen und Mannschaften. Jetzt fahren mehrere tausend Motorboote und mehrere Dutzend auf japanischen Werften gebauter Fischdampfer unter japanischer Leitung.

[8]) Diese in analoger Lage wie die Neufundlandbank (s. S. 379) verdanken ihren Fischreichtum dem ziemlich breiten Schelf und dem Zusammentreffen von kühlen und warmen Meeresströmungen.

[9]) Doch zeigt sich auch hier die Erscheinung, daß die Fanggründe von den verfolgten Tieren oft unvermutet schnell verlassen werden. Die Sardinen werden frisch, getrocknet und gesalzen gegessen; auch zur Gewinnung von Fischguano und -öl benutzt. Für das Einlegen in Öl (in Blechbüchsen) wird Olivenöl eingeführt, da Erdnußöl weniger geschätzt wird.

[10]) Bis 50 cm im Durchmesser. Die Fangerträge ließen schon 1911 (Ausf. 938000 Yen) in besorgniserregender Weise nach.

[11]) Derselbe wird auf Reisfeldern und anderen Getreideäckern, in Orangenkulturen usw. verwendet.

[12]) Und in Osaka (1253; Fischölraffinerie) bereits in Glyzerin und Fettsäuren zerlegt; auch ausgeführt. — Gelatine aus Seetang (März bis Juni) wird ausgeführt.

Eine hervorragende Bedeutung hat längere Zeit der von Japan aus in den koreanischen (Ostküste Koreas) und japanischen Gewässern betriebene Walfang[1]) gehabt, aber die Zahl der Wale verminderte sich natürlich schnell. Es werden noch Waltran und -dünger hergestellt.[2])

Mit der Fischerei entwickelte sich die Kälteindustrie. Die Ausfuhr von Meeresprodukten verzeichnet hohe Werte. Ein wichtiger Platz für die Hochseefischerei und besonders auch für den Fischhandel nach den Städten der Inlandsee ist die an ihrem westlichen Tor gelegenen Stadt Schimoneseki (72).

Mineralische Nahrungs-, Genuß- und Düngemittel. Salz wird auf Salzfeldern durch Verdunstung von Meerwasser und (wegen des feuchten Sommers) künstliche Erhitzung der dadurch erzeugten Sole, besonders an der Inlandsee, gewonnen.[3]) Steinsalz fehlt fast ganz. Die Versuche, Salz direkt aus Meerwasser herzustellen, sind wohl noch nicht abgeschlossen. Trinkwasser ist in dem regenreichen Gebiet reichlich vorhanden und wird neuerdings aus den Gebirgen überall in modernen Leitungen in die größeren Städte geführt. Mineralwässer und warme Quellen (besonders in der näheren Umgebung der Vulkane, wo sie oft schwefelhaltig und fast siedend heiß hervorbrechen) sind sehr häufig.[4]) Mineralische Düngemittel zur Vergrößerung der Feldernte werden erst neuerdings verwendet.[5]) Guano findet man auf den Bonininseln, Phosphate in Ozeanien (s. S. 283).

b) Für **Kleidungsstoffe** kommt zunächst die Baumwolle in Betracht. Sie wird südlich des 38.° (am meisten in West- und Mitteljapan) angepflanzt[6]), aber in sehr geringem Umfang, da es an geeigneten größeren Anbauflächen fehlt. Große Mengen müssen somit für die in den letzten 30 Jahren stark aufgeblühte Baumwollindustrie eingeführt werden[7]); ihr Hauptsitz ist die Hafenstadt Osaka (1253). Die Ausfuhr von Baumwollwaren ist stark gewachsen.[8])

---

[1]) Im Sommer sind die Wale (Balaena japonica, Megaptera boops, Balaenoptera Sibbaldii usw.) vorzugsweise im Norden, im Winter im Süden. Die Fangstationen liegen auf Inseln (Kinkazan bei Sendai und Tsuschima), Kaps (z. B. Tschoschi östlich von Tokio) und an den Küsten des südlicheren Japan (Kiuschiu, Schikoku). Gesalzener Walspeck und Walfleisch sind seit Jahrhunderten ein in Südjapan von armen Leuten gesuchtes Nahrungsmittel. Ein Wal liefert etwa so viel Fleisch wie 100 bis 120 Ochsen. Nach Lehmann bedürfen die Walfänger jetzt einer besonderen Erlaubnis; 30 Schiffe bringen jährlich durchschnittlich 2000 Tiere heim.

[2]) Barten haben wenig Bedeutung.

[3]) Prod. seit 1913 etwa 600000 T. jährlich in Altjapan, 1919 einschließlich der Kolonien 1,053 Mill. T. Die Einfuhr (aus Tsing-tau und Formosa) wächst, wohl mit dem Aufschwung der Fischerei: 1905: 40000, 1919 über 500000 T., Ausfuhr 1919 etwa 60000 T., nach Russisch-Asien für die dortigen japanischen Fischereien (s. S. 172).

[4]) „Im Hakonegebirge, dem Hügellande der benachbarten Insel Idsu und dem Gebirge der weiteren Umgebung Nikkos haben sie Veranlassung zur Anlage vieler Badeorte und Heilstätten gegeben" (Lehmann).

[5]) 1922 wurden 87000 T. Salpeter und Cyanamid und 108000 T. Ammoniumsulfat erzeugt.

[6]) Das Klima (s. S. 200, Anm. 1 u. 2) ist für die Blüte und Aberntung der Baumwolle nicht besonders günstig. Vgl. Bd. I, S. 134 f.

[7]) Vor dem Kriege jährlich rund 290000 T., während des Krieges weit mehr, 1919/20 etwa 520000 T. (aus Indien, der Union und China). Mit Herstellung der mittleren und feinen Garne, der man sich im Kriege zuwandte, stieg der Verbrauch an der besseren amerikanischen Baumwolle an Stelle der indischen. Der Wert der erzeugten Baumwollgarne war 1891 kaum 7900, 1905: 33,25 Mill. Yen; der Baumwollgewebe 0,375; 13,1 Mill. Yen. — Seegrasfaser, auf die man während des Krieges als Baumwollersatz Hoffnungen setzte, ist wohl wieder ziemlich vom Markte verschwunden.

[8]) Baumwollgarne, Baumwollwaren wurden 1913 für rund 12, 1918: 50 Mill. £ nach China, Indien usw. ausgeführt.

Der Flachsbau ist auf Jesso ziemlich ansehnlich[1], und auch der Hanfbau[2] hat (auf Ebenen) im Norden Hondos und Jessos seine Stätten und tritt weiter südwärts in den Gebirgstälern aus klimatischen Gründen an die Stelle der Baumwolle.

Auf Formosa wird auch etwas Jute und Chinanessel (Ramië) angebaut, und hier beabsichtigte man, (die tropischen) Kapokbäume anzupflanzen. Die Hanf- und Juteindustrie sitzt besonders in der Gegend von Osaka (1253). Eine Schlangengurke, die man anbaut, liefert Loofah (Luffah), deren Gerippe für Huteinlagen usw. verwendet wird.

Die Wolleproduktion Japans ist bisher fast gleich Null (s. S. 203).[3] Die japanische Wolleeinfuhr (über Jokohama, 423) und Wollindustrie (besonders in und bei Tokio, 2173) sind recht ansehnlich. Der Bedarf an Wollwaren ist in den kalten Wintern erheblich.[4]

Seide wird von den Wohlhabenderen getragen, und Rohseide gibt mit Seidenwaren den wichtigsten Ausfuhrgegenstand ab. Die Seidenraupenzucht, von den Landleuten (in mehr als $1^1/_2$ Mill. Haushaltungen) als Nebenerwerb betrieben, ist am meisten in der mittleren Zone der Insel Hondo[5] entwickelt. Hauptausfuhrhafen ist darum Jokohama (423)[6].

Gegen Norden werden die Maulbeerpflanzungen durch Frühjahrsfrost und -hagelschäden bedroht, d. h. also Futtermangel hervorgerufen; auch halten häufige Temperaturschwankungen oder Regen und Sturmwetter die Entwicklung der Maulbeerblätter oder die Ausbrütung der Seidenraupeneier zurück.

Die Indigogewinnung (auf Kiuschiu usw.) geht mit Einfuhr und Eigenproduktion synthetischer Farben zurück.[7]

Pelzwerk für Kleidung hat besonders auf Sachalin und auf den nördlichen Japanischen Inseln Bedeutung.

Luchse (Sachalin), Wölfe (Sachalin, Jesso), der Polarfuchs (Sachalin) und andere Fuchsarten, ein Viverrenhund (Nyctereutes viverrinus) mit dichtem, sehr weichem und glänzendem Haar und seidenweicher Unterwolle (Hondo, Kiuschiu), eine andere Art mit dichterem und längerem, aber gröberem Haar auf Jesso,

---

[1]) Prod. im Durchschnitt 1909/13: 2330, 1921: 11330, 1922: 4890 T. = 1,2% der W.; Flachs, Ramië usw. wurden 1922: 13540 T. ausgeführt. Man gedachte, Flachs auch auf Formosa anzubauen. Er liefert wohl auch etwas Leinsaat.

[2]) Hanfprod. 1909/13: 9390, 1922: 11960 T. = etwa 3—4 Prozent der W. Hanf wird überdies in großen Mengen (für Fischernetze und Schiffstauwerk) aus dem Jang-tse-kianggebiet Chinas und von den Philippinen (Manilahanf, s. S. 256) eingeführt (1909/13: 12980, 1922: 41020 T.).

[3]) Japan gibt sich viel Mühe, die Wolleproduktion, besonders in der Mandschurei, zu steigern und Einfluß auf den zentralasiatischen Wollhandel zu gewinnen.

[4]) Für Wolle sind Jokohama (423), für Wollstoffe J. und Kobe (609) Haupteinfuhrhäfen.

[5]) Am meisten im Dep. Nagano (westlich von Tokio), ferner in den Dep. Gumma, Saitama, Fukuschima, Aitschi, Gifu, Yamanaschi, Yamagata usw. Die Frühjahrsernte ist bei weitem die wichtigste; die Sommerernte, da die Landleute dann von anderen Arbeiten in Anspruch genommen werden, ist weit geringer, die Herbsternte wieder groß. Japan produziert etwa 195000 T. Kokons = 15% der W. — Auch auf den Riu-kiu-Inseln wird die Zucht betrieben.

[6]) Die japanische Rohseide hat auf dem Weltmarkt jetzt den ersten Rang erobert. Sie geht, in Jokohama umgepackt, zum weitaus größten Teile nach der Union, deren Bezug etwa 1870 einsetzte und seit 1885/86 den Europas fortschreitend mehr überflügelte. 1901 wurden rund 87000, 1905: 72800, 1910: 148500 Ballen zu 60 kg Gewicht, also 8900 T. ausgeführt; 1915 schon 12005, 1917: 15445; 1923: 17285 T. Der Inlandverbrauch wurde 1915 auf 4400, 1920: 9000 T. geschätzt.

[7]) Prod. 1919: 15000 T.

eine kleine kurzhaarige Zobelart (Sachalin), Marder- und Wieselarten (Sachalin, Jesso), Vielfraß, Otter (Enhydris japonica), Dachse mit dichter Unterwolle, Bären mit langen, dichten Haaren (Sachalin, Jesso), kleine Gebirgsbären (Hondo usw.), Eichhörnchen Sachalins mit guten, und solche der Japanischen Inseln mit ziemlich wertlosen Fellen, Alpenmurmeltiere (Gebirge Jessos) kommen zur Nutzung. Enhydris lutris, die Seeotter (Kurilen[1]), japanische Küste) und Bärenrobben, Otaria ursina (Kurilen), sind selten geworden oder ausgerottet. Seehundsfelle werden an den Küsten Sachalins und Japans erbeutet.[2]) Auf den Kurilen und auf Sachalin hat man Fuchsfarmen (Silber-, Blaufüchse) angelegt.

Bei dem niedrigen Stande der Viehzucht stehen verhältnismäßig wenig Häute, noch viel weniger Felle zur Verfügung. Als Hauptgerbmaterial dient wohl Fischöl. Es werden Häute und Felle aus Indien, China, Korea usw. eingeführt. Die Lederindustrie[3]) (Tokio, 2173) ist nicht bedeutend.

Korallen (leicht rosa gefärbte) werden an der Südküste Schikokus und im Westen und Süden von Kiuschiu (raubwirtschaftlich) sommers gefischt und nach Italien ausgeführt. Perlenmuschel- und Schwammzucht hat Erfolge zu verzeichnen.

Mineralischen Schmuck liefert eine ansehnliche Goldproduktion[4]) (Insel Sado, Esaschi auf Jesso; Goldwäschen am Kilungfluß, Formosa) und Silbergewinnung.[5])

c) **Wohnungsbaumaterial** enthalten die ausgedehnten Wälder Japans, die die Gebirge weithin bekleiden.[6]) Japan ist eines der holzreichsten Länder auf der Erde; die Fortwirtschaft wird ganz rationell (mit Wiederaufforstung usw.) betrieben und liefert schon jetzt viel Holz (Eichenholz für Australien und China) zur Ausfuhr. Dazu kommen von Mittelhondo ab südwärts die 15—20 m hohen Haine von Bambusrohr vor.[7])

Das japanische Haus ist luftig aus Bambus und anderem leichten Material gebaut und widersteht daher viel besser den häufigen Erdbeben als die neuerdings (besonders für offizielle und Geschäftsbauten) beliebten Ziegel- und Steinbauten, aber es ist sehr feuergefährlich.[8])

An die Holzindustrie schließt sich die Fabrikation von Zündhölzern[9]), Spielzeug[10]) und Uhren[11]), die wichtige Ausfuhrartikel geworden sind.

---

[1]) Nach Lehmann 1921 etwa 100 erlegt.

[2]) Auch Koreas und Ostsibiriens.

[3]) In der sommerfeuchten Luft schimmeln Ledersachen sehr schnell.

[4]) Japan 1913: 5438, Formosa 1226; 1923: 6998 bzw. 871 kg. Vgl. Bd. I, S. 164.

[5]) Japan 1913: 144361; 1923: 124414, Formosa (1922) 778 kg. Vgl. Bd. I, S. 164.

[6]) Nach Lehmann noch 58% auf den vier japanischen Hauptinseln. Auf den Kurilen steht nicht sehr viel Wald, auf Sachalin bedeckt der Wald die Abhänge der 1000—1400 m hohen Gebirge, überhaupt fast das ganze Land.

[7]) An den unteren Berglehnen bis zu 200—300 m M. Mit geringerem Wachstum auch noch als Unterholz in den lichteren Wäldern des nördlichen Hondo. Über die vielseitige Verwendung des Bambus s. S. 191.

[8]) Früher (auch heute noch) kamen zahlreiche Brände in den Städten vor. Brauchbare Löschvorrichtungen sind noch selten, doch gibt es in den größeren Städten schon Feuerwehren nach europäischer Art.

[9]) Die Bestände an Pappelholz sind auf Jesso fast erschöpft; Einfuhr aus Sibirien und Mandschurei. Ausf. 1913: 634000; 1918: 642000 Kisten (nach China, Indien, Straits Settlements, Australien, Union), 1922 für 15,6 Mill. Yen.

[10]) Vgl. S. 211. Diese Industrie entwickelte sich, in Nachahmung der deutschen, namentlich während des Krieges.

[11]) Japan deckt bereits einen Teil des südostasiatischen Bedarfs.

Papier lieferte den Japanern früher der Papiermaulbeerbaum (Morus papyrifera L.), jetzt auch in großem Maßstabe die Holzmasse der Wälder (s. S. 207).

Vor dem Kriege bezog man Holzmasse aus Deutschland, Schweden, Norwegen, Kanada.[1]) Der Bedarf wuchs schnell. 1914 gab es erst eine Holzmassefabrik in Japan, aber man nahm dann die Herstellung von Holzmasse auf Sachalin, Jesso, am Jalufluß (Grenzfluß Koreas gegen die Mandschurei), und auf Formosa auf, und die Produktion nahm schnell zu.[2]) Papier und Papierwaren sind bereits ein Ausfuhrartikel.

Mineralisches Baumaterial (Steine) ist in den ausgedehnten Gebirgslandschaften natürlich sehr reichlich vorhanden, wurde aber bei dem vorherrschenden Holzbau Japans bis in die neueste Zeit wenig verwendet.

Jetzt werden die Geschäftshäuser und öffentlichen Gebäude fast nur nach europäischer Art gebaut (s. oben). Lehm und Ton für Ziegel, Töpferwaren usw. fehlen in dem feuchten Lande wohl nirgends, und es kommen sogar schon Glaswaren[3]) zur Ausfuhr, ebenso Zement. Die Porzellanindustrie ist gut entwickelt.

d) Tierische und mechanische Helfer des Menschen. — Werkzeugmaterial. „Die meisten Kleinbauern bestellen ihr Feld ohne Hilfe von Zugtieren" (Lehmann). Vgl. S. 203. Pferde werden in der Landwirtschaft nicht gebraucht, und Rinder fast nur auf Jesso, wo die Güter etwas größer sind (s. S. 200, Anm. 6). Pferde dienen als Reit- und Packtiere, auf Jesso und in den Städten ziehen sie auch Wagen.[4]) Kamele kommen nicht fort.

Esel sah Brass nicht, und Maultiere und Maulesel werden nicht gehalten, wohl aber Hunde[5]) und Hauskatzen.

An Kohlenlagern sind die ostasiatischen Inselbogen nicht besonders reich.

Doch kommen auf Sachalin größere Lager vor[6]), ebenso auf Jesso.[7]) Hier und auf Kiuschiu ist der Abbau besonders lebhaft.[8]) Kohle wird infolge der lebhaften industriellen Entwicklung kaum noch ausgeführt.[9])

Petroleum fand sich im nördlichen Hondo (Provinzen Etschigo, Akita und Aomori), auf Jesso und Formosa, doch ging die Produktion neuerdings dauernd zurück. Auf Sachalin sollen sich größere Lager finden.[10])

---

[1]) Einf. 1914: 48000; 1917: 14000 T.

[2]) Prod. 1915: 100000, 1917: 150000 T.

[3]) Der japanische Glassand soll nicht viel wert sein. Hauptplätze der Glasindustrie sind Tokio (2173), Osaka (1253) und Nagoya (430). Die Verwendung von Glas an Stelle der landesüblichen Papierfenster nimmt (auch bei Häusern japanischer Bauart) zu. Die Mode verlangt jetzt, daß wenigstens ein breiter Streifen der Fenster in Sitzhöhe verglast wird. Vor dem Kriege wurde Fensterglas noch zu etwa $^4/_5$ des Bedarfs eingeführt.

[4]) Die japanische Dschinrikscha mit Vorspannung von Menschen ist Hauptverkehrsmittel in den Städten Südostasiens geworden.

[5]) Sie ernähren sich hauptsächlich von Fischen und besorgen die Straßenreinigung. Es gibt auch eine Jagdhundrasse.

[6]) Nach S. v. Bubnoff 470—570 Mill. T. (Steinkohle und Braunkohle). Die winterliche Vereisung der Küste erschwert den Abbau (bei Dui) bzw. die Abfuhr.

[7]) Jessos Kohlen sind besser als die des Südens.

[8]) Die Kohle Kiuschius ist sehr mäßiger Qualität, rußt stark und ist besonders in der Dampfschiffahrt wenig brauchbar.

[9]) Ausf. 1900: 3,4; 1905: 4,9; 1912: 3,5; 1918: 2,2 (Einf. 2,8) Mill. T.

[10]) Prod. 1922: 2,04; 1924: 1,96; 1925: 2 Mill. Faß = 0,2% der W. Am empfindlichsten ist der Mangel an Heizöl für die japanische Großkampfflotte, auch für die Handelsschiffahrt. Die Versuche,

Mit Wasserkräften sind die sehr gebirgigen und wasserreichen ostasiatischen Inseln gut ausgestattet[1]), und Japan macht schon starken Gebrauch von ihnen.

Werkzeugmaterial aller Art.

Der Talgbaum (s. S. 194) wird auf Schikoku und Kiuschiu, der Lackbaum (S. 194) im nördlichen Hondo (Tal des Tadamigawa bei Jonessawa und Mogami) viel angebaut. Die Lackwarenindustrie hat besonders in Kioto (591) ihren Sitz.

An Eisenerz ist Japan arm[2]), aber Manganerz wird ziemlich viel gewonnen.[3]) Etwas Wolfram kommt vor; andere Eisenveredelungserze scheinen zu fehlen. Nun hat sich zwar Japan in der Mandschurei, in Korea, in China und in Hinterindien Eisenerzlager gesichert, aus denen es Zufuhr erhält, aber einem das Meer beherrschenden Gegner gegenüber ist Japans politische Stellung hierdurch wie durch Nahrungs-, Kohle-, Petroleum-, Wollemangel usw. außerordentlich schwach.[3])

Die Roheisenindustrie hat sich besonders in der Nähe von Kohlen und Eisengruben niedergelassen.[4]) Die Produktion von Eisen und Stahl ist schnell gewachsen[5]); doch mußten bisher noch immer zwei Drittel des (zunehmenden) Bedarfs eingeführt werden.[6])

Die Maschinenindustrie stellt schon einen großen Teil der im Lande benutzten Maschinen her.[7]) Der Schiffbau hat sich in diesem Inselreich besonders großartig entfaltet.[8]) Die Kleineisenindustrie soll bisher ziemlich schlechte Ware liefern.

Unter den Erzeugungsländern von Kupfer ist Japan an vierter Stelle zu finden[9]); große Gruben liegen besonders zu Aschio (nördlich von Tokio[10]) und zu Besschi (auf Schikoku).

Zinkerz (Mittelhondo, Insel Tsuschima) kam bis vor kurzem zur Ausfuhr[11]), Zink zur Einfuhr, doch versucht man, immer mehr Zink im Lande für die auf-

---

in Mexiko, Nordborneo usw. Ölfelder unter japanische Kontrolle zu bringen, hatten bisher nicht viel Erfolg. Man stellt Versuche mit der Gewinnung von Erdöl aus Kohlen (1925: 25,76 Mill. T. umgewandelt?) an, um im Kriegsfalle von der Zufuhr unabhängig zu sein. Bisher muß etwa ein Drittel oder mehr des Verbrauchs an Erdöl durch Einfuhr gedeckt werden. Haupteinfuhrhäfen sind Kobe (609), Jokohama (423) und Itosaki. Tankschiffe besaß Japan bisher wenig.

[1]) Nach dem amerikanischen Wasserkraftatlas 6 Mill. PS.

[2]) Vorräte 60 Mill. T., hauptsächlich in den paläozoischen Schollen Hondos (Kitakamiberglang zu Kamaischi) und auf Jesso. Prod. 1921: 87000 T. Einf. 1921: aus China 535000, jetzt etwa 1 Mill. T. Zur Deckung seines gesamten Stahlwarenbedarfs müßte J. noch 1 Mill. T. Eisenerz einführen. Vgl. über die Produktion in der Mandschurei und in Korea S. 180.

[3]) Prod. 1900: 15830; 1913: 18260; 1918: 56560 T. Ferromangan wird eingeführt.

[4]) Eisen- und Stahlwerke gibt es in Edamitsu, Wanischi, Jawatamatschi, Wakamatsu, Kamaischi, Osaka, Tokio, Kure, Muroran (Jesso).

[5]) Vor dem Kriege deckte die heimischen Jahreserzeugung (300000 T. Roheisen und 250000 T. Stahl = etwa 0,4% der W.) etwa die Hälfte des Bedarfs. 1917 wurden bei 530000 T. Stahlproduktion 675000 T. eingeführt (hauptsächlich aus der Union) bei 22000 T. Ausfuhr. Man hoffte in kurzem 1,5 Mill. T. Eisen hervorbringen zu können. Übrigens rosten blanke Eisenteile in dem feuchten japanischen Klima leicht.

[6]) Vgl. S. 211.

[7]) Die Einfuhr von Textilmaschinen (Union, Großbritannien) nimmt aber z. B. noch immer zu.

[8]) Werften bestehen in Mitsubischi, Kawasaki, Jokosuka, Kure, Sasebo.

[9]) Prod. 1901: 30000; 1905: 35910; 1914: 70500 (Ausf. 43300); 1917; 108000 (71050); 1920: 67800 (17000); 1924: 69400 T. = 4,6% der W. Ausf. nach China, Großbritannien, Russ.-Asien usw.

[10]) Hier wurden noch kürzlich neue große Vorkommen entdeckt.

[11]) 1910: 22500 T.; Einf. von Zink 1905: 15830; 1910: 3180 T., s. Lehmann, S. 52. Prod. von Rohzink 1923: 14000 T. = 1,25% der W.

blühende Konservenindustrie herzustellen. Etwas **Blei, Antimon, Quecksilber** wird gewonnen. **Zinn** muß eingeführt werden. An **Schwefel**, dessen Vorkommen an den Vulkanen haftet[1]), besitzt Japan einen Ausfuhrartikel.

e) Die Fabrikindustrie wird in Japan besonders durch die Anspruchslosigkeit der Arbeiter und niedrige Löhne vor anderen Ländern begünstigt. Ihre Hauptgebiete sind die Gegend von Tokio (2173), die Region südwestlich des Biwasees an der japanischen Inlandsee (Osaka, 1253; Kobe, 609; Kioto, 591, usw.) und der kohlenreiche Norden Kiuschius (Nagasaki, 177; Moschi, 72, usw.). Ihre Produkte bereiten den europäischen und amerikanischen (nicht durch Güte, aber durch Billigkeit) merkbare Konkurrenz.[2]) Die Industrie elektrisiert sich auf Grund der Wasserkräfte (S. 209) immer mehr.

Baumwollindustrie S. 205; Wollindustrie S. 206; Seidenindustrie S. 206; Ölindustrie S. 203; Konservenindustrie S. 204; Papierindustrie S. 208; Zündholz-, Spielzeug-, Uhrenindustrie S. 207; Lackindustrie S. 209; Porzellanindustrie S. 208; Glasindustrie S. 208; Eisen- und Stahlindustrie S. 209; Maschinenindustrie S. 209; Schiffbau S. 209.

Die Zelluloidindustrie, durch Vorkommen des Kampfers (S. 202 f.) sehr begünstigt, auch die chemische Industrie (Schwefelkies, s. Anm. 1) und die elektrische Industrie haben sich stark entwickelt. Immerhin werden auch heute noch viele Fabrikate nach Japan eingeführt.

f) Der Handel. Die Lage der Japanischen Inseln gibt ihnen vor allen Konkurrenten[3]) einen großen Vorteil im Handel mit den ost- und südasiatischen Ländern (besonders China).

Auch die Lage zu den Inseln Ozeaniens, zu Australien und zur Westküste Amerikas ist günstig, zumal wird hier der Absatz auch durch Ansiedlung von ausgewanderten Japanern (und Chinesen, z. B. auf den Hawaii-Inseln, in Kalifornien usw.) erleichtert. Ein Weitergreifen des japanischen Außenhandels nach Europa, Afrika und der Ostküste Amerikas begegnet, von anderem abgesehen, schon manchen Lageschwierigkeiten. Jedenfalls ist aber Japan auf absehbare Zeit der aktivste Teil des südostasiatischen politisch-wirtschaftlichen Aktionszentrums.[4]) Der Handel nahm stark zu.[5])

---

[1]) Auch wird viel Schwefelkies gewonnen (1922: 161500 T.). Prod. von Schwefel 1900: 14450, 1913: 59450, 1923: 31130 T. = etwa 1,7% der W. Ausf. 1910: 45200; 1914: 51600; 1917: 85400; 1920: 19700; 1923: 5900 T. Hakodate (145) ist Hauptstapelplatz.

[2]) Zumal während des Krieges. Japan hat sich besonders auf billige Nachahmungen der Fabrikate anderer Länder (zumal Deutschlands) geworfen. Seit Friedensschluß werden seine Waren von den besseren anderer Länder wieder zurückgedrängt. Die Körperkraft des durchschnittlich nur etwa 1,50 m großen Japaners ist geringer als die des Europäers (durchschnittlich). Es fehlt auch den Arbeitern zum Teil noch an Erfahrung, und im ganzen ermangeln alle Industrien noch der Vorteile, die eine lange Tradition in den gleichen Industrien Englands oder Deutschlands mit sich bringt. Aber dieser Vorsprung Europas muß sich wohl von Jahr zu Jahr mindern. Heute schätzt man in England noch die Leistungsfähigkeit der japanischen Webereiarbeiter auf nur etwa ein Viertel (?) derjenigen ihrer englischen Kollegen. Übrigens ist ein gut Teil der japanischen „Industrie" immer noch Heim- bzw. Handwerksarbeit.

[3]) Von Schanghai aus z. B., wo eine japanische Handelshochschule besteht, überschwemmt Japan China und Zentralasien mit seinen Handelsagenten und Waren. China wehrt sich gelegentlich durch Boykott.

[4]) 1922 fand in Tokio (2173) eine internationale Weltausstellung statt.

[5]) Ausf. 1913: 632; 1919: 2098; 1921: 1252; 1922: 1637; 1924: 1807 Mill. Yen; Einf. 1913: 729; 1919: 2173; 1920: 2336; 1921: 1614; 1922: 1890; 1924: 2453 Mill. Yen. Der Rückschlag nach dem Kriege ist sehr erheblich.

Japan führt hauptsächlich Halbfabrikate und Fabrikate aus und Rohstoffe, Fabrikate besserer Qualitäten und Nahrungsmittel ein.

Ausfuhr Japans 1922: 1637,45 Mill. Yen: Rohseide 670; Baumwollwaren 222,1; Baumwollgarn 114,7; Seidenwaren 107,9; Seidenabfälle 24,5; Kohlen 23,5; irdene Waren 21,2; Zucker 19,1; Tee 17,8; Wirkwaren 17,1; Papier 16,1; Zündhölzer 15,6; Holz 14,2; Eisenwaren 10,3; Glas 10,3; Spielwaren 7,4; Bohnen 7,1; Eisen 4,9 Mill. Yen.

Einfuhr Japans 1922: 1890,31 Mill. Yen: Baumwolle 427,8; Eisen 155,2; Maschinen 114,4; Ölkuchen 98,5; Zucker 63,9; Reis 61,3; Wolle 55,4; Wollwaren 50; Bohnen 39,6; Papier 20,7; Petroleum 18,8; Flachs 17,4; Kohle 16,8; Baumwollwaren 13,6; Farben 13; Sulphate 12,7; Holzschliff 11,8; Erze 11,4; Kautschuk 11,3; Blei 9,6; Soda 9; Salpeter 6,5; Häute 5,9; Leder 5,5 Mill. Yen.

Handelsländer in Prozent der Ausfuhr: Japan 1922: Union 44,7; China 20,4; Britisch-Indien 5,9; Hongkong 4; Großbritannien 3,3; Niederländisch-Indien 2,9; Australien 2,2; Brit.-Malaya 1,3; Philippinen 1,1; Frankreich 1,1; **in Prozent der Einfuhr**: Japan 1922: Union 31,5; Britisch-Indien 13,4; Großbritannien 12,3; China 9,9; Deutsches Reich fast 6; Australien 4,3; Niederländisch-Indien 3,8; Siam 1,2; Belgien, Brit.-Malaya u. Frankreich je fast 1, Asiat.-Rußland u. Französ.-Indochina je gegen 1.

g) Der Verkehr. Der Binnenverkehr beruhte früher auf Saumtieren (S. 208), Sänften und den Dschinrickschas[1]) (in und bei den Städten, s. S. 197). Heute durchziehen zahlreiche Eisenbahnen die Hauptinseln und Formosa.

Die vielfach bedeutenden Steigungen und die zahlreichen Tunnel in dem gebirgigen Lande empfehlen (wie die schlechte Qualität der Kohlen) die Elektrisierung der Eisenbahnen mittels der reichlichen Wasserkräfte; sie ist schon im Gange.[2]) Eine große Längsbahn mit Fähren über die trennenden Meerestraßen (Tsugarustraße, Straße von Schimonoseki) ist besonders wichtig.[3]) Die wachsende Riesenstadt Tokio (2173) bedarf schon der Untergrund- und Hochbahnen. Der zunehmende Autoverkehr[4]) erforderte die Verbesserung der schlechten Straßen.

Während die Binnenschiffahrt wegen der Kürze und des Gebirgscharakters der Flüsse[5]) fast keine Rolle spielen kann, im Norden auch winters durch eine Eisdecke[6]) gestört wird, tritt in weitem Umfange die Küstenschiffahrt in den Vordergrund.[7])

Sie verbindet (wie so oft bei Inseln) die einzelnen Landesteile und wurde für die Bevölkerung, die an sich schon fast überall mit dem Meere in Berührung und vertraut ist, vor allem durch die Fischerei (S. 204 f.), eine Hochschule der Schiffahrtskunst.

Japans Handelsflotte, die ein gut Teil des Außenhandels trägt, hat sich während des europäischen Krieges vervielfacht.

---

[1]) In dem Gewirr der schmalen Stadtgassen und zwischen den eng aneinander gebauten kleinen Häusern ist kaum ein anderes Gefährt als dieser 1—1,2 m Spurweite habende Karren zu verwenden.
[2]) Der Gewässerreichtum Japans erfordert viele Brücken.
[3]) Eisenbahndampffähren waren längst geplant, auch zum Festland (nach Fusan, Korea, s. S. 212, Anm. 2) hinüber, sind aber wohl noch nicht eingeführt.
[4]) In Tokio laufen die meisten der 22000 Kraftwagen, die Japan am 1. 1. 1925 besaß.
[5]) Die Flüsse werden fortschreitend reguliert.
[6]) Auf Sachalin bildet sie für den Hundeschlitten die Verkehrsbahn.
[7]) Sie macht ungefähr ein Drittel der gesamten Schiffahrt aus.

Japan nahm Mitte 1925 mit 3,741 (1914: 1,642) Mill. Br.-R.-T. (= 6,36% der stählernen und eisernen Dampfer und Motorschiffe über 100 Br.-R.-T. auf der Erde) die dritte Stelle unter den Schiffahrtsstaaten ein.[1]) Die „Nippon Yusen Kaischa" ist eine der größten Schiffahrtsgesellschaften der Erde. Sie hat u. a. einen „Um die Welt-Dienst" in zwei entgegengesetzten Linien eingerichtet.

Die wichtigsten Häfen liegen auf der Insel Hondo an der Schutz bietenden und die produktivsten Gebiete Japans randenden Inlandsee: Kobe (609), Osaka (1253) und an der sehr produktiven Südostecke der Insel für das landeinwärts gerückte Tokio (2173): Jokohama (423).

Fast alle größeren Orte der Inseln sind überhaupt Hafenplätze. Es seien noch erwähnt: Nagasaki (177) und Modschi (72, an der Straße von Schimonoseki) auf Kiuschiu, Schimonoseki (72, am Westtor zur Inlandsee[2]), Nagoya (430), Niigata (92), Sendai (119) auf Hondo, Hakodate (145) auf Jesso, Otomari (12) auf Sachalin, Naba (54) auf Okinawa (Riu-kiu-Inseln), Kilung (32) und Takao (35) auf Formosa. Alle Häfen werden immer mehr nach modernen Prinzipien ausgebaut.

Luftverkehr. Zwischen Tokio und Osaka wurde schon 1919 Luftpost eingerichtet, und zur schnellen Verbindung der einzelnen Inseln, bzw. Reichsteile untereinander und mit dem Festlande scheint der Luftverkehr, freilich durch Taifune bedroht, in Zukunft gute Dienste leisten zu können.

Nachrichtenverkehr. Post, Telegraph und Telephon sind etwa wie in einem südeuropäischen Lande entwickelt. Funkstationen für drahtlose Telegraphie besitzt Japan in allen Teilen des Reiches, auch in dem an China zurückgegebenen Tsing-tau, in Dairen (S. 179), in Mandschuria an der mongolischen Grenze usw. Es gibt besondere Stationen für den Außendienst (z. B. in Haranomatschi, Prov. Fukuschima).

F. Südasien (Hinterindien, Vorderindien mit Ceylon, Australasiatischer Archipel).

1. Hinterindien.[3])

I. Naturverhältnisse. Die Breitenlage der hinterindischen Halbinsel (etwa zwischen dem 25.° und 1.° nördl. Br.) stempelt ihr Klima zu einem wesentlich tropischen, aber der Gebirgscharakter hebt große Landesteile in gemäßigtere Höhen. Reintropisch (A 2, periodisch trockenes Savannenklima) sind die drei großen Alluvial-

---

[1]) Ein großer Teil der großen Handelsschiffe hat Ölfeuerung.

[2]) Modschi und Schimonoseki werden, sich nahe gegenüberliegend, auch mit den gemeinsamen Namen Kammon bezeichnet. — In Schimonoseki endigt der kürzeste Weg (von Europa aus) nach Japan. Er führt über die Sibirische Eisenbahn, durch die Mandschurei (S. 175) und Korea (Söul, 262) nach Fusan (76) an der Koreastraße, über die Dampfer (s. S. 211, Anm. 3) in etwa 10 Stunden den Reisenden nach Schimonoseki führen (von hier Luxuszug nach Tokio). Eine etwas längere Zufahrt geht über die „ostchinesische" Bahn durch die Mandschurei nach Wladiwostok (99), von wo Dampfer (in weniger als 40 Stunden) nach Tsuruga in Mittelhondo fahren, doch ist namentlich im Winter die Seefahrt oft wenig angenehm.

[3]) Vgl. Andree, Geographie des Welthandels, B. 2. — J. G. Scott, Burma. London 1921 und 1924. — Jos. Dautremer, Une Colonie modèle, la Birmanie. Paris 1912. — H. T. White, Burma. Cambridge 1923. — W. A. Graham, Siam. A Handbook. 2 Bde. 1924. — G. Caillard, L'Indochine. Paris 1922. — A. Wright und Th. H. Reid, The Malay Peninsula. London 1913. — Malay States Inform. Agency. British Malaya, Trade and Commerce. London 1924.

ebenen der Unterläufe des Irawad[d]i[1]), Menam[2]) und unteren Mekhong[3]); sie sind mit einer deutlichen Trockenzeit ausgestattet und, da großenteils bzw. zeitweise im Regenschatten von Gebirgen gelegen, zum Teil weniger niederschlagsreich als die meeresnahen, den Monsunwinden voll ausgesetzten gebirgigen Landesteile (Halbinsel Malakka[4]), Cordillere von Arakan[5]) und die von Annam[6]) — winterlicher Nordostmonsun) mit ihrem heißfeuchten Urwaldklima (A 1). Das höhere gebirgige Innere der hinterindischen Halbinsel weist Köppen dem warmgemäßigten wintertrockenen (sommerfeuchten) Klima (C 5) zu; ebenso Tonking (Tonkin).[7])

Die Nachbarlage zu China, Vorderindien und zum Malaiischen (Australasiatischen) Archipel ist für die Bevölkerung, ihre Geschichte und Kultur maßgebend gewesen und bedingt noch heute zum großen Teil ihre wirtschaftlichen Beziehungen.

II. H. mag im ganzen etwa 2,14 Mill. qkm mit 40,5 Mill. Einw. (Burmesen, Siamesen, Annamiten, Chinesen, Malaien, Inder) umfassen. **Politisch** setzt es sich zusammen aus dem britischen Burma[8]) (0,605 Mill. qkm, 13,21 Mill. Einw.), dem unabhängigen Siam (0,6 Mill. qkm, 8,83 Mill. Einw.), dem französischen Indochina[9]) (0,803 Mill. qkm, 16,7 Mill. Einw.), den britischen Malaiischen Schutzstaaten[10]) 134900 qkm, 2,08 Mill. Einw.) und den britischen Straits Settlements Singapore[11]), Penang, Malakka (rund 4150 qkm, 0,963 Mill. Einw.).

Die Volksdichte steht mit knapp 20 auf 1 qkm weit hinter der Durchschnittszahl des benachbarten (eigentlichen) China (s. S. 177) und Vorderindien (s. S. 225) zurück, nähert sich aber der des benachbarten Malaiischen Archipels und speziell der niederländisch-ostindischen Inseln. Im einzelnen ist sie verschieden genug. Die großen Stromebenen sind am dichtesten (200 auf 1 qkm) bevölkert.

III. Die Wirtschaft.

Dem allgemeinen wirtschaftlichen Charakter nach ist H., dessen Bevölkerung man meist der Wirtschaftsstufe der herkömmlichen Wirtschaft zurechnen

---

[1]) Vgl. Rangoon (Rangun), April 29,4°, Jan. 23,7° C. Extreme 40° und 14°. 2500 mm Regen (Juli 540, Febr. 0).

[2]) Vgl. Bangkok, April 28,6°, Dez. 23,8° C. Extreme 36° und 16°. 1400 mm Regen (Sept. 310, Mai 240, Jan. 0).

[3]) Vgl. Saigon, April 29,3°, Dez. 25,9° C. Extreme 37° und 17°. 1920 mm Regen (Sept. 400, Februar 0).

[4]) Vgl. Singapore, Mai 27,5°, Jan. 25,7° C. Extreme 38° und 18°. 2360 mm (Dez. 260, Febr. 160) und Penang, April 27,6°, Dez. 26° C. 2780 mm (Sept. 480, Febr. 80).

[5]) Vgl. Akyab, Mai 29,4°, Jan. 20,8° C. Extreme 36° und 11°. 5020 mm (Juni 1340, Jan. 0). Dieser Ort gehört also ebenfalls A 2 an.

[6]) Vgl. Hué, Juni 29,5°, Febr. 19,7° C. Extreme 40° und 12°. 2500 mm (Okt. 670, März 50).

[7]) Vgl. Haiphông (120 m), Juni 28,5°, Febr. 16,3° C. Extreme 37° und 9°. 1730 mm (Aug. 310, Dezember 30).

[8]) Oder Birma.

[9]) Cochinchina (66900 qkm, 3,8 Mill. Einw.); Cambodja (Kambodscha; 186500 qkm, 2,4 Mill. Einw.); Annam und Lang-Dian (162600 qkm, 4,93 Mill. Einw.); Tonking (114800 qkm, 6,85 Mill. Einw.); Laos (248600 qkm, 819000 Einw.); hierhin wird verwaltungspolitisch auch Kwan-tschou-wan (s. S. 176, Anm. 3; 840 qkm, 182000 Einw.) gerechnet.

[10]) Bundesstaaten: Perak (20200 qkm, 0,6 Mill. Einw.); Selangor (8180 qkm, 0,4 Mill. Einw.); Negri Sembilan (6600 qkm, 179000 Einw.); Pahang (36200 qkm, 146000 Einw.). Protektorate: Johore (23300 qkm, 282000 Einw.); Kedah (9840 qkm, 339000 Einw.); Perlis (790 qkm, 40000 Einw.); Kelantan (14250 qkm, 309000 Einw.); Trengganu (15500 qkm, 153000 Einw.).

[11]) Dazu werden auch die ozeanischen Keeling- (Cocos-) Inseln und Christmas-Inseln im Indischen Ozean gerechnet.

muß, ein Gebiet vorherrschenden tropischen Pflanzenbaues, der in den großen Stromebenen und an den Küsten am ausgedehntesten vertreten ist. Tierzucht steht zurück. Die zum Teil reichen Mineralschätze der Gebirge sind in größerem Maßstabe erst von den Europäern in Angriff genommen worden.

a) Erzeugung von Nahrungs- und Genußmitteln.

Sie stammen hauptsächlich aus dem mit ziemlich primitiven Hilfsmitteln (wie in China) betriebenen Acker- und Gartenbau[1]); europäische Plantagen sind verhältnismäßig selten, am weitaus häufigsten in den Verbündeten Malaienstaaten und in den Straits Settlements, also im Südteil der Halbinsel Malakka. Reis und Hirse sind die wichtigsten Nahrungsmittel.

Reis steht auf den Feldern in den großen Alluvialebenen des Irawadi[2]), des Menam und des unteren Mekhong- und Don-naigebiets, in den Niederungen des Songkoi sowie in den feuchten westlichen und östlichen Küstenstrichen der hinterindischen Halbinsel und auf der Halbinsel Malakka (in A 1, A 2 und C 5) völlig voran. In den feuchteren und niedrigeren Teilen[3]) wird Sumpfreis mit Ausnutzung der sommerlichen Regenzeit gebaut und im Dezember geerntet.[4]) In den höher gelegenen trockneren Landesteilen (Oberburma, Obersiam und Laos) pflanzt man Bergreis[5]) bis zu 2000 m Meereshöhe (seltener Klebreis).

Da die Bevölkerung, relativ dünn wohnend, die erzeugten Reismengen nicht aufbraucht, sind Burma, Siam und Teile Französisch-Indochinas in der Lage, große Mengen von Reis nach den dichter bevölkerten Nachbarländern und dem fernen Europa, Afrika und Amerika auszuführen. Reis ist der wichtigste Ausfuhrartikel H.s

---

[1]) In Oberburma sind etwa 15, in Unterburma 18% der Fläche Kulturland.

[2]) In Unterburma nimmt er in einseitiger Kultur 80 und mehr Prozent der Kulturfläche ein und gedeiht auf den feuchten Delta- und Niederungsböden ohne künstliche Bewässerung und ohne daß Mißernten zu befürchten wären.

[3]) In den Überschwemmungsgebieten der Flüsse und hauptsächlich in den Deltas, ferner dort, wo Bewässerungswasser aus Flüssen und Kanälen zu heben oder über terrassierte Talhänge zu leiten ist. Reis ist z. B. Siams wichtigste Feldfrucht und soll in Französisch-Indochina $^5/_6$ der angebauten Fläche einnehmen. Besonders in den relativ trockenen inneren Gebieten (Savannen) Siams (auf dem Plateau von Korat und in Laos, in Cochinchina (Prov. Baria), in Tonking kann durch künstliche Bewässerung der Reisbau noch sehr ausgedehnt werden und hat in den letzten Jahrzehnten tatsächlich durch den Bau von Bewässerungskanälen schon sehr gewonnen. In dem mehr hügeligen Kambodscha und im gebirgigen Annam sind die für den Wasserreis geeigneten Böden in geringerem Umfange vorhanden. 1924 wurden geerntet in Französisch-Indochina 5,58 (Cochinchina 2,26; Kambodja 1,56; Tonking 1,47; Annam 0,92) Mill. T., in Siam 4,76, in den Malaienstaaten 0,33 Mill. T. Burma wird von den Engländern unzweckmäßigerweise Vorderindien (Britisch-Indien) zugerechnet Vgl. Dilock ,Prinz v. Siam, Die Landwirtschaft in Siam. Leipzig 1908.

[4]) Zur Trockenzeit. Den rohen Reis, der in Vorderindien als „Paddy" bezeichnet wird, schält man in den Reismühlen, d. h. man entfernt (was früher primitiv durch Stampfen im Mörser, später in Handmühlen erreicht wurde) für die Ausfuhr maschinell die Hülsen, wobei diese als Brennmaterial dienen. Wenn der Reis bei der Ausfuhr die Tropenzone passieren soll, so wird er am besten in den Hülsen belassen. Um aber die große tote Last der Hülsen möglichst zu vermindern, wird er nach Schumacher als „Cargoreis" verfrachtet, d. h. es werden 20% unenthülster Reis mit 80% enthülstem Reis gemischt. In den Empfangsländern (Europas) wird der Reis dann noch poliert, d. h. das dünne Silberhäutchen wird entfernt. Übrigens sind Reisesser, die sich vorherrschend von poliertem Reis (bei dem wichtige mineralische Nährstoffe mit dem Silberhäutchen entfernt sind) ernähren, von der Beriberikrankheit (einer krankhaften Wucherung von Geweben) bedroht.

[5]) Für das Trockenpflügen, für das sich der im feuchten Reisland benutzte Büffel nicht eignet, gedenkt man, das schwache Zeburind und den primitiven Pflug durch Motorpflüge (Traktoren) zu ersetzen.

Ausfuhrhäfen sind in Burma[1]) Rangoon (342), das die billigste Massenware, Bassein, das den besten Tafelreis, und Akyab und Moulmein (61), die milchigen Reis zur Ausfuhr bringen. In Siam[2]) ist Bangkok (931) der Ausfuhrhafen und in Französisch-Indochina[3]) Saigon (83; dazu Cholon 227) und Haiphöng (33). Die Verbündeten Malaienstaaten und die Straits Settlements bedürfen der Einfuhr von Reis.

Wo der Reis nicht mehr recht gut gedeihen will, tritt als Lückenbüßer auf dem Felde der Mais auf: in Tonking, in Annam, in den Laosstaaten usw.

In den Bergländereien werden Hirsearten und Buchweizen (in geringem Umfange) gepflanzt. Von den Knollenpflanzen hat die Kartoffel bisher nur ganz örtlich bei Bergvölkern des Innern (in den Schanstaaten usw.) einige Ausbreitung erlangt. Dagegen werden die tropischen Maniok, Bataten, Yams und Taro fast überall als wertvolle Nahrungsmittel[4]) angebaut. Gemüse[5]) und Hülsenfrüchte[6]) haben ebenfalls nur für den Inlandverbrauch Bedeutung. Es werden Gurken, Kürbisse, Melonen, Wassermelonen, Flaschenkürbisse, Rettiche, Tomaten, Eierpflanzen, Zwiebeln, Knoblauch usw., zum Teil mit künstlicher Bewässerung, ferner Bohnenarten (Sojabohnen und andere), Erbsen (auch Kichererbsen) gezogen. Obstbäume gehören in den Tropen zu den für die Ernährung wichtigsten Gewächsen: Palmyra-, Kokospalmen[7]), Areng- oder Gomutupalmen (in den Waldgebieten Burmas, Siams, Cochinchinas), Bananen, Papayas (Melonenbäume), Mangobäume, Guajaven, Jackbäume (Artocarpus integrifolia L.), Mangostan-, Durio-, Tamarindenbäume (in trockeneren Gebieten), Brotfruchtbäume, auch Ananas[8]) und Granaten. Orangen und Zitronen werden sogar (aus Französisch-Indochina) ausgeführt. Zuckerrohr wird für den heimischen Verbrauch vielfach (auf der Halbinsel Malakka, in Annam, in Niedersiam und Unterlaos usw.) angepflanzt, ohne daß aber die Kultur größere industrielle und Ausfuhrwichtigkeit bekommen hat.[9])

Von einem gewissen Belang ist der Anbau von Gewürzen. Besonders Pfeffer kommt am Golf von Siam (in den südöstlichen Küstengebieten Siams und den Nachbarstrichen Kambodschas und Cochinchinas bis gegen das

---

[1]) Ernte Burmas 1904/05: 3,085; ganz Indiens 1924: 48,5 Mill. T. Ausf. im Durchschnitt 1909/10 bis 1913/14: 1,8 Mill. T., 1914/15: 1,1, 1918/19: 1,16; 1924: 2,26 Mill. T. Daß die verschiedenen Qualitäten (Stärke-, Eiweißgehalt) von klimatischen Verhältnissen mit bedingt sind, ist anzunehmen, aber schwer zu erweisen. An dem Anbau im großen, der im Irawadidelta stattfindet, beteiligen sich auch immer mehr Inder und Burmesen.

[2]) Ausf. 1901: 655000; 1917: 1,23; 1923: 1,38 Mill. T.

[3]) Ernte 1924: 5,775 Mill. T. auf 47700 qkm. Ausf. Cochinchinas 1918: 1,45; 1919: 0,76; 1923: 1,15 Mill. T. (Ausf. Saigons 1919: 0,7; 1920: 1,02 Mill. T.), ganz Französisch-Indochinas 1913: 1,29; 1916: 1,35; 1923: 1,1; 1924 (Schätzung): 1,00 Mill. T. In Laos werden jährlich 450000 bis 500000 T. geerntet. Tonking erzeugte 1922: 1,58; 1923: 1,67 Mill. T. Vgl. dazu S. 214, Anm. 3.

[4]) Tapioka wird z. B. aus Johore ausgeführt.

[5]) Z. B. in der Trockenzeit an Ufern der Flüsse und Seen Oberburmas in großen Pflanzungen, besonders bei Städten, ferner überall in den Hausgärten angebaut.

[6]) In Oberburma bilden sie (nach Wehrli) namentlich, wenn die Reisernte fehlschlägt, einen wichtigen Teil der Volksnahrung.

[7]) Die noch tief im Innern vorkommen.

[8]) Die Ananaskultur des Staates Johore wächst andauernd; 1922 wurden 13,56 Mill. Stück ausgeführt (5 Mill. nach Singapore); es gibt auch in Johore schon Ananas-Konservenfabriken.

[9]) Auch aus dem Palmsaft der Palmyra- und der Talipo(t)palme wird Zucker gewonnen. Doch muß wohl im ganzen Zucker noch eingeführt werden.

Mekhongdelta, ebenso im Süden der Halbinsel Malakka) reichlich zum Anbau und zur Ausfuhr.[1])

Auch etwas Zimt (am Ostabhange von Annam und in Unterlaos von wilden Bäumen oder aus Kulturen) wird ausgeführt, Kardamomen, Gewürznelken, Muskatbäume, Safran, Ingwer, spanischer Pfeffer, Mohnsamen werden angebaut und genutzt. Ein wenig Kaffee wird (in Unterburma, bei Bhamo in Oberburma, auf der Halbinsel Malakka, in den Bergen an der Nordostküste des Golfes von Siam, im bergigen Annam, in Cochinchina und Tonking), etwas Tee (in den Bergländern Oberburmas, -siams, Annams und in Tonking) für den inländischen Konsum gebaut. Überall spielt der Tabak[2]) unter den Kulturpflanzen der Eingeborenen eine wichtige Rolle als Genußmittel (in den Niederungen Tonkings, wo auch europäische Pflanzungen angelegt sind, wie in den anderen Gebieten); er übertrifft an Schätzung vielleicht den Betel[3]), für dessen Gewinnung aber auch fast überall an geeigneten Stellen Arecapalmen und Betelpfeffer (oft mit künstlicher Bewässerung) kultiviert werden. Infolge chinesischer Einflüsse wohl wird in den bergigen Ländereien auch vielfach Mohn für Opiumgewinnung angebaut.

Unter den Ölpflanzen sind Sesam und Erdnuß wichtig.

Sesam wird überall (in Annam wie in Oberburma usw.) bis in die Bergdistrikte hinein, in der Regel zur winterlichen Trockenzeit[4]), angebaut. Die Erdnuß wächst während der Regenzeit und wird im trockenen Dezember geerntet. Im Trockengebiet Oberburmas (Distr. Magwe, Myingyan usw.) nahm ihre Kultur im letzten Jahrzehnt einen großen Aufschwung.[5]) Auch Rizinus wird vielfach angebaut, die Kokospalme wird genutzt, und Kopra kommt aus den Küstengebieten des Golfes von Siam und aus dem südlichen Annam, neuerdings vor allem aus den Plantagen der Föderierten und Unföderierten Malaienstaaten (A 1) in wachsendem Maße zur Ausfuhr.[6]) Anis- und Zitronellöl werden ebenfalls in geringen Mengen exportiert.

Tierische Nahrungsmittel werden (wie in allen buddhistischen Gebieten) wenig genossen[7]) bis auf das Fleisch von Schweinen[8]), die wie in China

---

[1]) Ausf. Französisch-Indochinas 1895: 1580; 1900: 2540;

[2]) Außer Tabak werden noch viele andere Stengel und Blätter geraucht.

[3]) Das sind die Früchte der Arecapalme (Betelnüsse, deren ein Baum jährlich etwa 250—800 trägt), in Blätter des Betelpfefferstrauches (Piper Betle) gewickelt und mit Kalkpulver bestreut. Besonders der malaiische Schutzstaat Johore führt große Mengen von Arecanüssen aus.

[4]) Im Trockengebiet Oberburmas hat er jedoch seine Vegetationszeit mit den Monsunregen und wird Anfang des Winters (Sept.) geerntet.

[5]) Sie verdrängt hier vielfach den Sesam. In den überfeuchten Küstenstrichen Arakans, an dem Golf von Martaban, auf der burmesischen Westabdachung der Halbinsel Malakka und auf dieser südwärts, kurz in A 1, spielt sie gar keine Rolle, wohl aber auf der trockeneren siamesischen Ostabdachung Malakkas von Ratburi südwärts und in anderen Gebieten (Annam, Tonking) der Klimate A 2 und C 5. In Britisch-Malaya hat man die westafrikanische Ölpalme eingeführt.

[6]) Der Staat Johore allein führte aus Volkskultur 1922: 25150, Cochinchina 1923: 12400 T. aus.

[7]) Das Fleisch von Rindern essen jedoch die Burmesen, sofern sie eines natürlichen Todes gestorben sind, und die Chingpaw benutzen sie als Opfertiere. Sie sind meist nicht zahlreich. Siam hat z. B. (1922) 2863820 Rinder, d. h. 4,8 auf 1 qkm und 32,4 auf 100 Einw. In Annam gab es 1920: 461300 Rinder. Gemästete Hunde (bei den Maru in den Gebirgen östlich des Irawadi) sind eine Ausnahme. Jagdtiere (wie wilde Hühner usw.) geben natürlich auch etwas Nahrung. Milch von Rindern und Ziegen wird verschmäht.

[8]) Siam (1922) 864250, d. h. 1,4 auf 1 qkm, 10 auf 100 Einw., Cochinchina 1920: 247620 (3,7 bzw. 6,5).

überall zahlreich gehalten werden, von Geflügel (Hühner, Gänse, Enten), dessen Eier[1]) gleichfalls geschätzt sind, und Fischen.

Die vielen Gewässer H.s geben recht reiche Ausbeute, besonders der große See Tonlesap in Kambodscha. An den ausgedehnten Küsten (besonders in und an den Deltagebieten der großen Ströme, im Inselgebiet von Mergui, in den Strandseen und Buchten der Kambodscha -und Annamküste) blühen Haff- und Seefischerei. Frische, getrocknete oder gesalzene Fische ergänzen wie in Ostasien die Reisnahrung und kommen in großen Mengen in den Handel.[2])

Mineralische Nahrungs- und Genußmittel; Düngestoffe.

Salz wird wohl zum größeren Teil aus dem Meere durch Verdunstung zur Zeit des Trockenmonsuns gewonnen.[3]) Auch Quellensalz (Oberburma, Siam, Französisch-Indochina) wird genutzt und in Französisch-Indochina Steinsalz. Doch muß in Burma und auf der Halbinsel Malakka, soweit eine ausgesprochene und längere Trockenzeit fehlt (A 1), Salz eingeführt werden. Trinkwasser ist in H. überall mehr (A 1) oder weniger (A 2, C 5) reichlich zu finden[4]), aber in sanitärer Beziehung, etwa außerhalb der großen Küstenplätze, wohl noch wenig einwandfrei. Thermen und gewöhnliche Mineralquellen fehlen nicht. Phosphate liefern die Christmasinseln[5]) und Tonking, Höhlenguano die Halbinsel Malakka.

b) Für die **Kleidung** kommt in dem warmen Klima H.s hauptsächlich die Baumwolle in Betracht.

Die Gebiete mit dem Klima A 1 sind ihr natürlich viel zu feucht; z. B. wird sie in Burma im niederschlagsarmen Innern (Oberburma) gezogen und zwar während der Regenzeit, so daß sie mit Beginn der Trockenzeit (Okt. oder Nov.) geerntet werden kann. Die ehemalige hausindustrielle Verarbeitung der (kurzstapeligen) Baumwolle zu Kleidern ist durch die Einfuhr von Garnen, Tüchern usw. sehr zurückgedrängt worden. Dafür kommt etwas Rohbaumwolle zur Ausfuhr. Andere Textilpflanzen[6]) wie Ramie, Jute, Hanf, Manilahanf, Agaven, Sanseviera sind unwesentlich. Aus Südannam und vom Golf von Siam kommt Koïr zur Ausfuhr, und die Kapokgewinnung nimmt zu.[7])

Wolle findet nur in den Gebirgen (Bedürfnis nach wärmerer Kleidung) Schätzung. Das Schaf wird außerhalb der Berge kaum gehalten, erst im äußersten Norden (im nördlichen Tonking, an Chinas Grenzen) wird es etwas häufiger. Ebenso

---

[1]) Werden z. B. von Johore und Perlis ausgeführt, wahrscheinlich nach Singapore.

[2]) Der Fischverbrauch in Französisch-Indochina wird auf 200000 T. jährlich geschätzt; die Ausfuhr an getrockneten und geräucherten Fischen betrug 1923: 29730 T. (nach Singapore, Hongkong usw.). Cochinchina allein führte 1923: 24050 T. Fische und 1920 T. Fischöl aus.

[3]) So an der Südostküste Cochinchinas, an der Annamküste bis nach Tonking hinauf, an der Siamküste. Aber an der burmesischen Küste reicht die kurze Trockenzeit (Dez. bis März) nicht hin zur genügenden Erzeugung.

[4]) Vgl. A. Haberlandt, a. a. O. über Brunnen, Bambuswasserleitungen usw.

[5]) 1913: 152400 T.; Prod. Französ.-Indochinas 1922: 7600, 1. Halbjahr 1924: 5100 T.

[6]) Verschiedene Fasern, Baste und Rinden von wildwachsenden Pflanzen (Sterculia-, Boehmeriaarten usw.) liefern stellenweise noch heute Kleidungsstoffe.

[7]) Von Bombax malabaricum DC der burmesischen Niederung z. B. Die Burmesen, Siamesen usw. stopfen Kissen und Matratzen damit. Französisch-Indochina führte meist 50—60 T. jährlich aus, jetzt aber größere Mengen (aus Cochinchina allein 1923: 485 T.). Auch in Siam nahm die Kapokkultur stark zu. Aus dem Holz eines Eisenholzbaumes (Xylia dolabriformis Bth.) fertigen die Burmesen ihre Sandalen.

scheint die Ziegenzucht geringe Ausdehnung zu haben.[1]) Die Seidenzucht hat in dem tropischen Klima meist nur eine untergeordnete Stellung gewinnen können.[2]) Indigo, Katechu und Gambir (s. unten) und andere Pflanzenstoffe dienen zum Färben.

Häute und Felle der Haustiere (s. S. 216 u. S. 219) decken den Eigenbedarf der Bevölkerung und sind zugleich ziemlich wichtige Ausfuhrartikel.[3])

Als Gerbstoff dienen vor allem Katechu von Acacia Catechu Willd., die im Trockenwalde Oberburmas, im westlichen Siam usw. vorkommt, und Gambir von Nauclea Gambir Hunt. (Johore). Hörner der Haustiere und Schildpatt (Küsten Cochinchinas und Kambodschas) gehören auch hierher.

Silber (Burma, s. S. 221) und Gold (in den Malaiischen Schutzstaaten, im Irawadi und in den laotischen Feldern bei Attopeu) als Schmuckstoffe usw. liefert H. reichlich, und Edelsteine werden bei Chantabun in Siam (Rubine und Saphire) und bei Mogok (Rubine) in Burma, auch in Französisch-Indochina (Saphire) gewonnen; Jadeit bei Mogaung in Burma.

c) Zur **Wohnung** gibt der die niederschlagsreichen Gebiete (A 1 besonders) bedeckende Wald[4]) genug Hölzer. Den höchsten Wert hat das Teakholz vom Teakbaum (Tectona grandis), der in Oberburma (am Sittang, Salween, Chindwin, Mu usw.) und -siam (16.—20.° nördl. Br.) sowie in den nördlichen Schanstaaten in dem gemischten Walde der niedrigen Hügel und Bergketten (selten über 600—700 m Meereshöhe) bei mittlerem und reichlichem Regenfall verbreitet ist und einen wichtigen Ausfuhrartikel liefert.

Die Bäume werden erst zum Absterben geringelt, nach 2—3 Jahren gefällt und in der Regenzeit von Elefanten oder Büffeln zu den Flüssen geschleppt, um in Flößen zu den Sägereien von Rangoon (342) und Moulmein (61) zu gelangen.[5]) Die britische Regierung hat Reservatgebiete eingerichtet und forstet die verwüsteten Wälder wieder auf. In Siam ist Xiengmai (Tschiengmai, 100?) am Meping Hauptzentrum der Gewinnung, Bangkok (931) Ausfuhrhafen.[6])

Der Wald birgt viele andere Hölzer: Eisenholzbäume (s. S. 217, Anm. 7), den Padaukbaum (Pterocarpus indicus Willd.), Ebenhölzer, Rosenholz, Sappanholz usw. Siam führt Hölzer aus.

---

[1]) Nur in den Bergen Westburmas halten die Chinstämme Ziegen mit feinen langen Wollhaaren.

[2]) In Burma (Irawadital, Schanstaaten) dient sie nur dem einheimischen Verbrauch. In Siam hat sie in den bergigen Gegenden (Plateau von Korat, Teile Obersiams) einige Verbreitung, eine stärkere jedoch nur in Annam (Binhdinh, 74, Hauptmarktplatz) und Tonking (Hausindustrie für die Kleidung der Wohlhabenden) gewinnen können. Ausfuhr von Rohseide ist unbedeutend (Französisch-Indochina 1909: 67 T.).

[3]) Vgl. S. 222.

[4]) In Französisch-Indochina sind z. B. die Niederungsgebiete abgeholzt und dem Anbau gewidmet, im Hügel- und Gebirgslande ist der Wald weithin erhalten. Es sollen über 60?, nach R. Zon u. W. N. Sparhawk (1923) nur 33,4% der Fläche bewaldet sein; nämlich in Annam 44,5; Cochinchina 36,8; Laos 34,9; Tonking 29,4; Kambodscha 23,8%. Auf der Halbinsel Malakka sind 67,2% der Fläche Wald (Föder. Malaienstaaten 76,4; unföderierte M. 59,6; Straits Settlements 17,6%). Für Siam werden 22,5% angegeben.

[5]) Ausf. Brit.-Indiens 1913/14 für 79, 1924/25 für 116 Lakhs of Rupees.

[6]) Ausf. 1901: 43700; 1905: 101400; 1918/19: 36930; 1920/21: 71160; 1923: 56710 T. Der Wasserstand der Flüsse, die die Stämme zum Hafen tragen, beeinflußt die Ausfuhrmengen. Die Ausnutzung der Teakwälder Französisch-Indochinas wird durch die vielen Stromschnellen des Mekhong behindert und ist ganz gering.

Für den Hausbau der Eingeborenen hat auch der wild und angepflanzt wachsende Bambus große Wichtigkeit, der auch viele Hausgeräte, Werkzeuge usw. liefert.[1]) Rotang kommt ebenfalls in den Wäldern vor und wird ausgeführt.

Bausteine, Lehm, Ton, Kaolin (Oberburma, Tonking, Halbinsel Malakka) dürften wohl überall vorhanden sein, erstere in den Gebirgen, letztere mehr in den alluvialen Niederungen. Auf der Halbinsel Malakka werden vielfach die Latex cups zum Auffangen des Kautschuklatex (s. S. 220) aus Porzellan hergestellt.

d) Tierische und mechanische Helfer des Menschen und Werkzeugmaterial.

Die Haustiere werden wie im übrigen Südostasien hauptsächlich als Arbeitsgehilfen gehalten.

In den feuchteren Gebieten, zumal in denen des Reisbaues, ist der starke Büffel[2]) (Bos bubalus) das wichtigste Zugtier vor Pflug, Egge und Baumstamm (s. oben); zahlreich ist er in den Ebenen Unterburmas[3]), in den Niederungen Niedersiams[4]), auch auf dem Plateau von Korat, in den Ebenen Cochinchinas[5]) und Kambodschas. In den trockeneren Landschaften[6]) wird dagegen viel mehr das Zeburind gehalten, das Pflug und Egge, zweirädrigen Transportkarren und kleine Personenwagen ziehen muß und den Schan und Chingpaw auch als Tragtier dient.[7]) Pferde[8]) sind in H. verhältnismäßig selten. In Oberburma werden auch Maultiere (meist aus Jün-nan und Sze-tschwan stammend) zum Tragen von Lasten benutzt. Elefanten (eigentlich keine Haustiere, sondern in Gefangenschaft gehaltene Gebrauchstiere), sind (in A 1) zum Transport großer Baumstämme (s. S. 218) und als Trag- und Zugtiere bei Wegebauten sehr brauchbar.[9]) Wildhundähnliche Hunde dienen als Straßenreiniger und Wächter.

Kohle zur Erzeugung von Dampfkraft, Heizung usw. ist in H., wie es bisher scheint, verhältnismäßig spärlich vertreten.

Die tertiären Braunkohlen Oberburmas (am oberen Chindwin), in den nördlichen Schanstaaten und in Siam sind geringer Qualität, zum Teil abgelegen und werden wenig gefördert. Auch in Tonking, Annam und Laos sind Braunkohlenlager mangels

[1]) Er wächst z. B. überall in den Wäldern Oberburmas, wird bei den Dörfern angebaut und in großen Mengen auf dem Irawadi und Chindwin nach Mandalay (149) und nach Unterburma geflößt.

[2]) Er wird auch noch bei den Chingpaws (in Höhen von mehr als 1000 m) — wesentlich als Opfer- und Fleischtier — gehalten.

[3]) Nach Wehrli gab es 1905 in Unterburma 779300 (3,5 auf 1 qkm, 14—15 auf 100 Einw.), in Oberburma (in den niederschlagsreichen nördlichen Gebieten besonders) 311330 Stück (1 und über 8).

[4]) Siam (1922) 3273500 Stück (5,45 und 37).

[5]) 242000 (3,6 und 6).

[6]) Also in den trockenen Niederungen Oberburmas, in den Schanstaaten, in den Hügel- und Bergländern Obersiams, auf dem Plateau von Korat, in Laos, Annam und Tonking.

[7]) Meist müssen die Rinder wie die anderen Haustiere das ganze Jahr ohne Schutz, Pflege und Futterbeschaffung im Freien weiden. In der Trockenzeit, wo ihnen höchstens das Reisstroh der Reisfelder (selten etwas anderes) geboten wird, leiden sie Futter- und Wassermangel. Von einer eigentlichen Zucht kann nicht gesprochen werden, darum sind die Rassen meist minderwertig. Die Chin im Gebirgslande Westburmas halten eine Kreuzungsform (aus dem wilden Bos gaurus und Zebukühen), wohl den Gayal, als Opfer- und Fleischtier.

[8]) In Burma 1905: 49500; in Siam 1922: 155630; in Cochinchina 1920 nur 13680. Nur in den Berg- und Gebirgsgebieten (C 5) werden Ponys in größerer Zahl gehalten (als Reit-, seltener Tragtiere) und nach anderen Gebieten ausgeführt.

[9]) Es kommen noch große Herden wilder Elefanten in den Wäldern Nordburmas, -siams und in Laos vor; sie werden vollständig geschont und nur nach Bedarf gefangen, anscheinend nicht über Zuwachs. Der jährliche Bedarf Burmas wird auf über 1000 Stück angegeben.

guter Arbeiter- und Transportverhältnisse wenig beachtet, Steinkohlen werden bei Tourane (7) abgebaut.

Eine ansehnliche Produktion haben allein die Steinkohlenlager Tonkings (bei Hong-hai und Kebao)[1]) und die Gruben bei Kuala Lumpur (Verbündete Malaienstaaten).[2])

Petroleumlinien finden sich hauptsächlich zu beiden Seiten des Irawadi (Zentren Yenangyaung, Singu, Yenangyat, Burma).[3])

Über Wasserkräfte verfügt das meist gebirgige H., in dem oft großes Gefälle mit starken Niederschlägen verbunden ist, reichlich[4]); besonders der Mekhong hat zahlreiche Stromschnellen und Wasserfälle, ebenso der Rote Fluß (Songkoi) in Tonking. Die Ausnutzung hat erst vor kurzem begonnen.

Außer Holz, Bambus, Rotang, die besonders wichtige **Werkzeugmaterialien** sind, seien von Pflanzenstoffen Stangen- oder Stocklack[5]), schwarzer Lack[6]), Siambenzoë[7]), Gambir[8]) und vor allem Kautschuk erwähnt.

Ficus elastica, in A 1 bis zu beträchtlichen Höhen verbreitet, und die Lianen der Urwälder haben neben dem Pflanzungskautschuk der Hevea fast ganz ihre Wichtigkeit verloren. Britisch-Malaya (Verbündete Malaienstaaten hauptsächlich[9]) lieferten 1923 und 1924 wohl zwischen 40 und 55, 1925: 38% der W., Französisch-Indochina (Cochinchina) um $1^1/_2$, 1925: 1,8% der W., die Produktion Burmas ist bisher gering und in der Britisch-Indiens (s. S. 240) enthalten, Siam erzeugt wohl sehr wenig.

Auch etwas Guttapercha wird (in Küstenwäldern Kambodschas und auf der Halbinsel Malakka) gewonnen.

Metallerze sind in den alten kristallinen und jungeruptiven Gesteinen der hinterindischen Faltengebirge wahrscheinlich reichlich zu finden. Die Halbinsel ist noch nicht annähernd geologisch durchforscht.

---

[1]) Prod. neuerdings etwa 800000, 1922: 989000 T., im 1. Halbjahr 1924: 556000 T. Franz.-Indochina 1923: 1,06 Mill. T.

[2]) Prod. 1918: 168000; 1922: 282000 T. Auch die Kohlenfelder von Trang in Siamesisch-Malakka sollten abgebaut werden. Bisher wurden, auch von den Eisenbahnen und in der Industrie, hauptsächlich Holz und Reisstroh gefeuert.

[3]) In den dem Ostrande der burmesischen Arakankette und den Chinbergen vorgelagerten niedrigen Antiklinalen, dort, wo sie domartige Erhebungen bilden, in denen der Kohlenwasserstoff aufstieg; an der (westlichen) Seeflanke wird wenig Erdöl gewonnen. 1924 erzeugte Burma $^3/_4$% der W.

[4]) Der amerikanische Atlas schätzt die Wasserkräfte Französisch-Indochinas auf 4, die Siams und der Malaienstaaten auf 4 Mill. PS; Burma (das mit Indien abgetan wird) dürfte wohl auch 4 oder 5 Mill. PS haben.

[5]) In den Schanstaaten, in den Laosgebieten Siams (Zentren Xiengmai, 100?, und Nan) und Französisch-Indochinas, auf dem Plateau von Korat (Siam) und auf den Hügeln westlich der Menammündung, auch im nördlichen Annam, Tonking und Kambodscha, durch den Stich einer Schildlaus auf Zweigen verschiedener Waldbäume hervorgebracht; kommt zur Ausfuhr.

[6]) Stammt aus der Rinde eines Lackbaums (Melanorrhoea usitata Wall.) in den Wäldern Oberburmas und der nördlichen Schanstaaten; dient den Burmesen für Lackarbeiten.

[7]) Stammt von Styrax Benzoin in den Bergwäldern Obersiams (Xiengmai, 100?) und vom oberen Mekhong (Luang-Prabang, 180), aus Laos und Kambodscha; findet vielseitige Verwendung.

[8]) Johore führte 1922: 2470 T. aus.

[9]) Die Prod. Britisch-Malayas wurde 1925 auf 190000 = etwa 38%, die Französisch-Indochinas auf 9000 T. = 1,8% der W. (500000 T.) geschätzt (7500 T. wurden ausgeführt). Der Rückgang der Produktion in den britischen Gebieten ist auf die „restriction" nach dem Stevensonsystem zurückzuführen. Auch Johore führte 1922: 38400 T. Kautschuk aus. „Jelutong" scheint fast vom Markte verschwunden zu sein.

Eisenerz[1]) hatte bisher für die einheimische Bevölkerung, die es seit alters gewinnt und verarbeitet, nur örtliche Bedeutung. Die Japaner begannen neuerdings Eisenerzbergbau unfern Singapore im Staate Johore.[2])

Die Gewinnung von Silber, Blei und Zink, die schon hier oder da im Gange war, hat neuerdings in den enormen Lagern zu Baldwin (nicht weit von Kunlong am mittleren Salween (Saluën), unfern der chinesischen Grenze, unter dem Wendekreise) einen großen Aufschwung genommen. Burma wird eines der Hauptausfuhrländer für Blei werden.[3])

Schon die Chinesen hatten diese Lager in den oberen Schichten abgebaut, aber mit den metallurgisch schwerer zu behandelnden tieferen Schichten nichts anzufangen gewußt.

In Tonking besteht im Gebiet von Thaï-nguyen nördlich von Hanoi (119) eine starke Förderung von Zinkerz.[4])

'Kupfererz wird in verschiedenen Teilen H.s gefunden, aber noch wenig abgebaut.

Ganz hervorragend ist die Gewinnung von Zinnerz und Zinn in H.

In Fortsetzung der chinesischen zinnführenden Gebirgskette (s. S. 195) durchziehen Zinn (und Wolfram) enthaltende Granitgebirge den mittleren Teil H.s und laufen im Kolbenende der Halbinsel Malakka aus.[5]) An der Zinnproduktion in ihnen beteiligen sich Burma[6]), Siam[7]) und Britisch-Malaya[8]), die den größten Teil der W. von Zinnerz und Zinn hervorbringen.

In Singapore (184) und Penang (52) bestehen große Schmelzwerke, und über diese Häfen gehen Zinnkonzentrate (und Zinnerz) in alle Welt.[9]) Hauptmärkte sind New York und London.

Während des Krieges wurden in großem Umfange die mit dem Zinn zusammen vorkommenden Wolframerze gewonnen, sowohl in dem burmesischen als im

---

[1]) Eisenveredelungserze (Wolfram-, Molybdänerz) s. unten S. 221f.

[2]) 1922 wurden 111370 T. gewonnen und verschifft.

[3]) In der Schmelze im Gold Hole wurden schon 1918: 1970600 Unzen raffiniertes Silber und 18640 T. raffiniertes Blei erzeugt. 1922 wurde eine neue Schmelzanlage mit 60000 T. jährlicher Leistungsfähigkeit geschaffen. Auch Zink wird hier gewonnen.

[4]) Jährlich um 30000; 1922: 20900; 1924: 43430 T. Das Erz, nach Belgien usw. ausgeführt, wird immer mehr in Tonking selbst verhüttet.

[5]) Ihre Fortsetzung im Malaiischen Archipel s. S. 259. Zinnseifen werden auch in Tonking bei Caobang nahe der Grenze von Kwang-tung ausgebeutet.

[6]) In der Gebirgskette, die die Halbinsel Malakka durchzieht und in der Insel Puket ausläuft. 1917 wurden in Burma 4530 T. Zinn = etwa 4% der W. hervorgebracht; besonders im Tavoydistrikt und auf der Insel Puket sowie im Bezirke Nakon Sitamarat (Lakon) in der östlichen Parallelkette zu dem Tenasserim-Puket-Granitgebirge.

[7]) Siam (1917: 7800; mit Burma 1923: 6650 T.?) gewinnt wohl um 6% der W.

[8]) Die Verbündeten Malaienstaaten (Perak, Selangor, weniger Pahang und Negri Sembilan) sind die wichtigste Produktionsstätte der Erde. Im Alluvium der Flüsse, aus mächtigen Verwitterungsschichten und aus Stöcken wird das Zinn herausgeholt. 1917/18 wurde noch etwa ein Drittel durch Baggern, die Hälfte aus primitiven chinesischen Minen gewonnen. Seitdem sind einschränkende Maßnahmen getroffen, um die (bei dem hydraulischen Betrieb) eingetretenen Schädigungen der Ackerländereien zu verhindern. Die leicht zu bearbeitenden Lager sind auch ziemlich erschöpft; so trat ein Rückgang ein. Aber der Bergbau auf Zinnerzstöcke gewinnt an Ausdehnung. Die Arbeiter (1913: 225000) sind meist Chinesen. Prod. der Malaiischen Schutzstaaten 1911: 44860; 1919: 37530 T. Französ.-Indochina gewann 1922: 525 T. Kassiterit und 250 T. Zinn.

[9]) Ausf. der Malaiischen Schutzstaaten 1902: 46100; 1913: 36940; 1920: 34930; 1925: 45925 T., im wesentlichen Konzentrate. Ausf. der Straits Settlements 1920: 28090 T. nach der Union, 13090 T. nach Großbritannien, 7790 T. nach anderen Ländern.

siamesischen[1]) Zinngebiet und in den Malaiischen Schutzstaaten. Seit dem Kriege ging die Produktion infolge geringerer Nachfrage der Stahlindustrie nach diesem Eisenveredelungsstoff wieder zurück. Auch Molybdänit wird in Siam und Burma gefunden.

Antimon wird in Tonking gewonnen, und Graphit kommt von Annam zur Ausfuhr.[2])

e) Die einheimische **Industrie**[3]), besonders von China aus beeinflußt, erliegt allmählich vielfach der Konkurrenz der europäischen Fabrikindustrie, die sich neuerdings in den Häfen bereits anzusiedeln anfing.

Reismühlen in den Reis-Ausfuhrhäfen (s. S. 215), Sägemühlen für Teakholz in Rangoon (342) und Bangkok (931); Hütten-, Zement- und Baumwollindustrie in Haiphöng (33), Alkohol-, Streichholzindustrie usw. in Hanoi (119), Baumwollindustrie in Nam-dinh (24), Fleischindustrie in Benthuy (?) usw. sind außer den großen Schmelzwerken der Bergbaubezirke entstanden. Die ersten Papierfabriken (Reisstroh, Zuckerrohrstengel, Gras usw.) wurden in Cochinchina und Siam eröffnet. Sogar die chemische Industrie hat Anfänge zu verzeichnen. Bangkok (931), Rangoon (342), Singapore (184[4]), Penang (Georgetown, 52) werden immer wichtigere Industriezentren.

f) Handel. Die Nachbarlage begünstigt Handelsbeziehungen zu Vorderindien, dem Malaiischen Archipel und Ostasien. Doch greifen die fernen Kolonialländer (Großbritannien[5]), Frankreich) kraft ihrer überlegenen Zivilisation wie die Union und die anderen europäischen Länder mit ihrer Nachfrage und ihrem Angebot gleichfalls hierher. Die Ausfuhr H.s besteht in pflanzlichen Nahrungs- und Genußmitteln und Rohstoffen für die Industrie, die Einfuhr hauptsächlich in Industrieprodukten.

Die **Ausfuhr** Burmas ist in der Brit.-Indiens (s. S. 241) einbegriffen; Bangkoks (Siam) 1923/24: 155,1 Mill. Tikals: Reis 140,5; Teakholz 6,2; Stocklackl, 96 Mill. Tikals; Französ.-Indochinas 1922: 1012,1 Mill. Fr.: Reis usw. 702,4; Kautschuk 37; getrocknete Fische 30; Kohle 25,1; Mais 18,6; Pfeffer 15,3; Zement 10,5; Zimt 10; Zucker 9,7; Häute 8,2; Malaiische Schutzstaaten 1921: 135,5 Mill. Straits Doll.: Kautschuk 111,3; Zinn u. Zinnerz 38,5; Kopra 5,65; Holz 0,54 Mill. Straits Doll.; andere mal. Staaten 1922: Johore 37,9; Trengganu 3,3; Kelantan 3,6; Kedah u. Perlis 21,9 Mill. Straits Doll.; Straits Settlements (Britisch-Malaya)[6]) 1923: 82,59 Mill. £: Kautschuk 27,88 (Zinn 1922: 10,5; Kopra 3,44; Gewürze 2,07); Tapioka 0,9; Rotan 0,7; konserv. Ananas 0,65; Sago 0,55 (Gambir 1922: 0,21; Kalkphosphate 0,18) Mill. £; **Einfuhr**: Burma s. S. 241f,; Bangkok (Siam)

---

[1]) Prod. Siams 1911/12: 119 T. Wolfram; 1918: 168740 T. Tungstein und 1917/18 an 800, Ausf. 1918: 820 T. Wolfram. Aus den Verbündeten Malaienstaaten wurden 1913: 22500, 1916: 51550; 1917: 76130 T. Wolframerz ausgeführt.

[2]) Ausf. 8000 T.

[3]) Die Kupferindustrie von Choquan bei Saigon und die Seidenindustrie von Korat und Xiengmai (100 ?) seien erwähnt.

[4]) Zinnschmelzen, Reismühlen, Reisschälbetriebe, Sagofabriken (Sago des Malaiischen Archipels s. S. 250), Ölmühlen, Kautschuk- und Guttaperchafabriken, Ananas-Konservenfabriken, Färbereien usw.

[5]) Großbritannien baut hier als einen Eckpfeiler seiner Macht im Indiameer und zum Schutz Australiens und Neuseelands Singapore als Flottenbasis aus.

[6]) Mit Kokos- oder Keeling-Inseln (Ausf.: Kopra, Kokosnüsse, Kokosöl) und Christmas Island (Weihnachts-Insel), Ausf. Kalkphosphate (Ausf. 1922: 90350 T.).

1923/24: 123,5 Mill. Tikals: Baumwollwaren 22,4; Lebensmittel 17,9; Metallwaren 9,9; Gold 6,8; Garne 4,9; Tabak 6,4; Jutesäcke 6,15; Opium 4,4; Seidenwaren 4,1; Leuchtöle 3,2; Edelsteine 2,85; Maschinen 2,57; Papier 2,2; Streichhölzer 2 Mill. Tikals; Französ.-Indochina 1922: 839,4 Mill. Fr.: Baumwollgewebe 115,4; Papier usw. 54,8; Eisen u. Stahl 38,06; Petroleum 33,5; Maschinen 30,8; Metallwaren 29,9; Zucker 23,5; Jutesäcke 22,8; Seidengewebe 21,5; Blattgold 18,1 Mill. Fr.; Malaiische Schutzstaaten (einschl. Edelmetalle u. Münzen) 1921: 103; 1922: 78,8 Mill. Straits Dollars: Reis, Maschinen, Tabakwaren, Erdöl, Baumwollwaren, Opium, Zucker, Eisenwaren, kondens. Milch, Vieh, Spirituosen; andere mal. Staaten 1922: Johore 24,4 Mill. Straits Doll.; Trengganu 2,58; Kelantan 3; Kedah u. Perlis 6,36 Mill. Straits Doll.; Straits Settlements (Britisch-Malaya) 1923: 89 Mill. £: Zinn 14; Zinnerz 11,1; Reis u. Getreide 8,7; Kopra 3,3; Zucker 1,9; Fische 1,7; Kohlen 1,14; Tabak u. Zigarren 0,84; leb. Tiere 0,7; Eisenwaren 0,62; Gemüse u. Früchte 0,12 Mill. £.

Handelsländer in Prozent der Ausfuhr: Burma s. S. 242; Bangkok (Siam) 1923/24: Hongkong 51,4; Singapore 34,5; Niederländisch-Indien 3,75; China 3,2; Japan 2,85; Brit.-Indien 1,5; Großbritannien 1,2; Französ.-Indochina 1922: Hongkong 43,9; Frankreich 19; Niederländisch-Indien 13,2; Philippinen 9,3; China 8,1; Singapore 7,2; Japan 4,8; Belgien 1,5; Malaiische Schutzstaaten 1921: Britische Besitzungen (Singapore?, Hongkong?) 87,6; Großbritannien 10,4; Straits Settlements 1923: Britische Besitzungen (Hongkong?) 25,2; Großbritannien 9,1; in **Prozent der Einfuhr:** Burma s. S. 242; Bangkok (Siam) 1923/24: Hongkong 26,26; Großbritannien 18,1; Singapore 17,4; China 11; Brit.-Indien 10,7; Japan 3,5; Union 3,5; Niederländisch-Indien 3,2; Deutsches Reich 2,9; Frankreich 2,4; Indochina gegen 1; Malaiische Schutzstaaten 1921: Britische Besitzungen 65,2; Großbritannien 25,8; Straits Settlements 1923: Britische Besitzungen 42,9; Großbritannien 9,3.

g) Verkehr. Gute Straßen gibt es besonders in Britisch-Malaya und in Burma. Der Verkehr von Kraftwagen und Motorzweirädern nimmt stark zu.[1]) Eisenbahnen bestehen am meisten in den Verbündeten Malaienstaaten und in Burma (Irawadital usw.). Wichtig für den Weltverkehr ist die große Nordsüdbahn, die Bangkok (931) mit Penang (52) und Singapore (184) in Verbindung bringt.[2]) Alle West-Ostbahnen sind wegen der hohen nordsüdlich streichenden Parallelgebirge schwer zu bauen.[3]) Aber auch an der Annam- und an der Arakanküste ist kaum Platz für den Bahnbau zu gewinnen.

---

[1]) Und verdrängt allmählich den schwer beweglichen Ochsenwagen und die Rickscha, zumal in den leicht zugänglichen, wirtschaftlich hoch entwickelten, durch Zinn und Kautschuk reich gewordenen Föderierten Malaienstaaten. In dem so feuchten Tropenklima der Halbinsel Malakka erfordert die Unterhaltung beschotterter Straßen außerordentlich hohe Aufwendungen (für 1 mile [1609,3 m?] 170 £). Für unbefestigte Straßen scheinen die schweren Kraftwagen mit massiven Vollgummireifen zu gewichtig zu sein; man verwendet mit Vorliebe leichte Typs mit Luftreifen.

[2]) Sie wird, über kurz oder lang, mit dem burmesischen und indischen Bahnnetz verknüpft, die Landreise von Europa nach Singapore, dem Malaiischen Archipel und Australien sehr abkürzen. Eine Bahn Chittagong—Mandalay (149) soll die Bahnen Burmas mit denen Indiens verbinden. Wenn dann die Bahnen Indiens mit denen Turkestans (s. S. 165, Anm. 3) oder mit der Bagdadbahn (S. 155) oder sonstwie (etwa über Täbris durch Persien, s. S. 155) verknüpft sein werden, wird man von Berlin nach Singapore mit der Eisenbahn fahren können.

[3]) Darum erreichte die Burmabahn bisher China nicht. Im Gebirgsland des nördlichen H. ist der Verkehr überhaupt mit großen Schwierigkeiten verknüpft.

Von Bangkok aus ist eine Bahn (mit Zweigbahn nach Korat) nach Norden bis Xiengmai (100?) vorgetrieben. Eine gewisse Bedeutung hat die mit französischem Geld gebaute Eisenbahnlinie (von Hai-phöng aus) im Tal des Roten Flusses nach der Stadt Jün-nan (China); Frankreich bemüht sich auch eifrig, seine hinterindischen Kolonialgebiete durch eine Nordsüdlinie miteinander[1]) in Verbindung zu bringen und Anschluß (über Battambang) nach Bangkok zu erreichen.

Die Binnenschiffahrt findet auf den großen nordsüdlich gerichteten Strömen willkommene Gelegenheit, ein Stück ins Innere H.s einzudringen.

Der Irawadi wird durch Dampfer bis Bhamo (11), der Salween freilich nur eine sehr kurze Strecke, der Menam-Meping bis Xiengmai (100?), der Mekhong aber nur bis Sambor befahren. Oberhalb dieser Plätze schneiden Stromschnellen und Wasserfälle die Schiffahrt von See ab.[2])

Der Außenverkehr spielt sich, wie aus der Halbinselnatur und den gebirgigen Bodenformen der Halbinselwurzel erklärlich wird, hauptsächlich zur See ab. Die bedeutendsten Orte sind darum die Häfen. Sie liegen an den Ausgängen der großen Längstäler und an oder bei den Mündungen der großen Ströme, seltener anderwärts.

In Burma sind die wichtigsten Rangoon (342), Bassein für den Irawadi und Moulmein (61) für das Salweental; in Siam Bangkok (931) an der Menammündung, in Cochinchina Saigon mit Cholon[3]) (310) seitwärts des Mekhongdeltas, in Tonking Haiphöng (60) mit der Deltastadt Hanoi (140) für das Songkoital. Auf der Halbinsel Malakka sind zwei Inselhäfen wichtig geworden: Georgetown (52) auf der Insel Penang (gewöhnlich nach ihr Penang genannt), die durch Brücke mit dem Festland verbunden ist, günstig am Nordeingang zur Malakkastraße gelegen, und Singapore (184) am Südausgang der Malakkastraße.[4])

An der Arakanküste sei noch Akyab erwähnt. In der zwischen Gebirge und Meer eingeklemmten Küstenlandschaft Annams gibt es eine ganze Menge von mehr örtlich wichtigen Hafenplätzen wie Tourane (7) an schöner Bai, Hué (61) mit dem Flußhafen Bao-vinh, Vinh (12) mit der Vorstadt Benthuy, Qui-nhon, den Hafen des gewerbereichen Binh-dinh (74). Im Songkoidelta ist Nam-dinh (24) eine größere Binnensiedlung, in Kambodscha Pnompenh (75). Luang-Prabang (180) am Mekhong, Xiengmai (100?) am Meping, Bhamo und Mandalay (149) sind Flußhäfen, die schon erwähnt wurden.

Luftverkehr besteht nach R. Crozet für Handelszwecke von Bangkok nach Korat und von hier nach Ubon an einem Zufluß des Mekhong und nach Nong-Khay

---

[1]) Und mit Bangkok. Die Eisenbahn der Annamküste benötigt verschiedener Tunnel; Bergstürze usw. sind nicht selten. Die trans-indochin. Bahn soll 1926 fertig werden.

[2]) Es besteht Nachfrage nach Bootmotoren (bzw. Motorbooten). Allein in Bangkok (931) soll es 400000 kleine Boote geben, die auf dem weitverzweigten Kanalsystem der Nachbarschaft und auf dem Menam verkehren.

[3]) Der Chinesenstadt.

[4]) Längst über die örtliche Bedeutung für die Halbinsel Malakka hinausgewachsen, da die Seewege von Ostasien, dem Malaiischen Archipel und Australiens Nordküste hier zusammenstrahlen, um zum Suezkanal weiterzuführen, andererseits ein Verteilungszentrum von Westen kommender Industriewaren. Singapore ist zugleich (wie Hongkong ein Vorposten) der Hauptpfeiler der politischen Macht Großbritanniens im Nordostrandgebiet des „Indiameeres", der Hauptvor- und Ausfallsposten für etwaige ostasiatische Interventionen.

an diesem Flusse selbst; Seidenwaren werden transportiert. Saigon wird der Ausgangspunkt für Luftverkehr nach Binnenorten.

Der Nachrichtenverkehr im Binnenlande ist noch auf großen Flächen mangelhaft organisiert. Für den Außenverkehr sorgen Kabel und Stationen drahtloser Telegraphie.

2. Vorderindien.[1])

I. Naturverhältnisse. V.s Breitenlage zwischen dem 8.° und 37.° nördl. Br. bedingt mit den Bodenformen und der Verteilung von Wasser und Land sehr verschiedene **Klimaverhältnisse.** Der Himalaja schließt gegen den kalten Norden ab. Nordindien hat jedoch eine ausgesprochen kühle Jahreszeit, und Köppen rechnet es zum größten Teil zu den warmgemäßigten wintertrockenen Klimaten (C 5[2]), aber das Indusgebiet im Westen Nordindiens hat ein Steppen- und Wüstenklima (B 3 bzw. B 4[3]). Tropisches Savannenklima (A 2) hat Calcutta[4]) im unteren Ganges-Brahmaputradelta und der größte Teil Dekhans, vor allem im Regenschatten der Westghats. Die Westghats und die Malabarküste erhalten durch den Südwestmonsun sehr reiche Regen; sie sind infolgedessen trotz ausgesprochener Trockenzeit mit Urwäldern (A 1[5]) bedeckt, während im übrigen Dekhan die Savanne vorherrscht. Die Gebirgsstationen in den südlichen Westghats (Nilgiri- und Cardamomgebirge) zeigen gemäßigtere Temperaturen (C 5[6]) als die Küsten oder das Hochland.

II. Die **Größe** Vorderindiens (der Halbinsel) mit Assam, aber ohne Burma, mag etwa 3,6 Mill. qkm sein (ungefähr $^2/_3$ auf Dekhan, $^1/_3$ auf die Indus-Gangesniederung). Das Kaiserreich Britisch-Indien (mit Burma, 605000 qkm, s. S. 213) weist 4,843 Mill. qkm mit (1901: 294,8; 1921) 320 Mill. Einw. auf[7]) (Volksdichte 66,1 auf 1 qkm). Die Volksdichte der vorderindischen Halbinsel (über 83 Einw. auf 1 qkm) ist in den einzelnen Gebieten äußerst verschieden.[8])

---

[1]) Wehrli in Andree, Geographie des Welthandels. Bd. II. Frankfurt 1912. — Baedeker, Indien. Leipzig 1914. — Murray, Handbook for travellers in India. 10. Aufl. London 1920. — E. Schmidt, Reise nach Südindien. Leipzig 1894. — Th. H. Engelbrecht, Die Feldfrüchte Indiens (Hamburg, Abh. Kolonialinstitut, Bd. 19, 1914, mit Atlas). — E. Dörschel, Speise und Trank in Vorderindien. (Ungedruckte) Diss. Heidelberg 1921. — J. Sarkar, Economics of India. 4. ed. Calcutta 1917. — C. W. E. Cotton, Handbook of Commercial Information for India. Calcutta 1920. — H. M. Leake, The Foundations of Indian Agriculture. Cambridge 1924. — E. P. Stebbing, The Forests of India. London 1922. — E. Vansittart u. B. U. Nicolay, Nepal Calcutta 1915.

[2]) Vgl. Patna am Ganges (60 m), Mai 31,1°, Jan. 16° C. 1070 mm Regen (Juli 270, Dez. 0.) Die Himalajastationen sind wesentlich gemäßigter: Simla z. B. (2150 m), Juni 19,4°, Jan. 3,8° C.

[3]) Vgl. Lahore (220 m), Juni 33,9°, Jan. 11,7° C. Extreme 47° und 1°. 530 m Niederschlag (Juli 180, Nov. 0).

[4]) Mai 29,8°, Jan. 18,4° C. Extreme 39° und 9°. 1540 mm Regen (Aug. 320, Jan. 10). Bombay, Mai 29,2°, Jan. 23,6° C. Extreme 35° und 16°. 1880 mm (Juli 620, März 0). Bellary (440 m ü. M.), April 31,8°, Dez. 22,5° C. 450 mm (Okt. 100, Febr. 0). Madras, Mai 31,5°, Jan. 24,1° C. Extreme 42° und 16°. 1240 mm (Nov. 340, Febr. 10).

[5]) Vgl. Cochin, April 28,9°, Juli 25,2° C. 2900 mm (Juni 780, Febr. 20).

[6]) Utakamand (2280 m ü. M.), April 16°, Jan. 11,6° C. 1160 mm (Okt. 250, März 160, Febr. 10).

[7]) Britisch-Belutschistan (Baluchistan 140000 qkm, 7,61 Mill. Einw.), die Belutschistan-Staaten (208000 qkm, 3,8 Mill. Einw.), die unabhängige Nordwest-Grenzprovinz (66000 qkm, 2,83 Mill. Einw.), Kashmir (219000 qkm, 3,32 Mill. Einw.) wie Nepal (Nipal; 140000 qkm, 5,64 Mill. Einw.) und Bhutan (46600 qkm, 350000 Einw.) gehören eigentlich Iran (s. S. 143) bzw. Zentralasien (s. S. 157) an, die Andamanen und Nikobaren (8140 qkm, 27100 Einw.) der Hinterindischen Halbinsel.

[8]) In der Gangesniederung und in den bewässerten Hauptanbaugebieten des Pandschab wohnen 150—200 und mehr Menschen auf 1 qkm.

III. Die Wirtschaft.

Der allgemeine Charakter der Wirtschaft wird bedingt durch das Vorherrschen der Wirtschaftsstufe der herkömmlichen Wirtschaft[1]), obwohl durch Eingreifen der Engländer und Erstarken des Dranges der Inder nach Zivilisation das Fundament zur Wirtschaftsstufe der technisch-wissenschaftlichen Wirtschaft hier und da sichtbar wird. Er wird ferner bedingt durch das Vorherrschen der Pflanzenwirtschaft (im weitaus größten Teile des Gebiets), der das Zusammentreffen von reichen Niederschlägen mit hoher oder genügender Wärme bzw. die Bewässerungsmöglichkeit (in den Trockenlandschaften) günstig ist. Die Tierwirtschaft hat daneben beschränkte Wichtigkeit.

a) Die Erzeugung von Nahrungs- und Genußmitteln stammt ganz vorherrschend aus der Pflanzenwelt.

Eine große Rolle spielt noch das „Pflanzensammeln", da viele wild oder halbwild wachsende oder kaum gepflegte Gewächse genutzt werden. Der Pflanzenbau wird meist recht primitiv nach Urväter Sitte betrieben und ist verhältnismäßig unergiebig. Er liefert aber auch wegen der großen Schwankungen der Niederschläge und infolge Auftretens verheerender Dürren (besonders im mittleren Nordindien und im westlichen und südlichen, von den Westghats „beschatteten" Dekhan) äußerst schwankende Ernten, die bisweilen Hungersnöte nicht verhüten können. Trotzdem gehört Vorderindien, in dessen meisten Teilen der Pflanzenbau das ganze Jahr über stattfinden und Erträge bringen kann, zu den produktivsten[2]) und dichtest bevölkerten, auch für den Weltmarkt wichtigsten Landschaften der Erde.

Die Getreidearten sind die wichtigsten Nährpflanzen, für einen großen Teil des Landes der Reis.[3])

Der Sumpfreis wächst während der Regenzeit, hauptsächlich in den niedrigen und feuchten, niederschlagsreichen oder von Natur oder künstlich überfluteten Landschaften, am meisten im unteren Gangestal und -delta[4]), auf den Deltas der Ostküste Dekhans, auch in den niedrigen Küstenstrichen am Westfuße der Westghats und am Ostfuße der Ostghats. Im höheren und trockenen Innern Dekhans, auch im nordwestlichen Indien und an den Himalajahängen wird (in viel geringerem Umfange) der anspruchslosere, aber auch viel weniger ertragreiche Bergreis angebaut.

Wo der Reisbau nicht mehr gut gedeiht, sind Weizen, Gerste, Mais und Hirsearten Hauptnährfrüchte der Bevölkerung geworden.

---

[1]) 90% der Bevölkerung gelten als Analphabeten.

[2]) An 36% der Fläche von 2,52 Mill. qkm, für die allein Angaben vorzuliegen scheinen, sind (nach Statesmans Yearbook 1924) 1919/20 landwirtschaftlich kultiviertes Land. Außerdem liegen etwa $8^1/_2$% der Fläche brach, über 18% sind noch anbaufähig, aber noch nicht in Bearbeitung genommen. 37,6% gelten als nicht anbaufähig. In der Gangesniederung und in gewissen Teilen Norddekhans sind um $^2/_3$ der Gesamtfläche unter Anbau. Am wenigsten ausgedehnt sind die Nutzflächen in Assam, das sehr unter Überschwemmungen durch den Brahmaputra leidet, und in dem dürren, zum Teil wüsten Indusgebiet.

[3]) Etwa $6^1/_2$% der Gesamtfläche Britisch-Indiens 1913/14, 1922/23 fast 7% wurden mit Reis bebaut. Der Ertrag Indiens wurde 1913/14 mit 44,8, 1923/24 mit 48,5 Mill. T. angegeben = 35—40% der W. Es entfallen also mehr als 100 kg auf den Kopf der Bevölkerung (durchschnittlich). Eingeführt wurden (hauptsächlich aus Burma) 1913/14: 2,42, 1922/23: 2,088 Mill. T. Reis und 30000 (37000) T. Paddy.

[4]) Die Provinzen Bengalen und Assam bringen um $^3/_4$ der vorderindischen Reisproduktion hervor und verdanken diesem Getreide hauptsächlich ihre dichte Bevölkerung; doch bedürfen sie noch starker Einfuhr aus Burma (S. 214 f.). Die Ernte findet von Ende November bis Januar (in der Trockenzeit) statt.

Drei Viertel der Weizenproduktion wird im Nordwesten Vorderindiens geerntet und zwar als eine Winterkultur.[1])

Der Weizenbau geht auch noch ziemlich weit in die höheren nordwestlichen Teile des Hochlandes von Dekhan hinein, will aber hier anscheinend zurückweichen und liefert niedrigere Erträge, wohl auch mindere Qualität als die nordwestlichen Trockengebiete.

Im Nordwesten ist Weizen das wichtigste Nahrungsmittel. Gewöhnlich bleibt auch noch ein Überschuß (je nach Ausfall der Ernte) für die Ausfuhr[2]) übrig, im Durchschnitt etwa ein Sechstel. Der Hauptausfuhrhafen ist, entsprechend der Lage des Anbaugebietes, Karatschi (217), weniger Bombay (1175).

Wo weder Reis noch Weizen gut gedeihen und reichlich zur Verfügung stehen können, also in dem hügeligen trockenen südwestlichen Teil der eigentlichen Halbinsel (südlich des Vindhiagebirges) sowie auch neben Weizen in dem Zwischengebiet vom oberen Gangestal ins Pandschab hinein, sind Sorghum[3]) (indisch Sowar, auch Iawar) und Hirsearten[4]) die Hauptnahrungsmittel. Für den Welthandel haben sie keine Bedeutung.

Einen geringeren Zuschuß zur Ernährung gibt die besonders zwischen dem Reis- und Weizengebiet Hindustans in Winterkultur angebaute Gerste.[5]) Die Produktion wuchs neuerdings erheblich und ermöglicht eine starke Ausfuhr.

Der Anbau von Mais[6]) nimmt nur 3% der Kulturfläche ein und konzentriert sich besonders in der fruchtbaren und sommerlich heißfeuchten Gangesniederung und auf die bewässerungsfähigen Landschaften des Pandschab am Fuße des Himalaja (von Jalandhar bis nach Peschawar).

Als Nahrungsmittel haben auch die Knollenfrüchte, die Gemüse und Hülsenfrüchte und die Obstfrüchte Bedeutung. Es sind etwa dieselben wie in Hinterindien (s. S. 215).

Sogar unsere Kartoffel wird in der nordindischen Ebene, natürlich während des trockenen Winters, angebaut und von Mitte Jan. bis Mitte März (vor Eintritt

---

[1]) Der Sommermonsun, die Vereinigung von Wärme und Niederschlägen würde (wenigstens im Gangestal) den Weizenbau unmöglich machen. Im Winter aber findet er verhältnismäßig kühle Temperaturen (s. S. 225, Anm. 3) und vor allem wenig, zum Teil sehr wenig Niederschläge vor. Im letzteren Falle (im Pandschab) wird künstliche Bewässerung zu Hilfe genommen. Es wird nicht viel mehr als ein Drittel der dem Reisbau gewidmeten Fläche mit Weizen bestellt. Die Ernte findet im winterkalten Pandschab erst im April oder Mai, in den östlichen und südlichen Weizendistrikten schon im März und Febr. statt. Ernte 1913/14: 8,37; 1922/23: 9,89; 1924: 9,91 Mill. T. = etwa 8¼—9% der W. Ausf. 1923: 650000 T.

[2]) Ausf. 1913/14: 1,2 Mill.; 1919/20: 9000; 1922/23: 220000; 1923: 648500 T., davon 87% nach Großbritannien.

[3]) S. nimmt nach Th. H. Engelbrecht in der Mitte der vorderindischen Halbinsel (besonders auch auf dem fruchtbaren Schwarzerdeboden) meist die Hälfte, in einigen Bezirken mehr als 70% der Getreidefläche ein; in den feuchten Reisgebieten fehlt er fast ganz. Er nimmt größere Flächen als der Weizen ein, liefert aber nur Ernten von 1913/14: 4,04; 1922/23: 6,16 Mill. T.

[4]) Pennisetum spicatum (P. typhoideum), Rohrkolben- oder Perlhirse oder „Bajra-Gras", in sehr trockenen Gebieten, auf leichteren Böden (Ernte 1913/14: 2, 1922/23: 2,42 Mill. T.); ferner Eleusine coracana, Panicum miliaceum (Rispenhirse; Winterfrucht) usw.

[5]) Ernte 1913/14: 2,69; 1922/23: 3,12 Mill. T. = 9,3% der W. auf rund 30000 qkm.

[6]) Auf 1913/14: 24880, 1922/23: 23910 qkm Ernten von 2,084 und 1,9 Mill. T. Er dient zum Teil als Nahrung, zum Teil wird er ausgeführt.

der Regenzeit) geerntet.[1]) Arrowroot (ostindisches) gewinnt man von den in Süd-dekhan kultivierten Curcuma angustifolia und C. leucorrhiza, Marantastärke aus Maranta arundinacea, Sagomehl aus dem Stamme der Talipotpalme, der Palmyrapalme und anderer Bäume. Die Kichererbse („Gram"), die man als Winterfrucht im oberen Gangestal, im Pandschab, Radschputana und Zentralindien auf ärmeren Böden anbaut[2]), ist neben Hirse das hauptsächliche Nahrungsmittel der ärmeren Volksklassen und wird sogar ausgeführt. Neben Phaseolus- und Dolichosarten (Bohnen) wird neuerdings auch die Sojabohne (S. 178) angebaut. Unter den Obstbäumen kommt der Melonenbaum erst von Delhi südostwärts vor, die Kokospalme besonders häufig an der Malabar- und Coromandelküste[3]); es müssen aber noch viele Nüsse für den Bedarf des Landes eingeführt werden. Auch die Areca- oder Betelnußpalme wird vor allem in der Nähe der Malabar- und Coromandelküste kultiviert, doch auch im Dekhaninnern (Mysore) und im unteren Gangesgebiet am Fuße des Himalaja (Distr. Jalpaiguri). Besonders wichtig ist auch die Palmyra- oder Borassuspalme.[4])

Zucker wird hauptsächlich aus dem Zuckerrohr gewonnen.

Es wird in den meisten Teilen Vorderindiens (außer den Himalajagebieten und der Wüste Tharr), vor allem jedoch in der zentralen und oberen Ganges- und Jumna- (Dschamna-) Ebene (zwischen Patna und Delhi) und im Pandschab (am Gebirgsfuß in der Gegend von Amritsar) angebaut.[5]) Es muß noch viel Zucker eingeführt werden.[6])

Auch Palmzucker wird ein wenig und örtlich gewonnen, aus dem Palmsaft der Palmyrapalme (s. oben), dem der Caryota- oder Kitulpalme[7]) und der Dattelzuckerpalme (Phoenix silvestris).[8])

---

[1]) Sie wird bewässert und gedüngt und dient hauptsächlich der Nachfrage der ansässigen Europäer Aus dem Gebirge (Himalaja, Nilgirigebirge usw.) kommen bessere Sorten in die Städte der Ebene. Stellenweise finden mehrere Ernten statt. Die Aufbewahrung während der Regenzeit ist schwierig.

[2]) Der Anbau nahm stark zu. 1913 wurden auf 36250 qkm 1,94, 1922/23 auf 66350 qkm 5,2 Mill. T. geerntet.

[3]) Sie steigt aber auch an den Unterläufen des Ganges und Brahmaputra landeinwärts.

[4]) Mit ihren zahlreichen kindskopfgroßen Früchten und anderer Nahrung, die sie spendet. Sie wird in den Waldungen Südindiens (Distr. Tinnevelly, Nanguneri, Chengalpat, Nord-Bellary) und denen des Distrikts Konkan, auf der Insel Salsette, im Distr. Broach, am und im Distrikt Palanpur nördlich vom Golf von Cambay häufig gefunden und ist auch in Bengalen sehr verbreitet.

[5]) Man pflanzt es in der Trockenzeit (Febr. bis April) auf sorgfältig hergerichtetem und gedüngtem Boden (meist auf kleinen Landflecken oder in Gärten) und bewässert es bis zum Eintritt der Monsunregen (und im trockenen Pandschab wohl auch dann noch). Reife und Ernte fallen, wie erforderlich, in den Beginn der nächsten Trockenzeit, die Ernte zwischen Jan. und April. Das Rohr wird zu einem Teil roh genossen, zum Teil in primitiven Mühlen zerquetscht, und der Saft zu einem weichen braunen Zucker („Gur") eingekocht. Er dient dem Lokalkonsum und der Erzeugung von Zuckerwaren. — Großbritannien in seiner Abhängigkeit von der Zuckerzufuhr aus nichtkolonialen Ländern plant, den Anbau in Indien zu modernisieren und große moderne Zentralzuckerfabriken zu errichten, um seine Bedarfsdeckung aus eigenen Kolonien zu sichern. Die Anbaufläche des Zuckerrohrs wechselt erstaunlich: 1901/02: 12550; 1905/06: 850; 1913/14: 10260; 1922/23: 11010 qkm. Ähnlich schwanken die Ernten. Prod. 1913/14: 2,3; 1922/23: 2,99 T. = 16 (?)% der W. von Zucker.

[6]) 1923: 418000 S.

[7]) Ist besonders in gebirgigen Gegenden (an der Coromandel- und Malabarküste, in Travancore und Mysore, auch in Sikkim [bis 1500 m Meereshöhe]) verbreitet.

[8]) Sie trägt nahezu ungenießbare Früchte und wird für Saftgewinnung in Eingeborenenkultur auf trockenen luft- und lichtreichen Hügelrücken (hauptsächlich am unteren Ganges, im Pandschab, im Küstenstrich nördlich und südlich von Bombay) gepflanzt. Im Winter angezapft, liefert sie jährlich je ha etwa 3,7 T. Rohzucker (Jaggery) aus dem zu Sirup (Gur) eingedickten Safte.

Gewürze kommen noch immer in bedeutenden Mengen aus Vorderindien auf den Weltmarkt.

Für die Kultur des seit alters in Indien benutzten Pfeffers (Piper nigrum) ist hauptsächlich das heißfeuchte Klima (A 1) der Westküste Dekhans in den Landschaften Kanara, Malabar, Travancore geeignet.[1]) Es kommt viel Pfeffer über die Häfen der Malabarküste (Tellicherry; Alleppi; Cochin; Calicut, 82) zur Ausfuhr.[2]) Auch werden spanischer Pfeffer (Dekhan, Bengalen), etwas Zimt (Malabarküste), Ingwer (fast überall, am Himalaja bis zu 1500—2000 m Höhe), Kardamomen (Südindien) ausgeführt.

Als **Getränk** ist frischer Palmsaft oder gegorener Palmwein („Toddy") von verschiedenen Palmen (Palmyrapalme, s. S. 228; Caryota- oder Kitulpalme[3]), S. 228; Kokospalme, S. 228, usw.) bei den Eingeborenen sehr beliebt. Nur geringe Aufnahme hat der Teegenuß in Indien gefunden.

Der Teebau ist eine europäische Plantagenkultur, die sich seit 1839, nachdem man den wilden Teestrauch oder -baum in den Bergen Assams[4]) entdeckt hatte, unter großen Schwierigkeiten einbürgerte. Das Flachland und die Hügel am Nordrande der Brahmaputraebene sowie die niedrigen Sylhet- und Cachardistrikte südlich der Khassia und Jaintia Hills (Assam) und die Himalajahänge von Sikkim (bei Darjeeling, bis fast 2000 m Höhe) sind die Hauptanbaugebiete geworden.[5]) Es ist eine Ausfuhrkultur.[6])

Ferner haben noch die Kulturen der südlichsten Teile der Westghats in der Landschaft Travancore und die der Nilgiriberge einige Bedeutung.

Kaffee wird in der Plantagenkultur Südindiens (an den Hängen der Westghats von Mysore südwärts) gewonnen, für Ausfuhr[7]); Inlandkonsum kommt kaum in Frage.

Unter den **Reizmitteln** stehen Tabak und Opium in der indischen Landwirtschaft obenan.

Tabak ist seit Einführung der Pflanze[8]) ein allverbreitetes Genußmittel

---

[1]) Vereinzelt finden sich auch in anderen Teilen Südindiens Pflanzungen. Von der Malabarküste ist die Pfefferpflanze erst nach anderen tropischen Gegenden Südasiens (s. S. 215f. und S. 251) übertragen worden.

[2]) Ausf. 1910/11: 11890 T.

[3]) Sie liefert 50 Liter in 24 Stunden.

[4]) Und den Bergwäldern der benachbarten Himalajahänge.

[5]) Viele hunderttausend Arbeiter sind in etwa 800 Plantagen beschäftigt. Es wird fast nur schwarzer Tee erzeugt. Mehr als ¾ der vorderindischen Produktion (1913: 139370 T. auf 2470 qkm, 1922: 140890 T. auf 2860 qkm. wachsen hier im Norden. Im Gegensatz zu China (s. S. 183, Anm. 2) ist man hier nicht an bestimmte Erntezeiten gebunden, sondern kommt in den Höhenlagen nach O. F. Schleinkofer bis zu 15, in der Ebene sogar bis zu über 30 verschiedenen Pflückungen, doch unterbleibt (nach demselben) in der Regenzeit am Himalaja die Ernte in den Monaten Januar bis März/April (?) wegen Qualitätsverschlechterung der Blätter. Die Pflückleistung je Kopf ist in Indien viel höher als in China. Die Qualität ist im ganzen um so feiner, je weiter nördlich (cum grano salis!) bzw. je höher über dem Meere der Tee wächst. Der Plantagentee des Handels — das ist ein weiterer Vorzug Indiens vor China — ist nie gefälscht und entspricht bestimmten, im Handel beliebten Marken. Die Sträucher können ohne Ertragsverschlechterung 12—30 und mehr Jahre genutzt werden.

[6]) Ausf. 1922/23: 130640 T. Hauptausfuhrhafen ist Calcutta (1327), kleinere Plätze Chittagong, Cochin und Calicut (82). Großbritannien (87%) war 1922/23 bester Abnehmer; früher war auch Rußland guter Kunde.

[7]) Ernte Nov.—Febr. (winters), 1921/22: 9340 T. auf 514 qkm, 1922/23: 11550 T. auf 534 qkm.

[8]) Angeblich durch die Portugiesen 1605.

der Eingeborenen geworden. Hauptanbaugebiete[1]) sind die Landschaft am Fuße des östlichen Himalaja (zwischen den Bergen Sikkims und den Garo Hills im Brahmaputrabogen und zwischen Ganges und dem nepalischen Himalaja), das Kistnadelta ferner (bei dem Hafen Vizagapatam die Gegend um Dharwar im Hochland Dekhans. Die Ausfuhr von Rohtabak nahm allmählich wesentlich zu.[2]) Die Zigarrenindustrie wird am meisten in Trichinopoly (120) und Umgebung (Süddekhan) betrieben.[3])

Die wichtigsten Produktionsgebiete des Opiummohns[4]) liegen im mittleren Gangestal zwischen Aligarh Koil im Westen und Monghyr im Osten. Patna (120), Ghazipur und Benares (158) können als Hauptzentren angesehen werden. Minder wichtig sind die Kulturen im Pandschab, in Radschputana, auf dem Plateau von Malwa, in Nepal und Assam. Hauptstapelplatz für bengalisches Opium ist Calcutta (1327), für Malwaopium Bombay (1175). Der Morphingehalt ist gering.[5]) Indien versorgte früher China mit Opium.[6])

Zu Betel vgl. S. 216: Areca- oder Betelnußpalme. Piper Betle wird in Bengalen und in feuchten Gegenden Dekhans angebaut, doch müssen Betelnüsse wie Betelblätter noch in großen Mengen eingeführt werden.[7])

Von den zahlreichen **Arzneipflanzen** seien außer dem Opium die Chinarindenbäume (Cinchonas) erwähnt, die für die Bekämpfung der Malaria in den indischen Niederungsgebieten im Nilgirigebirge Süddekhans und an den Hängen des Himalaja bei Darjeeling (?) angepflanzt sind.

Sehr große volks-[8]) und weltwirtschaftliche[9]) Wichtigkeit haben die **Ölpflanzen** Indiens. Raps und Senf, Sesam, Leinsaat, Erdnüsse, Rizinussaat, Baumwollsaat, Kopra, Mohnsaat sind als Ölfrüchte hervorzuheben.

---

[1]) Zum Teil ist künstliche Bewässerung erforderlich. Die Erntezeiten fallen recht verschieden. In dem wichtigen Nordbezirk (Rangpurdistrikt) auf Jan. bis März. Man schätzt die Produktion (1922) auf 2,24 Mill. T. = etwa 15 % der W. Der Tabak ist bisher bei den primitiven Anbaumethoden der Eingeborenen, angeblich auch weil das indische Klima (?) dem Verlauf der Gärung und Trocknung nicht günstig ist, geringer Qualität. Durch Gewährung geringerer Zölle bei der Einfuhr nach Großbritannien versucht letzteres, zur Steigerung der Erntemengen und der Qualität anzuregen.

[2]) Vgl. S. 241.

[3]) Rohtabak wie Zigaretten verderben in dem heißfeuchten Klima Bengalens schnell.

[4]) Der Mohn wird als Winterkultur gebaut (unter Ausnutzung der Winterkühle und der Winterregen; in manchen Gegenden muß künstliche Bewässerung den fehlenden Regen ersetzen. Das Ritzen der Kapseln (die Opiumernte) findet in Bengalen von Jan. bis März, in den Vereinigten Provinzen von März bis Juni (vor den Monsunregen) statt. Das Rohopium unterliegt dann noch einer langwierigen Zubereitung, so daß z. B. Malwaopium erst im Okt. oder Nov. zum Versand kommen kann.

[5]) Die indische Droge ist deshalb für pharmazeutische oder Fabrikationszwecke ungeeignet, es sei denn, daß es gelingt, ein alkaloidreicheres Opium in Indien zu gewinnen.

[6]) Hauptmarkt Kanton. Infolge eines indisch-chinesischen Abkommens nahm die Anbaufläche des Mohns und die Produktion von Ausfuhropium stark ab, aber der Export ist immer noch ansehnlich (1919 etwa 1200 T., nach Hinterindien, Java usw.). Auch in Vorderindien wird Opium gegessen, getrunken und geraucht, doch wird der jährliche Konsum je Kopf der Bevölkerung nur auf 2,5 Gramm geschätzt.

[7]) 1909/10: 64520 T., hauptsächlich aus den Straitshäfen Hinterindiens.

[8]) Sie geben den Indern, die meist Fleisch und tierische Fette verschmähen, in Speiseölen die notwendige Fettnahrung und liefern auch Salböl, Brennöl usw.

[9]) 1922/23 wurden 1,177 Mill. T. Ölsaaten ausgeführt für 2735 Lakh (100000) Rupien = mehr als 9 % der indischen Ausfuhr. Davon übernahmen Frankreich 29,1 (im Vorkriegsdurchschnitt 29,2); Großbritannien 28,8 (23,3); Deutschland 9,9 (14,2); Italien 0,6 (4,6); Belgien 9,1 (18,2) %.

Raps und Senf werden (im trockenen Winter) hauptsächlich in den fruchtbaren Niederungen des Nordens, am Ganges und Indus (Bengalen und Pandschab) angebaut. Etwa drei Viertel der Produktion werden gewöhnlich im Lande verbraucht, ein Viertel ausgeführt.[1]) Sesam liefert außer Öl auch Sesammehl als Nahrungsmittel. Die Sesampflanze wird in ganz Indien angebaut, am meisten in Dekhan (A 2), demnächst in der Gangesniederung (C 5).[2]) Der größte Teil der Produktion von Sesamsaat wird im Lande verbraucht, wenig ausgeführt. Leinsaat wird, als Winterkultur, am meisten am Nordrande der mittleren Gangesebene (C 5) und in den höheren Teilen Dekhans, vielfach in Mischanbau mit anderen Ölfrüchten, erzeugt. Die Ernte[3]) beginnt Ende Februar oder im März, also am Ende des trockenen Winters, und kommt von April an auf den Markt. Der Verbrauch im Lande ist wenig umfangreich, die Saat wird hauptsächlich ausgeführt.[4]) Die Produktion der einheimischen Leinölindustrie (Calcutta, 1327) nimmt zu. Der Anbau der Erdnuß ist (wie die der anderen Ölfrüchte) eine Volkskultur[5]); sie gedeiht ausschließlich im Dekhanplateau, fast nur auf der trockenen Ostabdachung, während die feuchten Küstengebiete im Westen gemieden werden. Namentlich im Hinterland von Madras (527) und Pondicherry (47[6]), sodann auch im Hinterland Bombays (1175), der Hauptausfuhrhäfen, hat sich, dem Charakter einer Ausfuhrkultur entsprechend, der Anbau entwickelt.[7]) Die Erdnußölindustrie[8]) nahm zu. Die Rizinusstaude, wild vorkommend, aber auch seit alters angebaut, liefert einen wichtigen Ausfuhrartikel in der Rizinussaat und in Rizinusöl (Calcutta, 1327), für die Vorderindien wichtigster Lieferant ist[9]). Auch Mohnsaat (und Mohnöl), Baumwollsaat (und Baumwollsaatöl) und weitere Ölsaaten (und Öle) werden gewonnen und zum Teil ausgeführt. Die Nüsse der Kokospalme (s. S. 228) werden vor allem an der Malabarküste zu Kopra verarbeitet, und die Malabarkopra, die über die Häfen Cochin, Cannanore, Trivandrum usw. zur Ausfuhr kommt[10]), genießt unter allen Koprasorten den besten Ruf. Die Kokosölgewinnung ist schon sehr ansehnlich. Fulwabutter (Gheabutter) aus den Samen von Illipe butyracea Engl., dem indischen Butterbaum der Himalajagegenden, stellt eines der wichtigsten Speisefette[11]) Indiens dar, weil sie trotz des heißen Klimas monatelang nicht ranzig wird.

---

[1]) Prod. 1913/14: 1,09, 1922/23: 1,21 Mill. T. auf 25410 bzw. 25140 qkm.

[2]) Im Gebirge bis zu 2000, ja 2500 m Höhe. Prod. 1913/14 auf 20540 qkm 403000 T., 1922/23 auf 20260 qkm qkm 484000 T.

[3]) 1913/14 auf 12270 qkm 386000, 1922/23 auf 13590 qkm 532000 T.

[4]) Vorderindien ist einer der großen Belieferer des Weltmarkts. Prod. 1913/14: 386000, 1922/23: 532000 T. (= etwa 21% der W.) auf 12270 bzw. 13590 qkm.

[5]) Sie liefert auch Nahrungsmittel für Feldarbeiter usw. Manche Schwierigkeiten (Degeneration der Pflanze, Krankheiten, Schädlinge usw.) waren bei Aufkommen der Kultur (seit etwa 50 Jahren) zu überwinden. Man kennt Arten (Virginia!), die ein großes, und kleine Varietäten (Spanish!), die ein geringes Wasserbedürfnis haben, wohl entsprechend ihrer Herkunft. Im Trockenklima dürfte jedenfalls der Ölgehalt größer sein als in feuchten Gebieten.

[6]) In South Arcot sind mitunter 60% der ganzen Anbaufläche mit Erdnüssen bestellt.

[7]) Prod. 1913/14 auf 8520 qkm 748000, 1922/23 auf 10250 qkm 1175000 T. Erdnüsse in Schale.

[8]) Die Ölkuchen werden im Lande als Futtermittel und zur Düngung verwertet.

[9]) Prod. 1913/14 auf 5350 qkm 37000, 1922/23 auf 5610 qkm 117000 T. Ausf. 1912: 110000 T., hauptsächlich über Bombay (1175) nach Großbritannien, Frankreich usw., Ausf. von Öl 43000 hl.

[10]) 1912: 27600 T.

[11]) Auch Mahwabutter oder Illipeöl aus den Samen von Illipe latifolia Engl. in Zentralindien, Mowrahbutter (Méöl) aus den Samen von Illipe Malabrorum Kön., Vateriafett (Malabartalg) aus den Samen von Vateria indica (dem indischen Kopalbaume) seien erwähnt.

Die Ölindustrie Vorderindiens, durch Rohstoffe und billige Arbeit höchst begünstigt, entfaltet sich, besonders seit dem Kriege, lebhaft.

Ätherische Öle u. dgl. Patschuli stammt aus den Blättern des wild vorkommenden Pogostemon Hayneanus Benth. (und von anderen Pflanzen). Zum Beduften des Tees dienen Blüten von Osmanthus fragrans Lour. in Nordindien.

Nahrungsmittel tierischer Herkunft spielen in V. eine verhältnismäßig untergeordnete Rolle.

Fleisch wird ziemlich wenig gegessen, Rindfleisch fast nur von den Mohammedanern. Schaffleisch mehr (vor allem wohl auch im mohammedanischen Nordwesten, wo das Schaf[1]) zahlreicher gehalten wird); es ist das einzige, das die Hindus genießen dürfen. Milch von Rindern[2]) und Büffeln trinken die Inder nur vereinzelt, obwohl sie zum Teil sehr fettreich ist, besonders die der Büffel. Aus Rindermilch stellt man Ghi (eine Art geklärter Butter) her. Konservenbutter, wohl vornehmlich für die Europäer, wird in Bombay (1175) und anderwärts fabriziert. Die Milch der Ziegen[3]) wird geschätzt; am meisten Ziegen werden in den dicht bevölkerten Gebieten gehalten.

Selbst der Reichtum der Flüsse, Kanäle und Bewässerungstanks und des Meeres an Fischen wird weit weniger benutzt als in Ostasien oder im Malaiischen Archipel. Die Binnenfischerei behindert wohl zum Teil der sehr wechselnde Wasserstand der fließenden Gewässer. An der westlichen Meeresküste Dekhans ist die Seefischerei von einigem Belang.

Mineralische Nahrungs-, Genußmittel und Düngemittel. Etwa ein Viertel der Produktion von Salz mag aus den Salzseen der Trockengebiete (B 3 und 4) Nordwestindiens (Salzsee von Sambhar, Rann of Cutch usw.) stammen, weniger aus den Steinsalzlagern (Salt Range im nordwestlichen Pandschab), die im dürren Nordwesten Indiens reich vertreten sind. Zum größten Teil wird Salz durch Verdunstung von Meerwasser in den seichten Strandseen und an den Küsten gewonnen (natürlich während der Trockenzeit). Die Gebiete reicher Niederschläge, wie Bengalen oder die Westküste Dekhans, entbehren des Salzes in der Nähe der Erdoberfläche und bedürfen (wie Indien überhaupt) einer großen Salzeinfuhr.[4]) Trinkwasser[5]) ist in allen feuchteren Gebieten und während der Regenzeit wohl überall außerhalb B 4 zu finden, während der Trockenzeit jedoch wird es vielerorts mangeln, zumal kleinere Bäche und Flüsse dann austrocknen. Im ganzen sind die hygienischen Verhältnisse des Trink- und Gebrauchswassers, soweit es Flüssen (wie dem heiligen Ganges) entnommen werden muß, höchst bedenklich und in vorderster Linie an den Epidemien schuld, die das Land heimsuchen. Für die großen Städte ist durch ordentliche Wasserleitungen schon Abhilfe geschaffen. Mineralquellen sind auf der alten Dekhanscholle wie im Himalajaland nicht selten. Salpeter findet sich nach K. Kaiser in Bengalen in den oberen Schichten des an organischen Bestandteilen (große Viehbestände!)

---

[1]) Die indischen Schafe sind infolge der schlechten Ernährung sehr klein. Im britischen Indien 1919/20: 21,98; im unabhängigen Indien 8,19 Mill. (1922 Brit.-Indien 34,01 Mill.)

[2]) Die indischen Kühe haben geringe Milcherträge.

[3]) V. ist das ziegenreichste Gebiet auf der Erde. Britisch-Indien soll deren (mit Burma) 1922: 31,64 Mill. besitzen.

[4]) 1909: 460640 T. Salzproduktion 1913: 1,473; 1922: 1,861 Mill. T. = 8—9 (?) % der W.

[5]) Vgl. A. Haberlandt, a. a. O.

sehr reichen Bodens, wo also die Bedingungen zu reichlicher Salpeterbildung vorhanden sind. Zu Beginn der regenlosen Zeit wird der Salpeter durch kapilläre Kräfte an die Oberfläche geführt, wo er sich in einer Kruste ansammelt. Er dient zur Düngung der Zuckerrohrfelder und wird auch ausgeführt.[1])

b) Für die **Kleidung** wird seit alters die Baumwolle angebaut[2]), und überall, wo der Gegensatz von Regenzeit (zum Wachstum) und Trockenzeit (Reife und Ernte) genügend ausgeprägt ist (A 2) oder wo (wie im Pandschab) zur Vegetationszeit hinreichendes Bewässerungswasser zugeführt werden kann (B 3, B 4), eignet sich Vorderindien sehr gut für den Anbau und steht unter den Baumwolländern der Erde an zweiter Stelle.

Die wichtigsten Baumwollgebiete sind im Hinterland von Bombay (1175) die Täler des Tapti und seiner Zuflüsse in Berar[3]), auch das Tal des Narbada (Nerbudda). Hier zeigt nicht nur das Klima (C 5), sondern auch der Boden eine besondere Eignung für die Pflanze; sie wächst nämlich hier hauptsächlich auf dem „Regur" genannten, von Radschputana bis nach dem zentralen Dekhan verbreiteten schwarzen, kalkigen und tonreichen Boden. Dieses wichtigste Baumwollgebiet greift über das Küstenland (nördlich von Damão) hinweg auf die Halbinsel Kathiawar und das Gebiet von Ahmadabad (274) über. Die hier wachsende Qualität der Baumwolle („Surat") hat mittleren Wert.

Ein zweites Gebiet starken Anbaues im Dekhanplateau, ebenfalls auf Regur, ist die Landschaft Karnatik, die von der Kistna und der Eisenbahn Goa—Madras durchschnitten wird. Die beste indische Baumwolle wächst jedoch nahe der Südspitze Dekhans in den Ebenen von Tinnevelly (?), Madura (139) und Coimbatore (66), und zwar fällt hier die Regenzeit auch zwischen Juni und Oktober, ist aber im Durchschnitt nicht sehr ergiebig und macht (auf dem aus kristallinen Gesteinen entstandenen eisenhaltigen Boden) manchmal künstliche Bewässerung (aus Brunnen hauptsächlich) nötig; die Ernte findet hier im März oder April statt. Im Pandschab und im unteren Industal muß das für die Vegetation nötige Wasser der Baumwolle durch künstliche Bewässerung[4]) zugeführt werden.

Es wird besonders die einheimische Baumwollart Gossypium herbaceum angebaut, die sich trotz kurzer Faser durch kurze Vegetationszeit empfiehlt und in

---

[1]) Ausf. von Kalisalpeter aus Britisch-Indien 1913/14: 13620, 1920/21: 19800 T. Die Erzeugung soll 1913: 14450, 1916: 25060, 1918: 24740 T. gewesen sein. Bei den 1912 in den staatlichen Salzbergwerken zu Khewa und Nurpur der Salt Range untersuchten Kalilagern scheint es sich nach P. Krische um bedeutungslose Nestervorkommen zu handeln.

[2]) Die meisten Inder kleiden sich in Baumwollstoffe, entsprechend dem warmen subtropischen und tropischen Klima, vor allem die der Ganges- und Brahmaputraniederung und Dekhans. Der Baumwollbau fehlt nur in ungeeigneten Gebieten, nämlich wegen zu ausgedehnten Regenfalles, der Reife und Ernte bedroht, im Gangestiefland und -delta, an der feuchten Westküste Dekhans (etwa von Damão südwärts), ferner in den Wüstenstrichen Nordwestindiens, wo keine künstliche Bewässerung zur Vegetationsperiode zugeführt werden kann, natürlich auch in den hohen Gebirgen des Nordens (Himalaja, Garo und Khassia Hills) und Südens (Nilgiriberge usw.). Doch auch in den feuchten Küstenniederungen der östlichen Dekhanhalbinsel und auf den hohen Plateaulandschaften Nordostdekhans wird die Baumwolle wenig angebaut.

[3]) In der Provinz Berar ist fast die Hälfte der Kulturfläche Baumwolland. Hier wird die Baumwolle am Beginn der Regenzeit (im Juni) gepflanzt und in der Trockenzeit (Okt. bis Jan.) geerntet; weiter westlich ist die Pflanzzeit Juli oder Aug., die Erntezeit Jan. bis April.

[4]) Ihre Ausdehnung bedingt hier die der Baumwollstaude. Die Faser des unteren Indusgebietes ist kurzen Stapels und geringwertig, aber die Erträge je ha, die sonst infolge rückständigen Anbaues recht mäßig sind, stellen sich bei der künstlichen Bewässerung ziemlich hoch.

regenarmen Jahren sicherere Ernten liefert als die amerikanischen Sorten mit längerem Stapel, deren Einführung man neuerdings versucht. Im dürren Pandschab hat man die ägyptische Baumwolle einführen können.

Entkörnung und Verpackung der Baumwolle findet in modernen Betrieben statt. Baumwollsaat s. S. 231.

Die Produktion von Baumwolle[1], mit der 5—6% des gesamten indischen Kulturlandes bepflanzt sind, hat im allgemeinen in letzter Zeit allmählich zugenommen, und es können, trotz starken Eigenverbrauchs[2], noch bedeutende Mengen ausgeführt werden.[3] Vorderindien ist (hinter der Union) der zweitwichtigste Belieferer des Weltmarktes. Bombay (1175) ist Hauptausfuhrhafen.

Die Baumwollindustrie Vorderindiens, seit alters sehr verbreitet und entwickelt[4], hat neuerdings moderne Formen angenommen. Die Baumwollspinnereien und -webereien liegen hauptsächlich in Bombay (1175) und Ahmadabad (274)[5] und sind meist im Besitz von Indern. Es findet Ausfuhr von Fabrikaten statt, doch sind Baumwollwaren noch die wichtigsten Einfuhrgüter Indiens (1924/25: 28% des Gesamtimports; 1913/14: 32%).

Von dem Flachsbau war bereits die Rede (S. 231). Neuestens versucht England, neben der Leinsaatproduktion die Fasererzeugung in die Höhe zu bringen, um sich auch mit diesem Rohstoff aus eigenen Kolonien zu vorsorgen (s. S. 30).

Eine sehr wichtige Faser Vorderindiens ist die Jute, in deren Produktion es vollständig den Weltmarkt beherrscht (s. Bd. I, S. 135). In den sommerfeuchten Provinzen Bengalen und Assam ist der Anbau am meisten verbreitet[6]; in einem trockenen Klima wird die Faser kurz und spröde. Die Produktion[7])

---

[1]) Prod. 1913/14 auf 101280 qkm 5,07 Mill. Ballen (zu je etwa 180 kg) = 943500 (919000?) T. = 19% der W., 1922/23 auf 85300 qkm 5,18 Mill. Ballen = etwa 932000, 1923/24: 907000 T. = 19,5% der W.

[2]) 1912/13 etwa 1,7, 1922/23: 2,25 Mill. Ballen zu je 180 kg.

[3]) Ausf. von Rohbaumwolle 1922/23: 3,36 (im Vorkriegsdurchschnitt 2,407) Mill. Ballen (zu 180 kg); sie ging nach Japan zu 48,2 (über 42); China (ohne Hongkong) 14,7 (1,3); Deutschland 7,8 (14,6); Belgien 7,5 (11,5); Italien gegen 7,2 (gegen 9,7); Großbritannien an 5,7 (über 5); Frankreich 3,75 (4,5); Spanien gegen 2 (2,1); Östereich 1,28 (gegen 7%); Ausf. 1923: 682100 T.

[4]) H. J. Wehrli nennt Dacca (119) und Santipur in Bengalen, Masulipatam, Tanjore (60) und Madura (139) in Südindien, Surat (118) und Ahmadabad (274) als berühmte Zentren der Textilindustrie. Die hausindustrielle Verarbeitung der Baumwolle ist noch heute weit verbreitet.

[5]) Sie befinden sich also nahe den wichtigsten Produktionsgebieten des Rohstoffes; weniger günstig sind sie gelegen für die Zufuhr von Kohle (S. 239), aber gut mit Wasserkraft aus den gefälls- und niederschlagsreichen Westghats zu versorgen, bei bequemer Seeabfuhr für das Fabrikat. Vorderindien ist bereits wichtiges Ausfuhrland für Baumwollgarne. Es werden meist niedrigere Nummern erzeugt, doch begann man auch höhere Nummern zu fabrizieren. Von 309810 T. Garn wurden 1913/14: 87550 ausgeführt, 1922/23 von 320240 T. Produktion 25860 T. (infolge Abnahme der chinesischen Nachfrage). Von 1064,6 Mill. m Stückwaren wurden 1913/14: 81,56 Mill. m, 1922/23 von 1577,5 Mill. m 143,56 Mill. m ausgeführt. Ferner wurden noch 1913/14: 56,78 und 1922/23: 68,21 Mill. m ausländischer Erzeugnisse (an baumwollenen Stückwaren) wieder ausgeführt. Eingeführt wurden 1913/14: 2923,4 Mill. m piece goods und 1922/23 nur 1456,9, 1923/24: 1340,5 Mill. m. Der durchschnittliche Jahresverbrauch eines Inders würde danach (von den handgewebten Stücken abgesehen) etwa 9—12 m betragen. An der Einfuhr von Stückwaren waren 1922/23 beteiligt: Großbritannien mit 91,2 (1923/24: 89) %, Japan 6,8 (1913/14: 3, 1923/24: 8,2) %, ferner Union, Niederlande usw.

[6]) Die anderen indischen Produktionsgebiete (Nepal, Cooch Behar usw.) haben nur eine kleine Erzeugung.

[7]) Es werden jährlich um 8—9 Mill. Ballen = etwa 1,5—1,6 Mill. T. gewonnen mit ziemlich großen Schwankungen. 1913/14 wurden auf 13570 qkm 10,443; 1922/23 auf 9360 qkm 6,923 Mill. Ballen = etwa 1,26 Mill. T. = etwa 96% der W.

übertrifft an Menge die von Baumwolle weit, und die Erntefläche hat sich im allgemeinen in den letzten Jahrzehnten wesentlich vergrößert.[1]) Geerntet wird die bengalische Jute hauptsächlich von Juli bis September, verschifft[2]) namentlich von November bis Januar. Hauptausfuhrhafen ist Calcutta (1327).

Seit alters zur Herstellung von Geweben benutzt, dient die verhältnismäßig billige Faser neuerdings vornehmlich zur Fabrikation von Säcken und Packleinen, an denen der Weltverkehr einen riesigen Bedarf (zur Verpackung von Baumwolle, Wolle, für den Transport von Getreide, Mehl, Kaffee, Zucker usw.) geschaffen hat; man hat bisher vergeblich nach einem Ersatz für Jute gesucht.

Neuerdings ist in Calcutta (1327) und Umgebung eine moderne Juteindustrie entstanden, die die früher führende englische (s. S. 31) überflügelt hat. Sie verbraucht bereits etwa die Hälfte und mehr der Juteernte[3]) und führt große Mengen von Jutefabrikaten in alle Länder der Erde aus.[4]) Jute und Jutewaren sind der wichtigste Ausfuhrartikel Indiens.[5]) Etwas Hanffaser von Cannabis sativa wird (besonders in den Vorbergen des Himalaja, in Garhwal und Kaschmir) gewonnen und zum Teil ausgeführt.[6])

Mit Ramië oder Chinagras (wohl Boehmeria tenacissima) stellt man an verschiedenen Stellen Versuche an. Ein ziemlich wichtiger Ausfuhrgegenstand ist auch Koïr (Kokosfaser).

Unter den **Farbpflanzen** ist der Indigo die wichtigste. Er wird besonders in der Gangesebene bis in das Pandschab hinüber kultiviert, auch stellenweise im Dekhan.[7]) Saflor (Carthamus tinctorius), in den meisten Teilen Indiens angebaut, hat nur noch für das Inland Bedeutung; auch Myrobalanen, Katechu (s. unten) und andere Stoffe dienen Färbungszwecken.

Als Flechtstoffe für Hüte usw. dienen außer Hanfen und Koïr Binsen, Bambus, Rotan usw.

An **tierischen Rohstoffen** sind für Kleidung die Schafwolle, Seide und Häute und Felle wichtig, wenn auch viel weniger benutzt als die pflanzlichen Rohstoffe.

Das Klima V.s ist dem Schafe als Steppentier fast überall ganz oder ziemlich ungünstig. Nur der trockene und winterkalte Nordwesten hat eine ansehnliche Schafzucht, sowohl wegen der hier dem Schafe, sonderlich dem Wollschafe bekömmlichen Klima- und Nahrungsverhältnisse, als auch weil hier bei der Erschwerung

---

[1]) Aber 1921 wurden infolge der Weltwirtschaftskrise um 39% kleinere Flächen angebaut als 1920.

[2]) Vgl. Anm. 3.

[3]) Der Spinnereiverbrauch Indiens wurde 1913/14 mit 820000, 1922/23: 850000 T. angegeben. Die Ausfuhr von Rohjute betrug 1913/14: 780000, 1918: 327000, 1922/23: 530000 T. (nach Großbritannien, Deutschland, Union, Frankreich, Italien).

[4]) 1922/23 wurden 114,3 Mill. m Jutegewebe (76,1% nach Union, 10,1% Argentinien, 5,1% Kanada, 4% Großbritannien, 1,9% Australien) und 344 Mill. Säcke (20,7% Australien und Neuseeland, 12,9% Mittelamerika [Cuba usw.], 12,8% Ferner Osten [ohne Java und Japan], 9,1% Großbritannien, 6,2% übr. Europa, 5,9% Südafrika mit Rhodesia, 5,8% Java, 4,2% Südamerika, 3,4% Ostafrika mit Mauritius, 3,1% Japan, 2,6% Ägypten) ausgeführt.

[5]) 1916/17 machte er 25; 1924/25: 21% der Gesamtausfuhr aus.

[6]) Ausfuhrüberschuß von Hanf im Durchschnitt 1909/13: 26930; 1922: 20130 T.

[7]) In Bengalen wird er meist Mitte Juli geerntet. Zu gewaltiger Ausdehnung im Laufe des 19. Jahrhunderts gelangt, hat die Indigokultur und -ausfuhr (über Calcutta, 1327) unter der Konkurrenz des künstlichen Indigo sehr abgenommen. Anbaufläche 1913/14: 700, 1922/23: 1150 qkm; Ernte 1370 bzw. 2640 T. Während der Kriegszeit wuchs die Anbaufläche, nimmt jedoch jetzt wieder ab.

des Ackerbaues durch Wassermangel weiterab vom Gebirge und von den Flüssen die extensive Schafzucht eine gegebene Wirtschaftsform ist, und das Bedürfnis nach warmer Winterkleidung vorliegt (s. S. 225, Anm. 3).[1]) Auch Kamelwolle wird in Nordwestindien genutzt. Die maschinelle Wollindustrie (geringen Umfangs) arbeitet besonders für die Armee und sitzt in Bombay (1176), Cawnpore (216) und Bangalore (119, in Südindien.[2])

Die Seidenraupenzucht und Maulbeerpflanzung[3]) findet in Indien (wie in anderen tropischen Gegenden) nur an wenigen Stellen die Vorbedingungen günstig erfüllt, am besten an den kühleren Hängen der Vorbergregion des Himalaja bis 3600 m Meereshöhe (Bengalen und Assam), ferner in Kaschmir, weniger wohl auf den Hochflächen Südindiens; etwas Rohseide[4]) wird ausgeführt, mehr jedoch eingeführt. Hausindustrielle Seidenweberei besteht in den Städten des der Himalajaregion benachbarten Gangestales, ferner in Bombay (1176), Surat (118), Baroda (95), Ahmadabad (274), auch in Südindien (Madura, 139, Tanjore, 60, Trichinopoly, 120). Stickereien, s. S. 241, Anm. 5.

Häute von Rindern und Büffeln und **Felle** von Ziegen und Schafen, die besonders zur Zeit von Dürren bei spätem Einsetzen des Sommermonsuns (mit Futtermangel) in Massen auf den Markt kommen[5]), nähren die namhafte Gerberei des Landes, die besonders im südlichen Dekhan ihren Sitz hat und auch schon für Ausfuhr arbeitet.

Zahlreiche gute **Gerbstoffe** begünstigen diese Industrie: Myrobalanen[6]), Katechu[7]), Gambir[8]), Dividivi[9]), Bablah[10]) und Kino.[11])

---

[1]) Es kommen durchschnittlich in Indien 5 Schafe auf 1 qkm und 7 auf 100 Einw. Die Produktion von Schafwolle soll nach A. Kertesz etwa 40000 T. betragen, von anderer Seite wird sie auf 23000 T. jährlich geschätzt und 1923: 29500 T. = fast 2½% der W. Wolle kann noch ausgeführt werden (1909/13 durchschnittlich 12350, 1923: 22400 T.).

[2]) Weit größer ist die kleingewerbliche Teppichweberei, die, von Persien eingeführt, sich in den Gebieten der Wolleproduktion und des kalten Winterklimas (im Nordwesten Indiens) entwickelt hat, in Amritsar (160), Lahore (282), Batala, Multan (85), Jaipur (120), Bikaner (69), Ajmer (114), ferner in Kaschmir und in Poona (215) auf der Höhe des Dekhanplateaus usw. Die Kaschmirschalindustrie hat ihre Bedeutung verloren.

[3]) Häufiger Morus indica als Morus alba. Es widersteht den Hindus, die Seidenraupen zu „quälen".

[4]) Prod. (mit Indochina zusammen, s. S. 218) 1913: 115 und 1923: 175 T. Tussahseide oder Wildseide von Antheraea paphia u. a. wird wohl gleichfalls am Himalaja und in den nördlichen Teilen Dekhans gewonnen; auch ausgeführt.

[5]) Häute und Felle (gegerbt und ungegerbt) sind wichtige Ausfuhrartikel. Der Anteil der gegerbten Felle an der Ausfuhr nimmt zu. Madras (527) und Calcutta (1327) sind Hauptausfuhrhäfen.

[6]) Myrobalanen sind die Früchte von Terminalia Chebula der gemischten indischen Wälder; am meisten werden sie im Innern des Dekhanschollenlandes gesammelt und gehen, hauptsächlich über Bombay (1176), in bedeutenden Mengen (1909/10: 74500 T.) ins Ausland.

[7]) Katechu, als Gerbmaterial für schwere Ledersorten geschätzt, wird aus dem Holze von Acacia Catechu Willd. (Mimosa Catechu L. fil.), der Gerberakazie, gewonnen und kommt von der Coromandelküste, auch Bengalen, über Rangoon (342) in Burma in den Handel. Die Ausfuhr (1909/10: 2070 T.) schwankt stark. Auch Acacia decurrens, die die Wattlerinde liefert (s. S. 270) mit 39—44% Gerbstoff, gedeiht in Indien.

[8]) Gambir von dem im südlichen Indien heimischen Strauch Nauclea Gambir Hunt. kommt wohl hauptsächlich für den Lokalhandel in Betracht.

[9]) Dividivi, das sind die gerbstoffreichen Früchte der in Amerika heimischen Caesalpinia coriaria Willd., erzeugt man in Pflanzungen der Präsidentschaft Madras.

[10]) Bablah ist die Rinde des Babulbaumes (Acacia arabica) und anderer Akazienarten, die (wild, auch kultiviert) besonders in den Niederungen des nördlichen und westlichen Indien (mit mäßigem und geringem Regenfall) vorkommen.

[11]) Kino (Pterocarpuskino) wird von Pterocarpusarten (vor allem Pt. Marsupium Roxb.) in den Wäldern der Malabarküste aus der Rinde („Malabarkino") gewonnen und enthält 75—80% Kinogerbsäure.

An Schmuckstoffen fehlt es nicht. Gold wird in ansehnlichen Mengen gewonnen[1]), zum weitaus größten Teil aus den mit elektrischer Kraft bearbeiteten Kolarfeldern des Staates Mysore. Edelsteine (Diamanten) kamen im alten Dekhan vor, werden jetzt aber kaum noch gefördert.

c) Für den **Hausbau** stehen Wälder[2]) bzw. Hölzer nur stellenweise zur Verfügung. Der Wald bekleidet besonders die niederschlagsreichen Außenhänge der Westghats, auch die der Ostghats und die unteren Hänge des östlichen Himalaja.

Auch in den höheren Plateaulandschaften am Nordrande der eigentlichen Dekhanhalbinsel ist Wald noch ziemlich reichlich vorhanden. In der Gangesebene ist er fast ganz beseitigt und nimmt von Osten nach Westen ab; im Indusgebiet hat er kaum 2—4% der Fläche inne. Große Teile Indiens (die Gebiete der Savannen, A 2, Steppen, B 3, und Wüsten, B 4) leiden unter Holzmangel.[3]) Besonders wertvoll ist das Teakholz von Tectona grandis L., einem wild an der Malabarküste und im Hinterland von Bombay (bis zum 25.° nördl. Br. etwa) wachsenden Baum, der nun auch kultiviert wird. Santelholz kommt von der Malabarküste über Tellichery zur Ausfuhr. Auch „Eisenhölzer" und „Ebenhölzer" kommen vor, der Salbaum (Shorea robusta), Dipterocarpus- und Dalbergiaarten usw. liefern Bau- und Werkholz, im westlichen Himalaja die Himalajazeder (Cedrus Deodara). Außer Holz kommt besonders der Bambus (reiche Bestände in Bengalen, Assam usw.) in Betracht, Rotan ersetzt vielfach die Nägel, indem man mit gespaltenem Rotanrohr bindet.

Boden- und Klimaverhältnisse beeinflussen den Hausbau weitgehend.

Wo ausgedehnte Wälder sich finden, ist Holz Baumaterial. In den großen Niederungen Nordindiens aber sind elende Bambus-, Rohr- oder Lehmhütten die Behausungen der großen Bevölkerungsmasse. Im Dekhanhügelland wird mehr Lehm- und auch Steinmaterial verwendet.[4]) Im Gebirge (Himalaja) herrscht mindestens als Unterbau oft Steinpackung vor[5]), sonst ist jedoch Holz weithin Baumaterial. Schindeln von Holz und Schiefer im Gebirge, sonst oft Stroh und Rohr, neuerdings auch Wellblech, Dachziegel usw. sind Dachmaterial. Die Dächer sind in regenreichen Gegenden (wie in Srinagar, Kaschmir) geneigt, oft aber auch flach, selbst in schneereichen Gebieten. Sie dienen oft zum Trocknen von Ernteerzeugnissen und als Sommeraufenthalt. Flach sind die Dächer z. B. in Baltistan und natürlich im trockenen Nordwesten Vorderindiens, wo infolge der Dürre auch an der Sonne getrocknete

---

[1]) Prod. Britisch-Indiens 1913: 18323, 1923: 12441 kg = 2,3% der W. (Mysore über 98% der Prod., ferner Anantpur in Madras und zahlreiche Goldwäschen).

[2]) Nach H. J. Wehrli sollen von der Fläche Britisch-Indiens (mit Burma, aber ohne die Eingeborenenstaaten) 13 (11?) % bewaldet sein. Zon und Sparhawk (1923) geben für das britische Indien 31,1, für die Native States 9,9% an.

[3]) Dann wird häufig Viehdung als Brennmaterial verwendet.

[4]) Indien ist außerhalb der Alluvialebenen reich an Steinen mancherlei Art, und die Prachtbauten älterer Zeit (wie die Paläste und Moscheen des nordwestlichen Indiens oder die religiösen Bauten Südindiens) sind ebenso aus Steinen (Marmor, Sandsteinen, Kalksteinen, Granit) aufgebaut wie die modernen Häuser europäischer Art in Calcutta oder Bombay.

[5]) In Srinagar (Kaschmir) haben die Häuser gegen Überschwemmungen einen entsprechend hohen steinernen Unterbau. In Erdbebengegenden hält man die Häuser niedrig; Fachwerkbauten werden hier nach Drew wegen größerer Haltbarkeit vor Ziegelbauten bevorzugt, aber in manchen raumengen Gebirgsgegenden des Nordens sind die Häuser mehrstöckig.

ungebrannnte Lehmziegel verwendet werden können.[1]) Bei Bombay erfordern die Stürme der Regenzeit einen festen Bau (jetzt meist europäische Bauten), aber im windstillen Winter kann man in Zelten wohnen. Gegen die Hitze bzw. Kälte bedarf der Mensch (vor allem der Europäer) in Indien mancher Abwehrvorrichtungen an den Häusern. Hölzerne Doppelwände mit Steinpackung dazwischen sollen im Himalajagebiet die Winterkälte fernhalten. In Kaschmir dienen Töpfe mit Holzkohlen („Kangri“), unter die Kleidung gebracht, zur Heizung, die im übrigen auch oft das in dem Untenraum untergebrachte Vieh besorgt. Kuhdünger als Brennmaterial ist im dürren und kalten nordwestlichen Vorderindien sehr gebräuchlich. In den milden Wintern der tropischen Gebiete sind Heizungen meist überflüssig. Hier hat man gegen die Hitze anzukämpfen.[2])

d) Tierische und mechanische Helfer, Werkzeugmaterial.

Die großen Haustiere gebrauchen die Inder in erster Linie als Arbeitsgehilfen.

Der Büffel ist in allen niederschlagsreichen, feuchten und Bewässerungsgebieten, also in der Ganges-Brahmaputraniederung, in den Deltas der Ostküste Dekhans, im Pandschab usw., vornehmlich in den Reisfeldern, Hauptarbeitstier[3]). In den trockeneren Landschaften werden Höckerrinder (Zeburind, Bos indicus), meist kleine, verkümmerte, schwache Tiere, als Zugtiere vor Pflug, Wagen usw., zum Teil auch als Trag- und Reittiere benutzt. Sie sind sehr zahlreich[4]), werden aber ohne Züchtung auf schlechten Weiden sich selbst überlassen, hungern oft und fallen bei Dürren zu Millionen (s. S. 236). Pferde werden nur in verhältnismäßig kleiner Zahl gehalten[5]), besonders im trockenen nordwestlichen Indien, hier aber in geschätzten Araberformen. Sonst sind hauptsächlich Ponys verbreitet. Pferde dienen wohl hauptsächlich als Reittiere (für Armeezwecke usw.). Esel und Maultiere (auch vornehmlich im trockenen Nordwestindien) sind ebenfalls nicht häufig.[6]) Weit seltener sind

---

[1]) Neuerdings werden mehr künstlich gebrannte Ziegel zu Bauten benutzt. Tonmaterial, auch für Hausrat (Töpfe usw.) ist in den Alluvialniederungen und in den Lateritlandschaften reichlich vorhanden und fehlt höchstens in den Wüsten, aber man verwendet nach Möglichkeit pflanzliche Stoffe und Formen. Größere Kaolinlager scheinen zu fehlen. Die Herstellung von Portlandzement ist seit dem Kriege sehr gestiegen, durch Vorkommen von Kalken, Ton und Gips sowie genügende und billige Arbeitskräfte begünstigt; 1914 wurden 945, 1924: 263750 T. Zement erzeugt und 165720 bzw. 124190 T. eingeführt.

[2]) Die Eingeborenen behelfen sich im allgemeinen mit der Fensterlosigkeit oder -armut ihrer Bauten. Gewölbe- oder Kuppelbau bei größeren Privatbauten, Hofhaus mit Säulenhallen und Wasserbassins sind gleichfalls Anpassungen an das heiße Klima. Die von einem Diener oder elektrisch betriebene „Punka“ oder Pfauenfedern wehen Kühlung auf die erhitzten Köpfe. Blasebälge treiben kalte Luft in die Zimmer. Die Türen sind oft mit doppelten Decken von dickwattiertem Baumwollzeug verhängt. Sogen. Tettles, das sind hölzerne Rahmen, dienen ebenfalls als Türschluß. Auf sie waren nach W. Hoffmeister (1847) mit dünnem Bambus dicke Bündel von den Wurzeln des Ivarankurgrases in Reihen nebeneinander gebunden. Sie sind sehr porös und saugen das Wasser schnell ein. Diese Tettlerahmen wurden besonders an den gegen Westen gelegenen Zimmern verwendet und durch beständiges Begießen mit Wasser feucht erhalten; die rasche Verdunstung bringt Kühlung. Auch sah Hoffmeister verschiedene Maschinen zur Abkühlung der Luft mit breiten Windmühlenflügeln, die beständig gedreht wurden, verwendet. Verandas, Jalousien, zahlreiche Fenster an den Europäerhäusern, Freiluftleben usw. tragen gleichfalls zur Überwindung der klimatischen Schwierigkeiten bei.

[3]) Britisch-Indien (mit Burma) hatte 1919/20: 28,5 Mill. Büffel und 13,34 Mill. Büffelkühe und die unabhängigen Staaten Indiens außerdem noch 3,91 Mill. Büffel und 1,86 Mill. Büffelkühe.

[4]) 1919/20 wurden im britischen Indien 117,4, im unabhängigen Indien 15,1 Mill. Stück gezählt (davon 37,15 bzw. 5,1 Mill. Kühe), das sind wohl etwa 24% der Weltziffer von Rindern, etwa 41,4 bzw. 8,2 auf 1 qkm durchschnittlich und 47,5 bzw. 21 auf 100 Einw. Das sind sehr hohe Ziffern!

[5]) 1919/20: 1,7 bzw. 0,28 Mill. Stück.

[6]) 1919/20: 1,45 bzw. 0,18 Mill. Stück.

die Kamele[1]) (im trockensten Indusgebiet) und wohl noch mehr die starken Elefanten, die, gefangen[2]) und gezähmt, als Zug- und Tragtiere Dienste leisten müssen.

Von Heizstoffen zur Erzeugung von Dampfkraft usw. sind die Steinkohlenlager für V. wichtig. Neben China und Sibirien ist es das kohlenreichste Gebiet Asiens.[3]) Die Produktion wächst dauernd und hat für die industrielle Entwicklung, das Eisenbahnwesen, die Schiffahrt usw. hohen Wert.

Über die Hälfte der Kohlenproduktion stammt aus den Gruben von Iherria, etwa 30% aus Raniganj. Beide Lager und andere Kohlengruben liegen am Nordostrande des Dekhanplateaus an einem Gangeszufluß, also recht randlich für den größten Teil V.s, aber nicht weit von Calcutta.[4]) Es werden etwa $1^3/_4$–2% der W. gewonnen[5]), und der Bedarf der Eisenbahn wird bereits gedeckt. Die Einfuhr von Kohlen ist verhältnismäßig gering.[6])

Braunkohlen finden sich in vielen Landesteilen und werden besonders in den Tertiärhügeln am Nordrande der nordindischen Niederung (bei Sadiya im östlichsten Brahmaputratal Assams, an dem Salt Range des Pandschab usw.) ausgebeutet, doch in geringen Mengen, und Torf dürfte nur in den Gebirgen (Himalaja usw.) vereinzelt vorkommen.

Petroleum wird fast nur in Assam unfern dem Brahmaputra und im Pandschab (Attock; in geringen Mengen) gefunden; es muß eine große Einfuhr hereinkommen.[7])

Wasserkräfte sind in gewissen Teilen Vorderindiens, wo starke Gefälle und reichliche Wassermengen der Gewässer zusammenfallen, recht reichlich vorhanden.[8])

Im Himalaja (Brahmaputra, Ganges, Indus und ihre Nebenflüsse) sind die weitaus stärksten und konzentriertesten Kräfte zu finden. Auch an den Randfalten der hinterindischen Halbinsel: in Assam (Garo, Khasi, Jaintia Hills, Cherapunji),

---

[1]) Im britischen Indien 407600 Stück.

[2]) In den dichten Wäldern von Assam, in den Garo- und Khasibergen usw.

[3]) Die Kohlenvorräte werden zu 79 Milliarden T. berechnet, d. s. über 6% der Vorräte Asiens und 1,07% der Erdvorräte. Hauptsächlich sind Steinkohlen der Triasformation vertreten. V. bildete (anscheinend) mit Australien und Südafrika einen Kontinent, auf dem sich unmittelbar nach einer Eiszeit, die alle drei genannten Erdteile betraf, — oder handelte es sich um Vergletscherung riesiger, inzwischen abgetragener Faltengebirge? — wohl im Zusammenhange mit einer gewissen Abkühlung des Klimas — die Kohle der unteren Gondwanaschichten bildete. Darum sind die Kohlen der drei Erdteile gleichwertig; die Zahl der Flöze ist verhältnismäßig gering, die Kohle aschenreich. Man rechnet, daß in V. etwa ein Siebentel der Kohlen zu verkoken ist, die übrige Kohle hat einen ziemlich niedrigen Heizwert. 1918 wurden rund 700000 T. zur Kokserzeugung verwendet.

[4]) Das begünstigt die Fabrikindustrie Calcuttas. In Bombay ist die Kohle teurer, und diese Industriestadt ist besonders auf die Wasserkräfte der Westghats (s. S. 240) hingewiesen.

[5]) Prod. 1913: 16,2; 1922: 19,01; 1925: 19,8 Mill. T Die Arbeiter in den Gruben sind meistens Saisonarbeiter (Bauern), die zur Erntezeit auf die Felder gehen. Die Löhne sind fabelhaft niedrig, und die dicht an der Erdoberfläche abgebauten Kohlen sind an der Grube sehr billig, solange man nicht in größere Tiefen gehen muß. Das ist für die indische Industrie günstig. Maschinen lassen sich in den Gruben wegen der Unbeständigkeit der Flöze schwer verwenden.

[6]) Manche Jahre war die Ausfuhr (im Durchschnitt 1911/1915: 771000, 1916/1920: 620000, 1924: 206480 T., nach Ceylon, den Straits Settlements usw.) größer als die Einfuhr (1914: 400000 T., 1916 fast nichts, 1924: 1,136 Mill. T.).

[7]) Prod. Britisch-Indiens 1922: 7,7; 1924: 7,5 Mill. Faß = etwa 1,008 bezw. 0,98 Mill. T. In Attock nahm die Prod. stark zu. Einf. aus Burma (s. S. 220), der Union und Niederländisch-Indien (1922: 53,85 Mill. Gallonen Kerosinöl = 201000 T.).

[8]) Der amerikanische Wasserkraftatlas schätzt sie auf 27 Mill. PS = etwa 6 und mehr Prozent der Weltziffer.

am Rande Irans, an den Westghats und auf der Ostabdachung Dekhans lassen sie sich verwerten; sie werden auch schon an einer Anzahl von Stellen ausgenutzt.[1])

Werkzeugmaterial.

Außer Holz kommen aus dem Pflanzenreich namentlich Kautschuk und einige Harze und Gummis in Betracht.

Die 30 m hohe Ficus elastica (im östlichen Himalaja bis in die hinterindischen Randfalten), anfangs der raubwirtschaftlich ausgenutzte Hauptkautschuklieferant Südasiens, hat neben dem Hevea-Plantagenkautschuk seine Bedeutung verloren.[2]) Gummilack (Stocklack, gereinigt Schellack) wird ab Februar in den Gangesländern (Bengalen) gesammelt.[3]) Verschiedene Lackarten werden zur Herstellung von Lackwaren (besonders im nordwestlichen V.) benutzt. Gambir wurde schon erwähnt (s. S. 236). Buteakino (bengalisches Kino) stammt von verschiedenen Buteaarten. Pterocarpuskino s. S. 236, Anm. 11. Die S. 231, Anm. 11 erwähnten Fette (Fulwa- oder Gheabutter, Mahwabutter (Illipeöl), Mowrahbutter (Méöl), Vateriafett) dienen bei uns der Seifen- und Kerzenherstellung.

Eisenerzreich sind vor allem die metamorphosierten Sedimente (die „Dharwarschichten") des Dekhanplateaus, an vielen Stellen, aber die Abbauverhältnisse sind meist nicht günstig. Es wird Erz nur in Bihar und Orissa (nach europäischen Methoden) gefördert.[4]) Vor allem sind wertvoll die Manganerzlager im alten Dekhanplateau (teils als Oberflächenlagerstätten [Laterite], teils in den kristallinen Schiefern); V. ist eines der wichtigsten Produktionsländer der Erde.[5]) Hauptausfuhrhäfen sind Bombay, Vizagapatam, Calcutta, Madras. Von anderen Eisenveredelungserzen sind vorhanden Chromeisenstein[6]) und Wolframerz.[7]) Eine einheimische Eisen- und Stahlindustrie (bei den Hauptkohlenlagern [s. oben] unfern Calcutta) ist in lebhafter Entwicklung begriffen, doch ist die Einfuhr von Eisen und Stahl noch sehr groß.[8])

Andere Erze sind verhältnismäßig wenig zu fördern; Kupfererz in Bihar und Orissa (Singhbhum[9]). Blei, Zink, Zinn fehlen in V. (s. Burma, S. 221) und

[1]) 1920 etwa 150000 PS, z. B. zum Betrieb der Kolargoldfelder und in der Industrie Bombays.

[2]) Eingeborene Assams dichteten schon Anfang des 19. Jahrhunderts Körbe inwendig mit Kautschuk aus. Die seit 1873 angelegten Ficus elastica-Plantagen waren ein Fehlgriff. Ausf. Britisch-Indiens 1872/73: 1096, 1890/91: 472, 1923: 6000—7000 T.

[3]) Ausf. 1898/99: 7440; 1909/10: 26310; 1925: 20900 T. Mirzapur (55) unfern Benares ist Zentrum der indischen Schellackproduktion. Hauptausfuhrhafen ist Calcutta (1327).

[4]) 1922 zu Majurbhanj 378130; zu Singhbhum 215750; zu Sambalpur 800 T., in den Zentralprovinzen noch 2890 T., im ganzen 625270 (1913: 370850); 1923: 804380 T. = etwa 0,65% der W. Überaus reichhaltige und ausgiebige neue Lager sind kürzlich im Singhbhumdistrikt und den Lehnsstaaten von Keonjhar und Bonai entdeckt worden; hier sollen 2,83 Milliarden T. mit 60 oder mehr Proz. Eisengehalt lagern.

[5]) 1922 wurden 474400 (1913: 828090) T. produziert, am meisten in den Zentralprovinzen (Distr. Balaghat 169180; Nagpur 132150; Bhandara 41140; Chindwara 33470 T.), ferner in der Präsidentschaft Bombay (Panch Mahals 39700, Chota Udaipur 17190 T.), Bihar und Orissa (Gangapur 16370 T.), Mysore (Chimaga 14020 T.) usw. Ausf. 1921/22: 519000 T. (1922: 74400 T., nach Belgien [40%], England [über 30%], Frankreich [20%] usw.).

[6]) Prod. 1922: 22780 T. (Belutschistan [Zhob], Bihar und Orissa [Singhbhum] Mysore),

[7]) Dieses freilich fast ausschließlich in Burma (S. 221f.).

[8]) Einf. 1921/22: 613000 T. (England über 45%; Belgien über 26%: Union gegen 14%; Deutschland gegen 10%), 1913/14: 1,028 Mill. T. (E. gegen 60; Dd. gegen 20; B. gegen 17; Un. über 2%). Landwirtschaftliche Werkzeuge und Geräte werden überall von Handwerkern hergestellt.

[9]) Prod. 1922: 30760 oder 1037 T. raff. Kupfers. Es muß viel K. für die sehr beliebten Kupfer- und Messinggegenstände eingeführt werden.

müssen eingeführt werden. Bauxit (und Aluminium) werden produziert[1]), ferner Monazit, Ilmenit und Zirkon[2]), Magnesit[3]), Graphit (Dekhan, z. B. in Travancore, Glimmer (Dekhan, Bihar und Orissa [Gaya, Hazaribaghdistrikte], Nellore in Madras usw.).[4]) Borax wird (am Rande Tibets; s. S. 168) in Ladak und Kaschmir gewonnen. Anderes Werkzeugmaterial (Walkerde, Schwerspat usw.) ist unwesentlich.

e) Industrie. Durch Rohstoffe, Kohlen, Wasserkraft, reichliche und billige, zum Teil geschickte Arbeiter mit (alter gewerblicher Tradition[5]) begünstigt, hat V. neuerdings eine moderne nationalindische Fabrikindustrie aufgenommen.

Vgl. Weizenmüllerei, S. 227; Zuckerindustrie, S. 228; Ölindustrie, S. 231; Baumwollindustrie, S. 234; Juteindustrie, S. 235; Wollindustrie, S. 236; Seidenindustrie, S. 236; Indigoindustrie, S. 235; Teppichindustrie, S. 236, Anm. 2; Koirindustrie, S. 235 u. unten; Lederindustrie, S. 236; Lackwaren, S. 240; Ziegelfabrikation und Töpferei, S. 238, Anm. 1; Schellack, S. 240.

f) Handel. Durch das höchste Gebirge der Erde (den Himalaja) von den (öden) zentralasiatischen Hochländern (Tibet, s. S. 157 ff.) getrennt, mit denen deshalb die Beziehungen sehr spärlich sind, auch gegen Osten (Hinterindien) verhältnismäßig geschlossen[6]), öffnet sich V. zu Lande am ehesten nach dem Westen zum iranischen Hochland. Aber im ganzen hat der Außenhandel über die Landgrenzen nur eine geringste Wichtigkeit. Wie meist bei Halbinseln, geht der Außenhandel[7]) V.s zum weitaus größten Teil über die Seegrenzen.

Die Ausfuhr besteht in Rohstoffen für die Industrie, Fabrikaten und Nahrungs- und Genußmitteln, die Einfuhr hauptsächlich in Industriewaren und Rohstoffen.

Ausfuhr Britisch-Indiens (mit Burma, Sph.) 1922/23: 2988,5 Mill. Rupien[8]): Baumwolle 709,7; Reis u. Getreide 424,8; Jutewaren 409,9; (Öl-) Sämereien 273,5; Jute 225,3; Tee 220,4; Baumwollwaren 130,6; Lackwaren 103,7; Häute u. Felle 57,1; Leder 51,6; Wolle 44,1; Öle 32; Metalle u. -waren 25,8; Opium 24,5; Erze 22,5; Ölkuchen 17,2; Kleie 12,6; Kaffee 12,4; Wachs 12,3; Farben 12; Kokosfaser 11; Gewürze 11; Wollwaren 9,8; Holz 9,7; Tabak 8,3; Kautschuk 7,3; Früchte, Gemüse 6,3.

Einfuhr Britisch-Indiens (mit Burma, Sph.) 1922/23: 2325,9 Mill. Rupien[8]): Baumwollgarn u. -gewebe 701,3; Maschinen 234,6; Eisenwaren 183,7; Zucker 154,9; Eisenbahnbedarf 110,6; Öle 70; Metalle 69,2; Kurzwaren 51,5; geist. Getränke 34,3;

[1]) 1922: 3090 (und 337) T.

[2]) 1922: 125; 400; 160 T.

[3]) Prod. 1922: 19270 T. (Salem, Madras).

[4]) Unvollständig 1922: 1600 T., Ausf. 1370 T.

[5]) Alte hausindustriell oder handwerksmäßig betriebene Gewerbe sind: Baumwoll-, Seiden-, Wollindustrie; Stickerei, Metallindustrie in Silber, Kupfer, Messing. Doch sind sie zum Teil durch die europäische Konkurrenz usw. vernichtet.

[6]) Durch das Meer mit Burma, das die britisch-indische Statistik unzweckmäßigerweise mit einschließt, verbunden.

[7]) Er vergrößerte sich dauernd, erleidet aber erhebliche Schwankungen durch die Geißeln des vorderindischen Landes: Dürren, Hungersnot und Pest. Mit dem Ausfall der Ernten, den hauptsächlich der recht- oder unrechtzeitige Eintritt des Regenmonsuns bedingt, steigt oder fällt die Ausfuhr und Einfuhr V.s über bzw. unter den Durchschnitt.

[8]) 15 = 1 £.

Fahrzeuge, Schiffe 34,3; Kohle, Koks 32,2; Seidenwaren 31,7; Instrumente 31,5; Farben 27,9; Papier 27,9; Lebensmittel 27,7; Glas 26; Gewürze 24,5; Edelsteine 22,6; Tabak 22,6; Chemikalien 20,2; Früchte, Gemüse 18,4; Kautschuk 18; Salz 16,9; Drogen, Medizin 16,6; Rohseide 16; Wollwaren 15,2 Mill. Rupien.

Handelsländer in Prozent der Ausfuhr: Britisch-Indien 1923/24: Großbritannien fast 25; Japan 14,36; Union 9,6; Deutschland 6,61; Italien an 6,3; Frankreich fast 5,7; Belgien fast 4; Ceylon 3,63; China (ohne Hongkong und Macao) 3; Straits Settlements gegen 2,4; Südamerika über 1,9; Australien gegen 1,89; Niederlande gegen 1,64; Hongkong gegen 1,28, Ägypten über 1,2; Spanien an 1,1; Java (mit Holländ.-Borneo) über 1; **in Prozent der Einfuhr:** Britisch-Indien 1923/24: Großbritannien 57,8; Java gegen 6,2; Japan 6; die Union 5,62; Deutschland über 5,2; Belgien 2,43; die Straits Settlements 2,16; China über 1,54; Italien 1,2.

g) Verkehr.

Der Verkehr zu Lande war bis zum Bau von Eisenbahnen ein äußerst schwerfälliger und leistungsunfähiger (Saumtier- und Ochsenwagen-Verkehr). Hinderlich sind zunächst die großen Ströme und Flüsse, die bis in neueste Zeit wenig Brücken aufwiesen, ferner die Verschlechterung der Naturstraßen zur Regenzeit[1]), in Nordwestindien (Wüste Tharr) Wassermangel und Menschenarmut, in den Randgebirgen Nordindiens (Himalaja usw.) und in Dekhan die Bodenformen.[2]) Der Bau von Eisenbahnen begann 1854. Seitdem ist ein Netz fertig geworden, das schon den dringendsten Anforderungen genügen kann. Die großen menschenreichen Niederungen des Nordens verbinden sie mit ihren Ausfuhrhäfen, die Häfen der beiderseitigen Küsten Dekhans miteinander, Bengalen mit der Palkstraße und Adamsbrücke, über die die Verbindung nach Ceylon (s. S. 247, Anm. 9) geht. Genannt seien die strategischen Linien nach dem Westen (über Peshawar zum Khyber-[Khaiber-]paß und durch die Tieflandsbucht von Shikarpur und über den Bolanpaß nach Belutschistan). Örtliche, aber segensreiche Wichtigkeit haben ferner die Bergbahnen, die zu den in 2000—3000 m Höhe angelegten Höhen-Gesundheitsstationen (Darjeeling; Simla; Mussoori im Himalaja, Utakamund in den Nilgiribergen), wo in den heißen Monaten die europäischen Verwaltungsbehörden ihren Sitz nehmen und andere Europäer sich zeitweilig auffrischen, hinaufführen. Die Binnenschiffahrt findet nicht besonders günstige Naturbedingungen vor. Die großen Niederungsströme des Nordens leiden stark unter Veränderungen und Verwilderungen der Stromläufe und damit zusammenhängender Seichtheit.[3])

---

[1]) Selbst die seitdem gebauten befestigten Straßen, für die in der Ganges- und Indusebene zum Teil Steinmaterial mangelt, und die Eisenbahnen erleiden in der Regenzeit nicht selten schwere Beschädigungen.

[2]) Die steilen Westghats öffnen vom Meere her wichtige Pässe oder Pforten (Gaps): im Norden die Thalghat zwischen Bombay (1176) und Nasik und die Borghat zwischen Bombay und Poona (215), im Süden der niedrige Paß von Palghat. Sie werden alle drei von Eisenbahnen überschritten. Die Ostghats sind viel offener für den Verkehr. Vindhia- und Satpuragebirge behemmten auch bis zum Bau von Eisenbahnen empfindlich den Verkehr zwischen Norden und Süden. Der Himalaja wird noch von keiner Eisenbahn überschritten.

[3]) Der Indus ist vom Meere aus wegen seiner Barren für größere Schiffe so wenig zugänglich, daß der Haupthafen des Indusgebietes das seitwärts gelegene Karatschi (217) geworden ist. Dazu kommen im dürren Binnenlande große Wasserstandsunterschiede; doch wird er hier auf den vom Himalaja genährten Pandschabflüssen zum Teil von Dampfern befahren. In der niederschlagsreicheren Gangesniederung ist der Hauptstrom das ganze Jahr für größere Schiffe bis Cawnpore (216), der Gogra bis Fyzabad (Faisabad, 57), der Brahmaputra bis Dibrugharh zu befahren. Auch die Deltaarme mit ihren Querkanälen lassen Schiffahrt zu.

Luftverkehr besteht zwischen dem westlichen Hafenplatz Karatschi (Karachi, 217) und Kairo in Ägypten. Für den von England geplanten Luftschiffverkehr von Großbritannien nach Australien würde Vorderindien wohl mit Ceylon berührt werden.

Der **Nachrichtenverkehr** wird immer mehr modernisiert.

Die Insel Ceylon.[1])

I. Naturverhältnisse. Die Insel (zwischen dem 6.° und 10.° nördl. Breite) hat nur im (bis 2540 m hohen) Gebirgssüden gemäßigte Temperaturen[2]), während sie im übrigen rein tropisch[3]) ist. Die Niederschläge erfolgen an der gebirgigen Südwestküste (durch den Sommermonsun) sehr reichlich, an der Ostküste durch den Nordostmonsun, und im Sommer liegt letztere im Regenschatten des Gebirges. Der Norden ist verhältnismäßig regenarm.[4]) Diese Unterschiede wirken auf Umfang des Anbaues, Wahl der Kulturpflanzen, Erntezeiten usw. ein.

II. Rund 66000 qkm groß, wird C. von 4,5 Mill. Einw. bewohnt, hauptsächlich (wegen der Nachbarlage[5]) zu Vorderindien) dunkeln Tamilen und der Mischrasse der Singhalesen, dazu Eurasiern[6]) und Europäern. Die Volksdichte beträgt durchschnittlich 69 auf 1 qkm.[7])

III. Die Wirtschaft.

Pflanzennutzung und Pflanzenbau herrschen völlig vor. Die Europäer haben eine großartige tropische Plantagenkultur entwickelt.

a) Erzeugung von Nahrungs- und Genußmitteln.

Die Bevölkerung[8]) C.s nährt sich hauptsächlich von Reis, und zwar ausschließlich Sumpfreis.[9]) Auch Hirsearten und (wenig) Mais dienen als Nahrungsmittel, ferner die bekannten tropischen Knollenfrüchte (Yams, Bataten, Maniok), im Gebirge im kleinen Maßstabe auch unsere Kartoffeln[10]), ferner Gurken, Melonen,

---

[1]) Schmidt, Ceylon. Berlin 1897. — Günther, Einführung in die Tropenwelt. — Hagenbeck, 25 Jahre Ceylon. Dresden 1921. — Ferguson, The Ceylon handbook. Colombo jährlich.

[2]) Vgl. Nuwara Eliya (1900 m), Mai 16,1°, Jan. 13,9° C. Extreme 25° und 2°. 2540 mm Regen (Juli 360, Febr. 60); ist Erholungsstation für die Europäer.

[3]) Vgl. Colombo, Mai 27,8°, Jan. 26,1° C. Extreme 34° und 20°. 2240 mm (Okt. 360, Mai 310, Febr. 50).

[4]) Manar (Manaar) 960 mm. Im Norden ist darum der Anbau trotz besten Bodens recht wenig ausgedehnt. Ruinenstädte und zahlreiche ausgetrocknete Stauseen bezeugen einstigen größeren Ackerbau.

[5]) Bis ins 15. Jahrhundert soll die heute unterbrochene, von Riffen und Sandbänken gebildete Adamsbrücke eine gangbare Verbindung zwischen C. und dem Festlande dargestellt haben.

[6]) Mischlinge zwischen Eingeborenen und Europäern. Auf die Betrachtung der in Sammelwirtschaft stecken gebliebenen Weddas wird hier verzichtet.

[7]) Die West- und Zentralprovinz mit ihren Plantagenkulturen sind am dichtesten bevölkert.

[8]) Dreiviertel der Einw. leben von einem meist primitiv (herkömmlich) betriebenen Ackerbau. Etwa ein Drittel der Landfläche wird als Ackerland oder Weide wirtschaftlich genutzt. Das kultivierte Land liegt hauptsächlich im feuchten Südwestgebiet. Der Boden (vor allem verwitterter Gneis) ist durchaus nicht fruchtbar. Elefanten, Wildschweine usw. schädigen die Ernten.

[9]) Nach der Überlieferung soll der Reisbau 543 v. Chr. aus Indien eingeführt sein. Er steigt auf bewässerten Terrassen nach Em. Schmidt bis zu 600, ja 750 m Meereshöhe an. Großartige (alte) Bewässerungsanlagen mit „Tanks" (künstlichen Seen wie unsere Talsperren) und Kanälen werden von den Engländern wiederhergestellt und neue gebaut. Die Ernte findet Mitte Januar bis Ende Februar (Trockenzeit) statt, eine zweite Mitte Juli bis September. Curry, das Leibgericht der Singhalesen, besteht aus Reis, dann Koriander, Kümmel, Ingwer, spanischem Pfeffer, Kurkuma, Tamarinden, gesalzenen Fischen usw.

[10]) Können in Nuwara Eliya 2—3mal jährlich geerntet werden.

Kürbisarten, im Gebirge (Nuwara Eliya) auch unsere Gemüse.[1]) Palmen (meist Obstbäume) nehmen größere Flächen in Anspruch als das Getreide.[2]) Besonders Kokospalmen (s. S. 245) sind an den Küsten im feuchten Westen und Südwesten sehr verbreitet.[3]) Früchte der Palmyrapalme (im Trockengebiet des Nordens, auf sandigen Böden) sind in manchen Gegenden Hauptnahrungsmittel. Bananen (vereinzelt bis 1250 m ü. M.), Melonen, Früchte vom Jack-, Brotfrucht-, Mangobaum, und Orangen[4]) sind als Nahrungsmittel wichtig. Im heißen dürren Nordzipfel gedeihen gute Weintrauben, im hohen Gebirge auch ein wenig europäisches Obst.[5])

Zuckerrohr wird wenig angebaut[6]), aber Sirup und Palmzucker („Jaggery") von der Palmyrapalme (S. 228) und der Kitulpalme des Gebirges gewonnen. Zucker muß eingeführt werden. Zahlreiche Gewürze werden angebaut: Kardamomen[7]) (etwa zwischen 460 und 900 m), Gewürznelken (bis etwa 550 m) und Macis, Muskatnüsse, Pfeffer, Vanille (Ernte im Januar), Ingwer usw. (s. S. 243 Anm. 9:).

Zimt ist ziemlich wichtiger Ausfuhrgegenstand.[8]) Die Zimtgärten mit Cinnamomum ceylanicum Brayne, dem Zimtbaum (der in Dschungeln und Wäldern C.s wild wächst), liegen in den sandigen Küstenebenen im Südwesten der Insel, zwischen Colombo (244) und Point de Galle (39), in einem 20—50 km breiten Streifen.

Für die Eingeborenen sind beliebte Getränke die Kokosmilch, der Palmsaft von Kokos-, Palmyra-, Kitulpalmen und der gegorene Saft: Palmwein.

Die Europäer kultivieren in Plantagen Kaffeebaum, Teestrauch und Kakaobaum. Kaffee wurde seit Mitte der dreißiger Jahre des vorigen Jahrhunderts in den Bergen[9]) des Südwestens gebaut, und die Plantagen bedeckten 1874 mehr als 1,6% der Inselfläche[10]), aber der Anbau ging dann, da seit 1869 der Pilz Hemileja vastatrix (Blattkrankheit) in den Plantagen

---

[1]) Sellerie, Radieschen, Petersilie, französischer Spinat, Rotrüben, alle Sorten unserer Bohnen, weiße Rüben, Lauch, Kopfsalat, Rosenkohl, Sauerampfer, Artischocken.

[2]) 1909 waren mehr als 4,5% mit Körnerfrüchten bestellt; mit Kokospalmen mehr als 4,6%, mit anderen Palmen 0,85, mit anderen Fruchtbäumen und -sträuchern mehr als 1,5, mit Knollenfrüchten und Gemüsen etwa 3/4% der Fläche.

[3]) Wenig im Osten. Über etwa 600—700 m Meereshöhe gedeihen die Kokospalmen nicht mehr recht. Für die Eingeborenen haben sie ungeheure Bedeutung. Von dem auf 800—850 Mill. Nüsse geschätzten Ertertrag wird die Hälfte im Inlande verbraucht, 2 oder mehr Prozent (1912: 16; 1922: 22,3 Mill.) werden nach Europa usw. ausgeführt. Die Eingeborenen haben eine erstaunliche Geschicklichkeit im Erklettern hoher Bäume. Die Europäer haben zahlreiche Plantagen angelegt. Auch die Eingeborenen lassen sich immer mehr zu Düngung (bedeutende Einfuhr von Erdnußölkuchen, Fischguano, Knochendünger, Rizinusölkuchen, Salpeterabfällen usw., namentlich aus Britisch-Indien) und rationellerer Bearbeitung ihrer Pflanzungen bekehren. In trockenen Jahren werden die Nüsse kleiner als normal. Geraspelte Kokosnuß für Konditoreizwecke wird in Mengen (1924: 44250 T.) nach Europa und Amerika ausgeführt. Kopra, Kokosöl und Koir s. S. 246.

[4]) Citrus decumana trägt kopfgroße Früchte, aber sie stehen den Apfelsinen unseres Mittelmeergebietes im Geschmack sehr nach.

[5]) Nach H. Dingler in Nuwara Eliya Birnen, Pfirsiche, Apfel- und Pflaumenbaum, Kirschen wohl schlecht. Das Aroma der Früchte soll (wohl wegen der großen Niederschläge) zu wünschen übrig lassen. Nach Stuhlmann gedeihen Erdbeeren. Der Weinrebe fehlt hier wie in Darjeeling und im Nilgirigebirge die Wärme zum Reifen.

[6]) Der Boden soll nicht fruchtbar genug sein.

[7]) Ausf. 1900: 244; 1918: 174; 1922: 208 T.

[8]) Ausf. von „Kaneel" 1913: 1490, 1918: 1300, 1920: 1140, 1922: 1600 T., von Kaneelstücken 1913: 885; 1918: 510; 1920: 635, 1922: 590 T.

[9]) Nach F. Stuhlmann soll guter Kaffeé nur zwischen 900 und 1500 m M. wachsen.

[10]) Ernte 1874: 39360, Ausf. 1875 mehr als 50000 T., 1882: 62% des gesamten Ausfuhrwertes.

sich zeigte und bald verheerend auftrat, in den achtziger Jahren rapid zurück.[1]) Er ist jetzt ganz unbedeutend.

An seine Stelle trat der Teebau. Er gedeiht im Südwesten der Insel in allen Meereshöhen bis zu 2500 m Höhe.[2]) Tee ist einer der Hauptausfuhrartikel Ceylons.[3])

Die Teesträucher, oft auf Terrassen gezogen, werden das ganze Jahr bepflückt (s. S. 229), aber Menge und Qualität der Ernten hängen sehr von der Höhenlage[4]) der Pflanzungen ab. Als Arbeiter werden Hunderttausende südindischer Tamilen verwendet.[5]) In der Faktorei der Plantagen werden die Teeblätter mit Maschinen zubereitet, dann in mit Zinnfolie ausgeschlagene Holzkisten verpackt. Es wird fast nur schwarzer Tee hergestellt.

Der Kakaobau[6]) (von der Seeküste bis zu 480, ja 600 m Höhe) hat verhältnismäßig geringen Umfang und wird teils auf europäischen Plantagen, teils von den Eingeborenen betrieben; letztere erzielen eine geringere Qualität. Kakao wird ausgeführt. Colombo (244) ist für Kakao wie für Tee Hauptausfuhrhafen.

Reizmittel der Eingeborenen sind Betel (s. S. 216; Betelnüsse werden auch nach Südindien ausgeführt) und Tabak, der im Norden angebaut, auch (nach Indien) ausgeführt wird. Der Opiumkonsum wurde neuerdings durch Regierungsmaßregeln eingeschränkt. Von **Arzneipflanzen** werden Cinchonabäume (im Hügellande), ein wenig Koka, ferner Kampferbäume[7]) angepflanzt.

Unter den **Ölpflanzen** hat die Kokospalme eine überragende Wichtigkeit für die Wirtschaft und Ausfuhr der Insel erlangt. Von der Nußernte wird ein großer Teil in Kopra verwandelt, das ein Hauptausfuhrgegenstand nach den europäischen Industrieländern ist.[8]) Die Kokosölindustrie hat sich immer mehr entwickelt. Große Fabriken bestehen in Colombo (244) und Galle (39).[9]) Kokosöl wird ausgeführt.[10])

---

[1]) Ernte 1890: 2600, Ausf. 1896: 380 T.

[2]) Hauptsächlich aber im Hügel- und Berglande bis zu 2000 m. 1867 waren erst 4 ha, 1880: 37½, 1890: 890, 1900: 1550, 1909: 1600 qkm = über 2,4% der Fläche Ceylons damit bepflanzt.

[3]) Ausf. 1875: 0,65; 1880: 74; 1890: 20780; 1900: 67710; 1910: 82410; 1923: 82530 T. Vor dem Kriege waren Großbritannien, Australien, Rußland, Amerika in der Regel die Hauptabnehmer, 1920: Großbritannien, Amerika, Australien.

[4]) Die Sträucher werden etwa 1 m hoch gehalten und geben nach 3 Jahren die erste, nach weiteren 10 Jahren die beste Ernte, dann läßt die Qualität nach. Im Tieflande sind die Erträge groß, die Qualitäten der Blätter gering, in hochgelegenen Plantagen die Erträge kleiner, aber besserer Qualität. Der Boden wird gedüngt. Nach Sandmann ist der Geschmack des Tees etwas kerniger, das Aroma voller als die des Tees aus China und Japan, aber er ist nicht so mild. Zwischen die Stände der Teeplantagen werden in den Fiebergegenden Eukalyptusbäume gepflanzt.

[5]) Die Verbindungsbahn nach Südindien hinüber (s. S. 242) hat die Zufuhr von Arbeitern sehr erleichtert.

[6]) Prod. 1913: 3510, 1924: 3570 T. Man unterscheidet eine herbstliche Haupternte (2. Hälfte des Okt. und Nov.; Verschiffung Anfang des nächsten Jahres) und eine kleine Sommerernte (Mai). Großbritannien, Straits Settlements, Deutschland waren vor dem Kriege die Hauptabnehmer.

[7]) Der Kautschukboom hat die Anpflanzungen zum Stocken gebracht.

[8]) Zu 100 kg Kopra sind in normalen Jahren etwa 400—500, in Dürrejahren (s. S. 244, Anm. 3) bis 600 und mehr Nüsse erforderlich. Ausf. 1914: 89 880, 1924: 91 400 T. nach Norwegen, Italien, Dänemark usw.

[9]) Die früher umfangreiche Eingeborenenindustrie mit ihren primitiven mörserartigen Pressen geht langsam ein.

[10]) Ausf. 1912: 20410, 1924: 28 090 T. nach Großbritannien, Deutschland und Ägypten. Ein Nebenprodukt der Ölindustrie sind die Ölkuchen (Poonac), die als Futtermittel nach Europa usw. verfrachtet werden; Ausf. 1912: 8810,1 T.

Auch Sesam wird angebaut. Der Reichtum an Ölstoffen und ätherischen Ölen (Citronellöl[1]), Zimtöl, Melissenöl, Lemongrasöl usw.) begünstigt die Entstehung der Seifenindustrie.

Für die Ernährung der Eingeborenen hat die **Tierzucht** ebensowenig Wichtigkeit wie in Vorderindien; mehr leistet sie den Europäern.[2]) Am meisten Vieh scheint in dem trockeneren Klima des Nordens gehalten zu werden. Einfuhr ist nötig. Mehr Zuschüsse zur Ernährung gibt die Fischerei in den Flüssen, Strandseen und im Meere. Es werden aber noch viel Fische eingeführt.

Mineralische Nahrungsmittel. Salz wird durch Verdunstung von Seewasser gewonnen. Die Trinkwasserverhältnisse sind in den tieferen Lagen ungünstig und befördern Krankheiten, Wasserleitungen aus den Bergen sind angelegt worden. Warme und kalte Mineralquellen sind nicht selten.

b) Als **Kleidungsstoffe**[3]) kommen Baumwollwaren in Betracht. Es findet eine große Einfuhr von solchen statt.

Man bemüht sich, die Baumwollkultur heimisch zu machen, und ägyptische und „Sea-Island"-Baumwolle gedeiht im trockenen Norden bei künstlicher Bewässerung gut.[4]) Baumwolle wird für die kleine einheimische Baumwollindustrie noch eingeführt. Andere Textilpflanzen werden nur in geringem Umfange angebaut.

Große Wichtigkeit hat die Herstellung von Koïr (Kokosfaser) und Garn daraus für die Ausfuhr erlangt.[5])

Tierische Stoffe für Kleidung (Tierhaare, Häute und Felle kommen nur in geringem Maße zur Verwendung. Myrobalanen usw. sind Gerbmittel.

Perlen werden in den seichten Gewässern der Palkstraße, besonders im Golf von Manar, schon seit dem 6. Jahrhundert vor Chr. gefischt, im Januar und Februar jedes Jahres, zur Zeit des Nordostmonsuns.[6])

Auch die Chank-Schnecke (Turbinella pyrum und T. rapa) wird gefangen und nach Vorderindien ausgeführt. Schildpattbearbeitung hat sich in Galle (39) erhalten.

Edelsteine (Rubine, Saphire, Topase, Beryll, Spinell usw.) zum Schmuck werden vielfach auf C. im Gebirge gefunden.

c) Wohnungsmaterial sind die vegetativen Materialien, die in Busch und Wald wie in anderen tropischen Gebieten (s. S. 218f. u. 237) reichlichst zur Verfügung stehen; die Hütten, Villen und Bungalows sind dem Klima angepaßt (s. S. 238 u. 247, Anm. 7).

---

[1]) Citronellagras wird auch kultiviert. Ausf. von Citronellöl 1918: 475 T. nach der Union, Großbritannien, Australien, Japan.

[2]) 1909 nach Schätzung 97000 Schweine, 170600 Ziegen, 96300 Schafe; Zeburinder 984700, Büffel 524900.

[3]) Die Eingeborenen sind ziemlich wenig bekleidet, aber den Kopf schützen sie gegen Regen und Sonne (mit einem Sack).

[4]) Arbeitskräfte fehlen jedoch, infolge der großen Nachfrage nach solchen (im südwestlichen Plantagengebiet.

[5]) Ausf. 1912: 12130 T. Koir und 5540 T. Garn daraus.

[6]) Dann wächst der kleine Ort Marichchikaddi, das Zentrum der Perlenfischerei, zu einer Stadt von 40000—50000 Einw., mit Post- und Telegraphenämtern usw. an. Die besten Taucher sind die Araber.

d) Tierische und mechanische Helfer des Menschen und Werkzeugmaterial.

Zeburinder und Büffel werden, wie in Vorderindien, als Arbeitstiere gehalten.[1])

Torf fand Keilhack im Gebirge wie im Küstenlande des Südens; Kohle und Petroleum scheinen nicht vorzukommen und müssen in Mengen eingeführt werden[2]), dagegen kann der gebirgige und niederschlagsreiche Südwesten der Insel reichlich Wasserkräfte liefern.[3]) Von Werkzeugmaterial kommen außer Holz, Bambus, Stein u. dgl. kaum etwas (Metallisches) zur Nutzung. Für die Ausfuhr sind aber der Kautschuk und Graphit wichtig.[4]) Andere Mineralien werden fast gar nicht gefördert.[5])

Ceylons heißfeuchter Südwesten ist seit 1876 allmählich eines der führenden Kautschukgebiete geworden und erzeugte 1925 etwa 9,2% der W.[6])

e) Industrie. Handwerksmäßig werden Flechterei, Weberei (s. S. 246), Holzschnitzerei, Töpferei betrieben und Schildpatt (s. oben), Silber-, Messing-, Lackartikel hergestellt. Geraspelte Kokosnuß, s. S. 244; Koprabereitung, Kokosölindustrie, S. 245; Teefabriken, S. 245; Seifenindustrie, S. 246; Koïrbereitung, S. 246.

f) Handel. Ausgeführt werden vor allem koloniale Genußmittel und Rohstoffe, eingeführt Lebensmittel, ferner Industriewaren und Rohstoffe.

Ausfuhr 1923: 351,2 Mill. Rupien: Tee 185,7; Kautschuk 78,8; Kopra 18,1; Kokosöl 13,9; Arekanüsse 3,5; Kokosfaser 2,4; Kakao 2,2; Zimt 2,1; Kokosnüsse 1,3 Mill. Rupien; **Einfuhr** 1923: 292,2 Mill. Rupien: Reis 83,4; Baumwollwaren 25,6; Kohle u. Koks 16,9; Zucker 12,3; Düngemittel 9,2; geist. Getränke 2,8 Mill. Rupien; **Handelsländer in Prozent der Ausfuhr:** Großbritannien 46,6; Brit. Besitzungen 17,05; fremde Länder 36,34; **in Prozent der Einfuhr:** Großbritannien 21,68; Brit. Besitzungen 59,2: fremde Länder 19,1%.

g) Verkehr. Die Engländer haben vorzügliche Straßen[7]) angelegt und, vor allem im Plantagengebiet des Südwestens, eine Reihe von Eisenbahnen[8]) gebaut. Besonders wichtig ist die nach Vorderindien führende Linie.[9]) Binnen-

---

[1]) Pferde nur 4000, Elefanten 72. Ein hoher Zoll liegt auf der Ausfuhr der letzteren. Die eingeführten Zuchttiere der europäischen Kolonieunternehmung Bakers (1848) starben meist.

[2]) 1913: 839040, 1924: 675140 T. aus Südafrika und Indien.

[3]) Schon 1912 wurde eine elektrische Kraftstation für Haus- und Straßenbeleuchtung Nuwara Eliyas und für Licht und Triebkraft der benachbarten Plantagen dem Betrieb übergeben.

[4]) Die (schon alte) Graphitgewinnung (Ratnapura- und Kurunegalladistrikt), bisher meist in Händen von Singhalesen, spielte sich in ziemlich primitiver Weise (Tagebau) ab, war großen Schwankungen (Überschwemmungen!) unterworfen und ging jetzt wohl zum Großbetrieb über. Prod. 1913: 29000; 1920: 9300; 1921: 4400 T. = 5,86% der W.

[5]) Thorit- und Thorianitvorkommen (für die Gasglühlichtindustrie) versagten schnell, Monazitsand, bei Bentota von der See angespült, hält wohl nicht vor.

[6]) 1922 auf 1580 qkm. Prod. 1923: 34000; 1924: 38000; 1925: 46000 T.

[7]) Öffentliche Rasthäuser (Bungalows) ersetzen (wie in Vorderindien) unsere Hotels. Zweirädrige Ochsenkarren, auch Träger mit elastischer Bambusstange vermitteln den Lokalverkehr. In Colombo haben sich die japanischen Dschinrikschas eingebürgert. Der Kraftwagen- und Motorradverkehr nimmt schnell zu.

[8]) Werden mit Holz meist geheizt. Gegen die Hitze schützen (wie in Indien) oben doppelte Wände und weit nach außen vorstehende und tief über die Fenster herabreichende Dächer.

[9]) Die Eisenbahn schiebt sich über Brücken und Dämme von Norden bis zur Insel Rameswaram (Adamsbrücke) von Norden, bis zur Insel Manar von Süden vor und eine Fähre verbindet beide

schiffahrt kann kaum in Betracht kommen. Küstenschiffahrt ist wohl ziemlich wichtig.[1]) Auf Seeschiffahrt für den Außenhandel angewiesen, besitzt C. einen künstlich ausgebauten Welthafen: Colombo (250), der zugleich wichtiger Anlaufhafen und Kohlenstation für die Fahrt zwischen Europa—Suezkanal—Ostasien bzw. Australien usw. ist.[2])

Früher war Point de Galle (39), der weitest südwärts vorgeschobene Hafen, der Hauptschiffahrtsplatz C.s Trincomali (9,5) mit gutem Hafen an der Ostküste liegt den Produktionszentren zu fern; Jaffna (43) ist der wichtigste Hafen des Nordens.

Luftverkehr zwischen Colombo und Madras, Bombay usw. wird gute Dienste leisten. Post, Telegraphie, Telephonie sind wohl eingerichtet.

Die kleinen korallinen Inselgruppen der **Laccadiven** (1930 qkm) und **Maldiven** (300 qkm; 10000 bzw. 70000 Einw., Mohammedaner meist) haben fast nur durch Kokospalmen, die mit eingeführtem Getreide die Hauptnahrung liefern, Bedeutung (Ausfuhr von Nüssen, Öl, Koïr).

---

3. Australasiatischer oder Malaiischer Archipel.[3])

I. Naturverhältnisse. Etwa zwischen 20.° nördl. und 10.° südl. Br. gelegen, hat der Archipel ein rein tropisches Klima, das nur in großen Höhen des Innern feuchttemperiert (C 7) genannt werden kann[4]), sonst aber heißfeuchtes Urwaldklima (A 1[5]) oder periodisch trockenes Savannenklima (A 2; nordwestliche Philippinen, Ostjava und Kleine Sundainseln).[6])

II. Der Archipel ist etwa 1,91 Mill. qkm groß und hat 61,2 Mill. Einw. (meist malaiische Eingeborene und einige 100000 Chinesen.) **Politisch** setzt er sich zusammen aus Niederländisch-Ostindien (ohne West-Neuguinea), 1,484 Mill. qkm mit (1920) 49,16 Mill. Einw. (169000 Europäer); den (vereinsstaatlichen) Philippinen (und Sulu-Archipel), 0,298 Mill. qkm mit (1921) 10,8 Mill. Einw. (25000 Weiße,

---

Strecken; sie sollte zur Zeit des Nordostmonsuns einen anderen Lauf nehmen als zur Zeit des Südwestmonsuns, um ruhige Überfahrt zu haben.

[1]) Die enge Straße von Pamban (zwischen Vorderindien und Rameswaram) setzt die westlich und östlich der Adamsbrücke gelegenen Gewässer miteinander in Verbindung.

[2]) Durch die Verbindung mit Vorderindien hat Colombo einen starken Aufschwung seines Passagier- und Warendurchgangsverkehrs von und nach Südindien erfahren.

[3]) Encyclopaedie v. Nederlandsch-Indië. Herausg. von C. Spat. 's Gravenhage u. Leiden 1917, mit jährlichen Ergänzungen. — Bezemer, Beknopte encyclop. v. Nederl.-Indië. Haag 1921. — H. Meyer, Niederländisch-Ostindien. Berlin 1923. — K. Kempski, Über Kaffee-, Reis-, Kautschuk-Zuckerrohrkultur usw. Berlin 1924. (Vorläufer eines zusammenfass. Werkes.)—Regeeringsalmanak van Nederl.-Indië. Buitenzorg, jährlich. — Landenberger, Die Geologie von Niederländisch-Indien. Stuttgart 1922. — Heyne, De nuttige planten van Nederl.-Indië. 4 Bde. Batavia 1913—1917. — Tornow, Die wirtschaftliche Entwicklung der Philippinen. Berlin 1901. — Wright, A Handbook of the Philippines. London 1908. R. Eichelberger, Regenverteilung, Pflanzendecke und Kulturentwicklung in der ostindischen Inselwelt. (Geogr. Z. 1924).

[4]) Vgl. Toba (Sumatra, 1150 m), Juni 21°, Sept. 20,8° C. Extreme 28° und 15°. 2280 mm (April 260, Okt. 250, Juli 100). — Baguio (1460 m), Mai 18,9°, Febr. 15,9° C. Extreme 26° und 7°. 4000 mm (Aug. 830, Febr. 10). — Minahassa (Celebes, 800 m), Mai 22°, Jan. 21° C. Extreme 30° und 14°. 2600 mm (Febr. 280, Aug. 110). — Buitenzorg (2800 m), Okt. 25,3°, Febr. 24,3° C. Extreme 33° und 19°. 4370 mm (Jan. 450, Aug. 230).

[5]) Sandakan (Borneo), Mai 27,7°, Dez. 26,1° C. 3230 mm (Dez. 490, April 100). — Batavia, Mai und Okt. 26,5°, Febr. 25,4° C. Extreme 33° und 20°. 1800 mm (Febr. 350, Aug. 30). — Amboina, Febr. 27,2°, Juli 25,2° C. 3450 mm (Juni 610, Febr. 120).

[6]) Manila, Mai 28,6°, Jan. 25° C. Extreme 36° und 17°. 1930 mm (Juli 390, Febr. 10). — Pasuruan, Nov. 27,7°, Juli 25,8° C. Extreme 34° und 18°. 1240 mm (Febr. 260, Sept. 5).

100000 Chinesen); Britisch-Nordborneo, 80290 qkm mit (1921) 258000 Einw., dem britischen Sarawak und Brunei, 124200 qkm mit 625000 Einw. und der portugiesischen Osthälfte von Timor (18990 qkm, 378000 Einw.).

Die Volksdichte, durchschnittlich etwa 32 auf 1 qkm, ist im einzelnen äußerst verschieden; auf Java (und Madura) beträgt sie 266,1 auf 1 qkm, auf Bali und Lombok 149; im niederländischen Südost-Borneo nur 3 und in Westborneo 4 auf 1 qkm.

III. Wirtschaft.

Die Eingeborenen gehören zumeist der herkömmlich-traditionellen Wirtschaftsstufe an. Die Wirtschaft erhält ihren klimatisch bestimmten Charakter durch völliges Vorherrschen der Pflanzenwirtschaft, ferner durch stellenweises Auftreten europäischer Plantagenwirtschaft (zumal auf Java und Sumatra[1]), die Hauptausfuhrartikel liefert.

a) Erzeugung von Nahrungs- und Genußmitteln.

Eine herrschende Stellung hat der Reis; bei seinem Anbau wird der Boden mit einem vom Wasserbüffel (Kerbau) — bei Sumpfreis —, von Rindern bei Trockenkultur gezogenen hakenförmigen Holzpfluge aufgerissen, während sonst in der Regel Hackbau betrieben wird.

Meist wird Sumpfreis auf nassen Feldern (Sawahs[2]), seltener (im Berg- und Hügellande), Bergreis auf trockenen Feldern (Tegals) angepflanzt. Der Reisbau ist im Archipel uralt, aber das kunstvolle Irrigationssystem verdanken die Malaien den Indern, seine Vervollkommnung den Holländern. Durch das von den letzteren geschaffene System von zahllosen großen und kleinen Kanälen können heute (auf Java) 60% des gesamten Kulturlandes künstlich be- und entwässert werden[3]), während auf den Philippinen (Prov. Pampanga, Tarlac, Bulacan usw.) erst der zehnte Teil des geeigneten Bodens bewässert ist.[4])

[1]) Von den Philippinen soll erst der achte Teil wirtschaftlich erschlossen sein. Doch nimmt gerade hier die Wirtschaft einen großen Aufschwung, weil die U.S.-Amerikaner für eine großzügige Verbesserung der Verkehrsverhältnisse (Straßen, Eisenbahnen usw.) und Hebung der Eingeborenenbildung durch Einrichtung von Schulen sorgen. Es soll bald (?) nur noch wenig Analphabeten auf den Philippinen geben.

[2]) Nach Kempski überwiegt auf Java und Bali der Wasserreisbau, in den Außenbesitzungen (z. B. im Gouv. Ostküste von Sumatra) wird vorwiegend Trockenreis gesät. Für die Sawahs werden (wie in Ostasien) die in besonderen Saatbeeten gezogenen Reispflänzchen mit Pflanzstöckchen in den schlammigen Boden eingesetzt. In dem feuchten Westjava werden zwei Reisernten (Reis hinter Reis) gewonnen, in Mitteljava wird zu Beginn der Regenzeit (Okt. bis Nov.) gepflanzt, im „trockenen" Ostjava im Dez. Nach 3—4 Monaten wird die (eine) Reisernte gewonnen. Dann pflanzt man schnellwachsende „Zwischenfrüchte" (zweite Gewächse: Sojabohnen oder Erdnüsse, Mais, Maniok, Bataten, Sesam, Indigo, spanischen Pfeffer, Gurken, Zwiebeln oder anderes Gemüse oder Tabak). So erhält man also ebenfalls zwei Ernten vom Acker (zumal auf Java). In den Bergen Westjavas steigt der Wasserreisbau, der vorwiegend die Ebenen, breiteren Flußtäler und sanft geneigten unteren Berglehnen einnimmt, bis 1100 und mehr m an. Im Berggelände wird der Boden terrassiert wie auf Ceylon und in Ostasien, so daß von den oberen Terrassen das zugeleitete Wasser den unteren zufließt. Düngung wird nur ausnahmsweise verabfolgt. Auf Java werden bei der Ernte nur die Fruchtstände (mit Messerchen) geerntet, das Stroh den Kerbauen und Schafen zum Abweiden überlassen (vgl. auch S. 254).

[3]) Nach Kempski werden auf Java etwa 65000 qkm, d. h. etwa 50% der Fläche landwirtschaftlich genutzt, und zwar 30000 qkm für Wasserreisbau, 5000 qkm für Trockenreis. Geerntet werden um 7 Mill. T. ungedroschener Fruchtstände = etwa 3½ Mill. T. geschälten Reises. Es kämen also durchschnittlich etwa 100 kg auf den Kopf der Bevölkerung; aber im Gouv. Atjeh (Sumatra) werden etwa 184 kg Reis je Kopf verbraucht (und noch 50000 T. ausgeführt). Ernte Niederl.-Indiens 1924: 5,8 Mill. T. (darunter 320000 T. Bergreis).

[4]) Doch sollte 1922 die Erweiterung des Bewässerungsnetzes in Angriff genommen werden. Die Philippinen ernteten 1912/13: 500000, 1917: 1,216, 1920: 1,585; 1924: 1,89 Mill. T. = etwa 1,35% der W., zeigen also starke Zunahme.

Viel Reis muß nach Java (mit Madura) eingeführt werden, meist in geringerwertigen Qualitäten, wogegen kleine Mengen hochwertigen Javareises ausgeführt werden.[1] Auch die Philippinen müssen Reis einführen.[2]

Der Mais wird überall[3] als Lückenbüßer (Ersatznahrung für mangelnden Reis) angebaut, wo der Reis nicht mehr gut gedeiht oder bei Mißernten.

Im Hochlandklima Javas, Sumatras, ebenso auf Timor kommen gewisse Weizensorten fort.[4] Auch Hirse wird auf Java, Sumatra usw. angebaut. Stärkehaltige Knollenpflanzen (Maniok, Bataten, Yams, Taro, Arrowroot [Maranta arundinacea], Colocasia antiquorum) gehören zu den wichtigsten Nahrungsspendern des Archipels, ebenso die Sagopalme (Sagus oder Metroxylon Rumphii und S. laevis oder M. Sagus[5]), die Sagomehl aus dem Stamme liefert (wie ebenfalls auf Java Arenga saccharifera [s. unten] und Sagus elata). Der Perlsago des Handels wird in Singapore (s. S. 222, Anm. 4) und in Nordborneo (Sarawak und Brunei; Markt Labuan) aus dem Sagomehl hergestellt. Der Maniok liefert in Tapioka ein Ausfuhrprodukt Javas. Auch unsere Kartoffeln werden (für die Europäer der Städte, die Kriegsmarine, für Ausfuhr nach Batavia und Singapore den nach Europa zurückfahrenden Matrosen zu Dank) angebaut.[6] Sie sind nicht groß, aber wohlschmeckend. Auch alle möglichen Gemüse, nach Ax. Preyer Salat, Amaranthus, Zwiebeln, Tomaten, Rettich, Eierfrucht, und Hülsenfrüchte (Bohnenarten) werden erzeugt. Obstpalmen und andere Fruchtpflanzen (Kokospalmen[7]), die Areng- oder Gomutupalme [s. oben], die Nipapalme[8]), die Palmyrapalme [Borassus- oder auch Lontarpalme], die Salakpalme, Melonenbäume, Mangobäume, Guajaves, Avocados, der übelriechende Durion, der Mangustan, Rambutan, Zitrusarten usw.), zum Teil kultiviert, haben für die Ernährung der Eingeborenen eine hervorragende Bedeutung.

---

[1]) Auf Java müssen etwa 600—750000 T. Reis jährlich eingeführt werden, d. h. noch je 20 kg auf den Kopf, aus Burma und Siam. Ausgeführt wurden 1922: 11000 T.

[2]) 1912/13 waren etwa 3³/₄% der Fläche mit Reis bebaut (gegenüber 25% und mehr Prozent auf Java); der Reisverbrauch wurde (1903, einschließlich Aussaat) nur auf 70 kg je Kopf geschätzt, ist jetzt aber wohl weit höher. Einfuhr (aus Saigon) wurde namentlich nötig, wenn Dürren und wohl noch Heuschrecken auftraten.

[3]) Von den Philippineninseln baut vor allem die dicht bevölkerte Insel Cebu viel Mais an. Ende Oktober ist hier die Maisernte beendet.

[4]) Z. B. im Hochland von Pengalengan (Java) mit gutem Erfolge angebaut. Man dachte an Errichtung einer modernen Mühle. Bisher muß Weizenmehl usw. hier wie auf den Philippinen für die Europäer in erheblichem Umfange eingeführt werden.

[5]) Erstere, durch Dornen gegen die Angriffe von Wildschweinen usw. geschützt, im östlichen Teil des Archipels, liefert in der Regel bessere und größere Ernten als die zweite Form, die mehr im westlichen Teil (Borneo, Sumatra, Java) verbreitet ist; auch kultiviert. Auf sumpfigen Flächen Mindanaos, Borneos, Sumatras bildet die Sagopalme Wälder. Ein Stamm (gefällt) liefert 200—400 kg Sagomehl; auf den Molukken wird Sagobrot und -brei hergestellt.

[6]) Im „kleinen Landbouw", d. h. in kleinen Betrieben von Europäern im Gebirge Javas und anderer Inseln, etwa von 800—1000 m an aufwärts, in Westjava bis zu 1600—1800, in Ostjava bis zu 2000—2200 m Meereshöhe, auf den (porösen) vulkanischen Böden. Die Knollen werden in etwa 3, in 2200 m Höhe in 4 Monaten reif; in Buitenzorg reifen (ganz kleine) Kartoffeln in 10 Wochen. Die Saatkartoffeln werden mindestens 10 cm tief gelegt, damit sie nicht durch die heftigen tropischen Gewitterregen herausgespült und weggeschwemmt werden. Die Eingeborenen erzielen geringere Erträge.

[7]) Auf allen (nicht schlammigen und nicht von Mangroven bewachsenen) Küsten stehen Haine von ihnen. Auch im Innern Javas werden sie kultivert. Die frischen Nüsse (je 40—60 jährlich von einem Baume) sind ein wichtiges Nahrungsmittel, das Öl Speisezutat. Auf Java zählt man etwa 65, auf den anderen Inseln Niederländisch-Ostindiens 45 Mill. Stück. Auf den Philippinen nahm die Kultur von Kokospalmen (1913: 46 Mill.) neuerdings sehr zu. Vgl. S. 254.

[8]) Ist gerade in Flußdeltas und an Mangroveküsten verbreitet; gibt eßbare Samen.

Zuckerrohr ist die Hauptplantagenkultur der Insel Java[1]) und eine wichtige der Philippinen.[2]) Zucker ist der erste Ausfuhrartikel Javas und der Philippinen.

Gemäß den Lebensbedingungen des Zuckerrohrs (s. Bd. I, S. 138) wird es namentlich im trockeneren Osten Javas (Residentschaften Surabaja, Pasuruan, Kediri usw.), weniger in der Mitte und noch weniger im feuchten Westen kultiviert. Der Ertrag an Zucker je ha der Plantagen ist erstaunlich hoch bei der rationellen Art des Anbaues und den vollkommenen Methoden, die bei der Verarbeitung in den Zuckerfabriken zur Anwendung kommen.[3]) Auch die Philippinen (Insel Negros, Luzón [Prov. Pampanga], Panay, Cebú, Leyte) haben einen ansehnlichen Zuckerrohrbau; neuerdings errichtete man moderne Fabriken[4]), wendet der Selektion von Sämlingspflanzen große Aufmerksamkeit zu und sterilisiert die Erde gegen Pilze und Unkräuter.

Gewürze, die in der mittelalterlichen Kolonialzeit, in Europa begehrt, für den Malaiischen Archipel (die Molukken) hervorragende Bedeutung hatten, sind heute durchaus nur Ausfuhrprodukte zweiten und dritten Ranges. Immerhin ist Niederländisch-Ostindien auf der Erde noch der wichtigste Produzent von Pfeffer[5]) und Muskatnüssen[6]) und einer der wichtigsten für Gewürznelken.[7]) Auch ein wenig Vanille (Java), Zimt und Cassia vera (Java, Sumatra) werden gewonnen.

Die Eingeborenen des Arch. benutzen als **Getränke** Palmsaft und (gegorenen) Palmwein[8]) von der Arengpalme (s. S. 250), Kokospalme (S. 250[9]), Nipa- und Palmyrapalme.

[1]) Von 1894—1913 nahm nach Kempski die Anbaufläche von 750 auf 1630 (1922: 1611 = 1,2% der Fläche) qkm zu, die Erträge von 7 auf 11 T. Zucker je ha. Zuckerprod. Javas 1893/94: 531000, 1904/05: 1,055, 1922: 1,82, 1925: 1,8 Mill. T. Den Eigenverbrauch Javas schätzte man 1922/23 nur auf 149800 T. Die Ausf. wuchs von 737000 T. 1900 auf 1,668 Mill. T. 1922/23 (nach Britisch-Indien 28,3; Hongkong 16,3; Japan 16; nach Suez und Port Said auf Order 9,2; Großbritannien 6,4; Frankreich 5,4; Singapore an 4% usw.). Die Fabriken bauen ihr Rohr selbst; manche kaufen noch von den Eingeborenen (die nach H. Meyer in Niederländisch-Ostindien auf 178 qkm Zuckerrohr anbauen).

[2]) Prod. 1904/05: 113600; 1913/14: 220000; für 1925 auf etwa 480000, 1925/26: 400000 T. geschätzt. Ausf. 1913: 212540 T.; 1925 für 84,13 Mill. Pesos (30% der Ausfuhr).

[3]) Der Anbau auf Java ist bei der für die Ernährung der Bevölkerung notwendigen Ausdehnung des Reisbaues wohl nicht mehr sehr zu vergrößern. Aber auf den anderen Inseln gibt es noch genug nutzbares Land. Kürzlich wurde auf Sumatra die erste Zuckerfabrik errichtet.

[4]) Die modernen Fabriken (seit 1910) erzielten (schon 1914) einen um 30—40% höheren Ertrag als die alten Mühlen. Das Rohr der Visayas (Negros, Panay, Cebu) soll einen besonders hohen Zuckergehalt haben. Der einheimische Verbrauch soll nur 8000 T. betragen. Ilo-Ilo (48), Manila (284; mit Ilocos) und Pampanga sind die Hauptzuckermärkte.

[5]) Hauptsächlich in Atjeh (Nordsumatra) und an der Ostküste von Sumatra wird die Kultur (von Atjehern) betrieben. Der Handel konzentriert sich in Pangkalan Brandan. In Lampong (Südsumatra) ist die Pfefferkultur wesentlichste Einnahmequelle der Eingeborenen. In Tandjong Korang bei dem Hafen Telok Betong ist die Pfefferbörse, und die Ausfuhr geht über Palembang (74) nach Java, Singapore usw. Auf dem Riouw-Lingga-Archipel betreiben Chinesen den Anbau, der auch auf Banka, in Sarawak, Britisch-Nordborneo, West- und Südost-Borneo und auf Java (gelegentlich als Nebenkultur in Kaffeeplantagen) zu finden ist. Die Ausfuhr von Pfeffer aus Niederländisch-Ostindien betrug 1900: 4480, 1905: 17000, 1910: 26000, 1915: 22000, 1919: 40000 T. 1920 wurden zudem aus Java und Sumatra (Belawan) 780 T. kleinfrüchtiger Cayennepfeffer (Chillies) verschifft.

[6]) Von Myristica fragrans, einem auf den Bandainseln heimischen Baum, der jetzt dort (Groß-Banda, Neira und Ay), auf Amboina, Halmaheira, Sumatra (Padang und Nachbarbezirke), Celebes (Minahassa), Borneo kultiviert wird und auch „Muskatblüten" (Macis) liefert. 1922 bestand die Absicht, eine Fabrik zur Extrahierung der Öle und Fette aus Muskatnüssen zu errichten.

[7]) Die Blüten von Jambosa Caryophyllus Ndz. auf den Molukken. Die besten kommen von Amboina als „ostindische Nelken". Ternate (4) ist Handelszentrum dafür. 1922 bestand die Absicht, eine Nelkenölfabrik zu errichten.

[8]) Zugleich Essig und eine Art Arrak.

[9]) Ein Stamm scheint etwa 180 Liter „Tuba" jährlich zu ergeben.

Für den Außenhandel sind Kaffee, Tee, und Kakao, teils in Plantagen, teils in Volkskultur erzeugt, wichtig.

Der Kaffeebaum wurde 1699 von der Malabarküste nach Java verpflanzt.[1])

Neuerdings wird neben Coffea arabica, die sich nur in den Pflanzungen höherer Lagen und in den Eingeborenenkulturen[2]) der Außenbesitzungen (Celebes, Bali, Timor, Sumatra) hielt, und Coffea liberica vor allem der 1900 aus dem Stromgebiet des Kongo eingeführte Robustakaffeebaum angebaut, namentlich, weil er gegen Hemileia vastatrix (den Rostpilz, der die Kaffeeblattkrankheit hervorbringt) praktisch immun ist.

Die europäischen Kaffeeplantagen liegen auf Java[3]) und Sumatra[4]) (in den Padangschen Oberlanden, in den Lampongs, im Palembangschen, auf der Ostküste) und bringen (zumal auf vulkanischen Böden) ein Qualitätsprodukt. Nächst Brasilien, das ein mäßiges Massenprodukt liefert, ist Niederländisch-Ostindien der wichtigste Produzent des Weltmarktes. Surabaja (192) ist Hauptausfuhrhafen Javas.

Auf den Philippinen ist die Kaffeeproduktion unbedeutend[5]), wächst jedoch.

Der Teebau wurde auf Java schon 1826 aufgenommen, hatte aber anfänglich wenig Erfolg[6]); jetzt wird er in Großbetrieben modernster Art, hauptsächlich im feuchten Westjava (Mittelpunkte Bandung, 9, und Sukabumi, 24) in 900—1500 m Meereshöhe angebaut[7]), weniger auf Sumatra[8]) und Borneo. Obwohl der Eigenverbrauch der Inseln nach Kempski nicht gering ist, kann der größte Teil der Produktion ausgeführt werden.[9]) Man pflanzt jetzt fast allgemein den großblätterigen Assamtee.[10]) Batavia (254) ist Hauptausfuhrhafen.

---

[1]) Nach Anfang des vorigen Jahrhunderts in zwangsmäßiger Pflege und Aberntung der Eingeborenen entwickelt, ging der Kaffeebau seit 1870 immer mehr in die privaten Plantagen über. 185 Mill. Bäume wachsen nach H. Meyer in privaten Plantagen auf etwa 1200 qkm, bis 1919 waren aber noch etwa 60 Mill. in zwangsmäßiger Aberntung. Nach ungefährer Schätzung mögen die Eingeborenen ein Viertel der Kaffee-Ernte Niederländisch-Ostindiens liefern.

[2]) Ihre Produkte aus Java und Sumatra werden niedriger bezahlt als Plantagenkaffee, aber der Menadokaffee (im vulkanischen Minahassa) ist geschätzt.

[3]) Am günstigsten zwischen 400 und 900 m Meereshöhe bis hinauf zu 1300 m und zwar im trockeneren Ostjava, während es in Westjava zu feucht ist. Coffea liberica und C. robusta brauchen mehr Wärme als C. arabica und müssen deswegen in geringeren Höhen gepflanzt werden. Der Kaffeebaum wird in Ostjava viel als Unterfrucht in Kautschuk-, auch in Kapokplantagen gebaut. Prod. Niederländisch-Ostindiens 1909/10 bis 1913/14 durchschnittlich 22140, 1916/17: 59590, 1919/20: 32590, 1923/24: 59530 T. Ausf. 1922/23: 57210 T. nach den Niederlanden, Frankreich, Union.

[4]) Ausf. Padangs (38) 1920: 6600 T.

[5]) 1912/13 bis 1913/14 370 T. (Einf. 181 T.), 1916/17: 595, 1921/22: 1150 T.

[6]) Erst seitdem man chinesische Pflanzer, Teefabrikanten und Kistenbauer heranzog, gedieh er besser.

[7]) Nach Kempski 1921: 80479 ha. Ernte 1921: 28000 T.

[8]) Sumatra (Ostküste) 11034 ha. Von der eingeborenen Bevölkerung (Java) werden etwa 20000 ha bepflanzt. Die europäischen Plantagen Niederländisch-Ostindiens produzierten nach Kempski 1920 um 40500 (dazu 7500 T. aus abgelieferter Inländerernte bereiteten marktfertigen trockenen Tees); 1924: 47500; 1925: 43000. Arbeitskräfte sind reichlich vorhanden, freilich unzuverlässig.

[9]) Ausf. Javas 1923: 17730 T. (Großbritannien 33; Holland fast 27; Australien 24,7; Union 9,5 %), Sumatras 2880 T.

[10]) Nach Kempski einer der 4 Formenkreise von Camellia theifera (Griffith) Dyer, dem Teebaum.

Die Produktion von Kakao hat im Archipel geringen Umfang.[1])

Für die Europäer werden viel **Wein**, **Bier** und andere **Spirituosen** eingeführt, dagegen ist **Arrak** (aus Rohrzuckermelasse oder Reis) ein ziemlich wichtiger Ausfuhrartikel (nach Hongkong, Britisch-Indien, Holland).

Unter den **Reizmitteln** hat der **Tabak** des Archipels hervorragende Bedeutung für den Weltmarkt, da er besonders geschätzte Deckblätter liefert. Javas Produktion ist seit 1900 stark gewachsen[2]); noch neueren Datums ist der Tabakbau an der Ostküste Sumatras.[3]) Die Ausfuhr geht besonders nach Amsterdam und Rotterdam zu Versteigerungen, auf denen Deutschland bisher Hauptkäufer war. Auch in Britisch-Nordborneo hat die Zahl der Tabakplantagen zugenommen.[4]) Celebes produziert wenig. Die Philippinen hatten seit spanischer Zeit einen berühmten Tabakbau. Unter der Herrschaft der Union sind Produktion[5]) und Ausfuhr sehr gewachsen. Es werden Tabakblätter und „Manilazigarren" (hauptsächlich nach der Union, die Zollfreiheit gewährt) ausgeführt.

Für die Eingeborenen ist im Archipel **Betel** (s. S. 216) das beliebte Genußmittel.

Arzneipflanzen. In **Chinarinde** („Kina") beherrscht Java[6]) den Weltmarkt. Auch die **Chinin**produktion der Insel nahm zu. Nur Cinchona Ledgeriana und C. Succirubra kommen für den Anbau praktisch in Betracht.[7]) Amsterdam ist der Hauptmarkt.

---

[1]) **Java** 1913: 2250, 1923: 1050; **Philippinen** (lokale Ernte) 1913: 133, 1923: 980 T. = 0,23 und 0,23 % der W.

[2]) Prod. 1890: 14600; 1900: 19300; 1910: 36600; 1913: 46900; 1915: 63000; 1923: 39400 T. Die Pflanzungen liegen am Rande der gemäßigten Zone, die bei etwa 600 m Höhe beginnt. Die Verschiffungen finden im Jan. bis März statt und gehen hauptsächlich nach den Niederlanden.

[3]) Der Tabakbau datiert an der nördlichen Nordostküste (längs der Malakkastraße) seit Anfang der sechziger Jahre. Er ist auf humusreichem morastigen Urwaldboden, der erst zu drainieren war, entstanden, und das Sumatrablatt verdankt gerade der Kaliarmut dieses Bodens seine Charakterlosigkeit, die es als Deckblatt geschätzt sein läßt. Als Arbeiter werden hauptsächlich **Chinesen** verwendet, da die Eingeborenen nicht dauernd arbeiten mögen. Juni und Juli wird hier geerntet; die Verschiffung findet erst im Oktober bis Mai statt. Prod. **Sumatras** 1870: 250; 1880: 5200; 1890: 16800; 1900: 17700; 1913: 20100; 1920: 11500; 1923: 16600 T. Für 1922 und 1923 war eine Beschränkung der Produktion auf 15600 T. (195000 Ballen oder Pack zu 80 kg) beschlossen. Ausf. 1924 (Ernte 1923): 16550 T. (14 % nach Amerika). 1925 soll Deutschland 65 % der Ausfuhr von Sumatra- und Javatabak aufgenommen haben.

[4]) **Borneo** erntete 1890: 750, 1900: 1450, 1910: 1160 T.

[5]) Die beste Qualität wächst in den nördlichen Provinzen, und auf Luzón ist das Cagayantal der bedeutendste Tabakbezirk. Ernte 1910/11: 25500 T. auf 690 qkm; 1914: 46700; 1920: 64900; 1923: 31700 T. Ausf. 1918: 25700 T. **Tabak** und 359 Mill. **Zigarren** (strenges Überwachungssystem bei der Herstellung).

[6]) Ausf. von Rinde 1900: 5500, 1912: 7340 T. (1906: 40 T. Chinin). Prod. **Javas** (und **Sumatras**) 1921 nach **Kempski** 9500 T. trockener Rinde = etwa 540 T. Chinin = etwa 90 % der W. Ausf. 1920: 4530 T. Rinde und 420 T. Chinin. Der Durchschnittsgehalt der „Fabriksrinde" ist etwa 6—7 % und durch sorgfältige Selektion und ständige chemische Kontrolle der Rinden in Laboratorien erreicht.

[7]) Sie wurden 1854 nach Java verpflanzt. Erstere zeichnet sich durch höheren Alkaloidgehalt aus, letztere ist dagegen anspruchsloser und widerstandsfähiger gegen die zahlreichen Krankheiten und Schädlinge, von denen die Bäume bedroht sind. So wird erstere auf letztere gepfropft. Bei Kontrolle führen (nach **Kempski**) die Eingeborenen diese und andere Arbeiten (auch im Laboratorium) geschickt aus. Der Alkaloidgehalt hängt auch von der Güte des Bodens ab. Die Plantagen werden auf sorgfältig gesäubertem Urwaldboden, an Berghängen, auf Terrassen (um die Abspülung der oberen humusreichen Bodenschicht zu verhindern) angelegt, meist in 1000—2000 m Höhe, und zwar in Westjava, wo der vulkanische Boden (Andesit) und der reichliche, gleichmäßig über das Jahr verteilte Regen (A 1) die Kultur begünstigen. Die „Fabriksrinde" bildet die Hauptmasse der Produktion. Die „Apothekerrinde" für verschiedene Medizinen (Chinawein usw.) ist mehr Liebhaberartikel.

Auch der Kokastrauch ist mit Erfolg auf Java eingeführt worden.

Unter den **Ölpflanzen** nimmt die Kokospalme eine herrschende Stellung ein (s. S. 250). Der Archipel ist der bei weitem wichtigste Belieferer des Weltmarktes mit Kopra[1]), die zum Teil über Singapore (s. S. 222 u. 224), zum Teil direkt nach Europa und Nordamerika ausgeführt wird. Zugleich ist der Archipel neuestens ein wichtiges Ölindustrieland geworden; Kokosöl kommt zur Ausfuhr.

Erdnüsse werden nur in den trockeneren Gebieten im Südosten (A 2) des Arch. (Ostjava, Madura, Bali; anderwärts wenig) angebaut. Die 1848 von Afrika nach Java übertragene Ölpalme hat an der Ostküste Sumatras (A 1) keine Wachstumshemmung, liefert darum ununterbrochen Früchte und höhere Ernten mit einem (infolge der starken Wirkung der Sonnenstrahlung) höheren Ölgehalt als in Westafrika. Die Fabriken können ununterbrochen arbeiten.[2]) Von ätherischen Ölen seien kurz erwähnt: Ylang-Ylangextrakt aus den Blüten des Ylang-Ylangbaumes (Cananga odorata Hook) auf den Süd-Philippinen, Zitronellöl von einer im Urwaldklima Javas kultivierten Varietät der Grasart Cymbopogon Nardus confertiflorus Stapf[3]), Patschuliblätter und -öl aus Pogostemon comosus Miq., Vetiveröl und -wurzeln der Grasart Andropogon squarrosus L. fil. Alle diese werden ausgeführt.

Tierische Produkte tragen verhältnismäßig wenig zur Ernährung bei; ein großer Teil der Bevölkerung hängt dem Mohammedanismus an. Die Zahl der Haustiere ist darum gering[4]), und Fleisch[5]) und Milch[6]) (von Rindern und Büffeln) werden meist nur ganz nebenher genutzt. Es wird noch viel

---

[1]) Nach H. Meyer wurden 1919 in Niederländisch-Ostindien 580000 T. Kopra und 60000 T. Öl gewonnen. Den Eingeborenen dient das Öl auch als Brennmaterial in kleinen Lampen, als Speiseöl, zur Körperölung und zur Farbbereitung. Ausf. 1919: 93000 T. Kopra (Häfen: Tjilatjap (19) und Surabaja) und 77000 T. Öl (1921: 30000 T.). — Besonders stark wuchs die Produktion der Philippinen, von 14000 T. Kopra auf 169000 T. 1912 und 420000 T. 1922 (die Prov. Laguna lieferte 1920: 40% der Prod., ferner sind die Inseln Leyte und Samar wichtig). 1920 war Kokosöl der drittwichtigste Ausfuhrartikel (1919: 139000 T.); der Ölgehalt der verarbeiteten Kopra aus dem Norden der Inselgruppe soll um 20% geringer sein als der aus dem Süden. Die Ölindustrie hat sich besonders in den Häfen Javas, ferner in Manila (285), Makassar (57) und Padang (38) entwickelt.

[2]) Freilich fehlt hier der kleine Rüsselkäfer, und man muß die Windbestäubung zu fördern suchen.

[3]) Von kräftigerem und feinerem Duft als das Öl Ceylons (s. S. 246). Ausf. 1913: 75, 1922: 435 T. nach England, der Union, Holland usw.

[4]) Nach Kempski in Niederländisch-Indien nur 4 Mill. Rinder, 3 Mill. Büffel, davon auf Java und Madura allein 3 Mill. Rinder, 2 Mill. Büffel (d. h. hier gegen 23 Rinder und über 15 Büffel auf 1 qkm, auf 100 Einw. 8—9 bzw. 5—6). In den Außenbesitzungen ist die Viehhaltung sehr gering. Die Rinder, zum Teil mit Zebus gemischt, gedeihen am besten in den gesünderen höheren Lagen der Inseln (vor allem die europäischen Rinder) und in den trockeneren Gebieten (Ostjava, Madura, Bali, Sumba, Timor usw.!), wo auch die Böden (und somit die Futterpflanzen) höheren Kalkgehalt haben und weniger Krankheiten auftreten; die Büffel am besten in feuchten Lagen, z. B. in den Reisgebieten und allgemein in Westjava. Es soll in Niederländisch-Indien ferner 3 Mill. Ziegen, 2½ Mill. Schafe und 1 Mill. Schweine geben. Auf den Philippinen zählte man 1919: 1,39 Mill. Büffel und 678500 Kühe, ferner 3,13 Mill. Schweine, 731800 Ziegen und 168200 Schafe.

[5]) Fleisch wird gegessen, doch nur sehr wenig. In dem dichtbevölkerten Java mit seiner starken weißen Bevölkerung werden nach Kempskis Schätzung nur 300000 Stück Rindvieh und 200000 Büffel jährlich geschlachtet. Im jugendlichen Alter dürfen nur männliche Tiere geschlachtet werden. Schlachtrinder werden besonders aus Madura und Bali, ferner aus Australien, woher auch Gefrierfleisch kommt, eingeführt.

[6]) Die Milch der Büffel wie der Rinder ist sehr fett, aber eine Büffelkuh liefert durchschnittlich nur 2—3 Liter täglich. Stellenweise genießen die Eingeborenen die Milch, in erster Linie ist sie jedoch für die Europäer bestimmt. Gegen 10000 Milchkühe werden besonders für diesen Zweck gehalten, mehr oder weniger europäischen Blutes. In größeren Höhen behalten sie ihren Milchreichtum bei.

an Fleischkonserven, kondensierter und sterilisierter Milch eingeführt, ebenso Butter und Käse, die fast gar nicht im Archipel hergestellt werden.

Gegen die vielen Krankheiten der Haustiere, die gewaltige Verheerungen unter dem Vieh anrichteten, werden immer erfolgreicher Serums und Bayer 205 verwendet. Die mohammedanische Bevölkerung (Javas usw.) hält wenig Schweine. Fleisch von Schafen und Ziegen wird gegessen. Auch Milchziegen werden hier und da gehalten. Hühner werden überall gezüchtet, die Eier sind geschätzt. Viele Enten gibt es in dem gewässerreichen Archipel. In dem feuchten Westjava sind Enteneier auf den Märkten oft billiger als Hühnereier. In den Unterläufen verschiedener Flüsse Borneos begegnet man nach Kempski großen Entenzüchtereien (Futter: Stammstücke der Sagopalme). Die Jagd auf das zahlreiche Wild (Wildschweine, Banteng [Wildrind], Wildhühner usw.) trägt einiges zur Ernährung bei[1]), aber Fische sind ein Hauptbestandteil der Nahrung auf allen Inseln. Binnenfischerei wird wie Seefischerei[2]) in den natürlichen Gewässern, außerdem (auf Java) in Süßwasserteichen[3]) und in Salzwasserteichen[4]) Fischzucht betrieben. Auch Agar-Agar (vegetabilische Gelatine) und Trepang sind Ausfuhrartikel.

Mineralische Nahrungs- und Genußmittel, Düngestoffe. Salz wird aus Salzquellen und durch Verdunstung von Meerwasser gewonnen; auch Steinsalz kommt (z. B. auf Luzón) vor, aber die Salzproduktion ist unzureichend, es muß daher Salz eingeführt werden. Vor Trinkwasser ist (nach Preyer) in niedrigen Lagen bis zu etwa 1000 m Meereshöhe überall zu warnen; es ist vor dem Trinken zu kochen. Reichlich ist es natürlich wohl überall vorhanden. Die größeren Städte haben schon Wasserleitungen.[5]) Gewöhnliche Mineralquellen[6]) und Thermen sind natürlich häufig.

Phosphate und Höhlenguanos kommen mehrfach vor, doch werden sie nicht abgebaut. Da der Viehdung nach Kempski nur stellenweise benutzt wird, müssen Düngemittel eingeführt werden. 1922 wollte man sogar (auf Celebes) schon eine Fabrik für Luftstickstoffdünger erbauen.

b) Für **Kleidung** besteht ein alter Baumwollebau im Archipel, aber die Produktion von Baumwolle ist sehr gering, vor allem in A 1, etwas aussichtsvoller in A 2. Das Nationalkleid der Javaner ist der baumwollene Sarong, eine Art Rock. Arme schlingen ein Tuch um die Hüften. Fast unentbehrlich in dem Klima ist der umfangreiche Regenhut.

---

[1]) Schwalbennester werden ausgeführt, vor allem nach China und Japan.

[2]) Bagan Si Api Api an der Ostküste Sumatras ist ein wichtiges (chinesisches) Fischereizentrum, aus dem große Mengen gesalzener und getrockneter Seefische (nach Java usw.) ausgeführt werden. Auch aus Süd- und Ostasien (China, Japan, Siam) kommen große Mengen (1922: 38000 T.) trockenen Fisches, meist über Singapore nach dem dichtbevölkerten Java. Die auffallende Abnahme der Süßwasserfische von Westen nach Osten, die Max Weber nachwies, hängt doch vielleicht mit der Abnahme der Niederschläge gen Osten zusammen.

[3]) In Hausweihern für den Bedarf des Gehöfts, in größeren ablaßbaren Teichen für Verkauf und auf Reis-Sawahs. Vor allem der Goldfisch (eine Karpfenart) liefert hier der Bevölkerung Nahrung.

[4]) Solche Salzwasserteiche (an der flachen Nordküste Javas, auch auf den Philippinen) stehen mit der See in Verbindung und werden mit Hilfe des Flutwassers gefüllt, können auch abgelassen werden. In der Nähe von Surabaja, Semarang und Batavia sind sie sehr unwillkommene Brutstätten der Malariamücke.

[5]) Vielfach hatten nach W. Volz u. a. schon die Eingeborenen Bambuswasserleitungen angelegt. Vgl. Haberlandt a. a. O.

[6]) Z. B. Jodquellen auf Java. Doch wird nach W. D. Smith Mineralwasser nach den Philippinen noch eingeführt.

Die Hanfbanane (Musa textilis, „Abaca") der Philippinen liefert in dem Manilahanf (Luzón, Leyte, Samar) Material für Hut- und Kleiderfutter, Tagalborten für Hutflechterei[1]), Schiffstaue usw. Er ist immer noch ein wertvoller Ausfuhrgegenstand. Auch Bambus- und Panamáhüte werden geflochten. Mattenflechterei, Teppichweberei (Java), Spitzenklöppeln, Batikarbeit und Stickerei (Philippinen) werden von den Eingeborenen geübt. Der Indigoanbau, besonders in dem mittleren und östlichen Java verbreitet, hat unter der Konkurrenz der künstlichen Farben gelitten.

Maguey („Aloefaser", „Sisalhanf") wird auf trockeneren Böden der Philippinen (Prov. Ilocos Sur, Luzón) wie auf Java von der kultivierten Agave cantala erzeugt und ausgeführt[2]); Kapok von Wollbäumen (Bombax malabaricum syn. B. Ceiba) wird in Mitteljava und in den Süd-Philippinen in Volks- und Plantagenkultur gewonnen und ausgeführt.[3]) Auch Koïr wird vielseitigst verwendet.

Von tierischen Rohstoffen für Kleidung haben Wolle wohl gar keine, Seide[4]) eine ganz geringe Bedeutung. Häute und Felle haben auch nur wenig Wert für die Einheimischen. Leder wird wenig benutzt. Die Eingeborenen gehen meist nacktfüßig.[5]) Häute und Felle werden ausgeführt, Lederwaren[6]) (Schuhwerk usw.) eingeführt. Brauchbare Schwämme kommen vielfach (z. B. in den Gewässern der Sulusee) vor, Perlen und Perlmutter[7]) werden gefischt.

Asbest kommt z. B. auf Timor vor, Silber und mehr noch Gold wird vielfach im Archipel gefunden; die Goldproduktion ist ansehnlich.[8]) Diamanten werden auf Borneo gefunden[9]), Edelsteine (Opale, Topase usw.) auf den Philippinen.

c) Wohnungsbaumaterial wird dem Wald (Holz), den Pflanzungen, der überreichlich vorhandenen Vegetation entnommen. Bambus[10]) und Rotan[11]) (als Bindematerial) spielen im Hausbau eine große Rolle.

Der Wald bedeckte ursprünglich den größten Teil des Malaiischen Archipels (A I[12]), wurde jedoch durch Rodung allmählich zurückgedrängt, am meisten

---

[1]) Zum Teil werden sie im Lande verarbeitet, zum Teil nach Japan ausgeführt. Die jährliche Hanfproduktion wird auf 140000—190000 T. geschätzt. In Manila (284) gibt es bereits Taufabriken.

[2]) Ausf. der Philippinen 1913: 8340 T. Prod. 1922: 17000 T.

[3]) Ausf. Javas 1920: 12100 T. über Semarang (158) und Surabaja (102) nach der Union, Australien, den Niederlanden, Großbritannien.

[4]) Seidenraupenzucht ist bekannt, aber ohne größere Wichtigkeit. Die Tiere erschöpfen sich bei dem im tropischen Klima ununterbrochenen Spinnen und leiden an Krankheiten.

[5]) Dagegen geben sie den meisten Zugrindern vor den Transportkarren (unpraktische) Sandalen von Leder, statt sie mit Klauenbeschlag zu versehen, der sich langsam einbürgert. Als Gerbstoffe sind Myrobalanen (s. S. 236), Dividivischoten (S. 236), Katechu (S. 236), Gambir (S. 236) und Mangroverinde vertreten.

[6]) Alles Lederzeug verschimmelt schnell, wenn es nicht öfters der Sonne ausgesetzt wird.

[7]) Bei den südlichen Philippinen z. B. In Manila bestand schon 1911 eine Knopffabrik, die Trochaschalen von einer Seeschnecke verarbeitete.

[8]) 1913: 5096; 1921: 2929; 1923: 3110 kg = 0,57‰ der W., Silber 1913: 14498; 1923: 34214 kg = 0,47‰ der W.

[9]) 1906: 3800; 1923: 1140 Karat.

[10]) Über seine vielseitige Verwendung s. S. 188 u. 191.

[11]) Dieses „spanische Rohr" von Kletterpalmen der Urwälder, auch schon kultiviert, wird äußerst vielseitig verwendet und auch als Stuhlrohr (über Singapore, Padang [38] und Makassar [57]) ausgeführt.

[12]) Nach Kempski hat Java (und Madura) nur noch rund 30000 qkm = gegen 23% der Fläche; Sumatra etwa 250000 qkm = 57½%, Niederl.-Borneo um 330000 qkm = 60, Celebes 120000 qkm = 60%; von dem Rest 30000 qkm = etwa 20% der Fläche. Von den Philippinen sind 53—54% der Fläche bewaldet. Nur im trockeneren Südosten des Archipels nehmen Buschwald und Savannen größere Flächen ein, und auf Java, Madura, Bali usw. sind auch große Flächen Waldes allmählich in

auf Java. Hier hat auch die europäische Forstwirtschaft schon Fuß gefaßt; vor allem wird der Djati- oder Teakholzbaum kultiviert.[1])

Auch von anderen Hölzern („Wildholz" der Gebirgswaldungen) sind manche sehr geschätzt[2]), wie Cinnamomum Camphora Nees. et Eberm., die Eisen- und Ebenhölzer, das Santelholz (von starkem aromatischen Duft) von Timor usw.

Die Hütten und Häuser der Eingeborenen des Archipels werden im allgemeinen aus Bambus gebaut und mit Rotan zusammengehalten, dabei auf meterhohe Pfosten aus festem Holz (Teakholz usw.) gesetzt.[3]) Die Europäer bauen sich die bekannten Tropenhäuser.[4])

Papier[5]) muß bisher durchaus eingeführt werden.

d) Tierische und mechanische Helfer; Werkzeugmaterial.

Arbeitstier ist vor allem der Wasserbüffel (Bos bubalos, Kerbau oder Karbau), der mit seinen breiten Klauen bei der Bearbeitung der nassen Sawahs vor dem Pfluge fast unentbehrlich ist, auch die zweirädrigen Transportkarren zieht, ja selbst Lasten trägt. Freilich hält der Büffel die Arbeit nicht lange aus.[6]) Auch die (kleinen) Rinder (s. S. 254f.) werden hauptsächlich zur Feldarbeit (Kühe) verwendet[7]) und halten mehr aus als die Büffel. Vor dem Transportkarren verwendet man (auf Java) in der Regel Stiere und Ochsen.

Pferde sind im Archipel verhältnismäßig wenig zahlreich und gegenüber Surrah, Rotz usw.[8]) recht empfindlich. Sie sind, zumal aus australischer Kreuzung, wohl

---

Kulturland verwandelt worden. Zon und Sparhawk geben für Niederl.-Indien 41,4 (Java mit Madura 22,1; Sumatra 25; Niederl.-Borneo 80; Celebes 26,7) % an; für Nordborneo 95,8; Sarawak 80; Philippinen 50%.

[1]) Der Baum ist für den tropischen Trockenwald charakteristisch und kommt darum in dem trockeneren mittleren und östlichen Java (A 2) in der Ebene und im Hügelland (bis zu 650 m Meereshöhe) gut fort; im feuchten Westjava ist er viel seltener. Ein Drittel der Djatiwaldungen Javas sind Neuanpflanzungen seit 1865. Teakholz wird ausgeführt; es eignet sich für Häuserbau, Möbelfabrikation usw. in den Tropen besonders auch deswegen, weil es von Termiten nicht angegriffen wird.

[2]) Besonders diejenigen, die nicht von Termiten, Insekten, Bohrmuscheln (im Meere) angegangen werden.

[3]) Die Wände werden aus Bambusgeflecht hergestellt, manchmal noch durch inneren und äußeren Ölfarbenanstrich undurchlässig gemacht. Der Fußboden aus Holzplatten wird mit Bambusmatten belegt. Das Dach, das gegen die häufigen starken Regengüsse undurchlässig sein muß, wird aus Blättern der „Atap"- (d. i. „Dach"-) Palme Nipa fruticans (s. S. 250) hergestellt (in den Niederungen), im Gebirge mit Blättern von Sagopalmen usw. Eine Veranda nimmt die Vorderseite ein. Nach Ax. Preyer muß ein solches Gebäude, abgesehen vom Unterbau, nach 3—5 Jahren zum größten Teil erneuert werden. Es ist aber billig, in 2—3 Tagen zu erneuern und (nach Preyer) für die Eingeborenen vorteilhafter als ein Steinhaus; auch viel widerstandsfähiger gegen Erdbeben. Auf Java bauen freilich die Einheimischen nun auch in immer größerem Maßstabe ihre Wohnhäuser nach europäischer Art, aber geteerte Dachpappe ist bei der Hitze im Archipel nicht zu verwenden.

[4]) Gesteinsmaterial (Marmor, Tuff, Andesit usw.) für Bauten ist in vielen Teilen des Archipels zu finden; gegen Erdbeben sind die Steinhäuser jedoch sehr empfindlich, und 1863 wurde Manila in einer halben Minute zum größten Teil in einen Trümmerhaufen verwandelt. Man baut jetzt besonders aus dem die Stöße abschwächenden porösen Tuff. Zement wird bereits im Archipel (bei Padang, 38, in Binangonan [Luzón]) hergestellt. Das tropische Klima empfiehlt Verpackung in eisernen (statt hölzernen) Fässern. Steine, Ton, Sand, Kalk usw. wird schon für Bauten, Hausrat usw. gewonnen, doch werden Glas- und Tonware noch viel eingeführt.

[5]) Seit kurzem fing man an, zu Lande, namentlich aus Reisstroh, bessere Papiersorten herzustellen.

[6]) Nach Kempski wird nur von 6—10 Uhr morgens gepflügt, dann gebadet.

[7]) Wie die Büffel sind sie mit Nasenstrick versehen.

[8]) Gegen Surrah scheint Bayer 205 Hilfe bringen zu können. Am besten geeignet für Pferde sind die Höhenlagen (das Bataker Pferd des sumatranischen Hochlandes gilt als besonders gut) und die trockeneren Inseln des Südostens (die „Sandelwoods" oder „Sandels" der Santelholzinsel Sumba gelten

hauptsächlich als Reitpferde, in den kleinen Inländerformen auch als Wagen- und Tragtiere im Gebrauch.

Der Kohlenbergbau hat neuerdings im Archipel einen gewissen Aufschwung genommen. Es kommt zwar nur Tertiärkohle vor, aber sie ist durch Hitzewirkung von Eruptivmassen stellenweise veredelt und für die Industrie und lokale Dampfschiffahrt recht brauchbar geworden. Die wichtigsten Vorkommen und Gruben liegen auf Sumatra[1]) und Borneo.[2]) Die Kohlenfelder Javas sind nicht recht auszunutzen; nur unbedeutend sind die Lager der Philippinen (Samar, Negros, Halbinsel Camarines). Bei dem schnell wachsenden Verbrauch[3]) ist Einfuhr von Kohlen nötig.[4])

Für viele Zwecke höchst wichtig ist der Reichtum des Archipels an Petroleum. Es kommt im Tertiär der Inseln Borneo, Sumatra, Java, auch auf Ceram und auf den Philippinen, Timor usw. vor und wurde von den Eingeborenen seit langem benutzt; die moderne Gewinnung aus den durch Bohrungen aufgeschlossenen flachen Antiklinalen im Vorland der höheren Gebirge ist aber erst neueren Datums.[5]) Petroleum ist ein wichtiges Ausfuhrprodukt der erstgenannten Inseln; die Philippinen müssen jedoch Erdöl einführen.

Ziemlich gut ausgestattet ist der niederschlags- und gefällsreiche Archipel mit Wasserkräften.[6])

Auf Java gibt es zahlreiche Wasserfälle, die 1000—5000, auf Sumatra sogar solche, die 50000—200000 PS liefern können. Auf Java und Sumatra ist die Ausnutzung zur (elektrischen) Strombeschaffung für Licht und Kraft (zum Betrieb von Straßen- und Eisenbahnen) schon verhältnismäßig fortgeschritten.[7])

Werkzeugmaterialien. Außer Hölzern (s. S. 256f.), Bambus, Rotan (s. S. 256) ist besonders der Kautschuk durch das Aufkommen von Plantagen der Hevea brasiliensis für den Archipel wichtig geworden, während die Produktion von „Wildkautschuk" aus Ficusarten und Lianen der Urwälder

als die edelsten Pferde des Archipels). Hier werden auch am meisten Pferde gehalten (auf den Kleinen Sundainseln mehr als 200000), während die Gesamtzahl der Pferde in Niederländisch-Indien wohl nicht sehr viel mehr als 300000 zu betragen scheint. Die Philippinen sollen etwa 255000 Pferde besitzen.

1) Niederländisch-Ostindien erzeugte 1920: 1,095 Mill. T. (auf Sumatra 709000, auf Borneo 386000). Das Ombilienfeld im Hinterland von Padang und das Bukit Asem (Asam)feld (nicht weit von Palembang) sind die wichtigsten Vorkommen Sumatras. Im Ombilienfeld wollte man sogar eine Kokerei mit Nebenerzeugnis-Gewinnung erbauen.

2) Die Lager der Insel Pulu Laut sind die günstigsten Borneos. Nur unbedeutend sind die Lager und die Produktion der Insel Labuan. Neue Vorkommen fand man im Südosten Borneos. Die Kohlen der Insel sollen verkokbar sein.

3) 1918 etwa 1 Mill., 1921: 1,5 Mill. T.

4) Aus Australien und Großbritannien, besonders für die Industrie.

5) 1913 wurden 11,17; 1923: 15 Mill. Faß = 1,48% der W. in Niederländisch-Ostindien und 141000 bzw. 3,89 Mill. Faß in Sarawak gefördert. Borneo (Insel Tarakan, Insel Bunju, Felder am Mahakamfluß bei Samarinda, Sarawak und Brunei; auch Erdgas) liefert am meisten; Sumatra (Hinterland von Palembang, Landschaft Djambi, Langkat, Perlat) und Java (Nordküste, hauptsächlich von Samarang nach Osten, bis Madura) folgen. Auch Erdwachs wird gewonnen und ausgeführt.

6) Der amerikanische Wasserkraftatlas schätzt sie für Borneo auf 2,5, Sumatra 2, Philippinen 1,5, Celebes 1, Java 500000 PS = 7,5 Mill. PS = etwa 1¾% der Weltziffer. Auf Celebes wollte man (1922) den 150000—200000 PS entwickelnden Wasserfall der Mamasa zur Herstellung von Luftstickstoff ausbauen.

7) Java 1920: 56500, Sumatra 12000 PS.

ganz unbedeutend geworden ist.[1]) Besonders hervorragend ist die Produktion in Sumatra-Ost. Kautschuk ist ein wichtiger Ausfuhrartikel des Archipels.[2])

Die Kautschukerzeugung der Philippinen[3]) befindet sich noch ziemlich in den Anfängen.

Guttaperchabäume (Palaquium Gutta, P. oblongifolium und andere) kamen in den Urwäldern Borneos und Sumatras usw. reichlich vor, wurden aber durch raubwirtschaftliche Fällung der Bäume fast ausgerottet. Danach legte man auf Java, Sumatra usw. Plantagen an und gewinnt Guttapercha hier aus Blättern und Rinde.[4])

Zahlreiche Harze liefern in ansehnlichen Mengen die Wälder des Archipels.

Manilakopal von Dammara orientalis und anderen Bäumen (Luzón, Große Sundainseln, Molukken), Dammarharze von Dipterocarpeen, Burseraceen und Koniferen (aus Java, Celebes, Sumatra, Borneo), Manila-Elemi von Bäumen der Philippinen, Gurjunbalsam aus Dipterocarpus gracilis usw. (Java), Gambir (Sumatra, Riau- [Riouw] Inseln), Gummigutt von Garcinia cochinchinensis Chois. (Molukken), Benzoë von Styrax Benzoin (Sumatra, Borneo, Java), Gummilack (Sumatra, Hafen Padang).

Häute, Felle und Leder s. S. 256.

In den archäischen und paläozoischen Schollen des Archipels dürften **Metallerze** als Werkzeugmaterial reichlich vorhanden sein.

Zinnerz in der Fortsetzung der hinterindischen Lagerstätten (s. S. 221): auf den Riau- (Riouw-) Inseln, Singkep, Billiton und Banka, auch im westlichen Borneo, hat weltwirtschaftliche Bedeutung.[5])

Auf Celebes fand man neuerdings bedeutende Eisenerzlager, die abgebaut und verhüttet werden sollten; auch die anderen Inseln (Sebuku und Suwangi bei Pulu Laut; s. oben) des Archipels enthalten Eisen. Manganerz kommt in Nordborneo, Chromeisenerz auf den Inseln Batjang, Amboina, Timor, Wolframit (mit Zinn), Antimonerz in Sarawak vor, auch Platin, Quecksilber, Kupfer

---

[1]) 1923 waren in Niederländisch-Indien allein über 4000 qkm mit Kautschuk bepflanzt, und ³/₄ dieser Fläche galt als produktiv. Die Produktion von Kautschuk wurde 1923 mit etwa 131000; 1924: 165000; 1925: 195000 T. = etwa 39,04% der W. angegeben. Britisch-Nordborneo und Sarawak lieferten 1923 je etwa 4000 T., zusammen also 1,7% der W. Nach Kempski lagen von der mit „Rubber“ bepflanzten Fläche der 796 niederländisch-indischen Plantagen (Ende 1922: 3736 qkm) rund 44% auf Java, 49,8% auf Sumatra, 6,2% auf Borneo oder anderen Inseln. Auf Sumatra liegen die Plantagen hauptsächlich in den Gebieten Sumatra-Ost; Djambi und Palembang liefern viel, Sumatra-Ost weniger „Eingeborenenkautschuk“. Ebenso kommt von Borneo (Bandjermassin) und den Riau- (Riouw-) Inseln Eingeborenenkautschuk in den Welthandel. Diese Tatsache, daß der „Rubber“ der Eingeborenen, deren Heveabäume in Niederländisch-Indien auf 50 Mill. Stück geschätzt werden, in zunehmendem Maße auf den Markt kommt, erregt bei der heutigen Marktlage den Interessenten geradezu eine Beunruhigung. Die Qualität dieses Rubbers, der großenteils nach Singapore exportiert und dort gereinigt wird, läßt freilich oft viel zu wünschen übrig; man will ihn fernerhin in der holländischen Kolonie aufkaufen und selbst reinigen. Etwa ein Drittel des in den Kautschukplantagen Niederl.-Indiens angelegten Kapitals ist britisches; auch U.S.-Amerikaner und Japaner sind beteiligt.

[2]) Ausf. Niederländisch-Ostindiens 1920: 90000, 1921: 54000, 1923: 139700 T. (davon 53510 T. Eingeborenenkautschuk), 1. Halbj. 1924: 80290 (32990) T.

[3]) Im Süden, außerhalb der Taifunzone. Prod. 1924: 100 T. Der Boden soll sehr gut für Kautschukplantagen geeignet sein. Die Produktionskapazität der in Betracht kommenden Gebiete wird auf 70000—210000—350000 T. jährlich geschätzt.

[4]) Die Prod. ist ziemlich gering.

[5]) Vor dem Kriege wurden in Niederländisch-Indien etwa 33000 T. Zinn jährlich produziert, 1925: 32750 T. (1921: Banka 12125, Billiton und Singkep 7000 T.) = über 22% der W., (1925: 146370 T.).

und viel Bauxit, ebenso Graphit und Schwefel werden gefunden. Gold, Silber, Diamanten, Edelsteine s. S. 256. Die Eisenindustrie[1]) steht in den Anfängen. In Cheribon (Tjeribon, 33, Java) stellt eine Fabrik der Rhein-Elbe-Union Eisenkonstruktionen und Waggons her, in Surabaja (192) besteht Stahlgießerei; große Eisenbahnwerkstätten gibt es mehrfach in Java. Sehr große Mengen von Eisen, Stahl und Waren daraus müssen eingeführt werden.

e) Eine ziemlich hochstehende handwerksmäßige **Industrie** haben bereits die geschickten Malaien entwickelt.[2]) Eine moderne Fabrikindustrie steht in den ersten Anfängen, scheint aber, mindestens auf Java, in Sumatra-Ostküste und Luzón, günstige Vorbedingungen[3]) zu finden.

Auf Java macht sie lebhafte Fortschritte. Zuckerindustrie (S. 251), Kokosölindustrie (S. 254), Eisfabriken, Zigarren- und Zigarettenfabriken, Seifen- und Parfümeriefabriken, Bierbrauerei, Eisenindustrie (s. oben), auch Hüte, Knöpfe, Seile, Teppiche, Matten seien genannt. Surabaja (192) und Manila (285) namentlich scheinen sich zu wichtigen industriellen Zentren zu entwickeln, doch werden die meisten Industriewaren (besonders Baumwollwaren, Chemikalien usw.) noch in ansehnlichen Mengen eingeführt.

f) **Handel.** Die Handelslage des Archipels zwischen Indischem und Pazifischem Ozean, die ihm die Anländer und Inseln dieser beiden Weltmeere leicht zugänglich macht, vor allem die Nachbarlage zu dem aufsteigenden Ostasien, dem volkreichen Südasien und dem bedürfnisreichen Australien, also drei Aktionszentren, macht sich bereits sehr bemerkbar[4]), während die Ferne Europas für dessen Auswirkung im Archipel, zumal nach seiner Zerrüttung durch den Krieg, hemmend wirkt.

Die Ausfuhr des Archipels besteht in erster Linie aus pflanzlichen Nahrungs- und Genußmitteln (meist der europäischen Plantagenkultur entstammend[5]) und Rohstoffen, die Einfuhr aus Industrieerzeugnissen.

Ausfuhr: Niederländisch-Indien 1922: 1136,2 Mill. Gulden: Petroleum 285,3; Zucker 270,9; Kautschuk 98,8; Kopra 81,5; Tabak 77,3; Zinn 50,9; Kaffee 41,5; Tee 40,7; Pflanzenfasern 27,5; Tapioka 14,8; Chinarinde 13,3; Pfeffer 12,7; Häute 8;

---

[1]) Das Eisen rostet in Sumatra-Ost wie in Buitenzorg (Java) und in ähnlichen Klimaten (A 1) des Archipels, wenn es nicht ständig im Gebrauch ist oder oft gereinigt wird, in wenigen Wochen völlig ein. Das erschwert die Verwendung von eisernen Geräten und Maschinen, namentlich in Händen von Eingeborenen, und die Anlage von Elektrizitätswerken. Man plant, auf Borneo (Kokskohlen s. S. 258, Anm. 1 u. 2) ein Eisenwerk zu errichten.

[2]) Spinnerei, Weberei auf primitivem Webstuhl, Färberei, Flechterei, Töpferei, Zimmer- und Schmiedehandwerk, Herstellung kunstvoller Kupfergefäße und Schildpatt-, Elfenbein-, Horn- und Holzarbeiten sind verbreitet.

[3]) Reiche Rohstoffe, mechanische Kräfte, geschickte und billige Arbeiter, ziemlich gute Verkehrsverhältnisse, aufnahmefähiger Markt und die Nähe der riesigen Absatzgebiete Ostasiens und des übrigen Südasiens.

[4]) Um so gefährlicher ist allerdings die politische Stellung des Archipels auf der Grenzfläche der Aktionen dreier rücksichtsloser „Weltmächte" (Großbritannien, Japan, Union), in der Hand der schwachen und fernen Niederlande, um so mehr, als die nationalistische Bewegung auf Java Fortschritte macht.

[5]) Nach H. Meyer entstammen 92% der Ausfuhr Niederländisch-Ostindiens dem Acker- und Plantagenbau ($^2/_3$ aus Java und Madura, $^1/_3$ von Sumatra). H. Meyer betont, daß kein anderes Kolonialreich der Erde in so hohem Grade Pflanzungskolonie ist.

Rotan 6,5; Gummi (Kopal u. Dammar) 5,7; Öle 3,9; Reis 3,4; Gambir 2,6; Muskatnüsse 1,8; Guttapercha 0,62; Philippinen 1923/24: 129,6 Mill. Pesos: 1920/21: Zucker 51; Kokosöl 32,1; Kopra 26,1; Hanf 26; Stickereien 10,7; Tabak 9,9; Zigarren 6,5; (Britisch-) Nordborneo 1922: 957300 £: Kohlen 474630; Holz 170410; Tabak 114200; Kopra 49590; Cutch (Katechu) 44210; Fische 23100; Sagomehl 20440; Brunei 1921: 791030 Straits Doll.: Kohlen 275570; Cutch 200740; Kautschuk (u. Guttapercha) 0,04; Sarawak 1922: 25,57 Mill. Straits Doll.: Petroleum 13,8; Kautschuk (u. Guttapercha) 3,3; Sago 2,13; Pfeffer 0,59; Cutch 0,4; Gold 0,04 Mill. Straits Doll.; Labuan: Sago, Bienenwachs, Guttapercha, Trepang; portug. Timor 1922: 532810 Escudos: Kaffee, Wachs, Sandelholz, Kopra.

Einfuhr: Niederländisch-Indien 1922: 756,4 Mill. Gulden (Java u. Madura allein 495,4 Mill. Gulden); Philippinen 1922: 180,8 Mill. Pesos: Lebensmittel 78,2; Gewebe, Wollwaren 24,3; Instrumente 19,6; Steine, Erden, irdene Waren 11,9; pharmazeutische u. chemische Erzeugnisse 10,6; Metalle u. -waren 7,9; Tiere, tierische Erzeugnisse 7; Papier, -waren 3,4; Holz usw. 3,3 Mill. Gulden; (Britisch-) Nordborneo 1922: 800930 £; Brunei 1921: 410850 Straits Doll. (Reis, Stückgüter, Tabak); Sarawak 1922: 16,54 Mill. Straits Doll.; portug. Timor 1922: 805500 Escudos.

Handelsländer in Prozent der Ausfuhr: Niederländisch-Indien 1922: Singapore 19,4; Niederlande 15,9; Japan 10,2; Suez, Port Said u. andere Orderhäfen 9,1; Union 8,4; China u. Hongkong 7,6; Brit.-Indien 6,8; Großbritannien 5,3; Philippinen 1922/23: Union 68,1; Japan 5,9; Großbritannien 5,6; Spanien 3,2; Niederlande 2,2; Deutsches Reich 1,85; Frankreich 1,4; China 1,4; (Britisch-) Nordborneo 1922: Singapore, Hongkong, Großbritannien (?); Brunei u. Sarawak 1922: Singapore (?); portug. Timor (?).

Niederländisch-ostindische Messen werden seit wenigen Jahren abgehalten, z. B. in Bandung (95), Markthallen (aus armiertem Beton) für den Binnenhandel sind bereits zahlreich im Archipel.

g) Verkehr. Der Binnenverkehr zu Lande ist in vielen Teilen des Archipels noch sehr rückständig, selbst auf den Philippinen. Anders auf Java, wo sowohl ein Straßen- als (seit 1863 ausgebautes) Eisenbahnnetz[1]) entstanden ist.

Kraftwagen, die in dem gebirgigen Gelände der Inseln besonders kräftig sein müssen und mit geeigneter Kühlung versehen in dem tropischen Klima, kommen auf Java immer mehr in Gebrauch.[2]) Langsam nur folgen die Philippinen, Sumatra-Ost usw. Die Binnenschiffahrt vermag bei der Kürze der meisten Flüsse, ihrem Gebirgscharakter, zum Teil starker Schwankung des Wasserstandes und unkorrigiertem Zustande recht geringe Dienste zu leisten.

Der Außenverkehr des Archipels kann sich nur zur See abwickeln.[3]) Heute dominiert noch die europäische Flagge, und Holland macht große

[1]) Früher heizten die Eisenbahnen hauptsächlich Holz, neuerdings zum Teil Heizöl, und die Elektrisierung aller Bahnen vermittelst der Wasserkräfte ist geplant.

[2]) Es bestand schon ein altes Wegenetz auf Java und wird andauernd verbessert. Auch Fahrräder sind stark nachgefragt.

[3]) Der Schiffsverkehr mit Prauwen ist von den durch den Archipelcharakter ihres Wohnraumes seetüchtig gewordenen Malaien rege betrieben worden; mit Indien und China bestanden seit alters Schiffahrtsbeziehungen.

Anstrengungen, seit Ausschaltung Deutschlands, den Seeverkehr seines Kolonialreiches zu beherrschen.[1])

Die wichtigsten **Häfen** liegen auf Java an der Nordküste: Surabaja (192) an der geschützten und künstlich vertieften Madurastraße[2]); Batavia (254) mit dem Vorhafen Tandjong Priok[3]); Semarang (158) mit unzureichendem Flußhafen[4]); an der brandungsreichen Südküste hat der Hafen Tjilatjap (19; s. S. 254) einige Bedeutung. Auf Sumatra liegen gute Häfen an der (freilich brandungs- und riffreichen) Gebirgsseite der Insel: Padang (38) mit dem trefflichen Emmahafen, Kota Radja mit dem Vorhafen Olehleh im Norden, auch Benkulen und Telok Betong sind erwähnenswert. Die auf Pulo Weh (Sabang) vor der Nordküste gesetzten Hoffnungen[5]) haben sich nur wenig erfüllt. An der flachen Ostküste Sumatras ist im Norden, wo sich Vorberge des Hochlandes nahe ans Meer vorschieben, Belawan-Deli, der Hafen des Tabak-, Kautschuk- und Ölpalmgebiets von Sumatra-Ost (mit ausgebautem Hafen) für Medan (45) wichtig. Weiter im Süden liegen die Häfen alle fern der versumpften Küste als Flußhäfen, nur für kleinere Dampfer zugänglich; so Palembang (74).[6]) Daneben ist auf der gleichnamigen Insel Bengkalis zu nennen.

Die wichtigeren Häfen Borneos sind Flußhäfen; so Pontianak (29), Bandjermassin (47), Samarinda, Sarawak (Kutsching, 10, im Nordwesten). An der Buchtküste im Norden liegen Sandakan (12,) Jesselton (Brunei) und der Inselhafen Victoria (Labuan). Auf Celebes haben Makassar (57) und Menado (17) einige Handelsbedeutung, in den Molukken Ternate (4) auf der gleichnamigen Insel bei Halmaheira und Ambon auf Amboïna.

Auf den Philippinen gewinnt Manila (mit der nahen Hafenstadt Cavite, 285) an prachtvoller Bai mit bestem, allerdings durch Baggern ständig zu vertiefendem Naturhafen, über seine Stellung als Luzón- und selbst Philippinenhafen hinaus wachsende Bedeutung als Verteilungszentrum für ausländische (amerikanische) Waren.[7])

Batangas (41), Ilo-Ilo (49) und Cebú (66), Laoag (38) sind Häfen zweiten Ranges.

Die Häfen des Archipels sind schon weitgehend künstlich verbessert.

Luftverkehr hat in dem Archipel wohl eine Zukunft. Der Luftpostdienst Batavia—Semarang—Surabaja nimmt etwa 6 Stunden in Anspruch. Eine Probeflug

---

[1]) Doch macht sich die Lage des Archipels zu Japan (bald wohl auch China), Australien, ja selbst zum fernen Nordamerika immer wirksamer geltend. Neueinrichtung von Schiffahrtslinien und wachsender Anteil am Handel (s. oben) beweisen das ebensosehr wie die Festsetzung der Japaner und Amerikaner in der Kautschuk-, Zuckerrohrkultur usw.

[2]) In günstiger Lage zu den Kleinen Sundainseln, Celebes und Molukken, mit Vorhafen und im Bau befindlichem Hafenbassin; ungesund.

[3]) 1619 nahe der zur Zeit der Segelschiffahrt wichtigen Sundastraße, an der ruhigen Javasee, unfern der Malakkastraße und dem asiatischen Festland wie den wichtigsten Inseln des Archipels zugekehrt; doch ungesund und der Verschlammung ausgesetzt.

[4]) Soll an dessen Stelle einen östlicher gelegenen Seehafen erhalten.

[5]) Kohlenstation, Werkstätten für Schiffsreparaturen usw. Sollte — am Eingang der Malakkastraße den englischen Straitshäfen Singapore und Penang Konkurrenz machen.

[6]) Die großen Seeschiffe müssen in der ausgebaggerten und durch Dämme gesicherten Banju-Asin-Bucht (an der Bankastraße) ankern.

[7]) Auch als Kabel- und Sturmwarnungsstation für Südostasien.

Holland—Niederländisch-Ostindien gelang 1925; die Schaffung einer regelmäßigen Verbindung ist in Aussicht genommen. Auch eine Fluglinie von den Straitshäfen via Sumatra nach Java wird erörtert.

Nachrichtenverkehr. Post-, Telegraphen-[1]), Telephonwesen werden ständig verbessert. Kabel verbinden die größeren Inseln miteinander und mit dem asiatischen Festland, Celebes (Menado) auch mit Jap und Guam und wie Manila über Guam mit der Union. Funkstationen breiten sich aus. Eine Großstation Javas kann mit Holland und Deutschland (Nauen) verkehren.

III. Australien und Ozeanien (australische Inselwelt).[2])

Australien mit der australischen Inselwelt liegt an der Südostecke des altweltlichen Kontinentalblocks, ist aber durch das Meer des australasiatischen Archipels von ihm getrennt und infolge Abgelegenheit und ungünstiger Natur gerade des in gemäßigtes Klimagebiet ragenden Festlandes nur teilweise von dort stärker beeinflußt und spät von den Zivilisation bringenden Europäern besiedelt und erschlossen. Doch treten neuerdings mit dem „Erwachen" der Völker Südostasiens und der fortschreitenden Herausbildung des südostasiatischen Aktionszentrums nachbarliche wirtschaftliche und politische Einflüsse und Ambitionen von dorther kräftig in Erscheinung, während anderseits die kleinen, aber regen Aktionsfelder in Südostaustralien und Neuseeland ehrgeizig und wohl über ihre Kraft in die australische Inselwelt zu greifen versuchen und dabei mit immer stärkerem südostasiatischen Gegendruck zu rechnen haben. Im Festland plumper Gestalt, in Ozeanien zerstückelt, ist der Lebensboden des Erdteils Australien zu wenig ausgedehnt und zu wenig begabt, um dauernd die heutige weltwirtschaftlich und politisch nicht unbedeutende Stellung zu behaupten.

Auf dem Festlande folgen westlich der australischen Cordillere (des alten plateauförmigen „ostaustralischen Faltengebirges" [bis 2240 m] mit Brüchen und Eruptivgesteinen), die nach Osten meist steil zum Ozean niedersinkt, ein junges Tiefland großer Ströme (Murray-Darlingsystem im Süden) mit Abfluß zum Meere und ein Tiefland abflußloser Seen und Creeks, die nur zeitweise Wasser führen; den Westen des kleinen Kontinents nimmt die im Grunde alte, höhere westaustralische Wüstentafel ein. Tasmania gehört dem

---

[1]) Die Landtelegraphen erleiden in den Urwaldgebieten durch herabfallende Äste, wilde Tiere, starke Regengüsse öfters längere Unterbrechungen.

[2]) W. Sievers u. W. Kükenthal, Australien, Ozeanien und Polarländer. 2. Aufl. Leipzig u. Wien 1902. — A. Hettner, Grundzüge der Länderkunde. II. Leipzig 1924. S. 248—270; 3. Aufl. 1926. — K. Hassert, Australien und Neuseeland, geographisch und wirtschaftlich. Gotha—Stuttgart 1924 (Perthes' Kleine Völker- und Länderkunde. XII). — G. Dressler, Australien und Ozeanien (K. Andrees Geographie des Welthandels, herausg. von Fr. Heiderich und R. Sieger, Bd. III. Frankfurt a. M. 1913. S. 3—84). — T. G. Taylor, A Geography of Australia. Oxford 1920. — G. Tregarthen and P. E. G. Bayley, Australian Commonwealth. London 1924. — L. Cockayne, The Vegetation of New Zealand. Leipzig 1921 (Die Vegetation der Erde, Bd. 14). — G. W. Russell, New Zealand To-Day. Christchurch 1920. — Stewarts Handbook of the Pacific Islands. Sydney 1918. — G. M. Crivelli und P. Louvet, L'Australie et la Pacifique. Paris 1923.

alten Osten an. Die australischen Inseln (Ozeanien) sind nur im Westen (bis zu den Fidschi-Inseln und nach Neuseeland) geologisch zum Teil alte Gebilde, doch stark von Brüchen und Vulkanismus betroffen; im Osten sind sie als Korallen- oder Vulkaninseln junge Gebilde. Klimatisch gehört der Erdteil hauptsächlich dem Wüsten- und Steppenklima (B 4 und B 3) an ($57^1/_2$%) — auf dem Kontinent —, aber auf den Inseln sind vornehmlich A 1, A 2 und C 7 vertreten (s. unten!).

Der **Größe** nach ist Australien (und Ozeanien) mit gegen 9 Mill. qkm (6% der Landfläche) der kleinste Erdteil, der Bevölkerung nach steht er mit reichlich 8 Mill. Einw. (0,44—0,45% der Erdbevölkerung) weit hinter allen anderen Erdteilen zurück. Die durchschnittliche Volksdichte beträgt also noch nicht 1 Einw. auf 1 qkm. Von den eingeborenen Australiern, Melanesiern, Polynesiern haben die ersteren den Weißen weichen müssen, während die anderen Rassen unter die Herrschaft der Fremden kamen.

A. Das Festland mit Tasmania (Commonwealth of Australia).

I. Die Naturverhältnisse. Der Breitenlage nach liegt Australien mit Tasmania etwa zwischen dem 10.° und dem $43^1/_2$.° südl. Br. Der größte Teil des Kontinents fällt in die subtropische Zone des hohen Luftdrucks und ist wüstenhaft (B 4) bzw. steppenhaft (B 3).[1] Im Süden und Osten sind Köppens warmgemäßigte Regenklimate (C 5—7) vertreten.

Nur ein kleiner Teil im Süden des Kontinents gehört (im Winter) noch der Zone vorherrschender Westwinde an, nämlich die Südwestecke Westaustraliens und Südaustralien (subtropische Winterregen, C 6[2]); Tasmanien und ein großer Teil Victorias haben Niederschläge zu allen Jahreszeiten (C 7); die Ostküste Australiens hat, namentlich im Sommer (Januar), starke Steigungsregen durch den Südostpassat; Köppen rechnet einen Teil zu C 5 (warmes wintertrockenes Klima[3]), aber der südliche Teil wird auch winters durch die west-ostwärts ziehenden V-Depressionen befeuchtet und gehört C 7 an.[4])

Der Norden des Festlandes ist tropisch (A 2, periodisch-trockenes Savannenklima).[5])

II. Größe und Bevölkerung. Der Commonwealth of Australia („Gemeinwohl von Australien", seit 1901) besteht aus den Staaten Neusüdwales (801000 qkm, 2,1 Mill. Einw.) mit dem Bundesdistrikt Yass-Canberra (2360 qkm, 2570 Einw.),

---

[1]) Nach H. Wagner entfallen von W. Köppens Klimaten auf Australien und Ozeanien: Wüstenklima (B 4) 31,5%, Steppenklima (B 3) fast 26% der Fläche. Coolgardie, 420 m Jan. 25,3, Juli 10,8° C. Extreme 44° u. 0°. Regen 230 mm (Mai 30, Jan. 10).

[2]) Warmsommertrockenes Klima (C 6) mit Winterregen an 8% der Fl. Perth, Jan. 24,3°, Juli 12,8° C. Extreme 42° u. 1°. 850 mm Regen (Juni 170, Jan. 10).

[3]) Warmwintertrockenes Klima (C 5) mit Sommerregen gegen 7% der Fl.

[4]) Feuchttemperiertes Klima (C 7) über 11% der Fläche. In dem nördlichen Abschnitt hat der wärmste Monat mehr als 22° C. Sydney Jan. 21,9°, Juli 11,3° C. Extreme 38° u. 4°. 1230 mm (140 April, 70 Sept.). Der viel größere südliche Abschnitt hat im wärmsten Monat weniger als 22° C, aber mehr als 4 Monate über 10° C. Melbourne Jan. 19,7°, Juli 9,3° C. Extreme 41° u. −1°. 650 mm (70 Okt., 60 April, 50 Aug., 40 Febr.).

[5]) Periodisch trockenes (tropisches) Savannenklima (A 2) 9% der Fl. Port Darwin 29,1° i. Nov., im Juli 23,7° C. Extreme 38° u. 15°. 1580 mm Regen (Jan. 400, Juli 0).

Victoria (228000 qkm, 1,53 Mill. Einw.), Queensland (1,737 Mill. qkm, 0,76 Mill. Einw.), Südaustralien (984000 qkm, 0,5 Mill. Einw.), Westaustralien (2,53 Mill. qkm, 0,33 Mill. Einw.), Tasmanien (67900 qkm, 0,21 Mill. Einw.) und dem Nordterritorium (1,36 Mill. qkm, 3870 Einw.), zusammen rund 7,7 Mill. qkm (dazu Territorien in Ozeanien[1]) mit 5,72 Mill. Einw.

Die durchschnittliche Volksdichte mit 0,74 auf 1 qkm ist der Ausdruck für die ungünstige Ausstattung des Kontinents. Im einzelnen ist die Volksdichte seh- verschieden. Weit über 90% der Bevölkerung wohnen in der Osthälfte, hauptsächlich in der Nähe der (feuchteren) Küsten, an denen auch alle großen Städte liegen. Neusüdwales hat 2,6; Victoria 7; Queensland 0,4; Südaustralien 0,5; Westaustralien 0,1; Tasmania 3 Einw. auf 1 qkm, das Nordterritorium 0,01.

Das britische Element herrscht in der Bevölkerung durchaus vor. Von den tiefstehenden Eingeborenen sind nur noch etwa 60000 erhalten.

III. Die Wirtschaft.

Allgemeine Charakterzüge. Die Wirtschaftsstufe der Wissenschaft herrscht vor. Dadurch wird Australien trotz seiner geringen Bevölkerung eines der (kleinen) wirtschaftlichen und politischen Aktionszentren der Erde. Der Steppen- (und Wüsten-) Charakter des größten Teiles des Innern weist die Bevölkerung vor allem auf die Viehzucht hin, die auch in den warmgemäßigten Landschaften sehr gut gedeiht.

a) Die Erzeugung von Nahrungs- und Genußmitteln.

Die **Pflanzenwirtschaft** kann als Ackerbau[2]) fast nur auf recht engräumigen Flächen an der Nord-, Ost- und Südostküste und im Innern Südostaustraliens (Murray-Darling-Becken zum Teil) betrieben werden[3]), doch dringt er mit Hilfe der künstlichen Bewässerung[4]) langsam ins Innere vor. Die Dürren bedingen aber sehr große Schwankungen der Erträge.[5])

Die Eingeborenen waren über Sammelwirtschaft nicht hinausgekommen. Der Getreidebau nimmt bei weitem den größten Teil der Ackerflächen ein, und der Weizen allein (als das „Korn" der Bevölkerung) 86% der Getreidefläche.

Er wird hauptsächlich im steppenhaften Südosten angebaut[6]), in dem fruchtbaren Gebiet der großen Ströme, binnenwärts auf der schmalen nach Westen geneigten Abdachung des ostaustralischen Küstengebirges zwischen letzterem und den Steppen des Innern, in den Staaten Victoria, Neusüdwales, Südaustralien. Queensland und Tasmania bauen ihn nur wenig an, dagegen findet sich im Innern Südwestaustraliens noch eine etwas reichliche und mit Hilfe von Düngemitteln stark zunehmende

---

[1]) Papua 234500 qkm, 251000 Einw.); „Mandat" Neuguinea-Territorium (240000 qkm, 400000 Einw., 1290 Weiße), Insel Nauru (19 qkm, 2070 Einw.) und Norfolkinsel (25 qkm, 720 Einw.).

[2]) Der Ackerbau lieferte 1913: 21,1% der Gesamtproduktion, die Viehzucht 35,9%, die Industrie 28,2%, der Bergbau 11,8%, die Forstwirtschaft und Fischerei nur 3%.

[3]) 1910 waren 0,63, 1920/21: 0,79% der Gesamtfläche unter Kultur (in Victoria 1910: 7%).

[4]) Besonders durch das Dry Farming-System hofft man den Ackerbau noch sehr ausbreiten zu können. Durch die Kulturarbeiten sollen sich übrigens nach Quayle die Niederschlagsverhältnisse im Innern Südostaustraliens günstig verändert haben.

[5]) Sie gehen nach van Cleef und Rosenkranz parallel den Schwankungen des Regenfalls.

[6]) In Neusüdwales liegt das Weizengebiet zwischen der 250- und 500-mm-Isohyete.

Produktion. Die Ernte (Dezember bis Januar) ist starken Schwankungen ausgesetzt.[1])

Bei dem geringen Eigenbedarf ist Weizen (und Weizenmehl) ein wichtiger Ausfuhrartikel[2]), und Südostaustralien ist eine der kleinen „Kornkammern“ der Erde.

Von den anderen Getreidearten haben Gerste[3]) (C 6 und C 7), Roggen[4]) und Hafer (C 7[5]), im Südosten angebaut, nur eine sehr geringe Bedeutung. Dagegen hat der Maisbau[6]) an der feuchtwarmen Ostküste (C 5 und C 7) eine gewisse Ausdehnung und Zukunft. Der Anbau des Reis[7]), im kleinen im tropischen Norden (A 2) und an der Ostküste Queenslands (C 5) gebaut, wird durch das arbeitenden Weißen abträgliche Klima und die Abneigung der Australier, nachbarliche Tropen- oder Subtropenbewohner zur Arbeit ins Land zu ziehen, behindert.

Kartoffeln werden bisher nur in kleinstem Maßstabe produziert.[8]) Kannastärke (Arrowroot von Queensland) von Canna edulis kommt immer mehr in den Handel. Aber das sind ebenso wie unsere Gemüse[9]) und Hülsenfrüchte (im Südosten) nur untergeordnete Ernährungsquellen. Der Obstbau ist ziemlich erheblich und sehr mannigfaltig, indem er mit dem Klima seine Früchte wechselt.[10]) Äpfel kommen (aus Tasmania und Südaustralien) auf die Märkte Europas, wenn in unserem Spätwinter und Frühjahr unser Obst knapp und schlecht wird. Auch Fruchtmarmeladen und Gelees werden ausgeführt, Bananen, Kokosnüsse usw. eingeführt.

Die Hauptzuckerquelle für Australiens Einwohner, die als Teetrinker außerordentlich viel Zucker verbrauchen, ist das Zuckerrohr; es wird in den sommerheißen und -feuchten Tälern des östlichen Küstenlandes (C 5 und A 2) angebaut.[11]) In guten Jahren wird über den Konsum produziert.

Den Zuckerrübenbau versucht man in Victoria und Westaustralien.[12])

Getränke des Landes sind Limonaden, Bier, Branntwein (Whisky, Kognak usw.) und Wein.

---

[1]) 1909/13 nach Lange durchschnittlich 2,466 Mill. T. = 2,3% der W.; 1915: 4,89; 1919: 1,25; 1920: 4,04; 1922/23 auf 4,03 Mill. ha 2,92; 1923/24: 3,25; 1925: 2,91 Mill. T. = etwa 2,4—2,5% der W. 1925 erzeugten Neusüdwales über 31, Victoria über 24, Südaustralien 26, Westaustralien 17, Queensland 1, Tasmania kaum 0,3% der Ernte. Der Eigenbedarf soll etwa 800000 T. betragen.

[2]) 1921 wurden 2,88 Mill. T. ausgeführt. Europa (Großbritannien usw.) ist Hauptabnehmer, ferner Japan, Ägypten usw. 1922/23 für 8,5; 1923/24: 14; 1924/25: 34,4 Mill. £ = 7,2; gegen 12; über 21% der Gesamtausfuhrwerte. Ausfuhrhäfen: Melbourne, mit Vororten 853; Adelaide, 279; Sydney, 981.

[3]) Prod. 1920/21 etwa 155000 T. = etwa 0,4% der W.

[4]) Sehr wenig.

[5]) Prod. 1920/21: 170000 T. = etwa 0,3% der W. Meist als Grünfutter verwendet.

[6]) Ernte 1920/21: 184400 T. = etwa 1/6% der W. Das Trockenklima des Innern schließt ihn aus.

[7]) Reis muß eingeführt werden.

[8]) Prod. 1920/21: 373000, 1922/23: 333600 Tons = etwa 0,2% der W., am meisten auf Tasmania und in Victoria (C 7); also nur um 60 kg auf den Kopf der Bevölkerung.

[9]) Tomaten wurden neuestens im Rockhamptondistrikt Queenslands wichtig.

[10]) In Tasmanien (C 7) hauptsächlich Apfelbäume, in Victoria (C 7) unsere Obstbäume, in Neusüdwales (C 5) auch Citrusfrüchte, in Südaustralien (C 6) ebenfalls Orangen, Limonen (Zitronen), auch Mandeln und Oliven, ferner Tafeltrauben, Rosinen (schon 1911/12 in Südaustralien und Victoria 7000 T.), Korinthen (1911/12 um 5000 T.), in Westaustralien (C 6) auch Feigen, in Queensland (C 5 und A 2) auch Bananen, Ananas, Mangos usw.

[11]) Wo mehr als 1000 mm Niederschlag fallen. Queensland liefert etwa 9/10, Neusüdwales 1/10 der Ernte, die jetzt fast ganz durch Weiße eingebracht wird. Prod. 1900: 112500 T.; 1924: 380000 bis 400000 T. Der Jahresverbrauch beträgt jetzt etwa 315000 T.

[12]) Prod. von Rübenzucker 1920/21: 830 T.

Hopfen kann nur in C7b gebaut werden.[1]) Die **Bierproduktion** von Victoria und Neusüdwales ist ansehnlich. Der **Weinbau** (C6, Südaustralien um Adelaide, und Victoria, Nordwesten) wird mehr für Weinausfuhr (nach Großbritannien und Neuseeland[2]) als Verbrauch betrieben. Im Gebirge des tropischen Queensland wird etwas **Kaffee** gewonnen; **Tee** (in Mengen aus Niederländisch-Indien usw.) und **Kakao** werden eingeführt.

Reizmittel. Der **Tabakbau** (im Südosten, C 7 und C 5) ist gering, und viel Tabak und Tabakfabrikate werden eingeführt.

Ölpflanzen spielen im Anbau eine geringe Rolle.

Oliven s. S. 266, Anm. 10.[3]) Die **Kopra** Ozeaniens (s. S. 282) strömt in **Sydney** (981) zusammen und bildet die Grundlage einer ansehnlichen Ölindustrie. Aus den Blättern von Eukalyptusarten[4]) gewinnt man (in Neusüdwales und Victoria) **Eukalyptusöl**, für das Australien ein Monopol hat.

Ätherische Öle (Pfefferminzöl, Pomeranzenöl, Sandelholzöl) liefernde Pflanzen fing man an zu kultivieren (in Westaustralien, Victoria, C 6).

Mit **Futterpflanzen** (Gräsern, Salzbüschen usw.) ist Australien in manchen Gegenden, zumal im Gebiete des Murray-Darlingsystems, gut ausausgestattet, und noch 19% der Kulturfläche (Südosten) sind der Heugewinnung auf dem Acker gewidmet; in den Küstengebieten des Südostens werden auch die Getreidearten, Raps und Luzerne (besonders in Neusüdwales und Queensland) viel Grünfutter benutzt.

Auf den Futterpflanzen beruht der wichtigste Wirtschaftszweig Australiens, die **Viehzucht**, die der Bevölkerung reichlichst **tierische Nahrungs- und Genußmittel**, sogar noch Überschüsse für die Ausfuhr liefert.

Auf den armen Grassteppen, die sich an das ostaustralische Faltengebirge binnenwärts anlehnen, auf seiner semiariden Abdachung zwischen dem feuchtwarmen Küstengebiet[5]) des Südostens und den Wüsten des Innern gedeiht am besten die **Schafzucht**.

1788 von den ersten Ansiedlern eingeführt und bald durch südafrikanische Merinos veredelt, vermehrten sich die Schafe schnell[6]), sobald einmal das Steppeninnere erschlossen wurde. Neusüdwales und Victoria haben die höchsten Bestockungsziffern, auch das Innere Queenslands im Süden, das küstennahe Südaustralien und Westaustralien treiben Schafzucht[7]); das wüste Innere und das tropische Nordaustralien sind hierfür nicht geeignet. Die Schafe weiden heute fast überall auf Flächen, die

[1]) Tasmania u. Victoria, etwa 1/2 % der W. Hopfeneinfuhr.

[2]) Prod. 1920/21: 500050 hl = etwa 0,2 % der W. Die Weine gleichen ziemlich den spanischen Küstenweinen.

[3]) Prod. von Olivenöl 1918/19: 10400 hl. Vgl. Bd. I, S. 132.

[4]) Dürren verringern das Wachstum der Blätter und die in ihnen sich bildende Ölmenge. Der Anbau ist zu kostspielig.

[5]) Wo Pflanzenbau und Industrie rentabler zu betreiben sind, aber auch Krankheiten das Schaf, vor allem die Merinos, heimsuchen.

[6]) 1800 waren es erst 6120 Schafe, 1850 schon 16 Mill., 1891: 106,4 Mill., aber bis 1902 war diese Ziffer durch wiederholte Dürren (1895 ff., 1902) auf 53,7 Mill. gesunken. 1910 gab es 92, 1913: 85, 1923: 78,8 Mill. = etwa 14—15 % aller Schafe der Erde. 1924 ging die Zahl um 4 Mill. zurück.

[7]) Herden von 200000 oder 300000 Tieren sind keine Seltenheit, doch verkleinern sich die Schafstationen, die früher bis 2000 und mehr qkm umfaßten, allmählich.

von Eisendrahtzäunen umschlossen sind, meist ohne Bewachung.[1]) Das milde Klima macht Stallschutz und Ansammlung von Winterfutter zumeist überflüssig. Gegen die bei Dürren durch Futtermangel drohenden Verluste schützt man die Herden neuerdings durch Bohrung von zahlreichen artesischen Brunnen[2]) und Aufstauung von Flüssen, mit deren Wasser man Luzerne und Sorghum als Futter kultiviert.[3]) Die anspruchsvolleren Kreuzzuchten[4]), die man neuerdings bevorzugte, um (außer Wolle) gutes Fleisch zu erzielen, brauchen auch reicheres Futter als die Merinos.

Gefrierfleisch von Schafen ist ein wichtiger Ausfuhrartikel geworden, seitdem Dampfer mit Gefrierkammern den Transport durch die tropische Zone ermöglichen.[5])

Das Rind[6]) steht in Australiens Viehzucht an zweiter Stelle, was sich durch Klima- und Futterverhältnisse erklärt. Es wird vornehmlich im Küstenlande des Ostens (saftigere Gräser, Mais), im Gebirge, in Queensland und Nordaustralien auch im Innern gehalten. Die Butter- und Käsefabrikation liefert wichtige Ausfuhrartikel[7]), dagegen wird kondensierte Milch eingeführt.[8]) Gefrorenes Rindfleisch wird (hauptsächlich aus Queensland) exportiert.[9])

Die Schweinezucht hat bisher keine größere Bedeutung erlangt[10]), am ehesten noch in den südöstlichen Küstengebieten; die Ausfuhr von Schinken, Speck, Schmalz

---

[1]) Auf „paddocks", Teilweiden, die durch Querzäune geschaffen sind, um rationelle Zucht zu ermöglichen.

[2]) 1918 gab es in Australien schon 4440 Tiefbrunnen von durchschnittlich 325 m Tiefe, deren Wasser zum Teil von selbst springt, zum Teil durch Windmotore hochgehoben wird. Die geologischen Schichten senken sich vom ostaustralischen Gebirge, in dem sich eine poröse durchlässige Sandsteinschicht mit dem reichlichen Niederschlagswasser sättigt, gegen Westen, nach dem zwischen zwei undurchlässigen Bodenschichten ein beständiger Untergrundstrom in Bewegung ist.

[3]) Die Folge der Wassererschließung ist, daß der Ackerbau gegen und in die Schafzuchtgebiete verdringt, doch erschweren die Naturverhältnisse des Innern (ähnlich wie in Südafrika, viel mehr als in Argentinien) die Ausbreitung von künstlichen Weiden und anderen Futterflächen sehr und verteuern den von der künstlichen Bewässerung abhängigen Anbau. Nach L. Waibel entfallen auf 1 qkm (Schaf-) Tiereinheiten (1 Stück Großvieh = 5 Schafen) in den La Plataländern (Argentinien, Uruguay) durchschnittlich 110, in Australien und Neuseeland nur 25.

[4]) Durch Kreuzung der Merinos mit englischen Fleischschafen (Lincoln und Leicester, auch Shropshire und Southdowns).

[5]) Das Fleisch geht hauptsächlich auf den englischen Markt, für die ärmere Bevölkerung. Ausf. von Gefrierfleisch 1922/23 für 6,1; 1923/24: 2,5; 1924/25: 5,6 Mill. £ = fast 3½% der Ausfuhr.

[6]) 1788 eingeführt; 1800: 1044; 1850: 1,895; 1910: 11,7; 1922: 14,34 Mill. Die Rinderdichte ist im Südosten (C 7) am höchsten, aber auf den Kopf der Bevölkerung kommen am meisten Rinder im Nordterritorium und in Queensland (A 2). Dort wird hauptsächlich Molkereiwirtschaft betrieben, hier Aufzucht von Mastvieh; z. B. sind in Victoria etwa 33—34, in Queensland nur 7, in Westaustralien noch nicht 4, im Nordterritorium 0,1% aller Rinder Kühe; diese geben nicht viel Milch, am meisten im Südosten (C 7 b), am wenigsten in Westaustralien (C 6 a). Die Dürren wirken sich in der Rinderhaltung nicht ganz so schlimm aus wie in der Schafzucht, da Rinder mehr in den reichlich befeuchteten Gebieten gehalten werden.

[7]) Die Prod. von Butter betrug 1914 rund 88000, 1924: 118000 T. Ausgeführt wurden 24500 bzw. etwa 54000 T.; 1924/25: 6,2% der Gesamtausfuhr. Käse erzeugte Queensland allein 1924/25: 5500 T.

[8]) Frische Milch verdirbt im tropischen Klima schnell, darum wird kondensierte Milch am meisten in Queensland konsumiert. Dieser droht in der Hitze mancherorts die Gefahr des schnellen Eintrocknens, darum wird „dried milk", d. i. Milchpulver, das auch haltbarer ist, vielfach jener vorgezogen.

[9]) 1922/23 wurden in den Schlachthäusern 225000 Stück Vieh verarbeitet. Australien ist auf dem Weltmarkt einer der wichtigsten Lieferanten für Rindfleisch. Vgl. Anm. 3.

[10]) 1788 wurden 74 Schweine eingeführt. 1800 war die Zahl 4020, 1850: 114000, 1910: 1026000, 1922: 986000.

und gefrorenem Schweinefleisch ist bisher wenig umfangreich. Ziegen werden nur in recht beschränkter Zahl gehalten, Kaninchen s. unten. Die Geflügelzucht ist wie die Honigproduktion hauptsächlich im Südosten zu finden.

Die **Jagd** auf wilde Kaninchen liefert wichtige Ausfuhrartikel.[1])

Die Binnen-**Fischerei**[2]) kann nur im gewässerreichen Osten und Norden eine gewisse Wichtigkeit für die Ernährung der Bevölkerung haben, die Küstenfischerei und die neuerdings hochgekommene Hochseefischerei haben eine Zukunft. Hummern, an der Ostküste Austern, im tropischen Norden Trepang und Schildkröten sind Objekte des Fanges; doch werden Fische noch eingeführt.

Von **mineralischen Nahrungs- und Genußmitteln** kommt Salz in Australien (B 3, 4) sehr reichlich vor, und wird in den Salzseen Südaustraliens (Yorke-Halbinsel, Torrenssee usw.), Victorias und Westaustraliens, auch in Meersalinen des Südens (C 6), Westens (C 6; B 4?) und Nordens (A 2) gewonnen. Trinkwasser ist im Innern (B 3, 4) zum Teil sehr rar (Haberlandt), im Osten reichlich (schon Wasserleitungen!) vorhanden, Mineralwasserquellen wohl im ostaustralischen Faltengebirge. Arsen für Arzneizwecke usw. wird auch produziert.

Mineralische Düngemittel: Guano wird auf den der Nordwestküste vorgelagerten Inseln (Lacepedeinseln usw.), Phosphat in Südaustralien usw. in geringen Mengen gefördert.

b) Für **Kleidung** u. dgl. werden **pflanzliche Rohstoffe** nur in kleinen Mengen erzeugt.

Flachsanbau für Fasergewinnung (in Victoria, Tasmania, C 7 b) nimmt zu. Die Leinenindustrie (Ballarat, 21) wächst. Hanfbau ist gering. Die Baumwolleproduktion (C 5, A 2) in Queensland und Nordaustralien nimmt stark zu.[3]) Ein wenig „neuseeländischer Flachs" (Phormiumfaser) und Sisalhanf wird gewonnen.

Viel wichtiger sind die **tierischen Textilstoffe**, vor allem die Wolle (Schaf s. S. 267 f.). Australien (ammeisten Neusüdwales, Queensland, Victoria) ist das wichtigste Wolleland der Erde, doch schwanken die Erträge[4]) von Jahr zu Jahr mit den klimatischen Schwankungen beträchtlich und nehmen wohl ab.

Zu fast drei Vierteln besteht die produzierte Wolle aus Merinowolle, für die Australien der wichtigste Belieferer des Weltmarktes ist, zu reichlich einem Viertel aus Kreuzzuchtwolle.

Wolle ist der wichtigste Ausfuhrartikel Australiens.[5]) Die einheimische Wollindustrie (in Melbourne, 853, Sydney, 981, Ballarat, 21 usw.)

---

[1]) Sie wurden, von einem Jagdliebhaber eingeführt, durch Wegfressen der Schafweiden eine Landplage. Berufsmäßige Rabbitters (Kaninchenjäger) halten sie jetzt in Schach. Millionen werden gefroren (nach England) ausgeführt.

[2]) Auswärtige Nutzfische wurden nach Australien verpflanzt.

[3]) 1923 sollten schon etwa 530 qkm bestellt sein; Queensland 1920/21: 410; 1924: 6350; 1925: 8160 T. Für 1925 wurden in Queensland 12200 T. Ernte erwartet. Weiße Farmer betreiben die Kultur auf bäuerlichen Kleinwirtschaften im Nebenbetrieb.

[4]) Schurgewicht der ungereinigten Wolle 1890: 203000, 1900: 179000, 1909/13: 320000, 1917/21: 271000; 1922/25: 289000 (23 % der W.); 1923: 222300 T. = etwa 19 % der W., aber manche Jahre bis 25 %. Schlechte Futterverhältnisse wirken auch auf die Qualität der Wolle mindernd ein.

[5]) Ausf. 1913: 28670 T. gewaschene und 241040 T. ungewaschene Wolle (35 % der Gesamtausfuhr); 1922/23: 51170 und 271390 T. (40 %); 1923/24: 21500 und 219500 T.; 1924/25: 1,7 Mill. Ballen

verwendete 1909/13 erst etwa 4% der Produktion; der Konsum der Wollwaren ist ziemlich groß und erfordert eine starke Einfuhr.

In trockenen Distrikten Queenslands (wohl des höheren Gebirgslandes ?) werden auch Angoraziegen zur Mohärproduktion gehalten.

Von Häuten und Fellen werden bedeutende Überschüsse für Ausfuhr[1]) gewonnen. Die einheimische Leder- und Schuhwarenindustrie, durch Vorkommen von guten Gerbstoffen begünstigt, führt sogar Ware aus.[2])

„Mimosa"- oder „Wattle"-Rinden[3]), jetzt in großem Umfange durch Schälwaldkultur von Akazienarten des Südostens gewonnen, kommen nur noch wenig zur Ausfuhr. Auch Eukalyptusarten liefern Gerbrinden (z. B. Malletrinde mit 38% Gerbstoff); Toatarinde mit über 23% Tannin stammt von einem Nadelbaum Tasmaniens.

Außer Massen von Kaninchen- und Fuchsfellen kommen Hasen, Opossum-, Känguruhfelle und anderes Pelzwerk zur Ausfuhr[4]); der Inlandkonsum ist bei den meist ziemlich milden Wintern (s. S. 264, Anm. 1—5) wahrscheinlich unbedeutend.

Die Zucht von Straußen zur Gewinnung von Schmuckfedern gedeiht nur im Trockenklima des Innern (Südaustralien). Perlmuscheln und Perlen werden besonders in der Torresstraße (Thursdayinsel Zentrum) und im Nordwesten Westaustraliens gewonnen[5]), Schildpatt (s. S. 269) in den warmen Gewässern des Nordens, Schwämme an den Küsten von Neusüdwales.

Mineralische Stoffe für Kleidungs- und Schmuckzwecke. Ein wenig Asbest und Asbestersatz (aus Basalt) wird produziert. Diamanten und Edelsteine für Schmuckzwecke fehlen nicht. Gold und Silber für Schmuck- und andere Zwecke sind sogar reichlich vorhanden.

Gold wurde 1851 entdeckt und hat viele Jahre hindurch im ostaustralischen Faltengebirge, das reich ist an eruptiven Durchbrüchen, eine große Rolle gespielt, aber neuerdings ging hier der Goldbergbau sehr zurück. In Westaustralien (Wasserlosigkeit, Unbewohntheit usw.) wurde Gold erst 1886 entdeckt.[6]) Auch hier ließ der Reichtum schon sehr nach.[7])

---

für 63,14 Mill. £. Die Ausfuhr von Wolle machte 1922/23 gegen 48; 1923/24: 47; 1924/25: 39,2% der Gesamtausfuhr aus. Hauptmärkte und Ausfuhrhäfen sind Sydney (981), Melbourne (853), Brisbane (230) und Adelaide (279). Londons Zwischenmarktstellung ist durch den Krieg wieder befestigt worden, während in der Vorkriegszeit die europäischen Kontinentalstaaten schon meistens direkt kauften.

[1]) 1922/23: 6,67 Mill. £.

[2]) Leder 1922/23 für 819000 £; Schuhwaren 1919/20 für 837000, 1922/23 nur 27000 £; Einf. 1922/23: 362000 £.

[3]) Black Wattle mit über 30% Gerbstoff und viel Stärke.

[4]) Die Felle des kühleren Südens, z. B. Tasmaniens, sind wertvoller als die Queenslands usw.

[5]) Nur an den Küsten des tropischen Nordens (A 2) kommt die echte Perlmuschel vor; in der Sharks Bay (B 3) und im Osten (C 5) bis zur Moretonbai südwärts eine andere Form mit kleineren Muscheln und geringeren Perlen.

[6]) Wasserleitung von den Darlingbergen an der Küste zu den Goldfeldern um Kalgoorlie (8); der Preis des Wassers sank gegen früher auf den 20. Teil. Man bedient sich in der Wüste (B 4) im Gegensatz zu wasserreichen Gebieten vielfach trockener Verfahren bei der Erzscheidung und des Windes statt des Wassers. Jedes dürre Jahr bedeutet auch für den Südosten die Notwendigkeit, wegen Wassermangels die Betriebe einzuschränken. Übrigens verliert die Wirtschaftsform des Bergbaues gegenüber den anderen Wirtschaftsformen dauernd an Bedeutung (vgl. S. 265, Anm. 2).

[7]) Der Goldbergbau zog einen kräftigen Bevölkerungszustrom ins Land und beschleunigte den wirtschaftlichen Fortschritt des Kontinents sehr. Die Prod. ging von 1913: 68562 kg (9,9% der W. auf (1923) 21922 kg (fast 4% der W.) zurück. Es findet hauptsächlich Quarzriffbergbau statt.

Ein wenig Platin hat man an verschiedenen Stellen von Neusüdwales und Victoria gefunden.

Silber[1]) bergen hauptsächlich die 1882 entdeckten Bleizinklager von Broken Hill (23) in der Stanley Range (Neusüdwales).

c) Wohnbaumaterial. Holz ist verhältnismäßig wenig vorhanden[2]) und für viele praktische Zwecke zu hart. Der (sehr schüttere) Wald, besonders aus Eukalyptusbäumen[3]) bestehend, tritt jedoch günstigerweise aus klimatischen Gründen gerade in den dichter besiedelten oder besiedelbaren Gebieten auf, im ostaustralischen Faltengebirge, vor allem in der feuchten Südostecke, im küstennahen Land; auch in Südwestaustralien und im tropischen Norden.

Eukalyptusholz wird für manche Zwecke (Pflasterung, Schiffbau, Bahnschwellen, Telegraphenstangen, Wagnerarbeiten[4]) usw.) sehr geschätzt und wird auch ausgeführt, besonders Jarraholz und Karri Südwestaustraliens und Tallowwood des Ostens. Auch Kasuarinenarten (in Ostaustralien) liefern sehr hartes Nutzholz („Eisenholz"); auch „Teakhölzer", „Buchsholz", „Santelhölzer" (Südwestaustralien) seien erwähnt. Viel Holz (Weichholz namentlich) wird eingeführt.

Die Häuser werden vielfach aus Holz, aber fortschreitend mehr aus Ziegeln und Stein hergestellt. Möbel, Zündhölzer und andere Holzwaren fertigt man im Lande an.

An Weichhölzern für die Bereitung von Papierstoff herrscht großer Mangel.[5]) Anfänge der Papierindustrie sind vorhanden, aber es muß sehr viel Papier eingeführt werden.[6])

Gesteinsmaterial für Wohnungsbau ist außerhalb der Steppen und Sandwüsten (B 3 und 4) und der beschränkten Alluvialebenen überall zu finden. Tone und Lehme (auch Kaolin) für Ziegelherstellung, Töpferwaren, Hausrat und Zement dürften nur in verhältnismäßig kleinen (aber gerade den besiedelten) Gebieten des feuchten Ostens und Südostens, sowie (auf größeren Flächen) im tropischen Norden zu finden sein. Im Südosten haben sich die Ziegel-, Topfwaren-, Zementindustrie (Neusüdwales und der übrige Südosten) auch deswegen am stärksten entwickelt, weil hier der größte Bedarf vorliegt. An Rohmaterial für die Glasindustrie fehlt es wohl auch nicht, doch ist noch Glaseinfuhr nötig.

---

[1]) Prod. 1913: 494274 kg = 7,1% der W.; 1920: 232310; 1923: 345708 kg = 4,74% der W. Ein (großes) Silberbleilager wurde 1923 in Queensland entdeckt.

[2]) 5½% der Fläche sind bewaldet (in Tasmanien 65½, Victoria 21, Queensland 9½, Neusüdwales 7, Westaustralien 3½, Südaustralien ⅔% der Fläche). Zon und Sparhawk geben etwas andere Zahlen: 5,8 (64,7; 14,2; 9,3; 5,6; 2,6; 1,6) %. Man hat ausländische Waldbäume eingebürgert. Weiße Ameisen und Termiten (Queensland, Neusüdwales, Südaustralien) zerstören Holzhäuser und Möbel, aber gewisse Eukalyptushölzer widerstehen ihnen.

[3]) Sie sind fast die einzigen eingeborenen Pflanzen Australiens, die nach anderen Teilen der Erde verpflanzt wurden. Eucalyptus globulus (der „Fieberbaum") ist wegen seines schnellen Wachstums und seiner Eigenschaft, dem Boden große Mengen Wasser zu entziehen, also zu entsumpfen, geschätzt.

[4]) In dem heißdürren Sommer Südaustraliens (C 6) kann nur sehr gut ausgetrocknetes Holz verwendet werden.

[5]) Aus Eucalyptus globulus, der charakteristischerweise im kühlgemäßigten Tasmania (C 7 b) wächst, läßt sich Papierstoff bereiten.

[6]) Etwa 120000 T. jährlich von 150000 T. Bedarf.

d) Tierische Arbeitsgehilfen, Naturkräfte und mineralisches Material für Werkzeuge aller Art.

Die wichtigsten **Arbeitstiere** sind die Pferde, die im Südosten (Victoria, Neusüdwales, Tasmania), wo Landwirtschaft und Industrie ihre Dienste am dringendsten erheischen, am zahlreichsten sind.

Namentlich die leichten Reitpferde, wohl der orientalischen Rasse verwandt, werden gerühmt[1]) und in größerer Zahl nach den Tropengebieten ausgeführt. Esel und Maultiere[2]) werden häufiger im trockenen Bergland West- und Südaustraliens (C 6), Kamele[3]) vor allem in Westaustralien (B 3 und 4) verwendet.

Für die Erzeugung von Dampfkraft sind genug Kohlen vorhanden. Der feuchte alte Osten (das ostaustralische Faltengebirge) besitzt Steinkohlenlager von ansehnlichem Inhalt.[4]) Der Staat Neusüdwales produziert über vier Fünftel der Steinkohlen, dann folgen Queensland und Victoria.[5]) Aus Neusüdwales wird Steinkohle nicht nur nach den anderen Staaten Australiens, sondern auch nach Chile usw. ausgeführt.[6]) Braunkohle kommt besonders in Victoria[7]) vor, in Westaustralien nur Lignit, Torf nur auf Tasmanien (C 7 b) und im übrigen feuchten Südosten.[8])

Die Bohrungen auf Petroleum hatten bisher geringen Erfolg. Ölschieferlager, ölhaltige Sande, Erdgas wurden gefunden, sind aber ohne größere Bedeutung.

Mit Wasserkräften ist Australien fast nur am ostaustralischen Faltengebirge (Seeseite!) und auf Tasmanien, wo günstige Gefällsverhältnisse mit reichlichen Niederschlägen zusammenfallen, ausgestattet. Hier werden sie schon ein wenig ausgenutzt.[9])

Metallerze als Werkzeugmaterial werden hauptsächlich im ostaustralischen Faltengebirge und in den „Anticordilleren" gefunden. Gold, Platin, Silber, s. S. 270f.

Eisenerze sind an vielen Stellen des ostaustralischen Küstengebirges, auch in Westaustralien festgestellt worden, aber die Gewinnung steht noch ganz in den Anfängen, und auch die Eisen- und Stahlindustrie[10]) (Newcastle, 15; Lithgow,

---

[1]) In kupiertem Terrain und bei Strapazen sind sie nicht gut zu gebrauchen. Zuchtpferde werden aus Neuseeland und Großbritannien bezogen. 1850 gab es erst 160000; 1910: 2,17; 1922: 2,39 Mill. Pferde.

[2]) Nur 16400 Stück.

[3]) 11100.

[4]) Sie sind wohl im Zusammenhang mit einer (permischen) Eiszeit (s. S. 239, Anm. 3 u. 345) entstanden. Ganz Australien soll $165^1/_2$ Milliarden T. bergen, etwa $^3/_4$ davon im Staate Neusüdwales (brauchbare Gas- und Kokskohlen), 8% in Queensland.

[5]) Neusüdwales 1921: 10,97 Mill. T. = etwa 1% der W. (und Koks 1920: 568000 T.); Queensland 1921: 0,97; Westaustralien 1,08 Mill. T., Tasmania 68000 T., der Bund im ganzen 13,08 (1924: 14,5) Mill. T. = $1^1/_3$% der W.

[6]) Ausfuhrhafen Newcastle (15).

[7]) Man will jetzt große Lager östlich von Melbourne ausbeuten und große Elektrizitäts- und Brikettwerke errichten.

[8]) Gewinnt allmählich an Bedeutung.

[9]) Australien und Ozeanien besitzen nach der amerikan. Schätzung etwa 9,82 Mill. PS Wasserkräfte = 2,24% aller auf der Erde vorhandenen. Für das Festland werden 620000, für Tasmania 400000 PS angegeben. Letzteres, kohlenarm, hatte um 1920: 34500 PS in Nutzung. Auf dem Festland ist man über Projekte noch kaum hinausgekommen.

[10]) Prod. von Roheisen 1922: 56000 T. aus eigenen Erzen (aus heimischen und fremdem Erz: 305000 T.), Rohstahl 200000 T.

Sydney, 981), durch Kokskohlen und Eisenveredelungsmetalle (Manganerz, Wolfram, Chromerz, Molybdän) begünstigt, genügt dem Bedarf noch längst nicht; Maschinen (Erntemaschinen ausgeführt), Schiffe usw. werden gebaut, doch müssen noch sehr viel Eisen- und Stahlwaren eingeführt werden.

Kupfer[1]) gewinnt man in Queensland (Mount Morgan usw.), Tasmania, Neusüdwales (Cobar); die Gruben in den Anticordilleren Südaustraliens sind erschöpft. Zinn, meist an Granit gebunden, wird in Seifen und Gängen hauptsächlich auf Tasmania, in Queensland und Neusüdwales abgebaut[2]), Zinkerz[3]) (mit 12% Zinkgehalt) und Bleierz[4]) (mit 14% Gehalt) zu Broken Hill (26), letzteres auch auf Tasmania. Antimon, Bauxit, Wismut, Kobalt, Zinnober, Radiumerz, dazu Magnesit und Graphit werden ebenfalls im Osten gefördert.

e) **Die Industrie** ist allmählich in die Höhe gekommen[5]), doch ist fast nur der Südosten mit Rohstoffen, Kohle, Wasserkräften, Arbeitern reichlich versehen; der Binnenmarkt hat geringen Umfang, der Wohlstand der Bevölkerung ist günstig. Die wichtigsten Industrien (71%) sind die der Lebensmittel und Getränke, der Metallwaren und Maschinen, der Bekleidung und Textilien, der Bücher, Papier und Drucksachen und die Wärme-, Licht- und Kraftindustrie. Die Häfen und ihre Umgebung: Sydney (981), Melbourne (853), Newcastle (15), Brisbane (230), Adelaide (279), Perth (172), sind die gegebenen Industriezentren.

Mehlindustrie, s. S. 266; Zuckerindustrie, S. 266; Bierbrauerei, S. 267; Ölindustrie, S. 267; Butter-, Käse- und Fleischindustrie, S. 268f.; Wollindustrie, S. 269f.; Gerberei und Schuhfabrikation, S. 270; Hüttenindustrie, S. 272; Eisen- und Stahlindustrie, S. 272f.; Maschinenindustrie und Schiffbau, s. oben.

f) **Handel.** Der Binnenhandel wird durch Verkehrsschwierigkeiten (siehe S. 274) behemmt. Für den Außenhandel mit Europa (Großbritannien usw.), auf den das britische Australien zurzeit hauptsächlich angewiesen ist, liegt der Kontinent ungünstig. In Zukunft bekommt wohl immer mehr der Handel mit Ozeanien, Nordamerika und Südostasien Gewicht. Damit wachsen aber auch die politischen Gefahren, denen das bevölkerungsschwache[6]) Staatswesen, besonders von seiten des südostasiatischen Aktionszentrums, bei Konflikten im Großen Ozean ausgesetzt ist.

Die **Aus-** und **Einfuhr** ist seit 1913 (75,14 und 79,75 Mill. £) stark gewachsen und wertete 1922/23: 117,91 (1923/24: 119,6; 1924/25: 161,1) bzw. 131,81 Mill. £. Die Ausfuhr umfaßt hauptsächlich Lebensmittel und Rohstoffe, die Einfuhr Industriewaren.

Ausfuhr 1922/23: Wolle 57,14; Weizen 8,47; Häute und Felle 6,67; Fleisch 6,42; Butter 6,13; Mehl 4,52; Blei 2,56; Zink 2,3; Früchte 2,27; Talg 1,64; Milch, Rahm

[1]) Prod. 1913: 43800 T. = 4,3%, 1922: 12500; 1924: 14300 T. = etwa 1,1% der W.
[2]) Prod. 1924: 2500; 1925: 2800 T. = 1,9% der W.
[3]) Nach Zinkgehalt 1913: 16% der W. (1,027 Mill. T.). Früher meist ausgeführt, werden die Erze (infolge des Krieges) jetzt zum großen Teil an Ort und Stelle verhüttet; Zinkproduktion 1922: 24000; 1924: 47400 T. = etwa 4,5% der W.
[4]) Nach Bleigehalt 1913: 250790 T. = etwa 20% der W. (1,22 Mill. T.). Prod. von Rohblei 1913: 115600, 1922: 107100, 1924: 127600 T. = (1922) 9,63% der W. (1,05 Mill. T.).
[5]) 1913: 337000, 1922/23: 412000, 1924: 430000 Arbeiter.
[6]) 1923 wanderten nur 26500, im 1. Halbjahr 1924: 45900 Menschen ein.

1,33; Kohlen 1,2; Silber 1,12; Holz 1,07; Leder 0,82; Kupfer 0,65; Chemikalien, Drogen 0,58 Mill. £. Einfuhr: Metallwaren 12,7; baumwoll. und lein. Schnittwaren 12,64; Maschinen 9,72; Motor- u. a. Wagen 8,34; andere Webwaren 6,97; Kleider und Stiefel 6,97; Öle und Wachs 5,99; woll. Schnittwaren 5,12; unbearbeitetes Holz 4,25; seidene Schnittwaren 4,16; Papier und Pappe 4,06; Drogen und Chemikalien 3,89; Eisen und Stahl 3,41; Teppiche, Linoleum 2,77; Tee 2,67; Säcke und Beutel 2,61; Garne 2,58; Tabak, Zigarren 2,23; Kautschuk und Waren daraus 2,01; Alkohol, Getränke 1,86; verzinntes Geschirr 1,02 Mill. £.

Handelsländer in Prozent der Ausfuhr: Großbritannien 44,08; Frankreich 10,43; Union 8,17; Japan 7,9; Italien 5,05; Neuseeland 3,65; Belgien 3,65; Deutsches Reich 3,55; Brit.-Indien 2,64; Südafrik. Union 1,67; Niederländisch-Indien 1,58; der Einfuhr: Großbritannien 51,91; Union 18,86; Kanada 3,84; Brit.-Indien 3,33; Niederländisch-Indien 3,31; Japan 3; Frankreich 2,45; Neuseeland 1,52; Norwegen 1,28; Schweden 1,24.

g) Verkehr. Der Binnenverkehr hat mit mancherlei Schwierigkeiten zu kämpfen.

Der Wüstensand, allgemein der Wüstencharakter großer Flächen mit ihrer äußerst geringen Besiedlung, Spinifex, Scrub, das ostaustralische Faltengebirge, die Abtrennung Tasmanias usw. bildeten und bilden Hindernisse. Im Südosten traten an die Stelle ungebahnter Straßen längst Kunststraßen und Eisenbahnen; hier besteht ein zusammenhängendes Eisenbahnnetz, freilich mit verschiedenen Spurweiten in den verschiedenen Staaten. Nordwärts von Brisbane dringt schon der Schienenstrang nach den Häfen Nordqueenslands vor. Das Bahnnetz in Südwestaustralien ist noch sehr weitmaschig und führte bis zur Goldstadt Kalgoorlie (8). Seit 1917 sind beide Bahnnetze durch eine erste Überlandbahn (Perth—) Kalgoorlie—Port Augusta (—Adelaide) verknüpft; eine zweite Überlandbahn Port Augusta—Palmerston (am Port Darwin) ist nur an den Enden ein Stück gefördert.[1]) Der binnenstädtische Verkehr in den großen Hafenzentren Sydney, Melbourne usw. steht mit Verkehrsmitteln, Riesenbrücken, Tunneln usw. zum Teil ziemlich auf der Höhe europäischer Großstädte. Der Eisenbahnbau ist in Australien um so dringender, je weniger die Binnenschiffahrt leisten kann. Nur zeitweise, bei Hochwasser, können Dampfer den Murray, Darling und Murrumbidgee befahren. An der Ostküste sind nur kurze Unterläufe der Flüsse schiffbar. Am brauchbarsten sind die Flüsse des tropischen Nordens.

Die Austauschbedürfnisse des Kontinents im Außenverkehr sind hauptsächlich im Südosten konzentriert. Hier liegen die großen Häfen: Sydney (981), Melbourne (853) mit dem Vorhafen Port Melbourne (13), Brisbane (230) und Adelaide (279) mit dem Vorhafen Port Adelaide (30) und viele kleinere: Rockhampton (24), Townsville (21), Newcastle (15) u. a.; Hobart (55) und Launceston (24) auf Tasmania. Im Westen ist fast nur der Hafen Perth (172) mit dem einverleibten Vorhafen Fremantle zu größerer

[1]) Sie wird hier oder auf einer anderen Trace wahrscheinlich erst gebaut werden, wenn die Eisenbahnverbindung von Europa her über Indien bis Singapore oder über China bis Kanton fertig ist, und ihre Fortsetzung durch Australien brennend wird, den Reiseweg nach Südostaustralien um ein Bedeutendes gegen den Seeweg abzukürzen.

Bedeutung gelangt.[1]) Im Osten allein ist auch die Küstenschiffahrt ansehnlich.[2])

Die Handelsflotte Australiens (1922): 1082 Dampfer mit 393000 R.-T. und 1184 Segler mit 39320 R.-T. macht etwa 0,7 % der Weltziffer aus.

Den **Luftverkehr** von dem Mutterlande aus über Indien nach dem fernen Kontinent (mittels Luftschiffen) in Gang zu bringen, trifft Großbritannien energische Vorbereitungen. Auch über die Wüsten des Innern hinweg, nach Neuseeland und den Inseln des Großen Ozeans mag er wohl in Zukunft Post, Menschen und Werte tragen.

Nachrichtenverkehr. Schon lange besteht ein gutes Landtelegraphen- und Telephonnetz. Mehrere Kabel verbinden mit Tasmanien, Neuseeland, den Inseln des Malaiischen Archipels, Südafrika und Kanada (allbritisches Kabel). Die Stationen für drahtlose Telegraphie mehren sich.[3])

B. Die australische Inselwelt (Ozeanien).[4])

I. Naturverhältnisse. Die im Norden, Osten und Südosten von Australien liegenden Inseln Ozeaniens sind über eine Fläche verstreut, die mehrere Male so groß ist wie der Kontinent Australien, vom 55.° südl. Br. bis zum 30.° nördl. Br. reicht, aber nur etwa 1,256 Mill. qkm Land (davon Neuguinea mit Nebeninseln 71 %) mit 2,7 Mill. Einw. aufweist. Die Inseln sind zum Teil Bruchstücke eines alten zerbrochenen Kontinents, meist jedoch vulkanische hohe Inseln (zum Teil mit tätigen Vulkanen) oder niedrige Koralleninseln, von Sturmfluten nicht selten schwer beschädigt. Erstere haben gute brauchbare Böden, letztere nur kleinräumige dürftige Flächen. Die große Doppelinsel Neuseeland und ihre Nachbarinseln haben ein feuchttemperiertes Klima (C 7 b), Neukaledonien und der äußerste Süden Neuguineas, sodann die Phönixinseln und die pazifischen Sporaden beiderseits des Äquators ein periodisch trockenes Savannenklima (A 2), letztere sogar zum Teil Steppenklima (B 3), der größte Teil der Inseln aber ein heißfeuchtes Urwaldklima (A 1).[5]) Die Engländer[6]), die U. S.-Amerikaner[7]), Franzosen[8]) und Japaner[9]) haben in Ozeanien Besitzungen.

---

[1]) Als Aus- und Einfuhrhafen Westaustraliens. Hier besteigen die Europafahrer das Schiff, hier beenden die von Europa usw. Kommenden die Seefahrt, wenn sie die sturmreiche Weiterfahrt über See nach dem Südosten vermeiden wollen.

[2]) Das Große Barrierriff hält in günstiger Weise den Schwall des Großen Ozeans ab.

[3]) Eine Großstation mit 20000 km Reichweite (England, Kanada) sollte 1924 fertig werden.

[4]) Vgl. S. 263, Anm. 2.

[5]) Wobei für die hohen Inseln die Exposition gegen den Nordostpassat der Nord- bzw. den Südostpassat der Südhalbkugel den Gegensatz einer niederschlagsreicheren Luv- und einer niederschlagsärmeren Leeseite bedingt, der wirtschaftlich nicht ohne Folgen bleibt.

[6]) Ihnen gehören Neuseeland mit Dependenzen (271300 qkm, 1,22 Mill. Einw.), Papua (mit Mandat Deutsch-Neuguinea; 474500 qkm, 0,81 Mill. Einw., die Viti- (Fidschi-) Inseln mit Rotumah (19250 qkm mit 157300 Einw.), die Tongainseln usw. (32090 qkm, 174000 Einw.), zusammen etwa 796000 qkm mit 2,36 Mill. Einw.

[7]) Hawaii-Inseln (16700 qkm, 256000 Einw.); Tutuila mit Nebeninseln (Amerikanisch-Samoa, 264 qkm mit 8320 Einw.; Guam (Marianen, 544 qkm mit 13700 Einw.), zusammen 17360 qkm mit 280000 Einw.

[8]) Neukaledonien mit Dependenzen (18650 qkm mit 48000 Einw.) und Établissements de l'Océanie (Tahiti, die Marquesas-Inseln, die Tuamotu-Inseln usw., 4000 qkm mit 31500 Einw., zusammen etwa 22650 qkm mit 80000 Einw.

[9]) Ihnen fielen von dem Kriegsraub an Deutschland die Marianen, Karolinen und Marshallinseln als Mandat zu (2510 qkm mit 52200 Einw.).

II. Die **Volksdichte** beträgt in den englischen Kolonien durchschnittlich 3, in den vereinsstaatlichen 16, in den französischen etwa 3,5, in den japanischen etwa 21 auf 1 qkm. Die Bevölkerung besteht nur auf Neuseeland hauptsächlich aus Weißen, sonst herrschen überall Farbige (Eingeborene, Ostasiaten usw.) vor.

Bei weitem die wichtigste unter den Inseln Ozeaniens ist die zwischen dem 47.° und 34.° südl. Br. gelegene Doppelinsel **Neuseeland.**

Das feuchttemperierte Klima (C 7 b) ist auf der Nordinsel bedeutend wärmer[1]) als auf der Südinsel[2]), längs deren Westküste ein hohes (3770 m) alpenähnliches Gebirge läuft und sich zum großen Teil bis in die Schneeklimaregion (E 10 und F 11) erhebt.

Mit den Dependenzen (Stewart-Inseln [Rakiura], Chatham-Inseln [Warekauri], Antipoden-Inseln, Auckland-Inseln, Bounty-Inseln, Campbell-Inseln, Dreikönigs- [Manawatawi-] und Snares-Inseln, Cook-Inseln, Hervey-Inseln, Pukapuka [Danger], Manihiki, Niue [Savage], Tongarewa [Penrhyn], Rakahanga, Nassau, Takutea, Suwarrow, West-Samoa) ist die britische Kolonie (Dominion) Neuseeland (Nordinsel 114290, Südinsel 150525 qkm) rund 271300 qkm groß[3]) und hat etwa (1921) 1,22 Mill. weiße Einw., dazu gegen 60000 Eingeborene. Ein Teil der Dependenzen ist unbewohnt.

Die Volksdichte beträgt im Durchschnitt 4,5 auf 1 qkm, auf der Nordinsel 6,9; auch auf der flacheren Ostabdachung der Südinsel liegt sie über dem Durchschnitt.

III. Die Wirtschaft Neuseelands.

Allgemeine Charakterzüge: Durch die Zahl und die Wirtschaftsstufe seiner Bevölkerung (Wirtschaftsstufe der wissenschaftlich-technischen Wirtschaft) ist Neuseeland ein kleines wirtschaftliches und politisches Aktionszentrum geworden. Da das feuchte und wintermilde Seeklima dem Wachstum von Futterpflanzen ausnehmend günstig ist, wurde die Tierzucht der bei weitem wichtigste Wirtschaftszweig.[4])

a) Die Erzeugung von Nahrungs- und Genußmitteln fördert in erster Linie tierische, unter Bedarf[5]) **pflanzliche** Stoffe. Die Pflanzenproduktion nahm immer mehr ab.[6]) Hochgebirge und überfeuchte Westküste haben fast keinen Ackerbau. Getreide ist nach den Futterpflanzen die wichtigste Feldfrucht, Weizen die Hauptbrotfrucht, deren Ernten jedoch aus Australien ergänzt werden müssen.

Der Anbau konzentriert sich besonders auf den flachen oder leichthügeligen und verhältnismäßig warmen, gemäßigt feuchten Abdachungsebenen an der Ostküste der Südinsel (Canterburyebene).[7])

---

[1]) Vgl. Auckland: Febr. 19,6°, Aug. 11,1° C. Extreme 29° und 2°. 1110 mm Regen (130 im Juli, 60 im Jan.).

[2]) Southland: 14,1° im Jan., 5° im Juli. Extreme 29° und −7°. 1840 mm Regen (200 im Jan., 100 im Juli). An der Ostküste hat Dunedin nur 880 mm Niederschlag.

[3]) Seit dem 31. Juli 1923 ist auch der die Roßsee umfassende Sektor der Antarktis (mit dem Küstenstreifen des Süd-Victoria-Landes und dem King Edward VII.-Land) als Dependenz dem Dominium Neuseeland unter dem Namen Ross Dependency angegliedert. Im Rossmeere wird Walfang betrieben.

[4]) 1922 hatten am Gesamtexport Anteil: Weideprodukte 91,3 (1902: 64,5)%; Ackerbau 2,3 (7,7); Waldwesen 2,6 (4,9); Bergbau 2 (16); sonstige Produkte 1,8 (6,9) %.

[5]) Nur etwa zwei Drittel des Bedarfs an Pflanzenstoffen gedeckt.

[6]) Mehr als vier Fünftel der Fläche sollen anbaufähig sein.

[7]) Prod. 1922/23 auf 1117 qkm 229100 (1924: 136100) T. = 0,2 (0,11) % der W. (Ertrag vom ha mit 2,05 bzw. 1,98 T. hoch)

Umfangreich ist, entsprechend dem Seeklima, besonders auf der kühleren Südinsel, der Haferbau[1]), der auch zunimmt und etwas Ausfuhr ermöglicht.

Der Gerstenbau an der Ostseite der Inseln genügt im allgemeinen dem Bedarf[2]), Rogen wird nur in kleinstem Maßstabe produziert. Die Nordinsel eignet sich überhaupt nur noch in der Südhälfte für unsere Getreidearten, da sie im Norden zu heißfeucht ist, doch produziert sie hier in geringen Mengen (an der Bay of Plenty) Mais.[3])

Kartoffeln[4]) gehen nach Norden zu kaum über die Südspitze der Nordinsel hinaus. Unsere Gemüse und Hülsenfrüchte baut man am meisten an der Ostseite der Südinsel, Obst[5]) aber auf der Nordinsel.

Auf der Südinsel versucht man seit kurzem die Zuckerrübe anzubauen.[6]) Zucker muß bisher eingeführt werden (s. S. 280).

Ein wenig Hopfen wird an dem Nordende der Südinsel gezogen. Die Bierbrauerei ist besonders in den Städten der Südinsel entwickelt. Weingewinnung hat wohl keine Aussichten. Spirituosen (Branntwein, Wein, Bier), natürlich auch Tee, Kaffee, Kakao werden eingeführt. Tabakbau, Ölpflanzen usw. haben geringe Wichtigkeit.

Futterpflanzen. Außer ausgedehnten Weideflächen und Naturwiesen schaffen große Kulturen[7]) von Futterrüben (Südinsel), Grassamen (auch zur Ausfuhr), Klee und gelben Rüben neben Hafer usw. die günstigsten Vorbedingungen für die Tierwirtschaft. Auch der milde Winter, der Ställe überflüssig macht, begünstigt sie. **Tierische Nahrungs- und Genußmittel**, zumal Fleisch, spielen bei der Ernährung der Bevölkerung die Hauptrolle.[8])

Am meisten Fleisch liefert das Schaf, das entsprechend seinen Lebensbedingungen hauptsächlich an den trockenen Ostseiten der Inseln gehalten wird.[9]) Die überfeuchten regnerischen Westküsten, besonders der Südinsel, sind wenig günstig. Gefrorenes Lamm- und Hammelfleisch ist ein Hauptausfuhrartikel Neuseelands.[10])

---

[1]) Die Erträge auf dem ha sind auf der (kühleren) Südinsel wesentlich größer als auf der Nordinsel. Prod. 1922/23 auf 581 qkm 101000 (1924: 88500) T. = etwa 0,2 (0,14) % der W. (Ertrag vom ha 1,74 T.).

[2]) Prod. 1922/23 auf 72 qkm 13800 T., Hektarertrag 1,92 T. Ausgezeichnete Malzgerste, entsprechend dem feuchtkühlen Klima.

[3]) Prod. 1909 nur 18000 T., fast $^9/_{10}$ im Aucklanddistrikt.

[4]) Prod. 1922/23 auf 82 qkm 116400 T. = etwa 0,1 % der W. (gegen 100 kg je Kopf). Sie sind bei dem feuchten Klima wenig wert und leiden sehr unter Krankheiten; Einfuhr aus Australien (Tasmanien usw.).

[5]) Außer unserem Obst auf der Nordinsel auch Orangen, Zitronen, Pfirsiche, Aprikosen, ja Feigen und Oliven sowie Weintrauben.

[6]) Die Prod. nahm stark zu, die Einfuhr ab.

[7]) 81 % der landwirtschaftlich benutzten Fläche sind nach L. Waibel mit Kunstgras bestanden.

[8]) Der Konsum an Lamm- und Hammelfleisch soll allein über 54 kg je Kopf betragen.

[9]) In manchen Gebieten soll die Ernährungskapazität eines qkm 1500—2000 Schafe betragen. Die Bestockungsziffer (Schafdichte) auf 1 qkm ist sehr hoch (87); auf 100 Einw. kamen 1933 Schafe. 1913 besaß N. 24,2, 1921: 23,3, 1924: 23,58 Mill. Schafe = mehr als 4 % aller auf der Erde vorhandenen. Die Schwankungen der Bestandsziffern sind (Klima!) geringe.

[10]) 1882 etwa 800, 1900/01: 67000, 1910: 105000, 1921: 220000 T. ausgeführt; Neuseeland ist mit Australien der wichtigste Belieferer des Weltmarktes mit Hammelfleisch (nach Großbritannien allein 1921: 129000 T. Hammel- und 69000 T. Lammfleisch). Ausfuhrhäfen sind Wellington (108), Lyttelton (für Christchurch, 106), Timaru (16), Gisborne (15), Napier (17) usw. Die Gefrierfleisch- und Konservierungsindustrie steht unter allen Industrien Neuseelands an erster Stelle.

Rinder werden mehr auf der Nord- als auf der Südinsel gehalten.[1]) Gefrorenes Rindfleisch wird in Menge ausgeführt.[2]) Die Meierei hat sich glänzend entwickelt. Melkmaschinen sind schon seit langem im Gebrauch. Butter[3]) und Käse[4]), auch kondensierte Milch sind Hauptausfuhrartikel geworden.

Die Schweinezucht gewinnt, auch für Ausfuhr, an Bedeutung.[5])

Ziegenzucht, Bienenzucht (Honigproduktion), auch Geflügelzucht sind weniger entwickelt. Honig wird ausgeführt.[6])

Jagd. Gefrorene Kaninchen werden in großen Mengen ausgeführt.

Die **Fischerei** wird im Binnenlande durch zahlreiche glaziale Seen und muntere Gebirgsgewässer (Forellen) begünstigt; die Hochseefischerei nimmt in den kühlen Gewässern einen großen Aufschwung und erzieht geübte Seeleute für die Marine.

Mineralische Nahrungs- und Genußmittel u. dgl. Mit Salz (Solquellen an der Westküste) ist Neuseeland schlecht ausgestattet, und die Meersalzgewinnung bietet in dem feuchten Seeklima keine günstigen Aussichten; Einfuhr von Salz ist erforderlich. Trinkwasser (Wasserleitungen) und Mineralwässer sind reichlich vorhanden.

Von künstlichen Düngemitteln seien geringwertige Phosphate[7]) der Südinsel erwähnt; viel Phosphate werden eingeführt.

b) Für Kleidungszwecke gewinnt von pflanzlichen Textilfasern der neuseeländische Flachs (Phormiumfaser) von der Flachslilie (Phormium tenax) dauernd an Wichtigkeit.

Von wildwachsenden und angebauten Pflanzen gewonnen, wird er bisher meist ausgeführt[8]), doch ist Flachsspinnerei eine ziemlich wichtige Industrie.

Unter den tierischen Textilstoffen steht die Wolle an erster Stelle.[9]) Die Merinorasse gedeiht nur wenig[10]), Kreuzzuchten herrschen völlig vor, und die gewonnene Wollfaser ist gröber als die australische. Wolle ist einer der wichtigsten Ausfuhrartikel.[11])

---

[1]) 1924: 3,55 Mill. = 0,7% der Weltziffer.

[2]) 1910: 25000, 1921 nach Großbritannien 39400 T. Ausf. 1922/23: 231400 Ochsenviertel.

[3]) Ausf. 1910/11: 16500, 1913: 18000, 1921: 45600 T., besonders von der Nordinsel (Häfen New Plymouth, 13; Wellington, 108; Auckland, 158; Patea usw.).

[4]) Ausf. 1913: 31070, 1921: 69500 T., über die Häfen Patea, Wellington (108), New Plymouth (13) der Nord-, Bluff, Dunedin (72) usw. der Südinsel. Der Käse wird zur Versendung gefroren gehalten und in Kühlräumen verschifft.

[5]) 1924: 421000; 1923 wurden bereits Schweineprodukte für 0,55 Mill. £ nach Großbritannien ausgeführt.

[6]) 1919: 336 T. Der Reichtum an Wiesen und Weiden begünstigt die Bienenzucht sehr.

[7]) Prod. 1913: 11180 T. Eine Anlage zur Gewinnung von Luftstickstoff mittels Wasserkraft ist im Bau.

[8]) Prod. 1910: 20650, 1917: 23520, 1918: 25170 T. 1 Ballen = 1/5—1/4 T. (?) Ausf. 1924: 425000 £, Wellington (108) ist wichtigster Ausfuhrhafen. Vgl. S. 280.
Während der feuchten Wintermonate wird die Erzeugung eingeschränkt, weil dann der grüne Flachs nicht getrocknet und gebleicht werden kann.

[9]) Prod. 1909/13: 90000, 1923: 81650, 1924: 85300 T. = mehr als 6½—7% der W.

[10]) Nur in den trockneren Teilen der Canterburyebenen und im unkultivierten Hügel- und Berglande; die anspruchsvolleren Fleischschafe (mit weniger feiner Wolle) in den kultivierten, Futter anbauenden Landesteilen. Hochgezüchtete Kreuzungen geben bei der Schur bis zu 13½ kg Wolle, „Landschafe" nur 1—1½ kg.

[11]) 1923/24 wurden 504000 Ballen = 102060 T. verkauft, zu 45% nach Großbritannien, zu 20% nach Deutschland und Österreich. Die Ausfuhrhäfen sind Wellington (108), Christchurch (106; Lyttelton), Auckland (158).

Auf der Nordinsel werden kleine Bestände der Angoraziege gehalten.

Die einheimische Wollindustrie[1]) wächst beträchtlich.

Häute und Felle (der geschlachteten Rinder, Schafe; gejagten Kaninchen) kommen in großen Mengen zur Ausfuhr.

Gutes Gerbmaterial liefern der Nadelbaum Phyllocladus trichomanoides (mehr als 23 % Tannin) und Elaeocarpus dentatus Vahl. (20—22 %). Die einheimische Gerberei und Schuhfabrikation (Auckland, 158) sind sehr entwicklungsfähig.

Schmuckmineralien kommen vor: Edelsteine (Diamanten, Opale, Rubine), Gold in größeren Mengen[2]) und etwas Silber.

c) **Für Wohnungsbau** bieten die noch gegen 30 (25,7 ?) % der Fläche bedeckenden Wälder reichlich Holz; besonders an der feuchten gebirgigen Westabdachung der Südinsel und im Norden der Nordinsel stehen ausgedehnte Bestände mit wertvollen Hölzern.[3]) Die Häuser sind meist Holzbauten, doch treten allmählich Ziegel- und Steinhäuser an ihre Stelle.

Die Kaurifichte (Dammara australis, für Möbelbau usw.) im äußersten Norden der Nordinsel[4]) und die Mastbaumfichte (Pinus strobus) haben besondere Schätzung; von der ersteren wird Holz ausgeführt, im übrigen kanadisches Holz[5]) eingeführt.

Gesteinsmaterial für Wohnungsbau ist überall im Überfluß zugänglich. Auch Ton und Kalkstein, also Zementmaterialien, sollen in erheblichen Mengen vorkommen.

d) Tierische Arbeitsgehilfen, Naturkräfte und mineralisches Material für Werkzeuge aller Art.

Als **Arbeitstiere** werden Pferde gebraucht, die natürlich in den landwirtschaftlichen Hauptgebieten (Osten der Südinsel und Südende der Nordinsel) am häufigsten sind.[6])

Kohlen für Erzeugung von Dampfkraft besitzt Neuseeland vorläufig genügend[7]), aber die Erzeugung entspricht nicht dem Bedarf. Torf ist reichlich vorhanden, die Bohrungen auf Petroleum hatten bisher wenig Erfolg.[8]) Große Wasserkräfte (3,8 Mill. PS) stehen, vor allem auf der gebirgigen

---

[1]) 1909/13: 2, jetzt wohl gegen 4 % der Wollschur verarbeitet. Die klimatischen Verhältnisse wirken hier, besonders auf der Südinsel, auf einen starken Verbrauch von Wollwaren hin.

[2]) Prod. 1913: 10687; 1923: 4355 kg, Silber 30345 bzw. 11700 kg.

[3]) Nur 9 % der Fläche Neuseelands tragen Wälder von Handelswert.

[4]) Von Dammara australis stammt der Kaurikopal, ein Harz, das die Maoris kauten. Er liegt, aus Zweigen und Stämmen ausgeflossen, rezent-fossil am und im Boden, wo einst die „Yellow pine" stand (der beste Kopal aus trockenem hochliegenden Land), oder es wird von lebenden Bäumen das abgetropfte Harz zwischen den Wurzelstöcken hervorgeholt oder auch die Rinde angeritzt. In den mit Kauriöl getränkten Sümpfen wird neuerdings durch Abbau des Kauritorfs das für Firniszwecke geschätzte Öl gewonnen. Der Kaurikopal (Prod. 1910: 8080, 1913: 9600, 1918: 2690 T.) wird größtenteils ausgeführt.

[5]) Ausgeführt wird sonst besonders Weichholz, eingeführt Hartholz (?). Aus Kanada kommt wohl Weichholz für Papierfabrikation.

[6]) 1924: 331000 Pferde. Besonders schwere Zugpferde gedeihen wie im Seeklima Westeuropas (s. S. 36) vorzüglich und werden ausgeführt. Esel und Maultiere gibt es nur wenige hundert.

[7]) 3,39 Milliarden T. Kohlen sollen vorkommen. 374 Mill. T. Steinkohlen und 513 Mill. T. Braunkohlen sind nachgewiesen, doch sollen sich nur etwa 100 Mill. T. Steinkohlen und nicht viel mehr Braunkohlen gewinnen lassen. Prod. 1914: 2,28; 1920: 1,87; 1922: 1,8 Mill. T. = etwa 0,14 % der W. Die Lage der Kohlenfelder (an der Westküste) ist ziemlich ungünstig. Einf. 1914: 518100, 1919: 455500 T.

[8]) Viel Erdöl muß eingeführt werden.

und vergletschert gewesenen Südinsel, zur Verfügung und werden in fortschreitendem Maße ausgenutzt.[1])

Mineralisches Werkzeugmaterial: Eisenerz und -sand[2]), Kupfererz usw. spielen bisher eine nebensächliche Rolle, ebenso die Schwefellager (auf der vulkanischen Nordinsel), Nephritlager usw. Der Bergbau ist überhaupt ziemlich unbedeutend (s. S. 276, Anm. 4).

e) Die Industrie der Lebensmittel (Gefrierfleisch, Butter, Käse, kondens. Milch, Mehl) ist sehr entwickelt; Wollwäschereien, Wollspinnereien und -webereien, Flachsspinnereien, Gerbereien, Sägereien u. dgl. sind gut vertreten.

Auch im übrigen schreitet die Industrie beständig fort und bemüht sich auf vielen Gebieten, die Einfuhr von Industriewaren entbehrlich zu machen. Von diesem Ziele ist sie freilich noch weit entfernt.[3])

f) Der Handel mit dem Auslande kann natürlich nur über See gehen.

Am günstigsten liegen für ihn Australien, die Südseeinseln und Südostasien, auch die Union und Kanada. Noch beherrscht jedoch trotz seiner ungünstigen Lage das Mutterland den Handel.

Seit 1913 haben sich Ausfuhr (22,99) und Einfuhr (22,29 Mill. £) mehr als verdoppelt (1920: 46,4; 1924: 52,6 Mill. £ Ausf.; 61.6 bzw. 48,5 Mill. £ Einf.). Hauptsächlich werden Nahrungsmittel und Rohstoffe für die Industrie ausgeführt, Fabrikate und Genußmittel eingeführt.

Ausfuhr 1922: 42,73 Mill. £: Wolle 11,88; Butter 9,04; Fleisch 8,56; Käse 4,69; Häute und Felle 1,83; Ackerbauerzeugnisse 0,97; Talg 0,75; Kaurigummi 0,56; Gold 0,54; Holz 0,48; neuseeländ. Flachs 0,3; Kohle 0,25 Mill. £. Einfuhr: 35,01 Mill. £: Textilien 4,425; Metallwaren 4,25; Maschinen 2,77; Öle 2,23; Kleider 1,98; Eisen und Stahl 1,68; Motorwagen usw. 1,53; Zucker 1,43; Bücher, Papier usw. 1,36; Tabak, Zigarren usw. 1,33; Drogen und Chemikalien 1,1; Schuhzeug 0,73; Spirituosen 0,72; Früchte 0,7; Strumpfwaren 0,64; Seide 0,59; Tee 0,55; Leder 0,47 Mill. £.

Handelsländer in Prozent der Ausfuhr: Großbritannien 84,62; Union 6,26; Australien 5,17; Kanada 1,04; der Einfuhr: Großbritannien 55,46; Union 14,14; Australien 12,03; Südsee-Inseln 4,53; Kanada 4,4; Indien und Ceylon 2,68; Japan 1,38.

g) Verkehr. Der Binnenverkehr wird durch die Bodenformen (besonders auf der Südinsel) erschwert.

Eine Gebirgsbahn mit 8550 m langem Tunnel quert die neuseeländischen Alpen; an der Ostseite der Südinsel und auf der Nordinsel ist das Eisenbahnnetz schon ziemlich gut ausgebaut. Der binnenstädtische Verkehr gestaltet sich modern.[4]) Flußschiffahrt und Verkehr auf den Seen können nur lokale Bedeutung haben.

Die Küstenschiffahrt ist sehr wichtig.. Häfen sind zahlreich und schon weitgehend ausgebaut. Wellington (108), Auckland (158), Lyttel-

[1]) Um 1920: 45000 PS. 1924 wurde eine Station mit 24600 PS eröffnet.

[2]) Die Paraparalager sollen 63 Mill. T. Erz mit 45% Gehalt, Kieslager bei Patea 5,4 Mill. T. hochgradiger Erze fassen.

[3]) Die Arbeiterpartei empfahl ihren Anhängern, bei allen Waren zunächst heimischen Fabrikaten den Vorzug zu geben und an zweiter Stelle Erzeugnisse aus dem Empire einzukaufen.

[4]) In Auckland (158) soll eine Untergrundbahn gebaut werden.

ton als Vorhafen von Christchurch (106), Dunedin (72) mit dem Vorhafen Port Chalmers, Napier (17), Invercargill (mit Bluff Harbour), Timaru (16) sind die wichtigsten. Die Handelsflotte bestand 1922 aus 556 Dampfern (418) und Seglern (138) mit zusammen 92340 N.-R.-T.

Der **Luftverkehr** (zwischen Nord- und Südinsel, mit Australien und den Dependences) hat wohl einige Zukunftsaussichten.

Nachrichtenverkehr. Durch Kabel steht die mit Telegraphen, Telephon usw. gut ausgestattete Inselgruppe vor allem mit Australien in Verbindung, durch das allbritische Kabel über die Insel Norfolk auch mit Kanada, Südafrika, Großbritannien usw. Die Zahl der drahtlosen Telegraphenstationen mehrt sich.

Auf den **übrigen Inseln Ozeaniens** stehen in der Wirtschaft Produkte der Pflanzenwirtschaft durchaus im Vordergrunde[1]), und die in den Welthandel eintretenden Produkte: Rohrzucker, Kopra, Bananen usw. entstammen zum größten Teile der europäischen, nordamerikanischen und japanischen (deutschen?) Plantagenwirtschaft.[2])

a) Erzeugung von Nahrungs- und Genußmitteln.

Der Anbau unserer Getreidearten, auch Kartoffeln, ist in dem tropischen Klima so gut wie ausgeschlossen. Reis (z. B. Hawaiï-Inseln), Mais und Gemüse gedeihen stellenweise gut. In der Hauptsache ist für die (geringe Zahl von) weißen und gelben Kolonisten Zufuhr ihrer gewohnten Nahrungsmittel (aus der gemäßigten Zone) erforderlich.

Von den Obstfrüchten haben die Bananen (Hawaiï-Inseln, Fidschi-, Tonga-, Cook-Inseln, Neue Hebriden) einige Handelsbedeutung erlangt; die Ausfuhr richtet sich nach der Union, Australien und Neuseeland.

Orangen und Ananas[3]) (Tonga-, Cook-Inseln, Tahiti, Hawaiï-Inseln), Limonen (Cook-Inseln), Kokosnüsse (Fidschi-, Tonga-, Salomon-Inseln usw.) werden ebenfalls in geringen Mengen ausgeführt.

Die Zuckerrohrpflanzungen der Weißen (Hawaiï-Inseln[3]) und Fidschi-Inseln[4]) liefern bedeutende Zuckermengen in den Handel.

---

[1]) Die Eingeborenen nähren sich von Taro (Neuguinea, Fidschi-Inseln usw.), Nüssen der Kokospalme, die fast alle Küsten säumt, Brotfrucht, Yams, Bataten, Maniok, Erdnüssen, Bananen, Pandanusfrüchten, Pfeilwurz usw., in Melanesien usw. auch von Sago. In den Welthandel kommen ihre Produkte nur wenig.

[2]) Bergbauprodukte sind natürlich lediglich Erzeugnisse europäischen Unternehmungsgeistes.

[3]) Bedeckung der Ananaskulturen und der jungen Zuckerpflanzen mit Papier war auf den Hawaiï-Inseln vorteilhaft für die Unterdrückung des Unkrautes und die Erträge, also für die Herabsetzung der Gestehungskosten. Die Oahubahn befördert jährlich 160000 T. Ananas aus den Pflanzungen nach den Konservenfabriken Honolulus. — Die Zuckerproduktion der Hawaiï-Inseln (Hawaiï, Oahu, Kauai, Maui) ist besonders seit der vereinsstaatlichen Besitzergreifung stark gewachsen (1921: 521600 T. = etwa 3% der W. von Zucker) und wird nach wissenschaftlichen Methoden und mit künstlicher Bewässerung betrieben. Da die Nordamerikaner in dem Klima körperlich nicht arbeiten können, werden japanische, chinesische und portugiesische Arbeiter verwendet. Fast die ganze Produktion wird über den Hafen Honolulu (83) ausgeführt. — M. Beckadolf, Die Hawaiischen Inseln. (Ungedruckte) Diss. Gießen 1923. — H. Habrecht, Zuckerrohrkultur m. künstl. Bewässg. auf Hawaiï (Trop. 1926, Nr. 2 u. 3).

[4]) Ausf. 1921: 72630 T. = etwa 0,4% der W. Auf Fluß- und Küstenebenen der Inseln Viti Levu und Vanua Levu fand man, daß die windgeschützten Leeseiten mit ihrem schärferen Gegensatz zwischen der trockenen und der feuchteren Jahreszeit für das gehörige Ausreifen des Rohres und die Zuckerkonzentration vorteilhafter war als die feuchten Luvseiten; auch das Unkraut war dort leichter zu bekämpfen. Als Arbeiter werden hauptsächlich indische Kulis angestellt!

Andere Plantagenkulturen, wie die von Kaffee (Hawaii-Inseln, Neukaledonien Neue Hebriden, Neuguinea, Cook-Inseln, Pitcairn usw.), Kakao (Neue Hebriden[1]); Samoa-Inseln Upolu und Sawaii, Neuguinea usw.), Tabak (Neuguinea, Salomon-Inseln, Fidschi-Inseln usw.), Vanille (Gesellschafts-Inseln, Fidschi-Inseln), Tee (Fidschi-Inseln) usw. liefern nur sehr geringe Mengen in den Welthandel.

Lediglich die Eingeborenen geht die Bereitung von Palmwein (aus dem Blütenschaft der Kokospalme), von Kawa oder das Betelkauen (im Westen Ozeaniens) an.

Am wichtigsten von allen Produkten ist für Ozeanien die Kopra (für Ölgewinnung) geworden. Gegen 10% der W., etwa 110000 T. oder mehr, dürften von hier in den Welthandel kommen.

Kopra ist der Ausfuhrartikel vieler Inseln, immer einer der wichtigsten. Bismarck-Archipel (bis zum Mandat-Raub durch Australien deutsch), Fidschi-Inseln, Tonga-Inseln sind besonders bemerkenswerte Produktionsgebiete, doch auch die in die Hände der Japaner geratenen Marshall-Inseln, Karolinen und Marianen, Tuamotu- und Gesellschafts-Inseln usw. liefern viel Kopra.[2]) Sydney ist dafür Stapelplatz und entwickelt Ölbereitung, Seifenindustrie usw.

Tierische Nahrungs- und Genußmittel treten, abgesehen von Fischen[3]), die auf vielen Inseln die Hauptnahrung bilden, ganz in den Hintergrund. Bei Neukaledonien werden auch Austern gefischt. Die getrocknete Seegurke (Trepang) gilt in Ostasien als Delikatesse. Schildkröten werden vielerorts gejagt und ihre Eier gegessen.

Die Zahl der Haustiere ist gering.

Am ehesten sind die Vorbedingungen für ihr Gedeihen wohl auf den grasbedeckten Bergen der hohen Inseln[4]), und vor allem Neuguineas, gegeben. Auf manchen dieser Inseln finden sich auch kleine Herden von Schafen, Rindern und Ziegen, die aber wohl ziemlich kümmerlich fortkommen[5].) Fleischkonserven, Butter, kondensierte Milch u. dgl. müssen in der Hauptsache aus den „Ländern der Maschinenkultur" bezogen werden. Die Eingeborenen halten meist nur Schweine, ferner Geflügel und Hunde, alle halbwild.[6]) **Jagd** auf Wildschweine und andere Landtiere, auch Vögel fehlt nicht.

---

[1]) Ausf. der Neuen Hebriden 1924: 1520 T., des Mandats West-Samoa 1922/23: 760 T., Neuguineas 83 T. Vgl. E. Schultz-Ewerth, Erinnerungen an Samoa. Berlin 1926.

[2]) Aus dem früher deutschen „Mandatgebiet" Neuguinea 1922/23: 32650, Mandat West-Samoa 16960 T. Kopra; aus den französ. Établissements de l'Océanie 1921: 6070 T. Kopra und 1570 T. Kokosöl; aus Neukaledonien 1920: 3310 T.; Neue Hebriden 1924: 6790 T.; Brit.-Salomo-Inseln 1922/23: 16710 T.; Fidschi-Inseln 21090 T.; Tonga-Inseln 9600 T. Kopra.

[3]) Auf Nauru wird nach Hambruch von den Eingeborenen in der durch künstliche Dämme in 45 Bassins zerlegten Lagune Fischzucht betrieben. Auf den Hawaii-Inseln setzt man die Fische, wenn der Ertrag des Fanges groß ist, in Fischteiche. Eine Art „Tierzucht" ist die von Aug. Kraemer erwähnte Mästung von Kokosnußräuberkrebsen auf den Marshall-Inseln.

[4]) An Futterpflanzen fehlt es wohl überhaupt nicht, aber Tierkrankheiten und das heißfeuchte Klima (A 1) an sich sind der Einführung unserer Haustiere hinderlich.

[5]) Auf den Fidschi-Inseln ist das Klima, da der poröse Boden die Niederschläge schnell verschluckt, den Haustieren zuträglicher als auf vielen anderen Inseln. Sie besaßen 1921: 58801 Stück Rindvieh, 13390 Ziegen, 1000 Schweine, 2100 Schafe. Auf Neukaledonien, das dem Wendekreis naheliegt, gibt es sogar 200000 Stück Rindvieh und etwa 25000 Schafe, sodaß Fleischkonservenindustrie Fuß fassen konnte.

[6]) Auf manchen Inseln herrschte bis in neuere Zeit eine schwunghafte Anthropophagie, von der wohl die Schweinezucht zu erlösen anfing; in großen Teilen Melanesiens besteht nach F. Speiser ein Schweinekult, der vielleicht damit zusammenhängt. Auf den Fidschi-Inseln war es zu einer Art Menschenzucht für Nahrungszwecke gekommen. Hundefleisch wird auch vielfach gegessen.

Mineralische Nahrungs- und Genußmittel und Düngestoffe.

Salz ist stellenweise unbekannt, vereinzelt wird es durch Verdunstung von Meerwasser gewonnen, in der Regel letzteres direkt zur Würzung der Speisen verwendet. Für Weiße wird es einzuführen sein. Trinkwasser ist auf den Koralleninseln immer spärlich; der Regen wird in Baumlöchern (Karolinen), Ton- oder eisernen Behältern aufgefangen; in den Korallenboden eingegrabene Löcher und Zisternen füllen sich bald mit Brackwasser.[1]) Mineralquellen treten naturgemäß auf den vulkanischen Inseln auf.

Phosphate, von denen Ozeanien 1913 etwa 6—7, 1924: 5% der W. lieferte[2]), werden am meisten auf den britischen Inseln Nauru[3]) (Pleasant Island; früher deutsch) und Ocean Island[4]) (westlich der Gilbert-Inseln) gewonnen.

Andere Phosphatlager, die Deutschland vor dem Kriege besaß, sind japanisches Mandat geworden, so die Inseln Angaur (Palau-Inseln) und Feis (Karolinen). Rasa (zwischen Formosa und den Bonin-Inseln) war schon vorher von den Japanern besetzt. Makatea (Tuamotu-Gruppe) ist französisch. Auch einige Dependenzen Neukaledoniens liefern Phosphate. Hierhin kann man auch die jüngeren Guanolager (aus Exkrementen von Seevögeln) rechnen, auf einigen der pazifischen Sporaden (Jarvis usw.), deren relative Trockenheit die Erhaltung des Düngestoffs begünstigte, auf Howland, Johnston, den Chesterfield-Inseln usw.; zum Teil sind sie schon abgebaut (reichern sich aber immer wieder an).

b) Für Kleidungszwecke baut man, doch mit wenig Erfolg[5]), Baumwolle an (Neukaledonien, Neue Hebriden, Fidschi-Inseln, Neuguinea, Bismarck-Archipel, Tahiti usw.).

Das Kleidungsbedürfnis der Eingeborenen ist oft sehr gering; manche gehen nackt, anderen genügt ein Schamtuch, ein Blattröckchen u. dgl. Regenschirme (Samoa), Blattfächer (Fidschi-Inseln), Spitzhüte gegen Regen (Yap), Sandalen usw. kommen vor. Das Kleidungsbedürfnis wächst, nicht zugunsten der Eingeborenen.

Sisalhanf bauen die Fidschi-Inseln, Neuguinea usw. an, Koïr spielt im Handel keine Rolle. Steinnüsse (Tahitinüsse) von Palmen (Karolinen, Salomon-Inseln) und Kautschuk (Plantagen auf Neuguinea, Samoa-Inseln, Fidschi-Inseln usw.) kommen in kleinen Mengen auf den Markt.

Die Produktion (und Ausfuhr) von Wolle, Häuten u. dgl. ist minimal. Die Seidenzucht, die man früher auf Tahiti versuchte, scheint nicht Bestand gehabt

---

[1]) Vgl. Haberlandt, a. a. O.

[2]) Angaur lieferte 1913: 90000 (1919: 71000), Makatea 82060 (1922: 77500), Neukaledonien und Huon Island 2100 (1921: 5000, die Établissements de l'Océanie 1921: 59000 T.), (Japan mit) Rasa 25000 (1918: 19200?, 1922: 12300) T.

[3]) Es sollen hier mindestens 80—100 Mill. T. 85—86gradiger Phosphate liegen. 1913 lieferte die Insel mit Ocean Island 337000 T., 1921 (nach Großbritannien, Australien, Neuseeland usw.) 236440, 1922: 193680 T.

[4]) Der Korallenfels ist von Guano imprägniert. Wir finden nach K. Elschner auf den Koralleninseln phosphatisiertes Gestein in allen erdenklichen Stadien der Umsetzung; auch bedecken teilweise phosphatisierte Sande viele Koralleninseln Ozeaniens und lassen sich zur Bodenverbesserung auf den meist kalk- und phosphatarmen vulkanischen Inseln verwenden. Krebse reichern durch ihre Exkremente ebenfalls den Boden an.

[5]) Die Trockenzeiten sind in den heißfeuchten Urwaldgebieten (A 1) zu wenig ausgeprägt. Am meisten Aussichten hätte der Anbau auf den in A 2 und B 3 gelegenen Inseln (s. Karte 3). Die Neuen Hebriden führten 1924: 1140 T. aus.

zu haben, Paradiesvögel (Neuguinea) sind von Ausrottung bedroht. Schildpatt (Fidschi-Inseln, Neuguinea usw.), Perlen (Suworow-Inseln usw.), Perlmuscheln (bei den meisten Inseln) sind kleine Ausfuhrartikel.[1]) Ein wenig Gold gewinnt man auf Neuguinea, Woodlark usw.

c) Als **Wohnungsbaustoffe** benutzen die Eingeborenen für ihre primitiven, aber dem tropischen Klima praktisch angepaßten Hütten die Gaben der wildwachsenden Pflanzenwelt und ihrer Pflanzungen: Palmholz, Blätter usw. Für europäische Zwecke kommen auch gewisse Holzarten der Neuguinea und andere (hohe) Inseln weithin bedeckenden Wälder[2]) in Betracht.

Acacia Koa Gray („Koa“) der Hawaiï-Inseln, Terminalia Catappa L. Neuguineas seien erwähnt; von Bäumen der Hawaiï-Inseln, Neukaledoniens und Neuguineas kommt duftendes „Santelholz“ in den Handel.

Steinmaterial ist überall vorhanden, wird aber bisher wenig benutzt, ist auch auf den Erdbeben ausgesetzten Inseln wohl wenig angebracht, aber bei den Sturmfluten bieten massive Bauten immerhin einigen Schutz.

d) Tierische Arbeitsgehilfen, Naturkräfte und mineralisches Material für Werkzeuge aller Art.

Tierische Arbeitsgehilfen stehen bei dem schlechten Stande der Tierzucht nur sehr wenig zur Verfügung. Der Hund ist Gehilfe bei der Jagd. Eine Ausnahme ist es, wenn (wie z. B. in den Plantagen der Fidschi-Inseln, s. S. 280 unten) Maulesel und Pferde oder Rinder benutzt werden können.

Naturkräfte zieht man fast gar nicht heran. Kohlen (Neuguinea usw.) scheinen gar keine Bedeutung zu haben, die Bohrungen auf Petroleum (Neuguinea) haben zu keinen nennenswerten Erfolgen geführt. Wasserkräfte sind auf Neuguinea und auf den hohen Inseln reichlich vorhanden, und Flut und Ebbe mögen wohl einmal in Zukunft Kraftquelle sein.

Erze kommen besonders aus Serpentin, einem vulkanischen Gestein, von der französischen Insel Neukaledonien in den Welthandel, Nickel-[3]), Chrom-[4]), Mangan- und Kobalterz, die als Eisenveredelungserze nach den Ländern der Maschinenkultur transportiert werden; auch Blei wird ausgeführt. Gold, s. oben.

Auf vulkanischen Inseln wie auf Pagan (Marianen) kommt Schwefel vor.

e) Von einer **Industrie** in unserem Sinne kann nur an wenigen Stellen Ozeaniens die Rede sein.

Der Zuckerfabriken auf den Hawaiï- und Fidschi-Inseln ist zu gedenken (S. 281 unten); auf ersteren besteht auch eine Zuckerraffinerie, auf letzteren wird

---

[1]) Aus den Établissements de l'Océanie 1921: 262 T.

[2]) Zon und Sparhawk teilen folgende Zahlen (Prozent der Fläche) mit: Neuguinea 80; Melanesien: Bismarck-Arch. 50; Salomo-Inseln 50; Neukaledonien 11; Neue Hebriden 11; alle andern 18,6; Mikronesien: Hawaiï-Inseln 25; Guam 5; Polynesien: Samoa-Inseln 70; Fidschi-Inseln 25; Gesellschafts-Inseln 25; alle anderen 25%.

[3]) Erzgewinnung 1914: 172000, 1922: 45000, 1923: 51000, 1924: 76000 T. Zur Ausfuhr kamen 1922: Nickelstein 4510, Nickelerz 3250 T. Bei Port-Boisé hat man ein neues Vorkommen (mit 12,5% Gehalt) gefunden.

[4]) Chromerz 91540 T.

Spiritus aus Melasse hergestellt. Fleischkonservenindustrie, s. S. 282, Anm. 5, Schiffbauindustrie, s. unten.

f) Der **Handel** ist bei der beschränkten Erzeugung Ozeaniens bisher recht gering und wickelt sich, entsprechend der Lage, im Nordosten (Hawaiï-Inseln) fast ausschließlich mit der Union, im Nordwesten mit Japan, im Südwesten hauptsächlich mit Neuseeland, sowie mit den Mutterländern der Kolonien ab. Ausfuhrprodukte sind fast nur Erzeugnisse der Pflanzenwirtschaft und des Bergbaues, also Nahrungs- und Genußmittel und Rohstoffe für die Industrie, Einfuhrartikel Nahrungs- und Genußmittel und Fabrikate, wenig Rohstoffe.

Ausfuhr der Hawaiï-Inseln 1923: 82,77 Mill. $: Zucker 54,23; Früchte 24,12; Kaffee 0,74 Mill. $; Amerik.-Samoa 1922/23: 98210 $: ausschl. Kopra; Guam 1922: 70810 $: Holz, Vieh; Fidschi-Inseln 1922: 1,79 Mill. £: Zucker 1,34; Kopra 0,35; Früchte 0,05; Sirup 0,01 Mill. £; Tonga-Inseln 1922: 217520 £; Kopra, auch Vieh und Schwämme; Brit.-Salomon-Inseln 1922/23: 231700 £: Kopra 173920; Muscheln 13910; Gilbert- und Ellice-Inseln 1921/22: 328100 £: Phosphate 224940; Kopra 102930; Phönix- u. a. Inseln: Guano; West-Samoa 1922: 242000 £: Kopra, Kakao, Kokosnüsse; Territory of New Guinea (brit. Mandat) 1922/23: 630890 £: Kopra 619720; Muscheln 5530; Kakao 3730; brit. Mandat Nauru 1922: 182170 £: Phosphate; Neukaledonien 1922: 31,24 Mill. Fr.: Chromerz, Nickelstein, Nickelerz, Kopra; Établissements de l'Océanie 1921: 15,16 Mill. Fr.: Phosphate, Kopra, Kokosöl, Perlmutter, Vanille; japanisches Mandat: (Deutsche) Südsee-Inseln: Phosphate $1^1/_2$, Kokosnüsse 1, Kopra 1 Mill. Yen. **Einfuhr:** Hawaiï-Inseln 1923: 64,88 Mill. $; Amerikan.-Samoa 1922/23: 220990 $ (aus Union); Guam 1922: 643870 $; Fidschi-Inseln 1922: 946000 £; Tonga-Inseln 1922: 133390 £; Brit. Salomon-Inseln 1922/23: 188770 £; Gilbert- und Ellice-Inseln 1921/22: 150400 £; Phönix- u. a. Inseln ?; West-Samoa 1922: 283000 £; Territory of New Guinea 1922/23: 516000 £; Nauru 1922: 187320 £; Neukaledonien 1922: 43,43 Mill. Fr. (1920: Mehl 4,78; Reis 4,6; Wein 2; Kohle 1,71; Metallwaren 1,34); Établissements de l'Océanie 1921: 14,22 Mill. Fr. japan. Mandat: (Deutsche) Südsee-Inseln ?. **Handelsländer** in Prozent der Ausfuhr der Hawaiï-Inseln: Union 98,5; der Fidschi-Inseln brit. Besitzungen (Neuseeland, Australien usw.) 78; Großbritannien 8; in Prozent der Einfuhr der Hawaiï-Inseln: Union 87,6; Japan 4,03; Chile 3,2; Hongkong 1,2; Brit.-Indien 1; der Fidschi-Inseln, brit. Besitzungen 68,3; Großbritannien 24.

g) **Verkehr.** Der Binnenverkehr zu Lande wickelt sich bei der geringen Größe der meisten Inseln in den primitivsten Formen ab.

Auf den hohen Inseln erschweren ihn Bodenformen, Urwald, Sümpfe, brückenlose Flüsse usw., auf den Koralleninseln die Korallentrümmer. Binnenschiffahrt kann fast nur auf manchen Flüssen Neuguineas Bedeutung bekommen.

Der Küstenverkehr spielt eine gewisse Rolle, und in der Weitfahrt zur See zwischen den Inseln haben schon die Eingeborenen mit ihren Segel- und Auslegerbooten Beachtenswertes geleistet. Heute laufen regelmäßig oder periodisch Schiffe zwischen den Archipelen und von und zu den Küsten der Mutterländer; darum ist die Zahl der Häfen groß.

d) Tierische Arbeitsgehilfen, Naturkräfte und mineralisches Material für Werkzeuge aller Art.

Die wichtigsten **Arbeitstiere** sind die Pferde, die im Südosten (Victoria, Neusüdwales, Tasmania), wo Landwirtschaft und Industrie ihre Dienste am dringendsten erheischen, am zahlreichsten sind.

Namentlich die leichten Reitpferde, wohl der orientalischen Rasse verwandt, werden gerühmt[1]) und in größerer Zahl nach den Tropengebieten ausgeführt. Esel und Maultiere[2]) werden häufiger im trockenen Bergland West- und Südaustraliens (C 6), Kamele[3]) vor allem in Westaustralien (B 3 und 4) verwendet.

Für die Erzeugung von Dampfkraft sind genug Kohlen vorhanden. Der feuchte alte Osten (das ostaustralische Faltengebirge) besitzt Steinkohlenlager von ansehnlichem Inhalt.[4]) Der Staat Neusüdwales produziert über vier Fünftel der Steinkohlen, dann folgen Queensland und Victoria.[5]) Aus Neusüdwales wird Steinkohle nicht nur nach den anderen Staaten Australiens, sondern auch nach Chile usw. ausgeführt.[6]) Braunkohle kommt besonders in Victoria[7]) vor, in Westaustralien nur Lignit, Torf nur auf Tasmanien (C 7 b) und im übrigen feuchten Südosten.[8])

Die Bohrungen auf Petroleum hatten bisher geringen Erfolg. Ölschieferlager, ölhaltige Sande, Erdgas wurden gefunden, sind aber ohne größere Bedeutung.

Mit Wasserkräften ist Australien fast nur am ostaustralischen Faltengebirge (Seeseite!) und auf Tasmanien, wo günstige Gefällsverhältnisse mit reichlichen Niederschlägen zusammenfallen, ausgestattet. Hier werden sie schon ein wenig ausgenutzt.[9])

Metallerze als Werkzeugmaterial werden hauptsächlich im ostaustralischen Faltengebirge und in den „Anticordilleren" gefunden. Gold, Platin, Silber, s. S. 270f.

Eisenerze sind an vielen Stellen des ostaustralischen Küstengebirges, auch in Westaustralien festgestellt worden, aber die Gewinnung steht noch ganz in den Anfängen, und auch die Eisen- und Stahlindustrie[10]) (Newcastle, 15; Lithgow,

---

[1]) In kupiertem Terrain und bei Strapazen sind sie nicht gut zu gebrauchen. Zuchtpferde werden aus Neuseeland und Großbritannien bezogen. 1850 gab es erst 160000; 1910: 2,17; 1922: 2,39 Mill. Pferde.

[2]) Nur 16400 Stück.

[3]) 11100.

[4]) Sie sind wohl im Zusammenhang mit einer (permischen) Eiszeit (s. S. 239, Anm. 3 u. 345) entstanden. Ganz Australien soll 165½ Milliarden T. bergen, etwa ¾ davon im Staate Neusüdwales (brauchbare Gas- und Kokskohlen), 8% in Queensland.

[5]) Neusüdwales 1921: 10,97 Mill. T. = etwa 1% der W. (und Koks 1920: 568000 T.); Queensland 1921: 0,97; Westaustralien 1,08 Mill. T., Tasmania 68000 T., der Bund im ganzen 13,08 (1924: 14,5) Mill. T. = 1½% der W.

[6]) Ausfuhrhafen Newcastle (15).

[7]) Man will jetzt große Lager östlich von Melbourne ausbeuten und große Elektrizitäts- und Brikettwerke errichten.

[8]) Gewinnt allmählich an Bedeutung.

[9]) Australien und Ozeanien besitzen nach der amerikan. Schätzung etwa 9,82 Mill. PS Wasserkräfte = 2,24% aller auf der Erde vorhandenen. Für das Festland werden 620000, für Tasmania 400000 PS angegeben. Letzteres, kohlenarm, hatte um 1920: 34500 PS in Nutzung. Auf dem Festland ist man über Projekte noch kaum hinausgekommen.

[10]) Prod. von Roheisen 1922: 56000 T. aus eigenen Erzen (aus heimischen und fremdem Erz: 305000 T.), Rohstahl 200000 T.

geleugneten, ehrenvollen Anteil gehabt. Südamerika, das mit seiner Nordostecke der „Sklavenküste" Oberguineas sich nähert, dokumentiert mit der starken Neger- und Mulattenbevölkerung Brasiliens (Plantagensklaven) die Wirksamkeit der Nachbarlage für alle Zeiten und wird in naher Zukunft wohl den Vorteil dieser Lage mit einer Weltverkehrslinie Dakar—Pernambuco (siehe Bd. I, S. 60 u. S. 323) wie jetzt schon mit Kabelverbindungen über diese Verschmälerung des Atlantischen Ozeans einheimsen. Die Südspitze Südamerikas liegt allerdings dem Südende Afrikas fern, wie auch Australien und Neuseeland letzterem fern sind, aber durch die regelmäßigen Westwinde südborealer Breiten gewissermaßen näher gerückt werden. Nordamerika liegt für Afrika ziemlich abseits (s. Bd. I, S. 60).

Die Gestalt des Erdteils ist eine plumpe, wenig gegliederte. Buchten von Belang außer dem Golf von Guinea und den Syrten des Mittelmeeres dringen kaum in die Umrißlinie ein, das Vordringen ins Innere erleichternd. Außer einigen ungefügen Vorsprüngen (Somali-Halbinsel, Tunisvorsprung, Hochland von Barka), die man kaum als Halbinseln bezeichnen mag, gehört eine Reihe von Inseln und Inselgruppen zum Erdteil: die große Insel Madagaskar mit den Komoren, Sansibar; auch Amiranten, Seychellen, Maskarenen rechnet man zu Afrika; Sokotra, Dahlakarchipel (im Roten Meere). Dem Atlasfaltenland sind einige kleine Inselchen vorgelagert. Die Kanarischen Inseln in der Fortsetzung des Atlas, die Kap Verde-Inseln mag man mit Recht zu Afrika zählen. Die Zurechnung Madeiras, gar der Azoren, vollends Ascensions und St. Helenas, die „ozeanische" Inseln sind, ist problematisch. Zweifellos zum Erdteil gehören die Guinea-Inseln (Fernando Po, São Thomé usw.).

Nach den Bodenformen allein läßt sich Afrika schwer einteilen. Südlich des gefalteten Atlaslandes herrscht der Tafellandcharakter völlig vor; die Schichten haben keine Faltung erfahren, sondern sind von Brüchen mit Schollenverschiebungen betroffen worden. Andererseits sind vulkanische Aufschüttungen über Spalten erfolgt. In der großen Wüstentafel des Nordens treten sogar Depressionen auf. An dem übrigen Afrika beobachtet man eine stufenförmige Abdachung von Süden nach Norden (von höheren Schwellen umrahmte Becken: Kalahari-Ngamisee-Becken, 800—1200 m; Kongobecken, 340—380 m; Tschadseebecken etwa 250 m. Ein hoher Osten, in dem Abessinien durch vulkanische Aufschüttung etwa 4000 m erreichte, während sonst Höhen von 1000—3000 m auftreten, steht einem niedrigeren Westen gegenüber. Grabenbrüche: Ostafrikanischer und zentralafrikanischer Graben, mit Wulsträndern und tätigen und erloschenen Vulkanen verbunden, zerreißen den Osten. Im Westen scheiden an der Küste wiederum höhere Ränder das Innere vom Ozean; an der Küste Oberguineas nur stellenweise stärker ausgeprägt. Eine vulkanische Aufschüttungslinie bezeichnen die Guinea-Inseln mit Kamerunberg und benachbarten Bergländern. Im äußersten Süden des Erdteils tritt noch einmal ein kleines Faltengebirge auf.

Die Flüsse, darunter vier mächtige: Nil, Sambesi, Kongo und Niger, durchbrechen meist nahe dem Ozean die Ränder des Tafellandes in mehr oder weniger ausgeprägten Sprüngen (Stromschnellen und Wasserfällen).

Klima. Nach den Ausmessungen H. Wagners gehören von den 29,8 Mill. qkm Afrikas: 5,9 Mill. (fast 20%) dem heißfeuchten Urwaldklima Köppens (A 1), 5,6 Mill. (fast 19%) dem periodisch trockenen Savannenklima (A 2) an; 3,9 Mill. (über 13%) sind warmwintertrocken (warmsommerfeucht, C 5); 6,4 Mill. qkm (fast 21,5%) haben Steppenklima B 3, 7,5 Mill. (über 25%) Wüstenklima B 4, 0,4 Mill. qkm (über 1⅓%) warmsommertrockenes (mediterranes) Klima C 6, 0,1 Mill. qkm (⅓%) feuchttemperiertes Klima C 7. Boreale und Schneeklimate treten in Afrika überhaupt nicht auf. Diese Verteilung der Klimate ist von grundlegender Bedeutung nicht nur für die Verbreitung der Vegetation[1]), sondern vor allem für die Wirtschaft (am meisten für Pflanzen- und Tierwirtschaft, zum Teil auch für Bergbau, für Industrie, Handel und Verkehr). Sie hauptsächlich verhilft uns auch zu einer Einteilung nach zusammengehörigen Wirtschaftsgebieten. Wir unterscheiden:

A. Die Atlasländer; B. Das Wüstengebiet; C. Nordwest-Nigritien; D. Zentralafrika; E. Südafrika; F. Ostafrika; G. Inseln.

Die einzelnen Abschnitte werden uns lehren, welche politischen Bezirke wir zu den Wirtschaftsgebieten rechnen.

II. Größe. Afrika ist rund dreimal so groß wie Europa: H. Wagner 29,8 Mill. qkm (= 20% der Landfläche der Erde). Die Einwohnerzahl wird mit (1924) 137,4 Mill. (= 6,9% der Erdbevölkerung) angegeben; die Volksdichte mit 4,8 auf 1 qkm, die Zunahme 1910—1924 mit 8,3%.

Die **Bevölkerung** besteht in der Trockenzone des Nordostens (B 3 und B 4) im wesentlichen aus Semiten (Arabern) und Hamiten; in die Berge Tibestis sind mit den Tibbu negroïde Elemente gedrungen, in das küstennahe, warmgemäßigte, sommertrockene Atlasland (C 6) Weiße (Europäer). Die Tropenzone (A 1 und A 2) mit den benachbarten Steppen des Sudan (B 3) ist das Hauptwohngebiet der Neger (Sudanneger und Bantuneger), die auch die warmwintertrockenen (sommerfeuchten) Hochländer (C 5) bis gegen das Südende des Erdteils bevölkern; doch sind in den Steppen (B 3) und Savannen (A 2) des Sudan mit den Fulbe, in Steppen und Savannen Ostafrikas mit Hamitenstämmen fremde Elemente eingedrungen. Hamitische Wanderungen scheinen durch Ostafrika bis zur Trockenzone (B 4 und B 3) Südafrikas vorgestoßen zu haben. Hottentotten und Buschmänner gelten als geistig und körperlich verarmte Hamitenverwandte. Der Osten Madagaskars wurde über See von Malaien kolonisiert. Die warmgemäßigten sommertrockenen (C 6) und feuchttemperierten Gebiete (C 7) des äußersten Südens wurden in neuerer Zeit Schauplatz europäischer Kolonisation (Holländer [Buren] und Engländer), die hier wie im Atlaslande ein kleines Aktionszentrum europäischer Zivilisation bis ins süd- und südwestafrikanische Steppengebiet (Deutsche) hinein (B 3) begründet hat. Hier (Südafrikanische Union) und im Norden (Französisch-

---

[1]) Nach Shantz und Marbut sollen Wälder 18,4% (tropischer Regenwald 7,8; Trockenwald 7,9), Grasfluren 42,3% (Savanne 11,6; innere Zone der „Acacia — tall grass savana" 15,9; äußere Zone: „Acacia — desert grass savana" 9,6), Wüsten 39,3% (Desert shrub 20,5; Desert shrub — desert grass 10,9; eigentliche Wüste 7,9%) der Fläche einnehmen. Vgl. L. Waibel in Geogr. Z. 1925, S. 256f.

Nordafrika) dürfte sich zuerst der Widerstand der eingeborenen Völker gegen die europäische Bevormundung geltend machen, der in Ägypten auf Grund des „Selbstbestimmungsrechts der Völker" bereits zu (wenn auch zunächst mehr äußerlichen) Erfolgen geführt hat.

Politische Verhältnisse. Die alten Kolonialmächte: Spanien und Portugal haben sich nur Reste von Kolonialgebieten erhalten können. Die Spaniens sind zu einem sehr kleinen Teil tropische Gebiete. Zum größten Teil gehören sie der Trockenzone (B 3 und B 4) an, zu einem Teil dem warmgemäßigten sommertrockenen Klima C 6 (Kanarische Inseln, Madeira). Die portugiesischen Kolonien liegen zum größten Teil in der Tropenzone. Der Anteil am feuchtheißen Urwaldklima (A 1) ist gering. Meist sind periodisch trockene Savannengebiete (A 2) und warme wintertrockene (sommerfeuchte) Hochländer (C 5) ihnen zugefallen, zukunftsreiche Kolonisationsgebiete, wenn sie ihnen die Gier der Nachbarn läßt. Weniger ist in ihrem Besitz Steppenland (B 3) der Trockenzone (Kap Verde-Inseln, Küstenstriche Angolas) und warmgemäßigtes Land (C 7: Azoren[1]) vertreten. Die Italiener haben sich zumeist mit Trockengebieten (B 3 und B 4) begnügen müssen. Den Löwenanteil an Afrika haben sich die Engländer angeeignet; außer dem gemäßigten Südafrika (C 7 und C 6) hauptsächlich tropische Savannen- (A 2) und Hochländer (C 5), greifen sie im Norden mit dem Englisch-Ägyptischen Sudan in die Trockenzone (B 3 und B 4) hinein, die sie auch in Südafrika nun ganz in den Fingern haben. Ihr Anteil an der feuchtheißen Urwaldzone (A 1) ist in Ostafrika beschränkt, aber in Nordwest-Nigritien ansehnlich. Die Franzosen besitzen den größten Teil des nordwestlichen Afrika, vom warmsommertrockenen Atlasland (C 6) über die ungeheuren Räume der Trockenzone (B 3 und B 4) bis zu den Savannen des Sudan (A 2) und den feuchtheißen Urwäldern (A 1) Nordwest-Nigritiens und Zentralafrikas. Von dem kleinen Somaliland her werfen sie begehrliche Blicke auf das noch unabhängige Abessinien (meist C 5). Madagaskar und die Nachbarinseln (C 5, A 2, A 1) bilden ein französisches Südostafrika. Den Belgiern sind vornehmlich feuchtheiße Urwaldgebiete (A 1), ferner periodisch trockene Savannen (A 2) und wenig ausgedehnte warmgemäßigte Hochländer (C 5) zugefallen. Die schamlose Entrechtung und Beschlagnahme der deutschen, fleißig entwickelten und gewissenhaft verwalteten Kolonien als „Mandate" durch den Feindbund von 1914 (Engländer, Franzosen, Belgier, Südafrikaner) ist ein Schandmal europäischer Zivilisation. Wir fordern unsere Kolonien zurück!

Die Verteilung der Volksdichte ist im allgemeinen so zu charakterisieren, daß die Trockenzone (B 3 und B 4), abgesehen von den Oasen, am wenigsten bevölkert ist. Mit Zunahme der Regen nimmt in den periodisch trockenen Savannengebieten (A 2) und auf den warmgemäßigten Hochländern (C 5), zum Teil auch in den feuchtheißen Urwäldern (A 1) die Volksdichte zu und erreicht stellenweise erstaunlich hohe Ziffern (vgl. S. 313). Die warmgemäßigten Gebiete (C 6 und C 7) im Norden und Süden sind ebenfalls gut bevölkert.

---

[1]) Sofern man diese zu Afrika und nicht zu Europa (s. S. 287) rechnen will.

A. Die Atlasländer (Tunesien, Algerien, Marokko).[1])

I. Naturverhältnisse. Die Küstengebiete haben warmgemäßigtes sommertrockenes (mediterranes) Klima (C 6[2]), das Hochland und Südtunesien Steppenklima (B 3).[3]) Jenseits des Sahara-Atlas beginnt allmählich das Wüstenklima (B 4).

II. Die Größe der Atlasländer mag etwa 750000 qkm betragen; politisch werden sie zu etwa 1,27 Mill. qkm mit etwa 13,9 Mill. Einw. berechnet: Tunis 125100 qkm (2,1 Mill. Einw.), Algerien 575000 qkm (5,8 Mill. Einw.), Französisch-Marokko 552000 qkm (5,4 Mill. Einw.), Spanisch-Marokko 21450 qkm (0,6 Mill. Einw.). Tanger (50) wurde neuestens (1924) den Franzosen zugesprochen. Die Bevölkerung, seit alters bunt durchgemischt, setzt sich aus Berbern, Arabern und Mischlingen, Franzosen, Italienern und Spaniern zusammen.[4])

Die Volksdichte ist im Durchschnitt etwa 10,7 auf 1 qkm, aber im „Tell" (dem ohne künstliche Bewässerung fruchttragenden Land) Algeriens wohnen stellenweise 50 und mehr auf 1 qkm, ja, in der Großen Kabylei um 100, auf den Steppen und Halbwüsten des inneren Hochlandes 5 und weniger.

III. Die Wirtschaft.

Allgemeine Charakterzüge: Die Wirtschaftsstufe der Eingeborenen ist die der traditionellen Wirtschaft (mit schriftlicher Tradition). An einigen Küstenpunkten, in Algerien bis ins „numidische" Hochland hinauf hat die Europäisierung Platz gegriffen. In C 6a finden wir die Charakterzüge der mediterranen Wirtschaft: Baumgärtnerei und Ackerbau (Getreide). In den Steppen und Halbwüsten (B 3) herrscht die (nomadische, schweifende) Viehzucht.

a) Die Erzeugung von Nahrungs- und Genußmitteln durch Pflanzenbau ist in den reichlicher befeuchteten meeresnahen Ebenen und an den Bergeshängen am lohnendsten und ausgebreitetsten. Das „Tell" Algeriens, zu dem auch das Aurèsgebirge (C 6) zu rechnen ist, das Sahel Tunesiens, aber auch das Tal und die Mündungsebene des Medscherda, das etwa ein Drittel Marokkos ausmachende atlantische Atlasvorland mit den Schwarzerde (tirs) führenden Ebenen Gharb, Zammur, Schauja (Chaouia), Dukkala (Doukkala), Haouz, ferner das Uschda- und Susgebiet sind die wichtigsten Ackerbaugegenden.

---

[1]) R. Peyronnet, Le problème nord-africain. Paris 1924. — H. Schmitthenner, Tunesien und Algerien. Stuttgart 1924. — A. Rühl, Vom Wirtschaftsgeist im Orient. Leipzig 1925. (Über Algerien.) — L'Algerie, La vie techn., ind., agric. et col. 2. éd. Paris 1925. — M. Th. Steeg, Exposé de la situation générale de l'Algérie 1923. Alger 1924. — J. R. Mood, Tunis, its resources, industries and commerce. Washington 1923. — J. Crozet, L'agriculture en Tunisie. — Pr. Ricard, Le Maroc. 3. éd. Paris 1925. — A. Emmerling, Die wirtschaftsgeographischen Verhältnisse von Marokko. (Ungedruckte) Diss. Münster 1910. — H. Geoffroy Saint-Hilaire, L'élevage au Maroc. Paris 1920. — W La Baume, Die afrikanischen Wanderheuschrecken (Beih. 2 z. Tropenpfl. XIV, 1910).

[2]) Bizerte, Aug. 25,3°, Jan. 10,6° C. Mittlere Extreme 45° und 0°; 640 mm Regen (Jan. 110, Aug. 5); Algier, Aug. 25,3°, Jan. 11,9° C. Extreme 39° und 4°; 760 mm (Dez. 140, Juli 0). Mogador, Sept. 20,3°, Jan. 13,9° C. Extreme 27° und 7°; 330 mm (März 60, Nov. 60, Juli 0).

[3]) Batna (1050 m), Juli 26,2°, Jan. 4° C. Extreme 39° und −7°; 420 mm (April 50, Okt. 60, Juli 10). Laghuat (750 m), Juli 28°, Jan. 7°. Extreme 42° und −4°; 190 mm (Febr. 20, Okt. 20, Juli 5).

[4]) In Algerien waren 1921: 603000 Franzosen, 144000 Spanier, 32000 Italiener, 13000 andere Europäer, in Tunesien unter 1000 Einw. 40 Italiener, 24,9 Franzosen, an 10 andere Europäer, 23 Israeliten und 902,5 Eingeborene. In Marokko, dessen Norden (Rifgebiet) sich zurzeit in flammendem Aufstande der weißen Eindringlinge zu erwehren sucht, ist die Zahl der Europäer noch gering (1921: in den Städten 67000).

Die Eingeborenen treiben in den niedrigeren Küstengebieten Algeriens, aber auch in den am inneren Fuß des Küstenatlas und am Aurèsgebirge gelegenen Hochsteppen und in den Tälern des Atlasabhanges (zum numidischen Hochland) Getreidebau (um Sétif).

Die Europäer[1]) beteiligen sich bei Sétif wie bei Tunis an der Getreideproduktion, sie bringt aber im allgemeinen ihnen zu wenig Gewinn, und so ziehen sie anderen Erwerb vor, obwohl sie im Anbau größeren Ertrag erzielen als die Einheimischen.

In Tunis ist der Norden und Nordosten Getreideland, in Marokko besonders der Schwarzerdegürtel. Trockenheit, Sciroccowinde und Heuschrecken bringen ziemlich bedeutende Schwankungen der Ernten hervor; künstliche Bewässerung, die sie sichert, ist spärlich. Weizen und Gerste (auf weniger reichen und dürren Böden) sind die Brot- und Hauptfeldfrüchte und kommen auch zur Ausfuhr.[2])

Hartweizen[3]) wird ganz vorwiegend erzeugt, und die Ernte des als Winterkultur (um die Winterregen auszunutzen) angebauten Getreides findet vor dem heißen, trockenen Sommer, der Notreife droht, Ende Mai/Juni und früher statt.

Andere Getreidearten: Hafer[4]), Mais[5]), Roggen[6]), Sorghum, Hirse und Reis (am Mazafran in Algerien) baut man wenig an. Neuerdings nahm die Nachfrage nach europäischen Pflügen[7]) stark zu.

Der Kartoffelbau hat geringen Umfang; die Marokkaner verschmähen die Knollen. Frühkartoffeln werden aus Algerien ausgeführt.[8]) Bataten werden wenig, Erdnüsse fast gar nicht erzeugt. Gemüsearten (Artischocken, Blumenkohl, Tomaten, Melonen usw.) werden im Litoral bei den großen Städten, selbst

---

[1]) 1921 waren in Algerien 831000, in Tunesien 156000 Europäer, in den Städten Französ.-Marokkos etwa 67000, doch nimmt die Zahl hier schnell zu. Das Klima ist für die Weißen im ganzen genommen gesund, aber in Algerien haben sich 1904—1922 nur 2405 französische Kolonisten (auf 1940 qkm) angesiedelt.

[2]) In Algerien betrug die gesamte Anbaufläche des Nordgebiets (1912/13) 28830 qkm = fast 14% der Bodenfläche; in den Südterritorien nur 376 qkm; die Weizenernte 1922: 496200 (1925: 900000) T. auf 12558 qkm (0,4 T. auf 1 ha), 1912/13 aber 1,005 Mill. T. (705000 T. hart) = gegen 0,5—1% der W., die Gerstenernte 431000 (1925: 965000) T. auf 11606 qkm (0,37 T. auf 1 ha) = 1,2% der W., 1912/13: 1,080 Mill. T. Tunis erntete 1922: 100000 (auf 3570 qkm), 1923: 285000 T. Weizen auf 6300 qkm (250000 T. hart) = 0,1—0,25% der W., also 0,28 bzw. 0,45 T. auf 1 ha. Französ.-Marokko brachte 1922: 351000 T. Weizen auf 8370 qkm = gegen 1/2% der W. und 593000 (1921: 810000) T. Gerste auf 10310 qkm hervor, also 0,42 bzw. 0,58 T. auf 1 ha. Die Erträge sind also sehr niedrig. Die Gerste bietet auch den Pferden die Hauptnahrung. Getreideausf. Algeriens 1925: 257100 T.

[3]) Besonders in Tunis und Marokko. In letzterem Land zieht man Spelzweizen den Nacktweizenarten vor, weil letztere durch die Nebel des Küstengebietes besonders mit „Rost" bedroht werden. Nach M. Wahl scheinen erst die Kolonisten den Weichweizen eingeführt zu haben und zu bevorzugen.

[4]) Hafer war nach V. Piquet in Nordafrika früher unbekannt, hat sich aber (bei künstlicher Bewässerung) in Algerien (1922: 80900, 1925: 235000, 1912/13: 261000 T.) und Tunesien (1922: 11500, 1912: 40000 T. auf 500 qkm, wohl im Norden) gut eingebürgert und ist ein Ausfuhrartikel geworden; Französ.-Marokko 1922 erst 2600 T.

[5]) Mais wird natürlich nur in feuchten Küstengebieten, gewöhnlich mit künstlicher Bewässerung, angebaut; an der atlantischen Küste Marokkos genügt ihm schon der reichliche nächtliche Taufall. Algerien erntete 1912/13: 10000, Französ.-Marokko 1917: 125000 T.

[6]) Algerien 1912/13 nur 1470 und 1922: 100 T. Sorghum 1912/13: 13000, Hirse 320 T.

[7]) Der einheimische Pflug ist sehr primitiv. Für Motorpflüge ist wohl Marokko mit ausgedehnteren ebenen Ackerflächen das beste Absatzfeld.

[8]) Die Kartoffel entartet leicht; es müssen frische Saatkartoffeln zugeführt werden. Primeurs im Dep. Algier; erste Ernte Dezember, zweite von Ende Januar ab. Ausf. Algeriens durchschnittlich etwa 6000 T. (Januar bis Mai), nach Frankreich, 1925 aber 48850 T. Konsumkartoffeln mehr in den trockneren Dep. Constantine und Oran.

für Ausfuhr, angebaut[1]), und Hülsenfrüchte (Bohnen, Pferdebohnen, Kichererbsen, Linsen usw. für Ernährung und Ausfuhr.[2])

Südfrüchte und vielerlei Obstarten nutzen die Eingeborenen, auch kommen neuerdings von hier Früchte auf den Weltmarkt.[3])

Genannt seien wilde Mandel-, Kirschen-, Birnen-, Kastanien-, Oliven-, Feigen- und Johannisbrotbäume; Pistazienbäume („Tunisnüsse"), Zizyphus lotus, mit mehligen Früchten (Jujuben), die in manchen Gegenden zu Brot verbacken werden, daneben auch die aus Amerika eingeführte Opuntia vulgaris (Berber- oder Kaktusfeigen). Feigenbäume steigen in der Großen Kabylei bis über 1000 m Meereshöhe auf; Feigen (getrocknete) sind ein Ausfuhrartikel[4]) Algeriens. Die Orangen von Blida (33, in der Mitidjaebene) haben Ruf; Spätapfelsinen gewinnt man im benachbarten Gebirge.[5]) Auch im Tal des marokkanischen Zegzel (Zufluß der Mlouya), im Rifgebiet, im Gürtel der voratlantischen Berieselungsoasen Marokkos, im Aurèsgebirge, bei Gafsa, Tunis usw. kommen Orangen und zum Teil Zitronen fort. Sie werden aus Algerien ausgeführt. Granatäpfel, Pfirsiche (Kabylie usw.), Aprikosen (Aurèsgebirge, Marokko usw.), Mandeln, in höheren Lagen auch Pflaumen und Walnüsse, und Oliven (s. unten) werden geerntet[6]); Bananen gedeihen nur an sehr geschützten Punkten des Litorals und in den Djeridoasen. Mandeln, Weintrauben, Kapern (aus den Macchien der Küste bei Bougie) werden ausgeführt. Datteln[7]) gehören schon der Vorwüste an (Djeridoasen in Südtunis, Gabes; El Kantara, Biskra, Zibanoasen, Oasen am Oued Rhir usw.), in der die Franzosen zu den primitiven Bewässerungsanlagen der Eingeborenen artesische Brunnen gebohrt haben.

Zucker produziert das Atlasland bisher nur in ganz geringen Mengen; er ist daher einer der wichtigsten Einfuhrartikel.[8])

Gewürze spielen in der Eingeborenenwirtschaft keine größere Rolle, doch führt Marokko Kümmel aus; auch Koriander, Safran usw. wird angebaut.

Getränke. Die europäischen Kolonisten treiben hauptsächlich und mit gefährlicher Einseitigkeit im milden, sommertrockenen Küstenlande (C 6 a)

---

[1]) Ausf. Algeriens (Dep. Algier und Oran) frisch 1915: 8700, 1916: 6800, getrocknet 3050 bzw. 6100, 1925: 26 350 bzw. 43 690 T.

[2]) Französ.-Marokko führte 1921: 56 000 T. Bohnen und 15 000 T. Erbsen aus.

[3]) Algerien führte 1924: 80 490 (1925: 75 350) T. frische Früchte aus u. 6920 T. Trockenobst.

[4]) Ausfuhrhafen Bougie (19). H. Schmitthenner erwähnt sie auch aus der Gegend von Sétif (numidisches Hochland) und aus dem Aurèsgebirge Algeriens wie aus Südtunesien (Djeridoasen usw.).

[5]) In Constantine reifen sie nach P. de Tchihatchef nicht mehr. Die Südfruchtpflanzungen Algeriens liegen vorwiegend bei Boufarik, Perrégaux und Bône.

[6]) Auch die Früchte des Arganbaumes und Mark und Früchte der Zwergpalme werden gegessen.

[7]) In Tunis (Stadt) trägt die Dattelpalme keine genießbaren Früchte; zwischen Susa und Monastir werden nur die frühreifsten Sorten (300 Bäume) gezogen; auf den Kerkennah-Inseln sind die Früchte Kamelfutter; zu Marakesch (Marokko) werden sie nicht reif. Algerien führte (1912) etwa 5000 T. aus, Tunesien 1922: 4700, 1923: 3030 T. Nach M. Rittmeyer ist der jährliche Ertrag von Südtunis zu 30 000 T. zu berechnen; die besten kommen November bis Januar auf den Markt. Die Dattelernte Algeriens (etwa 5,57 Mill. Bäume) betrug 1912, soweit sie aus den Produktionsgebieten hinausging, 26 530 T.

[8]) Zuckerrohr wurde früher im Sus (Südmarokko) angebaut. Mit der Zuckerrübe macht man in Marokko (Schwarzerdegebiet?) Versuche; sie soll wie in Algerien (in den Küstenebenen zwei Ernten jährlich) gut gedeihen. Einf. von Zucker s. S. 299f.

Algeriens und Tunesiens Weinbau. Erträge und Ausfuhr schwanken beträchtlich, doch ist Wein der wichtigste Ausfuhrartikel Algeriens.[1])

In Marokkos atlantischem Gebiet dürften die Nebel trotz gegenteiliger Versicherung Piquets dem Weinbau ungünstig sein; eher wird er an der Rifküste gedeihen. Außer Wein, der den Mohammedanern verboten ist, aber von den Kabylen getrunken wird, kommen wohl besonders Tee, der einzuführen ist[2]), Kaffee[3]) und Limonaden in Betracht.

Der Tabakbau hat, besonders von seiten der Kolonisten, in Algeriens Küstengebiet eine ziemliche Beachtung gefunden.[4]) Tabakblätter, Zigaretten und Zigarren werden ausgeführt.[5])

Die Ölbaumkultur war in römischer Zeit ausgedehnter als jetzt[6]), nimmt aber wieder zu. Die Fabrikation des Olivenöls hat sich modernisiert.

In Algeriens östlichem Küstenland ist der Ölbaum weit zahlreicher als im dürren Westen. Von dem Hochland des Innern ist er fast überall, vom Aurèsgebirge und dem südlichen Anland des Küstenatlas abgesehen, ausgeschlossen. In Tunesiens Sahel, zumal um die Städte Susa (20), Monastir (8) und Sfax (28), dehnen sich große Olivenhaine aus und dringen allmählich ins Innere vor[7]); sie stehen besonders auf den mergeligen Hügelwellen. Auch die Insel Djerba ist ein wichtiges Produktionszentrum. Nach dem Innern wie nach Norden und Süden zu scheint der Ölbaum weniger gut zu tragen.[8]) Marokko hat an der mediterranen Abdachung, auch im oberen Sebugebiet, im Gürtel der Berieselungsoasen (am Fuße des Hohen Atlas) usw. reiche Ölbaumbestände, deren Erträge bisher kleine primitive Ölfabriken verarbeiteten.

Olivenöl ist ein wichtiger Ausfuhrartikel der Atlasländer.[9])

---

[1]) Mit dem Feuchterwerden des Küstengebiets von Westen gegen Osten nimmt der Weinbau ab. Ernte Algeriens 1910: 8,4; 1919: 7,86 (Dep. Oran 3,8; Algier 3,4; Constantine 0,64 Mill.; Südgebiete 5030) hl. 1921: 2136 qkm. Ernte 1923: 10,19; 1924: 9,79; 1925: 12,37 Mill. hl = etwa 5—7% der W. Bisweilen richten Nachtfröste Schaden an, die Phylloxera vastatrix (Reblaus) weniger als in Frankreich. Die Qualität des Weines ist mäßig; er wird in Frankreich als Verschnittwein verwendet. Ausf. 1924: 6,56 Mill. hl. Auch Alkohol (1924: 105000 hl) wird exportiert. In Tunesien ist die Nordküste zu feucht. Im trockeneren Gebiet von Tunis, besonders an den nach Norden schauenden Hängen und Hügeln der Umgebung der Stadt, bauen die Europäer Wein, doch ist die Produktion noch gering (1923: 650000 hl = 0,4% der W.). Scirocco und Peronospora (Meltau, falsches Oidium) bereiten Schaden. Die Gärung unterliegt, da die Weinlese gerade in den heißesten Monat fällt, Schwierigkeiten. Der Eigenbedarf beträgt etwa 250000 hl.

[2]) Einf. Algeriens 1913: 320, 1918: 330; Tunesiens 1923: 980 T.

[3]) Einf. Tunesiens 1923: 1760 T.

[4]) Der Tabak der Kabylie ist der beste, das Produkt der Ebenen, zumal der bewässerten, ist weniger geschätzt.

[5]) Prod. 9000 T. vor dem Kriege, 1918: 24000 T. Ausf. Algeriens 1913: 3800, 1918: 6730, 1924: 13360, 1925: 11170 T. Ausfuhrhäfen: Algier (207) und Bône (42).

[6]) Durchschnittl. Prod. Algeriens etwa 150000, Tunesiens 300000 hl (1915: 39000, 1916: 55400 T.). Ausf. Algeriens 1924: 12970 T. 1925 wurden von 142000 T. Olivenernte 130000 zu Öl (260000 hl), 10900 T. zu Konserven verarbeitet.

[7]) 1881 war der Ölbaumgürtel bei Sfax etwa 15, 1913: 75 km (landeinwärts) breit.

[8]) Nach H. Schmitthenner bauen die Eingeborenen um Tunis an den Hügeln den Ölbaum an; die Ernte ist aber unsicher, und das Öl hat bitterlichen Geschmack. Gegen Süden werden die Früchte mit der zunehmenden Wärme des Sommers immer ölreicher. Um Gabes gedeiht der Ölbaum schon weniger gut, und in den Djeridoasen, wie auch bei Gafsa tritt er zurück.

[9]) Ausf. Algeriens 1915: 4810, 1916: 7700, 1925: 11450 T., Tunesiens gewöhnlich zwischen 7000 und 13000, 1917: 23500 T. (meist nach Frankreich). Die Öltrester werden im Lande zu Seifen verarbeitet.

Rizinusstaude, die Fruchtsamen des Arganbaumes, Baumwollsaat (s. S. 296), Erdnüsse (s. S. 291) kommen wenig in Betracht; Leinsaat gewinnt an Bedeutung, s. S. 295. Sojabohnen sollen gedeihen.

Parfümeriepflanzen sind in den Macchien häufig und werden in Algerien und Tunesien ausgebeutet und kultiviert (Acacia Farnesiana Willd., Reseda odorata L., Geranium, Polei usw.). In Kairuan (19) besteht Parfümerie-Industrie.

Futterwuchs für die **Haustiere** findet sich in dem mediterranen Küstengebiet von Nordtunis bis zum Rifgebiet vom Winter (Oktober oder November) bis zum Mai oder Juni genug; hier hat darum die Rinderzucht einigen Umfang. Im Sommer jedoch verdorren alle Futterpflanzen, und das Vieh leidet Not[1]); die europäischen Kolonisten bereiten deswegen Heu und bauen Futter an (hauptsächlich Luzerne; auch Mais, s. S. 291).

Die eingeborenen Kabylen der Kabylie füttern Blätter der angepflanzten Eschenbäume, auch Opuntienstengel und Heu; in Südmarokko treibt man die Viehherden in die Arganwälder und verfüttert Arganölkuchen.

Die mageren Weiden der Hochsteppen lassen sich nur durch Schafzucht ausnutzen.[2])

Mit ihren Schafen und Ziegen ziehen die Eingeborenen (Nomaden oder Halbnomaden [die stellenweise etwas Getreide säen und zur Ernte schneiden kommen][3]) von Futterplatz zu Futterplatz, sommers durch das Hochland, winters in die Sahara. Die Nomaden ernähren sich hauptsächlich von Fleisch, Fett und Milch ihrer Schafe und Ziegen. Die Kopfziffern (auf 100 Einw.) sind sehr hoch, und Schafe und Lämmer werden ausgeführt.[4])

Die Atlasländer wären, zumal bei rationellerer Gestaltung ihrer Viehwirtschaft, fähig, Rind- und Schaffleisch zu exportieren.

Im Kriege wurde in Algerien eine Fleischgefrieranstalt eröffnet.

Die Schweinezucht ist, wie in allen Trocken- (und mohammedanischen) Ländern, unbedeutend[5]), die Geflügelhaltung weit verbreitet; Eier werden besonders aus Marokko ausgeführt. Bienenhonig wird geschätzt.

Fischerei in den Binnengewässern trägt wenig zur Ernährung bei, am wenigsten in B 3, wie stets im Trockenklima. Küstennahe Seen liefern Aale. Auf den Bänken zwischen Hammamet und Tharis im Golf von Gabes werden viele Thunfische, Sardinen, Anchovis und Polypen von italienischen, auch tunesischen, griechischen, spanischen und einigen französischen Fischern gefangen. Auch an der Nordküste des Atlaslandes (Tabarka, La Calle) findet Fischerei statt und hob sich neuerdings

---

[1]) Im Sommer treten durch Hunger und Durst leicht große Verluste ein, namentlich an den Schafherden des Innern. 1920 gingen in Algerien 75% der Schafe ein. Die Rinder sind klein und geringen Gewichts, im Littoral (Tell) größer als im Innern; sie geben wenig Milch. Für dieErnährung haben sie nicht besondere Bedeutung. Algerien hatte 1911: 1,1 Mill. (5 auf 1 qkm, 20 auf 100 Einw.), Tunesien 1921: 0,49 Mill. (3,9 bzw. 23,3), Französ.-Marokko 1922: 1,56 Mill. (3,7 und 28,4). Rinder werden ausgeführt, Butter und Käse eingeführt. Vgl. H. Geoffroy Saint-Hilaire, a. a. O.

[2]) Halfagras ist zu Futter untauglich. Algerien (1911): 8,53 Mill. Schafe (Seßhafte und nomadische Eingeborene etwa je die Hälfte) — etwa 15 auf 1 qkm, etwa 160 auf 100 Einw.; Tunesien (1921) 2,04 Mill. (16 bzw. 97); Französ.-Marokko (1922) 6,32 Mill. (15 und 115). Ziegen: Algerien 3,86; Tunesien 1,11; Französ.-Marokko 2,06 Mill.

[3]) Andererseits ziehen manche Seßhafte (wie die des Aurèsgebirges) sommers mit ihren Herden auf die Gebirgsweiden.

[4]) Ausf. Algeriens 1913: 1,19 Mill., 1918: 0,27, 1925: 1,06 Mill.

[5]) Algerien 1910: 110000; Tunesien 17600; Französ.-Marokko 77700 Stück.

in Algerien bedeutend[1]); an der fischreichen südmarokkanischen Küste (kühles Küstenwasser! Vgl. Bd. I, S. 56f.) liegen die besten Fischereibänke (Sardinen, Thunfische usw.) zwischen Mogador (29) und Agadir (6). Die **Jagd** hat nur geringen Anteil an der Ernährung der Bevölkerung.

Mineralische Nahrungs-, Genuß- und Düngemittel.

Salz ist in den trockenen Steppen (B 3) und gegen die Wüste hin immer reichlicher zu finden[2]), in derselben Richtung aber nimmt der Mangel an Trink- und Bedarfswasser[3]) zu, und die Existenz-, ja Wander- und Transportmöglichkeit ist in der Halbwüste an einzelne Quellen bzw. Quellenlinien gebunden. Brunnen sind schon im tunesischen Sahel sehr nötig, da die Flüsse sommers versiegen, und Quellen spärlich sind. Mineralquellen treten an Bruchlinien der Küste und des Innern (Gafsa in Tunis usw.) auf.

Düngemittel. Phosphate kommen in allen drei Ländern, wohl durch die Trockenheit des Innern vor Abtragung und Auflösung bewahrt, äußerst reichlich vor.[4]) Die Atlasländer, Tunesien, Algerien und (zunehmend) Marokko, sind heute mit der Union (s. S. 400 u. Bd. I, S. 161) die wichtigsten Belieferer des Weltmarktes.

In Tunis werden hauptsächlich die Lager um die Oase Gafsa ausgebeutet; Ausfuhrhafen ist Sfax (28), im östlichen Algerien die Gegend von Tebessa (Ausfuhrhäfen Bône, 45, Bougie, 19, und Tunis, 172), im atlantischen Marokko ein niedriges Plateau nördlich des Flusses Um er Rebia bei Wad Zem (Bahn nach Casablanca). Das Rohmaterial enthält etwa 58—70% Phosphat und wird schon zu Lande (in Oran, 146, Maison-Carrée bei Algier, Bône und Tunis) zu Superphosphaten umgearbeitet. Letztere werden sogar schon ausgeführt, aber vor allem ist die Ausfuhr von Rohphosphat sehr wichtig.[5]) Die Landwirtschaft der Atlasländer macht immer mehr von dem Phosphordüngemittel Gebrauch.

b) An pflanzlichem Material für die Herstellung von **Kleidung** ist Mangel in den Atlasländern.

Der (kleine) Flachsbau, am meisten wohl im atlantischen Küstengebiet Marokkos, wird anscheinend mehr der Leinsaat als der Faser[6]) wegen betrieben.

---

[1]) Ertrag 1920: 17000, Ausf. 1925: 7700 T. Zahlreiche Salzereien u. Konservenfabriken entstanden.

[2]) Nach Joach. Graf v. Pfeil graben die Eingeborenen Marokkos auf tiefer liegendes Salz, soweit ihnen das Tageslicht noch in die Löcher nachfolgen kann. „Tiefer zu gehen, verbietet ihnen ihr Glaube." — Salzberge, Solquellen, Sebchas kommen in großer Zahl vor. Sfax (28; Tunesien) führte 1924 sogar 40900 T. Salz aus.

[3]) Wasserleitungen sind im Küstengebiet Algeriens und Tunesiens (C 6) nicht mehr selten.

[4]) Sie gehören nach D. Dussert (Annales des Mines, 12. série, VI) einer langen, der Südküste des Mittelmeeres von Syrien bis Marokko entlang ziehenden Zone an.

[5]) Ausf. Tunesiens 1910: 1,286; 1918 (Gafsagesellschaft) 0,72 Mill. T.; Algeriens 1913: 0,44, 1922: 0,53, 1924: 0,8 Mill. T. (und 24000 T. Superphosphate; Marokkos 1922: 82000, 1923: 191000, 1924: 430000, 1925: 720000 T. Ausfuhrhafen Casablanca (111). In Marokko (Gegend von El-Boroudj) sollen einige 10 (25?) Milliarden, nach neuerer Schätzung 1 Milliarde T. mit 66—82% phosphorsaurem Kalk in 5—8 m mächtigen, horizontal verlaufenden und zum Teil von den Schluchten des Plateaus angeschnittenen Flözen vorhanden sein. Frankreich soll 60% (?) der Phosphatvorräte der Erde kontrollieren. Die Erschließungsbahn Casablanca—Oued Zem ist fertig. Kourigha ist das Zentrum der marokkanischen Phosphatgewinnung.

[6]) Nahm hier in Chaouia, dem Hinterland Casablancas (111), und in Doukkala, der Hinterlandschaft Mazagans (22) stark zu. Die Saat soll der französischen (25%) und russischen (35%) mit 38% Fettgehalt überlegen sein, und die Flachsfaser, mit der sich Frankreich hier versorgen zu können (?) hofft, soll der russischen gleichwertig sein (?).

Baumwolle, von den Eingeborenen längst angebaut und verwebt, gedeiht nur recht mäßig.[1]) Nachtfröste im Frühjahr und unzeitgemäße Regen zur Blütezeit, sowie Heuschrecken sind ihr ungünstig.

Andere Faserpflanzen dienen mehr zu Flechtarbeiten[2]), Seilerei usw. Am wichtigsten unter ihnen sind die Halfa und die Zwergpalme.

Die Halfa (Stipa tenacissima) kommt in locker stehenden Büschen auf (felsigen) Terrainwellen der Hochsteppen des westlichen Algeriens, der Binnensteppen Tunesiens, der atlantischen Abdachung Marokkos (bis Mogador südwärts) am meisten vor, wird im Frühling und Herbst gesammelt und zu Flechtarbeiten und Seilen im Lande benutzt, vor allem (seit 1862) zum selben Zweck und zur Papierfabrikation ausgeführt.[3]) Jetzt stellt man auch bei Algier (207) daraus Papiermasse her.

Die Zwergpalme, Palmettobaum (Chamaerops humilis L.) liefert in ihren Blattfasern den Eingeborenen Seile, (mit Kamelhaar vermengt) Zeltstoffe usw. Die Fasern werden ferner für Matratzenfüllung[4]) als eine Art vegetabilischen Roßhaars (Crin végétale oder Crin d'Afrique) in Mengen aus Algerien ausgeführt.[5])

Eine Sorghumart (s. S. 291, Anm. 6) wird zur Herstellung von Besen benutzt.

Baumwoll- und Leinenwaren müssen eingeführt werden, dagegen liefern die Steppen Schafwolle (und Ziegenhaare) für Kleidung, Teppiche, Filzwaren usw. der Eingeborenen und noch Überschüsse zur Ausfuhr.[6])

Die Seidenzucht deckt den einheimischen Bedarf, Algerien führt auch Rohseide aus. Die Versuche mit Straußenzucht sind wohl nicht sehr geglückt. Die Schwammfischerei in dem Golf von Gabes ist wichtig[7]), aber die Korallenfischerei an der Küste Algeriens (La Calle), raubwirtschaftlich betrieben, bringt nur noch geringe Erträge.[8])

Häute (Küstengebiete), Schaf- und Ziegenfelle (Hochsteppe und Ge-

---

[1]) In Tunis, in Algerien (dürre Gegend von Orléansville in der Chéliffebene und von Oran), Marokko (Sebuebene usw.). In Algerien nimmt der Anbau zu. 1920 waren 250, 1924: 1500, 1925: 6000 ha bestellt. Ausf. 1924: 150 T.

[2]) Hüte und Sandalen (für felsigen Grund) werden aus „Esparto", dem Trockenprodukt der Halfa, hergestellt.

[3]) Auch Ampelodesmus tenax Link., Lygeum spartum (in Tunis) und das Dißgras wird zu ähnlichen Zwecken gesammelt. — Die Halfaausfuhr (1918 Algerien: 85200 T. nach England, 700 T. nach Frankreich; 1925: 139260 T.) geht über die algerischen Häfen Oran (146), Arzew, Bône (42), die tunesischen: Sousse (20) und Sfax (28) und Mogador (Marokko, 20). Tunis kann etwa 300000 T. jährlich liefern.

[4]) Auch für Bast-, Seil- und Sackfabrikation.

[5]) 1913: 59500 T. „Pflanzenfasern", 1918: 8800 T., seitdem wieder mehr; 1924: 58360, 1925: 57840 T. Crin végétale soll auch für Papiermasse geeignet sein.

[6]) Südalgerien liefert die beste Wolle, aber sie ist besonders stark verunreinigt und gibt beim Waschen geringeren Ertrag als die der Hochebenen der Schotts und des Tell. Die marokkanische Wolle ist ebenfalls gut. Infolge der kalten Winter und starken Temperaturschwankungen kleidet man sich im Innern der Atlasländer allgemein in Wollkleidung (Anilinfarben; die Cochenillekultur früherer Zeit ist eingegangen). Teppiche werden überall, auf dem Hochlande Algeriens, in Kairuan (19) usw., auch für Ausfuhr hergestellt. Wolleprod. Algeriens 1909/13: 16000, 1923: 16300 T. (1,6% der W.), Tunesiens 1690 bzw. 3170 T. (0,26%), Französ.-Marokkos 6740 bzw. 8850 T. (0,75%); Wolleausf. Algeriens 7550 (1922: 4070, 1925: 9700) T., Tunesiens 660 (340) T., Marokkos 2840 (1760) T.

[7]) Bei der Insel Djerba, den Kerkennah-Inseln usw., von italienischen Fischern betrieben. 1924 wurden 722, 1923 nur 100 T. ausgeführt.

[8]) 1921: 27 T.

birge) sind die Grundlage einer einheimischen Lederindustrie (Schuhe usw.) und werden auch ausgeführt.[1])

Gerbstoffe sind reichlich vorhanden: Rinden von Quercus Ilex (Steineiche), Qu. Mirbeckii (Große und Kleine Kabylie usw.), Qu. Pseudosuber, Qu. coccifera (Kermeseiche), Pinus halepensis (Aleppokiefer; Snoubarinde) usw. Sie kommen auch zur Ausfuhr.

Mineralische Schmuckstoffe (Silber) sind kaum erwähnenswert.

c) Holz als **Wohnungsmaterial** ist in großen Gebieten des Atlaslandes rar. Wälder finden sich selbst auf den von Meerlüften bestrichenen küstennahen Atlasketten nur in einzelnen Flecken[2]); sie sind oft verwüstet und zu Macchien (Buschwald) geworden. Kiefern, Eichen, Tannen, Zedern, Wacholder (Juniperus communis), Thuja (Callitris quadrivalvis), die eingeführten Eukalyptusbäume, der Arganbaum (Argania sideroxylon) Marokkos[3]) — das sind die Hauptholzlieferer. Einfuhr von Holz ist nötig. Kork (Osten Algeriens) wird jedoch ausgeführt.[4])

Holzhäuser finden sich in dem feuchten und waldreichen alten Bergland, das den küstennahen Osten der Kleinen Kabylie erfüllt, und wohl gleichfalls an der Nordabdachung des tunesischen Atlas. Die gewöhnlichen Hütten der Ackerbauer sind aus Reisig gebaut und mit Lehm verschmiert; das Dach besteht aus Reisig oder Brettern oder Dißgras. Das ist der „Gurbi" der halbnomadischen getreidebauenden Bevölkerung, schnell hingestellt und schnell verlassen. Aber stellenweise, besonders in der Großen Kabylie und im Westen der Kleinen, findet man festere Häuser (Hütten, aus gebrannten Ziegeln oder Steinen) mit Giebeldach von Hohlziegeln, entsprechend den windigen, regnerischen, schneereichen und winterkalten Lagen[5]); so auch sind im Rif und im Hohen Atlas und sonst bei den Berbern Marokkos Ziegel- und Steinbauten[6]) charakteristisch; an den Hängen des Hohen Atlas haben die Steinhäuser der Seßhaften spitze Dächer. Dagegen herrscht im Aurèsgebirge[7]) und vor allem in der Vorwüste des südlichen Atlaslandes das (billigere) in trockeneren Gebieten genügende Plattdach über sonnengetrockneten Lehmziegelbauten. Am meisten verbreitet ist in den Steppen und Wüstensteppen des Innern das Zelt der Hirten-

---

[1]) Maroquin und Saflan (nach der Stadt Safi, 26, oder Saffi benannt) sind Spezialitäten Marokkos, das „Babuschen" (türkische Pantoffel) ausführt. Häute-Ausf. Algeriens 1913: 2310, 1918: 420, 1925: 3750 T. Schaffelle 1520 bzw. 650 T., Ziegenfelle 1160 bzw. 970 T.

[2]) Algerien (feuchtere Osten) hat gegen 5% der Fläche bewaldet, Französ.-Marokko (soweit erschlossen) gegen 3%. Im Rifgebiet Spanisch-Marokkos dürfte mehr Wald stehen. Die Waldbrände (im trockenen Sommer), der ungeregelte Weidegang (Ziegen!) und raubwirtschaftliche Ausbeutung lichteten den Wald. Die bösen Folgen der Entwaldung machen sich bemerkbar. Mit geregelter Forstwirtschaft ist in Algerien und Tunesien begonnen. Für Tunis geben Zon und Sparhawk 9,4% (der Fläche) Wald an.

[3]) Im Littoral von Safi an südwärts; im Susgebiet.

[4]) 1924 wurden in Algerien 12920, 1925: 12580 T. gewonnen, 1925: 38960 ausgeführt; dazu 2190 T. Korkwaren.

[5]) Es breitet sich allmählich auch in der relativ feuchten Prov. Constantine aus.

[6]) Die flachen Schilflagen der Dächer sind nach Artbauer wegen Feuersgefahr mit Kies oder Sand bestreut; ein kreisrundes Loch im Dach spendet Luft und Licht. A. Mouliéras spricht von Hofhäusern der Rifbewohner.

[7]) Im feuchteren Norden noch geneigtes Dach und hölzerne Regenrinnen über Stein- und Ziegelbauten.

nomaden, das in der dürren Gegend von Oran sogar das Meer erreicht. In Häusern[1]) aus solidem Material nach europäischer Art wohnen wohlhabende oder durch Verlust ihres Bodens entwurzelte, auf Arbeit gehende Eingeborene. Lehm oder Tonlager in allen feuchteren Gebieten[2]), Sande in trockneren und Gipslager kommen reichlich vor.

d) Tierische Arbeitsgehilfen, Naturkräfte und mineralisches Material für Werkzeuge aller Art.

Arbeitstiere. Ochsen werden als Zugtiere, Esel und Maultiere[3]) als Saum- und Reittiere und bei den Nomaden des Innern, zumal in der Vorwüste, Kamele[4]) verwendet. Kleine, aber starke und (im Gebirge) trittsichere Pferde guter Rasse: Berber und (größere) Araber werden in verhältnismäßig geringer Zahl[5]) zum Reiten für die Männer gehalten.

An Kohle zur Gewinnung von Dampfkraft usw., an Petroleum und selbst an Wasserkraft leidet das Atlasland verhältnismäßig Mangel.

Es gibt in Tunesien wie in Algerien einige Kohlenwerke; alarmierende Gerüchte von Funden tauchen nicht selten auf, aber die Produktion ist minimal.[6]) Auch mit den Bohrungen auf Petroleum durchs ganze Atlasland hat man — trotz zahlreicher Ölspuren — wenig Glück gehabt, und die Wasserkräfte[7]) sollen (nach Schätzung) (wegen der äußerst wechselnden Wasserstände) im ganzen nur 530000 PS betragen, trotz des beträchtlichen Gefälles mancher Mittelmeerzuflüsse.

Um so reicher sind die Atlasländer, wie oft von Brüchen betroffene Faltengebiete an **Metallerzen** und vor allem Eisenerzen.

Tunesien hat besonders Lager bei Djebel-Djerissa und Nefzas, Algerien an vielen Stellen (bei Beni-Saf [Ausfuhrhafen] im Westen, bei Bougie [19], Bône [42], am Djebel Ouenza und Djebel Bou-Kadra zwischen Tebessa und Souk-Ahras usw.), teils phosphorfreie, teils phosphorreiche.[8]) Auch Marokko (Nischangebirge [Rif], Chaouia usw.) besitzt Lager, und sein Manganerz (Osten) wurde in Mengen während des Krieges ausgeführt; auch Tunis exportierte etwas. Da der Mangel an Kohle die Entwicklung einer Eisenindustrie sehr erschwert[9]), werden die Erze fast restlos ausgeführt.[10])

---

[1]) Die engen Gassen und Bretter mit Lappen, Lumpen, Säcken bewirken in den Städten Schutz gegen die Sonnenhitze. Das flache Dach dominiert, auch bei den alten Häusern Algiers, doch verdrängten europäische Paläste und vielstöckige Häuser im Geschäftsviertel die alten Quartiere. Gesteinsmaterial (Kalksteine, auch Marmor) ist im Gebirgsland überall reichlich zu finden.

[2]) Im kristallinen Land in der Nähe von La Calle und Jemappes (Algerien) fand man große Kaolinlager und errichtete Porzellanfabriken. Die einheimische Zementindustrie ist noch klein, Zement wurde bisher eingeführt (in Algerien z. B. 1914: 62800, 1916: 22300 T., meist aus Frankreich).

[3]) In Tunis 1921: 174000, in Französ.-Marokko 1922: 510000.

[4]) In Algerien (1911) 200000, in Tunesien 132000, in Französ.-Marokko 100000.

[5]) In Algerien 227000, in Tunesien 74250, in Französ.-Marokko 150000.

[6]) Tunesien gewann 1917: 32700 T. Braunkohle, Algerien 1921: 9250 T. Kohle und 250 T. Lignit. Etwas aussichtsvoll ist wohl allein die Kohlengrube von Kenadsa (Bel Hadi, Dep. Oran).

[7]) Selbst in Marokko errichtet man schon elektrische Kraftwerke (in und bei Casablanca). Der obere Um-er-Rebia soll reich an Kraft sein.

[8]) Im Osten wurden auch 2—5% Kupfer in den Erzen nachgewiesen.

[9]) Im Bezirk Rouina (westlich von Algier) ist ein Hochofenwerk für phosphorhaltige Erze errichtet worden.

[10]) Prod. in Tunesien 1917: 606000, 1924: 771000 T., Ausf. 1924: 652800 T.; Algerien 1910: 1,416 Mill. T. und 18900 T. Eisenpyrite, 1921: 708000 T., Ausf. 1919: 783000, 1924: 1,79 Mill. T., fast ausschließlich nach England (Frankreich erstickt ja in seinen Eisenerzen).

Bleizinkerze kommen in allen drei Ländern vor und werden von Tunis und Algerien ausgeführt[1]); Quecksilber (Zinnober) wird in Algerien gewonnen, Antimonerz und Kupfererz[2]) kommen in Algerien und Marokko vor, Schwefel in Marokko.

e) **Die Industrie** der Eingeborenen ist Haus- und Handwerk[3]), die mit den eingeführten Fabrikprodukten in scharfem Wettbewerb stehen. Die Fabrikindustrie wächst im Anschluß an einheimische Rohstoffe: Weinindustrie, S. 293, Olivenölfabriken, S. 293, Tabakindustrie, S. 293, Parfümerien, S. 294, Superphosphatindustrie, S. 295, Zwergpalmfaserfabriken, S. 296, Teppichknüpferei und -weberei, S. 296, Gerberei, S. 297, Papierstoff, S. 296, Porzellanindustrie, S. 298, Anm. 2, Zementindustrie, S. 298, Anm. 2.

Zentren von Handwerk und Industrie sind meist die größeren Städte: In Tunesien von Binnenstädten: Kairuan (19), Gafsa, Nefta; in Algerien Constantine (73), Tlemcen (41), Sidi-bel-Abbes (35), Blida (36), Tizi-Ouzou (35), Sétif (31), Mascara (29), in Marokko: Marakesch (140), Fez (71), Meknes (37), dazu die Hafenstädte (s. unten).[4])

f) **Handel.** Die Lage der Atlasländer und die engherzige Zollpolitik Frankreichs begünstigen den französischen Handel, aber in Tunis macht daneben der italienische, durch Nachbarlage und italienische Kolonisten bevorzugt, in Marokko der englische und spanische Geschäfte, während der deutsche zwangsweise ausgeschaltet ist. Es werden hauptsächlich Nahrungsmittel und Rohstoffe aus-, Industriewaren eingeführt.

Ausfuhr Französ.-Marokkos 1923: 272,2 Mill. Francs: Eier 51,2; Wolle 30,5; Häute 22,3; Weizen 21,6; Mandeln 17,4; Gerste 15; Leinsaat 9,5; Kanariensaat 7,1; Erbsen 7; Bohnen 6,7; Mais 4,9; Lumpen 3,8; Koriander 1,7; Hirse 1,5; Pantoffeln 1,4; Linsen 1,3; Kümmel 1,1; Wachs 1; Gummi arabicum 0,7; Spanisch-Marokkos 1922: 14,4 Mill. Fr.; Tangers 1922: 4,4, 1924: 11,6 Mill. Fr.; Algeriens 1922 (Sphl.): 1373,4; 1923: 1674,3; 1924: 1990 Mill. Fr.: 1923 Weine 483,2; Getreide 276,5; Schafe 120,2; Tabak (und Zigarren) 73; Tafelobst 64,5; Eisenerze 59,6; Olivenöl 38,9; Wolle 33,8; Phosphate 33,1; Häute 23,1; Kork 15,9; Zink 11,7; Tunesiens 1922: 444,7, 1923: 554 (?), 1924: 696,1 (?) Mill. Fr.: 1923: Getreide und Mehl 157,9; Mineralien (Phosphate!), Steine 136,3; Rohmetalle 54,3; Olivenöl 43,9; Weine usw. 26,6; lebende Tiere 19,5; tierische Erzeugnisse 16,7; Früchte (Sämereien) 13,9; Fische 8,2; chemische Erzeugnisse 4 Mill. Fr.; **Einfuhr** Französ.-Marokkos 1923: 778,9 Mill. Fr.: Zucker 153,8; Baumwollwaren 109; Petroleum 31,2; Tee 28,7; Weine 25,2; Holz 17,7; Maschinen 17,2; Eisen 14,4; Kohle 13,1; Kerzen 10,9; Automobile 9,7; Zement 8,9; Kaffee 8,2; Wollwaren 7,9; Seife 7,9; geist. Getränke 5,3; Sägemaschinen 5,2; Reis 5; Kupfer 2,3; Baumwollgarne 2,2;

---

[1]) Prod. Tunesiens 1917: 41400 T. Blei- und 15000 T. Zinkerz; Algeriens Ausf. 1921: 9750 (1924: 19930) T. Blei- und 14550 (51200) T. Zinkerz.

[2]) Prod. Algeriens 1921: 1720 T. (vgl. S. 298, Anm. 8).

[3]) Bei dem milden Winter und den geringen Niederschlägen, wie sonst im Orient, vielfach im Freien ausgeübt.

[4]) Selbst in Französ.-Marokko gab es Ende 1924 schon 615 europäische Industriebetriebe mit 7230 Köpfen Personal.

Kalk 1,8 Mill. Fr.; Spanisch-Marokkos 1922: 128,6 Mill. Fr.; Tangers 1922: 60,7, 1924: 77,9 Mill. Fr.: Mehl, Zucker, Tee; Algeriens 1922: 1897,8; 1923: 2236,9; 1924: 2794 Mill. Fr.: 1923: Baumwollwaren 174; Maschinen 117,8; Metallwaren 103,1; Papier 81,5; Kleidung 54,1; Zucker 46; Kohle 43,5; Eisen und Stahl 41,4; Pflanzenöle 40,5; Kaffee 35,5; Holzwaren 26,1; Häute 12,2 Mill. Fr.; Tunesiens 1922: 856,3; 1923: 863,7; 1924: 883,6 (?) Mill. Fr.: 1922 Textilien 172,2; mehlige Nahrungsmittel 90,6; Metallwaren 86,4; Mineralien (Kohle usw.) 75,9; Kolonialwaren 67,4; Häute 24,9; Garne 22,8; Holz 17,8 Mill. Fr.

Handelsländer in Prozent der Ausfuhr: Französ.-Marokko 1923: Frankreich und Algerien 42,8; Algerien (Landweg) 10; Spanien 24,5; Großbritannien 11,8; Italien 1,7; Spanisch-Marokko 1920: Spanien 77,4; Großbritannien 7,6; Portugal 5,4; Frankreich und Algerien 4,6; Tanger 1922: Frankreich, Algerien, Tunesien 25,9; Spanien 24,1; Großbritannien 16,2; Italien 13,5; Niederlande 5,2; Union 4,9; Algerien 1922: Frankreich 71,4; Marokko 8,1; Großbritannien 5,1; Belgien 1,9; Tunesien 1,8; Niederlande 1,8; Italien 1,7; Deutsches Reich 1,5; Spanien 1,5; Union 1,2; Tunesien 1923: Frankreich 53; Italien 14,6; Großbritannien 9,2; Belgien 4,5; Algerien fast 3,9; Malta 3,4; Niederlande gegen 2,4; Deutsches Reich 1,6; Ägypten fast 1,6; Libyen 1,54 Union 1,4; Spanien 1; **in Prozent der Einfuhr:** Französ.-Marokko 1923: Frankreich und Algerien 56,2; Algerien (Landweg) 22,4; Großbritannien 6,8; Spanien 2; Italien 1,1; Spanisch-Marokko 1920: Spanien 75,5; Großbritannien 16,5; Frankreich und Algerien 3,2; Union 1,5; Tanger 1922: Frankreich, Algerien, Tunesien gegen 37; Spanien 22,1; Großbritannien 16,6; Union 8,8; Italien 2,7; Niederlande 2,2; Algerien 1922: Frankreich 80,6; Union fast 4; Marokko 3,35; Großbritannien 2,7; Brasilien 1,7; Italien 1,15; Tunesien gegen 1; Tunesien 1923: Frankreich 63,3; Algerien 7,4; Italien gegen 5,9; Großbritannien 4,6; Union 3,94; Belgien 2,9; Brasilien 1.

g) Dem **Verkehr** zu Lande stehen in den (gebirgigen) Atlasländern große Schwierigkeiten im Wege.

Von der „Längsküste" am Mittelmeer ins Innere, vom Tell zur Hochsteppe und Vorwüste muß man den Küstenatlas, dann den Sahara-Atlas queren. Ersterer wird zwar von Flüssen erschlossen, aber in kaum gangbaren Durchbruchstälern und unter häufigen Umknickungen, die Umwege bedeuten. Erst neuerdings ersetzten Chausseen und Eisenbahnen die Saumtierpfade. Heute fährt die Eisenbahn von Oran (141) über Colomb Béchar bis Kenadsa (Kohle) und von Philippeville (34) nach Touggourt[1]); sie bringt den Nomaden Getreide und Industriewaren und holt Vieh, Wolle, Häute, Halfa, Datteln usw. Von der durch die Bodengestaltung eher begünstigten großen Längseisenbahn von Tunis nach Westen, die bis Marokko 1929 oder 1930 fertig sein soll, dringen Stichbahnen wie die von Souk-Ahras nach Tebessa (s. S. 295) ins Innere vor. In Marokkos atlantischer Meseta[2]) und im Sahel Tunesiens sind Eisenbahnen leicht zu bauen; dort ist eine Bahn von Tanger über Fes, Meknes, Rabat, Casablanca, nach Marrakesch nahezu fertig, sie hat in Fez Anschluß an die Längsbahn und entsendet Zweigbahnen; hier ist Gabes erreicht.[3])

[1]) Zwischen Touggourt und Tozeur (Djeridoasen in Südtunis) wurde eine regelmäßige Automobilverbindung eröffnet (3 Tage); die Bahn wird bald folgen. Durchquerung der Sahara s. S. 311, Anm. 2.

[2]) Fahrstraßen breiten sich aus.

[3]) Hier soll Anschluß an die libyschen Bahnen genommen werden.

In Tunesien und Algerien bedient sich die europäische Bevölkerung zunehmend des Kraftwagens. Auch in Marokko bestehen regelmäßige Kraftwagenverbindungen, meist von Casablanca ausgehend. Die Binnenschiffahrt hat fast keine Bedeutung (siehe S. 298 u. 300), auf den Hochebenen des Innern versiegen die Oueds nach kurzem Lauf.

Seeschiffahrt längs der gut besiedelten Küste zur Verbindung der einzelnen Landschaften hat Bedeutung. Dem Außenhandel, fast ausschließlich über See, stehen zahlreiche, schon weitgehend ausgebaute **Häfen** zur Verfügung, in denen ein großer Teil der Gesamtbevölkerung wohnt, in Tunesien sind die wichtigsten Tunis (Vorhafen La Goulette, 172), Sfax (28), Sousse (20); Bizerte (21) ist Kriegshafen; in Algerien[1]): Algier (207), Oran (141), Bône (45), Philippeville (34), Bougie (19), Mostagenem (27), Beni-Saf; im französischen Marokko: Casablanca (102), Tanger (50), Rabat (31), Safi (26), Salé (24), Mazagan (21), Mogador (20), Kenitra (9); im spanischen Marokko: Melilla (mit Gebiet 43), Ceuta (35), Tetuan (30), Larache (10).

Der **Luftverkehr** mit dem Mutterland Frankreich wird durch geringe Entfernung und zum Teil zwischenliegende Inseln erleichtert. Zwischen Casablanca, Rabat, Toulouse wird täglich[2]) geflogen, auch steht Casablanca mit Fes und Oran in regelmäßiger Luftverbindung. Der Flug nach Dakar[3]) (s. S. 312, Anm. 1) und über die mittlere Sahara wurde schon erprobt, da engerer Anschluß des Atlaslandes an den Sudan erreicht werden soll.

Der **Nachrichtenverkehr** ist in den älteren Kolonialgebieten natürlich schon gut fortgeschritten.

B. Das nordafrikanische Wüstengebiet[4]) (Ägypten, Libia [Libyen] usw.).

I. Naturverhältnisse. Es ist der westlichste Abschnitt des großen afrikanisch-asiatischen Wüsten- und Steppengürtels, der mit der nördlichen Trockenzone (B 3 und 4[5]) der Alten Welt zusammenfällt.

---

[1]) Die von WSW nach ONO laufenden Küstenketten werden durch das Meer schräg abgeschnitten und bilden flache Buchten, deren hoher Westrand wenigstens gegen West-, Nordwest- und zum Teil Nordwinde Schutz bot. Nun sind viele Molenhäfen gebaut. Im marokkanischen Rifgebiet hat die moderne Gestaltung der Häfen noch kaum begonnen. Die schwierigen Zufahrten an der atlantischen Küste Marokkos (Nebel, Klippen, Brandung) werden zurzeit künstlich verbessert.

[2]) Flugpost Alicante—Algier wöchentlich.

[3]) Der Postflugdienst Casablanca—Dakar (2½ Tage gegenüber 10 Tagen auf dem Seeweg) über Port Étienne und St. Louis wurde 1925 eröffnet.

[4]) Schirmer, Le Sahara. Paris 1893. — E. F. Gautier, Le Sahara. Paris 1923. — E. Banse, Wüsten, Palmen und Basare. Braunschweig 1921. — W. Elardt, Die Kulturform des Nomadismus in ihrer geograph. Bedingtheit. (Ungedruckte) Diss. Köln 1923. — Er. Dürkop, Die wirtschafts- und handelsgeographischen Provinzen der Sahara, begründet durch nützliche Pflanzen. Diss. Jena 1902. — K. W. Kumm, Versuch einer wissenschaftlichen Darstellung der wirtschaftsgeographischen Verhältnisse Nubiens von Assuan bis Dongola. Diss. Freiburg i. Br. 1903. — W. Niemann, Die Salzvorräte der Sahara. Ihre Natur und Verwertung. Diss. Leipzig 1914. — K. Heinke, Monographie der algerischen Oase Biskra. Diss. Leipzig 1914. — Neumann, Das moderne Ägypten. Leipzig 1893. — Fircks, Ägypten 1894. 2 Bde. Berlin 1895. — Lord Cromer, Das heutige Ägypten. 2 Bde. Berlin 1908. — Ew. Banse, Ägypten. Halle 1909. — F. Hartmann, L'agriculture dans l'ancienne Égypte. Paris 1923. — M. Voss, Der Suezkanal. Wien 1904. — Öthalom, Der Suezkanal. Wien 1905. — A. Birk und K. H. Müller, Der Suezkanal. Hamburg 1925. — O. Marinelli, La Cirenaica. Milan 1923. — G. Stefanini, I possedimenti italiani in Africa (Libia, Eritrea, Somalia).

[5]) Vgl. El Golea, 380 m ü. M., 34,1° im Juli und 9,5° C im Jan. Extreme 48° und −3°. Niederschläge in Ghardaïa (540 m) 100 mm, davon 20 im Jan. (Winterregen), 0 im Juli. Kairo 28,6° und 12,3° C. Extreme 43° und 2°. 30 mm Regen, davon 10 im Jan., 0 im Juli. Timbuktu (250 m), 35° und 21,4° C. Extreme 47° und 8°. 210 mm Regen, davon 100 im Juli (Sommerregen), mehrere Monate (Winter) keine.

II. Das Gebiet, schwer (namentlich nach Süden) abzugrenzen, ist gewaltig groß (6—8 Mill. qkm), hat aber nur um 15 Mill. Einw. (Volksdichte also durchschnittlich 2—2,5 Einw. auf 1 qkm). Tatsächlich sind große Flächen ganz unbewohnt, andere von wenigen Hirtennomaden durchstreift, kleine Oasenflecke (Ägypten ist die größte Oase) aufs dichteste bewohnt. Die Bevölkerung ist teils berberisch (Tuareg), teils semitisch (arabisch), teils hamitisch; Negereinschlag ist zum Teil vorhanden. Politisch fiel der Westen in Frankreichs Hände (um 4—5 Mill. qkm, 500000 Einw.?); der mittlere Norden wurde als Libia Italiana (Tripolitania und Cyrenaïca; 1,05 Mill. qkm, 1 Mill. Einw.) italienisch; der Osten (Ägypten, 0,9 Mill. qkm, 13,55 Mill. Einw.) erzwang von England den Schein der Selbständigkeit; im Westen besitzt Spanien gegen 300000 qkm mit 20000 Einw.

III. Die Wirtschaft.

Allgemeine Charakterzüge: Nomadische Tierzucht nutzt in den randlichen und zum Teil an Gebirge und Oasen des Innern anschließenden Steppen und Wüstensteppen den beschränkten Pflanzenwuchs aus. Gartenbau ist die Wirtschaftsform der spärlichen Oasen. Nomaden und Oasengärtner sind aufeinander angewiesen.

a) Erzeugung von Nahrungs- und Genußmittteln.

Einige wildwachsende Pflanzen liefern nach Er. Dürkop den Saharabewohnern Samen, Trüffeln, Wurzeln, Beeren (Siwak) und Früchte (Koloquinten, Dumpalmfrüchte, Zizyphusfrüchte usw.), Gemüse und Speisewürze.

Weit wichtiger als die genannten Gewächse ist die Dattelpalme der Oasen, unter deren schützendem Laubdach auch andere Kulturgewächse trotz der glühenden Sommerhitze gedeihen. Sie ist hauptsächlich in der nördlichen Sahara verbreitet.

Ihr Fuß muß im Wasser stehen; aus Quellen, Flüssen, Brunnen (auch artesischen) muß ihm Wasser zugeführt werden. Gute Datteln bringen die Oasen am Wadi Draa und die Oase Tafilelt (Marokko), die Zibanoasen und die am Wadi Rhir (s. S. 292), im Wadi Suf, die Oase Wargla und der Oasenkomplex von Tuat, die Djeridoasen von Südtunis (s. S. 292), Fessan, Kufra, Audjila, Siwah usw. hervor. Noch im Niltal (besonders in der Prov. Scherkie Ägyptens) stehen Dattelpalmwälder. Man hat frühe, mittlere und späte Spielarten herausgezüchtet und kann während zweier Monate auf Früchte (etwa 50 kg je Baum) rechnen. Frisch und getrocknet liefern sie für Menschen (und Tiere) der Oasen oft die Hauptnahrung.[1]) Sie sind zugleich fast der einzige Überschußartikel der Wüste, der zum Austausch gegen Getreide und Industriewaren nach Norden bzw. Ägypten geht.

Getreide (Gerste, Weizen, Sorghum, Hirsearten) wird hier und da ein wenig in den Oasen und Wadis der Wüste angebaut, am meisten in Ägypten (s. unten!) und in den Oasen Tripolitaniens[2]); besonders Gerste gedeiht im Mittelmeerklima (C6a), in den Steppen Tripolitaniens und im fruchtbaren Hochland Barka (Cyrenaïca des Altertums; bis 850 m), wo große Gebiete mit Terra rossa und Gelberde

---

[1]) Tripolitanien erzeugt an der Küste wenige und geringwertige Früchte. In der Westsahara und in der Südsahara (Dumpalmel) hat die Dattelpalme nicht mehr so vorherrschende Bedeutung.

[2]) Nach Govi sind in der Marmarica und Cirenaïca von 70000 qkm (mit 20000 Einw.) 30000 qkm kultivierbar und etwa 20% der Fläche (15000 qkm) unter Kultur.

bedeckt sind (auch Weizenbau), recht gut. Der Anbau läßt sich durch Dry farming und künstliche Bewässerung erweitern. In den Oasengärten pflanzt man auch zahlreiche Gemüsearten. Darüber erheben sich die Fruchtbäume (Orangen-, Zitronen-, Mandel-, Aprikosen-, Johannisbrot-, Feigen- und Granatbäume).[1] Im Sahel Tripolitaniens und an den Hängen der Saharavorberge gedeihen sogar Oliven[2], die mit Fruchtbäumen auch im engräumigen Küstenstrich Barkas stellenweise vorkommen. Im Altertum war der ganze Küstenstreifen zwischen Mittelmeer und Libyscher Wüste bis Ägypten viel besser besiedelt als jetzt.

Bei weitem die wichtigste Oase des nordafrikanischen Wüstengebiets ist **Ägypten**, ein Geschenk des Nil, der, aus den wasserreichen Teilen Afrikas genährt, den Einschnitt in das Wüstenplateau gesägt und das im oberen Teile selten über 7, dann meist 12—14 km, nie mehr als 25—30 km breite, viele Meter mächtige Schwemmland, und in ihm das dem griechischen Buchstaben Delta (Δ) in der Form ähnliche „Delta" an seiner Mündung aufgeschüttet hat.

Nur gegen 32000 qkm = etwa 3,5% der Fläche Ägyptens sind kultivierter Boden. Durch regelmäßige sommerliche Überschwemmungen sorgt der Nil für stets erneute Befruchtung des Bodens; aber die Überschwemmungsfelder (Rayländereien) tragen ärmere Frucht[3] als die zu gegebener Zeit künstlich bewässerten „Schakariländereien". Durch den Bau großer Stauwerke haben die Engländer das Land gegen größere Schäden durch ungenügende Hochwasser gesichert.[4] Der (altägyptische) oft hölzerne Pflug der Fellachen, von Ochsen oder Büffeln gezogen, ist neuerdings auf den größeren Gütern durch Traktoren[5] ersetzt worden. Die Düngung hat größeren Umfang angenommen und die Erträge gesteigert.

Die wichtigste Nährfrucht ist der Weizen, der zum Winter gesät und von April bis Mai geerntet wird.[6]

Wegen der Belichtungsstärke bleibt er sehr niedrig, wird aber mit Rücksicht auf dieselbe und auf die Trockenheit sehr dicht gesät; die ha-Erträge sind recht hoch.[7] Weizen und Mehl müssen jedoch noch eingeführt werden.[8]

---

[1]) Primitive Bewässerungsvorrichtungen sorgen für Wasser.

[2]) Auf ihrer Kultur, die verfallen ist, dürfte die wirtschaftliche Zukunft der Kolonie in erster Linie beruhen. Schon 1923 wurden 2710 T. Rückstände („Sansa") der Olivenölgewinnung ausgeführt. Die anderen Ausfuhrartikel wie Datteln (115 T.), Henna (390 T.), Esparto (370 T.), Matten (116 T.) usw. (s. unten) treten zurück.

[3]) Nur eine Ernte. Von den (1922) 1,92 Mill. ägyptischer Landeigentümer besitzen 65—66% weniger als 1 Feddan (0,446 ha).

[4]) Große Bassins schon im ägyptischen Altertum; seit 1843 die große Barrage an der Spitze des Deltas; neuerdings die Staudämme von Assuan und Assiut. Im Wadi-Rayantal am Fajum ist einer geplant, für den Djebel Aulia- und den Naga-Hamadi-Damm das Geld bewilligt; weitere Pläne s. S. 358, Anm. 2. Im Frühjahr, wenn im unteren Tale Wassermangel herrscht, wird das aufgestaute Wasser nach Bedarf abgelassen. — Dem fruchtbaren Boden fehlt nur Phosphorsäure (s. S. 306). Manche Salzböden bedürfen der Entsalzung (Boden des trocken gelegten Mariutsees; für einen Teil des Mensalehsees geplant).

[5]) Müssen leicht (Brücken!) und billig sein.

[6]) Meist ausgerissen, mit Dreschschlitten gedroschen und geworfelt. Es scheint sich (infolge Bewässerung) um Weichweizen zu handeln; zum Mahlen stark mit russischem zu vermischen.

[7]) 1922: 997000, 1924: 930000 T. = gegen 1% der W., auf 6142 (5730) qkm (fast 20% der Kulturfläche); 1,62 T. auf 1 ha.

[8]) Vor dem Kriege etwa 35000 T. Weizen und Mais und 200000 T. Mehl.

Die genügsame Gerste (Winterkultur) drückt sich mehr am Wüstensaum hin; sie muß ebenfalls eingeführt werden (Viehfutter).[1])

Eine Herbstkultur (hinter anderen Feldfrüchten[2]) ist der Mais (im feuchteren Delta), den ärmeren Eingeborenen Hauptnahrungsmittel; in Oberägypten ist Sorghum (Durra) die wichtigste Nährfrucht. Reis wird als Sommerkultur in den Sümpfen des nördlichen Deltas angebaut; Einfuhr ist nötig.[3])

Die Kartoffeln sind schlechter Qualität und ohne Bedeutung, aber schon im Dezember und Januar reif, so daß Ausfuhr von Frühkartoffeln geplant wurde. Gemüse (Tomaten, Blumenkohl, Artischocken, Möhren, ägyptischer Lattich usw.) gedeiht den Winter über. Melonen (Mitte Juni bis Mitte August geerntet) spielen eine große Rolle.[4]) Kleine süße (Klima!) „Madeirazwiebeln" sind ein wichtiger Ausfuhrartikel.[5]) Knoblauch wird viel (im Delta) angebaut. Bohnen und Linsen (besonders in Oberägypten) sind Anreicherer des Bodens mit Stickstoff; erstere werden ausgeführt.

Unsere Obstarten gedeihen nicht mehr gut; Erdbeeren (groß) haben kein Aroma. Pfirsiche, Aprikosen, Granaten, ziemlich viel Feigen, Orangen, Mandarinen und Zitronen[6]) werden erzeugt.[7]) Der Ölbaum[8]) ist selten. Die Weinpflanzungen (Fajum) liefern lediglich[9]) Tafeltrauben. Selbst die Banane gedeiht noch. Die Dattelpalme ist der häufigste Baum[10]) der Niloase; die Früchte sind freilich nicht so wohlschmeckend wie manche tunesischen oder marokkanischen.

Als Sommerkultur wird das Zuckerrohr (in Großbetrieben) angebaut, viel mehr in dem sehr heißen und gleichmäßig warmen Oberägypten als in Unterägypten. Im März ist das Rohr schnittreif.[11]) Die Zuckerrübe gedeiht (namentlich im Fajum).[12]) Zucker ist einzuführen.

Gewürze: Kümmel, Koriander, Anis, Fenchel usw.[13]), auch Mohn und Saflor werden angebaut. Limonaden, Dattelpalmwein usw. sind beliebte Getränke. Rum usw. wird aus Melasse und Zuckerrohr bereitet. Whisky, Wacholderschnaps usw. werden eingeführt, ebenso Bier, obwohl schon beträchtliche Mengen desselben im Lande gebraut werden. Wein (s. oben) ist den Einheimischen (Mohammedanern) verboten. Der Tabakbau wurde 1890 untersagt.

Die bedeutende Zigarettenindustrie (Kairo, 791) verarbeitet guten griechischen und türkischen Tabak (s. S. 58f. u. 147). Zigaretten sind ein Ausfuhrartikel.

---

[1]) 29000, 1924: 224000 T. auf 1506 (1024) qkm; Ertrag 1,49 T. je ha.

[2]) In diesem Sinne trägt der Boden zwei Ernten im Jahr.

[3]) 31000 T.

[4]) Normalernte 700000 T.

[5]) 1912: 121000, 1918: 20000 T. (Großbritannien, Österreich-Ungarn).

[6]) Viel Zitronensäure wird gewonnen.

[7]) Nach der Dattelpalme sollen die Sykomore und der Nabak (eine Zizyphusart) die verbreitetsten Fruchtbäume Ägyptens sein.

[8]) Nach F. Hartmann und L. Keimer im alten Ägypten angebaut, aber ziemlich selten; lieferte viele Früchte, aber anscheinend wenig und mäßiges Öl (für Tempelbeleuchtung). In den Gärten von Alexandria gaben sie nach Strabo keines. Der Ölbaum wird nur noch im Fajum in größeren Maßstabe angebaut; wie schon im Altertum wird billiges griechisches Olivenöl eingeführt.

[9]) Islamverbot!

[10]) 4½ Mill.

[11]) Prod. von Zucker 1920/21 etwa 80000 T. = etwa ⅔% alles Rohrzuckers.

[12]) Der Zuckergehalt soll hoch sein.

[13]) Nach L. Keimer schon im frühen Altertum.

Unter den **Ölsaaten** des Landes werden Sesam-, Rizinus-, Saflor-, Leinsaat, die schon im Altertum gebraucht wurden, von der Baumwollsaat (s. S. 306f.) bei weitem überragt, doch ist, mangels industrieller Entwicklung, Öleinfuhr nötig, während Baumwollsaat in Mengen ausgeführt wird.[1]) Ölbaum s. oben. Rosenöl wird im Fajum gewonnen.

Für die **Tierwirtschaft** sind in Ägypten (wie in den anderen Oasen) die Vorbedingungen nicht günstig; Nahrungs- und Genußmittel liefert sie verhältnismäßig wenig.

Weideland fehlt, Wiesenkultur ist unbekannt. Futterfürsorge, Unterkunft, sanitäre Maßnahmen sind mangelhaft. Krankheiten suchen die Haustiere heim.

In Ägypten wird aber wenigstens winters (Dezember bis April) durch den als Unterfrucht gebauten Klee (die drittwichtigste Feldfrucht) den Tieren eine gute Ernährung gesichert.[2]) Rinder und Büffel sind relativ spärlich vorhanden.[3]) Milch- und Fleischnutzung ist gering.[4]) Schafe[5]) und Ziegen[6]) geben Milch und Fleisch, die Fettschwanzschafe Fett; sie sind aber auch nicht zahlreich, Schweine sogar selten.

Hühner, klein und dürftig, legen viele, aber sehr kleine Eier (Ausfuhr) und brüten nicht.[7]) Sehr viele Tauben werden des Fleisches und Mistes wegen gehalten, Enten (meist wild) schwimmen auf den zahlreichen Gewässern. Bienenhonig ist unwesentlich. **Fischfang** in Nil, Kanälen und Seen[8]) liefert einige Nahrung; Seefischerei hat in den kühlen (Auftriebwasser!) Gewässern an der Westküste der Sahara einen ansehnlichen Umfang und beste Zukunftsaussichten. Besonders lebhaft ist die Fischerei (auch Walfang) an der Küste Mauretaniens. Port Étienne an der Lévrier-Bai nahe Kap Blanco ist der Ausgangshafen und der Sammelplatz der Fänge. An der Küste Tripolitaniens werden Thunfische usw. gefangen.

Die **außerhalb der Oasen** lebenden Stämme des Steppen- und Wüstengebiets ernähren sich, abgesehen von den gesammelten und den gegen Austausch oder zwangsweise von den Oasenbewohnern gewonnenen pflanzlichen Nahrungsstoffen und etwas **Jagdbeute**[9]), von Weidegrund zu Weidegrund nomadisierend, ausschließlich von ihren **Herden**. Gras- oder Kräuterwuchs findet sich in den Wadis, zumal an den Flanken höherer Gebirge (Saharaatlas, Tibesti, Adrar), gegen die Ränder der Oasen

---

[1]) Sie hat 22—24% Ölgehalt (Klima!) gegen etwa 20% der amerikanischen Saat. In Alexandria (445) usw. gibt es einige Ölmühlen (Kampagne Oktober bis April); Ölkuchenausfuhr. Ägyptischer Lattich liefert in Oberägypten gleichfalls Ölsaat.

[2]) Sie weiden angekoppelt auf den Feldern. Nachts nimmt man sie neuerdings in den Stall.

[3]) 1922: 585000 bzw. 617000; noch nicht je 0,7 Stück auf 1 qkm, 18 bzw. fast 20 auf 1 qkm Kulturlandes.

[4]) Milchwirtschaft in unserem Sinne und Butterbereitung besteht nur in der Nähe der großen Städte. Milch geben die Tiere spärlich, aber sie ist sehr fett.

[5]) 1922: 942000, 1924: 1,08 Mill. Es entfallen nur 1 auf 1 qkm oder an 30 auf 1 qkm Kulturlandes und 7 auf 100 Einw.

[6]) Nur 395000, d. h. etwa 0,44 auf 1 qkm oder 12,3 auf 1 qkm Kulturlandes und gegen 8 auf 100 Einw., 1924: 455000.

[7]) Schon im alten Ägypten waren Brutöfen erforderlich.

[8]) Z. B. im Mensalehsee; s. jedoch S. 303, Anm. 4.

[9]) Das Tierleben des Wüstengebiets ist arm und nimmt erst gegen die Ränder (des Sudan usw.) zu. Jagdtiere sind Wüstenhase, Klippschliefer, Waran, Gundi, Wüstenhühner, Trappen, der Strauß; Antilopen und Gazellen werden mit dem pfeilschnellen Slugi (arabischem Windhund), dem Pferd, dem Gepard oder dem Jagdfalken gejagt; in den Felsengebirgen kommt das Mähnenmufflon vor. — Der Jägerstamm el Lib soll nur von Gazellenfleisch leben.

und in den Steppen an den Nord- und Süd-, West- und Osträndern des Wüstengebiets wo die Niederschläge nach außen allmählich zuzunehmen pflegen. Rinder werden dabei nur in kleiner Zahl und in den bestbewässerten Gegenden gehalten, so an den nordwärts gekehrten meeresnahen Hochlandhängen Tripolitaniens, in Adrar, Aïr, auf den Inseln des nördlichsten Nigerbogens (Tuareg), bei den Barek-Allah nördlich des Senegal. Hauptnutztiere sind Schafe, Ziegen und Kamele. Alle drei müssen hauptsächlich Milch liefern. Geschlachtet werden die Tiere fast nur zu Fest- oder Gastmählern, die Kamele meist sogar nur, wenn sie unbrauchbar geworden sind. Über die Zahl der Nomadenherden fehlt bisher eine zuverlässige Übersicht.

Mineralische Nahrungs-, Genuß- und Düngemittel. Salz ist in der Wüste reichlich zu finden, besonders in der Südhälfte, die dem salzarmen Tropengebiet benachbart ist; hier hat es sogar eine gewisse (kleine) kommerzielle Bedeutung.

Nach Niemann sind die Sebcha Idjil, Taudeni und Bilma die Hauptzentren der Salzgewinnung bzw. des Salzhandels, von denen aus althergebrachte Karawanenstraßen zu den sudanesischen Randorten (Médine am Senegal, Nioro, Banamba, Bassikunu, Timbuktu, Kuka usw.) führten, um von letzteren in die salzlosen Urwaldgebiete verhandelt zu werden; doch hat die Kolonisation des Sudans und seine Versorgung über See den saharischen Salzhandel schwer geschädigt. In Ägypten gewann man Kochsalz bisher hauptsächlich aus dem Mariutsee und im Natrontal. Trinkwasser ist innerhalb der Wüste nur in den spärlichen Oasenquellen zu finden[1]) und muß bei Reisen und Transporten auf den Kamelen (die sehr lange Durst vertragen) in Schläuchen mitgeführt werden. In Ägypten, wo stets reichlich Nilwasser zur Verfügung stand[2]), sind bereits viele Wasserleitungen angelegt worden. In den Randgebieten wird Wasser häufiger und reichlicher.

Mineralwässer kommen, da das Sahara-, überhaupt das Steppen- und Wüsten-, gebiet wenig gestört und sehr dürr ist, wohl kaum in Betracht.

Der für Trockengebiete (B 4) charakteristische Salpeter wird mehrfach erwähnt, z. B. von Tuat. Überraschende Funde von ihm, vielleicht auch von Kalilagern, sind nicht ausgeschlossen. Phosphatvorkommen, deren Erhaltung der Trockenheit zu verdanken ist, hat man in Ägypten (Ausfuhr[3]) und in der Cyrenaïca schon gefunden. Die geologische Untersuchung im Wüstengürtel, durch die Natur sehr erschwert, liegt außerhalb des Niltals und seiner Nachbarschaft noch völlig im argen.

b) Für die **Kleidung** war im alten Ägypten nach Reil, Joret, L. Keimer usw. eine Leinart wichtig; von ihr stammten auch die berühmten Byssosgewänder.

Die Baumwolle (Gossypium herbaceum L.) spielte erst seit alexandrinisch-griechischer Zeit eine (geringe) Rolle. Um 1820 verallgemeinerte sich der Anbau amerikanischer Baumwolle[4]) in Ägypten; erst infolge des amerikanischen Bürgerkrieges nahm die Kultur einen großen Aufschwung.

---

[1]) Über künstliche Wasserbeschaffung im Wüstengebiet vgl. Haberlandts Arbeit.
[2]) Neuerdings wird es von vielen Städten durch Filtration gereinigt.
[3]) Vgl. S. 295, Anm. 4. Sie haben im Niltal die geringste Qualität, bessere im Osten und Westen davon. 1910 wurden 2400, 1913: 104500, 1916: 125000, 1918: 31200 T. ausgeführt, besonders nach Japan. Jetzt wird schon im Lande Kunstdünger daraus hergestellt.
[4]) Jumel entdeckte 1821 in einem Garten zu Kairo eine ausgezeichnete Sorte, die Stammmutter der geschätzten ägyptischen Baumwollen.

Die **Baumwolle** ist heute die wichtigste Textil- (ja Kultur-) Pflanze Ägyptens. Von dem Ausfall der Baumwollernte hängt die Kaufkraft der Bevölkerung ab. Baumwolle ist bei weitem der wichtigste Ausfuhrgegenstand Ägyptens.[1])

Im Februar bis März erfolgt die Aussaat; die für die Entwicklung nötige Wassermenge wird durch künstliche Bewässerung zugeführt. Im Herbst, zur Erntezeit ist kein Regen zu befürchten.[2])

Die ägyptische Faser steht an Stapellänge, Feinheit und Spinnbarkeit nur der vorzüglichen Sea-Islandsorte der Union (s. S. 401, Anm. 5) nach, wird in viel größeren Mengen produziert und kommt fast mit der Gesamternte auf den Weltmarkt.[3]) Der Versuch, die Baumwolle im Lande zu verarbeiten, statt sie auszuführen, und die Begründung von modernen **Spinnereien** und **Webereien** hat bisher geringe Erfolge gezeitigt. Textilwaren (besonders Baumwollwaren) sind der wichtigste Einfuhrartikel.

Die Versuche, in Oberägypten **Jute** anzubauen, scheinen eine geringwertige Faser ergeben zu haben.

Als **tierischer Rohstoff für die Kleidung** kommt heute wie schon im Altertum in Ägypten die **Wolle von Schafen** (s. S. 305f.) in Betracht.

Die ziemlich grobe braune Wollfaser Unterägyptens wird im Lande zu Kleidern und Decken verarbeitet. Die feinere und weiße Wolle Oberägyptens und des Fajums wird höher bewertet. Der Bedarf an Wollwaren kann bei den milden Wintern Ägyptens nicht bedeutend sein.

Wollwaren werden in Ägypten eingeführt.

Für die Nomadenstämme ist die **Schafwolle** als Kleidungsstoff wichtiger, da die Nächte und Winter der Wüste ziemlich kalt sind (s. S. 301, Anm. 5). Aber im trockenheißen Innern der Wüste werden vornehmlich Fettschwanzschafe gehalten, die eher Grannenhaare als Wolle tragen. Auch aus **Kamelwolle** werden Kleider gewebt.

Maulbeerbäume und **Seidenzucht** bestehen in Ägypten nicht mehr. **Straußenzucht** wird bei Kairo betrieben. **Badeschwämme** werden an der Küste Tripolitaniens gefischt und ausgeführt.[4])

Häute und Felle[5]) der Haustiere geben überall den Rohstoff für Sandalen und andere Ledersachen ab. **Gerbstoffe** liefern unter anderen die Fruchtschoten der Nilakazie.

---

[1]) Prod. auf 7270 qkm 1911, 14300 qkm 1920, 7000 qkm 1923/24, etwa 9000 qkm 1924/25 = gegen 30% der Kulturfläche. Ernte 1913/14: 342000, Ausf. 1913/14: 331000, 1921/22: 233000, 1925: 378000 T. Ausfuhrhafen ist **Alexandria** (445). In Unterägypten nimmt Sakellaridis, die gewinnreichste der Sorten, 80—85% der mit Baumwolle bestellten Fläche ein. 1926 darf nur ⅓ des kulturfähigen Bodens mit B. bepflanzt werden.

[2]) Höchstens bisweilen Nebel. Schäden durch Baumwollwurm und Heuschrecken, die „Ermüdung" des Bodens, die Verschlechterung der Faserqualität usw. studieren und bekämpfen staatliche Laboratorien. Saat wird von den Ginanlagen ausgegeben.

[3]) Die oberägyptische Baumwolle ist geringerer Qualität als die Unterägyptens. Das ägyptische Produkt dient (in Großbritannien usw.) zur Herstellung feiner Baumwollwaren, dann neuerdings auch in der Autoreifen-Industrie. Seitdem letztere billigere, kurzstapelige Sorten verwenden kann, und Kunstseide in den Textilstoffen Konkurrenz macht, zeigt sich bei den Pflanzern die Tendenz, einträglichere, wenn auch kurzstapeligere Sorten zu pflanzen oder der Sakellaridis minderwertige Fasern beizumischen. Als **Farbpflanzen** waren schon den alten Ägyptern Saflor, Indigo und Henna (zum Färben der Fingernägel) bekannt. Heute sind die Anilinfarben eingedrungen.

[4]) 1923 nur 40; 1925 in **Tripoli** fast 20, in **Benghasi** (bessere Qualität) über 70 T. Wert 1925: 15 Mill. Lire; gegen 300 (griechische) Schiffe mit 2300 Mann waren in der Schwammfischerei beschäftigt.

[5]) **Tripolitanien** führt rohe und gegerbte Felle aus (1923: 370 T.).

Mineralisches Schmuckmaterial fehlt, wenigstens in dem Gebiet zwischen Nil und Rotem Meer, nicht. Gold, Silber und Edelsteine kommen vor, und man hat neuerdings die Bergbaubetriebe der alten Ägypter auf Gold, Smaragde usw. wieder aufleben lassen.

c) Für den **Wohnungsbau** ist vegetatives Material in Ägypten, wie in den anderen Oasen, wenig vorhanden. Natürliche Wälder fehlen, nur Kulturbäume liefern Holz, vor allem die Dattelpalme.[1]) Ägypten braucht eine große Einfuhr von Holz.

In Ägypten kommen auch die Sykomore (besonders in Unterägypten), die Nilakazie, die Lebbeckakazie, die Tamariske, in Oberägypten auch die Dumpalme für Holzarbeiten in Betracht. An Papiermaterial, das im Altertum die noch verwilderten Nilarme des Deltas (Papyros) lieferten, herrscht wohl großer Mangel; Papier und Papierwaren werden eingeführt.

Im Niltale wie in den anderen Oasen dient (zum Holz der Dattelpalme) meist der allverbreitete Ton oder Lehm zur Herstellung der einfachen Fellachenhütten. Die Dächer sind, auf das fast regenlose Klima berechnet, überall flach.[2]) Bausteine[3]) sind seitwärts des Nileinschnitts aus den Wüstenplateaus bequem und reichlich zu gewinnen und werden seit antiker Zeit gebrochen. Die Hirtennomaden können nur Zelte gebrauchen, die sie aus Ziegenhaaren oder Kamelwolle herstellen und mit Kamelhaarseilen befestigen, mit Kamelwolle-Teppichen usw. ausstatten.

d) Tierische Arbeitsgehilfen, Naturkräfte und Material für Werkzeuge aller Art.

Als Zugtier vor dem Pflug und Wagen steht der starke und genügsame Büffel, der gegen Krankheiten und Epidemien widerstandsfähiger ist als das Rind, ja sich in dem wasserreichen Lande, namentlich im Delta Ägyptens, (und zur Zeit der Nilüberschwemmung zumal) geradezu wohl fühlt, im Reisfelde sogar nur allein zu benutzen ist, voran vor dem Rinde (s. S. 305). Demnächst werden, wie in den anderen Oasen, in Ägypten Esel und Maultiere als Last- und Reittiere[4]) gehalten. Das Pferd, in geringer Zahl vorhanden[5]), ist das Reittier der Reichen.

Die Zahl der Kamele, deren Sterblichkeit in dem bodenfeuchten meeresnahen Nildelta groß ist, nimmt mit den Fortschritten der Bodenkultur in Ägypten ständig ab[6]); für die Wüstennomaden aber ist das den Daseinsbedingungen der Wüste vorzüglich angepaßte Tier noch immer ein wertvoller Besitz. Seine Verwendungsmöglichkeit hört allerdings an den feuchteren Rändern der Wüste auf[7]), nur die im

[1]) Auch die frischen Wedel der Dattelpalme haben, für rituelle Zwecke nach Triest, Odessa usw. ausgeführt, Wert, und die getrockneten werden an die Kunstblumenindustrie exportiert. Der Bast wird im Lande verwertet.

[2]) Bei den seltenen, aber oft sehr heftigen Regengüssen, erleiden sie leicht Schaden, und die Hütten bekommen dadurch ein ruinenhaftes Aussehen.

[3]) Auch Marmore.

[4]) Besonders Maultiere werden geritten; Esel dienen auch als Zugtiere für leichtes Gefährt. Esel, Maultiere und Maulesel besaß Ägypten 1922: 635000. Im hohen Altertum war der Esel nach F. Hartmann bis zur 18. Dynastie das einzige Reit- und Karawanentier.

[5]) Ägypten 1922: 35000.

[6]) Ägypten 1922: 130600.

[7]) In der südlichen Grenzzone der Wüste („zone sahélienne"), wo die Salzpflanzen fehlen, muß den Kamelen als Ersatz Salz zum Futter gereicht werden.

feuchteren Gebirgsland Tibesti heimischen Kamele können bis an die Nordküste gehen. Das Vordringen des Kraftwagens und der Eisenbahn (s. S. 300), die Schaffung sicherer Zustände für die Oasenbewohner durch die Franzosen drohen den Hirtennomaden wie den Kamelen als ihren Transport- und Reittieren ein gut Teil der Existenz zu entziehen, die nicht zum wenigsten im Betrieb des Karawanenverkehrs und in Raubzügen bestand.[1]) Auch die anspruchslosen Esel werden in den Oasen wie von den Nomaden als Transporttiere gebraucht, die schnellen, ausdauernden und anspruchslosen Pferde nur auf den Steppenrändern der Wüste und in geringer Zahl gehalten.

Mechanische Kraftquellen sind in dem ungeheuren Steppen- und Wüstengebiet sehr spärlich zu finden, ja fehlen zumeist ganz.

Allein Ägypten ist etwas besser daran, aber die Kohle von Keneh, die Petroleumquellen der Kalkgegend am Golf von Suez (für die Seeschiffahrt durch ihre Lage bedeutsam[2]) und die Wasserkräfte des Nil, zu etwa 600000 PS berechnet[3]), genügen auch nicht entfernt dem Bedarf des aufstrebenden Landes. Besonders muß viel Kohle eingeführt werden.

Metallerze hat man östlich des Niltals gefunden; Eisen-, Kupfer-, Bleierz gewannen hier schon die alten Ägypter. Viel Manganerz (mit 35% Mangan und 23% Eisen) wird neuerdings aus dem Südwesten der Sinaï-Halbinsel (Hafen Abu Zenina) verschifft. Gold und Silber, s. S. 308.

In Ägypten wird von anderen Mineralien noch Schwefel am Roten Meere gefunden; Soda kommt aus Fessan zur Ausfuhr.

Von anderem Werkzeugmaterial sei nur noch Gummi arabicum erwähnt, das im südwestlichen Grenzgebiet der Sahara (von Timbuktu westwärts) aus natürlichen und künstlichen Verletzungen der in einem breiten Gürtel häufigen Gummiakazie (Acacia verek gummifera) und anderer Akazienarten (besonders Februar bis Mitte März) ausfließt und über St. Louis (18) in Sénégal zur Ausfuhr kommt.[4])

e) Die Industrie des nordafrikanischen Steppen- und Wüstengebiets ist im allgemeinen nur primitives Heimwerk der Hirtennomaden und Handwerk der Oasenbewohner und erstreckt sich besonders auf die Verarbeitung von Wolle und Leder. Allein in Ägypten hat die Fabrikindustrie dank europäischem Unternehmungsgeist, aber behindert durch Mangel an Kohlen und Wasserkraft und durch die schematisch-herkömmliche Geistesrichtung der Eingeborenen, die erst neuestens lebhafteren Bildungsdrang bekunden, eine größere Entwicklung genommen; sie knüpft an die Bodenprodukte an. Alexandria (445) und Kairo (791) sind Hauptplätze. Tanta (74), Daman-

[1]) Als Lastträger im Karawanendienst oder beim Umzug von Weideplatz zu Weideplatz vermag das Kamel bis 250 (Nordafrika), ja 500 kg (Ägypten) zu bewältigen, in der leichteren Spielart des Reitkamels oder Mehari, das besonders für schnelle Raubzüge unentbehrlich war, 4—8 km in der Stunde durch 5—12 wasserlose Tage zurückzulegen; doch läßt des letzteren Zucht infolge der aufkommenden Ordnung nach Schmitthenner bereits nach.

[2]) Prod. 1913: 0,1; 1922: 1,19; 1923: 1,04 Mill. Faß = 0,1% der W. In Suez (31) ist eine Raffinerie errichtet. Auch in Libia hat man Petroleumspuren gefunden.

[3]) Am Assuandamm, wo der erste Nilkatarakt liegt, stehen 150000 PS für fünf Monate zur Verfügung; die Kräfte der anderen Katarakte sind ohne Konzentrationsvorkehrungen kaum auszunutzen.

[4]) Ausf. Französ.-Westafrikas 1923: 3090, 1924: 4110 T.

hur (40), Mansura (49), Sagasig (42), Damiette (31), Schibin-el-Kom (25) in Unterägypten, Assiut (51), Medinet-el-Fayum (44), Minieh (35), Beni Suēf (32), Akhmim (28), Keneh (23), Giseh (19) in Oberägypten sind weitere größere Orte.

Mehlindustrie, Zucker- und Spiritusfabrikation, Zuckerraffinerie, Bierbrauerei, Wasser- und Eiswerke, Zigarettenindustrie (s. S. 304), Öl- und Seifenfabriken (S. 303 u. 305), Baumwollindustrie (S. 307,) Indigofärbereien, Möbel- und Zündhlzfabriken, Papierfabrikation (S. 308) sind zu erwähnen. Die Eingeborenen stellen Messingwaren und Schmucksachen, Matten aus Stroh und Binsen, Körbe, Tongeschirre usw. seit alters her.

f) Handel.

Der Handel des Wüstengebiets ist äußerst gering und tauscht nur kleine Mengen von Salz, Datteln, Wolle, Straußenfedern u. dgl. gegen Getreide und Industriewaren der nördlichen und südlichen Randländer aus. Auch der Transsaharahandel wird selbst bei Modernisierung der Verkehrsmittel wohl kaum größeren Umfang annehmen.

Allein Ägypten, einst infolge seiner Lage zwischen den Austausch suchenden Mittelmeerländern und Südostasien wichtiger Zwischenhändler, bis der Seeweg (nach Südostasien) um Afrika herum entdeckt wurde, hat einen bedeutenden Eigenhandel. Es führt hauptsächlich Nahrungsmittel und Rohstoffe aus und Fabrikate, doch auch Rohstoffe, Nahrungs- und Genußmittel ein.

Ausfuhr Ägyptens 1923: 58,39 Mill. £ E.: Rohbaumwolle 49,52; Getreide, Mehl usw. 5,02; Kolonialwaren 1,07; Spirituosen, Getränke und Öle 0,62; Tiere und tierische Nahrungsmittel 0,52; Tabakwaren 0,37; Metalle und Metallwaren 0,34 Mill. £; Libia (Tripolitania 1922: 13,65 Mill. Lire; Cyrenaïca 1921: 17,1 Mill. Lire); **Einfuhr** Ägyptens 1923: 45,28 Mill. £ E.: Textilwaren 16,52; Metallwaren 5,36; Getreide usw. 4,49; Holz und Kohle 3,96; Spirituosen, Öle usw. 2,9; Chemikalien 2,51; Kolonialwaren 1,71; Tiere und Tierprodukte 1,61; Steine; Verschiedenes 1,53; Tabak 1,51; Irdene und Glaswaren 1,22; Papier, Bücher usw. 0,85; Lederwaren u. dgl. 0,61 Mill. £ E.; Libia (Tripolitania 1922: 92,6[1]); Cyrenaïca 1921: 5,2 Mill. Lire).

Handelsländer Ägyptens waren in der **Ausfuhr** 1923: Großbritannien 48,6; Union 12,4; Frankreich 11,4; Italien 6,3; Deutschland 4,3; Japan 3,3; Schweiz 3,2; Belgien 0,9%; für Libia wohl hauptsächlich Italien; in der **Einfuhr** Ägyptens: Großbritannien 32,6; Italien 9,4; Frankreich 8,5; Deutschland 5,9; Indien und Aden fast 4; Union 3,8; Belgien 3,4; Australien 3; Griechenland 2,2; Chile 1,7; China 1,5; Japan 1,5; Schweiz 1,3%; für Libia wohl Italien.

g) Verkehr. Im Binnenverkehr Ägyptens sind die primitiven Landtransportmittel (S. 308f.) durch Eisenbahnen, Kleinbahnen, Straßen und Kraftwagen, am meisten im Nildelta, ersetzt worden. Schellal bei Assuan am Südrande Ägyptens ist von der Eisenbahn erreicht, aber erst in Wadi Halfa beginnt die Sudanbahn (s. S. 365).

---

[1]) Einf. 1923: 9650 T. Weizenmehl, 1290 T. Teigwaren, 3680 T. Zucker, ferner Gewebe und Garne, Zement, Eisen, Stahl, Holz usw.

Die alten Karawanenwege Ägyptens verloren, etwa bis auf den von Keneh (23) nach Kosseïr am Roten Meere und auf die nach den Oasen Chargeh und Siwah[1]), ihre Wichtigkeit. Auch in der Sahara büßen sie immer mehr ihren Verkehr ein, seitdem moderne Verkehrsmittel eindringen[2]), von Touggourt (s. S. 300) und Colomb-Béchar her in französischer Einflußsphäre und von Tripoli (30) und Benghasi (25) her in italienischer.

Eine Binnenschiffahrt kommt natürlich nur in Ägypten in Betracht. Auf dem Nil bis Wadi Halfa und auf den großen Kanälen verkehren Dampfer und Segelbarken. Kairo (791) ist infolge seiner Lage zu Alexandria, zum Binnenlande, zum Roten Meer, der Landenge von Suez wichtigster Binnenschiffahrts- und Handelsplatz geworden, auch Winterkurort[3]) und Globetrotterparadies.

Der Seeverkehr bedient fast nur die Nordküste des Steppen- und Wüstengebiets.

Der Außenhandel Ägyptens bewegt sich vorwiegend über den Hafen Alexandria (445). Seitwärts der schlammführenden Nilmündungen gelegen, unter den Ptolemäern wichtigster Hafen des Mittelmeeres, aber seit Verlegung des Weltverkehrs auf die Straße um Afrika herum (S. 310) verfallen, blühte Alexandria erst mit der ägyptischen Eigenproduktion, vor allem als Baumwollausfuhr- und als Einfuhrhafen wieder auf. Transithafen ist an seiner Stelle das mit amerikanischer Schnelligkeit gewachsene Port Said (mit Ismaïlia, 91), der mittelmeerische Eingangshafen zum Suezkanal, Suez (31) weit überflügelnd. Der Suezkanal, 1869 eröffnet, stellt eine ziemlich geradlinige Seefahrtverbindung zwischen dem atlantisch-europäischen und dem südostasiatischen Produktions- und Aktionszentrum her. Beständig vertieft, wurde er 1910 von 4533 Schiffen (von 16,58), 1923: 4621 Schiffen (von 22,73 Mill. R.-T.), 1925: 5337 Schiffen von 26,76 Mill. R.-T. benutzt. Nach dem Roten Meere zu passierten ihn 1923: 7,7 Mill. Gewichtstonnen Waren (Eisenbahnmaterial, Metalle und Maschinen, Steinkohlen, Zement, Webstoffe, Papierwaren, Düngemittel), in entgegengesetzter Richtung 15,07 Mill. T. (Petroleum, Getreide aus Indien und Australien, Ölsaaten, Manganerz, Zucker, Kopra, Jute, Sojabohnen, Tee und Rohbaumwolle); die britische (62,8%), niederländische (9,6%), französische (5,7%) und deutsche (5,4%; 1912: 14,9%) Flagge sind 1923 an dem Kanalverkehr am stärksten beteiligt. 246300 Reisende durchfuhren den Kanal.[4]) 1925 hatte die deutsche Flagge die französische wieder überflügelt.

---

[1]) Man wollte neuestens eine Fahrstraße dorthin bauen.

[2]) 1924 hat eine Kolonne von sechs Kraftwagen, deren Eigenart in den Hinterrädern mit endlosen Raupen liegt, die Sahara von Touggourt über In-salah, Tit, Kidal nach Tombouctou (Timbuktu; im Nigerland) bei 2400 km Weg in 21 Tagen, ein zweites Mal in 7 Tagen durchquert. Die seit Jahrzehnten diskutierte Transsaharabahn (Oran—Colomb-Béchar—Adghar (Adrar)—Ouallan—Bourem (bei Tombouctou)—Wagadougou soll in 7—8 Jahren zu vollenden sein; sie hat vornehmlich strategische Ziele: die geplante jährliche Rekrutierung von 280000 Sudannegern zu ermöglichen. — Vielleicht wird eine Randsaharabahn von Marokko aus gleichfalls gebaut werden, um den Hafen Dakar (S. 301, Anm. 3 u. 323) zu erreichen. Über die Kap—Kairobahn s. S. 349, Anm. 4.

[3]) Die Heilkräfte der trockenen Wärme und reinen Luft der Wüste führen (lungenkranke, Hilfe suchende) Fremde herbei (Heluan).

[4]) Die Schiffsgrößen haben gegen die Vorkriegszeit um etwa 30% zugenommen; 22% der Schiffe benutzten Ölfeuerung. Die Durchfahrtsdauer betrug 15 Stunden und 20 Minuten. Zurzeit wird eine Vertiefung vorgesehen, die Schiffen bis zu 10 m Tiefgang (28000 Br.-R.-T.) die Durchfahrt erlaubt. — Bei Kantara wird der Kanal auf einer Brücke von der Eisenbahn Ägypten—Palästina (Kairo—Ghazze [Gaza]—Haifa—Akka) überschritten.

Die anderen Häfen Ägyptens haben neben Alexandria untergeordnete Bedeutung: Damiette (31) an der einen und Rosette (14) an der anderen Nilmündung sind der Verschlammung ausgesetzt. Port Sudan (am Roten Meere; s. S. 366) ist Hafen des anglo-ägyptischen Sudans.

In Libia sind für Tripolitanien Tripoli (65) und für die Cyrenaïca Benghasi (30) Haupthäfen.

Der **Luftverkehr** von Oase zu Oase hat wohl noch gute Weile, aber ein durchgehender Luftverkehr mit Stützpunkten im Steppen- und Wüstengebiet zwecks schneller Verbindung (für Personen und Postsachen) zwischen dem französischen Besitz im Atlasland und dem Sudan bzw. der Guineaküste dürfte bald verwirklicht werden.[1])

Post-, Telegraphen-, Telephonverkehr sind in Ägypten schon in ziemlich moderner Art eingerichtet; Ägypten und Libia haben ihre funkentelegraphischen Stationen. Die Wüste hörte auf, Hindernis der Nachrichtenübermittelung zu sein.

C. Nordwest-Nigritien (Oberguinea, West- und Mittelsudan).[2])

I. Naturverhältnisse. Nordwest-Nigritien ist das Land zwischen dem Steppen- und Wüstenland im Norden und dem Golf von Guinea sowie der (1000 m hohen) Wasserscheide zwischen Tschad- und Kongozuflüssen[3]) im Süden, vom Atlantischen Ozean im Westen bis zur Wasserscheide des Tschadbeckens gegen die Bahr-el-Ghasalzuflüsse im Osten.[4]) Etwa zwischen 16.—17.° und 4.—5.° nördl. Br. liegend, besteht das Gebiet aus drei klimatisch bedingten langgestreckten Westoststreifen, die von Norden nach Süden bis zur Guineaküste einander folgen: der Steppenzone (B 3[5]), der periodisch trockenen Savannenzone (A 2[6]) und der heißfeuchten Urwaldzone (A 1).[7])

---

[1]) Mai 1923 gelang ein Probeflug von Casablanca (Marokko) nach Dakar (Sénégal). Inzwischen ist hier eine Luftverkehrslinie eingerichtet worden. In der Sahara leisten Flugzeuge bei der Überwachung der Eingeborenen usw. mannigfache Dienste. 1921 war ein regelmäßiger Luftschiffverkehr London—Ägypten geplant, ist aber wohl noch nicht zu standegekommen. Von Kairo fliegen regelmäßig Flugzeuge nach Vorderindien (Karatschi, s. S. 243) und zurück.

[2]) Vgl. über Togo (S. Passarge) und Kamerun (S. Passarge) „Das Deutsche Kolonialreich", herausg. von H. Meyer. Bd. I u. II. Leipzig und Wien 1909 f. — Er. Obst, Die Vernichtung des deutschen Kolonialreichs in Afrika. Berlin 1921. — Mitt. aus Deutschen Schutzgebieten. Berlin. — G. C. Dudgeon, The agricultural and forest products of British Westafrica. 2. Aufl. London 1922. — L. Kummer, Landeskunde der britischen Kolonie Sierra Leone. (Ungedruckte) Diss. Leipzig 1923. — G. Gast, Die britische Kolonie Goldküste. (Mitt. Ges. Erdk. Leipzig 1919/22.) Leipzig 1923. — Archer, The Gambia Colony and Protectorate. London 1912. — Morel, Nigeria. London 1911. — Sonolet, L'Afrique occidentale française. 4. éd. Paris 1925. — Courtet, Étude sur le Sénégal. Paris 1903. — Chudeau, Sahara soudanais. Paris 1925. — Machat, Les Rivières du Sud et le Fouta Djallon. Paris 1906. — Sprigade, Die französische Kolonie Dahome (Mitt. v. Forschungsreis. 1918). — N. Savariau, L'agriculture au Dahomey. Paris 1906..

[3]) Einschließlich der an England (Nigeria) geratenen Bergländer der Kamerunbruchlinie.

[4]) Hier nehmen wir die Ostgrenze des französischen Kolonialgebiets an.

[5]) Vgl. Zinder, 500 m ü. M.; 30,1° im Mai, 27,2° C im Aug. Extreme 43° und 8° C. 700 mm Regen (320 im Aug., 0 im Jan.).

[6]) Vgl. Wadadougou, 760 m ü. M.; 31,4° im April, 23,7° im Jan. Extreme 42° und 10° C. 820 mm (270 im Aug., 0 im Jan.).

[7]) Vgl. Lagos, 27,8° im März, 24,3° im Aug. 1830 mm (Juni 490 und Okt. 220; Dez. 20 und Aug. 60). — An der Goldküste und der Togoküste ist dem Urwaldstreifen ein schmaler Savannenstreifen an der Küste vorgelagert.

II. Das Gebiet mag etwa $7^1/_4$ Mill. qkm groß sein und 39—40 Mill. Einw. (meist Neger[1]) haben. Französischer Besitz herrscht völlig vor[2]). Vier britische Kolonien[3]), Liberia[4]), das unter vereinsstaatliche Bevormundung geraten ist, und Portugiesisch-Guinea[5]) ragen von der Guineaküste aus halbinselartig in das französische Gebiet hinein. Das deutsche Togo ist gewaltsam zerteilt.

Die Volksdichte beträgt im Durchschnitt 5,4—5,5 auf 1 qkm (in Sénégal 6,4; Colonie du Niger 0,9; Franz.-Sudan 1,5; Haute Volta 7,4; Franz.-Guinea 8; Elfenbeinküste 5; brit. Mandatgebiet (West-) Togo 6; französ. (Ost-) Togo 12; Dahome 8; Tschadterritorium 1; Nigeria 21; Goldküste 12; Sierra Leone 18; Gambia 20, Liberia 15,7; Portugiesisch-Guinea 8 auf 1 qkm).

III. Wirtschaft.

Allgemeine Charakterzüge: Für die Landwirtschaft, die Hauptätigkeit der Bevölkerung, ist die Steppen- und Urwaldzone weniger geeignet als die Savannenzone, in der darum die Volksdichte größer ist, und große Orte liegen. Die Tierzucht nimmt gegen die Urwaldzone ab und schwindet in dieser ganz zusammen, der Pflanzenbau der Eingeborenen („Hackbau") nimmt im allgemeinen von Norden nach Süden zu. Mangels guter Verkehrswege, also Absatzes nach auswärts, und Eingliederung in die Weltwirtschaft, erzeugen die Eingeborenen meist nur für ihren eigenen Bedarf, an der Küste aber hat die Produktion für den Weltmarkt Fuß gefaßt. Hier liegen die Plantagen der Europäer, und hier produzieren auch die Eingeborenen zunehmend für die Ausfuhr.

a) Die Erzeugung von Nahrungs- und Genußmitteln beruht in der Savannenzone (A 2) und in der Urwaldzone (A 1) mit der Küste hauptsächlich auf der Pflanzenwirtschaft, die auch fast alle Ausfuhrartikel liefert. Sammelwirtschaft hat immer noch einen ziemlichen Umfang.

Die periodisch trockene Savannenzone (A 2) ist reich an eßbaren Früchten. Charakteristisch für die Baumsavannen sind die Tamarinden (Früchte mit angenehm säuerlich-süß schmeckendem Mark[6]), der Affenbrotbaum (säuerliches Mark in den Früchten und eßbare Samen), der Schibutterbaum (mit süßen Früchten), die Borassus- oder Delebpalme[7]) (100—150 kinderkopfgroße Früchte), Pandanus-

---

[1]) Es werden nicht viel mehr als etwa 10000 Weiße in Nordwest-Nigritien sein, hauptsächlich in der Nähe der Küste.

[2]) Sénégal (192000 qkm, 1,23 Mill. Einw., 5290 Weiße); Colonie du Niger (1,2 Mill. qkm, 1,08 Mill. Einw., 216 Weiße); Franz.-Sudan (1,6 Mill. qkm, 2,47 Mill. Einw., 983 Weiße); Haute Volta (400000 qkm, 2,97 Mill. Einw., 191 Weiße); Franz.-Guinea (232000 qkm, 1,88 Mill. Einw., 1390 Weiße); Elfenbeinküste (Côte d'Ivoire; 315000 qkm, 1,55 Mill. Einw., 840 Weiße); Mandatsgebiet Togo (52000 qkm, 0,67 Mill. Einw.); Dahome (107000 qkm, 0,84 Mill. Einw.) und das administrativ zu Französ.-Äquatorialafrika (S. 325) gehörige Territorium du Tchad (1,248 Mill. qkm, 1,27 Mill. Einw. — Mauretanien (400000 qkm, 0,28 Mill. Einw.) wird man dem nordafrikanischen Steppen- und Wüstengebiet (s. S. 305) zurechnen müssen.

[3]) Nigeria mit dem Mandatgebiet Kamerun (80600 qkm, 0,66 Mill. Einw.) 870700 qkm, 18,15 Mill. Einw.; Goldküste mit Mandatgebiet Togo (203700 qkm, 2,08 Mill. Einw., 2165 Europäer); Sierra Leone mit Schutzgebiet (85200 qkm, 1,54 Mill. Einw.); Gambia (10710 qkm, 210000 Einw.).

[4]) 95400 qkm, 1,5—2 Mill. Einw., 160 Weiße.

[5]) 36620 qkm, 289000 Einw., 300 Weiße.

[6]) Ihre Südgrenze läuft etwa von Dakar (Sénégal) nördlich von Bondoukou (Elfenbeinküste) und Abome (Dahome), Ibadan und Onitsa (Nigeria) durch Mittel-Kamerun nach Possel am Ubangibogen.

[7]) Palmyrapalme Südasiens. Vgl. S. 214, 228 usw.

arten (an sumpfigen Stellen) usw. Im Urwald (A 1) herrschen andere Nahrungs- und Genußpflanzen vor: Ananas, Bananen, Melonenbäume, Orangenbäume, die Ölpalme, der Kolanußbaum (am Nordrande) usw. Sie alle werden von den Eingeborenen für Ernährung und Genuß abgesammelt.

Neben der Sammelwirtschaft liefert der Hackbau (mit der Hacke) in den südlichen, der Pflugbau in den nördlicheren Distrikten die wichtigsten Grundlagen des Lebens, aber große Flächen bleiben unbebaut und zwar gegen den Wüstenrand immer mehr. Künstliche Bewässerung ist in trockenen Strichen bekannt, Düngung erfolgt nur stellenweise. Im Savannengebiet (A2) bis tief in die Steppenzone (B3) geben Getreidearten, nämlich Varietäten von Sorghum- und Hirsearten, der Bevölkerung die Hauptnahrung.

Die Sorghumarten nutzen die Sommerregen aus; die Ernte findet am Ende derselben im Oktober statt. Die Hirsearten[1]), weniger Niederschläge verlangend als der Sorghum, werden zum Teil schon im Juni oder Juli geerntet und können in einem dürren Jahr, das den Sorghum bedroht, an dessen Stelle eine zweite Ernte bringen.

In der Nachbarschaft der inneren Urwaldgrenzen und in feuchten Strichen auch weiter nordwärts (wie im Nigertal) wird Mais gebaut und auch als Nahrung genutzt, ja er scheint sich sogar zu einem Ausfuhrprodukt entwickeln zu wollen. In sumpfigen oder zur Regenzeit Überschwemmungen ausgesetzten Gebieten, wie im Nigertal oberhalb Timbuctu und in der Sokotogegend, noch mehr in den Flußtälern und Küstenebenen des unter Monsunregen stehenden südwestlichen Urwaldgebiets von Gambia bis Liberia und der westlichen Elfenbeinküste (und sonst vereinzelt) wird Reisbau[2]) gefunden, während der Weizen ganz am Nordrande Nigritiens stehen bleibt, von wohlhabenden Leuten, zum Teil mit künstlicher Bewässerung, für eigenen Bedarf angebaut.

Im Savannenlande und auch im Urwaldgebiet spielen die Knollenfrüchte: Maniok (Cassawa), Yams, Bataten, Colocasia antiquorum eine große Rolle in der Ernährung; gegen Norden[3]) zu bedürfen sie zum Teil der künstlichen Bewässerung. Gemüsearten werden von den Negern vielfach gesammelt; wo Europäer sitzen, gewinnen unsere europäischen Formen Platz. Bohnen und Erdnüsse (s. S. 315f.) sind wichtig, Obstarten (s. oben) werden kaum kultiviert.

Zuckerrohr findet man vielfach, an der Guineaküste wie in sumpfigen Strichen des Innern oder bewässert, im kleinen Anbau der Eingeborenen für unmittelbaren Genuß.

Gewürze. Spanischer Pfeffer (Capsicum[4]) und Ingwer (Sierra Leone) seien genannt; sie kommen nur in kleinen Mengen zur Ausfuhr.[5])

---

[1]) „Duchn". A. Meunier gibt auf den Cartes Économiques de L'Afrique Occidentale Française Grenzlinien wichtiger Kulturpflanzen usw. an.

[2]) Französ.-Westafrika führte 1909/13: 28100, 1923: 18000 T. Reis ein.

[3]) Noch in der Umgebung von Zinder werden Maniok und Batate erwähnt; die Maniokgrenze läuft von der Küste (südlich von St. Louis) über Djenné und Zinder zum Tschadsee.

[4]) Melegettapfeffer (Guineakörner) von Amomum Melegetta (Sierra Leone und Liberia — „Pfefferküste") wird auffälligerweise von G. C. Dudgeon nicht erwähnt, spielt also wohl gar keine Rolle mehr.

[5]) Ausf. Sierra Leones an Ingwer 1912: 2200, 1921: 560, 1924: 1970 T.

Die **Getränke** der Neger sind Durra- und Hirsebier im Binnenlande, Palmwein (von Ölpalme und Bambu- oder Weinpalme, Raphia vinifera) im Urwald- und Küstengebiet, Rum (aus Zuckerrohr), dazu Europas Branntwein und Bier.

Der **Kaffeebau** (in Franz.-Guinea, Sierra Leone, Liberia, Elfenbeinküste, Goldküste) hat nirgends zu größeren Erfolgen geführt[1]), dagegen haben die (in Küstennähe gelegenen) **Kakaoplantagen**, besonders die der britischen Goldküste und des westlichen Nigeria, von Jahr zu Jahr wachsende Mengen Kakao auf den Weltmarkt bringen können. Sie erzeugen jetzt (1923) 50% der W., freilich ein recht mäßiges Produkt.[2])

Der **Kakaobaum**, aus heißfeuchtem Urwaldklima (A 1) stammend, wird in der Goldküste erst jenseits der am Meere gelegenen Savannenzone gepflanzt, und zwar handelt es sich um eine Eingeborenenkultur.[3]) Viel geringer sind die Leistungen der anderen westafrikanischen Kolonien.[4])

Tabak, von den Eingeborenen überall ein wenig für eigenen Bedarf angebaut, muß eingeführt werden. **Kolanüsse** (Gurunüsse) von Cola (Sterculia) acuminata sind das beliebteste Genußmittel der Eingeborenen.[5]) Der Baum (A 1) kommt in Französ.-Guinea (wenig) noch an den Küstenflüssen vor, weicht weiter östlich in den Urwald zurück und nimmt dann den Nordrand des Urwaldes ein.[6]) Hauptproduktionsgebiete sind **Sierra Leone**, das nördliche Liberia, das französische Sudangebiet an den Nigerquellen, die nordwestliche und nordöstliche Elfenbeinküste und die **Goldküste** (besonders Ashanti). Die Nüsse sind Gegenstand eines sehr lebhaften Binnenhandels. Von Kano, Timbuctu und von den Senegalländern kommen Karawanen mit Salz, Getreide, Schibutter, Vieh, Industrieerzeugnissen usw. die begehrten Nüsse holen. Sie werden auch nach anderen Negergebieten (Brasilien, Westindien usw.) und in geringen Mengen (für medizinische Zwecke) nach Europa ausgeführt.[7])

Ölfrüchte. Große Wichtigkeit für die Eingeborenen des Savannengebiets (A 2) hat die **Erdnuß**, besonders in den küstennahen Gebieten der französischen Sénégalkolonie (längs der Eisenbahnen Dakar—St. Louis und Thiès—Kayes) und im britischen Gambia, ferner in Nigerias Nordgebieten

---

[1]) Z. B. führte ganz Franz.-Westafrika 1923 nur 113 T., fast ausschließlich Produkt der Elfenbeinküste, aus; Victoria (brit. Mandat Kamerun) 1924: 10,5 T.

[2]) **Goldküste** 1913: 51300, 1923: 198000 T. = $43\frac{1}{4}$% der W. **Lagos** (Nigeria) 1916: 3680, 1923: 29300 T. = 6,42% der W. Die Ausfuhr **Ashantis** (1921: 44000 T.) ist in den Ziffern der Goldküste inbegriffen. **Akkra** (20) und **Lagos** (73) sind die Ausfuhrhäfen.

[3]) Die intelligenten Eingeborenen haben sich in der Kakaokultur unterweisen lassen.

[4]) Französ.-Westafrika 1924: 4350 (1923: 3620) T. **Elfenbeinküste** 1923: 3600 T., **São Thomé** 11930 (1913: 35510) T. = 2,6% der W., **Fernando Po** 6300 T. (Einfuhr nach Spanien) = 1,38% der W. Die früheren deutschen Kolonien (**Kamerun** 1913: 5265 T., **Togo** 334 T.) lieferten unter den Mandatarmächten 1922 nur gegen 0,9% der W. (Brit. Mandat **Kamerun**, Ausf. 1924: 3216 T. über Victoria; 364 T. über die Binnengrenze).

[5]) Den Nüssen werden wohltätige Wirkungen nachgerühmt; besonders sollen sie den Körper zur Ertragung von Strapazen stärken.

[6]) Die Nüsse werden zum Teil von wild wachsenden Bäumen gesammelt, aber auch von angepflanzten gewonnen; noch am Westufer des Kaduna R. in Nigeria (Prov. Zaria) bestehen Pflanzungen. Im Hinterlande von Togo, Dahome, Lagos sind die Kolabäume spärlich, und die Nüsse schlechterer Qualität.

[7]) **Sierra Leone** (nur Pflanzungen) führte 1913: 1865, 1921: 2540, 1924: 2580 T. aus (nach den Häfen Bathurst, Dakar, Bissao usw.); **Goldküste** 1913: 3190, 1919: 7400 T.; **Französ.-Westafrika** 1922: 230, 1923: 214, 1924: 190 T.

(Hauptmarkt Kano); hier sind die Erdnüsse bereits wichtige Ausfuhrartikel.[1]) Gegen die Urwaldgrenze nimmt die Erdnußkultur und der Ölgehalt der Früchte ab[2]); die Nordgrenze verläuft ähnlich wie die des Maniok, aber nördlicher.

Der **Butterbaum** (Butyrospermum Parkii), in der Baumsavanne charakteristisch (s. S. 313) liefert aus den etwa 45% Fett enthaltenden Früchtesamen den Eingeborenen ein Speisefett (Schibutter, Galambutter usw.[3]), das (bisher in geringem Umfang) auch in der europäischen Seifen- und Kerzenfabrikation gebraucht wird.

Für die Urwaldzone (A 1) ist die **Ölpalme** (Elaeis Guineensis) in zahlreichen Varietäten die wichtigste Ölpflanze, und wegen der Küstennähe ihrer Vorkommen sind ihre Produkte (**Palmöl** und **Palmkerne**) für die meisten Kolonien an der Guineaküste, soweit sie Anteil an dem Urwald haben, überhaupt die wichtigsten Ausfuhrgegenstände.[4])

Die Ölpalme kommt noch nördlich von Dakar (Sénégalkolonie) vor, hat aber erst am Casamance größere produktive Bestände aufzuweisen.[5]) Noch in **Gambia** haben die Früchte wenig Öl. In Portugiesisch- und Französisch-Guinea hat der Baum schon etwas größere Bedeutung, doch erst in Liberia und Sierra Leone, vornehmlich auf niedrigerem feuchten (doch nicht sumpfigen), etwas leichten Boden außerhalb des dichtesten Urwaldes, kommt sie häufig vor und erzeugt reichlich Fruchtbündel, doch mit wenig Fruchtfleisch. In der Elfenbeinküste, in Dahome und im Urwaldgebiet Nigerias ist die Ölpalme bei weitem die wichtigste Kulturpflanze, während sie in der Goldküste von der Kakaokultur zurückgedrängt ist. In Togo rückt die Ölpalmzone (wegen der Regenarmut des Küstengebiets) weiter ins Binnenland. Ölpalmplantagen und mit Maschinen ausgestattete Palmölwerke haben die

---

[1]) Ausf. Sénégals 1850: 2600, 1870: 22500, 1890: 27200, 1910: 227300, 1923: 279100, 1924: 317200 T. von (1923) 283060 T. Ausfuhr ganz Französ.-Westafrikas. Die Erdnüsse werden fast ausschließlich in den Hülsen versandt, weil sie sich dann besser halten, zumeist nach Frankreich. Ausfuhrhäfen: **Rufisque, Kaolack, Dakar, Gorée, Foundiouque** u. a. — **Gambia** 1850: 6000, 1890: 18300, 1910: 58800, 1920: 85190; Ausf. 1922: 64800, 1924: 60620 T. = 96,5% des gesamten Ausfuhrwertes; hauptsächlich nach England und Frankreich. Ausfuhrhäfen: **Kantaur** und **Georgetown**. — **Portug.-Guinea** 1924: 20300 T. — **Nigeria** 1921: 24000, 1923 etwa 60000 T. — Die Ernte findet in Sénégal Mitte Oktober bis Mitte November statt, nach der Regenzeit; Regen schädigt sie schwer. Ertrag auf 1 ha 1,5—2 T.

[2]) Ausf. **Portug.-Guineas** 1912: 11000 T., **Franz.-Guineas** 1920: 1720 T. **Sierra Leone, Togo** usw. bauen sie hauptsächlich jenseits des Urwaldes an.

[3]) Es ersetzt z. B. in der Goldküste jenseits der Urwaldzone das Palmöl. Französ.-Westafrika führte 1924 nur 850 T. aus.

[4]) Ausf. Sénégals 1913: 1900, 1923: 3030 T. **Palmkerne**; **Gambias** 1910: 470, 1920: 410 T. **Palmkerne**; **Portugies.-Guineas** 1912: 6080 T. **Palmöl**, 6070 (1917: 1020) T. **Palmkerne**; **Französ.-Guineas** 1913: 5170, 1917: 7070 T. **Palmkerne**; **Sierra Leones** 1910: 2700 (1917: 2260), 1924: 3110 T. **Palmöl**, 43720 (58950), 1923: 59550, 1924: 61120 T. **Palmkerne**; **Liberias** 1913: 2870 T. **Palmöl**, 6880 T. **Palmkerne**; **Elfenbeinküste** 1922: 6790 T. **Palmöl**, 8590 T. **Palmkerne**; Hauptausfuhrhafen Grand-Bassam. Ausf. der **Goldküste** 1913: 3600, 1917: 830 T. **Palmöl**, 9900 und 4840 T. **Palmkerne**; **Togos** 1917: 1490 T. **Palmöl**, 8330 T. **Palmkerne**; **Dahomes** 1913: 7970, 1921: 5840, 1924: 17200 T. **Palmöl** und 26370 bzw. 25230 u. 45650 T. **Palmkerne**; **Cotonou** (4) und **Porto Novo** (20) sind Hauptausfuhrhäfen. Ganz **Französ.-Westafrika** führte 1923: 22510, 1924: 25790 T. **Palmöl** und 61420 bzw. 71530 T. **Palmkerne** und 1300 bzw. 2080 T. Ölkuchen aus, **Nigeria** 1913: 84420, 1923: 98000 T. **Palmöl** und 177510, 1921: 153000 T. **Palmkerne**; Ausfuhrhäfen sind **Lagos** (73) und die kleinen Häfen der Nigermündungsarme („Ölflüsse"). Der Inlandkonsum Nigerias wird auf 102000 T. Palmöl geschätzt.

[5]) Nach E. **Fickendey** wiegen die Fruchtbündel volltragender Palmen in Senegambien durchschnittlich 4, in Togo 6, in Kamerun 10 kg.

Europäer bereits errichtet.[1]) Die verhältnismäßig ölarmen Varietäten Nordwest-Nigritiens werden allmählich durch die vorzügliche Lisombevarietät Kameruns ersetzt. Man fängt in Westafrika an, den Wettbewerb Sumatras und Malayas (s. S. 254) zu fürchten. Die Ernten fallen in die Trockenzeiten, in Togo nach E. Fickendey meist in die Monate Oktober bis November und Februar bis März, in der Elfenbeinküste März bis Juni (Haupternte) und November bis Dezember (kleinere Ernte).

Die Kokospalme scheint neben der Ölpalme und Erdnuß wenig Interesse zu finden; sie steht einzeln oder in Gruppen an der Küste und spielt in der Plantagenkultur der Europäer eine geringe Rolle.[2])

In den nördlichsten Strichen mit Steppenklima (Clima sahélien) ernährt sich die Bevölkerung zum guten Teil, wandernd mit den Herden von Schafen[3]), Ziegen und Kamelen[4]) usw. wie in der Saharazone (B 4[5]), von den Erträgnissen der **Tierzucht** und von Jagd. Auch in der Savannenzone (A 2) kommen Schafe und Ziegen noch fort, gegen die Urwaldzone (A 1) hin aber sicher immer weniger gut; im Urwald und an der Küste spielen sie gar keine Rolle[6]); es sind schwächliche, elende Tiere. Hammel werden aus dem Sudan ausgeführt.

Das Rind ist infolge seiner höheren Ansprüche an die Ernährung mehr in der Savannenzone (A 2) verbreitet. Im Norden, etwa jenseits des 11.⁰ nördl. Br., wo die Tsetsefliege nicht mehr vorzukommen scheint, wandern die Fullahs (Fulbe), die sich besonders auf Rinderzucht verstehen und von ihr leben, mit ihren Rindern von Weideplatz zu Weideplatz. Sie verkaufen in den Städten Milch und Butter, die hier wichtige Nahrungsmittel sind; sie halten hauptsächlich eine Buckelrasse. Gegen Süden zu überwiegt dagegen eine buckellose Rasse, die vornehmlich für Schlachtzwecke gezogen wird. Gegen den Urwald hin scheint die Tsetse in mehreren Formen an Flüssen und Bächen immer häufiger zu werden und schließt hier, vor allem aber im Urwald (A 1), Zucht und Transport von Rindern (wenn nicht besondere Vorsichtsmaßregeln angewendet werden) aus.[7]) Nur im Gebirgsland Fouta Djallon Französ.-Guineas

---

[1]) Die Eingeborenen überlassen die Bäume sich selbst. Bei der primitiven Art der Ölgewinnung werden von den Eingeborenen höchstens 60% des Ölgehalts der Früchte extrahiert. Ölkuchen dürften in Zukunft ein wichtiger Ausfuhrgegenstand werden.

[2]) Die Bissagosinseln Portugies.-Guineas und der relativ trockene Küstenstrich von der Goldküste bis Dahome scheinen sich für Kultur (und Kopratrocknung) am besten zu eignen, zumal, im letzteren Gebiet wenigstens, die Ölpalme fehlt. Portug.-Guinea führte 1924: 9790; Französ.-Westafrika 1923: 83 T. Kopra aus.

[3]) 1922 im französ. Sudan 2,03 Mill. Schafe (darunter 800000 Wollschafe, der Rest Fettschwanzschafe) und 1,59 Mill. Ziegen. Milch und Fleisch stehen im Vordergrunde der Nutzung. 1922 hatte die Sénégalkolonie 215060 Schafe und 258700 Ziegen.

[4]) Kamele wurden 1922 im (französ.) Sudan nur 22170, in Sénégal 4220 gezählt.

[5]) Ein sehr großer Teil des französ. Sudan und des Nigergebiets gehört übrigens der Sahara an.

[6]) In der Gegend von Ilorin (Nigeria) gibt es „große" (?) Schaf- und Ziegenherden; Französ.-Guinea hatte 1921 nur 75420 Schafe und 102020 Ziegen, hauptsächlich in dem hier dicht an die Küste tretenden Gebirgsland. In den Nordterritorien der Goldküste gibt es 242400 Schafe und Ziegen.

[7]) Im französ. Sudan gab es 1922: 1,025 Mill., in Französ.-Guinea 428420 Rinder; in Nigeria angeblich 1,2 Mill. — Im Nordwestzipfel des Urwaldgebietes von Nigeria kommt eine Zwergrasse des Rindes vor, die gegen die Tsetsestiche immun sein soll. Auch im Küstengebiet Kameruns wird ein kaum meterhohes Waldland- oder Buschrind gehalten, das fast keine Milch gibt. Unsere Rinder gedeihen hier nicht. Selbst in Buea (etwa 1000 m) ging das eingeführte Algäuer Vieh in Form und Milchleistung zurück. — In den Niederungen Nordostnigerias, im benachbarten Tschadgebiet, im Nigertal in der Landschaft Massina (Macina) und bei Segu sind die Futterverhältnisse am günstigsten. Freilich soll die Rinder (abgesehen von dem fruchtbaren Alluvialboden) auf Granit-, Gneis- und vulkanischem

dringt das Rind in größeren Mengen weit gegen die Küste vor[1]), wo es sonst nur vereinzelt vorkommt.

Die Schweinehaltung ist wegen der religiösen Vorurteile des weitverbreiteten Islams fast überall sehr unbedeutend.[2])

Hühner, halbwild, finden sich allerorten; Honig, meist von gefangenen (wilden) Bienenschwärmen, wird benutzt.

Der **Fischfang** an der Küste[3]) und in ihren Lagunen liefert der dort sitzenden Bevölkerung einen sehr wesentlichen Teil der Nahrung; getrockneter Fisch wird ins Innere des Landes ausgeführt. Im Binnenlande (A 2, B 3) beeinträchtigt in kleineren Bächen und Flüssen der periodische Wassermangel den Fischbestand, aber in Niger, Benuë und Tschad ist der letztere ansehnlich. Die **Jagd,** überall geübt, hat nur lokale Bedeutung.

Von **mineralischen Nahrungs- und Genußmitteln** ist Salz im Küsten- und Urwaldgebiet (A 1) bis in die Savannenzone (A 2) hinein ein seltener Artikel. Am Meere und aus den Lagunen wird stellenweise während der Trockenzeit etwas Salz durch Verdunstung gewonnen, im trockenen Sénégal bereits mit größerem Erfolg. Salz wird von Übersee und vom Saharарande (s. S. 306) und dem Sahelgebiet (Sebchas, Salzquellen) zugeführt. Trinkwasserbeschaffung macht in A 2 und B 3 stellenweise zur Trockenzeit Schwierigkeiten (s. Haberlandt); Mineralquellen wird wohl noch kaum Aufmerksamkeit zugewendet und ebensowenig mineralischen Düngemitteln.[4])

b) Als **Kleidungsstoff** wurde Baumwolle seit langem von den Eingeborenen in A 2 durch eigenen Anbau gewonnen, versponnen, verwebt und gefärbt. Im Urwaldgürtel kommt sie sehr schlecht fort, und im Hinterland hat ihr Anbau stellenweise infolge der Einfuhr billiger europäischer Stoffe eher ab- als zugenommen. Trotzdem dürfte ihr Anbau in A 2 eine Zukunft haben, und in Nordnigeria wie im französischen Sudan hat die Produktion für den Markt schon kleine Erfolge zu verzeichnen.[5])

Die Eingeborenen des Urwaldes benutzten vielfach Baumrinde für die Kleidung, allerlei gesammeltes Pflanzenmaterial zum Flechten gab auch sonst Hüte, Gurte u. dgl. her.

Sisalhanf begann man mit Erfolg[6]) in der Sénégalkolonie anzubauen. Piassava, die Bastfasern der Blattstiele von Raphia vinifera (in morastigen Landstrichen),

---

Boden (des nördlichen Kamerun) Salzhunger quälen. Fleisch ist für die Eingeborenen der Küste und des Urwaldes (A 1), ja auch der südlichen Savannen (A 2) etwas Seltenes (Festschmaus). Hier liegt die Wurzel der im Urwalde einst stark verbreiteten Anthropophagie.

[1]) Die Rinder sind leicht (250—260 kg), haben aber gutes Fleisch.

[2]) Die Sénégalkolonie besitzt z. B. nur 5400 Schweine. In der Gegend von Ilorin (Nigeria) sollen sie häufig (?) sein.

[3]) Während der Regenzeit läßt die Fischerei an der Elfenbeinküste beträchtlich nach. Ein interessanter Fall von „religiöser" Einwirkung zu wirtschaftlichen Zwecken wird von Zeller (Pet. Mitt. 69, 1923, S. 135) erwähnt.

[4]) Die z. B. in Sénégal und in der Prov. Abeokuta Nigerias (Phosphate) gefunden sind.

[5]) Französ.-Westafrika (Inneres v. Dahome, Haute-Volta, Sénégal usw.) erzeugte 1922: 500, 1923: 1190 T.; Ausf. 1924: 1680 T. unentkörnte B. Für 1925 erwartete man 2700—3000 T. (?). Nigeria 1923: 25000, 1924: 18000, 1925: 24000 Ballen (= etwa 5—6000 T.). Etwa 40% der Ernte werden in N. verbraucht. Auch in Nordkamerun und Nordtogo (Französ. Mandat 1924: 176 qkm bepflanzt) machte der Baumwollbau gute Fortschritte.

[6]) 1923 wurden 269 T., 1924 aus ganz Französ.-Westafrika 590 T. ausgeführt.

kommt aus Sierra Leone (Sherbrodistrikt[1]), Liberia, Nigeria usw. als Rohmaterial für Besen in den Handel.

Tierische Rohstoffe für Kleidung kommen bei dem tropischen Klima in A 1 und A 2 weniger als etwa Baumwolle in Betracht, mehr in B 3. Das Wollschaf (s. S. 317, Anm. 3) wird im Sudan gehalten, am meisten in den nördlicheren Distrikten, und man hat es auch mit Erfolg mit Merinos gekreuzt. Das Produkt wird im Lande verbraucht.[2]) In der Landschaft Macina am Niger besteht eine lebhafte einheimische Wollindustrie.

Wildseide von Anaphearten wird zu Lande zu geschätzten Stoffen verwoben. Die verschiedensten Farbstoffe sind den Eingeborenen bekannt, Indigoblau ist besonders beliebt. Wildstrauße sind in der Sahelzone noch nicht selten. Straußfarmen wurden geplant. Noch in der Ibadangegend (Südnigeria) hält man gezähmte Strauße. Häute und Felle werden im Lande, zumal in der Kanogegend viel zu Leder (Schoten von Acacia arabica Gerbstoff) und Lederwaren (Schuhe, Hüte usw.) verarbeitet, und letztere im Sudan verhandelt. Häute, Felle und „Kanoleder"[3]) werden auch ausgeführt. Hier sei auch des Elfenbeins[4]) kurz gedacht, das nur noch wenig in den Handel kommt.

Mineralische Schmuckstoffe. Gold ist weitverbreitet, und die Seifen des Sénégalgebiets[5]), Französ.-Guineas, der Elfenbeinküste usw. werden von den Eingeborenen, die in der Verarbeitung des Goldes stellenweise recht geschickt waren, ausgenutzt. Eine moderne Entwicklung erlangte die Goldindustrie namentlich in der Goldküstenkolonie (Tarquahgoldfelder).[6]) Neuestens hat man hier (bis in die Elfenbeinküste hinein) auch Diamanten gefunden und baut sie ab.

c) Mit Materialien für den **Wohnungsbau** ist Nordwest-Nigritien ziemlich gut ausgestattet.

In A 1 und A 2 werden hauptsächlich Palmblattstiele, Flechtwerk, Gras und Stroh für die Herstellung der Eingeborenenhütten benutzt, dazu kommen, je weiter nach Norden, um so mehr, mineralische Stoffe, die schließlich überwiegen: Ton oder sonnengetrocknete Ziegel, in den Städten manchmal halbgebrannte Ziegel, bisweilen Steine für den Unterbau.[7]) Die Dächer, oft aus harter Lehmschicht über Holz- oder Strohlage, sind im Trockenklima des Nordens (B 3, B 4) platt, von Brüstung umrandet; auf der Terrasse oben spielt sich das Leben ab.[8]) Die Dorfhäuschen, primitiver, sind meist mit Stroh gedeckt. Die Faktoreien der Küste (A 1) aus Holz, werden mit weißer Ölfarbe gestrichen, die konservierend wirkt und die Sonnenstrahlen

---

[1]) 1912: 1146, 1921: 742 T.

[2]) 1913 wurde ein wenig Wolle ausgeführt.

[3]) Wegen mangelhafter Gerbung wird es im Urwald- und Küstenklima stockfleckig. Französ.-Westafrika führte 1924: 1870 T. Rindshäute aus.

[4]) Bei der Engräumigkeit des Urwaldes wurde der Elefant bald selten. Ausf. Französ.-Westafrikas 1924 nur 7,5 T. Elfenbein.

[5]) Im Falémé und seinen Zuflüssen sind Baggermaschinen tätig.

[6]) 1912 wurden 11707, 1921: 6262 kg Gold ausgeführt; Ashanti lieferte 1921: 85019 Unzen = 2644 kg.

[7]) In den Gebirgen werden Steinbauten gefunden, häufig an Felswände angelehnt.

[8]) Man schläft übrigens vielfach auf heizbaren Tonbänken, da schon eine geringe Abkühlung den Eingeborenen empfindlich ist. — Unter Anleitung der Europäer werden an der Küste auch schon moderne Häuschen gebaut.

reflektiert. Eisenkonstruktionen rosten hier schnell, sogar noch im verhältnismäßig trockenen Lome (Togo; A 2), und müssen jedes Jahr mit Ölfarbe neu gestrichen werden.

Die Holzquelle des Urwaldes wird in der leicht zugänglichen Küstenzone und an den Flüssen ausgenutzt. „Mahagoni", „Ebenholz", Cambalholz (Camwood), „Santelholz", „Teakholz" usw. werden ausgeführt.[1])

Für die Herstellung von Hausrat (Matten, Körbe usw., auch Stricke, Bindfaden usw.) finden die Eingeborenen genug Bast, Schilfe, Gräser; auch für Töpferwaren Lehm und Ton dort, wo vegetatives Material nicht so bequem zur Verfügung steht.

d) Tierische Arbeitsgehilfen, Naturkräfte und Materialien für Werkzeuge aller Art.

Die Zahl der **tierischen Arbeitsgehilfen** ist beschränkt; im Urwald- und Küstengebiet (A 1) fehlen sie so gut wie ganz.[2]) In der Savannenzone (A 2) und Steppenzone (B 3) tragen Buckelrinder und Esel[3]) Lasten; das Pferd als Reittier ist nur gegen Norden mehr verbreitet[4]), im Süden des Savannenlandes noch recht spärlich.[5]) Im Sahelgebiet kommen Kamele (s. S. 315) zur Verwendung.[6]) Alle Bemühungen, die Eingeborenen zur Verwendung des Pfluges mit Ochsenzug zu veranlassen, scheinen bisher ohne Erfolg zu bleiben. Selbst in dem sonst doch fortgeschrittenen Nupe- und im Kanogebiet Nigerias ist die Pflugkultur unbekannt. Fortschrittliche Neuerungen werden schwer angenommen.

Naturkräfte.

Kohlenlager, die für Eisenbahn- und Dampferbetrieb wichtig wären, sind bisher sehr wenig gefunden worden. Vielfach wird Holzheizung verwendet. Bedeutung haben nur die Kohlen des Udiberglandes[7]) in Nigeria. Die nördlich von Benin gefundenen Lager von wenig guter Braunkohle (zum Teil mächtige Flöze) scheinen noch nicht benutzt zu werden. Erdölspuren fand man in Nigeria.

Die Wasserkräfte Nordwest-Nigritiens sind recht bedeutend, da die Flüsse, vor allem die nach dem Süden fließenden, die den hohen Plateaurand in der Nähe der Küste in zahlreichen Wasserfällen und Stromschnellen durch-

[1]) In Sénégal sollen 47% des Landes bewaldet (?) sein; in Französ.-Guinea ist der Küstenwald durch das Fouta Djallonmassiv eingeengt (etwa 8%); in der Elfenbeinküste gegen 40, in Dahomey gegen 26%. In Obersénégal und Niger (früher (!) etwa 2 Mill. qkm) soll der eigentliche Wald (im Süden) nur 3,3% der Fläche einnehmen gegen 15% des Buschwaldes (nördlich des 13.°). — Die Elfenbeinküste führte 1923: 93000 cbm Edelhölzer und 11090 cbm sonstige Nutzhölzer aus, ganz Französ.-Westafrika 1924: 144000 cbm. In Nigeria und in Togo (Deutschland!) hat man schon angefangen, eine geregelte Forstwirtschaft einzuführen. — Die zähe Rinde des riesigen Baobab, dessen Holz wenig wert ist, soll sich für die Papierfabrikation eignen.

[2]) Hier muß der Mensch allein alle Arbeiten verrichten; die Trägerkarawane war, bevor Eisenbahnen gebaut wurden, einziges Landverkehrsmittel.

[3]) Im französ. Sudan gab es 1922: 81590, in Sénégal 42870, in den Nordterritorien der Goldküste 1921: 8500.

[4]) Im französ. Sudan wurden 1922: 44030, in Sénégal 29640 gezählt.

[5]) Die Nordterritorien der Goldküste besaßen 1921: 2550.

[6]) Selbst in Sénégal können sie nur zur Trockenzeit verwendet werden und müssen während der Regenzeit nach Norden geschickt werden.

[7]) Mehrere, zum Teil über 1 m mächtige Flöze kommen hier in mäßiger Tiefe vor. Eine Eisenbahn schafft die als Bunkerkohle gut zu gebrauchende Förderung nach Port Harcourt im Nigerästuar. Prod. 1917: 85000, 1918: 110000, 1923/24: 175100 T.

brechen, in der Urwaldzone reich an Wasser sind; besonders auch der Niger gehört hierhin. An 23 Mill. PS (mehr als 5% aller Wasserkräfte der Erde und über 12% der afrikanischen) mag Nordwest-Nigritien bergen.[1])

Schon die Eingeborenen förderten **Erze.**[2]) Eisenerzlager wurden fast in allen Gebieten festgestellt[3]) und vielfach schon von den Negern für ihre Hacken, Buschmesser usw. ausgenutzt. Mangels Verkehrswege und genauer geologischer Untersuchung (Eisengehalt usw.) sind sie für die europäische Industrie bisher belanglos. Von den entdeckten Manganerzen (Goldküste, Nigeria usw.) werden die der Goldküste (am Ancobrafluß) jetzt im großen Maßstabe ausgebeutet und ausgeführt.[4])

Zinnerzlager der Bautschi-(Bauchi-)hochländer Nigerias, zunächst Seifen, ergeben bedeutende Erträge.[5])

Kupfer-, Zink-, Bleierzlager hat man auch gefunden. Schwefel wird von Sénégal, Soda von Sokoto erwähnt und in der Trockenzeit am Tschadsee von den Eingeborenen für Handelszwecke gewonnen. Monazit soll Nigeria bergen. Gold, s. S. 319.

Von **anderen technischen Stoffen** kommen Kopale (meist rezent-fossile der Küstenregion, aber auch von lebenden angeschnittenen Stämmen der Guibourtia copallifera[6]) aus Französ.-Guinea, Sierra Leone, Goldküste, Nigeria (Nigerdelta) usw. in kleinen Mengen in den Handel. In jüngerer Zeit werden die Bäume auch angepflanzt.

Kautschuk war längere Zeit eines der wichtigsten Ausfuhrprodukte, vor allem des Urwaldgebiets (A 1, Lianen und Kickxia elastica Preuss oder Funtumia elastica Stapf.). Raubwirtschaftlich durch Zerschneiden der Lianen und Fällen der Bäume gewonnen, ist der Wildkautschuk Nordwest-Nigritiens zusammengeschwunden und nur noch von geringster Bedeutung. Auch die vielfach im Urwaldgürtel angelegten Plantagen der Kickxia und der Heveas (s. Bd. I, S. 143) haben bisher das Kautschukgeschäft noch fast gar nicht beleben können.[7])

Etwas Gummi arabicum wird in den Steppen (B 3) gesammelt.

e) Industrie. Das einheimische Gewerbe (Küstengebiet, Nordnigeria usw.) in Textilien, Lederwaren, Goldschmiedewaren usw. ziemlich entwickelt, ist durch die Konkurrenz europäischer Waren weithin zugrunde gerichtet.

---

[1]) Nigeria mit Kamerunmandat 9; Liberia 4; Elfenbeinküste, Dahome(y) und französ. Mandat in Togo 2,85; Französ.-Guinea 2; Sierra Leone 1,7; Goldküste mit Togomandat 1,45; Französ. Sudan 1; Sénégal 0,25 Mill. PS; die anderen Gebiete wenig.

[2]) Ihre primitiven Gruben erreichten manchmal 6—8 m Tiefe.

[3]) Z. B. zu Bangjeli und Santrokofi in Togo, zu Kabba in Nigeria.

[4]) Anfang 1924 wurden monatlich 18000 T., im Jahre 250000 verschifft; für 1926 wurden 450000 T. erwartet; die Lager liegen nur 50 km vom Hafen Takoradi (s. S. 324, Anm. 1) entfernt. Die Vorräte werden auf über 10 Mill. T. Erz geschätzt.

[5]) Ausf. 1910: 774, 1913: 4060, 1921: 7180 T. Auch in der Ilorinprovinz Südnigerias hat man ausgedehnte Zinnseifen gefunden.

[6]) Ausf. 1900: 124½, 1912: 17 T. Januar bis April ist die Flußzeit. Französ.-Westafrika 1924: 120 T.

[7]) Neuestens wurden einer vereinsstaatlichen Gesellschaft (in Acron, Staat Ohio) 4050 qkm Kautschukplantagenland zur Anlegung riesiger Heveapflanzungen für 99 Jahre verpachtet. Man hofft, in etwa 6 Jahren hier 250000 T. Kautschuk erzeugen zu können (?). Über den Bedarf der Union s. S. 411. Ausf. Französ.-Westafrikas 1924: 1280 T.

Außer der Hüttenindustrie (Gold, Zinn) hat die Palmölindustrie jedenfalls eine Zukunft.[1])

f) Handel. Da die Handelsprodukte fast alle in der Nähe der Küste erzeugt werden, vermitteln zahlreiche Häfen den Austausch mit Übersee; das Hinterland bis zum Saahararand ist nicht sehr tief und wird nur langsam mit Verbesserung der Verkehrsverhältnisse in den europäischen Handelsbereich gezogen; der Handel der Kolonien untereinander und mit anderen Erdteilen als Europa, das günstig zu Nordwest-Nigritien liegt und der Mutterland-Erdteil ist, hat geringen Umfang. Ausgeführt werden hauptsächlich pflanzliche Rohstoffe, Genußmittel und Bergbauprodukte, eingeführt Industrieprodukte und Nahrungsmittel.

Ausfuhr Französ.-Westafrikas 1923: 445,7 Mill. Fr. (Sénégal 280,5; Elfenbeinküste 62,6; Dahome(y) 56,2 (1924: 110,4); Französ-Guinea 34,6; Obervolta 7,6; Sudan 4,2 Mill. Fr.): Erdnüsse 289080 T.; Holz 67660 T.; Palmkerne 61420 T.; Palmöl 22510 T.; Kakao 620 T.; Gummi arabicum 3090 T.; Rinderhäute 2010 T.; Kautschuk 1340 T.; Baumwolle 1210 T.; Gold 797 kg; Nigeria 1922: 10,45 Mill. £: Palmkerne 2,81; Palmöl 2,68; Erdnüsse 1,48; Zinnerz 0,93; Kakao 0,87; Häute und Felle 0,34; Rohbaumwolle 0,27 Mill. £; Goldküste 1922: 8,34 Mill. £: Kakao 5,84; Gold 0,89; Kolanüsse 0,31; Bauholz 0,25; Manganerz 0,11; Palmkerne 0,05; Palmöl 0,02 Mill. £; Sierra Leone 1923: 1,61 Mill. £: Palmkerne 0,97; Kolanüsse 0,19; Palmöl 0,1; Ingwer 0,05; Piassava 0,02 Mill. £; Gambia 1923: 0,9 Mill. £: Erdnüsse 0,64; Palmkerne 0,006; Häute 0,002 Mill. £; Mandat Kamerun 1921: 34000 £: Palmkerne, Kautschuk, Palmöl, Elfenbein, Kakao, Kolanüsse; (West-) Togo 1921: 46000 £: Palmöl, Palmkerne, Kakao, Kolanüsse, Baumwolle; Liberia 1922: 1,05 Mill. $: Palmkerne, Kaffee, Piassava, Palmöl, Elfenbein, Kakao; Portugies.-Guinea 1922: 13,5, 1924: 49,1 Mill. Escudos: Erdnüsse, Kopra, Palmkerne, Häute, Wachs usw. **Einfuhr** Französ.-Westafrikas1923: 542,8 Mill. Fr. (Sénégal 323,4; Dahome(y) 62,6; Französ.-Guinea 57,5; Elfenbeinküste 55,7; Sudan 31; Obervolta 12,4 Mill. Fr.); Nigeria 1922: 10,91 Mill. £: Baumwoll. Stückgüter 2,71; Lebensmittel 0,28 Mill. £; Goldküste 1922: 7,9 Mill. £: Baumwollwaren 1,22; Nahrungsmittel 0,31; Leucht- und Motoröl 0,2; Wagen 0,2; Eisenwaren 0,16; Säcke 0,15; Maschinen 0,13; Baumaterial 0,12; Kleider 0,12 Mill. £; Sierra Leone 1922: 1,51 Mill. £; Gambia 1923: 0,8; 1924: 0,67 Mill. £; Mandatgebiet Kamerun 1921: 49000 £; (West-) Togo 1921: 34000 £; Liberia 1922: 1,5 Mill. $; Portugies.-Guinea 1924: 61,57 Mill. Escudos: Nahrungs- und Genußmittel (Reis, Spirituosen, Tabak usw.) und Baumwollwaren sind Haupteinfuhrartikel.

Handelsländer in Prozent der Ausfuhr: Französ.-Westafrika 1923: Frankreich 58,5; Großbritannien fast 14; Niederlande 4,6; Brit. Kolonien 4; Belgien 3,8; Union 3,3; Deutsches Reich 3,2; Nigeria 1922: ? ? ?; Goldküste 1922: Großbritannien 42,3; Sierra Leone 1922: Großbritannien 68,6; brit.-westafr. Kolonien fast 12; Gambia 1922: Großbritannien fast 60; Kamerun ?; West-Togo ?; Liberia 1923: Deutsches Reich; Niederlande, Großbritannien; Union;

---

[1]) Die Palmölfabriken finden nach Bücher und Fickendey ihren natürlichen Standort in den Ölpalmgebieten selbst, in der Nähe eines Hafens oder an Wasserwegen und Bahnen, die einen leichten Verkehr mit dem Verschiffungsplatz gestatten.

Portugies.-Guinea ?; **in Prozent der Einfuhr:** Französ.-Westafrika 1923: Frankreich 43,5; Großbritannien 30,6; Union 6,2; Brit. Kolonien 4,4; Niederlande 4,1; Belgien 3; Deutsches Reich 1,3; Nigeria 1922: Brit. Reich 87, Union fast 6; Goldküste 1922: Großbritannien 75,8; Sierra Leone 1922: Großbritannien 71,2; brit.-westafr. Kolonien 1,6; Gambia 1922: Großbritannien 63,7; Kamerun ?; West-Togo ?; Liberia 1923: Deutsches Reich; Großbritannien; Union; Niederlande; Portugies.-Guinea ?

g) Verkehr. Im Binnenverkehr zu Lande verdrängen Eisenbahnen und Kraftwagen allmählich den primitiven Träger- und Karawanenverkehr.

Nächstes Ziel der Eisenbahnen und Straßen[1]) ist die Durchdringung des Urwaldes, zur Sicherung der Herrschaft im Innern und weil dort Entwicklung neuer Produktionen (Baumwolle, Erdnüsse, Viehzucht, Bergbau) und eine dichtere und fortgeschrittenere Bevölkerung winkt, als sie der Urwaldgürtel aufzuweisen hat. Stichbahnen führen nach Norden, im westlichen Abschnitt nach Westen; der Niger wird bisher von Konakry (Französ.-Guinea, 9) aus bei Kouroussa[2]) und von der Lagos-Kanobahn (Nigeria) bei Djebba erreicht[3]), wo der Unterlauf für Dampfer schiffbar wird. Die Transsudanbahn, die, von der Westküste nach Osten laufend, wohl einmal alle Stichbahnen in sich aufnehmen wird, hat von Dakar (Sénégal, 34) aus über Kayes (am Sénégal, 12) den Niger bei Bammako (16) und Koulikoro, wo er für Dampferchen schiffbar wird, erreicht.[4])

Binnenschiffahrt wird durch die Natur der Flüsse (s. oben und S. 320f.) recht beschränkt.

Der Sénégal erlaubt größeren Dampfern von See bis Ambibedi hinaufzufahren; Juni bis Mitte November (Regenzeit) kommen Flußfahrzeuge bis Kayes (12) hinauf. Die Nigerschiffahrt (s. oben) wird in der Gegend von Say durch Stromschnellen erschwert, bei Rabba und Djebba ganz unterbrochen. Der Benuë ist bis Yola (20) und Garua schiffbar. Der Sokotofluß ist reguliert, Schari und Logone sind brauchbar, der flache, abflußlose Tschadsee wenig. Von den übrigen Flüssen ist fast nur der Gambia noch ein Stück zu befahren. Die Küstenlagunen vermögen einmal, durch Kanäle verbunden, eine sichere Schiffahrtsstraße zu gewähren.

Die Seeschiffahrt hat zahlreiche Häfen zu bedienen; für eine Konzentration in wenigen besten[5]) Häfen ist die Zeit noch nicht reif, und die politischen Verhältnisse erschweren sie.

In Sénégal stehen St. Louis (18) mit Gummihandel (S. 309) an der Sénégalmündung und das wichtige ausgebaute Dakar (34) durch Eisenbahn in Verbindung, die wohl ein Stück der die Überfahrt nach Südamerika abkürzenden Westsaharabahn bilden wird. Rufisque (11, Erdnüsse) und Gorée (1) haben mehr lokale Bedeutung. Bathurst (9) in Gambia, Bissao (1) und Bolama (4) in Portugies.-

---

[1]) Sogar in Liberia dringt schon eine Autostraße von Brewerville auf Belleyalla vor.
[2]) Wo der Niger für Boote schiffbar wird.
[3]) In Nigeria ist also der äußerste Norden (Kano, 35) bereits mit der Küste verbunden, und Zweigbahnen fangen an auszustrahlen.
[4]) Bis Obeïd im Anglo-ägyptischen Sudan (s. S. 365) ist es noch ein weiter Weg. — Die Franzosen hoffen, daß die Bahn Koulikoro—Kayes—Thiès—Dakar ein Glied der erstrebten Bahn Dakar—Algier sein wird.
[5]) Und gut auszubauenden.

Guinea, Konakry (9, s. S. 323) in Französ.-Guinea sind kleinere Häfen. Freetown (44) in Sierra Leone hat auch schon seine Inlandbahn. Monrovia (6), der Hafen der seit 1847 bestehenden, neuerdings von der Union unter Schutz genommenen (!) Negerrepublik Liberia hat Kabel nach Pernambuco (Brasilien). Bingerville (an Lagune) mit Vorhafen Abidjean (5) in der Elfenbeinküste ist Ausgangspunkt einer auf Wagadugu (Ouagadougou, 19) zielenden Binnenlandbahn. Auch Grand-Bassam (7) ist Seehafen. In der Goldküste führt vom Hafen Secondi (10)[1]) eine Stichbahn nach Kumassi (20) mit Zweigbahn Tarkwa—Prestea in die Goldfelder; Accra (38) hat Eisenbahn zum Volta und nach Kumassi; Kakaohafen; Cape Coast Castle (15). Lome ist nun Hafen des französischen Mandats Togo, Ausgangspunkt einer Hinterland- und Küstenbahn. K(C)otonou (4), Aguë (20), Widah (Ouidah, 12) und Porto Novo (20) sind die Häfen Dahome(y)s. Nigerias Haupthafen ist Lagos (73), auf Insel vor einer Lagune und schon durch Molen geschützt, Ausgangspunkt der Bahn nach Kano (35). Unter den zahlreichen kleinen Häfen des Nigerdeltas wird wohl Port Harcourt (s. S. 320) am Bonnyästuar der Haupthafen werden. Der gute Kamerunhafen Victoria ist an England (Nigeria) geraten.

Luftverkehr besteht zwischen Dakar und St. Louis, Dakar und Bammako und Bammako—Timbuctu—Gao, vielleicht auch sonst auf einigen Strecken. Eine Linie von Marokko (Casablanca) her (s. S. 312) ist bis Dakar ($2^1/_2$ Tage) neuerdings eröffnet und verspricht Anschluß an die Seefahrt Dakar—Pernambuco—Buenos Aires.[2])

Der **Nachrichtenverkehr** modernisiert sich allmählich. Kabel setzen die Küstenplätze miteinander und mit Europa, Südamerika, Südafrika usw. in Verbindung. Drahtlose Telegraphie (Dakar, Bathurst, Lagos z. B.) greift ergänzend ein.

D. Zentralafrika (Kongobecken und Umrandung).[3])

I. Naturverhältnisse. Der Breitenlage nach ist Z., zwischen dem 18.° südl. Br. und dem 6.° nördl. Br. etwa gelegen, ein rein tropisches Land. Es hat sogar zum größten Teil ein feuchtheißes Urwaldklima (A 1[4]) und nur im Süden und Südwesten nimmt es starken Anteil, im Norden und Osten schwachen, an dem periodisch-trockenen Savannenklima (A 2[5]), in Angola auch an dem gemäßigt warmen wintertrockenen

---

[1]) Nahe bei Secondi, dessen mangelhafter Hafen Leichterverkehr verlangt, ist ein Tiefseehafen (mit Wellenbrechern) in Takoradi im Bau, der mit modernen Verladungseinrichtungen (für Manganerz), Speichern für Kakao und Gefrierräumen ausgestattet wird.

[2]) Die Post würde von Hamburg aus auf diesem Wege in 7 Tagen ans Ziel gelangen.

[3]) Kamerun s. S. 312, Anm. 2. — Moisel, Das Generalgouvernement von Französisch-Äquatorialafrika (Mitt. v. Forschungsreisenden 1917). — R. Thillard, Agriculture et élévage au Cameroun. Paris 1920. — H. Paulin, Afrique Équatoriale Française. Paris 1924. — Th. Dörr, Die morphologischen Grundzüge des Kongogebietes. (Ungedruckte) Diss. Frankfurt a. M. 1921. — Büchler, Der Kongostaat Leopolds II. 2 Bde. Zürich 1912/13. — Goffart et Morissen, Le Congo. Brüssel 1908. — Marquardsen, Belgisch-Kongo (Mitt. v. Forschungsreisenden 1916). — P. Daye, L'Empire Colonial Belge. Brüssel und Paris 1923. — J. Geerinckx, Guide commercial du Congo belge. 3. éd. Brüssel 1923. — W. Kühn, Die Kongoprovinz Katanga. (Ungedruckte) Diss. Leipzig 1924. — Marquardsen, Angola. Berlin 1920. — Anuário de Angola. Herausg. von J. M. Moreira und R. C. da Fonseca 1. ed. 1923. Lissabon 1923.

[4]) Vgl. Brazzaville, 330 m ü. M., 27° im Febr., 22,4° C im Juli. Extreme 36° und 17°. 1800 mm Regen (230 im April, 390 im November, 0 im Juli).

[5]) Fort Crampel (im Norden), 440 m, 29° im März, 24,7° C im Juli. Extreme 44° und 9°, 1210 mm (280 im Aug., 0 im Jan.). — Katanga (im Süden) 1230 m, 23° im Nov., 14,7° C im Juni. Extreme 36° und 2°. 1220 mm (270 im Jan., 0 im Juli).

(tropischen Höhen-) Klima (C 5[1]) und in einem schmalen Küstenstreifen am Steppenklima (B 3).[2])

II. Z. setzt sich **politisch** zusammen aus dem belgischen Belgisch-Kongo (2,356 Mill. qkm mit etwa 10,5 Mill. Einw. [1924: 11 400 Europäer; davon 60% Belgier]), das den größten Teil des Kongobeckens, dem portugiesischen Angola (1,26 Mill. qkm mit [1914] etwa 2,12 Mill. Einw.), das den Südwesten einnimmt, dem südlichen Teile von Französ.-Äquatorial-Afrika (etwa 1,244 Mill. qkm mit 1,57 Mill. Einw. [1921: 2930 Europäer im ganzen Fr.-Ä.-A.][3]), ferner Spanisch-Guinea mit den Inseln Fernando Po und Annobom (etwa 26 700 qkm, 120 000 Einw.) und den portugiesischen Inseln São Thomé (1570 Weiße) und Principe (zusammen etwa 940 qkm mit 59 000 Einw.). Die Gesamtgröße Z.s ist also in dem angenommenen Umfang mit etwa 5,32 Mill. qkm und 17 Mill. Einw. (Negern) zu berechnen.

Die geringe durchschnittliche Volksdichte von (über) 3 auf 1 qkm ist bezeichnend für ein vorwiegend von Urwald bedecktes Tropenland geringer Entwicklung.[4])

III. Wirtschaft. Die Bevölkerung steht wohl noch auf der Wirtschaftsstufe der instinktiven Wirtschaft mit Anfängen von (mündlicher) Tradition. Pflanzenwirtschaft herrscht ganz und gar vor und bestreitet hauptsächlich die Ernährung; daneben hat die Fischerei und an den Nord-, Ost- und Südrändern des Gebiets die Viehzucht[5]) eine gewisse Bedeutung.

a) Die Erzeugung von Nahrungs- und Genußmitteln.

Die Eingeborenen ernähren sich, ähnlich wie in Nordwest-Nigritien in A 2 vorwiegend von Sorghum (Durra[6]) und Hirsearten; daneben wird in Gebieten (A 1 und A 2), wo Wärme mit reichlicheren Niederschlägen verbunden ist, der aus Amerika übernommene Mais — vielleicht künftig stellenweise ein Ausfuhrprodukt — und der Reis (besonders Bergreis) im östlichen Kongobecken und in den nördlichen Küstenstrichen am Golf von Guinea in beschränktem Maßstabe angebaut. Unsere Getreidearten (wie Weizen) können nur auf den Hochländern Südangolas (C 5) in einigem (geringem) Umfang erzeugt werden.

Knollenpflanzen sind vor allem im feuchtheißen Urwaldgebiet (A 1) dem Getreide weit überlegen. Maniok, Bataten (beide aus Amerika), Yamswurzeln gedeihen auch noch in A 2. Unsere Kartoffeln werden in Südangola angebaut. Sehr viel wildwachsende Gemüse und Küchenkräuter liefert die Natur, unsere Gemüse (Angola usw.) müssen immer neu aus Samen gezogen werden. Hülsenfrüchte scheinen in der Ernährung keine größere Rolle zu spielen. Zahlreiche,

---

[1]) Caconda, 1650 m, 21,6° im Jan., 17,6° im Juni. Extreme 30° und 10°. 1540 mm (280 im März, 240 im Dez., 0 im Juli).

[2]) Loanda, 25,9° im März, 19,7° im Juli. Extreme 32° und 15°. 280 mm Regen (110 im April, 0 im Juli).

[3]) Gebietsteile Gabon (Gabun, 0,32 Mill. qkm, 0,39 Mill. Einw.), Moyen Congo (0,39 Mill. qkm, 0,58 Mill. Einw.), Oubangui-Chari (0,54 Mill. qkm, 0,6 Mill. Einw.), dazu das „Mandatgebiet" Kamerun (0,43 Mill. qkm, 3 Mill. Einw.).

[4]) Volksdichte auf 1 qkm in Belgisch-Kongo gegen 4,5; Angola 1,7; Gabun 1,2—1,3; Mittelkongo 1,5; Ubangi-Schari 1,1; in Kamerun etwa 7, in Spanisch-Guinea über 4 (Fernando Po 10), auf den portugiesischen Guineainseln 63. Schlafkrankheit, Grippe, Malaria usw. rissen Lücken in die Bevölkerung. Germanin (Bayer 205) gegen die Schlafkrankheit ist Deutschlands Antwort auf den kulturwidrigen „Barbaren-" und Mandats-Schwindel!

[5]) Die Anthropophagie war einst weit verbreitet.

[6]) Im Dezember gesät, kommt er etwa im Mai zur Ernte.

zum Teil ölreiche, nahrhafte, wildwachsende Früchte werden gesammelt; die Bananen, fast überall in der Nähe der Dörfer angebaut, bilden im Urwaldgebiet vielfach die vorwiegende Nahrung. Auch die Ananas pflanzt man stellenweise. In Südangola fehlen schon manche tropischen Früchte (Anacardium occidentale, Mango und Papaya), dagegen kommen noch Anonen, Guayaven, Bananen, Avokat usw., ferner Feigen, Granaten, Orangen, Mandarinen, Maul- und Weinbeeren, im Hochlande und an der Küste sogar Äpfel und Birnen vor.

Zuckerrohr kommt hier und da vor, ist aber nur für unmittelbaren Genuß (Aussaugen) geeignet; allein in dem Trockengebiet B 3 (in der Gegend von Loanda und südlich von Benguella) wird (mit künstlicher Bewässerung) auch Rohr für Zuckergewinnung[1]) kultiviert.

Der Gewürznelkenbaum ist in Französ.-Äquatorial-Afrika eingebürgert, wird jedoch nicht angebaut.

Getränke liefern die Ölpalme, Raphia vinifera, Zuckerrohr, Bataten usw.

Die Kaffee- und Kakaoplantagen der Europäer haben die in sie gesetzten Hoffnungen nicht ganz erfüllt.

Kaffee hat eigentlich nur an dem Hochlandrand (C 5) Angolas (bei Kasengo, Golungo Alto, Enkodje usw. in 500—900 m M.) größere Erfolge[2]) aufzuweisen; die Produktion Belgisch-Kongos und Gabuns war und ist minimal.[3])

Weit mehr Erfolg hat und verspricht die Anpflanzung des in A 1 heimischen Kakaobaumes. Am mittleren Kongo, im nördlichen Abschnitt der Guineaküste, auf den Inseln São Thomé und Fernando Po bestehen ansehnliche Plantagen, und Kakao ist einer der wichtigsten Ausfuhrartikel Z.s.[4])

Eine erste Bierbrauerei (für 36000—40000 hl Bier; und eine Eisfabrik) wurde 1925 in Léopoldville eröffnet.

Von **Reizmitteln** fand bei den Eingeborenen (für örtlichen Konsum) überall die Tabakpflanze Eingang. In Kamerun erzeugten deutsche Pflanzer bereits ein gutes Blatt.

Arzneipflanzen kennen die Eingeborenen genug. Ein wenig Chinarinde wird in Kamerun und auf São Thomé gewonnen.

Wie im Urwaldgebiet (A 1) Nordwest-Nigritiens ist die Ölpalme nicht nur für die Eingeborenenwirtschaft sehr wichtig, sondern ihre Produkte versprechen auch für die zentralafrikanische Ausfuhr überragende Bedeutung zu gewinnen. Sie tritt besonders in den Uferwäldern der Flüsse (von A 1)

---

[1]) 1909: 1350 T. Ausfuhr.

[2]) Ausfuhr 1913/14: 4830, 1919/20: 3520, 1922/23: 5500 T. (= etwa 0,35% der W.).

[3]) Belgisch-Kongo produzierte 1915/16 nur 400, 1919/20: 940, 1922/23: 1470 T. = weniger als 0,1% der W. Ausf. 1924: 190 T. Gabuns Ausf. betrug 1905: 38 T. (Französ.-Äquatorial-Afrika 1911: 21 T.).

[4]) São Thomé und Principe erzeugten 1913 noch 36310 T. (= über 14% der W.). Seitdem ging, wohl infolge von Krankheiten des Baumes, die Prod. auf 11930 T. (1923) = etwa 2,6% der W. zurück; auf Fernando Po wuchs die Einfuhr nach Spanien von 2820 T. (1913) auf 6300 T. = 1,38% der W. 1023. Kamerun produzierte 1913: 5270 T. = mehr als 2% der W., die ganzen französischen Kolonien 1923 nur 9500 T. = kaum 2,1% der W. Ausf. des französ. Mandats K. 4500 T. Das wichtige Kakaogebiet von Victoria kam allerdings an Nigeria (s. S. 315, Anm. 4). Belgisch-Kongo führte nach Belgien 1913: 967, 1923: 682 T. ein, 1924: 830 T. aus. Angola produziert nur wenig; sein Klima ist dafür meist wenig günstig.

auf und erreicht Höhengrenzen von 700—1700 m.[1]) Neuerdings kommen Ölpalmplantagen auf und Palmölwerke werden errichtet. Wegen der Verkehrsschwierigkeiten steht die Ausfuhr von Palmöl und Palmkernen aus Zentralafrika freilich noch sehr hinter der Nordwest-Nigritiens zurück.[2])

Erdnüsse und Sesam werden im Urwaldgebiet wohl mehr als Nahrungsmittel, im Graslande mehr zur Ölgewinnung (im kleinen) angepflanzt; im dürren Küstengebiet Angolas (B 3) ist die Erdnußkultur ausgeschlossen. Rizinus kommt überall wild vor.

Die Kokospalme hat auch hier wenig Bedeutung, zumeist wohl wegen der Konkurrenz der Ölpalme, an der Küste Angolas (B 3) fehlt sie aus klimatischen Gründen fast gänzlich.

Tierische Nahrungs- und Genußmittel spielen im Urwaldgebiet (A 1) eine geringe, im Savannen- (A 2) und Steppengebiet (B 3) eine sehr mäßige Rolle. Vielfach besteht Fleischnot.

An Futter fehlt es wohl überall nicht, aber der Urwald gibt mit Blättern u. dgl. eine schlechte Nahrung. Das Wald- oder Buschrind Kameruns ist klein. Die Gräser der Savanne würden sich wohl durch regelmäßiges Beweiden verbessern lassen oder durch andere Futterpflanzen zu ersetzen sein, aber das Vorkommen der Tsetsefliegen[3]), die nur an der Küste und in Gebieten von etwa 1200 m Meereshöhe und darüber fehlen, ist ungünstig. Hühner und Hund, der stellenweise gegessen wird, Ziegen (am besten in den Savannengebieten) und Schafe (meist mit Haaren und in elenden Exemplaren) sind im Urwaldgebiet die am ehesten fortkommenden Haustiere. Anthropophagie war früher sehr verbreitet. Das Rind fehlt, von dem Volke der Djur an südwestwärts, fast überall. Erst in Angolas Hochland (C 5) liegen die Bedingungen für die Viehzucht günstiger, sodaß im Distrikt von Huilla z. B. (im Westen der südlich gerichteten Laufstrecke des Kunene) mit gutem Erfolg Rinder, freilich recht milcharme[4]), gehalten werden können. Eine Art Texasfieber kommt vor. Der Steppenstrich an der Küste dürfte auch der Schafzucht günstige Bedingungen bieten.

Die **Fischerei** in den zahlreichen Flüssen und Seen des Kongobeckens (A 1) liefert den Eingeborenen wesentliche Beiträge zur Ernährung, aber die kleinen Gewässer der Savanne (A 2) und vollends der Steppe (B 3) versiegen zur Trockenzeit; dafür stellt sich in den kühlen[5]) Küstengewässern des südlichen Angola ein besonders reicher Fischbestand ein, so daß die Seefischerei, auch der Walfang hier gute

---

[1]) Nach H. Bücher und E. Fickendey ist die geographische Verbreitung der Ölpalme, im ganzen genommen, auf die Tätigkeit der Eingeborenen zurückzuführen.

[2]) Ausf. Belgisch-Kongos 1913: 1970, 1922: 10670, 1924: 14110 T. Palmöl und 7210 bzw. 49260 und 47480 T. Palmkerne; Gabuns 1913: 120, 1916: 160 T. Palmöl und 580 bzw. 1570 T. Palmkerne; Mittelkongo, Ubangi und Tschad 1913: 20 T. Palmöl und 1917: 7780 T. Palmkerne; ganz Französ.-Äquatorial-Afrika 1921: 5350 T. Palmöl; Spanisch-Guinea 1912: 40 T. Palmöl und 170 T. Palmkerne; Kamerun 1913: 4610, 1923: 3090, 1924: 4280 T. Palmöl, 17500 bzw. 26780, bzw. 28000 T. Palmkerne; Angola 1921: 3340 T. Palmöl und 8300 T. Palmkerne. — Die englische Firma Lever Brothers Ltd. (Hull) hat eine Reihe von Ölfabriken angelegt, die 1922/23 schon 8040 T. Öl erzeugten.

[3]) „Germanin" (Bayer 205), s. S. 325, Anm. 4.

[4]) Eine Kuh gibt zur Regenzeit 1—2 Liter Milch täglich, zur Trockenzeit nicht. In Katanga schätzt man den Bestand von Großvieh auf 10000 Stück. Man hat Zuchtvieh eingeführt. Auch das Lomamihochland soll sich für Viehzucht eignen.

[5]) Auftriebwasser!

Erträgnisse und Aussichten hat.[1]) Mit konservierten Fischen wird Handel getrieben.[2]) Die **Jagd** hat, mehr in den Savannen- und Steppengebieten als im Urwald, einige Bedeutung für die Ernährung der Eingeborenen.

Von **mineralischen Nahrungs- und Genußmitteln** fehlt im feuchten Urwaldgebiet (A 1) an der Erdoberfläche Salz ganz. Im östlichen Randgebiet und anderwärts werden Salzquellen genutzt. Da Pflanzenasche nur einen schwachen Ersatz bildet, muß Salz ein vielbegehrter Handelsartikel Z.s sein[3].) An der dürren Küste Angolas hat, gegen Süden immer mehr, die Gewinnung durch Verdunstung von Seewasser Bedeutung. Trinkwasser ist im Urwaldgebiet (A 1) natürlich am reichlichsten vorhanden, im Savannengebiet (A 2) zuzeiten spärlich; im Küstengebiet Südangolas (B 3) herrscht Mangel, und muß es zu Schiff dorthin gebracht werden. Der sanitäre Zustand ist höchst mangelhaft, Wasserleitungen sind noch kaum vorhanden. Mineralquellen dürften nur außerhalb der Kongoniederung vorkommen.

b) Die **Kleidungs**bedürfnisse der Eingeborenen sind bei ihrer Gewöhnung und den Temperaturverhältnissen im allgemeinen recht gering. Im Urwaldgebiet (A 1) bieten sich Rindenstoffe dar. Für den Anbau von Baumwolle eignet sich das Urwaldgebiet (A 1) gar nicht, die Savannengebiete (A 2) eher, doch ist die Produktion bisher sehr gering[4]); das trockene Küstengebiet Südangolas (B 3) ist bei Verwendung von künstlicher Bewässerung für den Baumwollbau wohl recht gut geeignet.[5]) Baumwollwaren sind überall der wichtigste Einfuhrgegenstand.

Von anderen Textilien kommt die Sansevieira (mit trefflicher Seilfaser) in den Wäldern massenhaft wildwachsend vor, wird jedoch wie der Kapok vom Wollbaum (Ceiba pentandra) bisher sehr wenig gesammelt. Eine kleine Menge Piassawa führt Französ.-Äquatorial-Afrika aus.

Tierische Stoffe für Kleidung kommen außer ein wenig Wildseide, wenig Wolle (Südwestangola), Häuten und Fellen[6]) nicht in Betracht. Am besten eignen sich die etwas trockneren Hochländer Südangolas (C 5) für die Viehzucht. Z. ist das wichtigste Lieferungsgebiet für Elfenbein.[7])

Das **Mineralreich** liefert Schmuckmaterial: Gold, Platin und Diamanten.

---

[1]) Fischereihäfen Mossamedes (3,5), Port Alexander (Porto Alexandre, 1,5) und Bahia dos Tigres (Große Fischbucht). 1909 wurden aus Angola 4670, 1921: 5300 T. getrockneter Fische ausgeführt. Vor dem Kriege wurden hier über 3000 Wale (zu je 4 T. Öl), von April bis November, erjagt; 1921 wurden aus Angola 13630 T. Walöl ausgeführt; an der Gabunküste findet ebenfalls Walfang statt.

[2]) Z. B. kamen nach dem französ. Mandat Kamerun 1924: 1050 T. für 2,09 Mill. Fr. zur Einfuhr.

[3]) Z. B. wurden 1924 nach dem französ. Mandat Kamerun 5940 T. eingeführt.

[4]) Im Bezirk Uëlle, Sankuru-Kassai, in Manyema (um Nyangwe), im Bezirk Lomami wird Baumwolle angebaut. Ausfuhr Belgisch-Kongos 1922: 990, 1924: 920 T. Für 1925 wurde die Ernte Belgisch-Kongos auf 10000 T. unentkörnter B. (?) geschätzt = 1300 (?) Ballen entkörnter B.

[5]) Z. B. hat man im Giraultal des Mossamedesgebietes mit ägyptischer Baumwolle gute Erfolge gehabt, und auch die australische Caravonica-Baumwolle soll südlich von Benguella gut gedeihen. Ausf. Angolas 1921: 410 T.

[6]) Belgisch-Kongo führte 1922: 214 T. Häute aus, Angola 1921: 650, Kamerun 1923: 25 T.

[7]) Ausf. Belgisch-Kongos 1912: 233,7, 1922: 296 T. rohen und 7 T. bearbeiteten Elfenbeins, 1924: 297, Kameruns 5,1 T. Ganz Französ.-Äquatorial-Afrika 146 T. Antwerpen ist erster Elfenbeinmarkt der Erde.

Gold wird in Belgisch-Kongo bei Kilo und Moto (unfern dem Albert-Nyanza) in bemerkenswerten Mengen gewonnen und kommt auch in Katanga (Ruwe) in Seifen (hier zugleich Platin) und Quarzriffen vor.[1])

Diamanten sind in Pipes und Seifen Belgisch-Kongos (Katanga, Kassai) und Angolas (Kassaigebiet) in Ausbeutung.[2])

Neuestens fand man ein Lager von Saphiren und Korunden im Südwesten des Kiwusees.

c) Für den **Wohnungsbau** bilden im Urwalde (A 1) und in der Baumsavanne (A 2) Blätter von Palmen (Ölpalme, Weinpalme usw.) und Hölzer ein bequem zugängliches Baumaterial[3]); in der Grassavanne und Steppe (B 3) tritt das Gras in den Vordergrund, und die Verwendung von Holzmaterial sehr zurück. Für die Europäer fangen die Hölzer der ausgedehnten Waldungen erst an, Wert zu gewinnen.[4]) Vereinheitlichung der Bestände durch Anpflanzung erprobter Werthölzer wie etwa des Teakbaumes bleibt Zukunftsziel. Lehm und Ton sind im Savannen- und Steppengebiet viel benutzte Baumaterialien[5]) und für Töpferwaren in ganz Z. zu finden.

d) Tierische Arbeitsgehilfen, Naturkräfte und Material für Werkzeuge aller Art.

Tierische Arbeitsgehilfen mangeln den Eingeborenen des Urwaldgebiets (A 1) so gut wie ganz; das Pferd z. B. läßt sich wegen der Tsetsegefahr nach H. Büchel kaum einführen. Hoffnungen setzt man auf das der Zähmung nicht widerstrebende Zebra. Die Nutzbarmachung des Elefanten (zum Ziehen schwerer Wagen, Pflüge usw.) ist in kleinem Maßstabe am Ituri geglückt. Das Rind zog im Hochland Kameruns bereits vereinzelt den Pflug. Esel und Maultiere sind eher zu gebrauchen als das Pferd. In Angola dienen Ochsen als Zugtiere und im dürren Küstengebiet (B 3) von Mossamedes werden Pferde, ja Kamele gehalten.[6])

Heizstoffe sind bisher wenig gefunden.

Im Urwaldgebiet erschwert die dichte Pflanzendecke wie das ungesunde Klima die geologische Untersuchung. Größere Kohlenlager hat man in dem hohen Land Katangas und des Lukugagebiets gefunden und in Abbau genommen.[7]) Spuren

---

[1]) Belgisch-Kongo erzeugte hier 1905: 21, 1910: 876, 1922: 2311, 1923: 3147, 1924: 3606 kg (1923: 137 Weiße und 13000 Eingeborene). Ausf. 1924: 4577 kg. Kürzlich fand man neue Lager im Sankurudistrikt. Die Senguli-Goldfelder lieferten 1922 über 52 kg.

[2]) Prod. Belgisch-Kongos (Kundelungugebirge am Moerosee; Kassaigebiet) 1920: 250000, 1922: 249000, 1924: 548300 Karat; Angola 1921: 105000, 1922: 99000, 1924: 118000 Karat. Im ganzen lieferte das Kassaiflußgebiet 1922: 350000, 1923: 510000, 1924: 666300 Karat.

[3]) Nach L. Waibel ist im Waldlande Kameruns das Haus ganz aus Produkten des Waldes (Baumrinde, geflochtenen Matten, Holzpfählen, Raphiapalmstengeln und -rippen, Lianen und Blättern hergestellt. Hauptschädlinge für alle Holzbauten sind die Termiten, doch gibt es im Urwald termitenfeste Hölzer.

[4]) Z. B. führte Kamerun 1923: 13010 T. Holz, 1924: 7340 T. Edelholz und 14300 T. Bauholz aus; Gabun allein im 3. Quartal 1924: 59350 T. Vgl. Jentsch, Der Urwald Kameruns (Beiheft Nr. 3 zum Tropenpfl. 1911).

[5]) Nach L. Waibel hält die allseits geschlossene Lehmwand in den oft kalten Nächten der Regenzeit die Wärme fest und verhindert in der heißen Trockenzeit eine allzu große Erhitzung. Die niedrigen runden Hütten bieten den Stürmen der Tornadozeit eine geringe Angriffsfläche. „Das hohe, steile Dach (Grasdach) ermöglicht ein rasches Ablaufen des Wassers in der Regenzeit." Offenes Feuer genügt zur Heizung. In den Gebirgslandschaften (z. B. in den Mitumbabergen Belgisch-Kongos) leben die Eingeborenen nicht selten in Höhlen.

[6]) Die „Pferdesterbe" ist selbst in Angola weit verbreitet.

[7]) Die Luena-Kohlenfelder Katangas produzierten 1922: 29000 T. (3/4 im Tagebau), im 1. Halbjahr 1924: 39390 T. Die Lukugakohle ist aschereich und wohl nicht zu verkoken. Auch im Benguellahochland hat man Kohlen gefunden.

von Petroleum (Kamerun, Angola, Portugiesisch-Kongo usw.) und Ölschiefern sind bisher ohne wirtschaftliche Bedeutung. Radium, s. unten.

Wasserkräfte stehen in Riesenmengen zur Verfügung. Der amerikanische Atlas schätzt sie auf 142 Mill. PS = fast 32,35% aller auf der Erde vorhandenen Wasserkräfte.[1])

Die Flüsse Kameruns und Gabuns, die zum Golf von Guinea fließen: Sanaga, Njong, Campo, Ogowe, Kwilu steigen alle mit Stromschnellen und Wasserfällen über die reichbefeuchteten Plateauränder zur Meeresküste nieder. Vor allem im Kongobecken mit seinen reichen Niederschlägen sind gewaltige Wasserkräfte zu fassen. Zum Innern des Beckens fallen die Kongozuflüsse stufenförmig in zahlreichen Sprüngen herab und sind das ganze Jahr über mehr oder weniger wasserreich; vor allem entwickelt der Kongo selbst riesige Kräfte, am meisten an den Stanleyfällen und in seinem Durchbruch durch den Plateaurand unterhalb Stanley Pool.

Von technischen **Rohstoffen** aus dem Pflanzenreich sind neben Holz noch Kopale und Kautschuk zu erwähnen.

Kopale werden von verschiedenen Küstenplätzen (Libreville, Loango, Benguella und am meisten von den Häfen Belgisch-Kongos) ausgeführt.[2]) Die Kautschukgewinnung hat sehr an Wichtigkeit eingebüßt. Der Wildkautschuk von Lianen und Bäumen, Kriechsträuchern (Wurzelkautschuk) und Euphorbia rhipsaloides Welw. in Südangola („Almeidina") ist fast vom Markte verschwunden; die angelegten Plantagen des Parákautschukbaumes, der in den feuchten nördlichen Küstengebieten und in den niedrigen Teilen des Kongobeckens (A 1) gut fortkommt, bringen noch nicht viel auf den Markt.[3]) In Angola hat man übrigens hauptsächlich die für A 2 geeigneteren Manihot Glaziovii (in Golungo Alto z. B.) angepflanzt.

Mit **Metallerzen** dürfte Z. gut ausgestattet sein, doch erschwert die Bedeckung mit Urwald in einem großen Teile des Gebiets die geologische Untersuchung. Jetzt findet hauptsächlich die verhältnismäßig gesunde Gebirgslandschaft Katanga (s. S. 324, Anm. 3[4]) am oberen Kongo bergbauliches Interesse.

Der Kupferbergbau ist außerordentlich gewachsen.[5]) Das Erz (zu Kambove, Likasi usw. mit durchschnittlich 15% Kupfer) kann im Tagebau gewonnen werden. Kalk und Kohle zur Verhüttung (an Ort und Stelle) liegen in der Nähe. Die einheimische Bevölkerung um Elisabethville ist freilich wenig arbeitswillig und -fähig[6]), und die Verkehrswege zum Meere lassen noch zu wünschen übrig (s. S. 332, 349, 366).

Auch Französ.-Äquatorial-Afrika (Mindouli) und Angola sind kupferreich.

---

[1]) Belgisch-Kongo mit dem belgischen Mandat 90 Mill.; Französ.-Kongo (Französ.-Äquatorial-Afrika) 35 Mill.; französ. Mandat in Kamerun 13 Mill.; Angola 4 Mill.

[2]) Ausf. Belgisch-Kongos 1914: 6090, 1922: 13910, 1924: 9290 T.; Französ.-Äquatorial-Afrikas 1911: 10 T., Angolas 1921: 270 T.

[3]) Ausf. von Kautschuk aus Belgisch-Kongo 1910 nach Büchel noch 77, 1912: 59, 1922: 1,1% (1110 T.) vom Werte der Gesamtausfuhr. 1924 wurden 134 T. Plantagen-, 286 T. Wurzel- und 148 T. Lianenkautschuk ausgeführt. Französ.-Äquatorial-Afrika 1921: 1430; Angola 220; Kamerun 1923: 760, 1924: 970 T.

[4]) Die gesundeste Zeit ist Mai bis Juli.

[5]) Kupfergewinnung betrieben (bis auf den Grundwasserstand) schon die Neger in großem Umfange. Prod. Katangas 1911: 1000; 1913: 7410; 1915: 14050; 1921: 30570; 1922: 43270; 1923: 57890; 1924: 85660 (Ausf. 84360) T. = 5,7% der W. Belgisch-Kongo ist damit schon einer der wichtigsten Kupferproduzenten der Erde. Ein großer Teil der Ausfuhr geht über den Weg Bukama—Kabalo—Albertville zum Hafen Dar-es-Salam (s. S. 349, Anm. 4 u. 366, Anm. 1).

[6]) Weiße gab es 1920: 2470 in Katanga (1070 Belgier, 600 Engländer).

In Katanga (Manono) wird ferner Zinn ausgebeutet, das auch sonst in Z. vorkommt. Kobalt, ebenso Silber, kommen in manchen Kupfererzen Katangas vor. Katanga ist wichtigster Radiumproduzent der Erde.[1]) Auch Blei-, Zink- und Eisenerze hat man vielerorts, in Katanga und anderwärts, in dem alten Gestein Z.s gefunden. Gold, Platin, Diamanten und Edelsteine, s. S. 329.

e) Von einer **Fabrikindustrie** kann nur an wenigen Stellen die Rede sein. Vgl. die Palmölindustrie S. 326f.; Zucker-, Fisch-, Salzindustrie in Angola, S. 326 u. 328; Kupferhüttenindustrie, s. oben.

f) **Handel.** Die Bodengestaltung Z.s mit ihrem Einfluß auf den Ablauf der Gewässer und den Verkehr sowie die Urwaldbedeckung haben europäische Produktion und Handel nur langsam aufkommen lassen, obwohl ihm die Gunst der Lage am Nordrande des südatlantischen Ozeans durchaus förderlich ist. Ausgeführt werden fast nur pflanzliche und mineralische Rohstoffe, eingeführt hauptsächlich Industriewaren und Nahrungs- und Genußmittel (Salz, Reis, Weizenmehl, Fisch- und Fleischkonserven, Milch, Tabak usw.), besonders für die Europäer.

Ausfuhr: Belg.-Kongo 1922: 294,6 Mill. Fr.; 1921: Kupfer und -erz 86,1; Palmnüsse 37,9; Gold 18,9; Kopal 11,1; Elfenbein 10,4; Kautschuk 1,8 Mill. Fr.; Angola[2]) 1921/22: 68,9 Mill. Escudos (?): Kaffee, Fische, Kautschuk, Erze, Palmkerne, Wachs (?); Französ.-Äquatorial-Afrika 1920: 8,8 (?); 1922: 25,8 (?) Mill. Fr., 1920: Kautschuk 14,4; Holz 5,9; Elfenbein 4,8; Palmkerne 4,2; Palmöl 0,4; Kakao 0,3 Mill. Fr.; Spanisch-Guinea mit Fernando Po usw. 1920: 13,2 Mill. Pesetas: Kakao, Palmöl, Elfenbein, Holz, Erdnüsse, Kautschuk, Kopra (?); São Thomé usw. 1922: 14,2 Mill. Escudos: Kakao, Kaffee, Kautschuk (?); franz. Mandat Kamerun 1922: 25,2, 1924: 67 Mill. Fr.: 1921 Palmkerne 14; Kakao 6,4; Palmöl 2,1 Mill. Fr. **Einfuhr**: Belgisch-Kongo 1922: 268,7: Fabrikate 202,6; Nahrungsmittel 44,6; Rohstoffe 16,2; lebende Tiere 5,4; Angola[3]) 1921/22: 95,1 Mill. Escudos; Französ.-Äquatorial-Afrika 1920: 23,5 (?); 1922: 39,5 (?) Mill. Fr.; Spanisch-Guinea 1920: 9,2 Mill. Pesetas; São Thomé usw. 1922: 16 Mill. Escudos; Kamerun 1921: 35,6, 1924: 73,9 Mill. Fr.; 1921: Baumwollgewebe 9,7 (1924: 17,6); Wäsche und Kleider 2 (3,5); Salz 1,6 (2,4) Mill. Fr.

Handelsländer in Prozent der Ausfuhr: Belgisch-Kongo 1922 (?): Belgien 43,1; Großbritannien 10,4; Deutsches Reich gegen 1 (?); Angola ?; Französisch-Äquatorial-Afrika 1920: Frankreich 58,3 (?); Spanisch-Guinea ?; São Thomé usw. ?; Kamerun 1924: Frankreich u. franz. Kolonien 27; Großbritannien 43; Niederlande 17; Deutsches Reich 9; **in Prozent der Einfuhr**: Belgisch-Kongo 1922: Belgien fast 49; Großbritannien 17,6; Rhodesia 7,4; Südafrikan. Union 5,8; Frankreich 3,8; Deutsches Reich gegen 3,8; Union 3,2; Niederlande 2,3; Angola 1,5; Portugal 1; Angola ?; Französ.-Äquatorial-Afrika 1920: Frankreich 56,2 (?); Spanisch-Guinea ?; São Thomé usw. ?; Kamerun 1924: Frankreich u. franz. Kolonien 37,7; Großbritannien 37; Deutsches Reich 9,2; Union 6,2; Belgien 6.

---

[1]) Haut-Katanga lieferte von dem gegenwärtigen Weltvorrat von Radium (310 Gramm) fast die Hälfte (150 Gramm). Neue Uraniumerzlagerstätten wurden neuestens gefunden. In Oolen bei Antwerpen besteht ein großes Radiumwerk.

[2]) Vgl. S. 330 Anm. 3.

[3]) Ohne Handel mit Belgisch-Kongo.

g) Verkehr. Der Landverkehr nach der Meeresküste, besonders aus dem eingesenkten Kongobecken, ist infolge der Vorlagerung des Küstengebirges (Monts de Cristal) schwer zu bewerkstelligen, da die Durchbruchstäler der Flüsse zum Meere zum großen Teil, zumal das des Kongo, schluchtartig und ungangbar sind. Der Bau der 400 km langen Kongobahn Matadi—Léopoldville (6), am Stanley Pool, wurde durch die Bodenformen und das ungesunde Klima außerordentlich erschwert.[1]) Die französische Bahn von Brazzaville (4) am Stanley Pool nach dem Hafen Pointe-Noire ist im Bau.[2]) Verschiedene Bahnstrecken am mittleren Kongo sind dazu bestimmt, in Kombination mit den schiffbaren Stromstrecken (s. unten) eine leistungsfähige Verkehrsstraße bis nach Katanga vorzutreiben.[3]) Erreicht wird letzteres bisher von Kapstadt her von einer über 3100 km langen Eisenbahn (bis Bukama, s. S. 349, Anm. 4); eine Eisenbahn von Bukama zum schiffbaren Kassaï (Ilebo, 405 m M.) ist von beiden Enden aus im Bau; sie wird die nächste Verbindung Katangas mit Europa herstellen. Die Lualababrücke bei Bukama ist im Bau. 1928 soll eine etwa 2100 km lange Bahn von Lobitobai (Angola) her nach Katanga fertig werden.[4]) Eine Bahn Stanleyville—Mahagi (am Albertsee) wird den Kongo mit dem Nil verbinden. Eine Uëllebahn nach Bondo ist im Bau. Andere Projekte liegen vor. Nördlich und südlich der Kongomündung gibt es einige Stichbahnen ins Innere.[5])

Inzwischen sucht man auch durch Anlage von Kraftwagenstraßen[6]) die Verkehrsverhältnisse zu verbessern.

Die Binnenschiffahrt, die besonders im Urwaldgebiet (A 1) klimatisch sehr begünstigt ist, hatte schon für die Eingeborenen große Bedeutung. Jetzt werden europäische Dampf- und Motorboote auf dem Kongo (zwischen

---

[1]) Sie wurde 1899 in Betrieb genommen, erreicht 746 m Meereshöhe und steigt am Pool wiederum auf 276 m hinab. Für die Bergfahrt sind die Frachttarife viel höher als für die Talfahrt (Bodenformen; Förderung der Ausfuhr). Die Bahn ist wenig leistungsfähig und oft verstopft. Verbesserungen sind im Gange.

[2]) Sie kann vielleicht die Kongobahn entlasten. Von Brazzaville führt eine kurze Bahn nach Mindouli (s. S. 330).

[3]) Der kombinierte Eisenbahn-Schiffahrtsweg Matadi—Elisabethville erfordert stromaufwärts 29, stromab 23 Tage.

[4]) Zahnradbahn bei Lobitobai auf den Rand des Hochlandes! Wassermangel im Küstenland erschwerte anfangs Bau und Betrieb der Bahn erheblich. Vor der östlichen Zufuhrlinie (s. S. 330, Anm. 5) nach Katanga hat die Lobitobai-Bahn vor allem die Ersparnis der Suezkanalgebühren voraus. Die jeweilige Bauspitze ist mit Katanga in Automobilverkehr, so daß der Reisende von Lobitobai aus in 8 Tagen Katanga erreicht. Nach Vollendung dieser Bahn wird eine durchgehende Eisenbahnverbindung Lobitobai—Beira bestehen; sie macht allerdings riesige Umwege. Eine viel kürzere und praktischere Transafrikabahn käme durch die Verbindung der deutsch-südwestafrikanischen Bahn Swakopmund — Grootfontein (oder —Windhuk) mit der Bahn Beira—Wankie zustande. Die Bahn Wankie—Swakopmund könnte der entstehenden Fleischindustrie Deutsch-Südwestafrikas nicht nur Vieh, sondern auch Kohle (s. oben) zuführen. Vgl. S. 338, Anm. 4.

[5]) So die Kamerunbahnen Duala (18)—Manengubaberge; Duala—Widimenge war im Bau, aber noch nicht fertig. Sie sollte den schiffbaren Teil des Njongflusses mit der Küste verbinden. Die Mandatfranzosen haben eine Bahn nach Jaúnde in Angriff genommen. In Angola: São Paolo de Loanda (20)—Malange und Mossamedes (4)—Huilla. Letztere führt durch die Durststrecke (B 3) an der Küste, bevor sie das Chellagebirge ersteigt.

[6]) Im Frühjahr 1924 wurde die Autostraße von Aketi am Itimbiri (Endpunkt der Schiffahrt) über Buta (am Rubi) nach Redjaf am Nil (1114 km lang) fertig. Der Uëllestrom ist überbrückt. 6 Traktoren und 5 Anhänger sollten hier ab Ende 1925 verkehren. Linie Jaunde—Joko in Kamerun ist im Bau, Pania-Mutombo (am Sankuru)—Kabalo (am Lualaba) geplant. Zwischen Léopoldville und dem einverleibten Kinschasa (zusammen 6) besteht Motoromnibusverkehr.

den Wasserfällen und Stromschnellen) und seinen Zuflüssen verwendet. Die Küstenflüsse können nur auf den kurzen Unterläufen befahren werden, am weitesten der Kuanza in Angola. Der Tanganyikasee und die anderen Seen des zentralafrikanischen Grabens kommen ebenso der Binnenschiffahrt Z.s wie der Ostafrikas zustatten.

Außenverkehr. Während nach Südafrika und Ostafrika die Verbindungen Z.s schon zurzeit genügen, sind die Landverkehrsstraßen nach dem Sudan als ganz unzureichend zu bezeichnen. Der Verkehr über die Landgrenzen dorthin ist unbedeutend. Unter den Häfen ist im Norden Duala (18) an dem prachtvollen Kamerunästuar bei weitem der wichtigste.

Die anderen Kamerunhäfen (Groß-Batanga usw.), auch der Hafen von São Thomé und Santa Isabel (2,5) auf Fernando Po haben nur örtliche Bedeutung. Victoria, s. S. 315, Anm. 4 u. S. 324. Ebenso sind die Häfen von Spanisch-Guinea, Französ.-Äquatorial-Afrika (Libreville, Port Gentil, Mayoumba, Loango, Pointe Noire) und Portugies.-Kongo (Cabinda) unbedeutend.

Der Hauptverkehr Z.s drängt sich an der Kongomündung zusammen. Am unteren Kongo liegen hier die Häfen Matadi, der Ausgangspunkt der Kongobahn, und Boma, schon an der Mündung Banana.[1]) Angola bedienen die kleinen Häfen Ambrizette, Ambriz, Novo Redondo, Porto Alexandre und die wichtigeren: São Paolo de Loanda (20; etwa 5000 weiße Einw.[2]), inselgeschützt und Benguella (4), dessen Reede durch die nahe, durch Landzunge geschützte Lobitobai (250—300 Weiße) ersetzt wird (s. S. 332, Anm. 4) im Süden ist Mossamedes[3]) (4; etwa 2000 Weiße) Ausgangspunkt der Bahn nach Huilla (s. oben).

Die **Luftverkehrslinie** Kinschasa (Léopoldville)—Bukama (am Lualaba, Brücke!) nach Katanga sollte mit 6 Äeroplanen (25 Landungsplätze!) im Frühling 1925 eröffnet werden. Zunächst wird nur die Strecke Léopoldville—Luebo (am Lulua; 850 km in 7 Stunden), alle 6 Wochen, geflogen. Eine Verbindung Matadi—Léopoldville (2 Stunden statt 2 Tage Eisenbahn) wurde 1925 erwogen.

Der **Nachrichtenverkehr** ist auch schon etwas entwickelt; Stationen für drahtlose Telegraphie breiten sich aus. Es soll bereits Verbindung Stanleyvilles mit Belgien möglich sein.

E. Südafrika (bis zum Sambesi).[4])

I. Naturverhältnisse. Da Südafrika etwa zwischen dem 17.° und 34.° südl. Br. gelegen ist, schneidet der südliche Wendekreis ein nördliches Drittel von den zwei

---

[1]) Die Portugiesen wollen für Ozeandampfer einen Hafen bei Quissanga Point (20 km westlich von San Antonio) anlegen.

[2]) Der Hafen verschlammt. Kurz vor dem Kriege nahm man hier eine interessante Klimaverbesserung vor, indem man den in der Richtung des offenen Meeres der Oberstadt vorgelagerten Berg durchbrach, um durch das geschaffene Tor den Seewind in die Stadt einzulassen.

[3]) Hier beginnen schon die Küstennebel Südwestafrikas und auch die Fliegenplage, lästig für Gesundheit und Verkehr, der Hafen hat, wie die Reede von Benguella, fast immer ruhiges Wasser.

[4]) Samassa, Das neue Südafrika. Berlin 1905. — S. Passarge, Südafrika. Leipzig 1908. — Über Deutsch-Südwestafrika vgl. Leonh. Schultze in „Das Deutsche Kolonialreich“, herausg. von H. Meyer. Bd. II. Leipzig und Wien 1910. — Worsfold, The Union of South Africa. London 1912. — Blumhagen, Südafrika. Hamburg 1921. — Schwarz, A. South African geography. London 1921. — The South and East African Yearbook and Guide. Mit Atlas. London 1925. — Farming Opportunities in the Union of South Africa. London 1922. — A manual of Portuguese East Africa. London 1920.

außertropischen Dritteln des Südens ab. Von Westen nach Osten nimmt im allgemeinen der Niederschlagsreichtum zu. Aus der Küstenwüste (B 4[1]) mit häufigem Nebel und Trockenzeit im Winter betreten wir ausgedehnte Steppenhochländer (B 3[2]); der Norden und Osten des Hochlandes gehört nach Köppen dem warmgemäßigten sommerfeuchten (wintertrockenen) Klima an (C 5[3]), die östliche Abdachung des Küstenlandes mit dem unteren und mittleren Limpopotal und der Sambesisenke dem periodisch trockenen Savannenklima (A 2).[4]) Ein kurzer und schmaler Streifen des Küstengebiets im Süden ist als feuchttemperiert (C7 b), mit Niederschlägen zu allen Jahreszeiten[5]), und die Südwestecke des Kaplandes als warmgemäßigt-sommertrocken (C6 b, mediterran[6]) anzusehen. Gelegentlich wird das südliche Südafrika von schweren, verderblichen Dürren heimgesucht.

II. Politisch gehören zu S. die Union of South Africa (ohne Basutoland und Swasiland[7]), 1,22 Mill. qkm mit 6,93 Mill. Einw. (fast 22% Weiße, Rest Farbige); Swasiland, 16930 qkm, 134000 Einw. (2200 Europäer); Basutoland, 26670 qkm, 0,5 Mill. Einw. (1600 Europäer); Betschuanaland-Protektorat, 712400 qkm, 153000 Einw. (1740 Europäer); Süd-Rhodesia, 390000 qkm mit über 0,8 Mill. Einw. (33600 Europäer); Mandatgebiet (Deutsch-) Südwestafrika, 835000 qkm, 230000 Einw. (19400 Europäer); die Hälfte von Portugiesisch-Ostafrika (südlich des Sambesi), etwa 350000 qkm, 1,5 Mill. Einw. (?) mit 10500 Weißen (?). Im ganzen ist S. also etwa 3,56 Mill. qkm groß mit etwa $10^1/_4$ Mill. Einw., von denen ungefähr 15,5% Weiße sind. Zurzeit verliert die S. Union ständig an weißer Bevölkerung, während die schwarze stark zunimmt.

Die Volksdichte betrug in S. durchschnittlich gegen 3 auf 1 qkm.[8])

III. Die Wirtschaft.

Das Wirtschaftsleben hat unter dem Einfluß der herrschenden Weißen auf großen Flächen den Charakter der wissenschaftlich-technischen Wirtschaftsstufe angenommen, und S. wird immer mehr zu einem der (kleinen) Aktionszentren in Welthandel und -politik.

---

[1]) Walfischbai, 19,4° im März, 14,1° C im Aug. Extreme 37° und 3°. 20 mm Regen (10 im April, mehrere Monate 0).

[2]) Windhuk, 1660 m ü. M., 23° im Dez., 13,6° im Juni. Extreme 34° und 0° C. 380 mm Regen (100 im Jan., 0 im Juli).

[3]) Vgl. Johannesburg, 1920 m ü. M., 18,5° im Jan. und 9° im Juni. Extreme 30° und −3° C. 780 mm Regen (160 im Jan., 5 im Juli); Durban, 24,7° im Febr. und 17,8° im Juli. 1040 mm Regen (140 im Nov., 130 im März, 30 im Juli); Buluwayo, 1360 m ü. M., 22,5° im Okt., 13,3° im Juli. Extreme 36° und 2°. 560 mm Regen (140 im Jan., 0 im Juli).

[4]) Beira, 27,1° im Dez., 20,5° im Juli. Extreme 34° und 15° C. 1460 mm Regen (310 im Febr., 10 im Juli).

[5]) Port Elizabeth, 20,8° im Febr. und 13,9° im Juli. Extreme 35° und 5° C. 550 mm Regen (60 im Mai, 60 im Nov., 20 im Jan.).

[6]) Kapstadt, 20,7° im Jan. und 12,2° im Juli. Extreme 34° und 4° C. 650 mm Regen (120 im Juni, 20 im Jan.).

[7]) Kapprovinz mit Pondoland und Britisch-Betschuanaland (717300 qkm, 2,78 Mill. Einw.), Natal (91400 qkm, 1,43 Mill. Einw.), Orange Free State (Oranien-Freistaat; Oranje-Vrijstaat; 130500 qkm, 630000 Einw.), Transvaal (286000 qkm, 2,09 Mill. Einw.). Von den 1,52 Mill. Weißen der S. Union leben gegen 43% im Kapland, 8,1% in Natal, gegen 36% in Transvaal, 12% im Oranje-Freistaat.

[8]) Am niedrigsten ist sie im dürren Westen, in Südwestafrika (0,28) und im Betschuanaland-Protektorat (0,21), in Süd-Rhodesia kommen über 2, in Portugiesisch-Ostafrika vielleicht über 4, in der Südafrikanischen Union $5^1/_2$ auf 1 qkm (Kapkolonie 0,9 Weiße und 3 Farbige; Natal reichlich 1,3 + 13,1; Transvaal reichlich 1,7 + 5,8; Oranje-Freistaat 1,4 + 4. 1911—1921 wuchs die weiße Bevölkerung schneller als die farbige); im Swasilande gegen 8; im Basutolande an 19 auf 1 qkm.

Entsprechend Klima und Vegetation ist S. im größten Teile seines Raumes in erster Linie ein Land der Viehzucht, aber mit Hilfe der künstlichen Bewässerung hat sich auch der vornehmlich auf einen Südoststreifen angewiesene Ackerbau allmählich ausgebreitet. Der einst ganz im Vordergrunde stehende Bergbau verliert dauernd an (relativer) Bedeutung. Die Fabrikindustrie steht in den ersten Anfängen.

a) Erzeugung von Nahrungs- und Genußmitteln.

Der Pflanzenbau wird in dem größten Teile S.s (B 4, B 3 usw.) durch den Mangel an Regen unmöglich gemacht oder behindert. Künstliche Bewässerung[1]) und Trockenfarmen versuchen, Abhilfe zu bringen.

Unser Getreidebau (Weizen, Hafer, Gerste) in den außertropischen Teilen S.s hat nur einen geringen Umfang. Weit mehr verbreitet ist in S. der Mais, aber nur in dem feuchteren Ostdrittel[2]) der Union und im Norden (C 5). Für die Eingeborenen des Ostens ist er ein Hauptnahrungsmittel, den Weißen liefert er Stärke, Glukose, Futter und ein Ausfuhrprodukt.[3])

Für die Europäer ist der Weizen Hauptbrotfrucht; Hauptanbaugebiet sind die Südwestprovinzen (C 6 b) des Kaplandes und das nahe Hinterland von East-London (C 7 b), auch ein Teil des Basutolandes (C 5). Der Weizen wächst im trocknen Winter und wird (November bis Januar) vor Eintritt der sommerlichen Regenzeit geerntet. Die Erträge sind zum Teil recht klein. Weizen muß eingeführt werden.[4])

In Süd-Rhodesia (C 5[5]), Britisch-Betschuanaland und Südwestafrika ist der Anbau schwach. Im ersteren Gebiet bringt er recht kleine Erträge und leidet unter Rost (zur Regenzeit), in den anderen Gebieten fehlt Wasser.

---

[1]) Die reichlichen Sommerregen der Küstenniederung und der Hochlandhänge im Osten (s. S. 334, Anm. 3 u. 4) lassen sich der Bewässerung der Hochplateaus nicht nutzbar machen; Schneegebirge fehlen. Dagegen ist auf dem Hochlande reichlich Untergrundwasser, selbst in der Kalahari, vorhanden und wird durch Bohrungen immer mehr erschlossen, wobei es zum Teil mit Windmühlen oder Motoren zu heben ist. In der Kapkolonie entstanden seit 1894 (bis 1923 ?) etwa 8500 Bohrlöcher, in Transvaal gab es schon 1910 etwa 1145; jedes Jahr bringt Zuwachs, 1920/21: 675. Andernorts (am Vaal z. B.) wird durch Dämme aufgestautes Flußwasser zur Bewässerung benutzt. Durch Ableitung von Kanälen oder Aufpumpen mit Gasmotoren wird es verteilt. Selbst versalzenes Land wird entsalzt. Man erwägt Umleitung des Kunene nach dem Ngamisee und nach der Etoschapfanne (Deutsch-Südwestafrikas) und Ablenkung des zum Sambesi fließenden Tschobeflusses (Chobe) nach dem Becken der Großen Makarikari-Salzpfanne, um für die Bewässerung der nördlichen Kalahari Wasser zugewinnen. Trockenfarmen, das eine große Zukunft in S. haben dürfte, wird noch wenig geübt. Rhodesia hat künstliche Wasserbeschaffung weniger nötig. Heuschrecken und Dürren richten bisweilen in S. großen Schaden an. Erstere brüten in der Kalahari. — Neben dem klimatischen Faktor spielt die Bodenart in der Landwirtschaft eine geringe Rolle, aber in Süd-Rhodesia findet man die ostwestlich laufenden Bänder des Schieferbodens infolge leichterer Verwitterungsfähigkeit für Ackerbau (und Waldgebiete), die Granitstreifen für Viehzucht geeignet.

[2]) Etwa östlich einer Linie Algoa-Bai—Bloemfontein—Zeerust, wo Sommerhitze und reichlicher Regenfall zusammentreffen. Gegen den trocknen Westen hin nimmt der Maisbau schnell ab.

[3]) Etwa 1% der W. mit erheblichen Schwankungen. Die Qualität ist gut. 1918 Rekordernte von 1,15, 1922: 1,74; 1923 nur 1,00; 1924 wieder 1,63 Mill. T. Der Eigenverbrauch wird auf 0,89 Mill. T. geschätzt. 1921 wurden bei recht guter Ernte 350000 T. ausgeführt. Auf dem Territorium der Companhia de Moçambique (zwischen Sambesi und 22° südl. Br.) in Portugies.-Ostafrika 1919 über 25000 T., in Süd-Rhodesia 1918/19 über 80000 T. Ernte. Hier ist der Mais die Hauptfeldfrucht; ebenso im Swasi- und Basutolande.

[4]) 1919 wurden 227000 T. (Kapkolonie $64\,^{1}/_{2}$, Oranje-Freistaat 17,5, Transvaal 13, Natal kaum $^{1}/_{2}$% der Ernte!), 1922/23: 182200 T. = gegen 0,2% der W. in der Südafrikanischen Union geerntet. Einf. 1913 noch $^{2}/_{3}$, jetzt $^{1}/_{3}$ des Konsums.

[5]) Die besonders große Ernte 1918 lieferte nur $^{1}/_{3}$ des Konsums.

Hafer[1]) dient grün oder reif als Viehfutter zum Ersatz für das wenig zu produzierende Grasheu. Gerste wird noch weniger angebaut.[2]) In den westlichen trockeneren Teilen S.s (Betschuanaland usw.) bevorzugen die eingeborenen Farbigen eine weniger Wärme und Feuchtigkeit verlangende Sorghumvarietät („Kaffern-gorn“[3]) vor dem Mais (s. oben!); in Rhodesia wird Sorghum wenig erzeugt. Eine keringe Menge Reis (Natal [nördlich von Durban] und Portugies.-Ostafrika [A 2]), ein klein wenig Roggen und Buchweizen (SW. der Kapkolonie) werden noch gewonnen; auch etwas Kanariensaat (Bezirk von East London) wird angebaut. Kartoffeln[4]) trifft man wenig an. Bohnen, Erbsen, Gemüse (Tomaten, Melonen) gedeihen fast überall in S.

Der Obstbau gewinnt kommerzielle Bedeutung, zumal in den Tälern des Südwestens (C 6 b; Gegend von Worcester, Paarl, Stellenbosch, Constantia).

In der S. Union reifen Pfirsiche (Nov. bis März), Aprikosen (Nov. und Dez.), Erdbeeren (Nov. bis Jan.), Orangen[5]) (Mai bis Okt.), Zitronen (Mai bis Okt.), Feigen (Nov.), Ananas[6]) (Nov. bis Febr. und Mai bis Okt.), Bananen[7]) (das ganze Jahr), ferner europäische und japanische Pflaumen, dann Birnen, Äpfel[8]), Weintrauben (Jan. bis März), Nektarinen, Mangos, Papayas, Guavas, Avocados, Walnüsse und Kastanien, Limetten, Loquats, Mandeln, Oliven[9]), Quitten, Johannisbrotbäume und Stachelbeeren in den verschiedenen Landesteilen, im Nordwesten der Kapkolonie und in (Deutsch-) Südwestafrika (B 4) kommen auch Datteln vor.

Es findet schon eine große Ausfuhr von frischen Früchten (Agrumen, Birnen usw.), getrockneten Früchten und Obstkonserven statt.[10])

In A 2 (und bis an die feuchte östliche Kaplandküste [C 5] zum Teil) treten die bekannten tropischen Palmen auf. In (Deutsch-) Südwestafrika sind die Naras (Acanthosicyos horrida Welw.) in der Dünenregion der Küste vom Kunene bis Sandwichhafen, im Hererolande die Wassermelone, ferner Zwiebelgewächse usw., in der östlichen Kalahariregion die Zama, eine Wassermelone, in der nördlichen Kalahari die süßliche Melone Mangotan örtlich für die Ernährung wichtig.

Zuckerrohr gedeiht an vielen Stellen des tropischen Hochlandes (C 5) Nordost-Transvaals und Süd-Rhodesias, aber nur an der heißfeuchten Küste

[1]) Südafrikanische Union 1918: 160000 T. (Kapkolonie fast 79 % der Ernte), 1919 und 1920 weit weniger.

[2]) Südafrikanische Union 1918: 45000 T. (Kapkolonie gegen 96 %).

[3]) Ernte der Union 1918: 163000 T. (Transvaal 46½, Kapkolonie gegen 26 %).

[4]) 1909/13: 84000 T. Ertrag je ha nur 3,35 T. Bei künstlicher Bewässerung soll die Qualität leiden, bei Dry Farming nicht.

[5]) Bis nach Rhodesia nordwärts; Mandarinen in Natal und in der östl. Kapkolonie, Limonen (Zitronen) im Kapland und in Transvaal; nur im Juli und August könnten letztere an die Stelle der sizilischen Zitronen treten.

[6]) Natal usw. [7]) Natal usw.

[8]) Hochveld Transvaals, in dem Oranje-Freistaat (C 5) und an der Südküste der Kapprovinz (C 7 b).

[9]) Nur im Paarldistrikt der Kapkolonie und im Waterbergdistrikt Transvaals.

[10]) 1920 wurden 134800, 1921: 230200 Kisten Zitrusfrüchte und 265300 (451300) Kisten anderer Früchte versandt. Getrocknet werden Pflaumen, Aprikosen, Pfirsiche, Birnen, Rosinen (durch Sonnentrocknung im trockenen heißen Sommer der kapländischen Westprovinz) und Korinthen (um Worcester, C 6 b). Die Ausfuhr von Rosinen (1921: 3170 T.), Früchten in Flaschen und Zinnbüchsen, Pflaumen, Marmeladen (Natal und Kapkolonie) usw. aus der Union nimmt zu. Dagegen werden Datteln, Korinthen usw. eingeführt. Kanada bewilligte südafrikanischen Rosinen und Korinthen zollfreie Einfuhr.

(Natal nördlich und südlich von Durban, im Zululand, am unteren Busi bei Beira, im Sambesidelta) hat sein Anbau industrielle Wichtigkeit bekommen.[1])

Die Zuckerrübe versuchte man in Natal (Binnenland ?), selbst auf dem Mashonahochland unfern Salisbury in 1200—1500 m Höhe (mit Erfolg) anzubauen. Sirup stellt man aus Weinbeeren her.

Getränke. Die Bierbrauerei[2]) ist hochgekommen, obwohl der Hopfenbau wenig geraten will.

Gut gedeiht die Weinrebe in C 6 (Distrikte Paarl, Worcester und Stellenbosch der Kapkolonie). Hauptsächlich wird schwerer süßer Wein (Constantiawein z. B.) hergestellt. Die Ausfuhr ist ansehnlich.[3])

Kapbranntwein („Cognac") wird in Mengen aus Wein hergestellt[4]) und auch ausgeführt, Rum in Natal aus Rohrzucker fabriziert.[5]) Ein wenig Tee gedeiht (am besten in etwa 300 m) im feuchtheißen Natal nördlich von Durban.[6]) Eine kleine Kaffeeproduktion hat der Manicadistrikt (C 5) Portugies.-Ostafrikas (an der Bahn Beira—Salisbury) aufzuweisen; sogar in Natal[7]) und in den wärmeren Teilen Transvaals kommen die Bäume zur Not fort.

Von den Reizmitteln wird der Tabak weithin in S. angebaut.

In der südwestlichsten Kapkolonie (C 6) wird türkischer (Zigaretten-) Tabak[8]), in den südlichen Distrikten (C 7) ein heller Virginia- (Zigarren-) Tabak produziert. In Transvaal liegt der wichtigste Tabakdistrikt der Südafrik. Union (Rustenburgdistrikt westlich von Pretoria).[9]) Auch in Süd-Rhodesia wird Tabak erzeugt.[10]) Die Eingeborenen rauchen außerdem Hanf.

Von (wild wachsenden) Arzneipflanzen seien die Süßholzwurzel (Kapkolonie) und die (offizinelle) Aloë[11]) der Kapkolonie und Natals erwähnt.

Ölpflanzen werden in großer Zahl (Lein, Sonnenblume, Erdnüsse, Sojabohnen, Guizotia oleifera DC., Rizinus usw.), aber in kleinem Umfange in S. angebaut, Erdnüsse in Transvaal und Süd-Rhodesia.[12])

Tierische Nahrungs- und Genußmittel stehen in S. reichlicher als pflanzliche zur Verfügung, denn der größte Teil des Gebiets ist infolge der Nieder-

---

[1]) Natal produzierte 1913/14: 87000, 1922/23: 144000, 1923/24: 184000 T. = 0,9% der W. von Zucker. Im Zululand reift das Rohr in kürzerer Zeit, die Rohrerträge sind reichlicher als die Natals, und in feuchten Jahren die Zuckererträge höher als in trockenen. Aus Natal kann bei etwa 120000 T. Eigenbedarf der S. Union Ausfuhr stattfinden (1922: 30000 T.). Am Busi wurden 1924: 14200 T. Zucker gewonnen. Im unteren Sambesital und -delta wurde die Zuckerernte 1924/25 auf 39000 T. geschätzt. Vgl. S. 354, Anm. 4. Die Zahlen stimmen wenig überein.

[2]) Prod. 1920: 427600 hl.

[3]) England bewilligt bei der Einfuhr den Kolonialweinen eine Vorzugsbehandlung. Ausf. 1829: 70500, 1906: 1013, 1921: 17070 hl. Die Prod. wurde für 1922 auf 180000 hl = etwa 0,13% der W. geschätzt.

[4]) 1921: 129000 hl.

[5]) 1920: 103800 hl.

[6]) Prod. 1920/21: 414 T., Einf. 3040 T. Seit dem Fortbleiben indischer Kulis ging der Anbau zurück.

[7]) Hemileja vastatrix!

[8]) Gedeiht auch in (Deutsch-) Südwestafrika gut.

[9]) Prod. der Union 1921: 4920 T., 1919: über 57% der Ernte in Transvaal, an 34% in der Kapkolonie. 1918: 780 T. Ausf.

[10]) 1914: 1390 T.

[11]) Ausf. 1911: 334 T.

[12]) Prod. 1918: 500 und 1000 T.

schlagsverhältnisse ein Weidegebiet, zum Teil ganz ungeeignet für den Ackerbau.

Die Hochländer Süd-Rhodesias, auch Ost-Transvaals und Natals haben eine ziemlich, zum Teil ganz geschlossene Grasweide.[1]) Auch der Osten der Karrulandschaften, die Eastern Uplands der Kapprovinz, Transkei und das Basutoland sind gut mit Gräsern, Kräutern und Futterbüschen ausgestattet. Aber gegen das Innere zu und dort gegen Westen nimmt die Dichte der Grashalme und Büsche bis zur Wüstenhaftigkeit in der Namib ab.[2]) Zur Regenzeit frisch, sehen übrigens die Weiden zur Trockenzeit jammervoll genug aus. Man hat zahlreiche Futtergewächse (Luzerne[3]), Sudangras, Teffgras usw.) zum Anbau eingeführt, die der (schon bedeutenden) Heubereitung dienen. Gelegentliche Dürren und Heuschrecken bedrohen die Haustiere nicht selten mit Hunger und Sterben; Erweiterung der künstlichen Bewässerung tut daher sehr not.

Die Rinderzucht ist infolge der Weideverhältnisse in der S. Union ziemlich beschränkt.[4]) Sie wird hauptsächlich auf den Hochländern des Innern betrieben. Die Eingeborenenrinder sind viel schlechter als die der Weißen, die das „Afrikanderrind“[5]), ein charakteristisches Steppenrind, durch Zucht-

[1]) Die hohen einhalmigen Gräser der tropischen und tropennahen Gebiete (Mashonaland z. T., Zuurveld (Sauerfeld) Transvaals usw.) sind weniger nährstoffreich als die vielhalmigen Grasstauden des trockeneren Südwestens (z. B. des Süßveldes des Oranje-Freistaates und des Hererolandes), die durch Beweidung sogar allmählich süßer werden. Auch sind die niedriger gelegenen Täler Süd-Rhodesias (wegen der Tsetse?) nur in der trockenen Winterzeit (C 5) zur Beweidung geeignet.

[2]) Die Ernährungskapazität der Weiden ist danach recht verschieden, nach L. Waibel von 100—130 Schafen (20—25 Rindern) auf 1 qkm regenreicheren und 10—40 Schafen (2—8 Rindern) auf 1 qkm regenärmeren Bodens; die ersteren Weiden eignen sich mehr für Rinder-, die grasarmen Halbstrauchsteppen mehr für Schafzucht. Die Bestockungsziffern bleiben vorsichtigerweise eine Spanne von der Ernährungskapazität entfernt. Von halbnomadischen Formen der Weidewirtschaft („Trecken“ der Buren von Weideplatz zu Weideplatz) über die freie Weidewirtschaft der Farmen unter Hirtenaufsicht (Tränke und nachts Sammeln in einem Pferch oder Kraal), wie sie noch im innern Hochlande S.s viel verbreitet ist, gelangte man stellenweise (fast durchweg in der Kapkolonie) bereits zur Fencewirtschaft auf drahtumzäunten und -zerteilten Weidebezirken, möglichst mit Futterbau bei künstlicher Bewässerung. 1920/21 wurden in der Südafrikan. Union z. B. fast 790 km Einzäunungen errichtet (50% in Transvaal, 27% in der Kapkolonie, 17% in Natal).

[3]) 1918 waren nach L. Waibel 478 qkm mit ihr bestellt. Sie kann mit ihren Wurzeln bis 20 m tief in den Boden eindringen, mehrmals jährlich geschnitten und in Heu verwandelt oder ensiliert werden; 1 ha trägt jährlich 7—22 T. Heu. 12—13 Kühe oder 60—75 Schafe können den Sommer hindurch von dem Ertrag eines ha gefüttert werden. Nach 3—5 Jahren untergepflügt, befruchtet diese perennierende Leguminose, die in trockeneren, warmgemäßigten Gebieten vorzüglich gedeiht, noch den Boden (mit Stickstoff); in Rhodesia (C 5; A 2) will sie aber nicht mehr gut fortkommen. Auch Mais, Sorghum, eine Erbsenart (cow-pea), Sojabohnen, Opuntia vulgaris, unterstützen die Farmer in ihrem Bestreben, die engen, von den Naturweiden gesteckten Grenzen zugunsten der Viehzucht zu erweitern, aufs günstigste. Künstl. Bewässerung, s. S. 335.

[4]) 1920: 5,97 Mill., außer denen der Eingeborenen-Reservationen, noch nicht 5 auf 1 qkm, 86 auf 100 Einw. Die Rinderpest raffte 1896/98 einen großen Teil der Rinder (und des Wildes) hin. In der feuchteren Osthälfte der Union und Süd-Rhodesias, vor allem in der Küstenzone, bedroht das Ostküstenfieber die Bestände, am wenigsten noch das seit 1688 entstandene Afrikanderrind; im östlichen Küstengebiet ist darum die Rinderzucht gering, zumal bis ins Zululand wie im Limpopotal vielfach die Tsetse vorkommt. „Germanin“, s. S. 325, Anm. 4. Schon die Kaffernstämme, die Betschuanen, die Basutos und Hereros (Damaraland) lebten (vor Auftreten der Rinderpest) hauptsächlich von Milch und Fleisch. Die Kapkolonie verlor 1896 bis Mitte 1898 allein über 35% ihrer Bestände. Einfriedigung des Weidelandes und systematisch wiederholte Bäder in „dipping tanks“ gelten als bestes Schutzmittel gegen die Rinderpest. In (Deutsch-) Südwestafrika beginnt die Fleischextraktindustrie (Fabrik der Liebigkomp. bei Okahandja) Fuß zu fassen; in Betschuanaland, wo große Weideflächen zur Verfügung stehen, sollen Gefrieranlagen errichtet werden. Auf die Ausfuhr von Fleischprodukten ist wohl auch der Bau von Kühlhäusern in Walfischbai berechnet. Vgl. S. 349, Anm. 2.

[5]) Die größten Ochsen werden in der Regel im Oranje-Freistaat angetroffen; sie können bei genügendem Futter 3—4 Tage ohne Trinkwasser auskommen.

tiere schon veredelt haben. Fleischgewinnung ist die Hauptnutzung. Das Molkereiwesen hat sich, wie immer in Steppenländern (B 3), spät entwickelt und ist am schwächsten im Kapland und im Oranje-Freistaat, also im trockneren Westen vertreten.[1]) Der im Kriege aufgekommene Fleischexport nahm wieder ab.

In Süd-Rhodesia[2]) sollen sich besonders die höheren Lagen des Mashonalandes für die Rinderzucht eignen[3]); im Matabelelande haben sich die Herden von der Rinderpest wieder ziemlich erholt. Europäische Fleischextraktgesellschaften halten hier große (mit englischen frühreifen Rassen aufgekreuzte) Bestände. Rindvieh wird nach der Südafrikanischen Union ausgeführt.[4]) Für das Molkereiwesen ist Süd-Rhodesia wohl weniger geeignet.

Für die Schafzucht sind mehr die trockneren Binnen- und Westgebiete (B3) günstig; hier kann sie sich wohl noch sehr ausdehnen.

Fettschwanzschafe, schon vor Ankunft der Europäer gehalten, sind zahlreich[5]), am meisten in der (dürren) Kapkolonie, viel weniger im Oranje-Freistaat und in Transvaal, am wenigsten im feuchten Natal; sie dienen Eingeborenen wie Weißen zur Fleisch- und Fettgewinnung. Zu einem nennenswerten Fleischexport ist es bisher noch nicht gekommen (vgl. oben).

Süd-Rhodesias Weiden eignen sich weniger für Schafzucht[6]); Fleischschafe werden in größerer Zahl eingeführt. (Deutsch-) Südwestafrika s. S. 341.

Ziegen, noch anspruchsloser als die Schafe, sind am zahlreichsten in der Kapkolonie.[7]) Auch Südwestafrika eignet sich gut für sie, Süd-Rhodesia weniger.[8])

Die Schweinezucht ist, wie immer in Trockenländern mit extensiver Wirtschaft, geringen Umfangs in der S. Union[9]), relativ am stärksten im feuchten Osten (Natal), am schwächsten in der Kapkolonie; auch in Süd-Rhodesia und in Südwestafrika unbedeutend.[10]) Die industrielle Speck- und Schinkenproduktion der S. Union scheint zuzunehmen. Wärme, Sonnenschein und Trockenheit machen große Teile S.s sehr geeignet für Hühner- und Putenzucht.[11]) An Stelle der Einfuhr von Eiern vor dem Kriege hat Ausfuhr eingesetzt.[12]) Gänse kommen am besten in der Nähe gras- und wasserreicher Küsten und wie die Enten an Binnengewässern (also im Osten) fort. Honigproduktion hat bisher geringe Wichtigkeit. Kaninchen dürfen

---

[1]) Butterfabrikation 1920: 8080 T., die Einf. von Butter nimmt ab. Käseherstellung 1920: 1840 T., Einf. 1914: 2370, 1920: 540 T. Margarine wird in geringen Mengen (1920: 620 T.) eingeführt.

[2]) Ende 1921: 1,76 Mill. Rinder, also 4,6 auf 1 qkm und 200 auf 100 Einw.

[3]) Gegen das Sambesital tritt in den buschigen Flußniederungen fast überall die Tsetse auf.

[4]) 1918: 12130 Stück, hauptsächlich über Beira, 1919: 30000. Aus England werden Zuchtstiere und -kühe in die S. Union eingeführt.

[5]) 1918: 4,855 Mill. (und 0,73 Mill. in den Eingeborenen-Reservationen), 1920: 3,99 Mill. 1919 entfielen fast 81% der vorhandenen auf die Kapkolonie (Westhälfte), auf Natal noch nicht 2%. Sie tragen keine Wolle, sondern Haare. Der breite, flache Schwanz liefert nach Wallace 2¾—6 kg Fett, das während der Trockenzeit als Butterersatz dient.

[6]) Ende 1921 nur 52940 Stück, d. h. 0,14 auf 1 qkm, 6 auf 100 Einw.

[7]) 1913: 7,21 Mill. (abgesehen von Angoraziegen; s. S. 341), 1918: 5,29; 1920: 2,83 Mill. in der S. Union, davon 77% in der Kapkolonie.

[8]) Nach der Rinderpest mußten sie mit den Schafen der Bevölkerung die Hauptnahrung liefern und verringerten sich deshalb sehr; Ende 1921 nur 18810.

[9]) 1918: 1,04; 1920: 0,56 Mill. Prod. von Speck und Schinken 1920: 3820 T.

[10]) Süd-Rhodesia 1921: 26670.

[11]) Am besten gedeihen in dem heißen Sommerklima der S. Union mittelländische, leichte Hühnerrassen, die federreichen Brahmas und Cochins dagegen nicht; Puten im Binnenland.

[12]) Einf. 1912 für 69750, 1921: 8 £, Ausf. 1912 für 7070, 1921: 180390 £.

in die Kapkolonie und den Oranje-Freistaat nur unter besonderen Vorsichtsmaßregeln eingeführt bzw. gehegt werden.[1])

Für die Binnenfischerei kommt hauptsächlich der wohlbewässerte Osten S.s in Betracht. Vom Limpopo ab nach Norden soll mit Wärme und Gewässerreichtum der Fischreichtum zunehmen. Forellen und Karpfen sind eingebürgert worden.

Wichtiger ist die Seefischerei. Der westliche Küstenabschnitt S.s mit seinen kühlen Gewässern (und Auftriebwasser) ist außerordentlich fischreich[2]), doch wird dieser Reichtum bisher wenig ausgenutzt. Heute ist die Agulhasbank, etwa auf der Grenze zwischen den kühlen atlantischen Küstengewässern und den warmen Ostwassern, mit anderen Bänken Hauptstätte der Seefischerei.[3]) Die Tafelbai und die kühlen Gewässer der kapländischen Westküste sind reich an Krabben.[4])

Der seit Ende des 18. Jahrhunderts raubwirtschaftlich betriebene Walfang (Buckelwal, grönländischer Bartenwal, Blauwal, im Indischen Ozean Spermwal) hat das Meer schon verarmen lassen.[5]) Die Robbenjagd an der Westküste bringt sehr geringe Erträge; Sammeln von Pinguineiern (bei Dassen Island, Westküste) erfolgt nur für einheimischen Konsum; Austern kommen an der Südküste S.s vor.

Mineralische Nahrungs- und Genußmittel und Düngemittel.

Salz findet sich im Trockengebiet (B 3 und B 4) reichlich in Salzpfannen, hauptsächlich in einem Streifen („Panne-veld") von der nordwestlichen Kapkolonie durch das trockene Innere nach dem westlichen Oranje-Freistaat, auch in (Deutsch-) Südwestafrika; für Bedarf wird genug gewonnen.[6]) Süd-Rhodesia und der ganze feuchte Osten S.s ist wohl arm an Salz.

Die Trinkwasserversorgung, früher in vielen Landesteilen ungünstig[7]), hat sich mit Wassererschließung für künstliche Bewässerung und Anlage von Wasserleitungen sehr gebessert. Mineralwässer und Thermen sind nicht selten, aber bisher von geringem wirtschaftlichen Belang.

Guano wird schon seit 1840 an der dürren Westküste S.s gewonnen.[8]) In Süd-Rhodesia kommt Höhlenguano vor. Geringwertige Phosphate gewinnt man an der Saldanhabai der trockenen kapländischen Westküste; etwas Pottasche fand man im dürren Westen (bei Prieska usw.).

---

[1]) Nach den trüben Erfahrungen in Australien (s. S. 269, Anm. 1).

[2]) Z. B. sollen auf Ichaboe Island (s. Anm. 8) 20 Mill. Vögel, die täglich mindestens je 1 Pfund Fische verzehren, nisten.

[3]) Man fängt Schollen, Silberfische, Kabeljaus (bis 60 und mehr kg schwer) usw. Die großen Temperatur- und Salzgehaltsunterschiede des Wassers im Westen und Osten der Kaphalbinsel bedingen eine enorme Sterblichkeit unter den Meeresorganismen, d. h. Anhäufung großer Mengen organischer Nahrung auf den Bänken und damit Fischreichtum. 750 Segelboote und 150—200 Dampf- und Motortrawler sind tätig. 1921 wurden 16800 T. Fische in der Kapkolonie gelandet, in Natal noch nicht ein Zehntel davon.

[4]) Konservenindustrie in der Nähe von Kapstadt und Ausfuhr. Vgl. die analoge Industrie an der Westküste der Sahara (S. 305)!

[5]) 1920: 1380 Wale erbeutet. Ausf. von Walöl 1912: 2,58, 1920: 1,74, 1921: 0,245 Mill. Gallonen.

[6]) Nur im trockenen Winter (C 5)? Prod. der S. Union 1913: 48000, 1918: 69750 T. Steinsalz wurde bisher noch nicht gefunden.

[7]) Vgl. Haberlandt, a. a. O. Am dringlichsten sind Wasserversorgungsanlagen natürlich in B 4. So hat Walfischbai eine erhalten.

[8]) Auf den Inseln (besonders Ichaboe) und auf den Kaps (Deutsch-) Südwestafrikas. Die Lager verdanken ihre Entstehung den riesigen Vogelscharen, die, hier in der einen Hälfte des Jahres nistend, sich von dem Fischreichtum (s. Anm. 2 u. 3) nähren, ihre Erhaltung der Dürre des Klimas. Es werden jährlich 7000—10000 T. geerntet. Auch die Bird Islands östlich von Port Elizabeth liefern Guano.

b) Für **Kleidung** kommen hauptsächlich Baumwolle und Schafwolle in Betracht.

Die Produktion von Baumwolle ist bisher noch sehr gering[1]); sie ist in C 5 und A 2 konzentriert, in Transvaal (Bezirke Rustenburg, South Waterberg und im Backveld bei Leydsdorp), im Binnenland von Natal und Zululand sowie im Sambesigebiet Portugiesisch-Ostafrikas, also in Gebieten mit einem Wechsel von Sommerregen und winterlicher Trockenzeit. In Süd-Rhodesia[2]) soll sie künstlicher Bewässerung bedürfen. Ihr Anbau wird aber durch Regen zur Erntezeit vielleicht überhaupt gefährdet.

Sisalhanf (Agave rigida), Mauritiushanf, neuseeländischer Flachs werden in Natal und Ost-Transvaal (Bezirk Barberton) versuchsweise mit Erfolg angebaut; in Natal nutzt man auch eine wilde Banane auf Hanf aus.

Der größte (trockenere) Teil der Südafrikanischen Union und (Deutsch-) Südwestafrikas eignet sich vorzüglich für die Wollschafzucht, die eine Hauptquelle des Wohlstandes für ihre Bevölkerung bildet.[3]) Sie kann durch weitere Wassererschließung und Verbesserung der Transportmittel wohl noch sehr ausgedehnt werden. Die Ausfuhr von Wolle aus der S. Union ist sehr bedeutend[4]), die Wollindustrie bisher ohne Belang.[5])

Die Wolleproduktion der auf $2^1/_2$—3 Mill. Stück geschätzten Schafherden (Deutsch-) Südwestafrikas (besonders Südhälfte) ist sicher auch namhaft. Das heiße sommerfeuchte Süd-Rhodesia wird dagegen wohl so gut wie nichts liefern.

Angoraziegen (seit 1838) finden in manchen höheren Gebieten des Innern (Kapkolonie, Deutsch-Südwestafrika) sehr gute Daseinsbedingungen. Mohär ist ein wichtiger Ausfuhrartikel.[6])

Straußenzucht besteht seit 1857, wurde seit etwa 1880 lebhafter

---

[1]) Prod. der Südafrikan. Union 1918: 360, 1920: 1610, 1921: 1290, 1923/24: 1590 T.; im Gebiet der Companhia de Moçambique produzierten die Eingeborenen 1914: 175, 1916: 697, 1920 (nach Schätzung) 1800 T.

[2]) Ernte 1918 noch nicht 50 T. 1925 waren jedoch schon über 250 qkm mit B. bestellt. Die Ernte (Anfang 1926 ?) war sehr schlecht. Regengüsse haben sie zum großen Teil vernichtet. Es wurden nur 2270 T. (Lint ?) B. gewonnen.

[3]) 1904 gab es in der Union 11,82; 1913: 28,33; 1920: 22,3 Mill. Wollschafe (außerdem [1918] 2,28 Mill. in den Eingeborenen-Reservationen). In der Schafdichte (Bestockungsziffer) stand der trockene Oranje-Freistaat 1913 mit über 72 Wollschafen auf 1 qkm völlig im Vordergrund vor der Kapprovinz (gegen 19), Natal (über 18) und Transvaal (über 13). — Ein besonderer Vorzug gegenüber unserem deutschen Klima ist, daß die Tiere jahraus jahrein im Freien bleiben können; doch werden auf den hochgelegenen Weiden am Oranje schon seit längerem Schutzhütten errichtet; hier wurde auch frühzeitig mit Heubereitung begonnen. In Transvaal wandern die Herden, wo noch kein Anbau von Winterfutter ist, winters aus dem hohen (Hooge) Veld nach dem niedrigen, wärmeren Boschveld. — Die in Nov. und Dez. fallende Schurzeit ergibt als guten Durchschnitt 5 kg Wollertrag je Schaf; gelegentlich nur werden 13—14 kg erreicht. Prod. 1909/13: 75250, 1923: 93920 T. = 7,1% der W.

[4]) 1826: $24^1/_4$; 1850: 2682; 1890: 29780; 1910: 55200; 1913: 80270; 1921: 104520 T. (95% Schweißwolle); 1923: 112000 T.

[5]) Sie verbrauchte im Durchschnitt 1909/13 etwa $1^2/_3$% der eigenen Wolleproduktion. Die im Lande hergestellten Kleiderstoffe decken den Bedarf (1920: Einf. von Kleidern, Baumwoll- und Wollmanufakturen, Garn, Bändern Hüten, Mützen, Modeartikeln für 24,25 Mill. £) nicht. Die Eingeborenen legen an Stelle ihrer primitiven Kleidung immer mehr europäische an, sehr zu ihrem gesundheitlichen Nachteil.

[6]) In der Union 1904: 3,39; 1913: 4,19; 1920: 2,06 Mill. Stück (Kapkolonie 1919: 89%). Dichte auf 10 qkm in der Kapkolonie 33—34; Oranje-Freistaat gegen 12, in Natal reichlich 5, in Transvaal 3. Ausf. 1857: 395 kg; 1897: 5710; 1910: 8080; 1921: 7770 T.

und gedeiht am besten im Kapland (in der Ghanna Karroo zwischen den Langen und den Zwartebergen).[1])

In Südwestafrika war die Zucht vor dem Kriege noch in den Anfängen.[2]) Die Ausfuhr S.s nahm infolge der allgemeinen Wirtschaftskrise stark ab.

Viele Schaf- und Ziegenfelle, auch Rinderhäute und Kalbfelle werden ausgeführt[3]), doch haben sich seit Beginn des Weltkrieges Lederindustrie und -ausfuhr wie die Schuhindustrie stark vergrößert.[4]) Karakulfelle führt Südwestafrika aus.[5]) Vorzügliche Gerbstoffe werden in S. produziert. Die aus Australien (s. S. 270) eingeführten Wattlebäume (Acacia decurrens var. mollis) gedeihen (hauptsächlich in Natal [88%] in großen Pflanzungen und liefern sogar Hauptausfuhrartikel.[6]) In Pietermaritzburg (36) und Durban (146) bestehen Extraktfabriken.

Die Companhia de Moçambique (Portugies.-Ostafrika) brachte bisher Mangroverinde in den Handel.[7])

Einige wenige Perlen werden an der Süd-[8]) und Südostküste S.s gefunden.

Mineralische Stoffe für Kleidungs- und Schmuckzwecke.

Die Erzeugung von hochwertigem Asbest[9]) (in Transvaal, Griqualand West, Zululand und Süd-Rhodesia) wurde neuerdings wichtig.

Hervorragende Bedeutung hat die Gewinnung von Diamanten, in denen S. den Weltmarkt beherrscht.

Sie entstammen zum Teil Alluvialseifen (Vaal River, Oranje usw., südrhodesische Vorkommen, wohl auch die [Deutsch-] Südwestafrikas).[10]) Viel umfangreicher ist die Gewinnung von primärer Stätte aus vulkanischen Schloten (Pipes), die auf großen Bruchlinien von S. bis zum Kongobecken (s. S. 329) auftreten; die Kapkolonie (Minen Kimberley [1870 entdeckt], De Beers usw.[11]), Transvaal (Premiermine[12]), Oranje-Freistaat (Jagersfontein usw.[13]) und Süd-Rhodesia[14]) sind an der Pro-

---

[1]) 1904 in der Union 360830; 1913: 776310; 1920: 283080 Strauße (Einfluß des Krieges! 1919 fast 97% in der Kapprovinz).

[2]) 1912: 1300 Stück. — In der Union liefert ein sehr guter Strauß 20—26 Unzen = etwa 570—740 Gramm Federn, in 2 Jahren bis 3 Ernten. Die besten Federn wachsen in den Frühjahrs- und Herbstmonaten. Ausf. von Straußenfedern 1910: 336150, 1921: 134590 kg.

[3]) Vgl. S. 348.

[4]) Lederproduktion 1919/20: 4130 T., Ausf. 120 T. Leder und 2,2 Mill. Paar Schuhe 1919/20.

[5]) Ausf. vom 1. Jan. 1921 bis 30. Juni 1922: 4000—4500 Stück.

[6]) Ausf. der Union 1919: 57450, 1921: 72520 T. Rinde und 6240 bzw. 4960 T. Extrakt. Deutschland war früher der Hauptabnehmer (Hamburg) für Rinde. Auch das Holz dient verschiedenen Zwecken.

[7]) 1913 etwa 4000 T.

[8]) Die Muscheln haben keinen Wert.

[9]) Prod. der S. Union 1914: 1190, 1920: 7110, Süd-Rhodesia 1914: 490, 1920: 18820, 1923: 20360, 1924: 26140, 1925: 34350 T.

[10]) Seit 1908 in der Nähe von Lüderitzbucht abgebaut, seitdem zwischen dem 28.° und 24.° südl. Br. in dem Küstengebiet der Namib festgestellt. Nach anderen stammen sie aus dem Meere (?). Bis Aug. 1914: 5,4 Mill. Karat (je 2,053 g) gefördert; 1915: 13409; 1917: 364761; 1920: 606424; 1922: (Weltkrise!) 141119 Karat, 1923 wieder mehr. Die kleinen Steine sind wertvoll und erregten die Begehrlichkeit der benachbarten Engländer.

[11]) Prod. 1913: 2461893; 1920: 1364706 Karat; die ganze Südafrikan. Union 1924: 2040656 Karat, 1925 f. 8,198 Mill. £.

[12]) Prod. 1913: 2156897; 1920: 905297 Karat.

[13]) Prod. 1913: 544757; 1920: 275014 Karat.

[14]) Prod. Rhodesias 1913: 997; 1920: 243; 1923: 542; 1924: 595 Karat

duktion beteiligt, und es werden noch neuerdings Blaugrund[1])-Pipes entdeckt.[2]) Der Abbau der Pipes erfordert einen riesigen Umbruch von Gesteinsmaterial.[3]) Erst wurde meist Tagebau betrieben, jetzt, seit der Tieferlegung des Arbeitsfeldes, geht man von (außerhalb der Pipes) in den Boden getriebenen Schächten aus mittels Stollen dem Blaugrund zu Leibe. Bei dem „Ausverkauf" europäischer Länder während der Valutazerrüttung lagen die Minen still. Während des Krieges ließ sich die Diamantenschleiferei in S. (Kimberley, 40) nieder.

Diamanten gehören immer noch zu den wichtigsten Ausfuhrartikeln S.s[4]), sind aber ein vergänglicher Besitz des Landes.

Für Korund (besonders Transvaal bei Zoutpansberg) ist S. wichtiger Produzent.[5]) Auch Rubine, Saphire, Topase, Aquamarine, Turmalin, Onyx, Zirkon usw. werden gefunden.

S. ist der wichtigste Golderzeuger (S. Union 1923: etwa 57,3, Rhodesia gegen 3,8% der W.) der Erde.[6]) 1886 begann die Goldgewinnung am Witwatersrand (= Gebirgsrand mit den weißen Wassern[7]) in Transvaal, dem weitaus wichtigsten Vorkommen der Erde.

Es handelt sich hier bei der durch den Goldbergbau entstandenen jungen Großstadt Johannesburg (288) um uralte Konglomeratlager, die in Großbetrieben abgebaut werden; Kohlen sind nahe (s. S. 345). Gewaltige Erzmengen müssen gefördert[8]) und verpocht werden (1925: 28,68 Mill. T.). Die Ausfuhr dieses wertvollsten Exportartikels S.s geht über Kapstadt (207).

In Rhodesia liegen die Goldquarzriffe in den Schieferbändern (s. S. 335, Anm. 1); sie werden besonders im Buluwayo- und Gwelodistrikt des Matabele- und im Hartley- und Salisburydistrikt des Mashonalandes, vielfach im Kleinbetrieb, abgebaut. Mindere Wichtigkeit haben das Tatigoldfeld und das Manicagoldfeld (Portugies.-Ostafrika) mit dem Zentrum Macequece (9,3).[9]) Alluvialgold (Lydenburgdistrikt Tranvsaals) spielt kaum noch eine Rolle.[10])

---

[1]) D. i. der aus dem eruptiven Kimberlit durch Verwitterung entstehende Boden („Blue ground").

[2]) Z. B. bei Rustenburg (Transvaal).

[3]) $^1/_{900000}$ höchstens des Gesteins sind Diamanten; 1 Karat erfordert Verarbeitung von etwa 200 kg Gestein. Die Gewinnung ist nur im Großbetrieb möglich.

[4]) 1922 aus der S. Union 1471290 Karat für 4,7 Mill. £. Vgl. S. 342, Anm. 10—14.

[5]) Ausf. 1914: $12^1/_2$; 1918: 3830; 1920: 260 T.

[6]) Prod. der S. Union 1912: 283318, 1921: 252837, 1922: 218036 kg; fast ausschließlich in Transvaal; Goldausf. nach England 1923: 9093783 Unzen = 310842 kg; davon wurden 46% nach den Vereinigten Staaten, gegen 37% nach Britisch-Indien, über 12% nach dem europäischen Kontinent wieder ausgeführt. Wert der Prod. 1925: 40,23 Mill. £. Prod. Rhodesias 1912: 21407; 1921: 18212; 1922: 20304; 1923: 20124 kg = gegen 3% der W.; viele Spuren alten Bergbaus bis zum (oberen) Grundwasserniveau.

[7]) Da dort entspringende Quellen weiße Absätze bildeten.

[8]) Um 200000 eingeborene (schwarze) Arbeiter werden hier gewöhnlich beschäftigt gegenüber 11—12% (der Belegschaft) mit weißer Farbe. Die jährliche Leistung eines schwarzen Minenarbeiters betrug 1918: $17^1/_4$, die eines weißen 184 T. Erz. Da die Temperatur in den Bergwerken mit der Tiefe auffallend langsam steigt, hofft man die Gruben bis 1800 m Tiefe hinabtreiben zu können.

[9]) Prod. 1910: 6292, 1920: 7606 Unzen = 237 kg.

[10]) Es kommt nicht wie sonst in Tälern und Flußbetten vor, sondern in beträchtlichen Höhen in Böden, die der Abtragung entgangen sind. In Natal wurden neuestens reiche Goldvorkommen entdeckt.

Platin fand man in Transkei (Kapprovinz), in Transvaal[1]) und in Süd-Rhodesia und setzt auf den Abbau große Hoffnungen. Blei-Silbererze treten an der Bahn Pretoria—Lourenço Marques und im Lomagundidistrikt Süd-Rhodesias auf, doch stammt die heutige Silberproduktion[2]) S.s fast nur aus der Verarbeitung der Golderze des Witwaterrandes.

c) Holz als Baumaterial für **Wohnungen** usw. ist in S. nur sehr spärlich vertreten. Es muß viel Holz eingeführt werden.

Etwa $^1/_7$% der Oberfläche der S. Union ist mit eigentlichem Wald bedeckt, einschließlich der Buschwälder höchstens $^1/_5$%. Nur an den zum Meere gewendeten Gebirgshängen des Südostens (Südostpassat!) kommen Wälder vor[3]), doch sind sie — verwüstet — nur noch in Resten erhalten. Durch Schaffung von Forstreserven und Nachpflanzung von schnellwüchsigen Bäumen (Kiefern, Zypressen, Zedern usw., Eukalyptus usw.) war bis 1921 die Waldfläche schon wieder etwas gewachsen. Die Wattlebäume (s. S. 342) geben ein ziemlich minderwertiges Holz, während einige einheimische Hölzer der Kapkolonie (besonders Podocarpus Thunbergii und P. elongata, [„Gelbholz"] und andere) recht wertvoll sind. In Süd-Rhodesia ist wahrscheinlich viel mehr Wald und Holz vorhanden als in der S. Union oder gar in dem sehr holzarmen (Deutsch-) Südwestafrika. Wertvolle Harthölzer (rhodesisches „Teakholz", „Mahagoni" usw.) kommen vor, aber die Bäume wachsen wie in der S. Union langsam, und die Anfuhr zum „Rand" ist nur schwach.

Mineralisches Baumaterial gewinnt in dem holzarmen S. naturgemäß große Bedeutung und ist auch meist reichlich zu finden.[4])

Kalksteine, auch Marmor, Sandsteine, Granit usw. stehen zur Verfügung. Lehm und Tone für Ziegelfabrikation und Töpferei dürften nur in den feuchteren östlichen und nördlichen Teilen S.s (C 5, A 2, C 7) reichlich zu finden und verwenden sein. Sand dagegen ist besonders im dürren Westen und Innern (B 4 und B 3) verbreitet. Kaolin hat man mehrfach gefunden. Zementmaterial wird in der Nähe von Pretoria und am Vaalfluß ausgenutzt.

d) Tierische Arbeitsgehilfen, Naturkräfte und Erzeugung von mineralischem Material für Werkzeuge aller Art.

Unter den **Arbeitstieren** der S. Union erreicht die Zahl der Esel und Maultiere[5]) zusammen fast die der Pferde.[6])

---

[1]) Im Waterbergbezirk hofft man aus einem Gangvorkommen jährlich 100000 Unzen = über 3000 kg (?) erzeugen können. Der Distrikt Lydenburg soll an der Erdoberfläche Vorkommen von enormer Ausdehnung aufweisen, die sich angeblich auch mit geringen Kosten gewinnen und verarbeiten lassen.

[2]) Transvaal 1910: 823750, 1920: 892205, 1921: 830330 Unzen = 25826 kg; Südafrikan. Union 1912: 30600, 1922: 34700 kg = 0,5% der W. Süd-Rhodesia 1921: 152990, 1923: 155210 Unzen = 4828 kg. Auch die Otavierze (s. S. 346) enthalten Silber.

[3]) In der Kapkolonie nahe dem Meeresniveau, im Natal um 900 m, in Transvaal und Rhodesia 1200—1800 m ü. M. Zon und Sparhawk geben die Bewaldungsziffern für die S. Union mit 0,5; (Deutsch-) Südwestafrika 0,5; Süd-Rhodesia 60 (?); Basutoland 0 (?); Swasiland 25; Portug.-Ostafrika 6,9; Betschuanaland 0% an.

[4]) Heizung der Häuser wird in den tropischen und halbtropischen Landschaften eine geringe Rolle spielen.

[5]) 1920: 616350 (523550 Esel; dazu 80730 der Eingeborenen-Reservationen, und 92800 Maultiere und Maulesel + 1790 der Eingeborenen-Reservationen); Süd-Rhodesia 1921: 12460.

[6]) 690120 (und 103140 in den Eingeborenen-Reservat. usw.); Süd-Rhodesia 1921: 3220. 1919 entfielen auf die trockeneren Teile der Union (Kapprovinz und Oranje-Freistaat) mehr als $^3/_4$ der Zahl. Die Pferdedichte war mit 20 auf 10 qkm in letzterem Gebietsteil am höchsten.

Etwa fünf Sechstel der S. Union und fast ganz Süd-Rhodesia gelten als ungeeignet für die Pferdezucht wegen der seit 1719 aufgetretenen und alle 10—15 Jahre schwere Verluste bringenden „Pferdesterbe".[1]) Die Esel (auch vor Wagen) sind gegen diese Krankheit immun, auch weniger empfindlich gegen den Tsetsestich als Pferd und Maultier. In Betschuanaland (B 3) werden sie am meisten gehalten (Kapprovinz 64,4, Transvaal gegen 21 %) und kommen auch in Süd-Rhodesia fort. Maultiere (Kapprovinz an 68 %, Oranje-Freistaat über 18 %) werden den Pferden vorgezogen.

Noch wichtiger sind als Zugtiere die starken, in der Afrikanderrasse auch gegen Krankheiten widerstandsfähigen Ochsen (s. S. 338).[2])

Kamele sind nur in den trockensten Gebieten S.s (Südwestafrika und benachbarte Teile der Kalahari, Norden der Kapprovinz, Betschuanaland), zumal für Polizeizwecke, in geringer Zahl nutzbar gemacht worden.

Mechanische Kraftquellen. Von den um 1913 festgestellten Kohlenlagern Afrikas (0,8 % nur des Weltvorrats) entfielen etwa 97 % nach der Südafrikanischen Union (und zwar nach dem feuchten Osten: Transvaal, Natal[3]) und 1 % nach Süd-Rhodesia.

Sie sind wohl im Zusammenhang mit einer permischen Eiszeit (s. S. 239 u. 272) entstanden. Die Qualität ist mäßig (braunkohlenartig oft); in Transvaal (Middelburg, Springs-Brakpan, Süd-Rand) kommt mittelgute Steinkohle vor, was für Eisenbahnen, Bergbau und Industrie wichtig ist.[4]) In Natal (Gegend von Dundee usw.) ist durch eruptive Einflüsse der größte Teil der Kohle in (sehr aschenreichen) Anthrazit umgewandelt (wenig Gaskohle); der Oranje-Freistaat baut im Heilbron- und Kroonstaddistrikt ab.[5]) In Süd-Rhodesia ist besonders der Bergbau zu Wankie (gute Kokskohle[6]) und der Abbau am Sambesi oberhalb Tete zu erwähnen.[7])

S. führt Kohle (über Lourenço Marques, 13,2, und Durban, 146) nach Indien, Ceylon usw. aus. Außerdem gibt es in Kapstadt (207), Durban und Lourenço Marques viel Bunkerkohlen ab.

Torf (feuchter Osten) spielt bisher gar keine Rolle. Petroleum, nach dem man lebhaft sucht, kommt kaum vor.[8]) Ölschieferlager (Transvaal, Natal) werden noch nicht ausgebeutet.

Wasserkräfte sind infolge der Bodengestaltung und Niederschlagsverteilung nur an dem Ostabfall des südafrikanischen Randgebirges (in der nordöstlichen Kapkolonie, in Natal, im östlichen Transvaal, in Portugiesisch-

---

[1]) Darum hat hier der motorische Traktor wohl eine große Zukunft.

[2]) In Zahl von 16—18 vor schwerem Lastwagen mit 4—6 T. Gewicht leisten sie selbst heute noch als Zu- und Abführer von Lasten zu und von den Eisenbahnstationen gute Dienste.

[3]) Prod. der S. Union 1921: 11,39; 1923: 11,92 Mill. T. = etwa 1 % der W. (1921 Transvaal 61, Natal 31, Oranje-Freistaat 8 %); das übrige Gebiet und Südwestafrika fast nichts; bei Bohrungen in Marienthal (Bahn Walfischbai—Windhuk) traf man in 4 m Tiefe Kohle an (wieviel?).

[4]) Die Flöze liegen regelmäßig; billig abzubauen.

[5]) Das Swaziland soll im Küstengebiet gute Anthrazitlager besitzen.

[6]) Prod. Rhodesias 1914: 349460, 1921: 574700, 1923: 617300, 1925: 760000 T. Koksprod. zu Wankie 1924/25: 153000 T. Neuerdings werden bei der Koksproduktion (1923: 60000 T.) der S. Union viele Nebenprodukte gewonnen: Teer 830, Ammoniumsulfat 714 T., ferner Kreosot und Kresol.

[7]) Nahe dem Sambesiufer gegenüber Tete (zu Moatize) werden (auf 100 Mill. T. geschätzte) Lager verkokbarer Kohle seit kurzem abgebaut (3000 T.). Auch bei Tschiromo kommen Kohlen vor.

[8]) In der Gegend von Marienthal (Südwestafrika) soll es erbohrt sein. Auch bei Newcastle (Natal) soll Erdöl gefunden sein.

Ostafrika, zumal am Sambesi und in Süd-Rhodesia, gleichfalls vornehmlich am Sambesi) in reichlicherem Ausmaß vorhanden, die trockenen Westlandschaften sind arm daran.[1]) Die Ausnutzung der Wasserkräfte hat eben erst begonnen, da reichlich Kohle zur Erzeugung von Dampf- und elektrischer Kraft zur Verfügung steht.

Mineralische Werkzeugmaterialien. Eisenerzlager sind schon vielfach festgestellt worden; besonders in Transvaal liegen, unfern der Kohle, große Vorkommen[2]), und in Rhodesia gibt es große, an die Verhältnisse der Lake Superior-Gegend (s. S. 410) Nordamerikas erinnernde Lager. Südwestafrika besitzt 60prozentige Erze im Kaokoveld. Die Produktion S.s war bisher sehr gering und machte erst seit 1918 schnellere Fortschritte. Dasselbe gilt für die Verhüttung (zu Vereeniging, Pretoria [74] und Newcastle, 4,3). Die Aussichten auf eine Weiterentwicklung der südafrikanischen Eisen- und Stahlindustrie sind günstig.[3]) Denn Eisenveredelungserze sind reichlich vorhanden und werden schon im wachsenden Maßstabe gewonnen[4]), und die Goldminen usw. bieten einen aufnahmefähigen Markt für Eisen- und Stahlwaren.

Kupfer wird an verschiedenen Stellen gefördert.

Bei Ookiep (Namaqualand, nordwestliche Kapprovinz[5]) und Upington (am Oranje), bei Messina (am Limpopo), im Gwelodistrikt Süd-Rhodesias[6]), im Otavi-Tsumeb-Grootfonteinbezirk (Deutsch-Südwestafrikas[7]) usw. sind bemerkenswerte Lager vorhanden. Die Produktion ist nicht unbedeutend.

Die Bleiproduktion[8]) und Zinkgewinnung[9]) ist bisher gering.

Wirtschaftliche Wichtigkeit hat die Zinnproduktion Transvaals[10]) (Waterberg- und Olifants River-Feld) und des Swasilandes.

---

[1]) Nach dem amerikanischen Atlas würden auf ganz S. etwa 4,87 Mill. PS entfallen = 1,1% der Weltziffer, wenn man von den veranschlagten PS Rhodesias und Portugies.-Ostafrikas je die Hälfte nach S. rechnet. Im einzelnen sind die PS in der Südafrikan. Union zu 1,6; Süd-Rhodesia 1,25; Portugies.-Ostafrika 1,85 Mill.; (Deutsch-) Südwestafrika 150000; Betschuanaland 25000 PS geschätzt worden. — Die Victoriafälle des Sambesi und die Stromschnellen usw. unterhalb derselben werden auf 750000 PS bei Niedrigwasser veranschlagt.

[2]) Die Lager der Magnet Heights im Secococniland, unfern Pretoria, werden auf 2 Milliarden T. geschätzt. Das Lager der Farm Kromdraal enthält um 20 Mill. T. Erz von über 50% Eisengehalt.

[3]) Um 1921 stellte die Union 50000 (1923: 24600) T. Eisen und Stahl her, und man erwartete eine künftige Steigerung auf 175000 T. Koks wird in Natal und Süd-Rhodesia (Wankie) gewonnen; Kalkstein und Fluorspat stehen ebenfalls zur Verfügung.

[4]) In erster Linie ist an die heute exportierten Chromerze Süd-Rhodesias (zu Selukwe, im Lomagundidistrikt usw.) zu denken (Ausf. 1913: 63380; 1920: 60000; 1921: 50190 T. = der Hälfte der W. Prod. 1923: 96680; 1924: 172720 T. Ausfuhrhafen ist Beira (12,8). Auch Wolfram, Mangan, Vanadium (in Tsumeb-West [Deutsch-Südwestafrika] wurden 1921/22: 220 T. Vanadiumerze gefördert), Molybdän, Nickel kommen vor.

[5]) Die Produktion der S. Union war 1911: 23100; 1914: 29330; 1920: 10870; 1921 nur 158 T. Erz (mit etwa 47,5; 43,7; 45,5; 65,8% Reinkupfer).

[6]) Prod. 1906: 44; 1914: 1010; 1920: 3110; 1923: 2970; 1924: 2830 T. Kupfer.

[7]) Prod. 1913: 50000 T. Erz mit etwa 16% Gehalt; 1920: 36650 T. Erz; 1922/23: 4220 T. Kupfer und 37000 T. Kupfererz. Auch bei Swakopmund sollen wertvolle Lager gefunden sein.

[8]) Die Otavi-Kupfererze (s. oben) enthalten etwa 25% Blei. 1924/25 wurden 114000 T. Kupfer- und Bleierze gefördert, 42800 T. verschifft. Süd-Rhodesia und die S. Union liefern bisher fast nichts.

[9]) Erzlager sind vielfach bekannt. In den unteren Teufen der Otaviminen treten auch Zinkerze auf.

[10]) 1908: 1430; 1914: 3390; 1920: 2450; 1921: 1420 T. Swaziland 383, Südwestafrika 156 T. Erz. Bei Swakopmund sollen 1925 wertvolle Lagerstätten gefunden sein. Zinnprod. 1921: S. Union 920; Süd-Rhodesia 1924: 10 T.

Im Zululande, an den Erongobergen Südwestafrikas, in Rhodesia und in Portugiesisch-Ostafrika wird nur wenig Zinn gewonnen. Die Antimonvorkommen in Transvaal und Süd-Rhodesia, die Quecksilbergewinnung (Goldgruben!) in Zululand, Transvaal, Arsenikproduktion (in Gold-, Zinn-, Antimonerzen) sind geringfügig. Auch Kobalt, Wismut, Baryt, Iridium werden gefunden. Graphit ist weit verbreitet, wird aber bisher nur in kleinem Maßstabe im Zoutpansbergdistrikt Transvaals abgebaut.[1]) Schwefel in natürlicher Form und in Eisenpyriten[2]) kommt vor, Glimmer in Transvaal usw., auch in Süd-Rhodesia; die Produktion ist gering. Ferner hat man Magnesit, Monazit, Osmium, Strontiumsulfat, Tellurium und Uranium, Talk, Kieselgur usw. in den alten Gesteinen S.s festgestellt.

e) Die Fabrikindustrie S.s ist noch in den ersten Anfängen begriffen.

Besonders die landwirtschaftlichen Rohstoffe werden verarbeitet. Die Mühlen- (S. 335), die Butter- und Käse- (S. 339), Bier- und Spirituosen- (S. 337), Gerbextrakt- (S. 342), Wolle- (S. 341), Leder- und Schuhindustrie (S. 342), die Gewinnung von Nebenprodukten der Koksindustrie (S. 345, Anm. 6), die Eisen- und Stahlindustrie (S. 346), die Schwefelsäureindustrie (Anm. 2) wurden schon erwähnt. Ihre günstigsten Standorte hat die Industrie in den von Weißen bewohnten Gebieten, nahe oder an den Stätten der Rohstoffproduktion (z. B. Gerbextraktindustrie), in oder bei den Kohlengebieten (Johannesburg, 288, Pretoria, 74) oder an Wasserfällen oder in und bei den großen Städten (Johannesburg, Pretoria) und den Haupthäfen (Kapstadt, Durban usw.), d. h. den Hauptabsatzgebieten und Verkehrszentren. Die Industrie hat sich besonders während des Krieges lebhaft entwickelt.[3])

f) Der Handel S.s konzentriert sich naturgemäß hauptsächlich in und an der feuchteren und produktiven Südostzone. Für den Welthandel ist die Lage nicht günstig.

S. liegt den großen Aktionszentren in Europa und Nordamerika recht fern und ist durch den Tropengürtel von ihnen getrennt, was selbst den Überseehandel mit ihnen erschwert. Die tropischen Nachbarländer in Ost- und Mittelafrika sind bisher wenig entwickelt; die Verkehrsverhältnisse dorthin noch ziemlich mangelhaft. Auch sind die Entfernungen S.s von den anderen britischen Kolonialländern der Südhalbkugel (Australien, Neuseeland) und von dem aufstrebenden außertropischen Südamerika sehr groß, und der Verkehr mit ihnen wird zum Teil durch die dauernden Westwinde und Strömungen dieser Breiten erschwert. Nicht ganz ungünstig liegt die lebendige Ostseite S.s zu dem britischen Südasien und zu dem südasiatischen Aktionszentrum überhaupt.

---

[1]) Prod. 1917: 83; 1920: 73 T.

[2]) Wichtig für die stark gewachsene Schwefelsäureindustrie.

[3]) 1915/16 waren in ihr 40000 Weiße und 62000 Farbige, 1921/22: 60000 bzw. 110000 beschäftigt. Etwa 38% des Produktionswertes (1921 etwa 71 Mill. £) entfallen auf Lebensmittel und Getränke; auf die Metall- und Maschinenindustrie gegen 20%, die Chemikalienproduktion (Explosivstoffe, Streichhölzer-, Düngerindustrie usw.) gegen 8%. Die Textilindustrie steht in den Anfängen (s. S. 341, Anm. 5); die Buchdruckerei und Buchbinderindustrie hat große Fortschritte gemacht. Seifen-, Kerzen-, Tabak-, Flaschenindustrie sind ansehnlich geworden. Von dem industriellen Verbrauch der Randminen lieferte die südafrikanische Fabrikindustrie 1920: 57,2; 1924: 61,7%.

Die **Ausfuhr** S.s[1]) an mineralischen Rohstoffen steht noch immer im Vordergrunde[2]), dann folgen tierische Rohstoffe, dann pflanzliche Rohstoffe und Nahrungs- und Genußmittel; die **Einfuhr** besteht in Industriewaren, Nahrungs- und Genußmitteln und Rohstoffen.

Ausfuhr: Südafrikan. Union 1922: 65 Mill. £: Gold 31,84; Wolle 11; Diamanten 4,4; Häute und Felle 1,95; Mais 1,43; Angorahaare 1,15; Steinkohlen 1,06; Rinden 1; Zucker 0,59; Straußenfedern 0,39; Maismehl 0,31 Mill. £; Swasiland[1]) ?; Basutoland[1]) 1922: 0,67 Mill. £; Betschuanaland-Protektorat[1]) ?; Süd-Rhodesia 1921: 4,3; 1922: 4,63 Mill. £: 1923: Gold 2,6; Asbest 0,29; Chromerz 0,19; Tabak 0,17; Häute (1921: 0,19); Tiere 0,126 Mill. £; Mandat Südwestafrika 1913: 3,45; 1922: 1,25 Mill. £: Diamanten 0,79; Kupfer 0,28 Mill. £; Portugies.-Ostafrika 1921: 26,15 (u. Wiederausfuhr: 42,06; Durchgang 135,4) Mill. Escudos (?): Zucker, Kautschuk, Kopal, Kaffee, Erze, Wachs, Elfenbein, Baumwolle, Kokos- und Erdnüsse, Ebenholz, Häute, Mais, Ölsaaten (?); **Einfuhr**: Südafrikan. Union 1922: 51,41 Mill. £: Baumwollwaren 7,58; Lebensmittel und Getränke 5,6; Kleidung 3,3; Maschinen 2,6; Eisenwaren 2,4; Öle 2; Holz 1,6; Wagen und Motore 1,5; Wollwaren 1,4; Eisen 1,3; Drogen, Chemikalien 1,05; Seidenwaren 1; Säcke 0,9; Papier, Drucksachen 0,73; Kaffee 0,73; Kautschukwaren 0,61; Reis 0,42; Käse 0,42; Ackerbaugeräte 0,4; Glaswaren 0,34; Draht 0,34; Modewaren 0,28; Eisenbahnbedarf 0,13 Mill. £; Swasiland[3]) ?; Basutoland[3]) 1922: 0,7 Mill. £; Betschuanaland-Protektorat[3]) ?· Süd-Rhodesia 1921: 5,24 Mill. £; Mandat Südwestafrika 1913: 2,17; 1922: 1,15 Mill. £; Portugies.-Ostafrika 1921: 39,8 Mill. Escudos.

Handelsländer in Prozent der Ausfuhr: Südafrikan. Union 1922: Großbritannien 78,45; Deutsches Reich an 4,8; Union 3,1; Frankreich 2,8; Belgien 2; Niederlande 1,3; Swasiland[3]) ?; Basutoland[3]) ?; Betschuanaland-Protektorat[3]) ?; Süd-Rhodesia ?; Mandat Südwestafrika 1922: Südafrika 34, Großbritannien 28,5; Belgien 26; Deutsches Reich 5,9; Portugies.-Ostafrika ?; **in Prozent der Einfuhr**: Südafrikan. Union 1922: Großbritannien fast 57; Union 11,4; Deutsches Reich gegen 5,4; Indien 3,8; Australien 2,8; Kanada 2,5; Schweden 1,8; Frankreich 1,7; Belgien 1,5; Brasilien 1,3; Japan 1,2; Mandat Südwestafrika 1922: Südafrika 64,3; Deutsches Reich 18,6; Großbritannien 2,8.

g) Der Verkehr. Der Binnenverkehr zu Lande hat sich neuerdings modernisiert. Die schweren Ochsenwagen (S. 345), leichteren Maultier- und Eselwagen werden immer mehr vom Kraftwagen[4]) und der Eisenbahn abgelöst.

Die Bodenformen der Randgebiete erschwerten den Eisenbahnbau, der 1859 mit Stichbahnen ins Innere seinen Anfang nahm und nun längst im produktiven

---

[1]) Ausfuhr der Südafrikan. Union an südafrikanischen Produkten 1919: 95,8; 1920: 77,8; 1921: 57,96; 1922: 65 Mill. £.

[2]) In der Südafrikan. Union 1913: 77,9; 1920: 65; 1922: 60,91%, der gesamten Ausfuhr; dann folgen land- und viehwirtschaftliche Erzeugnisse (und lebende Tiere) mit 18,45; 25,98; 29,91%. Die Tendenz zur Abnahme ist in der ersten Ausfuhrgruppe unverkennbar.

[3]) S. Anm. 2, S. 345.

[4]) Die S. Union führte 1913 etwa 4000, 1920 über 10000, 1921: 2070 Kraftwagen ein, hauptsächlich aus den Vereinigten Staaten und aus Kanada. Die Küstengebirge im Südosten werden schon an einer Anzahl von Stellen durch Straßen überwunden. Das meist ebene oder wellige Innere ist, selbst auf unbefestigten Wegen (Dürre!), leicht zu befahren. Im Westen erschweren auch nur die Küstengebiete (Namib und Randplateaus) das Eindringen. In Süd-Rhodesia und in den feuchteren Gebieten Ost-Transvaals sind dagegen bei schlechtem Wetter die Wege wegen Nässe schwer befahrbar.

Südosten zu einem dichteren Netz fortgeschritten ist; auch das dürre (Deutsch-) Südwestafrika hatte durch deutsche Tatkraft seine notwendigsten Linien erhalten[1]). 1915 wurden seine Bahnen durch die Strecke (De Aar—) Prieska—Upington—Kalkfontein mit denen des Südostens verbunden.[2]) Nur das Innere S.s, die Kalahari (Betschuanaland vor allem), ist noch ohne Eisenbahnen. Von Johannesburg (288) bzw. Lourenço Marques (13,2) aus wird bei Messina der mittlere Limpopo[3]) erreicht, und über Mafeking (3,2) und Palapwe, Tati führt die Bahn ins Matabeleland nach Buluwayo (5200 Weiße), und von hier wird einerseits über Gwelo das Mashonaland (Salisbury, 3000 Weiße), andererseits über Wankie und Livingstone bei den Victoriafällen der Sambesi angeschlossen.[4]) Von dem Hafen Beira, 12,8 (Portugies.-Ostafrika), führt eine weitere Bahn zum Sambesi gegenüber Chindio[5]) und weiter nach Sena, eine verhältnismäßig kurze nach Salisbury (Mashonaland) und weiter nach Nord-Rhodesia.

Die Binnenschiffahrt spielt in dem dürren abflußlosen und gewässerarmen Westen und Innern gar keine Rolle, in Rhodesia und im feuchten Südosten wird wiederum die Benutzung der Flüsse durch übermäßiges Gefälle, Stromschnellen, Wasserstürze eingeschränkt. Selbst der gewaltige Sambesi ist mangelhaft schiffbar. Dampfer fahren vom Seehafen Chinde (3,4) bis Chindio und bei Hochwasser (Februar bis Juli) bis Tete (2), ja bis zu den Quebrabasa Rapids. Dann wird die Schiffahrt (Molele Rapids) bei Niedrigwasser schwierig. Erst von Kazungulu an werden die Verhältnisse günstiger. Der Limpopo ist gar erst von der Vereinigungsstelle mit Olifant's River für flachgehende Dampfer (wie der untere Chengané) zugänglich. Durch Regulierungsarbeiten ließe sich manches bessern.

Dem Außenverkehr zu Lande dienen bisher nur die nach Nord-Rhodesia und Katanga führende Bahn und in beschränktem Umfang die Bahn Beira—Chindio—Sena. Hier bei Sena soll eine in Bau genommene Sambesibrücke (s. oben!) die Verbindung mit dem Nyassaland herstellen.

Den Welthandel vermitteln die Häfen, deren wichtigste an der feuchten, darum produktiveren und bevölkerteren Südostfront S.s liegen. Cape Town (Kapstadt, 206[6]) an der Tafelbai, mit Molenhafen, Port Elizabeth (46[7]),

---

[1]) Der Wüstengürtel (Namib) erschwerte namentlich den Bau der Bahn Lüderitzbucht—Seeheim. — Die „abkommenden" Flüsse werden bisweilen den Eisenbahnen gefährlich. Eine Linie Windhuk—Gobabis wurde 1921 begonnen.

[2]) Auf dieser Linie kreuzt die längste Brücke (900 m) S.s den Oranje. Eine neue Bahn Wankie—Grootfontein (—Walfischbai) zur Abfuhr von Kohle und Schlachtochsen Rhodesias ist geplant. Vgl. S. 332, Anm. 4; 338, Anm. 4.

[3]) Messina soll (unter Überbrückung des Limpopo) mit West Nicholson in Süd-Rhodesia, somit Pretoria mit Buluwayo in direkte Verbindung gebracht werden.

[4]) Die Linie Kapstadt—Livingstone ist als das südlichste Stammstück der zukünftigen „Kap—Kairobahn" anzusehen. Auf dieser Strecke wurde der Oranje River schon 1885 von einer Brücke überquert. Diese Eisenbahn erreicht weiterhin Katanga und den Ort Bukama am Lualaba (s. S. 332). Auf ihr ging (dem Gewichte nach) 1924 über die Hälfte der Ausfuhr Belgisch-Kongos, von der Einfuhr aber sogar fast 60%. Transafrikabahnen, s. S. 332, Anm. 4.

[5]) Bei Sena soll eine über 3 km lange Eisenbahnbrücke über den Sambesi gebaut werden. Nach ihrer Fertigstellung wird ein ununterbrochener Schienenweg von Beira (1924: 12800 Einw. [1850 Europäer]) nach Blantyre führen. Eine Zweigbahn Tschiromo (Chiromo)—Moatize (bei Tete) wird den Abtransport von Kohlen (s. oben!) nach Beira erleichtern.

[6]) Darunter 112000 Weiße. Zugleich Sitz der Unionsregierung, Universitätsstadt, Industriezentrum, auch Luxus- und Ferien-Erholungsplatz für die Südafrikaner; führt Gold, Diamanten, Felle, Wolle, Mais aus.

[7]) Darunter 26000 Weiße; Wolle, Mohär, Straußenfedern.

1820 gegründet, East London (36[1]), Durban (146[2]) sind die wichtigsten Seehäfen der Südafrikanischen Union. Von ihnen führen Bahnen ins Hochland des Innern.

Fast alle waren durch Barren gesperrt und zu vertiefen und durch Molen zu schützen. Lourenço Marques (13) an der Delagoabai[3]) (Portugies.-Ostafrika), neuerdings sehr modernisiert und im Winter gesund, ist hauptsächlich Aus- und Eingangshafen für Transvaal (Pretoria und Johannesburg); Beira (1919: 9,2 [4,2 ?][4]) liegt an der gemeinsamen Mündung des Pungue und Busi River[5]), hat nahe Produktionsgebiete und ist zugleich Hafen und Ausgangsplatz von Bahnen (s. oben). Häfen geringeren Grades sind an der Südostküste Simonstown, Mossel Bay, Knysna, Port Alfred, Port St. John auf britischem und Chai Chai am unteren Limpopo, Inhambane (3,3), Bartolomeu Dias (1) südlich der Mündung des Sabi und Mambone an seiner Mündung, Chiloane (2,5) und Sofala (2) auf portugiesischem Boden.

Die Häfen der öden Westküste S.s haben nur geringe Bedeutung.

Es kommen etwa in Betracht: Saldanha Bay, Port Nolloth (1,6), der Hafen des Kupfererzgebiets von Ookiep (s. S. 346), an der Küste (Deutsch-) Südwestafrikas Lüderitzbucht (Angra Pequena, 4,7[6]) an gutgeschützter Bucht, Zentrum der Diamantengräberei (S. 342), Ausgangsplatz der Bahn nach Keetmanshop—Seeheim, mit Fischkonservenindustrie, Swakopmund (2,2) mit Molenhafen, Ausgangspunkt der Bahnen nach Otavi und Windhuk (17,4).[7]) Walfischbai (Walvis Bay) mit 1918: 780 Einw. (144 Weiße), der geschützteste Hafen der Küste, 1915 mit Swakopmund durch Bahn verbunden; wird wohl an dessen Stelle treten.

Der **Luftverkehr,** bei den großen Entfernungen im spärlich besiedelten S., namentlich für die Verbindungen der östlichen mit den westlichen Bevölkerungszentren über die Kalahari hinweg, wohl zukunftsreich[8]), wird durch die Vorherrschaft von Antizyklonen begünstigt werden.

Der **Nachrichtenverkehr** im Lande ist durch Post, Telegraph und Telephon gesichert. Kabel verbinden die Küstenplätze S.s untereinander und mit Europa einerseits, Australien anderseits. Stationen für drahtlose Telegraphie sind auf der Kaphalbinsel, in Walfischbai, in Durban usw. errichtet worden.[9])

F. Ostafrika[10]) (mit dem Ostsudan und der Somalihalbinsel).

I. Naturverhältnisse. O. umfaßt die östlichen Hochländer Afrikas vom Sambesi im Süden bis zum Abessinischen Hochlande im Norden mit der Somalihalbinsel

[1]) Darunter 20000 Weiße, erster Wollehafen S.s.

[2]) Darunter (1921) 54000 Weiße und 25000 Asiaten; führt Gold, Kohle, Gerbrinde, Häute aus; Bunkerkohlenhafen. Industriezentrum; technische Hochschule; winterlicher Seekurort (C 5).

[3]) Es war in portugies. Zeit der erste wichtigere Hafen, der bei der Heimfahrt von Indien (Goa) angetroffen wurde. Ausf. von Kupfer-, Zinnerz, Kohle.

[4]) Durch Sandbank geschützt; die Stadt ist durch große Dämme vor Einbruch des Meeres bewahrt.

[5]) Die Flüsse sind ein Stück für flachgehende Dampfer schiffbar. Ausf. v. Chromerz u. Asbest.

[6]) Darunter 1650 Weiße.

[7]) Davon 4200 Weiße.

[8]) Post- und Passagier-Flugdienst zwischen Pretoria und den Hafenstädten Kapstadt und Durban wurde 1925 in Aussicht genommen.

[9]) Die Großstation in Milnerton konnte Ende 1924 mit der englischen Station Poldhu in Verbindung treten.

[10]) Vgl. S. 333, Anm. 4. Guide to Rhodesia. 2. ed. London 1924. — S. W. Honaker, Portuguese East Africa, its resources etc. Washington 1923. — A manual of Portuguese East Africa.

einerseits und dem niedrigen Gebiet des oberen und mittleren Nils anderseits. Bei der großen meridionalen Erstreckung O.s vom $19^1/_2$.° südl. Br. bis 24.° nördl. Br. sind die Klimaunterschiede bedeutend, und Niederungs- und Hochlands-, maritime und kontinentale Lage bewirken weitere Unterschiede. Wir halten uns wieder an Köppens Karte. Der bei weitem größte Teil O.s gehört dem periodisch trockenen Savannenklima (A 2) an[1]), nur ein kleines Stück dem feuchtheißen Urwaldklima (A 1).[2]) Die große Erhebung mancher Hochländer gibt ihnen ein warmgemäßigtes (für Europäer ziemlich gesundes) wintertrockenes (sommerfeuchtes) Klima (C 5).[3]) Die Ränder der Somalihalbinsel und ein Strich am Roten Meere, sowie ein gut Teil des Anglo-ägyptischen Sudans gehört dem Steppenklima (B 3[4]), der Norden des Sudans sogar dem Wüstenklima (B 4) an.[5])

II. Politisch rechne ich zu O.: Nord-Rhodesia (brit., etwa 0,75 Mill. qkm, 0,98 Mill. Einw.), Portugiesisch-Ostafrika nördlich des Sambesi (etwa 415000 qkm mit 0,7 Mill. Einw. ?), Nyassaland Protektorate (brit., 103500 qkm, 1,2 Mill. Einw.), Tanganyika Territory (brit. Mandat, bisher Deutsch-Ostafrika, etwa 920000 qkm, 4,1 Mill. Einw.[6]), Kenya (644000 qkm, 2,8 Mill. Einw.), Uganda Protectorate (285700 qkm, 3,07 Mill. Einw.), den Anglo-ägyptischen Sudan (2,62 Mill. qkm, 5,86 Mill. Einw.[7]), Abessinien (1,12 Mill. qkm, 8—12 Mill. Einw.), Eritrea (ital., 119700 qkm, 388000 Einw.), die Französische Somaliküste (22000 qkm, 65000 Einw.), Britisch-Somaliland (176000 qkm, 336000 Einw.), Italienisch-Somaliland (400000 qkm, 450000 Einw., 660 Europäer); Sansibar und Pemba (2640 qkm, 197200 Einw.), alles in allem[8]) also etwa 7,58 Mill. qkm

---

London 1920. — H. Meyer, Ostafrika (in H. Meyer, Das Deutsche Kolonialreich.) Bd. II. Leipzig 1910. — Tanganyika Territory Blue Book. Daressalam 1925. — dto. Handbook. London 1925. — K. Roch, Die Wirtschaftsreiche (Kulturregionen) Deutsch-Ostafrikas (s. Geogr. Anzeiger 1925, S. 87 ff.). — K. Kietz, Der Tanganyika-See und seine Randlandschaften. (Ungedruckte) Diss. Leipzig 1920. — F. Simon, Wirtschafts- und verkehrsgeographische Auswirkungen der britischen Uganda- und der deutschen Tabora-Bahn. (Ungedruckte) Diss. Breslau 1923.—Colony and Protectorate of Kenya. Nairobi 1924. — Report oft the East Africa Commission. London 1925. — R. Böhme, Die französische Somaliküste und die äthiopische Eisenbahn usw. (Ungedruckte) Diss. Leipzig 1924. — De Felcourt, E., Agriculture et chemin de fer en Abyssinie. Paris 1911. — A. Kostlan i. Beih. z. Tropenpfl. 1913. — A. Rein, Abessinien. 3 Bde. Berlin 1918. — E. A. Southard, Abessinia, present commercial Status. Washington 1918. — E. Sander, Das Hochland von Habesch. (Ungedruckte) Diss. Leipzig 1923. — E. D. Schoenfeld, Erythräa und der Ägyptische Sudan. Berlin 1904. — A. E. Southard, Eritrea. Washington 1920. — L'Eritrea economica. Rom 1913. — Sudan Almanac. London, jährlich.

[1]) Vgl. Mopeia (Sambesimündung), Jan. 29°, Juli 21,1° C. Extreme 43° und 9°. 1070 mm Regen (Dez. 275, Sept. 6). — Dar-es-Salam, Jan. 27,7°, Aug. 23,1° C. Extreme 33° und 17°. 1150 mm Regen (April 310, Dez. 110, Aug. 3). — Fort Johnston, 480 m ü. M., Nov. 27,8°, Juli 20° C. Extreme 39 und 9°. 780 mm Regen (Jan. 200, Juli 0). — Tabora, 1210 m ü. M., Okt. 25,4°, Juni 21,2°. Extreme 36° und 10°. 850 mm (März 170, Juli 0). — Lado, 450 m ü. M., März 29,2°, Aug. 25,0° C. Extreme 41° und 16°. Gondokoro: 1020 mm (Aug. 150, Jan. 0).

[2]) Entebbe-Mengo, 1180 m ü. M., Okt. 23,4°, Juli 20,2° C. Extreme 33° und 13°. 1500 mm (April 250, Nov. 150, Jan. 80, Aug. 70).

[3]) Vgl. Addis-Abeba, 2450 m ü. M., Mai 17,5°, Dez. 13,8° C. Extreme 28° und 3°. 1260 mm (Juli 300, Dez. 0).

[4]) Vgl. Kismayu, April 28,1°, Juli 24,7° C. 400 mm Regen (Mai 140, Febr. 0). — Keren (Eritrea, 1450 m ü. M.), Mai 25,6°, Jan. 18,3°. 640 mm (Aug. 300, Jan. 0).

[5]) Suakin, Aug. 34,8°, Jan. 22,2° C. Extreme 45° und 13°. 220 mm (Nov. 90, Juni 0). — Khartum, 380 m ü. M. Mai 33,4°, Jan. 21,9° C. Extreme 46° und 8°. 130 mm (Aug. 60, Jan. 0).

[6]) Durch Abtretung des Nordwestens an Belgisch-Kongo zerstückelt.

[7]) Ägypten erhebt Anspruch darauf.

[8]) Sokotra-Inseln (3370 qkm, 12000 Einw.), brit. Besitz, sind Aden (s. S. 144) angegliedert.

mit 30,2 Mill. Einw.[1]) Die Volksdichte ist durchschnittlich in O. gegen 4 auf 1 qkm, im einzelnen aber recht verschieden.[2])

III. Die Wirtschaft.

Die Eingeborenen stehen meist auf der Wirtschaftsstufe der instinktiven Wirtschaft mit Übergängen zur Stufe der herkömmlichen Wirtschaft. O. ist in der Hauptsache ein Gebiet der Eingeborenenwirtschaft mit spärlichen Überschüssen für den Weltmarkt.

Die Plantagenwirtschaft der (wenig zahlreichen) Europäer[3]) ist noch zu jung und, auch infolge der noch mangelhaften Verkehrsverhältnisse, noch zu sehr im Versuchsstadium, als daß schon erhebliche Gütermengen aus- und überseeische Waren im großen eingeführt werden könnten; aber O. hat wohl bessere Zukunftsaussichten als Zentralafrika und vielleicht auch als Nordwest-Nigritien, weil ziemlich große Hochlandgebiete für Europäer gesundes Klima (C 5) aufweisen.

a) Erzeugung von Nahrungs- und Genußmitteln.

In der Ernährung der Eingeborenen spielen die Getreidearten, besonders Sorghum (Durra[4]), Hirsearten[5]) und Mais, eine führende Rolle. Letzterer kommt ein wenig in den Welthandel[6]) und hat in A 2 und C 5, in den Trocken-

---

[1]) Davon sind 5,5 Mill. qkm mit, an 4,58 Mill. qkm ohne Deutsch-Ostafrika, mit fast 19 (14,5) Mill. Einw., in englische Hände geraten, die westliche Umrandung des britischen Indiameerreiches.

[2]) Nord-Rhodesia 1,3; Portugies.-Ostafrika 1,7 (?); Nyassaland Protectorate 11,6; Tanganyika Territory 4,1; Kenya 4,4; Uganda 12,6; Anglo-ägyptischer Sudan 2,2; Abessinien 7—10; Eritrea über 3; Französ.-Somaliland 3; Britisch-Somaliland 1,9; Italienisch-Somaliland; Sansibar 1 auf 1 qkm.

[3]) Nord-Rhodesia 1921: 3630; 1920 waren über 300 Farmen mit etwa 8000 qkm von ihnen besetzt, an der Eisenbahn Livingstone—Elizabethville (Katanga). — Von den (1920) 10500 Weißen Portugies.-Ostafrikas entfiel wohl die kleinere Hälfte auf das Gebiet nördlich des Sambesi, das wenig erschlossen ist. — Im Nyassaland Protectorate 1921: 1490 Europäer. Meist gesundes Hochland. — Tanganyika Territory 1912: 5320, 1921: 2450 Europäer. Rückgang infolge der rohen Austreibung deutscher Kolonisten; Rückgang der wirtschaftlichen Leistung des Gebietes. — Kenya Colony und K. Protectorate 1921: 9650 Weiße und über 35000 Inder, Araber, Goaner. Für europäische Bewirtschaftung geeignet 24500 qkm; davon 1921 erst 6,23% unter Kultur; von dem europäischen Besitz (15400 qkm) 1922 wenig über 5%. — Uganda Protectorate 1921: 1270 Weiße und 5600 Asiaten; 1918: 131 Farmen, 80 qkm bestellt. — Anglo-ägyptischer Sudan, am Nil im Norden und im abessinischen Grenzgebiet, ferner im Südwesten gut für Besiedlung geeignet, doch noch wenig erschlossen. 1909 waren etwa 3 Tausendteile des Bodens überhaupt unter Kultur. Das Niltal von Assuan bis südlich von Wadi Halfa ist sehr schmal, dann bis Abu Hammed ausgedehnter. Von Berber ab etwa werden die Siedelungsverhältnisse allmählich günstiger. — Das noch selbständige Abessinien, vom Meere abgeschnitten, leistet wenig für den Weltmarkt. — In Eritrea gibt es 4680 Europäer und Mischlinge. — Britisch-Somaliland zählte 1918 nur 36 Europäer, 2600 Araber und Inder und 800 Mischlinge.

[4]) Z. B. im Nyassaland; Uganda (1919: 1440 qkm). Von Oberägypten ab bis in die Regionen von Faschoda und Rosaires (Blauer Nil) im ägyptischen Sudan ist er die Brotfrucht. Er braucht von der Saat bis zur Ernte (Mai bis Juli) nur 60 Tage. Man bereitet aus ihm Mehl, Brei und Grütze. Es wurden im Sudan an Durra und Duchn (Hirse) 1920: 512000, 1921: 84700 (!) T. geerntet. Ausgeführt wurden 1920 für 90610, 1922: 240000 £ E.

[5]) Nach J. J. David z. B. in Kordofan und in der Gezireh des Sudans Panicum miliaceum (Rispenhirse, Duchn) und Penicillaria var. div., im Süden die Eleusine (Fingerhirse, Korakan, Eleusine coracana), die auch im Zwischenseenplateau, in Urundi, am Nyassasee, in Abessinien usw. kultiviert wird; ferner wird die Rohrkolbenhirse und der Teff (Abessinien) angebaut.

[6]) In Kenya war dem Mais 1922 auf den (1370) europäischen Besitzungen etwa $^{1}/_{2}$ der Anbaufläche eingeräumt. 1921 wurden 15000, 1922 gegen 31000 T. geerntet, 1923 rund 68000 T. ausgeführt. In Nord-Rhodesia waren 1922/23: 88% der europäischen Kulturfläche unter Mais. In Uganda waren 1921: 85, in Nyassaland $56^{1}/_{2}$ qkm unter Mais. Auch die anderen Gebiete bauen ihn, Deutsch-Ostafrika (Tanganyika Territory) nach H. Meyer hauptsächlich im Küstengebiet und im Zwischenseenplateau (Urundi), wo eben genügende Wärme mit reichlichen Niederschlägen, wie es die Pflanze verlangt, zusammentrifft. In Abessinien wird Mais hauptsächlich in der „Woina-Dega" (1800 bis 2400 m) und in der tropischen „Kolla" angebaut.

gebieten (B 3 und B 4) wenigstens in den Fluß- und Wadiniederungen gute Zukunftsaussichten, doch bedrohen vielfach Heuschrecken (Prov. Berber und Dongola des nördlichen Sudan, Prov. des Weißen Nils, Tanganyika Territory usw.) die Ernten.

Weizen wird in den hochgelegenen und darum relativ kühlen Landstrichen (C 5) angebaut (in der Kenyakolonie[1]), in Nord-Rhodesia[2]), in Uganda am Elgon und in der hochgelegenen Prov. Toro, in Deutsch-Ostafrika (Tanganyika Territory) auf dem Hochlande am Nordrande des Nyassasees von den Eingeborenen, sonst in Usambara, den Parebergen, bei Tabora, in Abessinien[3]) in der Woina Dega und in den unteren Lagen der Dega). Anderseits findet er sich im nördlichen Steppen- und Wüstengebiet (B 3 und B 4), im Angloägyptischen Sudan, an den Ufern des Blauen Nils, besonders in Gesireh. Der Rost ist ein gefährlicher Feind des tropischen Weizenbaues. Bisher müssen wohl noch fast durchweg in O. Weizen, Weizenmehl u. dgl. eingeführt werden.

Hafer (Grünfutter) und Gerste (Abessinien, Kenyakolonie) werden fast überall nur wenig angebaut, mehr der Reis[4]), als Sumpfreis oder mit künstlicher Bewässerung in Niederungen (Sambesital unterhalb Tete, Rufidji, Ulangaebene; im Usumbwa, Muanzadistrikt, in Uganda, Kavirondo, Tanadelta, bei Malindi), in den Bergen (besonders in den Küstengebirgen) als der bequeme Bergreis. Etwas Buchweizen wird im ostafrikanischen Seengebiet kultiviert.

Von **Knollenfrüchten** sind, außer in ganz trockenen Gegenden, für die Ernährung der Eingeborenen O.s wichtig die Bataten (Süßkartoffeln), der Maniok, wohl mehr in den feuchteren Küstengebieten, und Yamsarten, seltener die eingeführte Taro und Pfeilwurz, die einheimische Takka, Coleusarten, Erdmandel, die eingeführten Topinambur und Knollenziest. Unsere Kartoffel wird vielfach im kleinen auf den Hochländern erzeugt, auch von den Negern (z. B. in Kenya, am Kilimandjaro, in den Ulugurubergen, in Usumbwa, in Ruanda usw., selbst in dem niedrigeren Uganda).

An **Gemüsen,** die als Zukost dienen, werden weithin angebaut nach H. L. Hammerstein die Gurke, Gurkenmelone, die afrikanische Gurke, die Stachelgurke, Zuckermelone, Wassermelone, Kürbisse, weniger die Luffagurke, die Chayote, die rote und gelbe Eierfrucht, die Okra, die Rosella, die Kapstachelbeere, die eingeführte Tomate und Eierfrucht; Blatt- und Wurzelgemüsearten, die vielfach nur gesammelt werden, sind ebenfalls zahlreich (Portulak, Melde, Zwiebel, Knoblauch usw.). Auch **Hülsenfrüchte** (Bohnenarten, Erbsenarten, Linsen, Yamsbohne, Erdnuß, Erderbse. Rübenbohne, Sojabohne) sind hier oder da für die Küche wichtig.

Ebenso werden **Obstpflanzen** im Haushalt der Neger viel genutzt; die Banane nur in den spärlichen feuchteren Gebieten (Küstenstriche Deutsch- und Portugiesisch-Ostafrikas, an regenreichen Gebirgen, im Zwischenseenplateau und stellen-

---

[1]) 1922 wurden 52,6, 1924: 85 qkm von den Europäern damit bestellt, und es wurden 1921: 1270, 1922: 2590 T. (1 Sack zu 90,72 kg gerechnet) geerntet.

[2]) 1922/23 von den Weißen 8,26 qkm damit angebaut.

[3]) Bis etwa 3000 m M. Der Weizen wird (überall) in der Trockenzeit, in Az meist Nov. bis Dez., geerntet.

[4]) Im allgemeinen wird in O. Reis eingeführt, z. B. in Sansibar, in Deutsch-Ostafrika (Tanganyika Territory), in Britisch-Somaliland usw., aber der Hafen Muanza am Victoriasee führte 1921 und 1922 je etwa 900 T. aus; Sansibar hat Wiederausfuhr. Der Reisbau läßt sich wohl noch erweitern.

weise in Kenya, ferner im niedrigen Uganda usw.); oft ist sie hier, Obst und Mehl liefernd, Hauptnahrungspflanze; so in Uganda. Auch Orangen und Limonen kommen (z. B. in Kenya usw.) gut fort; Kokosnußpalmen[1]) wachsen im Küstengebiet O.s vom Sambesi im Süden bis Mombassa im Norden; Dattelpalmen am Nil, im dürren Sudan[2]), im Wüstenklima Nubiens, sogar im Taboradistrikt des Tanganyika Territory (Deutsch-Ostafrika).

Zucker wird von dem aus Asien eingeführten Zuckerrohr gewonnen, das an vielen Stellen O.s gedeiht und angebaut wird (Kenya Colony und Protectorate, in Deutsch-Ostafrika am Pangani, Rufidji und am Victoriasee, im Anglo-ägyptischen Sudan[3]) auf den schwarzen Nil-Alluvionen); die Eingeborenen benutzen das Rohr meist nur zum direkten Genuß durch Kauen. Allein im Sambesidelta (Portugiesisch-Ostafrika, A 2) sind mit künstlicher Bewässerung bedeutende Plantagen angelegt worden, die Zucker für Ausfuhr produzieren.[4])

Gewürze werden wenig angebaut, da die Neger in der Hauptsache Vegetarianer sind und weniger ihrer bedürfen. Chillies, in vielen Teilen O.s wild, der rote oder spanische Pfeffer, die Gelbwurz (Kurkuma), der Ingwer (feuchteres Küstengebiet), Sesamarten seien genannt.

Für den Welthandel haben die 1818 von den Molukken her auf Pemba und Sansibar eingeführten Gewürznelken Bedeutung.[5])

Getränke (Bier) bereiten die Neger aus den Körnern der Durra (s. oben), Rohrkolbenhirse, Eleusine (s. oben); Wein gewinnen sie aus der Banane, Palmwein aus Kokospalme und Ölpalme, gegorene Getränke auch aus Zuckerrohr.[6]) Kaffee, Kakao und Tee werden in Plantagen der Europäer, seltener der Eingeborenen, hauptsächlich für die Ausfuhr, kultiviert.

Nur die Kaffeeproduktion, durch den Hochlandcharakter großer Teile O.s begünstigt, hat größere Bedeutung. Im Nyassaland[7]) (Shirehochland um Blantyre, 6) nahm sie neuerdings stark ab. In Deutsch-Ostafrika haben sich Usambara, die Gegend bei Bukoba und am Meruberg im Anbau bewährt.[8]) In Uganda ist der Kaffeebau die Hauptplantagenkultur der Europäer (Buganda und bei Masindi, nahe dem Kiogasee), auch bei den Eingeborenen aufgenommen.[9]) Auf den Hochländern der Kenya Colony ist der Kaffeebau (bis über 1800 m Meereshöhe gedeihend) in lebhafter Entwick-

---

[1]) Der Ertrag der afrikanischen Ostküste wird auf etwa 140 Mill. Nüsse jährlich geschätzt.

[2]) Der Anglo-ägyptische Sudan führt Datteln aus, aber Britisch-Somaliland (1919/20: 3290 T.) ein.

[3]) Auf trockeneren Böden wird (im Januar) aus den Stengeln der Zuckerhirse (Andropogon saccharatum) Zucker gewonnen.

[4]) Mit den Plantagen in der Nähe des Hafens Beira (s. S. 337) sollen sie 30000—40000 (50000?) T. raffinierten Zuckers herstellen (vgl. S. 337, Anm. 1). In Kenya ist die Plantagenkultur erst im Werden (1921: $10^{1}/_{2}$ qkm).

[5]) Etwa 210 qkm sind mit den Bäumen bepflanzt; sie ergaben 1921 auf Pemba 6110, auf Sansibar 3560 T. = $^{9}/_{10}$ der W. Die Ausfuhr betrug 1923: 10190, 1924: 8600 T. Versuche auf Mafia und an der Festlandsküste sind bisher nicht recht geglückt.

[6]) Ein erfrischendes Getränk aus der Pulpe des Tamarindenbaumes (Kordofan).

[7]) 1900: 974; 1909/10: 340; 1913/14: 64,3; 1919/20: 17,7; 1922/23: 41,9 T.

[8]) Ausf. 1912: 1575: 1913/14: 1059; 1919/20: 3990; 1923/24: 4112; 1924: 5250 T. Bukoba führte (aus dem Zwischenplateau) 1922: 2740 T. aus. Im Bezirk Moschi hatten Ende 1924 die Eingeborenen schon 370000 Kaffeebäume in ihrem Besitz.

[9]) Meist wird der für die tropischen Hochländer (C 5) geeignete arabische Kaffeebaum gepflanzt. Ausf. 1913/14: 1072; 1917/18: 2759; 1919/20: 3690; 1923/24: 2079 T.

lung.[1]) In der abessinischen Landschaft Kaffa, die wohl als Heimat des arabischen Kaffeebaumes anzusehen ist, gibt es ausgedehnte wildwachsende (Unterholz-) Bestände.[2]) Bei Harrar (50) baut man Kaffee an.

Kakaobaum-Plantagen finden fast nur in Uganda[3]) geeignete Standorte. Ebendort und in Kenya baut man auch ein wenig Tee, aber auf dem über 2000 m hohen, für Europäer gesunden Mlanjeplateau (C 5) des Nyassalandes ist die Teeproduktion ansehnlicher.[4])

Unter den **Reizmitteln** wird der Tabak überall, wo er irgend gedeihen will, angebaut, ja, die Neger widmen ihm verhältnismäßig viel Arbeit, zum Teil sogar Düngung. Am meisten wird von ihnen Schnupf- und Pfeifentabak hergestellt. Die europäischen Pflanzer wenden bisher diesem diffizilen, viel Arbeit erfordernden Gewächs verhältnismäßig wenig Aufmerksamkeit zu.

Nur im Nyassaland hat der Tabak bereits Handelsbedeutung erlangt.[5])

Rauchhanf wird vielfach kultiviert; Betelpfeffer und Arecapalme sind nach Hammerstein fast nur auf Sansibar, Lamu und die Panganigegend (Inder! Vgl. S. 216 u. 230) beschränkt.

Die Neger kennen viele **Arzneipflanzen** (Purgiernuß [Jatropha Curcas], Rizinusstrauch, Ingwer, Gelbwurz, Calotropis procera Ait., Sennehstrauch usw.). In Deutsch-Ostafrika (Amani) hatte man Cinchonapflanzungen (Kinakulturen) angelegt.[6])

Ölpflanzen sind in O. reichlich vertreten. Die Kokospalme (s. S. 354) liefert auf Sansibar, Pemba und Mafia, bei Mombassa, Tanga, Bagamoyo, Dar-es-Salam usw., auch an der Küste und auf den Inseln Portugies.-Ostafrikas bis ins Sambesidelta Kopra in den Handel.[7]) Die Ölpalme kommt nur im Tanganyika Territory vor, leider in den Gebieten der Schlafkrankheit; sie wird darum wenig genutzt. Erdnüsse werden nach O. Würtenberger von Nord-Rhodesia bis ins trockenere Ost-Uganda und Kavirondogebiet Kenyas, auch am Weißen Nil bei den Schilluk ziemlich viel angebaut (in A 2 und C 5), aber in dem Trockengebiet (B 3 und B 4), auch in Abessinien scheint der Anbau gering zu sein. Das einjährige Sesamkraut ist, abseits der Küste, ähnlich verbreitet. Erdnüsse und Sesam werden allmählich zu Ausfuhrartikeln.[8]) Leinsaat führen Eritrea[9]) und Kenya aus.

---

[1]) Ausf. 1913/14: 1333; 1918/19: 8525; Prod. 1922/23: 4997 T. Die Schwankungen von Jahr zu Jahr sind groß. Nach dem Mais nimmt der Kaffee die größten Flächen des Plantagenlandes ein.

[2]) Die Qualität, besonders des im Urwaldschatten wachsenden wilden Kaffees soll besser sein als die des (für eigenen Bedarf) kultivierten. Die geschmack- und duftstarken Früchte werden Dez. bis Jan. gesammelt und kommen als „Mokkabohnen", zum größten Teile über Adis Abeba (40—50) und Djibouti (8,4), auf die europäischen Märkte. Ausf. Abessiniens 1918: 3060 T. (zum guten Teil auch über Gambela zum Anglo-ägyptischen Sudan. Eritrea führte 1923 nur 212 T. aus.

[3]) Ausf. 1919/20: $33^1/_2$ T. Die Eingeborenen pflanzen den Baum zwischen die Bananenstauden.

[4]) Ausf. 1909/10: 16; 1918/19 fast 320; 1920: 225; 1921: 188; 1924: 480 T. Tee.

[5]) Ausf. 1921: 3060, 1924: 3195 T.

[6]) 1913/14 produzierte man in Amani (Biologisch-landw. Institut in den Usambarabergen. Die Engländer ließen es zunächst verfallen; jetzt soll es wieder aufleben) über 5000 kg Chinarinde.

[7]) Tanganyika Territory führte 1913: 5500, 1921: 4510, 1924: 8100; Sansibar 1921: 12040 T. aus.

[8]) Das Tanganyika Territory führte 1913: 8160, 1922: 12520, 1924: 18660 T. Erdnüsse aus (aus Muanza, Bukoba z. B. zur Ugandabahn). Von Sesam wurden 1921: 1385, 1924: 4300 T. (aus Muanza 1922: 450 T.) ausgeführt; auch aus Uganda (1919: 146 qkm), Kenya, Portugies.-Ostafrika, dem Anglo-ägyptischen Sudan kommt Sesam zum Export.

[9]) 1923: 4370 T.

Schibutterbaum (Anglo-ägyptischer Sudan, Uganda usw.), Rizinusstrauch[1]), Niggersaat (Guizotia oleifera), Leinsaat (s. S. 359, Anm. 4) spielen eine geringere Rolle.

Die ausgedehnten Weidegebiete der inneren Hochländer, soweit sie nicht von der Tsetsefliege oder anderen Schädlingen verseucht sind, eignen sich verhältnismäßig gut für die Viehhaltung, die feuchteren Gebiete für die von Rindern und Schweinen, die Trockengebiete für Schafe, Ziegen, Kamele. Freilich spielt die Gewinnung **tierischer Nahrungs- und Genußmittel** nur in einigen trockneren Gebieten (Massaïsteppe, Somaliländer, Abessinien, Anglo-ägyptischer Sudan) eine größere Rolle. In den Küstenstrichen und in allen feuchteren Landschaften überwiegt die vegetarische Ernährung vollständig.[2])

Rinder werden hauptsächlich in Deutsch-Ostafrika[3]), Uganda[4]) und in der Kenyakolonie[5]) gehalten. Von Portugiesisch-Ostafrika hat man noch kein deutliches Bild. In Nord-Rhodesia[6]) und Nyassaland[7]) einer-, dem Anglo-ägyptischen Sudan[8]), dem Somaligebiet[9]), Abessinien und Eritrea andererseits tritt die Rinderhaltung, zumal in B 3 und B 4, immer mehr zurück.[10])

Die Schweinezucht ist bisher überall sehr gering.[11])

---

[1]) Das frische Rizinusöl (Castoröl) wird als Speiseöl genossen.

[2]) Die öfters ausgesprochene Ansicht, daß die Eingeborenen das Vieh mehr halten, um Ansehen zu gewinnen, als um des Nutzens willen, halte ich für sehr nachprüfungsbedürftig. Vielleicht wird Resultat mit Motiv verwechselt.

[3]) 1913: 3,95 (1921: 3,15 Mill. Stück) bei den Eingeborenen und 43600 bei den Europäern, d. h. etwa 4 auf 1 qkm und 53 auf 100 Einw. Nach C. Uhlig waren (1913) etwa 1,42 Mill. Langhornrinder (im Zwischenseengebiet) und 2,57 Mill. Buckelrinder vorhanden. Im Küstengebiet ist die Rinderhaltung am geringsten, weil hier nach A. Heß, G. Lichtenheld usw. die Tsetse, das Küstenfieber usw. die Rinder besonders stark bedrohen. Mit wie guten Erfolgen wir Deutsche Rinderpest, Küstenfieber usw. bekämpft hatten, meldet G. Lichtenheld im Tropenpfl. 1923. Germanin, s. S. 325. In den Steppenhochländern des Innern ist die Rinderzucht stärker vertreten, besonders in den Gebirgsgebieten (Ruanda, Urundi).

[4]) Schätzung 1919: 575200 Stück ohne die viehreiche Rudolfprovinz.

[5]) Eingeborene 1920: 2,372, Europäer 0,14 Mill. Stück, also 4 auf 1 qkm und fast 90 auf 100 Einw.

[6]) 1921 Eingeborene: 332000, Europäer: 56400 (0,5 auf 1 qkm, 40 auf 100 Einw.). Das Sambesital im Barotsegebiet hat starke Rinderzucht (Tsetse fehlt), im Tschomabezirk des Mweru- (See-) Distriktes dagegen gedeiht kein Rindvieh.

[7]) 1921 Eingeborene: 105000, Europäer: 15000 (0,8 auf 1 qkm, gegen 7 auf 100 Einw.).

[8]) Gegen die Wüste hin werden nach Strakosch die Rinder seltener; in der nubischen Wüste scheinen keine gehalten zu werden, aber die nomadischen Araber der Gegend von Suakin (Hadendoa usw.) besitzen solche. Die Dinkas am Weißen Nil halten Zeburinder. Auch die Schilluk besitzen kräftige Rinder und das Bergvolk Darfors ebenfalls. Aber weiter im Süden muß das Großvieh von Januar oder Februar an wegen Trockenheit, die 100 m tiefe Brunnen nötig macht, an die Ufer des Bahr-el-Arab getrieben werden.

[9]) Immerhin zählte man in Italienisch-Somaliland 1920 1246500 Rinder, in dem 1924 hinzugewonnenen Jubaland (Dschubaland) jedoch nur 600000. Trypanosomiasis fehlt nicht.

[10]) Die Milchergiebigkeit der ostafrikanischen Rinder ist recht gering, doch soll in Kenya das Molkereiwesen anfangen, sich zu entwickeln; bei den Schilluk sind gute Milchkühe besonders geschätzt. Ghee (Ghi; Schmelzbutter) kommt aus den nördlichen Teilen O.s mehrfach zur Ausfuhr; so aus Eritrea 1923: 441 T. Es ist einer der wichtigsten Ausfuhrartikel. Das Fleisch ist gut, Schlachtvieh wandert zur Küste für die dort sitzenden Europäer (G. Lichtenheld).

[11]) In Nord-Rhodesia scheint das Schwein sehr gut fortzukommen; im Nyassaland soll es nur etwa 20000, in Uganda 1919 gar 17 (bei den Europäern ?) geben, auch in Kenya sehr wenige, doch wurde hier neuerdings bei Nairobi (28) eine Schweinezüchterei und -schlächterei ins Leben gerufen. In Deutsch-Ostafrika (1923: 2500 Stück) soll nach A. Heß das Schwein erst von den Europäern eingeführt sein; das wilde Schwein ist nicht eßbar und Überträger des Schweinefiebers. Nach G. Lichtenheld ist das Schwein ganz besonders empfindlich gegen den Tsetsestich. Dazu kommt die Abneigung der Mohammedaner gegen den Genuß von Schweinefleisch.

Schafe sind in feuchterem Küstenland spärlich, häufiger in den trockneren Gebieten der inneren Hochländer und im Somaliland.[1]) Es handelt sich um die Fettschwanzrasse des Schafes, die Fleisch und Fett liefert, aber keine Wolle (s. S. 359, Anm. 6) trägt. Ziegen[2]) sind besonders tsetsehart, kommen auch in feuchteren Gegenden fort und sind mit Hühnern und Hunden die am allgemeinsten verbreiteten Haustiere. Sie liefern Fleisch und Milch. Der Handel mit Kleinvieh ist vielfach im Lande und nach auswärts nicht unbedeutend.

Eselsmilch und -fleisch und Hundefleisch werden nur vereinzelt genossen; Hühner, Tauben, Gänse, Enten werden in Halbzucht gehalten, aber zum Teil (wie Eier) nicht gegessen; Fleisch des gejagten Straußes genießt man in den Steppen und Wüsten um Abessinien. Kamelmilch und -fleisch kommen fast nur für B 3 und B 4 in Betracht (s. S. 361 f.). Binnenfischerei ist besonders an den großen Seen, auch am Tanasee Abessiniens[3]), am Nil und seinen Zuflüssen beträchtlich; zum Teil werden Trocken- oder Salzfische in den Handel gebracht. An der Meeresküste werden außer Fischen Krebse, Seeigel, Tintenfische, Muscheln gewonnen. Jagd (auf Elefanten[4]), Flußpferde, Antilopen usw.) trägt bis zu einem gewissen Teil zur Ernährung bei. Hier ist wohl auch der abessinischen Zucht[5]) von Zibetkatzen (Viverra civetta), deren Drüsensubstanz im Orient zur Bereitung von Wohlgerüchen, auch als Heilmittel geschätzt wird, zu gedenken.

Mineralische Nahrungs- und Genußmittel.

Da Salz in den feuchteren Landschaften an der Erdoberfläche fehlt, sind Salzquellen Zentren bedeutenden Handels. In den trockenen Gebieten (B 3 und B 4) ist Salz häufig und sogar überschüssig; so im niedrigen östlichen Vorlande Abessiniens[6]), auf der Somalihalbinsel, im nördlichen Anglo-ägyptischen Sudan. Trinkwasser ist in B 3 und B 4, in den Trockenzeiten auch in A 2 und C 5 vielfach spärlich (s. Haberlandt) und muß stellenweise von weither geholt werden. Die sanitären Verhältnisse liegen meist noch sehr im argen. Mineralwässer, in vulkanischen und Bruchgebieten wohl reichlich, werden noch kaum ausgenutzt. Am Monte Dallol (Eritrea) fand man während des Krieges (lohnende ?) Kalisalze; ausgenutzt werden sie wegen der Transportschwierigkeiten wohl noch kaum.

---

[1]) Somalia Italiana besaß z. B. 1920: 1,67 Mill. Schafe.

[2]) Für Deutsch-Ostafrika schätzt G. Lichtenheld die Ziffer des Kleinviehs (Schafe und Ziegen) in der Vorkriegszeit auf rund 10 Mill.; 1921 sollen nur 3,4 Mill. vorhanden gewesen sein. Im Nyassaland gab es 1921 nur 44000 Schafe und 151000 Ziegen. In der Kenyakolonie besaßen die Europäer 114300 Schafe (s. S. 359, Anm. 6). Alle feuchteren Gebiete sollen nach Schweinfurth den Schafen nicht bekömmlich sein. Selbst in Darfor (Darfur) soll nach Strakosch jährlich ein Sechstel der Haustiere an Krankheiten während der Regenzeit zugrunde gehen Der Sudan führt Schafe und Ziegen aus. In Italienisch-Somaliland wurden 1920: 1,67 Mill. Schafe (und Ziegen ?) gezählt, im Jubaland 2 Mill. Stück Kleinvieh.

[3]) Aber im übrigen abessinischen Hochlande sind Fische nach G. K. Rein nicht häufig.

[4]) Vgl. G. K. Rein über das Wandern der Elefanten. Das Wild richtet auf den Feldern einen ziemlichen Schaden an. Raubtiere gehen, von den Weißen verfolgt, allmählich der Ausrottung entgegen. E. Obst verlor in $1^1/_2$ Jahren (Deutsch-Ostafrika) 6 Leute.

[5]) Besonders in der Stadt Emfras nordöstlich des Tanasees.

[6]) Im Lande der Arussi und Borana, in dem See Alel-bad nahe der Grenze Eritreas, im Assalsee des Danakillandes usw. große Gewinnung von Salz; Makalle und Adrigat im östlichen Randgebiet des abessinischen Hochlandes treiben Salzhandel. Aus Eritrea wurden 1923: 71000 T. ausgeführt.

b) Die für **Kleidung** früher vielfach gebrauchten Rindenstoffe verschwinden. Die Baumwollenstoffe Europas beherrschen den Markt.[1]) Der Baumwollanbau der Europäer, die bisher in bedauernswertem Maße von vereinsstaatlicher Zufuhr des Rohstoffes abhängig sind, begann sich zu entwickeln.

Am aussichtsvollsten sind entschieden nach Klima (B 4 und B 3) — bei künstlicher Bewässerung — und Boden die Nilgebiete des nördlicheren Anglo-ägyptischen Sudans (Provinzen Berber und Khartum, die „Gesireh", die Gegend bei Kassala (10), das Tal und Delta des [Chor] Baraka im Bezirk Tokar (B 4) und die Suakinprovinz überhaupt).[2]) Auch in Uganda (zwischen dem Lake Kioga und dem Mount Elgon; in der Provinz Buganda) wuchs die Produktion sehr.[3]) In Deutsch-Ostafrika nahmen Anbau und Ausfuhr von Jahr zu Jahr zu.[4]) Kenya soll ausgedehnte Bewässerungsländereien im Küstenstrich besitzen; Anfänge des Anbaues sind vorhanden. Das britische Nyassaland (C 5[5]) ersetzte neuerdings seine Baumwollfelder (300 bis 1000 m ü. M.), da die Resultate nicht recht befriedigten, durch Tabakkulturen (s. S. 355). Das Küstenland von Italienisch-Somaliland ist am unteren Webbi Schebeli anscheinend ganz gut für die Baumwolle geeignet, wenn man künstliche Bewässerung anwendet.[6]) Auch das Flußgebiet des Juba[7]) (Italienisch-Jubaland) soll zukünftig der Baumwollkultur gewonnen werden. In Eritrea ist die Ebene von Tessenei (200 qkm bewässert) dem Baumwollbau gewidmet.

---

[1]) Die primitive Spinnerei und Weberei der Eingeborenen geht immer mehr zurück.

[2]) Am Blauen Nil ist ein Stauwerk (Makwar-Talsperre) nahe Sennar (8) fertig, am Weißen Nil eines fertig, der Djebel Auliadamm am Weißen Nil im Bau. Diese Bauten geben den Engländern einen „gottgewollten" gefährlichen Einfluß auf die ägyptischen Nilwasserstände in die Hand. Die „Gesireh"-Ebene, die Halbinsel zwischen dem Weißen und Blauen Nil, ist (bis Ende März) leicht zu bewässern; der Boden ist freilich arm an Stickstoff und an organischen Bestandteilen. Schon jetzt sind hier mehr als 1300 qkm zu bewässern; diese Fläche soll sich verzehnfachen lassen. Unkrautplage ist in B 4 und B 3 so gut wie unbekannt. Im Gaschdelta, nördlich von Kassala, sollen 2000 qkm besten Alluvialbodens zur Verfügung stehen. Das Tokargebiet ist mit dem kleinen Hafen Trinkitat am Roten Meere durch Kleinbahn verbunden. Das Kassalagebiet wurde durch eine Zweigbahn an die Linie Atbara (Nil)—Port Sudan angeschlossen. 1923 wurden 20000 Ballen geerntet, für 1924 erwartete man eine Ernte (im Süden der Sennarprovinz Februar und März) von 50000 Ballen = über 9000 T. und für 1925 schätzte man sie auf 80000 Ballen = etwa 18000 T. (davon fast 70% hochwertige ägyptische B.) B. ist bereits der weitaus wichtigste Ausfuhrartikel. An den genannten Stätten gedeiht die ägyptische Baumwolle, nördlich von Khartum (31) längs des Nils eine geringere amerikanische „Uplandsorte". Die Erntezeiten sind ziemlich verschieden.

[3]) 1921 waren etwa 660 qkm mit Baumwolle bestellt. Ernte 1918 etwa 5050, 1920/21: 13600, 1922: 18000 T., meist amerikanischer Uplandsorte. In Buganda fallen bisweilen Regen in die Ernte. Besonders der trocknere Osten Ugandas (Busoga) eignet sich für den Baumwollbau. Nördlicher Hauptstrang der Ugandabahn wird darum die in Nakuru sich abzweigende Uasin Gishubahn werden, die Turbo erreicht und über Tororo bis zur Busogabahn (Djindja [Jinja] am Victoriasee—Kiogasee) führt. Sie soll zugleich über den Nil (Verbindung Mombassa—Nil!)—Brücke— nach Nordwesten zur Sudangrenze weitergeführt werden. Der ursprüngliche Endpunkt der Ugandabahn Kisumu wird weiter dem Verkehr auf dem Victoriasee dienen.

[4]) Besonders die Gebiete mit einer zusammenhängenden Regenzeit: Bezirke Rufidji, Kilwa, Lindi, Ssongea, Langenburg, der südwestliche Teil von Morogoro mit Kilossa und Tabora erwiesen sich als geeignet, weniger die Gebiete von Muanza und Bagamoyo-Saadani (2 Regenzeiten). Die Qualität der Ernten war gut. 1913 waren an 120 qkm Baumwollplantagen; 1910 wurden 623, 1912: 1881, 1921 nur 1096, 1924: 2500 T. Baumwolle ausgeführt.

[5]) Ausf. 1921: 720, 1924: 1010 T.

[6]) Ein erster Staudamm ist fertig. Man pflanzt ägyptische Baumwolle; 1923 wurden auf 6,7 qkm 187 T. geerntet, d. h. sehr wenig, weil dieses Jahr übermäßig viel Regen fiel. Italien hofft aber, dereinst seinen ganzen Bedarf hier decken zu können; 1924 waren 10 qkm mit Baumwolle bestellt.

[7]) Angeblich sind 5000 qkm längs des Flusses anbaufähig.

Großen Erfolg hatte die Einführung des Anbaues von Sisalhanf (Agave rigida, var. Sisalana) in Deutsch-Ostafrika[1]) seit 1893. Er war und ist der wichtigste Ausfuhrgegenstand der Kolonie.

Später haben auch Kenya[2]), Nyassaland[3]) und Portugiesisch-Ostafrika (Gegend von Quilimane, 6, am Sambesi, Insel Ibo usw.) den Anbau aufgenommen.

Die Engländer begannen in der zeitweiligen Flachsnot (s. S. 30, Anm. 3) in Kenya größere Flächen mit Flachs zu bebauen; der Erfolg ist sehr zu bezweifeln.[4])

Die Kapokgewinnung vom Wollbaum und sein Anbau[5]) waren wohl allein in Deutsch-Ostafrika ernstlich begonnen worden.

Der Indigoanbau hat mit Vordringen der Anilinfarben fast überall seine Bedeutung eingebüßt.

Von den **tierischen Rohstoffen für Kleidung** wird Wolle von Schafen (s. S. 357) wohl nur sehr wenig produziert (am meisten in Abessinien und im Somaliland) und kommt für Ausfuhr bisher fast gar nicht in Betracht, da in den Wollschafe[6]) haltenden Gebietsteilen der Eigenbedarf die Produktion aufzubrauchen scheint. Es ist eine — immerhin geringe — Einfuhr von Wollwaren erforderlich.

Von der Seidengewinnung aus Nestern der Anaphe-Seidenwürmer (Deutsch-Ostafrika), auf die man einige Zeit Hoffnungen setzte, hat man nichts wieder gehört.

Straußenfedern kommen aus den Trockenlandschaften Kenyas[7]), Deutsch-Ostafrikas, Eritreas, des Anglo-ägyptischen Sudans[8]) zur Ausfuhr.

Häute und Felle von Haustieren[9]) für Schuhwerk usw. sind wichtige Ausfuhrartikel, weniger aus den dichter bevölkerten und viehzuchtfeindlicheren Gebieten des Südens (Nord-Rhodesia, Portugiesisch-Ostafrika, Nyassaland) als aus den trockeneren, zum Teil viehreicheren, jedenfalls weniger bevölkerten

---

[1]) 1912 waren schon in Plantagen 250 qkm damit bepflanzt (hauptsächlich im Usambarabezirk, mit der Neigung, sich südwärts zu verschieben). Hamburg war ein wichtiger Hanfmarkt für Selbstbindegarn geworden. 1913 wurden aus Deutsch-Ostafrika 20800 T. ausgeführt, 1921 jedoch nur 7920, 1924: 18400 T. — ein Rückgang, wie er auch sonst seit dem Ende der deutschen Herrschaft vielfach festzustellen ist.

[2]) Prod. 1921: 6190 T. In Kenya ist der Sisalhanf nach Mais und Kaffee die wichtigste Plantagenkultur.

[3]) Prod. 1919 auf 5 qkm. Ausf. 210 T.

[4]) Weil hier die klimatischen Bedingungen eher für Hervorbringung von Leinsaat als von Flachsfaser geeignet sein dürften. 1921/22 war die Anbaufläche (1920/21: über 107 qkm) fast auf die Hälfte zurückgegangen.

[5]) 1912 etwa 26 qkm. Calotropis procera des (nördlichen) Sudan liefert lange starke Bastfaser zum Stoffweben und vor allem zu Stricken.

[6]) Nach A. Heß verlieren europäische Wollschafe, jedenfalls in Anpassung an das heiße Klima nach kurzem Aufenthalt in Deutsch-Ostafrika ihre Wolle und werden schlichthaarig. Im gebirgigen (nördlichen) Urundi sah jedoch Baumann wollhaarige Exemplare. In Kenya, das gegen Osten ziemlich trocken ist, versuchen die Engländer Wollschafzucht einzuführen (s. S. 357, Anm. 2). Man hat Kreuzungen mit Merinoböcken vorgenommen. Besonders das Rift Valley und die Massai Reserve sollen geeignet sein.

[7]) Teils von wilden, teils von gezüchteten Straußen. In Eritrea bestand bei K. Hasserts Besuch (Globus 1906) ein Straußengarten bei Keren (4,5).

[8]) Besonders im Westen. Die schönsten Federn haben die Wüstenstrauße, geringere die „Waldstrauße", die wildgejagten bessere als die Zuchtstrauße. El Nahud, El Obeid (25) und Omdurman (79) sind Märkte.

[9]) Z. B. führte Eritrea 1923: 1700 T. Rinderhäute, Schaf- und Ziegenfelle aus; sie sind der wichtigste Ausfuhrartikel dieser Kolonie. Deutsch-Ostafrika exportierte 1913: 3500, 1924: 2500 T. Ruanda und Urundi (jetzt belgisches Mandat) brachten 1924 allein 550 T. Rohhäute zur Ausfuhr. Auch Felle von Antilopen und anderen Jagdtieren, sogar von Zibetkatzen kommen in den Handel.

(weniger konsumierenden), teilweise auch durch Verkehrswege zur Küste besser erschlossenen Gebieten des Nordens (Deutsch-Ostafrika, Uganda, Kenya, Anglo-ägyptischer Sudan, Abessinien, Eritrea, Somaliländer).

Als Gerbstoffe kommen etwa die Rinden[1]) der Mangrovenwälder der feuchteren Küstensäume in Betracht; auch hat man in den Gebirgsgegenden des Tanganyika Territory (schon zu deutscher Zeit) und Kenyas Pflanzungen von Wattlebäumen[2]) angelegt.

Elfenbein[3]), ferner Flußpferdzähne, Rhinozeroshörner kommen ebenfalls in den Handel. Auch Bienenwachs[4]) sei hier erwähnt. Perlen, Perlmutter und Trochusmuscheln (Kreiselschnecken) kommen aus Eritrea (Dahlak-Inseln) auf den Markt.[5])

Mineralische Schmuckstoffe fehlen nicht. Gold kommt in Deutsch-Ostafrika (Lupafluß usw.), Kenya, Portugiesisch-Ostafrika, Abessinien, im Ägyptischen Sudan vor und wird im kleinen gewonnen, ohne aber irgendwo größere kommerzielle Bedeutung zu erlangen. Platin wird vom Anglo-ägyptischen Sudan, Silber von Kenya erwähnt, Diamanten vom Tanganyika Territory (Kibalifelder bei Muanza).

c) Stoffe zur Herstellung von **Wohnungen** entnehmen die Eingeborenen in den feuchteren Gebieten mit reichlichem Pflanzenwuchs den Wäldern, dem Busch, der Baumsavanne, in den trockeneren mit Grasbeständen diesen und dem Boden.

Im ganzen ist der Wald in O. spärlich vertreten[6]), nur die niedrigen Küstengebiete vom Mombassa etwa südwärts und die Gebirgs- und Hochländer bieten reichlicher Holzmaterial, das aber vielfach stark ausgeholzt ist und licht steht.

Im Wohnungsbau herrscht ziemliche Vielgestaltigkeit; nur wenige Züge können hervorgehoben werden. Im deutsch-ostafrikanischen Küstenland (und so auch weiter südwärts) herrscht im allgemeinen die Hütte aus vegetativem Material (Mangrovestöcken oder lehmverschmiertes Stangengeflecht) mit Giebeldach (wie es die reich-

---

[1]) Portugiesisch-Ostafrika, Deutsch-Ostafrika (bei Tanga, Kilwa, Rufidjidelta usw.), Kenya Protectorate (1914/15 etwa 3000 T.) lieferten zeitweise Mangrovenrinde in den Handel.

[2]) In Kenya über 43 qkm bepflanzt. Die Bäume sollen 2 Jahre früher Rindenernte liefern als in Natal (S. 342).

[3]) Aus dem Bahr-el-Ghazalgebiet; Kordofan (Handelsplatz El Nahud), Darfor, Abessinien, Deutsch-Ostafrika usw. Die Ausfuhr läßt wohl überall nach. Nach G. M. Rein haben die im trockenen östlichen und nördlichen Gebiet Abessiniens lebenden Elefanten keine oder nur sehr kurze Stoßzähne, während die im feuchteren Westen (am Barka, Mareb, Atbara) stattliche Elfenbeinmassen tragen.

[4]) Die Companhia de Moçambique (Portugies.-Ostafrika) führte 1913 an 700, Nyassaland 1918/19: 34, Tanganyika Territory 1921: 180, Abessinien über Djibouti 1918: 150 T. aus.

[5]) Sie machten (1923) 20% der Ausfuhr dieser Kolonie aus.

[6]) Im Tanganyika Territory (Deutsch-Ostafrika) sollen etwa 1,1% (Zon u. Sp. = 3,9) der Fläche bewaldet sein, vor allem die seewärtigen Hochlandseiten (von Usambara, Pare, Uluguru-, Nguru-gebirge usw.), die Nordostseite des Kilimandjaro und anderer Berge des Aruschadistrikts, die Küsten- und Inselpartien des Victoriasees. Die Waldgebiete liegen meist zwischen 500—1500 m Meereshöhe, der „Nebel- oder Höhenwald" bis 3000 m Höhe; Deutschland trieb bereits Waldpflege. Für Kenya ($1\frac{1}{4}$% der Fläche) werden etwa 1800—2700 m, für das Nyassaland (1%) 1500—2000 m als obere und untere Grenzen angegeben. Die Holzarten können uns hier nicht beschäftigen. Mangrovewälder, s. oben! Uganda (1,5%) ist in dem feuchteren Seengebiet des Südwestens (A 1) verhältnismäßig gut mit Wald ausgestattet. In den Trockenländern der Somalihalbinsel (Britisch-Somaliland 1,1) gibt es nur Galerienwälder längs einiger Flüsse (Juba z. B.), aber die West- und Südabhänge des abessinischen Hochlandes tragen dichte Wälder. Der Anglo-ägyptische Sudan (0,80%) ist arm daran. Man hat in O. ausländische Baumarten (Eukalyptus-, Zypressen-, Teakbäume usw.) eingebürgert, da die ostafrikanischen Bäume meistens sehr langsam wachsen. Nord-Rhodesia soll 60, Sansibar 2,2% unter Wald haben. Für Abessinien werden 6,6, für Französ.- und Italienisch-Somaliland 0% angegeben.

lichen Niederschläge erfordern), weit vorspringend, aus Kokosblättern, vor. Auf dem trockenen Hochlande haben die aus lehmbeworfenen Stäben oder Stangen aufgebauten Temben, deren Mittelhof nachts das Vieh birgt, flache Lehmdächer, doch sind andernorts runde Hütten aus Flechtwerk und Stroh mit gras- und strohgedeckten Kegeldächern häufig. Auch in Abessinien und im Sudan ist im allgemeinen die Rundhütte aus Holzstangen, Reisig und Bast mit Gras- oder Strohdach verbreitet. In dem regenreichen Uganda wird der kuppelförmige Rundbau aus Tigergrasstengeln, Gras usw. sehr sorgfältig gedichtet und mit einer sehr festen Grasnarbe gedeckt, während außen um das Haus ein festgestampfter Erddamm gegen Wasser schützt. Der Hausrat ist sehr einfach. Häute und Felle dienen meist als Schlafunterlage. Die Kalebasse[1]) liefert Gefäße. Lehm und Ton für Bauten und Töpferei sind in allen feuchteren Gebieten reichlich vorhanden. In Abessinien wie in Eritrea sind Unterbauten aus Lehm oder auch Stein nicht selten; auf der Hochfläche Eritreas sah sie K. Hassert mit schwach geneigtem Dach (!) sich an Felswände anschmiegen, und in Massaua sind die Häuser zum Teil (stattliche) würfelförmige Steinbauten orientalischen Stils, zum Teil sind sie nach Art der indischen Bungalows (S. 247) oder italienischer Häuser gebaut.[2]) In den Somaliländern und im Norden des Anglo-ägyptischen Sudans, überall wo Nomadismus notwendig und üblich ist, sind die Wohnungen Zelte. Die Europäerhäuser werden meist in den für Tropengebiete bewährten Formen und Materialien (s. S. 238) gebaut.

d) Tierische Arbeitsgehilfen, Naturkräfte und Material für Werkzeuge aller Art.

Tierische Arbeitsgehilfen sind wegen der sie bedrohenden Krankheiten (Rinderpest, Trypanosomiasis [Tsetsestich!][3]), Küstenfieber usw.) bisher fast nur in den trockeneren Landschaften zu verwenden. Der Mensch (Träger) war darum der Hauptvermittler der Transporte. Der Verwendung von Ochsen als Zug- oder Tragtiere sind enge Grenzen gesteckt.[4]) Pferde[5]), ebenfalls von Schädlingen und Krankheiten sehr bedroht, werden in O. nur in verhältnismäßig sehr geringen Mengen, zumal in den feuchteren Gebieten, gehalten; besser gedeihen sie auf trockeneren Hochländern und auf Steppen. Auch Maultiere und Esel sind in den feuchteren Gebieten sehr wenig zahlreich[6]), etwas größere Bedeutung als Trag-, Reittiere usw. haben sie in den trockeneren Landschaften des Nordens.[7]) Für die Trockengebiete (B 3 und B 4) sind die Kamele, die in den feuchteren Gebieten des südlichen O.s

---

[1]) Oder der Flaschenkürbis, in einer Menge von Formen gezogen, liefert in seinen Schalen Becher, Krüge, Teller, Schüsseln, Näpfe, Flaschen, Schöpflöffel usw.

[2]) Vielfach schützen hier steinerne Laubengänge längs der Straßen gegen die sengenden Sonnenstrahlen. In Abessinien sind einzelne Kirchen in Felsen gehauen.

[3]) Germanin (Bayer 205), s. S. 325.

[4]) Man versuchte Ochsenwagen z. B. im Sudan zu verwenden.

[5]) Nyassaland hatte 1918 nur 7, Uganda keine, Deutsch-Ostafrika 1904: 58, die Europäer auf den Hochländern Kenyas 1921: 1311 Stück (man muß sie nachts sorgfältig schützen). Im Anglo-ägyptischen Sudan (B 3) und in Abessinien sind sie zahlreicher, aber Somalia italiana hatte 1920 nur 11920 Pferde, Maultiere und Esel und das italienische Jubaland etwa 20000 Maultiere, Pferde und Esel.

[6]) Im Nyassaland gab es z. B. 1921 nur 200 Pferde, Esel und Maultiere. Auch in Uganda (wohl auch in Nord-Rhodesia und in Portugies.-Ostafrika) sind Esel und Maultiere selten.

[7]) In Deutsch-Ostafrika sind nach Heß Esel ziemlich häufig, Maultiere nicht. In Kenya sind beide ziemlich zahlreich. Im Bahr-el-Ghazalgebiete sind nach Strakosch Versuche mit ihnen nicht geglückt; am häufigsten sind sie in Wau (Sudan). Somali- und Jubaland, s. oben!

durchaus nicht gedeihen, weitaus die wichtigsten Arbeitsgehilfen, vor allem als Lastträger und Reittiere.[1]) Hoffnungen für die Zukunft setzt man auf die Zähmung der Zebras (und ihre Kreuzung mit Maultier oder Pferd) und Elefanten (s. S. 329).

Mit mineralischen **Heizstoffen** scheint O. sehr schlecht ausgestattet zu sein.

Bedeutungslose Kohlenlager finden sich zwischen Schire und Sambesi, südlich des Schirehochlandes, nahe dem Schire unterhalb der Murchisonfälle, im Nordwesten des Nyassasees, in Abessinien bei Addis-Abeba, Gondar usw.[2]) Petroleumspuren wurden erst vereinzelt gefunden, so bei Kibero in der Ebene des Albertsees (Uganda), und sind wohl ohne Belang.

Reichlich vorhanden sind Wasserkräfte (über 3,7 % der Weltziffer oder 16,3 Mill. PS). Sie sind hauptsächlich im südlichen Abschnitt O.s anzutreffen.[3])

Von dem Sambesi war schon die Rede (S. 346 u. 349); er hat auch im Norden in Rhodesia Fälle und Stromschnellen. Der Schire ist schnellenreich (s. S. 365). Auch an den anderen Zuflüssen des Indischen Ozeans (Lukugu, Lurio, Rovuma, Rufidji [mit Ulanga und Ruaha], Pangani, Sabaki, Tana und Juba) sind reichlich Kräfte zu gewinnen. In dem Trockengebiet der Somalihalbinsel und Eritreas sind sie spärlich, und am Nil (Anglo-ägyptischer Sudan und Uganda) liegen sie hauptsächlich im Oberlauf (Murchisonfälle, Riponfälle usw.).

Von pflanzlichen **Rohstoffen für Werkzeuge** sei des Kautschuks gedacht, der für die Küstengebiete O.s bis Mombassa hinauf und die feuchtere Binnenlandschaft bis in den Anglo-ägyptischen Sudan hinein einige Wichtigkeit hatte, nun aber seit Erscheinen des guten und billigen südostasiatischen Heveakautschuks seine Bedeutung verloren hat.[4]) Der Anglo-ägyptische Sudan (Kordofan usw.) ist der Hauptversorger des Weltmarkts mit Gummi arabicum, das von Akazienarten gewonnen und über El Obeid (25) und Omdurman (79) zu den Ausfuhrhäfen: Port Sudan [und Alexandria, 445] geschafft wird.[5])

Eisenerz wurde schon von den Eingeborenen O.s genutzt und ist weithin verbreitet (Deutsch-Ostafrika, Kenya, Uganda, Darfor, Kordofan, Abessinien usw.), aber vorläufig ohne industrielle und kommerzielle Wichtigkeit. Kupferreich sind die an Katanga (s. S. 330) grenzenden Gebiete Nord-Rhodesias, aber die Ausnutzung

---

[1]) In Deutsch-Ostafrika gab es 1904 nur 42 Stück. In den wüsteren (östlichen und nordöstlichen) Distrikten Kenyas werden sie schon stark verwendet. Als sich 1917 das (damals britische) Jubaland gegen die Engländer erhoben hatte, konfiszierten diese zur Strafe etwa eine Million Kamele und brachten sie nach Kenya; trotzdem besaß das jetzt italienische Gebiet 1920 noch 1,2 Mill. Italienisch-Somaliland zählte deren 1920: 2,1 Mill. Auch das britische und französische Somaliland ist wohl reich an diesen Tieren, die Haupttransportmittel sind. Aber am Fuße des abessinischen Hochlandes müssen die mit Lasten von der Somaliküste kommenden mit Eseln und Pferden vertauscht werden, die im Hochlande die Transporte vermitteln. Im Anglo-ägyptischen Sudan sind die Kamele auf den dürren Norden (B 4 und B 3) beschränkt, und die zeitweise von der Regierungspost eingestellten Kamele gingen während der Regenzeit fast alle ein, da sie die Nässe nicht vertrugen.

[2]) Briketts aus Sudd (s. S. 365, Anm. 5) waren wohl nur ein Notbehelf.

[3]) Portugies.-Ostafrika 3,7; Britisch-Zentralafrika 1,2; Britisch-Ostafrika 4,7; Tanganyika Territory 2,7, Abessinien 4 Mill. PS., die anderen Gebiete wenig.

[4]) Selbst die Anpflanzung des für das Klima des ostafrikanischen Küstenstriches wohlgeeigneten Cearákautschuks (Deutsch-Ostafrika und Kenya) erwies sich (schon vor dem Kriege) als ein Fehlgriff. 1912 waren in Deutsch-Ostafrika über 450 qkm damit bepflanzt, und es wurden 1020 T. Kautschuk ausgeführt.

[5]) Ausf. 1909: 13280, 1. Halbj. 1924: 14450, 1. Halbj. 1925: 12840 T.

der Vorkommen ist wegen ungünstiger Lagerung schwierig; auch zu Massassi im Tanganyika Territory[1]), in Kenya, Abessinien usw. kommen an zahlreichen Stellen Erze vor. Bleierz und -zinkerz fand man bei Broken Hill in Nord-Rhodesia, ersteres auch bei Kondoa-Iringa (Tanganyika Territory), Zinnerz in Kenya, Graphit in Uganda und Kenya, Glimmer in Deutsch-Ostafrika[2]) und Kenya.

Ein wertvoller Schatz der Kenyakolonie ist der Magadisee, der große Sodalager (auf 200 Mill. T. geschätzt) enthält.[3])

e) Handel. O. hat infolge seiner Lage am Indischen Ozean mit den Ländern am Roten Meere (Arabien usw.) wie mit Persien und Indien frühzeitig Handel getrieben; seit Aufkommen der großen Seefahrt und Kolonisation, vor allem infolge Herstellung des Suezkanals kam es in den Bannkreis des europäischen Handels, doch bewegt sich die Ausfuhr (Rohstoffe und pflanzliche Genußmittel), die im Süden und Norden O.s wesentliche Unterschiede zeigt, wie die Einfuhr (Industrieprodukte, Nahrungs- und Genußmittel) in recht bescheidenen Werten.

Ausfuhr Nord-Rhodesias 1923: 463590 £: Blei 190000; Vieh 94000; Tabak 63000; Korn und Mehl 43640; Kupfererz 11800; Häute und Felle 10730 £; Portugies.-Ostafrika, s. S. 348; Nyassaland Protectorate 1922: 442160 £: Tabak 297090; Baumwolle 66860; Tee 23420 £; Mandat Tanganyika Territory 1922: 1,3 Mill. £ (Durchfuhr 0,79 Mill. £): Sisal 0,29; Kaffee 0,20; Erdnüsse 0,19; Baumwolle 0,14; Getreide 0,13; Kopra 0,09; Häute und Felle 0,07; Sesam 0,05; Wachs 0,025; Ghi 0,02 Mill. £; Kenya (und Uganda, 1,22 Mill. £: Baumwolle 0,88 Mill. £) 1922: 3,235 Mill. £: Rohbaumwolle 1,2; Kaffee 0,38; Faserstoffe 0,32; Soda 0,26; Mais 0,15; Ölsaaten 0,12; Elfenbein 0,09; Häute und Felle 0,08 Mill. £; Anglo-ägyptischer Sudan 1922: 2,3 Mill. £ E.: Gummi arabicum 0,53; Baumwolle 0,34; Durra 0,24; Sesam 0,18; Rindvieh 0,14; Baumwollsaat 0,06; Elfenbein 0,06; Häute und Felle 0,059; Datteln 0,059; Gold 0,033; Schafe und Ziegen 0,028 Mill. £ E.; Abessinien 1923: 0,88 Mill. £: Häute, Felle, Kaffee, Wachs, Elfenbein, Zibet, Ghi; Eritrea 1922: 31,6 Mill. Lire: Häute 4,1; Salz 3,5; Leinsaat 3,2; Ghi 2,8; Pottasche 2,3; Perlen 2; Metalle 1,4 Mill. Lire; Französ.-Somaliküste (haupts. Durchfuhr aus Abessinien) 1923: 114,6 Mill. Fr., eigene Erzeugnisse (Perlmutter, Salz) nur 0,55 Mill. Fr.; Britisch-Somaliland 1923: 219510 £: Häute 101940; Schafe und Ziegen 57800; Gummi arabicum 7320 £; Straußenfedern, Salz, Kaffee, Elfenbein; Italienisch-Somaliland 1922: 11 Mill. Lire: Häute 6,46; Ghi 0,7; Gewebe 0,85 Mill. Lire; Sansibar 1923: 2,28 Mill. £: Gewürznelken 1,13; Kopra 0,33; Elfenbein 0,07; Petroleum 0,024; **Einfuhr** Nord-Rhodesias 1923: 528070 £; Portugies.-Ostafrika, s. S. 348; Nyassaland Protectorate 1922: 522120 £; Mandat Tanganyika Territory 1922: 2,16 Mill. £; Kenya 1922: 2,87 Mill. £ (mit Uganda); Anglo-ägyptischer Sudan 1923: 4,67 Mill. £ E.: Baumwollwaren 1; Eisen und Stahl 0,66; Kohlen 0,09; Kaffee 0,21; Holz 0,14; Tee 0,12; Maschinen 0,32; Zuckerraffinade 0,22; Tabak 0,2; Weizenmehl 0,11; Säcke 0,08 Mill. £ E.; Abessinien 1923:

---

[1]) Prod. 1920: 538 T. Erz. Vgl. unter Ausf. Nord-Rhodesias (Bwana M'Kubwa). Man hoffte, 1926 hier schon 10000 T. Kupfer erzeugen zu können.

[2]) Bezirk Morogoro. Ausf. 1912: 153,8 T.

[3]) Das getrocknete Produkt wird über die Ugandabahn und Mombassa ausgeführt. 1918 schon wurde kaustische Soda am Mahagisee produziert.

634110 £; Eritrea 1922: 87,8 (1923: 106) Mill. Lire: Baumwollgarn und -gewebe 40,8; Metalle 19,5; Kaffee 2,8; Zucker 2; Wein 1,4; Durra 1,2; Petroleum 0,9; Reis 0,5 Mill.L.; Französ.-Somaliküste (haupts. Durchfuhr nach Abessinien) 1923: 119,4 Mill. Fr.; Britisch-Somaliland 1923: 325700 £; Italienisch-Somaliland 1922: 51 Mill. Lire; Sansibar 1923: 1,94 Mill. £; 1922: 2,03 Mill. £: Stückgüter; Reis und Getreide; Kopra; Petroleum; Zucker; Elfenbein; Ghi; Tabak; Mehl usw., meist Zwischenhandel.

Handelsländer in Prozent der Ausfuhr: Nord-Rhodesia ?; Portugies.-Ostafrika ?; Nyassaland Protectorate ?; Mandat Tanganyika Territory ?; Kenya und Uganda ?; Anglo-ägyptischer Sudan 1923: Großbritannien 35,3; Ägypten 20,3; Union 11,1; Frankreich 9,4; Deutsches Reich 3,5; Italien 3,4; Japan 1,6; Abessinien über den Sudan 21,6; Eritrea ?; Französ.-Somaliküste (haupts. Abessinien); Britisch-Somaliland ?; Italienisch-Somaliland ?; Sansibar 1923: Großbritannien 23,6; Brit.-Ostafrika 22,3; Brit.-Indien 18,3; Frankreich 12,6; Union 7,3; Niederlande 2,8; **in Prozent der Einfuhr**: Anglo-ägyptischer Sudan 1923: Großbritannien 32,85; Ägypten 32,85; Brit.-Indien 8,3; Japan 5,8; Abessinien 3,9; Union 2; Italien 1,4; Frankreich gegen 1,4; Deutsches Reich 1,2; Sansibar 1923: Brit.—Ostafrika 25,1; Brit.-Indien 25,1; Großbritannien 21,2; Niederlande 5,3; Union 1,6.

f) Verkehr. Der Binnenaustausch ist hauptsächlich auf den Landverkehr angewiesen, dem freilich Klima (S. 351) und Bodenformen wie die großen Seen Schwierigkeiten bereiten.[1]) Trägerkarawanen (Safaris, s. S. 361) waren die Hauptvermittler der dadurch teueren, langsamen und geringfügigen Transporte. Erst im Norden, etwa von der Rudolfprovinz Kenyas und dem Jubagebiet ab) treten Transporttiere (S. 361f.) in den Dienst des Verkehrs. Um so notwendiger war für den Süden und das Mittelstück Ostafrikas der Bau von Eisenbahnen.

In Portugiesisch-Ostafrika soll die Bahn von Beira her (bei Sena) durch eine Sambesibrücke[2]) mit der Eisenbahn von Chindio[3]) nach Blantyre verbunden und weiterhin nach Port Johnston am Südende des Nyassasees fortgesetzt werden. Deutsch-Ostafrika war bereits mit dem Tanganyikasee verbunden (Dar-es-Salam, 25, —Tabora, 25, Udjidji [Kigoma], 14), Zweigbahnen nach Ruanda und Muanza (am Victoriasee) waren vorgesehen. Tanga (6)—Moschi (am Kilimandjaro) sollte über Aruscha zum Victoriasee fortgesetzt werden; diese Bahn ist jetzt über Taveta in Voi an die „Ugandabahn" angeschlossen.[4]) Seit 1901 besteht die letztere

[1]) Besonders schwierig ist infolge der hohen Randgebirge das Eindringen von der Küste ins Innere; auch die Ränder der großen Seen und des ost- und zentralafrikanischen Grabens erschweren den Verkehr, der im Innern sonst ebenere Flächen vorfindet. Wüsten (B 4) und Sumpfflächen (das große Suddbecken [s. S. 365, Anm. 5] des Anglo-ägyptischen Sudans) sind schwer zugänglich, letztere besonders in der Regenzeit. Die Seen müssen durch Dampffähren überwunden werden, Sambesi (s. S. 349, Anm. 5) und Nil erfordern große Brückenbauten. Letzteren überschreiten bei Khartum (31) und bei Gaz Abu Goma Eisenbahnbrücken.

[2]) Sie ist bereits konzessioniert oder vielleicht im Bau. Vgl. S. 349, Anm. 5.

[3]) Der Ozeanhafen Quilimane (6), am Nordrande des Sambesideltas, mit kleinen Stichbahnen, soll Anschluß nach Chindio erhalten. Von Moçambique (7) führt eine Stichbahn ein Stück ins Innere.

[4]) Die Karawanenstraße Kilwa—Ssongea—Nyassasee hatte noch keine Eisenbahn. Die von Lindi ausgehende Schmalspurbahn nach Massassi steht jetzt außer Betrieb, und die Straßen des südlichen Deutsch-Ostafrika ließen die Engländer verwahrlosen.

Bahn von Mombassa (30) über Nairobi (28) in Kenya nach Kisumu[1]) an einer Ostbucht des Victoriasees; sie hat einige Zweigbahnen. Vom Nordufer des Sees (Uganda) führt eine Bahn in das Baumwollgebiet (S. 358) am Kiogasee. Von Djibouti (8,4) in Französ.-Somaliland wird Addis-Abeba (40—50) in Abessinien erreicht, und von Massaua (12) in Eritrea dringt eine Bahn auf Keren (4,5) ins Hochland ein. Im Anglo-ägyptischen Sudan führt die Eisenbahn von Wadi Halfa[2]) (Zweigbahn nach Dongola) nach Berber (20) und Khartum (31) über Sennar mit einem Zweig nach El Obeïd (25, Kordofan) südwärts, während die Bahn Atbara—Port Sudan Anschluß ans Rote Meer vermittelt, von dem aus neuestens auch das Baumwollgebiet von Kassala (S. 358) seine Bahn empfangen hat.[3]) Autostraßen greifen ergänzend ein.[4]) Schwierig ist es wegen der Sümpfe[5]) des Bahr-el-Ghasalgebietes, Baro, Sobat usw., das obengenannte Stück der Sudanbahn südwärts zur Verknüpfung mit dem schon fertigen Stück der „Kap-Kairobahn" zu führen (s. S. 349, Anm. 4).

Die Binnenschiffahrtsverhältnisse O.s sind ziemlich ungünstige. Sambesi, s. S. 362. Der Schire ist nur ein kurzes Stück (Chindio—Port Herald) schiffbar. Die Küstenflüsse Portugies.- und Deutsch-Ostafrikas sind nahe der Mündung von Stromschnellen und Wasserfällen (s. S. 362) durchsetzt. Die großen afrikanischen Seen geben prächtige Wasserstraßen ab[6]); nach Norden setzt ihre im zentralafrikanischen Graben gelegene Kette der Weiße Nil (Bahr-el-Djebel) fort, der, seit Beseitigung der Suddbänke, unterhalb der Schnellenstrecke Dufile—Redjaf für Dampfer nach Khartum und weiter schiffbar ist.[7]) Auch die Seenkette im ostafrikanischen Graben (Baringosee—Sugota—Rudolfsee usw.) mag wohl, mit Hawasch in Zukunft reguliert und verbunden, Verkehrswichtigkeit gewinnen. Auf dem Bahr-el-Ghazal fahren Dampfer bis Wau, auf dem Blauen Nil (Bahr-el-Azrak) bis Rosaires[8]), auf Sobat und Baro bis Gambela (s. S. 355, Anm. 2 [9]); es wird meist Holz gebrannt. Der Atbara (Schwarzer Nil) müßte reguliert werden. Teile der Unterläufe von Juba und Webbi Schebeli sind ebenfalls schiffbar. Der Tanasee wird befahren.

Die meisten Seehäfen haben somit ein recht beschränktes Hinterland.

In Portugiesisch-Ostafrika haben die kleinen Häfen Chinde[10]) (3) an der Sambesimündung, Quilimane (6, s. S. 364, Anm. 3), Moçambique (7), Angoche (Antonio Ennes, Parapato, 3), Porto Amelia (Pembabai, 0,8) und Ibo (3,5) mehr oder weniger

[1]) Die Geländeschwierigkeiten bei Überwindung des ostafrikanischen Grabens waren nicht gering. Vgl. S. 358, Anm. 3.

[2]) Durch Offenlassen der Strecke Assuan—Wadi Halfa hat England Ägypten von der Sudanbahn abgeschnitten.

[3]) Die Kassalabahn soll über Gedaref mit der Eisenbahn Khartum—El Obeïd verbunden werden (wohl bei Sennar).

[4]) Khartum—Kassala; Redjaf—Lado. Wichtig eine Handelsstraße Sennar—Galabat (Grenze von Nordabessinien).

[5]) Die Suddregion (Sudd = Pflanzenbarren im ob. Weißen Nil usw.) reicht von Tamfikia bis fast nach Lado, im Osten bis gegen die abessin. Grenze; es sind mehr als 100000 qkm Sumpf, mit Schilfgras und Papyrusstauden dicht bewachsen.

[6]) Die auf dem Victoria- und Kiogasee verkehrenden Dampfer beförderten z. B. 1923: 106300 T. Güter.

[7]) Zeitweise, besonders Ende März bis Juli, ist die Schiffahrt bis Assuan (unterster oder „erster" Katarakt) schwierig.

[8]) In der Trockenzeit (Januar bis Juni) nicht.

[9]) Regierungsdampfer wöchentlich von Juli bis September zwischen Khartum und Gambela.

[10]) Wurde 1924 durch einen Orkan zerstört.

örtliche Bedeutung. Die Südhäfen des Tanganyika Territory: Mikindani, Lindi (3,5), Kilwa (4,5) haben bisher wenig Verkehr, aber Dar-es-Salam (25)[1] und Tanga (6), Ausgangsplätze von Inlandbahnen (s. S. 364) sind wichtig. Sansibar (35) ist auch Stapelplatz[2]) für Aus- und Einfuhr der gegenüberliegenden Küsten O.s. Mombassa (Mombas, 30[3]) auf Insel, mit dem Festlandhafen Kilindini, ist der Hafen für die Kenyakolonie, das Kenyaprotektorat und Uganda. Unbedeutend sind Melindi, Witu, Lamu, ein wenig wichtig Kismayu (5) in Italienisch-Jubaland; nur örtlich von Belang Brawa (8), Merka, Mogadischu (16) in Italienisch-Somaliland, wie Zeila (15), Berbera (30), und Bulhar (12) in Britisch-Somaliland Ausgangspunkte von Karawanenstraßen; Djibouti (8) in Französisch-Somaliland und Massaua (Massowah, 3) in Eritrea sind die Seehäfen ihres engeren Hinterlandes und Abessiniens. Der Haupthafen fü den Anglo-ägyptischen Sudan ist (in Konkurrenz mit Alexandria) Port Sudan am Roten Meere geworden, etwas nördlich von Suakin.[4])

Der **Luftverkehr** ist erst im Werden. England hat Schritte getan, einen Flugdienst von Kairo nach Südafrika einzurichten.

Das **Nachrichtenwesen,** nach auswärts durch Kabel in den wichtigeren Häfen O.s und Stationen für drahtlose Telegraphie gesichert, hat im Innern des Landes erst auf wenigen Linien moderne Gestaltung erfahren.

G. Die afrikanischen Inseln.[5])

Von den Inseln im Indischen Ozean sind Sokotra, Sansibar, Pemba und Mafia (s. S. 351, 354, Anm. 5 u. 355 ff.), von denen im Atlantischen Ozean die Guineainseln (Fernando Po, São Thomé, Principe und Annobom, s. S. 325, 326 ff.) mit dem benachbarten Festland behandelt worden.

1. Die Inseln des Indischen Ozeans.

I. Naturverhältnisse. Die zu Afrika gerechneten Inseln haben sämtlich ein tropisches Klima; die Maskarenen (Mauritius, Réunion und Rodriguez), Seychellen und Amiranten tropisches heißfeuchtes Urwaldklima (A 1), das auch der steilen Ostabdachung der großen Insel Madagaskar zuteil wird, während die flachere Westabdachung mit den benachbarten Comoren mit einem periodisch trockenen Savannenklima (A 2) ausgestattet sind. Nur das Hochland Madagaskars ist warmgemäßigt wintertrocken (sommerfeucht, C 5); ebenso ragen die höchsten Teile

---

[1]) Der Durchfuhrhandel von Belgisch-Kongo (s. S. 330, Anm. 5) betrug im 1. Halbjahr 1925: 7150 T. in der Ein-, 10620 T. in der Ausfuhr.

[2]) Ausf. Gewürznelken, Kopra (s. S. 354 f.), Elfenbein usw.

[3]) Ausf. Häute und Felle, Ölsaaten, Mais usw.

[4]) Der Hafen von Port Sudan ist besser (durch Riffe) geschützt als der kleine, wenig geschützte, für große Dampfer wegen der Korallenriffe nicht zugängliche von Suakin (8), das jedoch den Hauptteil des Handels mit Indien behielt.

[5]) Vgl. H. Paulin, Madagascar. Paris 1925. — Guide-Annuaire de Madagascar. Jährlich. — L'Isle de la Réunion. Melun 1925. — The Mauritius Almanac. Port Louis jährlich. — Keller, Die ostafrikanischen Inseln. Berlin 1898. — O. Baumann, Eine afrikanische Tropeninsel, Fernando Po und die Bube. Wien 1888. — Negreiros, L'île de São Thomé. Paris 1901. — De Vasconcellos, Archipelago de Cabo Verde. 1916. — Bannermann, The Canary Islands. London 1922. — H. Meyer, Die Insel Tenerife. Leipzig 1896. — Ackermann, L'île de Madeira. 1910. — A. S. Brown, Madeira, Canary Islands and Azores (Reiseführer). 12 ed. London 1922.

einiger der meist vulkanischen Inseln[1]) in ein gemäßigteres Höhenklima hinein (s. unten).

II. Politisch gehören Madagaskar[2]) (585500 qkm, 3,3 Mill. Einw.), die Comoren (2170 qkm, 110000 Einw.), Réunion (2400 qkm), 173000 Einw.[3]), zusammen 590100 qkm mit 3,56 Mill. Einw. (Inder, Weiße, Chinesen) den Franzosen. Die Engländer besitzen Mauritius [1865 qkm, (1921) 376100 Einw.], mit Dependenzen (Rodriguez, Tschagos-Arch. usw., 340 qkm, 5350 Einw.), Seychellen mit Amiranten (415 qkm, 24500 Einw.), zusammen 2620 qkm mit 406000 Einw. (meist Weißen). Die Volksdichte Madagaskars mit Dependenzen ist 5,6 Einw. auf 1 qkm, der Comoren 5, Réunions 72, Mauritius 202, seiner Dependenzen 15,7, der Seychellen 59. Sie ist also äußerst verschieden, je nach der natürlichen Ausstattung und der menschlichen Einwirkung auf sie.

III. Die Wirtschaft.

Wirtschaftlich sind fast alle Inseln, wegen ihrer Inselnatur, (mehr oder weniger früh) von Europa aus erschlossen worden und erzeugen Kolonialprodukte in europäischen Plantagen[4]), in denen Methoden der Wirtschaftsstufe der technisch-wissenschaftlichen Wirtschaft zur Anwendung kommen; zum Teil bringen sie (Madagaskar) auch in wachsendem Maße Eingeborenenprodukte zur Ausfuhr.

Französische Kolonien.

a) Nahrungs- und Genußmittel. Die Eingeborenen Madagaskars (und der anderen Inseln) bauen vornehmlich Reis[5]), an den Küsten (Sumpfreis), in dem Waldland der Hochlandhänge (Bergreis) wie auf dem Hochlande (besonders bei der Stadt Atananarivo, 67) und nähren sich davon.

Auch Mais[6]) und Hirse wird gebaut. Nächst dem Reis ist der Maniok, auf Madagaskar wie auf Réunion[7]), wichtiges Nahrungsmittel. Auch werden Bataten, Taro, Yams, Tomaten[8]), Erdnüsse, Bohnen, in den Küstenregionen von tropischen Früchtepflanzen: Bananen, Tamarinden, Kokospalmen[9]), ferner Zitronen und Orangen gepflanzt.

Die europäischen Plantagen haben auf Madagaskar recht bescheidene Bedeutung.[10]) Zuckerrohr ist für Réunion (engräumige Ebenen der West-

---

[1]) Vulkane (auf Réunion, Groß-Comoro, Nord-Madagaskar usw.), Erdbeben (Madagaskar usw.) und Orkane (auf Réunion, Madagaskar, Mauritius usw, auch Springfluten) bedrohen das Wirtschaftsleben mit Schäden.

[2]) Die Comoren, zeitweise selbständ. Kolonie, sind Provinz M.s.

[3]) Dependenzen Réunions sind die unbewohnten Inseln des südlichen Indischen Ozeans: St. Paul (7 qkm); Neu-Amsterdam (66); Kerguelen-Inseln (3414), Crozet-Inseln (523 qkm).

[4]) Auf Madagaskar ist der feuchtheiße Osten (A 1) das Hauptgebiet. Die Hochlandbahn bringt Arbeiter herab.

[5]) Die Küstenbevölkerung bezieht mittels der Hochlandbahn Reis vom Hochlande Madagaskars (Ernte 1917: 700000 T. = etwa 0,6% der W.). An die Stelle früherer Einfuhr ist Ausfuhr (1920: 33060, 1923: 53300, 1924: 79650 T.) getreten.

[6]) Wird sogar aus Madagaskar exportiert (1920: 2820, 1923: 13170 T.).

[7]) Liefern viel Maniok und Tapioka in den Handel (Madagaskar 1920: 25110, 1923: 28240; 1924: 46800 und 2500 T.).

[8]) Europäische Gemüsearten wachsen auf dem Hochland Madagaskars; auf den hohen Inseln wie z. B. auf Réunion (3070 m) gedeihen zahlreiche Gemüse, von den tropischen Vertretern an der Küste bis zu europäischen auf den Höhen. Madagaskar führt Trockengemüse (Kaperbsen) aus (1920: 19030, 1923: 16480, 1924: 10280 T.).

[9]) Von diesen gibt es auch europäische Plantagen.

[10]) 1917 sollen etwa 10000 qkm unter Eingeborenenkultur gewesen sein, 1000 qkm Europäerplantagen; zusammen gegen 1,9% der Fläche der Insel.

und Nordküste) und die Comoren (Mayotte) wichtigste Anbaupflanze.[1]) Réunion (mit Comoren) und Madagaskars Ostseite (A 1) produzieren ferner viel Vanille.[2]) Gewürznelken (Ostseite Madagaskars[3]) und Jngwer, Kaffee (Madagaskar[4]), Comoren, Réunion), ein wenig Kakao (Ostseite Madagaskars), Tee[5]), Tabak, auch Blütenessenzen (von Ylang-Ylang, Geranium, Vetiver, Patschuli usw.) werden erzeugt. Erdnüsse, Kopra, Rizinussaat werden aus Madagaskar ausgeführt.

Besonders das grasreiche Hochland Madagaskars (600 m Durchschnittshöhe, C 5) und die Plateauhänge oberhalb des Waldes, zumal im trockeneren Westen (A 2), eignen sich sehr gut für die **Tierzucht.** Rinder werden in großen Mengen[6]) gehalten und können zur Ausfuhr kommen; neuerdings entwickelte sich sogar ein Export von Gefrierfleisch.

Auch Schweine, (wollelose) Schafe[7]) und Ziegen[7]) gedeihen auf Madagaskars Hochland gut. Auf den anderen Inseln ist die Viehhaltung gering.

Mineralische Nahrungs-, Genuß- und Düngemittel. Salz liefert hauptsächlich das Meerwasser. Die Trinkwasserverhältnisse lassen zu wünschen übrig[8]); Mineralquellen (heiße) kommen auf Madagaskar (Antsirabé) sowie auf den rein vulkanischen Inseln, Phosphate auf Juan de Nova vor.

b) Kleidungsstoffe. Baumwolle wird auf Madagaskar in geringen Mengen[9]) gewonnen. Raphiafasern von der wildwachsenden Vonitrapalme (Dictyosperma fibrosum) lieferten den Eingeborenen wasserdichte Kleidungsstoffe und kommen als Piassava zur Ausfuhr.[10]) Ein wenig Ramië baut Réunion an. Auf dem Hochlande Madagaskars versteht man es, die Seide von einem (wilden) einheimischen Spinner zu gewinnen und zu verweben. Seidene Spitzen werden hergestellt. Hüte fertigen die Eingeborenen Madagaskars aus Gräsern, Matten und Körbe aus Binsen. Häute (und Felle) werden auf Madagaskar in Mengen gewonnen und ausgeführt.[11]) Gerbstoffe liefert u. a. die Mangrovenrinde[12]) aus dem Nordwesten der Insel. Indigo wird zu Färbezwecken angebaut. Gold (als Schmuckstoff) wird aus-

---

[1]) Das beruht wie in Westindien (s. S. 424, Anm. 2) auf einer Anpassung an die drohenden Orkane. Zucker-Prod. Réunions 1870: 23530, 1910: 45550, 1919/20 etwa 50000 T., 1924/25 ebensoviel. Ausf. 1921: 55560 T. Madagaskar brachte 1916 nur 520 T. Zucker hervor. Die Eingeborenen kauen das Rohr. Auf Réunion wird viel Rum (1,076 Mill. Gallonen = 48890 hl ?) produziert.

[2]) Madagaskar (mit Dependenzen) ist der Hauptbelieferer des Weltmarktes (Ausf. 1920: 533,1; 1921: 491; 1922: 518,4; 1924: 300 T.).

[3]) Gegen 60% der 400000 Bäume standen 1912 auf der Insel St. Marie. Ausf. 1912: 130, 1920: 240, 1923: 757, 1924: 561 T.

[4]) Ausf. 1905: 26, 1910: 110, 1915: 440, 1920: 1210, 1922: 2320, 1923: 1570, 1924: 2960 T.

[5]) Ernte 1917: 1000 T. (?)

[6]) 1921: 7,83 Mill., d. h. etwa 13,4 durchschnittlich auf 1 qkm und 237 auf 100 Einw. Ausf. von Gefrierfleisch und Fleischkonserven 1924: 9770, Schmalz 1370 T.

[7]) Von ihnen gab es 1923 etwa ¾ Mill.

[8]) Im trockenen Süden Madagaskars (Landschaft Androy) versiegt zur Trockenzeit das zur Regenzeit reichlich fließende Wasser. Es wird in Kalkhöhlen gesammelt und durch Bedecken mit belaubten Zweigen vor Verdunstung geschützt. Berühmt ist der „Baum der Reisenden" (Ravenala madagascariensis Sonnerat) auf Mad. und Réun. In den Blattscheiden sammelt sich so viel Wasser, daß man beim Anbohren reichliches Getränk erhält („Quellenbaum").

[9]) Am besten scheint sie im trockeneren Südwesten Madagaskars zu gedeihen (1917: 420 T.).

[10]) Ausf. 1905: 4120 T. Die Ostküste (A 1) liefert dunklen Raphiabast von Raphia tamatavensis (nach R. Sadebeck), die Westküste (A 2) hellen von R. pedunculata.

[11]) Ausf. 1905: 3050, 1924: 10270 T.

[12]) Ausf. 1906: 1410; 1910: 36180; 1911: 53360; Gerbrinde 1924: 9790 T. Raubwirtschaft.

geführt.[1]) Etwas Platin ist festgestellt. Edelsteine (Granaten, Beryll) können ausgeführt werden.

c) **Wohnungsbaumaterial** ist in den Wäldern genug zu finden. Sie umkränzen die Plateauhänge Madagaskars[2]), zusammenhängend nur an der vom Südostpassat reichbenetzten südöstlichen Seite. Gesteinsmaterial ist überall reichlich zu gewinnen.

d) **Tierische Arbeitsgehilfen, Naturkräfte, Material für Werkzeuge aller Art.** Rinder auf Madagaskar, Esel, Maultiere und Pferde auf Réunion dienen als Arbeitsgehilfen.

(Wertlose) Kohlen (Lignite) kommen im Norden Madagaskars gegenüber der Insel Nossi Bé vor, wertvollere Karbon- und Permkohlen im Süden. Erdölspuren sind gefunden. Wasserkräfte sind auf allen (gebirgigen Inseln[3]) reichlich vorhanden. Im Innern Madagaskars wurde uranhaltiges Erz (Belafit) festgestellt, von dem man bald eine Ausbeute von 45—60 Gramm Radium (?) erwartete (?).[4])

Werkzeugmaterial: Außer Holz kommen Kautschuk (jetzt wohl wenig), Kopal, Wachs, zumal auf Madagaskar, vor und zur Ausfuhr.

Eisenerz Madagaskars wurde schon von den Eingeborenen ausgenutzt. Graphit wurde neuerdings ein wichtiger Ausfuhrartikel Madagaskars.[5]) Auch Glimmer wird gewonnen.[6])

e) **Industrie.** Gefrierfleisch-, Tapioka-, Zucker- und Rumindustrie, s. oben. Es gibt auch schon Sägewerke, Ziegeleien, Bierbrauereien usw.

f) **Handel.** Ausfuhrprodukte sind hauptsächlich Nahrungs-, Genußmittel und Rohstoffe, Einfuhrartikel Industriewaren und Lebensmittel.

Ausfuhr Madagaskars 1922: 132,5 Mill. Fr.; 1921: Reis 5,1 (1923: 31,1); Häute 3,95 (1920: 43,7); Gold 3,9; Vieh 3,4; Wachs 1,7; Raphiafaser 1,6 Mill. Fr. (?); Vanille 1923: 28,3; Trockengemüse 12,1; Maniokmehl 9,1; Kaffee 7,1; Gewürznelken 3,8; Mais 3,35; Graphit 2,7 Mill. Fr.; Réunion 1923: 75 Mill. Fr.: Rum, Zucker, Vanille, Essenzen, Kaffee; **Einfuhr** Madagaskars mit Comoren 1922: 173,8 Mill. Fr.; Réunion 1923: 79 Mill. Fr.

Handelsländer in Prozent der Ausfuhr: Madagaskar 1920: Frankreich 70,3; französ. Kolonien 10,9; Großbritannien 8,5; brit. Kolonien 8; Union 1,3; **in Prozent der Einfuhr**: Madagaskar 1920: Frankreich 57,3; französ. Kolonien 14,6; brit. Kolonien 14,5; Großbritannien 3,4; Union fast 2.

g) Verkehr.

Auf Madagaskar[7]) wie auf Réunion[8]) haben die Franzosen für Straßen und Eisenbahnen gesorgt. Auf ersterer Insel sind einige Flüsse der längeren und

[1]) Ausf. 1923: 520 kg.

[2]) Etwa 19% der Fläche Madagaskars und über 30% der Fläche Réunions sind bewaldet. Ausf. von Holz aus Madagaskar 1905: 2600 T., jetzt nichts (?).

[3]) Für Madagaskar (besonders Ostseite) auf 5 Mill. PS geschätzt = mehr als 1,1% der Weltziffer.

[4]) 1924 wurden 6,2 T. Erz verschifft.

[5]) Meist nahe den Küsten und im Tagebau zu gewinnen; mäßiger Qualität; doch auch für Schmelztiegel zu verwenden. Ausf. 1910: 550; 1913: 6570; 1917: 27840; 1920: 14920; 1923: 10770; 1924: 11560 T.

[6]) Ausf. 1924: 287 T.

[7]) Eisenbahn Tamatave—Atananarivo (67) und Atananarivo—Antsirabé. Größere Binnenorte sind noch Faralangana (21) und Fianarantsoa (9).

[8]) Küstenbahn im Westen und Norden.

flacheren Westabdachung (z. B. der Betsiboka) ein Stück schiffbar.[1]) Die wichtigsten Häfen Madagaskars sind Tamatave (18), Majunga (13), Tullear (Tulear, 10), Nossi-Bé, Vatomandry und Diego Suarez (11, Kriegs- und Flottenstation). Haupthäfen Réunions sind Le Port des Galets, St. Denis (22), St. Pierre (18), St. Paul (19), St. Louis (15), Tampon (10), alle an der fruchtbaren Nord- und Westküste.

Britische Inseln im Indischen Ozean. Mauritius mit Rodriguez ist bei weitem der wichtigste Besitz.[2]) Die Inselbewohner beziehen ihre Nahrung (Reis, Weizen usw.) hauptsächlich über See und betreiben einseitige Plantagenwirtschaft[3]) mit indischen und chinesischen Arbeitern. Zuckerrohr bedeckt nahezu ein Viertel der Oberfläche; Zucker ist der wichtigste Ausfuhrgegenstand.[4])

Etwas Vanille, Kakao, Kaffee werden angebaut. Kokospalmen säumen die Küsten. Aloefaserplantagen. Etwas Viehzucht wird betrieben. Für gutes (Gebirgs-) Trinkwasser wird immer mehr gesorgt; Mineralquellen kommen vor. Kleidungsstoffe werden eingeführt. Ein wenig Mauritiushanf wird aus den Blättern von Fourcroya gigantea gewonnen. Für Wohnungsbau ist genug Material vorhanden. Reiche Wasserkräfte führen die Gebirgsgewässer. Die Fremdenindustrie hat wegen der Nähe Südafrikas eine gewisse Bedeutung.

Der **Handel** mit Großbritannien, Britisch-Indien[5]) und Südafrika ist am wichtigsten. Die Ausfuhr 1922: 102,4 Mill. Rup.: Zucker 88,5; Mauritiushanf 0,4; Kokosöl; Einfuhr: 77,4 Mill. Rup.

Die **Verkehrs**verhältnisse: Eisenbahnnetz, gute Straßen, Küstenschiffahrt. Von den Häfen ist Port Louis (53) noch etwas ungesund; Kabel nach Südafrika, Seychellen—Australien.

Die **Seychellen**[6]) mit der Hauptinsel Mahé (990 m, ziemlich gesund) erzeugen ätherische Öle (Zimtöl), Kopra[7]), Vanille.[8]) Fischerei ist lebhaft. Etwas Kautschuk und Guano.[9]) Kabel nach Sansibar, Südafrika, Australien. Die Ausfuhr (1923: 1,78 Mill. Rup.) besteht in Kopra (1,1), äther. Ölen (0,36), Guano (0,19); Einfuhr 1923: 1,64 Mill. Rupien.

2. Die Inseln im Atlantischen Ozean.

Britisch sind die kleinen vulkanischen Inseln **St. Helena** (122 qkm, 3750 Einw., Kartoffeln, Fischerei, neuseeländischer Flachs, Spitzenindustrie) und **Ascension** (88 qkm, 250 Einw., Ziegen, Schafe, Schildkröten) sowie **Tristan da Cunha** (116 qkm, 105 Einw., Viehzucht); die Volksdichte ist 31, 2,8, 0,9 Einw. auf 1 qkm. Hafen

---

[1]) Durch die Küstenlagunen des Ostens läßt sich ein geschützter Schiffahrtsweg herstellen.

[2]) 1638 von Holländern besiedelt (vorher wie Réunion unbewohnt), 1814 britisch.

[3]) Zyklone (Orkane) treten gelegentlich zwischen Dez. und April auf. 1892 wurde fast die Hälfte der Zuckerplantagen zerstört (s. S. 367, Anm. 1 u. 368, Anm. 1). 1896/97 vernichtete eine der nicht ganz seltenen Dürren 75 % der Zuckerrohrernte; für künstliche Bewässerung ist jetzt gesorgt. Die Gesundheitsverhältnisse sind mangelhaft. Curepipe (17,7) in 550 m Höhe und andere Orte des hohen Innern werden darum als Siedelungsplätze von den Weißen bevorzugt.

[4]) Prod. 1913/14: 254000; 1921/22: 185000; 1922/23: 237000 T. = 1½ % der W. von Zucker. Ausf. 90—95 % der Gesamtausfuhr. Eigenverbrauch etwa 10000 T.

[5]) Reis und Weizen von dort; indische Arbeiter! Zucker dorthin.

[6]) Meist wie die Dependenzen Amiranten, Aldabra, Providence, Garayos (Kokospalmen usw.), Koralleninseln; letztere sind bedeutungslos.

[7]) Ausf. 1917: 2110 T.

[8]) Ging sehr zurück; 1910/11: 28, 1918: 8,6 T.

[9]) Ausf. 1917: 2020 T.

St. Helenas ist Jamestown (5), durch Brandungswellen gefährdet. Ausfuhr St. Helenas 1921: 14330 £ (Phormiumfasern und -werg) nach Großbritannien; Einfuhr 44650 £ aus Großbritannien usw. St. Helena und Ascension sind beide hauptsächlich als Kohlenstationen und Stützpunkte für das allbritische Kabel von den Britischen Inseln über die Cap Verde-Inseln nach Südafrika usw. wichtig.

Den Portugiesen gehören die vorwiegend vulkanischen und hohen, recht trockenen[1]) **Cap Verde-** oder **Kapverdischen Inseln.**

Ein wenig Getreidebau (Mais, Hirse, Reis); Kartoffeln, Kürbisse, Bataten, Maniok, Taro, Erdnüsse, Gemüsearten, Lablabbohnen, Dattelpalmen (Boa Vista im Osten), Orangen, Limonen, Bananen, Anonen, Papayas, Mangos, Tamarinden, Ananas usw., Zuckerrohr, Wein, guter Kaffee, Tabak, Purgiernußpflanze (Jatropha Curcas L.), Rizinus werden angebaut — alles in sehr kleinem Maßstabe. Kokospalmen wachsen auf den meisten Inseln; Cinchona succirubra Pav. auf São Antão. Die Tierzucht (Ziegen, Schweine, Rinder, Schafe) ist schwach entwickelt und rückständig[2]); Fischerei. Die östlichsten, trockensten Inseln Sal, Boa Vista und Mayo produzieren Seesalz für Ausfuhr. Trinkwasser fehlt auf Mayo (im Osten). Guano hat sich auf einigen Inseln infolge der Dürre erhalten. Kleidungsstoffe müssen eingeführt werden. Ziegenfelle werden viel ausgeführt, ebenso Schwämme. Wald für Hausbauten gibt es kaum. Die Häuser[3]) sind meist massiv. Als Arbeitsgehilfen werden die Esel viel mehr benutzt als die kleinen Pferde und Maultiere. Der Handel ist geringen Umfangs[4]); der Landverkehr ist durch Gebirge erschwert. Der ungesunde Hafen Cidade da Praia (12) auf São Antão hat wegen seiner Lage einige Bedeutung für den afrikanischen, der Kraterhafen Porto Grande (2) auf São Vicente größere für den südamerikanischen (Kabel nach Pernambuco) und südafrikanischen Verkehr (Kabel nach St. Helena usw.); ist auch Orderhafen.

Die **Kanarischen Inseln** (Gran Canaria, Tenerife, Palma usw.) mit fruchtbarem Boden, aber zum Teil von vulkanischen Ausbrüchen, Erdbeben und Heuschrecken (bei Ostwinden) bedroht, sind spanisch.

Die Nahrung geben Getreidebau (Weizen, Gerste, Roggen, Mais), Bataten, die Casimiroa edulis, Kürbisse usw.

Für den Kartoffelbau, der in Frühkartoffeln ein ansehnliches Ausfuhrprodukt liefert, müssen immer Saatkartoffeln eingeführt werden; Zwiebeln werden in ziemlichen Mengen (um 7500 T.) auf Lanzarote geerntet, Tomaten sind ebenfalls Exportartikel. Vor allem gehen Bananen[5]) in vielen Dampferladungen hinaus (nach England).

Orangen und Mandeln, auch ein wenig Zuckerrohr und spanischer Pfeffer werden produziert. Auf Lanzarote wie auf Ferro wird nach Goldschmidt

---

[1]) Wie das benachbarte Festland (B 3). Dürren und Heuschrecken drohen. Am fruchtbarsten ist São Antão im NW.

[2]) In der Trockenzeit holt man Heu aus den Bergen.

[3]) Als Ersatz für Dachstroh wird Rivea tileaefolia Choisy genommen.

[4]) Ausf. 1922: 1,5 Mill. Escudos: Kaffee, Getreide, Häute, Salz, Einf. 39,8 Mill. Escudos: hauptsächlich Kohlen für die Überseedampfer.

[5]) Das Klima ist auf den meisten Inseln als warmgemäßigt sommertrocken (C 6a) zu bezeichnen; die Sommerwärme ist sehr hoch. Las Palmas hat im Aug. 23,2° C, im Febr. 17,1°. Extreme 31° und 10°. 290 mm Regen (Nov. 70, Juli 0). Infolge der ozeanischen Lage nähert sich der Klimacharakter besonders durch die warmen Winter zum Teil dem tropischen, so daß Köppen Ferro A 2 zuweist.

süßer Wein[1]) gewonnen; auch ein wenig Tabak fehlt nicht. Nur die feuchteren westlichen Inseln tragen Wald[2]), die östlichen dürren sind baumlos und steppenhaft (B 3); dadurch sind sie für **Tierzucht** gut geeignet; besonders werden Ziegen gehalten.

Fischerei ist besonders ergiebig an der fischreichen nahen Saharaküste (s. S. 305). Seesalinen auf Gran Canaria und Palma liefern Salz. Textilwaren für Kleidung müssen wohl zumeist eingeführt werden. Etwas Seidenzucht ist vorhanden; die einst blühende Cochenillezucht auf angebauten Opuntien ist durch die Konkurrenz der künstlichen Farben verdrängt. Die Leinenstickerei hat für die Ausfuhr immerhin Wert. Mit der Sisalagave stellte man Versuche an. Die Häuser, für die Baumaterial (Steine usw.) reichlich vorhanden ist, baut man nach spanischer Art; s. S. 68 u. 430. Arbeitsgehilfen sind Maulesel, Esel, auf den östlichen dürren Inseln (B 3) auch Kamele. Kohle fehlt. Wasserkräfte sind zum Teil reichlich vorhanden. Die Fremdenindustrie (Winterkurorte!) bringt Geld. Die **Ausfuhr** besteht in Bananen, Kartoffeln, Zwiebeln, Tomaten, Wein, Spitzen usw., die **Einfuhr** in Kohle, Verpackungsmaterial für den Fruchthandel, Textilwaren, Metall-, Kurzwaren und Getreide. Die Engländer beherrschen den Handel. Die Bodenformen erschweren den Verkehr. Die alten, von Mauleseln gezogenen Wagen werden allmählich durch (amerikanische) Kraftwagen ersetzt. Zwischen den Inseln laufen Segelschiffe und Kabel für den internen Verkehr.

Las Palmas[3]) (67) auf Gran Canaria und Santa Cruz de Tenerife (76) sind infolge ihrer Lage wichtige Anlauf- und Kohlenstationen für den Schiffsverkehr nach Südamerika und West- und Südafrika geworden. Auch Kabel landen von verschiedenen Seiten auf den Inseln.

Das portugiesische **Madeira** (C 6 b) mit sehr gebirgigem vulkanischen Boden treibt nur wenig Anbau.[4])

Getreide[5]), Bataten, Frühgemüse, Erdnüsse, Südfrüchte (Zitronen, Orangen, Mandeln), Anonen, Bananen, auch die amerikanische Ölpalme und Zuckerrohr werden hier angebaut. Branntweinbrennerei schließt sich an den Zuckerrohrbau an. Wichtiger ist die Weinkultur, die in dem likörartigen Madeirawein den Hauptausfuhrgegenstand liefert.[6]) Tierhaltung ist unbedeutend, Fischerei (besonders bei Porto Santo) eher erwähnenswert. Kleiderwaren werden eingeführt, aber die Herstellung von Stickereiprodukten (seidenen Schals) führt zur Ausfuhr. Der Holzreichtum, der der Insel den Namen verschaffte, ist hin. Baumaterial (Steine usw.) liefern die Berge. Die weißen Häuser mit schrägem roten Dach haben wenig Fensteröffnungen. Ochsen, Esel, Maultiere sind Arbeitsgehilfen. Lignite kommen vor.

---

[1]) Prod. 15000—17500 hl, 1921: 60125 hl.

[2]) Gegen 20% der gesamten Inselflächen ist bewaldet.

[3]) Las Palmas ist auch Orderhafen. Der Ausbau des Hafens Santa Cruz wird durch die große Wassertiefe sehr erschwert.

[4]) Vgl. J. Richter, Klimatische Grundlagen der landwirtschaftlichen Bodenkultur auf M. Leipz. Diss. 1909. Besonders die Gegend um Funchal bis zu 600 m Höhe ist angebaut. Bewässertes terrassenförmig angelegtes Kulturland wird hier intensiv bewirtschaftet. Von unten nach oben folgen einander Bananen, Zuckerrohr, Mais, Weinrebe, Obstbäume, Kastanien.

[5]) Weizenmüllerei in Funchal (21).

[6]) Prod. 1918 etwa 55000 hl; für 1919 erwartete man wegen langandauernder heißer Ostwinde (Leste) noch nicht 45000 hl.

Andere Mineralien (Eisen, Mangan usw.) findet man; sie werden aber kaum verwertet. Die Fremdenindustrie (Winterkurorte!) wächst. Der Handel hat keinen großen Umfang. Die Ausfuhr besteht in Wein, Stickereien, Korbwaren, Früchten, Gemüse. Auf dem Ochsenschlitten werden Lasten und Menschen die steilen Höhen heraufgezogen; von der Unterstadt Funchals führt eine Eisenbahn nach der Oberstadt (Monte). Automobilverwendung nimmt zu.

Die Hauptstadt Funchal (21) ist ein wichtiger (im Ausbau begriffener) Anlaufhafen (Kohlenstation und Dock) für die westafrikanische und südamerikanische Fahrt, auch Kabelstation.

M. bildet die portugiesische Provinz Funchal.

Die portugiesischen gebirgigen, noch vulkanisch tätigen[1]) **Azoren (Açores)** haben in den niedrigen Lagen oft fruchtbaren Boden und sind gut bebaut.[2])

Windschutzmauern umgeben (wie auf den nordwestafrikanischen Inseln) alle Pflanzungen. Mais[3]), Weizen, Gerste werden im Tieflande angebaut. Gute Kartoffeln werden gewonnen, ebenso Bataten, Yams, Zwiebeln und Bohnen, Gemüse und Rüben. Obstbau (an den Hügeln) steht in erster Linie. Vorzügliche Orangen werden von Fayal und São Miguel ausgeführt; Feigen, Zitronen, Kastanien, Ananas (in Glasgewächshäusern), Bananen werden gezogen; Dattelpalmen und Maulbeerbäume kommen vor. Rohrzucker[4]) wird ausgeführt. Weinbau (Insel Pico besonders) auf terassenförmig angelegten Rebbergen ist zum Teil erst durch Zutragen von fruchtbarer Erde dem Felsboden abgerungen. Batatenalkohol wird ausgeführt. Kaffee und (dürftiger) Tee werden wenig angebaut, der Tabakbau ist zurückgegangen. Der besonders auf Terceira angepflanzte Ölbaum hat geringe Bedeutung. Kleinwüchsige Haustiere (Rinder, Schweine, Schafe, Ziegen, Hühner) werden in ziemlichen Mengen gehalten. Fischerei und Walfang werden betrieben. Ein wenig Salz wird gewonnen. Horta hat Wasserleitung. Thermen kommen vor. Kleidung wird eingeführt. Neuseeländischen Flachs baut man an. Die Häuser sind aus Tuff- oder Lavastein erbaut, auf dem Lande oft mit Stroh- oder Rohrdach. Esel sind häufig (Last- und Zugtiere).[5]) Auch große Ochsenkarren verkehren. Wasserkräfte sind wohl ansehnlich vorhanden. Außer Wein-, Alkohol-, Bier-, Tabak-, Korbwarenindustrie ist wohl keine Industrie von Belang zu verzeichnen. Die Ausfuhr besteht in Ananas, Orangen, Branntwein, Rindern, Fischen, Getreide (?).

Die Inseln haben durch die Eröffnung des Panamákanals als Zwischen- und Kohlenstation, auch als Kabelstützpunkt, als Orderstation und durch Funkentelegraphie neuerdings erhöhte Bedeutung bekommen und sind in Zukunft wohl auch als Ruhepunkte für den Luftverkehr wichtig. Besonders

---

[1]) Vulkanische Ausbrüche und Erdbeben richten Schaden an. — Über Zugehörigkeit der Inseln zu Afrika, s. S. 287.

[2]) Das Vorwalten des Großgrundbesitzes, Abgelegenheit, Festhalten am Althergebrachten behindern nach W. Ule die Entwicklung. Köppen rechnet die Inseln C7b zu, aber infolge der ozeanischen Lage gedeihen selbst tropische Pflanzen.

[3]) Auf São Miguel ist Maisbrot Hauptnahrung. Die Maiskolben liefern das Packmaterial für Ausfuhrfrüchte.

[4]) Prod. 1908: 2125 T.

[5]) Lasten in Körben oder Kisten; kleine Karren. Pferde wohl seltener.

interessiert sich auch die Union für die Inselgruppe. Horta[1]) auf Fayal, Ponta Delgada (18) und Ribeira Grande auf São Miguel und Angra (10) auf Terceira sind die Haupthäfen.

V. Amerika.

Die Kontinentalmasse der westlichen Halbkugel: Amerika setzt sich zusammen aus dem Norderdteil Nordamerika[2]) (mit Mexico und Mittelamerika [Zentralamerika und Westindien]) und dem Süderdteil Südamerika.

A. Germanisches Nordamerika.

I. Naturverhältnisse. Die Lage Nordamerikas, fern den dichtbevölkerten Aktionszentren des westlichen und des südöstlichen Randgebietes der östlichen Kontinentalmasse (der „Alten Welt"), hat bewirkt, daß es lange Zeit von dort aus kaum irgend wirksame Einwanderungen und Einflüsse erlebte. Die engere Annäherung an der polaren Beringstraße konnte für jene Ungunst keinen Ersatz bieten. Einmal der weißen Besiedlung erschlossen, hat Nordamerika aber dann einen wunderbar schnellen wirtschaftlichen Aufschwung erlebt und das gealterte törichte Europa überflügelt, obwohl die Vereisung des Inselnordens es in Gestalt und Zugänglichkeit so viel ungünstiger stellt als den auch im Klima bevorzugten Westteil Eurasiens.

Nach den Ausmessungen H. Wagners gehören von den 24,2 Mill. qkm Nordamerikas 10,5 Mill. qkm (43,4% der Fläche) dem feuchtwinterkalten (borealen) Klima D 8 an, 4,2 Mill. qkm ($17^1/_3$%) dem Tundrenklima E 10, 2,6 Mill. qkm (gegen $10^3/_4$%) dem feuchttemperierten Klima C 7, ebensoviel dem Steppenklima B 3, 1,5 Mill. qkm (6,2%) dem Klima ewigen Frostes F 11, 0,9 Mill. qkm (etwa $3^3/_4$%) dem Wüstenklima B 4, 0,7 Mill. qkm (an 2,9%) dem feuchtheißen Urwaldklima A 1, 0,6 Mill. qkm (gegen 2,5%) dem periodisch trockenen Savannenklima A 2, 0,5 Mill. qkm (reichlich 2%) dem warmwintertrockenen Klima C 5 und 0,2 Mill. qkm (über 0,9%) dem warmsommertrockenen Klima C 6 an. Besonders die Relativzahlen geben schon eine Vorstellung von der natürlichen Ausstattung Nordamerikas.

II. Der Erdteil, ohne Grönland, bis zum Isthmus von Tehuantepec etwa 20,6 (mit Grönland 24,2) Mill. qkm = über 13,8 (über 16,2) % alles Landes groß, zerfällt den Bodenformen nach in einen hohen junggefalteten meridional gerichteten cor-

---

[1]) Sollte schon 1913 einen künstlichen modernen Hafen bekommen.

[2]) Vgl. K. Sapper, Amerika. 2 Bändchen. Berlin und Leipzig 1923 (Sammlung Göschen). — Andree, Geographie des Welthandels, Bd. III, Frankfurt a. M. 1913, S. 305—538 (Das Germanische Amerika, von Emil Deckert) und S. 226—301 (Fritz Regel, Mittelamerika; Mexico). Während in diesem Werke das Lateinische vom Germanischen Amerika gesondert und somit das Land von Mexico und Westindien ab mit Südamerika behandelt wird, sind in Emil Deckert, Nordamerika, 3. Aufl., Leipzig u. Wien 1913 (Allgem. Länderkunde, herausg. von W. Sievers) der Union und Britisch-Nordamerika nur noch Mexico beigefügt; in der knapperen 4. Aufl. dieses Werkes von Fritz Machatschek (Leipzig 1924) ist dieselbe Zuteilung gewählt. Alfred Hettner (Grundzüge der Länderkunde, II, die außereuropäischen Erdteile, 1. und 2. Aufl., Leipzig und Berlin 1924, S. 280 bis 373; 3. Aufl. 1926) rechnet Mittelamerika und die westindische Inselwelt zu Nordamerika, und denselben Umfang gibt J. Russell Smith seinem North America (New York 1925). Volle Einheitlichkeit in der Zuteilung besteht also nicht, ebensowenig in der Trinidads und Grönlands (s. S. 475f).

dillerischen (pazifischen) Westteil und einen weit größeren, niedrigeren atlantischen Ostteil; sie zeigen wesentlich verschiedene natürliche, zumal klimatische, darum auch wirtschaftliche Verhältnisse. **Politisch** umfaßt Nordamerika: Britisch-Nordamerika (9,46 Mill. qkm mit 9,56 Mill. Einw.), die Vereinigten Staaten von (Nord-) Amerika (7,84 ohne, 7,997 Mill. qkm mit Anteil an den Großen Seen, und mit Alaska 9,37 qkm; 105,8 Mill. Einw.), und einen Teil Mexicos, das jedoch mit Mittelamerika zusammen als lateinisches Nordamerika unter B. auf S. 420 ff. behandelt wird. Die Bevölkerung der zwei erstgenannten Gebiete besteht hauptsächlich aus Weißen, und zwar führen unter diesen die Germanen. Neger, Indianer und Mischlinge stehen völlig zurück. Die Volksdichte in dem Nordteil Nordamerikas beträgt durchschnittlich etwas mehr als 6 auf 1 qkm.

III. Die weltwirtschaftliche und politische Stellung, die das germanische Nordamerika im Erdganzen einnimmt, geht über Größe und Einwohnerzahl (ohne Mexico etwa $6^1/_2$% der Erdbevölkerung) weit hinaus, weil der Erdteil gut ausgestattet ist, seit dem Mittelalter von einer weißen Bevölkerung besiedelt wurde, die eine hohe Stufe der Zivilisation von Europa mit bekam, sie ständig von dort ergänzte und schließlich selbständig weiter entwickelte, und weil Nordamerika entgegen der politischen Zerrissenheit Europas eine verhältnismäßig große politische Geschlossenheit aufweist; ein Staat, die Union, so groß wie Europa, kann sich hier, die geistigen und finanziellen Mittel des Erdteils beherrschend, für die Steigerung von Zivilisation und Wohlstand einsetzen. Das andere große Staatswesen: Britisch-Nordamerika ist wirtschaftlich nur ein Randgebiet der Union.

1. Britisch-Nordamerika (Kanada und Neufundland).[1]

I. Naturverhältnisse, s. oben!

II. Das Dominion of Canada ist 9,33 Mill. qkm groß mit 9,3 Mill. Einw. (Volksdichte kaum 1 auf 1 qkm), Neufundland 111000 (mit der Labradorküste 129000) qkm groß mit 260000 Einw. (Volksdichte $2-2^1/_2$ auf 1 qkm). Die Bevölkerung sitzt dort wie hier vornehmlich am Südrande[2]), besonders im atlantischen Südosten. Die nördlichen Gebiete sind äußerst dünn bevölkert. Weiße (Angelsachsen; gegen 30% französischen Geblüts) herrschen völlig vor[3]); die Einwanderung (1920/21: 148500, 1921/22: 90000, 1924: 124500, Vereinsstaatler, Engländer) ist stark.

III. Wirtschaft. Allgemeine Charakterzüge. Pflanzenwirtschaft ist nur am Südrande gedeihlich entwickelt; in den winterkalten, aber fruchtbaren Prärien[4]) (D 8 b) und im Seeklima des pazifischen Westens[5]) (C 7 b) kann der Ackerbau am weitesten nordwärts gehen, sowie auch der Wald,

---

[1]) Vgl. A. Oppel, Landeskunde des Britischen Nordamerika. Leipzig 1906 (Sammlung Göschen). — A. A. Fleck, Kanada. Jena 1912 (Probleme der Weltwirtschaft, 10). — K. Baedeker, The Dominion of Canada with New Foundland and an excursion to Alaska. Leipzig 1922.

[2]) Die Prince Edward-Insel hat etwa 16, Neuschottland 9, Neubraunschweig 5, Ontario 4, Quebec 2,1, Manitoba, 2,4 Saskatschewan 0,8, Alberta 0,6, Britisch-Columbia 0,4 Einw. auf 1 qkm.

[3]) 1917 wurden 106000 Indianer und 3300 Eskimos angegeben.

[4]) Winnipeg 18,7° im Juli, −21,7° im Jan. Extreme 33° und −40° C. 540 mm Niederschlag davon 80 im Juni, 20 im Jan.

[5]) Victoria, 15,5° im Juli, 3,3° im Jan. 960 mm (hauptsächlich im Winter); Prince Rupert, 13,7° und 0,3°. Extreme 25° und −14° C und gar 2630 mm Niederschlag, davon 350 im Nov., 110 im Juni.

ein Hauptschatz des Landes, sich hier viel weiter nordwärts (bis über den Polarkreis) vorschiebt als in dem kalten borealen Osten (D 8 c).[1]) Im polaren Wald- und Tundrengebiet (D8c und E10) sind Pelztierfang, Fischerei, Robbenschlag und Gewinnung von Mineralien, an denen der alte Osten wie das Cordillerenland reich sind, fast die einzigen Wirtschaftsformen.

a) Die **Erzeugung von Nahrungs- und Genußmitteln** durch Pflanzenwirtschaft ist an der rauhen Ostseite des Erdteils nur auf der Prince Edward-Insel, im Uferland des St. Lorenzstromes und vor allem auf den glazialen Aufschüttungsböden der Ontariohalbinsel (zwischen Ontario-, Erie- und Huron-See) in etwas größerem Maßstabe möglich, sonst durch Klima und Boden auf eine sehr geringe Ausdehnung[2]) beschränkt. Aber auf den fruchtbaren Prärienböden, durch die langen Sommertage und absteigende wärmende Winde (Chinook) aus den Cordilleren gefördert[3]), geht der Ackerbau weit nordwärts und dehnt seine Flächen, auf den Steppen Albertas mit künstlicher Bewässerung und Dry Farming, noch beständig aus. Im cordillerischen Westen ist er in der Hauptsache auf Niederungslagen des Südens beschränkt.[4]) Gegen 80% der Feldflächen sind von Getreide eingenommen, 40% allein vom Weizen, der Hauptbrotfrucht der Bevölkerung.

Im Osten wird er wenig, wenngleich als Winterweizen angebaut; über 94% der Produktion (1925) bringen die Prärienprovinzen hervor. Es wird (wegen der kalten Winter) Sommerweizen, und zwar — wie immer im kontinental-trockenen Klima — eine sehr geschätzte eiweißreiche, harte Qualität gewonnen. Bei dem noch geringen Eigenbedarf Kanadas bleiben bis zwei Drittel, ja drei Viertel der Augusternte für die Ausfuhr verfügbar. Mit den nachbarlichen vereinsstaatlichen Prärien sind die Kanadas jetzt die Hauptkornkammer der Erde, aus der sich die Industrieländer Europas versorgen können.[5]) Die Stadt Winnipeg (179) konzentriert die Weizenmassen der Prärien, da sie auf dem „Isthmus" zwischen dem Winnipegsee und der vereinsstaatlichen Grenze liegt, und leitet sie zum größten Teil zu den Elevatoren der Häfen am Oberen See: Port Arthur (15) und Fort William (21), von denen sie dann mittels Schiff nach dem Eriesee und den atlantischen Häfen der Union oder über die Lorenzstromroute (s. S. 386f.) ins Ausland gehen. Die kürzere Hudson-Bay-Route (s. S. 386, Anm. 4) ist noch nicht zugänglich. Ein anderer Teil des Weizens wird in Winnipeg und im vereinsstaatlichen Minneapolis zu Mehl vermahlen. Mehl wird

---

[1]) Hier sinkt er an der Ostküste Neufundlands bis zum 50.°. Montreal, 20,5° im Juli, −10,9° im Jan. Extreme 33° und −31° C. 1040 mm, davon 110 im Juli, 60 im April.

[2]) Im appalachischen Gebirgsland auf etwa 3% der Fläche. Nach H. Hamann sind gegen 7½% der Fläche Kanadas als anbaufähiges Land anzusehen, aber 1910 waren erst 0,66, 1922: 2,55% der Gesamtfläche angebaut. In der Prärienprovinz Saskatschewan sollen 75—80% (?) des Bodens anbaufähig sein und 14% waren 1921 bestellt.

[3]) Die meisten Weizensorten brauchen bis zur Fruchtreife 120 Tage; doch ist es den landwirtschaftlichen Versuchsstationen gelungen, diese Zeit für frühreife Sorten auf 110, für den Garnetweizen sogar auf 100 Tage abzukürzen. Dadurch wurde die Möglichkeit weiterer Ausdehnung des extensiven kanadischen Weizenbaues nach Norden geschaffen. Auch Rußland und Sibirien werden sich vielleicht diesen Züchtungsfortschritt zunutze machen können, um ihre Anbaugebiete nordwärts auszudehnen.

[4]) Wenngleich noch in Dawson kleine Pflanzenkulturen (Gemüse usw.) fortkommen.

[5]) Ernte 1923: 12,01; 1924: 7,13; 1925: 11,31 Mill. T. = etwa 12 bzw. 6,37 bzw. 10% der W. Die Erträge sind mit 1,41 bzw. 0,8 bzw. 1,29 T. je ha meist ziemlich niedrig; die Ernteschwankungen recht umfangreich.

in ziemlichen Mengen ausgeführt.[1]) Im Cordillerenlande ist der Weizenbau (bei Enderby, Armstrong, Vernon usw.) nur ganz gering.

Roggen wird nur auf $4^1/_3$% der Feldflächen (hauptsächlich in den Prärien) angebaut; immerhin erzeugte Kanada 1922[2]) etwa 3% der W.

Viel umfangreicher ist der Haferbau.[3])

Im sommerkühlen, feuchten Osten ist der Hafer, ebenso wie im Seeklima der pazifischen Küste, völlig die führende Feldfrucht; mehr als ein Drittel der kanadischen Ernte wird im Osten gewonnen. In den Prärien, die bei dem umfangreichen Feldbau viel Futter für die Pferde (s. S. 382), die Hauptarbeitstiere, nötig haben, werden 60% der kanadischen Ernte erzeugt.

Auch der Gerstenbau[4]) hat sein Schwergewicht in den Prärien, doch handelt es sich hier wohl um eiweißreiche Futtergerste, während der feuchtere Osten (Ontario) gute Braugerste hervorbringt.

Mischgetreide und Mais[5]), auch Buchweizen, werden in geringen Mengen fast nur im Osten produziert.

Nächst dem Getreide hat die Kartoffel[6]) für die Volksernährung Bedeutung, vor allem im Osten, was wohl ebenso mit dem in dieser Gegend herrschenden Mangel an Brotgetreide wie mit der Industrialisierung zusammenhängt.

Hülsenfrüchte und Gemüse steuern besonders im Osten zur Ernährung bei. Unter den Obstpflanzen hat der klimaharte Apfelbaum für den Osten Wichtigkeit (Annapolistal Neuschottlands, Niagarahalbinsel, geschütztes Nordufer des Ontariosees, bei Montreal); Äpfel werden ausgeführt. Auf der Ontariohalbinsel gedeihen selbst Pfirsiche, Aprikosen, Weintrauben usw., in den Prärien aber sind die Winter für Obstbäume zu hart, im Cordillerenland sind sie auf günstige Lagen des Südens (Vernon) angewiesen.

Von Zuckerpflanzen liefert im Osten (Quebec) der Zuckerahorn im Frühjahr, wenn der Stamm voller Saft steht, etwas Zucker, mehr aber die auf der Ontariohalbinsel (seit 1925 auch in der Prärienprovinz Alberta) angebaute Zuckerrübe; doch ist eine starke Zuckereinfuhr nötig.

Getränke der Bevölkerung sind Bier (etwas Hopfenbau auf der Ontariohalbinsel) und Branntwein (aus Getreide, Kartoffeln). Wein, Tee, Kaffee und

---

[1]) K. führte 1913: 3,28; 1922: 5,85; 1923: 6,99 Mill. T. Weizen und 430000, 909000, 1042000 T. Weizenmehl aus. Montreal (619) war 1924 mit einer Ausfuhr von mehr als 3 Mill. T. Getreide der führende Getreideexportplatz der Erde, trotz des langdauernden Eisschlusses (s. S. 387, Anm. 1). Wegen des letzteren und der winterlichen Vereisung der Großen Seen scheint neuestens ein großer Teil des Präriengetreides den Westweg über das eisfreie Vancouver (117) nehmen zu wollen.

[2]) Ernte 1923: 590000; 1924: 361000 T. = gegen 1% der W. Wie bei den meisten anderen Getreidearten nahmen die Anbauflächen von 1923 zu 1924 stark ab; Erträge 1 T. auf 1 ha; Ausf. 1913: 3000; 1922: 257000; 1923: 173000 T.

[3]) Über 27% der Feldflächen. Ernte 1922: 8,1; 1923: 8,7; 1924: 6,35; 1925: 8,4 Mill. T. = etwa 10—12% der W. Die Erträge sind mit 1,43 (1923), 1,08 (1924) T. je ha mäßig hoch. Ausf. 1913: 540000; 1922: 448000; 1923: 368000 T.

[4]) 1922: $4^2/_3$% der Feldflächen. Ernte 1,66; 1923: 1,67; 1924: 1,89 Mill. T. = etwa $4^1/_2$—5% der W. Die Erträge sind mit 1,49 (1923) und 1,37 (1924) T. je ha ziemlich hoch. Ausf. 1913: 284000; 1922: 318000; 1923: 327000 T.

[5]) Ernte 1909/13: 439000, 1923: 346000, 1924: 305000 T. = 0,27% der W.

[6]) An 1,2% der Feldfläche. Ernte 1922: 2,71 Mill. T. = gegen 2% der W., auf den Kopf der Bevölkerung 309 kg. Selbst am oberen Yukon werden in den Farmen von Selkirk (fast 63.°) noch Kartoffeln (für Dawson) gebaut.

Kakao müssen eingeführt werden. Der Tabakbau (Quebec und Ontario) scheint zuzunehmen. Die Tabakindustrie Ontarios ist ansehnlich.[1])

Handelsbedeutung hat die Leinsaat gewonnen, die in dem kontinentalen Trockenklima der Prärien in großen Mengen für Ausfuhr erzeugt wird.[2])

Einen großen Anteil an der Ernährung der Bevölkerung haben **tierische Nahrungs- und Genußmittel,** die auch noch in den Welthandel gelangen. Der natürliche Wuchs[3]) und der Anbau von Futterpflanzen ist in dem kühlen, aber genügend sommerwarmen und -feuchten Kanada wie auf Neufundland sehr umfangreich.

Gegen 19% der Kulturfläche Kanadas waren 1922 allein der Heu- und Kleegewinnung gewidmet[4]), am meisten im Osten. Dazu kommen hier noch große Mengen von Futterrüben, Luzerne, Futtermais, Getreide, Kleie, Kartoffeln usw. der **Viehzucht** zugute. So ist denn in den südlichen Landesteilen Kanadas, vor allem im Osten, besonders eine sehr ansehnliche Rinderzucht hochgekommen.[5])

Das Molkereiwesen ist am meisten in der Gegend der Großstadt Montreal (618) und auf der Seenhalbinsel entwickelt. Käse ist ein Hauptausfuhrartikel Kanadas[6]), während die Butter[7]) hauptsächlich im Lande verbraucht wird. Auch kondensierte und eingedampfte Milch wird in großem Umfang bereitet, und die Fleischgefrierindustrie (Montreal) hat Fuß gefaßt. Die Mastvieh- und Rassenzucht ist im Osten weit mehr fortgeschritten als in den Prärien[8]) oder in Britisch-Columbia, wo nur einige Talstrecken des Südens reich an Vieh sind.[9])

Die Schweinezucht Ontarios liefert viel Speck und Schinken u. dgl. in den Handel.[10]) Die Schafzucht ist im ganzen wenig entwickelt, am meisten noch im Osten, während ihr in den Prärien gelegentlich anhaltende Schneestürme Gefahr bereiten. Rinder und Schafe werden manche Jahre lebend in großen Mengen ausgeführt.[11])

Ziegenzucht, Geflügelhaltung, Bienenzucht (Prärien) haben geringe Bedeutung. Die Jagd findet noch Wild genug; Karibous, Moschusochsen, Eisbären,

---

[1]) Von 1917—1919 verdreifachte sich die Ernte auf 12400 T., 1920: 21800; 1925: 9340 T. (in Westontario). Besonders Zigarettenausfuhr.

[2]) Prod. 1923: 178000 T. = etwa 7% der W. Die Ausfuhr (1923: 255000 T. nach Großbritannien) scheint jetzt nach der Union zu gehen.

[3]) Nach Altmann kommt der Chinook auch der Viehzucht in den Prärien zugute; er mildert die Winterkälte, läßt mitten im Winter Gras hervorsprießen und schafft somit gesuchte Weideplätze. Das hier gezüchtete Vieh soll das schmackhafteste Fleisch liefern. Ist es etwa eiweißreicher als das in feuchten Ländern gewachsene?

[4]) 1922 wurden 15,55 Mill. T. Heu und Klee geerntet, d. i. mehr als das Gewicht der ganzen Weizen-, Roggen- und Gerstenernte ausmacht.

[5]) Kanada besitzt 1,7% aller Rinder. Fast 37% sind Milchkühe. Auf Neufundland soll Milchvieh nicht gedeihen, und im ganzen kommt hier nur etwa 1 Stück Vieh auf 1 Einw.

[6]) Prod. 1921: 73500 T. Die Ausfuhr (1923: 59000 T.) geht hauptsächlich nach Großbritannien.

[7]) Prod. 1921: 58400; 1923: 74100 T. 1923 wurden 13000 T. Ochsenfleisch exportiert.

[8]) Hier findet extensive Massenrinderzucht auf natürlichen Weiden statt.

[9]) Hier kann stellenweise das Vieh winters draußen bleiben.

[10]) 1921 empfing Großbritannien allein aus Kanada 42900 T. Speck und 4800 T. Schinken 1923 führte K. 51000 T. Speck und Schinken aus.

[11]) 1923 wurden 184000 Stück Vieh ausgeführt.

Elentiere, Rebhühner, Präriehühner, Hasen usw. bevölkern Kanada zum Teil noch im hohen Norden.[1]) Pelztiere, s. S. 380.

Die **Fischerei**, durch eine äußerst lange Küste, kühle Gewässer und Bänke im Großen und Atlantischen Ozean begünstigt, trägt erheblich zur Ernährung der Bevölkerung Kanadas bei; die Einwohner Neufundlands leben in der Hauptsache von ihr, auch liefert sie wichtige Ausfuhrartikel.

Bei Neufundland ist der Kabeljaufang sehr bedeutend. Auf den Neufundlandbänken[2]) ist der Fisch größer als an den Küsten der Insel. Mitte April bis Ende Oktober fischen außer neufundländischen Schonern kanadische (besonders vom Hafen Lunenburg, Neuschottland, aus), vereinsstaatliche (Gloucester, 23, Massachusetts) und französische (St. Malo, St. Servan, Fécamp, Granville, Cancale, St. Brieuc; vgl. S. 28), außerdem Boote von den französischen Inseln St. Pierre und Miquelon.[3]) Die Fischerei in dem gefahrvollen Meere ist ein entsagungsvoller Erwerbszweig.[4]) Den Neufundländern gibt dieser Fischfang einen wichtigen Handelsartikel.[5])

Der Fang des Heilbutts (Neufundlandbänke usw.) und des Herings (bei Neufundland und im St. Lorenzgolf) spielt nur eine verhältnismäßig geringe Rolle. Auch Schellfische, Sardinen und Hummern (Ausfuhr) werden gefangen; Züchtereien setzen junge Hummern aus. Im St. Lorenzgolf kommen Austernbänke vor.

An der pazifischen Küste sind Lachs und Heilbutt die wichtigsten Fangobjekte. Britisch-Columbia (Fraser, Skeena) ist an der Lachskonservenindustrie der nordamerikanischen Westküste stark beteiligt, doch gehen die Erträge zurück. Vgl. Anm. 5.

Die Binnenfischerei hat in den zahlreichen Seen und Flüssen große Möglichkeiten; im Osten liefern Störarten Kaviar.

Die Produktion von Nahrungsmitteln läßt sich zweifellos noch erheblich ausdehnen und ist auch, namentlich in den Prärien, in ständiger Vergrößerung begriffen.

Mineralische Nahrungsstoffe und Zugehöriges. Salz fehlt in dem feuchten, kühlen Lande an der Erdoberfläche, abgesehen von dem dürren Alberta. Solquellen der Prärien, vor allem Steinsalzlager Ontarios liefern Salz; man

---

[1]) Die Versuche, die Karibous zu zähmen, hatten keinen Erfolg. Stefansson hält es für möglich, große Flächen Nordkanadas durch Verpflanzung von Herden halbwilder Renntiere und Moschusochsen dorthin mit extensiver Viehzucht in ein Fleisch, Milch und Wolle produzierendes Gebiet umzuwandeln. In Labrador sind Anfänge von Renntierzucht vorhanden. Vgl. S. 398.

[2]) Auf denen der kalten, fischreichen Labradorströmung durch die warme Golfströmung Halt geboten wird. Hier stauen sich die Fische in Massen und erliegen zum Teil den Temperaturgegensätzen, anderen Nahrung bietend.

[3]) Die Neufundländer fangen an ihren Küsten und auf der Bank etwa 120000 T., die Kanadier 70000, die U.-S.-Amerikaner 90000 T., mit erheblichen Schwankungen von Jahr zu Jahr. Die Fischer von St Pierre und Miquelon hatten (auf der Bank von St. Pierre) 1910: 4650 T. Ertrag. Auf St. Pierre bestehen große Kühlanlagen, und Kühlschiffe laufen nach Frankreich. Der Fang durch Segelschoner soll rentabler sein als der von Fischdampfern (?).

[4]) Ein französisches Sprichtwort sagt: Nur der wird Bankfischer, der Vater und Mutter totgeschlagen hat.

[5]) 1920 wurden (einschließlich der Labradorfischerei) aus Neufundland 82140 T. getrockneter Kabeljau ausgeführt; aus Kanada 20700 T. Stockfisch, 5400 T. Hummern, 13950 T. Lachskonserven (s. unten!). 1924 hatten die Seefischereiprodukte Kanadas einen Wert von 22,4 Mill. $ (Brit.-Columbia 49%; Neuschottland über 27%; Neubraunschweig 14—15%).

verdampft hier die aus 300—500 m Tiefe heraufgeholte Sole. Die Küstengebiete (Fischerei) leiden an Salzmangel.[1])

Trink- und Gebrauchswasser ist (bis auf die obere Prärie Albertas) überall reichlich vorhanden. Alle größeren Orte haben Wasserleitungen. Mineralwässer fehlen nicht.

Künstliche Düngemittel stehen neben dem Viehdünger zur Verfügung: Apatit und Phosphatkalk (Glimmerminen), Thomasschlacke (Hochöfen, Koksöfen, Gasanstalten), Alunitlager in Britisch-Columbia; Werke für Luftstickstoff (Zyanid, Ausfuhr) an den Niagarafällen, Kalilager (?) in Saskatschewan und in Neuschottland. Die Böden im Osten und im feuchten Küstenlande Britisch-Columbias dürften an Kalkmangel leiden.

b) Textilstoffe für die **Kleidung** sind sehr unzureichend vorhanden. Der Flachsbau für Fasergewinnung hat sich während des Krieges (s. S. 30, Anm. 3) allerdings im Seeklima des Ostens (Ontario) ziemlich vergrößert[2]), und die Leinenindustrie wuchs entsprechend.

Aber die Baumwollindustrie (0,75% aller Baumwollspindeln der Erde), die mehr als die Hälfte des Eigenbedarfs des Landes deckt, bedarf einer großen Einfuhr des Rohstoffs. Fasern und Textilwaren sind der wichtigste Einfuhrgegenstand Britisch-Nordamerikas.

Bei den äußerst kalten Wintern (s. S. 175, Anm. 4), zumal des Ostens und des Innern, und den stellenweise kühlen Sommern (Westen) ist der Bedarf an Wollekleidung dringend und umfangreich. Aber die Produktion von Wolle[3]) ist mit (1922) ¾% der W. nicht genügend für den Konsum, so daß Wolle und Kämmlinge eingeführt werden müssen. Die Wollindustrie (Ontario) lieferte 1922 schon 67% des Inlandverbrauchs gegen etwa 30% vor dem Kriege. Pelzwerk wird viel an der Kleidung verwendet.

Bisamratte, Biber, Marder, Nerz (Nörz), Silberfuchs, kanadischer Marder, Präriewolf, Weißfuchs, Rotfuchs, Hermelin, Skunk, Otter sind die in den nördlicheren Teilen gefangenen Pelztiere. Winnipeg (179) ist Hauptsitz der Hudson Bay Comp. Die Pelztierzucht (besonders Silber- und Schwarzfüchse) ist im Osten[4]) bereits hoch entwickelt. Die Felle der Pelzrobben der Beringsee, die von Victoria (39) aus besucht wird, sind berühmt (s. S. 403, Anm. 1). Über 100000 gewöhnliche Robbenfelle werden von Neufundland aus auf den Eisfeldern an Labradors Küste jährlich erbeutet.

Häute und Felle werden noch eingeführt. Die Lederindustrie ist recht bedeutend; die Hemlocktanne und andere Nadelbäume liefern Gerbrinde. Leder wird jedoch eingeführt. Die Schuhe sind im kanadischen Klima unentbehrlich. Die Schuhindustrie erzeugt schon 95% des Bedarfs. Auch Leder- und warme Handschuhe, Gummischuhe, Filzhüte, schwere Vorhänge, Teppiche u. dgl. werden viel verlangt.

---

[1]) Neuestens fand man in Neuschottland große Steinsalzlager.

[2]) 1919 erst 2210 T. Flachsfasern und 1160 T. Hede auf 82 qkm.

[3]) Die Prod. hat neuestens stark zugenommen: 1909/13: 5000, 1921: 10000, 1922: 9000 T., d. s. etwa 2,5 kg je Schaf. Der Verbrauch an Wirkwaren und Teppichen ist besonders groß. Nach Kertesz wurden 1911/12 etwa für 20 Mark Wollwaren je Person verbraucht. Das ist viel und für das Klima charakteristisch.

[4]) Die Pelze aus der kalten Provinz Quebec gelten als die besten. Ausf. s. S. 385.

Mineralstoffe für Kleidung und Schmuck. In Kanadas Osten[1]) liegen die wichtigsten Gewinnungsstätten von Asbest; der größte Teil wandert nach der Union.

Edelsteine (Turmaline, Granaten usw.) werden in der laurentischen Scholle gefunden, und hier liegt wohl auch die Ursprungsstätte der nach dem vereinsstaatlichen Wisconsin (s. S. 404) durch glaziales Eis verschleppten Diamanten.

An Gold lieferte Kanada 1913: 3,6, 1922: 8,1 % der W. Sowohl der alte Osten (Neuschottland, Ontario) als der Westen (Klondikebezirk, Britisch-Columbia) sind an der Produktion beteiligt. Der Gangbergbau tritt immer mehr an die Stelle des Seifenbetriebes.[2]) Silber ($8^1/_2$—9 % der W.) kommt jetzt hauptsächlich aus den Silbererzadern der alten laurentischen Scholle bei Cobalt; es gelangt ferner mit Blei (Gold und Kupfer) zusammen im Cordillerenland Britisch-Columbias zum Abbau.[3]) Etwas Platin wird als Nebenprodukt im Cordillerenlande und zu Sudbury (s. S. 383) gewonnen.

c) 14—17 % der Fläche Kanadas mögen von **Wäldern** eingenommen sein.[4]) Der Osten (Quebec, Ontario) und der Westen (Britisch-Columbia) sind holzreich. Fichten- und Kiefernarten herrschen vor. Der jährliche Zuwachs soll den Abgang um ein Vielfaches übertreffen. **Wohnbaumaterial** ist also reichlich vorhanden; in den waldigen Teilen bestehen die Häuser fast durchweg aus Holz. Nur in den größeren Städten, zumal des Ostens, verdrängen dauerhaftere massive Gebäude allmählich die hölzernen. Die zahlreichen Gewässer führen der Sägeindustrie des Ostens (Mai—Juni) die im Winter geschlagenen Holzstämme zu; zum weitaus größten Teile werden Weichhölzer (Koniferen) verarbeitet.[5]) Allmählich scheint Britisch-Columbia, wo bei dem milden Winterklima (C7b) die Holzgewinnung das ganze Jahr betrieben wird, den Ostprovinzen den Rang abzulaufen.[6])

Holz ist ein Hauptausfuhrartikel. Die Möbelindustrie[7]) blüht auf. Viel aussichtsvoller sind noch die Holzstoff- und Papierindustrie, die mit Hilfe der Wasserkräfte in Ontario und Quebec emporwuchs, und in der Kanada immer mehr die führende Stellung unter den Ländern der Erde

---

[1]) Die Provinz Quebec lieferte vor kurzem noch 85 % der W.

[2]) Das kalte Klima erfordert beim Baggerbetrieb wie bei dem hydraulischen Verfahren ausgedehnte Winterpausen, auch manche eigentümliche Anpassungen. Vgl. z. B. H. Erdmann, Alaska. Berlin 1909. Prod. Kanadas 1913: 24976; 1923: 38058 kg. 1925 gewann die Prov. Ontario im Porcupine- und Kirkland Lake-Distrikt für 30 Mill. $ Gold.

[3]) Prod. Brit.-Columbias 1925: 5,04 Mill. £, ganz Kanadas 1923: 552230 kg.

[4]) Nach Statesmans Yearbook 1923 an 26 %; aber keine 42 % dieser Fläche wären mit technisch und kommerziell verwertbarem Holz bestanden. Waldreservate; Aufforstungen nehmen zu, Waldbrände werden bekämpft. Zon und Sparhawk geben 25 % der Gesamtfläche als Waldgebiet an. Auf 100 Einw. kommen nach denselben 33,3 qkm Wald.

[5]) Weil Kanada wie Neufundland ja dem nordischen Nadelbaumgürtel der Erde angehören.

[6]) An der feuchten pazifischen Küste dürfte das Holz für Bauzwecke weniger geeignet sein als im weniger feuchten kontinentalen Klima des Ostens. Nach H. Erdmann haben in Dawson Holzbauten große klimatische Vorzüge; sogar Pflaster und Bürgersteige sind dort hölzern. Der eisreiche Boden der Flußniederungen würde, ausweichend, schwere steinerne Bauten nicht tragen. Auf Neufundland haben die Häuser doppelte Wände, Fenster und Türen. In den holzarmen Prärien erbaute man bei Neuansiedlung (mindestens früher) Sodhäuser und -ställe aus Rasenstücken.

[7]) Hart- und Luxushölzer werden eingeführt. Europäisches Holz, auch Pianos und Bleistifte werden in dem gegensätzlichen Klima (s. S. 375, Anm. 4 u. 376, Anm. 1) Kanadas leicht rissig.

erlangt.[1]) Auch Neufundland hat eine (bescheidene) Säge-, Holzstoff- und Papierindustrie.

Häute und Felle liefern nur für farbige Eingeborene Baumaterial. Bausteine sind, abgesehen von der unteren Prärie, überall leicht zugänglich (s. oben!). Tone und Lehme für Ziegelbau, auch Töpferton, feuerfeste Tone, Zementmaterial werden vornehmlich in den Gebieten der glazialen Aufschüttung (Ontariohalbinsel), ferner in der St. Lorenzniederung und in den Prärien zu finden sein. Hier im Osten ist eine starke Ziegel-, Portlandzement- und Töpferindustrie entstanden.[2]) Gips ist weitverbreitet und wird im Osten und am Großen Ozean schon viel abgebaut. Glas und Asphalt werden eingeführt.

d) Tierische Arbeitsgehilfen, Naturkräfte und Material für Werkzeuge aller Art.

Als **Arbeitstiere** werden (neben Ochsen) hauptsächlich die Pferde gebraucht; die meisten in dem Landwirtschaftsgebiet der Prärien.[3]) Zuchtpferde werden eingeführt.

Mit **mineralischen Heiz- und Leuchtstoffen** ist Britisch-Nordamerika nicht gerade gut ausgestattet.

Torf[4]) ist am reichsten auf den Barren Grounds des Hudsonbaigebiets und in den Nordwestprovinzen am Mackenzie vertreten; Ausbeutung entwickelte sich erst schwach.

Kanada soll über 16% der Weltvorräte an Kohlen besitzen, aber gute Karbonsteinkohle ist nur in relativ nicht sehr großen Mengen[5]), hauptsächlich in Neuschottland und Neubraunschweig, vorhanden. Die großen Lager der Prärien (wie die der Cordilleren) bestehen aus einer braunkohlenartigen Kohle der Kreideformation.[6]) Neufundland ist daran ziemlich arm.[7]) Kanada produziert etwa $1^1/_2$% der W., am meisten im Innern (Alberta) und im Osten, weniger im Cordillerenland (Insel Vancouver usw.).[8]) Kanada braucht eine große Einfuhr von Kohlen[9]) und Koks.

Petroleum kommt in Kanada mehrfach vor (Seenhalbinsel, Alberta — auch Erdgas —, im Mackenziebecken usw.); die Produktion[10]) (Seenhalbinsel) ist bisher ganz gering; wichtiger Einfuhrgegenstand.

---

[1]) Die Holzschliffproduktion wuchs von 645000 T. 1914 auf 1275000 T. 1922, die Zellstoffproduktion von 290000 auf 810000 T. Die Ausfuhr (hauptsächlich nach der Union) betrug 1922: 324000 und 539000 T. Die Ausfuhr von Druckpapier (nach der Union) wuchs von 297000 T. 1913 auf 1023000 T. 1922. Die kanadische Papierproduktion (1923: 1,26 Mill. T.) wird die vereinsstaatliche, die zum großen Teil auf kanadischer Zufuhr von Rohholz und Holzmasse beruht, vielleicht einmal überflügeln. Vgl. S. 405.

[2]) Die Indianer stellten hölzerne Kochtöpfe her. — Mergellager in Seen und paläozoische Kalksteine liefern Zementmaterial.

[3]) Da der Schnee nie tief liegt, können sie sich zur Not im Freien ernähren.

[4]) Auf 30 Milliarden T. geschätzt.

[5]) Knapp 10 Milliarden T.

[6]) Durch Brikettierung, Pulverisierung oder Verkokung nutzbar zu machen.

[7]) 500 Mill. T.

[8]) Anthrazitkohle bei Crow's Nest Pass. Kohlenprod. Kanadas 1913: 13,7; 1925: 8,2 Mill. T. Auch auf verschiedenen polaren Inseln fand Stefansson gute Kohlen.

[9]) 18—20 Mill. T. jährlich, aus der Union.

[10]) 1922: 0,02% der W. Kanada soll 2,3% aller (bekannten) Erdölvorkommen der Erde besitzen. Das Erdgas enthält $^1/_2$% Helium.

Die Gewinnung von Gezeitenkraft (Fundy Bay) gehört der Zukunft.[1])

Die Wasserkräfte der Flüsse werden bei Zugrundelegung des Niedrigwasserstandes auf 18¼ Mill. PS geschätzt (östliches Glazialgebiet und westlichstes Cordillerenland); am günstigsten liegen die Niagarafälle[2]) zu den Fabrikstädten des Ostens. 15% der Wasserkräfte sind bereits ausgenutzt; auch Neufundland macht schon von seinen (namhaften) Wasserkräften Gebrauch.

Metallerze. Die alten Gesteine der Nordappalachen und der laurentischen Scholle im Osten sind ebenso reich daran wie der schmale cordillerische Westen mit seinen eruptiven Durchbrüchen. Große Funde sind wohl noch zu erwarten. Klima, Unwirtlichkeit des Landes und Abgelegenheit erschweren den Bergbau vielerorts.

Eisenerzlager wurden vielfach festgestellt; sie sind aber zum großen Teil stark schwefelhaltig und abgelegen. Nur im küstennahen Osten besteht eine kleine Erzgewinnung (0,02% der W.). Der Verbrauch beträgt das Sechsfache der Produktion. Man führt daher viel Erz aus Neufundland und der Union (Oberer See, s. S. 410) ein. Zentren der ansehnlichen Eisen- und Stahlfabrikation[3]) sind Sydney (23) auf der Kap Bretoninsel (bei den Steinkohlen), Toronto (522), Hamilton (114) und Montreal (619) in den Verbrauchsgebieten. Neufundland (Bell[e] Island [Wabanaminen] bei St. Johns) ist wichtiges Ausfuhrland für Eisenerz.

Eisenveredelungserze sind reichlich vorhanden. Kanada ist mit einigen 80% der W. der wichtigste Nickelproduzent der Erde (laurentische Scholle bei Sudbury, auch bei Cobalt und am Lac du Bonn); das Erz wird nicht mehr in der Union, sondern im Lande verschmolzen.[4]) Zahlreiche Lager von Molybdänerz, auch Chromerz und Wolfram kommen vor und werden, besonders in Quebec, ausgenutzt.

Der Bau von Stahlschiffen (Halifax, 58, Sydney, Montreal, Britisch-Columbia) ist sehr ansehnlich. Seinen Bedarf an Schienen und rollendem Eisenbahnmaterial kann Kanada schon selbst herstellen. Die meisten Fabriken landwirtschaftlicher Geräte und Maschinen finden sich im Osten und arbeiten sogar für Ausfuhr. Die Motorfahrzeugindustrie nahm letzthin einen großen Aufschwung. Automobile, Lokomotiven, Eisenkurzwaren werden ausgeführt. Weißblech wird hergestellt. Die Einfuhr von Metallwaren ist freilich noch viel größer als die Ausfuhr.

---

[1]) Zurzeit wird ein Projekt erwogen, an einer Seitenbucht der Fundy Bay durch Gezeitenkraft ein Elektrizitätswerk (von ½—¾ Mill. PS) zu betreiben. Man hofft, von hier aus einen großen Teil der nachbarlichen Neuenglandstaaten (s. S. 414) mit billiger elektrischer Energie versorgen zu können. Die in den inneren Verzweigungen der Bai aufwärts dringende Flutwelle erreicht nach Fr. Machatschek infolge der Stauung bei Springflut bis 19 m über Niederwasser.

[2]) Nur 2,3 Mill. PS dürfen ihnen entnommen werden, da ihre Schönheit nicht leiden soll. Kanada gewinnt hier in dem entstandenen Industriezentrum 760000 PS (elektrochemische Industrie und Elektrizitätsversorgung der Umgegend). Nach neuerer Schätzung sollen 32 Mill. PS ausnutzbare Wasserkräfte (6 Monate des Jahres mit 80% Ergiebigkeit bei 24stündiger Inanspruchnahme) in Kanada vorhanden sein; die Prov. Quebec besitzt davon über 36, Ontario (die Hauptindustrieprovinz) über 21, Manitoba fast 18, Brit.-Columbia 16%. In ganzen wurden Ende 1925: 4,29 Mill. PS verwendet.

[3]) Etwa 1½% der W. von Roheisen und 2% der W. von Stahl. Die Herstellung in elektrischen Öfen mit Hilfe der Wasserkräfte macht Fortschritte.

[4]) 1924 wurden 31390 T. Nickel gewonnen.

Kupfererz wird im Cordillerengebiet (Britisch-Columbia) wie in der laurentischen Scholle (Ontario, Manitoba, Quebec) ausgebeutet[1], Bleierz hauptsächlich im südlichen Cordillerenlande[2] mit Zinkerz[3] zusammen; die Erze werden zum großen Teil im Lande verhüttet. Aluminium wird an den Shawinigan Falls des Ostens fabriziert.[4] Auch Quecksilber, Antimonerz, Zinn, Arsenik, Magnesit, Radiumerz (Pechblende) werden in geringen Mengen gewonnen. Von nichtmetallischen Mineralien kann Schwefel (für die Zellstoffindustrie usw.) aus schwefeligen Pyriten in Ontario, Graphit in Ontario und Quebec, Glimmer, Korund, Feldspat ebenda gefördert werden. Helium wird in Alberta (s. S. 382, Anm. 10) gewonnen. Asphalt (s. S. 382), Bernstein, Glaubersalze, kohlensaures Natron (Soda Lake) werden gefunden. Natürlich wird auch Holz viel als Werkzeugmaterial verwendet.

e) Die Industrie ist hauptsächlich in dem verhältnismäßig engräumigen fruchtbaren und wohlbevölkerten Gebiet des Südostens (Seenhalbinsel, St. Lorenzuferland, Nordappalachen) entwickelt, das als der Nordrand des atlantisch-nordamerikanischen Aktionszentrums sich ausweist. Kohle, Wasserkräfte, Verkehrslage wirken begünstigend. Montreal (619), Toronto (522), Hamilton (114), Ottawa (108), Quebec (95), London (61) sind im Osten die Hauptsitze der Industrie. Im Westen greift das kleinere pazifisch-nordamerikanische Aktionszentrum bis Vancouver (117), Victoria (39) und New Westminster (14) nordwärts. In den Prärien sind hauptsächlich Winnipeg (179, s. S. 376), dazu Calgary (63) und Edmonton (59) zu erwähnen.

Holzindustrie (S. 381 f.), Textilindustrie (S. 380), Nahrungsmittelindustrie (Müllerei, Molkerei, Fleischindustrie, S. 378), Eisen- und Stahlindustrie (S. 383), Papierindustrie (S. 381 f.) sind die wichtigsten Zweige. Vgl. auch Leder- und Lederwarenindustrie (S. 380), Schiffbau (S. 383), Luftstickstoffindustrie (S. 380). Die Kautschukindustrie muß natürlich den Rohstoff einführen. Die chemische Industrie (Sprengstoffe, Pharmazeutika, Farben, Düngemittel [Koksöfen], elektrochemische Waren; Institut für Chemie) nahm einen ansehnlichen Aufschwung.[5]

f) Handel. Der Binnenhandel zwischen dem Ostgebiet, den Prärien und dem pazifischen Land wurde erst durch die pazifischen Bahnen möglich. Im Außenhandel sind die Zugehörigkeit zu dem atlantisch- und dem pazifisch-nordamerikanischen Aktionszentrum bzw. die Nachbarlage zu der Union und die Visàvislage zu Westeuropa, neuerdings auch zu Ostasien, im ganzen auch die Zugehörigkeit zum britischen Weltreich bedeutsam. Der arktische Norden ist für den Handel fast tot.

---

[1]) Prod. Brit.-Columbias 1925 f. 10,11 Mill. £, ganz Kanadas 1924: 48200 T. Kupfer = über 3 % der W.

[2]) Prod. Brit.-Columbias 1925: 18,58 Mill. £; ganz Kanadas 1924: 78500 T. Blei = etwa 6,6 % der W.

[3]) Prod. Brit.-Columbias 1925: 7,72 Mill. £. 1924 wurde im Sudburydistrikt eine angeblich 30 m mächtige Lagerstätte erbohrt; das Zink soll mit Wasserkraft des Ottawaflusses auf elektrolytischem Wege gewonnen werden. Zinkproduktion ganz Kanadas 1924: 44800 T. = über 4 % der W.

[4]) Prod. Kanadas 1923: 12000 T. = über 5 % der W.

[5]) Doch ist Kanada noch auf Einfuhr von Chemikalien angewiesen, die 1919/20 wesentlich aus der Union kam, 1924 zu 66 %, aus Großbritannien 17 %.

Kanada[1]) wie Neufundland führen hauptsächlich Nahrungsmittel, danach Rohstoffe und schließlich Industriewaren aus, Fabrikate, Rohstoffe und gewisse Nahrungsmittel ein.

Ausfuhr: Neufundland 1922/23: 20,99 Mill. $: getrockn. Fische 10,1; Papiermasse und Papier 5,4; Eisenerze 1,74; Fischtran 0,657; Heringe 0,43; Hummerkonserven 0,29; Robbenöl 0,17; Robbenfelle 0,16; Kanada 1923/24: 1058,6 Mill. $; Weizen 363,6; Holz und Holzwaren 175,5; Papier und -waren 96,96; Eisenwaren 67; Mehl 62,8; Fische 30,5; Käse 23,4; Fleisch 22,5; Pelze 18,5; Speck 18,1; Gold 17,4; lebende Tiere 13,3; Kupfer 11,9; Hafer 11,1; Silber 11,5; Nickel 9,4; Ackergeräte 9,3; Kohlen 9; Häute und Felle 5,65; Butter 5,1; Heu 3,7; St. Pierre und Miquelon 1925: 45,9 (1922: 45,15; 1921: 19,7) Mill. Fr.: Kabeljau und Lebertran; **Einfuhr**: Neufundland 1922/23: 19,32 Mill. $: Mehl 2,72; Textilien 2,4; Kohle 1,4; Maschinen 0,9; Melasse 0,8; Eisenwaren 0,6; gesalzenes Schweinefleisch 0,53; Tee 0,37 Mill. $; Kanada 1923/24: 893,4 Mill. $: Eisen und Eisenwaren 173,5; Kohlen 94,2; Baumwollwaren 66,4; Zucker 52,8; Wollwaren 47,3; Petroleum 32,3; Ackergeräte 28,3; Autos 28,3; Früchte 26,5; Seide und Seidenwaren 21,8; Getreide und Mehl 14,1; elektr. Waren 14; Flachs, Jute usw. 13,1; Tee 12,5; Kautschuk 12,4; Papierwaren 9,4; Tabak und Zigarren 8,4; Kupfer 8,1; Glaswaren 7,5; Häute und Felle 7,3; Leder und Lederwaren 7,2; Wolle 6,9; Drogen und Chemikalien 2,66 Mill. $; St. Pierre und Miquelon 1925: 18,2 (1922: 51,7; 1921: 23) Mill. Fr.: Textilien, Salz, Wein, Nahrungsmittel, Fleisch.

Handelsländer in Prozent der Ausfuhr: Neufundland 1922/23: Großbritannien 33,2; Spanien 13,5; Portugal 12,7; Union 8,85; Kanada 8; Kanada 1923/24: Union 41,2; Großbritannien 34,5; Japan 2,6; Australien 1,9; Niederlande 1,9; Frankreich 1,8; Brit.-Afrika 1,8; Italien 1,8; Belgien 1,7; Deutsches Reich 1,6; China 1,2; Neuseeland 1,2; Brit.-Westindien 1; Neufundland 1; St. Pierre und Miquelon ?; **in Prozent der Einfuhr**: Neufundland 1922/23: Kanada 42,7; Union 36,8; Großbritannien 16,2; Kanada 1923/24: Union 67,3; Großbritannien 17,2; Frankreich 1,8; Brit.-Westindien 1,5; Cuba 1,2; Brit.-Indien 1; Schweiz gegen 1; St. Pierre und Miquelon ?

g) Verkehr.

Die kalte Ostseite Kanadas mit Neufundland zeigt im Landverkehr schon, noch viel mehr im Seeverkehr gegenüber der Westseite große Nachteile, wenngleich hier im Cordillerenland die Bodenformen natürlich im Landverkehr sehr erschwerend wirken. Aber die in der Verkehrsentwicklung erkennbare Tendenz, an der Westfront die Verkehrslinien möglichst weit, bis hoch nach Alaska hinauf, nordwärts zu schieben, zeigt, wie sehr Handel und Verkehr hier mehr Bewegungsfreiheit und menschliche Stützsiedelungen finden als an der kalten Ostfront.[2]) Ein großer Nachteil bleibt freilich dauernd bestehen in der Unmöglichkeit, im polaren Norden durch die

[1]) 1924/25 waren von 1219,9 Mill. $ Ausfuhr 42,5% Erzeugnisse des Acker- und Gemüsebaus, über 22% Holz und Papier, gegen 16% tierische Waren, 8,5% Metalle. In der Einfuhr (874,1 Mill. $) führten Erzeugnisse des Acker- und Gemüsebaus, Faser- und Textilstoffe, Eisen und Eisenerzeugnisse und Mineralien. Auf den Kopf der Bevölkerung entfielen von der Ausfuhr 1913: 233,6; 1923: 489,5; von der Einfuhr 335,1 bzw. 418,4 Mk. Das sind hohe Ziffern!

[2]) Die Eisdecke der Flüsse trägt winters Schlittschuh- und Schneeschuhläufer, Schlitten, Eisboote auf Kufen mit Segeln, schwere Fuhrwerke, ja Eisenbahnverkehr.

„nordwestliche Durchfahrt" das (süd-) östliche Siedelungs- und Verkehrsgebiet mit dem westlichen zur See in Verbindung zu bringen; doch ist dieser Nachteil durch die Durchstechung des Isthmus von Panamá, wie schon vorher durch den Bau der pazifischen Eisenbahnen, abgeschwächt worden, und in anderer Hinsicht ist natürlich die doppelte Front an zwei Ozeanen mit der dadurch gegebenen Erweiterung der nachbarlichen Beziehungen zur See äußerst schätzbar. Die Verschmälerung beider Ozeane nordwärts wie die des kanadischen Landes zwischen ihnen bewirkt, daß der kürzeste Weg Europa—Ostasien über kanadisches Gebiet führt.

In dem Binnenverkehr haben die Straßen erst durch die Entwicklung des Autowesens[1]) größere Bedeutung gewonnen. Aber die Pacificbahnen (seit 1885) setzen den Osten mit dem Westen durch die Prärien, Montreal (619) über Winnipeg (179) mit Vancouver (117) in kürzeste Verbindung, seit 1914 Moncton (17, Neubraunschweig) über Winnipeg mit der jungen Stadt Prince Rupert (8) am Großen Ozean. Im Osten sind Linien nach Halifax und St. John—Halifax (über vereinsstaatliches Gebiet) angeschlossen. 1915 ergänzte die Canadian Northern nach Winnipeg, Edmonton (59, über den Yellowhead-Paß, 1135 m) nach Vancouver die zwei vorher genannten Verkehrslinien.[2])

Die Pazificbahnen sind im Cordillerenabschnitt kühne Gebirgsbahnen. Schneeschutzanlagen sind sehr nötig.[3]) Der St. Lorenzstrom wurde schon 1859 mit einer Brücke (2600 m) überwunden. Eine weitere Brücke führt westlich von Quebec über den hier nur 550—600 m breiten Strom. Der Mount Royal bei Montreal wird von einem 5 km langen Tunnel durchbrochen. Eine Eisenbahndampffähre trägt die Pacificzüge nach Victoria (39) auf Vancouver hinüber. Wichtige Linien führen natürlich auch zu den großen Zentren der Union. Den Weg des Präriengetreides (nach Großbritannien) abzukürzen, wurde seit 1911 eine Eisenbahn nach Port Nelson an der Hudson Bay[4]) begonnen, die man auch von der Lorenzmündung zu erreichen plant.

Binnenschiffahrt. Die Hauptverkehrsader Ostkanadas ist der St. Lorenzstrom mit den Großen Seen.

Diese Wasserstraße verbindet die landwirtschaftlichen Prärien mit dem industriellen Osten und dem Meere. Sie ist erst durch die Technik (Vertiefung; Umgehungskanäle an den Schnellen) nutzbar gemacht und soll auf 7,5—9 m durchgehende Wassertiefe gebracht werden. Dann werden Seeschiffe von 16000 T. auf ihr verkehren können bis Duluth am Oberen See[5]) und eine große Verkürzung des Weges nach Liver-

---

[1]) Kanada war einer der fettesten Kriegsgewinnler. 1917 kam schon in Ontario ein Auto auf 39, in Saskatschewan sogar auf 12 Einw.

[2]) Der Transcanadaexpreß Montreal—Vancouver bietet die schnellste Gelegenheit (90 Stunden), das nördliche Nordamerika zu durchqueren.

[3]) An der küstennahen White Pass-Bahn zwischen Skagway und White Horse können mehrere Schneepflüge kaum den Betrieb aufrecht erhalten, aber im trockeneren Binnenland bei Dawson ist nur ein kleiner Schneepflug zur Freihaltung der Schienen erforderlich.

[4]) Sie ist immer noch (1925) nicht fertig und wird vielleicht nicht zu Ende geführt. Die Hudson's Strait ist höchstens Mitte Juli bis Ende Oktober zugänglich. Port Nelson verlangt sehr umständlichen Leichterverkehr.

[5]) Das Hinterland der Großen Seen bringt etwa 75 % des auszuführenden Überschusses an Weizen, 65 % der Ernte von Roggen, die ganze Leinsaaternte, die Hälfte aller Kartoffeln und Zuckerrüben Nord-

pool wird erreicht, und die Umladung vom Kanal- auf Seeschiff usw. wird vermieden werden. Freilich, die monatewährende Eisbedeckung dieser und anderer Wasserstraßen und die zahlreichen Wasserfälle der letzteren schränken die Schiffahrt ein. In den Prärien sind die wichtigsten Flüsse auch nicht frei von Wasserfällen; im Cordillerenlande sind die Flüsse nur in kurzen Unterläufen des Küstenlandes (das ganze Jahr) und sommers auf kurzen Strecken im Hochlande zu benutzen. Wichtige Binnenschiffahrtshäfen Kanadas sind Toronto (522), Port Arthur (15), Fort William (21) auch Ottawa (108) und Edmonton (59).

Sowohl Seehäfen als Binnenschiffahrtshäfen sind Montreal (619) und Quebec (95) am St. Lorenzstrom. Im Winter tritt Halifax (58), das immer eisfrei ist, an die Stelle der St. Lorenzhäfen.[1]) St. John (47) hat mindere Bedeutung. Auch St. Johns (37) auf Neufundland ist ziemlich eisfrei. Vancouver (117) an der Frasermündung, eisfrei, Endpunkt der kanadischen Pacificbahn, hatte 1886 erst 600 Einw. Victoria (39) ist Ausgangspunkt des allbritischen Kabels, überseeischer Dampferlinien und Winterzufluchtsort für Seefahrer.[2]) Prince Rupert (8) an der Skeenamündung ist Endpunkt der Grand Trunk Railway (s. oben).

1915/16 sollen 40% der kanadischen Ausfuhr über Unionshäfen gegangen sein; inzwischen ist die (staatliche) kanadische Handelsflotte zusehends gewachsen.

Luftverkehr kann in diesem Lande großer Entfernungen und weiter öder Strecken vielleicht eine Zukunft haben. Der Luft-Pacific von Halifax über Montreal und Winnipeg nach Vancouver, den man vor kurzem einrichtete, soll die Strecke in 64½ Stunden gegen 137 Stunden Eisenbahnfahrt zurücklegen.

Der **Nachrichtenverkehr** ist in den gut besiedelten Gebieten modern eingerichtet. Allbritisches Kabel, s. oben u. S. 286.

Die weit draußen im Atlantischen Ozean gelegene, aber zu Amerika gerechnete britische Inselgruppe der **Bermudas**, 58 qkm mit (1921) 20130 Einw. (7010 Weiße), erzeugen in dem milden Seeklima (⅓ der Fläche bebaut) Zwiebeln, Kartoffeln, Lilienzwiebeln und Küchengemüse. Auch dienen sie jährlich etwa 22000 Amerikanern als beliebte Klimastation. Kartoffeln (89000 £), Gemüse (62000), Zwiebeln (23000) und Whisky (32000) werden ausgeführt (1922: 234000 £) nach der Union; Nahrungs- und Genußmittel, Industriewaren, Kohlen und Petroleum werden eingeführt (1,27 Mill. £), aus der Union, Großbritannien (29%) und britischen Besitzungen (17,4%). Die Inseln dienen als Stützpunkt der britischen Marine und Kabelstation.

---

amerikas hervor, ferner 85% der Eisen-, 39% der Zink-, 46% der Bleierze, um 50% des Schlachtviehes und 40% der Fabrikerzeugnisse. Die Seeküste Kanadas wie der Union, die sich in die Kosten der Verbesserung des Sankt Lorenzweges teilen, wird um Tausende von Kilometern verlängert werden.

[1]) Die Schiffahrtsperiode dauert hier etwa von Anfang Mai bis Ende Oktober. 6 (mindestens 4) Monate im Jahre ist Montreals (619) Hafen durch Eis geschlossen. Der nächste Weg von Europa nach der Lorenzmündung würde über Neufundland führen. Projekte, ihn zu verwirklichen, bestehen genug.

[2]) Esquimault (Insel Vancouver) ist Stützpunkt für die britische pazifische Flotte. Über die Fjordhäfen Britisch-Columbias vgl. Bd. I, S. 30

2. Die Vereinigten Staaten von (Nord-) Amerika (Union).[1])

I. Naturverhältnisse. Wie Britisch-Nordamerika zerfällt die Union in eine viel größere, niedrigere, alte[2]), flache atlantische Osthälfte und eine schmalere, kleinere höhere cordillerische, pazifische Westseite. Die Prärientafel rechne ich ebenso wie die junge südöstliche Niederung zur Osthälfte. Klima, s. oben und im folgenden!

II. Die Union nimmt zwischen Britisch-Nordamerika im Norden (wo ihr Alaska, 1,531 Mill. qkm, 55000 Einw., gehört[3]) und Mexico im Süden den größten Teil der günstigeren Südhälfte Nordamerikas ein, 7,841 Mill. qkm mit (1920) 105,8 Mill. Einw. (Volksdichte gegen 13,5 auf 1 qkm, im Osten in manchen Staaten über 100, in den Cordillerenstaaten nie über 10. 1920 waren von je 1000 Einw. 897 Weiße, 99 Neger, 2 Indianer, 2 andere (Japaner, Chinesen usw.). Die einst umfangreiche Einwanderung ist nun kontingentiert, rationiert.[4])

III. Wirtschaft. Allgemeine Charakterzüge. Der Osten, einst Waldland und Prärienboden, klimatisch im Nordosten durch boreales (D 8 b und D 8 a[5]), im Südosten feuchttemperiertes (C 7 a[6]), im Westen Steppenklima (B 3 k[7]) bezeichnet, erst seit Anfang des 17. Jahrhunderts von den Weißen erfolgreich besiedelt, ist heute eines der wichtigsten Ackerbau- und Viehzuchtgebiete der Erde. Der paläozoische Boden birgt außerdem große Mineralschätze, und die Industrialisierung hat neuerdings lebhafte Fortschritte gemacht. Hier liegt das große atlantisch-nordamerikanische Aktionszentrum, dessen Nordrand der kanadische Südosten bildet (s. S. 375).

---

[1]) Vgl. A. Oppel, Wirtschaftsgeographie der Vereinigten Staaten. Halle 1907 (Angewandte Geographie, III. Serie, Heft 2). — Em. Deckert, Das Germanische Amerika (Andree, Geographie des Welthandels. Bd. 3. Frankfurt a. M. 1913. — K. Hassert, Die Vereinigten Staaten von Amerika. Tübingen 1922. Literaturverzeichnis. — E. Kimpen, Die Ausbreitungspolitik der Vereinigten Staaten von Amerika. Berlin 1923. — C. Köttgen, Das wirtschaftliche Amerika. Berlin 1925. — L. Ziegler, Amerikanismus (Weltw. Archiv XXIII, 1926, Heft 1). — A. Salz, Das Land ohne Mittelalter (ebenda). — H. Levy, Die Vereinigten Staaten als Wirtschaftmacht. Leipzig u. Berlin 1923.

[2]) Das meist paläozoische Appalachensystem, an das sich im Westen die kreidezeitliche Prärientafel, im Südosten eine junge Niederung lehnt. Im Norden verwächst es mit der laurentischen Tafel des kanadischen Ostens.

[3]) Kolonialländer sind, abgesehen von Alaska (1868), die Hawaiischen Inseln (1898), Portorico (1899), die Philippinen (1899), Guam (1899), Ost-Samoa (1900), Panamákanalzone (1904), Virgin Islands (1917).

[4]) Vor dem Kriege wanderten in manchem Jahre mehr als eine Million Menschen ein, 1922 nur 265200. Ein neues Gesetz läßt nur je 2% der 1910 gezählten Ausländer zur Einwanderung zu. Danach sind nur für England und Deutschland größere Zulassungsquoten vorgesehen, während die anderen europäischen Staaten sich mit sehr niedrigen Zahlen (Italien z. B. 3990) begnügen müssen. Es sollten vor allem unerwünschte ost- und südosteuropäische Elemente ferngehalten werden. Kanada und Mexico fallen nicht unter die Quotenbeschränkung. 1923/24 wanderten rund 707000 Menschen ein, davon 290030 aus Kanada und Mexico; 76800 aus. 1924 schickten die Einwanderer, die 46 Mill. $ mitbrachten, nach Schätzung 350 Mill. $ in die alte Heimat (nach Italien 100, Deutschland 80, Polen 30, Rußland 25, Griechenland 20, Irland 20).

[5]) Chicago (250 m), 22,4° C im Juli, −4,6° im Jan. Extreme 35° und −26° C. 880 mm Regen (100 im Juni, 50 im Jan.). — Duluth (240 m), 18,9° C im Juli, −12° im Jan. Extreme 33° und −33° C. 790 mm (120 im Juni, 30 im Jan.).

[6]) New York, 23,1° C im Juli, −1° im Jan. Extreme 35° und −18° C. 1140 mm, davon 120 im Aug., 80 im Juni und im Dez. — St. Louis (180 m), 26,2° im Juli, −0,6° C im Jan. Extreme 37° und −22° C 1050 mm, davon 130 im Juni, 50 im Jan. — New Orleans 27,4° und 11,7° C. Extreme 35° und −5°. 1560 mm, davon 170 im Juni, 120 im Febr.

[7]) Denver (1630 m), 22,1 im Juli und −1,6° im Jan. Extreme 36° und −25° C. 370 mm, davon 70 im Mai, 10 im Januar. — Helena (1260 m), 19,4° im Juli, −6,7° C im Jan. Extreme 35° und −32°, 330 mm (60 im Juni, 10 im März).

Der cordillerische Westen ist vor allem ein Gebiet großer Bergbauschätze. Klimatisch gehört er im Innern, abgesehen von den hohen borealen Randgebirgen der Hochländer (D 8 b), der Trockenzone (Steppenklima B 3 k, ja Wüstenklima B 4 k und B 4 h) an, am pazifischen Rande im Norden dem feuchttemperierten (C 7 b, Wald!), im Süden dem sommertrockenen (mediterranen) Klima (C 6 b) an. Das günstige pazifische Randgebiet ist zu einem kleinen pazifischen Aktionszentrum (s. S. 384) geworden, das trockene Innere (B 3 und B 4) ist nur sehr allmählich mittels künstlicher Bewässerung und Dry Farming für stärkere Besiedlung zu erschließen.

Die Wirtschaftsstufe, vor allem des führenden Nordostens, kann als die der wissenschaftlich-technischen Wirtschaft bezeichnet werden. Vor der Wirtschaft Europas hat die der Union den gewaltigen Vorteil eines einheitlichen großen Staatswesens mit riesigen Geldquellen, aus denen die wissenschaftlichen und technischen Untersuchungen, die heute jede erfolgreiche Wirtschaft tragen müssen, viel großzügiger und darum wirksamer fundiert sein können als in dem traurig zersplitterten, überdies mit hemmenden Traditionen, alten Feindschaften unter den Völkern usw. schreckhaft belasteten Europa[1]): Studium und Versuchswesen auf dem Gebiete der Nutzpflanzen und Nutztiere, des Bodens und seiner Fruchtbarkeit, der geologischen Schätze, der Wasserverhältnisse, -kräfte und der künstlichen Bewässerung, der Hafen- und Flottenbauten usw. usw.

a) **Die Erzeugung von Nahrungs- und Genußmitteln** durch die Pflanzenwirtschaft[2]) findet im Osten der Union vorzügliche Begünstigung. Im Westen ist die Ackerbauproduktion beschränkt, liefert aber einige wichtige Spezialitäten (Südfrüchte usw.). Nur für wenige Pflanzenstoffe ist die Union auf Kauf angewiesen.

Der Anbau von Getreide nimmt den größten Teil des Kulturlandes ein und liefert die hauptsächlichen Nahrungsmittel. Die „nordamerikanische Kornkammer" (s. S. 376), in der die Union 18—20% der W. von Weizen[3]) hervorbringt, ist die wichtigste der Erde.

Der Weizenbau ist hauptsächlich in der Osthälfte der Union entwickelt, vor allem auf der Unterstufe der steinfreien, ebenen nördlicheren Prärien, ferner in Teilen des Mississippibeckens und im Ohiobecken, also hauptsächlich im borealen Klima des Nordostens. Im Cordillerenlande hat nur das Columbiatafelland eine größere Produktion. Im Nordwesten der Prärien (Staaten Minnesota, Nord- und Süddakota — Red-Rivergebiet) wird, entsprechend dem exzessiven Winterklima, Sommerweizen gebaut.[4]) Er hat auch auf dem Columbiatafellande größeren Umfang; wie die

[1]) Entweder werden sich die kontinental-europäischen Staaten — also unter Ausschluß Englands — zu den „Vereinigten Staaten von Europa" zusammenfinden, oder der Erdteil und jeder seiner Staaten wird immer weiter in der Weltwirtschaft herunterrangieren.

[2]) 1920 lebten noch 48,6% der Gesamtbevölkerung auf dem Lande. Gegen 27% der Fläche waren improved area. Die meisten Farmen (40%) hatten eine Größe von 40—200 ha, über 23% eine von 20—40, über 23% eine von 8—20 ha. Goldberger findet es bemerkenswert, daß die 5% der Erdbevölkerung, die in den Vereinigten Staaten wohnten (s. S. . . .), zurzeit 25% alles bebauten Areals der Erde, nämlich 1,6 von 6,4 Mill. qkm Ackerlandes in Kultur genommen hätten.

[3]) 12% des improved land waren 1920 damit bestellt; der Durchschnittsertrag je ha mit 0,93 T. war ziemlich niedrig. 1925 wurden nur 18,2; 1924: 23,5 Mill. T. geerntet (dem Werte nach die vierte Ernte des Landes). Vgl. S. 390, Anm. 5 u. 391, Anm. 1.

[4]) Durch Dry Farming gelingt es, den Weizenbau noch immer weiter nach Westen vorzuschieben. Vgl. Finch und Baker.

Durum- und Makkaroniweizen, ist er hart und eiweißreich (entsprechend dem Trockenklima) und wird für Mehlbereitung sehr geschätzt. Südlich schließt sich an die Sommerweizenzone der Winterweizenbelt, der sich von Kansas und Nebraska bis nach Pennsylvanien und Delaware erstreckt. Im westlichen Columbiatafellande, im Willamettetal Oregons, in California und vereinzelt im Cordillerenhochlande[1]) wird ebenfalls der ertragreichere Winterweizen geerntet, und zwar in dem Trockengebiet der Prärien vom südwestlichen Texas bis zum Westufer des Michigansees harter, östlich weicher.[2]) St. Louis (795) ist der Hauptstapelplatz der Union für weichen Winterweizen. Die „Südstaaten" eignen sich wenig für den Weizenbau wegen des Zusammentreffens von hohen Sommertemperaturen mit reichlichem Niederschlag. Die bedeutendsten **Getreidemärkte** sind infolge ihrer Lage Chicago (2,83 Mill.), Minneapolis (401), Duluth (104), Buffalo (528), New York (5,84 Mill.), St. Louis (795), Kansas City (344). Weizenmehlindustrie (Hartweizen!) entwickelte sich besonders in Minneapolis (401) am Mississippi (Wasserfälle, Anfang der Schiffbarkeit), Duluth (104), Superior (40) am Oberen See, St. Louis (795).

Die Ausfuhr von Weizen und Weizenmehl, während des Krieges sehr angestiegen, nimmt bei dem wachsenden Eigenbedarf des Landes und zurzeit auch wegen der schwierigen Absatzverhältnisse im verarmten Europa wohl allmählich immer mehr ab. Ausfuhrhäfen sind die atlantischen Haupthäfen New York (5,84 Mill.), Philadelphia (1,89), Baltimore (762), ferner auch New Orleans (400), San Francisco (530), Seattle (315), Tacoma (100) und Portland (269).

Roggen baut die Union im ganzen wenig[3]), und die Kopfrate hat bisher beständig abgenommen.

Hauptsächlich im Nordosten (oberes Mississippi- und Lorenzseenbecken, auch in der mittelappalachischen Landschaft) mit kurzen Sommern und sandigen Böden, wo Weizen, Mais usw. nicht mehr gut gedeihen wollen, wird er gebaut. Nur etwa ein Drittel der Ernte wird für Nahrungszwecke[4]), besonders von Deutschen, Russen, Skandinaviern usw., der Rest als Tierfutter benutzt.

Der Mais hat vor allem in der südöstlichen Niederung und in der Piedmontregion (Südstaaten) als Nahrungsmittel (wachsende) Bedeutung[5]), da

---

[1]) Der Weizen ist hier, entsprechend dem Steppenklima, das Hauptgetreide (zum Teil künstliche Bewässerung und Trockenfarmen).

[2]) Die Verschiedenheiten im Stärke- bzw. Eiweißgehalt, in Härte und Weichheit des Weizens hängen mit den Niederschlägen eng zusammen (vgl. Pet. Mitt., 1924, 112-116 und 159-163). Großen Schaden richten gelegentlich die Getreidewanze, die Hessenfliege, auch Spätfröste im Frühjahr an. Im Präriengebiet Groß- und Mittelbetriebe, zum Teil noch Raubbau ohne Düngung, Motorpflug (ebener, steinfreier Boden) und Maschinen; im Osten intensiverer Ackerbau mit Düngung, größeren Erträgen, Klein- und Mittelbesitz, wenig Motorpflügen. Eine große Anzahl von Elevatoren (Getreidesilos) ermöglicht den Farmern wie in Kanada die Einlagerung ihres Getreides, das von hier bei günstiger Konjunktur abgesetzt wird. Die Weizen-Kopfrate 1839: 136 kg, erreichte 1879 mit 250 kg ihr Maximum, ist aber seitdem im Sinken (1909: 201, 1925: 150—160).

[3]) 1922 etwa 1,2% des improved land. 1923 wurden 1,6; 1925: 1,24 Mill. T. = etwa 3—4% der W. geerntet.

[4]) Und zur Alkoholbereitung.

[5]) Früher wurden nur etwa 3% der Ernte als Nahrungsmittel verwendet; seit dem Kriege wegen der Teuerung in Fleisch und Weizen mehr. Etwa 20—20½% des improved land waren 1920 und 1921 damit bestellt. Der Ertrag je ha betrug 1,94 T. Die Maisernte ist die wichtigste des Landes Infolge der verschiedenen Lebensanforderungen des Weizens und des Mais pflegt eine gute Maisernte (1925) mit einer mäßigen Weizenernte und umgekehrt zusammenzugehen. Vgl. S. 389, Anm. 3.

Weizen und Roggen hier sehr schlecht gedeihen. Neben der Baumwolle ist der schon von den alten Indianern angebaute Mais (Indian corn) im Baumwollgürtel die Hauptkulturpflanze, aber viel umfangreicher ist sein Anbau in der Südhälfte des oberen Mississippibeckens mit der anstoßenden unteren Prärie einerseits, dem nördlichen Ohiobecken anderseits, Gebieten, die mit ihrem steinfreien, fruchtbaren Boden, der großen Sommerhitze des kontinentalen Klimas (D 8 a[1]) und gleichzeitigen genügenden Niederschlägen etwa $^3/_4$ der vereinsstaatlichen Produktion oder die Hälfte der Weltproduktion liefern.

Im sogenannten „Corn belt" pflegt man 45% der Ackerfläche mit Mais zu bestellen. Darauf beruht die großartige Schweine- und Rinderzucht dieser Gegend.[2]) Der Mais liefert den Haustieren[3]) besonders die Kohlehydrate, die Luzerne das Eiweiß. Die Ensilage in modernen Futtersilos erhöhte die (Grün-) Futterproduktion von der Flächeneinheit beträchtlich. Chicago (2,7 Mill.) und St. Louis (773) sind die wichtigsten Handelsplätze für Mais.

Der (Körner-) Mais ist noch immer ein wichtiger Ausfuhrartikel, doch scheint die Ausfuhr allmählich abzunehmen.[4])

Hafer wird, zumal für die vielen in der Landwirtschaft usw. tätigen Pferde, sehr viel angebaut[5]), am meisten im sommerkühlen Nordosten (D 8 b, im Lorenzstrom- und -seengebiet, im oberen Mississippibecken bis tief in die Prärien hinein.

In den „Südstaaten" der Union kann Winterhafer angebaut werden, doch sind die Erträge, wie beim Mais, hier niedriger als im Norden. In den pazifischen Staaten (C 7 b) wird ebenfalls Winterhafer (Winterregen) geerntet.

Hafer wird ausgeführt.

Die Union erzeugt um 10% der W. von Gerste[6]), hauptsächlich im Osten (oberes Mississippibecken und Red Riverniederung).

Auch im „Western intermountain district" wird verhältnismäßig viel Gerste angebaut[7]), teils mit Dry farming, teils mit künstlicher Bewässerung, da die Gerste an den Boden so geringe Ansprüche stellt; im großen kalifornischen Längstal verdrängt sie darum auch allmählich den anspruchsvolleren Weizen und ist hier bei weitem die wichtigste Getreideart. Gerste wird ausgeführt.

Andere Getreidearten haben nur vergleichsweise geringe Bedeutung.

---

[1]) Durch die binnenländische (nicht zu große) Dürre wird die Qualität, der Eiweißreichtum der Körner gesteigert. Die Union erzeugte 1925: 73,7 Mill. T. = 65—70% der W.

[2]) An die Hälfte aller Schweine und ein Drittel aller Rinder finden sich in den sechs Staaten Illinois, Jowa, Kansas, Nebraska, Missouri und Indiana.

[3]) Pferde und Maultiere sollen etwa 27% der Ernte verzehren, Schweine fast 27%, Rinder 18%, Geflügel 3,6%, Schafe 2,2%. In den Städten wird daraus Maismehl (9,1% der Ernte), Glukose und Stärke (1,5%), alkoholische (früher?) und Malzgetränke usw. hergestellt. Maisöl, s. S. 396.

[4]) Die Kopfrate war 1839: 561, 1859: 678, 1879: 889, 1899: 892, 1909: 704, 1920: 772 kg. Ausf. 1913: 1,25, 1922: 4,16, 1924: 0,47 Mill. T.

[5]) 1920 mehr als $8^1/_2$% des improved land; Durchschnittsertrag je ha 1,26 T. Um 25% der W. Ernte 1925: 23,13 Mill. T. = etwa 35% der W. (?).

[6]) 1920: 1,6% des improved land. Ertrag je ha $1^1/_3$, 1924: 1,43 T. Prod. 1923: 4,09; 1925: 4,75 Mill. T. = über 14,5% der W. geerntet.

[7]) In Colorado steigt sie bis zu 3000 m Meereshöhe an.

Der Reis[1]) wird am meisten in den Südstaaten (C 7 a) angebaut, in den Niederungen längs der Golfküste[2]), wo man das Salzwasser des Meeres durch Deiche den Feldern fernhält. Neuerdings wuchs die Reisproduktion, zumal ins Präriengebiet hinein. Die Yazooniederungen westlich des Mississippi, die atlantische Küstenniederung (Südcarolina, Georgia), die Sacramento-Delta-Ländereien Kaliforniens sind Gebiete minderen Anbaus.

Hirsearten werden für Heugewinnung in der niedrigen Osthälfte der Union (Prärien, südliches Mississippi- und Ohiobecken) ziemlich viel gebaut. Sorghum ersetzt in dem dürren Westen von Texas, Oklahoma und in Kansas den mehr Feuchtigkeit beanspruchenden (Körner-) Mais; auch Grünfutter liefern Sorghumarten hier viel.

Buchweizen wird auf armen Böden der sommerkühlen nordöstlichen Staaten (New York, Pennsylvania usw.) kultiviert.

Knollengewächse haben für die Ernährung der Bevölkerung eine recht untergeordnete Bedeutung.

Selbst unsere Kartoffeln[3]) werden verhältnismäßig wenig angebaut, am meisten längs des Nordrandes des corn belt, vor allem (auf armen Böden) bei Industriestädten[4]) des Nordostens (als Getreideersatz) oder an Orten, die billigen und bequemen Transport dorthin ermöglichen. Frühkartoffeln kommen schon ab März (Florida) aus den Südstaaten auf die nördlichen Märkte. Süßkartoffeln (Bataten) spielen in den Südstaaten eine gewisse Rolle in der Ernährung.[5])

Gemüse und **Hülsenfrüchte**[6]) werden ebenfalls hauptsächlich im niedrigen fruchtbaren, feuchten und gut bevölkerten Osten, vorzüglich bei den großen Städten, aber auch (östlich von San Francisco z. B.) für weite Versendung erzeugt.

Spargel, Kohl, Bleich- oder Stangensellerie (Sumpfgegend von Kalamazoo und westlich von Grand Rapids am Michigansee, auch bei vielen Großstädten des Nordostens), Tomaten (atlantische Staaten Maryland, Delaware, New Jersey usw., Frühtomaten aus Florida; große Tomatenpackerei), Süßmais (corn belt), grüne Erbsen (Nordosten), Zwiebeln, Wassermelonen[7]) (Südstaaten usw.), Bohnen (Michigan, Kalifornien usw.), Felderbsen, Kuherbsen, Erdnüsse (Südstaaten; Nahrung für Menschen und Vieh, auch Heu), mehr mehlig als ölreich[8]), sind zu nennen. Die Herstellung von Gemüsekonserven (Tomaten, Spargel, Mais, Erbsen) blüht besonders in Kalifornien (San Francisco, 530) und in Baltimore (762).

---

[1]) Mehr als 1/4% des improved land 1920. Louisiana brachte 47, California über 18, Texas fast 18, Arkansas gegen 17% der Ernte. 1913/14 wurden 526000, 1920: 1063000, 1924: 693000 T. gewonnen = etwa 00% der W. Die Erträge je ha sind (1924) mit 1,92 T. (Italien 6,29 T.) recht niedrige.

[2]) Hauptsächlich als Wasserreis mit künstlicher Bewässerung. Vielleicht wird künftig Ausfuhr möglich sein.

[3]) 1920 wenig über 3/4% des improvedland; je ha 1909/13 nur 6,52, 1920: 7,4, 1924/25: 8,35 T. Kopfrate 1922: 116 kg gegen 679 im Deutschen Reich. Prod. 1913/14: 9,02; 1923/24: 11,22; 1924/25: 12,38 Mill. T.

[4]) Auch bei San Francisco (530) und Denver (256). Der Kartoffelbau hat neuestens stark zugenommen und dürfte mit der Industrialisierung weiter wachsen.

[5]) Nur 0,2% des improved land.

[6]) Beispielsweise wurden 1925: 315000 T. Erbsen geerntet.

[7]) Im Westen werden stellenweise von September bis in den Spätherbst die Schweine damit gemästet, um den Überfluß nutzbar zu machen.

[8]) Ölreicher sind sie erst in Alabama, Georgia, Florida, Texas. Erdnußöl, s. S. 396.

Der Anbau von **Obstpflanzen**[1]) ist in den Vereinigten Staaten sehr ansehnlich; das Hauptgebiet der (227 Mill.) Apfelbäume (über 1% der Ackerfläche) ist der niedrige Osten[2]), nördlich der mittleren 26° Sommer (Juni bis August)-Temperaturlinie und südlich der mittleren — 10° 30' Wintertemperatur-Isotherme. Äpfel werden (nach Großbritannien namentlich) ausgeführt. New York (5840), Boston (764) im Osten, Portland (269) im Westen sind Ausfuhrhäfen.

Die Pfirsichkultur (Südstaaten, an den südlichen Großen Seen, im kalifornischen Längstal mit künstlicher Bewässerung; Trocknung), die Erzeugung von Aprikosen (Kalifornien), Weintrauben (s. S. 394), Erdbeeren (am meisten im Osten), Orangen (Kalifornien, Umgebung von Los Angeles, Florida südöstlich der Linie St. Augustine—Tampa längs der Küsten[3]), Limonen (Zitronen, Süd-California[4]), Limetten (Südspitze Floridas und Florida Keys), Pomelos (Florida, California), Mandeln (California), Feigen (ebenda), Walnüsse (California und Westoregon), Ananas (Florida[5]), Pflaumen (am meisten California und Oregon), Birnen (hauptsächlich an den Großen Seen und längs der Küste der mittelatlantischen Staaten), Kirschen (Staaten an den Großen Seen), Pekannüsse von den einheimischen Hickorybäumen, einheimische Kastanien, Datteln (Arizona[6]), Buschfrüchte (Brombeeren, Tau-, Him-, Johannis-, Stachel-, Preisselbeeren; am häufigsten an den Seen des Nordostens) seien erwähnt. Bananen gedeihen noch in Florida[7]); sie und Kokosnüsse werden in großen Mengen aus Mittelamerika (s. S. 423) bezogen. Oliven gewinnt man in California (s. S. 396). Sehr bedeutend ist die **Fruchtkonservenindustrie**, speziell die Trocknung von Früchten (Rosinen, Pflaumen, Pfirsichen, Äpfeln). Baltimore (762), San Francisco (530), wohl auch Portland (269, für Pflaumen), sind Hauptzentren dieser Industrie. Der großen Ausfuhr von Obst und Obstkonserven[8]) (Äpfel, frisch und getrocknet, Pflaumen, Büchsenobst usw.) nach Europa usw. steht jedoch eine noch größere Einfuhr gegenüber (s. oben!).

An Zucker erzeugt die Union nur etwa ein Drittel ihres Bedarfs; der Krieg gegen Spanien war vorwiegend ein Zuckerkrieg. Es werden an Rübenzucker (1922/23) 3,8% und an Rohrzucker wenig über 1% der W. von Zucker hervorgebracht bei großem Verbrauch.

---

[1]) Stellenweise werden noch heute Früchte, Samen usw. wildwachsender Pflanzen genutzt.

[2]) Am meisten an den die Wintertemperaturen mildernden Großen Seen, an den Meeresküsten und in Tälern (Hudsontal, Shenandoatal usw.). Die Äpfel aus dem Norden und Kanada sind die besten, die vom Süden die schlechtesten.

[3]) In Nordflorida wurden 1895 die Orangengärten durch Frost völlig vernichtet — eine Folge des Fehlens westöstlicher schützender Gebirge in der Ostunion. In dem zugleich sommerfeuchten und -heißen Klima Floridas haben die Plantagen von Citrusobst sehr unter Schildläusen zu leiden, die jedoch durch Bespritzen mit parasitären Pilzen mit großem Nutzen durch die Wissenschaft bekämpft werden können. In Kalifornien sind Fröste selten. Im Süden, wo $^9/_{10}$ der Ernte erzeugt werden, beginnt die Pflücke in der zweiten Hälfte des Dezember und dauert bis in den nächsten Herbst, im Norden findet die Ernte Ende Oktober bis Ende Dezember statt. Die großen kernlosen Apfelsinen stammen von einem brasilischen Orangenbaum (Düngung und Bewässerung). 1925 wurden 34,5 Mill. Kisten geerntet.

[4]) Zitronen werden aus den Mittelmeerländern eingeführt, da die Früchte Californias und Floridas erst im Spätjahr auf den Markt kommen.

[5]) Vielfach in heizbaren Schattenhallen. Der größte Teil des Verbrauchs wird eingeführt.

[6]) Große Einfuhr.

[7]) Auch die tropischen Mangos und Avocados kommen in Südflorida gut fort.

[8]) Nach den Tropen ist nur eingemachtes oder Dörrobst zu importieren.

Der **Zuckerrübenbau**, erst in den letzten 35 Jahren zu Bedeutung gelangt, hat sich am besten im trockenen Westen (obere Prärie der Gegend von Denver, California, Oasenflecken Utahs und Idahos) entwickelt (mit künstlicher Bewässerung), weil hier der Zuckergehalt der Rüben[1]) und die Zuckererträge je ha höher sind als im östlichen Anbaugebiet (Seenlandschaft, Michigan, Wisconsin, Ohio). Für die **Zuckerrohrkultur** sind nur die Südstaaten, zumal die fruchtbaren Böden des fast frostfreien unteren Mississippideltas in Louisiana, warm und feucht genug.[2])

Der Bedarf der Union[3]) wird besonders aus dem „befreiten" Cuba, dem 20% Zollnachlaß gewährt werden, von den Hawaii-Inseln, Portorico, den Philippinen und Java eingeführt. Die Einfuhrhäfen sind **New York** (5840), das ausschlaggebendes Zentrum für den Zuckerhandel der Erde geworden ist, **Philadelphia** (1895), **Baltimore** (762), **New Orleans** (400).

Das **Zuckersorghumrohr**, im niedrigen Osten zwischen dem Gebiet der Zuckerrübe und des Zuckerrohrs angebaut, hat, im Haushalt der Farmer Sirup liefernd, nur lokale Bedeutung, gleichfalls der **Zuckerahorn** (s. S. 377), der bis Pennsylvanien und Ohio südwärts vorkommt,

Von **Gewürzpflanzen** seien **Paprikapfeffer** liefernde Capsicumarten (Südcarolina, California usw.) genannt. Gewürze werden hauptsächlich eingeführt. **Vanille** (Vanillin) wird künstlich erzeugt.

Alkoholische **Getränke** sind in der Union seit kurzem verboten.

1922 erzeugte das Land über 24% der W. von **Hopfen**, im feuchttemperierten Klima (Oregon, California, Washington) am Großen Ozean, weniger im Osten (Staat New York); 1912 stand die Union noch an der Spitze (über 22% der W.) aller **Bierbrauereiländer**.[4]) **Branntwein**[5]) wird am meisten aus Mais, Melasse, Roggen, Malz und Obst (California) hergestellt, vorwiegend im Osten (Illinois, Kentucky, Indiana usw.). **Apfelwein** wird in den Apfelgegenden (s. S. 393) produziert. An Wein erzeugte die Union bisher etwa 1% der W., außerhalb Californias aus einheimischen veredelten Reben[6]), die gegen die einheimische Reblaus immun sind, während die edlen europäischen Sorten von ihr vernichtet werden. Nur im sommertrockenen mediterranen Klima Californias[7]) ließen sich letztere einbürgern.

---

[1]) In der Gegend von Los Angeles werden Rüben bis über 50 kg (?) schwer. Man braucht sie nicht vor Kälte zu schützen. Sie wachsen in den Frühjahrsregen; dann aber begünstigt die sommerliche Trockenheit die Entwicklung des Zuckergehaltes.

[2]) Die Produktionskosten sind hoch, die Erträge geringer als im tropischen Klima. Wenn die Erntezeit naß ist, treten Mißernten ein, ja, es kann vorkommen, daß sich in den Stengeln überhaupt kein Zucker bildet. Nur durch Schutzzölle wird die Kultur hier aufrechterhalten.

[3]) 1920 und 1921 je rund 4,1 Mill. T. Die Union beherrscht fast 40% der W. von Zucker (Cuba eingeschlossen). 1913 wurden 2,06, 1924: 3,75 Mill. T. ein- und 20000 bzw. 200000 T. ausgeführt.

[4]) **Milwaukee** (477) am Michigansee war Hauptzentrum der Mälzerei. Die **Bierproduktion** war hauptsächlich im Osten (Staaten New York, Pennsylvania, Illinois usw.) verbreitet. „Sprucebier" aus jungen Trieben der Schwarzfichte ist beliebt.

[5]) 1920/21 rund 4 Mill. hl.

[6]) Am Südufer des Eriesees, am milden Südostufer des Michigansees wie an den Finger Lakes des Staates New York; die Seen mildern die Winterkälte. Das hier gewonnene Weingetränk hat einen unangenehmen Beigeschmack, der wie es scheint, in allen sommerfeuchten Ländern auftritt (s. S. 202 u. 460). Seit der Trockenlegung werden Weintrauben und Traubensaft produziert.

[7]) Zwei Drittel der vereinsstaatlichen Weinbaufläche. **Tafeltrauben**, **Rosinen** (San Joaquintal bei Fresno; Sommerdürre); **Weinsorten**, vorwiegend süß und alkoholreich (von Sacramento an nach Süden). Auch **Korinthen** werden produziert; doch noch Einfuhr. Weintraubenernte der Union 1925: 1,97 Mill. T.

Tee, Kaffee und Kakao werden in größeren Mengen eingeführt.

Für den **Teestrauch** ist das Klima der südöstlichen Staaten an sich wohl geeignet, aber es fehlen billige und geschickte Arbeiter; auch beeinträchtigen die gelegentlich eintretenden Kälterückfälle und Regenmangel das schnelle Nachwachsen der Blätter bzw. die Zahl der Pflücken.[1]) Die Union verbraucht über die Hälfte der W. von **Kaffee**[2]) und ist der größte Verbraucher von **Kakao**.[3]) Herstellung und Ausfuhr von Kakaopulver und Schokolade sind erheblich. **Zichorie** wird in verschiedenen westlichen Staaten (Nebraska usw.) angebaut.

Unter den **Reizmitteln** ist der **Tabak**, von dem die Union ungefähr ein Drittel der W. hervorbringt, in Amerika einheimisch. Die Tabakpflanze wird fast ausschließlich in der Osthälfte der Union, hauptsächlich in dem niedrigen Land beiderseits der südlichen Appalachen, angebaut.[4]) Die Ernten unterliegen ziemlichen Schwankungen. **Louisville** (257) am Ohio ist Hauptmarkt für Rohtabak, **St. Louis** (795) für Kau- und Schnupftabak. Um 45% der Tabakblatternte werden nach den europäischen Ländern ausgeführt, dagegen wird Zigarettentabak aus Griechenland und Deckblätter für Zigarren aus Niederländisch-Ostindien eingeführt.

Sehr bedeutend ist die **Zigarren- und Zigarettenindustrie**, hauptsächlich in den Konsumzentren nahe den Rohstoffgebieten: **New York** (5840), **Philadelphia** (1895), **Cincinnati** (405), Pittsburg (608). Zigarren und vor allem Zigaretten werden ausgeführt.

Von **Arzneipflanzen** sind erwähnenswert die **Kampferbäume** (Florida, Texas[5]), die **Pfefferminze** (s. S. 396), die amerikanische **Ginsengwurzel** (Panax quinquefolium), im Nordosten wild, neuerdings auch für Ausfuhr nach Ostasien angebaut. Hierhin kann man auch die Gewinnung von **Terpentinöl**, das zugleich technischen Zwecken dient, rechnen. Die Union ist mit (1919/20) etwa 60% der W. das wichtigste Erzeugungsland. Besonders die reichen Bestände von Terpentinkiefern in den Südstaaten (Nord-, Südcarolina, Georgia, Alabama usw.) liefern das Öl und Harz (Terpentin), weniger die Weihrauchkiefer, die Weymouthskiefer, die Balsamtanne und andere Bäume.[6]) Hauptmarkt ist **Savannah** (88). Harz und Öl sind wichtige Artikel der Ausfuhr, besonders nach Europa. **Rizinusöl**, s. unten.

---

[1]) Große Einfuhr aus Südostasien. **Teeverbrauch** 1913: 0,44; 1918: 0,63; 1921: 0,30 kg je Kopf.

[2]) Über $^2/_3$ der brasilischen Produktion. **New York** (5840) ist der wichtigste Kaffeemarkt der Erde, **Chicago** (2833) und **St. Louis** (795) sind wichtigste Binnenmärkte. Die Kolonien (s. S. 252, 232, 425) liefern wenig. Verbrauch je Kopf 1913: 4,03; 1917: 5,60; 1921: 5,48 kg.

[3]) Verbrauch 1913: 0,62; 1917: 1,67; 1921: 1,02 kg je Kopf.

[4]) 1920 gegen 0,4% des improved land. 1920: 684000, 1925: 612000 1. = etwa 40% der W. (1920: Kentucky 31, Nordcarolina mehr als 25, Virginia gegen 12, Tennessee $5^1/_2$, Südcarolina mehr als 4,4; Wisconsin 4,1, Ohio 4, Pennsylvania 4, Connecticut 2,4, Maryland 2% der Ernte). Im Connecticuttale, in Florida, auch Georgia, wird besonders Deckblatt erzeugt, vielfach unter einem ausgespannten Gazedach, das zu grelles Licht, übermäßigen Regen, Frost- und Insektenschaden von den Blättern fernhalten soll. Für Kau- und Rauchschnitt-Tabak wird besonders der „Burley"-Tabak Kentuckys, des anstoßenden Indiana, Ohio und Westvirginia verwendet. 1924 wurden 247800 T. Rohtabak aus- und 30270 T. eingeführt.

[5]) Man gewann Kampfer aus den Blättern und jungen Sprößlingen, doch hat neuestens Krankheit die Kulturen nahezu vernichtet.

[6]) Nach **Mayr** ergibt sich für jeden Harzbaum eine einfache Beziehung zwischen Harzproduktion und Klima des Standorts, welche dahin lautet, daß die Abnahme in der Harzmenge mit der Abnahme in der Wärme des Klimas genau parallel läuft.

Ölpflanzen. Die Baumwolle (s. S. 400f.) liefert als wichtigsten Ölstoff die Baumwollsaat; erst seit etwa 50 Jahren entstand in den Baumwollstaaten die Ölindustrie. Baumwollsaatöl beherrscht den Ölmarkt und wird in großen Mengen ausgeführt.[1]) Leinsaat (Nord- und Süddakota, östliches Montana, Minnesota) gewinnt man von einer Flachspflanze fast in demselben Gebiet, in dem der Frühlingsweizen erzeugt wird. Die Produktion verschob sich immer mehr in die obere Prärie und ging neuerdings stark zurück[2]); Duluth (104) am Oberen See ist Hauptmarkt. Die Leinölindustrie (in Minneapolis [401], Chicago [2833], New York [5840], Cleveland [855], Cincinnati [405], Buffalo [528]) ist immer mehr auf Einfuhr angewiesen. Leinöl wird ausgeführt.

Die Kultur der Sojabohne[3]) hat sich im Osten der Union, namentlich in Nordcarolina, stark ausgebreitet, auch findet eine große Einfuhr von Sojabohnenöl usw. aus Ostasien (s. S. 179) über Seattle (316) statt. Während des Krieges haben die Amerikaner die Kopraeinfuhr (aus den Philippinen usw., s. S. 254) und die Herstellung von Kokosöl im großen entwickelt. Maisöl dient technischen Zwecken. Erdnußöl (s. S. 392, Anm. 8) kommt neben Baumwollsaatöl schwer auf. Oliven, bei Los Angeles im südlichen Kalifornien, auch bei San Francisco und in Arizona, werden wenig zur Ölgewinnung benutzt. Der Rizinusbaum wird in den Südstaaten und (mit geringeren Erträgen) in California angebaut.[4])

Von **ätherischen Ölen**, die in Mengen gewonnen werden, seien Pfefferminz-, Krauseminz-, Feldminzöl von im Nordosten und im Küstengebiet Oregons und Washingtons (Willamettetal) angebauten Menthaarten[5]), Spruceöl aus Nadeln und jungen Trieben der Hemlocktanne, Thujaöl (Lebensbaum), Zedernblattöl, Chenopodiumöl (Wurmsamenöl), kalifornisches Lorbeeröl, Eukalyptus-, Wermut-, Wintergrünöl[6]), Dillöl, Zitronenöl (California), Rosenöl (Oregon, Florida), Geraniumöl[7]) (Florida), Kampferöl genannt. Terpentinöl, s. S. 395. Viel Einfuhr (z. B. von Zitronell- und Lemongrasöl aus Südasien), auch aus Europa (Zitronen-, Pomeranzen-, Lavendel-, Bergamottöl usw.), ist noch nötig.

Die **Erzeugung von tierischen Nahrungs- und Genußmitteln** ist von der Verbreitung von **Futterpflanzen,** vor allem von der ihres Anbaues abhängig.[8])

---

[1]) Auch Baumwollsaatmehl und Ölkuchen werden nach Europa ausgeführt. Aus ersterem, das einen großen Prozentsatz Ammoniak enthält, stellen die Ölmühlen zum Teil auch künstlichen Dünger her. Die Rückstände liefern Pech, die Samenschalen Kleie, Futterstoff, Fasern zur Herstellung von Papier, Heizmaterial und Düngungsstoff. — Regenwetter zur Erntezeit entwertet die Samen und das daraus hergestellte Öl bedeutend (s. S. 401). 1925 wurden 6,9 Mill. T. Baumwollsaat geerntet.

[2]) Prod. 1924: 697000, 1925: 559000 T. = 1923 etwa 17—18% der W.

[3]) Sie scheint freilich mehr als Schweinefutter denn zur Ölgewinnung benutzt zu werden.

[4]) Das Samenöl hat neuestens auch als Schmiermittel für Flugzeugmotoren Bedeutung bekommen.

[5]) In dem pazifischen, feuchttemperierten Gebiet sind die Pfefferminzöle reicher an Menthylacetat und Menthol als im Osten, auch wird dort früher geerntet. Im Frühjahr müssen für den gewöhnlich sehr weichen Boden, ähnlich wie in dem Selleriegebiet von Kalamazoo (s. S. 392), die Hufe der Pferde mit aus Holz und Leder bestehenden Schuhen versehen werden.

[6]) Die Qualität des Pennsylvaniaöls ist dem aus südlicheren Gegenden überlegen. Dasselbe trifft auch auf Gaultheriaöl zu.

[7]) In kalten Nächten durch Bedecken mit Heu zu schützen; die Ölausbeute der in der regenreichen Jahreszeit vorzunehmenden Ernte leidet; im sommertrockenen Kalifornien sind die Ergebnisse bessere.

[8]) Wildheu wurde 1920 auf 3, Saatheu auf 11,4% des improved land geerntet, 1913: 64,1; 1925: 99,5 Mill. T. Es pflegt die drittwichtigste (nach dem Werte) Ernte der Union zu sein (hinter Mais und Baumwolle). Natürlich ist vor allem auch des Mais (s. S. 390f.), der Gerste (S. 391) usw. zu gedenken.

Am größten ist das Areal von Heu- und Futterpflanzen im Osten nördlich der Ohiolinie; in den Südstaaten sehr klein, in den Cordillerenstaaten mehr flecken- als flächenweise anzutreffen.

In den Nordoststaaten begünstigen kühle Sommer mit reichlichen Regen, doch genügenden Trockentagen zum Einholen der Ernte, Winterschnee, feuchte Moränenböden, starke Nachfrage nach Milch usw. den Futterbau. Östlich des Missouri stehen Klee, Timothe und Silagemais als Futterpflanzen im Vordergrund, in den trockenen Gebieten westlich des Missouri die Luzerne (Alfalfa), in den Prärien bilden die Präriengräser das Heumaterial, gegen Süden auch Luzerne, Mais und Sorghum (s. S. 392). Im trockenen Cordillerenland nimmt die Ernte von Heu- und Futterstoffen auf 44% der Kulturfläche unter den Kulturen den ersten Rang ein und wird in Fleisch, Butter usw. umgewandelt. In den Tälern ist die Luzerne die Hauptfutterspenderin. Die meisten Schnitte gibt sie in den warmen Südweststaaten. In Kalifornien sind Luzerne und Grüngetreide, im feuchttemperierten pazifischen Randgebiet Grüngetreide, Timothe und Klee charakteristisch. Futterrüben scheinen keine größere Rolle zu spielen. Ölkuchen liefert die Ölindustrie (s. S. 396, Anm. 1).

Der wichtigste Zweig der Tierhaltung ist die Rinderzucht.[1])

Sie ist am stärksten im Corn belt (s. S. 391), also in den Zentralstaaten, im oberen Mississippibecken mit den anstoßenden Prärien; auch Oklahoma und Texas[2]) besitzen auf den südlichen Prärien viele Rinder, ebenso die Seenstaaten nördlich der Ohiolinie und die Nordoststaaten; im Westen sind etwa das San Joaquintal und das Willamettetal hervorzuheben. Mastvieh wird am meisten im westlichen Teil der Maiszone gehalten, auch in den Hochlandstaaten des Cordillerenwestens ist seine (extensive) Haltung vor anderen Wirtschaftszweigen rentabel. Das Vieh wird oft noch von hier zum Fettmachen in die Maiszone gesendet[3]), ehe es in die großen Fleischpackereien, die vornehmlich in der Maiszone liegen (in Chicago, 2833, Kansas City, 344, St. Louis, 795, Omahá, 201, St. Joseph, 78, Sioux City, 77, St. Paul, 240, Denver, 268), wandert. Millionen von Rindern und Kälbern werden hier für den dichtbevölkerten Nordosten geschlachtet; auch wird viel Rindfleisch nach Europa usw. ausgeführt[4]).

Fast 38% der Rinder sind Kühe.[5]) Das **Meierei-** und **Molkereiwesen** hat sich hauptsächlich in den nordöstlichen Staaten mit kühlem, feuchtem Sommerklima: Wisconsin, New York, Minnesota, Pennsylvania, Illinois usw. entwickelt. Milch und Sahne in der Nähe der großen Städte, Butter, Käse, auch kondensierte Milch sind ihre Produkte.[6])

---

[1]) 1920: 68,4, 1925: 64,93 Mill. = gegen 12% des Weltbestandes.

[2]) Das Texasfieber, eine 1889 in ihrer Art erkannte Rinderseuche ist wohl an die feuchttemperierten Gebiete der Südstaaten gebunden.

[3]) Denver (268) am Ostfuße der Rocky Mountains ist das Verteilungszentrum für den Viehhandel der Felsengebirgsstaaten.

[4]) Selbst in dem schlechten Jahre 1925 produzierte die Fleischpackerindustrie fast 6 Mill. T. Fleischprodukte.

[5]) 1925: 25,32 Mill. In dem dürren Arizona sind nur 4% der Rinder Milchkühe.

[6]) 1914: 356000 T. Butter und 171000 T. Käse; 1914: 401000; 1919: 921000 T. kond. Milch; Milwaukee (477) wird die „Sahnestadt" genannt.

Schweine, von denen die Union etwa 20 oder 21% der Gesamtzahl auf der Erde besitzt[1]), werden fast ausschließlich in der niedrigen feuchten Osthälfte gehalten, am meisten (etwa zur Hälfte) in der Maiszone (s. S. 390f.), danach auch in den Meiereidistrikten nördlich davon, selbst in den Südstaaten. Das meist trockene Cordillerenland zieht (außer dem kalifornischen Längstal und dem Willamettetal) sehr wenige. Schweinefleisch kommt aus den großen Packereizentren (s. oben) auch zur Ausfuhr.[2])

Die Verbreitung der Schafzucht[3]) ist bis zu einem gewissen Grade das Gegenbild von der Schweinezucht. Das Schwergewicht[4]) liegt in der Cordillerenhälfte, freilich mit Wolle (s. S. 402) als Hauptzuchtziel. Im Osten wird hauptsächlich im Ohiobecken, auch Fleischschafzucht für die Märkte des Nordostens betrieben.

Die Zucht der Ziege[5]) (in den trockenen Bergen des südwestlichen Texas, New Mexicos und Arizonas, auch in den Südstaaten und im mittleren Mississippital) kann wohl stellenweise das Rind ersetzen.

Die Geflügelzucht[6]) hat nur in dem landwirtschaftlich entwickelten Osten mit seinen vielseitigen Futtermöglichkeiten und seiner starken Nachfrage nach Eiern in den Industriegebieten größeren Umfang. Auch im pazifischen Randgebiet wirkt der Einfluß der großen Konsumzentren (Los Angeles, 665, San Francisco, 530, usw.) belebend.

In dem vereinsstaatlichen Alaska hat man aus der Alten Welt Renntiere eingeführt, die nicht nur für die Eskimos nützlich sind, sondern auch aus groß angelegten Farmen bereits in erheblicher Zahl in die Fleischpackereien von Chicago versandt werden.

Die **Jagd** (auf Hirsche, Hasenarten, Federwild usw.), die den alten Indianern, zumal in den Prärien Hauptnahrung bot[7]), spielt für die Ernährung des Menschen nur noch eine ganz geringe Rolle.

Erhebliche Zuschüsse zur Nahrung bietet dagegen die Fischerei.[8])

Die Binnenfischerei ist in der gewässerreichen Osthälfte der Union am meisten entwickelt und wird durch Aussetzen von Fischbrut usw. gefördert. Wichtiger ist die Seefischerei, wohl die bedeutendste der Erde. An der pazifischen Küste von Alaska bis nach Nordkalifornien wird großer Lachsfang betrieben.[9]) Salzereien

---

[1]) 1840: 26,3; 1880: 49,8; 1910: 58,2; 1925: 54,23 Mill. Die Relativziffern auf 100 Einw. gingen fast beständig zurück.

[2]) 1923 wurden 970000 T. Schweinefleisch, -schmalz usw. ausgeführt (bei 1,04 Mill. T. Gesamtexport an Fleischwaren).

[3]) 1925: 39,13 Stück = etwa 7% der Weltziffer.

[4]) 62% aller (erwachsenen) Schafe werden hier gehalten.

[5]) 1920: 3,56 Mill. = etwa 2,5% der Weltziffer.

[6]) 94,8% alles Geflügels sind Hühner, 1,5% Gänse, 1,2% Truthühner, 1% Enten, 0,9% Tauben.

[7]) An die Stelle der Millionen Bisons sind unsere Haustiere getreten. Die Indianer hielten Hunde, Truthühner und Enten als Haustiere.

[8]) Der Nordosten hat die Führung. Die mittelatlantischen und die Neuengland-Staaten fischen um die Hälfte der ganzen Erträge. Alaska und die pazifischen Küstenstaaten ein Viertel. Um 200000 Menschen sind in der Fischerei tätig. Die Hitze der südlichen Meere beschränkt die Marktfähigkeit der dortigen Fänge, da sie leicht verderben.

[9]) Im Columbia R. und anderwärts mit Wasserrad. Im Norden sind die Erträge reicher als im Süden. Alle vier Jahre soll eine gute Ernte zu erwarten sein. Auch „Freezing-Plants", die Heilbutt, Lachs usw. gefroren verschicken, gibt es mehrere Dutzend.

(Salteries) und Konservenfabriken (Canneries) arbeiten auch für Ausfuhr. San Francisco (530) und Seattle (315) sind Haupthandelsplätze. Der Kabeljau ist der Hauptfangfisch auf der Neufundlandbank (s. S. 379) und auf den zahlreichen kleinen Bänken vor der Neuenglandküste. Boston (764) und Gloucester (23) sind im Nordosten die wichtigsten Fischereihäfen. Doch wird der Fisch auch auf den Gründen des nördlichen Großen Ozeans und des Beringmeeres gefangen. Andere Fangfische des Meeres sind der Shad (ein Maifisch der atlantischen Küste), die Makrele, der Menhaden, der Schellfisch, der Hering (atlantische Küste, Inlandsee Südostalaskas), der Heilbutt[1]), der Blaufisch usw. Die Sardinenindustrie hat sich an der Küste des Staates Maine lebhaft entwickelt. Die Austernzucht der Chesapeakebai (Staat Maryland[2]), des Long Islandsundes (bei New York), an der Küste der Südstaaten[3]), an der pazifischen Küste nördlich von San Francisco macht die Union zum weitaus wichtigsten Austernlande der Erde. An der atlantischen und Golfküste werden auch Klammuscheln und an der Neuenglandküste Hummern gefischt. Die Fischkonservenindustrie (Baltimore, 762) macht außer Lachsen auch Sardinen und Austern ein.

Von **mineralischen Nahrungsmitteln** (und Zugehörigem) wird Salz, das oberflächlich im feuchten Osten fehlt, als Steinsalz (Michigan, Louisiana usw.) ein wenig durch Grubenbetrieb, viel mehr aus natürlichen oder künstlichen Solen (New York, Michigan, Ohio usw.) gewonnen; im trockenen Binnenwesten dient auch der Große Salzsee der Salzgewinnung.[4]) Meersalinen, rentabel in einem Klima mit langer, heißer Trockensaison, werden mit Benutzung der Gezeiten an der San Francisco-Bai betrieben.[5])

Trinkwasser ist im feuchten Osten, auch in den pazifischen Nordstaaten, in Gewässern, in hochstehendem Grundwasser wie in artesischem Wasser reichlich vorhanden[6]). In dem größten (oberflächlich wasserarmen, ja wüsten) Teil der Cordillerenhälfte kommt artesisches Wasser in Betracht. Wasserleitungen sind bereits sehr verbreitet. Natureis wird in den längeren Frostperioden ausgesetzten Landesteilen gewonnen, viel mehr künstliches Eis von der Kälteindustrie in den großen Konsum-

[1]) An der Küste Südost-Alaskas wird er bis 200 und mehr kg schwer.

[2]) Soweit Ebbe und Flut reichen, gehen die Austern auch in die Nebenbuchten dieses versenkten Flußtals; der aus Sand und Felsen bestehende Grund, die zahlreichen geschützten Stellen, die milde Wassertemperatur, die Milderung des Salzgehaltes durch Süßwasser, die von letzterem hineingetragene reichliche Nahrung sind günstig. Zum Teil sind die Austernlager „gepflanzt". Zentrum des Fanges ist Baltimore (762); hier große Austernpackerei.

[3]) In mit künstlich gehärtetem Boden versehenen seichten Buchten (bis Galveston). Hier wird die große virginische Auster am größten, und man importiert sie nach Norden zur Mästung. Hier im kalten Norden sterben die sich zu wenig tief ansetzenden jungen „nativen" Austern winters ab, wenn sie nicht auf tiefere wärmere Stellen verpflanzt werden. Sie sind weniger geschätzt als die südlichen.

[4]) Hier wie im Salzfeld von Salton wächst das Salz nach.

[5]) In den Neuenglandstaaten, wo ebenfalls Lagunensalz gewonnen wird, hat man Regendächer errichten müssen, um die Salzernte zu schützen. 1923 wurden 1,91 Mill. T. Steinsalz, 2,14 Mill. T. Sudsalz gewonnen, und der Salzgehalt unmittelbar verbrauchter Sole betrug noch 2,33 Mill. T. Vgl. Bd. I, S. 155 f.

[6]) In der atlantischen Küstenebene sind in den inneren Randstädten die Verhältnisse für Erlangung von artesischem Wasser günstiger als in den ozeanwärts oder am Ozean gelegenen Städten, die meist viel tiefer bohren müssen, um ein genügend reiches Wasserniveau zu erreichen. Nach J. Partsch mußte die neue Wasserleitung von New York, aus den Catskillbergen (Ashokan- und Kensicotalsperre) kommend, 335 m tief im festen Fels den Hudson unterfahren. Das Wasser dient zugleich, um die Kosten der Trinkwasseranlagen zu tilgen, der Elektrizitätserzeugung; ebenso in San Francisco (240 km entfernte Hetch-Hetchysperre), wo 200000 PS erzeugt werden, und bei Los Angelos.

zentren und in den Produktionsgebieten von Obst, Butter, Fleisch, Fischen usw. hergestellt.[1]) Mineralwässer (auch Thermalquellen) sind hauptsächlich im Osten, im Gebiet des alten Appalachensystems zu finden; die Ausnutzung (Virginia, New York, California, Pennsylvania usw.) hängt natürlich auch von Volksdichte, Wohlstand usw. ab.

Mineralische Düngemittel sind weit verbreitet; nur an Kalisalzen litt die Union bisher Mangel.

Äußerst reich sind die Vereinigten Staaten mit Phosphaten ausgestattet. Im (landwirtschaftlichen) Osten werden amorphe Phosphate (organischer Entstehung) an der Westküste Floridas (am reichsten in der Zementationszone!) abgebaut, weniger in Tennessee, Kentucky usw. Es findet Ausfuhr (über Tampa, 53), Ferdinandina usw.) statt.[2]) Weit größere (oolithische) Lager (mehrere Flöze, anscheinend in nicht zu großer Tiefe) endeckte man in dem Kalkstein des Oberkarbons der Cordillerenstaaten Wyoming, Idaho, Utah; wegen ihrer Abgelegenheit von den hauptsächlichen Verbrauchsstätten und den Häfen hat man diese Lager erst 1920 in Angriff genommen, als der einheimische Verbrauch sehr stieg. Stickstoff gewinnt die Union (außer im Stalldünger) aus Kohle (s. S. 408) und aus der Luft (s. S. 410), muß aber noch viel Chilesalpeter einführen.[3]) Die Nachrichten von Entdeckung größerer Kalilager in den Cordillerenstaaten sind mit Vorsicht aufzunehmen. Da die Produktion von Kali, aus verschiedensten Quellen[4]), gering ist, findet große Einfuhr statt. Für den feuchten Osten dürfte Zuführung von Kalk, dessen Lager wohl fast überall genügend vorkommen, dringlicher sein als in der trockenen Cordillerenhälfte; auch mit Gips (s. S. 406) wird gedüngt. Kunstdüngerfabrikation hat sich in den Baumwollstaaten (s. S. 396, Anm. 1), z. B. in Wilmington, 116), entwickelt.

b) Für Kleidungszwecke kommt in den heißen Sommern des überwiegend größten Teiles der Union (s. S. 388) hauptsächlich die Baumwolle[5]) als Textilstoff in Betracht.

Der Baumwollbau (seit 1607 im Staate Virginia versucht) nahm (in den Südstaaten) erst erhebliche Ausdehnung an, als (1793) eine brauchbare Egreniermaschine[6])

---

[1]) Der Verbrauch von Eis ist natürlich auch vom Klima abhängig.

[2]) Prod. 1913 mehr als 40, 1920 wohl mehr als 50% der W. Mehr als ein Viertel der Produktion wurde 1920 ausgeführt. 1924 produzierte die Union von der W. (7,3 Mill. T.) 38,2% (1923: 3055300 T.). Es wurden 1922: 2788000 T. Superphosphat hergestellt.

[3]) 1913 einige 20%, im Kriege (für Munition) 70% der chilenischen Produktion (s. S. 446). Die Lager im Death Valley Kaliforniens scheinen nicht abbauwürdig zu sein. In Arizona sollen in der Nähe von Miningtown gewaltige Vorkommen entdeckt sein. An Stickstoffprodukten wurden gewonnen Salpeter und Cyanamid 1922: 35600, Ammoniumsulfat 473600 T.

[4]) Aus Salzsolen, Alaunlagern, Seetang, Rückständen der Melassedestillerien, Zuckerraffinerien Zementfabriken, Hochöfen, aus Feldspat. 1916 wurden 97000, 1924: 22900 T. Reinkali erzeugt. Der Drang, das deutsche Kalimonopol zu brechen, war auch ein Kriegsmotiv. Man fand Kali im trockenen Südwesten, z. B. bei Santa Rita (Neu-Mexico), auch in Utah. Bohrungen in Texas und Kalifornien sollen Vorräte ergeben haben, die für einen erfolgreichen Wettbewerb gegen das europäische Kali genügen würden. Für weitere Nachforschungen sind große Summen ausgeworfen.

[5]) Etwa 7,2% des improved land waren 1920 (1923/24: 150260 qkm) abzuernten. Die Erträge je ha (1923/24: 150 kg) sind ziemlich niedrig. Von der Ernte (1920: 13,44 Mill. B. = rund 3 Mill. T.) erntete Texas mehr als 32%, Südcarolina gegen 12, Georgia gegen 11, Oklahoma 10, Arkansas 9, Mississippi 6,8, Nordcarolina 6½, Alabama 5, Louisiana 3, Tennessee 2,4, California mehr als 1 und Arizona 0,8%. 1925 wurden 15,6 Mill. Ballen geerntet im Werte von 1,42 Milliarden $. Nächst der Maisernte ist B. das wichtigste Erzeugnis.

[6]) Zur „Entkörnung", d. h. Trennung der Samen von der Faser.

erfunden war, und mit Nutzbarmachung der Dampfkraft für die erfundenen Textilmaschinen von England aus eine große Nachfrage nach Baumwolle entstand. Seitdem bildete sich von Osten gegen Westen[1]) der heutige Cotton belt (Baumwollgürtel) der Union heraus. Gegen Norden (etwa bei 37° nördl. Br.) setzt die abnehmende Wärme die Grenze[2]); die frostlose Jahreszeit[3]) möchte nicht weniger als 200 Tage betragen. Die Teilung in eine Regen- (für das Wachstum) und eine Trockenzeit für Blüte und Ernte ist nur mäßig ausgesprochen vorhanden.[4]) Im Westen setzt zu große Dürre, die Abnahme der Niederschläge auf weniger als etwa 580 mm dem Cotton belt die Grenze.[5]) Im Osten muß man, nach dem langen einseitigen Anbau, stark von künstlichen Düngemitteln Gebrauch machen. Obwohl noch nicht 30% der Fläche im Cotton belt unter Kultur sind, ist die Aussicht auf Vergrößerung der Anbauflächen gering, zumal seit 1892 der aus Mexico eingewanderte Kapselkäfer (Boll weevil) und seit 1916 der rote Kapselwurm (ebendaher) großen Schaden anrichten.[6]) Inzwischen ist der Eigenverbrauch der Union an Baumwolle dauernd gewachsen.

Die **Baumwollindustrie**[7]) sitzt in den Baumwolle einführenden Neuengland- und mittelappalachischen Staaten (Massachusetts 32% aller U.-S.-Spindeln) nahe den Kohlen des Appalachenreviers oder an Wasserfällen, nahe dem Meere (Überseeabsatz) und den großen Konsumgebieten, und in den baumwollerzeugenden Südstaaten (56,5% der Gesamtspindeln der Union 1922), besonders in Nord- und Südcarolina, meist an der „Wasserfall-Linie". Die Ausfuhr von Baumwollwaren nahm beständig zu.[8]) Bisher wird noch etwa ein Drittel der Rohbaumwolle (nach Europa) ausgeführt. Galveston (41) und New Orleans (400) sind Hauptausfuhrhäfen.[9])

Ein wenig Flachs (1915: 6000 T.) wird im Lorenzseengebiet (Michigan, Wisconsin, Minnesota) erzeugt; man will die Produktion steigern und eine nationale

[1]) Das Schwergewicht verlegte sich immer weiter nach dem günstigeren Westen, bis nach Texas (kalkhaltige Böden). So wurde auch erst Charleston (70), dann Savannah (88), dann New Orleans (400), jetzt Galveston (41) wichtigster Exporthafen.

[2]) Ungefähr die durchschnittliche Sommer-Temperaturlinie von 22,2° C.

[3]) Die Baumwolle stirbt zum Winter und muß jährlich neu gepflanzt werden. Spätfröste richten gelegentlich Schaden an.

[4]) Trotzdem ist es der Energie der Amerikaner gelungen, die Union zum ersten Baumwolllande der Erde zu machen. Längs der Golfküste wird wenig, in Florida so gut wie keine B. angebaut, teils, weil der Regenfall im Herbst zu groß, teils, weil der Boden ungeeignet (sumpfig oder sehr sandig) ist.

[5]) Mit künstlicher Bewässerung schiebt man jedoch den Anbau noch weiter nach Westen vor; im dürren Pecostal soll die ägyptische B. gedeihen. Am meisten wird Gossypium hirsutum (aus Mexico), die sogenannte amerikanische Uplandsorte (im höheren Binnenlande) angebaut, die eine mittelstapelige Faser liefert; die 1785 aus Westindien eingeführte langstapelige Sea Islandbaumwolle (1918 etwa 0,6% der Gesamternte), die im Küstengebiete und auf den Inseln Südcarolinas, auch im südlichen Georgia und nördlichen Florida gedieh, scheint praktisch durch den Bool-weevil vernichtet zu sein (1920 nur noch 1870 Ballen). Man hat aber gewisse langstapelige Uplandsorten als Ersatz (besonders mit ägyptischer Baumwolle für die Autoreifenindustrie) herauszüchten können. Ägyptische Baumwolle wird in den wüstenhaften Strichen der Staaten Arizona (Salt River Valley) und California (Süden) mit künstlicher Bewässerung gezogen (0,4% der gesamten Ernte; Einfuhr). Die Baumwollpflücke beginnt im Osten um Anfang August und dauert bis Mitte Dezember im Westen.

[6]) Das sommertrockene Kalifornien und das dürre Arizona sind wenig von Schädlingen bedroht. Hauptschutzmittel gegen den Boll weevil ist Züchtung frühreifer Sorten.

[7]) Von (1922/23) 156,4 Mill. geschätzten Baumwollspindeln besaß die Union an 24%. Der Baumwollverbrauch betrug 1909/13: 5; 1922/23: 6,49; 1925: 5,42 Mill. Ballen (zu je etwa 217 kg).

[8]) 1912/13 wertete sie 53,7; 1919: 152; 1923: 86 Mill. Dollar. 1917 führte freilich Großbritannien noch etwa 7—8mal soviel aus wie die Union.

[9]) Großbritannien, Deutschland, Japan, Frankreich, Italien, Spanien, Belgien waren 1920/21 die wichtigsten Abnehmer. Ausf. 1913 für 575; 1923: 795, Einf. 19 bzw. 51 Mill. $. Ausf. 1924: 1,58, Einf. 0,073 Mill. T.

Leinenindustrie[1]) hochbringen. Der Anbau von Hanf (Seenregion, Nord-Dakota, California) ist neuestens stark gewachsen.[2])

Große Mengen von Pflanzenfasern für Textil- und andere Zwecke werden aus dem Auslande bezogen, besonders Sisalhanf aus Mexico (s. S. 428), Manilahanf von den Philippinen (s. S. 256), Jute aus Vorderindien (s. S. 234f.), Jxtle aus Mexico (s. S. 428).

Die massenhaft als Fußbodendecken eingeführten chinesischen Matten (s. S. 191, Anm. 4) zu ersetzen, bemüht man sich, in Binsen, Rohrarten und Drahtgras geeignetes Material zu finden.

Pflanzliche **Farbstoffe,** auch Indigo[3]), spielen gar keine Rolle mehr.

Von **tierischen Rohstoffen für die Kleidung** ist die Schafwolle entschieden die wichtigste.

Besonders auf den Weideländereien der Cordillerenhälfte ist die Wollschafzucht (s. S. 398) sehr bedeutend und in den warmen Prärien von Texas ansehnlich, während die zu kalten Winter und Schneestürme der nördlichen Prärien sie einschränken. In der feuchteren Osthälfte sind die Südstaaten den Schafen wenig günstig, in den Schweine- und Rinderzuchtgebieten ist für sie kaum Platz (s. S. 397f.). Die Zahl der Schafe nahm neuerdings sehr ab; die Wolleproduktion[4]) (gegen 10% der W.) genügt dem großen Bedarf des meist winterkalten Landes durchaus nicht. Die Einfuhr[5]) scheint noch zu wachsen. Boston (764), New York (5840), Philadelphia (1895), San Francisco (530) sind die Haupteinfuhrhäfen. Die **Wollindustrie** sitzt vornehmlich in den Nordoststaaten (Massachusetts, Pennsylvanien, Rhode Island usw.), ist also nach Kohlen, geschickter Arbeiterschaft und Absatz (Klima; Volksdichte) orientiert. Die Ausfuhr von Wollwaren wuchs beträchtlich.

1849 wurde die Zucht von Angoraziegen (hauptsächlich in den pazifischen Staaten) eingeführt.

Sowohl das Klima der „Südstaaten" als das mediterrane Klima Kaliforniens ist der Ansiedlung von Maulbeerbäumen[6]) und der Seidenzucht günstig. Aber die verschiedenen Versuche (noch neuestens im Staate Georgia), sie hochzubringen, hatten mangels billiger, geeigneter Arbeiter keinen Erfolg. So muß der ungeheure Bedarf an Seide durch Einfuhr gedeckt werden.[7]) Die Erzeugung von künstlicher Seide („Glos") nahm stark zu.[8])

---

[1]) Bisher werden viel Leinenwaren eingeführt.

[2]) Infolge der Kriegsumstände und der Entwicklung der vereinsstaatlichen Handelsflotte.

[3]) In der 2. Hälfte des 18. Jahrhunderts wurde er in Südcarolina und Georgia stark für Ausfuhr angebaut, aber von der Baumwolle verdrängt.

[4]) 1909/13 durchschnittlich 314100, 1924: 282300 T Die Cordillerenstaaten Montana, Wyoming und Idaho liefern allein um ein Drittel der Produktion. St. Louis (795) beherrscht den Wollhandel vieler Weststaaten.

[5]) 1913: 86500; 1923: 165000; 1924: 121500 T. Der Wollverbrauch in der Wollindustrie betrug 1925: 238300 T.

[6]) Auch die Blätter der in den Südstaaten sehr häufigen Osage-Orange sollen geeignetes Futter geben.

[7]) 1913/14 wurden 12970, 1922: 23003 T. Rohseide (hauptsächlich aus Japan [79%] und China [16,5%]), 1924: 23261 T. eingeführt. Seide ist der wichtigste Importartikel (s. S. 416). Auch Seidenwaren werden hauptsächlich aus Japan bezogen.

[8]) Die Union hat mit etwa einem Drittel der W. die führende Stellung. 1925 wurden 50000 bis 55000 T. fabriziert.

Die **Pelztiere** sind mit zunehmender Besiedlung des Landes und infolge der Verfolgung schädlicher Formen ziemlich selten geworden. Die Zahl der **Pelztierfarmen** (Alaska, Maine usw.) nimmt zu.

Auf den im März und im September stattfindenden Pelzversteigerungen des günstig zu den Produktionsgebieten liegenden jungen Binnenmarktes für Pelze **St. Louis** (773) kommen, zum Teil kanadischen Ursprungs, Felle von Moschusratten, Opossums (auch australische), Skunks, Hermelinen, Luchsen, Rotfüchsen, Wölfen, Ottern, Bärenrobben[1]) (Sealfelle), Blau- und Silberfüchsen zum Verkauf, und werden hier auch schon gefärbt und zugerichtet. **New York** (5840), durch die Lage in den Konsumgebieten begünstigt, hat ebenfalls Fellversteigerungen. Der Außenhandel mit Pelzwerk ist ansehnlich.

Strauße werden auf den Wüstensteppen Arizonas, in Kalifornien und auch in Arkansas gezüchtet.

Häute und Felle der Haustiere sind natürlich für Kleidungs- und andere Zwecke ein sehr wichtiger Rohstoff[2]), und es werden noch große Mengen, besonders von **Ziegenfellen** (aus Vorderindien, China, Mexico, Brasilien usw.), **Rindshäuten** (aus Argentinien, Kanada, Mexico usw.), auch Schaf-, Kalb- und Rehfellen usw. eingeführt. Die **Lederindustrie** ist sehr umfangreich.

Als **Gerbmaterial** werden besonders einheimischer **Kastanienextrakt**[3]) (Appalachenregion), Eichenextrakt der Südstaaten und die Rinde der Hemlocktanne gebraucht. Ferner verwendet man viel Quebrachoextrakt, Gambir, auch Mangrove-, Sumach-, Valoneaextrakte usw. Die Lederindustrie hat sich nahe den einheimischen Gerbstoffen längs der Appalachen (Pennsylvanien, Wisconsin, Massachusetts, New Jersey, New York) und in den Konsumgebieten entwickelt. Leder wird ausgeführt.

In der **Lederwarenindustrie** steht die Herstellung von **Schuhwaren** voran.

Massachusetts (**Brockton**, 69; **Lynn**, 102; **Haverhill**, 56 usw.) und Maine (**Auburn**, 17) führen in der Fabrikation. Weitestgehende Verwendung von Maschinen ist charakteristisch. Die sehr bedeutende Ausfuhr geht in alle Welt. Auch **Lederhandschuhe** (**Gloversville**, 22, und **Johnstown** im Staate New York[4]) sind ein wichtiger Artikel. **Gummischuhe und Klima**, s. S. 380.

Badeschwämme (in der Gegend der Stadt **Key West**, 19, Florida Keys); **Perlmutter** für Knöpfe (Art Perlmuscheln vom oberen Mississippi und seinen Zuflüssen); **Robbenfelle**, **Fischbein**, **Walratöl** und **Waltran**[4]) sind weitere tierische Rohstoffe.

Mineralische Stoffe zu Kleidung und Schmuck. **Asbest** wird nur in geringen Mengen (in der kristallinen Zone der Appalachen, Georgia usw.) gewonnen, aber viel

---

[1]) Werden jährlich in bestimmter Zahl auf den Pribylowinseln (Beringmeer) geschlagen. Hier hält man auch Blaufüchse.

[2]) Sehr eigenartig ist die **Alligatorenzucht** (Farmen in Arkansas, Südcalifornia, Florida). Die Häute werden zu teueren Lederwaren verarbeitet.

[3]) Je südlicher die Kastanienbäume wachsen, um so bedeutender ist ihr Tanningehalt (Staat New York 4, Südpennsylvanien 6, Virginia 12, Tennessee 14, in Nordgeorgia noch mehr Prozent).

[4]) **Walfang** im Großen, Atlantischen Ozean und im Nördlichen Eismeer, ist nur noch wenig ertragreich mehr. Mit der kühlen kalifornischen Meeresströmung gehen **Robben** weit äquatorwärts und kommen, z. B. noch auf der Insel Guadeloupe im Golf von Kalifornien vor.

aus Kanada (s. S. 381) eingeführt. Schmucksteine werden verhältnismäßig selten gefunden: Diamanten nur vereinzelt[1]); Rubine, Saphire, Smaragde, Topase, Türkise, Opale hier und da.

Gold wird fast ausschließlich in den Cordillerenstaaten (mit Silber zusammen) aus jungen Erzgängen des von zahlreichen Spalten und Eruptivmassen durchsetzten Bodens gewonnen und in Seifen, die aus den Erzgängen entstanden sind. 1848 wurden die Seifen Kaliforniens[2]) entdeckt. Den Goldfunden verdanken dieser Staat und danach die anderen Cordillerenstaaten ihre lebhaftere Besiedlung und San Francisco sein erstes Wachstum. Silber[3]) wird hauptsächlich aus den Goldsilbererzgängen der Cordillerenstaaten, weniger aus Silberbleivorkommen gewonnen. Platin (s. S. 413) wird als Nebenprodukt gewonnen, vornehmlich aber (aus Colombia, s. S. 449) eingeführt.

Die Juwelierwaren-Industrie ist in dem reichgewordenen Lande natürlich sehr bedeutend.

c) Für **Wohnungszwecke** standen ursprünglich große Waldungen[4]), besonders östlich des Mississippi und im pazifischen Küstenland, zur Verfügung, sie sind indessen (durch Rodung für landwirtschaftlichen Boden, starken Eigenverbrauch und Waldbrände) sehr gelichtet (nur noch gegen 24% der Fläche).[5])

In den nördlichen und nordöstlichen Staaten sind infolge Milderung des Winterklimas durch die Großen Seen Laubholzbäume den Koniferenbeständen (Hemlocktanne, Weißfichte, Weymouthskiefer, Balsamtanne, Rot- und Pechkiefer) beigemischt, die sich vom St. Lorenzstrom bis Virginia erstrecken. Weiter südwärts herrscht der Laubwald (Hickory[6]), Roteiche, Edelkastanie, Robinie, Tulpenbaum, Zucker-

---

[1]) Im Seengebiet (wohl von kanadischem Boden zur Eiszeit verschleppt, s. S. 381), in Peridotit des Staates Arkansas, in Goldseifen usw.

[2]) Die älteren Seifen liegen hier von jungen Eruptivgesteinen zugedeckt, durch die man Schächte hinuntertreiben muß. Das in Kalifornien ausgebildete hydraulische Verfahren mußte bald durch Gesetze eingeschränkt werden, da die Flüsse versandeten und die Felder Schäden litten. In Klondike und Cape Nome ist es noch im Schwange. Im Yukongebiet wird neuerdings der Bergbau (s. S. 381) auch im Winter (1912/13 manchmal bis −45° C) durchgeführt. In Skagway werden unter die beweglichen Böden der von White Horse (s. S. 417, Anm. 1) kommenden Erzwagen Rohre gelegt, durch die aus einem Kessel bei den Bunkern heiße Luft getrieben wird; so wird das gefrorene Erz schnell aufgetaut, und seine Entladung in die Bunker ohne großen Zeitverlust ermöglicht. — Goldproduktion 1913: 133741; 1920: 77019; 1923: 77306 kg.

[3]) Die Union war 1913 mit etwa 30, 1916 mit 41, 1918: 34, 1920: 32, 1922: 27% an der W. beteiligt. Prod. 1913: 2077,8; 1923: 2057,9 T. Silber. — Die auswärtigen Investierungen von Kapital werden am Anfang des Krieges auf 3 Milliarden, jetzt auf über 20 Milliarden Dollar geschätzt. Ein Kriegsgewinnlervolk!

[4]) Die Verbreitung hängt im wesentlichen von der größerer Niederschläge ab.

[5]) Nach Zon und Sparhawk: 28,9%. Die ursprünglichen Holzbestände sind auf etwa 43% zusammengeschwunden. Wenigstens 70% des verfügbaren Holzes sind Privateigentum. Lange Zeit ist Waldverwüstung getrieben worden. Von einer geregelten Forstwirtschaft im europäischen Sinne ist man noch ziemlich weit entfernt, trotz American Forestry Organization, Arbor Day, Forstbüro, Forstreservationen, Bekämpfung der Waldbrände, Erleichterung von Neuanlagen, Prämien usw. Am nötigsten ist die Aufforstung wegen des Wasserhaushalts der Flüsse usw. in den Neuenglandstaaten und in den südlichen Appalachians; kleine Anfänge sind gemacht. Durch Imprägnierung von Telephonpfählen usw. sucht man im Holzverbrauch zu sparen.

[6]) Das berühmte Holz des Hickorybaumes (und zwar Carya alba) vergeht, wenn es auf sehr feuchtem Boden wächst, schnell, wenn es abwechselnd der Feuchtigkeit und Wärme ausgesetzt ist; das auf trockenem Boden gewachsene Holz ist dagegen unübertrefflich für Wagen, Ackerbaugeräte usw.

ahorn, Birken, Pappeln) vor, und die westliche Waldgrenze weicht auf das östliche Mississippiufer zurück. Auf den Alluvialebenen der atlantischen und Golf-Niederung dominiert wieder ein Nadelbaum, die langnadelige Kiefer (Pinus australis). An der Westküste (im feuchttemperierten Klima) reichen dichte Nadelholzwaldungen (Oregonzeder, Menzies-, Schierlings-, Douglastanne usw.) von Alaska bis zur Mündung des Columbia River, dann folgen gegen Süden lichtere Wälder. Im nördlichen Cordillerenhochland stehen auch noch Waldungen. Weiter südwärts weichen sie in die Gebirge zurück.

Der Holzverbrauch ist sehr groß. Man schätzte vor nicht langer Zeit, daß vier Fünftel aller Häuser Holzbauten sind.

Der harte, kontinentale Winter des Binnenlandes (D 8) verschlingt viel Holz als Heizmaterial; Einfriedigungen von Viehweiden, Bergbauhölzer, Eisenbahnschwellen, Brücken, Schiffbau, stellenweise Bürgersteige verbrauchen viel. Der Zuwachs soll nicht ein Viertel des Bedarfs betragen. Von den Vorräten dürften etwa $^1/_2$—$^3/_5$ auf den pazifischen Nordwesten, nur noch $^2/_5$ auf den Osten entfallen. Zentren der Holzgewinnung sind: 1. Die pazifischen Nordweststaaten[1]); 2. die nördlichen Seenstaaten und die nordöstlichen Staaten (besonders Papierholz); 3. die Zentralstaaten am Mississippi (sommergrüne Laubhölzer, Harthölzer[2]); 4. Küstenland des Südens.[3]) Weichhölzer sollen etwa fünf Sechstel der Holzgewinnung ausmachen, werden aber bei dem Riesenverbrauch der Papierindustrie immer knapper, Harthölzer (Eiche, Zypresse usw.) ein Sechstel.

Gesägtes Holz geht in das holzarme Cordillerenland und die Prärien, ferner nach Großbritannien und anderen holzarmen Ländern. Tacoma (100), Seattle (315), Portland (269, Oregon), Chicago (2833), Minneapolis (401), New Orleans (400), Mobile (63), Pensacola (31), Gulfport, Baltimore (762) sind Haupthandelsplätze für Holz bzw. Ausfuhrhäfen.

Möbel werden besonders in der Region der Harthölzer hergestellt, Wagen in Cincinnati (405). Während des Krieges nahm die Spielwarenindustrie einen bedeutenden Aufschwung (besonders teure, komplizierte Spielwaren). Die Herstellung von Holzmasse[4]) aus weichen Nadelhölzern und Pappeln sitzt wie die Papierindustrie[5]) hauptsächlich in den Nordoststaaten (Einfuhr aus Kanada, s. S. 382, Anm. 1); in dem pazifischen Holzgebiet stehen Holzmasse- und Papierproduktion noch in den Anfängen.

Terpentingewinnung, s. S. 395.

---

[1]) Weichhölzer; wegen des milden Winterklimas (C 7) können hier Holzschlag und Abfuhr das ganze Jahr stattfinden. Berühmt sind die riesigen „Rotholz" liefernden Mammutbäume.

[2]) Bleistiftholz von der virginischen Zeder ist viel begehrt.

[3]) Von hier kommt das Pitchpineholz von Pinus australis in den Handel.

[4]) Die Wälder Alaskas sollen bei sorgfältiger Bewirtschaftung ein Drittel des vereinsstaatlichen Bedarfs an Holzmasseholz liefern können.

[5]) Hauptstätten der Papierindustrie (1912: 37% der W.) sind die Staaten Massachusetts, New York, Maine, New Hampshire und neuerdings auch Wisconsin; meist wird Wasserkraft verwendet. Einfuhr von Holzstoff (aus Kanada) 1922: 196000, von Zellstoff 928000 T. (413000 T. aus Kanada; 40% aus Schweden); von Papier, hauptsächlich Zeitungspapier, 929000 T. bei (mit Pappe) 7,2 Mill. T. Produktion, in der Hauptsache aus Kanada. Andere Rohmaterialien als Holz zur Papierfabrikation, z. B. die Stengel der Baumwollpflanze, Zuckerrohrabfälle, Maisstauden usw., heranzuziehen, glückte bisher wenig.

Mineralische Baustoffe.[1]) Bausteine[2]), Zement, Beton gewinnen in einem so wohlhabenden und fortschreitenden Land, wie es die Union ist, eine zunehmende Bedeutung für Bauten, zumal in den Stadtsiedelungen.

Nur etwa in der atlantischen und in der Golf-Niederung, in Teilen des Mississippibeckens, in der unteren Prärie, mag wohl ein gewisser örtlicher Mangel an Bausteinen vorhanden sein. Die Nachfrage ist natürlich besonders groß in der Osthälfte der Union und im pazifischen Aktionszentrum. Granite, mit Gneisen in den Appalachen die Zentralzone bildend, werden z. B. besonders weitgehend in den Nordappalachen wegen deren Lage zu den großen städtischen Zentren gebrochen, kommen aber auch sonst noch vielfach vor und zum Abbau. Kalksteine werden viel verwendet und z. B. von Indiana aus weithin versandt. Marmore bricht man in der Zentralzone der Appalachen, auch in Kalifornien. Ebenso werden Sandsteine (Appalachen usw.) viel verwendet.[3]) Schiefer wird in dem alten Appalachengebirge als Dach-, Fliesen- usw. Material gebrochen.

Andere zum Bauwesen und Haushalt dienliche Baustoffe. Tone und Lehme für die Herstellung von gebrannten Bauziegeln kommen wohl in den meisten Gebieten vor, entweder als Verwitterungsrückstände oder sedimentäre Lager.

In den wasserreichen Oststaaten dürften sie viel häufiger sein als in der Cordillerenhälfte und auch viel mehr in Anspruch genommen werden. Auch die Gebiete glazialer Abtragung sind natürlich arm an Tonen. Im dürren Klima der südwestlichen Union genügen einfachen Baubedürfnissen ungebrannte, an der Sonne getrocknete Adobes (Luftziegel). Die Ziegelindustrie nimmt infolge der Ausrottung der Wälder stark zu. Gips ist weit verbreitet; er wird am meisten im alten Osten gewonnen, ebenso wie der Töpferton (wichtige Töpfereizentren: Trenton, 125, in New Jersey und East Liverpool in Ohio) und feuerfeste Tone.[4]) Kaolin wird in den Appalachen gefördert. Natürliche (Roman-) Zemente kommen besonders in den paläozoischen Formationen des Ostens vor und zum Abbau; Portlandzemente[5]) (Ton, Kalkstein; großes appalachisches Tal) werden gleichfalls am meisten im Osten hergestellt, Asphalt in den Petroleumgegenden. Produktion und Verwendung von Glassand (verschiedener geologischer Formationen) ist auch im Osten am meisten verbreitet. Dort sitzt auch (im südlichen New Jersey, südöstlichen Pennsylvanien [Pittsburg, 608], in Chicago, St. Louis usw.) die Glasindustrie.

d) Tierische Arbeitsgehilfen, Naturkräfte und mineralisches Material für Werkzeuge aller Art.

Als **Arbeitstiere** werden (vom Hund abgesehen) hauptsächlich Pferde gebraucht, von denen die Union gegen ein Fünftel aller auf der Erde befind-

[1]) Häute und Felle waren als Material für die Zelte der Indianer ehedem wichtige Baustoffe, spielen aber als solche gar keine Rolle mehr.

[2]) 1920 wurden mehr als 62 Mill. T. Steine gefördert.

[3]) Die jüngeren (mesozoischen und tertiären) Sandsteine der Cordillerenhälfte, obwohl weniger dicht und hart als die paläozoischen des Ostens, geben in den wintermilden und trockenen Landschaften des Westens sehr brauchbare Bausteine ab. In den Frostgebieten (wo der Abbau der Sandsteine übrigens, da sie meist Wasser enthalten, winters [bei Frost] unterbrochen werden muß) sind sie, besonders wenn porös, weniger angebracht.

[4]) Am günstigsten sind unter Kohlen (wie in Indiana und Illinois) auftretende Lager.

[5]) Die Einfuhr (1891 noch fast 3 Mill. Faß gegenüber 454000 Faß Produktion) blieb immer weiter hinter der Erzeugung zurück. Gesamtprod. von Zement 1920: 97 Mill. Faß = etwa 16,5 Mill. T. netto.

lichen besitzen mag.[1]) Bei weitem am meisten entfallen natürlich auf die landwirtschaftlich und industriell hervorragende Osthälfte des Landes.

Die größte Dichtigkeit findet sich in der Maiszone; gering ist sie in den Neuenglandstaaten[2]) und in den nördlichsten Teilen der Seenstaaten. In dem feuchtheißen Klima der Südstaaten werden die Pferde weitgehend durch Maultiere ersetzt. In der oberen Prärie und im Cordillerenlande schränken Natur- und Wirtschaftsverhältnisse die Pferdehaltung ein. Aber die wichtigeren Landwirtschaftsgebiete: das Columbiatafelland, das Wilamettetal Oregons, das kalifornische Längstal, heben sich vorteilhaft heraus. Der Pferdekonzentration in den Städten hat wohl das Auto starken Abbruch getan, in der Maisregion (mindestens westlich des Mississippi auch die weitgehende Verwendung der Traktoren (Motorpflüge, s. S. 390, Anm. 2) Maultiere[3]) werden an den Nord- und Westrändern des Cotton belt für letzteren gezüchtet, weil dort billiges Futter und reichliche Weide mit der Bekömmlichkeit des Klimas für die zur Zucht benutzten Pferde günstiger sind als im Baumwollgürtel selbst (s. oben!). Nördlich vom Maisbelt verschwinden Maultiere und Esel und in der Cordillerenhälfte sind sie nur im kalifornischen Längstal ein wenig häufiger. Kamele werden im wüstenhaften Südwesten der Union verwendet.

Mineralische Heiz-, Beleuchtungs- und Kraftstoffe.

Torf, Kohle und Petroleum sind in der Union in reichstem Maße vorhanden, und die beiden letzteren Stoffe werden in großartigem Umfange gefördert.

Torf[4]) kommt, im engen Anschluß an die Verbreitung der Niederschläge (und einer gewissen Kühle), in großen Mengen in der atlantischen Niederung bis Florida südwärts, längs der Nordgrenze des Landes in den von der Eiszeit betroffenen Gebieten (besonders in Minnesota) und auch in Gebirgen des Cordillerenwestens usw. vor. Die Ausnutzung ist bisher minimal.[5])

Sehr reich ist die Union mit Kohle ausgestattet. Sie besitzt nach den bisherigen Feststellungen (1913) 3840 Milliarden Tonnen = über 50% der Erdvorräte und ist infolge ihrer Lage vor Beraubungen durch neidische Nachbarn und Vis-à-vis sicher. Mehr als 83% der Kohlen liegen innerhalb der sehr günstigen Reichtiefe bis zu 1000 m.[6])

Man unterscheidet mehrere geographische Kohlenprovinzen:

1. Die östliche (appalachische) Kohlenprovinz; sie stützt sich auf das Faltengebirge der Appalachen und enthält über 18% aller bis 1000 m Tiefe vorhandenen

---

[1]) 1840: 4,34; 1880: 12,17; 1910: 23,43 Mill. Pferde, Maultiere und Esel; 1913: 2,7 auf 1 qkm, 22 auf 100 Einw. 1925: 17,59 Mill. Pferde, 5,41 Mill. Maultiere und um 123000 Esel.

[2]) Zumal in den Adirondacks.

[3]) 1913: 4,49 Mill. Maultiere, Maulesel und Esel (58 auf 100 qkm, 49 auf 1000 Einw.).

[4]) Vorräte auf 13 (Minnesota allein 7) Milliarden T. geschätzt.

[5]) 1922: 66000 T. Neuestens scheint sie zu wachsen. Mit der Verwendung von Torfpulver in Kraft- und Heizungsanlagen hat man angeblich gute Erfahrungen gemacht. In Alaska wird die Torftrocknung durch die Spärlichkeit des Sonnenscheins an den feuchten und nebeligen Küsten erschwert.

[6]) Vgl. A. Dannenberg, Geologie der Steinkohlenlager. Bd. II. 1. Teil. Berlin 1921. Mehr als ein Drittel dieser Kohlen läßt sich aber nur unter Schwierigkeiten abbauen. Da Raubbau getrieben wird, wird die gute Steinkohle, die in der alten Osthälfte der Union liegt und nur etwa 30 (?)% der vorhandenen Kohlen ausmacht, bei der sehr starken Inangriffnahme nicht lange vorhalten. Die cordillerische Westhälfte und die Prärien enthalten weniger wertvolle, junge Kohlen. Neuerdings denkt man an sparsamere Verwendung der Kohlen; z. B. hat man Versuche mit der Kohlenstaubfeuerung gemacht. Auch hier sieht man die Zukunft der Kohlenverwertung in der Benutzung der Dampfkraft für die Erzeugung von Elektrizität.

Kohlen, fast nur gute Steinkohle der Karbonformation und leicht zu erreichen.[1]) Neben Anthrazit in dem Anthrazitfeld von Pennsylvania kommt auch (verkokbare) Fettkohle („Weichkohle") in Pennsylvania, Westvirginia usw. vor. Auch Mager- und Halbfettkohle fehlen nicht. Diese Kohlenprovinz ist ein geborenes Industriegebiet und der Kern des atlantisch-nordamerikanischen Aktionszentrums.

2. Die innere Kohlenprovinz im mittleren Mississippibecken und in der Seenregion; sie enthält Fettkohle (Steinkohle). Hier liegen etwa $16^1/_3$% der Kohlen (bis 1000 m Tiefe). Etwa vier Fünftel der Vorräte sind leicht zu gewinnen.

3. Die Golfprovinz am Golf von Mexico besitzt nur etwa $^3/_4$%, und zwar Braunkohlen; etwa 60% sind leicht erreichbar.

4. Die Nordprovinz in den nördlichen Prärien bis zum Fuß des Felsengebirges besitzt etwa 32% der Vorräte, doch handelt es sich um (zum Teil schlechte) Braunkohle; über die Hälfte der Vorräte ist leicht zu gewinnen.

5. Die Felsengebirgs-Kohlenprovinz enthält $31^1/_3$% der Vorräte, hauptsächlich Steinkohlen der Kreidezeit und tertiäre Braunkohlen.

6. Die pazifische Kohlenprovinz umschließt noch nicht $^3/_4$% der bis 1000 m Tiefe liegenden Vorräte, hauptsächlich Braunkohlen, Lignite usw. und Steinkohlen der Kreideformation.[2])

Ganz kohlenarm sind einige der dürren Binnenstaaten der cordillerischen Westhälfte wie Nevada, Utah, Arizona usw.[3])

7. Die Alaska-Kohlenprovinz enthält etwa $^2/_3$% der leicht zugänglichen Kohlen, hauptsächlich Braunkohlen und Lignite, daneben auch Anthrazit, Mager- und Halbfettkohle.

Der Abbau der Kohlen begann im letzten Abschnitt des 18. Jahrhunderts und nahm in den letzten 50 Jahren sehr schnell zu.[4]) Etwa 50% der gewonnenen Kohle können wegen günstiger geologischer Verhältnisse auf maschinellem Wege (mit Schrämmaschinen usw.) gefördert werden; die Kohle kommt darum billig zu stehen.[5]) Die Brikettproduktion war bisher gering. Koks wird hauptsächlich in den Oststaaten (am meisten in Pennsylvanien) erzeugt.[6]) Bemerkenswert ist die (neueste) kolossale Zunahme der Koksöfen für Gewinnung von Nebenerzeugnissen: Teer, Ölen und Ammonsulfat, die für die Entwicklung der chemischen Industrie, vor allem für die Herstellung von Teerfarben, und für die Düngung des ausgesogenen Bodens (s. S. 390, Anm. 2 u. 400) wichtig sind.

[1]) Die Flöze der Anthrazitbecken, selbst das (wichtigste) Mammutflöz, streichen nicht selten an der Erdoberfläche aus.

[2]) In den pazifischen Küstenstaaten spielt neben dem Petroleum (s. unten) die Kohle als Feuerungsmaterial nur eine ganz untergeordnete Rolle.

[3]) Wie überall auf der Erde zeigt sich auch in der Union ein eigentümlicher Parallelismus zwischen dem Niederschlagsreichtum und dem Vorkommen von Kohlen, bzw. dem Regenmangel und der Kohlenarmut.

[4]) Nach anderen sollen schon 1698 Kohlenflöze am Illinoisflusse gemeldet sein. Prod. 1820: 370; 1830: 500000; 1850: 6,3; 1880: 64 Mill. T. = 21% der W.; 1913 wurde eine halbe Milliarde T. gefördert. Der Höhepunkt wurde 1918 mit 680 Mill. T. erreicht; 1920: 586 Mill. T. = etwa 50% der W.; 1921: 448; 1924: 475; 1925: 474 Mill. T. Weichkohlen und 81,8 bzw. 57 Mill. T. Anthrazit.

[5]) In der Union braucht man nach W. Greiling nur $^1/_4$ der Arbeitskraft aufzuwenden, um denselben Effekt zu erzielen wie im Ruhrkohlenbergbau. Trotzdem ist auch hier eine Krise des Kohlenbergbaus wie in der Alten Welt zu verzeichnen; s. Wirtschaftsdienst 1926, H. 9, S. 299.

[6]) 1880 erst 3,3; 1900: 17,81; 1913: 42; Höhepunkt 1918: 51,2 Mill. T. (50% der W.); 1923: 50,3; 1924: 39,3 Mill. T. in der ganzen Union (davon 78% mit Gewinnung von Nebenprodukten). Auch die nördlichen Mittelstaaten Illinois und Indiana, die den großen Produktionsstätten von Eisenerz (s. unten) näher als die Oststaaten liegen, erzeugen Koks.

Die Union ist trotz des starken Eigenverbrauches ein Ausfuhrland für Kohlen geworden[1]); außerdem liefert sie beträchtliche Mengen von Bunkerkohle.

Von allem Erdöl oder Petroleum, das bisher auf der Erde gewonnen wurde, hatte die Union bis Ende 1920: 61% geliefert; 1921: 61,6, 1922: 64,7, 1923: 72,7, 1924: 69,5, 1925: 70,4% der W.[2])

Man unterscheidet mehrere Erdölfelder: 1. Im Nordosten das Appalachian Field mit Leuchtpetroleum und Gasolin; 2. das Lima-Indianafeld mit Leuchtpetroleum und Paraffin; viel Schwefelgehalt; 3. das Illinoisfeld mit Leuchtpetroleum; 4. das Mid Continentfield; liefert viel unreines Öl; 5. das Gule Field (in Texas und Louisiana) und 6. das kalifornische Feld, liefern Heizöl.[3]) 1922 lieferte das Mid Continentfield allein 55,5, Kalifornien über 25%. Die Produktion genügt dem ungeheuren Konsum nicht mehr. Hauptsächlich Benzin[4]) wird in riesigen Mengen verbraucht, vor allem von den Kraftwagen, von denen die Union 6/7 aller auf der Erde vorhandenen besitzt. Auch viel Heizöl (in Fabriken und neuestens in der Seeschiffahrt) wird verbraucht, relativ am meisten natürlich in den kohlenarmen Weststaaten.[5])

1921 mußten 23% des Verbrauchs an Erdöl (als Rohöl) eingeführt werden, besonders aus Mexico. Dagegen führt die Union raffiniertes Petroleum (und Benzin) in großen Mengen (nach Europa, China usw.) aus. New York (5840), Philadelphia (1895), Port Arthur, New Orleans (400), San Francisco (530) sind die Ausfuhrhäfen.

---

[1]) Ausf. 1914: 19 Mill. T. Kohlen und gegen 1 Mill. T. Koks; 1920/21: 34 Mill. T. Weichkohle (Fettkohle) und 5 Mill. T. Anthrazit; 1921/22: 13 Mill. T. Weichkohle und 3 Mill. T. Anthrazit, dazu wenig Koks, 1925: 15,27 Mill. T. Weichkohle und 2,84 Mill. T. Anthrazit. Die Ausfuhr nach dem benachbarten Kanada steht an der Spitze; die übrigen Märkte, die während des Krieges beschickt wurden, hat England meist wiedererobert (s. S. 469, Anm. 3).

[2]) Die Vorkommen der Union (einschl. Alaska) wurden Ende 1922 auf 16,3% der Erdvorräte geschätzt. In Alaska wurden neuestens reiche Erdölgebiete festgestellt. Erdölverbrauch 1922: 69% der W. Man glaubt, binnen 30 Jahren eine Erschöpfung der vereinsstaatlichen Quellen erwarten zu können. In den nordöstlichen Ölfeldern ist der Rückgang der Produktion schon recht merkbar. Man versuchte nach deutschem Vorbild die Erzeugung künstlich zu steigern, indem man in einiger Entfernung von den Petroleumquellen Bohrlöcher abteuft und in die Tiefe der das Erdöl führenden Sande Luft preßt; die Steigerung der Produktion betrug zum Teil 50, ja 100%. Man will auch die Erdöllager des Staates Wyoming in Angriff nehmen, riesige Ölschieferlager harren späterer Ausbeutung. In Mexico (S. 431, Anm. 4), Südamerika (Perû, Venezuela, Bolivia usw.), Formosa, Rumänien, Persien, neuerdings auch in Palästina, Mesopotamien und Jugoslawien hat sich die Union (Standard Oil Co.), die auch über 180 der für die Ölfeuerung in der Weltschiffahrt (s. Bd. I, S. 171) wichtigen Ölbunkerstationen verfügt, ihren Bedarf und die Kontrolle des größten Teils der Weltproduktion, man möchte sagen: bald ein Weltmonopol gesichert. Auch hierin, wie in vielen anderen wirtschaftlichen und politischen Betätigungen, ist England infolge des Neidkrieges, der es wider Erwarten schwächte, statt es zu stärken, weit hinter der Union zurückgeblieben. 1925 lieferte die Union von der etwa 1,06 Milliarden Faß (Barrel) betragenden Weltprod. 70,4%, nämlich 757 Millionen Faß = etwa 99 Mill. T. (über 71% davon Leuchtöl).

[3]) Das kalifornische Heizöl wird jetzt in beträchtlichen Mengen für Industriezwecke über den Panamákanal nach dem Osten der Union exportiert. — Daß im feuchten Osten des Landes wesentlich leichtere, als Leuchtpetroleum verwertbare Erdöle vorkommen, im Mid Continentfield Asphalt- und Leichtöle, in Kalifornien schwere Asphaltöle, geht vielleicht auf Niederschlags-Unterschiede zurück. 1925 lieferte das Mid Continentfield bereits 56⅔%, Kalifornien 30,5, das Appalachenfeld kaum noch 4, der ganze Osten wenig über 5% der Prod.

[4]) Mehr als ¾ der vereinsstaatlichen Petroleumproduktion entfallen auf das Benzin liefernde Leichtöl, 23% auf Schweröl. Man hat neuerdings durch Verbesserung der Technik die Benzinausbeute aus dem Rohöl sehr steigern können. Vgl. oben Anm. 2.

[5]) Kaliforniens Erdöl eignet sich im großen und ganzen nur für Heizung (auch von Eisenbahnen); Leuchtöl muß der Staat einführen. Ferner bietet es viel Ölgas (statt Kohlengas), Schmieröl und vorzügliches Material für Straßenasphaltierung (vgl. S. 417, Anm. 1).

Das Natur- oder Erdgas kommt annähernd in denselben Gebieten wie das Erdöl vor. Für die Industrie ist es eine besonders billige Betriebskraft.[1]) Im Osten rechnet man jedoch mit seiner baldigen Erschöpfung. Seit etwa 15 Jahren gewinnt man aus dem Erdgas das flüchtigere Gasolin für Automobilbetrieb.

Die ausbaufähigen Wasserkräfte der Union werden auf etwa 35 (53,9 ?) Mill. PS geschätzt.

Am meisten besitzt der erst vor vielleicht 30000 Jahren von der eiszeitlichen Eisbedeckung freigewordene Nordosten. Die Niagarafälle (etwa 50 m hoch) liefern an der vereinsstaatlichen Seite (s. S. 383) schon über 500000 PS, die hauptsächlich der elektrochemischen Industrie (Luftstickstoff) und der Elektrizitätsversorgung der Umgebung zugute kommen. Zahlreiche Wasserfälle und Stromschnellen bieten die Nord- und Südappalachen. Wirtschaftlich wichtig (s. S. 401) ist auch die sogenannte Wasserfall-Linie, an der die Flüsse Neuse, Santee, Savannah usw. über die Kante der Piedmontregion zur atlantischen Niederung herabspringen. Auch das Cordillerenland, soweit genügend Wasser vorhanden ist, hat reiche Wasserkräfte, und in den kohlenarmen pazifischen Randstaaten (Kalifornien, Oregon, Washington) liefern sie bereits erhebliche elektrische Arbeit. Ein Drittel der PS wird (1923: 10 Mill. PS) schon ausgenutzt, am meisten in den Staaten New York und im kohlenarmen Kalifornien.

Andere Naturkräfte. Die Gezeiten als Kraftlieferanten auszunutzen, bleibt der Zukunft überlassen.[2]) Sonnenmotoren werden im kleinen in den sonnenreichen (weil trockenen) Cordillerenstaaten nutzbar gemacht. Windkraft (für Wasserhebearbeit usw.) wird viel verwendet.

Metallerze für Werkzeuge aller Art.

Die Union förderte 1913: 36, jetzt wohl um 50% der W. von **Eisenerz**, $^9/_{10}$ davon in der alten Region des Oberen Sees (Hügelketten um das Westende des Sees: Vermilion Range, Mesabi R., Menominee R., Penokee-Gogebic R., Crystal Falls R., Marquette R.).[3]) Aus den Häfen am Oberen See, besonders Superior (40), Duluth (104), Two Harbors, werden die Erze in großen Dampfern, hauptsächlich nach den Häfen an der Südküste des Eriesees für die großen Eisenzentren des Ostens (Pittsburg usw.) transportiert.[4]) Nur etwa $^1/_{10}$ der Eisenerzproduktion wird in den alten Gesteinen der Appalachen bei Birmingham (191) in Alabama gewonnen. Andere Produktionsstätten sind unwichtig. Die Einfuhr von Erz (aus Cuba, s. S. 432, Neufundland, s. S. 383, und Europa, s. S. 11, in Zukunft wohl besonders aus Brasilien, s. S. 470) dürfte bald sehr wachsen.

---

[1]) Auch benutzt man es statt Kohlengas zur Beleuchtung und als Brennmaterial. Zahlreiche Pipe lines verteilen es wie das Petroleum nach allen Richtungen.

[2]) Die Holländer haben im Mündungsgebiet des Hudson schon Anfang des 17. Jahrhunderts die Gezeiten für den Betrieb von Mühlen benutzt.

[3]) Die Erze (sedimentäre Lager in uralten archäischen Schichten) sind zum Teil im Tagebau (mit Dampfschaufeln) zu gewinnen. Die Erze mit 60% Eisengehalt sind erschöpft, Erze mit 40—45% Eisen und bis 1% Mangan werden abgebaut und dann angereichert. Lange dürften die Vorräte nicht mehr vorhalten. Eisenerzprod. der Union 1913: 62,98; 1923: 70,46; 1924: 54,89 Mill. T. = etwa 43—44% der W.

[4]) 1913 z. B. fast 50 Mill. T. Erz. Der strenge Winter (in D 8 b und c) beschränkt den Verkehr in Duluth auf etwa 7 Monate.

An **Eisenveredelungsmetallen** ist die Union nicht besonders reich. Manganerz (Cordillerenstaaten Montana, Nevada usw.) wird neuerdings viel[1]), Wolframerz (Cordillerenland), Chromerz, Vanadiumerz (Cordillerenland) wenig gewonnen, letzteres aus Peru, Nickel viel aus Kanada eingeführt.

Die Eisen- und Stahlindustrie der Union ist die gewaltigste der Erde und hat während des Krieges die des sich zerfleischenden Europas vollständig überflügelt.[2]) Sie sitzt hauptsächlich in den Nordoststaaten, wo Kohlen und Wasserkraft einer-, Eisenerz anderseits vorkommen, wenn auch nicht beieinanderliegend; nicht zum wenigsten durch sie wird der atlantische Osten zum wichtigsten Aktionszentrum der Erde.

Pittsburg (588) ist infolge seiner Lage ein Hauptmittelpunkt der Eisen- und Stahlindustrie geworden. Zum Teil rückten neuerdings Verhüttung und Verarbeitung des Eisens näher an die Erzlager am Oberen See heran, zumal nach den kohlenreichen Staaten Indiana und Michigan. Duluth (104), St. Louis (795[3]), Chicago (2833[4]), in günstiger Lage zu dem kaufkräftigen Hauptgebiet der vereinsstaatlichen Landwirtschaft, sind Stahlzentren geworden.

Von der Eisen- und Stahlindustrie hängen, in ihrer Standortswahl beeinflußt, viele andere Industrien ab.

Die **Kraftwagenindustrie,** die in normalen Jahren über 2 Millionen Wagen herstellt, hat ihr Hauptzentrum in der Stadt Detroit (994) zwischen Huron- und Eriesee.[5]) Die Einfuhr und der Verbrauch von Kautschuk (70% der W.[6]) ist riesenhaft gewachsen. Es findet eine große Ausfuhr von Autos statt; die Einfuhr nahm beständig ab. Autoreifen, s. auch S. 401, Anm. 5, Gummischuhe, S. 403.

Eine Spezialität der Amerikaner sind ferner die **Motorpflüge** (Traktoren); vgl. S. 390, Anm. 2. Die Ausfuhr von ihnen und anderen landwirtschaftlichen Maschinen und Geräten ist ansehnlich.[7])

---

[1]) 1923: 1,09 Mill. T. mit 5—10, 325000 T. mit 10—35, 32000 (1924: 56500) T. mit 35 und mehr Prozent Mangangehalt.

[2]) Großbritannien produzierte Roheisen im Monatsdurchschnitt 1913 etwa 1/3, 1923 noch nicht 1/5 von der Produktion der Union, von Stahl etwa 1/4 bzw. 1/5. In der Union haben die Hochöfen durchschnittlich einen Ausstoß von etwa 120000, in Deutschland 55500, in Großbritannien 28000 T. Prod. von Roheisen 1913: 31,46; 1923: 41; 1924: 31,9; 1925: 36,99 Mill. T. = 48,6% der W.; von Rohstahl 1913: 31,8; 1923: 45,66; 1924: 38,54; 1925: 46,2 Mill. T. = 51,7% der W. An dem Verbrauch von Walzwerkserzeugnissen sind die Eisenbahnen mit 25, die Bauindustrie 17½, die Automobilindustrie 13, Öl-, Gas-, Wasserleitungen und im Bergbau 8, Konservenindustrie 4½% beteiligt. Der Eisenverbrauch betrug 1925: 51,2 Mill. T.

[3]) St. Louis stellt besonders elektrische, Straßen- und Eisenbahnwagen, Luxus- und Arbeitswagen her, ferner Eisenkurzwaren, Öfen und Herde usw. Letzteres hängt wohl mit der Härte des Binnenklimas in den zentralen und Prärienstaaten zusammen. Auch Maschinen, Gußeisen usw. werden fabriziert.

[4]) Chicago mit dem in der Nähe gegründeten Stahlort Gary (65) ist der äußerste nordwestliche Vorposten der vereinsstaatlichen Eisenindustrie, für die Erzeugung (Kohlen, Eisenerz) wie für den Vertrieb von Eisenerzeugnissen (größter Eisenbahnknotenpunkt der Erde, s. S. 418) gleich günstig gelegen.

[5]) Die Fordschen Fabriken liefern 60% aller Autos der Union. Vgl. oben, Anm. 2 und unten S. 417, Anm. 1. 1925 wurden 4,2 Mill. Stück fabriziert. Die Zahl der Autos und Kraftomnibusse wird auf rund 20 Mill. geschätzt.

[6]) Einfuhr 1923: 356100 (Groß) T., davon über 68% direkt aus dem britisch-südasiatischen Produktionsgebiet (s. S. 258f.) und über 14% aus Niederländisch-Indien, nur gegen 4% aus Brasilien, das im Durchschnitt 1910/14 noch an 38% der Einfuhr lieferte. Akron (208) ist Hauptzentrum der Kautschukindustrie. Versuche, eigene Kautschukplantagen zu begründen, sind S. 259, Anm. 1 u. 3 u. S. 221, Anm. 7 erwähnt. Der Plan, solche in Südlouisiana anzulegen, dürfte unausführbar sein.

[7]) Besonders nach Rußland, Argentinien und Kanada. Es ist für Produktion und Außenhandel der Union entschieden ein Vorteil, daß im Binnenlande die so mannigfaltigen Natur- und Wirtschafts-

In **Schreibmaschinen** liefert die Union $^4/_5$ und mehr der W. Die Fabrikation von **Maschinen** aller Art ist hervorragend.

Die **Weißblechindustrie** (Pennsylvanien usw.) für Einmachbüchsen (Gemüse, Obst, Fleisch, Fische; s. S. 392, 393, 397f., 398f.), Behälter von Mineralöl usw. nahm neuerdings einen großen Aufschwung.

Der **Schiffbau** (am Delaware bei Philadelphia usw.) ist während des Krieges riesig gewachsen; an den Großen Seen war er schon immer bedeutend. Vor dem Kriege besaßen die Vereinigten Staaten nur 4,32, 1920: 20,4, Mitte 1923: 21,4, Mitte 1925: 19,74% der Weltdampferflotte, während Englands Anteil von mehr als 46 auf 34 und (1925) 32,8% zurückging.[1])

Die Ausfuhr von Eisen, Stahl und Waren daraus aus der Union erreichte 1917 ungefähr den Umfang der Ausfuhr Deutschlands 1914; um 1923 stand jedoch die Union mit ihrem Eisen- und Stahlhandel (s. S. 416) erst an vierter Stelle.[2])

Die Union ist der bei weitem wichtigste Produzent von Kupfer auf der Erde.[3]) Die bedeutendsten Kupfererzgänge befinden sich in der Cordillerenhälfte.[4]) In der alten laurentischen Scholle am Oberen See ist die Halbinsel Keweenaw schon eine ältere und versagende Gewinnungsstätte.[5])

Sehr gut ausgestattet sind die Vereinigten Staaten auch mit Blei- und Zinkerzen, die gewöhnlich vergesellschaftet auftreten.

Bleierze[6]) werden im alten niedrigen Ozarkplateau (westlich des Mississippi und nördlich des Arkansas) mit etwa 3,5% durchschnittlichem Bleigehalt gewonnen,

---

verhältnisse eine Mannigfaltigkeit der Ackerbaumaschinen hervorrufen, die in den einförmigeren Verhältnissen der einzelnen kleinräumigen europäischen Produktionsländer (Großbritannien, Deutschland usw.) nicht aufkommen kann. Insonderheit wurde wohl bedeutsam, daß ihre Prärien Maschinen anregten, die nun in den großen, ähnlich gearteten Steppen- und Getreidelandschaften der Erde (in Kanada, Argentinien, Südrußland, Westsibirien, Mandschurei, Australien usw.) ausgedehnte und aufnahmefähige Märkte finden.

[1]) Der Anteil der Union am Weltschiffbau, 1920 noch größer als der Englands, ist freilich 1924 vollständig hinter dem englischen zurückgeblieben. Viele Werften gingen wieder ein. Am 31. März 1925 stand die Union mit einem Baubestand von 81730 Br.-R.-T. unter den Schiffsbauländern der Erde an 7. Stelle.

[2]) Ausf. von Eisen und Stahl 1924: 1,8; 1925: 1,76 Mill. T.; Einf. 556700 bzw. 943000 T.

[3]) 1913 gegen 58, 1916 fast 63, 1922: 58, 1923: 61,6% der W., freilich zum Teil aus eingeführten Erzen; bei der sehr starken Inanspruchnahme der Erzreserven dürfte die Produktion aus eigenen Erzen bald abnehmen. Aber das Kapital der Union kontrolliert auch reiche Kupferlager in Chile und anderwärts. Prod. 1913 aus heimischen Erzen 555400, 1923: 664100, 1924: 719600, 1925: 772600; aus heimischem und fremdem Erz 1913: 856300 1923: 1271000 (und Altmaterial); 1924: 815100, 1925: 860100 T. Die Elektrizitätsindustrie, die Automobil-, Bau- und Eisenbahnbedarfsindustrie sind die Hauptverbraucher. 1923 wurden 330800 T. ausgeführt (nach Frankreich, Großbritannien, Deutschland usw.), 1924: 457500 T. bei 237600 bzw. 277800 T. Einfuhr.

[4]) In Alaska nahm erst neuerdings die Gewinnung sehr zu. Im Staate Montana ist die Stadt Butte (42) mit den berühmten Anacondaminen (in Granit) Zentrum der Kupferproduktion; hier gehen die Schächte schon bis in 800 m Tiefe. Nach Ch. L. Henning wird mit „Butte" jeder domförmige Hügel (meist Lakkolithen) bezeichnet. Erst unterhalb 100 m Tiefe treten die aus der Oxydationszone weggeführten reicheren Metallmengen auf. Auch im Staate Arizona (Bisbee, Jerome usw.) werden reiche Erzgänge abgebaut.

[5]) Hier kommt gediegenes Kupfer in vulkanischem Gestein vor, und der Bergbau hat hier infolge der langsamen Temperaturzunahme nach der Tiefe, die wohl dem kühlenden Einfluß des nachbarlichen Seewassers zu verdanken ist, über 1500 m in die Erdrinde eindringen können.

[6]) Die geförderten Erze nach dem Bleigehalt verrechnet, lieferte die Union 1913: 36—37% der Weltproduktion von Blei aber an der Schmelzbleiproduktion der Erde hatte sie 1923 mit 560900 T. Prod. etwa 46 oder mehr Prozent Anteil; Prod. 1924: 526000; 1925: 570000 T.

ferner im nördlichen Cordillerenlande. Zinkerze[1]) mit 1,6—2,6% Gehalt kommen ebenfalls im Ozarkplateau vor, im Cordillerenlande von Colorado und Montana und in den Appalachians nicht weit von New York.

Quecksilber liefernde Zinnoberlager liegen in Kalifornien (Neualmaden usw.[2]), minder wichtige in den Staaten Texas, Nevada und Oregon, sind aber der Erschöpfung nahe.

Bauxit (westlich des Mississippi im Staate Arkansas, östlich in Georgia, Alabama, Tennessee) liefert das Material für die Aluminiumproduktion[3]), die sich (an den Niagarafällen, zu Massena am St. Lorenzstrom usw.) an das Vorkommen von Wasserkräften bindet.

Arm ist die Union an Nickel-, Zinn-, Antimonerzen, Arsenik, Kobalt, Wismut, Kadmium und Platin.

Nickel[4]) wird in Missouri (mit Blei), in Pennsylvanien usw., Zinnerz[5]) und -seifen in Alaska gefunden. Die Antimonproduktion[6]) wuchs im Kriege, beruht aber wohl zumeist auf Einfuhr von Erz. Für Arsenik (Nebenerzeugnis in Schmelzwerken Washingtons und Montanas) ist die Union wohl das wichtigste Produktionsland.[7]) Kobalt (Nebenprodukt im Bergbau Montanas) wird meist aus Kanada eingeführt. Wismut ist Nebenprodukt beim Schmelzen von Bleierzen in St. Louis usw.; Kadmium kommt in Colorado vor, Platin in geringen Mengen in Goldseifen (Kalifornien, Oregon) und mit Kupfer in Wyoming; hauptsächlich aber wird es aus Colombia (s. S. 449) eingeführt.

Andere mineralische Stoffe. Die Union ist auch der wichtigste Produzent von natürlichem oder Rohschwefel (mit 1922 fast 90% der W.).[8]) Pyritlager sind äußerst zahlreich (in der Cordillerenregion wie in den Appalachen), lassen sich jedoch gegenwärtig nicht recht lohnend abbauen.

Kristallinen Graphit gewinnt die Union an verschiedenen Stellen, besonders im Staate Alabama[9]), in der Hauptsache führt sie ihn jedoch ein (aus Ceylon, Mexico,

---

[1]) Sie enthielten 1913 über 38% der W. von Zink. Von der Schmelzzinkproduktion der Erde lieferte die Union 1913: 314500, 1920: 420400, nach Greiling 1924: 536000, 1925: 594000 T., wohl um 50% der W. Die Zahlen der verschiedenen Quellen weichen (wie auch bei anderen Bergbauprodukten) erheblich voneinander ab.

[2]) Sie folgen der großen tektonischen Linie am Westrande des Kontinents und stehen (in der Coast Range) in Beziehung zu Basalten und Andesiten. Bei Sulphur Bank (Kalifornien) und Steamboat Springs (Nevada) setzen die Thermen noch heute Quecksilber ab. Prod. Kaliforniens 1851: 964, 1870: 1044, 1890: 795, 1900: 910, 1910: 549 von 715 T. im ganzen. 1913 wurde die Prod. der Union mit 688, 1919: 729, 1921: 216, 1923: 270 T. = etwa 8% der W. angegeben.

[3]) Die Bauxitprod. wurde 1913 mit 213600, 1923: 531100, 1924: 352100 T., die Aluminiumprod. mit 1913: 22500, 1918: 102000, 1921: 36200, 1924: 112000 T. angegeben. Die Autofabriken verbrauchen etwa 25% der Produktion. 1913 über 1/3, 1920 über 55, 1922 gegen 44% der W., 1922: 28770 T., ungefähr ebensoviel wurde eingeführt. Aluminiumdraht für elektrische Leitungen wird (wegen der nicht genügenden Kostenersparnis wohl gegenüber der Kupferleitung) nicht besonders viel verwendet. Nur in Kalifornien hat er wegen der klimatischen Verhältnisse (?) und der Länge der benötigten Leitungen einen erheblichen Absatz gefunden.

[4]) Prod. 1920: 317 T.

[5]) Zinnprod. 1920: 18 T. Einf. 1923: 67950 T. (aus den Straitshäfen 50400 T.).

[6]) Prod. 1920: 11400 T.

[7]) 12000—13000 T.

[8]) Er kommt dort in eigentümlichem Zusammenhang mit kugelförmigen Gips- und Salzlagern in dem Untergrunde der Südstaaten Louisiana und Texas (Osten) vor. Die Schwefelgehalte werden mit heißem Dampf ausgelaugt und mittels Dampfdruck in Röhren an die Oberfläche gebracht. Prod. 1913: 498900, 1922: 1860000, 1923: 2068500 T. Ferner wurden 1924: 162700 T. Schwefelkies gewonnen.

[9]) Prod. 1910: 2540 T.

Korea). Wenig Bedeutung haben die Lager amorphen, aus Kohle umgewandelten Graphits (New York, Pennsylvania usw.).[1]) Die Produktion von künstlichem Graphit im elektrischen Ofen (Niagara Falls) spielt noch keine große Rolle.[2])

Zahlreiche andere Mineralien (Mühlsteine, Wetzsteine, Bimsstein, vulkanische Asche, Infusorienerde, Tripel, Schleifgranaten, Korund[3]), Schmirgel, Baryt (Schwerspat), Fluorit (Flußspat[4]), Walkerde, Lithographensteine, Glimmer[5]), Mineralfarben (Hämatit, Ocker usw.) werden gewonnen, zum Teil noch eingeführt. Die Produktion von Magnesit (Kalifornien, Washington), der früher aus Österreich usw. bezogen wurde, hat sich während des Krieges lebhaft entwickelt.[6]) Auch Sand für Gießformen, Monazitsand, Coelestit, Talk, Seifenstein, Borate[7]) (ausschließlich im sommerdürren bis wüstenhaften Kalifornien), Helium[8]) werden ebenfalls gefördert.

e) Die Industrie.

Neuengland, nahe den Kohlenfeldern der Appalachen, reich an Wasserkräften, in guter Verbindung mit dem rohstoffreichen Hinterlande, durch Küstenlage und gute Häfen auch zur ergänzenden Einfuhr von Rohstoffen wie zur Ausfuhr befähigt, am weitesten gegen Europa vorgeschoben, wurde das Hauptzentrum der Industrietätigkeit, die erst neuerdings in die Rohstoffgebiete des Innern wie nach den atlantischen Südstaaten übergriff. Baumwoll- und Wollindustrie (s. S. 401 und S. 402), Gerberei (S. 403), Schuhwarenindustrie (S. 403) haben hier ihre Hauptsitze und auch Seidenindustrie (S. 402), Sägeindustrie (S. 405), Papierfabrikation sind sehr bedeutend. Massachusetts Rhode Island und Connecticut sind die industriereichsten der Neuengland-Staaten.

In den mittelatlantischen Staaten (Pennsylvania, New York) sind besonders die Eisenhütten und Walzwerke (S. 411), die Kleiderfabrikation, Juwelierindustrie (S. 404), die Gießerei und Maschinenindustrie, die Zuckerraffinerie, die Lederfabrikation (S. 403), die Hut-, Wollindustrie und der Schiffbau (s. S. 412) entwickelt. New York (5840), Philadelphia (1895), Baltimore (762), die Haupthäfen dieses Gebiets, mit ihren Nachbarstädten, ferner Pittsburg (608), Buffalo (528) sind hier Hauptzentren.

Im ferneren Innern sind die Industrien noch mehr bodenständig als im Nordosten. In den Zentralstaaten sind Fleischpackerei (S. 397), Mühlenindustrie (S. 390), Leinölindustrie (S. 396) führende Zweige der Fabrikation; aber auch Eisen- und Stahlindustrie (S. 411), Herstellung landwirtschaftlicher Maschinen (S. 411), Automobilindustrie (S. 411), Kautschukwarenindustrie (S. 411), Schuhindustrie usw. haben sich entwickelt. Chicago (2833), St. Louis (795), Milwaukee (477), Minneapolis (401), St. Paul (240), Kansas

---

[1]) Prod. 1910: 32000 T. (namentlich zur Düngerproduktion).
[2]) Prod 1910: 5900 T.
[3]) Künstliche Schleifmittel (Karborund, Alund und gemahlener Stahl werden in großen Mengen hergestellt.
[4]) Prod. 1910: 69400 T.
[5]) Prod. 1913: 5510; 1915: 3780; 1919: 3600 T. = 38 % der W.
[6]) Prod. 1917: 287400; 1922: 63490 T.
[7]) Prod. 1920: 111900 T.
[8]) In der Gegend von Dallas. Es kommt besonders der Luftschiffahrt zugute.

City (Missouri, 344), Detroit (994), Cleveland (855), Buffalo (528) sind besonders wichtige Zentren der Seenregion und des oberen Mississippibeckens (mit der benachbarten unteren Prärie).

In den Südstaaten sind die Baumwollindustrie (auch Baumwollpressen und -Entkörnungsanstalten, s. S. 396 u. 400 f.), die Baumwollsaatöl-Fabrikation (S. 396), die Holz-, Terpentin-, Reismühlen- und Tabakindustrie besonders charakteristisch, lokal die Eisen- und Stahlindustrie (Birmingham, 191). Houston (150), Dallas (172), San Antonio (178), Atlanta (216), Augusta (54) seien außer den Häfen New Orleans (400) und Galveston (44) als Zentren genannt.

In den Cordilleren-Hochlandstaaten ist allgemein das Schmelzen und Raffinieren von Metallerzen (S. 412 f.) die wichtigste Industrie. Salt Lake City (124) ist darin tätig. In Spokane (105) im Columbiatafelland tritt Müllerei (S. 389) dazu.

In den pazifischen Küstenstaaten haben außer Hüttenindustrie und Getreidemüllerei noch Holzindustrien (S. 405), Ölindustrie (S. 396), Fischkonservenindustrie (S. 398 f.), der Schiffbau, im Süden besonders die Fruchtkonservenindustrie (S. 393), die Petroleumindustrie (S. 409), die elektrische Industrie (S. 410), die Filmindustrie[1]) Bedeutung. Zentren sind die Häfen (s. unten); ferner Oakland (233), Berkeley (61) und Sacramento (69).

Schreibmaschinen, s. S. 412, Spielwaren, S. 405, Holzstoff- und Papierindustrie, S. 405.

Von anderen Industrien seien noch einige kurz erwähnt. Die Spitzen- und Stickereiindustrie hat sich auf Grund aus Nottingham, Plauen, St. Gallen, Calais eingeführter Spitzen- und Stickereimaschinen sehr gehoben. Die chemische Industrie (s. S. 408) hat namentlich[2]) in den Kohlen- und Salzgebieten des Nordostens (Philadelphia, New York usw.) große Fortschritte gemacht; im Innern ist St. Louis (795) ein wichtiger Platz. Die Einfuhr von Chemikalien geht zurück; die Ausfuhr nahm zu. Düngemittel, s. S. 396 u. 400. Die Produktion von Büchern, Kunstwerken u. dgl. ist beständig gewachsen; doch werden namentlich ältere (?) Kunstwerke von dem reichen Lande viel eingeführt.

f) Handel. Die Lage zwischen den zwei bedeutendsten Ozeanen, an deren wichtigerem das atlantisch-nordamerikanische Aktionszentrum liegt, mit den weitaus produktivsten und bevölkertsten Teilen des Landes, von dem darum auch die wichtigsten Impulse für den Handel ausgehen, ist günstig. Hier stehen besonders Überschüsse landwirtschaftlicher und industrieller Produktion zur Verfügung, während das weniger produktive und bevölkerte pazifisch-nordamerikanische Aktionszentrum mit seinem Cordillerenhinterland, das den Austausch zwischen den zwei Aktionszentren behemmt,

[1]) Die schöne Landschaft und das milde Klima begünstigen sie; Zentrum Holywood.

[2]) Angeblich soll 1923 die Union mit einer Erzeugung von 32000 T. in der Farbstoffproduktion der Erde die Führung gehabt haben. Deutschland produzierte vor dem Kriege 135000 T. Farben. Man hofft, die deutschen Anilinfarben allmählich qualitativ erreichen zu können. Die Ausfuhr von Anilin- u. a. Teerfarbstoffen wertete 1924: 5,64, die Einfuhr 4,46 Mill. $ (fast zur Hälfte aus Deutschland).

besonders bergbauliche und holzindustrielle (dazu Südfrucht-) Überschüsse in den Handel liefert. Die Küstenmeere der Union sind überall schiffbar. Die Nachbarlage zu den produktivsten und bevölkertsten Teilen Kanadas ist ebenso für den gegenseitigen Austausch günstig, als die zu den noch weniger erschlossenen mexikanischen, mittel- und südamerikanischen Landschaften zu wirtschaftlichen und politischen Invasionen verlockt. Das nahe große atlantisch-europäische Aktionszentrum bietet und heischt Austausch, zumal von hier aus die Besiedlung und Zivilisierung Nordamerikas vor sich ging, und selbst noch heute Einwanderer kommen, so daß auch persönliche, nationale und kulturelle Momente den Handelsaustausch fördern. Am Großen Ozean eröffnet besonders das Erwachen der ost- und südasiatischen Länder und die Ausbildung des südostasiatischen Aktionszentrums vielversprechende Aussichten für den Handel der Zukunft.

Die Ausfuhr von Fabrikaten[1]) hat ständig zu-, die Einfuhr[2]) abgenommen. Die Vereinigten Staaten sind seit etwa 50 Jahren immer mehr aus einem Agrar- zu einem Industriestaat geworden.

Die **Ausfuhr** besteht in Nahrungs- und Genuß- sowie Futtermitteln (die in den Einfuhrländern in tierische Nahrungsmittel umgesetzt werden sollen), Industriewaren sowie (namentlich bergbaulichen) Halbfabrikaten und Rohstoffen, die **Einfuhr** aus Rohstoffen für die Industrie, Nahrungs- und Genußmitteln, die im Lande nicht zu erzeugen sind, und Fabrikaten[3]), besonders Luxuswaren.

Die Wiederausfuhr macht bemerkenswerte Fortschritte.

Ausfuhr 1921/22: 3765,1; 1922/23: 3957,1; 1923/24: 4223,7; 1924: 4591; 1925: 4909 Mill. $; 1922/23: Baumwolle 658,9 (1924: 950); Getreide 451,3 (Weizen u. Weizenmehl 328); Mineralöle 324,4 (391); Maschinen 256,3 (189, dazu elektr. 88, landw. 65); Eisen, Stahl und -waren 199,8 (221); Fahrzeuge 166,2 (Autos u. Teile 220); Tabak 146,2 (162); Baumwollwaren 145,3 (132); tierische Öle u. Fette 144,2 (170); Fleisch 143,2 (113); Kohlen 138,2 (u. Koks 120); Holz u. -waren 119,7 (142,8); Kupfer u. -waren 113,3 (156,8); Früchte 72,6 (96); Chemikalien 54,1; Leder 44,3 (59); Zucker 41; Kautschuk u. -waren 37,9; Papier 25,4; Futtermittel 25,1; Tabakwaren 24,7; Molkereierzeugnisse 23,3; Pflanzenöle u. -fette 22; Pflanzenfasern 20,6; Lederwaren 20,3; Petroleum 20,2; Düngemittel 18,6; Gemüse 17,4; Bücher u. dgl. 17,3; Fische 15,9 Mill. $; **Einfuhr:** 1921/22: 3112,7; 1922/23: 3781,3; 1923/24: 3554,1; 1925: 4224 Mill. $; 1922/23: Seide 413,5 (1924: 327,5); Zucker usw. 369,1 (363,5); Wolle u. -waren 234,7 (Wolle 93,1); Kaffee 181,6 (248,8); Kautschuk 169,1 (174,2; Gummi, Harze 28,7); Häute u. Felle 140,3 (75); Öle u. Fette 131,8 (Mineralöl 100,7; pflanzl.

---

[1]) 1925: 1843 Mill. $ (37,5% der Ausf.) Fertigwaren und 662 Mill. $ (13,5%) Halbzeug.

[2]) 1925: 796 Mill. $ (gegen 19% der Einf.) Fertigwaren und 755 Mill. $ (gegen 18%) Halbzeug. Vgl. Anm. 3.

[3]) Ausfuhr 1923/24: Fertigfabrikate 37; Halbfabrikate 14; Nahrungsmittelfabrikate 13; industrielle Rohstoffe 31; unverarbeitete Nahrungsmittel 5% der Ausfuhr (4223,7 Mill. Dollar; Wiederausfuhr 87,6 Mill. Dollar). Einfuhr 1923/24: Industrielle Rohstoffe 34; Fertigfabrikate 21; Halbfabrikate 18; Nahrungsmittelfabrikate 15; unverarbeitete Nahrungsmittel 11; Verschiedenes 1% der Einfuhr (3554,1 Mill. Dollar). Ausf. 1900 (Fiskaljahr): Fertigfabrikate 24; Halbfabrikate 11; Nahrungsmittelfabrikate 23% der Gesamtausfuhr. 1925 waren Lebensmittel an der Ausfuhr mit 892 Mill. $ (18,2% der Ausf.), an der Einfuhr mit 928 Mill. $ (22% der Einfuhr) beteiligt, Rohmaterialien mit 1414 Mill. $ an der Ausfuhr (28,8%) und 1721 Mill. $ an der Einfuhr (gegen 41%).

Ölsaaten u. Öle 49,4); Holz u. -waren 116,3 (Holz u. Papier 339,1); Papier 102,9; Flachs, Hanf u. -waren 114,6 (Flachs 2; Jute 7,2; andere Fasern 37,6); Baumwollwaren 93,3 (Textilwaren 355); Kupfer u. -waren 89 (Metall u. -waren 290,2); Pelze u. -waren 87,2 (87,7); Edelsteine u. Nachahmungen 81,8 (73,6); Tabak u. -waren 78,4 (83,8); Früchte 70,5 (Bananen 22; Nüsse 20,9; anderes Obst 30,3); Baumwolle 60,6; Zinn 53,9; Pflanzenfasern 47,6; Chemikalien 45,8 (121,7); Fleisch, Eier 40,2 (Fleisch 5,7; Eier 5,5; Käse 17,3; Butter 7; Milch 7,8); Seidenwaren 39,5; Eisen, Stahl u. -waren 39,1; Kakao 34,5 (29,4); Fische 28 (30); Kunstwerke 27; Tee 26,3 (27,2); Gemüse u. Konserven 25,3 (27,5); Leder u. -waren 24,8; Gewürze 13,4; Blei u. -waren 11,8 Mill. $ (Tonwaren 22; Glas 19,1; Asbest 5,6 Mill. $.)

Handelsländer in Prozent der Ausfuhr. Von der Ausfuhr nahmen auf Europa 1924: 53,2 (1910/14: 62,3); Nordamerika 23,7 (23,1); Asien 11,2 (5,6); Südamerika 6,9 (5,6); Ozeanien 3,4 (2,2); Afrika 1,5 (1,1) %. 1922/23: Großbritannien 20,81; Kanada 16,63; Deutsches Reich 7,41; Frankreich 6,8; Japan 5,38; Italien 4,38; Cuba 4,13; Mexico an 2,9; Niederlande 2,87; Argentinien 2,77; Belgien 2,62; Australien 2,43; Spanien 1,57; Brasilien 1,18; Philippinen 1,11; Dänemark an 1; Schweden gegen 1; **in Prozent der Einfuhr**: Von der Einfuhr kamen aus Europa 1924: 30,4 (1910/14: 49,5); Nordamerika 27,6 (20,6); Asien 25,8 (15,3); Südamerika 12,9 (12,2); Afrika 2 (1,3); Ozeanien 1,4 (1,0); 1922/23: Großbritannien 11,56; Kanada 10,88; Cuba 9,91; Japan 9,85; China an 4,5; Franreich 4; Deutsches Reich an 3,8; Brasilien 3,64; Mexico an 3,6; Argentinien 3,5; Brit.-Indien 3,2; Chile 2,46; Italien 2,2; Niederlande 2,07; Philippinen gegen 2; Belgien 1,65; Australien 1,45; Niederländ.-Indien 1,28; Ägypten 1,23; Schweden 1,05; Schweiz an 1; Spanien gegen 1.

g) Verkehr. Der Binnenverkehr zu Lande ist durch die Zwischenlagerung der Cordillerenhochländer zwischen dem atlantischen und dem pazifischen Aktionszentrum sehr erheblich erschwert, und Kunststraßen, deren Bau in der Union erst durch die äußerst umfangreiche Verwendung der Kraftwagen (s. S. 411) einen kräftigen Impuls erhielt[1]), konnten dieses Hindernis nur mangelhaft überwinden. Auch die Appalachen im Osten und die Bodenformen des ganzen Cordillerenlandes[2]), selbst der pazifischen Randgebiete, in denen nur der Nordsüdverkehr durch die große Rinne des kalifornischen und oregonischen Längstales erleichtert wird, schufen empfindliche Hindernisse, während im atlantischen Aktionsfelde der Nordsüdverkehr in der atlantischen Niederung[3]), in der Piedmontregion und im Mississippi-

[1]) Die Versuche, in Alaska (auf dem Wege nach Dawson [3] Kraftwagen zu verwenden, waren (bis 1913 wenigstens) nicht geglückt, da diese bei −35° bis −45° C (Kälte) nicht losfahren können. Es müssen warme Schuppen (Wärmestationen) zur Unterbringung der Kraftwagen an den Halteplätzen eingerichtet werden. Der Bau einer großen Automobilstraße an Stelle der heutigen Pferdepoststraße von White Horse nach Dawson war geplant. White Horse wird von dem Hafen Skagway aus durch Eisenbahn (s. S. 386, Anm. 3 u. 404, Anm. 2) erreicht. Der mit Hunden bespannte Schlitten spielt in Alaska als Transportmittel noch eine große Rolle. — Im Staate Missouri waren 1908 erst etwa 2% der öffentlichen Straßen mit Steinschlag befestigt, der Rest lag monatelang unpassierbar. Über Straßenbefestigung in Kalifornien, s. S. 409. Neuestens schritten die Amerikaner zur Anlage ausgedehnter und ausgezeichneter asphaltierter Kraftwagenstraßen, die sie in fast 6 m Breite mittels Maschinen ungewöhnlich schnell (250—500 m täglich) vorwärts treiben; in Europa können sich nur etwa die Schweiz und England mit ihren Teerstraßen dem vergleichen. Asphaltstraßen sind teurer, aber auch dauerhafter und leichter auszubessern als die billigeren, aber auch vergänglicheren Teerstraßen.

[2]) Zumal durch die Cañons. Eine Hängebrücke über den Grand Cañon des Colorado für Fußgänger und Maultiere besteht erst seit 2 oder 3 Jahren.

[3]) Doch sind in Küstennähe zum Teil ausgedehnte Sumpfflächen und zahlreiche Inlets hinderlich.

und Ohiobecken wie in der Seenregion (auch nach Kanada hinüber) vergleichsweise bequem veranstaltet werden kann. Erst die Eisenbahnen und die technischen Kunstbauten der Neuzeit haben die Verkehrshemmungen, wenigstens für den Fernverkehr, außer Kraft gesetzt. In der Osthälfte der Union sind die Bahnen zu einem mehr oder weniger dichten Netz verwachsen.

Die Appalachen werden jetzt von vielen Eisenbahnen überschritten, die die produktenreichen Gebiete des Innern mit den Industrie- und Hafenzentren des atlantischen Küstengebietes verbinden. Zumal die Erniedrigung des mittleren Gebirges (auf 500 m an der Hudson-Mohawksenke und in mehreren Flußtälern dieser Gegend: Lehigh-Schuylkill, Susquehanna usw.) erleichtert die Überschreitung des Gebirges, das auch im Nordabschnitt genügende Durchgänge zeigt. Die hohen Südappalachen (Alleghanies) sind freilich noch heute eine Verkehrsschranke. Im Mississippibecken usw. erfordern die breiten Ströme kostspielige Brückenbauten.[1]) In der oberen Prärie ziehen die Eisenbahnen schon vereinzelt zum Cordillerenland und überwinden als Pazifikbahnen[2]) in hochgelegenen Pässen die Rocky Mountains[3]), die Sierra Nevada[4]) und das Kaskadengebirge, das atlantische mit dem pazifischen Aktionsfeld und seinen Häfen verknüpfend. Durch die kalifornisch-oregonische Rinne zieht die Eisenbahn von Los Angeles nach Seattle und Vancouver (Kanada).

Die Binnenschiffahrt ist in der Osthälfte der Union im ganzen durch Wasserreichtum, schwaches Gefälle der Flüsse und das Vorkommen großer Seen bzw. Lagunen begünstigt.

Die Lagunen (Sunde) der südatlantischen Küste sind schiffbar und leicht zu verbessern und ermöglichen in Zukunft die Herstellung eines Küstenkanals (in dem weichen Boden) bis Florida, mit denen der Golfküste vielleicht bis nach Nordmexico. In der südöstlichen Niederung können kleinere Schiffe auf den Unterläufen der Flüsse (bis zur Wasserfallinie usw.) verkehren. Der wasserreiche Hudson in der mittelappalachischen Senke ist weit hinauf zu befahren und ermöglichte mit seinem Zufluß Mohawk die Anlegung des Eriekanals (1826), zum Ontario- und Eriesee, der seitdem wiederholt leistungsfähiger gemacht wurde. Über die Große Seen-Wasserstraße, s. S. 386f. Das Stromsystem des Mississippi, das größte der Erde, leistet dem Verkehr nach europäischen Begriffen bisher wenig, obwohl Dampfer bis zu den Wasserfällen bei Minneapolis aufwärts fahren, und durch den Illinois-Michigankanal auch eine Verbindung mit den Großen Seen hergestellt ist. Weitgehende Verbesserungen sind in Aussicht genommen. Die über die Prärientafel fließenden Flüsse

---

[1]) Der Mississippi wurde bei St. Louis 1874 überbrückt, der Hudson zwischen New York und New Jersey erst 1924.

[2]) Die erste transkontinentale Bahn (Union and Central Pazificbahn), Chicago mit San Francisco verbindend, wurde 1869 eröffnet. Von Oakland (233) an der Bai von San Francisco trägt eine Dampffähre die Eisenbahnzüge nach der Hauptstadt Kaliforniens hinüber. Eine Brücke über die 7 km breite Bai war (1922) geplant. Andere Pazifikbahnen folgten. Entsprechend der Größe des Landes, den umfangreichen Massentransporten, dem Fehlen von leistungsfähigen Ost-West-Binnenschiffahrtsstraßen (südlich der Großen-Seen-Straße) werden sehr große Eisenbahnwagen, für Kohlentransporte bis zu 110 T. Ladegewicht, verwendet.

[3]) Evanspaß z. B. 2510 m. Allmählich werden die Eisenbahnen (besonders dort, wo die Schneeverhältnisse ungünstig sind und hohe Unterhaltungskosten erfordern) tiefer und zum Teil unter die Erde gelegt. So soll an Stelle des 4½ km langen Tunnels (1100 m hoch) der Great Northern im Kaskadengebirge ein 14,5 km langer Tunnel in 200 m niedrigerer Lage treten. Auch scharfe Krümmungen werden ausgeschaltet, und die Linie wird 12 km kürzer.

[4]) Truckeepaß z. B. 2150 m.

sind wegen stärkeren Gefälles, wechselnder Läufe, wandernder Bänke, schwankender Wasserstände, zum Teil winterlicher Vereisung wenig brauchbar. Die Vereisung schlägt die ganzen nördlichen Wasserläufe und -flächen, auch die Großen Seen (s. S. 387 u. 410, Anm. 4) lange in Bann. In der Cordillerenhälfte vollends sind die Flüsse (Columbia, Snake River, Colorado) nur auf kurze Strecken zu befahren. Bedeutende Häfen der Binnenschiffahrt sind Chicago (2833), Duluth (104), Superior (40), Milwaukee (477), Buffalo (528), Cleveland (855), St. Louis (795), Minneapolis (401), Pittsburg (608).

Außenverkehr. Eisenbahnen stellen die Verbindung mit Kanada und Mexico her.

Seeschiffahrt und Häfen.[1]) Die Handelsflotte ist (mit Hilfe fabrikmäßigen Stahlschiffbaues) während der Kriegsjahre, auch mit Hilfe von Kriegsraub, sehr stark gewachsen. Das atlantisch-nordamerikanische Aktionszentrum besitzt natürlich die größten Reedereien und die meisten und wichtigsten Häfen. Die des mittelappalachischen Küstenabschnitts, wo tiefeinschneidende Baien den Seeschiffen ein weites Eindringen ins Land ermöglichen und die Verbindungen mit dem Hinterlande günstig waren (s. S. 418), sind die größten: New York (5840), Philadelphia (1895), Baltimore (762); sie sind großzügig ausgebaut. Unter den anderen Häfen der atlantischen Küste ist Boston (748) an weiter Bucht der bedeutendste.

Ferner sind, meist an schönen Baien, Portland (72), Portsmouth (14), Gloucester (23, s. S. 399), Salem (43), Providence (241), Hartford (138) am Connecticut, Newhaven (170) am Long Island Sund, Atlantic City (52), Newport News (36), Portsmouth (Virg., 56), Norfolk (125) erwähnenswert, an der Baumwollküste Wilmington (33), Charleston (70), Savannah (88), Jacksonville (98), meist ziemlich mangelhafte Flußmündungshäfen. Auch die Häfen der Golfküste waren sehr verbesserungsbedürftig.

Der wichtigste Hafen am Golf von Mexico ist New Orleans (400) am unteren Mississippi geworden; die Mündungen („Pässe") des Flusses mußten erst durch große Bauten von See zugänglich gemacht werden.

Die Verschlammung schreitet fort und kann nur durch kostspielige Unterhaltungsarbeiten abgewendet werden.

Galveston (44, s. S. 401), Pensacola (31, s. S. 405), Mobile (63, s. S. 405), Tampa (55, s. S. 400) haben mehr örtliche Bedeutung. Key West (19), weitest gegen Südwesten ins Meer vorgeschobener Platz der Union, von der Eisenbahn über Florida Keys erreicht, ist Ausgangshafen der Eisenbahndampffähre nach Habana auf Cuba (weniger als 24 Stunden).

Im pazifischen Aktionszentrum hat die „Längsküste" wenige, von Natur zum Teil unzulängliche Häfen. San Francisco (530; gegenüber Oakland, 233) an der Südseite des zur prächtigen Bai von San Francisco führenden Golden Gate (s. S. 418), also am Eingang zum kalifornischen Längstal, der Flußhafen Portland (269) am Willamette (zum Columbia, s. oben), Los Angeles (665)

---

[1]) Seit Vollendung des Panamákanals hat sich die Küstenschiffahrt zwischen den atlantischen und pazifischen Häfen stark entwickelt.

mit künstlichem Hafen in wunderbar produktiver Gegend, im Norden am Puget Sound Seattle (315) sind die wichtigsten. Tacoma (100) und San Diego (84) sind Häfen zweiten Ranges. Besonders der zunehmende Verkehr mit dem entwicklungsfähigen südostasiatischen Aktionszentrum verspricht den pazifischen Häfen noch eine große Zukunft.

Der Luftverkehr. Zu der Flugpost[1]), die von New York über Chicago nach San Francisco und auf vielen anderen Linien (auch nach Cuba) schnellstens Postsachen befördert, tritt neuerdings der Großverkehr mit Zeppelin-Luftschiffen[2]), die auch Personen in größerer Zahl befördern können. Der Luftschiffbau (in Akron, 208) soll nun mit Hilfe deutscher Konstrukteure im großen in Angriff genommen werden.

Nachrichtenverkehr. An Stelle der indianischen Feuerzeichen, die nur auf kurze Entfernungen Signale geben konnten, sind sukzessive Briefpost (Flugpost, s. oben), elektrische Landtelegraphen, Telephone, Überseekabel[3]) und funkentelegraphische Stationen, einander ergänzend, getreten, die in modernster, schnellster Weise innerhalb des Landes und Erdteils wie mit anderen Erdteilen (Südamerika, Europa, ja auch Asien — von San Francisco aus z. B.) Nachrichten auszutauschen erlauben.

B. Mexico und Mittelamerika (Zentralamerika und Westindien).[4])

I. Naturverhältnisse. Mexico bildet mit Mittelamerika (Zentralamerika und Westindien) das Zwischenstück zwischen Nord- und Südamerika, den Isthmus zwischen Atlantischem und Großem Ozean vom cordillerischen Westen der Union im Norden bis zum Andenland im Süden und eine Inselbrücke, die von Yukatan und Florida nach den nordöstlichsten Andenausläufern führt. Es ist meist hohes Land; nur auf Yukatan, Cuba, den Bahamáinseln und Barbados sind größere Flächen eines niedrigeren Kalkgesteinsstreifens erhalten. In Zentralamerika durchsetzen tiefe Risse und Senken, dem Verkehr günstig, aber meist mit Erdbeben und tätigen Vulkanen im Gefolge, den Isthmus. Auch die westindischen Inseln erleiden nicht selten durch Erdbeben und vulkanische Ausbrüche schweren wirtschaftlichen Schaden. Klima, s. S. 422, Anm. 1 u. 426, Anm. 1.

II. Mexico hat 1,985 Mill. qkm mit (1921) 13,9 Mill. Einw., Zentralamerika etwa 536000 qkm mit 5,54 Mill. Einw. (Guatemala 113000 qkm, 2 Mill. Einw.;

---

[1]) Im Beobachtungsdienst für schnelle Meldung von Waldbränden (s. S. 404), bei der Fischereierkundung usw. leistet das Flugzeug wichtige wirtschaftliche Dienste.

[2]) Der Zeppelin Z.R.III kreuzte den Atlantischen Ozean im November 1924 auf südlicher Route — eine Großtat deutscher Technik und deutschen Wagemutes.

[3]) Besonders wichtig sind die Kabel nach Europa, nach Mittel- und Südamerika und das pazifische Kabel von San Francisco über Honolulu (Hawaii-Inseln), die Midway-Inseln, Guam nach Manila (Philippinen) und von dort nach Südostasien (s. S. 286).

[4]) Vgl. K. Sapper, Wirtschaftsgeographie von Mexico. Halle a. S. 1908. — O. Collmann, Mexico, weltwirtschaftlich betrachtet. Hamburg 1922. — Mexico. Politik, Wirtschaft, Kultur der Vereinigten Staaten von Mexico. Berlin 1923. — G. A. Schmidt, Mexiko. 2. Aufl. Berlin 1925. K. Sapper, In den Vulkangebieten Mittelamerikas und Westindiens. Stuttgart 1905. — K. Sapper, Mittelamerika. Hamburg 1921. — K. Sapper, Bericht über eine — Reise nach Mittel- und Südamerika. Hamburg 1924. — A. Aign, Die natürlichen Grundlagen der Wirtschaft Guatemalas. (Ungedruckte) Diss. Würzburg 1923. — Robinson, Cuba old and new. London 1914. — Iberoamerikanisches Archiv, herausgeg. von O. Quelle. Berlin u. Bonn. — K. Kaerger, vgl. S. 439.

Salvador 21200 qkm, 1,3 Mill. Einw.; Honduras 115000 qkm, 610000 Einw.; Britisch-Honduras 22300 qkm, 42700 Einw.; Nicaragua 128300 qkm, 700000 Einw.; Costa Rica 48400 qkm, 455000 Einw.; Panamá 86300 qkm, 400000 Einw.; die vereinsstaatliche Panamákanalzone 1300 qkm, 31000 Einw.), Westindien etwa 286600 qkm, 8,9 Mill. Einw. (Republik Cuba 166000 qkm, 2,63 Mill. Einw.; die Negerrepublik Haïti 28700 qkm, 2,15 Mill. Einw.; die Dominikanische Republik 48600 qkm, 710000 Einw.; die vereinsstaatliche Insel Portorico 9340 qkm, 1,2 Mill. Einw., die vereinsstaatlichen Jungferninseln oder Virgin Islands [St. Thomas, St. John, St. Croix] 360 qkm, 26000 Einw.; britisch sind die Bahamáinseln, 11400 qkm, 60000 Einw.; Jamaica[1]), 10900 qkm, 890000 Einw.; Barbados, 430 qkm, 187000 Einw.; Trinidad mit Tobago, 4840 qkm, 377000 Einw.; Windward Islands: Grenada, Santa Lucia, St. Vincent, 1336 qkm, 169000 Einw.; Leeward Islands: Antigua, Dominica, Montserrat, Barbuda (u. Redonda), St. Kitts (St. Christopher) u. Nevis, Anguilla, engl. Virgin Islands, 1860 qkm, 123300 Einw.; französisch: Martinique, 990 qkm, 193000 Einw.; Guadeloupe, 1510 qkm, 185000 Einw.; kleinere Inseln (Marie Galante usw.) 270 qkm, 30000 Einw.; niederländisch: St. Eustatius, Saba, südl. Teil von Sint Maarten (St. Martin), 75 qkm, 5160 Einw.[2]); die Volksdichte beträgt im Durchschnitt gegen 18 auf 1 qkm; in Mexico 8, in Salvador 61, in Britisch-Honduras 1,9; die Bahamáinseln haben nur 5, Cuba 16, Haïti 37, Portorico 129, Jamaica 76, Barbados gar 444 auf 1 qkm. Im einzelnen sind auf dem Festland die westlichen Hochplateaus am besten bevölkert, die östlichen niedrigeren Waldlandschaften am wenigsten, auf den westindischen Inseln die Küsten und Täler am meisten, die Waldhöhen am wenigsten. Die Bevölkerung besteht in Mexico und Zentralamerika hauptsächlich aus Kreolen, Mischlingen (aus Indianern und Spaniern) und Indianern; von auswärtigen Weißen sind Spanier und Nordamerikaner am stärksten vertreten; Neger und Negermischlinge sind an der feuchtheißen atlantischen Küste ziemlich zahlreich. Die Einwanderung ist schwach, Mexico verlor sogar im letzten Jahrzehnt 6—7% seiner Bevölkerung durch Auswanderung. Auf den westindischen Inseln herrschen auf Cuba und Portorico die Weißen vor, sonst Neger, Mulatten und Mestizen. Die Wirtschaftsstufe ist im ganzen die der herkömmlichen Wirtschaft.[3])

III. Wirtschaft. Allgemeiner Charakter. Das Cordillerenland ist (wie in der Union) in Mexico und auch in Zentralamerika reich an Mineralschätzen, Bergbau namentlich in Mexico eine hervorragende Wirtschaftsform; Plantagenwirtschaft wird in allen tropischen Teilen (südlichere Hochlandränder Mexicos, Zentralamerika, Westindien) betrieben. Die Eigenwirtschaft der Farbigen geht selten über den Bedarf hinaus.

a) Die Erzeugung von Nahrungs- und Genußmitteln stammt hauptsächlich aus der Pflanzenwirtschaft, wenigstens in den tropischen Gebieten, in

[1]) Dazu Cayman Islands (271 qkm, 5250 Einw.) und Turks and Caicos Islands (429 qkm, 5610 Einw.).

[2]) Werden zum Gouv. Curaçao (s. S. 439ff.) gerechnet.

[3]) Neuerungen werden vielfach schwer angenommen, doch sind neuerdings Fortschritte zu verzeichnen. Z. B. soll in dem mexikanischen Staate Chihuahua eine Fläche von 150 qkm bewässert werden; auch in der Dominikanischen Republik sind Bewässerungsarbeiten im Gange; in diesem Staat sind bereits 55% der Fläche in landwirtschaftlicher Nutzung.

der Tierra caliente (etwa bis 1000 m M.) namentlich[1]), während in der mexikanischen und zentralamerikanischen Tierra templada (1000—2000 m), wo die Bevölkerung weit tatkräftiger ist als in der feuchtheißen Niederung, außer Pflanzenbau auch Tierzucht, Bergbau und Industrie betrieben werden. Auf den westindischen Inseln rücken diese Wirtschaftszweige hauptsächlich in die Niederungen. Hauptnahrungsmittel der Eingeborenen sind, zumal auf dem Festlande, Mais und Hülsenfrüchte, ferner Bataten, Bananen und andere Früchte usw. Weizen ist mehr Luxusnahrung.

Der Mais[2]) nimmt in Mexico fast die Hälfte der Anbauflächen ein; am stärksten wird er im Süden des Tafellandes und im Norden Yucatans angebaut, aber in den dürren Landesteilen fast gar nicht. In Zentralamerika ist er überall die bevorzugte Feldfrucht und ergibt auch auf Cuba (besonders auf höheren Böden) z. B. zwei Ernten jährlich. Weizen, die Brotfrucht der Wohlhabenden, besonders der Weißen, wird auf dem Hochland Mexicos[3]) und in kleinem Maßstabe hier und dort auf den westlichen Hochländern Zentralamerikas gepflanzt. Auf Cuba hat man seinen Anbau noch kaum in einigem Umfang versucht. Gerste, Hafer, Roggen treten ganz zurück, dagegen wird in den niedrigeren Gebieten Mexicos (bis etwa 1400 m aufwärts; Staaten Morelos, Colima, Sonora[4]), in Zentralamerika wie auf Cuba ziemlich viel Reis angebaut. Fast überall ist Einfuhr von Getreide, Mehl, Keks u. dgl. nötig. Cuba bezieht jetzt Reis direkt von Indien, früher über Deutschland.

Von Knollengewächsen werden die einheimischen Bataten[5]) und Maniokwurzeln, auch Yamswurzeln viel angebaut; der Kartoffelbau

---

[1]) In Guatemala reicht die Tierra caliente bis zu 600 m hinauf, die Tierra templada von 600 bis 1800 m, die Tierra fria von 1800 m bis 4150 m. Stadt Mexico, 2280 m hoch, 18,3°C im Mai, 11,9° im Dez. Extreme 30° und 1° C. 590 mm Niederschlag, davon 120 im August, 0 im Januar. — Veracruz, 27,6° C im Juli, 21,9° im Jan. Extreme 33° und 15° C. 1720 mm Niederschlag, davon 380 im Juli, 0 im April. — Habana, 27,7° im Juli, 21,3° C im Jan. Extreme 36° und 12°. 1310 mm Regen (davon 190 im Okt., 180 im Juni, 50 im März). Während große Teile des nördlichen Hochlandes Mexicos und der Halbinsel Niederkalifornien unter Niederschlagsmangel leiden (B 3 und sogar B 4; erst wenig Bewässerungsanlagen), fällt in den dem Nordostpassat ausgesetzen östlichen Küstenlandschaften (A 2 und A 1) nicht selten zu viel Regen; hier sind Sumpf, Urwald, Unkraut, ungesundes Klima der Erschließung hinderlich. Die pazifische Küste Mexicos (nordwärts bis über den Wendekreis hinaus) und Zentralamerikas, der größte Teil Yukatans und die mexikanische Golfküste gehören dem Klima A 2 an. Das Hochland Mexicos und Zentralamerikas rechnet W. Köppen an den atlantischen Hängen dem feuchttemperierten Klima (C 7 a), an der pazifischen Seite dem warmgemäßigten wintertrockenen Klima (C 5) mit Sommerregen zu, die atlantischen Niederungen Zentralamerikas dagegen A 1 (dem heißfeuchten Urwaldklima). Die Westindischen Inseln werden fast durchweg A 1, nur auf Cuba größere Flächen A 2 zugewiesen. In Mexico sind etwa 6 % der Fläche Kultur-, fast 25 % Weideland.

[2]) 1925 waren 21330 (1909/13: 24660) qkm damit bestellt. Die Ernte wurde auf 1,75 (3,39; 1922: 1,73) Mill. T. = etwa $1\frac{2}{3}$ % der W. geschätzt, unterliegt also großen Schwankungen. Guatemala erntet um 200000 T.

[3]) Am meisten im Zentrum (Staaten Michoacan, Guanajuato, Mexico, Puebla [Ernte im Mai]), bei künstlicher Bewässerung. Produktion 1921: 138000, 1925: 281000 T. (auf 6950 qkm) = 0,12—0,25 % der W. Guatemala erntete 1923: 11500 T. Gerste 1925: 91000 T. auf 3150 qkm. Die Erträge je ha sind bei Weizen und Gerste sehr niedrige.

[4]) Im Yaquital des dürren Staates Sonora erzeugten die (meist nordamerikanischen) Pflanzer 1920 allein etwa 16000 T. Die gesamte Reisernte Mexicos wird für 1910 auf 28000, 1923: 32000 T., die Guatemalas 1923 auf 5800 T. angegeben. Bohnen wurden in Mexico 1910: 176000, 1921: 71000. 1925: 97000 und große Bohnen 1910: 24000, 1923: 11000 T. geerntet. Guatemala erntete 1923; 14000 T. Bohnen.

[5]) Am meisten in den niedrigeren Teilen (der Tierra caliente und templada) des südwestlichen mexikanischen Hochlandes. Ernte 1910: 27000; 1923: 25000 T.

ist viel beschränkter.[1]) Bohnen, Kichererbsen[2]) und andere Hülsenfrüchte wie unsere Gemüsearten[3]) (Tomaten, Melonen, Zwiebeln, Rüben, Spargel, Spinat usw.) spielen in der mexikanischen und mittelamerikanischen Küche eine wichtige Rolle. Ebenso werden in kleinem Umfange Erdnüsse im Süden des mexikanischen Hochlandes und in manchen Teilen Mittelamerikas erzeugt. Unser Obst wird nur wenig produziert.

Apfelbäume gedeihen in den höchsten südlichen und in den trockeneren nördlichen Teilen des mexikanischen Hochlandes, in Mittelamerika sehr wenig, Birnen noch weniger; Pfirsichbäume (in den Tropen bis 1200 m abwärts) sind mehr verbreitet.

Bananen sind das wichtigste tropische Obst. Schon im mexikanischen Staate Veracruz[4]) finden sich, bis 1550 m aufwärts, ausgedehnte Pflanzungen. Vor allem aber in Zentralamerika hat sich die Bananenproduktion in großen Plantagen (seit 1890, für Ausfuhr nach den Vereinigten Staaten, die Kapital und Verkehrsgelegenheit[5]) hergaben, und nach den Britischen Inseln) an der heißfeuchten atlantischen Seite (A 1), in den Fluß- und Küstenniederungen der Republiken Costarica, Honduras, Guatemala, Nicaragua und Panamá, auch in der Panamákanalzone und Britisch-Honduras erstaunlich entwickelt.

Hier ist das wichtigste Ausfuhrgebiet für Bananen auf der Erde entstanden, und diese sind der Hauptausfuhrartikel der atlantischen Küste Zentralamerikas. Ausfuhrhäfen sind von Norden nach Süden Belize, Livingston, Puerto Barrios, Puerto Cortez, Bluefields, Puerto Limon und Bocas del Toro, alles kleine, aber in der Saison stark besuchte Plätze. Auch Jamaica (Port Antonio[6]), Cuba[7]) und die Dominikanische Republik auf Haïti haben sich auf die Bananenerzeugung, besonders für den vereinsstaatlichen Markt, geworfen. Kokospalmen[8]) säumen die tropischen Küsten. Kokosnüsse werden, zumal nach der Union, ausgeführt. Auch Orangen, Zitronen, Ananas, Mangos, Brotfruchtbäume usw. kommen in den halbtropischen und tropischen Lagen vor, und Weintrauben (s. S. 425) werden gleichfalls ziemlich viel gewonnen.

Zuckerrohr wird in der Tierra caliente bis in die Tierra templada hinein viel angebaut, aber meist nur für den Eigenbedarf. In Mexico (südliche und südöstliche Hochlandränder) reicht die Ernte manche Jahre noch zur Aus-

---

[1]) Am meisten in den „kalten" und warmgemäßigten Gebieten Mexicos. Auf Cuba bringt die Kartoffel zweimal im Jahre hohe Erträge, aber es müssen stets Saatkartoffeln aus der Union bezogen werden.

[2]) Allein im Tale des Mayoflusses (Staat Sonora) sollen 1919 um 20000 T. geerntet sein. Die Gesamternte Mexicos an Erbsen soll 1910: 38000, 1923: 52000 T. betragen haben.

[3]) Mexico erntete 1923: 25000 T. Tomaten und 211000 T. Melonen.

[4]) Prod. 1904 fast $^2/_3$ der Gesamternte von 71000 T. Die Bananenernte Mexicos betrug 1910: 37000, 1923: 36000 T., die Guatemalas 1923: 4,1 Mill. Büschel. Die Panamákanalzone führte 1924 (über den Hafen Christóbal) auch bereits 1,75 Mill. Büschel aus (f. 1,3 Mill. $).

[5]) Kühldampferlinien der vereinsstaatlichen United Fruit Co. in der Saison April/Juli.

[6]) 1924 wurden 12, 1925: 15 Mill. Büschel ($2^1/_2$ Mill. nach Großbritannien) ausgeführt. Hier ist auch die fabrikmäßige Verarbeitung von Bananen zu Mehl und Schnittchen bereits ein nicht unwichtiger Erwerbszweig.

[7]) Ausfuhrhäfen: Baracoa, Gibara, Banes und Cabonico.

[8]) Nach Preuß entfallen auf Mittelamerika etwa 7% der (Kokos-) Pflanzungsflächen auf der Erde. Vgl. S. 426.

fuhr[1]); auch Zentralamerika (Honduras, Nicaragua, Costarica, Guatemala) exportieren neuerdings Zucker, und auf den Antillen ist das Zuckerrohr die hauptsächliche koloniale Plantagenkultur.[2]) Vor allem Cuba hat sich zu dem wichtigsten Rohrzuckerproduzenten der Erde aufgeschwungen.

Nach Cuba soll das Zuckerrohr nach Porter vielleicht schon 1523 verpflanzt sein, aber bis um das Jahr 1800 war die Bevölkerung der Insel zu schwach, um größeren Plantagenbau betreiben zu können. Erst die Einführung afrikanischer Negersklaven brachte ihn zur Blüte. Auf den flachen, tiefgründigen Böden gedeiht das Rohr in dem tropisch-ozeanischen Klima jahrelang ohne Nachpflanzung. Die Produktion (21—22% der W.) ist neuerdings noch sehr gewachsen.[3]) Die modernen großen Plantagen und Zuckerfabriken sind meist in vereinsstaatlichen Händen. Fast die ganze Ausfuhr[4]) geht nach der Union, die eine Einfuhrzoll-Ermäßigung von 20% gewährt. Ausfuhrhäfen sind Cienfuegos (96), Matanzas (63) u. a.

Die im Innern gebirgige vereinsstaatliche Insel Portorico kann nur in den Küstenniederungen Zuckerrohr anbauen.[5]) Die Negerrepublik Haiti, vor 1790 als französische Kolonie einer der wichtigsten Rohrzuckerproduzenten[6]), pflanzt das verhaßte Rohr kaum noch seit ihrer Verselbständigung, und die Dominikanische Republik erbaut (in den Küstenebenen des Südens) nur wenig über 1,0% der W. Auf Jamaica (0,3% der W.) haben andere Kulturen dem Zuckerrohrbau Abbruch getan. Von den zuckerreichen kleinen Antillen (s. Anm. 2) seien das niedrige kalkreiche Barbados, Trinidad, Martinique und Guadeloupe hervorgehoben.[7]) Mit dem Anbau der Zuckerrübe hat man im hohen Süden des mexikanischen Hochlandes Versuche angestellt.[8])

Für **Gewürze** ist die Tierra caliente trefflich geeignet. Mexico ist einer der Hauptproduzenten von Vanille.[9]) Piment wird besonders auf Jamaica erzeugt.[10])

---

[1]) 1925 wurden fast 3 Mill. T. Rohr auf 699 qkm geerntet. 1913/14 wurden 132000, 1923/24: 165000 T. Rohrzucker = 0,8% der W. von Zucker erzeugt. Mexico verbraucht jährlich über 100000 T. Zucker. Prod. 1924: 170000 T. etwa 20% davon wurden ausgeführt. Moderne Raffinerien gibt es fast gar nicht. Guatemala erzeugte 1923: 25000 T. Zucker und 28000 T. „Panela" (Panocha), d. i. das landesübliche Zuckerprodukt, in dem der Sirup mit dem kristallisierbaren Zucker in einem Brei verbunden und in Zuckerhutform zur Erstarrung gebracht ist; s. H. Paasche, Die Zuckerproduktion der Welt. Leipzig 1905, S. 218. Honduras produzierte 1925: 19960 T. Zucker und 2270 T. Panela. Ersterer wird ausgeführt.

[2]) Soweit die Zyklonenstraße sie berührt. Während Kaffee-, Kakaobäume usw. Jahre bedürfen würden nach ihrer Vernichtung durch einen Zyklon, ehe sie wieder Erträge liefern könnten, leiden die Zuckerrohrplantagen nicht so schwer wie Baumpflanzungen und bringen, nachgepflanzt, schnell wieder Ernten.

[3]) Gedeiht am besten wohl in A 2. Erst wenige Prozent der Inselfläche Cubas (auf Martinique 40%) werden landwirtschaftlich genutzt. Zuckerprod. 1913/14: 2,64; 1922/23: 3,66; 1923/24: 4,13; 1924/25: 4,6 Mill. T.

[4]) 85% des Gesamtexports.

[5]) 1919/20: über 400000; 1925/26: 525000 T. = etwa $2\frac{1}{2}$% der W. von Zucker. Zollfreie Einfuhr nach der Union.

[6]) Besonders die Cul de Sac-Ebene bei Port-au-Prince war bebaut. Die Dominikanische Republik (San Domingo: Ausf. 1924: 99200 T.) und die Republik Haiti brachten 1913/14: 108000, 1923/24: 239000 T. = 1,2% der W. hervor. Vgl. Th. de Streitberg, Die Rep. H. Berlin 1924.

[7]) Brit.-Westindien brachte 1913/14: 108000, 1923/24: 163000 T. = 0,8% der W. hervor (Barbados 1919/20: 70000, Trinidad 65000, Jamaica 50000, Antigua 12000, St. Kitts 10000); Französ.-Westindien 80000 bzw. 42000 T. = 0,2% der W. Martinique führte 1924: 30400 T. aus.

[8]) Bei künstlicher Bewässerung würde sie wohl am besten in den dürren Nordstaaten gedeihen.

[9]) Einheimisch; am meisten gedeiht sie im Staate Veracruz, am besten in etwa 300 m Meereshöhe. Ausfuhr fast nur nach der Union (1912/13: 267, 1919: 193 T.).

[10]) Nach H. N. Ridley (1912) erntet die Insel jährlich um 5000 T.

Getränke. Die Versuche mit Hopfenbau auf dem kühlen Hochlande Mexicos sind wohl ohne wesentlichen Erfolg geblieben. Die Bierbrauerei ist stellenweise ziemlich fortgeschritten (Mexico, Cuba usw.). Nationalgetränk der Mexikaner ist Pulque, d. i. ein aus Magueyarten (Agaven) der trockeneren Hochlandgebiete gewonnener Saft, der unfermentiert oder wenig fermentiert getrunken wird. Aus anderen Agavearten[1]) werden Branntweine (Mezcal und Tequila) hergestellt. Rum wird auf Jamaica, Martinique usw. aus Zuckerrohr gewonnen und ausgeführt.

Einheimisch in der Tierra caliente Mexicos und Zentralamerikas und schon lange vor Ankunft der Spanier in Mexico in Kultur genommen ist der Kakaobaum.[2])

Gegenwärtig wird er in Mexico wenig angebaut, in Costarica usw. nicht viel.[3]) Einige Antillen (außerhalb der Zyklonenstraße, s. S. 424, Anm. 2) produzieren viel Kakao (etwa 20% der W.): Trinidad (Ausfuhrhafen Port of Spain, 62), die Insel Haïti (Dominikanische Republik[4]); Ausfuhrhäfen Sanchez, Puerto Plata u. a.), Grenada (St. George's, 5), Martinique, Cuba.

An 18% der W. von Kaffee werden gewonnen, besonders an den Hochlandhängen Mexicos und Zentralamerikas.

Mexico produziert etwa $2^1/_3$% der W., hauptsächlich im Staate Veracruz.[5]) Am besten gedeihen die Bäume auf vulkanischen Böden. Sie geben auf solchen, durch Asche der tätigen Vulkane gelegentlich neu gedüngt, auch an den unteren Hängen des pazifischen Hochlandes von Zentralamerika[6]) eine recht gute Qualität. Zuerst wurde der Baum nach Westindien eingeführt, das (Negerrepublik Haïti; Ausfuhrhafen Port-au-Prince, 125, u. a.; Gebirgsland Portoricos; San Juan, 71) noch heute etwa 6% der W. hervorbringt.

Ein wenig Tee wird auf Jamaica produziert. Weingetränk liefert die Weinrebe (s. S. 423) fast nur im dürren Nordmexico[7]), wohl meist alkoholreiche Süßweine (Niederkalifornien), auch Branntweine.

---

[1]) Auch aus Abfällen der Sisalagave (s. S. 428).

[2]) Ein Getränk „Chocolatl" bereiteten die alten Mexikaner. Die Bohnen kursierten als Geld.

[3]) Bei Veracruz; 800 T. (?); in Costarica 1923: 3000, in Guatemala 1922: 210, in Nicaragua 170, Panamá 1225 T.

[4]) Ausf. 1923: 19800 T. Größere Ernte im April und Mai. Ausf. aus Haïti 1923: 2200; Cuba 500; Guadeloupe 620; Martinique 1922: 610; Trinidad und Tobago 1923: 30700; Grenada 3950; Jamaica 2190; Santa Lucia 650; Dominica 290 T.

[5]) In der Tierra templada zwischen 300 und 1300 m Meereshöhe. Die tiefer gelegenen Plantagen geben reichere Erträge, aber minderer Qualität (leicht und schwammig), die höher gelegenen im allgemeinen feinere Sorten (hart und kieselig), doch in geringeren Mengen, und die Bäume sind hier gelegentlich der Frostgefahr ausgesetzt. Die Ernte (Mexico 1910: 36000; 1923: 40000; 1925 auf 30250 T. geschätzt) beginnt am Fuße des Orizaba im Oktober, die Haupternte dauert von Dezember bis Ende März.

[6]) Guatemala (Häfen San José, 2, Champerico; 1,5) und Salvador (La Union, alle am Großen Ozean) erzeugen zusammen wohl über 10% der W. Die Ernte zieht sich wegen der verschiedenen Höhenlage der Plantagen von Oktober bis März hin; die Ausfuhr beginnt etwa im Februar und dauert bis Oktober. Ausf. Guatemalas 1922: 42460; Honduras 3400; Nicaraguas 8850, 1923: 13600; Salvador 1923: 48000, (1924/25): 21430 (?) T. Hier sind die Plantagen fast ganz in Händen der Einheimischen. Haiti 1922: 26500; Portorico 10800; Jamaica 1923: 3900; Dominikanische Rep. 1400, Guadeloupe 530 T.

[7]) In den dürren Staaten Niederkalifornien und Sonora, auch in Chihuahua, scheint der Weinbau, mit künstlicher Bewässerung und auf stark sandhaltigen Böden (Immunität gegen Reblaus usw.), am besten zu gedeihen. Freilich ist künstliche Kühlung erforderlich, da Gärung, Kelterei und Aufbewahrung durch die große Hitze der Erntezeit beeinträchtigt werden. Dagegen fordert die trockene Hitze zur Herstellung von Rosinen (Niederkalifornien) auf. Der Weinbau ist im Westen noch sehr entwicklungsfähig, wenngleich jetzt noch minimal (Prod. etwa 0,0005% der W.); in feuchtheißen Gebieten (A 1 z. B.) verlohnt er sich nicht. Starke Einfuhr von Wein.

Als Reizmittel verwendet man schon seit vorcolumbischer Zeit den Tabak.

Mexico bringt gegen 1% der W. hervor, am meisten auf den tiefen Humusböden der Tierra caliente in dem Staate Veracruz.[1]) In Zentralamerika wird Tabakbau nur für den Eigenbedarf betrieben.

Einige westindische Inseln erzeugen gute Tabakqualitäten, vor allem Cuba.

Der „Habanatabak" wird als der beste Zigarrentabak der Erde eingeschätzt (1,0% der W.). Die Plantagen liegen besonders im Westen der Insel, an der Hügelkette Los Organos. Der Tabak wird viel unter cheese cloth, einem gazeartigen Gewebe, gezogen.[2]) Die Ausfuhr ist ansehnlich.[3]) Ausfuhrhafen ist Habana (364). Auch die vereinsstaatliche Insel Portorico macht von der Gazebedeckung Gebrauch und führt geschätzte Zigarren nach der Union aus. Die Dominikanische Republik führt Rohtabak aus; Jamaica produziert geringe Mengen vorzüglicher Zigarren.

Arzneipflanzen. Etwas Chinarinde (Guatemala, Jamaica), Jalapawurzeln (Staat Veracruz), Sarsaparilla (Mexico), Guajakharz (Haiti usw.) usw. werden erzeugt. Die Terpentinölgewinnung, zum Teil schon vorhanden, hat in den höheren mexikanischen und zentralamerikanischen Gebirgen (Kiefernwälder) gute Aussichten.

Als Ölpflanzen werden Sesam, Erdnüsse (s. S. 423), Rizinus usw. angebaut; auch Baumwollsaat (s. S. 428) wird gewonnen. Der Ölbaum ist in dem trockenen Norden des mexikanischen Hochlandes (z. B. bei Parras) angepflanzt worden. Die Ölgewinnung Mexicos ist unbedeutend, so daß meist Einfuhr nötig ist. Im westindischen Archipel fängt die Koprabereitung (s. S. 423) für den großen Bedarf der Union sich zu entwickeln an.

Unter den ätherischen Ölen sei die aus dem Holz des Linaloëbaumes (Mexico) destillierte Linaloë-Essenz erwähnt.

Chiclegummi vom Sapotillbaum (Achras sapota), der auch angepflanzt wird, gilt den Nordamerikanern als Genußmittel (zum Kauen) und wird von Britisch-Honduras, Guatemala usw. ausgeführt.

Tierische Nahrungs- und Genußmittel spielen neben den pflanzlichen, zumal in den tropischen Gebieten, nur eine vergleichsweise bescheidene Rolle. Rind und Schwein stehen hier überall als wichtigste Haustiere voran; sie gedeihen aber in den tropischen Savannengebieten (A 2) besser als in dem tropischen Urwaldklima (A 1).[4]) Anders in den ärmlichen Steppen und Wüstensteppen des nördlicheren mexikanischen Hochlandes, wo auch Ziegen und Schafe befriedigend fortkommen. Besonders ansehnlich ist die Viehzucht

---

[1]) Prod. 1910: 14000; 1923: 11000 T. = $^3/_4$—1% der W. Die besten Qualitäten werden im Bezirk Andres Tuxtla (250—300 m ü. M.) gewonnen. Hier schwankt die Temperatur zwischen 31,8° C im Mai und 25,9° im Januar; 2012,8 mm Regen (Juni 376,5; Februar 19,7). Die Ernte findet um Mitte November statt. Veracruz (54) ist der Ausfuhrhafen. Der übrige Tabak Mexicos wird meist in den einheimischen Zigarren- (Veracruz) und Zigarettenfabriken (Mazatlan, 25) verarbeitet. Der Inlandverbrauch ist groß, da auch Frauen und Kinder rauchen.

[2]) Es schützt die Blätter gegen übermäßigen Regen wie übergroße Trockenheit und gegen Raupenfraß; sie ergeben fehlerfreie Deckblätter und angeblich doppelten Ertrag. Prod. Cubas 1922: 13800 T.

[3]) Etwa 9% der Gesamtausfuhr: 1922 für 24,59 Mill. $ Rohtabak und Zigarren. Portorico erzeugte 1923: 10200, 1924: 6000 T. Rohtabak und für 10,48 Mill. $ verarbeiteten Tabak.

[4]) In Panamá eingeführte Rinder sterben meist. Aber in Costarica kommen 5,6 auf 1 qkm, 101 auf 100 Einw.; 1923: 426000; Guatemala 1922: 245500; Nicaragua 1921: 1200000.

Cubas[1]), wo das Vorherrschen der Weißen besondere Anforderungen an Fleischnahrung stellt, und in Mexico.[2]) An Futter[3]) ist fast überall kein Mangel; das milde Winterklima (s. S. 422, Anm. 1) erlaubt allgemein beständigen Weidegang; Ställe sind überflüssig. Hühner und Bienen[4]) werden wohl überall gehalten; Truthühner hatten schon die vorcolumbischen Indianer zu Haustieren gemacht. Fischerei steuert, besonders auf den westindischen Inseln, überall zur Ernährung der Bevölkerung bei, die Jagd nur noch in den abgelegeneren Landesteilen.[5])

Mineralische Nahrungs- und Genußmittel und Zugehöriges. Salz mangelt in den heißfeuchten Urwaldgebieten (A 1); im übrigen wird es hauptsächlich durch Verdunstung in Seesalinen gewonnen, am günstigsten natürlich an den trockenen Küsten, wie im Nordwesten Mexicos (B 3) und an der Küste Yucatans (A 2); auf dem Hochlande Mexicos (B 3) kommt Salz oberflächenbeständig vor.

Trinkwasser ist, abgesehen von den dürrsten Gegenden Nordmexicos (B 3 und B 4), wohl überall reichlich vorhanden, und die größeren Städte haben bereits Wasserleitungen.[6]) Mineralwasser und Thermen sind in den so stark neuzeitlichen Vulkanismus zeigenden Gebieten Mexicos und Mittelamerikas überaus stark vertreten, erfahren aber bisher wohl geringe wirtschaftliche Wertung. Lager von Höhlenguano sollen reichlich im Staate Chihuahua (trockenes Nordmexico) zu finden sein; auf den Koralleninseln des Golfes von California (Alacranesinseln) wie auf den flachen Küsteninseln der mexikanischen Westseite und auf kleinen Eilanden des amerikanischen Mittelmeeres (Navassa, Mona usw.) haben Seevögel Guano hinterlassen. Ausgedehnte Phosphoritlager des mexikanischen Hochlandes (bei Mazapil, Zacatecas) sind noch unabgebaut.

b) Kleidungsbedürfnisse treten immerhin hinter dem primären Nahrungsbedürfnis in diesen winterwarmen und meist jahraus und jahrein heißen Landschaften zurück. Jedenfalls sind, abgesehen von den kühlen Höhen des mexikanischen Hochlandes (s. S. 422, Anm. 1), leichte und leichteste Kleidungsstoffe erwünscht.[7]) Schon vor Ankunft der Europäer wurde durch das ganze Gebiet die Baumwolle angebaut.

---

[1]) Cuba besaß 1921: 4,77; 1923: 5,09 Mill. Rinder, d. h. über 30 auf 1 qkm und 176 auf 100 Einw., Portorico (1920: 279000) etwa 30 auf 1 qkm, über 21 auf 100 Einw., die Dominikanische Republik 1921: 647000 (13 auf 1 qkm).

[2]) In Mexico kamen 1923: 1,2 Rinder (2,36 Mill.) auf 1 qkm und 17 auf 100 Einw., bei 1,609 Mill. Schweinen (0,81 und gegen 12), 2,11 Mill. Ziegen (über 1 und 15), 1,20 Mill. Schafen (0,51 und 8,6). Auf dem mexikanischen Hochlande hält man im Norden Steppenrinder, im Süden (um die Stadt Mexico [615] herum usw.) veredelt man schon die milcharmen Rinder. Stellenweise muß man, um die Kühe zum Milchgeben zu bewegen, beim Melken Kälber zu Hilfe nehmen. Die halbwilden, meist unveredelten Schweine begründen den Ruf der Schinken und Würste von Toluca (34). H. Paasche fand in Nordmexico auf den Bahnhöfen überall gebratene Ziegenrippen vor.

[3]) Maisstroh ist das wertvollste Viehfutter. Auch die Stoppeln der Maisfelder werden von dem Vieh abgefressen.

[4]) In Mexico am meisten im Staate Veracruz.

[5]) In den westlichen Hochländern Mexicos und Zentralamerikas werden Hirsche, Rehe, zum Teil Antilopen erlegt.

[6]) Selbst Port-au-Prince (125) in der Negerrepublik Haiti wollte (schon 1912) die Wasserleitung verbessern.

[7]) In der Tierra caliente sind die Kleidungsbedürfnisse natürlich andere als in der Tierra templada und Tierra fria, und bei dem schnellen Aufstiege der Eisenbahn von Veracruz nach der Stadt Mexico muß dem der Reisende durch Mitnahme warmer Kleidung Rechnung tragen.

In Mexico gedeiht sie am besten im dürren Norden des Hochlandes (B 3), wo im abflußlosen Becken von Torreon (34) mit künstlicher Bewässerung um 100000 Ballen jährlich gewonnen werden.[1]) In Zentralamerika wird nur wenig Baumwolle, für den Eigenbedarf, angebaut; die Trockenzeit ist wohl auch meist nicht genügend ausgeprägt, um Reife und Ernte zu sichern.[2]) Auf den Antillen ist die Sea Islandsorte (s. S. 401, Anm. 5) heimisch und wird auch neuerdings, wie vor 120 Jahren, wieder mehr angebaut; sie gedeiht gut auf den kalkigen Böden der westindischen Außenzone (s. S. 420) und unter dem Einfluß der Seeluft, auf Cuba, Barbados usw.

Die Baumwollindustrie hat sich am besten in Mexico (Puebla, 96; Mexico, 615; Guadalajara, 149; Orizaba, 40, usw.) entwickelt[3]), kann dem Bedarf aber noch längst nicht genügen.

Verschiedene **Agavefasern**, meist seit vorcolumbischer Zeit, zumal für Herstellung von Tauen, Bindefäden u. dgl. benutzt, sind für Mexico, in dessen trockeneren Teilen (B 3, A 2, C 5) die Agaven charakteristisch sind, von Wert. Am wichtigsten ist der Sisalhanf (Henequen) von Agave rigida, die auf der ziemlich dürren, kalkigen Halbinsel Yucatan (A 2) heimisch ist und hier (wie auch auf Cuba und den Bahamáinseln unter ähnlichen Verhältnissen) in der Gegend der Stadt Mérida, 56, angebaut, einen wichtigen Ausfuhrgegenstand[4]) (Häfen Progreso, 6, und Campêche, 17) — nach der Union — liefert. Andere Agavefasern (Ixtle, Lechuguilla) und die Pitafaser von Bromelia silvestris stehen zurück; Zacatonwurzeln von der Graminee Epicampes macroura (wild auf den Höhen des Staates Veracruz) werden als Besenmaterial ausgeführt.

Abgesehen von den höchsten Teilen, zumal von denen im Hochlande Mexicos, wo es gelegentlich bitter kalt ist, werden keine besonders warmen Textilstoffe wie die **aus dem Tierreiche stammenden:** Wolle und Pelzwerk erfordert. Die Wolleproduktion ist darum gering[5]), da auch das Schaf (s. S. 426f.) nur in höheren und nicht zu feuchten gemäßigten Landschaften gedeiht. Die Wollindustrie (bei Mexico, 615, in San Luis Potosi, 58,

[1]) Die „Lagunabaumwolle" hat eine sehr feste Faser von schöner Farbe; der Kapselwurm (s. S. 401) richtet auch hier Schaden an. Neuerdings hat man von seiten einer englisch-amerikanischen Gesellschaft auch bei Hermosillo (15) im Staate Sonora mit Erfolg den Baumwollbau begonnen, und hier im dürren Nordwestmexico (B 3) läßt sich mit künstlicher Bewässerung der Anbau wohl noch ausdehnen. Manche Jahre muß Mexico (vereinsstaatliche) Baumwolle einführen andere Jahre wie 1920 führt es aus. 1910 wurden 41000, 1922: 44000, 1923: 38000, 1925: 46650 T. (auf 1223 qkm) geerntet. Etwa 100000 Ballen = 23000 T. werden im Lande verarbeitet (?).

[2]) 1924 wurde aber in El Salvador die Baumwollkultur im großen (auf 133 qkm) begonnen.

[3]) Das in der mexikanischen Baumwollindustrie (770000 Spindeln = 0,5% der W.) angelegte Kapital ist fast ausschließlich englisches, französisches und spanisches. Direktoren, Werkmeister usw. sind gewöhnlich Europäer, die Arbeiter (1924: 38800) Indianer. Wasserkraft wird verwendet. Feinere Baumwollstoffe werden noch in großen Mengen eingeführt, hauptsächlich aus der Union,

[4]) 1880 wurden 18200, 1890: 45100, 1900: 81100, 1910: 94800, 1914: 197300 T. ausgeführt. 1910: 113000; 1922: 122000; 1925: 150900 T. (auf 2063 qkm) geerntet. Die Pflanze kommt übrigens auch in Chiapas und Tepic wild vor und wird in verschiedenen Staaten im kleinen angebaut, in Yukatan. aber in (gefährlicher) Monokultur. Man will allmählich durch Einbürgerung (?) der Agave rigida auf dem Hochland (?) den übertriebenen Pulquegenuß (s. S. 425) bekämpfen.

[5]) Sie wurde für Mexico vor dem Kriege auf 2300, 1909/13: 3200 (1923: 400), für Mittelamerika ebenfalls auf 2300, 450 (300) T. geschätzt = zusammen 0,06% der W. Auf Cuba verwandelt sich nach R. P. Porter die Wolle des Schafes infolge des heißen Klimas in eine Haartracht. Die Indianer des mexikanischen Hochlandes fertigen sich auf primitiven Webstühlen die Zarapes, wollene Decken, die mit Vorliebe als Körperumhüllungen benutzt werden. Auch Ponchos werden viel getragen.

usw.) ist wenig entwickelt. Die Seidenzucht (Mexicos[1]) hat ebenfalls recht bescheidenen Umfang. Für Fuß- und Handbekleidung haben Häute und Felle (Ziegen-, Rehfelle) immerhin nur beschränkte Bedeutung[2]), da (außerhalb der Städte namentlich) noch ein sehr großer Teil der Indios nach G. A. Schmidt barfuß oder in selbstgefertigten Sandalen geht. Billige Schuhe werden im Lande (besonders in der Hauptstadt) in Fabriken hergestellt, auch (aus der Union) eingeführt.

Lederne, ganz eng anliegende Beinkleider (mit silbernen Knöpfen), lederne gestickte Westen und lederne gestickte kurze Jacken werden auf dem Lande und in kleinen Städten des mexikanischen Hochlandes von Wohlhabenderen gerne benutzt.[3])

Breitrandige spitze Strohhüte werden überall getragen und wohl zumeist im Lande hergestellt. Perlen und Perlmutter werden besonders am Südende der Halbinsel Niederkalifornien gefischt.

Zum Färben der Kleidungsstücke usw. werden jetzt wohl fast überall die Kunstfarben verwendet. Der einst in den trockenheißen Gebieten Mexicos, in Salvador usw. viel (auch für Ausfuhr) betriebene Indigobau hat (bei kurzem Wiederaufschwung im Kriege, ebenso wie die einstige Cochenillezucht) seine Bedeutung verloren. Blauholz (Campecheholz) und Gelbholz kommen aus Mexico, Zentralamerika und Westindien noch zur Ausfuhr.

Mineralisches Schmuckmaterial. Mexicos und Zentralamerikas jungvulkanisches Cordillerenland fördert 45% der Weltproduktion von Gold, das gewöhnlich in Quarzgängen als Begleiter von Silber (Mexico das erste Silberland der Erde, 1922: 39% der W.), doch auch in Goldseifen vorkommt. Das Silber ist in Mexico meist mit Blei, auch Zink (s. S. 432) vergesellschaftet und wird an Kleidung (Knöpfe), Hut (Zierat) usw. viel verwendet. Edelsteine (Opale, Türkise, auch Bergkristalle) kommen vor.

c) Für die Herstellung von **Wohnungsbauten** ist Holz und anderes vegetatives Material meist reichlich vorhanden.

In Mexico sollen die Wälder (regenfeuchte Hänge des nördlichen Hochlandes [von Anahuac] und der südlichen Cordillere, an den Ostflanken besonders) 15% der Fläche einnehmen.[4]) In den nördlicheren Hochlandstaaten (B 3, B 4), an der pazifischen Nordwestküste und in Niederkalifornien, ferner auf der Halbinsel Yucatan (A 2) herrscht Holzmangel. Auch in Zentralamerika ist die Ostabdachung (A 1) des Cordillerenlandes mit dichten Urwäldern bedeckt, die auch die höheren west-

---

[1]) Sie ließ sich in den Hochlandstaaten und an der pazifischen Abdachung des Hochlandes auf weißen chinesischen Maulbeerbäumen einbürgern.

[2]) Häute und Felle werden in normalen Jahren in Mengen ausgeführt. Gerbereien gibt es viele. Eichenrinden, Dividivi und Canaigre (in den dürren mexikanischen Nordstaaten, Rumex hymenosepalus, deren Wurzeln 35% Gerbsäure enthalten sollen) bieten Gerbstoffe.

[3]) Lederhandschuhe werden in den tropisch heißen Gebieten wohl gar nicht, auf dem Hochlande Mexicos nur in den größeren Städten getragen.

[4]) Nach Zon und Sparhawk besaßen Wälder in Prozent der Fläche: Mexico 15,1; Guatemala 65; Salvador 17,8; Britisch-Honduras 75; Honduras 80; Nicaragua 70,7; Costarica 75,2; Panamá 60; Cuba 46; Haïti 60; Dominikanische Republik 77; Portorico 20,1; Jamaica 30; Bahamás 13; Barbados wenig; Trinidad und Tobago 59,4; Leeward Islands 22,4; Windward Islands 34; Virgin Islands der Union 18; Französ.-Westindien 11,7; Niederländ.-Westindien 5. Diese Zahlen sind besonders in klimatischer Hinsicht interessant, doch ist auch die Wirksamkeit des menschlichen Faktors (z. B. bei Barbados, s. S. 421) deutlich zu erkennen.

indischen Inseln, zumal an den dem Nordostpassat zugewendeten Flanken, schmücken. Doch ist an vielen Stellen Waldverwüstung zu beklagen, rationelle Forstwirtschaft fehlt zum großen Teil. Die Häuser werden vielfach aus Holz aufgeführt[1]), zum Teil wegen der Erdbebengefahr niedrig gehalten; stellenweise ist ein steiles Giebeldach in den Gebieten vulkanischer Ausbrüche üblich geworden, um das Abrutschen der Asche zu erleichtern, auch wenn im übrigen die Regenarmut das billigere platte Dach zulassen würde, das die Spanier im allgemeinen fast überall bevorzugen.

Es kommen geschätzte Hölzer (Möbelhölzer u. dgl.) zur Ausfuhr aus Mexico, Guatemala, Britisch-Honduras, Nicaragua, Cuba usw.: Mahagoni, Ebenholz, „Zedernholz" (für Zigarrenkisten und Bleistifte) usw. Farbhölzer, s. S. 429.

Mexico erzeugt auch bereits (aus den in den höheren Teilen der Sierras vorkommenden Nadelhölzern) etwa 80% seines Holzstoffbedarfs für die Papierindustrie, die in und um Mexico (Stadt) sitzt und 90% des Verbrauchs deckt.

Gesteinsmaterial für Bauten ist wohl fast überall reichlich zu finden[2]), wenn auch in den tropischen Urwäldern infolge der dichten Vegetations- und der mächtigen Verwitterungsdecke schwer zugänglich.

In den holzarmen Gebieten empfiehlt sich der massive Wohnungsbau natürlich am meisten. Lehm, Ton, auch Kaolin usw. sind in allen feuchteren Gegenden durch Verwitterung oder Anschwemmung entstanden, und Häuserbauten aus Adobes (mit Stroh gemengten, an der Sonne getrockneten Lehmsteinen) mit flachen Dächern, oft ohne Fenster, nur durch Türen dem Licht geöffnet, weil sich das Leben tags zumeist im Freien abspielt, sind auf dem Hochlande Mexicos häufig.[3]) In der Stadt Mexico und in anderen großen Städten, auch Zentralamerikas und Westindiens, gibt es natürlich auch prächtige Steinbauten, solide gebaut, um gewöhnlichen Erdstößen zu widerstehen. Bei wohlhabenderen Leuten ist vielfach das spanische Hofhaus anzutreffen.[4])

In Mexico bestehen schon mehrere Zementfabriken (in Monterrey, 88, Puebla, 96, usw.), Glasfabriken (in und bei Mexico, 615, Guadalajara, 149,

---

[1]) So in Port-au-Prince noch neuerdings fast durchweg, angeblich, weil Ende des 18. Jahrhunderts einmal alle Steinhäuser bei einem Erdbeben eingestürzt waren. Tapeten sind in den tropischen Gebieten (Mexicos) ungebräuchlich und wegen des Ungeziefers und der feuchten Wärme unpraktisch, aber auch in den kühleren Gebieten wird jetzt vielfach der Wasserfarbenanstrich der Tapete vorgezogen. Die Indianerhütten bestehen (in Mexico) vielfach aus Stangen und Strauchwerk, aus Stroh oder Maisstengeln; die Wände bisweilen aus den ausgedörrten, übereinandergeschichteten Stumpfen der Agaven. Im tropischen Süden sind auch Bambushäuschen häufig. Ähnlich primitiv sind in Mittelamerika die Hütten der Farbigen. Die langen, dicken Maisstoppeln sind ein Hauptbrennmaterial der Indianer.

[2]) Selbst Marmore, z. B. der sogenannte Onyxmarmor („Tecali") für Dekorationszwecke.

[3]) Diese Häuser sind immer niedrig und sollen den Erdbeben am besten widerstehen, halten auch die Regenzeit aus. In den Städten hängt das Dach öfters auf Säulen weit über (Arkaden, Portales) und schützt die Bürgersteige gegen Sonne und Regen, so daß Sonnen- und Regenschirme überflüssig werden. Die Farbe der Häuser ist vielfach weiß gewählt, um die Sonnenstrahlen zu reflektieren, jedenfalls hell (rosenrot, zartblau). Markisen oder Jalusien an Fenstern und Balkonen wehren den Sonnenstrahlen. In Orizaba, 40, sind nach Brocklehurst die Straßen von Osten nach Westen und von Norden nach Süden orientiert.

[4]) Das Wirtschaftsleben spielt sich auf dem mit Bäumen und Brunnen versehenen Hofe ab. Selbst die Armen bewohnen bisweilen gruppenweise solche klosterartige Hofhäuser, nach deren Höfen sich die Türen der aneinandergereihten Wohnungen öffnen. — Öfen sind selbst auf dem Hochlande selten. — In Nordmexico wird, wie so oft in Steppenländern, getrockneter Rinderdünger als Brennmaterial verwendet.

usw.), die mindere Qualitäten von Fensterglas, Flaschen usw. herstellen; Steingutfabriken (in Guadalajara, der „Töpferstadt", in Cuernavaca, 7, Puebla).

d) Tierische Arbeitsgehilfen, Naturkräfte und mineralisches Material für Werkzeuge aller Art.

Als Arbeitstiere werden (kleine) Pferde, Maultiere und Esel verwendet.[1]) In den feuchtheißen Niederungsgebieten sind sie selten. Sie tragen Lasten (auf den Saumwegen[2]) und dienen auch als Reit- oder Zugtiere.

Festes **Heizmaterial** ist wenig vorhanden, Torf nur vereinzelt; Kohle der Kreideformation wird im Staate Coahuila Mexicos gefördert[3]) und sogar Koks daraus hergestellt.

Auch in anderen Staaten sind Lager festgestellt, doch muß Mexico und ebenso Zentralamerika und die westindischen Inseln viel Kohle einführen, obwohl auch hier vereinzelt kleine (wohl kaum abbauwürdige) Braunkohlenlager vorkommen sollen.

Flüssiges Heiz- und Brennmaterial (Petroleum) wird seit kaum 20 Jahren in Mexico gewonnen, neuerdings mit großem Erfolge.[4])

Es findet sich an der Golfküste, am meisten in der Gegend von Tampico, (64) und Tuxpan(-an ?), 8, und zwar in Höhlen- und Spaltensystemen von Kalken der Kreideformation. Die Bohrlöcher sind äußerst ergiebig, viele Spritzer treten auf; die Gestehungskosten sind sehr niedrig. Es handelt sich hauptsächlich um Heizöl. 95 % der Angestellten und Arbeiter sind Mexikaner.[5])

Das Rohöl wird meist nach der Union ausgeführt und dort raffiniert; es bestehen in Mexico Raffinerien in Tampico, Puerto Lobos, Tuxpan, Minatitlán. Auch auf dem Isthmus von Tehuantepec wird bereits (leichteres) Erdöl gewonnen, und auch an der pazifischen Küste und im Golf von Kalifornien, in Zentralamerika (besonders in Costarica und am Panamákanal), auf Barbados und Cuba wurden Erdölvorkommen festgestellt, auf letzterer Insel in Angriff genommen. Auf Trinidad (s. auch S. 433) hat die Gewinnung von Petroleum[6]) und Asphalt (s. S. 433) schon lebhafte Fortschritte zu verzeichnen.

In den meist gebirgigen, gefälls- und wasserreichen mexikanischen und mittelamerikanischen Landschaften, insbesondere an den Hochlandhängen, wird in Zukunft immer mehr die Verwertung der Wasserkraft zur Erzeugung von elektrischer Energie als Ersatz für die mangelnde Kohlendampfenergie

---

[1]) Hierhin muß man natürlich auch die Hunde, Katzen und vielleicht auch die Geier rechnen, die in Veracruz, 54, und anderen tropischen Städten die Straßenreinigung besorgen. — Pflüge müssen leicht, aber sehr stark sein, da die Äcker an den Bergabhängen viel Steine enthalten; gußeiserne sind ungeeignet. Die Indianer benutzen übrigens noch vielfach einen Stab zum Pflanzen des Maises.

[2]) Der Eisenbahnbau führte bereits Tausende von Maultiertreibern einer produktiven Tätigkeit zu.

[3]) In den letzten Jahren nur je um 720000 T.

[4]) 1907 erst 0,4; 1913: 6,7; 1921: 25,3; 1922: 21,7; 1923: 14,8; 1924: (20,0 =) 13,8; 1925: (14,79 Mill. T. =) 10,6 % der W. Der Rückgang ist bedenklich. Etwa 1/3 der Prod. ist Leichtöl, 2/3 Schweröl (Heizöl). Nur 5 % der Prod. bleibt im Lande. Nach Schätzungen für Ende 1922 besitzt Mexico 10,5 % aller Erdölvorkommen der Erde. Von dem hier investierten Kapital entfielen Ende 1922: 58,2 % auf die Vereinigten Staaten von (Nord-) Amerika, 33,1 % auf England, 6,8 % auf die Niederlande, 1,1 % auf Mexico 0,8 % auf andere Staaten (Japan usw.).

[5]) 1921 wurde ein erhöhter Ausfuhrzoll eingeführt, und die mexikanische Regierung stellte den eigentlich selbstverständlichen Grundsatz auf, daß alle Mineralschätze Nationaleigentum wären; darauf Entrüstungssturm der landfremden Ausbeuter. Die Voraussagen über die Nachhaltigkeit der Lager lauten sehr verschieden.

[6]) 1924: 596000 T., 0,3 % der W.

ins Auge gefaßt werden. In Mexico sollen die fertigen bzw. konzessionierten Ausnutzungsbauten nach Schätzung schon $1^1/_2$ Mill. PS. ausmachen.[1]) Hier wie in Mittelamerika sind Industrie und Verkehr auf die Verwertung dieser dauerhaften Energiequelle hingewiesen.

Das mexikanische Hochland ist reich an **Metallerzen**, was mit Bruchlinien und der sehr starken Verbreitung von Eruptivgesteinen zusammenhängt. Schon die alten Azteken und die Spanier haben die Reichtümer (Gold und Silber, s. S. 429) ausgenutzt. Jetzt erweisen sich besonders die an der Sierra Madre Occidental gelegenen nordwestlichen Staaten als ertragreich. Das Hüttenwesen ist hochentwickelt.

In den Gebieten südlich des „Hochlandes von Anahuac", in den zentralamerikanischen Cordilleren und auf den westindischen Inseln sind Metallschätze seltener zu finden und werden viel weniger ausgenutzt. Ausländisches Kapital (vor allem vereinsstaatliches und britisches) ist besonders stark am Bergbauwesen Mexicos beteiligt.

Verhältnismäßig unbedeutend ist der Eisenerzbergbau, obwohl gute Erze vielfach vorkommen. In Monterrey (88) besteht ein Eisenwerk. Eisenveredelungsmetalle (Manganerz, Molybdän-, Wolfram-, Vanadiumerz) werden reichlich gefunden. Ziemlich umfangreich ist der Eisenerzbergbau in der südöstlichen Sierra Cubas, wo auch etwas Manganerz gefördert wird. Mexicos Nordwesten ist reich an Kupfer (3% der W.), Kupfererz wird auch von Cuba verschifft.[2]) Blei kommt auf dem mexikanischen Hochlande (14,2% der W.) fast immer mit Silber (s. S. 429) und Zinkerzen (1,4% der W. von Rohzink) zusammen vor.[3])

Auch Antimon, Quecksilber,[4]) Arsenerze, Zinn, Wismut, Graphit,[5]) Schwefel werden in Mexico gewonnen; Kieselgur, Flußspat, Schwerspat, Cölestin und Strontianit, Glimmer, Gips, Soda, Nitrate usw. kommen in Mexico vor. Zentralamerika und Westindien sind geologisch zum Teil noch nicht hinreichend erforscht.

e) Die **Industrie** Mexicos wie Mittelamerikas verarbeitet (fast) ausschließlich einheimische Rohstoffe.[6]) Besonders in den südlichen Staaten des Hochlandes von Anahuac, in Veracruz und auf Cuba ist sie schon ziemlich entwickelt.

Zuckerindustrie, s. S. 423f., Tabakindustrie, S. 426, Baumwoll- und Wollindustrie, S. 428f., Leder-, Schuhindustrie, S. 429, Hüttenwesen, s. oben, Eisenindustrie, s. oben, Steingut- und Zementindustrie, S. 430f.; Seifenfabriken gibt es in großer Zahl.[7])

f) **Handel.** Ausgeführt werden besonders (pflanzliche) Kolonialwaren und Rohstoffe (Bergbauprodukte usw.), eingeführt Industriewaren und Kohlen.

[1]) Von 6 (?) Mill. vorhandenen PS. Am 9. Febr. 1924 gab es 64 fertige Wasserkraftwerke mit rund 300000 PS oder 1,002 Milliarden Kwh.

[2]) Kupfererz wird besonders im Bezirk Pinar del Rio gefördert (1923: 191200 T. von 1-18% Gehalt).

[3]) Mexico produzierte 1923: 53400 T. Kupfer; 164100 T. Blei; 1. Halbj. 1924: 6550 T. Rohzink, 726 T. Arsenik, 555 T. Antimon, 15,4 T. Quecksilber, 5,14 T. Zinn, 2,6 T. Molybdän.

[4]) Das Amalgamationsverfahren (Ausfällung des Edelmetalls durch Quecksilber) wurde 1557 in Pachuca erfunden und war in dem holz- und kohlenarmen mexikanischen Hochlande besonders ortsgemäß. Prod. 1913: 162; 1917: 163; 1923: 45 T.

[5]) 1. Halbj. 1924: 6571 T. Erstklassige Graphite kommen z. B. im Staate Sonora vor.

[6]) In Mexico wurde 1920 (?) ein industrielles Versuchslaboratorium errichtet, um moderne Fabrikationsverfahren bei der Verarbeitung von Rohstoffen zu studieren.

[7]) In Guadalajara (149) besteht sogar schon eine große Fabrik für flüssige Kohlensäure.

Ausfuhr: Republik Mexico[1]) 1922: 865,9 Mill. Pesos (Gold): Mineralische Stoffe 791,5; pflanzliche Stoffe 65,6; Fertigwaren 4,5; tierische Stoffe 4,3; Petroleum machte 1922: 78,7, andere Mineralien 12,8 % der Ausfuhr aus; danach sind wichtig Henequen, Kaffee, Vanille usw.; Rep. Guatemala 1923: 14,73 Mill. $; 1922: Kaffee 9,35; Bananen 1,17; Zucker 0,47; Chicle 0,34; Häute u. Felle 0,16; Holz 0,14; Honig 0,07; Rep. El Salvador 1923: 10,65 Mill. $: 1921 Kaffee 6,8; Zucker 0,41; Indigo 0,3; Henequen 0,06; Rep. Honduras 1922/23: 5,39 Mill. $: 1921/22: Nahrungsmittel 4,58; lebende Tiere 0,05; Fabrikate 0,04; Rohstoffe 0,03; Rep. Nicaragua 1923: 11,03 Mill. Cordobas (Dollar): Kaffee 3,94 (1924: 7,3); Bananen 2,05 (1,7); Mahagoniholz 1,81 (1,3); Zucker 1,31 (1,1); Gold 0,82 (0,7); Silber 0,26; Häute 0,14; Farbhölzer 0,04; Rep. Costa Rica 1922: 30,6 Mill. Colones: Kaffee 14,36; Bananen 10,76; Zucker 3,21; Kakao 1,98; Gold und Silber 1,06; Golderz 0,17; Orangen 0,1; Häute und Felle 0,1; Holz 0,1; Rep. Panamá 1923: 2,39 Mill. Balboas (Dollar): Bananen 1,59; Kakao 0,25; Kokosnüsse 0,2; Tagua 0,07; Häute 0,06; Schildpatt 0,05; Brit.-Honduras 1922: 2,82 Mill. $: Chicle 1,07; Mahagoni 0,98; Bananen 0,14; Kokosnüsse 0,11; Zedernholz 0,06; Blauholz 0,04; Rep. Cuba 1923: 418,1 Mill. Pesos (Gold); 1922: 331,4: Rohzucker 274,8; Rohtabak 24,59; verarb. Tabak 10,48; Früchte, Kakao usw. 5,1; Konfitüren, Branntwein, Liköre 3,56; Bergbauerzeugnisse 3,31; Viehzuchterzeugnisse 1,79; Walderzeugnisse 0,56; Honig, Wachs 0,5; Fischereierzeugnisse 0,33; Rep. Haïti 1921/22: 10,71; 1922/23: 14,59 Mill. $; 1921/22: Kaffee 11,01; Farbhölzer 2,89; Baumwolle 2,3; Zucker 0,9; Kakao 0,61; Häute 0,35; Honig 0,13; Dominikanischer Freistaat (San Domingo) 1922: 15,23; 1923: 26,04 Mill. $; 1922: Kaffee 9,2; Kakao 3,05; Rohzucker 0,88; Sirup 0,61; Tabak 0,13; Zuckerrohr 0,09; Portorico 1923: 89,37; 1924: 87,09 Mill. $; 1922: Zucker 40,82; Tabak 9; Zigarren u. Zigaretten 6,3; Kaffee 4,32; Baumwollwaren 3,79; Früchte 2,86; Sirup 0,5; amerikan. Jungfern-Inseln (Virgin Islands) 1921: 0,88 Mill. $: Bayrum, Bayöl, Zuckerrohr; Bahamá-Inseln 1922: 1,83 Mill. £: Schwämme 0,11; Sisal 0,03; Tomaten 0,02; Bauholz 0,02; Schildkrot, Rinden, Salz; Jamaica[2]) 1922: 4,62 Mill. £: Bananen 2,07; Zucker 0,91; Blauholzextrakt 0,25; Kaffee 0,2; Kokosnüsse 0,14; Kakao 0,14; Farbhölzer 0,12; Blauholz 0,11; Ingwer 0,09; Rum 0,08; Piment 0,06; Orangen 0,04; Barbados 1922: 1,9 Mill. £; 1923: Zucker 0,5; Sirup 0,41; Baumwolle 0,02; Trinidad mit Tobago 1922: 4,23 Mill. £: Kakao 1,34; Zucker 1,15; Petroleum 0,77; Asphalt 0,34; Kopra 0,09; Kokosnüsse 0,08; Angosturabitter 0,04; Windward Islands: Grenada 1923: 258000 £: Kakao 156000; Muskatnüsse u. -blüten 74000; Santa Lucia: 203000 £: Zucker 68000; Kakao; Gewürze; Blauholz; Limonensaft; Kokosnüsse; St. Vincent: 131000 £: Zucker; Rum; Kakao; Pfeilwurzmehl; Baumwolle; Gewürze; Leeward Islands: Antigua 1923: 325000 £: Zucker; Baumwolle; Ananas; Dominica: 123000 £: Limonen u. -saft; Öl; Montserrat 77000 £: Baumwolle; Limonensaft; Barbuda (u. Redonda) Phosphate; Vieh; St. Kitts (St. Christopher) u. Nevis: 360000 £: Zucker; Baumwolle; Rum; Kokosnüsse; Anguilla: Salz; Baumwolle; engl. Virgin Islands: Baumwolle; Seesalz; Fische; Martinique 1923: 117,9 Mill. Fr.:

---

[1]) 1924 waren dem Werte nach von der Ausfuhr fast 87 % mineralische Produkte, 12,2 % pflanzliche, 0,65 % tierische; der Rest diverse.

[2]) Außerdem Ausf. der Cayman Islands (1922: 13650 £: Schildkröten, Häute, Vieh, Kokosnüsse) und der Turks and Caicos Islands (46760 £: Salz, Muscheln, Baumwolle, Schwämme).

Rum u. Zuckerschnaps (Tafia), Zucker; Kakao; Campeche-Holzextrakt; Cassia: Kaffee; Guadeloupe mit zugehörigen Inseln 1922: 84,93 Mill. Fr.: Zucker 35,1; Rum 27; Kaffee 4,3; Kakao 2,3; Vanille 1,7; Handel der niederländ. Inseln ist in dem Curaçaos (s. S. 452) eingeschlossen; **Einfuhr**: Mexico 1922: 607,6 Mill. Pesos (Gold): Mineralstoffe 112,8; pflanzliche Stoffe 91,8; tierische Stoffe 82,3; Spinnstoffe 80; Maschinen 70; Chemikalien 43; Gefährte 38,1; Papier u. -waren 22,1; Waffen, Chemikalien 11,5; geist. Getränke 10,2; Guatemala 1923: 10,84 Mill. $; 1922: Baumwollwaren 2,78; Eisen u. Stahl 0,59; Maschinen 0,48; Nahrungsmittel 0,36; Papier 0,28; Leder 0,1; El Salvador 1922: 7,64 Mill. $: Baumwoll-, Eisenwaren, Mehl, Chemikalien; Honduras 1922/23: 13,28 Mill. $: Industriewaren 8,93; Nahrungsmittel 2,64; Rohmaterialien 1,67; Nicaragua 1923: 7,27 Mill. Cordobás (Dollar): 1922 Baumwollwaren 1,71; Weizenmehl 0,31; Chemikalien 0,28; Eisen u. Stahl 0,2; Costa Rica 1922: 17,94 Mill. Colones; 1921: Baumwollwaren 147180 £; Mehl 106040 £; Eisen u. Stahl 44420 £; Vieh 37470 £; Papier u. -waren 35270 £; Fett 24750 £; Panamá 1923: 12,67 Mill. Balboas: Baumwollwaren, Eisen u. Stahl, Mehl, Mineralöle; Brit.-Honduras 1922: 3,29 Mill. $: Baumwoll- u. Seidenwaren, 0,28; Kleider u. Schuhwerk 0,23; Spirituosen 0,19; Chicle 0,17; Mehl 0,17; Cuba 1923; 1922: 180,8 Mill. Pesos: Lebensmittel 78,2; Webwaren 24,3; Instrumente 19,6; Steine, Erden, irdene Waren 11,9; Chemikalien 10,6; Metalle u. -waren 7,9; Tiere u. tier. Erzeugnisse 7; Papier u. -waren 3,4; Holz usw. 3,3; Haïti 1921/22: 12,35; 1922/23: 14,16 Mill. $; Dominikanischer Freistaat 1922: 14,32; 1923: 18,25 Mill. $; 1922: Nahrungsmittel 4,34; Baumwollwaren 2,12; Öle 1,1; Maschinen 0,88; Eisen- u. Stahlwaren 0,77; Häute u. Felle 0,56; Portorico 1923: 71,62; 1924: 82,3 Mill. $; 1922: Baumwollwaren 9,7; Reis 5,8; Fleisch u. Fett 5,3; Eisen u. Stahl 4,6; Öle 3,3; Holz 3,1; Mehl 2,9; Leder 2,7; Fische 2,2; Papier 1,9; Meiereierzeugnisse 1,7; Hülsenfrüchte 1,6; Säcke 1,5; Chemikalien, Farben 1,25; Düngemittel 1,2; Kautschuk 1,2; Wagen 1; Gemüse 0,9; amerikan. Virgin Islands 1921; 2,97 Mill. $; Bahamá-Inseln 1922: 1,96 Mill. £: Baumwollwaren 0,23; Mehl 0,18; Reis 0,17; Holz 0,14; Trockenfisch 0,14; Fleischkonserven 0,12; Jamaica 1922: 4,5 Mill. £: Baumwollwaren 0,57; Mehl 0,46; Fisch 0,4; Barbados 1922: 2,51 Mill. £; Trinidad mit Tobago 1922: 4,52 Mill. £; Windward Islands: 1923: 674000 £; Leeward Islands 1921/22: 1,06 Mill. £; Martinique 1922: 66,5 Mill. Fr.; Guadeloupe 1922: 71,7 Mill. Fr.; Niederländisch-Westindien s. bei Curaçao, S. 452.

Handelsländer in Prozent der Ausfuhr: Mexico 1922: Union 88,2; Großbritannien 3,6; Cuba 2,4; Frankreich 1,2; Guatemala 1923: Union 75,3; Deutsches Reich 13,9; Großbritannien 2,5; El Salvador 1921: (?) Union 38,9; Norwegen 14,9; Frankreich 13,4; Schweden 10,1; Deutsches Reich 4,8; Niederlande 2,4; Dänemark 2; Spanien 2; Großbritannien 1,9; Mexico 1,4; Honduras 1922/23: Union 89,5; Großbritannien ?; Nicaragua 1923: Union 71,6; Frankreich 14,1; Spanien 4,3; Großbritannien 2,2; Italien 1,1; Costa Rica 1922: Union 55,8; Großbritannien 34,8; Span.-Amerika 3,9; Niederlande 2,3; Frankreich 1; Deutsches Reich 1; Mittelamerika gegen 1; Panamá 1923: Union ?; Großbritannien etwa 17—18; Brit.-Honduras[1]) 1922: Union ?;

---

[1]) Die Union hatte 1924/25 am Handel 49,6 (1923/24: 46%), Großbritannien 18,5 (22,7) % Anteil. Erstere dringt im Umkreis des Amerikanischen Mittelmeeres überall im Handel und politisch

Großbritannien 15,6; brit. Besitzungen 3,7; Cuba 1922: Union 80,1; Großbritannien $11^2/_3$; übr. Amerika 2,7; Frankreich $2^1/_3$; Deutsches Reich 1,8; übr. Europa 1,5; Spanien gegen 1; Haïti 1921/22: Frankreich 56,2; Union 13,4; Großbritannien 5,5; Dominikanischer Freistaat 1922: Union 42,5; Kanada 28,1; Großbritannien 13,7; Deutsches Reich über 2,7; Frankreich an 2,7; Portorico 2,5; Belgien 1,9; Cuba 1,6; Niederlande gegen 1; Portorico 1924/25: Union 89; amerikan. Jungfern-Inseln 1921: Union über 83; Bahamá- Inseln 1922: Union ?; Großbritannien gegen 2; brit. Besitzungen 10,6; Jamaica 1922: Union 49,4; Großbritannien 24,2; Kanada 19,5; Barbados 1922: Brit. Besitzungen fast 74; Großbritannien 22,6; Trinidad mit Tobago 1922: Union ?; Großbritannien 38,9; brit. Besitzungen 16,9; Windward Islands 1923: Großbritannien 48,5; Union ?; Leeward Islands 1923: Union ?; Großbritannien ?; Martinique 1922: Union ?; Frankreich etwa 33; Guadeloupe: Frankreich ?; Niederländ.-Westindien, s. Curaçao, S. 453; **in Prozent der Einfuhr:** Mexico 1922: Union 74; Großbritannien 9,2; Frankreich 6,2; Spanien 2,55; Deutsches Reich 2,36; Schweiz gegen 1; Guatemala 1923: Union 60,1; Großbritannien 15,4; Deutsches Reich 12; El Salvador 1921 (?): Union fast 70; Großbritannien 14,5; Frankerich 4,3; Deutsches Reich 2,5; fast 2; fast 1; Honduras 1922/23: Union etwa 90; Nicaragua 1923: Union 75,8 (1913: 56,2); Großbritannien 12 (22); Deutsches Reich 3,2; Perú 2,3; Frankreich 1,4; Italien 1; Costa Rica 1922: Union 61,1; Großbritannien 14; Span.-Amerika 6,5; Mittelamerika 5,9; Deutsches Reich 4,3; Spanien 2,1; Frankreich 1,9; Niederlande 1,1; Rep. Panamá: Union 1923: 67,5 (1913: 55); Großbritannien 10,8 (22,7); Deutschland 4,2 (12); Frankreich 6 (3,1); Großbritannien 13—14; Brit.-Honduras 1922: Union ?; Großbritannien 20,3; brit. Besitzungen 7,1; Cuba 1922: Union 66,7; übriges Amerika 9,3; Großbritannien über 5 (1924: 4,2); Spanien 4,6; Frankreich 3,3; Deutsches Reich gegen 2; übriges Europa 2,4; Haïti 1921/22: Union 83,9; Großbritannien 6,3; Frankreich 5,2; Dominikanischer Freistaat 1922: Union 72,1; Großbritannien 6,8; Portorico gegen 5,4; Niederlande 3,1; Deutsches Reich über 2,3; Brit.-Indien 2,1; Mexico $1^3/_4$; Frankreich 1,4; Spanien gegen 1; Portorico 1924/25: Union an 88: amerikan. Virgin Islands: Union ?; Bahamá-Inseln 1922: Union ?; Großbritannien 34,3; brit. Besitzungen 3,3; Jamaica 1922: Union 46,3; Großbritannien 28,8; Kanada 13,6; Barbados 1922: Brit. Besitzungen 40,6; Großbritrannien 32,9; Union ?; Trinidad mit Tobago 1922: Union ?, Großbritannien 30,3; brit. Besitzungen 28,8; Windward Islands 1923: Union ?; Großbritannien an 21; Leeward Islands 1923: Union ?; Großbritannien ?; Martinique 1922: Frankreich etwa 90; Union ?; Guadeloupe: Frankreich ?; Niederländ.-Westindien, s. Curaçao, S. 453.

g) Verkehr. Zu Lande ist der indianische Trägerverkehr des Festlandes im Schwinden begriffen; Saumpfade mit Esel-, Maultier-, Pferdetransport sind noch verbreitet; alles reitet. Die Straßen lassen noch fast überall ziemlich zu wünschen übrig; das erschwert die Einbürgerung von Automobilen. Im

vor. Die Republik Panamá und die Rep. Nicaragua (Kanalprojekt!) sind Schutzstaaten und Haïti und San Domingo waren es zeitweise. Dänemark gab seine Besitzungen auf, und Frankreich hat bittere Schuldverpflichtungen gegen die Union. — Die Nachricht, daß Japan an der Magdalena-Bai (H.-I. Niederkalifornien) Landflächen zum Anbau von Kautschuk usw. erworben habe, erscheint schon deswegen als ein großer Schwindel, weil dort (A 2, nahe der Grenze von B 3) ein (brauchbarer) Kautschuk überhaupt nicht gedeihen dürfte.

mexikanischen Hochlande[1]) und auf der Halbinsel Yucatan (Norden, s. S. 428) sowie auf Cuba bestehen schon **Eisenbahnnetze**; die übrigen Gebiete sind ziemlich eisenbahnarm.

Auf dem Festlande sind **Isthmusbahnen** zur Verbindung der beiderseitigen Ozeane (Puerto Mexico—Salina Cruz über den niedrigen Isthmus von Tehuantepec [224 m]; Panamábahn [1855 erbaut; Pipe Line]; Veracruz bzw. Tampico—Manzanillo; Puerto Barrios—San José; Puerto Limón—Punta Arenas; Puerto Cortez—Amapala) charakteristisch. Die Bodenformen erschweren oft den Bahnbau erheblich. Die **panamerikanische Bahn** ist noch nicht viel über Guatemala südwärts weitergeführt.[2])

Die **Binnenschiffahrt** kann wegen der Kleinheit der Räume, der Bodenformen und des Klimas meist nur wenig Bedeutung erlangen.[3]) **Küstenschiffahrt** spielt namentlich in Westindien eine Rolle. Zwischenstaatlicher Verkehr ist auch zur **See** gering, da die Produkte zum Teil gleichartig sind. **Häfen**, schon vielfach verbessert, vermitteln zum größten Teil den Außenhandel Mexicos und Zentralamerikas, Westindiens ausschließlich.

Erwähnt seien **Tampico** (64), **Veracruz** (54), **Puerto Mexico** (s. oben) und **Progreso** (6) an der atlantischen, **Salina Cruz** (s. oben), **Manzanillo** (1,5, s. oben), **Mazatlan** (25), **Guaymas** (7), **Topolobampo** an der pazifischen Küste Mexicos; in Zentralamerika **Belize** (13), **Livingston** (2,5), **Puerto Barrios** (1), **Puerto Cortez** (5), **La Ceiba** (6), **Trujillo** (3,3), **Bluefields** (15), **Greytown** (San Juan del Norte), 0,5, **Limón** (8), **Bocas del Toro** (3), **Colón** (31) an der atlantischen Küste, meist Bananenhäfen, von denen es noch eine größere Zahl kleiner gibt; **San José de Guatemala** (2), **Champerico** (1,5), **Ocos** (0,5), **Amapala** (3), **Acajutla** (1,1), **La Libertad** (3,5), **La Union** (6,5), **Corinto** (3,5), **San Juan del Sur** (1), **Punta Arenas** (6), **Panamá** (59), meist Kaffeehäfen, an der pazifischen Küste.[4]) Die Vielzahl von kleinen Häfen, das Fehlen einer Konzentration des Verkehrs an wenigen Küstenpunkten ist charakteristisch. Häfen des Panamákanals s. Anm. 4.

Hohe (und internationale) Wichtigkeit hat der **Panamákanal**[5]), zumal für die Vereinigten Staaten, doch auch für die europäische Seefahrt, vor allem nach der Westküste Südamerikas.

---

[1]) Mehrere Anschlüsse an das vereinsstaatliche Eisenbahnnetz. Der neueste wird durch die längs des Großen Ozeans (Golf von Kalifornien) laufende Bahn von Arizona (Grenzstadt Nogales) nach Guadalajara (und Mexico) laufende, äußerst tunnelreiche Bahn geschaffen. Sollte in der 1. Hälfte 1926 fertig werden. Der Eisenbahnbau schreitet in Mexico überhaupt sehr lebhaft fort. Die kühne Gebirgsbahn Veracruz—Mexico wird jetzt elektrisch betrieben.

[2]) **Salvador** ist wohl seit 1925 angeschlossen; **Honduras** soll bald erreicht sein.

[3]) Stromschnellen und Wasserfälle der Flüsse; Wassermangel zur Trockenzeit (namentlich in Niederkalifornien und auf dem mexikanischen Hochlande); nur einige Unterläufe von Flüssen (atlantische Seite) sind schiffbar und verbesserungsfähig; Nicaragua- und Managuasee (Zentralamerika) werden von Dampfern befahren. Küsten-Lagunen Mexicos begünstigen Herstellung von Küstenkanälen (Tampico—Tuxpan); vgl. S. 418.

[4]) Hier sind an der Felsenküste (Golf von Kalifornien, Fonsecabai usw.) die Häfen besser als an der feuchten atlantischen Küste mit ihren ausgedehnten Schwemmlandflächen. — **Veracruz**, einst „la ciudad de los muertos", und zahlreiche andere Hafenplätze, auch Westindiens, sind durch sanitäre Maßregeln neuerdings ziemlich gesund geworden. **Freihäfen** sind in Mexico: **Puerto Mexico**, **Salina Cruz**, **Rincon Antonio** und **Guaymas**. Es besteht bereits eine kleine mexikanische Handelsflotte.

[5]) 1924 fanden 4890 Durchfahrten von Schiffen mit 31,13 Mill. Br.-Reg.-T. statt, die 25,89 Mill. T. Ladung beförderten. Die Flotte der Vereinigten Staaten war mit 56,5 % an führender Stelle. Es folgten Großbritannien mit 25,3 %, Japan 3,4, Deutschland mit fast 2,8, (1924/25: 3,4), die Niederlande mit

In Westindien sind die wichtigsten Häfen Cubas Habana (364), Cienfuegos (96), Matanzas (63), Santiago de Cuba (70), Cardenas (33); Nuevitas, auch Jucaro; auf der Insel Haïti Port au Prince (125), Cap Haïtiën (20), Cayes (15), Jacmel (10), Gonaïves (8), Port de Paix (8); auf Jamaica Kingston (63), Spanishtown mit Old Harbour (9), Montego (7), Port Antonio (6); auf Portorico San Juan (71), Ponce (42), Mayaguez (19), Caguas (12), Arecibo (10), auf den Virgin Islands St. Thomas (früher Charlotte Amalie, 8); auf den britischen kleinen Antillen Port of Spain (62, Trinidad), Bridgetown (13, Barbados), St. George (5, Grenada), ferner Castries (8, Santa Lucia), Kingstown (4, St. Vincent), St. John (9, Antigua), Roseau (7, Dominica), Basseterre (8, St. Christopher), Nassau (5, Bahamá-Inseln); auf den französischen Inseln Pointe-à-Pitre (23, Guadeloupe), Basse Terre (8, Guadeloupe), Fort Royal (27, Martinique) und Le François (11, Martinique). Das niederländische Curaçao und seine Nachbarinseln werden zu Südamerika (s. S. 439) gerechnet. Öl- und Kohlenstationen sind auf vielen westindischen Inseln, weniger auf dem Festlande anzutreffen.

Luftverkehr hat für die Verbindung der eisenbahnarmen Gebiete Zentralamerikas und Mexicos untereinander und vor allem für die mit den westindischen Inseln und zwischen diesen sowie mit dem nordamerikanischen bzw. südamerikanischen Festland eine Zukunft.[1]) Die schnelle Verbindung der Hochländer Mexicos und Zentralamerikas mit den Häfen scheint sich anzubahnen.[2])

Der Nachrichtenverkehr ist zu Lande noch ziemlich verbesserungsbedürftig, aber neuerdings durch Stationen für drahtlose Telegraphie (besonders auf den Inseln) neben Kabeln, gesichert.

C. Südamerika.[3])

I. Naturverhältnisse. Die Lage Südamerikas zu dem atlantisch-europäischen und dem atlantisch-nordamerikanischen Aktionszentrum ist ziemlich günstig und für die Entdeckung, Besiedelung und wirtschaftliche Erschließung folgenschwer geworden. Mit der stärkeren Herausbildung des nahen nordamerikanischen Aktionsfeldes tritt dessen Einfluß, den des europäischen zurückdrängend, immer mehr in den Vordergrund. Freilich gerade das

---

reichlich 2,2, Norwegen 2,1, Frankreich mit mehr als 1,8, Perú 1,3 %. Die Häfen des der Union gehörenden Panamákanalgebiets (8 km breiter Streifen an beiden Seiten des Kanals) sind die neuen Orte Cristobal im Norden und Balboa im Süden, von denen aus auch die Gesundheitspflege in Colón und Panamá (Rep. Panamá) kontrolliert wird; etwa 8200 U.-S.-Amerikaner leben in der Kanalzone. Vgl. O. Lutz, Der Panama-Kanal als politisches und wirtschaftliches Werkzeug der Vereinigten Staaten von Amerika (Meereskunde, Heft 147, Berlin 1919). — Fr. Regel, Der Panamakanal. Halle a. S. 1909. (Angewandte Geogr. III. 6.) Die den Kanal benutzenden Schiffe hatten durchschnittlich (1925) nur 0,95 m Tiefgang. Vgl. Suezkanal S. 311.

[1]) Ein wöchentlicher Luftdienst für Personen und Fracht zwischen der Landenge von Panamá, Habana und Key West (s. S. 419) mit Zwischenstationen in Zentralamerika und Mexico wurde Ende 1925 vorbereitet. In den Klimaten A 1, A 2, wohl auch B 3 und B 4, C 5, C 6 und C 7 kann wohl das ganze Jahr über geflogen werden.

[2]) In Mexico ist z. B. ein Passagier-Flugdienst von der Hauptstadt M. über Puebla nach Veracruz und ein zweiter von M. nach Tampico (zweimal täglich) konzessioniert worden.

[3]) Vgl. Wilh. Sievers, Süd- und Mittelamerika. 3. Aufl. Leipzig u. Wien 1914. — Bernh. Brandt, Südamerika. Breslau 1923 (Jedermanns Bücherei, Abteilung Erdkunde). — Fritz Regel in Andrees Geographie des Welthandels, Bd. III, Frankfurt am M. 1913, S. 87—226. — A. Hettner, Grundzüge der Länderkunde. II. Leipzig und Berlin 1924, S. 374—430; 3. Aufl. 1926. — A. Peck, Industrial and commercial South America. London 1922.

atlantisch-südamerikanische Aktionszentrum liegt jenen nordhemisphärischen Kraftfeldern ziemlich fern, und erst seit Herstellung des Panamákanals ist die südamerikanische Westfront vom atlantischen Norden her bequemer zugänglich geworden. Leichter Verkehr bestand schon immer zwischen dem pazifisch-nordamerikanischen und -südamerikanischen Aktionszentrum. Zum südostasiatischen, australischen, neuseeländischen und südafrikanischen Aktionsfeld führen freilich weite Seewege. Die Landverbindung mit Nordamerika verspricht erst nach Fertigstellung der panamerikanischen Bahn (s. S. 436 u. 453f.) der Vorstoß der südamerikanischen Küste gegen die afrikanische Guineaküste, die Südamerika seine schwarze Bevölkerung lieferte, erst nach Herstellung der West-Saharabahn (s. S. 311, Anm. 2), verkehrsgeographisch recht wirksam zu werden.

Den Westen nimmt ein hohes, junges, meridional gerichtetes Kettengebirge, die Anden, ein; der Osten ist viel niedriger und besteht aus zwei alten Massiven, dem Bergland von Brasilien, das nach Süden bis an den La Plata heranreicht, und dem Bergland von Guayana im Nordosten. Beide sind voneinander und von den Anden durch ausgedehnte Tiefländer getrennt, die nach A. Hettner 55% der Fläche Südamerikas einnehmen. An die Südanden lehnt sich das nach Osten abgedachte tertiäre Tafelland von (Ost-) Patagonien.

Nach H. Wagner gehört Südamerika klimatisch mit 6,5 Mill. qkm = 36,5 % der Fläche des Kontinents dem periodisch trockenen Savannenklima A 2, 4,8 Mill. qkm = 27% dem heißfeuchten Urwaldklima A 1 an, ist also ein wesentlich tropischer Erdteil. Doch sind immerhin 2,5 Mill. qkm = 14% der Fläche feuchttemperierten Klimas C 7 (und zwar C 7 a, also mit heißen Sommern). 1,3 (7,3%) bzw. 1,2 (über 6,7%) Mill. qkm gehören dem Wüstenklima B 4 bzw. dem Steppenklima B 3 an, 1,2 Mill. qkm (= 6,7%) dem warmwintertrockenen (sommerfeuchten) Klima C 5, nur 0,06 Mill. qkm (0,34%) dem warmsommertrockenen Klima C 6 und 0,3 Mill. qkm (gegen 1,7% der Fläche) dem Tundrenklima E 10 an. Die Gebiete ewigen Frostes sind sehr wenig ausgedehnt. Im einzelnen sind die Bodenformen, wie dem Kundigen ein Blick auf W. Köppens Klimakarte zeigt, zumal im Andenland, für das Klima, d. h. für die Wirtschaft, höchst bedeutsam.

II. Die **Größe** Südamerikas gibt H. Wagner mit 17,8 Mill. qkm (= fast 12% der Landfläche; 13% nach A. Hettner); die Bevölkerung mit etwa 62,5 Mill. macht jedoch nur etwa 3,45% der Erdbevölkerung aus, so daß der Erdteil als stark untervölkert gelten kann. Die Volksdichte ist nur 3,5 auf 1 qkm, bei ziemlichen Unterschieden im einzelnen. Politische Zugehörigkeit, s. S. 439 und S. 455f.

III. Wirtschaftlich wird die Verteilung der klimatischen Verhältnisse und ihre Folgen wie bei den anderen Erdteilen an erster Stelle entscheidend; nicht nur durch übermäßig üppige Vegetation und gefährliche Krankheiten, auch durch den entnervenden Einfluß des tropischen Klimas auf die Energie der Bevölkerung (Indianer, Neger, Mischlinge usw.), selbst der eingewanderten Europäer (Spanier, Portugiesen, auch Italiener, Deutsche usw.), werden der Erschließung Hindernisse bereitet, die andererseits auch in den Anden mit beschwerlichstem Verkehr zu rechnen hat. So konnte sich die Besiedelung bisher erst in den gemäßigten Südgebieten (C 7, C6, C5), in den Andenländern, sowie in einigen küstennahen Gebieten des Ostens (A 1 und A 2) erfolgreicher gestalten, während große Teile des Innern noch eines umfangreicheren Anschlusses an den weltwirtschaftlichen Austausch harren.

1. Die Andenländer.[1])

I. Naturverhältnisse, s. oben und im folgenden.

II. Die Andenländer umfassen den bei weitem kleineren Teil Südamerikas. Die Republiken[2]) Venezuela (1,02 Mill. qkm; 2,41 Mill. Einw.) mit den vorliegenden Inseln Niederländisch-Westindiens (1040 qkm, 55000 Einw.), Colombia (1,15 Mill. qkm, 5,86 Mill. Einw.), Ecuador (307000 qkm; 2 Mill. Einw.), Perú (1,83 Mill. qkm; 5,55 Mill. Einw.), Bolivia (1,47 Mill. qkm, 2,89 Mill. Einw.), Chile (751000 qkm, 3,75 Mill. Einw.) gehören dem Andenland an, insgesamt 6,53 Mill. qkm = über 34 % der Fläche Südamerikas, mit etwa 22,5 Mill. Einw. = etwa $34^3/_4$% der südamerikanischen Bevölkerung. Von der Fläche der genannten Andenländer gehören aber, von Chile abgesehen, große Gebietsteile eigentlich dem ungefalteten Osten Südamerikas an[3]), während die Bevölkerung hauptsächlich in den Anden wohnt. Die Volksdichte des eigentlichen Andenlandes, das nur etwa 4 Mill. qkm groß sein mag, ist darum bedeutend höher als der aus den Arealen der Republiken errechnete Durchschnitt von 3,5 auf 1 qkm, nämlich 5,5 auf 1 qkm. In der Bevölkerung überwiegen die Indianer und Mischlinge, und die Weißen, die besonders in Chile stark vertreten sind und Mittelchile zu einem kleinen wirtschaftlichen Aktionszentrum machen, haben Mühe, ihre fortschrittlichen Methoden in der Wirtschaft der herkömmlich gerichteten Farbigen nur einigermaßen zur Geltung zu bringen. In Colombia und Venezuela sind auch Neger, Mulatten und Zambos[4]) ziemlich zahlreich.

---

[1]) Vgl. W. Sievers, Die Cordillerenstaaten. 2 Bändchen. Leipzig 1923 (Sammlung Göschen). — K. Kaerger, Landwirtschaft und Kolonisation im Spanischen Amerika. Bd. II. Die südamerikanischen Weststaaten und Mexiko. Leipzig 1901. — W. Reiss, Reisebriefe aus Südamerika 1868—1876. Herausgeg. von K. H. Dietzel, München u. Leipzig 1921. — O. Bürger, Reisen eines Naturforschers im tropischen Amerika. 3. Aufl. 2 Bde. Leipzig 1923. — O. Bürger, Venezuela. Leipzig 1920. — A. Hettner, Reise in den kolumbianischen Anden. Leipzig 1888. — Fr. Regel, Kolumbien. Berlin 1899. — Roger, La Colombie économique. Paris 1914. — Burckhardt, Columbiens Reichtum, seine Landwirtschaft. Berlin 1919. — O. Bürger, Kolumbien. Leipzig 1922. — H. Meyer, In den Hochanden von Ecuador. Berlin 1907. — Th. Wolf, Geographia y Geologia del Ecuador. Leipzig 1912. — Enock, Ecuador. London 1914. — W. Sievers, Reise in Perú und Ecuador. München und Leipzig 1914. — P. Walle, Le Pérou Économique. 2. éd. Paris o. J. — O. Preuße-Sperber, Perú. Frankfurt a. M. 1913. — Greulich, Perú. Zürich 1915. — O. Bürger, Perú. Leipzig 1923. — Hauthal, Reisen in Bolivien und Perú. Leipzig 1911. — Th. Herzog, Vom Urwald zu den Gletschern der Kordillere. Stuttgart 1913. — M. J. v. Vacano, Boliviens Aufstieg. Berlin 1925. — L. Galdámes, Jeografia económica de Chile. Santiago de Chile 1911. — P. Stange, Landeskunde von Chile. Berlin 1914 (S. Göschen). — Martin, Landeskunde von Chile. 2. Aufl. Hamburg 1023. — O. Bürger, Chile als Land der Verheißung. Leipzig 1920. — O. Kende, Chile. Hamburg 1925. — E. Friedrich, Der Einfluß des Klimas auf die anthropogeographischen Verhältnisse Chiles (Mitt. Ges. Erdk. Leipzig 1915/16). — Benignus, In Chile, Patagonien und Feuerland. Berlin 1912. — Steffen, West-Patagonien. 2 Bde. Berlin 1919. — A. M. Agostini, Zehn Jahre in Feuerland. Leipzig 1924. Vgl. S. 437 Anm. 3 und S. 455, Anm. 6. — H. Anderson, Die natürl. Grundl. u. d. gegw. Verh. d. landw. Prod. i. Chile (Beih. 2 z. Tropenpfl. 1925).

[2]) Die Flächen- und Einwohnerangaben sind meist nicht sicher.

[3]) Infolge ihrer Abtrennung vom Großen Ozean durch die Anden und ihrer meist (abgesehen vom unteren Orinocogebiet und dem venezolanischen Guayana) sehr großen Abgelegenheit vom Atlantischen Ozean sind sie sehr wenig erschlossen und harren der wirtschaftlichen Belebung. Andererseits fallen gewisse Gebietsteile Argentiniens in das Andenland, werden jedoch wegen ihrer wirtschaftlichen Zugehörigkeit zum Osten Südamerikas dort behandelt.

[4]) Mestizen sind Mischlinge von Weißen und Indianern, Mulatten solche von Weißen und Negern, Zambos solche von Indianern und Negern.

III. Die Wirtschaft.

a) Die Gewinnung von **Nahrungs- und Genußmitteln** in dem nach Boden und Klima auf großen Flächen unproduktiven[1]) oder von schwer erschließbaren, für Weiße ungesunden Urwäldern bedeckten[2]) Andenland ist in gewisse Grenzen eingeengt, und das erklärt die durchschnittlich geringe Volksdichte. Andernteils ist auch die mangelhafte Bearbeitung, Bestellung und Aberntung des Bodens, das herkömmliche Verharren bei veralteten Geräten, Werkzeugen, Maschinen, Methoden daran schuld.

Hauptnahrungsmittel liefern der einheimische, seit alters durchs Andenland angebaute Mais und die von den Europäern eingeführten Getreidearten. Der Mais spendet besonders in den niedrigeren tropischen Tallagen und an den Andenhängen, überall wo Wärme mit Feuchtigkeit zusammenfallen, noch heute (mit Bohnen) die Hauptnahrung. Bis 2000 m (Tierra templada) geht er in Colombia, bis 2400 m (Tierra fria) in Venezuela aufwärts[3]), in den Yungas[4]) Bolivias bis 3200 m, und in der peruanischen Sierra wird er am meisten zwischen 2500 und 3200 m Meereshöhe angebaut. Weizen ist das bevorzugte Brotgetreide der Weißen. Er wird auf den nördlichen Andenhochländern (in Colombia zwischen 1800 und 2600 m Meereshöhe) nur wenig angebaut und gewinnt erst im chilenischen Längstal etwas mehr an Ausdehnung.[5]) Das Andenland bedarf, vor allem im Norden, der Einfuhr von Weizen und Weizenmehl.

Roggen (Deutsche Südchiles), Hafer (im feuchttemperierten Südchile) werden sehr wenig gepflanzt, etwas mehr die Gerste (hauptsächlich als Futter), durch das ganze nördliche und mittlere hohe Andenland[6]) und in etwas größerem Maßstabe im chilenischen Längstal; im Küstengebiete Mittelchiles tritt sie an die Stelle des Weizens, weil sie die Nebel besser als dieser verträgt. Südlich der Atacama soll sie auch als Braugerste[7]) brauchbar sein.

Der Reis geht etwa bis Antofagasta an der chilenischen Küste südwärts, hier und da in den Flußoasen des Trockengebiets, am meisten im nördlichen

---

[1]) Z. B. die peruanisch-chilenische Küstenwüste, B 4, B 3 (Piura [Payta] 28° Febr., 22,1° Aug. Extreme 37° und 15° C. 30 mm Regen, davon 20 im Januar), das westpatagonische Wald- und Felsgebiet (C 7 b), die peruanisch-bolivianische Puna B 3, E 10 und F 11 (La Paz, 3690 m, 11,5° November, 6,7° Juni. Extreme 23° und −3° C. 540 mm Regen, davon 110 im Febr., 0 im Juni), die ostpatagonische Trockenzone (Chubut, 21,2° Januar, 5,5° Juni. [Extreme in Punta Dungeness 22° und −5° C.] 240 mm Regen, davon 30 im Juni, 10 im Oktober), die Páramos (E 10) der Nordstaaten, die Schnee- und Eisgebiete der Anden, des Südens namentlich.

[2]) Die tropische „Tierra caliente". Deren obere Grenzen sind nicht überall gleich hoch, liegen aber im Nordwesten der Andenländer etwa bei 1000 m; dann folgt aufwärts die Tierra templada, subtropisch bis gemäßigt, dann die kühlgemäßigte Tierra fria, dann die polare Tierra helada mit den Páramos (d. s. die über der Baumgrenze liegenden Andenhöhen des nordwestlichen Südamerika mit Tundrenklima).

[3]) In der Tierra caliente Venezuelas werden bis vier Ernten im Jahre, in der Tierra fria nur eine gewonnen. In den Páramos ist er nur als Grünfutterpflanze zu verwerten.

[4]) Die gegen die östlichen Tiefebenen geneigten Abhänge der Ostanden.

[5]) Der sommertrockene Norden (C 6a) erzeugt vorwiegend harten (Trigo candeal), der Süden, zumal das feuchttemperierte Waldgebiet (C 7 b), (zum Teil feuchten) Weichweizen (Trigo blanco). Vgl. Santiago (520 m) 19,7° im Jan., 7,7° im Juli. Extreme 33° und −1° C. 370 mm, davon 80 im Juli, 0 im Jan. — Valdivia, 16,1° und 7,2°. Extreme 32° und −1° C. 2690 mm, davon 440 im Juni, 70 im Jan. Etwa 70% des Kulturlandes sind in Chile mit Weizen bestellt, aber es wird nur etwa ½% der Weltproduktion erzeugt.

[6]) In Colombia z. B., von 1900 m aufwärts, in Perú (Sierra oberhalb 2000 m M.) und Bolivia.

[7]) Hauptsächlich wohl erst im Waldlande Südchiles (s. Bd. I, S. 120, Anm. 2). Chile erzeugte 1924: 95200 T. Gerste, 49100 T. Hafer; nur 910 T. Roggen.

Teile der peruanischen Küstenwüste, angebaut, und fehlt auch in den tieferen feuchten Teilen der nördlichen Andenländer nicht.[1])

In der peruanischen Puna steuern auch die Reismelde (Chenopodium Quinoa) oder Quinua (Quinoa) der Eingeborenen, keine Getreideart, und die im Andenlande (wo, ist ungewiß) heimische Kartoffel wesentlich zur Ernährung der Bevölkerung bei. Sie ersetzt oberhalb der Getreidegrenze, in 3200—3600 m Meereshöhe[2]), wo andere Nahrungspflanzen versagen, das Getreide; so auch in der Tierra fria der nördlichen Andenländer. Im tropischen Andengebiet treten der Maniok (Mandioca, Yuca), Bataten, auch Arracacha esculenta an die Stelle der Kartoffel.

Der Maniokstrauch wurde schon vor Ankunft der Europäer, bis zu 2000 m Meereshöhe, doch hauptsächlich in den niedrigeren Lagen bis zu 1000 m Meereshöhe angebaut. Er liefert in seinen Wurzeln[3]) Stärke und Mehl und wird als Gemüse, in Suppen oder als Zukost zum Fleisch benutzt.

Gemüse und Hülsenfrüchte (besonders schon vor Ankunft der Europäer angebaute Bohnenarten), ferner Obst sind wichtige Nahrungsmittel.

Von den tropischen Obstsorten seien der Mangobaum, Guayava, Pacay, Chirimoya, Lucuma, Palta (Aguacate), Papaya (Melonenbaum), Abacate, Zapote, Brotfruchtbaum, Tamarinde, Banane, Ananas[4]) erwähnt. Im sommertrockenen Mittelchile (C 6a) sind Pfirsichbäume, Aprikosen, Quitten, Orangen, Zitronen[5]), Feigen, Mandeln, Granatäpfel, Walnüsse charakteristisch; Ölbäume[6]) und edle Kastanien sind seltener. In Südchile gibt es große Apfelbaumwälder.

In Colombia (Niederung zwischen der Sierra Nevada de Santa Marta und dem Magdalenafluß) hat sich ein umfangreicher Bananenanbau für Export, durch die Nachfrage der Vereinigten Staaten begünstigt, entwickelt.

Zuckerrohr wird zur Gewinnung von Zucker auf niedrigeren Ländereien des tropischen Andengebiets angebaut[7]), doch fast nur für eigenen Bedarf. Allein Perú erzeugt größere Mengen Zucker.

---

[1]) Mit der Welternte verglichen, ist die Produktion minimal.

[2]) Im peruanischen Hochlande benutzt man den Frost, um die (bitteren) Knollen süß zu machen. Die Produktion ist überall in den Andenländern minimal. Selbst in Chile werden nur (1922/23) an 300000 T. gewonnen, immerhin 8,85 T. je ha. Der Geschmack der (kleinen) Kartoffeln soll im mediterranen Klima Mittelchiles etwas bitter sein; in Südchile fand Frezier, offenbar als Folge des Übermaßes von Niederschlägen, ihn wäßrig. Auch die Oca (Oxalis tuberosa), die Maca (Tropaeolum tuberosum) und Ulluco (Ullucus tuberosus) liefern den Bewohnern der mittleren Hochandenländer Knollen.

[3]) In der Tierra fria werden sie erst in zwei, in der Tierra templada nach einundeinhalb Jahren, in der Tierra caliente nach neun Monaten reif.

[4]) Bananen und Ananas reifen gelegentlich noch unfern Valparaiso; in den heißen Küstentälern Perús kommt die Banane bis 2500 m Höhe vor. Je tiefer abwärts, desto mehr tritt in den tropischen Gebieten die Banane in den Vordergrund; aber im trockenen Coro (Venezuelas) sind sie seltener. Die Yungas Ostperús und -bolivias sind unterhalb 2700 m obstreich. In der hohen Sierra und Puna fehlen die Obstbäume.

[5]) Nach O. Bürger wiegen in der Tierra caliente Colombias Zitronen vor, Orangen in der Tierra templada, doch sind letztere dickschaliger als im europäischen Süden (und in Mittelchile ?).

[6]) Der Ölbaum kommt auch im dürren peruanischen Küstengebiet, besonders im südlichen Abschnitt vor.

[7]) Bei Barquisimeto und Coro (Venezuela) ist die Atmosphäre für den Zuckerrohrbau zu trocken. Venezuela führt neuerdings Zucker aus. In der Tierra caliente Colombias wird das Rohr in etwa 10 Monaten reif, in höheren Lagen (bis gegen 2000 m) erheischt es 11—18 Monate, und der Zuckergehalt des Rohrs nimmt mit der Höhe ab. Der 50% Zucker enthaltende „Panela" ist in feuchten Jahren teuer in trockenen billig.

Perú baut das Rohr mit künstlicher Bewässerung in den Flußtälern des warmen, aber regenlosen Küstengebiets (B 3 und B 4) an, am meisten im Norden, und produziert etwa 1,5% der Weltproduktion von Zucker.[1])

In Mittelchile versuchte man schon vor Jahren und neuerdings nach dem Kriege, die Zuckerrübe einzubürgern; auch im feuchttemperierten Südchile wollte man Versuche anstellen.[2]) Die Arbeiterverhältnisse sollen ungünstig sein. Palmhonig von der Palme Jubaea spectabilis (Küstencordillere zwischen 31. und 35.° südl. Br.) hat örtliche Bedeutung.

Getränke bereitet man aus Fruchtsäften, Zucker, Mais, Äpfeln (in Südchile) usw.

Hopfenbau gedeiht im chilenischen Längstal, doch wurde nach Reiche die Kultur zu teuer. Für die überall in den größeren Städten angesiedelte Bierbrauerei[3]) wird Hopfen wie meist auch Malz eingeführt.

Die Weinrebe wurde erst von den Europäern eingebürgert. Die tropischen Andenländer können höchstens Weintrauben hervorbringen. Für den Weinbau zur Gewinnung von Weingetränk kommen fast nur Chile und Perú, wenig Bolivia in Betracht.

Am meisten Wein wird im sommertrockenen (mediterranen) Klima Mittelchiles gewonnen[4]), nördlich vom Bio-Bio; auf den meerwärts gerichteten Hängen der Küstencordillere reift aber wegen des Nebels die Weintraube nicht mehr. Im Süden werden, dem Klima entsprechend (s. Bd. I, S. 128) herbe, im Norden bordeaux- und burgunderartige, in Nordchile sherryartige Likörweine hergestellt. Auch im dürren Küstengebiet Perús[5]), zumal im südlichsten Abschnitt, werden alkoholhaltige Süßweine („Sherry-", „Portwein", Rotwein) erzeugt; dazu Piscobranntwein.

Chile produziert schon etwa $2^1/_2$% der Weltproduktion, und Wein ist in Mittelchile Nationalgetränk. Wein könnte wie Obst ein wichtiger Ausfuhrartikel werden.

Alle bisher erwähnten Nahrungs- und Genußmittel, auch der fast überall in den wärmeren Landesteilen angebaute Tabak[6]), die Kokablätter[7]), die

---

[1]) Zucker ist der wichtigste Ausfuhrartikel Perûs. Von den etwa 15000 qkm (? = fast 1,1% der Gesamtfläche) die in der Republik bebaut sein sollen, sind gegen 4% künstlich bewässert. Die Bewässerungsarbeiten (aus den Andenflüßchen: Cañete, Camaná usw.) schreiten nach dem Muster der in den Nordprovinzen (Payta, Piura, Lambayeque) schon vorhandenen Anlagen rüstig fort. Schon längst ist die Landwirtschaft die weitaus wichtigste Wirtschaftsform Perûs, deren Erträgnisse die des Bergbaus weit übertreffen. 1923 wurden von 310000 T. Ernte 260000 T. Zucker ausgeführt, 1924: 235500 T. nach Großbritannien, Chile usw. 1925 mißriet die Ernte infolge Auftretens des Niño (s. S. 446, Anm. 3).

[2]) Es bestehen Zuckerfabriken in Viña del Mar, Penco und Valdivia. 1923 mußte Chile noch Zucker einführen (für 14 Mill. Goldpesos).

[3]) Nur beliebte Qualitätsbiere werden noch eingeführt.

[4]) Bis zum Rio Maule südwärts werden die Weinberge meist bewässert. Auf bewässertem Lande werden etwa 2, auf unbewässertem 1 Liter je Stock gewonnen. Im nördlichen Teile des Längstales liegen die Weingärten, von Lehmmauern umgeben, vielfach in der Ebene, im südlichen Teile an den Hängen von Hügeln (wegen der Exposition gegen die Sonne), von Holz- oder Drahtzäunen umgeben. Vgl. Bd. I, S. 128, Anm. 3.

[5]) In geschützten Tälern der peruanischen Andenhänge steigt die Rebe bis zu 1500—2000 m auf.

[6]) Colombia erzeugt im nördlichen Tiefland bei Carmen, im Magdalena- und Cáucatal jährlich 3000—6000 T. und führt einige 1000 T. aus.

[7]) Kokablätter vom $1^1/_2$ m hohen Kokastrauch (Erythroxylon coca), der in 1000—2200 m Meereshöhe in der (trockeneren) Region der Pajonales (Lichtungen) an den frostfreien Obstabhängen der Anden

Chinarinde[1]), die Ölpflanzen (Erdnüsse, Rizinussträucher, Baumwolle), Copaivabalsam[2]), Tolubalsam[3]), Sabadillsamen[4]) usw. haben, abgesehen von den Bananen Colombias und Perús Zucker, fast nur örtliche Bedeutung oder ergeben ganz unwesentliche Ausfuhrartikel. Für den Welthandel haben dagegen die Plantagen des einheimischen[5]) Kakaobaumes und des eingeführten[6]) Kaffeebaumes in den tropischen nördlichen Andenländern Wichtigkeit gewonnen.

Für Ecuador (niedriges, heißfeuchtes Küstengebiet (A 1) am Golf von Guayaquil und Guayastal; 6,8% der W.) sind Kakaobohnen der Hauptausfuhrartikel. Guayaquil (105) ist Hauptausfuhrhafen. Venezuela (heißfeuchte Nordküste; Täler des Karaibischen Gebirges, etwa bis 500 m Meereshöhe, 5% der W., geschätzte Qualität) führt über La Guaira[7]) und Carúpano[8]) am meisten aus. Colombia, Perú und Bolivia (abgelegene Yungas) erzeugen nur wenig.

Auf den Hochländern Venezuelas (500—1800 m Meereshöhe[9]) und Colombias (Tierra templada der Ostcordillere) wird Kaffee guter Qualität (wohl gegen 12 oder mehr Prozent der W.) gewonnen und ausgeführt.[10]) Hauptausfuhrhäfen sind Maracaibo (47), Puerto Cabello und Barranquilla (65). Perú und Bolivia (in den abgelegenen Yungas) und Ecuador erzeugen wenig.[11])

Die **Erzeugung von tierischen Nahrungs- und Genußmitteln** dient bisher fast nur dem eigenen Bedarf der Andenländer. Die Tierzucht[12]) könnte auf den teilweise ausgedehnten Gebirgsweiden viel umfangreicher sein.

(Colombias, Ecuadors, Perús, Bolivias und Nordargentiniens) angebaut wird, an steileren Hängen sogar in terrassenartigen Reihenbeeten, wurden schon von den alten Peruanern als Anregungsmittel auf Marschen besonders auch als Mittel gegen die Bergkrankheit (Soroche) sehr geschätzt. Noch heute ist Koka Genußmittel für Millionen von Andenbewohnern. Bei längerem Transport verlieren die Blätter bis zur Hälfte ihres Kokaïngehaltes. Darum stellt man das seit 1884 als schmerzstillendes Mittel in der europäischen Medizin verwendete Kokaïn an Ort und Stelle (in Perú) her. Immerhin sind Kokablätter und Kokaïn nur kleine Ausfuhrartikel. Vgl. Th. Walger, Die Coca (Beih. 1 z. Tropenpfl. 1917).

[1]) Die Chinarindenbäume sind in den Anden heimisch und gedeihen vorzugsweise zwischen 10.° nördl. und 19.° südl. Br. an den Ostabhängen zwischen 1000 und 3400 m Meereshöhe. Seit ihrer Übertragung nach Java durch Haßkarl (1854) hat Südamerika seine Bedeutung für die Versorgung des Weltmarktes eingebüßt (vgl. S. 253).

[2]) Von dem Baume Copaïba officinalis (Venezuela, Colombia); für medizinische Zwecke.

[3]) Von einem Baume Myroxylon toluifera, im unteren Magdalenagebiet Colombias und westlich davon; für Medizin- und Parfümeriezwecke.

[4]) Von einem Zwiebelgewächs Sabadilla officinarum (Venezuela); für Medizinzwecke (Veratrin).

[5]) Im niedrig gelegenen Urwaldgebiet vom südlichen Mexico bis zum brasilischen Staate São Paulo. Das Sammeln der kleinen, bitteren Bohnen von wilden Bäumen hat wohl ziemlich aufgehört. Ecuadors Ausf. 1922: 42200; 1923: 30600; 1924: 31300 T. Rückgang infolge Krankheit der Kakaobäume.

[6]) Nach W. Sievers schon 1730 oder 1740, nach Dalton gegen Ende des 18. Jahrhunderts, nach C. Hartwich 1785.

[7]) Durchschnittstemp. 28,3° im Sept., 25,8° im Januar.

[8]) Man kann das ganze Jahr ernten, aber die Haupternten fallen in die zwei Trockenperioden, in der Gegend von Carúpano Mai bis Juni und November bis Januar.

[9]) Carácas (980 m), 22,5° im Mai, 19,2° im Januar. Extreme 26° und 15° C. 810 mm, davon 120 im Juli, 10 im Februar.

[10]) Venezuela 1921/22: 65000; 1923/24: 54000, Colombia: 105900 bzw. 108000 T. Eigenverbrauch Colombias etwa 17000 T.

[11]) Perú 1920/21: 350; Ecuadors Ausf. 1921/22: 4070; 1924: 3260 T.

[12]) Schon die alten Peruaner hielten Meerschweinchen, Lama, Alpaca und Geflügel für Nahrungszwecke. An Futterpflanzen fehlt es nicht. Man schätzt z. B., daß in Colombia etwa 1½% der Fläche mit natürlichen und etwa 0,8% mit angebauten Futterpflanzen bestanden sind.

Unter unseren eingeführten Haustieren ist das Rind das wichtigste geworden und vor allem in den höheren Andenländern verbreitet, wo irgend geeignetes Futter vorhanden ist, d. h. in wasserreicheren Gegenden, allerdings durch Inzucht überall ziemlich entartet.[1])

In den tropischen Tälern, wie im Magdalenatal, und in den heißfeuchten Küstengebieten (A 1) gedeiht es wenig gut. Auch auf der futterarmen kalten Puna Perús und Bolivias (E 10) ist es wenig zu finden, ebenso im wüstenhaften peruanisch-chilenischen Küstengebiet (B 4, B 3). Erst in Mittelchile (Gebirge und Längstal) ist die Rinderzucht etwas umfangreicher, und hier wurde auch schon mehr zur Aufkreuzung mit guten Rassen getan. Im alten Araukanerlande Südchiles, das ja so reichliches und saftiges Gras bietet (C 7b), hat sich schon Milchwirtschaft, Butter- und Käsebereitung entwickelt. Im westpatagonischen Bergland schweifen die Rinder halbwild im Walde umher und sind nur in einigen grasreichen Tälern etwas zahlreicher.

Nach dem Rind ist in den tropischen nördlichen Andenländern das Schwein ein Hauptfleischtier[2]); doch wird der Futterbeschaffung zu wenig Aufmerksamkeit zugewendet.

Auf den südlichen trockneren Hochländern und im dürren peruanisch-chilenischen Küstengebiet ist das Feuchtigkeit liebende Tier selten. Erst in Mittelchile mit seiner reicheren Landwirtschaft und in Südchile bis Chiloë wird es häufiger gehalten. In Westpatagonien fehlt es fast ganz.

Dem Schafe sagt das tropische Klima der nördlichen Andenländer wenig zu; auch die Yungas und anderseits die Küstenoasen Perús und Nordchiles sind ihm nicht günstig. Auf den kühlen Hochländern Perús und Bolivias (B 3) versucht man die Schafzucht mit Erfolg zu vergrößern und die degenerierten Tiere zu veredeln; freilich ist das Futter ärmlich, die Vermehrung unbefriedigend, der Wollertrag gering. In Mittelchile, besonders in der Küstencordillere und in den Anden, hält man größere Herden zur Fett-, Fleisch- und Wollegewinnung; sie können im Freien weiden. Im Waldgebiet Südchiles sind die Schafe klein und haben geringwertige Wolle. Auf Chiloë usw., wo sie vielfach mit Tang ernährt werden, hat das Schaffleisch See-

[1]) In Colombia sollen nach Bürger über 3 Mill. Rinder gehalten werden, also an 3 auf 1 qkm, über 50 auf 100 Einw. Die besten soll die Savana von Bogotá (2660 m; 14,8° April, 13,9° August; Extreme 24° und 6° C; 1610 mm, davon je 240 im April und Nov., 70 im Juli) hervorbringen. In einer Höhenregion herangewachsene Rinder lassen sich schwer in sehr abweichende Höhenlagen verpflanzen. Auch ist die Behaarung (und wohl auch die Hautstärke) in den verschiedenen Höhenregionen verschieden. In der Sierra Nevada de Santa Marta gehen übrigens nach A. F. R. Wollaston die (halbwilden) Rinder bis 4000 und mehr m aufwärts. In der Tierra caliente ist das Fell glatt und kurzhaarig, dem Páramo entgegen langhaarig und zottig. Ställe gibt es nicht; die Tiere werden auf eingezäunten Weiden (Potreros) gehalten. Milch geben die Kühe durchschnittlich nur 2 Liter den Tag und lassen sich hier und anderwärts nur in Gegenwart des Kalbes melken. Rinder (1919: 52800 Stück) werden ausgeführt; in Puerto Cabello (Venezuela) war eine Gefrierfleischanlage entstanden. In den tropischen Küstengebieten, wo frisches Fleisch schnell verdirbt, ist getrocknetes Rindfleisch (carne seca) zum Teil wichtiges Nahrungsmittel. Aufkreuzung der Rinder mit Zuchttieren greift Platz. Solche mit Zebus hat man wie in Brasilien (s. S. 463) und Guatemala versucht; für tropische Gebiete dürften diese Kreuzzuchten sich besser eignen als unsere Rinder. Auch rationelle Milchwirtschaft und Seuchenbekämpfung macht stellenweise Fortschritte.

[2]) In Colombia 1915 z. B. 712000, d. h. 0,6 auf 1 qkm, über 12 auf 100 Einw. Der Konsum von Fleisch betrug 1917 je Kopf 20,1 kg (Rindfleisch 16,2; Schweinefleisch 3,2; Schaffleisch 0,6; Ziegenfleisch 0,1 kg).

geschmack. Wohl 50 % des ganzen chilenischen Bestandes entfallen auf den Süden Patagoniens und Feuerland, soweit Chile dort Anteil am östlichen Steppenland (B 3) hat.[1])

Die Ziege wird auf Milch und Fleisch ausgenutzt, spielt aber fast nur in den trockeneren, futterarmen Gebieten, wo das Rind nicht genügend Futter findet, eine Rolle.[2])

Hühner und Truthühner werden überall gehalten. Gänse und Enten haben wohl in dem feuchten Südchile die besten Aussichten. Die Überwinterung der Bienen macht in den tieferen Landschaften wegen der milden Winter bis Südchile hinunter keine Schwierigkeiten.

Die **Jagd**, z. B. auf Guanacos (Anden von Perú bis Feuerland), Vicuñas (Puna Perús und Bolivias) usw. trägt wohl nur wenig zur Ernährung bei.

Die **Fischerei** in den Binnengewässern bringt, abgesehen von den hohen Anden und der peruanisch-chilenischen Küstenwüste, wohl gewisse Erträge. Die Seefischerei wird überall im kleinen betrieben. Für die niederländisch-westindischen Inseln an der Nordküste Venezuelas ist sie nicht unwichtig. In dem äußerst fischreichen Gebiet des kühlen Auftriebwassers an der chilenisch-peruanischen Wüstenküste hat die Fischerei wohl noch eine Zukunft, doch dürfte das schnelle Absinken des Meeresbodens in sehr große Tiefen, also das Fehlen eines irgend breiteren Schelfs der Verwendung von modernen europäischen Fangmethoden (z. B. Schleppnetz) abträglich sein. Dagegen gibt in Westpatagonien mit seinem breiten inselbesetzten Schelf die Fischerei, die Robbenjagd usw. der Bevölkerung, die auf dem Lande wenig Lebensmittel findet, schon jetzt wie in Norwegen die Hauptnahrung und dürfte noch sehr zunehmen.

Aus der **Mineralienwirtschaft** kommen der Ernährung Salz, Trinkwasser (und Mineralwasser) und indirekt die Düngemittel zugute.

Salz dürfte den feuchten tropischen Andengebieten des Nordens oberflächlich ebenso fehlen wie den Yungas Ostperús und Ostbolivias (A 1) und dem feuchten Südchile und Westpatagonien (C 7b); in Venezuela liegt ein bedeutendes Lager am Westende der heißen, dürren Halbinsel Araya; auch die baumlose Insel Coche liefert Salz, und Lagunensalz wird in dem verhältnismäßig trockenen Gebiet nördlich von Maracaibo gewonnen.[3]) Große Steinsalzlager finden sich auf der Savana von Bogotá und werden ausgebeutet, ebenso Solen und Meeressalinen an der Nordküste Colombias. Im peruanisch-nordchilenischen Küstengebiet wie in dürren Teilen des Hochlandes werden Salzvorkommen nicht fehlen. An der dürren Küste (B 3, B 4) lassen sich das ganze Jahr, an der Küste des sommertrockenen Mittelchile (C 6) im Sommer Meersalinen besonders rentabel betreiben.

---

[1]) Hier gedeihen die Schafe vorzüglich und haben zugleich gutes Fleisch, so daß eine Gefrierfleischindustrie aufkam, und gute Wolle. Punta Arenas 11,1° in Januar, 0,9° im Juli. Extreme 23° und −8° C. 390 mm, davon 40 im März, 20 im Oktober. Wolle ist der Hauptexportartikel des Hafens.

[2]) In Colombia gab es 1915 nur 164000. In Venezuela ist die Ziege in dem vielfach durch Gras und Kakteen bezeichneten Trockengebiet des Berglandes von Coró und Barquisimeto, in der Serrania del Empalado und auf den trockenen Leewardinseln Niederländisch-Westindiens relativ häufig; ebenso im dürren Nordchile und in den Anden Nord- und Mittelchiles.

[3]) Östlich des Lago de Maracaibo zeugt ein Sodasee bei Lagunillas für Trockenheit.

Trinkwasser mangelt wohl nur in der peruanisch-nordchilenischen Küstenwüste[1]), besonders in der letzteren; hier beschaffte man es durch Einfuhr, Destillation von Meerwasser, neuerdings auch durch Wasserleitungen aus den höheren Anden. In den Anden muß bisweilen Schnee herhalten, als Wasserlieferant zu dienen. Im feuchten nördlichen Andenland[2]), wie in Südchile und in Westpatagonien, ist Wasser im allgemeinen reichlich vorhanden, aber die Qualität läßt wohl oft zu wünschen übrig. Neuerdings haben schon viele größere Städte, besonders in Chile, Wasserleitungen erhalten. **Mineralquellen** und auch **heiße Quellen** sind im Zusammenhang mit den vulkanischen Erscheinungen in den Andenstaaten häufig und weitverbreitet.

Düngemittel zur Steigerung der Nahrungsmittel- usw. Erträge. Die Lager von **Natronsalpeter** und **Kali** in Nordchile und die **Guanolager** der peruanischen und nordchilenischen Küstenwüste sind durch die Trockenheit des Klimas vor Zerstörung durch Wasser bewahrt geblieben.[3])

Seit 1825 werden in der „Pampa" zwischen der Küstencordillere und den Anden die „**Chilesalpeterlager**, die 50% Salpeter enthalten, für Ausfuhr ausgebeutet; die etwa 94% Salpeter enthaltende Ware geht über zahlreiche Häfen (Iquique, Mejillones, Antofagasta, Tocopilla, Taltal, Caleta Buena u. a.) in alle Welt und ist der Hauptausfuhrartikel Chiles[4]), dem erst die junge Luftstickstoffindustrie den Markt schmälerte. **Kalisalze** werden bisher wenig gewonnen.[5]) **Guano** wird besonders aus Perú ausgeführt. Aus Umwandlung unterlagernden Korallenkalkes durch oberflächliche Guanolager entstanden wohl die **Phosphatlager** der dürren Leeward

---

[1]) In der peruanischen Küstenwüste ist der Wein an Ort und Stelle sehr billig, in wasserarmen Jahren billiger als das Trinkwasser.

[2]) Aber auf der dürren Insel Curaçao ist man auf seichte Brunnen und gelegentlichen Regenfall angewiesen.

[3]) Perú förderte 1924/25: 122000 T. in rationeller Bewirtschaftung, die an die Stelle der früheren Raubwirtschaft getreten ist. Die Chinchainseln liefern am meisten, danach werden auch die Guañape, Macabi- und Pescadoresinseln (nach einem bestimmten Turnus — in jedem 3. Jahre) ausgenutzt. Der Fischkonsum der produzierenden Vögel wird zu etwa 360000 T. jährlich berechnet. Wehe aber der Guanogewinnung (und dem ganzen Wirtschaftsleben) des peruanischen Küstengebiets, wenn gelegentlich die kühle Humboldt- oder Perú-Meeresströmung, der man den Plankton-, Fisch-, Vogel- und Guanoreichtum verdankt, von Norden her durch eine warme Meeresströmung (El Niño), die intensive Regen bringt, von der Küste abgedrängt wird. Die Adobehäuser stürzen ein, Straßen, Bahndämme, Wasser-, Elektrizitätsleitungen werden weggeschwemmt usw. Diese Strömung erschien z. B. 1923 und 1925 (März). Vgl. O. **Quelle** i. Ibero-amer. Arch. I und Geogr. Ztschr. 1925, S. 299.

[4]) Ausfuhr 1923: 2264000, 1922: 1313000 T. Unter den **Ausfuhrhäfen** waren 1923 die bedeutendsten: Iquique (30¾% der Ausf.), Mejillones del Sur (fast 19%), Antofagasta (über 14%) Tocopilla und Taltal (je fast 10%), Caleta Buena (5¾%), Caleta Coloso (5½%), Junin und Pisagua. Prod. 1923: 1903000, 1922: 1072000 T. Das salpeterführende Gebiet wird auf 200000 qkm (?) geschätzt. Rund 5800 qkm waren um 1920 erst untersucht und höchstens 5000 qkm (nach O. **Quelle**) bewirtschaftet. Der **Weltverbrauch** stieg von 2,19 Mill. T. 1923/24 auf 2,35 Mill. T. 1924/25. Verkauf 1925/26: 1,4 Mill. T. Auch die **Jodausfuhr** (1923: 636, 1922: 236 T.) und die **Boraxausfuhr** (1923: 29700, 1922: 49480 T.) kann hier erwähnt werden (s. S. 452). Jod ist ein Nebenerzeugnis der Salpetergewinnung. Chile führte übrigens 1923 für 28,6 Mill. Goldpesos Chemikalien ein. Der Tacna-Aricastreit geht um die Provinzen Tacna und Arica, die 1884 **Perú** von **Chile** genommen wurden. Chile hatte **Abstimmungszulaß** nach 10 Jahren versprochen. Nach Schiedsspruch des Präsidenten der Vereinigten Staaten soll diese Abstimmung der Bevölkerung jetzt stattfinden. **Bolivia** scheint dabei einen Hafen (s. S. 455), nämlich **Arica** mit einem Korridor längs der Bahn (s. S. 453) erhalten zu sollen gegen eine Geldentschädigung an Chile und Perú. Das wüstenhafte Nordchile besitzt nach W. **Knoche** (s. Meteor. Z. 1925) die Heilmittel der ägyptischen Lungenheilstätten.

[5]) Z. B. enthält der Salar von Pintados (Iquiquepampa) **Kaliumchlorid**, doch wohl kaum zu verwerten.

Islands Niederländisch-Westindiens (Los Monges, Aruba, Curaçao usw.). In Bolivia fand man große Lager von Kalziumphosphat (phosphorsaurem Kalk ?); sie wurden als Nationaleigentum erklärt.

Zusammenfassend werden wir betonen müssen, daß das Andengebiet, was Nahrungs- und Genußmittel (und Zugehöriges) betrifft, durchaus als die magere Seite Südamerikas zu bezeichnen ist. Das wird auch in Zukunft die Möglichkeit, eine große Volkszahl hier zu ernähren, ausschließen, wenngleich zugegeben werden kann, daß besonders im feuchttropischen Gebiet des Nordens (A 1, auch A 2) und im chilenischen Längstal (C 6 und C 7), noch große Flächen dem Landbau und der Viehzucht zu gewinnen sind.

b) Unter den **Rohstoffen für technische Zwecke** nehmen die für **Kleidung** verwendeten Textilstoffe in der Wirtschaft des Menschen eine erste Stellung ein. Die Andenländer sind in dieser Beziehung nicht gut ausgestattet und können ihren Bedarf nicht decken.[1]) Für größeren Anbau der Baumwolle kommen selbst die warmen Andengebiete des Nordens nicht in Betracht[2]), da, vor allem an den Küsten, die Trockenzeit nicht genügend ausgeprägt ist. Nur Perú hat eine größere Kultur.

Hier baut man die Baumwolle in den Flußtälern des nördlichen wüstenhaften Küstengebiets mit künstlicher Bewässerung an und erzeugt jährlich um 100000 Ballen.[3]) Ein Teil wird (nach Großbritannien) ausgeführt.[4]) Zu etwa 30% besteht die peruanische Ernte aus einer rauhen, gewundenen braunen Faser, die sich sehr gut dazu eignet, mit Wolle zu halbwollenen Geweben verarbeitet zu werden.[5]) Man hat übrigens auch Sea Island-Baumwolle anbauen können.

Der Flachsbau für Fasergewinnung hat in dem feuchttemperierten Seeklima (C 7b) Südchiles, etwa vom Bio-Biofluß bis zur Insel Chiloë gute Aussichten. Die Produktion ist bisher klein.

In Venezuela und Colombia fertigt man aus der Cabuy oder Fiquea (Fourcroya macrophylla), die auf trockenen sterilen Böden (der Cordillere oder in Coró) wächst, auch vielfach im kleinen kultiviert wird, Sandalen (Alpargatas), Tragbänder, Taschen, Stricke, Lassos, neuerdings auch gute Säcke.

Die strauchartige, 2—3 m hohe Panamáhutpalme (Carludovica palmata), auch (in heißfeuchtem Urwaldklima, A 1) schon angebaut, liefert aus ihren Blättern Panamástroh (Toquilla), das als Flechtmaterial für geschätzte leichte Hüte (Panamáhüte) in Colombia, Ecuador (Provinzen Manabi und Guayas),

---

[1]) Chile mußte z. B. 1923 Textilien für 99 Mill. Goldpesos einführen, Perú Baumwollwaren 1922 für 1108600 £ und Wollwaren für 428800 £.

[2]) Venezuela und Colombia erzeugen kaum je 3000 T. (O. Bürger 1920: Colombia 1400 T.). Schon die alten Indianer stellten Kleidungsstücke aus Baumwolle her. In Colombia baut man die Baumwolle in kleinen Gehegen fast überall. In Venezuela soll der Anbau bis zu 1500 m Meereshöhe möglich sein. Die Einfuhr billiger Baumwollwaren hat den einheimischen Baumwollbau geschmälert. Eine kleine Industrie ist vorhanden. Ecuador erzeugt ebenfalls etwas Baumwolle (1924: 2400 T.). Es laufen hier 40000 Spindeln und 8000 Webstühle. Textilwaren werden nach Colombia ausgeführt.

[3]) 0,5% der W.

[4]) Baumwolle ist (nach Zucker) der zweitwichtigste Ausfuhrgegenstand Perús.

[5]) Der Indigoanbau auf trockenen Böden des tropischen Nordwestens hat infolge der Konkurrenz der Anilinfarben seine ehemalige Wichtigkeit vollständig verloren. Hier sei noch die Quillajarinde (Quillay) Chiles, von der 1923 etwa 1100 T. geerntet wurden, erwähnt.

Nordperú (Indianerstadt Catacáos bei Piura; Toquillaeinfuhr) dient. Diese Hutflechterei ist die wichtigste Ausfuhrindustrie der tropischen Andenländer. Hauptausfuhrhäfen sind Guayaquil und Payta.

Hierhin gehört auch die bis 6 m hohe Elfenbeinpalme, indianisch Tagua, Phytelephas macrocarpa, die etwa zwischen dem 9.° nördl. und 10.° südl. Br. bis 1000 m aufwärts im Magdalenatal und im westlichen Vorlande wie in der unteren Cordillerenregion Ecuadors wächst und Steinnüsse (corozas) oder vegetabilisches Elfenbein für Knopffabrikation in den Handel liefert.[1]) Cartagena, Puerto Colombia, Tumaco, Guayaquil sind die Hauptausfuhrhäfen.

Aus dem Tierreich kommt in erster Linie die Schafwolle für Kleidung in Betracht. Wollene Kleider werden natürlich hauptsächlich auf der peruanisch-bolivianischen Puna und auf den Páramos sowie im winterkühlen Mittel- und Südchile getragen.[2])

Die Eingeborenen verstehen es, sich aus Schafwolle wie aus der groben Wolle der Lamas (Llamas) und der sehr langen, dichten und feinen der Alpacas[3]), die sogar zur Ausfuhr kommt, wärmende Kleidung selbst herzustellen. Die eine kurze, aber ungemein feine und seidenartig glänzende Wolle tragenden Vicuñas sind durch überstarke Verfolgung sehr selten geworden. Die dichten Felle der Guanacos waren für die Bekleidung der Tehuelchen usw. von großer Bedeutung. Sie werden in kleinen Mengen ausgeführt. Die Seidenzucht in Mittelchile und in Colombia[4]) hat nennenswerte Erfolge nicht zu verzeichnen. Die Viscachas in den Nordanden und die Chinchillas im gebirgigen Nordchile geben Pelzwerk, auch zur Ausfuhr.

Ziegen- und Rehfelle und Rindshäute der Haustiere sind natürlich überall Rohmaterial für Schuhwerk usw. und werden auch ausgeführt.[5])

Schmuckmineralien zur Kleidung. Smaragde werden zu Muzo in Colombia noch zeitweise gefördert. Edelsteine kommen auch sonst in den Andengebieten vielfach vor. Golderz wird in den zum großen Teil eruptivreichen Andengebieten meist mit Silber zusammen gefunden. Wasch- und Adergold[6]) wird gewonnen, am meisten in Colombia ($1^1/_3$% der W.), ferner in Perú, sonst weniger. An Silber ist das Andenland besonders reich und lieferte schon seit spanischer Zeit große Mengen. Heute sind besonders Perú und Bolivia (s. S. 451), weniger Chile, Colombia und Venezuela an der Produktion beteiligt.

---

[1]) In Ecuador zweitwichtigster Ausfuhrartikel. Hier wird wohl auch am besten die Perlenfischerei bei den Inseln Margarita, Cubagua und Coche vor der Halbinsel Araya (Venezuela) erwähnt; sie wirft jedoch infolge unverständiger Ausbeutung nur noch wenig ab.

[2]) Chile führt Schafwolle aus (1922: 7020, 1923: 13150 T.) (vgl. S. 452). Auch Perú (s. Anm. 3) und Bolivia führen Wolle aus.

[3]) Perú erzeugte 1923: 3070 T. Alpacawolle (ausgeführt) und nur 2200 T. Schafwolle (60% ausgeführt).

[4]) Eine Spielart des Maulbeerspinners, mit Rizinusblättern genährt, soll das ganze Jahr gute Kokons liefern.

[5]) Für Venezuela waren Rindshäute 1919 nach Kaffee und Kakao, 1921 auch hinter Petroleum, Zucker und Kautschuk (und Balatas) die wichtigsten Ausfuhrartikel; Colombia führte 1919: 9340 T. Rindshäute aus, 1921 zweitwichtigster Ausfuhrgegenstand, in Ecuador 1919 viertwichtigster. — Gerbstoff liefert in seinen Hülsen (Dividivi) mit 20—30% Gerbstoffgehalt der im tropischen Nordwesten bis Perú heimische, 6—8 m hohe Baum Caesalpinia coriaria. Venezuela und Colombia führen sogar ein wenig Dividivi aus.

[6]) An das goldene Vließ erinnert die Goldgewinnung im Chuquicara (Nordperú) nach R. Stappenbeck (Z. Ges. Erdk. Berlin 1924).

Für **Platin** ist gegenwärtig Colombia (Cordillera de Chocó, in den Flußgebieten des San Juan und Atrato[1]) das wichtigste Erzeugungsland der Erde.

c) Für die **Wohnzwecke** des Menschen ist Holz und anderes vegetatives Baumaterial (Palmrippen, -blätter usw.) an den tropischen Hängen der nördlichen Andenländer reichlich zu finden und herrscht im Hüttenbau vor. In den Städten der baumarmen Hochländer treten Steinbauten auf. In den Trockengebieten Perús und Chiles genügen Adobe- (Luftziegel-) Bauten. In den Wäldern Südchiles und Westpatagoniens wird wieder Holz das meistverwendete Baumaterial. In den holzarmen Andenhochländern, in der Puna Perús und Bolivias usw., finden sich vorwiegend Steinbauten.[2]) Die Ausnutzung der tropischen Urwälder des Nordens auf Holz ist noch sehr wenig fortgeschritten (vgl. Bd. I, S. 142). In Venezuela besteht nach K. Sapper bereits Waldschutz, während anderwärts die Abholzung des Urwaldes üble Folgen (Abschwemmung des Bodens) zeitigte.

d) Tierische Arbeitsgehilfen, Naturkräfte und mineralisches Material für Werkzeuge aller Art.

Auf der Puna dienen dort, wo unsere Haustiere wegen der dünnen Luft nicht mehr leistungsfähig sind, die Llamas als Tragtiere. Sonst sind nördlich von Südchile im Andenland überall die trittsicheren Maultiere, auch Esel Hauptlasttiere; Maultiere und das ebenfalls sicher kletternde (angepaßte) Pferd dienen zum Reiten. Der Ochse zieht den Karren und den Pflug. In den ebeneren Gebieten, zumal Mittel- und Südchiles ist neben dem Ochsen das Pferd der Hauptgehilfe in der Landwirtschaft.[3])

Unter den Naturkräften, die der Mensch sich dienstbar machen kann, stehen die in den mineralischen **Heizstoffen** schlummernden in den Andenländern an erster Stelle, obwohl sie nicht besonders reich mit ihnen ausgestattet sind.

Torf- (bzw. Waldtorf-) Moore finden sich auf den Andenhöhen, in der Puna Perús und Bolivias und bei weitem am reichlichsten in Südchile und Westpatagonien; ausgenutzt werden sie nur örtlich. Der größte Teil der Kohlen Südamerikas[4]) gehört dem Andenland an, teils Stein-, teils Braunkohle. Am reichsten daran ist Colombia, das gegen 80% allerin Südamerika festgestellten Kohlen besitzen soll, danach Perú (16%), endlich Chile. Der Kohlenbergbau ist jedoch bisher überall wenig entwickelt, am stärksten in der Gegend der chilenischen

[1]) Das Übermaß von Niederschlägen und die vielen Krankheiten dieser Gegend erlauben im allgemeinen kaum mehr als eine viermonatliche Arbeitssaison.

[2]) Bausteine werden im Andenlande häufig sein. Größere Lager von Lehmen und Tonen, auch Porzellanerde, werden wohl nur in den feuchten Gebieten der Nordanden und in Südchile (und außerhalb in Alluvialebenen) zu finden sein; Sand, Kalk, Gips sind in der peruanisch-nordchilenischen Küstenwüste vielleicht häufiger als in den feuchten Gebieten. — Die in den Andenländern bis gegen die Waldgrenze Südchiles zu findenden Hofhäuser der Wohlhabenden, mit patio in der Mitte eines nach außen sich abschließenden, nach dem Hofe (oder den Höfen) sich öffnenden Häuserrechtecks, entstammen ursprünglich sicher klimatischen Zwecksgedanken, die von den Spaniern aus der Heimat ins klimaverwandte Mittelchile (C 6) mitgebracht wurden.

[3]) Hunde werden wohl überall gehalten. Schon bei den alten Peruanern schied sich eine haarlose Form in der heißen Küstenwüste von einer behaarten Gebirgsform.

[4]) Nach dem internationalen Kohlenwerk (1913) waren 34 Milliarden T. festgestellt.

Hafenstadt La Concepcion, am Nordende des hauptsächlich die Kohlen Chiles umschließenden Südchile, wo die Lager ans Meer treten.[1])

Sehr reich scheinen die Ränder des Andenlandes an Petroleum[2]) zu sein, und seine Förderung dürfte bei dem allgemeinen Petroleum- und Benzinhunger schnell zunehmen; sie ist schon jetzt ganz ansehnlich.[3]) Schiffahrt, Eisenbahnen und Industrie ziehen daraus[4]) bereits erheblichen Gewinn.

Das ungesunde Klima und die Abgelegenheit der östlichen Andenhänge, wo ebenfalls, (in Ecuador und Bolivia[5]) Vorkommen festgestellt wurden, verhinderten zum Teil die Ausbeutung, die sich bisher wesentlich im Bereich der Küste vollzog. Chile scheint arm an Erdöl zu sein und muß viel einführen.[6])

Mit **Wasserkräften** ist das Andengebiet[7]) wohl ziemlich gut ausgestattet, da vielfach starkes Gefälle und Wasserreichtum der Flüsse vereinigt sind.

Im feuchten tropischen Nordgebiet, an beiden Flanken der Anden, in den Mittelanden Perús und Bolivias (auch Nordargentiniens) an der (freilich sehr abgelegenen) Ostseite, von Mittelchile ab wieder an der Westflanke der Anden, dürften sich die meisten und stärksten Wasserkräfte finden, während die peruanisch-chilenische Küstenwüste relativ arm sein wird.

Als **mineralisches Material für „Werkzeuge“** (im weiteren Sinne) kommen vornehmlich die verschiedenen **Metallerze** in Betracht, an denen das Andenland im Zusammenhang mit Intrusionen und Durchbrüchen reich ist.

---

[1]) Venezuela produzierte 1922: 348000 T., Colombia 1921 monatlich über 3000 T., Perú 1917: 353000 T., Chile jährlich 1—1¼ Mill. T. (1922 etwa 48% vom Gesamtverbrauch von Heizmaterial). Die Produktion soll sich zurzeit auf 2,2 Mill. T. steigern lassen. Die Kohle Nordchiles bei Copiapó ist minderwertig. Chile brauchte 1923 nur für 2,8 Mill. Goldpesos Steinkohlen einzuführen. Vgl. jedoch S. 453. Neuerdings (1925?) wurden gar für 2,5 Mill. £ fremde Kohlen eingeführt. Elektrische Kraft (aus den reichen Wasserkräften des Landes) verspricht Chile allmählich von Kohlenzufuhr unabhängig zu machen. Die Eisenbahnen werden fortschreitend elektrifiziert. Die Salpeterwerke verwenden auch vielfach Heizöl.

[2]) Nach Schätzung (1922) sollen die Andenländer etwa 21,5% aller Erdölvorkommen der Erde besitzen, davon 13,3% im nördlichen Abschnitt einschließlich Perú. Chile, das 1923: 700130 T. Erdöl (s. Anm. 6) einführte, scheint wenig Petroleum zu bergen.

[3]) In Perú entwickelte sich die Erdölproduktion (1903 erst 279000 Faß) am frühesten, da hier bequemer Abfuhr zugängliche Lager in dem Küstengebiet südlich des Golfes v. Guayaquil liegen. Jetzt macht besonders Venezuela (an der Laguna de Maracaibo und gegenüber Trinidad) Fortschritte (1923: 4,06; 1924: 8,75 [Ausf. 1,21 Mill. T.]; 1925: 19 Mill. Faß zu je etwa 130,9 kg). Es steht unter den Produktionsländern der Erde bereits an 6. Stelle, Perú an 8. Colombia (Atratogebiet) und Bolivia (s. Anm. 5) bringen bisher wenig hervor. Nach Fertigstellung einer 400 km langen Rohrleitung wird jetzt Colombias Ausfuhr wohl erheblich zunehmen. Perú lieferte 1923: 0,63 (1925: 1,04); Venezuela: 0,38 (1,8); Colombia 0,04 (0,47)% der W., der nördliche Andenabschnitt also schon über 1 (3,3)%, und wenn man Trinidad — wozu die geologische Zugehörigkeit zu Venezuela berechtigt — hinzurechnet, 1½ (3¾)% der W. Für die Entwicklung des Autowesens (s. S. 453) dürften die Petroleumvorkommen noch wichtig werden. Jetzt wird das Petroleum fast ganz ausgeführt und gehört in Venezuela und Perú zu den wichtigsten Ausfuhrgegenständen.

[4]) Z. B. gehen die Salpeterwerke Nordchiles in zunehmendem Maße zur Verwendung von Heizöl (an Stelle von Kohlen) über. Vgl. Anm. 2.

[5]) Im bolivianischen Chaco versucht man in den Petroleum bergenden Vorketten der Anden in der Gegend von Santa Cruz und südwärts bis zum argentinischen Embarcación die Lager durch Bohrungen und Eisenbahnbauten zu erschließen.

[6]) 1923 für 11,3 Mill. Goldpesos.

[7]) Für ganz Südamerika nimmt man nach Schätzung fast 12½% aller Wasserkräfte der Erde in Anspruch; ein guter Teil davon dürfte dem Andenlande angehören. Besonders in Chile ist schon manche Kraft nutzbar gemacht.

Eisenerze kommen zahlreich vor, aber ausgebeutet werden sie bisher wenig. Für die Entstehung einer Eisen- und Stahlindustrie scheinen die Vorbedingungen in Colombia, Perú und Chile (s. oben) am günstigsten zu liegen.

Bisher hat nur Chile (nördlich vom Hafen Coquimbo) ein Lager in lebhaften Abbau genommen und führt Eisenerz aus.[1]) Die Versuche, in Südchile (Holz, Kohle) ein Eisen- und Stahlwerk zu betreiben, dürften schließlich Erfolg zeitigen. Bisher müssen ins Andenland große Mengen von Eisen, Stahl und Waren daraus eingeführt werden.[2])

Kupfer kommt in allen Andenstaaten reichlich vor und wird bereits in Venezuela (Aroa usw.), Perú (in der Gegend von Cerro de Pasco), Bolivia (Corocoro) und vor allem in Chile in großen Mengen erzeugt.[3]) Die granitene Küstencordillere Nordchiles und die mittlere Hauptcordillere bergen große Kupferschätze. Tocopilla, Gatico, Copiapó, El Teniente sind die Hauptzentren.

Bolivia gehört zu den wichtigsten **Zinnproduzenten** der Erde.[4]) Die dort mit Silber in Zinnsteingängen (der um 5000 m hohen Gegend von Oruro usw.) vorkommenden 3—10prozentigen Zinnerze werden in Zinnkonzentrate verschmolzen und über die chilenischen Häfen Antofagasta, Arica und das peruanische Mollendo ausgeführt, früher nach den Schmelzen Deutschlands und Englands, infolge des Krieges zeitweise nach der Union, jetzt wieder mehr nach England.

Alle anderen mineralischen Rohstoffe für technische Zwecke haben untergeordnete Bedeutung. **Blei- und Zinkerz** kommt verschiedentlich vor; **Blei** wird in Perú und Bolivia in größeren Mengen gewonnen; **Antimon** lieferte Bolivia während des Krieges viel; neuestens fand man südlich von Santiago **Zinnerzlager**; **Quecksilber** wurde zeitweilig in Colombia, Perú und Chile abgebaut; **Schwefel** (in Venezuela unfern Carúpano und an Andenvulkanen); und **Boraxsalze** (Boronatrocalcit oder „Borkalk") treten hauptsächlich in der Puna de Atacama (der Hochanden Chiles und Argentiniens) auf und werden heute fast nur in dem Lager von Ascotan (Chile) an der Eisenbahn Antofagasta—Oruro abgebaut. **Asphalt** findet sich gegenüber der Insel Trinidad in einem großen Asphaltsee und am Nordende des Orinocodeltas, natürlich im Zusammenhang mit den Petroleumlagern Venezuelas.[5])

e) Die fabrikmäßige **Industrie** umfaßt schon sehr viele Zweige; Mehlmühlen, Zuckersiedereien, Bierbrauereien, Schokoladen-, Zigarren- und

[1]) 1923 wurden 535000 T. ausgeführt.

[2]) Eisen- und Stahlwaren (Metalle) und andere Metallwaren sowie Maschinen gehören zu den wichtigsten Einfuhrartikeln. **Chile** führte z. B. 1923 von Metallwaren für 32,4, von Maschinen 32,3 Mill. Goldpesos ein.

[3]) Ganz Südamerika (fast ausschließlich das Andenland) lieferte 1923 etwa $17^1/_2$% der W., **Chile** allein fast $13^1/_3$% der W. Weit über 1 Milliarde T. Kupfererz-Reserven weisen die in Chile tätigen (nordamerikanischen) Gesellschaften nach. **El Teniente** (Sewell) mit 11500 Einw. (Angestellte, Arbeiter usw. mit Familien) ist ein in 3000 m Meereshöhe in den mittleren Anden östlich von Rancagua gelegenes Kupferberg- und Hüttenwerk, von dem monatlich 6600 T. Kupfer nach der Union verschickt werden; das Erz ist zweiprozentig. Die Ausfuhr Chiles an Kupfer und Kupfererzen stand 1923 unter den Ausfuhrartikeln an zweiter Stelle (136,4 Mill. Goldpesos). Auch in der Ostcordillere Colombias (im Gebiet des oberen Metaflusses) sollen gewaltige Kupferlager entdeckt sein.

[4]) 1913: über 20% der W. **Colombia** bringt nur eine kleine Menge hervor.

[5]) Venezuela führte 1922 (1921?): 50340 T. aus.

Zigarettenfabriken, Kerzen- und Seifen-, Streichholz-, Papier-, Textilfabriken für baumwollene und wollene Artikel, Färbereien, Panamáhutindustrie, Gerbereien, Schuhfabriken usw. sind anzutreffen. Die Verarbeitung von Mineralstoffen ist jüngeren Datums: Steingut-, Glas-, Porzellan-, Zementindustrie, Anfänge von Eisenverarbeitung, Schmelzwerke usw.

Größere Zentren sind: Carácas (92), Valencia (29), Barquisimeto (24), in Venezuela; Bogotá (144), Medellin (79), Barranquilla (65), Cartagena (51), Cali (46) in Colombia; Quito (80), Guayaquil (105), Cuenca (50) in Ecuador; Lima (176), Arequipa (35), Cerro de Pasco (13) in Perú, La Paz (107), Cochabamba (31), Oruro (31), Sucre (30), Potosi (30) in Bolivia; Santiago (507), Valparaiso (182), Concepcion (66) in Chile; dazu noch einige der unten erwähnten Hafenstädte.

f) Handel. Der Binnenhandel zwischen den verschiedenen Höhenregionen und Landschaften ist nicht unbedeutend, namentlich in Chile (zwischen den wüstenhaften Salpeter- und Erzgebieten des Nordens und den ertragreichen Gebieten Mittel- und Südchiles) ansehnlich. Er wird freilich an vielen Stellen durch die Bodenformen außerordentlich erschwert. Der Außenhandel der Andenstaaten untereinander ist wegen vielfach ähnlicher Produktion und Verkehrsschwierigkeiten zu Lande ziemlich gering; am stärksten zwischen dem Aktionszentrum (Mittel- und Süd-) Chiles und den La Plataländern (s. S. 454). Der Außenhandel geht meist über See und findet (Genußmittel und mineralische Rohstoffe) Absatz und Einfuhrquelle (Industrieprodukte) vor allem in Nordamerika (Union[1]) und Europa.

Ausfuhr: Venezuelas 1921: 133,56 Mill. Bolivar: Kaffee 64,1; Kakao 20,58; Petroleum 9,6; Zucker 5,3; (Kautschuck u.) Balata 5,1; Häute 3,5; Tiere 3; Gold 2,75 Mill. Bolivar; Trinidad, s. S. 433; Curaçao 1923: 18,6 Mill. Gulden: Erdöl (im Transit) 13,7; Phosphate 1,85; Strohhüte 0,9; Salz 0,4; Aloë 0,2 Mill. Gulden; Colombias 1921: 63; 1922: 52,2 Mill. Pesos (Gold); 1922: Kaffee 36,7; Gold u. Silber 6,5; Platin 5,3; Bananen 3,5; Häute 2,5 Mill. Pesos; Ecuador 1919: 43,2; 1920: 49,75 Mill. Sucres, 1922: 22,41 Mill. $; 1919: Kakao 29,5; Elfenbeinnüsse 4,3; Panamáhüte 3,4; Kaffee 1,3; Häute 1,2; Kautschuk 0,45 Mill. Sucres; Perú 1922: 18,69 (1925: 21,22) Mill. £: Petroleum 4,5; Baumwolle 4,4; Zucker 4,25; Kupfer 3,5; Wolle 0,46; Silber 0,3 Mill. £; Chile 1922: 331,6 Mill. Pesos (Gold): Salpeter 159,6; Kupfer 86,5; Borax 51,5; Jod 5,5; Gerste 4,6; Hülsenfrüchte 4,4; Wolle 3,7; Mehl 2,6; Fleisch 2,3; Kohlen 1,7; Häute 1,6; Nüsse 1,5; Zinn 1,4; Hafer 1,4; Silber 1; Weizen 0,4 Mill. Pesos; Bolivia 1921: 5,35 Mill. £ = 66,9 Mill. Bolivianos (?): Zinn, Silber, Kautschuk, Kupfer, Wismut, Vieh, Blei, Wolfram, Wolle; **Einfuhr**: Venezuelas 1921: 95,5 Mill. Bolivar; Trinidad, s. S. 434; Curaçao 1923: 29,55 Mill. Gulden; Colombia 1922: 42,8 Mill. Pesos (Gold); 1919: Baumwollwaren 16,4; Metalle 8,7; Nahrungsmittel 3,6; Drogen 2,1 Mill. Pesos (Gold); Ecuador 1920: 43,3 Mill. Sucres; 1922: 16,24 Mill. Pesos (Gold); 1921: Webwaren 0,57; Nahrungsmittel 0,25; Maschinen 0,21; Kleider 0,1 Mill. £; Perú 1922: 10,59 (1925: 17,08) Mill. £: Lebensmittel 2,58; Baumwollwaren 1,11; Maschinen 0,74; Wollwaren 0,43; Werkzeuge 0,36; Eisen- und

[1]) Die günstige Lage zu den Andenländern ist durch Herstellung des Panamákanals noch sehr verbessert worden.

Stahlwaren 0,33 Mill. £; Chile 1922: 237,2 Mill. Pesos[1]) (Gold): 1921: Textilien 110,5; Metallwaren 45,5; Maschinen 44; Chemikalien 28,2; Zucker 24,3; 1922: Petroleum 7,6; Kohle u. Koks 6,3; Eisen 5; Reis 4; Sprengstoffe 3,3; Kaffee 3,25; Papier 3,2; Speiseöl 3,05; Mate 2,8; Säcke 2,8; Vieh 2,5 Mill. Pesos; Bolivia 1922: 20,71 Mill. Pesos (Gold): Nahrungsmittel, Eisenwaren, Wein u. Spirituosen, Textilwaren u. Kleider.

Handelsländer in Prozent der Ausfuhr: Venezuela 1921: Union 39,7; Curaçao 18,7; Spanien fast 11; Frankreich 9,1; Trinidad 4,7; Großbritannien 4,3; Niederlande 4,2; Deutsches Reich 3,9; Trinidad, s. S. 435; Curaçao ?; Colombia 1919: Union 72,7; Großbritannien 3,4; Frankreich 3; Spanien 2,65; Ecuador 1922: Union 39,1; Deutsches Reich 12,4; Frankreich 8,4; Großbritannien 6,5; Perú 1922: Großbritannien 35,3; Union 35,2 (1925 fast 77%); Chile fast 9; Argentinien gegen 6; Deutsches Reich 2,1; Frankreich 1; Chile 1922: Union 36,2; Großbritannien 11,8; Deutsches Reich 6,6; Frankreich 3,55; Italien 2,85; Niederlande 2,5; Japan 2,3; Argentinien 2,1; Belgien 2; Ägypten 1,7; Spanien 1,6; Bolivia 1,1; Perú 1,1; Hawaii-Inseln 1; Bolivia 1921: Großbritannien 54, 1; Union fast 30; **in Prozent der Einfuhr:** Venezuela 1921: Union 57,5; Großbritannien 17,4; Frankreich 7,5; Deutsches Reich 4,2; Niederlande fast 3,5; Spanien 3,2; Italien 2,4; Trinidad $1^1/_3$; Curaçao 1,2 ?; Trinidad, s. S. 435; Curaçao ? Colombia 1919: Union 74,7; Großbritannien 18,1; Spanien 2,6; Frankreich 1,9; Ecuador 1922: Union 46; Großbritannien 28,6; Deutsches Reich 7,4; Frankreich gegen 4; Perú 1922: Union fast 40 (1925 fast 55%); Großbritannien 19,1; Deutsches Reich 10,8 (1925: 18,7%); Argentinien 3,9; Chile 3,85; Frankreich 3; Italien 2,8; Chile 1922: Union an 26,8; Großbritannien 24; Deutsches Reich an 14; Perú 8,2; Frankreich 5; Argentinien 3,6; Belgien 3,2; Mexico 2,9; Brasilien 2,2; Italien 2; Spanien 1,6; Brit.-Indien 1,4; Norwegen gegen 1; Bolivia 1921: Union 31,4; Großbritannien 24,1; Deutsches Reich 12,1; Frankreich 4,8.

g) Verkehr. Der Binnenverkehr zu Lande spielt sich in den meist unwegsamen Andenländern noch heute zum Teil auf Maultierpfaden ab. Fahrbare Straßen sind besonders in den tropischen Teilen selten, Automobilverkehr außerhalb der größeren Städte oft unmöglich.[2]) Eine Anzahl von Stichbahnen führt von den Häfen ins Land und zum Teil auf die großen Höhen der inneren Hochländer jedoch noch nicht zum Oriente. Die Schwierigkeiten des Eisenbahnbaues sind nicht gering.

An der jähen Steilküste Nordchiles muß man sogar von dem Aufzug Gebrauch machen, um auf die Küstencordilleren zu gelangen. In Venezuela führen kühne Gebirgsbahnen von den Häfen La Guaira und Puerto Cabello nach Carácas und Valencia. Bogotá wird durch Kombination von Flußschiffahrt und Eisenbahn erreicht, Buenaventura — Cali, Guayaquil — Quito, Callao — Lima — Cerro de Pasco usw., Mollendo — Cuzco, Arica — La Paz und Antofagasta — La Paz sind weitere Beispiele. Auch im Innern des Hochlandes gibt es Eisenbahnstrecken, die allmählich zusammenwachsen wollen; so zwischen Venezuela und Colombia. Besonders eine „panamerikanische" Bahn ist in einzelnen Stücken schon vorhanden; jedoch fehlt noch viel zur Vollendung. Die

---

[1]) 1 £ künftig = 40 Pesos Gold.

[2]) Immerhin waren Anfang 1924 in Venezuela z. B. schon rund 4000 Automobile im Gebrauch (99% nordamerikanisches Fabrikat). Das Straßenwesen hat hier und anderwärts bemerkenswerte Fortschritte zu verzeichnen.

bolivianischen Bahnen haben sich mit den argentinischen vereinigt. Man kann jetzt mit der Bahn z. B. von Buenos Aires bis Cuzco (Perú) fahren. Von hier bis nach Zentralamerika ist die Bahn jedoch noch zum größten Teil zu bauen. Man faßt neuerdings hierfür eine im Osten der Anden zu führende Linie ins Auge. Die Yungas des Ostens[1]) entbehren einer Verbindung mit dem Großen Ozean, und das knebelt ihre wirtschaftliche Entwicklung. Doch strebt alles eifrig auf Verbesserung der Transportverhältnisse hin, so sehr die Bodenformen sie auch erschweren.

Chile allein besitzt heute schon ein ausgebildetes Eisenbahnnetz, das vor allem eine große Längsbahn von Tacna im äußersten Norden bis Puerto Montt am Südende des großen chilenischen Längstals an zahlreichen Stellen mit dem Meere verbindet und Zweigbahnen gegen die Anden entsendet. Durch die Eisenbahn Valparaiso—Mendoza—Buenos Aires wurden zum erstenmal die Anden überschient und der Weg zwischen West- und Ostküste Südamerikas aufs günstigste abgekürzt. Weitere Andenbahnen sind hier im Werden.[2])

Die Binnenschiffahrt kann auf den fast stets sehr gefällsreichen, andernorts (peruanisch-nordchilenische Küstenwüste) auch wasserarmen Flüssen kaum eine größere Rolle spielen. Abgesehen von einigen Seen des Hochlandes (See von Valencia, Titicacasee), sind nur kurze Flußstrecken: Catatumbo, Magdalena (s. unten), Cáuca im Norden zwischen den sich verzweigenden Anden; Guayas, Rio Bueno, Bio-Bio, Valdivia usw. von einigem Verkehrswert. Die gewaltigen, nach dem Osten zum Orinoco, Amazonas, Paraguay usw. führenden Flüsse werden wesentlich erst außerhalb der Anden, für den Dampferverkehr wenigstens, schiffbar.

Bei der im ganzen schmalen Erstreckung der Andenhochländer von Norden nach Süden und ihrer Ungangbarkeit im Innern hat der Küstenverkehr längs der Ozeanflanke für den interstaatlichen, zwischenstaatlichen und Überseeverkehr eine große Bedeutung.[3]) Die **Häfen** sind darum zahlreich, wichtig und vor allem die Organe für den Außenhandel.

In **Venezuela** sind zu nennen mit größerem oder kleinerem Hinterland: Puerto Cabello, La Guaira (s. oben), Maracaibo (47) am schmalen Ausgang der Laguna zum Golf, ferner Carúpano, Cumaná (16), Cano Colorado, Coró usw. Willemstad (15) auf Curaçao (**Niederländisch-Westindien**) hat infolge seiner Lage Bedeutung für den Handel der venezolanischen Nordküste erlangen können. Port of Spain auf Trinidad, s. S. 437. **Colombias** Haupthäfen liegen an oder nahe der Mündung des

[1]) Eine Bahn von La Paz (120) in Bolivia aus ist im Bau; sie überschritt die Cordillere in 4600 m hohem Paß. Eine zweite Bahn, die bestimmt ist, die zukunftsreichen Flachländer jenseits der Ostcordillere mit dem Großen Ozean zu verknüpfen: Cochabamba—Santa Cruz (de la Sierra, 26), ist in Angriff genommen. Letztere Stadt ist zugleich Zielpunkt einer am Ostfuß der Anden von Argentinien her heranstrebenden Bahn.

[2]) Die Strecke von Valparaiso bis Buenos Aires, auf chilenischer Seite schon elektrifiziert, wird in 36 Stunden zurückgelegt. Die Linienführung ist verbesserungsbedürftig. Schnee stört nicht selten den Betrieb.

[3]) Die andinen Staaten, besonders Chile, streben danach, neben den britischen, vereinsstaatlichen, deutschen („deutsche Westküsten-Linien") und holländischen Schiffen, die die Westküstenfahrt beherrschen, eine eigene Handelsflotte hochzubringen. Chile behält seit 1922 den Verkehr zwischen den einzelnen chilenischen Häfen den heimischen Schiffen vor, die sich übrigens auch schon an der Überseefahrt beteiligen.

Magdalena[1]): Barranquilla (65) mit dem Vorhafen Puerto Colombia (früher Sabanilla), Cartagena (51). Santa Marta (9) ist Bananenhafen an der Sierra Nevada de Santa Marta; am Großen Ozean[2]) sind Buenaventura (4) und Tumaco erwähnenswert. **Ecuadors** wichtigster Hafen ist Guayaquil (105) am Golf von G. Unter **Perús** zahlreichen Häfen mit meist örtlicher Bedeutung seien Zorritos für Petroleumausfuhr, Payta (2) für Baumwolle und Panamáhüte, Pacasmayo für Zucker genannt. Aber nur Callao (53[3]) als Hafen Limas und der Hochlandbahn (s. oben) und Mollendo als Hafen des Titicacahochlandes und Cuzco's (15) haben lebhafteren überseeischen Handel. **Bolivia** hat keinen eigenen Meerhafen; es ist auf Mollendo, Arica und Antofagasta angewiesen (vgl. jedoch S. 446, Anm. 4). In Zukunft wird Puerto Súarez (Freihafen) am Paraguay wichtig werden (s. S. 472). **Chiles** Häfen, zum größten Teil künstlich verbessert (s. Anm. 2), versorgen meist nur ein enges Hinterland. Arica und Antofagasta (51) sind Ausgangshäfen von Hochlandbahnen. Iquique (37) ist der wichtigste der zahlreichen Salpeterhäfen. Caldera, Vorhafen von Copiapó (11), und Coquimbo (18) sind Ausfuhrhäfen von Erzen und Metallen. Valparaiso (182[4]), San Antonio, ein junger (künstlicher) Konkurrenzhafen für Valparaiso, und Concepcion (66) mit Vorhafen Talcahuano (22) sind die wichtigsten Häfen Mittelchiles; Lota (12) ist Kohlenhafen. Südchiles wichtigster Hafen ist Valdivia (27) mit Vorhafen Corral; Zukunft hat Puerto Montt. An der Magalhãesstraße blüht Punta Arenas (22) als Wolle- und Fleischausfuhrhafen heran.

Luftverkehr ist stellenweise organisiert worden, z. B. in Colombia.[5])

Postanstalten, Telegraphen- und Telefunkenstationen, Telephon breiten sich aus, am stärksten in Chile.

2. Der ungefaltete Osten Südamerikas.[6])

I. Naturverhältnisse, s. oben S, 438 und im folgenden.

II. Der meist ungefaltete Osten umfaßt den bei weitem größeren Teil Südamerikas, außer den niedrigen, flachen Teilen der früher erwähnten Andenländer (s. S. 439) die Republiken: Argentinien (2,99 Mill. qkm; 8,7 Mill. Einw.); Uruguay

---

[1]) Die durch eine Barre für den Seeverkehr unzulängliche Mündung erwägt man jetzt (1924) zu öffnen. Das Tal des Rio Magdalena ist für den Fluß-, Land- und Luftverkehr nach dem Innern äußerst wichtig. Vgl. L. Brandenburg, Der Rio Magdalena. (Ungedruckte) Diss. Leipzig 1923.

[2]) Viele der kleinen Häfen der pazifischen Küste liegen im Schutze (gegen Südwinde und Perúströmung) von Vorgebirgen der Küstencordillere oder von morros (Resten derselben) weiter nördlich.

[3]) Von der Einfuhr Perús gingen 1923 gegen 60% über Callao.

[4]) Hafen Santiagos (507) und der transandinen Eisenbahn.

[5]) Hier besteht eine deutsch-colombianische Lufttransportgesellschaft, die mehrere Linien (Barranquilla—Cartagena; Barranquilla—Medellin—Cali; Barranquilla—Girardot; Girardot—Neiva) betreibt. Auch ein regelmäßiger Flugdienst zwischen dem Hafen Barranquilla und Key West (s. S. 419) zur Verbindung mit der Union war geplant. Vgl. S. 437. Auch zwischen Cochabamba und Santa Cruz (s. S. 454, Anm. 1) sollte ein Flugpostdienst eingerichtet werden. Die Städte des Hochlandes (La Paz—Oruro usw.) erhielten ebenfalls schon ihren Flugdienst.

[6]) Vgl. S. 437, Anm. 3 u. 439, Anm. 1. Südamerika und die deutsche Auswanderung (Deutsche Kultur in der Welt. VI, Heft 2/3). Leipzig 1920. — K. Kaerger, Landwirtschaft usw. Bd. I. Die La Plata-Staaten. Leipzig 1901. — A. B. Martinez und M. Lewandowski, Argentinien im 20. Jahrhundert. Übers. von Fr. Kars. Gotha 1912. — Fr. Regel, A. Frankfurt a. M. 1914 (Angew. Geogr. IV, 10). — N. Ad. Schuster, A. 2 Bde. Diessen (München) 1913. — W. Schmidt-Klugkist und Chr. Grotewald, A. 2. Aufl. Hannover 1919. — E. W. Schmidt, Die agrarische Exportwirtschaft A.s (Probleme der Weltw. 33). Jena 1920. — J. Hellauer

(187000 qkm; 1,565 Mill. Einw.); **Paraguay** (445000 qkm, 1 Mill. Einw.); **Brasilien** (8,5 Mill. qkm, 30,6 Mill. Einw.); **Französisch-Guayana** (88000 qkm, 44000 Einw.); **Niederländisch-Guayana** (**Surinam**, 140700 qkm, 129000 Einw.); **Britisch-Guayana** (232000 qkm, 298000 Einw.); dazu die britischen **Falkland-Inseln** (16800 qkm, 3400 Einw.), insgesamt etwa 12,6 Mill. qkm = gegen 66% der Fläche, mit 42,3 Mill. Einw. = 65% der Bevölkerung Südamerikas. Die **Volksdichte** des gesamten ungefalteten Ostens (einschließlich der ungefalteten Gebiete der Andenrepubliken) ist 3,4 auf 1 qkm, d. h. also wesentlich niedriger als die Volksdichte der gefalteten Andenländer (s. S. 439). Im einzelnen ist die Volksdichte natürlich sehr verschieden, am niedrigsten in Guayana, am höchsten in Uruguay.

In der **Bevölkerung** Brasiliens sind die Weißen nicht ganz so stark vertreten als die Mestizen, Neger und Mulatten, aber in den Südstaaten, etwa von Rio südwärts, sind die Weißen in der Überzahl.[1]) Die ursprünglichen Einwohner, die Indianer, stehen sehr zurück. In Argentinien sind die Weißen durchaus in der Mehrzahl; eine starke Einwanderung[2]) hat besonders zahlreiche Italiener und Spanier zu den Argentiniern ins Land geführt. Das Klima der tropischen Gebiete ist für Weiße wenig gesund, aber Rio de Janeiro und Santos sind durch Entsumpfungs- und Sanierungsarbeiten gesunde Städte geworden.

III. Die Wirtschaft.

Allgemeine Charakterzüge. Für die **Pflanzenwirtschaft** sind die Naturverhältnisse (Boden und vor allem Klima) sehr viel günstiger als in den Andenstaaten.

Über sehr viel größere Flächen breiten sich fruchtbare Böden, reichliche Wärme und Niederschläge aus, und sie erstrecken sich auch wesentlich weiter südwärts; sie umfassen einen großen Teil der Pampas Argentiniens, so daß zu den feuchtheißen Urwaldgebieten (A 1[3]) und den Landschaften periodisch trockenen Savannenklimas

---

u. a., A., Wirtschaft und Wirtschaftsgrundlagen. Berlin und Leipzig 1921. — **Fr. Kühn** in Weltw. Arch. XVIII, 1922; Pet. Mitt. 1924; Z. f. Geopolitik III, 1926. — **O. Bürger**, A. Leipzig 1924. — **Fr. Klute**, A. — Chile von heute. Lübeck 1925. — **Araujo**, Diccionario geografico del Uruguay. 2. Aufl. Montevideo 1912. — **Fischer-Treuenfeld**, Paraguay in Wort und Bild. 2. Aufl. Berlin 1910. — **Hirsch**, Die geistige und wirtschaftliche Entwicklung der Rep. Paraguay. Wien 1913. — **Ed. Dettmann**, Das moderne Brasilien. Berlin-Wilm. 1913. — **Lateinamerika** (B.). Deutscher Wirtschaftsverband für Süd- und Mittelamerika. Berlin 1920 ff. — Diccionario Historico, Geographico e Ethnographico do Brasil. 2 Bde. Rio de Janeiro 1922. — **B. Brandt**, Kulturgeographie von Br. Stuttgart 1922. — **H. Schüler**, Br., ein Land der Zukunft. 6. Aufl. Berlin und Leipzig 1924. — **Derselbe**, Br. 2. Aufl. Berlin-Schöneberg 1925. — **O. Kende**, Br. Hamburg 1925. — **O. Bürger**, Br. Leipzig 1926. — **G. König**, Regenverteilung, Pflanzendecke und Besiedelung in Br. (Ungedruckte) Diss. Heidelberg 1921. — **H. L. Thilo**, Die Möglichkeiten landwirtschaftlicher Betätigung in Rio Grande do Sul in Südbrasilien. Leipzig 1925. — **A. R. da Costa**, Rio Grande do Sul. 2 Bde. Porto-Alegre 1922. — **H. Eichler**, Die drei Guayanakolonien. (Ungedruckte) Diss. Leipzig 1924. — **H. Treumer**, Regenverteilung, Pflanzendecke und Besiedlung des Berglandes von Guayana. (Ungedruckte) Diss. Heidelberg 1921.

[1]) 1924 wanderten in Brasilien 98125 Europäer ein (23270 Portugiesen, 22170 Deutsche, 13840 Italiener).

[2]) Es wanderten 1925: 136330 Personen ein, 62130 verließen das Land. Der Einwanderungsüberschuß (1923: 149000; 1924: 114000) betrug also nur 74200. Von 1857—1924 betrug er kaum 3 Mill. Menschen. Ein Drittel der gesamten Bevölkerung (58% städt., 42% ländl.) wohnt in den 6 Großstädten: Buenos Aires, Rosario, La Plata, Avellaneda, Córdoba, Tucumán. 75% der Bevölkerung leben nach **Fr. Kühn** in der Pampa.

[3]) Vgl. **Manáos** 27° im Nov., 25,5° im März. Extreme 35° und 20° C. 1820 mm Regen, davon 290 im März, 40 im Sept.

(A 2[1]), die den größten Teil des ungefalteten Ostens (fast ganz Brasilien, Guayana und die niedrigen Vorländer der Andenrepubliken) einnehmen, ausgedehnte Gebiete des warmgemäßigten Klimas (C 5, C 7 a[2]) treten, in denen die weiße Rasse ohne Schädigung der Gesundheit leben und schaffen kann. Nur die oberen Pampas[3]) und Patagonien[4]) mit dem östlichen Feuerlande gehören der Trockenzone (B 3, B 4 h, k, k'), ein sehr kleines Gebiet im Feuerlande der Tundrenzone (E 10) an und sind der Pflanzenwirtschaft weniger gut zugänglich.

Trotz dieser natürlichen Bevorzugung des östlichen Südamerika, das in den gemäßigten Teilen auch der Tierwirtschaft recht günstig und in dem alten Bergland von Brasilien und dem von Guayana reich an Mineralien ist, schritt die wirtschaftliche Erschließung großer Gebiete verhältnismäßig wenig fort. Daran sind zum großen Teil (im Amazonasbecken zumal) die klimatischen Verhältnisse und der Urwaldcharakter ausgedehnter Gebiete (A 1), die ungeheure Größe des Ostens, der sich nur schrittweise von den Küsten aus erobern läßt, und die mangelhaften Verkehrsverhältnisse schuld. Aber in den gemäßigten Landschaften des Südostens (C 5 und C 7 a) herrscht schon ein reges Leben und Streben. Hier entwickelt sich ein argentinisch-uruguayisch-südbrasilisches oder atlantisch-südamerikanisches Aktionszentrum, von dem aus immer neue Gebiete des noch toten inneren Landes Belebung erfahren werden.

a) Erzeugung von Nahrungs- und Genußmitteln.

Die Ausdehnung des kultivierten Bodens ist bisher recht gering[5]), in dem gemäßigten Süden am größten. Auch die Bodenbearbeitung, Bestellung und Aberntung hat fast nur in den gemäßigten Gebieten (Brasilien von Rio und São Paulo ab südwärts, Uruguay, Argentinien) moderne Formen angenommen. Die Besitzverteilung ist oft ungünstig, da große Latifundien bestehen; auch sind die Besitzverhältnisse am Boden rechtlich nicht immer klar und sicher.

Unser **Getreide**bau, der erst von den Europäern der Neuen Welt geschenkt wurde, hat aus klimatischen Gründen nur im gemäßigten südlichen Drittel des östlichen Südamerika eine Stätte finden können. Die La Plataländer sind die Hauptkorn- (Weizen-) Kammer des Erdteils.

Argentinien bringt auf den fruchtbaren, stein- und „baumlosen" feinkörnigen Steppenböden der Pampas 4—5% der Weltproduktion von Weizen hervor; er bildet

---

[1]) Bolivar, 28,5° im Mai, 26,1° im Jan. Extreme 34 und 21° C. 910 mm Regen, davon 190 im Aug., 0 im Febr. — Cuyabá (230 m), 27,1° im Okt., 23,5° im Juli. Extreme 37 und 11° C. 1340 mm Regen, davon 260 im Jan., 0 im Juli. Über das Dürregebiet in Nordostbrasilien, s. S. 465.

[2]) São Paulo (760 m), 21,7° im Jan., 14,2° im Juli. Extreme 33° und 2° C. 1320 mm Regen, davon 210 im Jan., 20 im Juli. — Buenos Aires, 23,1° im Jan., 10,1° im Juli. Extreme 34° und 0°. 930 mm Regen, davon 120 im März, 100 im Dez., 50 im Juli.

[3]) Mendoza (800 m), 23,4° im Jan., 7,8° im Juni. Extreme 37° und —4° C. 180 mm Regen, davon 30 im Febr., 5 im Juli.

[4]) Santa Cruz, 15,9° im Jan., 0,6° im Juli. 150 mm Regen, davon je 30 im Juli und Dez., 5 im März und Sept.

[5]) Wahrscheinlich ist noch längst nicht 1% des Bodens dem Ackerbau gewidmet, während ihm doch — nach unseren heutigen Vorstellungen — wohl mindestens 20% oder mehr zu gewinnen sind. Eine Schätzung für Brasilien nimmt etwa 1/2% der Fläche als kultiviert an, in Uruguay sind etwa 2 1/2, in Argentinien 8,3% der Fläche angebaut. In den Waldwüsten des Amazonasbeckens oder in (Ost-) Patagonien sind nur kleinste Fleckchen als Kulturland anzusehen. In keinem anderen Erdteil sind noch so große Flächen der Pflanzenwirtschaft zuzuführen wie in Südamerika.

das wichtigste Nahrungsmittel und einen großen Ausfuhrgegenstand.[1]) Die Hälfte, manche Jahre bis 80% der Ernte, ist Überschuß über den Bedarf. Hauptausfuhrhäfen sind Buenos Aires (1720), Bahia Blanca (44), Rosario (265). Uruguay erzeugt im trockneren Binnenlande etwa 1/8% der W. und führt wenig aus.[2]) In Südbrasilien (bis Minas Geraes und weiter nordwärts) wird Weizen selbst im Innern wegen des feuchtwarmen Sommers wenig angebaut, in den tropischen Waldgebieten gar nicht.[3])

Das nächstwichtige Brotgetreide ist der einheimische Mais.

Argentinien gewinnt etwa 5—7% der Weltproduktion und baut um 21% des Erntelandes damit an, vor allem auf dem westlichen Uferlande des Paraná und La Plata, östlich des Weizengebiets.[4]) Es bleibt für Ausfuhr viel übrig.[5]) Argentinien ist der Hauptversorger Europas. Ausfuhrhäfen sind besonders Rosario (265) und Buenos Aires (1720). Der Maisbau hat auch in den feuchteren Küstengebieten Uruguays, in Paraguay (Hauptkulturpflanze und Brotstoff) und in ganz Brasilien, zumal in den hochentwickelten Staaten São Paulo und Minas Geraes, eine große Bedeutung für die Ernährung der Bevölkerung erlangt.

Die Kultur des Reises ist ebenfalls durch den ganzen Osten sporadisch verbreitet und dürfte noch sehr zunehmen.

In den Küstenniederungen Guayanas wird der Reis in größerem Maßstabe angebaut; im Amazonastal und in den bewohnten Nebenflußtälern ist er das bevorzugte Getreide; auch in den Küstenniederungen und -tälern Brasiliens, zumal in São Paulo, wächst der Anbau.[6]) Bis Rio Grande do Sul, am Paraguay, in den argentinischen Provinzen Misiones, Tucumán, Salta, Jujuy usw.[7]) (zum Teil mit künstlicher Bewässerung) ist der Reis anzutreffen.

Die anderen Getreidearten werden nur im gemäßigten Süden und verhältnismäßig wenig angebaut.

---

[1]) 41% der Ackerfläche sind damit bebaut; umfangreiche Verwendung von Motorpflügen und Maschinen ist charakteristisch, ein Netz von Elevatoren geplant. Der Weizen rückte immer mehr vom Paraná ab nach Südwesten, den Trockenklimaten zu. Die harten und halbharten Weizensorten dürften wohl überwiegen. Die Qualität leidet manchmal sehr unter starken Regen zur Erntezeit; vgl. Anm. 2 auf S. 457. Nach Norden setzt das feuchtwarme Klima des Gran Chaco dem Weizenbau eine Grenze; in den (nördlichen) Tälern des trockenen Patagonien muß dagegen künstliche Bewässerung angewendet werden. Die Ernte findet im Januar statt. Dürren, Frost, Hagel, Heuschrecken bringen bisweilen Mißernten. Die Erträge schwanken erheblich (zwischen 0,4 und 1,6 T. auf 1 ha). Die Ernte 1925/26 wurde auf 5,85 Mill. T. geschätzt. Eine ansehnliche Mehlindustrie mit Ausfuhr (nach Brasilien usw.) hat sich entwickelt. Ausf. Argentiniens 1923: 3,75; 1924: 4,5; 1925: 2,93 Mill. T. Weizen und (1923) 82000 T. Mehl.

[2]) Neuestens dehnt sich der Ackerbau (4% der anbaufähigen Fläche?) lebhaft aus. Im Innern sind vielfach Bewässerungsarbeiten nötig. Ackerbauerzeugnisse waren 1924 und 1925 an der Ausfuhr mit über 10% beteiligt. Vgl. S. 464, Anm. 1. Auch in Argentinien dringt der Ackerbau mit Hilfe der künstlichen Bewässerung ins trockene Innere ein. Für die Besiedelung des inneren Brasiliens fehlt es noch hauptsächlich an Verkehrsmitteln. Doch wird mit der Vorschiebung der neuen Hauptstadt Brasilia (1200 m hoch, in der Gegend von Pyrenopolis) nach dem Staate Goyaz ein neues großes Siedelungsgebiet erschlossen werden.

[3]) Ernte Brasiliens 1923/24: 119000 T., Einf. 1922: 436360 T. für 5,05 Mill. £.

[4]) Ernte März/April. Große Ertragsschwankungen. Bedrohung durch Heuschrecken usw. Ungünstig ist, daß der Regen nicht im Frühsommer, sondern eher im Spätsommer fällt.

[5]) Ausf. 1923: 2859000 T. Brasilien erntete 1923/24: 4 Mill. T.

[6]) Mit der Welternte verglichen, dürfte die Reisproduktion Südamerikas minimal sein und noch längst nicht 1% der W. betragen. Ernte Brasiliens 1923/24: 728000 T.

[7]) Hier findet die Ernte April bis Mai, also Anfang des Winters, statt.

Den Hafer begünstigen im La Platalande die reichlichen Sommerniederschläge (C 7 a); er wird in erheblichen Mengen ausgeführt.[1]) Gerste und Roggen spielen im Ackerbau eine ganz geringe Rolle.

Knollenpflanzen. Auch die Kartoffel hat eine beschränkte Bedeutung, selbst in Argentinien.[2]) Dagegen kommt dem Maniok für den (tropischen) Osten Südamerikas als Nährpflanze eine viel höhere Wichtigkeit als in den Andenländern zu.[3]) Seine Knollen liefern Stärke und Mehl (Farinha in Brasilien) zur Herstellung von Cassavebrot. Tapioka, aus Farinha abgeschieden, führt Südbrasilien aus.

Die **Gemüse** der gemäßigten Zone entarten schnell in den tropischen Niederungen; es muß immer wieder frische Saat bezogen werden. Bohnenarten gehören zu den wichtigsten Nahrungspflanzen.[4]) Argentinien baut auch Erbsen an.

Eine große Fülle von tropischen **Obstpflanzen,** etwa dieselben wie in den tropischen Andenländern, trägt zur Ernährung bei. Bananen im großen werden im Küstengebiet der Häfen Santos (103), Paranaguá und Florianopolis (früher Desterro, 25) angebaut und nach den La Plataländern ausgeführt. In Niederländisch-Guayana hat die eingebürgerte Kultur von Bananen (Bakoven) schwer unter Krankheiten zu leiden.

Kokospalmen säumen die Küsten Brasiliens bis Rio de Janeiro, besonders häufig sind sie in den Nordstaaten; auch im Amazonasbecken gehören einige Kokospalmen als Obstbäume gewöhnlich zu einer Kautschuksiedlung. Industrielle Bedeutung hat der Baum bisher nicht gewonnen.

Paránüsse von Urwaldbäumen (Bertholletia excelsa und Lecythis ollaria) des Amazonasbeckens werden von Januar bis Juli gesammelt und in großen Mengen aus den Häfen Manáos (76), Pará (Belém, 236), Itacoatiara und Obidos (zumal nach der Union und Großbritannien) ausgeführt. Auch die (afrikanische) Ölpalme ist bei Bahia, in Guayana und am Amazonas eingebürgert. Zahlreiche Palmbaumarten, wie z. B. die Muriti-, die Assaipalme usw. werden von den Brasilianern genutzt. Über den Obstbaum Hancornia speciosa, vgl. S. 465, Anm. 5. Orangen[5]) und Zitronen wachsen in den feuchtwarmen Küstengebieten (C 7 a, A 1) Brasiliens von Santa Catharina an nordwärts (besonders bei Rio de Janeiro und im Staate Bahia) und werden ausgeführt. Charakteristisch ist, daß sich in dem feuchttemperierten Klima (C 7 a) Südbrasiliens viele japanische Obstbäume (Kaki-, Mispel-, Quitten-, Pflaumenbaum) einführen ließen. Auch Feigen, Maulbeerbäume, Pfirsiche, Aprikosen

---

[1]) Argentiniens Ausf. 1923: 459000 T. Die Ernte von Hafer wurde 1925/26 auf 1,23; Gerste 0,3; Roggen 0,11; Hirse 0,03 Mill. T. geschätzt. Brasilien erntete 1923/24 nur 6850, 6630, 18570 T. von unseren Getreidearten.

[2]) $^2/_3$% der W. Die Kartoffel soll einen faden Geschmack haben, doch wohl infolge des feuchttemperierten Klimas (C 7 a); Saatgut muß eingeführt werden. Brasiliens feuchte Küstenzone (A 1 und C 7 a) sagt der Kartoffel (Prod. 1923/24: 238000 T.) nicht zu. Aber an den Hängen der Gebirge und auf den Plateaus der Serra da Mantiqueira und Serra do Mar erntet man sie, in geringer Entfernung von Rio de Janeiro, zweimal jährlich, im Juni und November. Auch in São Paulo finden zwei Ernten statt.

[3]) Die bittere Form mit einem Gift, das durch Waschen entfernt werden muß, Manihot utilissima, ist mehr in Nordbrasilien anzutreffen und wohl als die Spielart des engeren Tropengürtels zu betrachten. Die süße Form, Manihot Aipi, ist für halbtropische Gebiete (C 5, C 7 a) charakteristisch. Brasilien erntete 1923/24: 790000 T. Mandiokamehl.

[4]) Brasilien erntete 1923/24: 560000 T. Bohnen.

[5]) Paraguay führte 1922: 131400 Stück aus.

gedeihen in ganz Südbrasilien. In den nördlichen Teilen Argentiniens (C5) kommen noch tropische Früchte (Ananas, Bananen, Chirimoyas usw.) fort, ferner Zitronen, Orangen, Feigen usw., die auch noch im mittleren Teil Argentiniens (C 7 a) reifen; unsere Obstarten (Apfel-, Kirschbäume, Erdbeeren, Himbeerstrauch usw.) gehen weit nach Brasilien (Hochländer C 7 a und C 5) hinein und wachsen noch im Chubut- und Rio Negrotal Patagoniens.

Argentinien, Brasilien und Guayana erzeugen größere Mengen Rohrzucker.

Der Anbau Argentiniens erfolgt in den interandinen trockenen Tälern und Hochebenen des Nordwestens (Provinzen Tucumán, Salta usw., B 3) mit künstlicher Bewässerung.[1]) Brasiliens Zuckerrohrbau hat seine Stätten in den feuchtwarmen Küstenebenen (A 1) zwischen Cap Frio und Cap São Roque.[2]) In Britisch-Guayana hat man die heißfeuchten Marschenböden an der Küste (A 1) durch teure Entwässerungsarbeiten nutzbar gemacht.[3])

In Argentinien (Binnenland von Córdoba, B 3) und im Innern Uruguays (C 7 a) versucht man die Zuckerrübe einzubürgern.

Getränke sind außer den Obstsäften u. dgl. (s. Anm. 2) Bier, Wein und Paraguaytee (Mate).

Bier von Hopfen, den man ohne wesentlichen Erfolg in Südbrasilien anzubauen versuchte, und Malz wird in zahlreichen Brauereien Argentiniens usw. mit eingeführten Rohstoffen hergestellt.[4]) Maisbier wird vielfach in den Mais bauenden Landschaften getrunken. Auch Palmweine werden hergestellt.

Größere Bedeutung und eine Zukunft hat der Weinbau nur in Argentinien[5]), wo er hauptsächlich in den andinen Trockenprovinzen (Mendoza, San Juan und Salta) ausgeübt wird. Die Ernte beginnt im März. Die Weine sind wie die südeuropäischen alkohol- und extraktreich. Die anderen warmen Teile Argentiniens erzeugen vor allem Weintrauben, San Juan auch Rosinen.

Uruguay baut sehr wenig Wein (um Montevideo), Südbrasilien (C 7 a; italienische Kolonisten) mehr, doch schmeckt der Wein fuchsig (s. S. 394).[6]) In den rein tropischen Gebieten (A 1, A 2) trägt die Weinrebe nur (schlechte) Weintrauben.

Nationalgetränk, vor allem in den ganz oder halb weinlosen Ländern (Brasilien, Paraguay, Argentinien) ist der Paraguaytee, die Blätter von einer immergrünen Stechpalmart (Ilex paraguayensis, Yerba Mate) in Südbrasilien[7]),

---

[1]) Die Ernten sind unsicher; Fröste richten öfters Schaden an. Man versucht es mit besonders widerstandsfähigen Sorten. Bei Mißernten ist Einfuhr nötig. Prod. 1922/23: 1,1% der W. 1924/25 wurden 248600 T. Zucker gewonnen und 166000 hl Alkohol. Tucumán mit 30 großen Fabriken ist wesentlich Zuckerstadt wie Mendoza Weinstadt (Fr. Kühn).

[2]) 2½% der W. von Zucker (1922/23). Der Saft des Rohrs wird als Erfrischungsmittel in zahlreichen Zuckerrohrschenken verkauft. Ausf. Brasiliens an Zucker 1923: 153180 T.

[3]) 0,5—0,6% der W. Indische Kulis. Ausfuhr nach Kanada und Union.

[4]) Brasilien führte 1922: 24780 T. (1,27 Mill. £) Getränke (?) ein; Argentinien 1923 für 13,5 Mill. Goldpesos.

[5]) Ernte 1920: 4,52; 1923: 5,44; 1924: 5,52; 1925: 6,50 Mill. hl = 3—3½% der W. Vgl. M. Schulte, Der Weinbau in Argentinien und Chile nach seinen Bedingungen, seiner Verbreitung und Bedeutung. (Ungedruckte) Diss. Münster 1921.

[6]) Ernte 1923/24: 707000 hl.

[7]) Ernte Brasiliens 1922/23: 192700, 1923/24: 241000 T., Ausf. 1923: 87580 T., Paraguays 1922: 5200 T.

dem benachbarten Paraguay und dem argentinischen Misiones, die in 300 bis 600 m Meereshöhe (C 5) auf fruchtbarem Boden am besten wächst und auch schon angebaut wird. Argentinien führt viel ein.

Gegenüber diesem Teegewächs kommt der südostasiatische Teestrauch, dessen Anbau man in São Paulo versuchte, nicht auf; auch fehlen billige und geschickte Arbeiter.

Im Amazonasbecken werden noch die kleinen gehaltvollen Bohnen des Kakaobaumes abgesammelt. Zudem ist eine ausgedehnte Plantagenkultur entstanden. Brasilien ist eines der wichtigsten Produktionsländer von Kakaobohnen (15% der W.).

Die meisten Plantagen (etwa 9/10) liegen in den feuchtheißen Niederungen und Flußtälern der tropischen Küste (A 1) des Staates Bahia bei Ilheos, Belmonte, auch Cannavieiras, Porto Seguro und Contas. Sammelplatz und Ausfuhrhafen ist Bahia (283).[1]

Im Küstengebiet von Surinam (A 1) hat der Kakaobaum viel unter Krankheiten zu leiden.

Viel wichtiger noch als der Kakaobau Brasiliens sind seit den 60er Jahren des vorigen Jahrhunderts seine Kaffeeplantagen geworden; 71% der Weltproduktion wurden hier (1920/21) erzeugt.

Die Plantagen dieser tropischen Gebirgspflanze („Fazendas") liegen hauptsächlich auf den küstennahen Plateaus der am Südrande der Tropen gelegenen Staaten São Paulo, Minas Geraes und Rio de Janeiro auf einem tief zersetzten humus-, eisen- und pottaschereichen vulkanischen Boden in 600—1000 m Meereshöhe (C 5) bis zur Frostgrenze.[2]) Die bis eine Million Bäume zählenden Plantagen überziehen das Hügelland zwischen den Tälern, die gemieden werden, weil sich in ihnen winters gefährliche kalte Luft sammelt. Zu Anfang des (trockneren) Winters, im April, beginnt die Ernte. Die Qualität[3]) ist mittelmäßig. Kaffee ist der wichtigste Ausfuhrgegenstand Brasiliens, der manche Jahre bis 60% der Gesamtausfuhr ausmachte. Hauptausfuhrhäfen sind Santos (103) und Rio de Janeiro (1158); Hauptabnehmer ist die Union, während die durch den Weltkrieg betroffenen Länder Europas zurücktreten.[4])

Tabak, das im tropischen Amerika heimische **Reizmittel**, wird überall angebaut, am meisten in Brasilien, Argentinien und Paraguay; von der südamerikanischen Produktion liefert der Osten bei weitem den größten Teil.

---

1) Haupternten sind im Februar/März und August/September. Vom Unterlaufe des Amazonas kommen Plantagenbohnen (Haupternten Januar/Februar und Juni/Juli) über Pará (Belém, 230) in den Handel. Ernte Brasiliens 1923/24: 69710 T., Ausf. 1923: 65330 T.

2) Vgl. S. 457, Anm. 2. Frostschäden kommen selten vor, doch sollen durch die Fröste des Juli 1918 angeblich 150 Mill. Bäumchen getötet sein. In der Bodenbearbeitung und -düngung werden moderne Methoden angewandt. Maschinen jäten das Unkraut. Die einheimischen Caboclos, Mischlinge von Weißen und Indianern, sind als Arbeiter nicht zu verwenden. Italiener und Spanier werden in Akkordarbeit beschäftigt. Das Klima ist gesund, aber für nord- und mitteleuropäische Arbeiter schwer zu ertragen. Prod. 1923/24: 859200 T.

3) Besonders die des Niederungskaffees am Ozean (A 1). Aber auch im übrigen liefert Brasilien das Massenprodukt auf den Weltmarkt, das dann zu Mischungen mit besseren Sorten verwendet wird.

4) Ausf. 1923: 14,47, 1925: 13,48 Mill. Sack zu 60 kg. 1924 gingen über Santos mehr als 55% der brasilischen Gesamtausfuhr (dem Werte nach) und fast 35% der Einfuhr. Diese Zahlen geben einen guten Maßstab ab für die hohe Entwicklung des Staates São Paulo.

Brasilien bringt 4—5% der W. hervor. Im Amazonasbecken (A 1) soll der stärkste Tabak produziert werden. Um den Hafen Bahia herum (A 2, S. Felix usw.) wächst ein aromatischer, ziemlich starker Plantagentabak für Zigarren; er wird ausgeführt. In den Südstaaten (C 7 a) werden leichtere Tabaksorten angebaut. Die Tabakausfuhr ging zurück.[1]) Argentinien produziert in den halbtropischen Nordprovinzen (Corrientes, Salta, Tucumán und Misiones) $1\frac{1}{2}$% der W., noch kaum genug für Eigenbedarf.[2]) Paraguay (Bezirk Villarica usw.) kann dagegen noch mehrere 1000 T. ausführen.

Arzneipflanzen. Mehrere Copaïfera-Arten des tropischen Ostens, sicher C. Langsdorffii, der in Bahia, Ceará usw. in Mengen auftritt, ferner wohl C. coriacea (Brasilien) und C. guayanensis (Guayana, Nordbrasilien) und andere, wie C. Jacquinii (inneres Venezuela) liefern Copaïvabalsam. Ausfuhrhäfen sind Pará (Belém, 236) und Maranhão (53) in Brasilien und Maracaibo (35, s. S. 443) für Venezuela. Auch bolivischer Copaïvabalsam von C. paupera kommt auf den Markt.[3])

Ölpflanzen. Seit 1890 oder 1895 hat sich auf den lößähnlichen Böden des argentinischen nordöstlichen Pampagebiets (C7a), in den Provinzen Santa Fé, Buenos Aires, Córdoba und Entre Rios ein bedeutender Flachsbau zwecks Erzeugung von Leinsaat entwickelt.[4]) Argentinien liefert um 30 bis gegen 40% der W. Fast die ganze Produktion wird ausgeführt.[5]) Buenos Aires (1720), Rosario (265), Santa Fé (60), San Nicolas (20) sind die wichtigsten Ausfuhrhäfen.

Baumwollsaat wird in ansehnlichen Mengen von Brasilien produziert (s. S. 465). Die Erdnußkultur wird im tropischen Gebiet (A2, A1) überall im kleinen, hauptsächlich wohl für Nahrungszwecke, sogar bis Uruguay und zu den argentinischen Provinzen Corrientes, Entre Rios, Santa Fé, Córdoba südwärts (C 5, C 7 a), sowie im bolivianischen und peruanischen Oriente betrieben. Die Ölgewinnung aus Erdnüssen hat in Argentinien, Paraguay und Südbrasilien einige Bedeutung. Auch der Rizinusbaum oder -strauch wird vielfach angebaut, namentlich im dürren (A 2) Nordostbrasilien (Pernambuco usw.), von wo auch eine kleine Ausfuhr von Rizinussaat stattfindet.

Für **ätherische Öle** sind die Tonkabohnen zu erwähnen. Sie stammen von dem Waldbaume Dipterix odorata (Sarápiabaum) der Llanos Venezuelas, Guayanas (Täler des Caura und Cuchivero) und Nordbrasiliens (A 2).

Der **Erzeugung von tierischen Nahrungs- und Genußmitteln** stehen im Osten Südamerikas, aus klimatischen Gründen vornehmlich, nur verhältnismäßig beschränkte Gebiete, hauptsächlich im südlichen Drittel (C 7 a, C 5), zur

---

[1]) Deutschland war vor dem Kriege fast ausschließlicher Abnehmer. Ernte Brasiliens 1923/24: 59600 T., Ausf. 1923: 36540 T.

[2]) In Nordargentinien und Paraguay rauchen selbst Frauen und Kinder. Die gebildetere Frau Mittelargentiniens dagegen enthält sich des Rauchens. 1923 mußten für 17 Mill. Goldpesos Tabak und Tabakwaren eingeführt werden.

[3]) Chemikalien und Drogen, s. S. 471.

[4]) Die Produktion wechselt ziemlich stark; sie unterliegt bisweilen den Geißeln von Dürre, Frost und Heuschrecken; freilich kann die Dürre, die dem Mais (s. S. 458) so schlecht bekommt, wenn sie nicht zu stark ausgeprägt ist, als günstig für die Leinsaaternte betrachtet werden. Die Ernte findet im Januar/Februar statt. Sie wurde 1925/26 auf 1,9 Mill. T. geschätzt. Prod. v. Pflanzenölen 1924: 18600 T.

[5]) Ausf. Argentiniens 1923: 1036000 T.

Verfügung. Argentinien und Uruguay sind wichtige Viehzuchtländer, mit denen sich kein Andenland vergleichen kann; auch in Paraguay und Südbrasilien gedeiht die Tierzucht zum Teil, aber gegen das Urwaldgebiet (A 1) des Amazonasbeckens nimmt sie immer mehr (A 2) ab und verschwindet hier nahezu ganz, um erst wieder in den Savannen des Berglandes von Guayana [1]) und in den Llanos Colombias und Venezuelas (A 2) einige Bedeutung zu bekommen.[2])

Die **Rinderzucht** ist besonders umfangreich in Argentinien[3]), Uruguay und Südbrasilien. Sie wird hier im La Platalande durch das reiche Graswachstum der feuchten Sommer (C 7 a), den Mais- und Luzernebau, die Mildheit des Winters, die Haltung im Freien erlaubt und Ställe überflüssig macht (Viehestanzien), hochgradig begünstigt. Hier sind die Rinderschläge schon durch europäisches Edelvieh weitgehend verbessert. In Nordargentinien und in Paraguay (C 5 ?) tritt bei eingeführten Rindern die Tristeza (Texasfieber) auf. In Brasilien ist die Zumischung von Zebublut (s. S. 444) der klimatischen Widerstandsfähigkeit der Rassen dienlich gewesen. Im La Platalande ist eine großartige moderne Schlächterei- und Fleischindustrie mit Gefrieranstalten (Frigorificos) entstanden, die sich bestrebt, die Rinderherden für die Ausfuhr nutzbar zu machen. Argentinien, Uruguay und Südbrasilien sind die wichtigsten Versorger des Weltmarktes mit gefrorenem und gekühltem Rindfleisch.[4]) Auch Meierei, Butter-[5]) und Käsefabrikation gewinnen hier an Ausdehnung; Argentinien gehört bereits zu den namhaften Beschickern des Buttermarktes.

Im übrigen Osten (auf den Campos des Berglandes von Brasilien, in Guayana und auf den Llanos; A 2) weiden halbwilde, wenig veredelte, milcharme Rinderherden.

Noch ausschließlicher als die Rinderzucht ist die **Schafzucht** auf das südliche Drittel des ungefalteten östlichen Südamerika (C 7 a, B 3, B 4) be-

---

[1]) Steppenvegetation bekleidet die welligen Ebenen und Hügel nach S. Passarge, Urwald die Berge und Flußufer. Jaguar und große blutsaugende Fledermäuse sind Schädlinge der Viehzucht. — Argentinien konnte übrigens aus seiner Mehlindustrie 1923 noch 192000 T. Kleie als Futterstoff ausführen, den es in Zukunft wie den Mais vielleicht selbst in tierische Produkte umzuwandeln streben wird.

[2]) Die Aussichten für Rinder- und Pferdezucht sind hier gut, doch haben die Revolutionen und Gegenrevolutionen immer wieder unter den anwachsenden Herden aufgeräumt. Vgl. S. 444.

[3]) Von Ende 1914 bis Ende 1922 vermehrte sich die Zahl der Rinder in Argentinien von 25,9 auf 37,1 Mill. Nach O. Quelle waren 1917/18: 247800 qkm in Kultur genommen und 1914: 1,362 Mill. qkm durch die Viehzucht bewirtschaftet. Da die argentinische Landwirtschaft in ihrer vorherrschenden Form eine organische Verbindung von Ackerbau und Viehzucht innerhalb desselben Betriebes nicht kenne, ergäbe sich eine landwirtschaftliche Produktionsfläche von rund 1,61 Mill. qkm = 62,1 (54 ?) % der Gesamtfläche.

[4]) Noch im Staate São Paulo gibt es Frigorificos; sie verarbeiten hier Rinder und Schweine. Auch Fleischextrakt (Argentinien 1923: 2330, 1922: 2000 T.) wird ausgeführt. Gefrorenes und gekühltes Rindfleisch aus Argentinien 1923: 603000 T. (1922: 411760 T. nach Großbritannien, Deutschland, Belgien, Frankreich); ferner 84460 (36880) T. Konservenfleisch und 4810 (7570) T. Dörr- und Pökelfleisch. Die Dörrfleischindustrie ging allmählich stark zurück. 1925 wurden in Argentinien 3,34 Mill. Rinder in den Frigorificos geschlachtet (65,90 % in nordamerikanischen, 18,61 % in britischen, 15,49 % in argentinischen); in Uruguay 651000 Rinder. Ausgeführt wurden aus Argentinien 287700 T. gefrorenes, 385980 T. gekühltes Rindfleisch, 70160 T. Fleischkonserven und 13480 T. gesalzenes und gedörrtes Fleisch. Brasilien exportierte 1924: 75250 T. Fleisch.

[5]) Argentinien führte im 1. Halbjahr 1924 19300 T. Kuhbutter und 66400 T. Talg und Fett aus. Auch in Minas Geraes erfuhr das Molkereiwesen neuerdings einen starken Aufschwung.

schränkt. Kreuzzuchtschafe, die neben Wolletracht auch gutes Fleisch liefern, werden hier gehalten. Argentinien und Uruguay gehören zu den bedeutenden Belieferern des Weltmarktes mit gefrorenem Schaffleisch, das in Mengen nach den Industrieländern Europas ausgeführt wird.[1])

In Südbrasilien gedeiht das Schaf, selbst im Innern des Landes, schon schlechter, erst recht in Paraguay (C 7 a, C 5), und in den tropischen Teilen (A 1, A 2) des östlichen Südamerika fehlt es fast ganz.

Die Schweinezucht ist bisher wenig entwickelt, am meisten im Maisgebiet Argentiniens[2]); in Brasilien soll sie vorzüglich gedeihen und hat wohl wie dort eine Zukunft, in den Trockengebieten Argentiniens fehlen die günstigen Bedingungen für diese Zucht.

Die Ziegenzucht liefert Milch und Fleisch dort, wo die anderen Haustiere weniger gut gedeihen, wie in dem warmen halbariden Gebiet Nordwestargentiniens und in Nordostbrasilien.

Geflügel, Bienen (Honig), auch Jagdwild (Hirsche, Peckaries der Grasgebiete usw.) spielen für die Ernährung eine untergeordnete Rolle, dagegen gibt die Fischerei, besonders in den zahlreichen Binnengewässern des Amazonasbeckens[3]), den Eingeborenen wohl vielfach den Hauptbestandteil ihrer tierischen Nahrung, während sie in den Trockengebieten naturgemäß zurücktritt. Auch Fleisch und Eier (wegen des Öles) von Schildkröten, zumal im Amazonas und Orinoco, werden genutzt. Die Seefischerei, die in den seichten Randmeeren Patagoniens, auf den Abrolhosbänken, auf den Küstenschelfs der nordostbrasilischen Küste usw. gute Ausbeute verspricht, kommt allmählich in Gang.

Mineralische Nahrungsstoffe und Zugehöriges.

Salz fehlt in den feuchten Teilen des Ostens (A 1, A 2, C 7 a) an der Erdoberfläche; die Eingeborenen des inneren Amazonasbeckens behelfen sich mit Pflanzenasche. Salz zergeht hier auch in kürzester Frist ebenso wie Zucker. In den „Salinas" der argentinischen Trockenzone (bis in die Cordillere hinein; B 3 und B 4) kommt Salz vor, meist wird es jedoch im Osten Südamerikas eingeführt.

Trinkwasser ist, abgesehen vom argentinischen Trockengebiet, fast überall reichlich vorhanden, die größeren Städte sind auch vielfach schon durch Wasserleitungen mit gutem Wasser versorgt. Mineralwässer sind außerhalb der andinen Randteile wohl selten. Mineralische Düngemittel zur Erhöhung der Bodenfruchtbarkeit sind mir nicht bekannt.[4])

---

[1]) In Argentinien weiden im Durchschnitt 23, in Uruguay 141 Schafe auf 1 qkm; dort kommen rund 1320, hier 2230 Schafe auf je 100 Einw. In Argentinien halten die Provinzen Buenos Aires, Entre Rios und Corrientes am meisten Schafe (vgl. S. 466). Argentinien schlachtete 1925 in den Frigorificos 4,7 Mill. Schafe und führte 1923: 83500, 1925: 91300 T. gefrorene Hammel und Lämmer aus. In Uruguay lieferten bis vor kurzem Viehzuchtprodukte 98% der Ausfuhr. Vgl. S. 458, Anm. 2.

[2]) 1925 wurden in den Frigorificos schon 108000 Schweine geschlachtet, und 620 T. gefrorenes Schweinefleisch ausgeführt.

[3]) Das Fleisch verdirbt hier sehr schnell. Mit dem Eintritt der großen Regenzeit (Ende Februar bis Juni) am oberen Amazonas wandern Fische und Schildkröten aus dem Hauptstrom in die meilenweit überschwemmten Wälder uud sind den Nachstellungen des Menschen entzogen. Erst in der dann folgenden Trockenzeit (bis Mitte Oktober) wandern die Tiere wieder in den Strom zurück, und die Fischerei (bzw. Jagd) beginnt.

[4]) Chemikalien und Drogen sind mit (1923) 29,6 Mill. Goldpesos ein wichtiger Einfuhrartikel Argentiniens.

b) Mit **Textilstoffen** für die **Kleidung** ist der Osten gut ausgestattet und vermag noch Überschüsse auszuführen, weniger an Baumwolle, die für die heißen und warmen Gebiete den Kleidungsstoff liefert, für die gemäßigten den Sommerstoff, als an Wolle, für deren Verbrauch hauptsächlich das gemäßigte Drittel des Ostens (C 7 a, B 3, B 4 k) in Betracht kommt.

Für Baumwolle ist Brasilien[1]) das südamerikanische Hauptproduktionsland (2—4% der W.), und zwar ist ein gedeihlicher und rentabler Anbau auf das im Regenschatten der Küstengebirge gelegene Innere Nordostbrasiliens (Staaten Pernambuco, Parahyba, Rio Grande del Norte; bis nach São Paulo) beschränkt, wo die für Reife und Ernte so unentbehrliche Trockenzeit (A 2) genügend ausgeprägt ist, ja manchmal sogar schwere Dürren[2]) vorkommen und die Schaffung von Bewässerungsanlagen für die Wachstumszeit der Pflanze empfehlen. Die Ernten, die im allgemeinen die Tendenz haben, zu wachsen, zeigen ziemliche Schwankungen und werden zum größten Teil in der bedeutenden einheimischen Baumwollindustrie (São Paulo, Minas Geraes, Rio de Janeiro) aufgebraucht.

Auf Argentiniens und Ostboliviens Baumwollproduktion setzt man Hoffnungen.

Der steinfreie fruchtbare Boden des parkartigen Chaco mit Wechsel von Regen- und Trockenzeit scheint sich für den Baumwollbau gut zu eignen, der neuestens auch in Nordargentinien in bemerkenswerter Weise wächst.[3]) Nur müssen Eisenbahnen und Straßen das Gebiet erschließen, und feste Siedler an die Stelle der schweifenden Indianer treten. Vorläufig ist der Mangel an Arbeitern in dem halbtropischen Gebiet (C 5) sehr bedenklich. Textilindustrie Argentiniens, s. S. 466, Anm. 2. Paraguay kommt weniger in Betracht.

Die Erzeugung von Flachsfaser hat geringe Aussichten. Im Kriege fing man in Argentinien an, aus dem (massenhaften) Leinstroh (s. S. 462) groben Werg herzustellen; zur Verspinnung ist die Faser wohl nicht geeignet.

In São Paulo scheitert der Juteanbau[4]) an den zu hohen Arbeitslöhnen. Juteersatz für Säcke (auch Seile, Bindfaden, Taue) verspricht man sich von der Aramina-faser (besonders von Urena lobata), die wildwachsend gesammelt, in São Paulo auch schon angebaut wird. Attalea funifera, die Piassavapalme, liefert aus ihren Blättern (in den Staaten Bahia, Amazonas usw.) Fasern zur Herstellung von Besen, Bürsten und Seilerwaren.

Der einst wichtige Kautschukexport[5]) des Amazonasbeckens (Brasilien,

---

[1]) Prod. 1924/25: 131100 T.; (São Paulo fast 24%; Ceará gegen 14; Pernambuco 11½; Parahyba 10,4; Rio Grande do Norte 10; Maranhão 9,5% der Ernte); Verbrauch 113900 T. Ausf. Brasiliens 1923: 19170, 1924/25: 11110 T.

[2]) Vgl. O. Quelle im Ibero-Amer. Archiv I, 1924, und Meteorol. Z. 1925, S. 454.

[3]) Ernte Argentiniens 1923/24: 34000, Paraguays etwa 5000 T. Baumwollwaren müssen übrigens noch in großen Mengen eingeführt werden: Webwaren nach Argentinien 1923 für 274,1 Mill. Goldpesos, Baumwollwaren nach Brasilien 1922: 4110 T. für 2588000 £, Textilien nach Paraguay 1922 für 559600 £, usw.

[4]) Brasilien hat (wie auch Argentinien) einen sehr starken Verbrauch an Säcken für Kaffee, Zucker usw. und Packmaterial.

[5]) Ausf. Brasiliens 1923: 18000 T. Manihot Glaziovii und Hancornia speciosa sind jetzt ohne Bedeutung (s. Bd. I, S. 143). Von der Union aus wird bereits die Möglichkeit, im Amazonasbecken Plantagen anzulegen, studiert. Auch die Japaner interessieren sich für Siedlungsland am oberen Amazonas.

Perú, Bolivia usw.) ist sehr zusammengeschmolzen und droht weiter zu sinken. Die Gewinnung von Wildkautschuk aus den zerstreut im Urwalde stehenden Parákautschukbäumen vermag trotz der guten Qualität des Produkts der Konkurrenz des südostasiatischen Plantagenprodukts (S. 220, 247 u. 258f.) nur schwer standzuhalten. Ausfuhrhäfen sind Pará (Belém) und Manáos (76); Iquitos ist Sammelplatz des oberen Beckenteils. Balata (vom -baum in Guayana) ist minder wichtig.[1])

Vermöge ihrer großartigen Schafzucht (s. S. 463f.) gehören Argentinien (11% der W.) und Uruguay ($3^1/_2$% der W.) zu den wichtigsten Belieferern des Weltmarktes mit Wolle, da sie deren selbst erst wenig verarbeiten.[2])

Die Wollschafzucht weicht vor der Rinderzucht und dem Ackerbau in die trockneren Teile der niederen und in die obere Pampa, wie nach Patagonien zurück. Darum ist Bahia Blanca (44) Mittelpunkt des Wollhandels geworden. Bis ins östliche (steppenhafte) Feuerland ist die Schafzucht lebhaft. Auch die britischen Falklandinseln bringen ansehnliche Mengen auf den Markt. Die Merinowolle (noch 20% der Schur) ist der Kreuzzuchtwolle gewichen. Im ganzen geht die Produktion zurück.[3]) Die Ausfuhr bewegt sich (über Bahia Blanca, 44, und Buenos Aires, 1720) hauptsächlich nach Deutschland (Hamburg, Bremen), Frankreich (Dünkirchen), England, Belgien (Antwerpen), Union, Italien (Genua).[4])

Seidenzucht gedeiht zwar auf den interandinen Hochebenen im Nordwesten Argentiniens (Provinzen Tucumán und Mendoza) wie in den sommerfeuchten Staaten Südbrasiliens (Minas Geraes, São Paulo[5]); Italiener), auch in Santa Fé, aber nennenswerte Erfolge sind bisher nicht zu verzeichnen.

Pelztiere (Wolfsarten, Füchse, Marder, Skunkse, Nasenbären usw.) spielen im Osten nur eine kleine Rolle. Die südlichsten Gebiete liefern die besten Pelze.[6]) In den Welthandel kommen fast nur die Felle der Nutrias (Myopotamus coypus), die von Südbrasilien bis zum Rio Chubut in Patagonien vorkommen.

Häute und Felle für Schuhwerk usw. kommen in großen Mengen zur Ausfuhr.

Für Rindshäute[7]) ist Argentinien (Buenos Aires) Hauptlieferant auf dem Weltmarkt. Auch Uruguay (Montevideo, 351) und (Süd-) Brasilien (Hafen Rio Grande do Sul, 23) führen viele aus. Käufer sind die kühlgemäßigten und winterkalten Industrieländer des atlantisch-europäischen und des atlantisch-nordamerikanischen Aktionszentrums. Auch Roßhäute und viele Schaffelle aus den La Plataländern, Ziegenfelle besonders aus Nordostbrasilien,, kommen zur Ausfuhr.[8])

---

[1]) Vgl. S. 471. Französ.-Guayana führte 1925 allein 440 T. aus.

[2]) In Argentinien werden etwa 8% der Schur in der eigenen Wollindustrie verbraucht. Die Textilindustrie verfügte 1923 über 116000 Spindeln und 3330 Webstühle.

[3]) Argentiniens Prod. 1909/13: 163000, 1922: 105000, 1925: 125000 T. = $10^1/_2$; Uruguays 71000 und 36000 T. = 3,7% der W. von Wolle.

[4]) Ausf. Argentiniens an ungewasch. Wolle 1923: 132000 T.

[5]) Hier sollen jährlich etwa 100 T. Rohseide gewonnen werden.

[6]) Z. B. hat Canis griseus (Fuchs) in Patagonien bis zur Magelhäesstraße ein schönes, feines und weiches Fell, während die Felle des im Amazonastal vorkommenden C. microtis wertlos sind, da das Haar, dem Klima entsprechend, viel zu kurz ist. Auch von Nutriafellen sind diejenigen Patagoniens die besten, die geringsten die des Gran Chaco.

[7]) Bei dem ständigen Aufenthalt der Rinder im Freien werden die Häute dicht und dick, also fest. Durch Kreuzung mit europäischem Edelvieh und Stallhaltung verlieren die Häute ihre guten Eigenschaften. Argentinien führte im 1. Halbjahr 1924 allein 91300 T. gesalzene und 16300 T. trockene Rindshäute aus; 1923 im ganzen 151000 T.

[8]) Brasilien führte 1923: 62010 T. Felle (und Leder) aus. Die Lederindustrie blüht auf.

Argentinien besitzt einen ausgezeichneten Gerbstofflieferanten, den Quebrachobaum.[1]) Die Vorbedingungen für die Entwicklung der Lederindustrie sind also vorzügliche.

Er (der rote Qu.) kommt als vereinzelter Einsprengling in den Waldflecken des Gran Chaco zwischen Anden und Paraguay-Paraná vor. Die eine Varietät, in der östlichen Hälfte des Gebietes, ist im Kernholz[2]) gerbstoffreich (20—21 %). 1890 wurden die ersten Extraktfabriken angelegt; jetzt ist die Extraktgewinnung die wichtigste Großindustrie Nordargentiniens und Paraguays; es stehen noch große Holzvorräte zur Verfügung.

Die Federn des Nandu, der in drei Arten in den Steppen der La Plataländer vorkommt, sind sehr viel geringeren Wertes als die des afrikanischen Straußes. Man züchtet ihn auch schon in Farmen.

Schmuckmineralien zur Kleidung. Diamanten kommen in den alten Bergländern von Brasilien und Guayana vor.

Sie finden sich vornehmlich in den jungen oder alten (jetzt trocken liegenden) Flußsanden oder in Konglomeraten von Sanden oder in deren Verwitterungsprodukten; so in Minas Geraes (Diamantina), Bahia, weniger São Paulo, Goyaz, Paraná und Mato Grosso. In Bahia findet man auch eine eigenartige schwarze Varietät des Diamanten, den Carbonado. In (Britisch-) Guayana bearbeitet man Diamantenseifen, besonders am Mazaruni und seinem Nebenfluß Putareng.

In denselben alten Schollen wird Gold gewonnen, sowohl in Brasilien (Staaten Minas Geraes, Bahia[3]) als auch in Guayana.[4])

c) Für die **Wohnzwecke** des Menschen liefern die Urwälder Amazoniens usw. wie auch die tropischen Baumsavannen mannigfaltige wertvolle **Hölzer**, die jedoch bisher wegen der in Bd. I auf S. 142 hervorgehobenen wirtschaftlichen Schwierigkeiten verhältnismäßig wenig ausgenutzt werden.

Im Küstengebiet Ostbrasiliens, wo ebenfalls Wälder vorkommen, fließen die Flüsse oft nach dem Innern und haben viele Stromschnellen. Landtransportmittel und Arbeiter fehlen vielfach. So ist die Ausbeutung, auch im Amazonasbecken, fast nur auf einige Edelhölzer für Möbel u. dgl. beschränkt: Jacaranda, Massaranduba, Brasilholz, Sebastião arruba, Acapu, Pan amarello (Gelbholz), Rotholz usw.; auch „Zedernholz" von Cedrela brasiliensis (für Zigarrenkisten) wird ausgeführt und Freijo oder Frei Jorgeholz, das, nicht so hart wie Eichenholz, als Fässermaterial guten Absatz findet, da es eine geschlossene Faser hat und nicht porös ist. Der Holzhandel

[1]) R. Lütgens, Beiträge zur Kenntnis des Quebrachogebietes in Argentinien und Paraguay (Mitt. Geogr. Ges. Hamburg 1911). Den Namen Quebra-hacha = Axtbrecher erhielt das Holz wegen seiner Härte. Zu flößen ist es wegen seiner Schwere nicht.

[2]) Die $^1/_4$—$^1/_3$ des Stammdurchmessers ausmachende weiche Schale wird entfernt. Ein Teil des Kernholzes wird ausgeführt und in und bei Hamburg in großen Fabriken zu Extrakt verarbeitet. Ausf. Argentiniens an Quebrachoextrakt 1923: 167000 T., Paraguays 38400 T. Die andere Varietät des Quebrachobaumes liefert Eisenbahnschwellen u. dgl. Ausf. Argentiniens an Quebrachoextrakt 1923: 167000 T., Paraguays 38400 T.

[3]) Hier liegt in den Goldminen von S. João del Rey das tiefste Bohrloch der Erde; bis 2262 m Tiefe wird hier bei künstlicher Kühlung Abbau betrieben. Brasilien 1915: 3648, 1920: 2708, 1921: 4183 kg; 1922: 0,85 (1913: 0,5) % der W.

[4]) Britisch-Guayana 1915: 1390, 1920: 275, 1921: 399 kg; Niederländ.-Guayana 676, 451, 376 kg; Französ.-Guayana 2949, 1354, 1505; 1925 Ausf. 1212 kg. Ganz Guayana 1922: 0,43 (1913: 1,06) % der W.

hat hier noch eine große Zukunft, sobald Forstwirtschaft und Transportverbesserung Platz gegriffen haben.

Zurzeit hat die Ausbeutung der in geschlossenen Beständen vorkommenden Araukarien (Araucaria brasiliensis, „Pinie", „Pinho") im gemäßigten Südbrasilien (Staaten Paraná, Santa Catharina, Rio Grande do Sul) eine viel größere Bedeutung als die der riesigen tropischen Urwaldgebiete; doch wird große Raubwirtschaft getrieben.[1])

Die Sägeindustrie ist emporgeblüht; Möbel (bei Rio de Janeiro), Zündhölzer[2]), auch Holzkohle, Holzstoff[2]) und Papier[2]) werden hier gewonnen.

Das südliche Drittel Südamerikas ist im übrigen ziemlich arm an Holz. Abgesehen von den nördlichen Landschaften Argentiniens (Gran Chaco; Prov. Misiones) und den Andenlandschaften ist in den feuchteren Pampas sowohl als vollends in den ausgedehnten Trockengebieten (B 3, B 4) überall Mangel an Holz, das darum eingeführt werden muß.[3])

In den tropischen und halbtropischen Gebieten genügt den geringen Bedürfnissen der Eingeborenen oft das fast überall reichlich vorhandene, bequem zugängliche Material an Blattrippen, Blättern oder Gräsern usw. zur Herstellung einer Behausung.

In den Bergländern von Brasilien (, Uruguay und Paraguay) und Guayana und in den andennahen Gebieten Argentiniens, Boliviens usw. sind **Bausteine** für Wohnungsbau genügend zu finden, und in den tropischen Teilen, wo die Verwitterung das ganze Jahr (Urwaldklima) oder zur Regenzeit (Savannenklima) tief in den Boden greift, ferner in den Pampas und vor allem in den großen Flußtiefebenen fehlt es an Lehmen und Tonen für den Ziegelbau nicht. In den trockenen Teilen Argentiniens genügen billige, an der Sonne getrocknete Adobes. Töpferton für Hausrat ist außerhalb der Trockengebiete weit verbreitet, und Kaolin (für Porzellangeschirr) dürfte in den Granitgebieten nicht selten sein.[4])

d) Tierische Arbeitsgehilfen, Naturkräfte und mineralisches Material für Werkzeuge aller Art.

Arbeitstiere sind in dem gemäßigten Drittel des Ostens vornehmlich die Pferde. In der Landwirtschaft der argentinischen Pampas und in Uruguay herrschen sie völlig vor[5]), und Maultiere und Esel treten neben ihnen sehr zurück. In Südbrasilien gedeihen Pferde auch noch gut, aber in den tropischen Teilen Brasiliens sind Maultiere und Esel dem Pferde überlegen, weil sie gegenüber Krankheiten weniger anfällig sind als dieses, das im tropischen Urwaldklima (A 1) fast ganz verschwindet.

---

[1]) Ausfuhr Brasiliens an Holz 1915: 38400; 1916: 88100; 1917: 62200 (45700 T. Pinie); 1918: 179800 (152000 T. Pinie) T.

[2]) Für diese Zwecke eignen sich die (meist harten) tropischen Hölzer nicht oder wenig, wohl aber die (weichen) Nadelhölzer. Die meisten Papierfabriken liegen in São Paulo, Rio de Janeiro, im Föderaldistrikt und in Minas Geraes. Jährliche Prod. um 60000 T.

[3]) Argentinien führte 1923 für 47,1 Mill. Goldpesos Bau- und Nutzholz und Waren daraus und für 23,4 Mill. Goldpesos Papier und -waren ein.

[4]) Wird z. B. in Niederländisch-Guayana gefunden.

[5]) In Argentinien werden um 8% aller Pferde auf der Erde gehalten, in Uruguay 0,6, in Brasilien (vornehmlich wohl von São Paulo und Minas Geraes südwärts) 2½%.

Mineralische Heizstoffe sind im Osten Südamerikas recht schwach vertreten.

Torf kommt im Feuerlande, im oberen, andennahen Patagonien, in Flecken wohl auch weiter nordwärts bis Südbrasilien vor.

Kohle, meist durch die geologische Formation (Granit, Gneis usw.) ausgeschlossen, kommt nur im Südzipfel des Berglandes von Brasilien, etwa von Uruguay bis zum Staate São Paulo nordwärts, in schwachen Lagern einer braunkohlenartigen, aschereichen Kohle von geringem Heizwert vor, die der Aufbereitung, Brikettierung (für die Industrie) und besonderer (japanischer) Lokomotiven (für den Eisenbahnbetrieb) bedarf, um überhaupt nutzbar gemacht werden zu können; vielleicht läßt sie sich auch für die Koksbereitung verwenden. Die Produktion ist gering.[1]) Brasilien bedarf einer starken Kohleneinfuhr.[2]) Argentiniens Lagerchen am Andenrande scheinen keinen Wert zu haben. Produziert wird fast nichts, und das Land bedarf einer großen Einfuhr.[3])

Petroleum bietet in Argentinien einen gewissen, aber bisher sehr ungenügenden Ersatz[4]) für die fehlende Kohle.

An der Küste des mittleren Patagonien bei Commodoro Rivadavia wurde 1923 $^1/_3$ (1925: 0,47) % der W. (Heizöl für Eisenbahnen) erzeugt. Eine Pipe line von dem abgelegenen Vorkommen nach La Plata (151; Raffinerie) und Buenos Aires ist eröffnet. Andere Lager in östlichen Vorketten der Anden, auch bei der Stadt Santa Fé[5]) am Paraná berechtigen zu guten Hoffnungen auf eine Weiterentwicklung der Produktion. In Ostbrasilien (Alagôas) sollen Petroleumlager gefunden sein, in Guayana Erdölspuren. Aussichtsvoller sind für die Zukunft die Ölschieferlager der Bergländer von Brasilien und Guayana.

Recht gut ist der Osten Südamerikas mit Wasserkräften ausgestattet. In Süd-, Ostbrasilien, Uruguay und Argentinien, also in dem atlantisch-südamerikanischen Aktionszentrum, werden sie fortschreitend immer mehr nutzbar gemacht.

Freilich die ebenen, rohstoffreichen Pampas sind wasserkraftarm, aber die Cordillerenflüsse am Andenrande und die Flüsse des Ostens an den Randstufen des brasilischen Berglandes, vor allem der Paraná (15—18 m hoher Gran Salto von Guairá oder Sete Quedas) können erhebliche Kräfte liefern. Auch der Uruguay, der São Francisco und alle Zuflüsse des Paraná (riesige Iguassúfälle, 65 m hoch), wie dieser selbst, sind im Berglande Ostbrasiliens reich an Schnellen und Wasserfällen, ebenso die nach Norden über die brasilische Scholle niedersteigenden Ama-

---

[1]) 1921: 215000, 1925 etwa 300000 T., hauptsächlich in São Jeronymo (1924: 172000 T.) nahe Porto Alegre (179); hier soll eine moderne Kokerei im Bau sein. Sta. Catharina liefert etwa 100000 T.

[2]) Vor dem Kriege $2^1/_4$ Mill. T., 1919: 930000, 1923: 1,27 Mill. T. Aus ausländischer Kohle wurden bisher im Lande etwa 100000 T. Koks jährlich gewonnen.

[3]) 1913: 4,05 Mill. T.; 1917: 0,8; 1923: 2,58 Mill. T. Wie in Brasilien, verdrängte während des Krieges die Union die englische Kohle auf dem argentinischen Markt. Jetzt hat England seine Absatzgebiete ziemlich zurückerobert.

[4]) Prod. 1923: 3,4; 1924: 4,66; 1925: 5 Mill. Faß. Neue Bohrungen in dem Gebiet zwischen dem 45. und 47° s. Br. und dem Golf San Jorge bis zum 70° w. L. sich aussichtsvoll. Argentinien führte 1923 für 42,7 Mill. Goldpesos Öle (?) ein.

[5]) Sumpfgas fand man im Rio-Paraná-Mini auf der Insel Mangangas. Auch Asphaltit ist zwischen Rio Colorado und Rio Neuquén entdeckt worden.

zonaszuflüsse und die Abflüsse der Guayanascholle, selbst der obere und mittlere Orinoco und die Andenzuflüsse des Amazonas und Orinoco. Hier ist viel Kraft für technische Zwecke in Zukunft noch mobil zu machen.

An **mineralischem Material für Werkzeuge** scheint der Osten den Vergleich mit den Andenländern nicht auszuhalten; doch ist der Boden freilich noch wenig erforscht. Die großen Tiefländer[1]) und die Aufschüttungsgebiete wie die Pampas bergen natürlich höchstens im Untergrunde Metallerze usw. Argentinien kann fast nur in den andinen Teilen und in den aus den Pampas aufragenden Anticordilleren auf Metallerze hoffen. Die Produktion ist gering. Dagegen sind die alten Schollen von Brasilien und Guayana wohl reich an Erzen. Weltwirtschaftliche Bedeutunge erlangen schon die Eisen- und Manganerze Brasiliens.

Manganerze aus dem Staate Minas Geraes kommen schon seit längerem in Mengen über den Hafen Rio de Janeiro nach der Union zur Ausfuhr[2]) (s. S. 471). Außerdem kommen aber Milliarden Tonnen Eisenerz, das bis gegen 70% Eisen und fast keinen Phosphor und Schwefel enthält, vor allem in Ostbrasilien (Minas Geraes usw.), vor. Brasilien dürfte in kurzem eines der wichtigsten Ausfuhrländer für Eisenerz werden und mit Hilfe der Wasserkräfte an die Herstellung von Eisen und Stahl in Elektroöfen herantreten. Die Errichtung von Stahlwerken (Ribeira Preto) in den Staaten São Paulo, Minas Geraes, Rio de Janeiro hat schon begonnen.[3])

Hochgradige Bauxitlager sind in Guayana[4]), auch in Brasilien und Venezuela gefunden worden. Glimmer wird in Brasilien und Argentinien gewonnen, Borax (1000 T.) in der Puna von Jujuy.

e) Die **Industrie** ist in dem rohstoff-, wasserkraft-, volkreichen argentinisch-uruguayisch-südbrasilischen Aktionszentrum, wo auch Verkehrs-, Kapital- und Bildungswesen am weitesten entwickelt sind, in lebhafter Steigerung begriffen. Im wesentlichen blühen die bodenständigen, für Nahrung, Kleidung, Wohnung arbeitenden Industrien auf, wie Mehl-, Fleisch-, Baumwoll-, Woll-, Bau-, Eisen-, auch die Papierindustrie, die schon erwähnt wurden.

Hauptzentren der Industrie sind namentlich die Hafenplätze, in Argentinien Buenos Aires (1720), Rosario (265), La Plata (151), doch auch Córdoba (156), Tucumán (91), Santa Fé (60), Mendoza (59) usw., in Brasilien[5]) Rio de Janeiro (1158), São Paulo (579), Bahia (283), Recife (Pernambuco, 239), Belém do Gran Pará (236), Porto Alegre (179), Nictheroy (86) usw., in Uruguay Montevideo

---

[1]) Wie die Ostboliviens, -perús, -ecuadors, -colombias, die Llanosgebiete Venezuelas, das Amazonas- und das Paraguaybecken mit dem Gran Chaco.

[2]) 1921: 275000 (381800?), 1922: 341000 T. Auch im Staate Bahia (Distr. Jacobina) fand man ausgedehnte Lager.

[3]) Rib. Pr. nördlich von São Paulo (579). Unweit Rio de Janeiro (1158) und in Bello Horizonte (40) waren elektrometallurgische Werke geplant. Bisher müssen im Osten Südamerikas große Mengen von Eisen, Stahl und Waren daraus, sowie andere Metallwaren und Maschinen eingeführt werden. Argentinien bezog 1923 Eisen- und Eisenwaren für 132,3 Mill. Goldpesos und für 15 Mill. Goldpesos elektrische Waren, Brasilien 1922: 184823 T. (für 4,05 Mill. £) Eisen- und Stahlwaren und 46550 T. (1,52 Mill. £) Maschinen.

[4]) 1923 wurden etwas über 100000, 1924: 154320 T., hauptsächlich nach der Union, ausgeführt.

[5]) 1920 waren 276000 Arbeiter in der Industrie tätig.

(350), Salto (30), Paysandú (26) usw., in Paraguay Asuncion (100). Im Innern Brasiliens und in Guayana ist die industrielle Entwicklung erst wenig fortgeschritten.

f) Handel. Der Binnenhandel der Länder des Ostens ist allein in dem atlantisch-südamerikanischen Aktionszentrum lebhaft; ebenso kann sich der zwischenstaatliche Handel hier moderner Landverkehrsmittel, zudem der Küstenschiffahrt, bedienen. Der Handel mit den benachbarten Andenländern mußte, abgesehen von dem argentinisch-chilenischen Handel, bisher stocken da das Hinterland weder durch Bahnen noch durch Flußverkehr aufgeschlossen war. Der Außenhandel findet hauptsächlich mit Europa und der Union, den beiden großen nordhemisphärischen atlantischen Aktionszentren, statt, und hier im Osten Südamerikas sind die Lagevorteile der Union vor Europa weniger kräftig als in den Andenländern. Die Nachbarlage zu Afrika hat noch kaum Handelsfolgen gehabt. Den anderen Erdteilen liegt der Osten Südamerikas fern. Ausfuhrwaren sind hauptsächlich Nahrungs- und Genußmittel, dazu Rohstoffe für die Industrie, Einfuhrwaren Industrieartikel.

Ausfuhr Argentiniens 1923: 771,4 Mill. Pesos (Gold): Weizen 181,3; Fleisch 106,3; Mais 104,5; Leinsaat 90,3; Häute 66,7; Wolle 61,1; Quebracho 27,2; Fett 24,7; Butter 23,3; Hafer 15,3; Fleischextrakt 14,2; Mehl 5,8; Tiere 5,1; Kleie 4,3; Käse 2,4; Gerste 2,1 Mill. Pesos; Uruguays 1922: 77,46 Mill. Pesos (Gold): Fleisch u. -extrakt 30,8; Wolle 21,3; Häute 16; Ackerbauerzeugnisse 1,7; lebende Tiere 0,64 Mill. Pesos; Paraguays 1921: 9,32; 1922: 9,6 Mill. Pesos (Gold): 1921: Holz 6,9[1]); Quebrachoextrakt 2,5; Tabak 1,6; Mate 0,88; Früchte (Orangen usw.) 0,7; Häute 0,66 Mill. Pesos; Brasiliens 1923: 73,18 Mill. £: Kaffee 47,08; Zucker 3,17; Häute u. Felle 1,17; Fleisch 1,93; Tabak 1,28; Kakao 2,07; Baumwolle 2,64; Mate 1,21; Kautschuk 1,82; Leder 2,45 Mill. £; 1922: Reis 32,62; Nüsse 25,89; Manganerz 22,92; Holz 17,98; Wolle 13,16; Wachs 10,4; Fett 9,7; Sämereien 7,9; Öl 7,4; Maniokmehl 5,05 Tausend Contos Reis Pap.; Brit.-Guayanas 1923: 2,93 Mill. £: Zucker 2,13 (?); Diamanten 1,03 (?); Balata 0,13; Reis 0,06; Rum 0,04; Bauholz 0,04; Gold 0,02; Niederländ.-Guayana (Surinam) 1923: 8,4 Mill. Gulden: Zucker 2,75; Balata 2,6; Kakao 0,56; Kaffee 0,55; Gold 0,55; Holz 0,15 Mill. Gulden; Französ.-Guayanas 1921: 23,14 Mill. Francs: Gold 10,6; Balata 10,3; Rosenöl 1,3 Mill. Fr.; Falklandinseln 1922: 2,6 Mill. £: Walprodukte 2,49; Wolle 0,09 Mill. £.

Einfuhr Argentiniens 1923: 868,4 Mill. Pesos (Gold): Webwaren 274,1; Eisen u. -waren 132,3; Nahrungsmittel 81,4; Glas- u. Tonwaren 66,1; Holz u. Holzwaren 47,1; Öle 42,7; (andere) Metalle u. Metallwaren 35,1; Chemikalien, Drogen 29,6; Ackerbaugeräte 29,3; Papier u. -waren 23,4; Tabak 17; elektrische Waren 15; Getränke 13,5; Farben (1922) 5,7; Leder (1922) 3,2 Mill. Pesos; Uruguays 1923: 55,1 Mill. Pesos (Gold); Paraguay (1921: 8,36; 1922: 5,51 Mill. Pesos (Gold); Brasilien 1923: 50,54 Mill. £; 1922: Maschinen 193,2 (1923: 6 Mill. £); Weizen 169,1 (5,01); Eisen- u. Stahlwaren 137,5 (4,28); Mineralöle 97,06; Baumwollwaren 89,66 (3,21); Kohlen 79,63 (3,2); Mehl 68,7; Chemikalien 52,5; Papier 51,7; Fahrzeuge 48,3; Getränke 43,2; Futtermittel 35,6; Stockfische 31,6; Porzellan, Glas 26,5; Zement 26,2; Jute 25,6; Felle u. Häute 22; Kupferwaren 21,8; Wolle 20,7; Eisen u. Stahl 19,6; Wollwaren 17,2;

[1]) Hier liegt wahrscheinlich ein Fehler vor: 2,9 (?).

Früchte 15,8; Gummi (?) 13,56; Olivenöl 11,9; Leinen 9,2; Holz 5,7; Vieh 5,3 Tausend Contos Reis; Brit.-Guayanas 1923: 2,29 Mill. £: Textilwaren 0,43; Düngemittel 0,15; Maschinen 0,1 Mill. £; Niederländ.-Guayanas 1923: 7,89 Mill. Gulden; Französ.-Guayanas 1921: 48,15; 1922: 33,55 Mill. Fr.; 1921: Metallwaren 8,7; Getränke 4,5; Gewebe 4,3; Mehl 4; Pflanzenöle 1,23 Mill. Fr.; Falklandinseln 1922: 0,5 Mill. £.

Handelsländer in Prozent der Ausfuhr: Argentinien 1923: Großbritannien 24,5; Union 11,65; Deutsches Reich 8,3; Frankreich 7,55; (1920: Belgien 5,05; Italien 3,3; Brasilien 2,1; Spanien 1,4); Uruguay 1923: Großbritannien 28,6; Union 26,2; Deutsches Reich 14,7; Frankreich 12,5; Belgien 8,2; Argentinien 7,1; Italien 5,1; Niederlande 3; Brasilien 2,1; Cuba 1,8; Paraguay 1921: Argentinien 70,85; Union 11,75; Uruguay fast 8; Spanien fast 5; Italien 1,6; Brasilien 1923: Union 41,4; Frankreich 12,4; Großbritannien 7; Italien 6,5; Deutsches Reich 5,7; Niederlande 5,6; Argentinien 5,4; Uruguay 3,3; Belgien 2,6; Portugal 2,2; Brit.-Guayana 1923: Großbritannien 45; Kanada 33,3; Union 4,5; Niederländ.-Guayana ?; Französ.-Guayana 1922: Frankreich (u. Kolonien) 75,3; Falklandinseln 1922: Brit. Reich 34,9; **in Prozent der Einfuhr:** Argentinien 1923: Großbritannien 22,66; Union 22,66; Deutsches Reich 13,65; Frankreich 6,33 (1920: Brasilien 5,4; Spanien 5,2; Italien 4,4; Belgien 1,7); Uruguay 1923: Großbritannien 22,9; Union 20,5; Argentinien 18,1; Brasilien 9,75; Deutsches Reich 8,4; Mexico 5,2; Frankreich 4,7; Spanien 4,7; Belgien 3,75; Italien fast 2; Paraguay 1921: Argentinien 38,5; Großbritannien 20,9; Union 17,3; Deutsches Reich 6,65; Spanien 4; Italien 3,2; Frankreich fast 3,2; Uruguay 2,1; Brasilien 1,7; Brasilien 1923: Großbritannien 26,6; Union 22,2; Argentinien 12,2; Deutsches Reich 10,4; Frankreich 6,45; Italien 3,9; Belgien 3,8; Portugal 2,1; Niederlande 1,1; Brit.-Guayana 1923: Großbritannien 52; Kanada 20,8; Union 15,6; Niederländ.-Guayana ?; Französ.-Guayana 1922: Frankreich 60; französ. Kolonien 6,1; Falklandinseln 1922: Brit. Reich 70,5.

g) Verkehr. Binnenverkehr zu Lande. Hergerichtete Straßen und Eisenbahnen fehlen in den Urwaldgebieten des Amazonasbeckens und in den abgelegenen Ebenenanteilen, die die Andenstaaten im flachen Osten haben, fast ganz; selbst in den europäischen Guayanakolonien sind sie recht selten. Erst in dem küstennahen, relativ trockenen und produktiven Nordostbrasilien begegnen wir einer Anzahl von Stichbahnen und Anfängen eines Netzes von Eisenbahnen. Viel weiter fortgeschritten ist schon die Netzbildung im Eisenbahnwesen des atlantisch-südamerikanischen Aktionszentrums; vor allem hat Argentiniens Pampagebiet ein ziemlich dichtes Eisenbahnnetz, das nun Ausläufer nach den bolivianischen und chilenischen Anden und nach Patagonien wie nach dem Gran Chaco vortreibt.[1])

[1]) Man kann von Rio de Janeiro nach Buenos Aires und Valparaiso fahren. Bald wird es Transversalbahnen von Buenos Aires nach Arica und Mollendo am Großen Ozean geben (s. S. 453). Eine Eisenbahn von dem Hafen Santos (103) nach Puerto Súarez (s. S. 455) ist zwischen Brasilien und Bolivien vor kurzem vertraglich festgelegt worden. Das nördliche Paraguay wird in nächster Zeit ebenfalls eine direkte Bahnverbindung mit Santos aufweisen können. Schwierigkeiten bieten dem Landverkehr weniger die Bodenformen, etwa von den Randgebirgen Ost- und Südbrasiliens abgesehen, als vielmehr ausgedehnte Sumpf- und Überschwemmungsgebiete (zumal im Amazonasbecken), die breiten Flüsse, die geringe Besiedlung des Landes, stellenweise ungesundes Klima, wilde Indianerstämme. Im La Platagebiet führen schon Eisenbahndampffähren über die breiten Stromflächen.

Für die tropischen Urwald- und Savannengebiete abseits der Küste hat die Binnenschiffahrt größten Wert. Der Amazonas bis zum Fuße der Anden, seine Zuflüsse bis zu den unteren Stromschnellen oder Wasserfällen und auf Strecken oberhalb derselben, der Orinoco und seine Zuflüsse, der Paraguay[1])—Paraná bieten in dem flachen Lande weithin schiffbare Wasserwege. Cuyabá (34) am Paraguay ist eine nördlichste vorgeschobene Oase Kulturbrasiliens. Eine Bahn zur Verbindung mit Rio und São Paulo ist im Bau. Über Puerto Súarez, s. S. 455 u. 472.

Unter den Küstenflüssen sind auch einige, mindestens in den Unterläufen, wie der Parnahyba, für Dampfer schiffbar oder, wie der Rio São Francisco, oberhalb der Randstufenfälle (Paulo Affonsofälle). In dem hohen gebirgigen Ostbrasilien sind freilich die Flüsse meist sehr stromschnellenreich, selbst der Paraná und der Rio Uruguay. In Argentinien sind auch schon Flußregulierungen und Kanäle in Angriff genommen; der Uruguay soll bis Paysandú (26) für Überseedampfer zugänglich gemacht werden; Flußdampfer verkehren auf ihm bis Salto (30).

Die Seeschiffahrt hat in dem tropischen Osten bisher hauptsächlich die Küstengebiete zu bedienen, darum haben die Häfen hier selten größere Bedeutung. So sind Ciudad Bolívar (20) am Orinoco, Georgetown (53), Paramaribo (37), Cayenne (14), die Häfen Guayanas, nur örtlich wichtig. Manáos (76), wo der Rio Negro den Amazonas zufließt, kann von Seedampfern erreicht werden. Belém (Pará; 236) ist der Haupthafen für das Amazonasbecken mit seinen weithin schiffbaren Strömen. São Luiz do Maranhão (53), Fortaleza (Ceará, 78), Parahyba (53) mit Vorhafen Cabedello, Maceió (74), Victoria (30), Campos (30) versorgen wieder nur ihr engeres Hinterland, während Pernambuco (Recife, 239) durch seine Lage nahe der Nordostecke Südamerikas, wo der europäisch-afrikanische Seeverkehr den Erdteil erreicht, emporgeblüht ist, und Bahia (São Salvador, 283) dem Seeverkehr eine prächtige Bucht bot. Die verkehrsreichsten Häfen hat jedoch das am meisten entwickelte und gemäßigte südliche Drittel: Rio de Janeiro (1158), Montevideo[2]) (351), Buenos Aires (1720) stehen an erster Stelle, während Santos[3]) (103) als wichtiger Kaffeehafen, Paranaguá, Florianopolis (25), Rio Grande do Sul (23) am Eingang in die große Lagoa dos Patos, Vorhafen von Porto Alegre (179), wiederum ein kleineres Hinterland bedienen. Der La Plata und der für Seeschiffe zugängliche Paraná hat außer Buenos Aires noch La Plata (151), Rosario (265), Santa Fé (60), Paraná (36) und andere Häfen entstehen lassen. Bahia Blanca (44) an tiefer, geschützter Bucht hat Buenos Aires als Weizenausfuhrhafen (s. S. 458) überflügelt. Die patagonischen Häfen (Viedma, Rawson, Rivadavia, Puerto Deseado usw.) sind unbedeutend, ebenso Port Stanley (1), der Hafen der Falklandinseln.

---

[1]) Hier eröffnet sich vielleicht die Möglichkeit, einmal einen Kanal zu den Madeiraquellflüssen herzustellen. Umgehungsbahnen an den Wasserfällen (wie an denen des Madeira und denen des São Francisco werden eine Rolle spielen. Die Niveauunterschiede des Wassers zwischen Regen- und Trocken zeit sind in manchen Flüssen gewaltig und betragen z. B. bei denen Guayanas 10—13 m. Treibende Baumstämme sind öfters hinderlich.

[2]) Ein Pamperosturm ist imstande, den Verkehr zu unterbrechen.

[3]) S. führt besonders Weizen, Weizenmehl, Wein und Stockfische, Steinkohle, Zement, Schienen, Petroleum und Jute ein.

Brasilien hat bereits eine eigene ansehnliche Handelsflotte, die sogar in dem Überseeverkehr tätig ist, während die argentinische Flotte sich bisher auf Küsten- und La Plataverkehr beschränkt.

Luftverkehr spielt noch keine größere Rolle. Spanische Flieger kreuzten jedoch schon den Atlantischen Ozean und erreichten Buenos Aires. Ein Flugzeug- und Luftschiffverkehr zwischen Europa und Südamerika auf richtig ausgesuchtem Wege wird nach Perlewitz keine Schwierigkeiten machen. Im Binnenlande besteht auf kleineren Strecken (z. B. Villa Dolores—Córdoba, Argent.; Postflugdienst Montevideo—Buenos Aires; Passagier- und Postflugdienst Pernambuco—Rio de Janeiro—Buenos Aires) regelmäßiger Flugdienst. Das **Nachrichtenwesen** nimmt im südlichen Drittel Südamerikas immer mehr moderne Formen an; Kabel und Funkstationen[1]) vermitteln den Verkehr mit den anderen Erdteilen. In den tropischen Teilen des Ostens läßt der Nachrichtenverkehr natürlich noch sehr zu wünschen übrig.

VI. Die Nord- und Südpolarländer.[2])

Das Klima verweist die meist auf tiefer Wirtschaftsstufe stehen gebliebene Bevölkerung[3]) der Polarländer (Eskimos, Grönländer, Paläarktiker, Onas usw.), die mit etwa 200000(?) Einw. auf 16(?) Mill. qkm zu veranschlagen ist, in der Hauptsache auf die Ausnutzung der Tierwelt (s. Bd. I, S. 105), mehr noch des Meeres als des Landes, hin. E10 und F11, doch auch C7 und die durch kaltes Auftriebwasser an gewissen Stellen (s. Bd. I, S. 57) ausgezeichneten Klimagebiete C 6 und B 3 sind lohnende und bevorzugte Fischgebiete.

Von nutzbaren Landtieren der **Nordpolarländer** ist namentlich das wilde Renntier zu nennen, das Spitzbergen, König-Karl-Land und die Nordinsel von Nowaja Semlja besucht und erlegt wird, und der Moschusochse, welcher noch an der Nordostküste Grönlands und auf manchen arktischen Inseln Nordamerikas häufig ist. Die Fische kommen in wenig Arten, aber sehr großer Individuenzahl vor: Lachse, Dorsche, Schleimfische usw., Eishai (zwischen der Küste von Finnmarken und Spitzbergen). Am arktischen Strand bieten zahlreiche Seevögel: Eiderenten, Alken, Lummen, Möwen, auch Gansarten, Eier und Fleisch; in ganzen „Vogelbergen", besonders auf den Schäreneilanden, welche den Küsten vorgelagert sind, und auf Felsnasen, hausen sie hier. Der Eisbär, auf Robbenjagd, legt große Wanderungen zurück, auch auf Eisschollen schiffend; er gibt schmackhaftes Fleisch und wertvolles

---

[1]) Zwischen Buenos Aires und Berlin besteht z. B. direkte Funkverbindung.

[2]) Man kann diese Länder auch den einzelnen Erdteilen zuweisen. Ich ziehe es vor, diese wegen ihres trostlosen Klimas (fast nur F 11 und E 10) wirtschaftlich enterbten Landschaften gemeinsam, und zwar kurz zu behandeln. Vgl. K. Hassert, Die Polarforschung. 2. Aufl. Leipzig 1907 (Aus Natur und Geisteswelt). — F. Lampe, Die Polargebiete (K. Andree, Geographie des Welthandels. Bd. III. Frankfurt a. M. 1913). — L. Mecking, Die Polarländer. Leipzig 1925 (W. Sievers allgem. Länderkunde, herausg. von H. Meyer.) — H. Rudolphi, Die Polarwelt. Breslau 1926 (Jederm. Bücherei). — O. Nordenskjöld, Nord- und Südpolarländer. H. Reck, Island und die Färöer (Enzyklopädie der Erdkunde, herausg. von O. Kende). Leipzig und Wien 1926.

[3]) Die Isländer machen eine rühmliche Ausnahme.

Fell und wird besonders auf Spitzbergen, an der Nordküste von Nowaja Semlja, im Karischen Meer und auf Franz-Joseph-Land gejagt. Die Seehunde (Robbenarten) an den Küsten und an der Eiskante des Polarmeeres einst häufig, jetzt durch unverständige Verfolgung seitens der Weißen selten, werden noch an Labradors, Neufundlands (s. S. 380), Grönlands, Islands Küsten, an der Eiskante zwischen Spitzbergen und Jan Mayen, nördlich von Spitzbergen, bei Franz-Joseph-Land, bei Nowaja Semlja gejagt. Das Walroß (Trichechus rosmarus) wird in der See um Spitzbergen, bei Franz-Joseph-Land, im Karischen Meer, in der Barentsee, auch an dem östlichsten Teil der Nordküste Sibiriens (s. S. 172, Anm. 3) erjagt. Wale, durch Verfolgung bereits seltener geworden, sind auch in den Eismeeren häufiger und wertvoller als in wärmeren Breiten.

Im Bereiche der Brandung und der Gezeiten an den Küsten, bis etwa 6 Meter Tiefe, ist übrigens durch die Eisdecke das tierische Leben ausgeschlossen; erst jenseits der 6-Meter-Linie beginnt der Fischreichtum.

Die Küsten und Meere der **südlichen Polarregion** sind ähnlich mit Fischen, Vogelbergen (Riesenpinguin, Aptenodytes patagonica, Goldtaucher, A. chrysocome), Robbenarten: Pelzrobbe, See-Elefant, Seeleopard (besonders bei den Südshetlands, bei dem Grahamsland, der Südorkneygruppe, der Sandwichgruppe, Südgeorgien und den Kerguëlen) und Walen ausgestattet wie die der nördlichen. Besonders der Walfang hat sich seit Verarmung der nordhemisphärischen Meere mit der bekannten Rücksichtslosigkeit im Südpolarmeer (und den angrenzenden Teilen der Ozeane) breit gemacht.

Grönland, Island (s. unten) und die Färöer gehören den Dänen, Spitzbergen, die Häreninseln und Jan Mayen den Norwegern. Im Südpolarraum hat sich Großbritannien den das Victorialand enthaltenden, Neuseeland unterstellten (s. S. 276, Anm. 3) und den an die Falklandinseln (s. S. 456) anschließenden Sektor herausgeschnitten.

1. Grönland.

Die Westküste dieses vereisten Landes (2,174 Mill. qkm, davon nur 88100 ? [O. Nordenskjöld 300000] gletscherlos) ist dauernd bewohnt von 14400 Einw.[1]), die im harten Kampf um den Lebensunterhalt stehen und fast ausschließlich von Sammelwirtschaft leben. Wal- und Seehundsfang sind die Haupterwerbszweige der Grönländer, die in ihren Kajaks mit großem Geschick jagen; auch Renntiere, Seevögel, Lachse, Flundern usw. werden gefangen. Alle wirtschaftlichen Veranstaltungen sind der ungünstigen Natur vortrefflich angepaßt. Die Insel ist nicht arm an nutzbaren Mineralien, von denen Kryolith (zu Ivigtut, für Aluminium-, Emaille- und Glasherstellung), Graphit-, Kupfer-, Eisen- und Kohlenvorkommen genannt seien. Aber der Bergbau ist durch die Eis-, zum Teil Basaltdecken, Armut an Existenzmitteln und Menschen usw. erschwert[2]) und geringfügig. Die Kohlengewinnung zu Kaersuarsuk deckt nicht den Bedarf der Kolonie[3]) und ihrer Schiff-

[1]) Davon über 14000 Eskimos, 275 Dänen.

[2]) Andererseits erleichtert im Randgebiet die Nacktheit des Felsbodens die Auffindung von Mineralgehalten im Boden.

[3]) 1914 lieferte die Kolonialmine nach Sydney H. Ball 1600 T. für den etwa 4000 T. betragenden Verbrauch.

fahrt, die auswärtig von Kopenhagen und Philadelphia[1]) her bestritten wird. Kryolith, Seehundstran, der in den kleinen Niederlassungen der Küste (Sukkertoppen, 1; Julianehaab, 3; Egedesminde, 2; Godthaab, 1; Umának, 1 und Upernivik, 1; auch Godhavn, Christianshaab, Lichtenau) aus Robbenspeck eingesotten wird, Fische und Häute sind die Gegenstände der geringen Ausfuhr (1922 etwa 2,1 Mill. Kronen), der eine kleine Einfuhr (1920: 4,02 Mill. Kronen) an Getreide, Mehl, Brot, Kolonialwaren, Geweben und Holz gegenübersteht.

2. Island.[2])

Die Insel hat gegenüber Dänemark einen hohen Grad von Selbständigkeit[3]) errungen. Mit 102850 qkm und 95000 Einw. hat sie im Durchschnitt fast einen Menschen auf 1 qkm. In kleinen Gärten werden Kartoffeln[4]), etwas Getreide, Kohl und weiße Rüben gebaut, aber die Sammelwirtschaft (Fischerei in den kühlen fischreichen Gewässern der Küstenbänke [Kabeljau, Schellfisch, Hering, Heilbutt, Eishai usw.] und des Binnenlandes [Lachs, Forelle]; Jagd auf Seehunde, Delphine und Seevögel [Vogelberge und -inseln!, Eidergans, Seepapagei, Schwan, Schneehuhn][5]) und die Viehzucht sind die Haupterwerbszweige.

Norweger, Deutsche, Engländer usw. entsenden ihre Fischdampfer in die isländischen Gewässer, deren Reichtum jedoch die Isländer immer mehr selbständig und eifersüchtig auszunutzen bestrebt sind. Die Fischerei liefert bei weitem die größten Ausfuhrwerte: 1921 Klippfisch 31,6[6]); gesalzene Heringe 3,7; frische Fische 2,9; Tran 1,3; Rogen und Schwimmblasen 0,1; dazu Eiderdaunen 0,07 Mill. Kronen.

Weiden, Wiesen und entwässerbare Moore können Futter (Heu) liefern; andere Flächen ließen sich durch Bewässerung in futterbringendes Nutzland umwandeln. Schafzucht ist, entsprechend den Naturverhältnissen, erheblich und liefert Milch, Butter, Käse, Fleisch, Talg, Wolle und Felle. Die Ausfuhr von Viehzuchtprodukten (1921: gesalzenes Hammelfleisch 3,8; Wolle 1,6; Häute und Felle 1,1; dazu lebende Tiere 0,5 Mill. Kronen) ist gewachsen. Sogar die bisher geringe Rinderzucht und das Molkereiwesen (schon Butterausfuhr) soll gute Aussichten haben. Im 18. Jahrhundert eingeführte Renntiere sind verwildert. An Trinkwasser fehlt es durchaus nicht; die größeren Orte haben zentrale Wasserversorgung. Das der Fischerei so nötige Salz hofft man elektrisch aus dem Meerwasser gewinnen zu können. Etwaigen Bergbauschätzen, die in dem vulkanischen Lande zu vermuten sind, ist man noch wenig

---

[1]) Die Nordamerikaner schielen stark nach der Insel, sie zu besitzen.

[2]) K. Keilhack, Die Entwicklung Islands in den letzten 40 Jahren (Z. Ges. Erdk., Berlin 1925, S. 54 ff.).

[3]) I. ist seit 1918 durch Personalunion mit Dänemark verbundenes Königreich.

[4]) Decken 90% des isländischen Bedarfs; Gerste gedeiht; die Körner des Hafers gelangen nie zur Reife. Besonders an der von der warmen atlantischen Strömung erreichten Südküste (C 7 b) der Insel kann Anbau betrieben werden.

[5]) Auf drei Seiten (Westen, Norden, Osten) steigt I. auf über 80—100 km breitem Schelf aus dem Ozean; im Süden ist er schmäler. Durch diesen Schelf, die enorme Küstengliederung durch die Fjorde, die nur im Süden fehlen, und die kühlen Gewässer wird der Fischreichtum der Umwässer erklärlich. Fleisch, Eier, Daunen werden genutzt.

[6]) 1920 wurden nach Keilhack 41000 T. Klippfisch und 16000 T. Heringe (1915: 35000 T.) ausgeführt.

nahegetreten.[1]) Große Torflager sind vorhanden und geben den Einheimischen Brennmaterial. 1918 hoffte man 500 T. Kohle in Staalfjeld gewinnen zu können. Auch die zahlreichen warmen Quellen (teils schwefel-, teils kohlensäurehaltig), vorläufig noch kaum beachtet[2]), könnten einen Fremdenverkehr hervorrufen. Die hochgebildete Bevölkerung wendete sich auch der Industrie zu.

Große Bedeutung versprechen die hoch eingeschätzten Wasserkräfte[3]) zu gewinnen; allein der Fluß Thorsaa soll bei Regulierung bis 1,1 Mill. PS (?) liefern können. Die ersten Kraftwerke sind im Umkreis der Stadt Reykjavik („Rock“, 18) bereits geschaffen. Besonders die Gewinnung von Luftsalpeter mittels elektrischer Kraft dürfte eine Zukunft haben; auch an das Vermahlen kanadischen Getreides dachte man.

Die kleinen Pferde waren lange die einzigen Arbeitsgehilfen und Transportmittel, zumal da Straßen fast fehlten; jetzt strahlen von Rock Autostraßen aus, sogar bis ins reich besiedelte südisländische Tiefland. Die Ausfuhr wertete 1919: 75, die Einfuhr 62,6 Mill. Kronen. Handelsländer waren (1921) für die Ausfuhr Spanien, Italien, Großbritannien, Dänemark, Norwegen usw., für die Einfuhr Dänemark, Großbritannien, Union, Norwegen, Deutsches Reich usw. Neuerdings entstehen Eisenbahnen[4]), und die Seeschiffahrt verfügt über zahlreiche und treffliche Häfen, die meisten an der Fjordküste des Nordens (außer dem stets eisfreien, mit Molenhafen ausgestatteten Reykjavik, 18, seien Akureyri, 3; Vestmannaeyjar, 2; Hafnarfjördur, 2 (3?); Isafjördur, 2; Siglufjördur, 1; Seydisfjördur, 1, genannt). Kabel (nach Dänemark), Funkstationen; weitverzweigtes Telephonnetz. Die Bevölkerung wohnt vornehmlich an den Küsten; das Innere ist zum größten Teil unbewohnbar.

3. Die Färöer.[5])

Von den zahlreichen felsigen, hohen Inseln und Klippen sind 18 bewohnt. Auf 1400 qkm sitzen 21400 Einw., das sind immerhin im Durchschnitt 15,3 auf 1 qkm. Der geringe Ackerbau (Gerste, Kartoffeln, Rüben) fruchtet wenig. Reiche Fischereigründe geben für Ausfuhr viele Fische und Fischprodukte (Kabeljau[6]), Fisch- und Waltran, auch Fischguano). An der isländischen Fischerei (März bis Juli und August bis Ende September) beteiligen sich die Färinger[7]) stark. Der Walfang ließ nach. Motorkutter werden viel verwendet. Seevögel bieten Fleisch, Eier, Federn. Natürliche Weiden und Wiesen begünstigen die Viehzucht. Die feine, weiche Schafwolle und wollene Jacken usw.[8]) werden ausgeführt. Auf Suderö kommen 120 Mill. T. Braunkohle (zwischen Basaltergüsse eingeschaltet) vor; ebenso birgt die Insel Vaagö

[1]) Doppelspat für die optische Industrie, von Zeit zu Zeit etwas Schwefel gewonnen. Gold, Aluminium- und Eisenerz sind festgestellt.

[2]) Werden in einer Weberei bei Rock zur Heizung benutzt. Auswertungsmöglichkeiten, s. Keilhack.

[3]) Der amerikanische Wasserkraftatlas schätzt sie auf nur 500000 PS (?).

[4]) Eine erste Eisenbahn, mit Wasserkraft betrieben, führt von Rock nach Thingvellir (im fruchtbaren Rangarvellirgebiete). Flugverkehr besteht schon; eine Linie nach Kopenhagen war bereits 1921 in Aussicht genommen.

[5]) D.h. Schafinseln.

[6]) 1922: 11570 T.

[7]) Auch sie erstreben möglichst völlige Unabhängigkeit von Dänemark.

[8]) 1922: 22 T.

Kohlen. Auch hier sind Elektrizitätswerke geplant. Thorshavn (2,5[1]) auf Strömö ist Haupthafen. Vestmanhavn (Strömö), Trangisvaag (1,3; Suderö), Klaksvig (Bordö) sind weitere Häfen; sie sind als Fischerei-Schutzhäfen zum Teil im Ausbau begriffen. Fernsprecher; Kabel (Schottland—Island).

4. Svalbard (Spitzbergen, Béreninseln, Jan Mayen.[2])

Norwegischer Besitz geworden, sind die Inselgruppen (64000, 670, 342 qkm) erst seit kurzem, nur zum Teil, und zwar des Bergbaus wegen besiedelt; Spitzbergen hatte im Sommer 1923: 1400, im Winter 1923/24 1200, die Bäreninseln 260 bzw. 82 Einw. Jan Mayen ist unbewohnt; die durchschnittliche Volksdichte auf 1 qkm in diesen Polarwüsten erinnert mit 0,02—0,03 auf 1 qkm an die der Sandwüsten, und wie in diesen ist die Bevölkerung an vereinzelten Punkten konzentriert, aber bezüglich der Nahrung ist sie in den Polarwüsten fast ganz auf Zufuhr angewiesen. Heringe und Lachse lassen gute Fangerträgnisse erhoffen. Zahlreiche Seevögel (Prachteidergans, gemeine Eidergans, Ringelmeergans, dazu Graugans, Krabbentaucher, Lumme, Schneehuhn, Schnepfe) liefern Fleisch, Eier und geschätzte Daunen, und Jagdtiere (s. S. 474f.), auch Wale sind zu erjagen.[3])

Größere wirtschaftliche Bedeutung hat der Steinkohlenreichtum bekommen. Spitzbergen soll etwa 8³/₄ Milliarden T. Kohle guter Qualität bergen. Auch in dem Tiefland der Bäreninsel kommen lohnende Lager (auf 200 Mill. T. geschätzt) vor. Seit kurzem hat hier wie dort die Kohle den Menschen zu dauernder Niederlassung veranlaßt.

Die Abbaubedingungen für die an den Küsten zutage tretenden starken Kohlenflöze sind günstig; auf Spitzbergen sind z. B. Kais für kleinere Dampfer fast überflüssig, und die Hafenverhältnisse (Eisfjord mit Green Harbour [Grüner Hafen], Kohlenbai und Adventsbai) sommers sehr günstig, während auf der Bäreninsel Hafenarbeiten ausgeführt werden mußten. Freilich muß die Schiffahrt zur Verschiffung der Spitzbergenkohle sich auf sehr kurze Zeit[4]) beschränken, während man das Fahrwasser bei der südlicher gelegenen Bäreninsel mit Hilfe von Eisbrechern das ganze Jahr offen halten zu können hofft. Die Kohlenproduktion, für Norwegen (s. S. 10) höchst willkommen, ist bereits ansehnlich und noch sehr zu steigern.[5]) Man hat auch Erdöl und Naturgas erbohrt; ferner sollen Phosphorite, Eisenerze, Molybdän,

[1]) Ähnlich wie (meist) in Island (s. K. Keilhack) stehen nach E. Löffler die Häuschen der Färinger auf steinernem Sockel, haben Wände aus Rasen oder doppelte Bretterwände, deren Zwischenraum mit Moos oder Erde ausgefüllt ist, und das Dach besteht aus Sparrwerk, das mit Rasen bedeckt ist. Neuerdings werden Häuserchen aus Brettern und Wellblech hergestellt. In den Städten und größeren Dörfern wird mit Holz, Stein und Ziegeln gebaut. Holz ist sehr knapp und muß in die Polarländer eingeführt werden, soweit nicht Triftholz anlandet.

[2]) Fr. Nansen, Spitzbergen. 2. Aufl. Leipzig 1922. — G. Andersson, Spitzbergens Kohlenvorräte und Schwedens Kohlenbedarf. Deutsch von H. Trau. Bonn u. Leipzig 1922.

[3]) Schnabelwale, auch Eishaie und Robben; die Walrosse sind vor der Verfolgung nach Norden ausgewichen.

[4]) Die Eisverhältnisse wechseln mit dem Golfstrom, der die Westküste der Inselgruppe vor der Ostküste begünstigt, ziemlich stark. In guten Jahren kann der Eisfjord schon in der ersten Hälfte des Juni bis gegen Ende Sept. angelaufen werden. Tromsö in Norwegen ist der Auslaufshafen der Kohlendampfer. Auch am Kap Boheman vor der Billenbai, am Bellsund (Glockensund) und an der Kingsbai (Königsbai) kommen Kohlen vor, ebenso am östlicheren Storfjord.

[5]) Die Gestehungskosten sind ziemlich hoch. Die kurze Verladezeit (günstigstenfalls vier Monate) verlangt beste Verladeeinrichtungen. 1919 wurden 90000, 1923: 330000, 1924: 429000 T. ausgeführt (vgl. S. 10, Anm. 4).

Gold, Marmor (der jedoch tief verwittert ist), Asbest, Glimmer usw. auf Spitzbergen vorkommen. Die großartige Polarlandschaft zieht Vergnügungsreisende an. Longyear City (Sommer 350, Winter 200 Einw.) an der Adventsbai ist das städtische Zentrum Spitzbergens. Als Station für den Luftverkehr über das Nordpolargebiet (Fahrt Amundsens Frühjahr 1926 mit Luftschiff über den Nordpol bis Alaska) mag die Inselgruppe vielleicht in Zukunft auch Verkehrsbedeutung bekommen.

Jan Mayen, im stark vergletscherten Vulkankegel des Beerenberges 2335 m hoch, ist unbewohnt. Schnabelwale werden in der Nähe gejagt und an der Eiskante zwischen der Insel und Spitzbergen Robben („Klappmützen") geschlagen.

5. Franz-Joseph-Land.

Ist wirtschaftlich fast wertlos. Seevögel, der häufige Eisbär, Blau- und Grönlandrobbe, Walrosse und Pelzfüchse führen gelegentlich Fangschiffe her.

Die **Südpolarländer** umfassen nach H. Wagners Ausmessungen 13,5 Mill. qkm (= über 9% der Landfläche) des Klimas F 11 (ewigen Frostes) und 0,5 Mill. qkm (0,33%) E 10 (Tundrenklima). Sie sind zurzeit wirtschaftlich sehr wenig wert.

Walfang wird bei den Süd-Shetland-Inseln[1]), in der Gegend von Süd-Georgia[2]), bei den Süd-Orkney-Inseln[3]), im Roßmeere (bei Victorialand), doch auch an der chilenischen Küste (bis zum 37° südl. Br.), bei Südafrika[4]) und in den australischen Gewässern, am meisten von norwegischen Fangschiffen, im südlichen Sommer (etwa Oktober bis Mai) betrieben. Spuren von Rückgang der Fangergebnisse sind auch bereits hier vorhanden, doch wird der weitaus größte Teil der Weltproduktion von Walöl jetzt im südlichen Polarmeere erzeugt, während die Nordpolarmeere[5]), vor allem der nordatlantische Ozean, stark verarmten. Über die Wanderungen der Wale und ihre Lebensbedingungen weiß man noch recht wenig. Doch halten sie sich, wie auch die Verbreitung der Hauptfangplätze beweist, hauptsächlich an die polaren Gewässer und die kalten Meeresströmungen. Ähnlich liegen die Verhältnisse bei den Robben, die auch in den südpolaren Gewässern mit den Pinguinen Objekte eifrigen Fanges geworden sind.

Über die **Ozeane** (Meere) vgl. Bd I, S. 51—65 und S. 216—221.

---

[1]) Von Norwegern wurden 1923: 2970 Wale (Blau-, Finn-, Knöl-, Pottwale) gefangen und daraus 187190 Faß Öl produziert. Andere Gesellschaften erzielten noch 71310 Faß Öl.

[2]) 1922/23 (unvollständig) 4333 Wale gefangen; die Gesamtölproduktion dieses Feldes betrug 1922/23: 346700 Faß.

[3]) 1922/23: 13590 Faß Öl.

[4]) Von Saldanhabai (1922: 1000 Wale; 34660 Faß Öl) und Durban (1922: 800 Wale, 28200 Faß Öl), und von der Walfischbai bis zur Kongomündung (8400 + 20000 Faß Öl 1922) hinauf, andererseits bei Portugiesisch-Ostafrika (warme Gewässer — wenig Ertrag).

[5]) Japaner und Nordamerikaner jagen (während des nördlichen Sommers natürlich) an der pazifischen Westküste Nordamerikas (von Alaska bis California), Norweger usw. an der norwegischen, irisch-schottischen Westküste (Hebriden), bei den Nord-Shettland-Inseln, an der saharisch-marokkanischen Küste, bei den Färöern, Grönland und Neufundland. Von der Weltproduktion an Walöl (über 900000 Faß um 1922/23?) mögen zwei Drittel auf die südhemisphärischen Meere entfallen. Für 1924/25 wird die Tranproduktion der Antarktis von O. Nordenskjöld zu über 700000 Fässern im Werte von 75 Mill. Mk. angegeben. Schon beteiligen sich auch chilenische, argentinische und australische Fangschiffe an der Jagd auf die genannten Tiere.

Register.

Die Zahlen geben die „Seite" an. Beim Gebrauch wird man sich nicht nur auf einen Seitenverweis beschränken, sondern möglichst alle die Sache betreffenden Stichworte aufsuchen. (Bsp. zu Ackerbau: Bodenbesitz, Bodenfruchtbarkeit, Düngung, Erntezeit, Erträge usw.)

A

[1]) Diese Zusammenstellungen am Anfange der Buchstaben A, B, C, D, E, F führte Herr Diplom-Handelslehrer cand. phil. Will. Bockisch aus.

C

C s. auch Z oder K.

D

E

G

H

I

J

K

[1]) Mein Buch ist vollständig von den Beziehungen zwischen Klima und Wirtschaft durchsetzt. Hier soll nur eine Vorstellung von der Vielseitigkeit dieser Beziehungen vermittelt werden.

L

M

N

O

Q

S

Stalden 89.
Ställe 268, 427, 444, 463.
Standard Oil Co. 409.

U

X

Y

Z

FSC
www.fsc.org
MIX
Papier | Fördert gute Waldnutzung
FSC® C083411

Kolibri 360 GmbH
Ferdinand-Jühlke-Straße 7
99095 Erfurt, Deutschland
produktsicherheit@kolibri360.de